DIE HOLOCAUST CHRONIK

DROEMER

Titel der Originalausgabe
The Holocaust Chronicle

Deutsche Erstausgabe

Sonderausgabe für Droemersche Verlagsanstalt Th. Knaur Nachf. GmbH & Co.,
Hilblestr. 54, 80636 München

Koordination und Bearbeitung der deutschen Ausgabe:
Neumann & Nürnberger, Leipzig
Übertragung ins Deutsche: Regina van Treeck, Leipzig
Gesamtherstellung: aprinta Druck GmbH & Co. KG, Senefelderstraße 3–11, 86650 Wemding

Printed in Germany

ISBN 3-426-27293-8

Eine Mitteilung des Verlegers

In einem Büchlein, das 1940 in Jerusalem vom United Aid Committee für die Juden in Polen herausgegeben worden war, wird die Vernichtung der europäischen Juden mit dem hebräischen Wort für Massenabschlachtung – als *sho'ah* – bezeichnet. In den fünfziger Jahren des 20. Jahrhunderts kam als Beschreibung der Katastrophe, die den Juden während des Krieges widerfuhr, im allgemeinen Sprachgebrauch das Wort „Holocaust" auf.

Die Holocaust Chronik ist eine Erinnerung, die der Leser in seinen Händen halten soll. Sie ist ein mobiles Archiv, das angeschaut und gelesen werden will. Das Buch kann die ganze Ungeheuerlichkeit des Gegenstandes nicht erfassen, doch lässt der Umfang des Bandes auf das Gewicht des Themas schließen, eines Themas, dem man sich offen stellen muss.

Das Buch ist ein gemeinnütziges Unternehmen; es soll durch seinen niedrigen Preis einer möglichst großen Leserschaft zugänglich gemacht und an Schulen, Universitäten, Synagogen, öffentliche Bibliotheken, Kirchen und an den Einzel handel geliefert werden. Sein Ziel ist die peinlich genau erforschte und in Worten und Bildern lebendig ausgedrückte Wahrheit.

Gleichermaßen bemerkenswert ist das Begleitprojekt dieses Buches, eine detaillierte, mit Querverweisen versehene Website, die den gesamten Text des Buches und eine Auswahl von Bildern enthält. Da täglich neue Nachrichten über den Holocaust in den Medien verbreitet werden, wird die Website ständig aktualisiert.

Die Schwarzweißfotografien und das fleckige Filmmaterial mögen junge Leute vielleicht zu dem Schluss verleiten, der Holocaust liege so lange zurück, dass er sich schon jenseits der menschlichen Erkenntnis befindet oder sogar irrelevant ist. Einige ältere Menschen mögen sich eingeredet haben, dass das Vergangene vorbei und das Thema Holocaust passé ist. Doch im großen geschichtlichen Zusammenhang gesehen, fand das Entsetzliche erst gestern statt. Unter uns gibt es noch Tausende, die die Massenvernichtung überlebt haben, und die damals Jüngsten und Hilflosesten sind heute erst im mittleren Alter.

Wir sind es nicht allein den Opfern schuldig an das Geschehene zu erinnern und darüber nachzudenken, sondern allen Menschen, die heute leben und all jenen, die erst noch geboren werden. Nur wenn wir nicht vergessen und offen über die Vergangenheit sprechen, gibt es eine Chance und eine Hoffnung, dass es zu einem weiteren Holocaust nie kommen wird.

Louis Weber

Verleger
Louis Weber

Hauptherausgeber
David J. Hogan

Herausgeber
David Aretha

Künstlerischer Leiter
Patrick Murray

Stellvertretender Leiter der Abteilung Erwerb
Jeff Mintz

Redakteure der Abteilung Erwerb
Kelli Christiansen
Roger Marsh
Anton Pav
Patty Wetli

Technischer Leiter
Steven Grundt

Technische Redakteure
Jennifer Geraci
Margaret McConnell

Spezialist für Elektronische Publikationserstellung
Kym Condon

Leiter der Abteilung für visuelle Hilfsmittel
Larry Glickman

Spezialisten für visuelle Hilfsmittel
Elizabeth Haydon
Harry Kapsalis
Kelly Swett

Assistent des Verlegers
Renee G. Haring

Redaktionsassistenten
Molly Dynan
Kathline Jones
Catherine Ploetz
Rachel Winstead

Stellvertretender Leiter für Verlagstätigkeit
Mona Syring

Leiter für Veröffentlichungen
Kristine Z. Hnat

Leiter der Druckvorbereitung
David Darian

Koordinator der Druckvorbereitung
Laura C. Schmidt

Spezialisten für Bildreproduktion
Keith Browne
Paul Fromberg
Bill Hutchinson
Kurt Suesse

Produktionsdirektor
James R. Zimmermann

Leiter der Abteilung Verkauf
Rocky Wu

Herstellungsleiter
Kent Keutzer

Stellvertretender Leiter der Produktionsabläufe
Rich Franco

Leiter der Abteilung Datenbank-entwicklung
Pat Hagle

Website-Entwicklung
Thomas Anastasi Carr
Jeff Krakow

Fachberater des Verlegers
Bonnie Weber

Juristischer Berater
Michael R. Shelist

Berater für Öffentlichkeitsarbeit
Nancy Kahan

Mitwirkende Autoren
Dr. Marilyn J. Harran
Dr. Dieter Kuntz
Dr. Russel Lemmons
Dr. Robert A. Michael
Dr. Keith Pickus
Dr. John K. Roth

Fachberater
Dr. Abraham J. Edelheit

Mitwirkende Fachberater
Dr. Marilyn J. Harran
Dr. Robert A. Michael
Dr. Alexander Rossino
Dr. John K. Roth

Anhang
Eric Epstein
Dr. Philip Rosen

Faktenprüfer
Robert Brown
Julie Courtwright
Wendy Henry
Ann Mann Millin
Jennifer Rosenberg
Dr. Alexander Rossino

Bildrecherche
Rose Lerer Cohen
Oliver Gottfried
Marla Seidell

Kartenmaterial
Susan und Mark Carlson

Erstellung des Registers
Rita Tatum

Mitwirkende Autoren und Berater

Dr. Marilyn Harran ist Professorin für Religion und Geschichte an der Chapman University in Kalifornien. Sie hat Kurse über „Germany and the Holocaust: From Anti-Semitism to Final Solution" (Deutschland und der Holocaust: Vom Antisemitismus zur Endlösung) und „Topics in the Holocaust: Perpetrators, Victims, and Bystanders" (Themen im Holocaust: Täter, Opfer und Zuschauer) abgehalten. Sie stand auch Thomas Blatt bei der Vorbereitung seiner Publikation *Sobibor: The Forgotten Revolt* (Sobibór: Der vergessene Aufstand) zur Seite. Sie war außerdem Mitglied des Orange County Advisory Board on Pluralism and Diversity of the National Conference of Christians and Jews. Frau Dr. Harran ist Mitglied des Leo-Baeck-Instituts.

Dr. Dieter Kuntz hat an der University of Kansas gelehrt und war Gastassistenzprofessor für Geschichte an der University of Iowa, wo er Neuere deutsche Geschichte lehrte. Er hielt u. a. Kurse zum Thema „Hitler and Nazi Germany" (Hitler und Nazideutschland), „Inside Hitler's Germany" (Im Deutschland Hitlers) und „Germany Since 1914. Weimar, Hitler, and After" (Deutschland seit 1914. Weimar, Hitler und danach). Er ist Mitautor und Herausgeber von „Inside Hitler's Germany: A Documentary History of Life in the Third Reich" (Im Deutschland Hitlers. Eine dokumentarische Geschichte des Lebens im Dritten Reich). Als Gastvortragender hielt er Vorlesungen über „The Rise of the Nazis" (Der Aufstieg der Nazis). Er hat auch Materialien für einen Fernsehkurs zum Thema „Never again: Understanding the Holocaust" (Nie wieder. Den Holocaust begreifen) erarbeitet, der vom American Institute of Jewish Studies finanziell gefördert wurde.

Dr. Russel Lemmons ist außerordentlicher Professor für Geschichte an der Jackson State University in Alabama, wo er Mitglied des Holocaust Commemoration Committee war. Er entwickelte und hielt Kurse wie „Rise and Fall of Hitler" (Aufstieg und Fall Hitlers) und „History of the Holocaust" (Die Geschichte des Holocaust). Er ist der Autor von „Goebbels and 'Der Angriff'" (Goebbels und „Der Angriff") und arbeitete an den „Representations of Jews Through the Ages" (Darstellungen der Juden durch die Zeiten hindurch) mit. Dr. Lemmons legte Arbeiten zum Thema „Confronting Holocaust Denial" (Der Leugnung des Holocaust widersprechen) und „Nazi Propaganda and the Proletariat" (Nazipropaganda und das Proletariat) vor.

Dr. Robert Ashley Michael ist Professor für europäische Geschichte an der University of Massachusetts in Dartmouth, wo er seit 21 Jahren Vorlesungen über den Holocaust hält. Er hat umfassend über den Holocaust und die Geschichte des Antisemitismus geschrieben, darunter Bücher wie „The Holocaust: A Chronology and Documentary" (Der Holocaust. Eine Chronologie und Dokumentation), „The Radicals and Nazi Germany" (Die Radikalen und Nazideutschland) und „Fatal Vision" (Verhängnisvolle Vision). Seine Beiträge erscheinen häufig in Publikationen wie Holocaust and Genocide Studies (Studien zum Holocaust und Völkermord), „Martyrdom and Resistance" (Martyrium und Widerstand) sowie in der „Menorah Review", für die er als freier Autor arbeitete. Er ist Mitherausgeber bei den Interessengruppen Gelehrter im Internet H-ANTISEMITISM (Geschichte des Antisemitismus), H-W-CIV (Geschichte der westlichen Zivilisation) und wirkte früher in dieser Funktion auch in der Gruppe H-HOLOCAUST (Geschichte des Holocaust). An dem vorliegenden Projekt arbeitete er nicht nur als Verfasser mit, sondern auch als Berater bezüglich des Karten- und Zeittafelmaterials.

Dr. Keith Pickus ist Assistenzprofessor für Neuere europäische und deutsche Geschichte an der Wichita State University. Er hielt Lehrveranstaltungen u. a. zu den Themen „Hitler's Third Reich" (Hitlers Drittes Reich), „The Holocaust" (Der Holocaust), „The Jewish Experience in Christian Europe" (Jüdische Erfahrung im christlichen Europa) und „Antisemitism and Nationalism in Modern Europe" (Antisemitismus und Nationalismus im neuzeitlichen Europa). Er ist Autor des Buches „Constructing Modern Identities: Jewish University Students in Germany, 1815–1914 (Aufbau neuzeitlicher Identitäten. Jüdische Universitätsstudenten 1815–1914 in Deutschland) und hat zahlreiche Zeitschriftenartikel veröffentlicht, darunter „Tapestries of German Jewish Identity" (Darstellung deutsch-jüdischer Identität) und „German Jewish Identity in the Kaiserreich" (Deutsch-jüdische Identität im Kaiserreich). Dr. Pickus hat öffentlich Vorlesungen über „Making Meaning of the Holocaust" (Den Holocaust verstehen) gehalten. Er ist Mitglied der Association of Jewish Studies und des Leo-Baeck-Instituts.

Dr. John K. Roth ist Russell-K.-Pfitzer-Professor der Philosophie am Claremont McKenna College (Kalifornien). Er hat als Gastprofessor für Holocaust-Studien an der Universität Haifa in Israel gearbeitet und für den Aufbau des Kurses „Perspectives on the 20th Century: The Holocaust“ (Sichtweisen auf das 20. Jahrhundert. Der Holocaust) von der National Endowment for the Humanities ein Stipendium erhalten. Er hat hunderte Artikel und Rezensionen verfasst und ist Autor, Mitautor oder Herausgeber von mehr als 25 Büchern, darunter auch der Publikationen „A Consuming Fire: Encounters with Elie Wiesel and the Holocaust“ (Ein verzehrendes Feuer. Begegnungen mit Elie Wiesel und dem Holocaust), „Approaches to Auschwitz: The Holocaust and Its Legacy“ (Stellungnahmen zu Auschwitz. Der Holocaust und sein Erbe), einer Schrift, die er zusammen mit Richard L. Rubenstein erarbeitete, und „Different Voices: Women and the Holocaust“ (Andere Stimmen. Frauen und der Holocaust), das Dr. Roth mit Carol Rittner herausgab. Er hat im United States Holocaust Memorial Council gewirkt und arbeitet gegenwärtig mit im Auswahlkomitee für den Elie-Wiesel-Preis auf dem Gebiet Ethik und im Redaktionsausschuss der „Holocaust and Genocide Studies“ (Studien zum Holocaust und Völkermord). An dem vorliegenden Projekt wirkte er als Autor und Berater mit.

Berater

Dr. Abraham Edelheit ist Forscher bei der President's Commission on Holocaust Assets in the United States und Lehrbeauftragter für Geschichte am Kingsborough Community College der City University of New York (CUNY). Er arbeitet als Herausgeber der „Jüdischen Geschichte“ für die Jewish Book World, die vom Jewish Book Council veröffentlicht wird, und war als Forscher und Autor für das United States Holocaust Memorial Museum tätig. Zu seinen zahlreichen Publikationen gehören die dreibändige „Bibliography on Holocaust Literature“ (Bibliografie der Literatur über den Holocaust) und Bücher wie „History of the Holocaust: A Handbook and Dictionary“ (Geschichte des Holocaust. Ein Handbuch und Wörterbuch), „A World in Turmoil: An Integrated Chronology of the Holocaust and World War II“ (Eine Welt in Aufruhr. Eine Geschichte des Holocaust und des Zweiten Weltkrieges) und „The Yishuv in the Shadow of the Holocaust: Zionist Politics and Rescue Aliya, 1933–1939“ (Der Jischuw im Schatten des Holocaust. Zionistische Politik und Rettungsalija 1933–1939). Sein neuestes Buch ist „History of Zionism: A Handbook and Dictionary“ (Geschichte des Holocaust. Ein Handbuch und Wörterbuch). Dr. Edelheit arbeitete als Herausgeber der „Encyclopedia of the Holocaust“ (Enzyklopädie des Holocaust), schrieb dazu auch Beiträge und verfasste Artikel für die „Students Encyclopedia of the Holocaust“ (Schülerenzyklopädie des Holocaust).

DANKSAGUNG

Es wird folgenden Personen für ihre besondere Hilfe, für Materialien und/oder Informationen gedankt:

Michael Berenbaum
Jack Berger
Dodge Color, Inc.
Phil Drell
William Elperin – Präsident des „1939“ Club
Genya Markon – United States Holocaust Memorial Museum
Valerie Ben Or – Fotoarchiv der Gedenkstätte Yad Vashem
Frau Berit Pistora – Bundesarchiv
Zippi Rosenne – Beth Hatefutsoth Photo Archives
David Shore
Herman Spertus – Spertus Institute of Jewish Studies
Howard Sulkin – Präsident des Spertus Institute of Jewish Studies
Leslie Swift, ehem. Direktor des Fotoarchivs des United States Holocaust Memorial Museum
Ed Vebell

Besonders gedankt wird den Angestellten von Publications International, Ltd., die zum Entstehen dieses gemeinnützigen Buches beigetragen haben: David H. Achord, Amy Adair, Jack Alexander, Michael Allen, Debra Almgren-Horwitz, Charles Aluyi, Mike Anderson, Wes Antczak, Sara Armstrong, Kristin Ashley, Sherise Marie Ayuso, Patrick Bachler, John Baker, Lucy Banak, Diane Baskette, Lori S. Baxter, Richard N. Beals, Becky Bell, David Bellm, Amy Berman, Susan Bezanes, Brett Bickler, John Biel, Mark Bilek, Kevin Biron-Bomis, Heather Blaha, Ana Boyer, Earl Brosnahan, Tom Broughton, Sharon Broutzas, David Brown, Lisa Brutto, Zachary B. Burkons, Juliane Bylica, Donald Callender, Brent Cardillo, Charlotte Caron, William Carp, Bruce Carroll, Jeffrey Casemier, Larry T. Castleman, Ginger Cervantez-Sanchez, Christine K. Cesal, Ike Chavez, Cynthia Ann Childers, Cynthia Colby, Marissa Conner, Frank Cordaro, Richard Cotta, Bob Coutteau, Jeffrey Coyle, Michael D. Cross, Kim Curran, Jane Curtain, Jacqueline Lisa Curtis, David M. Darakjian, Robert L. Davis, Jr., Kimberly M. Desmedt, Paula DeSmet, Onelia DiBartolomeo, Lynn Dolan, Elenelia Dorado, Kris Dresen, Jamie Elder, Charlene Epple, Vanessa Ettkin, Susan Barbee Ewald, Fiona Fargo, Kerry Finnamore, Jennifer Firlotte, Roland Flessner, Ronald B. Flickinger, Michael Franck, Martha Frey, Janet Fuglsang, Ronald Gad, John Gale, Anna Galkowska, Eliana Gallego, Susan Garard, Theresa Gavin, Maria Georgouses, Ed Geraghty, Charles Giametta, Jennifer Goldstein, Daniel Gordon, Lori Grabarek, Mike Graf, Jeffrey D. Gray, Rebecca Grazulis, Julie Greene, Jonathan P. Gross, Nicole Guagliardo, Amy Gundersen, Matthew Hampton, John Hansen, Jeff Hapner, Rhoda Hapner, Jim Harbison, Robin Harris, Sara D. Hauber, Brigette Heath, Christopher Hellman, Ila Henderson, Daniel C. Henrick, Laura Henry, Michelle Hickok, Linda Hillesland, Cherylette Hilton, Janice Himmel, Elizabeth C. Howell, Sarah Huegen, Don Hutson, Valerie Iglar-Mobley, Josh Iskra, Donald P. Jacobs, Andrea Jacobson, William Jahnke, Kat Johnson, Stephen Johnson, Valerie Kim Johnston, Ann Kahlenberg, Paul Kelly, Heather Kennedy, Kerri Kennedy, Jeanne Kim, Deena Kindahl, Jim King, John A. King, Mary Kolleth, Terese Kolodziej, Jerry Kurtzweil, Mary L. Laffey, Katherine Lane, Lois R. Levin, Joanne Lewis, Bryan Libbin, Phyllis Licata, Timothy Light, Elizabeth Mackey, Laura Madalinski, Amy Madden, Richard Maddrell, Connie Malone, Marvella Marion-Bowen, Curtis Marolt, Steven Martin, Astrid Master, Jay McHugh, Shawn McNichols, Naida Meyers, Martin Michalek, Lisa Mierzwa, Tabatha Miller, Anna Misfeldt, Scott Mitchell, Shirley Mong, Rose Montegna, Adam Cain Morgan, Liz Mork, Fred Moss, Michael Murphy, Jacqueline Najera, John Neiman, Francine Neuman, Henry Ng, Denise Noncek, Kevin Oatess, Anne O'Connor, Ginny O'Donnell, Leslie Okamura, Jill Oldham, Ann-Marie Olson, Margie Omotosho, Elizabeth Panzer, Nes Pastrana, Frank E. Peiler, Alice Pekarek, Debbie Pekarek, Deborah Pinkston, Stephen Polanek, Susan Polsky, Chris Poole, Robert Ralph, Barbara Rasbid, Beth Reichert, Michelle Rhodes, Dana Richter, Carolyn Riehl, Barbara Rittenhouse, Colleen Rohan, Linda Roth, Janet Rowe, Natalya Ryabova, Karim Sabur, Lori Saleh, Lynette Santiago, Mark Schindler, Gizel Schwartz, Jackie Schwarz, Christopher Sciabica, Anne-Michele Selover, James Senhauser, Nahrin Shamoon, Donald Shea, Stuart Shea, Kurt Sholly, Ruth Siegel, Charles K. Simpson, Randy Skach, James Slate, Charlotte Anne Smith, Darcy Smith, Jeanne Smith, Doug Sohn, Joanna Spathis, Dave Stahl, J. Robert Stanik, Jenny Stein, Tracy Stetson, Jack Stewart, Susan St. Onge, Lynne Suesse, Gail Swanson, John Tasigeorgos, Ann Taylor, Shirley Taylor, Brett Thornsberry, Jordan Trais, James Travnicek, Roberto Trento, Judy Tribbey, Deborah Upton, Georgia Vasilopoulos, Rey Verceles, Diwata Virtusio, Eran Wade, Arthur Walker, Lynn Wallschlaeger, Jeanne Wang, Charles W. Watkins, Jeremy Weber, Vida Wei, Marilyn Weiner, Patricia Weiss, Thomas Werner, Randy Whitlock, Graham Wiemer, Robert B. Williams, Jr., Renee Witherwax, Ronald A. Witt, Sara Wolfsmith, Michael J. Woodard, Kelly Wright, Jerry Yamamoto, Leah Yarrow, Steve Yonkelowitz, Max Yu, Kathy Yurkovich, Brooke S. Zimmerman, David Zino, Deena Zymm

Inhalt

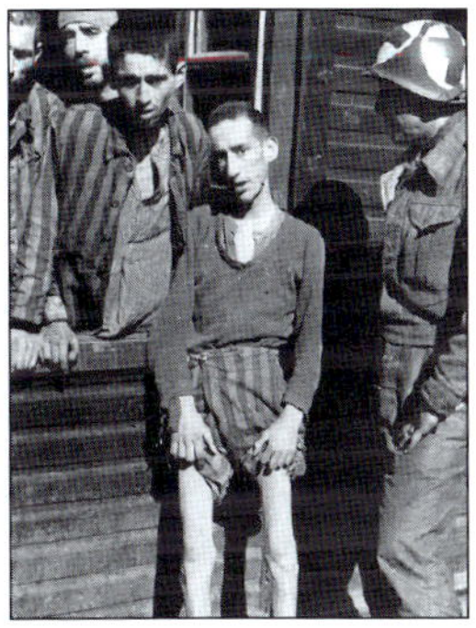

Vorwort

ALS ich vor mehr als einem Vierteljahrhundert mit meinen Lehrveranstaltungen über den Holocaust begann, stellten meine Studenten häufig die Frage nach der Relevanz dieses Themas. Was hat der Holocaust mit unserer Welt zu tun? Die Massenvernichtung der Juden wurde gewissermaßen als ein Makel der Vergangenheit betrachtet. Es gab andere Themen, die weit wichtiger schienen. In diesem Vierteljahrhundert ist viel geschehen – vielleicht zu viel.

Leider müssen die Studenten heute nicht mehr fragen, ob das, womit sie sich beschäftigen, von Bedeutung ist. Die Bilder aus Bosnien, Ruanda und dem Kosovo sind in ihrem Bewusstsein verankert, tiefer in ihr Sein eingeprägt als die Aufnahmen aus Kambodscha oder Biafra zwei Jahrzehnte zuvor. Wir leben in einer Welt des *CNN*, in der die Ereignisse aus entfernten Gegenden der Erde in unseren täglichen Fernsehkonsum integriert sind. Die Studenten und deren Eltern haben Worte wie ethnische Säuberung und Völkermord gehört und Bilder von Leichen, entvölkerten Dörfern und Menschen auf der Flucht zu Gesicht bekommen. Sie haben Filme wie „Schindlers Liste“ gesehen und vielleicht sogar eine der Holocaust-Gedenkstätten – das *United States Holocaust Memorial Museum* in Washington, D. C. oder ein anderes Museum dieser Art – besucht, die es in vielen Großstädten der USA, Kanadas, Europas und Israels gibt. Sie sind interessiert, und sie wollen mehr wissen.

Über die vielen Jahre hinweg hat sich auch die Rolle der Überlebenden geändert. Früher haben diese Menschen geschwiegen; sie waren willens zu sprechen, konnten jedoch niemanden finden, der zuhören würde. In den ersten Jahren nach dem Zweiten Weltkrieg gab man ihnen höflich, doch stets bestimmt zu verstehen, dass „das Vergangene vorbei“ sei. In Israel lockte die Zukunft, die freie Zukunft eines unabhängigen jüdischen Staates. Exil war Exil, bitter und tragisch, doch nun waren sie zu Hause. In den Vereinigten Staaten bekamen die neuen Flüchtlinge zu hören, dass jeder mit einer alten Geschichte in die Neue Welt käme, dass Amerika aber zukunftsorientiert und an der Vergangenheit nicht wirklich interessiert sei.

Ich weiß das, weil ich dem Holocaust zunächst im Schweigen, im Unausgesprochenen begegnete; ich sah Lehrer, deren Hände keine Finger mehr hatten, Lehrer, auf deren Arme Zahlen tätowiert waren. In späteren Jahren, als ich meine berufliche Laufbahn als Lehrer begann, hatten die Überlebenden Angst ihre Kinder zu belasten und so achteten sie auf ihre Worte. Es gab nur Andeutungen dessen, was geschehen war. Doch inzwischen haben sie ihre Erinnerungen niedergeschrieben und ihre Geschichten erzählt. Die Videoaufnahmen von Zeugenaussagen, mit denen man 1978 in New Haven (Bundesstaat Connecticut) im Rahmen eines Projekts begann, das später *Fortunoff Video Archives for Holocaust Testimonies* hieß, dienten als Modell für weitere Projekte in anderen Städten. Seit 1994 wurden von den *Survivors of the Shoah Visual History Foundation* in Los Angeles in 57 Ländern mehr als 50 000 Aussagen von Überlebenden des Holocaust, von Befreiern, Rettern und Augenzeugen in 32 Sprachen aufgenommen. Die Dokumentation ist umfassend und die Überlebenden werden inzwischen als Zeugen und Lehrer angesehen, die sich an die heutigen und die nächsten Generationen wenden. Sie haben gesprochen, und ihre Worte sind ein Aufschrei gegen die Gleichgültigkeit, ein Aufruf zu Toleranz und Pluralismus, für menschliche Werte und Menschenwürde.

Jetzt ist es an uns zuzuhören.

Wir sind in das neue Jahrtausend eingetreten und der Holocaust hat seinen Platz als entscheidender Moment in der Geschichte der Menschheit des 20. Jahrhunderts eingenommen, als ein Moment, in dem wir etwas über die menschliche Fähigkeit zum Guten und Bösen erfahren und nicht nur gelernt haben, was wir als Individuen sind, sondern auch einiges über die Macht von Staaten und Institutionen, über ihre Möglichkeiten, die Welt zu formen und viel zustande zu bringen – selbst die Vernichtung eines Volkes. Mit dem Übergang ins 21. Jahrhundert hat man das unbehagliche Gefühl, dass ein Kampf zwischen Tribalismus und Globalismus stattfindet.

Im Studium des Holocaust zeigt sich ein Paradoxon: Je weiter wir von dem Geschehen entfernt sind, desto mehr scheint das Interesse daran zu wachsen. Weshalb beschäftigen wir uns mit dem organisierten Massenmord an den Juden? Die Antworten darauf sind komplex, doch der eigentliche Grund ist einfach.

Weil es ihn gegeben hat.

Über den Holocaust ist viel bekannt. Die Mörder haben pedantisch genaue Aufzeichnungen ihrer Aktionen, Pläne und Befehle hinterlassen. Sie haben das Verbrechen dokumentiert. Ja, sie waren sogar stolz darauf. Sie fotografierten ihre Verbrechen und selbst Filmaufnahmen sind entstanden. Viele der Fotos werden Sie in diesem Buch finden.

Vieles ist jedoch noch unbekannt oder umstritten. Manche Menschen haben den Holocaust als eine Welt dargestellt, die von der normalen Umgebung, in der wir leben, getrennt ist. Erschreckend für mich ist, dass der Holocaust keine Verirrung, sondern einen äußersten Ausdruck dessen darstellt, was der Hauptströmung unserer Zivilisation eigen ist.

Weil es stattgefunden hat, müssen wir das Böse begreifen – das systematische, staatlich geförderte Böse, das industrialisierte Töten, den Massenmord, der das Wesen des Holocaust ausmachte. Wir müssen sein Wahrzeichen, das Todeslager, sowie die Menschen verstehen, die als Personal in solchen Lagern arbeiteten. Ihre Aufgabe war der Massenmord. Manche waren, im Gegensatz zu uns, Sadisten und Kriminelle, doch viel mehr waren normale Männer und Frauen, die versuchten ihr „Bestes" zu tun und ihre Pflichten zu erfüllen. Manche waren Fachleute, sogar Ärzte, die ihre Fähigkeiten nutzten um effizienter morden zu können. Manche waren begeistert, anderen widerstrebte diese Arbeit; doch alle beteiligten sich schließlich am Massenmord.

Wir müssen die Umstände der Opfer begreifen, die keine Alternative hatten, weil sie zwischen dem Unmöglichen und dem Schrecklichen wählen mussten, und die so ausgesprochen machtlos waren, dass sie kaum etwas tun konnten um ihr Schicksal selbst zu bestimmen. Wir müssen auch die Gleichgültigkeit der Neutralität begreifen. Im Kampf zwischen den machtlosen Opfern und einer überwältigend mächtigen Tötungsmaschine ist Neutralität alles andere als neutral. Gleichgültigkeit ist ein Todesurteil.

Beim Studium des Holocaust können wir so viel über das Böse erfahren, dass es uns erstarren lässt, dass uns die Verzweiflung übermannt, dass wir unsere eigene Hilflosigkeit spüren. Der Holocaust war tatsächlich eine Gräueltat, sinnlos und qualvoll. Doch es gab einige Menschen – eine kostbare kleine Anzahl Männer, Frauen und sogar Kinder – die ihre Häuser und ihre Herzen öffneten und den Opfern einen Zufluchtsort, einen Schlafplatz, einen Kanten Brot, ein freundliches Wort, ein Versteck boten. Was macht eine solche Güte möglich? Weshalb waren manche Menschen gegen das ansteckende Böse immun? Das waren Menschen, denen wir es vielleicht gern gleichtun möchten, die Vorbilder für unser Verhalten und den Charakter, den wir anstreben.

Der Holocaust begann langsam. Jahrhundertealte Vorurteile führten zu Diskriminierung, Diskriminierung zu Verfolgung, Verfolgung zu Einkerkerung, Einkerkerung zu Vernichtung. Der Massenmord, der in der Vernichtung von sechs Millionen Juden gipfelte, begann nicht mit den Juden und umfasste auch nicht nur die Juden. Die Verletzung der Rechte einer Gruppe beschränkt sich selten nur auf diesen Kreis.

Die Auseinandersetzung mit dem Holocaust ist intellektuell wie emotional kein leichtes Unterfangen. Was Sie vor sich haben, ist ein Instrument, eine Chronik, die Sie Jahr für Jahr, Monat für Monat durch die Ereignisse des Holocaust führt. Sie werden Bilder von der Massenvernichtung sehen, Menschen treffen, welche die Morde ausführten, und die Mittel kennen lernen, derer sie sich bei ihrer Arbeit bedienten. Keines der wichtigen Themen wurde umgangen. Ihre Begleiter, die Sie durch den Holocaust führen, sind nicht nur Autoren, die ihr Fach verstehen, sondern auch Lehrer, die wissen, was man Lernbegierigen anbieten muss.

Das Buch ist umfangreich, weil auch das Geschehene von nicht geringem Ausmaß war. Ich gebe Ihnen einen guten Rat: Lassen Sie sich vom Umfang des Buches nicht überwältigen; machen Sie sich in Ihrem eigenen Tempo mit dem Thema vertraut. Sie werden in diesem Buch mit dem Tod konfrontiert werden, doch geschieht das im Dienst des Lebens. Die Beschäftigung mit jenem Übel soll Anstand und Güte stärken.

Der Holocaust zerstört den Glauben – den Glauben an Gott, den weltlichen Glauben an menschlichen Anstand und den Glauben an den sinnvollen Fortschritt. Obwohl der Holocaust nur wenige Antworten gibt und viele Fragen aufwirft, ermutigen die Fragen zum moralischen Kampf gegen jenes Böse.

Der von den Opfern aus der Welt der Toten kommende Ruf sollte uns erinnern. Heute erfahren wir von jenen, die dort gewesen sind, und von Menschen, die das nicht erlebt haben, die Dringlichkeit der Erinnerung, deren Qual und Schmerz, das Vorhandensein eines Sinnes und das Fehlen des Sinnes. Um in unserer Zeit zu leben, muss man beides – das Fehlen und das Vorhandensein des Sinnes – akzeptieren.

Der Rabbiner Nachman, ein großer chassidischer Meister des Paradoxons, sagte einst, dass nichts so heil und ganz ist wie ein gebrochenes und wiederhergestelltes Herz.

Der Holocaust zerstört. Unsere Aufgabe ist es zu heilen und wiederherzustellen.

Michael Berenbaum
Herbst 1999

Dr. Michael Berenbaum arbeitete als Projektleiter für die Schaffung des United States Holocaust Memorial Museum *und war erster Direktor des* United States Holocaust Research Institute. *Er wirkte außerdem als Präsident und* Chief Executive Officer *der* Survivors of the Shoah Visual History Foundation. *Dr. Berenbaum ist Autor und Herausgeber von 14 Büchern, darunter der Publikationen* The World Must Know, After Tragedy and Triumph *und* Witness to the Holocaust. *Fast zwei Jahrzehnte lang war er Hyman-Goldman-Professor der Theologie an der* Georgetown University. *Gegenwärtig arbeitet er als Lehrbeauftragter für Theologie an der* University of Judaism.

Ein Brief von Herman Spertus

ICH glaube an die Menschen.

Von all den Vorzügen, die wir uns und anderen gewähren, gehört die Bildung zu den größten. Der gebildete Mensch hat gelernt an der Herkunft, den Bedürfnissen und Gefühlen anderer Anteil zu nehmen. Bildung fördert Toleranz und die Fähigkeit Liebe zu empfinden – Liebe zur eigenen Familie und zur großen Familie der Menschheit, die uns alle einschließt.

Ich habe jedes Jahr des vergangenen Jahrhunderts durchlebt. Ich bin Sohn, Einwanderer, Ehemann, Geschäftsmann, Vorsitzender eines Gemeinwesens und Vater gewesen. Über viele Jahre hinweg habe ich nicht wenig Energie auf die Bewahrung des jüdischen Andenkens und des Erbes verwendet, das mich geformt hat. Ein unvermeidlicher Teil jener Erinnerung und jenes Erbes ist der Holocaust.

Der blinde Hass, der den Kern der nazistischen Verfolgung und der Morde an Juden und anderen Menschen bildete, kann nicht völlig beseitigt, doch er kann gemildert und abgeschwächt werden. Man muss verhindern, dass er in den Gedanken und Empfindungen junger Menschen Fuß fasst.

Der Holocaust ist ein Schlag, der die Juden und das Judentum – überhaupt alle Menschen und Glaubensrichtungen – stark beeinflusst, vielleicht stärker, als man meint. Er demonstriert mit schrecklicher Klarheit, dass Demokratie nicht in einer Atmosphäre gefühlloser Gleichgültigkeit gedeihen kann. Der Holocaust war bewusst und sorgfältig ersonnen. Er wurde in die Tat umgesetzt, weil zu viele Menschen seine Verwirklichung *zuließen*. Mit jedem der elf Millionen Todesopfer des Holocaust, darunter sechs Millionen Juden, wurde die Menschheit um ein Individuum ärmer, flackerte die Flamme des Judentums. Doch die Flamme verlosch nicht. Sie brennt heute noch und wird auch in Zukunft brennen, solange wir nicht vergessen, dass die Vergangenheit unsere Gegenwart prägt und wertvolle und wichtige Wegweiser für unsere Zukunft aufstellt.

Wenn wir uns eingehend mit Geschichte beschäftigen, halten wir mitunter inne um über Augenblicke in der ewigen Kontinuität des Lebens und der Erfahrung nachzudenken. Natürlich bleibt der Holocaust, auch wenn wir uns damit beschäftigen, unfassbar. Die Auseinandersetzung mit diesem Thema macht daraus kein sauber geordnetes Geschehen, sie verwandelt den Holocaust auch nicht in etwas, das man sachlich und leidenschaftslos betrachten kann. Eine gebührende Beschäftigung damit wird uns aufwühlen und mit Entrüstung erfüllen. Sie weckt unsere besseren Instinkte und lehrt uns die moralischen und intellektuellen Schwächen zu erkennen und zu vermeiden, die dieses ungeheure und leidvolle Verbrechen gefördert haben.

Und so streben wir durch Lernen und Lehren nicht allein nach Wissen, sondern auch nach Mitgefühl und Begreifen. Wir *heilen* uns und werden ganz.

Herman Spertus
Herbst 1999

Die nach Spertus benannte Einrichtung, das Spertus Institute of Jewish Studies, *wurde 1924 als* Chicaco College of Jewish Studies *gegründet. 1971 wurde der Name der Institution aus Anlass einer bedeutenden Schenkung von Herman Spertus und dessen Bruder Maurice geändert. Herman Spertus wirkt seitdem als Kurator auf Lebenszeit und als aktiver Vorsitzender.*

Einführung

ER ist einzig in der Geschichte.

Er, das ist der Holocaust, die systematische, staatlich organisierte Verfolgung und Ermordung von sechs Millionen Juden sowie anderer Gruppen von Menschen durch Nazideutschland und dessen Kollaborateure. Mit Giftgas, Kugeln, dem Strick, mit Knüppeln, Fäusten, Hunger und Überarbeitung ermordeten die Täter zwei Drittel der europäischen Juden und ein Drittel der jüdischen Weltbevölkerung. Darüber hinaus vernichtete Nazideutsch land mit seiner Politik des Völkermordes Millionen anderer schutzloser Menschen, darunter Sinti und Roma („Zigeuner"), polnische Bürger, sowjetische Kriegsgefangene, Homosexuelle, Behinderte, Freimaurer, Zeugen Jehovas und weitere politisch und religiös Andersdenkende. Der Holocaust war der heftigste Ausdruck des Antisemitismus, der in Deutschland und anderen europäischen Nationen viele Jahrhunderte lang geblüht hatte. Als die siegreichen Alliierten Deutschland 1918 für den Ersten Weltkrieg verantwortlich machten, wurde die deutsche Nation zu umfangreichen Reparationszahlungen verpflichtet, die in der Zeit von 1919 bis 1988 geleistet werden sollten. In den 20-er Jahren musste sich die Regierung der Weimarer Republik, noch unsicher im Umgang mit der Demokratie, mit der Massenarbeitslosigkeit, mit einer riesigen Geldentwertung, mit einer riesigen Staatsverschuldung, mit politischem Zwist und Straßenkämpfen auseinander setzen.

1921 übernahm Adolf Hitler die Führung der Nationalsozialistischen Deutschen Arbeiterpartei und agitierte fortan lautstark in ganz Deutschland. Bis 1933 hatte er den demokratischen Prozess so geschickt manipuliert, dass man ihn zum Reichskanzler ernannte. Ein Jahr später übernahm Hitler die absolute diktatorische Kontrolle über die deutsche Regierung.

Die Deutschen hatten auf Hitlers Versprechungen, er werde für Vollbeschäftigung und eine Wiedergeburt des deutschen Stolzes sorgen, auf seine Theorie von der angeblichen Überlegenheit der nordischen „Rasse" und seinen unverblümten Hass gegen die Juden, denen er die Schuld an allen Missständen der Gesellschaft gab, positiv reagiert.

Die Verfolgung jüdischer Bürger durch Deutschland begann fast unmittelbar nach Hitlers Ernennung zum Reichskanzler im Jahr 1933 und eskalierte dann stetig. Staatlich sanktionierte Boykottmaßnahmen gegen jüdische Geschäfte, mutwillige schwere Beschädigungen der Synagogen, gemeine antisemitische Propaganda und die Verdrängung der Juden aus dem normalen Leben in Deutschland – diese und andere Diskriminierungen wendeten die Nazis gegen die jüdische Bevölkerung der Nation an.

Am 1. September 1939 löste Deutschland den Zweiten Weltkrieg aus. Die Verfolgung der Juden weitete sich aus und verschärfte sich, als die Militärmaschinerie der Nazis quer durch Europa rollte. Am 20. Januar 1942 fand im Berliner Vorort Wannsee eine 87-minütige Konferenz statt, an der Reinhard Heydrich, Adolf Eichmann und 13 weitere Naziführer teilnahmen um über die Beseitigung der Juden Europas zu diskutieren. Der Plan zum Völkermord, über den man sich einigte, wurde euphemistisch als „Endlösung" bezeichnet.

Der Boden für den Völkermord war lange vor der Wannseekonferenz bereitet worden. Bereits im Herbst 1939 hatten die Nazis und deren Helfer überall im besetzten Europa eine komplexe und weitreichende Maschinerie des Todes organisiert. Das System umfasste von Mauern abgeriegelte jüdische Ghettos, den Eisenbahntransport verschleppter Juden, Konzentrations- und Arbeitslager. Später kamen die Vernichtungslager hinzu, die man im besetzten Polen errichtete. So etablierte sich das System und eine gewaltige Nazibürokratie begann Millionen unschuldiger Menschen zu peinigen und zu vernichten.

Die Holocaust Chronik, ein gemeinnütziges Buch, das von angesehenen Gelehrten geschrieben und verifiziert wurde, erzählt die komplizierte Geschichte des schrecklichsten Verbrechens des 20. Jahrhunderts. Der Gegenstand ist tatsächlich so komplex, dass ein einzelnes Buch ihn gar nicht vollständig beschreiben kann. Deshalb wurde *Die Holocaust Chronik* als reich bebilderter Überblick gestaltet, der Studenten und Laien in die wesentlichen Fakten des Holocaust einführt und ihnen zu einem größeren Verständnis des Geschehenen verhilft.

Die Geschichte des Holocaust ist so ungeheuerlich, dass die Versuchung sie als eine Abstraktion zu sehen verständlich erscheint. Die Summe der jüdischen Opfer – sechs Millionen – kann zu einer gewissen Gefühllosigkeit der

Reaktion verleiten. Geist und Seele wollen abschalten und sich abwenden. Die Zahl ist letzten Endes unfassbar. Es kann aber dennoch sein, dass Sie begreifen: Es waren Millionen von Individuen, die getötet wurden. Jedes Mal ein Tod und das Ende des irdischen Daseins für einen Menschen wie Sie selbst, der einst Glück empfand und Träume hatte, der liebte und von anderen geliebt wurde. All das war im Moment des Todes vorbei, zerstört im Namen der „rassischen Reinheit".

Diese Gegebenheit in einer fassbaren Weise auszudrücken ist eines der Ziele dieses Buches. Der Holocaust ist vor allem eine menschliche Geschichte. Die Opfer und die Täter waren konkrete Menschen. Der Holocaust wurde von Menschen ersonnen; er wurde von Frauen und Männern ausgeführt und er vernichtete Männer, Frauen und Kinder. Das ist eine Erkenntnis, die im Streben nach exaktem Wissen übersehen werden kann. Gesicherte Tatsachen und Zahlen können die menschliche Wahrheit des Holocaust mitunter überdecken.

Der menschliche Faktor muss im Vordergrund stehen. Dieses Anliegen wird in der umfangreichen Chronik der mit dem Holocaust zusammenhängenden Ereignisse, die rund 3000 Jahre Geschichte umfasst, besonders deutlich. Die Zeitleiste ist hinsichtlich ihres Umfangs und ihrer Gründlichkeit beispiellos; doch ist sie zugegebenermaßen lückenhaft. Keine Chronik und kein Buch kann Anspruch auf Vollständigkeit erheben. Die meisten der zahllosen Ereignisse während des Holocaust wurden nie aufgezeichnet. Das Wissen um viele Fakten ging mit den Opfern unter. Dennoch sind viele ausführliche und einzelne Informationen über die Geschehnisse bewahrt worden – nicht zuletzt von den Nationalsozialisten selbst, die eifrige Fotografen und Aktenverwahrer waren.

Wenn Sie die Zeitleiste genau durchgehen, wenn Sie die Fotos im Buch betrachten und die Bildunterschriften und die farbig unterlegten Texte lesen, denken Sie daran, dass zumindest im historischen Sinn nicht alle Informationen gleichermaßen schwer wiegen. Doch Geschichte besteht nicht allein aus bedeutsamen Ereignissen, sondern ist eine Ansammlung „kleiner" Geschehnisse, die für die betroffenen Menschen eine große Rolle spielten. Um dem Leser ein Gefühl für diese „kleinen" Geschichten zu vermitteln, erzählt *Die Holocaust Chronik* die Schicksale und Heldentaten nicht nur der Menschen, deren Namen Sie in Enzyklopädien und Standardwerken über den Holocaust finden, sondern Hunderter bislang anonym gebliebener Menschen, die als Widerstandskämpfer und Partisanen, als Opfer, als Planende und Bürokraten, als Nazikollaborateure, als Zeugen und als Mörder eine Rolle spielten. Das Buch lädt den Leser ein die Höhen und Tiefen der mit dem Massenmord verbundenen Ereignisse zu verfolgen ohne jene bereits erwähnten sechs Millionen Menschen aus dem Blick zu verlieren.

Der Holocaust geschah vor mehr als einem halben Jahrhundert. Weshalb setzt man sich heute mit ihm auseinander? Obwohl es sich um ein sehr spezielles, klar definiertes historisches Ereignis handelt, sind die menschlichen und politischen Beweggründe, die dazu beitrugen, den organisierten Massenmord in die Tat umzusetzen – Angst, Neid, Sadismus, Hass, Ignoranz, territoriale Interessen – stets zugegen. Selbst zu Beginn des 21. Jahrhunderts finden noch überall auf der Erde völkermordende „ethnische Säuberungen" und andere staatlich sanktionierte Verbrechen gegen die Menschlichkeit statt. Äußerst bedauerlich ist der Umstand, dass auch der Antisemitismus noch immer eine mächtige Kraft darstellt. Die Beschäftigung mit dem Holocaust heißt also allmählich nicht nur das Geschehen, sondern die noch immer wirksamen Kräfte zu begreifen, die es veranlassten.

Die Untersuchungen zum Holocaust sind von akademischen Kontroversen gekennzeichnet. Das Thema wirft zahlreiche heikle historische und philosophische Fragen auf. Entwickelte sich der Holocaust allmählich in den Jahren des Krieges oder war er bereits von den Anfängen des Dritten Reiches an geplant? Ist der Plan noch früher im Geist des jungen Adolf Hitler entstanden, der nicht einmal einen Schulabschluss, eine feste Ausbildung und Berufstätigkeit hatte? Kannte Hitler, der Führer, jede Einzelheit des Holocaust? Weshalb bombardierten die Alliierten niemals Auschwitz? Ist es möglich einen Glauben an Gott zu bewahren, wenn man den Holocaust überlebt hat? Das sind schwierige Fragen, die täglich irgendwo erörtert werden. Das Buch erwähnt diese und andere, gleichermaßen komplizierte und strittige Fragen, versucht jedoch nicht, unwiderlegbare Antworten darauf zu geben. Das ist nicht seine Aufgabe. Es genügt, so glauben wir, diese und andere heikle Themen zu nennen; die Leser, die von sich aus nach Antworten auf solche Fragen suchen, werden von *Die Holocaust Chronik* guten Gebrauch machen können.

Die Historiker des Holocaust können die Frage „Warum hat es ihn gegeben?" teilweise beantworten, kennen jedoch nicht die vollständige Antwort. Die Frage nach dem „Wie" mag etwas weniger schwierig zu behandeln sein, doch selbst hier sind die Dinge bei weitem nicht klar. In einer 1954 erschienenen Abhandlung mit dem Titel „Der Führer" wies der Autor Herbert Luethy darauf hin, dass Adolf Hitler, die bösartige Triebkraft des Holocaust, nicht als eine unaufhaltbare Naturgewalt, ein urgewaltiges Wesen betrachtet werden darf, das zugleich un-menschlich und über-menschlich ist. Hitler sei keine „Naturgewalt" oder „urgewaltig" gewesen, so Luethy, sondern ein kleiner Mann mit wenigen wirklichen Überzeugungen, der nicht wie Attila aus den Steppen, sondern aus der Wiener Gosse über Europa hergefallen sei. Göring,

Heß, Himmler und der Rest von Hitlers engstem Kreis waren ebenso kleine Männer. Grau und zerknittert saßen sie 1945 und 1946 in Nürnberg auf der Anklagebank. Der Historiker Irving Kristol schrieb, sie seien klein und farblos und oberflächlich … ohne Würde, Fanatismus, zwanghaftem Hass und ohne jenes Format gewesen, das große Boshaftigkeit oftmals verleihe. Hermann Göring habe im Vergleich zu John Dillinger wie ein entrüsteter Taschendieb ausgesehen.

Mit Hitler selbst verhielt es sich nicht anders. Kaltherzig und unfähig an den normalen Freuden teilzuhaben, die andere Menschen erlebten, betrachtete er das menschliche Leben als einen schonungslosen, ewigen Kampf um Macht, Territorium und rassisch begründete Vorherrschaft. Für ihn waren Menschen kaum mehr als Tiere und es war Aufgabe der „arischen Rasse" die drohende Gefahr, die Hitler in Juden und anderen so genannten „Untermenschen" verkörpert sah, zu bezwingen und zu beseitigen. Dass er nicht zögerte das Leben von Millionen Deutschen zu opfern, die zu seinen begeisterten Anhängern geworden waren, zeigt die von fixen Ideen beherrschte Leere seines Kampfes. Die Menschen „seines" Dritten Reiches bedeuteten Hitler nichts weiter als das Mittel zu einem philosophisch verschwommenen Zweck. Was sollte ihn also von einem Massenmord an Millionen Juden und anderen Menschen abhalten?

Bislang hat man noch kein Dokument mit Hitlers Unterschrift, kein unbestreitbares Anzeichen der Schuld gefunden, das den „Führer" direkt mit dem Holocaust in Verbindung bringt. Es besteht jedoch kaum ein Zweifel, dass so, wie der Holocaust ohne die lange, erniedrigende europäische Tradition des Antisemitismus nicht möglich gewesen wäre, auch die „Endlösung" ohne Hitler und den Nationalsozialismus wahrscheinlich nicht stattgefunden hätte. Hitler hielt sich für den unfehlbaren Beherrscher einer Marionettenschar und eine Zeitlang schien er das auch zu sein. Der entschlossene Wiederaufbau des deutschen Militärs und die trügerische Wiederbelebung der deutschen Selbstachtung überzeugten ihn von der Rechtmäßigkeit seiner Sache. Diese Wirkung hatten auch Hitlers dreister Expansionismus von 1938, die weltbewegende Papierallianz mit der Sowjetunion von 1939 und in jenem Spätsommer der fast freudige Sprung in den Krieg sowie die überraschenden Siege, die in den zwei Jahren darauf folgten.

Selbst später, als Hitler in seinem Bunker unter den Straßen Berlins murmelnd auf und ab schritt und das Dritte Reich rund um ihn buchstäblich zerfiel, gab er seinen Judenhass nicht auf. Das unvorstellbare Verbrechen, das er veranlasst hatte, rührte ihn nur insofern, als es unvollendet bleiben würde. In seinem letzten politischen Vermächtnis, das er nur Stunden vor seinem Selbstmord diktierte, ermahnte Hitler die arische Rasse den Kampf gegen die Juden weiterzuführen. Die Ungeheuerlichkeit des Geistes dieses Mannes und des Denkens jener Menschen, die Hitlers Willen vollstreckten, wird nur durch die Ungeheuerlichkeit des Verbrechens übertroffen.

Trotz all der schrecklichen Qualen wurde das Judentum nicht vernichtet. Die Juden hielten aus, rafften sich zusammen und erkämpften sich ein Heimatland. Heute blüht das Judentum, doch der Preis dafür ist ständige Wachsamkeit. Der Feuereifer und die Vortrefflichkeit der israelischen Streitkräfte sind ebenso bekannt wie der Wille des Landes, Aggressionen mit unerschrockener Macht entgegenzutreten. Anders zu handeln ist für eine Nation, die aus der Asche des Holocaust geboren wurde, unmöglich.

Dass Hitler und seine Schranzen Schiffbruch erlitten, ist angesichts der Millionen, die gehetzt und ermordet wurden, ein schlechter Trost. Für jene Millionen zu sprechen ist das Anliegen der *Holocaust Chronik*.

Zum Schluss einige Worte über den Gebrauch des Wortes „Antisemitismus" anstelle von „Anti-Semitismus" in diesem Buch. Letzteres stammt aus den 70-er Jahren des 19. Jahrhunderts. Es wurde von dem deutschen Journalisten Wilhelm Marr geprägt und beruhte auf einer gänzlich falschen alten Anschauung, nach der die Juden eine eigenständige *Rasse* darstellten, die sich von anderen Rassen unterschied und durch unliebsame genetisch ererbte und nur bei Juden anzutreffende Eigenschaften gekennzeichnet war.

Marr benutzte den Begriff „Semit" um Juden von Nichtjuden zu unterscheiden und die rassisch begründete Auffassung vom Judentum zu untermauern. In seiner ursprünglichen Bedeutung umfasste der Begriff „Semit" sowohl die arabischen Völker als auch die Juden; dennoch bezeichnet Anti-Semitismus die Abneigung nur gegen Juden, nicht gegen Araber. Marr ermunterte judenfeindlich gesinnte Gemüter gewissermaßen sich dieser nur allzu brauchbaren, gänzlich von Voreingenommenheit geprägten Unterscheidung zu bedienen.

Die Juden bilden keine Rasse. Sie sind vielmehr durch Glauben, Geschichte, Tradition und andere kulturelle Eigenschaften vereint. Ihnen ist kein gemeinsames charakteristisches genetisches Merkmal, kein biologisches Kennzeichen eigen, das sie als jüdisch ausweist. Da das Judentum eine Religion ist, muss man nicht in den Glauben „hineingeboren" werden um jüdisch zu sein. Viele Menschen sind sogar von anderen Religionen zum Judentum übergetreten.

Der fortgesetzte Gebrauch des Begriffs „Anti-Semitismus" lässt die unbegründete rassische Bedeutung ungewollt fortbestehen. Die Ausweichformulierung „Antisemitismus" bewahrt zwar den Klang des Marrschen Begriffs, d. h. ihre Bedeutung ist rasch verständlich, doch sie verneint den irrigen Schluss, den Marr und seinesgleichen zogen.

PROLOG

DIE NACHT, der erste Teil von Elie Wiesels Romantrilogie über den Holocaust, erzählt über die Erlebnisse des Autors in Auschwitz, dem Konzentrations-, Arbeits- und Vernichtungslager der Nazis in Polen, in das er im Mai 1944 als Jugendlicher kam. Die Erzählung schließt mit dem April 1945, mit einer Szene, in der Wiesel in einen Spiegel schaut. Sich in einem Spiegel zu sehen ist an sich eine unbedeutende Sache, doch der Junge hatte das nicht mehr getan, seit er und seine Familie aus Sighet, der Heimatstadt in Ungarn, über ein Jahr zuvor deportiert worden waren. Was Wiesel sah, war zudem überhaupt nicht das Übliche. „Aus dem Spiegel", so schrieb er, „blickte mich ein Leichnam an."

Obwohl offiziell aus Auschwitz „befreit", konnte Wiesel nie von der Katastrophe frei sein, die ihm und seinem Volk widerfahren war. Er und die anderen Überlebenden waren Zeugen von so viel unsinniger Gewalt und nutzlosem Sterben im „Königreich der Nacht" gewesen, dass zu ihrem Leben fortan der Tod als ständiger Begleiter gehörte, den er erkannt haben musste, als er in den Spiegel schaute. „Den Ausdruck in seinen Augen, die in die seinen starrten, habe er nie vergessen", schrieb er.

Von Zeit zu Zeit kehrte Elie Wiesel wieder nach Auschwitz zurück. Er tat das zuallererst als Zeuge für die Toten und die Lebenden. Doch er kehrte auch zurück, weil ihm seine Leistungen als berühmter Autor, einflussreicher Menschenfreund und Friedensnobelpreisträger (1986) eine große Verantwortung für die Bewahrung der Erinnerung an den Holocaust, auch für die sorgfältige Erhaltung der wichtigsten Stätten der Massenvernichtung, auferlegt haben. Im Sommer 1979 leitete er eine Delegation, die bedeutsame Orte aus der Geschichte des Holocaust besuchte. Zu diesen Orten gehörte Auschwitz-Birkenau. In Birkenau, dem Zentrum der Vernichtung in dem ausgedehnten Lagersystem von Auschwitz, waren mehr als eine Million Juden vergast worden.

„Der Anfang und das Ende: alle Straßen der Welt, all die Aufschreie der Menschheit führen zu diesem verfluchten Ort. Hier ist das Königreich der Nacht, wo das Gesicht Gottes verborgen ist und ein lodernder Himmel zum Friedhof für ein dahinschwindendes Volk wird."

nach *Elie Wiesel,* Pilgrimage to the Kingdom of Night.

Die Besucher kamen von der Holocaust-Kommission des US-amerikanischen Präsidenten. Diese Kommission war von Jimmy Carter, dem damaligen Präsidenten der USA, beauftragt worden eine Empfehlung für ein geeignetes Holocaust-Denkmal in den Vereinigten Staaten zu erarbeiten. Auf diese Initiative hin wurde 1993 in Washington, D. C. das *United States Holocaust Memorial Museum* eröffnet. Während seiner Reise 1979 hielt sich Wiesel auch in Auschwitz auf, wo er seine Dichtung *Listen to the Wind* las. Das Gedicht fordert die Menschen auf zuzuhören, an einem Ort, den Wiesel treffend „das Grab des menschlichen Herzens" nannte – dem Wind, den Steinen und dem Himmel zuzuhören. Zu einer späteren Zeit jenes Jahres sprach Wiesel, über seine *Pilgrimage to the Kingdom of the Night* nachdenkend, von Auschwitz-Birkenau als dem Anfang und dem Ende: „Alle Straßen der Welt, all die Aufschreie der Menschheit führen zu diesem verfluchten Ort."

Als Wiesel mit anderen Überlebenden 1979 in Auschwitz-Birkenau stand, „an dem Ort, an dem wir unsere Familien verloren hatten", fiel nach seinem späteren Bericht „kein Wort … Es gab nichts zu sagen." Doch dann, so erinnert sich Wiesel, waren im Wind, der durch Auschwitz

Viele Herrscher des Mittelalters vertrieben die Juden oder verurteilten sie zum Tode. Diese jüdische Frau sollte auf Befehl Philipps V. von Frankreich auf dem Scheiterhaufen verbrannt werden.

wehte, aus der Erinnerung die alten Worte zu hören, Worte, die ebenfalls auf den Anfang zurückgehen: „*Schema Israel.* ‚Höre, Israel! Jahwe, unser Gott, Jahwe ist einzig.' … *Ani maamin.* ‚Ich glaube von ganzem Herzen an die Ankunft des Messias …'" Jahrhunderte und gar Jahrtausende alt, führen diese Worte aus der jüdischen Tradition nicht nur zu den Ursprüngen des jüdischen Volkes zurück, sondern auch zum Anfang der Zeit und der Schöpfung. Aus Auschwitz kommend fragen jene Worte: Wie kam es, dass Birkenau die Erde tief verwundete und die Menschheit nun den bleibenden Schmerz des Holocaust bewältigen muss? Warum hatte der Anfang jenes Ende zur Folge?

Jene Fragen werden noch lange nach dem Umblättern der letzten Seite dieses Buches bleiben. Wie sollte es auch anders sein, da kein Geschehnis den menschlichen Verstand mehr herausfordert als der Holocaust. Um zu verstehen, wie und weshalb er geschah, ist eine detaillierte Untersuchung der Jahre 1933 bis 1946 – der Schwerpunkt der *Holocaust Chronik* – erforderlich. Doch genauso unvollständig wie die Aussage, dass der Holocaust 1946 endete, ist die Feststellung, dass er 1933 begann.

Die Auswirkungen des Holocaust leben fort. Auf diese Weise ist die Vergangenheit gegenwärtig. Mehr noch – wenn es um den Holocaust geht, wei-

Weshalb Antisemitismus?

1879 und 1880 veröffentlichte Heinrich von Treitschke, ein einflussreicher deutscher nationalistischer Historiker, eine Reihe von Artikeln, welche die Aufmerksamkeit auf einen verhängnisvollen Satz zog: „Die Juden sind unser Unglück." Dieser Spruch sollte eines Tages schließlich auf Transparenten bei den Kundgebungen der Nazis zu lesen sein. Noch bevor Treitschkes Abhandlung erschien, prägte ein anderer deutscher Autor, der antijüdisch eingestellte Journalist Wilhelm Marr, den Begriff *Antisemitismus*. Was sich hinter diesem Begriff verbirgt – Diskriminierung jüdischer Bürger und Judenfeindlichkeit – ist möglicherweise das beständigste Hassgefühl der Welt.

Im Jahr 70 n. Chr. wurden in Jerusalem mindestens 600 000 Juden von den unter Titus' Befehl stehenden Römern ausgehungert und/oder ermordet. Frühchristliche Theologen behaupteten, die Juden hätten das Massaker selbst verschuldet, da sie Jesus als ihren Messias abgelehnt hätten. Danach wütete die Gewalt gegen die Juden jahrhundertelang weiter. 1290 wurden die Juden aus England, 1306 aus Frankreich und 1492 aus Spanien vertrieben.

Als sich im Europa des 18. und 19. Jahrhunderts religiöse Toleranz und Bürgerrechte entwickelten, wurden die Juden nach dem Gesetz nahezu gleichberechtigte Bürger. Diese liberalen Tendenzen merzten allerdings nicht den Hass gegen die Juden aus. Im späten 19. Jahrhundert beispielsweise brachen in Russland und Polen antijüdische Pogrome aus, bei denen Tausende ums Leben kamen.

Der Antisemitismus nahm über die Jahrhunderte hinweg verschiedene, doch miteinander verwandte Formen an – religiöse, wirtschaftliche, soziale und rassische. Die Juden wurden benachteiligt, gehasst und getötet, weil voreingenommene Nichtjuden meinten, die Juden gehörten der falschen Religion an, besäßen keine staatsbürgerlichen Voraussetzungen, führten ihr Gewerbe unsachgemäß aus, verhielten sich unangemessen oder besäßen minderwertige rassische Eigenschaften. Diese Formen, insbesondere die rassisch begründete Form des Antisemitismus, spielten im Holocaust alle eine wichtige Rolle. Ohne den Antisemitismus wäre es nicht zum Holocaust gekommen.

Religiöser Glaube und ein scharfes Begreifen der Welt vor dem Holocaust halfen dem Autor und Überlebenden Elie Wiesel die Katastrophe zu überstehen.

- **Um 1500 v. Chr.: Der biblischen Chronologie zufolge ziehen die Hebräer nach Ägypten.**
- **Um 1250 v. Chr.: Der Hebräer Moses empfängt die Zehn Gebote, was die Entwicklung der hebräischen Religion zum Monotheismus entscheidend beeinflusst.**
- **Um 1000 v. Chr.: Regierungszeit der Könige Saul, David und Salomo. Jerusalem wird Hauptstadt des israelitischen Königreichs. Unter Salomos Herrschaft wird in Jerusalem der große Tempel errichtet.**
- **Um 700 v. Chr.: Die Assyrer deportieren zehn der zwölf jüdischen Stämme (die Zehn verlorenen Stämme).**
- **Um 600 v. Chr.: Die Babylonier erobern Jerusalem und zerstören den Tempel. Sie führen viele Juden in die Verbannung nach Babylon. Diese Diaspora wird Babylonisches Exil genannt.**
- **Um 500 v. Chr.: Entwicklung der Vorstellung von einem Messias, einem religiösen/ moralischen Führer der Juden. • Die Perser besiegen die Babylonier, gestatten den Juden die Rückkehr aus dem Exil und den Wiederaufbau des Tempels.**

Im April 1965, 20 Jahre nach der Befreiung durch die Rote Armee, betreten Überlebende von Auschwitz wieder das Lager.

tet die Gegenwart des Vergangenen das Bewusstsein in zwei Richtungen: Das Bemühen, den Holocaust zu begreifen, leitet uns zeitlich einerseits zu den Ursprüngen des jüdischen Volkes zurück und andererseits zum neueren deutschen Staat. Es lässt uns über die antijüdische Diskriminierung nachdenken, die im Christentum wie auch in rassischen Stereotypen wurzelt, die es bereits vor dem Nationalsozialismus gab.

Mit dem Anbruch des 21. Jahrhunderts tritt der Holocaust weiter in die Vergangenheit zurück. Als etwas, das in einem früheren Jahrhundert geschah, mag er von uns noch weiter entfernt erscheinen. Nichts jedoch könnte der Wahrheit weniger entsprechen. Der Völkermord ist geschehen, er wirft seine Schatten auf die Erde. Der Genozid lässt keine Finsternis undenkbar, keine Zerstörung unvorstellbar, keine Verwüstung unmöglich erscheinen. Die ethnische Säuberung im Kosovo und der Völkermord in Bosnien und Ruanda, die alle nach dem Holocaust stattfanden, bezeugen das. Nur wenn man die Warnung des Holocaust beherzigt und nicht vergisst, kann man verhindern, dass der Schrei „Nie wieder!" mit einem schallenden „Immer wieder!" verhöhnt wird. Die Mahnung wird am eindringlichsten, wenn wir zum Anfang zurückgehen. Wir beginnen daher mit einer zerbrochenen Brille, die dem deutschen Journalisten Fritz Gerlich gehörte.

Fritz Gerlichs Brille

Der 1883 geborene Dr. Fritz Gerlich wuchs in Stettin auf und kam später nach München, wo er unter anderem Geschichte studierte und mit einer Dissertation über einen deutschen Kaiser des Mittelalters die Doktorwürde erlangte. Wegen seiner Fehlsichtigkeit trug Gerlich jene Brille mit Stahlrahmen, die ihn berühmt machte; aus dem gleichen Grund konnte er während des Ersten Weltkrieges keinen Heeresdienst leisten. Stattdessen arbeitete er als Archivar und fühlte sich mit der Zeit immer stärker zum politischen Journalismus hingezogen.

Nach der Niederlage seines Landes 1918 verteidigte Gerlich eisern den deutschen Nationalismus und wurde bald Chefredakteur der „Münchener Neuesten Nachrichten", einer der konservativsten Zeitungen der Stadt. In den frühen 20-er Jahren war Gerlich eine bedeutsame Persönlichkeit der nationalistischen Bewegung im Nachkriegsdeutschland. Im Frühjahr 1923 erhielt er Besuch von einem umstrittenen, sechs Jahre jüngeren Mann, dem Vorsitzenden der rechtsgerichteten Nationalsozialistischen Deutschen Arbeiterpartei. Der Mann war Adolf Hitler.

Hitlers Besuch bei Gerlich im Jahr 1923 fand in unruhigen Zeiten statt. Die Weimarer Republik war nach dem Ersten Weltkrieg mit einer enormen Reparationsschuld und dem Elend der galoppierenden Inflation belastet. Um einen kurzen Eindruck davon zu bekommen, was zwischen

Obwohl politisch rechts stehend, verabscheute der Münchener Zeitungsredakteur Fritz Gerlich Hitler. Seine Meinung behielt er auch während Hitlers Aufstieg an die Macht unerschütterlich bei, was ihm das Leben kostete.

• Etwa 4. – 2. Jahrhundert v. Chr.: Die Griechen versuchen das Judentum zu vernichten und den Juden die hellenistische Kultur und Religion aufzudrängen. Die Juden wehren diese Versuche ab. (Sie feiern diese Ereignisse noch heute in ihrem Chanukka-Fest.)

• Etwa 3. Jahrhundert v. Chr.: Der Pentateuch, die ersten fünf Bücher der hebräischen Bibel, wird ins Griechische übersetzt. Diese Version wird als Septuaginta bekannt.

• 140 v. Chr.: Judäa und Rom sind Verbündete.

• 63 v. Chr.: Pompeius, einer der drei Herrscher Roms, erobert Palästina.

• Um 4 v. Chr. – 30 n. Chr.: Etwa die Lebenszeit des Jesus von Nazareth. Pontius Pilatus, der römische Statthalter von Judäa, ordnet die Hinrichtung Jesu an, der einige jüdische Anführer zu Gegnern hatte. Zu jener Zeit spielt sich das religiöse Leben der Juden in unterschiedlichen Gemeinschaften des Judentums ab: Die Sadduzäer sind eine priesterliche Führungsschicht, die mit den römischen Behörden zusammenarbeitet um den Status quo zu erhalten; die Pharisäer verschreiben sich den

Gerlich und Hitler geschah, müssen einige Gründe für die Notlage Deutschlands zu jener Zeit genauer betrachtet werden.

Die Niederlage Deutschlands im Ersten Weltkrieg wurde am 11. November 1918 mit der Annahme der Waffenstillstandsbedingungen besiegelt. Sieben Monate später, am 28. Juni 1919, wurde in Paris der Versailler Vertrag unterzeichnet, in dem die Friedensbedingungen festgesetzt waren. Der Vertrag bezeichnete Deutschland als Kriegsschuldigen und verlangte von den Deutschen Zahlungen für sämtliche Kriegsschäden zu leisten, welche die Alliierten erlitten hatten. Eine Reparationskommission sollte die Summe festlegen. Das Londoner Ultimatum vom Mai 1921 forderte von Deutschland Reparationszahlungen in Höhe von 132 Milliarden Goldmark. Die Schuld sollte über einen Zeitraum von 37 Jahren mit einem Zinssatz von sechs Prozent abgetragen werden. Die jährlichen Zahlungen sollten sich auf zwei Milliarden Goldmark und 26 Prozent des Wertes der deutschen Exporte belaufen. Diese Abgaben, die auf etwa sieben Prozent des deutschen Nationaleinkommens geschätzt wurden, betrugen nach dem Urteil des britischen Volkswirtschaftlers John Maynard Keynes das Dreifache dessen, was das Land hätte liefern können. Die finanzielle Bürde ließ einen tiefen Groll aufkommen, aus dem Hitler und seine Nazipartei kräftig Kapital schlugen.

In krassem Gegensatz zum motorisierten Blitzkrieg der Nazis 17 Jahre später in Frankreich drangen die französischen Soldaten 1923 noch auf dem Fahrrad ins Ruhrgebiet ein.

Deutschland hatte von Anfang an Schwierigkeiten die planmäßigen Reparationszahlungen zu leisten. Bereits Ende 1921 beispielsweise erklärte die Regierung, dass sie den im Januar und Februar 1922 fälligen Verpflichtungen nicht nachkommen könne. Deutschland bat mehrmals um Aufschub, doch insbesondere Frankreich sah in dem Zahlungsverzug eine Gelegenheit mit der Besetzung des Ruhrgebiets, einer Region, die für die Wiederherstellung Deutschlands nach dem Krieg von industrieller und strategischer Bedeutung war, den ehemaligen Kriegsgegner weiter zu schwächen. Am 11. Januar 1923 nahm der französische Ministerpräsident Raymond Poincaré zu geringe deutsche Holz- und Kohlelieferungen zum Vorwand um zur Wahrung der französischen Interessen Truppen ins Ruhrgebiet zu entsenden.

Den aus dem Großen Krieg heimgekehrten deutschen Soldaten boten sich schlechte Aussichten. Viele von ihnen mussten schließlich von der Wohlfahrt leben.

Die Deutschen, die nicht in der Lage waren dem durch belgische Verbände verstärkten französischen Einmarsch militärisch entgegenzutreten reagierten mit passivem Widerstand. 130 000 Deutsche verweigerten die Arbeit und so sank die Produktivität dieser Region um die Hälfte. Die Franzosen begegneten diesem Widerstand mit Verhaftungen, Gefängnisstrafen, Ausweisungen, Androhung der Todesstrafe und Hinrichtung. Im Sommer 1923 hatte sich die Lage der vom Konjunkturrückgang geprägten

Traditionen der mosaischen Gesetze und streben nach religiöser Reinheit in Gottes auserwähltem Volk; die Essener leben von der Gesellschaft zurückgezogen in klosterartigen Konklaven; die Zeloten setzen sich für die politische Freiheit Judäas von der römischen Herrschaft ein und die jüdischen Christen glauben daran, dass Jesus der verheißene Messias sei.

• 1. Jahrhundert n. Chr.: Außerhalb Palästinas leben etwa fünf Millionen Juden, davon 80 Prozent im Römischen Reich.

• 70: Nach einem jüdischen Aufstand schließt ein römisches Heer unter Titus Jerusalem ein. Die Juden, die aus der Stadt zu fliehen versuchen, werden getötet. Nach monatelanger Belagerung greifen die Römer Jerusalem an. Mindestens 600 000 Juden verhungern in dieser Zeit oder werden ermordet. Die Römer zerstören den wieder aufgebauten Tempel. Viele frühchristliche Theologen sind der Meinung, dass die Juden mit ihrer Weigerung, Jesus als den Messias anzuerkennen, die Zerstörung selbst verschuldet hätten.

deutschen Wirtschaft noch mehr verschlimmert; die französische Besatzungsstreitmacht im Ruhrgebiet war auf 100 000 Mann angewachsen. Diese Truppenstärke entsprach der im Versailler Vertrag festgelegten Gesamtstärke des deutschen Landheeres. Solche Folgen fügten der Kränkung Deutschlands noch eine Beleidigung hinzu – vor allem nach Ansicht jener Bürger, die wie Hitler fälschlicherweise glaubten, die Niederlage Deutschlands und insbesondere der Versailler Vertrag seien das Ergebnis eines „Dolchstoßes“ jüdischer Verräter und deren linksgerichteter Kollaborateure gewesen.

1923 erlebte Deutschland eine der ausweglosensten inflationären Entwicklungen, die es in einem Industrieland je gegeben hat. Der Krieg war weniger durch Steuererhöhungen als durch Anleihen und Schuldverschreibungen finanziert worden, die dann zu einer Zeit, als die Regierung immer mehr Geld in Umlauf bringen ließ, getilgt wurden. So rasch, wie das Papiergeld gedruckt wurde, verfiel sein Wert.

Leider gingen die Probleme, die Deutschland plagten, weit über die während des Krieges angehäuften Schulden und die Reparationsforderungen hinaus, die eine weitere schwere Folge der Niederlage waren. Der Krieg hatte der Leistungsfähigkeit der deutschen Industrie geschadet. Die Bestände an Rohstoffen und Gütern waren stark dezimiert worden. Dazu kamen die hohen Kosten für die Umstellung der Ökonomie von der Kriegs- auf eine Friedenswirtschaft – eine Schwierigkeit, die durch die hohe Arbeitslosigkeit in Deutschland noch vergrößert wurde. Dass Deutschland 1920 noch 660 000 Soldaten hatte, vereinfachte das Problem nicht. Um die Bestimmungen des Versailler Vertrages zu erfüllen, musste das Land 560 000 Soldaten demobilisie-

Der Versailler Vertrag

Die Unterzeichnung des Versailler Vertrages im Juni 1919 stellte das formelle Ende des Krieges zwischen Deutschland und den ehemaligen Mächten der Entente dar. Der ausschließlich von den Siegermächten geschriebene Vertrag wurde von den Deutschen allgemein mit Missbilligung aufgenommen.

Der Vertrag verlangte von Deutschland die Territorien Elsass, Lothringen, Posen, Westpreußen und Oberschlesien sowie die kolonialen Besitzungen in Afrika abzutreten. Außerdem verlor Deutschland die Kontrolle über seine Kohlebergwerke im Saargebiet. Aufgrund der Entmilitarisierungs- und Entwaffnungsbestimmungen des Vertrages wurden die deutschen Truppen aus dem Rheinland abgezogen, die vormalige Kaiserliche Marine verkleinert und das Landheer auf eine Stärke von 100 000 Mann begrenzt. Zudem wurden maßlose Reparationszahlungen in Höhe von 132 Milliarden Goldmark gefordert.

Der folgenreichste Punkt des Vertrages war die berüchtigte Kriegsschuldklausel. In Artikel 231 wurde festgestellt, dass Deutschland die volle und totale Verantwortung für den Krieg übernehmen müsse – eine Forderung, durch die sich selbst die vernünftigsten Deutschen, welche die Verpflichtung ihres Landes zur Wiedergutmachung anerkannten, erniedrigt fühlten.

Die deutsche Nachkriegsregierung, die Weimarer Republik, die mit der Bürde der Niederlage und der Erniedrigung durch den Versailler Vertrag belastet war, wurde von ihren Kritikern beschuldigt Deutschland hinterrücks einen „Dolchstoß“ versetzt zu haben. Der Aufruf den Versailler Vertrag zu kippen war der hervorstechende Punkt der politischen Plattform der Nazis vor deren Aufstieg zur Macht im Jahr 1933.

Dieses Plakat mit einem schreienden Baby widerspiegelt den deutschen Zorn darüber, dass die nach dem Krieg Geborenen ihr ganzes Leben lang Reparationen würden zahlen müssen.

• 313: Der römische Kaiser Konstantin I. erlässt das Toleranzedikt, nach dem alle Religionen einschließlich des Christentums gleichgestellt sind.

• 4. Jahrhundert: Die Juden werden durch das christianisierte Römische Reich diskriminiert.

• 4. – 6. Jahrhundert: Mehrere Kirchenkonzile und Dutzende römischer Gesetze richten sich gegen das Judentum und die Juden, indem sie so genannte Mischehen zwischen Christen und Juden verbieten. Die Christen beginnen die Juden als im Bunde mit dem Teufel stehende „Christusmörder“ anzugreifen.

• Um 500 – 1000: Im frühen Mittelalter sind die europäischen Juden, die gewöhnlich als Kaufleute tätig sind, vereinzelten Verfolgungen ausgesetzt.

• 1096 – 1099: Die ersten christlichen Kreuzfahrer ermorden Juden in Europa und nehmen Jerusalem ein.

• 11. – 13. Jahrhundert: Viele christliche Kreuzzüge gehen mit Massakern an Juden einher, die zu Tausenden ermordet und deren Synagogen und Häuser geplündert werden.

Die ökonomische Misere

In Deutschland fuhr der durchschnittliche Arbeiter seinen Wochenlohn 1923 in der Schubkarre nach Hause. Hausfrauen verwendeten das nahezu wertlose Papiergeld zum Feueranzünden. Mit einem Arm voll Banknoten konnte man vielleicht ein Brot kaufen. Diese Absurditäten gehörten zu den sichtbaren Folgen der Inflation, welche die Ersparnisse der Menschen in Luft auflösten und die Regierung der Weimarer Republik in den Jahren vor Hitlers Machtantritt lähmte.

Seit 1919, dem ersten Jahr ihres Bestehens, sah sich die demokratische Weimarer Republik mit ernsten wirtschaftlichen Problemen konfrontiert. Dazu gehörten vor allem die Schwindel erregend hohen Reparationszahlungen, welche die siegreichen Ententemächte nach dem Krieg von 1914–1918 gefordert hatten und die im Versailler Vertrag festgelegt waren. Dass sich die Drahtzieher des deutschen Finanzwesens am Missgeschick des Mittelstands sagenhaft bereicherten, machte die Ruinierten für das Gedankengut der rechten politischen Extremisten empfänglich, die das Unglück der Nation der Regierung der Weimarer Republik und häufig auch den Juden anlasteten.

Obgleich die Inflation 1924 gestoppt werden konnte, war die sich entwickelnde innere Festigung der Weimarer Republik unzureichend. Der Kurssturz an der New Yorker Börse im Oktober 1929 löste eine internationale Wirtschaftskrise aus, die sich in Deutschland verheerend auswirkte. Firmenzusammenbrüche und Arbeitslosigkeit erreichten beispiellose Ausmaße. Uneinigkeit im Reichstag führte faktisch zur Lähmung des politischen Entscheidungsprozesses in Deutschland.

In diesen Jahren agitierte Adolf Hitler unermüdlich, versprach hoch und heilig, den Versailler Vertrag für unverbindlich zu erklären und Deutschlands Ehre und Wohlstand wieder herzustellen. Seinem Ruf folgte eine verzweifelte Wählerschaft. Bei den Wahlen von 1930 erzielte die NSDAP einen deutlichen politischen Durchbruch. Sie errang 18,3 Prozent der Stimmen und erhöhte die Anzahl ihrer Sitze im Reichstag von 12 auf 107; damit war sie die zweitstärkste Fraktion des Parlaments.

Die Reden der Nazis ließen beim Mittelstand die Erinnerung an die schreckliche Inflation von 1923 und den Groll gegen die Demütigungen durch den Versailler Vertrag aufleben. Die Nazis gaben die Schuld an der katastrophalen Situation in Deutschland den „Novemberverbrechern“ (ein Hinweis auf die Sozialdemokraten, die für die schwache Haltung Deutschlands 1919 verantwortlich gemacht wurden), den Marxisten, den Profitmachern und den Juden, die nach Meinung der Nazis vermutlich hinter all dem steckten.

Die lautstarken Auseinandersetzungen im Parlament fanden einen immer heftigeren Widerhall auf Deutschlands Straßen, wo konkurrierende politische Gruppierungen regelrechte Schlachten austrugen. Die jugendlichen Nazischläger fanden Geschmack an den Zusammenstößen mit Sozialdemokraten und anderen politischen Gegnern. Der Sommer 1932 verlief besonders blutig, als die SA (Sturmabteilung) ihre Versprechen wahrmachte, „Schädel einzuschlagen“ und „die gottverdammte jüdische Republik zu zerschmettern“. Im Juni kamen allein im Freistaat Preußen bei fast 500 Auseinandersetzungen mehr als 80 Menschen ums Leben.

Als sich die Wirtschaftskrise vertiefte, machte sich die energische Nazipropaganda noch deutlicher bezahlt. Die Wahlen im Juli 1932 verhalfen den Nazis zu sage und schreibe 37 Prozent der Stimmen. Mit 230 Reichstagsmitgliedern waren sie nun die größte politische Partei Deutschlands. Ermutigt durch diesen Wahlerfolg und die sichtbare öffentliche Anerkennung seiner grandiosen Wirtschaftspläne, verlieh Hitler seiner Forderung zum Reichskanzler ernannt zu werden stärkeren Nachdruck.

- 11.–15. Jahrhundert: Die Juden des Mittelalters erleben eine deutliche Verschlechterung ihres Status in Europa. Sie werden als Werkzeuge des Teufels, als die größten Sünder Europas, habgierige Wucherer, heimtückische Mörder von Christenkindern (Verleumdung wegen angeblicher Ritualmorde), Christenblutsäufer (so genannte Blutbeschuldigungen), Verschwörer, die nach der Vernichtung des Christentums trachten (Brunnenvergifter) und ewige Feinde Jesu Christi (Hostienschänder) angesehen. Diese Verleumdungen entbehren jeder Grundlage. Dennoch werden als Folge der Feindseligkeit, die sich hinter diesen Vorwürfen verbirgt, ganze jüdische Gemeinden massakriert.

- 1171: In der Stadt Blois südlich von Paris werden die Juden fälschlicherweise des Ritualmordes an einem Christenkind und der Blutsäuferei (Verwendung des Blutes des ermordeten Kindes in einem jüdischen religiösen Ritual) beschuldigt. Die erwachsenen jüdischen Bürger der Stadt werden verhaftet; die meisten von ihnen werden aufgrund ihrer Weigerung zu konvertieren hingerichtet. 31 oder 32 Juden kommen ums Leben. Die jüdischen Kinder werden gewaltsam getauft.

Dieses Wahlplakat von 1924 forderte die Deutschen auf, für die Deutschnationale Volkspartei (DNVP) und gegen die verräterischen Demokraten und Sozialisten zu stimmen.

ren und dann auf irgendeine Weise in die deutsche Wirtschaft eingliedern. Dieses Ziel ließ sich in einer von der Inflation destabilisierten Volkswirtschaft, die das Vertrauen in die Regierung rasch zerstörte, kaum erreichen.

Zu Beginn der 20-er Jahre entsprachen einem Dollar 100 Mark; im Januar 1923 18 000 Mark. Die Inflation war von der Hyperinflation abgelöst worden. Noch im selben Jahr betrug der Wechselkurs der Mark zum Dollar 4,2 Milliarden: 1. Bevor diese Spirale Ende 1923 unter Kontrolle gebracht werden konnte, hatte die Hyperinflation bereits Millionen einfacher Deutscher ruiniert, die auf Löhne, festes Einkommen oder in besseren Zeiten angesammelte Ersparnisse angewiesen waren. Auf dem Höhepunkt der Inflation konnte ein Liter Milch oder ein Brot Billionen Mark kosten. Die Preise änderten sich nicht nur von einem Tag zum nächsten, sondern auch im Verlauf eines Tages. Das Geld, das man am Morgen besaß, war am Abend wertlos.

Die Hyperinflation kam einigen Gewinnlern auf dem Finanzsektor zugute, die sich gewaltige Bankkredite verschafften, Unternehmen oder Immobilien kauften und ihr Darlehen dann mit dem entwerteten Geld zurückzahlen konnten. Die meisten Deutschen jedoch befanden sich in einer ernsthaften Notlage; nicht selten erhielten sie von ihrer Bank die Nachricht, dass ihre Einlagen keinen Wert mehr hätten.

Bayern und insbesondere München galten schon früh als Mekka der deutschen nationalistischen Bewegungen der Nachkriegszeit. Die Region war 1923 nicht nur von der wirtschaftlichen Instabilität betroffen; dort existierten auch Pläne zur Wiederherstellung der Ordnung durch revolutionäre Mittel. Wahrscheinlich waren solche Pläne der Grund für Hitlers Besuch bei Fritz Gerlich. Gerlich war zwar kein Nazi, doch beide Männer hatten gemeinsame Interessen und hätten zu Verbündeten werden können. Wie sich herausstellte, geschah das Gegenteil. Gerlich wurde einer der beharrlichsten und unerbittlichsten Gegner Hitlers und der Nazis. Der Ursprung seiner Abneigung gegen Hitler ist unklar, rührt aber vielleicht von den Versprechen her, die Hitler Gerlich im Frühjahr 1923 gab und dann im Herbst desselben Jahres brach.

Wie Ron Rosenbaum die Geschichte in seinem 1998 erschienenen Buch „Explaining Hitler" belegt, unterstützte Gerlich die politischen Bestrebungen Gustav Ritter von Kahrs, des rechten nationalistischen Regierungspräsidenten von Oberbayern. Hitler mag Gerlich versprochen haben, dass auch er Kahn unterstützen und nicht zu illegalen Methoden greifen werde um die Sache der Nazis zu fördern. Später, am 8. und 9. November 1923, erlebte Gerlich den Putsch in München, bei dem Hitler versuchte gewissermaßen im letzten Moment die Macht in Bayern zu übernehmen. Der Staatsstreich begann am Abend des 8. November, als Hitler und weitere Führer der Nazipartei eine patriotische Kundgebung im Münchner Bürgerbräukeller

Mit dem Anwachsen der Inflation ließ die Regierung der Weimarer Republik immer mehr Geld drucken. Mit einer Banknote über 10 Billionen Mark, wie sie hier abgebildet ist, konnte man Ende 1923 praktisch nichts mehr kaufen.

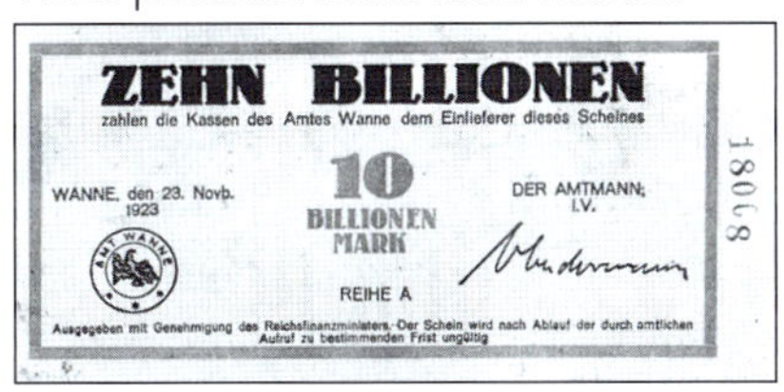

• **1215: Das 4. Laterankonzil der Kirche schreibt für die Juden eine besonders gekennzeichnete Kleidung vor, damit der Umgang zwischen Juden und Christen vermieden werden kann. Die Juden müssen mitunter bestimmte Abzeichen bzw. einen so genannten Judenhut mit hoher abgerundeter Spitze tragen. • Das Papsttum schützt die Juden zuweilen, macht jedoch ein für alle Mal deutlich, dass die Juden staatenlose Wesen sind, deren bloße Existenz innerhalb des Christentums von der Güte der Kirche abhängig ist.**

• **1290: Die Juden werden aus England vertrieben. Die Feindseligkeit gegenüber Juden besteht – trotz deren Abwesenheit auf den Britischen Inseln bis Mitte des 17. Jahrhunderts – auch während der folgenden 350 Jahre fort.**

• **1306: Philipp IV. ordnet die Vertreibung aller Juden aus Frankreich sowie den öffentlichen Verkauf des jüdischen Eigentums an. Mehr als 125 000 Juden werden zum Verlassen des Landes gezwungen.**

• **Frühes 14. Jahrhundert: In Südosteuropa siedeln sich Sinti und Roma an.**

unterbrachen, wo Kahr als Hauptredner auftrat. Das Gebäude wurde von einer SA-Formation umstellt, Hitler ließ Kahr verhaften und zwang ihn mit vorgehaltener Pistole den Putsch zu befürworten.

Sobald sich Kahr dieser Situation entziehen konnte, widerrief er seine erzwungene Zustimmung. Er wies zudem die bayrischen Polizeikräfte an, sich für den Mittag des 9. November bereitzuhalten. An jenem Nachmittag drangen Hitler und andere Naziführer, darunter General Erich Ludendorff, ein deutscher Kriegsheld, und Jagdflieger-As Hermann Göring, der eine Schlüsselfigur im Dritten Reich werden sollte, mit über 2000 Anhängern zum Odeonplatz in der Münchner Innenstadt vor. Die Landespolizei sperrte die Marschroute der Nazis und eröffnete das Feuer. Sechzehn Nazis und vier Polizisten verloren ihr Leben; Hitler und Göring wurden verwundet. Der Putsch scheiterte, doch ungeachtet der Niederlage machten die Nazis diesen frühen revolutionären Ausbruch zu einem wichtigen Teil des Bildes ihrer Partei. Ihre Gefallenen wurden zu Märtyrern der Bewegung. Die Davongekommenen machte man zu besonders geehrten Helden unter den Alten Kämpfern, den Nazis, die der NSDAP bereits vor Hitlers Aufstieg zum Reichskanzler am 30. Januar 1933 angehört hatten.

Gustav Ritter von Kahr, ab September 1923 bayrischer Generalstaatskommissar, verhinderte 1923 in München Hitlers Griff nach der Macht.

Durch lange Arbeitslosigkeit unzufrieden und enttäuscht, erhoben sich die deutschen Arbeiter im Oktober 1923 in Berlin. Die Polizei erstickte den Aufruhr und verhaftete Demonstranten.

Hitler wurde zwei Tage nach dem fehlgeschlagenen Putsch verhaftet und drei Monate später des Hochverrats angeklagt. Das Gericht jedoch zeigte sich von Hitlers Umsturzversuch nicht allzu sehr beunruhigt. Es verurteilte den Angeklagten zu fünf Jahren Haft in der Festung von Landsberg am Lech. Nach neun Monaten, im Dezember 1924, wurde Hitler vorzeitig entlassen. Er hatte die sorgenfreie Zeit im Gefängnis genutzt und mit der Niederschrift eines der einflussreichsten Bücher des 20. Jahrhunderts, seines Buches „Mein Kampf", begonnen, das 1925 veröffentlicht und von dem bis 1933 mehr als eine Million Exemplare verkauft wurde. 1939 erschien die 500. Auflage und 1945 hatten die Verkäufe zehn Millionen erreicht. Die Tantiemen machten Hitler zu einem wohlhabenden Mann.

Um 1933 war Gerlich, was Hitler und die Nazis betraf, ein gezeichneter Mann. Ein Jahrzehnt lang hatte er Hitlers gebrochene Versprechen weder vergessen noch vergeben. Gerlich verlor nie die Überzeugung, die sich ihm 1923 aufgedrängt hatte: nämlich die, dass Täuschung, Verrat und rücksichtslose Gewalt den Charakter Hitlers bestimmten. Gerlich beschloss sein Können und seinen Einfluss als Journalist zu nutzen um Hitler auf jede erdenkliche Weise, die sich ihm bot, zu entlarven.

Gerlich war nicht der einzige deutsche Journalist, der Hitler und der Nazipartei in den 20-er und frühen 30-er Jahren entgegentrat. Schon ehe Gerlich seine Feder gegen Hitler einsetzte, gab es eine Gruppe heute größtenteils (jedoch unverdientermaßen) vergessener Herausgeber und Reporter bei der „Münchner Post" – Martin Gruber, Erhard Auer, Edmund Goldschagg, Julius Zerfass u. a. –,

---

• 1348 – 1349: Als die Pest in ganz Europa wütet und ihre Opfer unterschiedslos dahinrafft, werden die Juden als Sündenböcke für die schreckliche Geißel betrachtet, die sich die Menschen verzweifelt zu erklären suchen. In Frankfurt, Worms und vielen anderen Orten werden Juden ermordet und deren Gemeinden vernichtet.

• 15. Jahrhundert: Sinti und Roma siedeln sich in Westeuropa an.

• 1490: Die spanische Inquisition klagt Juden und *conversos* (konvertierte Juden) an, ein Komplott gegen die Christen zu schmieden. Beide Gruppen werden der Hostienschändung beschuldigt. Zwischen 1480 und 1520 werden 2000 bis 4000 Marranen (Schimpfwort für zwangsgetaufte, ihrem Glauben aber treu gebliebene Juden) als Herätiker oder verkappte Juden zum Tode verurteilt.

• 1492: Die Juden werden aus Spanien vertrieben.

• 1516: Das abgeschlossene jüdische Viertel in Venedig erhält den Beinamen *Geto Nuovo* (Neue Gießerei). Aus dem italienischen *geto* entsteht später das Wort Ghetto.

---

welche die Nazis mit einer gescheiten Mischung aus Enthüllung, Sensation und Klatsch als skandalwütige, erpresserische, unbarmherzige Verbrecher bloßstellten, die vor nichts Halt machten um ihre rassistische, antisemitische Politik in die Tat umzusetzen. Der Widerstand der vielleicht ersten öffentlichen Stimmen gegen Hitler kam zwar mehr von der politischen Linken als von der konservativen Seite Gerlichs, doch die Themen beider hatten viel gemeinsam.

Zwölf Jahre lang – bis zur Ernennung Hitlers zum deutschen Reichskanzler im Winter 1933 und auch noch in der ersten Zeit danach – kämpfte die „Münchner Post" mit ihren Mitteln gegen Hitler und die Nationalsozialisten. Die Zeitung, die den neuen Machthaber als politischen Verbrecher und die Nazis als unbesonnene, rücksichtslose Bande ansah, stellte Hitler als einen Mann dar, der jede Bewegung der Nazis kontrollierte. Die Nazis waren, wie die „Münchner Post" unterstrich, die „Hitlerpartei". Die Karikaturen des Blattes verspotteten Hitler; ihre Geschichten zielten auf seinen Sturz. Die Zeitung entlarvte die tödlichen, durch Erpressungen veranlassten Säuberungsaktionen innerhalb der Nazipartei und prangerten Hitlers Dolchstoßlegende, eine Lüge, der zufolge die Niederlage Deutschlands im Ersten Weltkrieg von den Sozialisten verschuldet worden war, öffentlich an. Die Reporter der „Münchner Post" brachten Hitler mit dem mysteriösen Tod seiner Halbnichte Geli Raubal in Verbindung und deuteten an, dass Hitlers Antisemitismus vergebens die Wahrscheinlichkeit vertusche, dass er selbst zumindest teilweise Jude sei. In dem bereits am 9. Dezember 1931, also über zwei Jahre vor Hitlers Machtantritt, erschienenen Artikel „Die Juden im Dritten Reich" berichtete die

Die Hauptangeklagten im Prozess nach dem Hitlerputsch. Der Vierte von rechts ist Hitler.

Der Hitlerputsch

Im November 1923 unternahmen Adolf Hitler und seine Anhänger aus der NSDAP den Versuch die bayrische Regierung mit einem Putsch zu stürzen.

Unterstützt von bewaffneten Mitgliedern der SA, stürmte Hitler eine öffentliche Versammlung, die am Abend des 8. November im Münchner Bürgerbräukeller stattfand. Mit der melodramatischen Ankündigung, die nationale Revolution habe begonnen, übernahmen Hitler und seine Anhänger die Leitung der Versammlung und diskutierten über die Strategie zur Erlangung einer allgemeinen Unterstützung ihres Aufstandes. Eine Nazidemonstration am folgenden Tag verwandelte sich in ein Fiasko. Die Polizei hatte Straßensperren errichtet und nach einem kurzen Schusswechsel, bei dem 16 Nazis und vier Polizisten ums Leben kamen, verließen Hitler und seine Anhänger fluchtartig den Platz um sich in Sicherheit zu bringen.

Der Hochverratsprozess gegen Hitler und dessen Handlanger fand deutschlandweite Beachtung und lief schließlich auf einen propagandistischen Sieg für den politischen Emporkömmling hinaus. Hitler übernahm die volle Verantwortung für seine Aktionen und behauptete, dass die wahren Verbrecher die Unterzeichner des Versailler Vertrages und die Verfechter der Weimarer Republik seien.

Die rechtsorientierten, mit Hitlers politischer Sichtweise sympathisierenden Richter verurteilten den Angeklagten zu fünf Jahren Haft, von denen er nur neun Monate absaß. Im Gefängnis diktierte Hitler Rudolf Heß sein politisches Manifest „Mein Kampf".

- **1516–1918: Palästina befindet sich unter der Herrschaft des Osmanischen Reiches. *Siehe* Oktober 1918.**
- **1542: Martin Luther, der Vater des protestantischen Christentums, veröffentlicht die Schrift „Von den Juden und ihren Lügen".**
- **1648–1649: Im Zusammenhang mit dem Kosakenaufstand unter Bogdan Chmelnizkij kommt es in Polen und Russland zu Pogromen. Die Juden werden des Ritualmordes und der Hostienschändung beschuldigt; daraufhin werden etwa 300 jüdische Gemeinden vernichtet und rund 100 000 Juden ermordet.**
- **1780-er Jahre: Preußische Chemiker stellen die Formel für Preußischblau auf. Die giftige Verbindung wird etwa 155 Jahre später weiterentwickelt und unter der Bezeichnung Zyklon B in den Gaskammern deutscher Todeslager gegen Juden eingesetzt.**
- **27. September 1791: Frankreich verleiht den Juden, die gegenüber der Nation einen Loyalitätseid ablegen, das Bürgerrecht.**
- **1796: Die Niederlande gewähren den Juden das Bürgerrecht.**

Der Faschismus

Der Faschismus wurde etwa 1920 in Italien von Benito Mussolini *(im Bild links)* begründet. Faschistische Regierungen kamen in Deutschland, Rumänien, in der Slowakei und in Kroatien an die Macht. Praktisch jedes europäische Land brachte seine eigene faschistische Organisation hervor.

Obwohl ihnen ein allgemeines politisches Manifest fehlte, zeichneten sich die faschistischen Bewegungen durch eine Reihe gemeinsamer Eigenschaften aus. Der Faschismus in seinen unterschiedlichen Spielarten legte Gewicht auf Bewegung und Aktion und hatte typischerweise unter der Jugend eine große Anhängerschaft. Die faschistischen Bewegungen waren antidemokratisch und antimarxistisch. Einige, doch nicht alle, hatten in ihrem politischen Programm auch den Antisemitismus verankert. Die faschistischen Bewegungen identifizierten sich ausnahmslos stark mit ihren Führern. Es gab kein faschistisches Regime, dass den Tod seines Begründers überlebte.

Die *Fasci di Combattimento* (Kampfbünde) Mussolinis gelangten 1922 an die Macht. Einer Machtdemonstration der italienischen „Schwarzhemden“ am 27. Oktober 1922 folgte die Ernennung Mussolinis zum Ministerpräsidenten Italiens. Obwohl Mussolini auf legalem Wege an die Macht kam, stärkten erst Monate organisierten Terrors und abschreckender Strafexpeditionen seine Position. Als Ministerpräsident festigte Mussolini zunächst vorsichtig seine Macht, ehe er eine Diktatur errichtete. Ende 1926 war Italien in einen Einparteienstaat mit diktatorischem Regierungssystem umgewandelt.

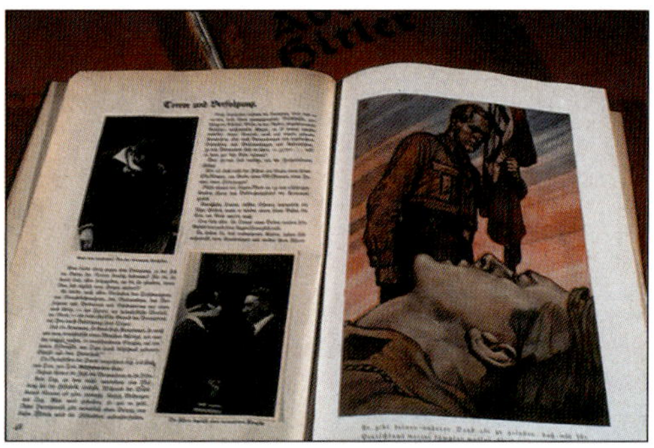

Hier glorifiziert eine dramatisch aufgemachte Illustration aus einer Hitlerbiografie einen SA-Mann. Die eigentliche Bedeutung ist klar: Eine Bewegung, für die es zu kämpfen lohnt, ist es auch wert, dass man sein Leben für sie lässt.

„Münchner Post“ Kenntnis über einen geheimen Plan der Nazis zu besitzen, demzufolge die Juden ihrer Bürgerrechte und ihres Eigentums beraubt werden sollten und „die Endlösung der Judenfrage“ angestrebt wird, letzteres durch Sklavenarbeit, welche die Juden aus der deutschen Gesellschaft ausschalten sollte.

In Nazikreisen wurde die „Münchner Post“ bald die „Giftküche“ genannt. Bevor die Nazis 1933 an die Macht kamen, versuchte die „Hitlerpartei“ das Blatt mit Verleumdungsklagen und Morddrohungen gegen dessen Mitarbeiter zum Schweigen zu bringen. Die Zeitung setzte ihren antinazistischen Widerstand trotzdem fort. Bis weit in den Februar 1933 veröffentlichte sie Berichte über politische Morde, die von den Nazis begangen worden waren. Unter den letzten Anti-Hitler-Darstellungen war eine dreiteilige Serie, die mutig den Versuch unternahm der vorsätzlichen Verfälschung der Geschichte entgegenzutreten, welche die „Münchner Post“ als den schädlichsten Wesenszug Hitlers betrachtete. Die Zeitung sah voraus, dass Hitlers Ziele Deutschland und die Welt in eine Katastrophe führen würden. Ihre Ansichten setzten sich jedoch nicht durch. Noch vor Ende des Winters 1932/1933 wurde die kritische Zeitung ruiniert, ihre couragierten Journalisten ins Gefängnis gebracht oder ermordet.

Während die „Münchner Post“ Hitler von links angriff, wurden Fritz Gerlich und einige seiner Journalistenkollegen zu den lautesten Hitlerkritikern im konservativen Lager. Gerlich verließ seinen Posten bei den „Münchener Neuesten Nachrichten“ und leitete seit Mitte der 20-er Jahre eine eigene kritische Wochenzeitung mit dem Namen „Der Gerade Weg“. Zu den Höhepunkten in Gerlichs wachsendem Hass auf Hitler gehörte die sensationelle Attacke der Zeitung am 17. Juli 1932. „Der Gerade Weg“

- **Anfang 19. Jahrhundert: In Deutschland entsteht das Reformjudentum, eine neue jüdische Bewegung. Eines seiner Ziele ist die Modernisierung des Judentums, mit der angesichts des Säkularismus das jüdische religiöse Leben erhalten werden soll.**
- **11. März 1812: Der preußische Emanzipationserlass verleiht den Juden das Bürgerrecht.**
- **29. März 1814: Dänemark verleiht den Juden das Bürgerrecht.**
- **Um 1820: Nach der Niederlage Napoleons billigt der russische Zar Alexander I. das Siedlungsrecht. Der Wohnsitz der Juden wird auf diese Region beschränkt.**
- **30. November 1830: Griechenland verleiht den Juden das Bürgerrecht.**
- **1831: Belgien verleiht den Juden das Bürgerrecht.**
- **1846–1926: Die jüdische Bevölkerung Wiens wächst von 3740 auf 201 513.**
- **1847: In London wird das erste jüdische Parlamentsmitglied, Baron Lionel Nathan Rothschild, gewählt. Er kann jedoch keinen Sitz als Parlamentsmit-**

zeigte eine provozierende Fotomontage, die Hitlers Ansehen schädigen sollte. Sie suggerierte, Hitler habe eine schwarze Frau geheiratet. Das „Hochzeits"bild war mit den herausfordernden Worten überschrieben: „Hat Hitler mongolides Blut"?

Den Kern der politischen Überzeugung Hitlers bildete das Ideal der Rassenreinheit. Vor allem musste das deutsche oder so genannte arische Blut lebendig und stark erhalten werden. Gerlich nahm diese Ideologie als den Betrug, der sich dahinter verbarg und versuchte deren Lebensnerv zu treffen, indem er den Eindruck verbreitete, dass Hitler, der Verfechter des „reinen Blutes", nicht nur ein verlogener Heuchler, sondern ein ehrgeiziger deutscher Führer war, dessen Charakter und politische Ambitionen bis ins Mark verdorben waren.

Niemand ging so weit wie Gerlich, der öffentlich feststellte, worüber andere schwiegen, nämlich, dass Hitlers äußere Erscheinung kaum dem nordischen Ideal entsprach, über das er sich doch so ausdrucksvoll artikulieren konnte. In dem Artikel, den Gerlich zu der Fotomontage und deren vernichtender Überschrift verfasste, bediente er sich glänzend der Satire um nachzuweisen, dass insbesondere Hitlers Nase einem prüfenden „rassenwissenschaftlich" geschulten Blick nicht standhalten könne. In seinem Artikel, der Hitlers Nase den Prozess machte, folgerte Gerlich, dass Hitler bei seinem eigenen Rassentest miserabel abschneiden würde. Gerlichs Angriff auf Hitlers Aussehen traf nicht nur oberflächlich. Indem er beharrlich die geistigen Vorstellungen der Nazis gegen Hitler einsetzte, behauptete er ironisch, dass an Hitler nichts wahrhaftig Deutsches sein könne, da „Blut" der Naziideologie zufolge eine Sache des Geistes wie auch das wichtigste Element im physischen Leben sei. In Gerlichs Augen waren Hitlers Theorien und politische Praktiken – despotisch und korrupt zugleich – mit den höchsten deutschen Idealen ganz und gar unvereinbar.

Hitler war von dem Angriff nicht angetan. Bald nach dem Erscheinen des Artikels überfielen Nazis das Wohnhaus des Journalisten. Gerlich setzte schon in der nächsten Nummer seiner Wochenzeitung die Behandlung des Themas unerschrocken fort. Am 24. Juli 1932 machte er deutlich, dass seine Satire keineswegs als Billigung des nazistischen Rassismus zu verstehen sei, den er so abstoßend finde. Sein Ziel sei nicht gewesen, Hitler ans untere Ende einer Rassenhierarchie zu setzen. Im Gegenteil: Die Menschen seien eigentlich gleich, so stellte er fest, da ihre Seelen von Gott geschenkt seien. Unter Berufung auf religiöse Traditionen bestand Gerlich darauf, dass kein Mann und keine Frau rassisch minderwertig sein könne, da alle die Nachkommen eines Vaters und einer Mutter, Kinder Adams und Evas seien.

Erhard Auer war einer von vielen Journalisten der „Münchner Post", die für die Entlarvung der Lügen hinter Hitlers vermeintlichem Patriotismus wirkten.

SPECIAL FEATURES

The New York Times.

SPECIAL FEATURES

EUROPE SOLVES HER GREATEST PROBLEM

Under the Young Plan Germany Will Pay Through an International Bank the Former Allies' War Debts To America—Vast Implications of the Agreement Reached by the Nations' Experts in Paris

Obwohl der Youngplan einige Forderungen des Versailler Vertrages milderte, sollte Deutschland bis in die 80-er Jahre Reparationszahlungen leisten. Der Plan stieß auf heftigen Widerstand vonseiten der deutschen Rechten, darunter auch der NSDAP.

glied erhalten, da er den Amtseid nicht schwören will, der das Christentum als einzig wahren Glauben bestätigt.

• **1851: Norwegen erlaubt den Juden die Einreise ins Land.**

• **1860-er Jahre: Europa erlebt die ersten Regungen des Zionismus als einer nationalistischen jüdischen Bewegung, die in dem künftig Israel genannten Gebiet eine jüdische Heimstatt schaffen will.**

• **1864: In Belgien wird eine Satire von Maurice Joly mit dem Titel *Dialogue aux Enfers entre Montesquieu et Machiavel* (Dialog in der Hölle zwischen Montesquieu und Machiavelli) veröffentlicht, die Napoleon III. angreift. Sie wird zur Grundlage der antisemitischen Schrift „Die Protokolle der Weisen von Zion".**

• **1865: In den Vereinigten Staaten wird der *Ku-Klux-Klan* gegründet. Er richtet sich gegen Afroamerikaner und Juden.**

• **1867: Ungarn gewährt den Juden das Bürgerrecht. • Der deutsche Journalist Wilhelm Marr veröffentlicht ein populä-**

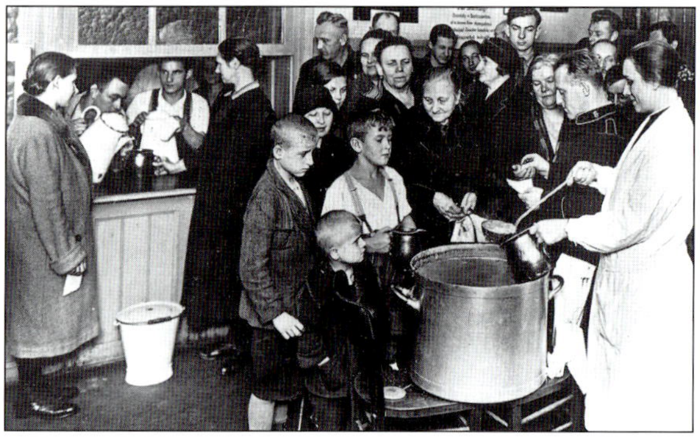

Die Weltwirtschaftskrise traf Deutschland hart. Sie zwang mittellose Eltern ihre Kinder in die Suppenküchen der Heilsarmee zu schicken.

Gerlich wollte seine Mitmenschen in Deutschland begreifen lassen, dass Hitlers Weg weder der richtige noch der deutsche Weg sei. Gegen Ende des Jahres 1932 gab es für Gerlich und die anderen Journalisten, die auf ihre Weise gegen Hitler kämpften, einigen Grund zu hoffen. Obwohl die Nazis bei den freien nationalen Wahlen am 31. Juli 1932 mit 37,3 Prozent Stimmenanteil (230 Sitze im Reichstag) ihr bis dahin bestes Ergebnis erreicht hatten, sank ihre Popularität bei den nächsten Wahlen. Am 6. November 1932 errangen sie 33,1 Prozent der Stimmen und die Zahl ihrer Sitze im Reichstag verringerte sich auf 196. Doch insgesamt bewegte sich die politische Flut mehr mit Hitler als gegen ihn und die Journalisten konnten sie nicht eindämmen.

Fritz Gerlich gab noch immer nicht auf. Am 9. März 1933, reichlich fünf Wochen nach der Machtübernahme, bereitete er für seine Zeitung einen weiteren Artikel gegen Hitler vor. Vielleicht wollte er neue Vorwürfe hinsichtlich der Rolle Hitlers bei dem frühen Tod Geli Raubals erheben. Vielleicht beabsichtigte er den Verdacht zu äußern, dass am 27. Februar 1933 die Nazis selbst und nicht, wie von ihnen behauptet, die Kommunisten das Reichstagsgebäude in Brand gesteckt hatten. Diese Tat nutzte Hitler um Paul von Hindenburg zum Erlass der Notverordnung des Reichspräsidenten „zum Schutz von Volk und Staat" („Brandverordnung") zu veranlassen. Die Notverordnung blieb während der gesamten Nazizeit bestehen; sie hob die Rede-, Presse- und Versammlungsfreiheit, den Schutz der Privatsphäre und das Verbot von Hausdurchsuchungen ohne Durchsuchungsbefehl auf. Sie machte auch die Verbreitung politisch unerwünschter Schriften zu Hochverrat, der mit dem Tod geahndet wurde.

Der Inhalt des Berichts vom 9. März, eines offenbar letzten verzweifelten Versuchs Hitler aus dem Gleis zu bringen, ist bis heute nicht bekannt. Nach den Worten des Journalisten Ron Rosenbaum stürmten an jenem Tag SA-Männer in Gerlichs Büro, rissen dessen letzten Artikel aus der Druckmaschine, schlugen ihn bewusstlos und zerrten ihn aus dem Haus. Der Zeitungsverleger kam ins Konzentrationslager, wo er länger als ein Jahr inhaftiert war. Danach erhielt seine Frau die Nachricht vom Tod des Journalisten, der sie alle durchschaut hatte. Die „Mitteilung" enthielt nicht ein Wort, sondern bestand nur aus einer blutbespritzten Brille mit Stahlrahmen.

Hitler hält bei einem Treffen der NSDAP-Führer im August 1928 in München eine Rede. Er fordert nach dem schlechten Abschneiden der Nazis bei den Wahlen im Mai eine radikale Änderung der Strategie.

Adolf Hitlers Sicht der Dinge

Adolf Hitler trug keine so markante Brille, doch seine rassistische, antisemitische Anschauung sorgte dafür, dass jene Brille, die Sophie Gerlich im Frühsommer 1934 zugeschickt bekam, keinesfalls die einzige war, deren Besitzer Opfer der Nazis wurde. Als die Sowjetarmee elf Jahre später das KZ Auschwitz-Birkenau befreite, fanden die Soldaten dort

res Buch mit dem Titel „Der Sieg des Judenthums über das Germanenthum". Er prägt das Wort Antisemitismus und verschafft dem Judenhass damit einen „gesellschaftsfähigen" Namen.

• 1868: Benjamin Disraeli wird britischer Premierminister und damit erster europäischer Ministerpräsident jüdischer Herkunft.

• 1869: Italien gesteht den Juden Gleichberechtigung zu.

• 1870: Schweden gewährt den Juden das Bürgerrecht.

• 1870–1871: Die deutschen Staaten werden unter dem autokratischen, militaristischen Preußen vereinigt. König Wilhelm I. von Preußen wird deutscher Kaiser. Die preußische Hauptstadt Berlin wird Hauptstadt des Deutschen Reiches.

• 1871: Großbritannien gewährt den Juden volle Gleichberechtigung.

• 12. Januar 1871: Seit der Ansiedlung von Juden auf germanischem Territorium in der Römerzeit schafft eine neue deutsche Verfassung für die in Deutschland lebenden Juden erstmals volle

ungeheure Mengen von Gegenständen vor, die den im KZ ermordeten Juden gestohlen worden waren. Zu diesem Diebesgut gehörten nicht nur Millionen von Kleidungsstücken und Tonnen von Menschenhaar, sondern auch Berge von Brillen. Keine dieser oder irgendwelche andere Brillen jedoch hätten Hitlers Sicht der Dinge korrigieren können. Die Anschauungen des obersten Naziführers, die menschliches Leben fast bis zur Unkenntlichkeit entstellten und verunstalteten, fanden eine Anhängerschaft, die stark genug war um Nazideutschland und den größten Teil Europas von 1933 bis 1945 zu beherrschen. „Mein Kampf" beinhaltet den Kern der Vorstellungen Hitlers. Doch wie wir sehen werden, wirft das Buch Fragen auf, die weiter als in die Welt der 20-er Jahre oder der Jahrhundertwende zurückreichen, in die Hitler am 20. April 1889 in Braunau am Inn hineingeboren wurde.

Über die genauen Ursprünge des Antisemitismus Hitlers bestehen nach wie vor Meinungsverschiedenheiten. Kein angesehener Wissenschaftler würde allerdings bestreiten, dass Hitler schon lange vor der Münchener Begegnung mit Fritz Gerlich im Frühjahr 1923 ein unverbesserlicher Antisemit war. Auch würde kein ernsthafter Interpret Hitlers die Ansicht zurückweisen, dass der Antisemitismus dieses Mannes unerschütterlich war. Sein Hass auf die Juden war so unerbittlich, dass das politische Vermächtnis, das er am 29. April 1945, einen Tag vor seinem Selbstmord und weniger als zehn Tage vor der Kapitulation des Dritten Reiches unterzeichnete, mit dem Auftrag schloss: „Vor allem verpflichte ich die Führung der Nation und die Gefolgschaft zur peinlichen Einhaltung der Rassengesetze und zum unbarmherzigen Widerstand gegen den Weltvergifter aller Völker, das internationale Judentum."

Hitlers eigene Einschätzung über die Anfänge seines Antisemitismus steht im Widerspruch zu manchen Quellen, die sie auf die Zeit vor dem ersten Besuch in Wien im Mai 1906 datieren. Hitler betont die prägende Wirkung seiner Erlebnisse in dieser Stadt, vor seinem Umzug nach München im Jahr 1913, als er 24 Jahre alt war. Das zeigt, dass er die kaiserliche Hauptstadt Österreich-Ungarns als ganz verschieden vom provinziellen Linz empfand – seiner Heimatstadt, in der er zum ersten Mal die Musik des antisemitisch eingestellten Komponisten Richard Wagner hörte, der lange Zeit einen starken Einfluss auf ihn ausübte. Wien befremdete, fesselte und lehrte ihn zugleich und auf entscheidende Weise, wie er es nicht hatte voraussehen können.

Der junge Hitler

Adolf Hitler *(Mitte)* wuchs in autoritären häuslichen Verhältnissen auf. Sein Vater, ein österreichischer Zollbeamter, war ein hitziger und übermäßig strenger Mann. Adolf stand seiner allzu nachsichtigen Mutter deutlich näher als dem Vater, von dem er viele seiner Charaktereigenschaften erwarb.

Hitler wurde am 20. April 1889 in Braunau am Inn, einer österreichischen Stadt an der Grenze zu Deutschland, geboren. Der kleine Adolf wurde von seiner Mutter verwöhnt, hatte jedoch keine glückliche Kindheit. Er und sein Vater hatten häufig Streit miteinander und der Junge war launisch und unzufrieden. Er war ein fauler, desinteressierter Schüler und brach seine Schulausbildung im Alter von 16 Jahren ab um seinen Traum wahr zu machen und Kunstmaler zu werden.

Am Boden zerstört und bitter enttäuscht darüber, dass er 1907 bei der Aufnahmeprüfung an der Kunstakademie Wien durchgefallen war, verbrachte Hitler die folgenden fünf Jahre unter erbärmlichen Lebensumständen in Wien. In Männerwohnheimen lebend, unrasiert und schäbig gekleidet schlug er sich mühsam mit dem Verkauf seiner Skizzen in den Wiener Cafés und Weinstuben durch. Diese Zeit in Wien war in seiner Erinnerung „die schwerste, wenn auch gründlichste Schule meines Lebens." Dort entwickelten sich die Grundlagen seiner Ideologie.

---

rechtliche Gleichstellung. Die „Gleichheit" dämmt den deutschen Antisemitismus jedoch kaum ein.

• 1874: Nach einem langen Entwicklungsprozess erhalten die Juden in der Schweiz unter der neuen Verfassung das volle Bürgerrecht.

• 1878: Der Hofprediger Adolf Stoecker gründet in Berlin die antisemitische Christlich-Soziale Arbeiterpartei (ab 1881 Christlich-Soziale Partei). Sie fordert den Übertritt der Juden zum Christentum.

• 1880: Eine von 250 000 Deutschen unterzeichnete Petition (Antisemiten-Petition) fordert den Ausschluss der Juden von deutschen Schulen und Universitäten sowie von öffentlichen Ämtern.

• 1880-er Jahre: In ganz Russland brechen antijüdische Pogrome aus.

• 1881: Karl Eugen Dühring veröffentlicht in Deutschland ein antisemitisches Buch mit dem Titel „Die Judenfrage als Rassen-, Sitten- und Kulturfrage. Mit einer weltgeschichtlichen Antwort".

Richard Wagner

Der 1813 geborene Richard Wagner war ein führender Verfechter des völkischen Nationalismus, der Bewegung, die Deutschland aus einer äußerst fremdenfeindlichen und überheblichen Sicht als überlegene Nation betrachtete. Wagners Opern, insbesondere „Der Ring des Nibelungen", versuchten Deutschlands Größe und mystische Vergangenheit wieder aufleben zu lassen.

Wagner war auch für seinen politischen und rassisch begründeten Antisemitismus bekannt. In seiner Schrift „Das Judentum in der Musik" behauptete er, dass sich die Deutschen „bei wirklicher, tätiger Berührung mit Juden von diesen stets unwillkürlich abgestoßen" fühlten. Wagner zufolge hatten die Juden eine destruktive Wirkung auf die deutsche Kultur; ihre finanzielle Macht ermögliche es ihnen die öffentliche Meinung vorzuschreiben.

Wagners Rassenantisemitismus zog eine große Anhängerschaft aus der gebildeten Elite Deutschlands an. Gegen Ende seines Lebens verfiel der Komponist dem Wahnsinn und starb 1883 im Alter von 70 Jahren. Dennoch fanden seine politischen Schriften und seine Musik in Adolf Hitler einen großen Bewunderer. Wagners Werke wurden bei vielen Festveranstaltungen der Nazis aufgeführt.

Seine künstlerischen Ambitionen – seine Landschaften und Architekturdarstellungen waren von einem traditionalistischen Malstil geprägt – ließen Hitler um Aufnahme an der Kunstakademie Wien nachsuchen. Nachdem er die ersten Hürden genommen hatte, unterzog er sich am 1. und 2. Oktober 1907 der entscheidenden Prüfung im Zeichnen. Die Mitglieder der Fakultät, die diese Prüfung auswerteten und unter denen nicht ein einziger Jude war, ließen 28 von 113 Bewerber zum Studium zu. Das 20. Jahrhundert hätte möglicherweise einen ganz anderen Verlauf genommen, wenn Hitler einer der 28 Kandidaten gewesen wäre. Doch er gehörte nicht zu ihnen. Trotz der Ablehnung blieb er in Wien, wo er die Mittel, die ihm seine Familie zukommen ließ, durch gelegentliche Verkäufe seiner Bilder an meist jüdische Kunsthändler aufbesserte.

Das Leben in der österreichischen Hauptstadt machte Hitler mit den Wiener Spielarten des Rassismus und Antisemitismus bekannt, derer sich einige europäische Politiker häufig bedienten um für jedwedes Problem, auf das die Nicht-Juden stießen, die Juden verantwortlich zu machen. Zu diesen Politikern gehörte Dr. Karl Lueger, der von 1897 bis 1910 Bürgermeister von Wien war. Lueger war in seinem Amt beliebt. Er arbeitete hart um seine Vaterstadt neu zu beleben, die 1908 mit ihren zwei Millionen Einwohnern die sechstgrößte Stadt der Welt war. Einer seiner politischen Werbesprüche lautete: „Groß-Wien darf nicht zu Groß-Jerusalem werden". Lueger war ein faszinierender

Der protestantische Geistliche und bekannte Antisemit Adolf Stoecker wurde zum Hofprediger Kaiser Wilhelms I. ernannt. In dieser Stellung beeinflusste er den Kaiser und dessen Minister gegen die deutschen Juden.

Wie diese Skizze belegt, hatte Hitler künstlerische Ambitionen. Nachdem seine Bewerbung an der Kunstakademie Wien zweimal abgelehnt worden war, wendete er sich der reaktionären, antisemitischen Politik zu.

• 1881–1884: In Polen, in der Ukraine und in Russland finden antijüdische Pogrome statt. *Siehe* 1903–1906.

• 1881–1903: Palästina und die USA erleben Einwanderungswellen europäischer Juden.

• 1883: Der britische Naturforscher Sir Francis Galton prägt den Begriff „Eugenik", der die Idee der Modifikation der natürlichen Selektion durch Selektion bei der Fortpflanzung des Menschen einschließt. *Siehe* 1910.

• 20. April 1889: Adolf Hitler wird in Braunau am Inn (Österreich) geboren.

• 1894: In Frankreich wird der Artilleriehauptmann Alfred Dreyfus, ein Jude, fälschlicherweise des Landesverrats angeklagt und zu lebenslänglicher Deportation verurteilt. Der Vorfall löst im Land eine an Hysterie grenzende Welle von Antisemitismus aus. Nach vier Jahren auf der Teufelsinsel wird Dreyfus freigelassen und schließlich rehabilitiert. • In Frankreich steht Edouard-Adolphe Drumont und „La Croix", die Zeitung des Ordens Mariä Himmelfahrt der römisch-katholischen Kirche, an der Spitze des Angriffs gegen die Juden. • In Deutschland bezeichnet der Sozial-

Redner, der nur selten eine Gelegenheit ausließ den Antisemitismus zu seinem politischen Vorteil zu nutzen.

Juden waren in Wien seit Mitte des 12. Jahrhunderts ansässig gewesen. 1623 jedoch wurde für sie die Innenstadt zur Sperrzone. Sie lebten eine Zeit lang im Ghetto und wurden 1670 von Kaiser Leopold I. aus Wien vertrieben, später jedoch von ihm aus wirtschaftlichen Erwägungen wieder zurückgeholt. Obwohl die Wiener Juden jahrhundertelang mehr oder weniger tyrannisiert wurden, verbesserten sich ihre Aussichten 1867, als sie durch Änderungen in der österreichisch-ungarischen Gesetzgebung, die im Vergleich zu den meisten europäischen Staaten spät kamen, das volle Bürgerrecht erhielten. Danach konnten die Juden in Wien Eigentum besitzen, in den Staatsdienst eintreten und hatten mehr Zugang zu den Universitäten. Diese Freiheiten bescherten der Stadt eine jüdische Einwanderungswelle. 1860 beispielsweise lebten in Wien 6200 Juden. Bis 1910 war diese Zahl auf 175 300 (8,7 Prozent der gesamten Wiener Bevölkerung) angewachsen.

Für die wachsende jüdische Bevölkerung in Wien waren die Bildungsmöglichkeiten besonders verlockend. An der Jahrhundertwende war fast ein Drittel der Wiener Studenten Juden. 1913 betrug der Anteil der jüdischen Medizin- und Jurastudenten 40 bzw. 25 Prozent. Auch im Geschäftsleben und im künstlerischen Bereich hatten die Juden einen beträchtlichen Aufschwung erreicht. Das wachsende Ansehen der Juden erzeugte, besonders wenn es für unerwünschten Wettbewerb sorgte, Unwillen unter den Nicht-Juden, die sich durch den jüdischen Erfolg verletzt fühlten. Zudem hatten sich die antisemitischen Strömungen in Wien nicht nur als Reaktion auf die jüdischen Erfolge, sondern auch durch die Furcht verstärkt, dass die verarmten Juden aus Osteuropa und Russland vor den Pogromen fliehen, Wien überfluten und in der traditionellen Kleidung orthodoxer Juden hier noch auffälliger präsent sein könnten.

Als Hitler 1907 nach Wien kam, schlug der Antisemitismus bereits hohe Wellen. Ein Großteil davon beruhte auf einem zweigeteilten Prinzip: Erstens waren alle Juden unabhängig von ihren Unterschieden ethnisch oder gar rassisch im Wesentlichen gleich; zweitens unterschieden sich alle Juden auf bedenkliche Weise von der nichtjüdischen Bevölkerung Wiens, ganz gleich, in welchem Maß sie ein Teil davon zu sein schienen. Die Zeitungen und politischen Traktate waren voll von antisemitischen Kommentaren. Die Lokalpolitik war mit judenfeindlicher Rhetorik belastet. Mit einem Wort – die Luft, die Adolf Hitler in Wien atmete, war von Antisemitismus erfüllt.

Dennoch bleibt es fraglich, ob Hitler in den Jahren 1907 bis 1913 den Wiener Antisemitismus einfach übernahm. Dokumentarisch belegte judenfeindliche Äußerungen des jungen Hitler sind nur schwer zu finden. Wiener Beobachter berichteten, dass Hitler zu dieser Zeit gut mit den Juden

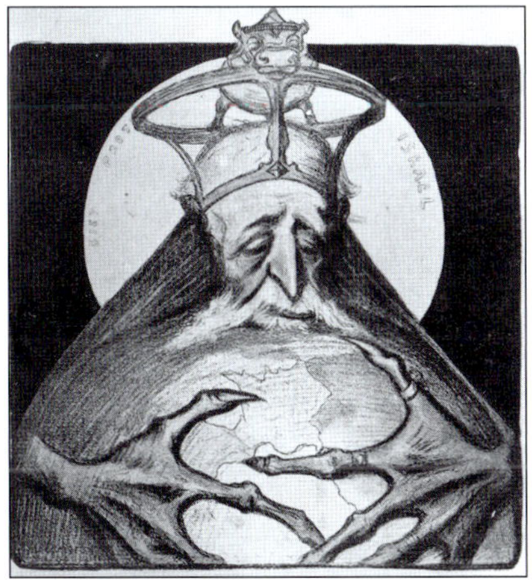

Oben: Diese Juden, die hier in der Berliner Grenadierstraße auf Kunden warten, hatten in den mageren Zwischenkriegsjahren zu tun um auf dem Schwarzmarkt ihren Lebensunterhalt zu verdienen. *Unten:* Die Antisemiten waren auf die in Europa lebende jüdische Familie Rothschild fixiert, die sie als politische und finanzielle Drahtzieher verurteilten.

darwinist Alfred Ploetz die Selektion bei der Fortpflanzung der Menschen als „Rassenhygiene".

• 1896: Die antijüdische Gewalt in der Zeit der Dreyfus-Affäre regt den ungarischen Zionisten Theodor Herzl, der den Prozess als Beobachter und Korrespondent erlebte, zur Veröffentlichung des Werkes „Der Judenstaat" an, das den Zionismus fördert. *Siehe* 1897.

• 1897: In Basel wird die Zionistische Weltorganisation (ZWO) gegründet. Der zionistische Führer Theodor Herzl, der als Journalist über die antijüdische Gewalt berichtete, schlägt die Schaffung eines Judenstaates vor. • Der Politiker Dr. Karl Lueger wird als Kandidat der antisemitischen Christlich-Sozialen Partei zum Bürgermeister von Wien gewählt.

• 1899: „Die Grundlagen des 19. Jahrhunderts", ein antisemitisches Buch von Houston Stewart Chamberlain, erscheint in Deutschland. Darin vertritt der Autor die Meinung, die menschliche Geschichte sei ein Kampf zwischen Juden und Ariern. • In Frankreich wird die *Action Française*, eine antisemitische Gruppierung, gegründet.

„Mit Trichinen und Bazillen wird nicht verhandelt, Trichinen und Bazillen werden auch nicht erzogen, sie werden so rasch und so gründlich wie möglich vernichtet."

Ausgewählte Schriften von Paul Anton de Lagarde, einem deutschen politischen Theoretiker, Nationalisten und Antisemiten

Deutsche Soldaten, die einst zu einem gewaltigen Kriegsheer gehört hatten, fanden in den Jahren zwischen den beiden Weltkriegen Solidarität in den Reihen des „Stahlhelm", einer nationalistischen Veteranenorganisation.

auskam. Das Bild, das in „Mein Kampf" zum Vorschein kommt, lässt auf etwas anderes schließen. Dort hebt Hitler etwas hervor, das er als ein bekehrendes Erlebnis beschreibt. „In der Zeit … hatte mir der Anschauungsunterricht der Wiener Straße unschätzbare Dienste geleistet. Es kam die Zeit, da ich nicht mehr wie in den ersten Tagen blind durch die mächtige Stadt wandelte, sondern mit offenem Auge außer den Bauten auch die Menschen besah." Dabei, so schreibt er weiter, sei er eines Tages auf „eine Erscheinung in langem Kaftan mit schwarzen Locken" gestoßen. „Ist dies auch ein Jude? war mein erster Gedanke … allein je länger ich in dieses fremde Gesicht starrte und forschend Zug um Zug prüfte, um so mehr wandelte sich in meinem Gehirn die erste Frage zu einer anderen Frage: Ist dies auch ein Deutscher?" Hitler fuhr mit der Feststellung fort, diese entscheidende Begegnung habe ihn überzeugt, dass die Wiener Juden nicht Deutsche einer besonderen Konfession, sondern „ein Volk für sich" seien.

„Mein Kampf" besagt, dass Hitlers antisemitische Anschauung in Wien Gestalt annahm, doch das Buch wurde erst über ein Jahrzehnt später geschrieben und in den Jahren dazwischen war viel geschehen. Von großer Bedeutung für Hitler war das Erlebnis des Krieges. Um dem österreichischen Militärdienst zu entgehen, verließ er 1913 Wien. Er lebte eine Zeit lang in München und kehrte dann nach Österreich zurück, wo er als für den Militärdienst körperlich untauglich eingestuft wurde. Als der Erste Weltkrieg begann, meldete sich Hitler freiwillig und mit Enthusiasmus zum Heeresdienst in Deutschland. Die folgenden vier Jahre verbrachte er an der Westfront, wo er in Frankreich und Belgien als Meldegänger diente. Bei den oftmals gefährlichen Einsätzen hatte er zu Fuß oder per Fahrrad den militärischen Führern an der Front die Befehle der Regimentskommandeure zu überbringen. Am 3. November 1914 wurde Hitler zum Gefreiten befördert. Weshalb er später keinen höheren Dienstgrad erreichte, ist nicht bekannt. Manche Berichte deuten darauf hin, dass er es ablehnte befördert zu werden; andere deuten an, dass Hitlers Vorgesetzte meinten, er sei einer Führungsposition nicht gewachsen.

Dennoch erwarb sich Hitler, der im Oktober 1916 verwundet wurde, im Heeresdienst Auszeichnungen. Zu seinen militärischen Ehrungen gehörten das Eiserne Kreuz erster Klasse, eine besondere Ehrung für einen Gefreiten, die er am 4. August 1918 aufgrund des Vorschlages des jüdischen Offiziers Hugo Guttman erhielt. Zu dieser Zeit ließen die riesigen Verluste auf deutscher Seite – in den vier Monaten zuvor waren etwa 800 000 Mann gefallen – die deutsche Führung erkennen, dass der Krieg verloren war. Kurz vor Kriegsende, im Oktober 1918, erblindete Hitler nach einem Gasangriff vorübergehend. Während seines Aufenthalts im Lazarett Pasewalk kapitulierte Deutschland. Die Nachricht von der Niederlage schmetterte Hitler und viele andere Deutsche nieder.

Bis zuletzt tat die deutsche Füh-

• 1899 – 1902: Die Briten prägen während des Burenkrieges den Begriff „Konzentrationslager", der die Internierungsgebiete für potenziell gefährliche Afrikaner (Nachfahren der Niederländer, die Mitte des 19. Jahrhunderts nach Südafrika ausgewandert waren) bezeichnet.

• 1903: In Polen wird das Parteiprogramm der nationalistischen und stark antisemitischen Partei *Narodowa Demokracja* geschaffen. Es ermuntert zu antijüdischen Pogromen und zur verstärkten Auswanderung der Juden.

• 1903 – 1906: In Polen und der Ukraine kommt es zu einer zweiten Welle antisemitischer Pogrome. *Siehe* 1881 – 1884; 1919 – 1921.

• 1905: In Russland wird eine überarbeitete Version der „Protokolle der Weisen von Zion" veröffentlicht, die sich später als Fälschung erweisen. • In Deutschland gründet man die Internationale Gesellschaft für Rassenhygiene um die Theorien des Sozialdarwinismus und der selektiven Fortpflanzung der Menschen zu fördern.

• 1907: Adolf Hitlers Bewerbung an der Kunstakademie Wien wird abgelehnt.

Einflüsse auf Hitler

Die Grundlagen der Weltanschauung Hitlers nahmen während der von Armut geprägten Jahre in Wien (1907 bis 1913) Gestalt an. Seine Haltung entwickelte sich aus den Enttäuschungen, die er dort erlebte und beruhte auf den untereinander zusammenhängenden Vorstellungen des Sozialdarwinismus, des Antisozialismus und des Antisemitismus.

Durch Mittellosigkeit gezwungen mit dem Abschaum der Wiener Gesellschaft zu leben und seiner Selbstachtung beraubt war der junge Hitler tief verärgert darüber, dass man ihm den Zugang zu Glanz und Pracht der Stadt verweigerte. Dort, in einer Welt des „widerwärtigen Unrats", sah er sich von einem Kampf ums Überleben in Anspruch genommen, in dem nur der Stärkste und Brutalste eine Chance hatte. Diese Lektion wendete er auf seine machiavellistische Lebensauffassung an und erklärte in „Mein Kampf": „Wer leben will, der kämpfe also, und wer nicht streiten will in dieser Welt des ewigen Ringens, der verdient das Leben nicht."

Die Ideologien der Arbeiterklasse fasste Hitler geringschätzig als an sich schwache Lehren auf, die das aristokratische Prinzip der Natur ablehnten und das ewige Vorrecht der Macht und der Stärke durch die Masse ersetzten. Er war sicher, dass dies den „Zusammenbruch der menschlichen Zivilisation" zur Folge haben werde. Es sei kein bloßer Zufall, so folgerte er, dass die Juden hinter diesen Lehren der Zerstörung stünden.

Hitlers nationalistische und judenfeindliche Ideologie begann sich als Folge der umfangreichen Lektüre schlechter, das Denken vergiftender Literatur herauszubilden. Der Antisemitismus wurde zur treibenden Kraft in Hitlers Leben. Zu seinem bevorzugten Lesestoff gehörte die zur Skandalpresse zählende „Ostara", die der exzentrische Mönch Lanz von

Liebenfels herausgab. Dieser versponnene Rassentheoretiker phantasierte von blauäugigen, blonden Ariern, die sich einem gewaltigen Kampf gegen die Gefahr der „Rassenschändung" durch „Missgeburten zwischen Mensch und Affe" stellten.

Seine erste politische Bildung erlangte Hitler durch das Studium der Propagandamethoden und der Demagogie des Dr. Karl Lueger *(Foto)*, des judenfeindlich eingestellten Bürgermeisters von Wien. Lueger verstand es mit Geschick große Zuhörermassen zu manipulieren, die auf die Entfernung der Juden aus einflussreichen Stellungen drängten. Von Adolf Stoecker, dem führenden deutschen Antisemiten des 19. Jahrhunderts, lieh sich Hitler die Ansicht, dass die Juden, die Handelsgesellschaften und Banken kontrollierten, zwangsläufig der Grund für die wirtschaftlichen Missgeschicke der kleinen Geschäftsleute seien.

Hitler beschäftigte sich auch mit der völkisch-extremistischen Philosophie des Politikers Georg von Schönerer, der forderte alle der Kultur nach deutschen Landstriche innerhalb des Habsburger Reiches in das Deutsche Reich einzugliedern. Die vielleicht einflussreichsten Autoren, die Hitlers Fassung der Rassentheorie formten, waren der Philosoph Eugen Dühring und der Journalist Wilhelm Marr. Sie entwickelten, auf pseudowissenschaftliche Argumente gestützt, einen biologisch begründeten Antisemitismus. Sie wiesen darauf hin, dass die germanische Rasse ernsthaft gefährdet sei, drängten damit auf die Zustimmung zu Sondergesetzen gegen die Juden und forderten deren Deportation.

- **23. Oktober 1907:** Ein Verleumdungsfall in Berlin (Moltke gegen Harden) führt zur Aufdeckung von Homosexualität und Sodomie beim deutschen Militär und im engeren Kreis um den Kaiser. Der Fall hilft den Nazis später ihre Übergriffe auf Homosexuelle zu rechtfertigen.

- **1907–1941:** Annähernd 38 000 geistig behinderte Männer und Frauen werden in amerikanischen Nervenheilanstalten sterilisiert.

- **1910:** Der britische Innenminister Winston Churchill, angeregt durch die Eugeniktheorie von Sir Francis Galton, dringt auf die Sterilisation einiger 100 000 „degenerierter britischer Bürger" bzw. ihre Internierung in Arbeitslagern.

- **1911–1913:** In Russland wird der Jude Menachem Mendel Beilis wegen Ritualmordes an einem Christenjungen vor Gericht gestellt. Nach zwei Jahren, die mit einem Schauprozess enden, wird Beilis freigesprochen.

- **1913–1915:** Leo-Frank-Affaire in Atlanta (US-Bundesstaat Georgia). Frank, ein Jude aus dem Norden, wird fälschlicherweise des Mordes an einem rung kaum etwas um das Volk auf den Ausgang des Krieges vorzubereiten, was katastrophale Folgen hatte. Mehr als 13 Millionen Männer, fast 20 Prozent der deutschen Bevölkerung, hatten im Heer gedient. Etwa zwei Millionen waren gefallen, weitere fünf Millionen waren verwundet worden. Im Gegensatz zu Hitlers oft wiederholter Behauptung hatte kein „Dolchstoß" zur Niederlage Deutschlands geführt. Vielmehr beendeten die überlegenen Mittel der Alliierten und die Erschöpfung Deutschlands und der deutschen Truppen diesen verheerenden Krieg. Von März bis Juli 1918 wurden 750 000 deutsche Soldaten verwundet und weitere 1,75 Millionen bei einer der schwersten Grippeepidemien der Welt außer Gefecht gesetzt. Dennoch wurde aus Hitler, der voller Enthusiasmus in den Krieg gezogen war, der zur Revanche entschlossene Hitler aus dem Buch „Mein Kampf", in dem sich der Verfasser an seine Verbitterung über den Ausgang des Ersten Weltkrieges erinnert: „Es war also alles umsonst gewesen … Je mehr ich mir in dieser Stunde über das ungeheuere Ereignis klar zu werden versuchte, um so mehr brannte mir die Scham der Empörung und der Schande in der Stirn. Was war der ganze Schmerz der Augen gegen diesen Jammer?".

Obwohl der Erste Weltkrieg und die unmittelbare Zeit danach dem Antisemitismus Hitlers seine ausgesprochen bösartige Form gaben, erwies sich das, was er in Wien gehört, gesehen und beobachtet hatte, dennoch als prägender Einfluss. Als Hitler noch nach einer Erklärung für die deutsche Niederlage suchte, brachen in Europa einige von Sozialisten und Kommunisten veranlasste Revolutionen aus. Diese, die Sanktionen des Versailler Vertrages und der in Wien erlebte Antisemitismus beeindruckten Hitler tief und mit neuer Klarheit: Die J u d e n, so meinte er, waren schuld daran. Hitler schrieb rückblickend über sein unmittelbares Nachkriegserleben: „Mit dem Juden gibt es kein Paktieren, sondern nur das harte Entweder – Oder. Ich aber beschloss Politiker zu werden."

Als Hitler diese Zeilen 1924 schrieb, war er zwar erst relativ kurze Zeit in der Politik tätig gewesen, doch während jener Jahre zwischen den Weltkriegen unternahm er Schritte, die sich als besonders wichtig erwiesen. Aus dem Pasewalker Lazarett entlassen, jedoch noch nicht demobilisiert reiste er zunächst durch das krisengeschüttelte Deutschland – 1918 waren hier 250 000 Menschen ver-

Alfred Rosenberg

Alfred Rosenberg, selbst ernannter nationalsozialistischer „Philosoph", trat 1919 in die Nazipartei ein und wurde vier Jahre später Hauptschriftleiter der Parteizeitung „Völkischer Beobachter". Er ist weithin für sein Buch „Der Mythus des 20. Jahrhunderts" (1930) bekannt, das ihn zum Chefideologen der nationalsozialistischen Bewegung machte.

Rosenbergs Buch gehörte zu den am weitesten verbreiteten Publikationen der Nazizeit; bis 1942 wurde über eine Million Exemplare gedruckt. Durchdrungen vom Hass auf die Juden warb das Buch für die „Reinheit des Blutes" für das deutsche Volk „unter dem Zeichen des Hakenkreuzes". Rosenberg charakterisierte die gesamte Geschichte als einen Konflikt zwischen den Kräften des Lichts (den nordischen oder arischen Völkern) und den Mächten der Finsternis (den Juden). Die Juden seien der bösartigste Feind der deutschen Kultur und der rassischen Reinheit und ihr Einfluss müsse, so Rosenberg, ausgemerzt werden.

Ab Juli 1941 hatte Rosenberg als Reichsminister für die besetzten Ostgebiete die Gelegenheit seine Vorstellungen in die Praxis umzusetzen. Trotz seines scheinbaren Einflusses verachtete die Naziführung ihn als Spinner und die ihm unterstellten Reichskommissare übergingen ihn regelmäßig. Das veranlasste ihn im Oktober 1944 den Dienst verärgert zu quittieren. Nach dem Krieg wurde Rosenberg verhaftet und kam vor das Internationale Militärtribunal in Nürnberg. Er wurde für seine Verbrechen an der Menschlichkeit zum Tod durch den Strang verurteilt und am 16. Oktober 1946 hingerichtet.

13-jährigen Christenmädchen beschuldigt. In einem stark antisemitischen Umfeld, das einen fairen Prozess unmöglich macht, wird Frank für schuldig erklärt. Obwohl der Gouverneur die Todesstrafe aufhebt, bricht eine aufgebrachte Menge in das Gefängnis ein und lyncht Frank.

- **1914: *A Passover Miracle*, der erste amerikanisch-jüdische Film mit ausschließlich jüdischer Besetzung, wird freigegeben.**
- **1914–1918: Europa wird vom Ersten Weltkrieg verheert.**
- **1915: Im Gefolge der Leo-Frank-Affäre wird die jüdische *Anti-Defamation League (ADL)* gegründet.**
- **1917: In Russland bricht die Revolution aus.**
- **6. April 1917: Die Vereinigten Staaten erklären Deutschland den Krieg.**
- **2. November 1917: Veröffentlichung der Balfour-Deklaration. Dieser Brief des britischen Außenministers Lord Arthur Balfour an den britisch-jüdischen Führer Lord Rothschild sichert den Juden eine effektive britische Unterstützung bei der Schaffung einer jüdischen Heimstätte in**

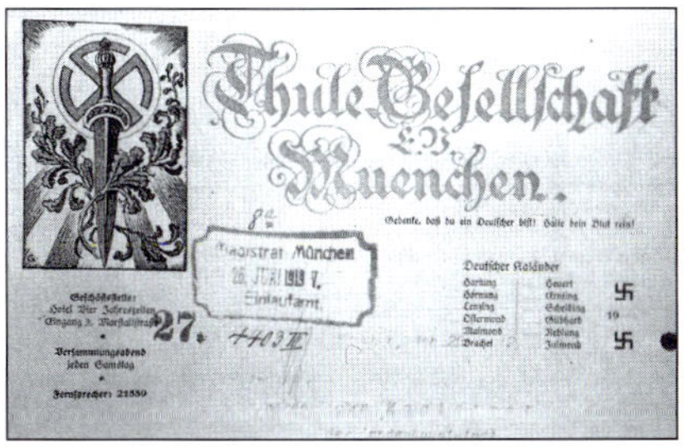

Im Briefkopf der antisemitischen Thule-Gesellschaft ist zu lesen: „Gedenke, daß du ein Deutscher bist! Halte dein Blut rein!"

hungert – und kam nach München. Diese Stadt war ein Zentrum heftiger Nachkriegsunruhen, bei denen es unter anderem zu einer kurzzeitigen politischen Machtübernahme durch die Linken in Form der Münchner Räterepublik kam, die am 1. Mai 1919 niedergeschlagen wurde. Dazu hatte man reguläre Einheiten des Heeres durch Freikorps verstarken müssen. Diese rechtsgerichteten paramilitärischen Verbände bestanden zum großen Teil aus Veteranen des Ersten Weltkrieges, die für die Niederlage Deutschlands Juden und Sozialdemokraten verantwortlich machten. Letztere bildeten in der am 9. November 1918 ausgerufenen Weimarer Republik die größte politische Partei, unter deren Anhängern auch eine beträchtliche Zahl Juden war. Obwohl Hitler dem regulären Heer noch angehörte, spielte er bei der Unterdrückung dieses Revolutionsversuchs keine große Rolle, doch das Wissen um die jüdische Führung untermauerte in seinem Denken die Verbindung von Antisemitismus und Antikommunismus.

Entscheidender in seiner politischen Entwicklung war der Umstand, dass Hitler im Mai 1919 eine Stelle in der Münchner Propaganda- und Presseabteilung des Reichswehrgruppenkommandos erhielt, die von Hauptmann Karl Mayr geleitet wurde. Zu Mayrs Aufgaben gehörte auch den deutschen Soldaten den gebührenden nationalistischen und antikommunistischen Standpunkt einzuimpfen. Einer der Männer, die zu diesem Zweck für einen Ausbilderlehrgang ausgewählt wurden, war Hitler. Er erhielt schon bald die Gelegenheit zur Unterweisung deutscher Soldaten und war damit in seinem Element. Er erwies sich als glänzender, überzeugender Redner. Die Vorträge vor den Soldaten im Frühjahr und Sommer 1919 waren die ersten Anlässe, bei denen Hitler öffentlich gegen die Juden auftrat.

Hitler, den man anscheinend als eine Art Experten in jüdischen Fragen betrachtete, wurde von Mayr beauftragt einen Brief zu beantworten, den ein Mann namens Adolf Gemlich am 4. September 1919 geschrieben hatte. Gemlich hatte an einem der Propagandalehrgänge teilgenommen und wünschte nun eine Aufklärung über die „jüdische Frage". Hitlers Antwort vom 16. September 1919 war dessen erste offene schriftliche Äußerung über die Juden. Darin war zu lesen, dass die Juden mit Sicherheit eine rassische und keine religiöse Vereinigung seien, dass der Einfluss des Judentums eine rassische Tuberkulose des Volkes hervorrufen werde. Hitler machte dann eine wichtige Unterscheidung. Der Antisemitismus aus rein emotionalen Gründen werde seinen Ausdruck letztendlich in Pogromen finden. Der rationale Antisemitismus jedoch müsse zu einer systematischen, gesetzlich zulässigen Opposition und zur Abschaffung der Privilegien der Juden führen … sein Endziel müsse die Entfernung der Juden insgesamt sein. Nur eine Regierung von nationaler Lebenskraft sei fähig beides zu tun, nie aber eine Regierung nationaler Ohnmacht. Ob diese Feststellungen bedeuteten, dass Hitler bereits 1919 die Absicht hatte die Juden zu vernichten ist bei weitem nicht klar. Doch andere Bestandteile dieser frühen und sorgfältig dargestellten Ausführungen erhielten sich sein gesamtes politisches Leben hindurch – besonders der rassisch

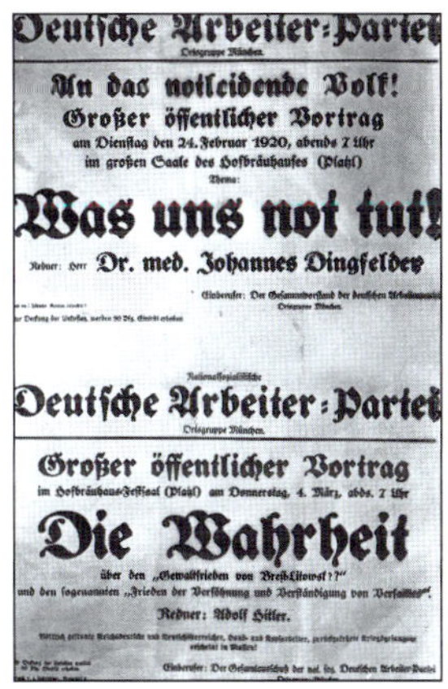

Um neue Mitglieder aus den Reihen der Nationalisten und Sozialisten anzulocken änderte die Deutsche Arbeiterpartei im Rahmen eines öffentlichen Vortrages am 24. Februar 1920 ihren Namen in Nationalsozialistische Deutsche Arbeiterpartei.

Palästina zu. Er widerspricht dem früher getroffenen Abkommen zwischen McMahon und Faisal, in dem dasselbe Territorium den Arabern versprochen wird.

• 1918: In Deutschland wird die antisemitische Gruppierung, die sich Schutz- und Trutzbund nennt, gegründet. „Die Sünde wider das Blut", ein antisemitischer Roman von Artur Dinter, wird veröffentlicht. In München wird die Thule-Gesellschaft, eine radikaler rechter Bund gegründet. Sie verwendet das Hakenkreuz als Symbol des deutschen Nationalismus.

• 16.–17. Juli 1918: Der russische Zar Nikolaus II. und dessen Familie werden nach langer Gefangenschaft exekutiert.

• 1918–1920: In der Sowjetunion siegen im Bürgerkrieg zwischen den Bolschewiki und deren Gegnern die Bolschewiki. • In der Westukraine werden rund 100 000 Juden ermordet.

• Oktober 1918: Nach dem Waffenstillstand mit Großbritannien scheidet das Osmanische Reich aus dem Krieg aus. Palästina kommt unter britische Kontrolle und ist damit erstmals seit

Der Aufstieg der Nazipartei

Ein 30-jähriger Veteran des Ersten Weltkrieges, der in der Propaganda- und Presseabteilung des Reichswehrgruppenkommandos in München beschäftigt war, erhielt den Auftrag, die Frage des Soldaten Adolf Gemlich nach den Gründen für die Niederlage Deutschlands im Krieg zu beantworten. Seine Antwort vom 16. September 1919 machte die Juden für diese Niederlage verantwortlich. Geschrieben und unterzeichnet war der Antwortbrief von Adolf Hitler.

In diesem Brief, der ersten schriftlichen, offen judenfeindlichen Äußerung Hitlers, ließ der Verfasser einige wichtige Unterscheidungen deutlich werden. Als Erstes hob er hervor, dass die jüdische Identität nicht durch die Religion, sondern durch die Rasse definiert werden solle. Zweitens unterschied Hitler zwischen emotionalem und rationalem Antisemitismus. Emotionaler Antisemitismus, so behauptete er, entlade sich periodisch in Gewalttaten, doch ihm fehle das Systematische, das notwendig sei um das „Endziel" des Antisemitismus zu erreichen, das in der Entfernung der Juden insgesamt bestehen müsse.

Am 12. September 1919 nahm Hitler erstmals an einer Zusammenkunft der Deutschen Arbeiterpartei (DAP), einer kleinen rechtsgerichteten politischen Gruppierung, teil. Vier Tage darauf übermittelte Hitler nicht nur seine Botschaft an Gemlich, sondern trat der DAP als siebentes Mitglied des Exekutivkomitees bei. 1920 wurde aus der Deutschen Arbeiterpartei die Nationalsozialistische Deutsche Arbeiterpartei (NSDAP). Sie wurde nun von Hitler geführt, der rasch die diktatorische Kontrolle über diese Organisation übernommen hatte. Die Mitglieder der NSDAP nannte man, abgeleitet von dem Wort „nationalsozialistisch", Nazis.

Der erfolglose Versuch der Nazis mit dem Hitlerputsch im November 1923 die Regierungsmacht in Deutschland zu übernehmen brachte Hitler 1924 eine Gefängnisstrafe in der Festung Landsberg ein. Dort entstand das Buch „Mein Kampf", dessen zwei Teile 1925 und 1926 veröffentlicht wurden. Bis 1945 verkaufte man davon mehr als sechs Millionen Exemplare.

Das Buch „Mein Kampf", das den Antisemitismus schürte, behauptete, manche Rassen würden Zivilisation schaffen und andere sie verderben. Diese Rassen würden um das Überleben der Stärksten kämpfen. Nach Hitlers Worten war die beste und wertvollste die nordisch-arisch-germanische „Herrenrasse", waren die Juden der schlimmste Feind von allen. Wo immer er eine Bedrohung für das Überleben der „Herrenrasse" sah, fand Hitler die Juden. Das deutsche Volk, so verkündete er, müsse diese jüdische Gefahr ausschalten. Diese Aufgabe würden die Nazis unter seiner Führung erledigen, versicherte Hitler in „Mein Kampf".

Die Nazis profitierten von Hitlers Stärke als faszinierendem Redner; ihre Popularität nahm zu, als Hitler dem deutschen Volk ein besseres Leben und Deutschland neuen Ruhm und Glanz versprach. Der Naziideologie zufolge waren die Grundlage dieses Lebens der Nationalismus, der Antisemitismus und die deutsche rassische „Reinheit", grimmiger Antikommunismus, eine Ein-Parteien-Diktatur, eine staatliche gelenkte Volkswirtschaft und schließlich die Erweiterung des deutschen Territoriums. Obwohl 1932 noch eine Minderheit, bildeten die Nazis die größte politische Partei in Deutschland. Sie übernahmen bald die Macht. Adolf Hitler und dessen Nazigefolgschaft herrschten von 1933 bis 1945 über Deutschland, das nun das Dritte Reich hieß.

1516 von der osmanischen Herrschaft frei.

• 4. Oktober 1918: Das vom Krieg geschwächte Deutschland bittet die Alliierten um die Bedingungen für einen Waffenstillstand.

• November 1918: Der deutsche Kaiser Wilhelm II. dankt ab.

• 11. November 1918: Der von Deutschland und den Alliierten unterzeichnete Waffenstillstand beendet den Ersten Weltkrieg, beseitigt jedoch nicht die grundlegenden Probleme Europas.

• 25. Dezember 1918: Kriegsveteranen gründen den nationalistischen, antisemitischen Wehrverband Stahlhelm.

• 1918–1933: Die antijüdische Politik der polnischen Regierung veranlasst 60 000 polnische Juden zur Auswanderung nach Deutschland.

• 1919: Deutschland erhält eine demokratische Verfassung. • Die Nation verabschiedet auch Gesetze, welche die Wanderungsbewegung, das Kampieren und die Ansiedlung der Sinti und Roma einschränken. • In Bel-

Angehörige der SA, die für das Schüren von Aufruhr und die Störung politischer Versammlungen verantwortlich sind, haben vor Nazibannern mit dem Aufruf „Deutschland erwache" Haltung angenommen.

definierte Antisemitismus und Hitlers Ruf nach einer einheitlichen und systematischen Nationalpolitik, die die jüdische Macht bekämpfen sollte.

Am 12. September 1919 schickte Mayr Hitler in den Münchner Gasthof Sterneckerbräu um Informationen über eine Gruppierung zu sammeln, die mit ihrem Namen bei der Reichswehr fälschlicherweise den Eindruck erweckte zur politischen Linken zu gehören. Tatsächlich aber erwies sich die Ideologie der Deutschen Arbeiterpartei (DAP) genau als das Gegenteil.

Zu den Führern dieser im Januar 1919 gegründeten, kaum bekannten Partei gehörte Anton Drexler, ein Münchner Eisenbahner. Drexler stellte sich einen völkisch-deutschen Staat vor, der von den Interessen des breiten Mittelstands getragen und von Juden und Ausländern gesäubert war. Hitler fand die DAP-Versammlung im Sterneckerbräu zunächst langweilig und wollte sie schon verlassen, als sich die Diskussion einer möglichen Separation Bayerns zuwandte. Hitler griff mit harscher, entkräftender Kritik in die Debatte ein. Beeindruckt von Hitlers energischem Auftritt überreichte Drexler dem Redner ein Exemplar der Schrift „Mein politisches Erwachen" – das politische Glaubensbekenntnisses des DAP-Vorsitzenden – und lud ihn ein wiederzukommen, wenn er der Partei beitreten wolle. Einige Tage darauf, noch ehe Hitler einen Entschluss gefasst hatte, erhielt er eine Postkarte. Darauf teilte man ihm mit, dass er als Parteimitglied akzeptiert worden sei, und forderte ihn auf zu weiterer Diskussion an einem Führungstreffen der DAP teilzunehmen. Hitler ging zu dem Treffen, das diesmal in dem Münchener Lokal Altes Rosenbad stattfand. Seine Sympathie für die Auffassungen der DAP und das Gefühl eine persönliche Chance zu haben beeindruckten ihn. Im September 1919 trat Hitler in die Deutsche Arbeiterpartei ein und erhielt die Mitgliedsnummer 555. (Man ließ die Nummerierung bei 501 beginnen um die DAP größer erscheinen zu lassen.) Zudem wurde er siebentes Mitglied des leitenden Arbeitsausschusses der Partei.

Hitlers politische Energie, der geschickte Einsatz von Werbe- und Propagandamethoden und sein Redetalent hoben die DAP allmählich aus der Bedeutungslosigkeit empor. Am 24. Februar 1920 kamen fast 2000 Menschen, darunter auch mehrere hundert sozialistische Opponenten, zu der ersten Massenversammlung der Partei, die im Festsaal des Münchner Hofbräuhauses stattfand. Als die Reihe an Hitler kam, hielt dieser vor seinen Zuhörern eine flammende Rede, in der er die Themen des Parteiprogramms ausführlicher erläuterte, die er und Drexler einige Tage zuvor schriftlich niedergelegt hatten. Neben klassischen Punkten wie beispielsweise dem pangermanischen Nationalismus und der Aufhebung des Versailler Vertrages gab es auch Vorschläge das Bürgerrecht der Juden

Junge Anhänger der Nazipartei marschieren während des ersten Reichsparteitages durch die Straßen von München. Die NSDAP besaß bis 1926 keine offizielle Jugendorganisation.

aufzuheben, die Juden vom Staats- und Verwaltungsdienst auszuschließen und diejenigen unter ihnen, die nach dem Beginn des Ersten Weltkrieges nach Deutschland gekommen waren, zu deportieren. Diese Vorschläge stellten die DAP zwar mit den anderen rechten deutschen Parteien in

gien gründet Pierre Nothomb die *Action Nationale*, eine antisemitische und faschistische Gruppierung. Der Friedensvertrag von Saint-Germain-en-Laye garantiert den österreichischen Juden Minoritätsrechte. • Es erscheint die deutsche Übersetzung der „Protokolle der Weisen von Zion", der gefälschten Notizen von einem angeblichen Geheimtreffen jüdischer Verschwörer.

• 5. Januar 1919: In München wird die Deutsche Arbeiterpartei (DAP) gegründet.

• 12. September 1919: Adolf Hitler tritt der Deutschen Arbeiterpartei bei.

• Ende 1919: Hitler trifft mit Dietrich Eckart, einem Münchner Dramatiker, Herausgeber der fanatisch antisemitischen und antimarxistischen Wochenschrift „Auf gut deutsch" zusammen.

• 1919–1921: Eine dritte Welle antisemitischer Pogrome geht durch Polen und die Ukraine. Insgesamt werden mehr als 60 000 Juden getötet und eine mehrfach höhere Zahl Juden verletzt.

eine Reihe, doch Hitler und seine Rhetorik ließen die Organisation als etwas Besonderes erscheinen.

Anfang März 1920 hatte die DAP einen neuen Namen. Von nun an hieß sie Nationalsozialistische Deutsche Arbeiterpartei (NSDAP). Ihre Mitglieder wurden unter der Bezeichnung Nazis bekannt. Einen Monat später verließ Hitler die Reichswehr um sich mit ganzer Kraft der politischen Zukunft der umbenannten Partei zu widmen. Seine Reden, für die er typischerweise grobe Notizen vorbereitete und die zwei Stunden dauerten, zogen Zuhörer an, deren Zahl oftmals in die Tausende ging. Hitler wurde rasch ein Synonym für die NSDAP. Auf der Mitgliederversammlung am 29. Juli 1921 wählte man ihn zum Vorsitzenden der NSDAP und gab ihm diktatorische Vollmachten, sodass er die Partei nach seinen Wünschen beherrschen konnte. Seine Pläne liefen u. a. darauf hinaus die Nazis zu Fürsprechern nicht von besonderen sozialen Klassen oder Interessengruppen, sondern des deutschen Volkes als Gesamtheit zu machen. In diesen Plänen war natürlich weder für Juden noch für andere „Nichtdeutsche" Platz.

Im Sommer hatte die NSDAP bereits 6000 Mitglieder. Sie verfügte seit August 1921 auch über eine paramilitärische Organisation, die Sturmabteilung (SA), die von Hermann Göring, dem Flieger-As aus dem Ersten Weltkrieg, organisiert und dem vormaligen Hauptmann Ernst Röhm unterstellt wurden. Ihre Mitglieder rekrutierten sich hauptsächlich aus den Freikorps oder waren Deutsche, die der demokratischen Ausrichtung der Weimarer Republik misstrauten. Die SA verstand sich nicht nur auf Straßenkämpfe und Einschüchterung und hielt bei Versammlungen Zwischenrufer in Schacht, sie verlieh der NSDAP auch das Attribut der Stärke und Loyalität, die Hitler hoch schätzte.

Hitler behauptete in „Mein Kampf", dass das grundlegende Gesetz der Natur der ewige Kampf und der Konflikt das Mittel zu Größe und Erhabenheit sei. Außerdem machte er geltend, dass es zwei weitere Naturgesetze von entscheidender Bedeutung gebe: das Gesetz der Vererbung und das Gesetz der Selbsterhaltung. Die Natur, so Hitler, scheue vor der Vermischung der Arten bei der Fortpflanzung zurück. Sie erhalte die Stärksten und merze die Schwächsten aus. Das menschliche Leben nehme in dem unbarmherzigen, schonungslosen natürlichen Prozess, der stets die Stärksten bevorzuge, keine Sonderstellung ein. Der maßgebliche Unterschied jedoch sei der, dass Menschen wissen könnten – wissen müssten –, dass sich ihre individuelle und soziale Existenz in einer Arena endlosen Kampfes ums Dasein entwickle. Der Starke werde daher nicht davor zurückschrecken sich ein Prinzip zu eigen zu machen, das für Hitler selbstverständlich war: nämlich das Prinzip, dass das nationale Überleben sehr wohl von Aggression und Gewalt abhängig sein könne. Entscheidend bei diesen Betrachtungen, so behauptete Hitler, sei außerdem die Tatsache, dass das Überleben und die Entwicklung eines Volkes zu höchstem Rang von seinem Lebensraum bestimmt werde. Wichtig für ein starkes Volk und für die Reinheit seines Lebens sei Lebensraum. Um Größe und den dazu notwendigen Raum zu erlangen, seien möglicherweise auch brutale Mittel nötig. Der Geist eines Volkes werde geprüft, da es bei der Unterwerfung seiner Feinde höchste Kraft aufbringen müsse.

Da Hitler selektiv auf den Sozialdarwinismus und die Rassentheorie zurückgriff, deren Entwicklung sich bis ins 19. Jahrhundert zurückverfolgen ließ, waren die Verbindungen zwischen den Dimensionen seiner Weltsicht und seinem rassistischen

Während seiner Haft in Landsberg bekam Hitler fast alles, worum er bat. Er verfügte über mehrere Räume und konnte sogar Besucher empfangen.

• 1919–1923: Rumänien verleiht den Juden das Bürgerrecht.

• 1920: Der Völkerbund (dem die USA fernbleiben) hält in Genf seine erste Sitzung ab. • In Palästina wird eine jüdische Untergrundmiliz, die Haganah, gegründet.

• 24. Februar 1920: Im Münchner Hofbräuhaus findet die erste große Veranstaltung der NSDAP statt. Trotz Störungen durch protestierende Gegner stellt Adolf Hitler das Parteiprogramm vor.

• April 1920: Adolf Hitler wird in Ehren aus der Reichswehr entlassen.

• 1921: Die Reparationskommission der Alliierten legt die Höhe der deutschen Reparationsverpflichtungen auf 132 Milliarden Goldmark fest. *Siehe* Januar 1923. • Die NSDAP gründet die SA (Sturmabteilung), deren Mitglieder auch Braunhemden genannt werden. • Die Londoner Times erklärt „Die Protokolle der Weisen von Zion" für gefälscht. • Der „Völkische Beobachter" erscheint

Mit dieser Werbung wurde 1924 das Erscheinen von Hitlers „Autobiografie" angekündigt. Sie erschien zunächst unter dem Titel „4½ Jahre Kampf gegen Lüge, Dummheit und Feigheit".

Antisemitismus nicht schwer zu erkennen. Diese Elemente waren vermischt, weil Natur und Geschichte in Hitlers Denken eine Einheit bildeten. Es gebe nicht nur verschiedene Menschenrassen, die es so weit auseinander zu halten gelte, wie unterschiedliche Arten von Natur aus getrennt seien. Auch seien manche Menschenrassen Kulturschöpfer und andere Kulturzerstörer. Diese Feinde, so meinte er, seien in einem Kampf um das Überleben des Stärksten gefangen. Nach Hitlers Worten stand an der Spitze der kulturschöpfenden Rassen die nordisch-arisch-germanische „Herrenrasse", die es verdiente über die „niederen" Rassen zu herrschen. Nach Hitlers Ansicht war das rassisch höher stehende deutsche Volk besonders durch „Rassenschändung" gefährdet. So wurden Polen, Russen, Ukrainer und andere Angehörige slawischer Völker sowie „unvollkommene" und „asoziale" Deutsche (beispielsweise geistig oder körperlich Behinderte, Homosexuelle und Gewohnheitsverbrecher) Hitlers Angriffsziele. An der Spitze der Liste standen die Juden, der Rassenfeind, den Hitler als schlimmsten Gegner betrachtete.

1924 war es dem Buch „Mein Kampf" zufolge so weit, dass Hitler, wo immer er eine Bedrohung des rassischen und nationalen Überlebens sah, wo immer er ein Hindernis für die angestrebte geografische Expansion ahnte, schließlich die Juden vorfand. Nach Hitlers Worten stahlen die Juden, gefährdeten die öffentliche Ordnung und verdarben gerade das Volk, dem die Weltherrschaft zustand. Hitlers Vorbild folgend unterstellte die Nazipropaganda den Juden mindestens drei Vergehen auf einmal und bezeichnete sie als internationale deutschfeindliche Verschwörer, als Kriminelle und als lebensbedrohende Pestilenz. Das deutsche Volk müsse den Angriff dieser „Kulturzerstörer" ein für alle Mal abwehren. Das, so glaubte Hitler, würden die Nazis unter seiner Führung tun und ihr Versprechen erfüllen dem deutschen Volk ein besseres Leben zu ermögli-

Das Hakenkreuz

Für die Menschen in den westlichen Kulturen ist das Hakenkreuz heute ein Symbol für Nazideutschland. In Wirklichkeit war es bereits in alten Zeiten verbreitet und wird in den östlichen Kulturen auch heute noch weithin verwendet.

Im Sanskrit nannte man es *swastika*, was so viel wie „dem Wohlergehen dienlich" bedeutet. In der Kunst erschien das Symbol im byzantinischen Zeitalter (5. und 6. Jahrhundert) sowie bei den Indianerstämmen in Nord-, Süd- und Mittelamerika, darunter auch bei den Navajo-Indianern. In Indien gilt es heute als Glückssymbol der Hindus und Buddhisten.

1910 schlug der deutsche Nationalist Guido von List das Hakenkreuz als allgemeines Symbol für antisemitische Organisationen vor. 1920 übernahm es die Nazipartei als ihr Emblem. Ab 1935 war es – schwarz im weißen Kreis und auf rotem Hintergrund – Bestandteil der deutschen Nationalflagge. Das Symbol darf heute nicht mehr gezeigt werden.

als offizielle nationalsozialistische Zeitung.

• 21. März 1921: In Jerusalem brechen judenfeindliche Krawalle aus.

• 29. Juli 1921: Adolf Hitler wird der erste Vorsitzende der Nazipartei mit diktatorischen Vollmachten.

• 1922: Gründung der nationalsozialistischen Jugendorganisation „Jungsturm Adolf Hitler". *Siehe* 1926. Der „Stoßtrupp Adolf Hitler" wird als Hitlers persönliche Schutztruppe gegründet. Er ist der Kern der künftigen Schutzstaffel (SS). • In Italien bildet Benito Mussolini eine faschistische Regierung. • Der antisemitische Professor und Sozialanthropologe Hans F. K. Günther veröffentlicht ein rassistisches Buch mit dem Titel „Rassenkunde des deutschen Volkes".

• 24. Juni 1922: Walther Rathenau, der jüdische Außenminister Deutschlands, wird von Mitgliedern der Organisation Consul, einer rechtsextremen politischen Geheimorganisation unter Führung von Hauptmann Hermann Ehrhardt, ermordet.

chen. In der sich entwickelnden Naziideologie stützte sich dieses Leben auf einen Ultranationalismus, der die deutsche „Rassenreinheit" und den Antisemitismus betonte. Diese Ideologie erforderte überdies eine Ein-Parteien-Diktatur und eine staatlich gelenkte Wirtschaft sowie einen wütenden Antikommunismus und schließlich eine aggressive imperialistische Ausweitung des deutschen Territoriums durch Krieg.

1924 konnte niemand, auch Hitler nicht, um die Katastrophe wissen, die ein solches Denken heraufbeschwören würde. Hitlers Einfluss und die Präsenz der Nazipartei waren aus den fragwürdigsten Anfängen deutlich herausgewachsen. Die Nazis gehörten nun zum politischen Leben Deutschlands.

Ohne die Nazis hätte es den Holocaust wohl kaum gegeben. Ohne Hitler wäre weder die Naziherrschaft noch der Holocaust denkbar gewesen. Ohne Antisemitismus jedoch wären der Nazismus, Hitlers Diktatur und der Holocaust völlig unmöglich gewesen. Für sie alle war der Antisemitismus bestimmend.

Werke wie Fritz Reuters antisemitischer Roman „Russische Juden", der 1932 wöchentlich in Fortsetzungen erschien, waren bei den rechten Fanatikern sehr populär.

Doch nun erheben sich Fragen, die weiter in die Vergangenheit, weiter als Hitlers Bemühungen in den 20-er Jahren in München, als seine Erlebnisse im Ersten Weltkrieg oder als die prägenden Jahre in Wien, zurückreichen. Weder Hitler noch einer seiner Zeitgenossen waren die Ersten, die das mitunter als „längster Hass" bezeichnete Verhalten praktizierten. Hitler wurde in eine Welt, insbesondere in ein europäisches Umfeld hineingeboren, in dem der Antisemitismus bereits präsent war. Nicht einmal seine rassische Version war neu, obwohl Hitlers antisemitische Anschauung ohne Zweifel etwas völlig Neues hervorbrachte – den Ruf nach der physischen Vernichtung von Menschen.

Auf den Spuren der Anfänge der Geschichte, die vom Auschwitz Elie Wiesels zu Fritz Gerlichs Brille und Hitlers Anschauung zurückgehen, muss die Frage nach dem Ursprung des Antisemitismus gestellt werden. Was waren die entscheidenden Momente und Merkmale in dessen Entwicklung? Was war der Grund, der – wenn auch nicht hinreichend um den Holocaust hervorzubringen – zweifellos notwendig war um die Katastrophe stattfinden zu lassen? Ein Versuch

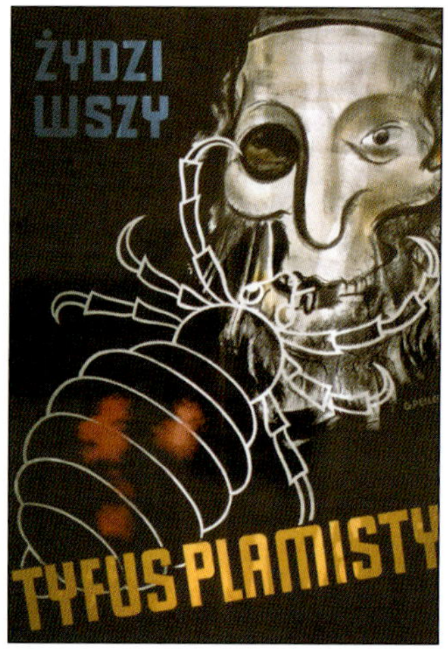

Diese polnische Attacke gibt eine ungeheuerliche, aber damals populäre Ansicht wieder: „Juden sind Läuse; sie rufen Fleckfieber hervor."

sich diesem Abschnitt der Geschichte zu nähern, kann damit beginnen, dass man einmal in die Schattenwelt der Pseudowissenschaft und des Rassismus eintritt.

Rechtfertigung des Hasses

Der Gebrauch der Begriffe *Antisemit* und *Antisemitismus* ist so alltäglich geworden, dass man meinen könnte, sie stammten aus alter Zeit. In Wirklichkeit aber gehen diese Begriffe auf den deutschen Journalisten Wilhelm Marr zurück, der sie Ende der 1870-er Jahre einführte und populär machte. Marrs politisches Traktat „Der Sieg des Judenthums über das Germanenthum. Vom nicht confessionellen Standpunkt aus betrachtet", das in mehreren Auflagen erschien, mahnte: „Und dieses Volk hat mit seinem jüdischen Geiste die Welt er-

---

• 24. Juli 1922: Der Völkerbund überträgt Großbritannien das Mandat für Palästina und gewährleistet damit die jüdische Einwanderung.
• 1922 – 1933: In Nürnberg werden 200 jüdische Gräber geschändet.

• 1923: Die überhand nehmende Inflation in Deutschland macht die nationale Währung wertlos. • In Nürnberg erscheint die erste Ausgabe der pronazistischen Wochenzeitung „Der Stürmer". Ihren Wahlspruch „Die Juden sind unser Unglück" übernimmt sie von Heinrich von Treitschke. • Der bekannte Faschist und Antisemit Arthur Moeller van den Bruck veröffentlicht „Das Dritte Reich", ein Buch, das Hitler entscheidend beeinflussen wird. • In Berlin werden jüdische Häuser in Brand gesteckt.

• Januar 1923: Frankreich und Belgien besetzen das Ruhrgebiet, da das wirtschaftlich ruinierte Deutschland nicht in der Lage ist die jährliche Abzahlung seiner Reparationsschuld von insgesamt 132 Milliarden Goldmark zu leisten. Viele Deutsche, besonders die Veteranen des Ersten Weltkrieges, sind über diese Erniedrigung empört.

obert.“ Marr rief dazu auf sich gegen diese „Fremdherrschaft“ zur Wehr zu setzen, bevor es zu spät sei. Er glaubte, „dass nicht vier Generationen mehr vergehen und es wird absolut kein Staatsamt, selbst das höchste nicht ausgeschlossen, mehr existiren, das nicht von den Juden usurpirt wäre.“ Für Marr war es eine Ehre, als Antisemit zu gelten.

Marr und andere gebrauchten das Wort *Antisemitismus* in den größtenteils weltlichen antijüdischen politischen Kampagnen, die sich um die Jahrhundertwende in Europa häuften. Das Wort rührt von einer Sprachenanalyse aus dem 18. Jahrhundert her, bei der man zwischen Sprachen mit so genannten „arischen“ und Sprachen mit so genannten „semitischen“ Wurzeln unterschied. Diese Unterscheidung wiederum führte zu der – falschen – Annahme, dass es auch entsprechende rassische Gruppierungen gebe. In diesem System wurden die Juden zu „Semiten“. Diese Benennung ebnete den Weg für Marrs neues Vokabular. Marr hätte für seinen Abscheu vor den Juden auch den herkömmlichen deutschen Begriff *Judenhass* verwenden können, doch dieser Ausdruck verband sich mit religiösen Assoziationen, die Marr zugunsten des rassischen Begriffsinhalts abschwächen wollte. Der scheinbar „wissenschaftlichere“ *Antisemitismus* Marrs fand Anklang und wurde schließlich zur Bezeichnung für alle Formen der Feindseligkeit gegenüber Juden, die es in der Geschichte gab.

Über die Jahrhunderte hinweg hat der Antisemitismus verschiedene, jedoch miteinander verwandte religiös, politisch, ökonomisch, sozial und rassistisch geprägte Formen angenommen. Die Juden wurden diskriminiert, gehasst und ermordet, weil voreingenommene Nichtjuden glaubten, sie, die Juden, gehörten der falschen Religion an, besäßen keine staatsbürgerlichen Voraussetzungen, übten ihr Gewerbe unsachgemäß aus, verhielten sich unangemessen und besäßen minderwertige rassische Eigenschaften. Alle diese Formen des Antisemitismus, besonders jedoch der Rassenantisemitismus, spielten beim Holocaust eine Schlüsselrolle.

Wichtig ist, dass Hitler und seine Anhänger nicht in erster Linie eine

Dieses Plakat aus Polen verbindet die Juden mit dem Kommunismus und dem Großkapital. Der Text lautet: „Plutokratie oder Bolschewismus – beide sind Erfindungen der Juden.“

Wilhelm Marr

Wilhelm Marr, der als Vater des modernen Antisemitismus bekannt ist, kämpfte gegen die Emanzipation der Juden in Deutschland.

Der 1819 geborene Marr trat als demokratischer Revolutionär, der für die Emanzipation aller unterdrückten Gruppierungen – auch der Juden – war, in die Politik ein. Aus Erbitterung über die Niederlage der 1848-er Revolution, die Deutschland demokratisieren sollte, und über seine eigenen politischen Misserfolge, richtete er sein Gift gegen die Juden. Seine Broschüre mit dem Titel „Der Sieg des Judenthums über das Germanenthum. Vom nicht confessionellen Standpunkt aus betrachtet“ erschien 1879 in seiner 12. Auflage.

Marrs Antisemitismus konzentrierte sich nicht auf die religiösen, sondern auf die rassischen Eigenschaften der Juden. Seine Organisation, der Bund der Antisemiten, brachte das Wort „Antisemit“ in den politischen Sprachgebrauch ein und begründete die erste populäre politische Bewegung, die gänzlich auf antijüdischen Überzeugungen beruhte.

• März 1923: Zum persönlichen Schutz Hitlers wird die „Stabswache“ gegründet, aus der später (1925) die Schutzstaffel (SS) hervorgeht. Die SS, eine terroristische Organisation, wird zu einer bewaffneten Eliteformation des Dritten Reiches. Sie untersteht dem Reichsführer SS Heinrich Himmler und zeichnet sich durch unbedingte Loyalität gegenüber Hitler aus. Sie wird später für die Durchführung der „Endlösung des jüdischen Problems“ verantwortlich gemacht.

• 26. Mai 1923: Der deutsche Nationalist Albert Leo Schlageter wird wegen Sabotage gegen die französische Autorität im Ruhrgebiet von den Franzosen hingerichtet.

• November 1923: Die Deutsche Mark wird mit 4 Milliarden zu 1 US-Dollar gehandelt. Die Inflation in der Weimarer Republik wird durch die Einführung einer neuen Währung gestoppt, die durch eine Grundschuld auf den deutschen landwirtschaftlichen Besitz gedeckt ist.

• 8.–11. November 1923: Der Versuch Hitlers mit einem Putsch in München die Regierungsgewalt zu übernehmen scheitert und verunsichert die

antisemitische Einstellung hatten, weil sie Rassisten waren. Die Verbindung funktionierte eher umgekehrt: Hitler und seine Anhängerschaft waren Rassisten, weil sie Antisemiten waren, die nach einem antijüdischen Element suchten, das tiefer saß als jedes religiöse, ökonomische oder politische Vorurteil. Religiös nicht gefestigte Juden konnten immerhin konvertieren. Waren ihre Geschäftspraktiken oder politischen Ansichten unangemessen, konnte eine Änderung des Verhaltens diesen Mangel korrigieren. Doch die Antisemiten von Marr bis Hitler sahen in den Juden eine Bedrohung, ganz gleich, was diese taten. Marr schrieb: „Denn die Juden sind die ‚besten Staatsbürger' dieses modernen, christlichen Staates"; das seien sie jedoch nur, weil dieser „vollständig ihren Interessen entspricht". Zweifellos glaubte Marr – und Hitler erst recht –, dass die Interessen der Juden mit den Interessen Deutschlands unvereinbar seien.

Für Antisemiten von Marrs Schlag waren konvertierte jüdische Bürger noch immer keine vertrauenswürdigen Juden. Das jüdische Verhalten mochte sich auf vielerlei Weise ändern, doch nach der „Logik" des Rassenantisemitismus waren solche Wandlungen kein Grund vom Judenhass abzurücken. Im Gegenteil – dieser Antisemitismus interpretierte die jüdische Assimilation als Unterwanderung, jüdische Konformität als Falschheit und jüdische Integration in eine nichtjüdische Gesellschaft als Beweis für die jüdische Schlauheit, mit der die Weltherrschaft angestrebt wurde. Bestanden die Juden andererseits darauf ihre typische Art und Weise zu bewahren, so lieferten sie eine Bestätigung anderer Art, die nur zeigte, dass die Juden ein fremdes Volk waren. Die früheren Formen des Antisemitismus ergänzend „erklärte" die Rassentheorie, weshalb die Juden – auch wenn die äußere Erscheinung auf das Gegenteil schließen lasse – eine Bedrohung darstellten, welche die Deutschen nicht hinnehmen könnten.

Natürlich waren die Juden keine Rasse, da jede Person ungeachtet ihres „Blutes" oder eines anderen biologischen Merkmals, durch Übertritt zum Judentum oder Bekehrung Jude werden konnte. Dennoch fand der rassisch begründete Antisemitismus Anklang. Solches Denken hatte ungeheuere Konsequenzen. War das Jüdischsein eine Rassenfrage, dann

Der christliche Antisemitismus

Die antisemitische Propaganda der Nazis ließ sich von einer 2000 Jahre alten antijüdischen Tradition anregen, die durch die christlichen Kirchen kultiviert worden war. Das stereotyp wiederholte und völlig falsche Bild von den Juden als „Christusmörder" überdauerte die Jahrhunderte. Die Schändung des Kruzifixes *(siehe Abbildung)* war ein weiterer Punkt.

Gelegentlich wurden die Juden gedemütigt, aus dem Land vertrieben und sogar ermordet. Sie durften sich nicht mit Christen verheiraten und waren gezwungen besondere Kleidung zu tragen, mussten sich auf bestimmte Berufe beschränken und waren in den Städten oftmals in bestimmten Vierteln isoliert. Da es im Mittelalter nicht gelungen war die Juden zum Christentum zu bekehren, verstärkten sich Furcht, Misstrauen und Hass. In karikaturistischen Darstellungen verwendete man Metaphern, welche die Juden mit dem Satan in Verbindung brachten. Noch schlimmer war die „Blutanklage", mit der man die Juden des Ritualmordes an Christenkindern bezichtigte. Selbst bis ins 20. Jahrhundert hinein kursierte das Gerücht die Juden verwendeten zum Backen von Matze für das Passahfest das Blut christlicher Jungfrauen.

Der protestantische Reformator Martin Luther, der im 16. Jahrhundert lebte, war in seinen späten Jahren ein erbitterter Antisemit. Verbittert über die Weigerung der Juden zum Christentum überzutreten, schrieb er das vernichtende Traktat „Von den Juden und ihren Lügen", das diese Menschen als Christusmörder und Kriminelle darstellte, die auf die Weltherrschaft aus seien. Luther befürwortete das Niederbrennen von Synagogen, jüdischen Schulen und Wohnstätten und trat dafür ein die Juden wie tolle Hunde aus dem Land zu jagen. Diese Abhandlung hoben die Nazis bei ihren Kundgebungen und Parteiversammlungen stets besonders hervor.

NSDAP zeitweise. Hitler wird am 11. November in Bayern verhaftet. Von seiner Gefängnisstrafe braucht er nur neun Monate abzusitzen und erfreut sich in dieser Zeit verschiedener Vergünstigungen von Seiten der Justiz.

• 1924: Der US-amerikanische Kongress verabschiedet das Gesetz zur Einschränkung der Einwanderung, das die Immigration von Asien und Osteuropa in die USA verbietet. Dieses Gesetz sowie weitere amerikanische Aktionen gegen die Einwanderung werden auch in Deutschland aufmerksam verfolgt.

• 4. Mai 1924: Die Nazis gewinnen bei der Reichstagswahl 6,6 Prozent der Stimmen.

• Juli 1924: Während seiner Haftzeit beginnt Hitler an seinem Buch „Mein Kampf" zu arbeiten. Sein Sekretär Rudolf Heß bringt die stilistisch mangelhaften Notizen in angemessene schriftliche Form. *Siehe* 18. Juli 1925.

• 1925: General a. D. Ludendorff und der Politiker Konstantin Hierl gründen den Tannenbergbund, der 1929 nur noch von Ludendorff und dessen Frau

Links: Jesus, ein Jude, wirkte und lebte nach den Lehren des Judentums. Er wurde von den Römern ermordet, die ihn als Führer der Juden fürchteten. *Mitte:* Im Jahr 70 n. Chr. schlagen die Römer brutal einen jüdischen Aufstand nieder. Sie zerstören dabei Jerusalem und den zweiten (wieder aufgebauten) Tempel. *Rechts:* Der zum Christentum bekehrte Kaiser Konstantin I. beendete die Verfolgung der Christen und erkannte deren Religion offiziell an. Er erließ eine Reihe von Edikten, welche die Juden benachteiligten.

konnte man argumentieren, dass die jüdische Identität durch die Erbmasse, der jüdische Charakter durch biologische Vererbung bestimmt werde. Dieser rassistischen Auffassung zufolge war es den Juden nicht möglich ihre Identität und ihren Charakter zu wandeln. Es bedeutete nichts, wenn sie zum Christentum übertraten oder ihrem Staat gegenüber größte Vaterlandsliebe bewiesen. Nach Ansicht der Rassenantisemiten war ein Jude ein Jude, ganz gleich welcher Art und Juden waren eine Gefahr für die „überlegenen“ nichtjüdischen Gesellschaften, in denen sie lebten. Rassenantisemitismus hieß, dass die bloße Existenz jüdischen Lebens zum Problem geworden war, das eine Lösung verlangte.

Zu einem Ganzen zusammengefügt belebten sich Antisemitismus und Rassismus gegenseitig. Doch der Rassenantisemitismus hatte ohne die nichtrassischen Formen des Antisemitismus, die seinen Kern bildeten, nie entstehen können. Obwohl die jüdische Identität üblicherweise von den Eltern an die Kinder weitergegeben wird, kann im Prinzip jeder Mensch Jude sein. Daher können Juden der Naziideologie zum Trotz keineswegs durch Rassenmerkmale bestimmt werden. Die Juden müssen auf andere Weise identifiziert werden. Also wird noch vor der Unterstellung rassischer Unterschiede das Verhalten – das, was Juden tun oder nicht tun – wichtig für die Bestimmung der Identität. Das Verhalten ist bei der Feststellung der besonderen jüdischen Identität jedoch ebenfalls von zweifelhafter Beweiskraft. Das trifft zumindest dann zu, wenn man sich lediglich auf die Arbeit der Juden, auf die von ihnen ausgeübten Berufe, auf ihre wirtschaftlichen Pläne oder ihre politischen Überzeugungen konzentriert, die für gewöhnlich auch von anderen Menschen übernommen werden können. Hinsichtlich des Verhaltens gibt es allerdings mindestens einen charakteristischen und wichtigen Unterschied.

Nicht alle Juden sind religiös. Dennoch war es hauptsächlich die Religion, welche die Juden ursprünglich von anderen Bürgern unterschied. Die Religion umfasst mehr als nur bestimmte Glaubensvorstellungen. Sie lebt auch in besonderen Bräuchen und Verrichtungen. Die Juden beteten nur einen Gott an, aber sie heiligten auch den Sabbat und begingen andere typische Feiertage wie das Passahfest. Sie praktizierten die Beschneidung, hielten sich an bestimmte Speisegebote und betrachteten Jerusalem als die Heilige Stadt.

Geprägt vom Judentum, ihrer besonderen Religion, waren die Juden einzigartig. Religiöse Besonderheit ist zu berücksichtigen, wenn es um das Begreifen der antijüdischen Gefühle geht, die schon lange im Christentum verankert sind. Ohne die christliche Feindseligkeit gegenüber den Juden ließe es sich nur sehr schwer oder vielleicht gar nicht erklären, weshalb die Juden mit solcher Konsequenz Ziel der Diskriminierung und Verfolgung in der westlichen Zivilisation waren und weshalb sie schließlich in Hitlerdeutschland ermordet wurden.

Schon lange bevor sich nach dem Ersten Weltkrieg aus einer zahlenmäßig kleinen Organisation die

Mathilde geleitet wird. Die Propaganda des Bundes richtet sich gegen Juden, Kommunisten, Katholiken und Freimaurer. • In Belgien wird die *Jeunesse Nationale*, eine Jugendorganisation der antisemitischen, faschistischen *Action Nationale* gegründet. • In den USA gründet Pfarrer Gerald B. Winrod unter dem Namen *Defenders of the Christian Faith* eine antisemitische Gruppe, die gegen den „jüdischen Bolschewismus“ gerichtet ist. Winrod wird auch „der amerikanische Streicher“ genannt.

• 27. Februar 1925: In München wird auf einer Versammlung mit 4000 Teilnehmern die Nazipartei zum zweiten Mal gegründet.

• 24. März 1925: Die pronazistische, antisemitische Zeitung „Der Stürmer“, die im November 1923 von der Weimarer Regierung verboten wurde, erscheint wieder.

• 26. April 1925: Paul von Hindenburg wird Reichspräsident.

• Juni 1925: Das Genfer Protokoll vom 17.6.1925 verbietet die Anwendung erstickender, giftiger und anderer Gase sowie bakteriologischer Kampfmittel im Krieg.

Nazipartei entwickelte, war der Antisemitismus in manchen christlich dominierten Kulturen so verwurzelt, dass die Juden bis auf wenige Ausnahmen gar nicht völlig in den Rahmen moralischer Verpflichtung der westlichen Zivilisation einbezogen werden konnten, den im Wesentlichen das Christentum festgelegt hatte. Dessen judenfeindliche Ansätze reichten nicht hin um den Holocaust herbeizuführen, doch es ist fraglich, ob der Holocaust auch ohne die lange Geschichte der negativen Ansichten der Christen über die Juden stattgefunden hätte. Um diese Punkte zu klären muss man sich mit der Frage nach der Herkunft des jüdischen Volkes beschäftigen.

Die Juden stammen von einer Gruppe von Menschen ab, die im alten Ägypten versklavt waren und die man mitunter auch Hebräer nennt. Sie führen ihre Ursprünge auf die biblischen Gestalten Abraham und Sara zurück, die vor etwa 4000 Jahren in Mesopotamien lebten. Das Judentum wurzelt in der prägenden Erfahrung des wunderbaren Auszuges aus Ägypten und der ägyptischen Sklaverei und in der göttlichen Offenbarung, die Moses nach jüdischer Überlieferung vor mehr als 3000 Jahren am Berg Sinai empfing. Aus jenen frühen Zeiten stammen die Zehn Gebote, die nur einer der vielen Beiträge der Juden zur westlichen Kultur sind. Sie bilden einen Teil der Thora, der Lehren in den ersten fünf Büchern der jüdischen Heiligen Schrift. Die Zehn Gebote machen deutlich, dass der Gott, der sie den Juden schenkte, der alleinige Gott ist: „Du sollst neben mir keine anderen Götter haben." (Exodus 20, 3) Die biblischen Geschichten behaupten, dass zwischen Gott und den Israeliten, wie die alten Hebräer auch hießen, ein Bund bestünde, der rituelle Regeln und ethische Grundsätze beinhalte. Deshalb entwickelte sich das Leben dieses Volkes auf besondere Weise und abweichend von dem anderer Menschen in seiner Umgebung.

Juden werden in einer Grube bei lebendigem Leibe verbrannt (deutscher Holzschnitt von 1493). Die von einigen Opfern getragenen spitzen Hüte sind ein Symbol für das Stigma, das alle Juden angeblich tragen.

Nach der Offenbarung am Berg Sinai besetzten die zwölf israelitischen Stämme die Mittelmeerküste Kanaans, das Gott ihnen ihrem Glauben zufolge verheißen hatte. Mit der Zeit begründeten sie eine Nation mit König David an der Spitze. Ihre Hauptstadt war Jerusalem. Doch die Einheit und Autonomie, die von etwa 1000 bis 922 v. Chr. geherrscht hatten, gingen verloren und das Königreich wurde aufgrund innerer Differenzen geteilt, später belagert und von mehreren Eroberern – von Assyrern, Babyloniern, Persern, Griechen und schließlich auch von den Römern – besetzt.

Im 1. Kreuzzug versuchten die Christen das Heilige Land von den Moslems zurückzugewinnen. Der Kreuzzug rief massive Gewalt gegen die europäischen Juden hervor, die man als „Christusmörder" bezeichnete.

Im Jahr 70 n. Chr. schlugen die Römer einen jüdischen Aufstand, der schon lange angedauert hatte, brutal nieder. Zu den Vergeltungsmaßnahmen der Römer gehörte auch die Zerstörung Jerusalems und des Jerusalemer Tempels, der heiligsten Stätte der Juden. Die meisten überlebenden Juden wurden aus ihrem traditionellen Heimatland in andere Gebiete des Römischen Reiches vertrieben. Seit mehr als 2000 Jahren leben des-

• 18. Juli 1925: „Mein Kampf" von Adolf Hitler wird veröffentlicht.

• 1926: Der Jude Schalom Schwarzbard ermordet Symon Petljura, den letzten Führer der unabhängigen Ukraine. *Siehe* 25.–27. Juli 1941. • In den USA gründet Pater Charles E. Coughlin die *National Union for Social Justice*, eine isolationistische, antisemitische Organisation. • Zur Förderung der Ideen des Sozialdarwinismus wird die *American Eugenics Society* gegründet. • Die Organisation „Jungsturm Adolf Hitler" wird in Hitlerjugend umbenannt.

• 1927: Überall in Deutschland werden jüdische Friedhöfe von Nazis geschändet. • In Rumänien wird die antisemitische Organisation *Legiunea Arhangehelului Mihail* (Legion Erzengel Michael) gegründet. • Zur „Arisierung" der deutschen Christenheit und zur Beseitigung des jüdischen Einflusses auf das deutsche religiöse Leben wird die Deutsche Glaubensbewegung gegründet. • Im rumänischen Oradea werden bei judenfeindlichen Ausschreitungen, die von rumänischen Studenten organisiert wurden, mehrere Synagogen zerstört. • In Preußen fordern 77 Prozent der Studenten, die

halb Juden in den Ländern Europas – von Spanien und Portugal bis Polen und Russland, von Griechenland und Italien bis Großbritannien, Frankreich und Deutschland.

Die Juden fanden überall in diesen Ländern Mittel und Wege die Lebenskraft der Regionen, in denen sie lebten, zu entwickeln und zu stärken. Doch sie lebten unter diesen Umständen stets als Minderheit und ihnen fehlte die Macht über ihr eigenes Geschick zu bestimmen. Die Juden, die sich durch ihre Traditionen von der christlichen Mehrheit unterschieden, wurden besonders in der europäischen Diaspora häufig zum Ziel von Misstrauen, Vorurteil, Hass und Gewalt, welche die in der Mehrheit befindliche christliche Bevölkerung gegen sie richtete.

Die Gründe für diese Feindseligkeit werden ferner verständlich, wenn man berücksichtigt, dass sich das Christentum historisch gesehen aus dem jüdischen Monotheismus (Verehrung nur eines Gottes) und den Traditionen des Judentums entwickelt hat, die vor fast 2000 Jahren existierten. Jesus von Nazareth wurde zwar schließlich als Begründer und Führer des Christentums betrachtet, aber er hatte nicht die Absicht gehabt eine neue Religion zu schaffen. Jesus war ein praktizierender Jude und als solcher starb er. Auch seine ersten Anhänger waren praktizierende Juden. Die Lehren Jesu betonten in Übereinstimmung mit den jüdischen Traditionen Nächstenliebe, Bußfertigkeit und die Befreiung der Geknechteten. Obwohl Jesus Gewalt ablehnte, erlitt er einen gewaltsamen Tod, als Pontius Pilatus, der unbarmherzige römische Statthalter von Palästina, die Hinrichtung dieses Mannes als vorteilhafteste Lösung ansah, der politischen Erhebung vorzubeugen, die Jesus und dessen Anhänger vielleicht herbeigeführt hätten.

Römische, nichtjüdische Macht brachte Jesus durch Kreuzigung ums Leben. Der Tod ließ die Anhänger Jesu bestürzt und in alle Winde zer-

Die verloren gegangene Welt

In den europäischen Ländern, die Nazideutschland während des Zweiten Weltkrieges besetzte, lebten etwa neun Millionen Juden. Sie alle waren schließlich ums Leben gekommen – nicht als Strafe für irgendeine Tat, sondern einfach weil sie Juden waren.

1933 betrug die Zahl der jüdischen Bürger Deutschlands rund eine halbe Million; das war weniger als ein Prozent der Bevölkerung. Wie die Juden in anderen westeuropäischen Ländern nahmen auch die deutschen Juden die Kultur, nicht aber die Religion ihrer nichtjüdischen Landsleute an. Tausende hatten während des Ersten Weltkrieges beim kaiserlichen Militär gedient und viele wurden für ihre Tapferkeit ausgezeichnet. In den Jahren 1905 bis 1933 waren 11 von 37 deutschen Nobelpreisträgern Juden.

Die größte jüdische Bevölkerungsgruppe war in Osteuropa ansässig *(Abb.)*, wo viele in vorwiegend von Juden besiedelten Städten lebten, die man im Jiddischen *Schtetl* nannte. Hier waren die Juden weniger assimiliert als in Westeuropa. Man sprach Jiddisch, eine Mischung aus Deutsch, Hebräisch und slawischen Sprachen, und zum normalen Leben gehörte die Einhaltung der orthodoxen religiösen Bräuche.

An vielen Orten unterhielten die Juden eigene Schulen, Bibliotheken, Banken, es gab Sport- und Kulturorganisationen und eine Vielzahl politischer Gruppen. Trotz des Antisemitismus blieben die Juden ihren Traditionen verhaftet, hielten ein reges kulturelles und religiöses Leben aufrecht und leisteten überall dort, wo sie lebten, auf eindrucksvolle Weise ihren Beitrag zur westlichen Zivilisation.

Martin Luther, der im 16. Jahrhundert den Protestantismus begründete, befürwortete die „Ausschließung" der Juden, die eine Bekehrung ablehnten.

sich durch die intellektuellen und kommerziellen Leistungen der Juden bedroht fühlen, einen „Arierparagrafen", der die Juden aus Organisationen, Verbänden, Parteien und schließlich aus dem gesamten öffentlichen Leben ausschließt.

- **10. März 1927: Die Regierung der Weimarer Republik hebt das Redeverbot für Hitler auf.**
- **2. Mai 1927: Das US-amerikanische Oberste Bundesgericht entscheidet im Fall Buck gegen Bell, dass Zwangssterilisierung nicht der Verfassung widerspricht.**
- **4. Juli 1927: Joseph Goebbels veröffentlicht die erste Ausgabe der antisemitischen Zeitung „Der Angriff". Das Blatt soll die Mitglieder der NSDAP während des fast zweijährigen Parteiverbots in Berlin zusammenhalten.**
- **1928: In Deutschland wird das Kaiser-Wilhelm-Institut für Anthropologie, Humangenetik und Eugenik gegründet.**
- **20. Mai 1928: Bei der Reichstagswahl gewinnen die Nazis 2,6 Prozent der Stimmen und damit 12 Sitze.**

„Die Protokolle der Weisen von Zion"

Die europäischen Antisemiten stellten die Juden am Ende des 19. Jahrhunderts als fremdes, schädliches Element der Gesellschaft dar. Sie veröffentlichten Hetzschriften, in denen die Juden verunglimpft und als Verschwörer dargestellt wurden, welche die westliche christliche Zivilisation zu untergraben trachteten um Herrschaft über die Welt auszuüben.

Um die Jahrhundertwende waren die Antisemiten fest davon überzeugt, dass die Juden gemeinschaftlich Pläne zur Erlangung der Weltherrschaft schmiedeten. Zu den maßgeblichsten Schriften, die diesen Glauben schürten, gehörte die weit verbreitete Publikation „Die Protokolle der Weisen von Zion". Bei diesem Dokument handelte es sich allerdings um eine geschickte Fälschung, die von der Geheimpolizei des zaristischen Russland fabriziert worden war um die Judenverfolgung durch die russische Regierung zu rechtfertigen. Die „Protokolle" lieferten den „Beweis" für eine ausgedehnte internationale jüdische Verschwörung. Sie stellten einen fiktiven Bericht über ein angebliches Geheimtreffen staatsgefährdender zionistischer Führer 1897 in Basel dar und enthielten sogar grob umrissene Pläne für einen jüdischen Weltstaat.

Einige Exemplare der „Protokolle" wurden von Verbannten aus der Sowjetunion ins Ausland gebracht. 1923 veröffentlichte der Naziideologe Alfred Rosenberg seine eigene „bearbeitete" Version. Adolf Hitler war wie viele andere bekennende Antisemiten völlig überzeugt davon, dass die „Protokolle" echt waren und die jüdische Verschwörung wirklich existierte.

streut zurück. Das Leben Jesu wäre wahrscheinlich kaum mehr als eine Fußnote in der Geschichte gewesen, wenn seine jüdischen Jünger nicht geglaubt und auch andere davon überzeugt hätten, dass ihr Meister vom Tod auferstanden sei, dass er der in der jüdischen Überlieferung verheißene Messias und der Sohn Gottes sei.

Die meisten Juden indes glaubten weder an die Auferstehung noch daran, dass Jesus der Messias sei, ganz zu schweigen von der Existenz als Gottessohn. Dennoch erreichten die frühen Christen mit Paulus, einem konvertierten Juden, an der Spitze durch missionarische Tätigkeit allmählich eine größere Verbreitung ihres Glaubens unter den im Mittelmeerraum ansässigen Nichtjuden. Als die Römer im Jahr 70 n. Chr. Jerusalem zerstörten, war die einst kleine, um ihre Existenz kämpfende Sekte innerhalb des Judentums bereits dabei sich zu der christlichen Religion zu entwickeln, die in der westlichen Zivilisation einst die kulturelle Vorherrschaft erlangen sollte.

Die Trennung zwischen Christentum und Judentum verlief nicht friedvoll. Die Juden wurden – u. a. deshalb, weil Judas, ein Jude, Jesus Christus verraten hatte – als „Christusmörder" dargestellt und als Werkzeuge Satans verteufelt. Dieser christlichen Anschauung zufolge waren die Juden des *Gottesmordes* schuldig, der als das abscheulichste Verbrechen galt, da er nichts weniger war als der Mord an der einzigartigen Inkarnation Gottes. Über die Jahrhunderte hinweg entwickelten sich solche Anschauungen zu einer voll ausgeprägten christlichen „Lehre der Verachtung" gegenüber den Juden und dem Judentum. Von Augustinus im 5. Jahrhundert bis Martin Luther im 16. Jahrhundert lehrten einige der redegewandtesten und überzeugendsten christlichen Theologen, dass die Juden Aufrührer gegen Gott seien. Sie predigten, dass das Unglück der Juden Gottes Strafe für die Ablehnung Jesu Christi sei. Nicht zufällig kam es häufig im Frühjahr, der Zeit des Oster- und Passahfestes, zu Gewaltakten gegenüber den Juden.

Im europäischen Christentum galten die Juden als „die Anderen", die „Außenseiter" und entsprechend wurden die Kontakte zwischen Juden und Christen geregelt. So genannte Mischehen zwischen Juden und Christen waren verboten. Die Juden wurden vom Militärdienst, von den meisten Verwaltungsposten und von

- **22. September 1928: In Messina (US-Bundesstaat New York) gibt eine „Blutanklage" Anlass zu Gewalttaten gegen Juden.**
- **1929: In Deutschland wird der Nationalsozialistische Deutsche Ärztebund gegründet, der sich auch mit Eugenik beschäftigt. • Alfred Rosenberg gründet den antisemitischen und antibolschewistischen Kampfbund für deutsche Kultur, mit dem die so genannte „entartete Kunst" beseitigt werden soll. • In Jerusalem werden am 24. August Juden von einem arabischen Mob angegriffen; dabei kommen 70 Menschen um. Die Gewalt greift auch auf andere Landesteile über. • Der erste in Jiddisch produzierte Tonfilm, ein amerikanischer Spielfilm mit dem Titel *Style and Class*, wird aufgeführt.**
- **1929–1939: Palästina verzeichnet eine weitere jüdische Einwanderungswelle *(Alija)*.**
- **20. Januar 1929: Hitler ernennt Heinrich Himmler zum Reichsführer SS.**
- **3.–4. August 1929: Der Reichsparteitag der NSDAP in Nürnberg lockt weit über 100 000 Menschen an.**

Theodor Herzl, ungarisch-österreichischer Journalist und Begründer der zionistischen Bewegung, forderte die europäischen Juden angesichts des zunehmenden Antisemitismus zur Auswanderung nach Palästina auf.

juristischen Berufen ausgeschlossen. Sie durften kein Land besitzen. Der Handel stand ihnen jedoch offen und so verdienten viele Juden ihren Lebensunterhalt auf diesem Gebiet. Da den Anhängern der frühchristlichen Kirche beispielsweise der Zinswucher untersagt war, nahmen die Juden die wichtige, doch unpopuläre Stellung der Geldverleiher für die christliche Mehrheit ein.

Die Situation der Juden wendete sich im Jahr 1096 deutlich zum Schlechten, als der Eifer, mit dem die christlichen Kreuzfahrer heilige Stätten aus dem Machtbereich des Islam zurückzuerobern trachteten, auch unter den Juden seinen Tribut forderte. Es kam zu Massakern, als sich die Christen früher Formen der „ethnischen Säuberung" bedienten um ihr europäisches Territorium zu „reinigen". Diesem Blutvergießen folgte die Festlegung des 4. Laterankonzils von 1215, welche die Juden verpflichtete besondere Kleidung zu tragen, die sie von anderen unterschied. Es entwickelten sich verschiedene Arten von „Judenzeichen"; in Frankreich war es ein gelber Fleck, der Vorläufer des gelben Sterns, den die Nazis später allen jüdischen Bürgern verordneten. Es wurden Ghettos geschaffen und in der Volksphantasie wurden die Juden immer mehr mit dem Satan gleichgesetzt. Mit der „Blutanklage" wurde zu Unrecht behauptet, die Juden würden zu religiösen Zwecken Christenkinder schlachten. Man machte die Juden für die Pestepidemien und die Hungersnöte verantwortlich, die im 14. und 15. Jahrhundert in Europa wüteten. Diese „Verbrechen" wollte man mit Blut bezahlt wissen. Auch zur Vertreibung der Juden kam es – im Jahr 1290 in England, ab 1306 in Frankreich und 1492 in Spanien.

Fünf Jahrhunderte später hatten sich die Aussagen der christlichen Lehre über die Juden deutlich gewandelt. Mit relativ wenigen Ausnahmen verwarfen die Christen die „Lehre der Verachtung" und sie revidierten ihr Verständnis von den Juden und vom Judentum auf positive Weise. Der Preis für jene Wandlungen war jedoch immens groß. Die Nazis und ihre Helfer benutzten die Religionsgeschichte und insbesondere die christlichen Lehren über die Juden um frühere exemplarische Beispiele für viele der Maßnahmen vorweisen zu können, die sie selbst gegen die Juden forderten.

Das Christentum allein wäre nicht fähig gewesen den Holocaust herbeizuführen. Sollte nämlich der Anspruch des christlichen Glaubens auf alleinige Wahrhaftigkeit gültig und berechtigt sein, musste es die Juden auch weiterhin geben – als potenzielle Bekehrte und Anhänger des Christentums oder als lebende Mahnung an das göttliche Strafgericht. Dennoch war die typische christliche Einstellung, die sich auch in dem Wunsch äußerte, die Juden mögen einfach durch den Übertritt zum Christentum verschwinden, eine notwendige Voraussetzung für den Holocaust. Es ist kaum vorstellbar, dass die europäischen Juden auch ohne die feindlichen Empfindungen, die das Christentum jahrhundertelang aufrecht erhielt, schließlich zum Ziel der Vernichtung geworden wären.

Ende des 18. Jahrhunderts verbreiteten sich in der westlichen Zivilisation zunehmend weltliche Vorstellungen über die Gleichheit der Menschen, über religiöse Toleranz und grundlegende Bürgerrechte. Ein Ergebnis

Im Gefolge der Dreyfus-Affäre erreichte der Antisemitismus in Frankreich gegen Ende des 19. Jahrhunderts seinen Siedepunkt. Antijüdische Ausschreitungen waren an der Tagesordnung.

• 1930: Hjalmar Schacht, Bankier und Reichsbankpräsident, knüpft eine lange währende finanzielle Verbindung zu den Nationalsozialisten und beschafft der NSDAP beträchtliche Geldmittel.
• In Jugoslawien gründen kroatische Nationalisten die Organisation *Ustaša*, die später, während des Zweiten Weltkrieges, 500 000 Serben sowie 20 000 Sinti und Roma ermordet.

• 2. September 1930: Hitler wird Oberster SA-Führer. Er unterstützt das Schlägerunwesen der Sturmabteilung und macht es sich zu Nutze.

• 14. September 1930: Die NSDAP gewinnt bei der Reichstagswahl 18 Prozent (6,4 Millionen) der Stimmen; die Anzahl ihrer Sitze im Reichstag schnellt von 12 auf 107. Die NSDAP ist damit die zweitstärkste politische Partei in Deutschland.

• November 1930: In Dänemark gründet Frits Clausen eine eng an die NSDAP angelehnte Organisation, *Danmarks National-Socialistiske Arbejder Parti*.

dessen war die jüdische Emanzipation. In vielen europäischen Ländern z. B. England, Frankreich und Preußen, wurden die wirtschaftlichen und sozialen Beschränkungen aufgehoben, erhielten die Juden das Bürgerrecht und wurden auch vor dem Gesetz nahezu gleichberechtigte Staatsangehörige. Doch die antisemitischen Gefühle und Meinungen wollten diesen liberalen Tendenzen, die Teil der europäischen Aufklärung waren, auf keinen Fall völlig weichen. In Frankreich beispielsweise behauptete selbst der Comte Stanislas de Clermont-Tonnerre, ein energischer Befürworter des Bürgerrechts für Juden, im Dezember 1789, man müsse den Juden als Nation alles verweigern, ihnen als Menschen jedoch alles gewähren. Das hieß, dass die Juden auch weiterhin verdächtig wären, wenn sie sich nicht assimilierten und ihre Besonderheit und Isoliertheit aufgeben.

Um die Mitte des 19. Jahrhunderts fanden in der westlichen Gesellschaft die Theorien über die rassischen Unterschiede der Menschen immer mehr Anklang. Sie hoben hervor, dass manche rassische Gruppen – z. B. weiße Europäer – anderen, weniger „zivilisierten" oder „schwächeren" Gruppen „überlegen" seien. Unter dem Einfluss antisemitischer Denker wie Wilhelm Marr legitimierten die Rassentheoretiker die Behauptung, dass die Juden eine Rasse bildeten, die sowohl bedrohlich als auch minderwertig sei.

Gegen Ende des 19. Jahrhunderts organisierten die Regierungen im zaristischen Russland groß angelegte Gewalttaten gegen die jüdischen Gemeinden oder taten zumindest nichts um die Ausschreitungen zu verhindern, die unter der Bezeichnung Pogrom bekannt wurden. Die Brutalität der Pogrome zwang die Juden zur Flucht aus den betroffenen Gebieten, was die Täter auch beabsichtigt hatten und nun begrüßten. Ende der 1890-er Jahre wütete der Antisemitismus auch in Frankreich. Anlass dazu war die so genannte Dreyfus-Affäre. Damals war Alfred Dreyfus, ein jüdischer Hauptmann der französischen Armee, zu Unrecht der Spionage für Deutschland beschuldigt und dafür auch verurteilt worden. Ein jüdischer Journalist namens Theodor Herzl, der für die Wiener Zeitung „Neue Freie Presse" über den Fall berichtete, bekam auch die Rufe des Pariser Mobs „Tod den Juden!" zu hören. Herzl revidierte seine frühere Ansicht, die Juden könnten sich durch Emanzipation und Assimilierung eine Zukunft in Europa schaffen und kam zu der Überzeugung, dass die Juden einen eigenen Staat haben müssten. Diese Entscheidung ließ ihn zum Begründer des modernen politischen Zionismus werden.

Hier kehrt ein russisch-jüdischer Soldat, dessen Frau und Kind Opfer eines der von der zaristischen Regierung angestifteten Pogrome gegen die Juden geworden sind, 1906 auf Urlaub heim.

Etwa zur gleichen Zeit kam eine antisemitische Fälschung, „Die Protokolle der Weisen von Zion", in Umlauf. Das aus Russland stammende gefälschte Dokument „enthüllte" eine jüdische Verschwörung zur Übernahme der Macht über die ganze Welt. Es gibt nur wenige Schriften, welche die Glut des Judenhasses stärker geschürt haben als diese. Diese antisemitische Publikation wurde besonders in den Jahren zwischen den beiden Weltkriegen in viele Sprachen übersetzt und weltweit verbreitet. Es kam Hitler sehr gelegen, dass der amerikanische Industrielle Henry Ford den „Protokollen" in den 20-er Jahren eine breite, positive Publicity verschaffte. Für Hitlers antisemitische Logik waren die Behauptungen, die „Protokolle" seien eine Fälschung, der Beweis ihrer Echtheit. Dieses „Dokument" wurde für Hitler, wie der Gelehrte Norman Cohn es nannte, eine „Vollmacht für den Völkermord".

Hitlers Aufstieg

Der Antisemitismus in seinen mannigfaltigen und miteinander zusammenhängenden Formen war in Europa und ebenso in den Vereinigten Staaten weit verbreitet, als die Ent-

• 1931: Joseph Goebbels weist die Mitglieder der NSDAP an, Hitler als „Führer" anzusprechen. • Heinrich Himmler und Richard Walther Darré gründen das Rasse- und Siedlungs-Hauptamt (RuSHA).

• 13. Juli 1931: Der Zusammenbruch der Danatbank führt zur Schließung aller deutschen Banken bis zum 5. August.

• 12. September 1931: Am Abend des jüdischen Neujahrsfestes greifen die Nazis auf dem Kurfürstendamm aus der Synagoge heimkehrende Juden an.

• 11. Oktober 1931: NSDAP, DNVP, Stahlhelm, Alldeutscher Verband und die Vereinigung vaterländischer Verbände Deutschlands bilden unter Führung des Industriellen Alfred Hugenberg die Harzburger Front.

• 30. Oktober 1931: Baldur von Schirach übernimmt die Führung der Hitlerjugend. Der junge, gut aussehende HJ-Führer formt die Organisation (ab 1939 Zwangsmitgliedschaft) zu einem Teil des deutschen Lebens.

• 14. Dezember 1931: In den Niederlanden wird die Nationaal-Socialistische Beweging, eine Organisation der Kollaborateure, gegründet.

wicklung im 20. Jahrhundert den Ersten Weltkrieg ausbrechen und in der Folgezeit die Nazipartei Adolf Hitlers in Erscheinung treten ließ. Der Antisemitismus war keinesfalls nur in Deutschland verwurzelt, doch die aufstrebende Nazipartei hörte nicht auf, die Trommel des Judenhasses zu rühren. Der Klang fand bei vielen Deutschen Widerhall, die der gleichen Meinung waren wie Heinrich von Treitschke. Treitschke, ein maßgeblicher nationalistischer Historiker, hatte 1879 und 1880 eine Reihe von Artikeln veröffentlicht, welche die Aufmerksamkeit der Leserschaft auf einen verhängnisvollen Satz zogen: „Die Juden sind unser Unglück.“ Dieser Spruch sollte binnen kurzem die Versammlungen der Nazipartei begleiten.

Im Hinblick auf die Ergebnisse der Volkszählung von 1925 dürfte es eher unwahrscheinlich erschienen sein, dass die Juden Deutschlands Unglück waren. Die Zahl der jüdischen Einwohner betrug 564 379, also nur 0,9 Prozent der Gesamtbevölkerung. Zwei Drittel der deutschen Juden konzentrierten sich allerdings auf sechs Großstädte; in Berlin lebten damals 180 000 Juden. Diese Konzentration auf urbane Gebiete förderte ein lebhaftes kulturelles und religiöses Leben, machte die deutschen Juden jedoch auch sichtbar, obwohl sie größtenteils dem Mittelstand angehörten und häufig bereits assimiliert waren.

Zur Zeit des gescheiterten Naziputsches im November 1923 hatte die NSDAP etwa 55 000 Mitglieder.

Mit den Worten „Schluss jetzt!“ drängt dieses Plakat die Wähler, die Fesseln des Versailler Vertrages zu zerreißen.

Durch ein Verbot aus der deutschen Politik verbannt musste sich die Partei – allerdings nur für kurze Zeit – Ersatzorganisationen schaffen. Hitler

Der Aufbau der Nazipartei

Die Nazipartei wurde auf drei Ebenen wirksam, für die das Führerprinzip galt. Dieses Prinzip bestimmte die Organisationsstruktur der NSDAP, ein mit Disziplin und von oben nach unten funktionierendes Kommandosystem, dessen Spitze die charismatische Position des Führers bildete. Das System begünstigte allerdings auch einen heftigen Konkurrenzkampf, parteiinterne Fehden, Überschneidungen der Zuständigkeitsbereiche und Inkompetenz, was die Parteiarbeit recht ineffizient machte.

Die höchste Ebene der NSDAP bildeten deren Führungskader. An der Spitze der hierarchischen Pyramide stand Hitler, dem die Leiter der Parteikanzlei und des Schatzamtes unmittelbar unterstellt waren. In ihrer Bedeutung folgten die Reichsleiter, die für Ressorts wie Propaganda (Reichspropagandaleitung) und Außenpolitik (Außenpolitisches Amt) verantwortlich waren. Ihnen waren in der Hierarchie die Leiter des territorialen Verwaltungsapparats der Partei nachgeordnet. Das Reichsgebiet war in Gaue gegliedert, die Gauleiter waren nur Hitler gegenüber verantwortlich. Jeder Gau war in Kreise, Ortsgruppen, Zellen und Blocks unterteilt. Der Blockleiter war Funktionär der untersten Ebene; er stand über dem einfachen Parteigenossen.

Die zweite Parteiebene bildeten besondere Gliederungen der NSDAP, darunter Hitlerjugend, SA, SS und NS-Frauenschaft. Die dritte Ebene waren der NSDAP angeschlossene Verbände wie der Nationalsozialistische Lehrerbund oder die Deutsche Arbeitsfront.

• 1932: Die Gründung der Glaubensbewegung Deutsche Christen soll den deutschen Nationalismus fördern und die Autorität der deutschen protestantischen Kirche mit Aufforderungen zu Antisemitismus, Antikatholizismus und Antimarxismus unterhöhlen. • In den Niederlanden wird die Kollaborateurkampftruppe *Weer Afdeeling* (Wehrabteilung) gegründet. • Das gegen die Nazis gerichtete Buch *I Saw Hitler!* der amerikanischen Journalistin Dorothy Thompson wird veröffentlicht. ***Siehe* 1934.**

• 26. Januar 1932 Vor Mitgliedern des Industriellen-Clubs in Düsseldorf, erläutert Hitler in einer Rede, die dem Zuhörerkreis angepasst ist, die Ziele der NSDAP.

• 25. Februar 1932: Der Österreicher Adolf Hitler erhält die deutsche Staatsbürgerschaft.

• 13. März 1932: Hitler erhält bei den Reichspräsidentenwahlen 11,3 Millionen Stimmen.

• 10. April 1932: In einem zweiten Wahlgang für das Amt des Reichspräsi-

gelobte nur mit parlamentarischen Mitteln die Macht anstreben zu wollen und gründete die NSDAP im Februar 1925 neu. Die Mitgliederzahl war auf 27 000 gefallen, doch 1926 hatte sich diese Tendenz bereits umgekehrt – der NSDAP gehörten nun 108 000 Deutsche an. Dieser Zuwachs schlug sich indes nicht sofort in einem Wahlerfolg nieder. Nach der Hyperinflation im Jahr 1923 kam es zu einer deutlichen Stabilisierung der deutschen Wirtschaft. Die Nazis erzielten erst große politische Gewinne, als die Welt in die schwere Wirtschaftskrise stürzte, deren auslösendes Moment der amerikanische Börsenkrach im Oktober 1929 war und in deren Folge Deutschland vom Elend der Arbeitslosigkeit heimgesucht wurde.

Im Winter 1929/1930 waren mehr als drei Millionen Deutsche, d. h. 14 Prozent der Bevölkerung, arbeitslos. Im Herbst 1932 waren bereits fünf Millionen Menschen ohne Beschäftigung. Bis Januar 1933 stieg die Zahl auf sechs Millionen. Die schlechte wirtschaftliche Lage der Weimarer Republik – die Industrieproduktion sank von 1929 bis 1932 um 42 Prozent – kam den Nazis zugute. Die Mitgliederzahl der NSDAP verdoppelte sich von 1928 bis 1930. Im September 1930 gelang den Nazis bei den Reichstagswahlen der erste große Durchbruch, denn sie erhielten fast 6,4 Millionen Stimmen und damit 107 Reichstagsmandate. Ihre Fraktion war nun die zweitgrößte nach der der Sozialdemokratischen Partei.

Ende 1932 hatte die Nazipartei 1,4 Millionen Mitglieder. Die Gründe der Deutschen für den Eintritt in die NSDAP oder die Stimmabgabe für Hitler waren verschieden. Die Mitglieder und die Wähler der Partei gehörten unterschiedlichen sozialen Klassen an. Der Nazismus wirkte anziehend auf sie, weil er gegen den Kommunismus Stellung bezog oder weil andere Parteien im Gegensatz zu den Versprechungen der Nazis nicht die wirtschaftlichen und politischen Interessen ihrer Wählerschaft unterstützten. Auch der Antisemitismus hatte seinen Anteil, auch wenn er nicht die größte Rolle spielte. Hitler hatte ein Gespür dafür, wann und wie die „jüdische Frage" hervorzuheben und wann und wie sie herunterzuspielen war.

„Indem ich mich des Juden erwehre, kämpfe ich für das Werk des Herrn." *Adolf Hitler*

Hitler benutzte 1932 im Wahlkampf um das Amt des Reichspräsidenten, seinem Werbespruch „Der Führer über Deutschland" folgend, als erster Kandidat das Flugzeug als Verkehrsmittel.

Erst Mitte Februar 1932, nachdem er die Nazipartei bereits über zehn Jahre geführt hatte, wurde Hitler deutscher Staatsbürger. Zu dieser Zeit wollten die Nazis einen Kandidaten gegen den alternden Inhaber des Präsidentenamtes der Weimarer Republik, Feldmarschall Paul von Hindenburg, aufstellen. Hitler, der einzige Nazi mit einer Siegeschance, musste jedoch eingebürgert werden, ehe er sich der Wahl stellen konnte. In einem von der Wirtschaftskrise und einem wachsenden politischen Chaos ruinierten Land zog Hitler „für Freiheit und Brot" in den Wahlkampf und hoffte, dass ihm idealistisch eingestellte junge Menschen und eine heimgesuchte untere Mittelklasse zum Sieg verhelfen würden. Hindenburg, der für die gemäßigten Deutschen das letzte Bollwerk zwischen Kommunismus und Nazismus darstellte, überbot Hitler um mehr als sieben Millionen Stimmen, erzielte aber keine Mehrheit. Die Zersplitterung der Wählerschaft machte einen zweiten Wahlgang erforderlich. Diesmal siegte der Feldmarschall; Hitler hatte dessen Vorsprung allerdings um fast 1,2 Millionen Stimmen verringert.

Der Wahlsieg Hindenburgs brachte

denten siegt der Amtsinhaber Paul von Hindenburg über Hitler.

- **30. Mai 1932: Reichskanzler Heinrich Brüning tritt zurück.**
- **1. Juni 1932: Franz von Papen wird zum Reichskanzler ernannt.**
- **14. Juni 1932: Die deutsche Regierung hebt das Verbot der SA auf.**
- **30. Juni 1932: Gründung der pronazistischen amerikanischen Organisation *Friends of the New Germany*, die später in Amerika-Deutscher Volksbund umbenannt wird.**
- **31. Juli 1932: Bei den Reichstagswahlen gewinnen die Nationalsozialisten 37,3 Prozent (13 750 000) aller abgegebenen Stimmen. Die Zahl ihrer Reichstagsmandate erhöht sich damit auf 230 (von insgesamt 608).**
- **13. August 1932: Reichspräsident Paul von Hindenburg bietet Hitler das Amt des Reichskanzlers an. Hitler lehnt ab.**

Dieses Plakat der Sozialdemokratischen Partei Deutschlands zeigt einen Deutschen, der von der Nazikrone eines Monokel tragenden Monarchisten durchbohrt ist. Es ruft die Wähler zur Ablehnung der reaktionären Parteien auf.

Deutschland indessen weder Frieden noch Einigkeit. Das parlamentarische System der Weimarer Republik war seit September 1930, als deutlich wurde, dass keine Regierung das Land ohne Unterstützung der Nazis führen konnte, besonders labil. Die Reichstagswahlen am 31. Juli 1932 brachten der NSDAP fast 14 Millionen Stimmen, also 37 Prozent der Gesamtstimmenzahl und 230 Sitze im Reichstag. Diese Zahlen lagen über den Ergebnissen, welche die beiden stärksten Rivalen der Nazis, die Kommunisten und die Sozialdemokraten, zusammen erreicht hatten. Bestärkt durch diesen Stand der Dinge war Hitler fest entschlossen Reichskanzler zu werden. Seine politischen Gegner besaßen jedoch noch genügend Kraft um Hitlers Pläne scheitern zu lassen und so wendete sich das Blatt einen Moment lang gegen ihn.

Hitlers Weigerung einer Koalitionsregierung beizutreten machte Neuwahlen erforderlich, die am 6. November 1932, zu einer Zeit abgehalten wurden, da die Wirtschaftskrise abzuflauen begann. Die Wahlergebnisse waren weit von dem entfernt, was sich die Nazis erhofft hatten; die NSDAP erhielt zwei Millionen Stimmen weniger als zuvor im Juli. Obwohl sie die stärkste Partei im Reichstag blieb, hatte sie doch 34 Sitze verloren. Ihr Schwung schien gebremst worden zu sein. Obwohl der ausbleibende Erfolg Hitler Ende 1932 entmutigt hatte, gab es bald eine spürbare Wende.

Nach längerem Zögern, doch konfrontiert mit der Aussicht, dass es nach der Novemberwahl keine lebensfähige Regierung geben werde, ernannte Hindenburg am 30. Januar 1933 kraft seiner verfassungsmäßigen Autorität Hitler, einen Mann, den er verachtete, zum Reichskanzler.

Hitler hatte die Macht nicht an sich gerissen. Tatsächlich hätte sich ihm die Macht, die er anstrebte, fast entzogen. Sie wurde ihm vielmehr von jenen Personen übergeben, die glaubten ihn unter Kontrolle halten und beherrschen zu können. Mit der Entscheidung Hindenburgs wollte man einen Sturz der bestehenden Ordnung verhindern, doch so wenig beabsichtigt das Resultat auch war, machte die Ernennung zum Reichskanzler Hitler selbst zum Beherrscher. Dieses Resultat kostete Fritz Gerlich das Leben. Es stürzte Deutschland auch in die beispiellose Katastrophe des Holocaust.

Am 1. Februar 1933 wandte sich Hitler mit einer Rundfunkansprache erstmals als Reichskanzler an das deutsche Volk. Er beendete seine Rede mit der Bitte an den Allmächtigen die Arbeit seiner Regierung zu segnen. An jenem Tag war Elie Wiesel noch keine fünf Jahre alt. 46 Jahre später würde Wiesel über Auschwitz-Birkenau schreiben: „Der Anfang und das Ende: alle Straßen der Welt, all die Aufschreie der Menschheit führen zu diesem verfluchten Ort. Hier ist das Königreich der Nacht, wo das Gesicht Gottes verborgen ist und ein lodernder Himmel zum Friedhof für ein dahinschwindendes Volk wird." Finsternis begann sich auf Europa niederzusenken.

Der von vielen Deutschen betriebene Hitlerkult fand seinen Ausdruck u. a. auch auf Postkarten wie dieser. Die stilisierten Sonnenstrahlen suggerieren, dass Hitler das Erwachen eines neuen, größeren Deutschland ankündigt.

- **Oktober 1932: Die Nazis, die jetzt in der Region um Dessau an der Macht sind, lassen das Bauhaus in der Stadt schließen und signalisieren damit den Abscheu der Partei vor progressiver Kunst und Ästhetik.**
- **17. Oktober 1932: In den USA wird die antikommunistische und antisemitische Organisation *The Paul Reveres* gegründet, deren Vorsitz Oberst Edwin M. Handley führt.**
- **6. November 1932: Bei den Reichstagswahlen, den letzten freien Wahlen vor Hitlers Aufstieg zur Macht, fällt der Stimmenanteil für die nationalsozialistischen Kandidaten auf 33,1 Prozent. Die Zahl der Mandate der Nationalsozialisten geht von 230 auf 196 zurück.**
- **3. Dezember 1932: General Kurt von Schleicher, ein politischer Konservativer, der Hitler später nicht gewachsen ist, wird zum Reichskanzler ernannt.**

DER BEGINN DER NAZIHERRSCHAFT

1933

AM Abend des 10. Mai 1933 – 100 Tage, nachdem Adolf Hitler auf legalem Weg deutscher Reichskanzler geworden war – verbrannten auf dem Opernplatz gegenüber der Friedrich-Wilhelm-Universität (heute Humboldt-Universität) in Berlin mehr als 20 000 Bücher. Aber nicht nur in Berlin wurden an diesem Abend Bücher verbrannt. In mehr als 30 deutschen Universitätsstädten sortierten Nazistudenten in braunen Hemden zusammen mit vielen ihrer Professoren „undeutsches" Schriftgut aus Bibliotheken und Buchhandlungen aus und warfen es ins Feuer. Begeisterte Zuschauermengen beobachteten diese Zerstörung, die von Fackelzügen eingeleitet wurde und mit Reden einherging, die den Tod des „jüdischen Intellektualismus" und die Reinigung der deutschen Kultur proklamierten. So verbrannten die Schriften jüdischer Intellektueller wie Albert Einstein und Sigmund Freud auf gewaltigen Scheiterhaufen. Von den Flammen wurden auch die Werke Heinrich Heines, eines deutschen Dichters jüdischer Herkunft, verschlungen.

Heine hatte ein Jahrhundert zuvor festgestellt: „Dort, wo man Bücher verbrennt, verbrennt man am Ende auch Menschen." Heine konnte sich wohl kaum ein Bild davon gemacht haben, wie wahr seine Feststellung eines Tages insbesondere für die europäischen Juden werden würde, die im Dritten Reich unter die Naziherrschaft gerieten. Die deutschen Juden wurden schikaniert, geschlagen, verhaftet und eingesperrt. Man boykottierte ihre Geschäfte und verbot jüdisches Leben mit einer langen Liste neuer, judenfeindlicher Gesetze.

Der Antisemitismus in Deutschland hatte schon jahrhundertelang gebrodelt, doch einen Höhepunkt erreichte er 1933. Die Gründe dafür waren größtenteils wirtschaftlicher Natur. Deutschland litt in den frühen 30-er Jahren unter den Auswirkungen einer schweren Weltwirtschaftskrise, die Millionen arbeitslos machte, soziale Unruhen schürte und das Vertrauen in die deutsche Nachkriegsregierung, die Regierung der Weimarer Republik, untergrub. Diese entmutigende Situation wurde durch die Verbitterung vieler Deutscher über die Niederlage im Ersten Weltkrieg noch verschlimmert. Die Deutschen verlangten nach einer entschlossenen Führung und nach nationaler Wiedergeburt, doch die politische Instabilität Deutschlands ließ beide Ziele zweifelhaft erscheinen.

Zwar konnten die Nationalsozialisten in einer freien Wahl nie eine absolute Mehrheit erringen, aber sie waren 1932 die größte politische Partei in Deutschland. Der 85-jährige Hindenburg, der ein endloses Chaos befürchtete und keine bessere Lösung finden konnte, traf nach einigem Zögern am 29. Januar 1933 eine verhängnisvolle Entscheidung. Kraft seiner verfassungsmäßigen Autorität stellte er Hitler an die Spitze einer Koalitionsregierung. Am 30. Januar legte Hitler den Amtseid des Reichskanzlers ab; in jener Nacht feierten die Nazis in Berlin mit Fackelzügen den Sieg.

Hitler spricht auf einer Massenversammlung von SA-Anhängern, die im Juli 1933 in Dortmund stattfand.

1933

Hindenburg und seine konservativen Berater hofften, dass Hitler die soziale Ordnung wieder herstellen, dabei selbst aber unter Kontrolle gehalten werden könne. Der Plan schlug auf katastrophale Weise fehl. Sechs Monate nach Hitlers Ernennung zum Reichskanzler war die Demokratie in Deutschland tot. Hitlers Erlasse hatten Gesetzeskraft, Bürgerrechte gab es nicht mehr und die NSDAP war die einzige legale politische Partei.

Der Terror des Nazistaates wurde immer offenkundiger und so schickte man am 20. März tausende mutmaßliche politische Gegner des Dritten Reiches in Konzentrationslager wie das in Dachau. 1933 wurden in verschiedenen Regionen Deutschlands 50 Konzentrationslager errichtet. Im Juli hatte man bereits mehr als 25 000 Sozialdemokraten, Kommunisten und Juden dorthin oder in Gefängnisse gebracht.

Oben: Deutsche Studenten beteiligen sich eifrig an der öffentlichen Verbrennung „undeutscher" Bücher. *Unten:* 1933 eröffneten die Nazis 50 Konzentrationslager, darunter auch das KZ Dachau.

Die Juden waren von der Machtübernahme durch die Nazis besonders schwer betroffen, da Hitler und dessen Anhänger schon lange davon überzeugt gewesen waren, dass die Juden die schlimmste Bedrohung für das Leben in Deutschland seien. Der nazistischen Weltanschauung zufolge war das jüdische „Blut" im Vergleich zu dem der deutschen „Herrenrasse" ungleich anders und minderwertig. Als Hitler Reichskanzler wurde, betrug der Anteil der jüdischen Bevölkerung Deutschlands mit 565 000 Menschen weniger als ein Prozent der Gesamtbevölkerung des Landes. Dennoch forderte die Naziideologie die Ausschaltung der Juden aus dem deutschen Leben. Schon bald nach der Machtübernahme begann Hitler seinen rassisch begründeten Antisemitismus, der im Zentrum seiner Parteipolitik stand, in die Praxis umzusetzen.

In den ersten zwei Monaten der Naziherrschaft richtete sich die judenfeindliche Gewalt meist nur gegen Einzelpersonen. Das änderte sich unwiderruflich am 1. April, als die Nazis ihre erste reichsweite geplante Aktion gegen die Gesamtheit der deutschen Juden unternahmen. Sie boykottierten die jüdischen Geschäfte. Überall im Land brachten SA- und SS-Leute Schilder mit der Aufschrift „Kauft nicht bei Juden" oder „Die Juden sind unser Unglück" an. Auf tausende Türen und Fenster schmierten sie das Wort Jude, malten sie mit gelber und schwarzer Farbe den sechseckigen Davidstern auf. Sie standen drohend vor den Häusern jüdischer Rechtsanwälte und Ärzte und vor den Eingängen der Geschäfte, deren Inhaber Juden waren. Die Deutschen wurden „ermuntert", diese Häuser und Geschäfte nicht zu betreten, während man die Juden verhaftete, schlug, schikanierte und demütigte.

Der Boykott war kein vollkommener Erfolg. Er verursachte zu viel wirtschaftliche und emotionale Unruhe in Deutschland und forderte auch international negative Reaktionen heraus. Dennoch kennzeichnete er den Beginn einer unerbittlichen reichsweiten Kampagne gegen alle Juden in Deutschland.

War die deutsche Wirtschaft 1933 zu schwach um die Störungen durch einen Boykott zu verkraften, konnte man andere Maßnahmen ergreifen, um die Juden Deutschlands zu benachteiligen oder zu isolieren. Eine Woche nach dem Boykott erließen die Nazis die ersten von hunderten von Gesetzen, welche die Juden des Dritten Reiches von 1933 bis 1939 kennzeichneten, ausgrenzten und verarmen ließen. Das erste Beispiel für diese „Gewalt auf dem Papier" war das Gesetz zur Wiederherstellung des Berufsbeamtentums vom 7. April. Es betraf mehr als zwei Millionen staatliche und kommunale Angestellte und sollte dafür sorgen, dass im Staatsapparat beschäftigte Personen unter der festen Kontrolle des Naziregimes standen und sich diesem gegenüber loyal verhielten. Der gegen jüdische Bürger gerichtete Paragraf 3, der als „Arier"-Paragraf bekannt wurde, verlangte von Beamten „nichtarischer“ Herkunft in den Ruhestand zu treten. Am 11. April wurde in einer Ergänzung zu diesem Gesetz erläutert, dass eine Person mit nur einem jüdischen Eltern- oder Großelternteil bereits „nichtarisch“ sei. Diese Bestimmung sollte später noch verfeinert werden.

Die Nazis bedienten sich in zunehmendem Maße ihres Rechtssystems um die Juden aus der deutschen Gesellschaft auszugrenzen, doch konnten solche Schritte nur dann wirksam werden, wenn man festlegte, wer überhaupt als Jude gelten sollte. Die Anfang April verordneten diskriminierenden Sondermaßnahmen wurden zur Grundlage vieler weiterer „legaler“ Verfolgungen.

In den ersten Monaten der Naziherrschaft wurden nahezu täglich neue antijüdische Gesetze erlassen. Obwohl die Gesetze aus praktischen Gründen nicht immer völlig durchgesetzt wurden, gab es für das jüdische Leben in den Bereichen Religion, Bildung, Kultur wie auch Beruf Schritt für Schritt immer mehr Einschränkungen. Am 21. April beispielsweise verbot man das rituelle Schlachten von Tieren. Einige Tage später, am 25. April, wurde mit dem Gesetz gegen die Überfüllung deutscher Schulen und Hochschulen ein Quotensystem zur Begrenzung der Anzahl „nichtarischer“ Schüler und Studenten an den deutschen Bildungseinrichtungen eingeführt. Das Inkrafttreten dieses Gesetzes bedeutete, dass der Anteil neu aufzunehmender jüdischer Schüler und Studenten an deutschen Schulen und Universitäten auf 1,5 Prozent der Gesamtzahl der Bewerber beschränkt war. Insgesamt durfte die Zahl der jüdischen Studenten nicht mehr als fünf Prozent betragen.

Weitere Gesetze, die im April in Kraft traten, schlossen jüdische Ärzte aus den von den Krankenkassen getragenen Kliniken und Hospitälern aus. Für Juden gab es keine Zulassungen für Apotheker mehr und auch jüdische Rechtsanwälte sahen sich in der Ausübung ihrer Tätigkeit stark eingeschränkt. Ende des Monats wurden die Juden aus den deutschen Sportorganisationen ausgeschlossen.

Inzwischen bekamen Millionen nichtjüdischer Deutscher die Auswirkungen der antijüdischen Gesetzgebung zu spüren, denn für sie wurde es nun lebenswichtig ihre „arische“ Abstammung nachzuweisen. Die Bestätigung der „arischen“ Identität wurde schon bald Priestern, Pastoren und Archivaren übertragen. Diese Entwicklung ließ ein sich ausdehnendes Netz von Nachforschungsstellen und bürokratischen Einrichtungen entstehen, die zum Kennzeichen der Rassendoktrin Nazideutschlands wurden.

Der Sturmangriff beginnt. SA-Leute drängen deutsche Bürger dazu die Geschäfte jüdischer Inhaber zu boykottieren.

Die in Deutschland lebenden Juden versuchten mit der wachsenden Zahl von Verordnungen zurechtzukommen, die sie ausgrenzten, ihre Freiheit raubten und ihnen den Lebensunterhalt nahmen. 1933 verließen etwa 37 000 Juden Deutschland. Unter den Emigranten waren auch Walter Benjamin und Hannah Arendt. Der Preis der Flucht war, vom finanziellen wie vom psychologischen Standpunkt betrachtet, hoch. So blieben die meisten deutschen Juden in dem Land, das sie als ihre Heimat ansahen. Sie hofften, dass der Sturm der Diskriminierung vorübergehen würde, und suchten Zuflucht in der jüdischen Gemeinschaft, bis sich alles wieder normalisieren würde.

Der Sturm legte sich nicht. Im Gegenteil, er nahm eine Wildheit an, die niemand im Einzelnen vorhersehen konnte. Im Verlauf von Wochen und Monaten wurde vielmehr deutlich, dass die Gesetze der Nazis die Juden aus allen Bereichen des deutschen Lebens ausschlossen. In Deutschland und über dessen Grenzen hinaus war es kein Geheimnis, dass Hitlers Regime einen systematischen Prozess der Verfolgung in die Wege geleitet hatte, der die deutschen Juden mindestens ausgrenzen sollte. Doch innerhalb und außerhalb Deutschlands erhoben sich zum Ende des Jahres 1933 hin nur wenige Stimmen, die dagegen protestierten.

1932 wurde Kurt von Schleicher vom Reichspräsidenten Paul von Hindenburg zum Reichskanzler ernannt. Hindenburg unternahm damit eine letzte Anstrengung um zu verhindern, dass Hitler dieses Amt erhielt. Schleicher, ein Veteran des deutschen Heeres und Beamter der Weimarer Republik, war jedoch außer Stande eine Koalitionsregierung zu bilden. Seine Entlassung am 28. Januar 1933 durch Hindenburg ebnete Hitler den Weg zur Macht.

Händedruck am 30. Januar 1933 zwischen dem neu ernannten Reichskanzler Adolf Hitler und dem Reichspräsidenten Paul von Hindenburg. Vierzehn Jahre, nachdem er in der chaotischen Nachkriegszeit die politische Arena betreten hatte, und nur sieben Jahre nach Verbüßung seiner Haftstrafe wegen Hochverrats übernahm Hitler auf legalem Weg die Position des Reichskanzlers. Nach seinem Amtsantritt ging Hitler mit einschneidenden Maßnahmen gegen seine wichtigsten politischen Gegner – Kommunisten und Sozialdemokraten – vor. Im Juli waren alle politischen Parteien, die es bis dahin neben der NSDAP gegeben hatte, verboten.

Hitlers Kabinett im Jahr 1933. Rechts von Hitler Vizekanzler Franz von Papen, Reichsinnenminister Wilhelm Frick und Reichsaußenminister Konstantin Freiherr von Neurath. Da Hitler nur zwei Vertreter der NSDAP – Frick und Hermann Göring *(untere Reihe, zweiter von links)*, Minister ohne Geschäftsbereich – in seiner Regierung hatte, war er auf die Unterstützung der rechten Nationalisten Alfred Hugenberg und Franz Seldte *(mittlere Reihe, erster und dritter von links)* angewiesen.

1933

• 1933: Die Haftstrafen für deutsche Bürger wegen Volksverhetzung werden von 1932 an drastisch erhöht. • In Oranienburg, Esterwegen, Sachsenburg und Dachau werden Konzentrationslager gebaut. • Der jüdische sozialdemokratische Politiker Ernst Heimann wird verhaftet. • Der Gesamtverband deutscher antikommunistischer Vereinigungen wird gegründet. • Die antisemitische Deutsche Glaubensbewegung wird zur halboffiziellen religiösen Vereinigung Deutschlands. • Auf der Funkausstellung wird der „Volksempfänger“ präsentiert. ***Siehe* 5. August 1938.** **• „Schlageter“, ein pronazistisches Bühnenstück von Hanns Johst, hat Premiere. Es ist eine Huldigung an den „Märtyrer“ Albert Leo Schlageter, der 1923 wegen seiner Sabotageakte im Ruhrgebiet von den Franzosen hingerichtet wurde.**

Die Nazianhänger grüßen begeistert ihren Führer, der sich an einem Fenster im zweiten Stockwerk seines neuen Amtsgebäudes in Berlin zeigt. Die Szene ruft den Eindruck entschlossener Loyalität gegenüber dem neuen Reichskanzler hervor. Die Nazis organisierten wirkungsvoll jedes öffentliche Erscheinen Hitlers um dessen Macht hervorzuheben und den Anschein massenhafter Unterstützung zu wecken. Das Hakenkreuz der Nazis, der Gruß „Sieg Heil!" und die stets anwesenden SA- und SS-Leute mit ihren unbewegten Gesichtern verstärkten die Vorstellung von einem allmächtigen Nazistaat.

Was ist der Holocaust?

Der Holocaust war die systematische, staatlich organisierte Verfolgung und Ermordung von mindestens sechs Millionen Juden sowie Angehöriger anderer „Zielgruppen" durch Nazideutschland und dessen Kollaborateure. Die Täter brachten zwei Drittel der Juden Europas und ein Drittel der jüdischen Weltbevölkerung um. Im Rahmen der nazideutschen Völkermordpolitik wurden zudem Millionen weiterer schutzloser Menschen, darunter Sinti und Roma (Zigeuner), polnische Bürger, sowjetische Kriegsgefangene, Homosexuelle, Behinderte, Zeugen Jehovas und andere politisch und religiös Andersdenkende in Deutschland selbst vernichtet.

Es gibt mindestens vier Begriffe für diese ungeheure Tragödie, die noch immer Fragen nach dem Warum und Wie aufkommen lassen. Als Meister der euphemistischen Sprache bezeichneten die Nazis diesen Völkermord als „die Endlösung" ihrer so genannten „Judenfrage". Anfang der 40-er Jahre benutzten die osteuropäischen Juden das jiddische Wort *churb'n*, das „Vernichtung" bedeutet, oder den hebräischen Begriff *sho'ah* – „Katastrophe" – um das Unheil zu benennen, das ihrem Volk bevorstand.

Der Begriff *sho'ah* ist in Israel weit verbreitet; der offizielle Gedenktag für den Holocaust heißt dort *Jom ha-Sho'ah*. Der Begriff „Holocaust" jedoch, der in den 50-er Jahren in den Vordergrund rückte, ist in der englischsprachigen Welt bis heute das am häufigsten gebrauchte Wort für die jüdische Tragödie. Er entstammt der Septuaginta, einer altgriechischen Übersetzung der hebräischen Bibel, in der das Wort *holokaustos* für das hebräische *olah* verwendet wird. Diese Wörter aus der Bibel beziehen sich auf ein von den Flammen völlig verzehrtes Brandopfer. Zweifellos muss die von Nazideutschland verübte Vernichtung der Juden einen Namen haben, damit sie nicht in Vergessenheit gerät. Der Begriff „Holocaust" ist jedoch seiner religiösen Nebenbedeutungen wegen fragwürdig und legt die Vermutung nahe, dass sich keine Bezeichnung finden lässt, die dieser Katastrophe wirklich gerecht werden kann.

• Der deutsch-jüdische Physiker Albert Einstein kritisiert das neue Naziregime; er wolle in einem Land leben, in dem politische Freiheit, Toleranz und Gleichheit aller Bürger herrschten. Einstein emigiert später in die USA. • In den USA wird eine naziähnliche politische Gruppierung, die *Silver Shirts*, gegründet. • In London veröffentlicht Oberst Graham Seton-Hutchinson die erste Ausgabe des antisemitischen *National Worker*. In Schweden wird ein antisemitischer Spielfilm mit dem Titel *Pettersson und Bendel* produziert.

• Januar 1933: Der österreichische Bischof Gfollner aus Linz stellt in einem Hirtenbrief fest, dass es Pflicht aller Katholiken sei, sich eine „moralische Form des Antisemitismus" zu Eigen zu machen.

• 4. Januar 1933: Hitler und der ehemalige Reichskanzler Franz von Papen sprechen bei einer geheimen Zusammenkunft über Hitlers Zukunft in der deutschen Regierung.

• 28. Januar 1933: Reichskanzler Kurt von Schleicher tritt zurück.

• 30. Januar 1933: Reichspräsident Paul von Hindenburg ernennt Hitler zum

Appell im Konzentrationslager Oranienburg, das an der Havel errichtet wurde. Wie in anderen Lagern der Vorkriegszeit in Deutschland ging es auch in Oranienburg nicht so streng zu wie in den während des Krieges entstandenen KZs. Neben dem normalen Arbeitsdienst und Drill durften sich die Häftlinge gelegentlich auch erholen. Allerdings wurden die Lagerinsassen von der vorgeschriebenen täglichen Routine und von den allgegenwärtigen bewaffneten Wachmannschaften immer an ihren Status erinnert.

Drei junge polnische Juden – Szaja Derschowitz, Meyer Fliegelman und David Saleschutz – an Bord der „San Marco" auf der Fahrt von Triest nach Palästina. Der wachsende Antisemitismus in der Heimat, gepaart mit dem zionistischen Aktivismus, und das Versprechen ein neues, besseres Leben in der Heimstatt der Juden zu finden, veranlassten einzelne jüdische Bürger ihr unruhiges Vaterland zu verlassen. Mehr als 40 000 polnische Juden reisten vor 1933 nach Palästina. Die meisten Flüchtlinge gingen jedoch in die Vereinigten Staaten und in die städtischen Zentren West- und Mitteleuropas.

Ein deutscher Jude wird gezwungen ein Schild mit der Aufschrift „Ich habe ein Christenmädchen geschändet!" zu tragen. Die öffentliche Demütigung der Juden war der erste Schritt der Nazis zur systematischen Entfernung dieser Bürger aus der deutschen Gesellschaft. SA-Leute schnitten jüdischen Männern den Bart ab und zwangen wohlhabende Jüdinnen die Straßen mit ihrer Unterwäsche zu scheuern.

HEUTE: NS.-BILDFUNK

Der Angriff

Hessischer SA.-Mann ermordet

Das sechste Opfer in diesem Jahre!

Das deutsche Abendblatt in Berlin

Der gestrige Tag hat es bewiesen:

Berlin gehört uns!

Die schmähliche Niederlage der jüdischen Hetzer

Der Führer in Frankfurt (Oder)

Joseph Goebbels gründete 1926 in Berlin die Zeitung „Der Angriff". Dieses offizielle Organ der Nazipartei hetzte seine Leser in zynischer Weise zu Gewalttaten gegen die deutschen Juden auf. Die Überschrift auf dem Titelblatt der Ausgabe vom 23. Januar 1933 ist ein triumphierender Hinweis auf Hitlers bevorstehende Machtübernahme in der deutschen Regierung.

1933

Reichskanzler; Franz von Papen wird Vizekanzler. Die Nazis bezeichnen diesen Vorgang stets als „Machtergreifung".

- **2. Februar 1933: In Deutschland werden politische Demonstrationen verboten.**

- **12. Februar 1933: Bei Unruhen in Berlin kommt ein Kommunist ums Leben, hunderte weiterer Bürger, darunter auch Juden, werden verletzt.**

- **19. und 26. Februar 1933: Charles Coughlin, ein judenfeindlich eingestellter Geistlicher kanadischer Nationalität, der in der Diözese Detroit (US-Bundesstaat Michigan) tätig ist, predigt im Rundfunk, dass die „Shylocks" (die Juden) die Ursache der Depression seien. Er erhält wöchentlich 80 000 zustim-**

Als am 27. Februar 1933 der Reichstag brannte, rüsteten sich die Nazis zu einem Vorstoß gegen ihren wichtigsten Gegner, die Kommunistische Partei Deutschlands. Sie beschuldigten einen niederländischen Kommunisten das Feuer gelegt zu haben und hoben am 28. Feburar mit einer Notverordnung des Reichspräsidenten die bürgerlichen Freiheiten auf. Tausende Kommunisten wurden verhaftet und eilig in die kurz zuvor in Dachau und anderen Orten errichteten Konzentrationslager gebracht.

Der Brand

Am Abend des 27. Februar 1933 wurde in Berlin das Reichstagsgebäude in Brand gesteckt. Die Polizei verhaftete Marinus van der Lubbe, einen niederländischen Kommunisten, den sie am Ort des Geschehens angetroffen hatte. Hitler interpretierte diesen klaren Fall von Brandstiftung als erste Phase eines kommunistischen Aufstandes und drängte zur Verhaftung mehrerer deutscher Kommunistenführer und Vertreter der Kommunistischen Internationale.

Van der Lubbe jedoch war der einzige Angeklagte, der zum Tode verurteilt wurde. Selbst damals glaubten viele Beobachter, dass die Nazis das Feuer selbst gelegt hätten und den Brand als Vorwand benützten um gegen ihre politischen Feinde vorgehen zu können. Über diesen Punkt herrscht unter den Gelehrten auch heute noch Uneinigkeit. Einige sind der Meinung, van der Lubbe habe den Brand gelegt und Hitler sei der Nutznießer eines bemerkenswerten „Glücksfalles" gewesen.

Mitglieder der Kommunistischen Partei Deutschlands (KPD), die nach dem Reichstagsbrand im Februar verhaftet und dabei, wie hier gezeigt, streng bewacht wurden. Hermann Görings prahlerische Aussage, dass jedermann, der eine Hand gegen die Nazis erhebe, seinen Kopf verlieren solle, führte zu Massenverhaftungen und zahlreichen Hinrichtungen. Es wurden nicht nur politische Gegner in Gewahrsam genommen, sondern auch Mitglieder der NSDAP, die man für nicht linientreu hielt. Die Schätzungen zur Anzahl der Schnellhinrichtungen durch die SA variieren, sicher ist jedoch, dass nach dem Erlass der „Verordnung zum Schutz von Volk und Staat" im März tausende von „Feinden" verschwanden.

mende Briefe, deren Absender zu etwa 70 Prozent Protestanten sind. Seine Leitartikel weisen häufig Parallelen zur Nazipresse auf. Coughlin steht mit verschiedenen US-amerikanischen Senatoren und Repräsentanten auf freundschaftlichem Fuß.

• 20. Februar 1933: Bei einer speziell für diesen Zweck arrangierten Zusammenkunft gewinnt Hitler eine Gruppe führender deutscher Industrieller für sich.

• 27. Februar 1933: Das Reichstagsgebäude wird in Brand gesteckt. Die Nazis beschuldigen sogleich die Kommunisten der Brandstiftung.

• 28. Februar 1933: Eine Verordnung des Reichspräsidenten gibt Reichskanzler Hitler Vollmachten „zum Schutz von Volk und Staat". Alle 100 Reichstagsabgeordneten der KPD werden verhaftet. Ein Berliner erhält 50 Peitschenhiebe dafür, dass er Kommunist ist und 50 weitere dafür, dass er Jude ist.

• 4. März 1933: Der US-amerikanische Präsident Franklin Delano Roosevelt hält seine Antrittsrede. Er bleibt bis zum Ende des Holocaust im Amt.

Wer ist Jude?

Bereits 1919 definierte Adolf Hitler die Juden als Rasse und nicht als Religionsgemeinschaft. Seine Meinung war falsch und tödlich.

Nicht alle Juden praktizieren das Judentum, doch es kann jede beliebige Person durch Übertritt zu dieser Religion Jude werden. Obwohl traditionell jeder, dessen Mutter Jüdin war, ebenfalls als Jude galt, ist auch dies keine notwendige Bedingung für die jüdische Identität. Jetzt sind zwar viele Juden Bürger des modernen Staates Israel, doch trifft das nicht auf die Mehrzahl der Juden in aller Welt zu. Die Frage, wer dann also Jude sei, ist kompliziert.

Die Juden führen den Beginn ihrer Geschichte auf den biblischen Patriarchen Abraham zurück, der vor fast 4000 Jahren lebte. Das Judentum, eine monotheistische Religion, hat seinen Ursprung im Auszug der alten Hebräer aus Ägypten, wo sie als Sklaven gelebt hatten, und in den Erlebnissen, die sie unter Moses Führung am Berg Sinai hatten. Durch ihre frühen rituellen Gesetze und ethischen Regeln unterschieden sich die Juden von anderen Gemeinschaften.

Als die Juden schließlich das Land Kanaan an der Mittelmeerküste besetzten, gründeten sie das Königreich Israel. Da sie nicht in der Lage waren die Einheit und Selbständigkeit zu bewahren, die ihnen von etwa 1000 bis 922 v. Chr. vergönnt war, wurde das Königreich aufgrund innerer Differenzen schließlich geteilt, belagert und von verschiedenen Eroberern okkupiert. Im Jahr 70 n. Chr. schlugen die Römer einen jüdischen Aufstand, der schon lange angedauert hatte, unbarmherzig nieder. Die meisten der überlebenden Juden wurden in verschiedene Gebiete des Römischen Weltreiches verstreut. Dort wurden ihre Nachkommen ansässig, und so leben in den Ländern Europas seit über 2000 Jahren auch Juden.

Ob sie weltliche oder religiöse Ansichten vertreten, ob sie sich in Israel, Europa, den Vereinigten Staaten oder anderswo auf der Welt niedergelassen haben – die Juden sind keine Rasse, sondern ein Volk, das durch Erinnerung und Geschichte, Kultur, Tradition und religiöse Bräuche vereint ist, die sie weithin, wenn auch nicht überall in genau der gleichen Weise, teilen.

Das im März 1933 eingerichtete Lager Esterwegen war ein so genanntes Schutzhaftlager. Wie in anderen Konzentrationslagern waren auch in Esterwegen Kommunisten, hohe Beamte der Weimarer Republik, Juden und Kriminelle untergebracht. Die SS-Wachmannschaften behandelten die Juden und prominente Lagerinsassen oftmals brutal; summarische Hinrichtungen waren nicht ungewöhnlich. Als das Lager 1936 aufgelöst wurde, überführte man die Häftlinge in das Konzentrationslager Sachsenhausen.

Während die Nazis im eigenen Land eine Terrorkampagne gegen ihre politischen Gegner entfesselten, verliefen die Aktivitäten an der diplomatischen Front wie gewohnt. Hier ein Händedruck zwischen dem deutschen Reichsbankpräsidenten Hjalmar Schacht und dem amerikanischen Präsidenten Franklin Delano Roosevelt *(rechts)* auf einer Wirtschaftskonferenz in Washington, D. C. Roosevelt wurde am 4. März 1933 in das Präsidentenamt eingeführt. Er stand fast während der ganzen Dauer des Holocausts an der Spitze der USA.

1933

• 5. März 1933: Bei den Reichstagswahlen gewinnen die Nazis 288 von 647 Sitzen. • Die deutschen Länder werden gleichgeschaltet.

• 9.–10. März 1933: Die SA und der Wehrverband Stahlhelm, eine nationalistische Organisation der Veteranen des Ersten Weltkrieges, starten eine Welle von Ausschreitungen gegen die deutschen Juden.

• 19. März 1933: Die jüdischen Kriegsveteranen Amerikas kündigen einen Boykott deutscher Waren und Dienstleistungen an.

• 21. März 1933: In allen Oberlandesgerichtsbezirken werden Sonderstrafkammern geschaffen, die sich mit politischen Delikten beschäftigen.
• Der so genannte „Tag von Potsdam", an dem die erste Sitzung des von den

Ein Berliner Polizeibeamter *(links)* und ein Mitglied der SA patrouillieren nach dem Reichstagsbrand durch die Straßen. Die SA und die SS, von der Regierung Hitler mit Polizeivollmacht ausgestattet, nutzten ihre Befugnisse zur Unterdrückung politischer Gegner. Die Regierung billigte die Einschüchterungstaktik, mit der die Nazitrupps Kommunisten, Sozialdemokraten wie auch Juden erfolgreich ihren Willen aufzwangen.

Mit allen Vollmachten der Regierung ausgestattet, entfesselte die SA nach dem Inkrafttreten des Ermächtigungsgesetzes eine Terrorkampagne gegen die Opponenten des Naziregimes. Prügel und Polizeiarrest waren an der Tagesordnung. Die „Braunhemden" waren in ganz Deutschland gefürchtet und das Hakenkreuz der Nazis wurde zu einem Symbol des repressiven, allmächtigen Staates.

Polizisten versuchen die begeisterte Menge zurückzudrängen, die den Reichskanzler und den Reichspräsidenten zur ersten Sitzung des Reichstages am 21. März 1933 in Potsdam empfangen will. Adolf Hitler, der neue Reichskanzler, und der betagte Reichspräsident Feldmarschall Paul von Hindenburg, die sich gemeinsam zur Garnisonskirche begaben, symbolisierten nicht nur in den Augen der Anwesenden die Verschmelzung von Deutschlands glorreicher Vergangenheit mit der kraftvollen Zukunft des Landes.

Nazis beherrschten Reichstages stattfindet.

• 22. März 1933: Im süddeutschen Dachau wird das erste Konzentrationslager errichtet. Bis 1945 bauen die Nazis mehr als 1000 Lager.

• 23. März 1933: Das vom Reichstag verabschiedete Ermächtigungsgesetz verleiht der Hitlerregierung diktatorische Vollmachten. Hitler kündigt eine Belebung der künstlerischen Entwicklung in Deutschland durch „Blut und Rasse" an.

• 27. März 1933: In New York findet eine vom *American Jewish Congress* organisierte antinazistische Protestversammlung mit 55 000 Teilnehmern statt, die einen Boykott deutscher Waren androhen, falls Deutschland den geplanten ständigen Boykott jüdischer Geschäfte und Unternehmen in die Tat umsetzt.

• 1. April 1933: Die deutsche Regierung leitet den ersten offiziellen Boykott jüdischer Anwälte, Ärzte und Kaufleute ein. Die internationale Empörung darüber und die Gleichgültigkeit vieler nichtjüdischer Deutscher gegenüber der Verordnung veranlassen Hitler die

Dachau

Das KZ Dachau war das erste offizielle Konzentrationslager, das die Nazipartei errichten ließ. Das Lager Dachau, das zunächst von ortsansässigen SA- und SS-Leuten bewacht wurde, war Schauplatz einer grausamen Behandlung der Häftlinge.

Anfang 1934 wurde das Lager reorganisiert und unter die Kontrolle von SS-Wachmannschaften gestellt. Es diente als Modell für ein ganzes System von Konzentrationslagern, das im Vergleich zu den früheren „wilden" Lagern geordneter und erschreckend gut funktionierte. Theodor Eicke, von Heinrich Himmler zum Inspekteur der KZ ernannt, organisierte die Lagerverwaltung neu und „verfeinerte" die Verfahrensweisen zur brutalen Behandlung der Lagerinsassen. Er forderte äußerste Disziplin und impfte den Bewachern fanatischen Hass gegen die Gefangenen ein, die er als Untermenschen und Staatsfeinde betrachtete. Die schwersten und psychologisch verheerendsten Strafen waren den jüdischen Lagerinsassen zugedacht. Zu Eickes bevorzugten Bestrafungsmethoden gehörten die Einzelhaft über einen langen Zeitraum, bei welcher der Gefangene nur von Brot und Wasser lebte, das Auspeitschen und das Anbinden der Gefangenen an Pfähle.

Im KZ Dachau fanden hunderte illegaler und unmenschlicher medizinischer Experimente statt. Man infizierte die Gefangenen mit Krankheiten. Andere ließ man lange Zeit in kaltem Wasser stehen um die Wirkung der Prozedur auf den menschlichen Körper zu testen. Das Lager existiert noch heute als schreckliches Mahnmal für das Geschehene.

Hitlers persönliche Anziehungskraft und sein Charisma als Redner waren der Schlüssel zum politischen Erfolg der NSDAP. Hitler, ein rastloser Kämpfer und selbst ernannter Mann des Volkes, war ständig zu Propagandaveranstaltungen unterwegs. Hier spricht er vor treuen Anhängern in der Kantine des Braunen Hauses in München. Die Mitgliedschaft in der paramilitärischen Organisation der Nazis war gleichbedeutend mit der Zugehörigkeit zu einer Art Familie. Dinge wie Essen, Kleidung, Obdach und Kameradschaft, die ihnen hier geboten wurden, wirkten auf viele verwahrloste und ihrer Umgebung entfremdete junge Männer sehr beeindruckend und anziehend.

Ein „Sieg Heil!" der nationalsozialistischen Jugend während einer Parade in Berlin. Es schien kein Kind zu klein zu sein um sich mit der Partei zu identifizieren und man unternahm große Anstrengungen zur Anwerbung neuer Mitglieder. Klubs und Veranstaltungen für die Jugend lockten tausende deutsche Kinder in den Schoß der Nazipartei. Die Führung der NSDAP erkannte, dass die Kinder ein wichtiges Element ihrer Pläne für ein tausendjähriges Reich waren.

1933

Aktion auf lediglich einen Tag zu beschränken.

• 4. April 1933: Unter der Überschrift „Tragt ihn mit Stolz, den Gelben Fleck!" ruft ein Leitartikel der deutsch-jüdischen Zeitung „Jüdische Rundschau" die Juden auf, den kennzeichnenden gelben Stern zu tragen.
• Der deutsche Jude Robert Weltsch widmet dem Thema „Sag ‚Ja' zu unserem Jüdischsein„ eine Reihe von Artikeln.

• 7. April 1933: Hitler bestätigt Verfügungen, mit denen Juden und andere Nichtarier von der Tätigkeit als Rechtsanwälte und von Berufen im öffentlichen Dienst ausgeschlossen wurden (Gesetz zur Wiederherstellung des Berufsbeamtentums). Jüdische Regierungsangestellte in

Eine Protestversammlung im Londoner *Hyde Park* gegen die Behandlung deutscher Juden durch die Nazis. Tausende Londoner lauschten dem ausführlichen Bericht des Redners über die Kampagne gegen die deutschen Juden. Trotzdem schien die britische Regierung vorsätzlich blind gegen die deutsche Terrortaktik zu sein.

Rabbi M. Z. Margolies am 27. März 1933 im New Yorker *Madison Square Garden* bei einer Ansprache vor schätzungsweise 55 000 Menschen, die mit einer Demonstration gegen die Behandlung der deutschen Juden durch die Nazis protestierten. Die Reden führender rabbinischer Autoritäten, von Politikern und berühmten Persönlichkeiten hatten nur wenig Einfluss auf das Naziregime. Jüdische Religionsführer riefen zu einem Fasten- und Gebetstag auf um die Lage der deutschen Juden öffentlich bekannt zu machen, doch die Mühe war angesichts des Vorgehens der Nazis fruchtlos.

Am 25. März 1933 gingen tausende amerikanischer Kommunisten in New York auf die Straße um gegen die Aktionen der deutschen Regierung zu protestieren. Auf Plakaten bekundete die Menge ihre Solidarität mit den politischen Brüdern und den Juden Deutschlands. Ihr Weg führte sie durch die Straßen des Stadtteils Manhattan zum nahe gelegenen deutschen Konsulat.

Deutschland werden in den Ruhestand versetzt.

• 11. April 1933: Die deutsche Regierung greift zu beschäftigungspolitischen und wirtschaftlichen Zwangsmitteln gegenüber den Juden, die in weiten Kreisen als rassisch begründet verstanden werden. Die lutherische Kirche tritt gegen diese Maßnahmen auf.

• 14. April 1933: Als Internatsschulen für die zukünftige Elite der Nazipartei werden Nationalpolitische Erziehungsanstalten (Napola) eingerichtet.

• 25. April 1933: Das Gesetz gegen die Überfüllung deutscher Schulen und Hochschulen tritt in Kraft. Es beschränkt die Einschreibung von Juden an den Bildungseinrichtungen. Eine ähnliche, außergesetzliche Benachteiligung der Juden gibt es bereits in den USA.

• 26. April 1933: Auf Hermann Görings Veranlassung wird die Gestapo (Geheime Staatspolizei) geschaffen. • Hitler trifft mit Bischof Wilhelm Berning aus Osnabrück und Monsignore Steinmann, Vertretern der römisch-katholischen Kirche in Deutschland, zusammen. Hitler behauptet die Juden nur so zu be-

Ludwig Müller

Eine Gruppe nazistischer protestantischer Theologen, die sich die „Sturmabteilung Jesu Christi" nannten und in Hitler ein Werkzeug Gottes sahen, unternahm 1933 den Versuch die protestantischen Kirchen Deutschlands nach den Zielen der Nazis auszurichten und heidnische nordische Rituale einzuführen. Sie strebten danach eine Reichskirche unter zentralisierter Führung zu schaffen. So wurde Ludwig Müller, Hitlers Berater in Kirchenfragen, trotz der Versuche der evangelischen Kirchenführer dessen Einfluss zurückzudrängen, in das neue Amt des Reichsbischofs gewählt.

Der Wehrkreispfarrer Ludwig Müller war ein antisemitischer Nationalist, der die Meinung vertrat, dass die Rassenvermischung unmoralisch sei und per Gesetz verboten werden müsse. Aus Protest gegen Müllers „Positives Christentum" schufen protestantische Pfarrer eine Art Gegenbewegung, die sich zur Bekennenden Kirche konstituierte. Müller verfolgte anders denkende Pfarrer und ließ viele von ihnen verhaften. Diese Vorgehensweise erregte öffentliches Aufsehen und zwang Hitler die Maßnahmen gegen die Bekennende Kirche zu mildern.

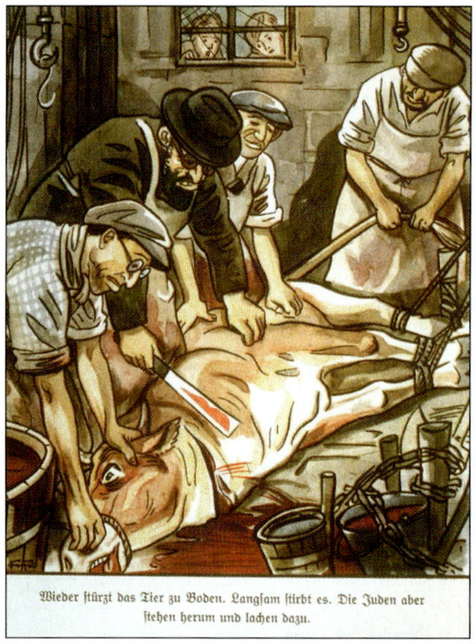

Das von den Juden praktizierte rituelle Schlachten von Tieren war ein ständiger Angriffspunkt der Nazipropaganda. Das Schächten, das man als barbarisch und bezeichnend für die Grausamkeit der Juden ansah, wurde von der deutschen Regierung im April 1933 verboten. Die Botschaft, die der Text auf dieser Seite des judenfeindlichen Kinderbuches „Der Giftpilz" der deutschen Jugend vermitteln sollte, war eindeutig: Die Juden machten sich ein Vergnügen daraus unschuldige Tiere zu töten.

SA-Leute im April 1933 in Berlin bei der Vorbereitung des Boykotts gegen die in jüdischem Besitz befindlichen Geschäfte und Unternehmen. Die Parteimitglieder postierten sich vor den Eingängen jüdischer Geschäfte und hielten die Kundschaft vom Betreten der Läden ab. Die Maßnahmen zur Teilung der deutschen Gesellschaft in nichtjüdische und jüdische Bereiche stellten eine wichtige Initiative des Naziregimes dar.

1933

handeln, wie es die katholische Kirche bereits 1600 Jahre lang getan habe. Er erinnert die Prälaten daran, dass die Kirche die Juden als gefährlich betrachtet und in Ghettos gedrängt habe. Hitler weist darauf hin, dass seine antijüdischen Aktionen der Christenheit einen großen Dienst erweisen würden. Bischof Berning und Monsignore Steinmann schildern die Gespräche später als „herzlich und sachlich".

- **27. April 1933: Die deutsche Regierung verbietet die Praxis der rituellen Schlachtung von Tieren zur Fleischgewinnung.**

- **6. Mai 1933: Das Institut für sexualwissenschaftliche Studien in Berlin wird von pronazistisch eingestellten Studenten zerstört; der Grund dafür ist wahrscheinlich das akademische Interesse der Einrichtung am Thema Homosexualität.**

„Ich bin ein Jude, doch ich beklage mich nicht über die Nazis."

Text eines Plakats, mit dem ein betagter Jude, dem man zuvor Schuhe und Hose weggenommen hatte, durch die Straßen gehen musste (Frankfurt, 1933).

Verhaftungen jüdischer Kaufleute gehörten in Deutschland während des Boykotts gegen die Juden zum gewohnten Straßenbild. Traditionell gekleidete Juden waren häufig Ziel von Verfolgungen und Schikanen. Obwohl nur eine kleine Minderheit der deutsch-jüdischen Gemeinschaft zu den Orthodoxen zählte, wurden diese von den Nazis meist als typisch jüdisch und „undeutsch" hingestellt.

Drei junge Frauen beim Lesen eines Anschlags, der die deutschen Bürger vor der jüdischen „Greuelpropaganda" warnt. Obwohl man Plakate wie dieses überall in Deutschland fand, dauerte der erste Boykott jüdischer Geschäfte im April nur kurze Zeit, da er keine Unterstützung fand, der deutschen Wirtschaft schadete und die Nazis einen internationalen Proteststurm fürchten ließ. Die Plakattexte waren nur in Großstädten wie Berlin, München und in großen Einkaufszentren zweisprachig gehalten.

Hier warten jüdische Rechtsanwälte vor der Berliner Anwaltskammer um ihre Zulassung zu beantragen. Nach der Verabschiedung der Gesetze im April wurde die Zahl der an den Berliner Gerichten zugelassenen jüdischen Anwälte drastisch reduziert. Über 50 Jahre lang hatten die deutschen Antisemiten darum gekämpft den Einfluss der Juden in der Gesellschaft zu begrenzen, indem sie die Zahl der jüdischen Anwälte, Richter und Lehrer beschränkten.

• 10. Mai 1933: Unter den Linden, gegenüber der Berliner Universität, sowie in ganz Deutschland werden Bücher „undeutschen Geistes" – darunter viele von jüdischen Autoren – verbrannt. Mehr als 20 000 Bücher fallen der Aktion zum Opfer, darunter Werke von Dos Passos, Thomas Mann, Karl Marx, Ernest Hemingway, Upton Sinclair, Émile Zola, H. G. Wells, André Gide, Sigmund Freud, Maxim Gorki, Helen Keller, Friedrich Forster, Marcel Proust, Jack London und Erich Maria Remarque.

• 17. Mai 1933: Die nach dem inhaftierten schlesischen Juden Franz Bernheim benannte Petition wird aus Protest gegen die judenfeindliche Gesetzgebung in Deutschland dem Völkerbund vorgelegt. • In Norwegen gründet Vidkun Quisling die norwegische faschistische Partei sowie die Kollaborationsorganisation *Hirdmen* (Männer des Königs), die nach dem Vorbild der SA aufgebaut ist.

• 1. Juni 1933: In Deutschland tritt das Gesetz zur Verminderung der Arbeitslosigkeit in Kraft, das für genetisch „gesunde" Deutsche Ehestandsdarlehen und andere materielle Anreize vorsieht.

Adolf Hitler beim feierlichen ersten Spatenstich, mit dem der Bau der „Reichsautobahnen" in Angriff genommen wird. Hitlers Teilnahme an derartigen Zeremonien ließ den Eindruck entstehen, die Regierung unternehme etwas gegen die finanziellen Nöte der Legionen von Arbeitslosen. Mit dem im Sommer 1933 eingeführten Wirtschaftsprogramm, dem Reinhardt-Plan, wurden enorme Geldsummen für öffentliche Großprojekte bewilligt. Das von Fritz Todt geleitete Autobahnbauprogramm hatte eine positive Wirkung auf die Öffentlichkeit, da es Beschäftigung für Bauarbeiter und Ingenieure brachte und gleichzeitig die Entwicklung der Automobilindustrie anregte. Die Autobahnen waren auch als nützliche Einrichtung für den Kriegsfall gedacht; auf ihnen sollten Truppen und Kriegsmaterial rasch an ihr Ziel transportiert werden.

Die Schließung der Bars für Homosexuelle regte zu dieser Collage mit dem Titel „Der Notschrei" an. Die Bilder drücken eine ergreifende, aber im Grunde aussichtslose Bitte um Hilfe aus. Die Angriffe gegen Homosexuelle besonders nach dem Mord an Ernst Röhm und der Ausschaltung der SA im Jahr 1934 wurzelten in den Kampagnen der Nazis gegen alle Formen der „Degenerierung". Hitler fürchtete, dass Homosexuelle in führenden Positionen die Regierungsfähigkeit seines Kabinetts ernsthaft untergraben könnten.

Großkundgebungen der SA wie diese Veranstaltung in Dortmund fanden in den ersten Jahren der Naziherrschaft häufig statt. Sie wurden ausgerichtet um Hitlers Popularität hervorzuheben; die Hakenkreuzfahnen und die mit frisch gestärkten Uniformen und blank polierten Stiefeln ausstaffierten Mitglieder der paramilitärischen SA sprachen die tief in der deutschen Gesellschaft verankerten militaristischen Wertvorstellungen an. Die Sturmabteilung präsentierte sich wirkungsvoll als die rechtmäßige Nachfolgerin der sagenhaften teutonischen Ritter und des legendären preußischen Militärapparates und betonte damit den Gegensatz des neuen Regimes zur schwachen und in Ungnade gefallenen Weimarer Republik.

1933

• 16. Juni 1933: Chaim Arlosoroff, ein zionistischer Arbeiterführer, wird von Unbekannten ermordet.

• 26. Juni 1933: Die Akademie für Deutsches Recht wird gegründet; die Institution soll die gesamte deutsche Gesetzgebung nach den Vorstellungen der NSDAP neu formulieren.

• 27. Juni 1933: Auf einer Kundgebung in London werden Protestreden gegen den Antisemitismus in Nazideutschland gehalten.

• 28. Juni 1933: In einer Rede vor deutschen Zeitungsverlegern stellt Hitler die neuen Verfügungen der Regierung für die Presse vor.

• 1. Juli 1933: Die deutsche Regierung erklärt, Reichskanzler Hitler gehöre

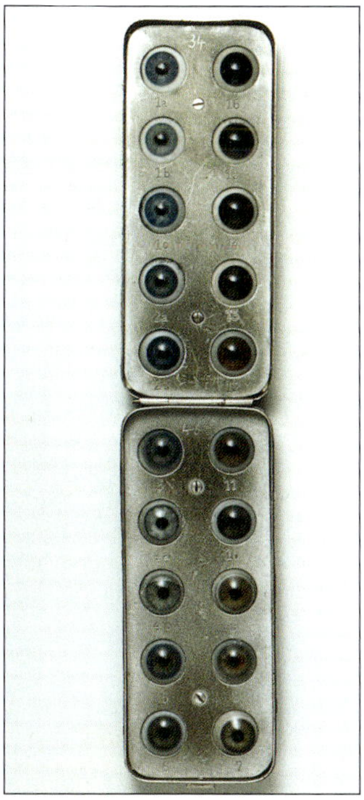

Die Klassifizierung von Menschen nach ihren körperlichen Merkmalen stand im Mittelpunkt der Pläne der Nazis zur rassischen Neuordnung Europas. Mit Hilfe dieser in einer Metallschachtel untergebrachten 20 Glasaugen verschiedener Farben wurde gemäß der Pseudowissenschaft der Nazis die Zugehörigkeit der Menschen zu einer Rassengruppe festgestellt. Obwohl die direkten Beobachtungen häufig den theoretischen Grundlagen der „Rassenwissenschaft" widersprachen, führten viele deutsche Ärzte und Wissenschaftler die vom herrschenden System vorgeschriebenen Untersuchungen fort.

Ein Passant beim Betrachten des Propagandamaterials der NSDAP in einer Geschäftsstelle in Yorkville (US-Bundesstaat Pennsylvania). Hier wurden Biografien von Hitler, die Parteizeitung „Völkischer Beobachter" und anderes zum Verkauf an Privatpersonen angeboten, die entweder zu den Anhängern der Nazis gehörten oder sich aus Neugier über die Nazibewegung informieren wollten. Viele in den USA lebende Deutschstämmige betrachteten angesichts der erfolglosen Regierungen der Weimarer Republik Hitlers Kabinett als notwendige Korrektur.

Die Arisierung

Die Arisierung war ein wichtiger Bestandteil des Plans der Nazipartei zur Verminderung des jüdischen Einflusses in der deutschen Gesellschaft. Dieses Vorhaben, das man fast unmittelbar nach Hitlers Machtübernahme zu verwirklichen begann, zielte in zwei Richtungen – die kulturelle und die wirtschaftliche Arisierung.

Die kulturelle Ausschaltung der Juden begann 1933 mit den Bemühungen der Regierung die Juden aus dem Kulturleben des Reichs auszugrenzen. Jüdische Intellektuelle, Schauspieler, Journalisten und Musiker verloren ihre Anstellungen in wichtigen kulturellen Einrichtungen, die Einschreibung jüdischer Studenten an den Universitäten wurde stark beschränkt.

Bereits zu Beginn des Dritten Reiches gab es Juden, die es für vernünftig hielten ihren Besitz – selbst mit Verlust – zu verkaufen und aus Deutschland zu fliehen. 1938 jedoch wurde mit der Arisierung jüdischen Eigentums Ernst gemacht. Am 26. April verkündete Hermann Göring die Verordnung über die Anmeldung des Vermögens von Juden, mit der alle jüdischen Bürger Deutschlands verpflichtet wurden den Wert ihres wirtschaftlichen Besitzes im In- und Ausland anzugeben. Durch den wachsenden Druck sahen sich die Juden gezwungen ihre Unternehmen für nur 30 bis 60 Prozent des tatsächlichen Wertes zu verkaufen.

Die Arisierung wirkte sich auf die jüdische Bevölkerung Deutschlands verheerend aus. Sie untergrub das wirtschaftliche Wohl der jüdischen Gemeinschaft, was natürlich von vornherein das Hauptziel der Aktion gewesen war.

noch immer der katholischen Kirche an und habe nicht die Absicht die Kirche zu verlassen.

• 14. Juli 1933: Die Nazipartei wird zur einzig legalen politischen Partei Deutschlands; politischer Widerstand ist nach dem Gesetz strafbar. Das Gesetz über den Widerruf von Einbürgerungen und die Aberkennung der deutschen Staatsangehörigkeit nimmt den in Deutschland lebenden osteuropäischen Juden die deutsche Staatsbürgerschaft. Außerdem wird ein Gesetz zur Verhütung erbkranken Nachwuchses erlassen, das die Sterilisation – auch potenzieller – „ungesunder" Eltern sowie die „Euthanasie" im Fall „kranker" und „unnützer Esser" erlaubt. Die Regierung spricht in diesen Fällen von „lebensunwertem Leben". Das Gesetz wird von der *American Eugenics Society* gutgeheißen.

• 20. Juli 1933: Der Vatikan schließt ein Konkordat mit Deutschland ab. Papst Pius XI. betrachtet den Vertrag als einen Schutz der Rechte der katholischen Kirche in Deutschland. Durch diesen Abschluss trägt der Vatikan in den Augen der deutschen katholischen Hierarchie und der Laien sowie der internationalen Gemeinschaft jedoch zur Legitimierung des Dritten Reiches bei. In der Folge half das Konkordat, den Weg für die

Das Haavara-Abkommen

1933 unterzeichnete die deutsche Regierung mit den Zionisten das so genannte Haavara-Abkommen (Transfer-Abkommen). Nach den bereits in der Weimarer Republik ausgearbeiteten deutschen Gesetzen war die Besitzmenge, die Juden bei der Auswanderung nach Palästina mitführen durften, stark begrenzt. Die Bestimmungen des Haavara-Abkommens besagten nun, dass das Vermögen jüdischer Bürger, die Deutschland verließen, auf Treuhandkonten eingezahlt und ein Teil davon in Form von deutschen Waren auf palästinensische Banken transferiert werden sollte.

Das Abkommen förderte nicht nur die jüdische Emigration – vom Standpunkt der Nazis eine positive Entwicklung –, indem es den Flüchtlingen die Mitnahme eines Teils ihres Besitzes gestattete, sondern sorgte auch dafür, dass emigrierte deutsche Juden nicht mittellos in Palästina ankamen. Das war für Großbritannien, das dieses Gebiet treuhänderisch verwaltete, ein äußerst wichtiger Gesichtspunkt. Mit der Auswanderung nach Palästina gemäß den Bestimmungen des Haavara-Abkommens konnten etwa 40 000 Juden dem Holocaust entgehen.

Studenten und SA-Leute tragen Berge von Material, das auf der schwarzen Liste stand, zu einem Feuer auf dem Berliner Opernplatz. Die Nazifizierung der öffentlichen Schulen und Universitäten ging im ersten Jahr der Herrschaft Hitlers in rasendem Tempo voran. Lehrer und Professoren, die sich gegen die Neuordnung im Bildungswesen nach den Vorstellungen der Nazis wandten, wurden entlassen; überall im Land wurden Lehrmaterialien verbreitet, welche die Rassenideologie des Nazismus untermauerten. Da die Jugend Deutschlands in Hitlers Plänen zur Beherrschung der Welt eine wichtige Rolle spielte, lag deren Bildung und Erziehung im Sinne der Nazis dem NS-Staat sehr am Herzen.

Am 10. Mai 1933 fanden in ganz Deutschland organisierte Bücherverbrennungen statt. Bibliotheken, öffentliche und private Einrichtungen sowie Wohnungen wurden nach Schriften unliebsamer Verfasser durchsucht. Die Kampagne zur Gleichschaltung des kulturellen und intellektuellen Lebens untergrub die Prinzipien einer demokratischen Gesellschaft. Der Naziterror und die Gleichgültigkeit der Öffentlichkeit führten zur Zersetzung der Freiheiten und Institutionen, die im Mittelpunkt der westlichen demokratischen Traditionen stehen.

1933

diktatorische Unterdrückung jeglicher Demokratie in der deutschen Gesellschaft und später für die Angriffe Deutschlands auf das europäische Staatensystem zubereiten.

- **31. Juli 1933: In den Konzentrationslagern der Nazis sind bis zu diesem Zeitpunkt etwa 30 000 Menschen interniert.**

- **20. August 1933: Der *American Jewish Congress* kündigt den Boykott seiner Mitglieder gegen deutsche Waren und Dienstleistungen an.**

- **25. August 1933: Das Haavara-Abkommen zwischen dem deutschen Reichswirtschaftsministerium und der Zionistischen Vereinigung für Deutschland ermöglicht in großem Umfang die Emigration von Juden aus Deutschland nach Palästina.**

Der Transport dieser verhafteten SPD-Führer durch die Straßen von Karlsruhe wurde organisiert um dem Propagandaapparat der Nazis neue Nahrung zu verschaffen. Von SA- und SS-Leuten bewacht wurden die „Verbrecher" von der feindseligen Menge an der gesamten Wegstrecke bis zum Gefängnis in Kislau verhöhnt. Die Fotos von diesem inszenierten Ereignis wurden später Teil einer Postkartenserie, welche die Ausschaltung der staatsgefährdenden Elemente aus der deutschen Gesellschaft verherrlichte. Den Nazis zufolge trugen die Sozialisten die Verantwortung für das Scheitern der verachteten Weimarer Republik.

DIE JÜDISCHE BEVÖLKERUNG 1933 IN DEN LÄNDERN EUROPAS

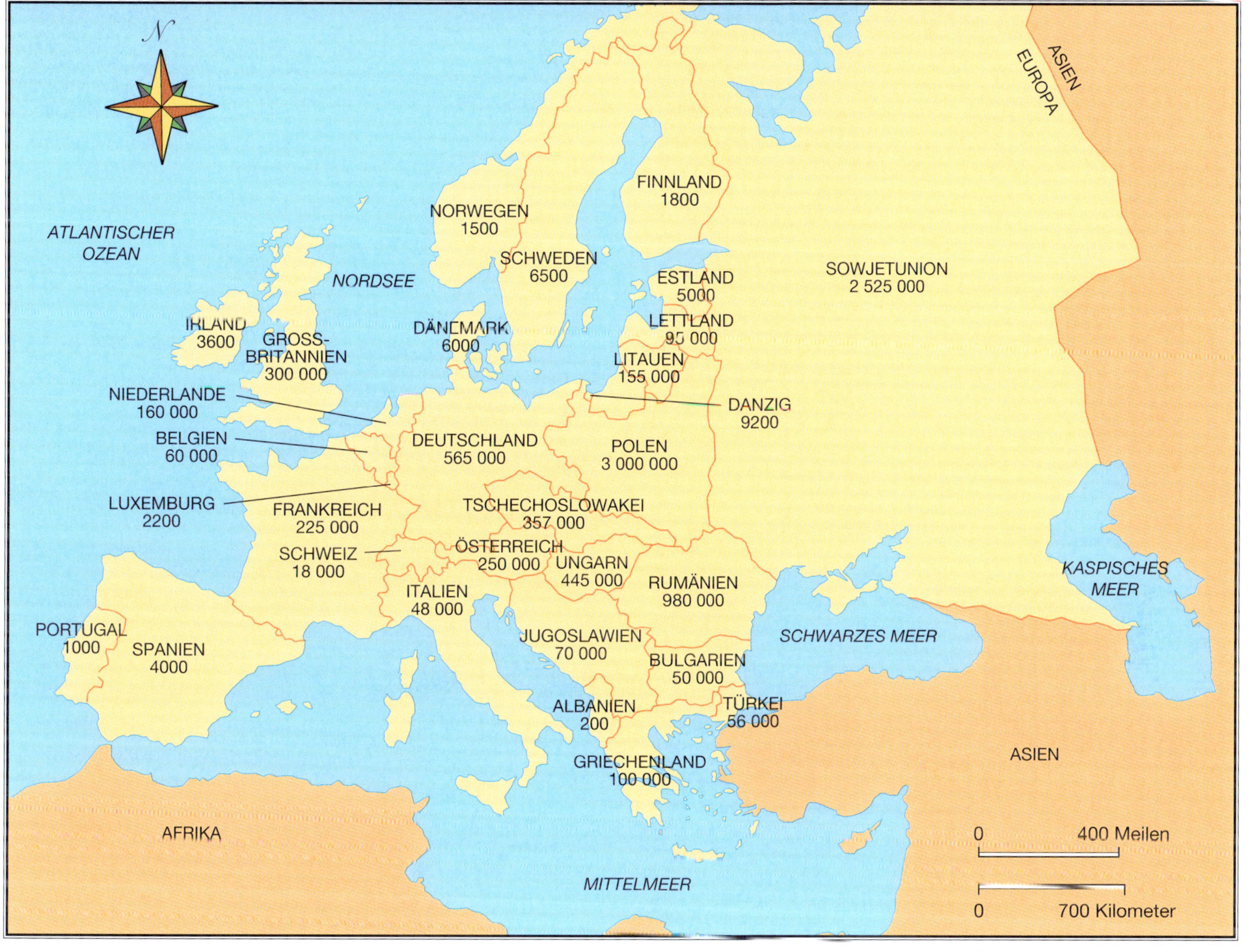

• **September 1933: Heinrich Himmler wird zum Leiter der politischen Polizeien der Länder des Reichs (mit Ausnahme Preußens) ernannt. • Die Reichsvertretung der deutschen Juden wird gegründet und von Otto Hirsch sowie dem Rabbiner Leo Baeck geleitet. Sie ist die einzige offiziell zugelassene Organisation, welche die deutschen Juden vertreten darf.**

• **22. September 1933: Die Reichskulturkammer wird gegründet. • Die deutschen Juden werden aus den Bereichen Journalismus, Kunst, Literatur, Musik, Rundfunk und Theater ausgeschlossen.**

• **29. September 1933: Hitler billigt eine Verordnung, die den deutschen Juden eine Beschäftigung in der Landwirtschaft untersagt.**

• **4. Oktober 1933: Das Schriftleitergesetz fordert einen rassisch reinen Journalismus und erzwingt in ganz Deutschland die Entlassung jüdischer Reporter und leitender jüdischer Verlagsangestellter. Ein Gesetzesnachtrag nimmt den Zeitungsherausgebern den Einfluss auf den Inhalt ihrer Publikationen.**

• **21. Oktober 1933: Deutschland tritt aus dem Völkerbund aus.**

Ein SA-Mann, der ein stolzes und zielbewusstes Deutschland symbolisiert, ziert den Umschlag des Programms für die Herbstparade der SA. Beim Aufmarsch anlässlich des Reichsparteitages der NSDAP feierte die SA im September 1933 in Nürnberg den Aufstieg der Partei, die mit Hitlers Ernennung zum Reichskanzler zu Beginn des Jahres an die Macht gekommen war. In Liedern, Reden und Aufmärschen gedachte man feierlich der gefallenen Kameraden und bejubelte den Anbruch des Dritten Reiches.

Die effekthascherische Darstellung geisteskranker Menschen untermauerte die Naziideologie im Hinblick auf den Wert und den Nutzen des Lebens. Die hier als „Idioten" dargestellten Kranken wurden vor der Öffentlichkeit versteckt und isoliert, als seien sie Wesen einer anderen Spezies. Ihre Tage in Deutschland waren gezählt.

Papst Pius XI., das damalige Oberhaupt der römisch-katholischen Kirche, unterzeichnete im Juli 1933 mit Hitler ein Konkordat, das den rechtlichen Status und den Schutz der deutschen katholischen Kirche und ihrer Organisationen garantierte. Trotz dieses Vertrages verhafteten die Nazis jedoch Kirchenführer und bedrängten die Konfessionsschulen.

„Leben ohne Hoffnung" – so charakterisierte die geschickte Nazipropaganda die Patienten in den psychiatrischen Anstalten Deutschlands. Geisteskranke, Körperbehinderte und wegen sexueller Straftaten Verurteilte wurden als minderwertig eingestuft und systematisch aus dem deutschen Volk entfernt. Das im Juli 1933 erlassene Gesetz erlaubte die Sterilisation von Personen, die an „unheilbaren" Erbkrankheiten litten. Bis 1937 wurden 200 000 Menschen sterilisiert.

1933

• 27. Oktober 1933: In Palästina protestieren Araber mit Ausschreitungen gegen die Einwanderung von Juden.

• November 1933: Die Bewegung Deutsche Christen veranstaltet in Berlin eine Kundgebung um „Christus, den Helden" zu ehren. • In Deutschland erscheint die erste von A. Ristow herausgegebene Ausgabe der antisemitischen Publikation „Blick in die Zeit".

• 12. November 1933: Bei den Reichstagswahlen erhalten die Kandidaten der NSDAP 93 Prozent der Stimmen. Allerdings durfte nur die Nazipartei Kandidaten aufstellen.

• 24. November 1933: Das Gesetz gegen gefährliche Gewohnheitsverbrecher und über Maßregeln der Sicherung und Besserung lässt die Zwangskastration „erblich belasteter" Verbrecher zu.

Während das Regierungsprogramm gegen die deutschen Juden ohne Abstriche realisiert wurde, legten der Rat des *American Jewish Congress* und das *Jewish Labor Committee* ihren Mitgliedern dringend nahe deutsche Waren und Dienstleistungen zu boykottieren. Die relativ kleine Mitgliederzahl der Organisationen und die verheerenden Auswirkungen der Weltwirtschaftskirse untergruben jedoch ihre Kampagnen. Außer einer direkten Intervention von Seiten der Regierungen der einstigen Verbündeten aus der Zeit des Ersten Weltkrieges konnte man nur wenig tun um den nazistischen Moloch zu stoppen.

Stephen S. Wise

Rabbiner Stephen S. Wise war der Präsident des American Jewish Congress und des World Jewish Congress. Entschlossen die Notlage der in Deutschland lebenden Juden durch einen Boykott deutscher Waren in den USA wie auch durch die verstärkte Emigration aus dem Dritten Reich nach Palästina zu erleichtern setzte Wise große Hoffnungen auf den US-amerikanischen Präsidenten Franklin Roosevelt. Wises Appelle wurden leider größtenteils ignoriert.

Wise sowie andere jüdische Führer in Amerika erfuhren 1942 von dem organisierten Massenmord an ihren Glaubensbrüdern, doch ihre Bemühungen um Hilfe für die Opfer Hitlers fanden keine Unterstützung. Wise und die von ihm geleiteten Organisationen konnten schließlich nur wenige Juden retten, da ihre nichtjüdischen Mitbürger diesen Bemühungen zu wenig Interesse entgegenbrachten. In einer schrecklichen Preisgabe der Verantwortung überließ die internationale Gemeinschaft die europäischen Juden ihrem Schicksal, das sie durch die Nazis ereilt hatte.

Ernst Röhm *(links)*, Heinrich Himmler *(Mitte)* und andere Nazifunktionäre treffen zu einer Parteikundgebung im Berliner Grunewald-Stadion ein. Röhm, der Stabschef der SA, befehligte eine mehr als 400 000 Mann starke paramilitärische Truppe, welche die Aufgabe hatte die politischen Gegner des Regimes zu eliminieren. Das brutale Vorgehen der Sturmabteilung trug zur Festigung der Macht Hitlers bei und machte Röhm zum zweitmächtigsten Mann in Deutschland.

Aufmarsch der Nazianhänger beim ersten Reichsparteitag der NSDAP in Nürnberg. Die aufmarschierenden SS-Soldaten tragen Adlerstandarten und Fahnen mit der Aufschrift „Deutschland erwache". Mit den Feierlichkeiten lieferten die Nazis einen optischen Beweis ihrer Macht.

• 27. November 1933: Die Gemeinschaft „Kraft durch Freude" wird gegründet. Sie soll die Freizeitbeschäftigungen des deutschen Volkes mit den Zielen der Nazipartei verbinden.

• 1. Dezember 1933: Eine von Hitler erlassene gesetzliche Verordnung erklärt Deutschland und die Nazipartei zu einer Einheit.

• Ende 1933: Das Deutsche Nachrichtenbüro (DNB) wird geschaffen. Es hat die Aufgabe die Zeitungen Deutschlands mit propagandistischen „Nachrichten" zu versorgen. • Hermann Göring ordnet die Schließung aller „wilden" Konzentrationslager (örtlich verwaltete KZ) der SA an.

• 1933–1939: In Deutschland werden mehr als 1400 judenfeindliche Gesetze erlassen.

1934

IM SEPTEMBER 1934 kamen in Nürnberg tausende Nazianhänger zusammen um die alljährlich stattfindende einwöchige Zelebrierung der nazistischen Solidarität zu erleben. Inmitten der Szenen und Klänge verschiedener Aufmärsche und Kundgebungen ragten riesige Nazibanner empor, strahlten 130 Scheinwerfer rund 7500 Meter weit in den Nachthimmel hinaus, waren zehntausende SA-Leute in ihren Braunhemden versammelt. Musikkapellen schmetterten den Badenweiler Marsch, während Nazianhänger außer sich vor Begeisterung Hakenkreuzfahnen schwenkten und die Luft mit Heil-Hitler-Rufen erfüllten. Adolf Hitler sprach leidenschaftlich von der Solidarität und Stärke der Partei und davon, dass es in den nächsten 1000 Jahren keine andere Revolution geben werde. Die Filmregisseurin Leni Riefenstahl fing den Pomp des Nürnberger Parteitages ein und schuf einen Propagandafilm, der dann den Titel „Triumph des Willens“ erhielt.

Die Reichsparteitage der NSDAP hatten seit 1927 jährlich in Nürnberg stattgefunden, doch nie zuvor waren sie von einer solchen Hochstimmung begleitet gewesen. Nur wenige Wochen zuvor war Hitler mit einem überwältigenden Votum zum Führer des deutschen Staates gewählt worden. Es war der endgültige politische Sieg für Hitler, ein wahrer „Triumph des Willens“. Es war ironischerweise aber kein müheloser Triumph.

Während der ersten zwei Jahre der Naziherrschaft musste sich Hitler nicht nur mit den gewaltigen Aufgaben der Gleichschaltung, die alle Bereiche des Lebens in Deutschland unter die Kontrolle der Nazis stellte, sondern auch mit den lästigen Splittergruppen in der NSDAP selbst befassen. Der völkische Flügel und insbesondere die Sturmabteilung hielten die nationalsozialistische Revolution für unvollendet und waren verärgert über deren langsamen Fortgang. Diese radikalen Nazis vertraten die Ansicht, dass das Großunternehmertum, die traditionelle deutsche Bürokratie, das Militär und besonders das jüdische Leben in zu großem Maße unangetastet geblieben seien.

Die Sturmabteilung stellte für Hitler ein besonders heikles Problem dar. Von Ernst Röhm, einem von Hitlers engen Freunden aus den ersten Tagen der NSDAP, angeführt gab es die SA unter dieser Bezeichnung seit Sommer 1921. Ihre Mitglieder waren unzufriedene Veteranen des Ersten Weltkrieges. Die Sturmabteilung entwickelte sich bald zur Privatarmee der Nazipartei. Als Hitler 1933 zum Reichskanzler ernannt wurde, gab es bereits mehr als eine halbe Million SA-Männer. Anfang 1934 hatte sich die Mitgliederzahl auf rund 4,5 Millionen erhöht. Damit hatte die Sturmabteilung eine Personalstärke erreicht, die weit über der des deutschen Heeres nach dem Ersten Weltkrieg lag. Obwohl Röhm und die SA sich als Wahrer und Schützer der Interessen Nazideutschlands verstanden, sahen

Ein stolzer Führer nimmt während des Nürnberger Parteitages den Aufmarsch der SA ab.

1934

Hitler und viele andere Parteiführer – ganz zu schweigen von den Verbündeten, die Hitler aus dem industriellen und dem militärischen Bereich brauchte – in Röhm und der Sturmabteilung eine Bedrohung für die Stabilität, insbesondere deshalb, weil Röhm danach strebte die SA zum eigentlichen Heer des Dritten Reichs zu machen.

Im Frühjahr und Frühsommer 1934 kam es zu einer weiteren Komplikation. Reichspräsident Paul von Hindenburg, der den meisten Initiativen der Nazis – wenn auch zögernd – seinen Segen gegeben hatte, war inzwischen nicht mehr bei bester Gesundheit. Hitler musste seine Interessen schützen; wenn der SA nicht Einhalt geboten wurde, konnte Röhm diese Organisation als Kerntruppe für eine Revolution einsetzen, die nicht nach Hitlers Vorstellungen verlaufen würde. Wenn jedoch Röhm als Anführer der SA neutralisiert werden konnte, so schloss Hitler, würde das stehende Heer den Führer als Nachfolger Hindenburgs akzeptieren.

Die Juden feiern unter wachsendem Druck durch die Nazis das Passahfest. Hier die Familie Hugo Brill beim *Seder*, der häuslichen Mahlfeier am ersten Abend dieses Festes.

So kam es zu der berüchtigten „Nacht der langen Messer", einem von Hitler angeordneten Blutbad, das in der Nacht vom 30. Juni zum 1. Juli stattfand. Die genaue Zahl der Personen, die bei dieser Säuberungsaktion zu Tode kamen, ist nicht bekannt. Bei manchen Angaben geht sie in die Hunderte oder gar Tausende; wahrscheinlich ist jedoch, dass dabei weniger als hundert Menschen starben. Zu den Opfern gehörten nicht nur Röhm und andere ranghohe SA-Männer, sondern auch Konservative, die man als Bedrohung für Hitler empfunden hatte, Männer, die vielleicht den Versuch unternommen hätten Hitler zu beseitigen und die Monarchie in Deutschland wiederherzustellen.

Eine Schlüsselfigur bei der Beseitigung Röhms war Heinrich Himmler, der an der Spitze der schwarz uniformierten SS (Schutzstaffel) stand. Die im Sommer 1925 zum persönlichen Schutz Hitlers geschaffene Einheit war ursprünglich Bestandteil der SA. Als Himmler im Januar 1929 zum Reichsführer SS ernannt wurde, bestand die Truppe nur aus wenigen hundert Mann. Doch im Frühjahr 1934 hatte sie sich zu einer Organisation entwickelt, die sich durch all das auszeichnete, was der SA fehlte: Sie war eine disziplinierte, bewaffnete Elite von 50 000 Männern, die sich Hitler gegenüber absolut loyal verhielt. Himmlers Einfluss wuchs weiter, als er in zunehmendem Maße die Kontrolle über die politische Polizei Nazideutschlands erlangte, zu deren wichtigsten Zweigen der SD (Sicherheitsdienst) und die Gestapo (Geheime Staatspolizei) gehörten.

Als sein Rivale Röhm aus dem Weg geräumt war, schlug Himmlers Stunde. Für ihren Anteil an der Säuberungsaktion erhielt die SS, die bis dahin der SA-Führung unterstanden hatte, den Status einer selbständigen Organisation, was die Autorität Himmlers stärkte. Inzwischen teilte Himmler selbst manche Belohnung aus. Am 4. Juli beispielsweise ernannte er Theodor Eicke, den Kommandanten des Konzentrationslagers Dachau, zum Inspekteur der Konzentrationslager. Eicke, der auf Himmlers Anordnung Röhm persönlich umgebracht hatte, führte in den anderen Lagern die planvoll brutalen Kontroll- und Bestrafungsmethoden ein, die bereits in Dachau für seine Art der Dienstausübung typisch gewesen waren. Mit Hilfe Eickes und anderer Untergebener innerhalb der SS beherrschte Himmler schon bald ein gewaltiges Staatsschutzimperium. In dieser Eigenschaft setzte er seine SS und die Polizei später auch bei der Vernichtung der europäischen Juden ein.

Während Himmler seine Macht weiter ausdehnte, war Hitler noch mit der Absicherung seiner politischen Autorität beschäftigt. Die „Erledigung" der Röhm-Affäre hatte zwar die Bedrohung dieser Autorität aufgehoben, doch Hitler war nun genötigt zu erklären, was geschehen war und welche Gründe es dafür gegeben hatte. Hitler argumentierte, Röhm und dessen engste SA-Gefährten hätten sich des Verrats und – Röhm war homosexuell – sexueller Abweichung schuldig gemacht. Sich selbst stellte er als Beschützer dar, dessen Eingreifen wertvolles deutsches Leben gerettet habe.

In einer Rede vor dem Reichstag am 13. Juli übernahm Hitler als „oberster Richter des deutschen Volkes" die Verantwortung für die Säuberungsaktion und stellte fest, dass es im Staat nur einen Waffenträger, nämlich die Reichswehr, gebe und nur einen Träger des politischen Willens – die Nationalsozialistische Partei. Die Befriedigung, mit der die militärische Führung diese Erklärung zur Kenntnis nahm, war genauso groß wie der Applaus der Reichstagsabgeordneten bei der Verabschiedung eines Gesetzes, das die Säuberungsaktion als „Maßnahmen der Staatsnotwehr" legitimierte.

Die günstige Entwicklung der Dinge setzte sich fort. Hitler erhielt ein Glückwunschtelegramm von Reichspräsident Hindenburg, der ihm schrieb, er, Hitler, habe den Verrat im Keim erstickt und die Nation vor ernster Gefahr bewahrt. Doch ein noch größerer Lohn erwartete ihn, als Paul von Hindenburg am Morgen des 2. August starb. Nach einem bereits vereinbarten Plan gab die Regierung schon eine Stunde nach dem Tod des Staatsoberhauptes bekannt, dass die Ämter des Reichspräsidenten und des Reichskanzlers vereinigt werden müssten. Damit vereinigte Hitler in seiner Person die Funktionen des Vorsitzenden der NSDAP, des Staatsoberhauptes sowie des Obersten Befehlshabers der Streitkräfte.

Adolf Hitler salutiert auf einer Kundgebung der NSDAP in Nürnberg vor einem Denkmal für die gefallenen Nazikameraden.

Jetzt war Hitler die höchste Autorität der Nation. Zum Zeichen dessen legten die Soldaten der Reichswehr noch am gleichen Tag einen persönlichen Treueeid auf Hitler ab: „Ich schwöre bei Gott diesen heiligen Eid: Ich werde Adolf Hitler, dem Führer der deutschen Nation und des deutschen Volkes, des Oberbefehlshabers der Streitkräfte, bedingungslosen Gehorsam leisten und allzeit bereit sein, als tapferer Soldat mein Leben für diesen Eid hinzugeben."

Kaum drei Wochen später erhielt das deutsche Volk Gelegenheit Hitlers neuen Titel „Führer und Reichskanzler" zu bestätigen. Für die Annahme dieses Titels sprachen sich bei der Volksabstimmung 90 Prozent der 45,5 Millionen stimmberechtigten Menschen aus. 38 Millionen Deutsche – etwa 90 Prozent der abgegebenen Stimmen – sagten „Ja", doch mehr als vier Millionen votierten mit „Nein" und rund 870 000 Stimmzettel waren unleserlich gemacht.

Hitler konnte dem Parteitag der NSDAP in Nürnberg nun viel selbstbewusster entgegensehen als noch zu Beginn des Jahres. Mit Hitlers gestärktem Selbstvertrauen und Himmlers wachsender Autorität nahm der Druck auf die deutschen Juden zu, obwohl sich die großen Ereignisse des Jahres in Deutschland noch nicht in erster Linie auf sie konzentrierten. Man hatte die Juden keinesfalls vergessen, als sich Hitler und seine getreuen Anhänger zusammenschlossen und ihre Macht ausdehnten. Die „Gewalt auf dem Papier" gegen die Juden hatte sich fortgesetzt.

Eine wichtige Regelung, die am 23. März in Kraft trat, war das Reichsverweisungsgesetz, das den Weg zur Vertreibung der osteuropäischen Juden aus dem Reich bereitete. Weitere Verordnungen zielten besonders auf die Entfernung der Juden aus den deutschen Bildungseinrichtungen und Bildungsberufen. Seit Anfang Februar beispielsweise war es „nicht-arischen" Medizinstudenten untersagt, staatliche medizinische Examen abzulegen. Anfang Mai wurde die Freistellung jüdischer Studenten von den Studiengebühren aufgehoben.

Der hitlertreue Theodor Eicke *(Abb.)* ermordete in der „Nacht der langen Messer" Ernst Röhm, den Stabschef der SA.

Das Jahr 1934 war für Hitler und seine Anhängerschaft ein Triumph des Willens. Dieser Triumph sollte sich für die europäischen Juden als Katastrophe erweisen.

Der SD (Sicherheitsdienst) war der Nachrichtendienst der SS. Von Reinhard Heydrich geleitet spürte er unbarmherzig die Gegner des Nationalsozialismus auf. Der Sicherheitsdienst richtete sich zunehmend auf die Ausschaltung der Juden aus der deutschen Gesellschaft. 1934 übernahm er den Nachrichten- und Abwehrdienst der NSDAP. In dieser Zeit wurde auch Adolf Eichmann *(Abb.)* in den SD aufgenommen. Eichmann gehörte seit 1932 der SS an. Er war als Unteroffizier in Dachau eingesetzt und erregte dort die Aufmerksamkeit Heydrichs und Himmlers. Der SD bot Eichmann neue Aufstiegsmöglichkeiten und gab ihm die Gelegenheit sich als „Spezialist" in jüdischen Angelegenheiten zu profilieren und eine Schlüsselrolle bei der „Endlösung" zu spielen.

Die 19-jährige Gerda D., deren Gesicht hier jugendliche Freude und Optimismus ausstrahlt, wurde in die psychiatrische Notaufnahme einer Berliner Klinik eingewiesen. Obwohl die auf Schizophrenie hinauslaufende Diagnose unsicher war, wurde Gerda D. erst entlassen, nachdem man sie auf der Grundlage des Gesetzes zur Verhütung erbkranken Nachwuchses sterilisiert hatte. Die im Jahr zuvor verabschiedete schändliche Regelung gehörte zu einer Reihe von Aktionen gegen jene Menschen, die als Bedrohung für Deutschlands rassische Reinheit und Gesundheit angesehen wurden.

Anne Frank beim Spiel mit ihrer Freundin Sanne in Amsterdam, wohin ihre Familie 1934 aus Frankfurt gezwungenermaßen emigriert war. Als Antwort auf den offenen Antisemitismus und die zunehmenden Angriffe durch die Nazis hatten bis Ende 1934 etwa 50 000 Juden ihre deutsche Heimat verlassen um einen sicheren Zufluchtsort zu finden.

1934

• 1934: In Deutschland veröffentlicht Prof. Ernst Bergmann die „25 Punkte der deutschen Religion", in denen behauptet wird, dass Christus kein Jude, sondern ein nordischer Krieger gewesen und von den Juden ermordet worden sei, und dass dessen Tod die Welt von der jüdischen Herrschaft verschont habe. Adolf Hitler sei der neue Messias, den man auf die Erde gesandt habe, damit er die Welt von den Juden errette. • Heinrich Himmler wird Inspekteur der Gestapo in Preußen und erhält damit die Verantwortung für alle Politischen Polizeien des Reichs. • An der Universität von Frankfurt am Main gründet Dr. Otmar Freiherr von Verschuer zum Studium von Rasse- und Vererbungsproblemen das Institut für Erbbiologie und Rassenforschung. • Die antinazistisch eingestellte amerikanische Journalistin

1928 bekannten sich die Nazis öffentlich gegen die Aufhebung des Paragrafen 175 StGB, nach dem sexuelle Handlungen zwischen gleichgeschlechtlichen Partnern mit Gefängnis bestraft wurden. Nach Hitlers Ernennung zum Reichskanzler ging die Regierung ohne Verzug gegen Homosexuelle vor, verbot die Erwähnung des Themas Homosexualität in Zeitschriften und ließ die Schwulenbars schließen. Das „Eldorado", ein beliebter Treffpunkt der Homosexuellen in Berlin, wurde Anfang März geschlossen. Wegen Homosexualität angeklagte Personen wurden zur Verbüßung von Haftstrafen in Konzentrationslager eingewiesen, wo man Schwule besonders grausam behandelte.

„Der Giftpilz" gehörte zu den zahlreichen judenfeindlichen Büchern, die für deutsche Kinder geschrieben wurden. Es stellte das mittelalterliche Thema von den Juden als Christusmörder groß heraus und forderte seine Leser auf: „Wenn ihr ein Kreuz seht, dann denkt an den grauenhaften Mord der Juden auf Golgatha ..."

Sinti und Roma

Seit ihrem Erscheinen im 15. Jahrhundert in Mitteleuropa wurden die Zigeuner in ihrem neuen Lebensumfeld stets als soziale Außenseiter behandelt. Als Heinrich Himmler in den 1930-er Jahren gelobte Deutschland von „Asozialen" zu befreien gehörten auch sie zu den Opfern der Nazis.

Die aus verschiedenen „Stämmen" oder „Nationen" bestehenden ethnischen Minderheiten nannte man diskriminierend „Zigeuner". Die Stämme der Sinti und Roma waren in Deutschland bzw. Österreich am häufigsten vertreten. Von den Nazis als „rassisch minderwertig" abgestempelt galten die Sinti und Roma als so „lebensuntüchtig", dass Himmler in einem Rundschreiben vom 8. Dezember 1938 zur Bekämpfung des „Zigeunerunwesens" die „Endlösung der Zigeunerfrage" empfahl.

Überall in dem von den Nazis besetzten Europa wurden zehntausende Zigeuner gehetzt und erschossen oder in Lager deportiert und ermordet. Mindestens 23 000 Roma und Sinti kamen nach Auschwitz-Birkenau. Allein in einer Nacht, der Nacht des 2./3. August 1944, wurden bei der Liquidierung des „Zigeunerfamilienlagers" 2897 Männer, Frauen und Kinder vergast. Die Nazis und ihre Kollaborateure ermordeten zwischen 20 und 50 Prozent – 220 000 bis 500 000 – Sinti und Roma, die diesen Völkermord *Parrajmos* oder das „große Verschlingen" ihres Volkes nannten.

Dorothy Thompson, die sich 1932 in ihrem Buch *I saw Hitler* kritisch über den Führer äußert, wird aus Deutschland ausgewiesen. • An der Wewelsburg, einem aus dem 17. Jahrhundert stammenden Renaissanceschloss in Westfalen, beginnen Restaurationsarbeiten. Das Gebäude soll nach der Fertigstellung von Heinrich Himmler und der SS als kultische Festung mit einer 12 000 Bände umfassenden arischen Bibliothek und als Zentrum für Rassenforschung genutzt werden. • In den USA gründet der antisemitische Propagandist Eugene N. Sanctuary die Organisation *American Christian Defenders (World Alliance Against Jewish Aggressiveness)*.

• Anfang 1934: Angehörige der Hitlerjugend werden veranlasst die Mitglieder katholischer Jugendgruppen in ganz Deutschland einzuschüchtern.

• 1. Januar 1934: Die Nazis entfernen die jüdischen Feiertage aus dem offiziellen deutschen Kalender. Die deutschen Gesetze vom Juli 1933, welche die Sterilisierung „lebensuntüchtiger" Menschen erlauben, werden öffentlich bekannt gemacht. Hitler beauftragt die Regierung im Rahmen eines Flugzeug-

Dieses Plakat widerspiegelt den Antisemitismus der polnischen Organisation *Obóz Narodowo-Radykalny* (National-Radikales Lager). Es soll die Juden als „Geißel der gesamten Menschheit" darstellen. Das im April 1934 gegründete National-Radikale Lager wurde drei Monate nach seiner Gründung von dem polnischen Führer Józef Piłsudski verboten.

Mit einem Handschlag als Symbol der Machtübertragung bestätigt Hermann Göring *(rechts)* Heinrich Himmler im April 1934 als Inspekteur der Geheimen Staatspolizei in Preußen. Als Himmler 1936 einen größeren Machtbereich übernahm, reichte er die Fackel an Reinhard Heydrich weiter. Die Gestapo, die bereits in der Zeit der Weimarer Republik in Preußen geschaffen worden war, sollte für die Sicherheit des Staates sorgen. Unter der Naziherrschaft entwickelte sie sich zu einem Terrorinstrument. Verdächtige Personen wurden von der Gestapo häufig zunächst in „Schutzhaft" genommen, ehe man sie in ein Konzentrationslager einwies.

Die für ihre schöpferischen Fähigkeiten als Filmregisseurin berühmte Leni Riefenstahl auf einer Kundgebung im Gespräch mit Kameraleuten. In ihrem Film „Triumph des Willens", einer Dokumentation des Reichsparteitages 1934 in Nürnberg, porträtierte Leni Riefenstahl den Nazismus in gewaltigen Bildern und hypnotisierender Großartigkeit.

1934

bauprogramms bis Oktober 1935 4000 Flugzeuge bauen zu lassen.

- **24. Januar 1934: Ein lutherischer Geistlicher, der gegen die Reichskirche opponiert, wird von Nazischlägern misshandelt.**
- **26. Januar 1934: Deutschland und Polen unterzeichnen ein für zehn Jahre geltendes Nichtangriffsabkommen.**
- **30. Januar 1934: Hitler besteht öffentlich darauf, dass Deutschland an seinem Aufrüstungsprogramm festhält.**
- **Februar 1934: Die 1929 in Deutschland geborene Anneliese Frank kommt in Amsterdam mit den anderen Mitgliedern ihrer Familie zusammen.**

Diese Einheit der italienischen „Schwarzhemden" erklärt bei einer Kundgebung im April in Rom ihre Loyalität gegenüber Benito Mussolini. Hier stehen militante Faschisten stramm, die sich zur Modernisierung des Landes und zu seiner Vorbereitung auf den Krieg rüsten, indem sie mehr Boden für die landwirtschaftliche Nutzung urbar machen. Auf ihren Spaten prangen die Worte *Il Duce* (der Führer). Die „Schwarzhemden" bildeten ursprünglich eine separate Miliz, wurden später jedoch in die italienische Armee eingegliedert.

Adolf Hitler und Julius Streicher in Nürnberg beim Spaziergang über ein Fabrikgelände. Als Herausgeber und späterer Verleger der Wochenzeitung „Der Stürmer" stärkte Streicher die Nazipropaganda mit seinen scharfen Angriffen gegen die Juden. In seinen besten Zeiten hatte „Der Stürmer" rund 600 000 Leser. Streicher machte sich die Ängste der Menschen zu Nutze, indem er den mittelalterlichen Vorwurf, die Juden würden Christenkinder töten und deren Blut in pervertierten religiösen Ritualen verwenden, wieder aufgriff.

Zur Förderung der Eintracht und der Verständigung zwischen beiden Ländern nahm die Organisation der *Friends of the New Germany* Amerikaner deutscher Herkunft in ihre Reihen auf. Die auch unter dem Namen *German-American Bund* bekannte Organisation ermunterte die Amerikaner Nazideutschland zu unterstützen. Am 17. Mai 1934 lockte der Bund bei einer Kundgebung im New Yorker *Madison Square Garden* 50 000 Teilnehmer an.

• **17. Februar 1934: Großbritannien, Frankreich und Italien weisen darauf hin, dass die Unabhängigkeit Österreichs gewahrt werden müsse.**

• **April 1934: Zur Aburteilung von Staatsfeinden wird in Deutschland der Volksgerichtshof geschaffen, bei dem es keine Schwurgerichtsverfahren gibt und kein Rechtsmittel eingelegt werden darf.**

• **7. April 1934: An einer pronazistischen Kundgebung im New Yorker Stadtteil Queens nehmen mehrere tausend Menschen teil.**

• **14. April 1934: In Polen wird die antisemitische Organisation *Obóz Narodowo-Radykalny* (National-Radikales Lager) gegründet. *Siehe* 10. Juli 1934.**

• **1. Mai 1934: Die von Julius Streicher herausgegebene nazistische Wochenzeitung „Der Stürmer", eines der populärsten und bei Hitler beliebten Presseerzeugnisse, erinnert die Leser daran, dass man die Juden im Mittelalter immer wieder beschuldigte, Ritualmorde an Christenkindern zu verüben und das Blut der Opfer zu religiösen Zwecken zu verwenden.**
• **Hitlers Freund und Sekretär Rudolf**

Die SA

Einen großen Teil ihres Erfolges in den ersten Jahren verdankte die Nazipartei ihrer braun uniformierten Armee gewalttätiger Schläger, der Sturmabteilung (SA). Die SA wurde ursprünglich als Ordnerdienst zum Schutz von Veranstaltungen und Parteirednern geschaffen. Mit der Zeit erweiterte sich das Aufgabengebiet der SA jedoch.

Nach der Neugründung der NSDAP im Jahr 1925 entwickelte sich die SA zu einem wirksamen Propagandainstrument. Ihre Mitglieder gelobten für die Partei die „Straßen zu erobern" und verkauften deshalb Zeitungen, verteilten Handzettel, klebten Plakate und marschierten bei Massenkundgebungen auf. Mit Vorliebe provozierten sie gewaltsame Auseinandersetzungen mit politischen Gegnern. Die meisten SA-Leute waren Straßenrowdys, die sich bei den Schlägereien auf ihre Fäuste, Messer, Knüppel und Pistolen verließen.

Im Juni 1934 gehörten der Sturmabteilung fast vier Millionen Männer an, und die Stärke der SA wurde für Hitler ironischerweise allmählich unangenehm. Ihr fortwährender Radikalismus, die Rede von einer „zweiten Revolution" und der Plan die SA zum neuen „Volksheer" zu machen kollidierten mit den Vorhaben des Führers. Am Abend des 30. Juni 1934 löste Hitler deshalb eine Mordkampagne gegen die oberste Führung der SA aus. Zu den prominentesten Opfern, die dabei ums Leben kamen, gehörte auch der Stabschef der SA, Ernst Röhm. Nach der Säuberungsaktion innerhalb der SA erlangte die SS als einst rivalisierende Organisation rasch einen Machtzuwachs im Nazistaat.

Zu den freimütigsten amerikanischen Kritikern der Judenverfolgung im Dritten Reich gehörte die Kolumnistin Dorothy Thompson. Sie arbeitete in den ersten Tagen des Hitlerregimes als Journalistin in Deutschland und berichtete über das von der neuen Regierung verübte Unrecht an den Juden. Als im Dezember 1942 in den Vereinigten Staaten Nachrichten über den Holocaust eintrafen, war Dorothy Thompson eine der wenigen Amerikaner, die ein gemeinsames Vorgehen forderten, mit dem der Völkermord gestoppt werden sollte. Ihre dringenden Bitten trafen jedoch auf taube Ohren.

Die Reichstagsabgeordneten feiern Hitler nach dessen Rede, in welcher der Tod von mehreren Dutzend Nazis am 30. Juni 1934, in der „Nacht der langen Messer", gerechtfertigt wurde. Mit der Säuberungsaktion waren die Führer der „Braunhemden" (SA), der von Ernst Röhm geleiteten paramilitärischen Organisation, und andere potenzielle Gegner liquidiert worden.

1934

Heß gründet das Rassenpolitische Amt der NSDAP.

• 2. Mai 1934: Der Kongressabgeordnete Louis T. McFadden hält im Sitzungssaal des US-amerikanischen Repräsentantenhauses eine antisemitische Rede.

• 17. Mai 1934: Im New Yorker *Madison Square Garden* nehmen Tausende an einer pronazistischen Kundgebung teil, die unter der Schirmherrschaft des *German-American Bund* steht.

• 9. Juni 1934: Der SD (Sicherheitsdienst), bis dahin einer der Nachrichtendienste der SS, wird zum alleinigen Nachrichtendienst für die SS und die NSDAP bestimmt. • Die Sowjetunion,

Ernst Röhm, der zu den ersten Anhängern Hitlers zählte, erwies sich letzten Endes als Bedrohung für Hitlers Ziel die Macht mit politischen Mitteln zu erringen. Röhm nahm 1923 am Hitlerputsch in München teil, verließ Deutschland aber zwei Jahre später enttäuscht. Der Erfolg der Wahlen von 1930 veranlasste Hitler Röhm zurückzuholen und zum Stabschef der SA zu ernennen. Röhm erwies sich als gefährlicher Anführer; er wandelte die Sturmabteilung in eine brutale Truppe um, die mit ihrem Terror die Straße beherrschte. Die politischen Siege der Nazis machten Röhm schließlich entbehrlich. Seine Vision von einem Wehrstaat, in dem Heer und SA eine Einheit bildeten, beunruhigte die militärische Führung derart, dass sie Hitler zur Ausschaltung Röhms drängte.

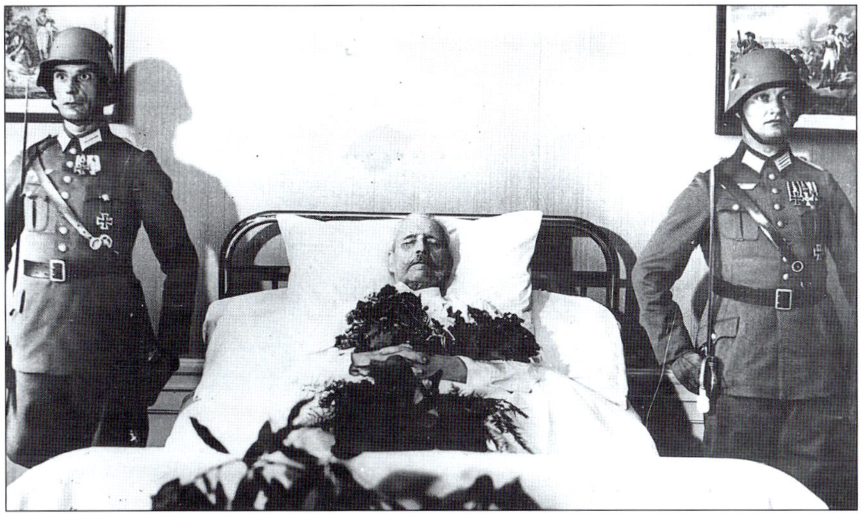

Flankiert von Reichswehroffizieren liegt der zweimal zum Präsidenten der Weimarer Republik gewählte Paul von Hindenburg aufgebahrt in seinem einfachen Zimmer im ostpreußischen Neudeck. Nach dem Tod des 87-jährigen Reichspräsidenten am 2. August 1934 handelte Hitler sofort und erhob als Führer Anspruch auf die absolute Macht. Der altersschwache und von seinen Beratern beeinflusste Feldmarschall und Held der Schlacht bei Tannenberg war seinem ehrgeizigen Reichskanzler nicht gewachsen gewesen.

Eine Hand auf der Naziflagge, die andere gehorsam erhoben schwören diese deutschen Soldaten ihrem Führer den Treueeid. Zur Konsolidierung seiner Macht übernahm Reichskanzler Hitler nach dem Tod Paul von Hindenburgs auch das Amt des Reichspräsidenten. Um seine Position zu festigen ließ er alle Soldaten auf sich, den Führer, vereidigen.

Polen und Rumänien verpflichten sich ihre gemeinsamen Grenzen zu respektieren.

• 14.–15. Juni 1934: Hitler und der italienische Diktator Benito Mussolini treffen in Venedig zu einem Gespräch über das Schicksal Österreichs zusammen.

• 30. Juni 1934: In der „Nacht der langen Messer“ werden hunderte wirklicher und vermeintlicher Gegner des Hitlerregimes, darunter hochrangige Offiziere der SA, verhaftet und hingerichtet. Zu den Opfern gehören auch Ernst Röhm, der Stabschef der SA, und Gregor Strasser, der vormalige Reichsorganisationsleiter der NSDAP. • Die Nazis beginnen mit der organisierten Verfolgung der Homosexuellen.

• 4. Juli 1934: Eine Inspektion der Konzentrationslager unter der Leitung von Theodor Eicke wird geschaffen.

• 10. Juli 1934: Die polnische Organisation *Obóz Narodowo-Radykalny* wird drei Monate nach ihrer Gründung von Marschall Józef Piłsudski verboten.

Wenige Wochen nach dem Tod des Reichspräsidenten Paul von Hindenburg strebte Hitler ein öffentliches Mandat für seine Politik an. Dieses Plakat kündigt für den 19. August 1934 einen Volksentscheid an. Das angekreuzte „Ja" und der fett gedruckte Satz darunter, der verkündet: „Das ganze Volk beantwortet diese Frage mit einem einstimmigen Ja", entmutigte die Gegner der Nazis sehr. Wie sich herausstellte, entschieden sich fast 90 Prozent der deutschen Bürger für das Mandat.

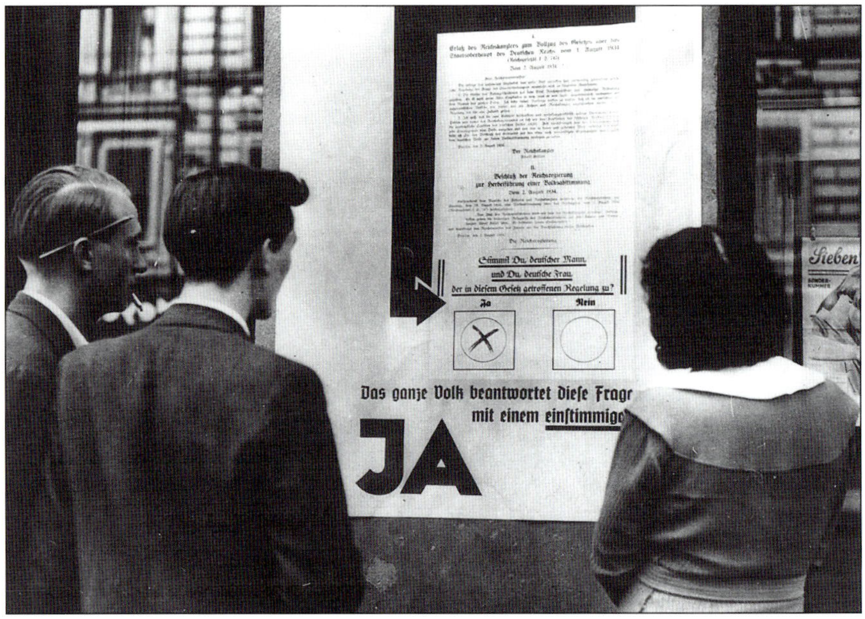

Ein blonder deutscher Junge, das gottähnliche Abbild Hitlers hinter sich und den Blick auf die Zukunft gerichtet. Der Titel auf diesem Plakat der Hitlerjugend lautet: „Jugend dient dem Führer". Die Hitlerjugend (HJ) war dem Führer treu ergeben und von militaristischem Geist durchdrungen. Anfang 1934 wurde sie eingesetzt um die katholischen Jugendgruppen einzuschüchtern.

Eine festlich gekleidete Gruppe von Schulmädchen und ihren Lehrerinnen beim Hitlergruß auf einer Kundgebung in Coburg. Das Eintrittsalter für den Jungmädelbund lag bei 10 Jahren. Mit 15 wurden die Mädchen in den Bund deutscher Mädel übernommen. Von Kind an lehrte man die Mädchen sich auf die Mutterschaft vorzubereiten und sich getreu dem Motto „Sei pflichttreu, sei rein, sei deutsch!" zu verhalten.

1934

• 25. Juli 1934: Bundeskanzler Engelbert Dollfuß wird bei dem erfolglosen Versuch der Nazis die Macht in Österreich zu übernehmen ermordet.

• 2. August 1934: Reichspräsident Paul von Hindenburg stirbt; Hitler erklärt sich zum Führer des deutschen Staates und zum Obersten Befehlshaber der deutschen Streitkräfte. Die Soldaten der Reichswehr müssen einen persönlichen Treueeid auf Hitler leisten.

• 5. August 1934: Im algerischen Constantine werden bei einem antisemitischen Pogrom 100 Juden getötet.

• 19. August 1934: In einem Volksentscheid über Hitlers erweiterte Befugnisse stimmen 89,9 Prozent der Wähler

Hier schließt der Führer eine Gruppe bayrischer Kinder väterlich in die Arme. Die Nazipropaganda stellte Hitler als strengen Führer wie auch als freundlichen und fürsorglichen Lehrer dar. Die Bildunterschrift zu dieser Aufnahme lautete: „Man sieht den Führer auf Bildern stets von Kindern umringt."

Diese Haarfarbentafel mit 29 Mustern menschlicher Haare wurde von Naziwissenschaftlern entwickelt. Genetiker, Anthropologen und Ärzte nutzten diese Muster um die Abstammung eines Menschen zu bestimmen. Die Haarfarbe wurde auch als Nachweis für die vermeintliche Überlegenheit der Arier und die angebliche Minderwertigkeit der Juden, der Zigeuner und der Angehörigen von „Mischrassen" betrachtet.

Die SS

Für Heinrich Himmler, den Reichsführer SS, war die Vernichtung der Juden ein „moralisches Recht", eine „geschichtliche Aufgabe" und „eine Seite des Ruhms in der deutschen Geschichte".

Die SS wurde nicht nur zum Hauptinstrument des Naziterrors, sondern auch zur Trägerin der nazistischen Rasseideale. Die offiziell als Schutzstaffel bekannte Organisation wurde 1925 als Adolf Hitlers persönliche Schutztruppe gegründet. Nach der Ernennung Himmlers zum Reichsführer SS im Jahr 1929 wuchs die SS über ihre Rolle als reine Schutzformation hinaus und entwickelte sich zu einer Parteipolizei.

Die schwarz uniformierte SS war bis zum so genannten „Röhm-Putsch" im Juni 1934 der personell viel stärkeren SA untergeordnet. Innerhalb von zehn Jahren – von 1929 bis zum Beginn des Krieges 1939 – wuchs ihre Mitgliederzahl von anfangs einigen Hundert auf fast eine Viertelmillion. Da sie sämtliche Polizeikräfte unter ihrer Kontrolle hatte, verfolgte sie die Gegner Hitlers im Lande und übernahm auch die Verantwortung für die „Endlösung". Die Mitgliedschaft in der SS war selektiv und hing von rassischen Kriterien ab. Selbst von den Bräuten der SS-Männer wurde „arische Rassereinheit" gefordert.

Himmler entwickelte seine Truppe zu einer Elitegemeinschaft mit kultähnlichen Ritualen und den teutonischen Symbolen eines heiligen Ordens. Himmler, der sich in einem unklaren Okkultismus versuchte, hielt sich für die Reinkarnation eines mittelalterlichen deutschen Königs, der einst Territorien im Osten erobert hatte.

mit Ja. Obwohl Deutschland eine überwiegend christliche Nation ist, wird später die Mehrzahl seiner Bürger Hitlers Aktionen fast bis zum Kriegsende unterstützen.

• September 1934: In Dänemark wird eine Kollaborationsorganisation, die *National Socialistike Ungdom* (Nationalsozialistische Jugend), gegründet.

• 4.–10. September 1934: In Nürnberg findet der aufwändig organisierte Parteitag der NSDAP statt.

• 24. September 1934: Die Nazis stellen als Teil der SS eine so genannte Verfügungstruppe auf. Sie soll im Kriegsfall als konventionelle Einheit in der Wehrmacht dienen.

• 27. September 1934: In der Hoffnung Hitler von seinen expansionistischen Zielen abzuhalten erklären Großbritannien, Frankreich und Italien ihre Unterstützung für die Unabhängigkeit Österreichs.

• 1. Oktober 1934: Hitler befiehlt insgeheim den schnellen Aufbau des Heeres und der Kriegsmarine sowie die Schaffung einer Luftwaffe.

Juden
sind in
Behringersdorf
nicht erwünscht

1935

NACH der Machtübernahme der Nazis im Jahr 1933 gründeten die verstreut lebenden Juden Deutschlands eine neue nationale Organisation – die Reichsvertretung der deutschen Juden. Die von dem Rabbiner Leo Baeck und von Otto Hirsch geführte Gesamtvertretung der deutschen Juden stand vor einem Dickicht von Arbeitsaufgaben, zu denen das jüdische Schul- und Bildungswesen, die Berufsausbildung, die Wohlfahrtspflege, die Unterstützung Auswanderungswilliger und vieles mehr gehörten. Dennoch arbeiteten Baeck, Hirsch und andere unermüdlich um ihrem Volk zu helfen. Sie hofften sogar auf eine Art Burgfrieden mit der Nazipartei – eine Hoffnung, die sich im Nachhinein als sehr naiv erwies.

1935 forderten Regierungsstellen die Umbenennung der Organisation in Reichsvertretung der Juden in Deutschland, eine Nuance, welche die Absicht der Nazis veranschaulichte, den Juden ihre deutsche Identität zu nehmen. Trotzdem erkannte die Reichsvertretung – wie übrigens auch die meisten Juden in Deutschland – nicht das Ausmaß der kompromisslosen antijüdischen Position der Nazis. Die Juden konnten einfach nicht glauben, dass die Verfolgung eskalieren würde.

Am 24. September 1935 veröffentlichte die Reichsvertretung in der Zeitung „Jüdische Rundschau" einen Artikel, der für Juden und Deutsche gleichermaßen geschrieben war. Darin ging es um die Möglichkeiten eine erträgliche Beziehung zwischen dem deutschen und dem jüdischen Volk zu schaffen. Die Reichsvertretung, so hieß es, sei gewillt mit all ihren Kräften dazu beizutragen.

Der Zeitungsartikel war die Reaktion der Reichsvertretung auf eine Rede, die Hitler am 15. September 1935 vor dem Reichsparteitag in Nürnberg gehalten hatte. In dieser Rede hatte Hitler die bereits im Frühjahr gestartete deutsche Wiederbewaffnung verteidigt, hatte die Kommunisten gebrandmarkt und war dann zum Angriff gegen die Juden übergegangen. Hitler hatte behauptet ein bedrohliches jüdisches Problem zwinge die Regierung dazu „durch eine einmalige säkuläre Lösung vielleicht doch eine Ebene schaffen zu können, auf der es dem deutschen Volk möglich sein wird ein erträgliches Verhältnis zum jüdischen Volk finden zu können." Für den Fall, dass die jüdische Hetze trotz der Regierungsmaßnahme weitergehe, „wird eine neue Überprüfung der Lage stattfinden."

Die Worte „erträgliches Verhältnis" mochten bei den Juden vielleicht etwas Hoffnung entfacht haben. Doch Hitler verfolgte keineswegs diplomatische Absichten. In Wirklichkeit nämlich bestand diese „Ebene" aus drei Gesetzen, die den Griff noch weiter verstärken sollten und die der Reichstag bald darauf einstimmig in Kraft setzen würde.

Eine deutliche Warnung der Nazis: „Juden sind in Behringersdorf nicht erwünscht."

1935

Das erste der Nürnberger Gesetze, wie die Verordnungen genannt wurden, war das Reichsflaggengesetz. Es legte Schwarz-Weiß-Rot als offizielle Farben des Nazistaates und die Hakenkreuzfahne als Nationalflagge fest. Dieses Gesetz zielte nicht direkt gegen die Juden, die anderen beiden Gesetze umso mehr. Das Reichsbürgergesetz und das Gesetz zum Schutze des deutschen Blutes und der deutschen Ehre, die beide Hitlers Unterschrift trugen, wurden zum Kernstück der antijüdischen Gesetzgebung Nazideutschlands.

Das Reichsbürgergesetz machte einen grundlegenden Unterschied zwischen „Reichsbürgern" und „Staatsangehörigen". Es beschränkte die Reichsbürgerschaft auf Staatsangehörige „deutschen oder artverwandten Blutes". Nach dem Gesetz war der „Reichsbürger der alleinige Träger der vollen politischen Rechte nach Maßgabe der Gesetze". Das „Reichsbürgerrecht [wurde] ... durch Verleihung des Reichsbürgerbriefes erworben".

Obwohl das Wort „Juden" an keiner Stelle des Textes vorkam, zielte das Gesetz doch gegen sie. Die Juden sollten in Nazideutschland fortan nur noch als Staatsangehörige gelten. Ihrer bürgerlichen Rechte beraubt sollten sie in ihrer deutschen Heimat, falls überhaupt, als Fremde leben.

Das Blutschutzgesetz enthielt mehrere Paragrafen. Vier davon zeigten deutlich, wie streng die Unterscheidung zwischen Reichsbürgern und Staatsangehörigen vorgenommen werden sollte, denn dieses Gesetz verwendete das Wort „Jude" ausdrücklich. Der Einleitungstext brachte zum Ausdruck, dass „die Reinheit des deutschen Blutes die Voraussetzung für den Fortbestand des deutschen Volkes" sei. Die wichtigsten Paragrafen des Gesetzes verdeutlichten dann, dass die Reinheit von der Bekämpfung der rassischen Bedrohung abhing, wie sie die Regierung forderte.

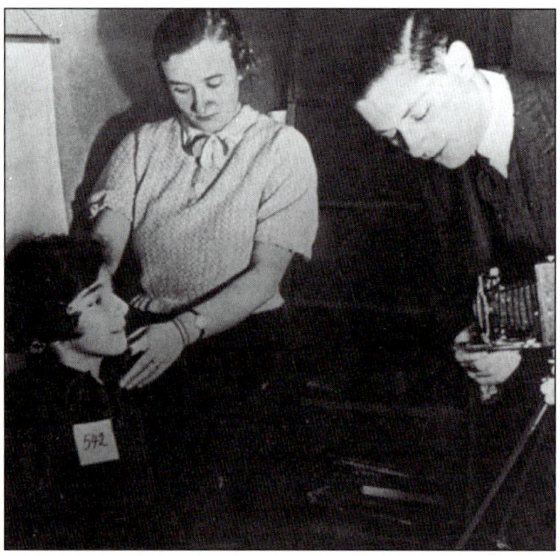

„Wissenschaftler" stellen die „rassischen Eigenschaften" eines jüdischen Mädchens fest.

Paragraf 1 verbot mit sofortiger Wirkung „Eheschließungen zwischen Juden und Staatsangehörigen deutschen oder artverwandten Blutes". Zuwiderhandlungen wurden mit Gefängnis bestraft. Paragraf 2 erklärte außereheliche sexuelle Beziehungen zwischen Juden und Deutschen für gesetzwidrig.

Um eine Umgehung der Bestimmungen des Paragrafen 2 zu verhindern verbot eine dritte Bestimmung den Juden „weibliche Staatsangehörige deutschen oder artverwandten Blutes unter 45 Jahren ... in ihrem Haushalt [zu] beschäftigen". Wer diesen Paragrafen verletzte, riskierte ein Jahr Gefängnis oder eine Geldstrafe oder beides. Dieselbe Strafe erwartete Personen bei Missachtung des Paragrafen 4, der in Verbindung mit dem Reichsflaggengesetz stand, denn er verbot Juden das Hissen der Reichs- und Nationalflagge und das Zeigen der Reichsfarben. Das Blutschutzgesetz trat einen Tag nach seiner Verkündung in Nürnberg, dessen Paragraf 3 erst am 1. Januar 1936 in Kraft.

Die Nürnberger Gesetze unterbanden das jüdische Leben in Deutschland jedoch nicht völlig. Das Reichsbürgergesetz akzeptierte die Juden immer noch als Angehörige des deutschen Staates und als deutscher Staatsangehöriger galt, „wer dem Schutzverband des Deutschen Reiches angehört und ihm dafür besonders verpflichtet ist". Diese Möglichkeit hatte Einfluss auf die Hoffnung der Reichsvertretung, dass zwischen dem deutschen und dem jüdischen Volk vielleicht doch ein „erträgliches Verhältnis" bestehen könne.

Was die Nazis als erträglich betrachteten, glich allerdings kaum dem, was die Reichsvertretung im Sinn hatte, denn die Nürnberger Gesetze waren Rassengesetze. Ihnen zufolge galt jüdisches „Blut" als minderwertig und gefährlich, konnten Juden niemals Deutsche sein. Im Gegenteil, sie waren eine Bedrohung für die deutsche Reinheit; ihre bloße Gegenwart auf deutschem Boden untergrub die Gesundheit und die Lebenskraft der Nation. Sie mussten zumindest isoliert und immer mehr vom Hauptstrom der deutschen Gesellschaft ferngehalten und ausgegrenzt werden.

Die drei Gesetze, die am 15. September 1935 in Nürnberg verkündet worden waren, förderten diese Politik. Hitler hatte sie ganz richtig als eine „Ebene", eine Grundlage bezeichnet. Für sich genommen blieben sie, gemessen an den Zielen, die damit verfolgt wurden, unzulänglich. Einige ihrer Paragrafen beispielsweise verwendeten das Wort „Jude" ohne es zu erläutern. Wer galt überhaupt als Jude? Dies zu definieren war für Deutsche und Juden gleichermaßen keine leichte Aufgabe, da diese Gesetze, die eine gründliche Rassentrennung herbeiführen sollten, nicht systematisch umgesetzt werden konnten, ohne dass man wusste, auf wen sie zutrafen.

Otto Hirsch, der Vorsitzende der Reichsvertretung der Juden in Deutschland.

Bereits im April 1933 hatte eine vage Formel einen „Nichtarier" als eine Person mit jüdischen Eltern oder Großeltern definiert. Später gab es einen Entwurf des Reichsbürgergesetzes, der die Bestimmung enthielt, dass das Gesetz „nur für Volljuden" zutreffe, doch dieser Satz fehlte bei der Lesung am 15. September 1935 im Reichstag. Für eine Gesellschaft, in der es viele Mischehen gab, lag hierin ein heikles, ungelöstes Problem: Wer war von diesen Gesetzen betroffen? Wie sollte der Begriff „Jude" definiert werden? Nach langer Diskussion in der Naziführung entschied die Erste Verordnung zum Reichsbürgergesetz vom 14. November die Frage.

Diese Verordnung legte noch einmal dar, dass ein Jude nicht Reichsbürger sein könne; sie verfügte, dass Juden kein Stimmrecht in politischen Angelegenheiten hätten, sagte ausdrücklich aus, dass Juden kein öffentliches Amt bekleiden könnten und forderte, jüdische Beamte in den Ruhestand zu versetzen. Dann erläuterte ihr entscheidender Paragraf 5 das Wort „Jude", wobei zwischen „Volljuden" und „Teiljuden" unterschieden wurde. Als Volljude galt eine Person mit mindestens drei jüdischen Großeltern. Personen, die zwei jüdische Großeltern hatten, aber weder die jüdische Religion ausübten noch einen jüdischen Ehepartner hatten, wurden als Teiljuden oder so genannte „Mischlinge" eingestuft.

Die Kategorie der „Mischlinge" wurde schließlich in Mischlinge ersten und zweiten Grades unterteilt. Letzteres traf auf Personen mit nur einem jüdischen Großelternteil zu, die sich zum Judentum bekannten oder mit einem Juden verheiratet waren. Aus der Sicht der Nazis war es viel schlimmer ein Volljude zu sein als etwa ein Mischling zweiten Grades.

So detailliert diese rassische Klassifizierung auch war, beruhte sie doch auf einer paradoxen Grundlage. Die nazistische Wissenschaft konnte – da er ja nicht existierte – keinen spezifisch jüdischen Blutstyp identifizieren. Die Identität jüdischer Großeltern wurde nicht durch das „Blut", sondern durch deren Zugehörigkeit zur jüdischen Religionsgemeinschaft bestimmt.

Für die Nazis war logische Folgerichtigkeit weniger wichtig als die Tatsache, dass die Nürnberger Gesetze, durch die Definitionen vom 14. November untermauert, die Rasse als das grundlegende rechtliche Prinzip im deutschen Leben etabliert hatten. Die Definitionen selbst waren wichtige Schritte in dem Prozess, der das jüdische Leben zerstörte. Sie wurden benutzt um festzulegen, wer zum Ziel der Verfolgung – und schließlich für den Tod – bestimmt würde. Ungeachtet der Hoffnungen der Reichsvertretung bedeuteten die im September 1935 in Nürnberg ergriffenen Maßnahmen, dass es kein „erträgliches Verhältnis" zwischen dem deutschen und dem jüdischen Volk geben könne, solange die Nazis die Oberhand hatten.

Ein „arisches" Kind wird wegen seiner äußeren Eigenschaften, die dem Ideal der NS-Zeit entsprachen, von seinem Lehrer lobend hervorgehoben.

Die Niederlande, die lange Zeit als eines der tolerantesten Länder galten, nahmen rund 34 000 jüdische Flüchtlinge aus Deutschland auf. Von diesen erhielten etwa 15 000 Menschen ständigen Wohnsitz im Land, wo sie nach dem Einmarsch der Deutschen im Jahr 1940 in die Fänge der Nazis gerieten. Diese Aufnahme von 1935 zeigt Boddons Hosang, den Bürgermeister der niederländischen Stadt Naarden, mit einem jüdischen Flüchtlingskind auf dem Arm.

1935 kam es in Polen, einem Land, das für den tief im polnischen Katholizismus verwurzelten Antisemitismus bekannt war, zu einer Reihe von Pogromen. Als Reaktion darauf verließen viele Juden das Land. Diese Grußkarte zum jüdischen Neujahrsfest zeigt einige von tausenden polnischen Juden, die trotz starker Beschränkungen vonseiten des Mandatarstaates Großbritannien nach Palästina emigrierten.

Sir Oswald Mosley *(Mitte)* war von 1930–1940 der Führer der *British Union of Fascists.* Die Anziehungskraft des Faschismus in Großbritannien beruhte nicht allein darauf, dass er den traditionellen englischen Antisemitismus ansprach, sondern auch auf Hitlers augenscheinlichem Erfolg bei der Bewältigung der Folgen der Weltwirtschaftskrise. Die *British Union of Fascists* hatte einen großen Zulauf zu verzeichnen; in einer Quelle ist von 50 000, in einer anderen von 100 000 Mitgliedern die Rede.

1935

• 1935: Die Reichswehr, deren Personalstärke durch den Versailler Vertrag sehr begrenzt war, wird als Bekenntnis zur deutschen Aufrüstung und zur Missachtung des Versailler Vertrages in Wehrmacht umbenannt. • Hitler verordnet die Schaffung einer vom Staat kontrollierten Union der protestantischen Kirchen. • Der Film der deutschen Regisseurin Leni Riefenstahl „Triumph des Willens“, ein monumentales Dokumentarwerk über den Nürnberger Reichsparteitag der NSDAP 1934, das Hitler vergöttlicht, wird zur Aufführung freigegeben. • Die SA wird in die SS eingegliedert.

• In Deutschland erscheint die erste Ausgabe der antisemitischen Deutschen Wochenschau für Politik, Wirtschaft, Kultur und Technik. • Die erste Ausgabe der pseudowissenschaftlichen antisemi-

Die seltsam bedrohlich wirkende Silhouette des Gestapo-Hauptquartiers in der Berliner Prinz-Albrecht-Straße. Diese friedlich wirkende Residenz verwandelte sich in einen Ort des Terrors und der Folter, nachdem sich die berüchtigte Gestapo darin eingerichtet hatte. Die Geheimpolizei nutzte alle Methoden um aus den Menschen Informationen herauszupressen. Personen, denen das Unglück widerfuhr in die Folterkammern und Kerker dieses Hauses gebracht zu werden, verließen es übel zugerichtet und seelisch gebrochen.

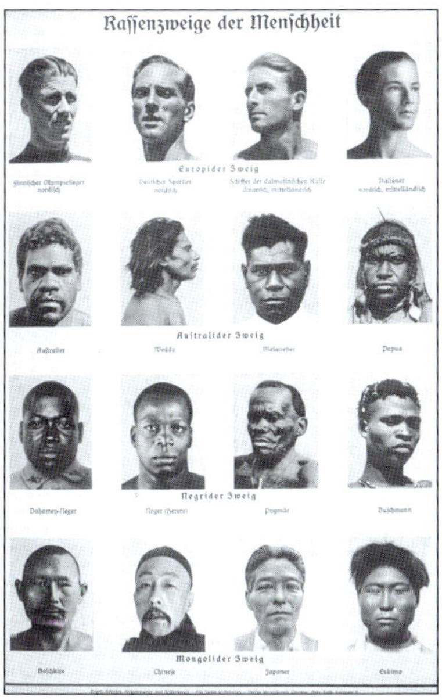

Die Nazis rechtfertigten ihren „wissenschaftlichen" Rassismus mit allen Mitteln. Hier ist ein Schaubild aus „Genetik und Rassenwissenschaft. Ein fotografisches Porträt", einem ihrer zahlreichen Lehrbücher zu diesem Gegenstand. Die Aufnahmen sollen zeigen, dass der europäide Rassetyp der australiden, negriden und mongoliden Rasse ästhetisch überlegen ist.

Pronazistische Gruppierungen in den USA

Der *German-American Bund* war die konsequenteste pronazistische Bewegung, die vor dem Krieg in den USA entstand. Unter der Leitung ihres „Führers", eines bekannten Antisemiten mit Namen Fritz Kuhn, zählte der Bund in seinen besten Zeiten 15 000 Mitglieder, zu denen noch 8000 Sturmleute kamen.

Eine Kundgebung des Bundes im Jahr 1939 im New Yorker *Madison Square Garden* lockte 20 000 Menschen an. Die Mitglieder des Bundes bemühten sich zwar als patriotische Amerikaner zu erscheinen, die so weit gingen, dass sie in ihrer Propaganda Abbilder von George Washington mit dem Hakenkreuz zeigten, sie waren aber zum überwiegenden Teil deutsche Einwanderer, deren Gedanken in Nazideutschland waren. Die Mitglieder des Bundes waren vor allem in Großstädten konzentriert und die Partei konnte nie auf eine breite Basis zurückgreifen. Der Bund, der für die amerikanische Regierung zu keiner Zeit eine ernsthafte Bedrohung darstellte, erlebte 1939 einen Rückschlag, als Kuhn wegen Veruntreuung von Geldern eine Gefängnisstrafe erhielt.

Eine weitere, erklärtermaßen antisemitische, politische Bewegung, die in der Zwischenkriegszeit aufkam, waren William Dudley Pelleys „Silberhemden". Pelley behauptete, dass eine „Nahtod-Erfahrung" Einfluss auf seinen spiritualistischen Antisemitismus gehabt habe. Die „Silberhemden" verfügten ebenso wie der Bund nie über eine große Anhängerschaft; sie hatten 1934 lediglich 15 000 Mitglieder, die sich zum großen Teil aus der Mittelklasse rekrutierten. Diese Zahl schrumpfte vier Jahre später auf 5000.

tischen Publikation „Zeitschrift für Rassenkunde" wird veröffentlicht. • Der *American Jewish Congress* vereinigt sich mit dem *Jewish Labor Committee* zum *Joint Boycott Council*, der sich gegen deutsche Lieferanten von Waren und deutsche Dienstleister richtet.
• Die Naziregierung erzwingt die Auflösung der Freimaurerlogen in ganz Deutschland. • In ganz Rumänien kommt es zu judenfeindlichen Ausschreitungen. • Polen nimmt eine neue Verfassung an, welche die parlamentarische Demokratie aufhebt.

• Die amerikanische pronazistische politische Gruppierung der „Silberhemden" schließt sich mit der *Christian Party* zusammen. • In Großbritannien erscheint die erste Ausgabe von Sir Oswald Mosleys *Fascist Quarterly*.
• Die deutsche Regierung genehmigt die Veröffentlichung von Martin Luthers Schrift „Von den Juden und ihren Lügen", in der Luther ein Programm befürwortet, nach dem die Juden unter Arrest gestellt, enteignet, zu den von der Regierung festgelegten Arbeiten gezwungen und schließlich verbannt oder ermordet werden sollen.

• 13. Januar 1935: Bei einer Volksabstimmung unter der Schirmherrschaft

Deutschland hatte als eine Folge des Ersten Weltkrieges das Saargebiet verloren. Beim Volksentscheid vom 13. Januar 1935 stimmten die Saarländer mit überwältigender Mehrheit für eine Rückgliederung des Gebietes an Deutschland. Dieses Ergebnis war ein wichtiger propagandistischer Sieg für Hitler, der für sich in Anspruch nehmen konnte von der großen Mehrheit des deutschen Volkes unterstützt zu werden. Diese Aufnahme zeigt eine Demonstration in Trier nach der Annektierung des Gebietes. Das Spruchband im Hintergrund verkündet: „Unser die Saar".

Am 16. März 1935 trat das Kabinett des „Führers" zusammen und beschloss die Wiedereinführung der Wehrpflicht in Deutschland öffentlich bekannt zu geben. Obwohl dieser Schritt einen Bruch des Versailler Vertrages darstellte, unternahmen die Regierungen Frankreichs und Großbritanniens nichts dagegen; sie zogen es vor Hitlers Beteuerung Glauben zu schenken, es handele sich hierbei um eine reine Verteidigungsmaßnahme. Die Erneuerung des deutschen Heeres war wichtig für die Zukunft der expansionistischen Politik Nazideutschlands.

Als Teil ihrer Bemühungen Deutschland auf einen Krieg vorzubereiten förderten die Nazis mit vereinten Kräften paramilitärische Organisationen wie die Hitlerjugend. 1939 wurde die Mitgliedschaft in der HJ zur Pflicht gemacht und so stieg deren Mitgliederzahl auf 8,9 Millionen. Über die HJ beeinflussten die Nazis die deutschen Jungen mit ihrer Rassenideologie und vermittelten ihnen eine elementare militärische Ausbildung.

1935

des Völkerbundes entscheidet sich die Mehrzahl der Stimmberechtigten für die Angliederung des Saargebietes an Großdeutschland.

- **1. März 1935: Das Saargebiet wird unter der Bezeichnung Saarland wieder an Deutschland angegliedert.** ***Siehe*** **1. April 1935.**

- **16. März 1935: Deutschland führt die Wehrpflicht ein und bricht damit den Versailler Vertrag. Frankreich, Großbritannien und die USA unternehmen nichts um das Reich zu veranlassen, die Entscheidung zurückzunehmen.**

- **1. April 1935: Im Saarland werden antijüdische Gesetze verabschiedet.**

- **30. April: Juden dürfen nicht länger die deutsche Flagge zeigen.**

„Wenn Judenblut vom Messer spritzt . . .“

Feierlied der SA, Berlin 1935.

1935 erschien auf dem Umschlag des nazistischen Familienmagazins „Sonne ins Haus“ ein Foto von der damals sechs Monate alten Hessy Levinson Taft. Hessy wurde hier als der Urtyp des „arischen“ Kleinstkindes präsentiert. Ironischerweise war das Kind überhaupt kein „Arier“. Seine Eltern waren vielmehr lettische Juden. Von Hessys verängstigter Mutter zur Rede gestellt gab der Fotograf zu die Aufnahme bei einem Schönheitswettbewerb für „arische“ Babys eingereicht und gehofft zu haben, dass er der nazistischen Rassentheorie ein Schnippchen schlagen konne. Der Erfolg überstieg seine kühnsten Erwartungen.

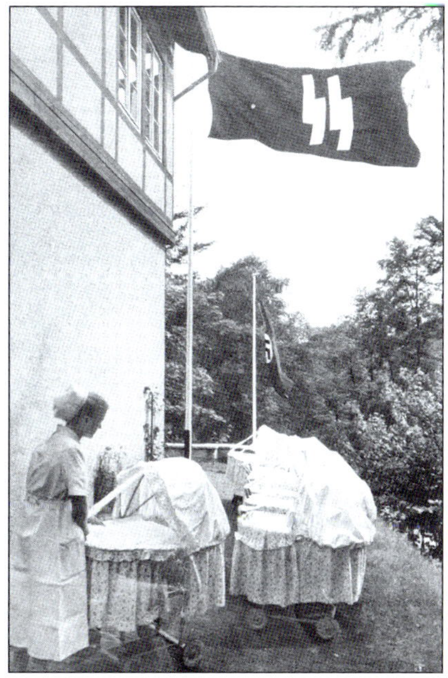

Die Nazifunktionäre legten großen Wert darauf, dass Personen, die deutsche Kinder betreuten, selbst „arischer“ Abstammung waren. Diese Lehrschwester oder „kleine blonde Schwester“ wurde gewissenhaft überprüft, bevor sie die Genehmigung erhielt sich um diese Kinder zu kümmern. Die Naziflagge und das Banner mit den SS-Runen verleihen dieser ansonsten idyllischen Szene eine gespenstische Ironie.

Die Rassenideologie wurde auch in die Lehrpläne der deutschen Schulen aufgenommen. Schüler wie diese Mädchen beim Hauswirtschaftsunterricht an der Luise-Otto-Peters-Schule in Berlin fertigten regelmäßig Plakate zu rassistischen Themen an. Der Text dieses Plakates lautet: „Deine erste Pflicht ist: Die Rasse zu pflegen und zu erhalten, die Rasse gesund zu erhalten, die Rasse vor fremden Einflüssen zu schützen.“

• **12. Mai 1935: Der polnische Diktator Józef Piłsudski stirbt. Von diesem Tag an erleben die Juden in Polen einen verstarkten Antisemitismus. Die Regierung und die meisten politischen Parteien verlangen die Diskriminierung, den wirtschaftlichen Boykott, die Ausweisung der Juden und physische Gewalt gegen sie. Die polnische katholische Kirche, die meisten Priester, die katholische Presse und die Schulen werden die Diskriminierung der Juden und/oder die Gewalt gegen sie billigen.**

• **14. Mai 1935: Ein Berner Gericht erklärt die deutsche Ausgabe der Schrift „Die Protokolle der Weisen von Zion“ zu einer Fälschung.**

• **31. Mai 1935: Der aktive Dienst in den deutschen Streitkräften wird den Juden verboten.**

• **9. Juni 1935: In der polnischen Stadt Grodno kommt es zu antijüdischen Ausschreitungen.**

• **18. Juni 1935: Das Deutsch-Britische Flottenabkommen erlaubt die Aufrüstung der deutschen Kriegsmarine.**

• **26. Juni 1935: Das Gesetz zur Verhütung erbkranken Nachwuchses (*siehe* 14. Juli 1933) wird ergänzt; es sieht nun**

Zu den berüchtigtsten Fällen, die unter den Nürnberger Gesetzen verfolgt wurden, gehörte der des jüdischen Schuldirektors Albert Hirschland in Magdeburg, der angeklagt war, mit „hunderten nichtjüdischen Schülerinnen" sexuelle Beziehungen gehabt zu haben. Eine der deutschen Zeitungen, die über den Prozess gegen Hirschland berichteten, war Julius Streichers bekanntes antisemitisches Hetzblatt „Der Stürmer". Der Angeklagte wurde aufgrund falscher Beschuldigungen zu lebenslanger Haft verurteilt.

Preis 20 Pfennig

Der Stürmer

Sonder-Nummer

…ches Wochenblatt zum Kampfe um die Wahrheit

HERAUSGEBER: JULIUS STREICHER

Sonder-nummer 2 | Nürnberg, im August 1935 | 13. Jahr 1935

Albert Hirschland

Der Rasseschänder von Magdeburg

Eine jüdische Handelsschule
Nichtjüdische Schülerinnen
Massenschändungen durch den Direktor
Jüdische Zusammenarbeit
Die Verhaftung
Grauenvolle Entdeckungen
Das Tagebuch
Jüdische Verteidigungsmethoden
Der Brief aus dem Gefängnis
Die Opfer des Juden
Die Verhandlung
Das Urteil

Die Juden sind unser Unglück!

Neben Wilhelm Frick arbeitete auch Wilhelm Stuckart *(Abb.)* am Entwurf der Nürnberger Gesetze von 1935. Stuckart, der seit 1922 Mitglied der NSDAP war, wurde 1930 Parteirichter. Bei seinem raschen Aufstieg hatte er die 30-er Jahre hindurch und zu Beginn der 40-er Jahre wechselnde, auf das Gebiet von Recht und Gesetzgebung orientierte bürokratische Parteiposten inne. 1936 trat Stuckart der SS bei. Sechs Jahre später nahm er an der Wannseekonferenz teil, auf der die „Endlösung" geplant wurde. Aus Mangel an Beweisen wurde er nach seiner Verhaftung 1945 durch die Alliierten zu lediglich vier Jahren Gefängnis verurteilt. Bei einem Autounfall im Jahr 1953 kam Stuckart ums Leben.

Widerstand gegen das Naziregime wurde heftig bekämpft. In Stuttgart startete die SA eine Aktion gegen Juden und Katholiken, die es gewagt hatten die Regierung herauszufordern. Mitglieder der SA fuhren zur Abschreckung auf einem Lastwagen, der mit den Ebenbildern von Nazigegnern „geschmückt" war, durch die Straßen der Stadt.

1935

auch die Zwangsabtreibung von bis zu sechs Monate alten „lebensunwerten" Föten vor.

• 1. Juli 1935: Die antisemitische Ahnenerbe Forschungs- und Lehrgemeinschaft wird gegründet; sie beschäftigt sich mit dem Studium der Rassengeschichte des deutschen Volkes.

• 25. August 1935: Pastor Martin Niemöller, der führende antinazistische Protestant, verkündet in seinen Predigten, dass die jüdische Geschichte dunkel und unheilverkündend sei und das jüdische Volk für immer unter einem Fluch stehe, da es nicht nur den Christus Gottes ans Kreuz gebracht habe, sondern auch die Verantwortung für das Ende all der rechtschaffenden Menschen trage, die je ermordet worden seien.

Wilhelm Frick begann seine Laufbahn bei der Münchner Polizei, wurde aber wegen der Unterstützung des gescheiterten Hitlerputsches im November 1923 entlassen. 1924 wurde er in den Reichstag gewählt und war dort ab 1928 Fraktionsführer der NSDAP. Als Innenminister in Thüringen (1930–1931) sorgte er für die Nazifizierung der Staatspolizei, die für ihren brutalen Antisemitismus bekannt wurde. Frick war einer der Verfasser der berüchtigten Nürnberger Gesetze von 1935 und überwachte als Reichsinnenminister deren Durchsetzung. Seine politische Laufbahn hatte jedoch bereits ihren Höhepunkt erreicht und so spielte Frick in den letzten Jahren des Dritten Reiches nur noch eine unbedeutende Rolle.

Dieser Ausschnitt aus einem Filmstreifen der Reichspropagandaleitung demonstriert, dass für 5,50 Reichsmark, die Nahrung, Wohnung und Kleidung eines Behinderten an einem einzigen Tag kosten, eine ganze gesunde Familie überleben könnte. Propaganda dieser Art trug zur Vorbereitung des deutschen Volkes auf die Ermordung jener als genetisch minderwertig betrachteten Menschen bei.

Die „Erbsünde"

1924 wies Adolf Hitler mahnend darauf hin, dass Blutschande und Rassenschande die „Sünde wider den Willen des ewigen Schöpfers" seien. Sein Buch „Mein Kampf" verurteilt die schädlichen Folgen der „Rassenvermischung". Die Gesetze der Natur schrieben vor, so Hitler, dass sich „jedes Tier ... nur mit einem Artgenossen der gleichen Art [paart], dass Feldmaus zu Feldmaus [geht], Hausmaus zu Hausmaus, der Wolf zur Wölfin usw.".

Hitler, dessen Rassentheorie auf seinem Glauben an die biologische Überlegenheit der arischen Rasse basierte, gelobte der vermeintlichen Vergiftung des arischen Blutes ein Ende zu machen und dessen Reinheit zu bewahren. Für Hitler bestand die schlimmste Schändung des Blutes im geschlechtlichen Verkehr zwischen Juden und Ariern, der mit dem Blutschutzgesetz von 1935 kriminalisiert wurde. Bis 1945 wurde „Rassenschändung" durch Hinrichtung bestraft.

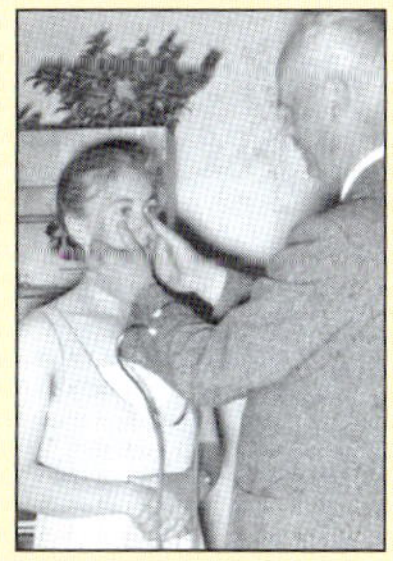

• 15. September 1935: Die ersten Nürnberger Gesetze, darunter das Reichsbürgergesetz und das Gesetz zum Schutze des deutschen Blutes und der deutschen Ehre werden verabschiedet. Die Juden werden auf die rechtliche Position zurückgestuft, auf der sie sich in Deutschland vor ihrer Emanzipation im 19. Jahrhundert befanden. Sie dürfen nicht länger als deutsche Bürger existieren oder Nichtjuden heiraten.

• Ein weiteres neues Gesetz, das Reichsflaggengesetz, legt die offizielle Flagge Deutschlands fest: Ein schwarzes Hakenkreuz im weißen Kreis auf rotem Grund. • Der Reichsparteitag der NSDAP von 1935 ist eine erste Demonstration der Ergebnisse der illegalen Aufrüstung Deutschlands.

• 18. Oktober 1935: Die deutsche Regierung führt das antisemitische Gesetz zum Schutze der Erbgesundheit des deutschen Volkes ein.

• 1. November 1935: Eine Ergänzung zum Reichsbürgergesetz schließt die Juden von der deutschen Staatsbürgerschaft aus.

• 14. November 1935: In Deutschland wird die Erste Verordnung zum Reichsbürgergesetz eingeführt, die erstmals

Die Definition der „Rasse"

Die Bemühungen der Nazis durch „Rassengesetze" die „Reinheit des Blutes" zu schützen, hatten in jeder Hinsicht Auswirkungen auf das jüdische Leben in Deutschland. Das zeigte sich deutlich am Beispiel eines jüdischen Arztes, der in ein Konzentrationslager eingeliefert wurde, weil er bei einem Nichtjuden eine lebensrettende Transfusion mit seinem eigenen Blut vorgenommen hatte.

Die präzise Terminologie der Nürnberger Gesetze legte unterschiedliche Grade des Jüdischseins fest, die auf der Anzahl der jüdischen Großeltern einer bestimmten Person basierten. Die Unterscheidung zwischen „Volljuden" und „Teiljuden" („Mischlingen") wurde zu einem wichtigen Kriterium, denn sie bestimmte nicht allein den rechtlichen Status, sondern entschied auch über das wirtschaftliche Überleben der Juden – und schließlich über Leben und Tod. Von Panik ergriffene Deutsche belagerten die kirchlichen Registraturen um sich per Dokument ihre nichtjüdische Herkunft bestätigen zu lassen.

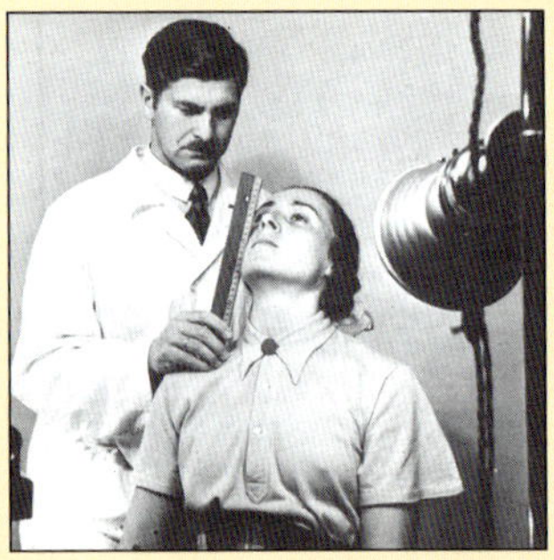

Die verstärkte Nazipropaganda zum Thema Rassenschändung vergiftete die Beziehungen zwischen „Ariern" und Juden gründlich. „Arische" Tierärzte weigerten sich sogar die Haustiere von Juden zu behandeln. Die Juden wurden zu sozial Ausgestoßenen, da die Deutschen alle Kontakte vermieden, die als verräterische Verbindung zu den Feinden des „arischen Blutes" ausgelegt werden konnten. Juden wurden mutwillig sexueller Beziehungen mit arischen Frauen beschuldigt und selbst zwanglose Begegnungen mit Ariern in der Öffentlichkeit waren riskant.

Auch die deutschen Kinder gerieten in das Maschenwerk der Rassetheorie. Von den nazistischen Phrasen indoktriniert und unempfindlich gemacht waren viele „arische" Kinder rasch geneigt ihre jüdischen Altersgenossen brutal zu behandeln.

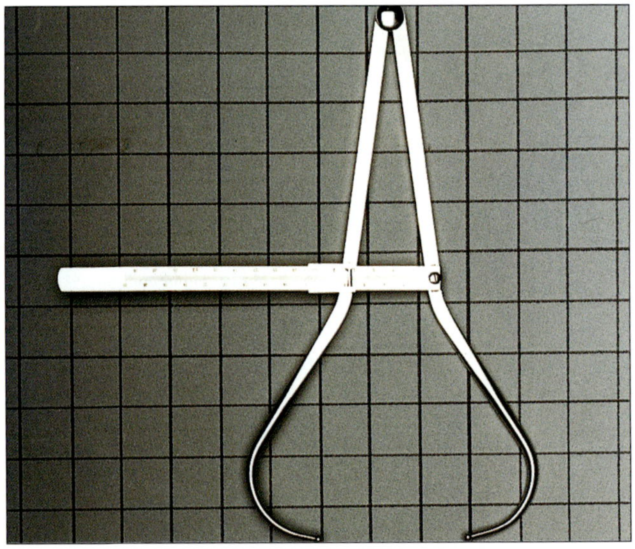

Die Rasseexperten der Nazis benutzten Instrumente wie den abgebildeten Greifzirkel zur „wissenschaftlichen" Feststellung der rassischen Herkunft eines Menschen. Die Ärzte maßen damit Körperteile aus. Nach Auffassung der Nazis gaben solche Messungen Aufschluss darüber, wer von höherer rassischer Herkunft (also „Arier") war und wer zu einer minderwertigen Rasse gehörte (Juden, Zigeuner und Afrikaner).

Ein weiteres Gesetz, das im September 1935 in Nürnberg verkündet wurde, war das Reichsflaggengesetz, das den Juden das Hissen der Naziflagge, der offiziellen Flagge Deutschlands, verbot. Das Hakenkreuz war lange Zeit ein Symbol rassistisch eingestellter politischer Bewegungen in Deutschland gewesen. Das Foto zeigt deutsche Frauen beim Nähen von Naziflaggen.

1935

eine offizielle Definition der Begriffe „Jude" (jede Person, die zwei jüdische Großeltern hat und der jüdischen Religionsgemeinschaft angehört und jede Person mit drei oder mehr jüdischen Großeltern) und „Mischling" („Teiljude") liefert. Unter die Kategorie der „Mischlinge" fallen zwischen 250 000 und 500 000 deutsche Bürger. Eheschließungen zwischen Juden und „Mischlingen" zweiten Grades werden verboten.

• 15. November 1935: Die deutschen Kirchen beginnen mit den Nazis zusammenzuarbeiten; sie stellen der Regierung Verzeichnisse zur Verfügung, die belegen, wer Christ ist und wer dem Christentum nicht angehört, also Jude ist.

• Dezember 1935: Auf Anordnung des Reichsführers SS Heinrich Himmler wird vom Rasse- und Siedlungs-Haupt-

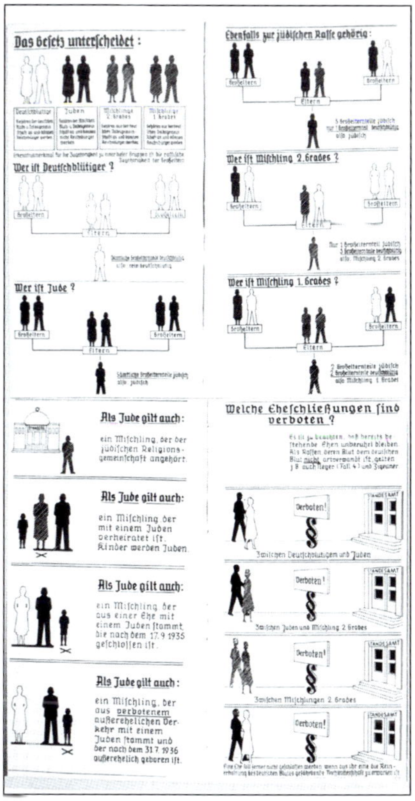

Den Nürnberger Gesetzen zufolge war die eheliche Verbindung zwischen „Ariern" und Juden verboten. Ungeklärt blieb jedoch, wer als Jude gelten sollte. Diese von der deutschen Regierung veröffentlichte Schautafel erläutert, welche Eheschließungen verboten waren. Dazu gehörten Heiraten zwischen „deutschblütigen" Personen und „Volljuden" oder „Halbjuden" sowie zwischen Juden und so genannten „Vierteljuden". Weiterhin verbot der Staat Eheschließungen zwischen „Vierteljuden" und sonstige Eheschließungen, die das deutsche Blut eines der Partner „verunreinigen" könnte. Darüber hinaus wurden „Arier", die vor 1935 einen „Halbjuden" oder einen „Vierteljuden" geheiratet hatten, ermuntert die Scheidung einzureichen.

R.3651

THE SUN

BALTIMORE, MONDAY, SEPTEMBER 16, 1935

LEAGUE GROUP DRAFTS PLAN TO AVERT WAR

Ethiopians Cry For War, 14,000 Italian Troops Sail

AAA PROGRAM HELD THREAT TO FARMERS

HOPES TO BARE STORY BEHIND LONG TRAGEDY

HITLER DEPRIVES JEWS OF CITIZENSHIP RIGHTS, BANS INTERMARRIAGES

THREATENS OTHER STEPS TO SOLVE RACE PROBLEM

Laws Restricting Rights Of Hebrews Voted By Special Session Of Reichstag—Swastika Proclaimed Only Reich Flag

ATTACK MADE ON LITHUANIA FOR ACTIONS IN MEMEL

LITHUANIAN CLAIM TO MEMEL UPHELD

2 NAVAL RESERVE FLYERS ARE KILLED

NLRB TO USE CARE IN LABOR DISPUTES

Die internationale Reaktion auf die Nürnberger Gesetze fiel im Allgemeinen negativ aus. Hier attackiert die in Baltimore (US-Bundesstaat Maryland) erscheinende Zeitung *The Sun* die Gesetze als grundlosen Angriff auf die Rechte der jüdischen Bevölkerung Deutschlands. Trotzdem gab es nur wenige Amerikaner, die bereit waren über die formalen Proteste hinaus zu handeln.

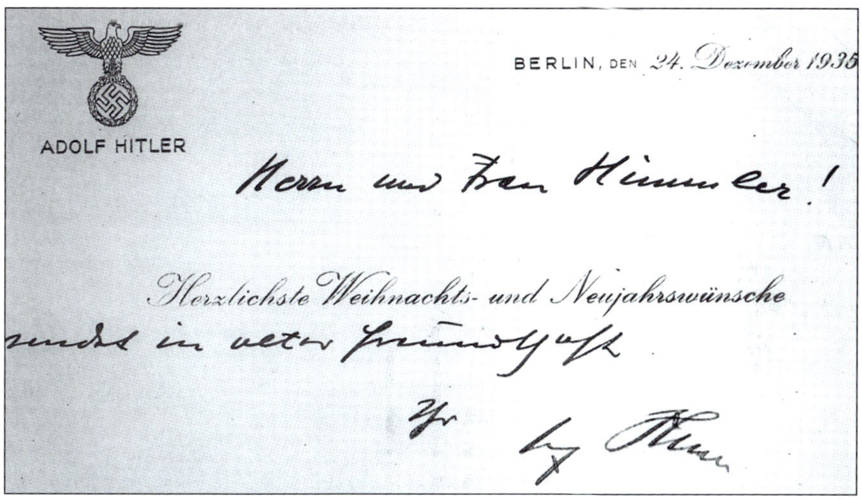
ADOLF HITLER

BERLIN, DEN 24. Dezember 1935

Herrn und Frau Himmler!

Herzlichste Weihnachts- und Neujahrswünsche

sendet in alter Freundschaft

Ihr Adolf Hitler

Eine Weihnachtskarte von Hitler an Heinrich Himmler. Später ersetzten die Nazis das Wort „Weihnachten" offiziell durch „Julfest", damit nicht ein anderer Geburtstag als der Adolf Hitlers mehr gefeiert würde.

amt (RuSHA) der Lebensborn e. V., ein Netzwerk aus Mütterheimen, geschaffen. In diesen Heimen sollten rassisch und erbbiologisch wertvolle Schwangere aufgenommen und betreut werden.

• **31. Dezember 1935: Die deutsche Regierung entlässt die letzten jüdischen Beamten aus dem öffentlichen Dienst.**

• **1935–1938: Polen richtet seine Politik gegenüber den Juden am Vorbild Nazideutschlands aus. Die Juden sind im ganzen Land Angriffen ausgesetzt. Tausende polnischer Juden emigrieren nach den Niederlanden, nach Frankreich, Belgien und Palästina. An den polnischen Universitäten, in deren Einrichtungen den Juden bestimmte Plätze zugewiesen werden, brechen antijüdische Unruhen aus. • Zu dieser Zeit gelten für Juden auch an US-amerikanischen Universitäten Einschreibungsquoten. Die Diskriminierung in den USA begrenzt die Möglichkeiten der Juden in Bildung, Beruf und Wohnungsbeschaffung und verhindert die Einwanderung osteuropäischer Juden.**

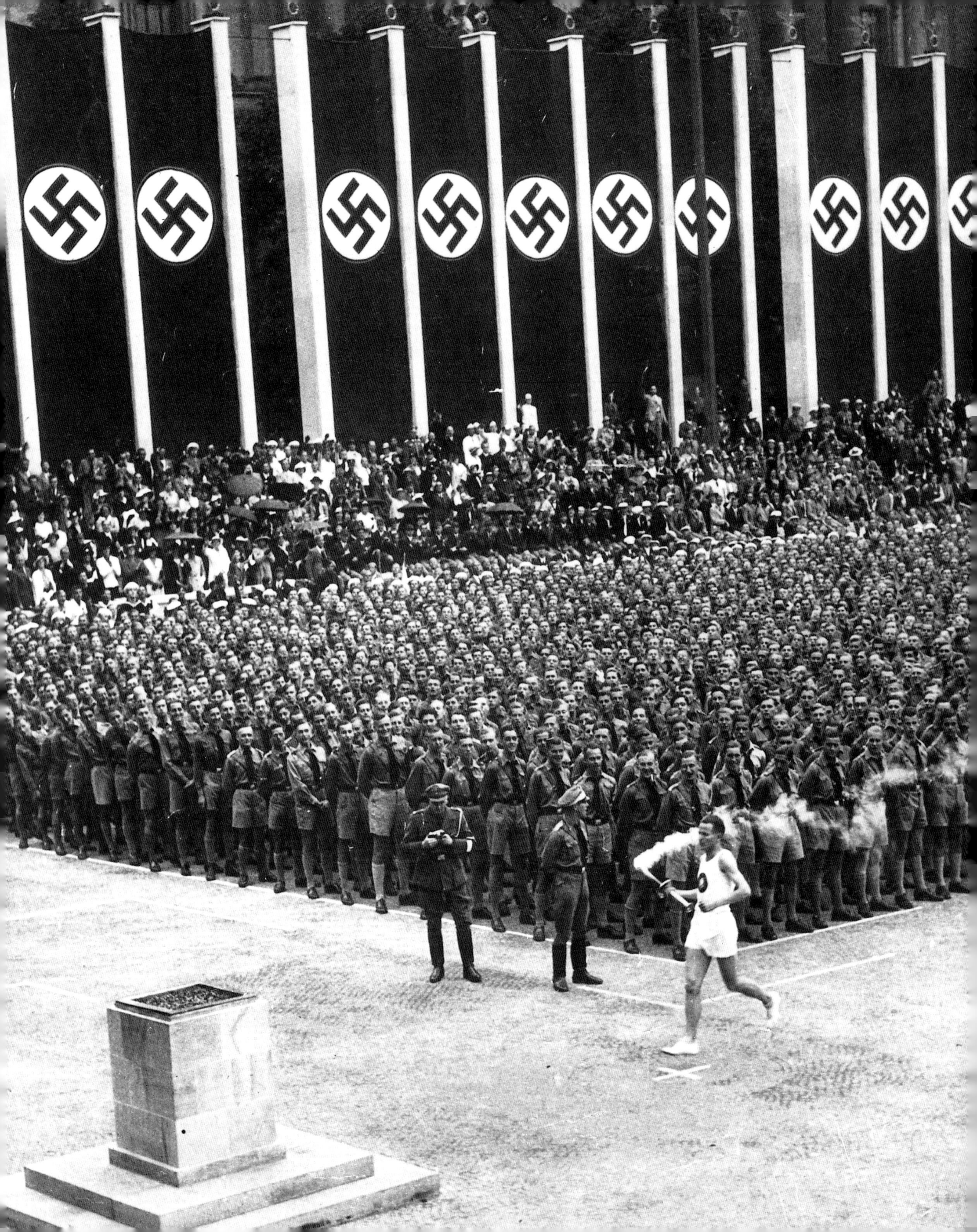

DIE OLYMPISCHEN SPIELE DER NAZIS

1936

BEI den XI. Olympischen Sommerspielen 1936 in Berlin zeigte sich Adolf Hitler ganz als guter Gastgeber. Sein Volk verhielt sich liebenswürdig und gastfreundlich, die Feste waren fröhlich und extravagant. Die Eröffnungsfeierlichkeiten waren die großartigsten, die es je gegeben hatte; auf ihrem Höhepunkt ließ man 20 000 Tauben fliegen, die mit bunten Bändern geschmückt zum Himmel aufstiegen. Viele ausländische Gäste kehrten beeindruckt und geblendet von den Spielen in ihre Heimat zurück. Damit erreichte Hitler, der auf die manipulierende Wirkung setzte, sein Ziel, das er sich für die Olympischen Spiele vorgenommen hatte, nämlich die Illusion zu vermitteln, dass die Nazis nicht so abscheulich waren, wie man sie im Ausland häufig darstellte.

Das Internationale Olympische Komitee hatte die Ausrichtung der Spiele für 1936 bereits im Jahr 1932, ein Jahr vor Hitlers Machtantritt, an Deutschland vergeben. Als Austragungsort für die Sommerspiele war Berlin vorgesehen, die Winterolympiade sollte im bayrischen Garmisch-Partenkirchen stattfinden. Zu der Zeit, da das IOC seine Entscheidung bekannt gab, konnte niemand (zumindest nicht mit Sicherheit) wissen, dass *Nazi*deutschland Gastgeber dieser Spiele sein würde. Die internationalistische Idee der Olympiade – die Völker der Welt durch ein Festival des Sports zu vereinen – schien nun so wenig mit dem rassistischen und antisemitischen Nationalismus der Nazis vereinbar, dass die bloße Vorstellung von einer Naziolympiade ganz und gar widersinnig anmutete.

Später trug sich das IOC mit dem Gedanken die Olympischen Spiele des Jahres 1936 in ein anderes Land zu verlegen, doch Hitler verstand es gerade genug Zugeständnisse zu machen um das zu verhindern. Er wusste, dass die bevorstehende Olympiade ein Segen für die öffentlichkeitswirksame Darstellung des Dritten Reiches sein würde. Wie sich herausstellen sollte, trug der Erfolg der Spiele von 1936 auch dazu bei das Schicksal von Millionen europäischer Juden zu besiegeln.

Während der gesamten Olympiade waren die Nazis bemüht ihre antisemitischen Empfindungen nicht öffentlich zur Schau zu stellen, obgleich sie die deutschen Juden, auch jüdische Athleten, stark benachteiligt hatten. Die Juden hatten keinen Zugang zu den Trainingsmöglichkeiten und Sportklubs mehr, in denen sie früher Mitglieder gewesen waren. Gesonderte, minderwertige Anlagen waren alles, was den jüdischen Sportlern in Deutschland zum Training noch zugänglich war.

Bei der Vorbereitung auf die Olympischen Sommerspiele stellte Gretl Bergmann, eine Hochspringerin der Weltklasse (und Jüdin) den deutschen Rekord im Hochsprung der Damen – 1,60 m – ein. Am 13. Juni erhielt sie einen Brief vom deutschen Olympischen Komitee, in dem ihre jüngsten Leistungen im Hochsprung als zu unkontinuierlich kritisiert wurden und in dem man ihr mitteilte, dass sie nicht für die Olympiamannschaft der Leichtathleten ihres Landes nominiert worden sei.

Die Olympischen Sommerspiele in Berlin beginnen mit dem traditionellen Entzünden des olympischen Feuers.

1936

Im Sommer 1936 hatten die deutschen Juden bereits ihre staatsbürgerlichen Rechte verloren. Man hatte ihre Unternehmen boykottiert und ihr Berufsleben eingeschränkt. Sie waren von den öffentlichen Einrichtungen ausgeschlossen und durften keine Nichtjuden heiraten. Im Rahmen der Ausweitung ihrer antijüdischen Politik begriffen die Nazis auch, dass körperliche Stärke und Sportlichkeit der Deutschen den Nationalismus stärken, die rassische Reinheit fördern und die Wehrbereitschaft anspornen konnten. Folglich nahm man den Juden nahezu alle Möglichkeiten für die Olympiamannschaft nominiert zu werden. Die Plätze mussten für jene freigehalten werden, die dem deutschen Volk und dem Nazistaat die höchste Ehre einbringen konnten.

Die Funktionäre des Dritten Reiches beugten sich dem Druck ein wenig und beschwichtigten das IOC, indem sie einer jüdischen Athletin – Helene Mayer – erlaubten bei den Olympischen Sommerspielen 1936 für Deutschland anzutreten. Die Sportlerin hatte für ihr Land bereits an den beiden vorangegangenen Olympiaden teilgenommen und sie kündigte an, dass sie gern aus Kalifornien in ihre Heimat zurückkehren werde um wieder für Deutschland zu starten. Helene Mayer war Halbjüdin, ein „Mischling". Sie war groß und blond und entsprach fast dem Bild vom Prototyp der „Arierin". Als sie im Florettfechten der Damen die olympische Silbermedaille errang, zeigte ein Filmbericht von diesem Tag die Sportlerin mit zum Hitlergruß erhobenem Arm. So kurz und mehrdeutig ihre Geste war, konnte sie doch glauben machen, dass Hitlers Deutschland vielleicht doch nicht so schlecht war wie angenommen.

Die deutsch-jüdische Hochspringerin Gretl Baumann, die später aus der deutschen Olympiamannschaft ausgeschlossen wurde.

Einige Zeit davor, am 7. März 1936, hatte Hitler vor dem Reichstag eine Rede gehalten. Er kündigte die Wiederherstellung der deutschen Souveränität über das Rheinland an und deutsche Truppen marschierten in dieses Gebiet ein, das nach dem Ersten Weltkrieg entmilitarisiert worden war. Obwohl dieses Vorgehen einen klaren Bruch des Versailler Vertrages darstellte und vom Völkerbund verurteilt wurde, widerrief Hitler seine Entscheidung nicht.

Bevor die Olympischen Spiele begannen, drängten bestimmte Bewegungen in anderen Ländern, darunter auch in den USA und der Sowjetunion, auf einen Boykott der Olympischen Spiele in Deutschland. Das Naziregime, das von dieser Entwicklung nicht angetan war, machte Zugeständnisse um sein Image aufzubessern. Deshalb ließ man die antijüdischen Hinweisschilder von den deutschen Hauptverkehrsstraßen, den Stadtgrenzen, vielen kleineren Straßen sowie von Geschäften entfernen. „Juden sind hier nicht erwünscht" hieß es auf einigen dieser Schilder, auf anderen wurde die Behauptung aufgestellt: „Die Juden sind unser Unglück".

Die IV. Olympischen Winterspiele begannen am 6. Februar in Garmisch-Partenkirchen. Bis zur offiziellen Eröffnung der Spiele durch Hitler hatte man in der unmittelbaren Umgebung sämtliche Schilder mit antisemitischen Aufschriften abmontiert. Graf Henri Baillet-Latour, der belgische Präsident des IOC, sah diese Schilder jedoch an den Zufahrtsstraßen, als er zur Eröffnung der Winterspiele anreiste. Er suchte sofort um ein Treffen mit Hitler nach und machte diesem dann deutlich, dass solche Praktiken untragbar seien. Hitler hielt dagegen, dass das olympische Protokoll keinen Vorrang vor Angelegenheiten von höchster Bedeutung für Deutschland haben könne, doch als Baillet-Latour mit der Absage der Olympiade für 1936 drohte, ordnete Hitler die Entfernung der Schilder an.

Zugeständnisse dieser Art waren von ihrer Zweckdienlichkeit diktiert. Sie hatten nichts mit einem Gesinnungswandel oder einer Änderung der Politik hinsichtlich der „jüdischen Frage" in Nazideutschland zu tun. Mit einem Erlass vom 17. Juni beispielsweise ernannte Hitler Heinrich Himmler zum „Reichsführer SS und Chef der deutschen Polizei im Reichsministerium des Innern". Mit der

Macht, die er bereits als Reichsführer SS gehabt hatte, weitete Himmler den gewaltigen Terrorapparat, über den er jetzt herrschte, noch aus.

Nach außen hin sauber, gastfreundlich und blühend feierte Berlin am 1. August die Eröffnung der Sommerspiele. Nirgends waren antisemitische Schilder und Publikationen zu sehen. Die deutsche Presse war instruiert worden „nichtarische" Siege in ihren Berichten nicht rassisch zu kommentieren. 49 Länder schickten ihre Mannschaften zu der von den Nazis ausgerichteten Olympiade, die am 16. August endete. Es waren auch Sportler aus den USA vertreten; dort waren die Bemühungen um einen Boykott der Spiele, mit dem man Nazideutschland eine Legitimierung durch die Olympiade verweigern wollte, nur knapp gescheitert.

Die Eröffnung im gewaltigen Berliner Olympiastadion wurde von Hitler geleitet. Der Höhepunkt der Zeremonie war ein neu eingeführter „Fackellauf", mit dem das Feuer vom Ort der antiken Spiele in Griechenland nach Berlin gebracht wurde. Auch Leni Riefenstahl und ihre Filmmannschaften waren anwesend um die Festveranstaltung und die Wettkämpfe mit der Kamera aufzunehmen. Ihr Film „Olympia" erhielt später, beim Filmfestival 1938 in Venedig, den ersten Preis.

Zu den besten Filmmetern zählten jene, die einen Afroamerikaner mit Namen Jesse Owens zeigten. Owens hatte mit dem Rassismus bereits in den USA Erfahrungen gemacht, doch bei der Olympiade 1936 wurden seine Leistungen, die ihm vier Goldmedaillen brachten, von den Kritikern des Naziregimes begeistert aufgenommen. Nach deren Ansicht widerlegten Owens Siege Hitlers Behauptung von der Überlegenheit der Weißen.

Auch wenn Owens' Siege für die Nazis unangenehm waren, so konnten doch Hitler und seine Gefolgsleute von den olympischen Erfolgen Deutschlands mehr als befriedigt sein: Die deutsche Mannschaft hatte mehr Medaillen errungen als jede andere. Hitler spielte die Rolle des Staatsmannes von Welt und des geliebten Führers der Nation gut. Die deutsche Gastfreundschaft überzeugte die meisten ausländischen Besucher davon, dass die Absichten des Dritten Reiches so friedlich waren wie sein wirtschaftliches Wiederaufleben effizient, seine Ziele so ungefährlich wie seine Kultur gesund und lebensvoll.

Oben: Adolf Hitler auf dem Weg zur Eröffnung der XI. Olympischen Spiele.
Unten: Der Afroamerikaner Jesse Owens brachte Hitler in Verlegenheit, da er vier Goldmedaillen errang.

Bei der Olympiade von 1936 gewannen mindestens zehn jüdische Athleten Medaillen, unter ihnen auch Samuel Balter, der in der amerikanischen Basketballmannschaft spielte. Gretl Bergmann emigrierte in die Vereinigten Staaten von Amerika, setzte dort ihre Laufbahn als Leichtathletin fort und hielt ihr feierliches Versprechen nie wieder nach Deutschland zurückzukehren. Andere jüdische Sportler hatten weniger Glück. Ihr Schicksal lässt erkennen, dass die von der Olympiade der Nazis bewirkte Täuschung kolossal war und tödliche Folgen hatte.

Den Nazis fiel auch Victor Perez, ein französischer Jude, zum Opfer, der zu Beginn der 30-er Jahre Boxweltmeister im Fliegengewicht war. Er wurde in Auschwitz ermordet. Lilli Henoch, Weltrekordhalterin im Kugelstoßen und Diskuswerfen, deportierte man 1942 aus Deutschland. Sie wurde ermordet und in einem Massengrab bei Riga beerdigt. Attila Petschauer, ein ungarischer Fechter, der 1928 olympisches Silber gewann, erfror 1943 in einem Arbeitslager der Nazis. Ein deutscher Jude mit Namen Alfred Flatow, 1896 Gewinner von drei Goldmedaillen und einer Silbermedaille in der Disziplin Gymnastik bei den Olympischen Spielen in Athen, starb 1942 in Theresienstadt.

Die Lockerung des Drucks auf die jüdische Bevölkerung Deutschlands wurde bald nach den Spielen 1936 wieder aufgehoben. Am Jahresende war die antisemitische Kampagne zur Vertreibung der Juden aus Deutschland wieder in vollem Gange.

David Frankfurter *(Vordergrund)*, ein jüdischer Student, wurde für seine Rolle bei der Ermordung Wilhelm Gustloffs, des Landesgruppenleiters der Auslandsorganisation der NSDAP in der Schweiz zu 18 Jahren Gefängnis verurteilt. Außerdem erkannte man Frankfurter die Bürgerrechte ab und wies ihn aus der Schweiz aus, nachdem er die Gerichtskosten beglichen und eine Wiedergutmachung gezahlt hatte.

Kardinal August Hlond, das Oberhaupt der polnischen katholischen Kirche, forderte die Benachteiligung der polnischen Juden, wenn sie sich weigerten zum Katholizismus überzutreten. Hlond wurde für weniger antisemitisch als viele andere polnische Geistliche gehalten. Sein Hirtenbrief, der die Juden wegen ihrer „schädlichen Moral" heftig angriff, enthüllte den wachsenden Einfluss der Naziideologie in Polen. Die von der Kirche gebilligte antijüdische Politik untergrub die schwache Position des polnischen Judentums und verschlimmerte die Spannungen zwischen Juden und Nichtjuden.

Der Titel dieses Kinderbuches lautet: „Trau keinem Fuchs auf grüner Heid und keinem Jud bei seinem Eid". Dieses Buch verbreitete die antisemitische Propaganda unter Deutschlands ahnungsloser Jugend. Die Illustration zum Text überlässt nichts der Phantasie.

1936

• 1936: Gerhard Leibholz, ein führender jüdisch-deutscher Jurist, wird seines Amtes an der Universität Göttingen enthoben. • Bei München wird das erste Heim des Lebensborn e.V. für werdende „arische" Mütter eröffnet.
• Joseph Goebbels gründet das Institut zur Erforschung der Judenfrage.
• Die erste Ausgabe der „Forschungen zur Judenfrage", einer Zeitschrift, die sich der scheinwissenschaftlichen Darlegung der nazistischen Rassenideologie widmet, wird veröffentlicht.

• Die Nazis richten zur Verbreitung der Regierungspropaganda öffentliche Fernsehstellen ein. • Bei einem Bombenanschlag der rumänischen Eisernen Garde in einem Theater in Timişoara werden zwei jüdische Besucher getötet. • Der in Amerika tätige *German-Ameri-*

Richter und Gerichtsbeamte des nationalsozialistischen Regimes beenden eine abendliche Festveranstaltung mit der Nationalhymne des Dritten Reiches „Deutschland, Deutschland über alles" und mit dem Horst-Wessel-Lied. Die große Mehrheit der deutschen Juristen passte sich rasch den diktatorischen Forderungen des Nationalsozialismus an. Das Rechtssystem wurde völlig untergraben, da an die Stelle der elementaren Strukturen der bürgerlichen Gesellschaft die auf Rassezugehörigkeit ausgerichteten Gesetze traten. Die Betonung der nationalen Gemeinschaft schlug sich in der gesamten Gesetzgebung der Nazis nieder. Als Außenseiter definierte Personen wie Juden oder Zigeuner verloren so jeglichen Zugang zu Rechtsmitteln.

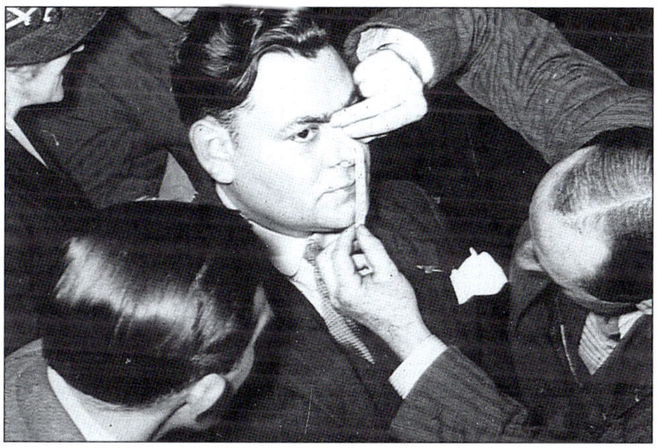

Anhand der Größe der Nase soll festgestellt werden, ob dieser Mann jüdischer Abstammung ist. Die Nazis benutzten eine breite Palette von Methoden und Instrumenten um die Herkunft ihrer potenziellen Opfer zu bestimmen. Die an der Rasse orientierte „Wissenschaft" war indes keine neue Erscheinung. Sie war von Gelehrten und Medizinern bereits im 19. Jahrhundert entwickelt worden.

Der SD

Für den Terrorapparat der Nazis war die Arbeit des hocheffektiven Überwachungssystems des Regimes von großer Wichtigkeit. Der Sicherheitsdienst (SD) der Nazis unterhielt ein Netz aus tausenden von Informanten und Spitzeln, die das Privatleben aller Deutschen auszuforschen suchten. Während des Krieges dehnte der SD seine Tätigkeit auf das gesamte besetzte Europa aus. Nach der Ausschaltung der Feinde im eigenen Land startete der SD seinen Angriff auf die „Rassenfeinde".

Unter Heinrich Himmler *(links)* 1931 als Sonderabteilung der SS gegründet beschäftigte sich der SD mit Untreue und Verrat innerhalb der Nazipartei und dem Schutz vor der Einschleusung von Spionen. Nach der so genannten Machtergreifung Hitlers spielte der SD eine wichtige Rolle bei der Überwachung der Stimmung und der Haltung der deutschen Öffentlichkeit.

Leiter des SD war Reinhard Heydrich *(rechts)*, ein hoch gewachsener, blauäugiger, blonder Mann, der Himmlers „arisches" Ideal verkörperte und der zum obersten Spion der Nazis wurde. Heydrich warb intelligente, junge Universitätsabsolventen für den SD an und nutzte deren Fähigkeiten um sein Überwachungsnetz zu vervollkommnen. Zu ihren Aufgaben während des Krieges gehörten Nacht- und Nebelaktionen, deren Opfer spurlos verschwanden. Als Angehörige mordender Einsatzgruppen liquidierten sie Partisanen und Juden im besetzten Osteuropa.

***can Bund* schleust Valuta nach Deutschland ein.**

• *Christian Century*, das führende protestantische Journal Amerikas, folgt demselben antijüdischen Trend wie die deutschen Lutheraner; es macht geltend, Amerika sei eine christliche Nation mit einer christlichen Kultur und müsse dies auch bleiben. Die Christen verhielten sich dem Leid der Juden gegenüber gleichgültig, da diese wegen der Ablehnung Jesu als Messias die Strafe Gottes verdienten. Das Judentum sei eine rassische, religiöse und nationalistische Urform des Nazismus. Diese Auffassung spiegelt sich während des Holocaust in einem Großteil der amerikanischen protestantischen Presse wider.

• 4. Februar 1936: David Frankfurter, ein in der Schweiz lebender jüdischer Student, ermordet Wilhelm Gustloff, den Landesgruppenleiter der Auslandsvertretung der NSDAP in der Schweiz.

• 29. Februar 1936: Kardinal August Hlond, das Oberhaupt der polnischen katholischen Kirche, der im Vergleich zu den meisten polnischen Geistlichen

Die Hitlerjugend

In seinem Buch „Mein Kampf" predigte Adolf Hitler, dass die Erziehung und Ausbildung eines jungen Deutschen „darauf angelegt werden [muss], ihm die Überzeugung zu geben, anderen unbedingt überlegen zu sein". Die Nazis warben energisch unter der jungen Generation, die leicht zu beeinflussen und begeisterungsfähig war.

Die Hitlerjugend (HJ) wurde 1926 gegründet. Sie war nach Altersgruppen in das Deutsche Jungvolk und in die eigentliche Hitlerjugend, in den Jungmädelbund und in den Bund Deutscher Mädel gegliedert. Unter Führung Baldur von Schirachs erreichte sie bis 1934 eine Mitgliederzahl von 3,5 Millionen. 1939 wurde die Mitgliedschaft in der Hitlerjugend Pflicht; damit stieg die Zahl der in der HJ organisierten 10- bis 18-jährigen Deutschen auf fast neun Millionen an. Die Jugendlichen fühlten sich von der Kameradschaftlichkeit, den halbmilitärischen Veranstaltungen mit Geländemärschen und Camping und den Sportwettkämpfen in der HJ angelockt.

Manche junge Menschen in Deutschland widersetzten sich der Anpassung. Aus der Arbeiterklasse kommende Jugendliche bildeten antinazistische Gruppen, die unter der Bezeichnung „Edelweiß-Piraten" bekannt waren. Auch sie unternahmen Märsche und Campingfahrten, hatten jedoch häufig Zusammenstöße mit Patrouillen der Hitlerjugend. Jugendliche aus der oberen Mittelklasse, so z. B. die „Swing-Jugend", beschäftigten sich mit Dingen, die dem nazistischen Kulturverständnis zuwiderliefen. Sie tanzten beispielsweise nach amerikanischer Jazzmusik, die das Regime als „Negermusik" abtat.

Baldur von Schirach wurde bekannt als Führer der Hitlerjugend. Organisationstalent und fanatische Ergebenheit gegenüber dem Führer brachten ihn in den engeren Kreis um Hitler. 1928 wurde Schirach Leiter des Nationalsozialistischen Deutschen Studentenbundes, 1931 Reichsjugendführer der NSDAP und 1933 Jugendführer des Deutschen Reiches. Er leitete die in der Hitlerjugend vereinten Gruppen (siehe nebenstehender Text), bis er 1940 abgelöst wurde.

Deutsche Soldaten auf dem Marsch durch eine spanische Stadt. Sie sollen Francisco Francos militärische Feldzüge gegen die republikanischen Truppen unterstützen. Die Kampfhandlungen des Spanischen Bürgerkrieges dienten Hitlers Truppen als Übung und boten die Möglichkeit neue Militärtechnik und Kampfmethoden auszuprobieren. Deutschlands neu geschaffene Luftwaffe probte dort Terrorbombenangriffe gegen die Zivilbevölkerung.

1936

als weniger antisemitisch eingestellt gilt und der ein Anhänger der Politik des Vatikan ist, veröffentlicht einen Hirtenbrief, in dem er dafür eintritt die polnischen Juden zu diskriminieren, „solange sie Juden bleiben". Er schreibt, dass sich die polnischen Katholiken „vor dem schädlichen moralischen Einfluss der Religion der Juden" schützen und sich „von deren antichristlicher Kultur trennen" sollten. Die polnischen Katholiken „sollten die jüdische Presse" und andere „demoralisierende jüdische Publikationen" boykottieren, doch „Katholiken sollten gegenüber Juden nicht tätlich werden."

- **März 1936: In Polen kommt es zu antijüdischen Pogromen. Der polnische Kardinal Hlond spricht sich gegen den jüdischen „Wucher, Betrug und Mädchenhandel" aus.**

„Der Teufel ist der Vater des Juden. Als Gott die Welt erschuf, erfand er die Rassen: Die Indianer, die Neger, die Chinesen und auch die böse Kreatur, die Jude heißt.“

Vers in einem deutschen Kinderbuch von 1936

Ein deutsches Mädchen steckt einem Soldaten einen Blumenstrauß an. Die Remilitarisierung des Rheinlandes erwies sich als außerordentlich nutzbringend für die Eigenwerbung des Naziregimes. Die Bewohner des Gebietes, von denen nur wenige der NSDAP angehörten, nahmen ihre „Befreiung“ mit Beifall auf und der Mythos von Hitlers Unbesiegbarkeit wurde weiter untermauert.

Deutsche Soldaten überschreiten am 7. März 1936 auf dem Weg zur Wiederbesetzung des Rheinlandes den Rhein. Die Entmilitarisierung dieser Grenzregion war durch den Versailler Vertrag vorgeschrieben worden und bildete einen wichtigen Bestandteil des Sicherheitssystems nach dem Ersten Weltkrieg, das künftige deutsche Einfälle in Frankreich verhindern sollte. Obwohl der Vorstoß von den westlichen Diplomaten missbilligt wurde, unternahm man nichts um ihn zu verhindern. Die Remilitarisierung des Rheinlandes ließ Hitlers Ansehen in Deutschland wachsen; sie war ein Nachweis für den Verteidigungscharakter der französischen Militärstrategie.

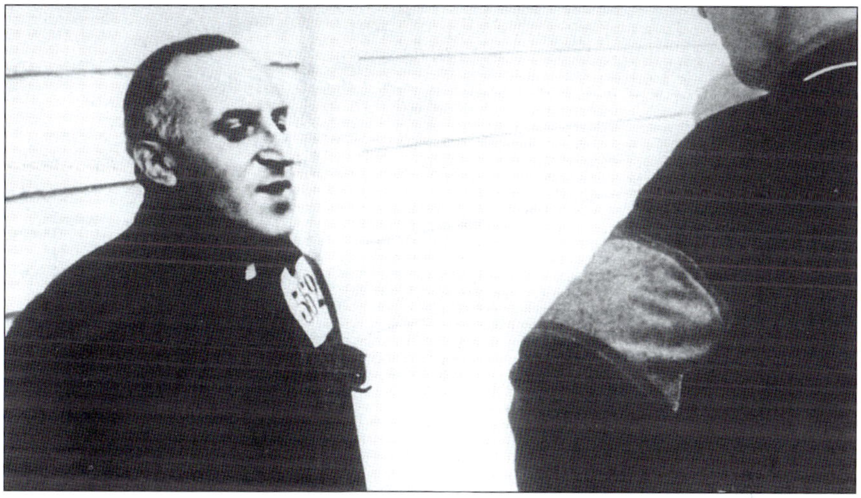

Carl von Ossietzky, ein führender deutscher Pazifist und Herausgeber der linken politischen Wochenzeitschrift „Die Weltbühne“, vor einem Mitglied der SS-Wachmannschaften im Konzentrationslager Esterwegen. Der nach dem Reichstagsbrand 1933 verhaftete und zu Arbeitslager verurteilte Ossietzky infizierte sich in Esterwegen mit Tuberkulose. Als sich sein Gesundheitszustand verschlechterte, wurde er im Mai 1936 in ein Berliner Krankenhaus verlegt; dort starb er zwei Jahre später. Ossietzky wurde zu einem Aufsehen erregenden Fall, als ihm das Naziregime verbot den Friedensnobelpreis für 1935 entgegenzunehmen.

• 3. März 1936: Man verweigert jüdischen Ärzten das Recht in deutschen staatlichen Krankenhäusern zu praktizieren.

• 7. März 1936: Mit dem Einmarsch deutscher Truppen in die entmilitarisierte Zone des Rheinlands werden der Versailler Vertrag und andere internationale Abkommen verletzt. Obwohl man Hitlers Vorgehen öffentlich verurteilt, wird es von Frankreich, Großbritannien und den USA hingenommen. Das ist ein weiterer Schritt einer beschwichtigenden Politik, die Hitler ermuntert in Europa noch mehr Forderungen zu stellen.

• 9. März 1936: Bei einem antisemitischen Pogrom im polnischen Przytyk werden Juden getötet und verletzt.

• 17. März 1936: Mit einer Massendemonstration polnischer Juden, Linker und Liberaler wird gegen den Antisemitismus in Polen protestiert.

• 29. März 1936: Die SS-Wachmannschaften der Konzentrationslager werden in SS-Totenkopfverbände umbenannt. • Bei den Reichstags„wahlen“ stimmen 98 Prozent der Wähler für die Politik Hitlers.

Am 4. Mai 1936 fand in der Synagoge in der Prinzregentenstraße eine formelle Zusammenkunft der Berliner jüdischen Gemeinde statt, bei der gegen die jüngsten arabischen Terroraktionen in Palästina protestiert wurde. Trotz ihrer eigenen schwierigen rechtlichen und wirtschaftlichen Lage verfolgten die deutschen Juden die Ereignisse im Nahen Osten mit Anteilnahme. Da die nationalsozialistische Regierung die Auswanderungsbestrebungen zu fördern suchte, waren sich die Juden Deutschlands der Notwendigkeit bewusst Palästina und andere Emigrationsziele für sich offen zu halten. Die Gewalttätigkeiten zwischen Arabern und Juden zwangen die britische Regierung die Einwanderung von Juden nach Palästina zu beschränken.

Unruhen in der arabischen Stadt Jaffa in Palästina wie dieser Tumult im Juni 1936 leiteten eine Zeit starker sozialer Konflikte zwischen Arabern und Juden ein. Die britischen Behörden, die zwischen den Forderungen der World Zionist Organization nach verstärkten Einwanderungsmöglichkeiten und der feindseligen Haltung der Araber gegenüber der jüdischen Immigration standen, gerieten von beiden Seiten unter Beschuss.
Der arabisch-jüdische Konflikt hielt drei Jahre an und hatte das faktische Verbot der Einwanderung von Juden in das Gebiet zur Folge.

Bei einem antijüdischen Tumult im polnischen Miñsk Masowiecki wurden im Juni 1936 Geschäfte und Wohnhäuser jüdischer Besitzer in Brand gesteckt. Ein starkes Anwachsen der antisemitischen Aktivitäten veränderte 1936 das polnisch-jüdische Zusammenleben. Pogrome, Kundgebungen und antisemitische Gesetze verschlimmerten die polnisch-jüdischen Beziehungen. Das wirtschaftliche und militärische Erstarken Deutschlands überzeugte viele Polen, dass für sie die Zeit gekommen sei ihre Differenzen mit der lästigen jüdischen Minderheit zu klären. Die Juden machten etwa 10 Prozent der polnischen Bevölkerung aus.

1936

• April 1936: Französische Konservative verurteilen den französischen Sozialistenführer Léon Blum wegen seiner jüdischen Herkunft und seiner stark antinazistischen Haltung. Eine bekannte Redewendung aus dieser Zeit lehnt den künftigen französischen Ministerpräsidenten mit den Worten ab: „Besser Hitler als Blum".

• 15. April 1936: Bei einem Generalstreik in Palästina, mit dem die Araber gegen die jüdische Einwanderung protestieren, werden zwei Juden ermordet.

• 19. April 1936: In Jaffa (Palästina) werden neun Juden von Arabern getötet.

• 21. April 1936: In den palästinensischen Städten Tel Aviv und Jaffa protes-

1936 wurde Heinrich Himmler zum „Reichsführer SS und Chef der Deutschen Polizei im Reichsministerium des Innern" ernannt. Diese Position verschaffte Himmler die Mittel und Möglichkeiten zur Ausführung seiner Rassenpolitik. Sein Aufstieg versetzte gleichzeitig seinen Nazigefährten Hermann Göring in eine nachgeordnete Stellung. Himmler häufte im Lauf seiner Karriere eine gewaltige Machtfülle an. Er herrschte über das System der Konzentrationslager der Nazis und wurde im Zweiten Weltkrieg zum zweitmächtigsten Mann in Deutschland.

Jüdische Mädchen, die sich in einem berufsbildenden Lehrgang schon auf die Emigration vorbereiten. 1936 hatten die deutschen Juden kaum noch Möglichkeiten ihren Lebensunterhalt zu verdienen. Dieser Umstand sollte sie zum Verlassen Deutschlands ermuntern. Die soziale Ausgrenzung der Juden im Reich und deren starke wirtschaftliche Benachteiligung waren nie offiziell Politik der Nazis, doch machten diese Vorgehensweisen den Juden schmerzlich deutlich, dass sie ihre Hoffnungen auf eine Zukunft in anderen Ländern würden verwirklichen müssen.

Die Schaffung eines Polizeistaates

Die Nazis hatten erkannt, dass die Herrschaft der Polizei für die Erhaltung der Macht ihres Regimes entscheidend war. Die Verschmelzung der SS und sämtlicher Polizeiorganisationen in Deutschland versetzte Heinrich Himmler in die Lage einen Polizeistaat zu schaffen, der auf Gewalt und Terror aufbaute.

Himmler war nur dem Führer verantwortlich; die Gesetze und die staatliche Bürokratie umging er. Der Polizeiapparat der Nazis definierte „Legalität" nach seinem Ermessen und konnte unbehindert von moralischen Zwängen tätig sein.

Himmler, der bereits die Funktion des Reichsführers SS innehatte, trachtete 1933 auch nach der Macht über die Polizei. Er wurde Polizeipräsident von München und danach Kommandeur der Bayerischen Politischen Polizei. Im Jahr darauf ernannte man ihn zum Leiter der Politischen Polizeien aller deutschen Länder und zum Inspekteur der Gestapo in Preußen. 1936 offiziell zum Chef der Deutschen Polizei nominiert strukturierte er diesen Bereich in zwei Hauptämter – in das der Ordnungspolizei, dem u. a. die Gemeindepolizei und die Schutzpolizei unterstanden, und in das Hauptamt Sicherheitspolizei, welches die Gestapo und die Kriminalpolizei umfasste. Die Vereinigung des Hauptamtes der Sicherheitspolizei und des SD zum Reichssicherheits-Hauptamt (RSHA) im Jahr 1939 schuf ein gewaltiges Machtpotenzial.

Zum RSHA gehörten zahlreiche Unterabteilungen zur „vorbeugenden Überwachung". Die Folge war, dass eine stattliche Anzahl von Einzelpersonen und Gruppierungen unterschiedlichster Couleur unter ständiger Beobachtung stand. Dazu zählten u. a. Juden, Marxisten, Kirchen und Homosexuelle

---

tieren Araber mit Unruhen gegen die Einwanderung von Juden nach Palästina.

• 17. Juni 1936: Heinrich Himmler wird „Reichsführer SS und Chef der Deutschen Polizei im Reichsministerium des Innern".

• 19. Juni 1936: Der deutsche Boxer Max Schmeling, ehemaliger Weltmeister im Schwergewicht, besiegt den viel versprechenden afroamerikanischen Schwergewichtsboxer Joe Louis. Hitler münzt den Kampf in einen propagandistischen Sieg für die arische Überlegenheit um. ***Siehe*** **22. Juni 1938.**

• 26. Juni 1936: Reinhard Heydrich wird von Heinrich Himmler zum Chef des Sicherheitsdienstes ernannt.

• 30. Juni 1936: Polnische Juden streiken aus Protest gegen den Antisemitismus.

• 3. Juli 1936: Der deutsche Jude Stefan Lux begeht im Gebäude des Völkerbundes in Genf Selbstmord. Die Tat ist Ausdruck seines Protestes gegen die Judenverfolgung in Deutschland.

Am 19. Juni 1936 trat der deutsche Schwergewichtsboxer Max Schmeling im New Yorker Yankee-Stadion zum Kampf gegen den aufstrebenden Joe Louis an. (Die ursprünglich für den 18. Juni geplante Veranstaltung wurde wegen Regens um einen Tag verschoben.) Da man das Ereignis in Deutschland als Kampf zwischen der „arischen Herrenrasse" und einem „minderwertigen" Afrikaner angekündigt hatte, lieferte Schmelings Sieg reichlich Munition für die Nazipropaganda. Als Louis seinen Gegner Schmeling beim Rückkampf zwei Jahre später in der ersten Runde k. o. schlug, spielte die Nazipresse das Resultat als unbedeutend herunter.

Seine „prototypischen nordischen" Züge und sein administratives Geschick machten Reinhard Heydrich zu einem von den Nazis gern vorgezeigten Vertreter der „Herrenrasse". Heydrich, der Himmlers „rechte Hand" war, wurde 1936 Chef der Berliner Gestapo und des Sicherheitsdienstes (SD), der die Opposition im gesamten Deutschen Reich überwachte. Heydrich spielte beim Aufbau des SS-Terrorsystems und bei der Planung der „Endlösung der jüdischen Frage" eine wichtige Rolle.

Pater Charles E. Coughlin, der Gründer der *Union for Social Justice*, einer isolationistischen, antisemitischen Organisation, für die er in seinem nationalen Radioprogramm warb. Diese Aufnahme entstand am 17. Juli 1936 während einer Ansprache in Cleveland (US-Bundesstaat Ohio). Coughlin heizte sein ohnehin schon vor Hitze kochendes Publikum noch weiter an, indem er Franklin Roosevelts Sozialpolitik und die jüdischen Anhänger des Präsidenten angriff.

1936

- **17. Juli 1936: Der Spanische Bürgerkrieg beginnt.**

- **August 1936: Das polnische Handelsministerium ordnet an, dass die Besitzer sämtlicher Kleinunternehmen sichtbar ihre Namen in der Form anzeigen müssen, in der sie auch in der Geburtsurkunde eingetragen sind. Die Weisung zielt darauf ab Geschäfte jüdischer Besitzer kenntlich zu machen.**

- **1.–16. August 1936: In Berlin finden die XI. Olympischen Sommerspiele statt. Sie erlauben der Welt sich ein erstes (inszeniertes) Bild vom Dritten Reich zu machen. Alle äußeren Anzeichen für den Antisemitismus werden entfernt. Avery Brundage, der Vorsitzende des NOC der USA, setzt sich erfolgreich gegen den amerikanischen Boykott der Berliner Olympiade ein, indem er betont, dass sich die Boykott-**

Mit solchen Schildern wurde das jüdische Volk in ganz Nazideutschland gedemütigt. Parks, Geschäfte, Restaurants und andere Örtlichkeiten wurden damit zur Sperrzone für Juden erklärt. Um dem internationalen Publikum der Olympiade von 1936 keinen Anlass für Vorwürfe wegen der Behandlung der Juden zu liefern, ließen die Nazis diese Schilder vor Beginn der Spiele systematisch entfernen. Nach dem Ende der Olympischen Spiele wurden sie wieder angebracht.

Ein Propagandafilm der Nazis über die unterschiedlichen Rassetypen stellt die Juden als rassische „Bastarde" dar. Der nazistischen Rassentheorie zufolge waren die Juden die Antithese zu den Deutschen und die Geißel der Erde. Die nicht endende Flut antisemitischer Darstellungen entmenschlichte das Bild von den Juden wirkungsvoll.

Sachsenhausen

Das Konzentrationslager Sachsenhausen wurde im September 1936 in Oranienburg, nordöstlich von Berlin, errichtet. Es gehörte zu den ersten großen Lagern, in denen tausende politische Gefangene des Dritten Reiches untergebracht waren. Das KZ war nur etwa 15 Kilometer von der Reichshauptstadt entfernt und von der dortigen Gestapo-Zentrale schnell zu erreichen.

Obwohl Sachsenhausen in erster Linie ein Lager für politische Gegner des Regimes blieb, begann man ab 1938 auch Juden in großer Zahl einzuliefern. Ab 1942 waren die meisten Juden nur vorübergehend in dem KZ inhaftiert; sie wurden schließlich in die Todeslager in Polen geschickt.

Viele Häftlinge, die im Lager blieben, wurden Opfer grausamer Experimente. An diesen Menschen nahm man beispielsweise medizinische Versuche zur Erforschung der Ursachen und Auswirkungen der Gelbsucht sowie geeigneter Heilverfahren vor. Die „Versuchsobjekte" wurden schließlich – manchmal in der kleinen Gaskammer des Konzentrationslagers – getötet. Die Leichen wurden dann genau untersucht und in den Verbrennungsöfen des Lagers vernichtet.

In den Jahren 1936–1945 kamen in Sachsenhausen insgesamt etwa 100 000 Menschen ums Leben. Das Lager gehörte damit zu den berüchtigtsten Konzentrationslagern auf deutschem Boden.

Lobby von jüdischen „Sonderinteressen" leiten lässt. In Deutschland angekommen wird Brundage von dem hochrangigen Nazifunktionär Hermann Göring empfangen.

• 7. September 1936: Die Juden müssen auf ihr gesamtes Vermögen eine so genannte „Vermögensabgabe" in Höhe von 25 Prozent leisten.

• 23. September 1936: In Sachsenhausen wird ein Konzentrationslager eröffnet.

• 1. Oktober 1936: Die Richter der Strafkammer in Berlin schwören einen obligatorischen Loyalitätseid auf Hitler.

• 25. Oktober 1936: Hitler und der italienische Diktator Benito Mussolini unterzeichnen im Rahmen der Kriegsvorbereitung einen Vertrag zur Bildung der Achse Berlin-Rom.

• 18. November 1936: Die aus Freiwilligen bestehende Legion Condor verlässt Deutschland um im Spanischen Bürgerkrieg an der Seite der Franco-Faschisten zu kämpfen.

• 25. November 1936: Um die sowjetischen Aktivitäten im Ausland zu stop-

Diese deutsche antisemitische Karikatur trägt den Titel „Der Fortschritt der ‚modernen Kunst' – Tanz mit einer Prostituierten". Sie stellt einen jüdischen „degenerierten" Maler dar, dessen Palette die Aufschrift *Schulchan Aruch* (mittelalterliche Sammlung jüdischer Gesetze) trägt. Außerdem sind ein jüdischer Journalist und ein Filmemacher zu sehen, welche die vermeintliche jüdische Herrschaft über die Medien symbolisieren. Der wohlhabende, gut genährte jüdische Mann im Vordergrund vergnügt sich mit einer Prostituierten beim Tanz auf dem Kreuz. Weitere Einzelheiten weisen auf den Kapitalismus (der Zylinder), auf die Freimaurerei (das Symbol auf dem Kummerbund des Tänzers) und auf den afroamerikanischen Jazz (das Saxophon) hin.

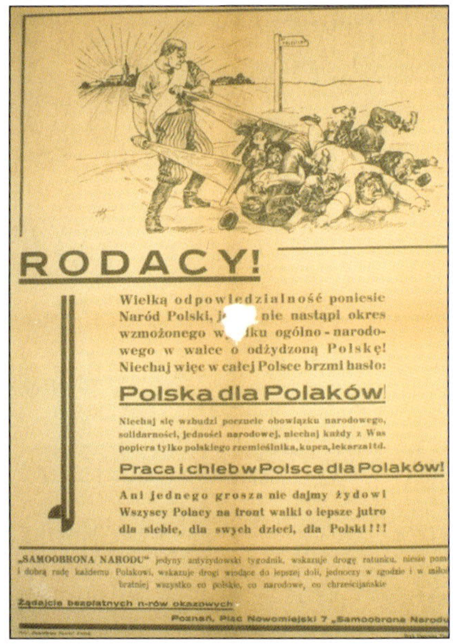

Die rechtsgerichtete, antijüdische polnische Wochenpublikation *Samoobrona Narodu* (Nationale Selbstverteidigung) setzte sich mit allen Mitteln für die Entfernung aller Juden aus Polen ein. Das Blatt führte die Kampagne zur „Säuberung Polens von den Juden", indem es die Bürger des Landes drängte ihrem jüdischen „Problem" mehr Beachtung zu schenken. Der Text dieser Seite lautet: „Polen den Polen! Es muss ein Gefühl des Nationalstolzes, der Solidarität und Einigkeit erweckt werden. Jeder von Euch muss den polnischen Arbeiter, Ladenbesitzer usw. unterstützen. Arbeitsplätze und Brot in Polen für die Polen!" Die Karikatur zeigt einen Polen, der Juden aus dem Land hinaus in Richtung Palästina karrt.

Die Verfolgung der Homosexuellen

Die Homosexuellen standen als Ziele der Verfolgung durch die Nazis in der ersten Reihe. Man betrachtete sie als „Schänder" des deutschen Blutes. Das Regime kriminalisierte die Homosexualität als „Entartung", welche dem „gesunden Volksempfinden" widersprach, und ging daran, sie auszumerzen.

Von 1933 bis 1944 verurteilten die Nazis zehntausende Männer wegen Homosexualität und wiesen sie in Konzentrationslager ein. Dort wurden die Häftlinge erniedrigt und gequält, für medizinische Experimente missbraucht und getötet. Während des Holocaust kamen hinter den Stacheldrahtzäunen schätzungsweise 5000 bis 15 000 Homosexuelle ums Leben.

In den Jahren von 1936 bis 1939 wurde die Kampagne gegen die Homosexuellen mit besonderer Schärfe geführt. Um die „Entarteten" aufzuspüren stellte die Gestapo Listen der ihr bekannten Homosexuellen zusammen und ermunterte alle Bürger Personen mit auffälligem Verhalten zu melden, zwangen ihre Opfer andere Homosexuelle zu denunzieren, machten Namen in Adressbüchern ausfindig, führten Razzien in Schwulenbars und -klubs durch und beschlagnahmten die Bezieherlisten von Schwulenmagazinen.

Die Homosexuellen, die man zur „Rehabilitierung" in Konzentrationslager eingewiesen hatte, mussten dort als Kennzeichen einen rosa Winkel an ihrer Häftlingskleidung tragen. Die Wachmannschaften demütigten und schlugen sie sadistisch. Viele wurden kastriert oder von SS-Ärzten zu menschlichen Versuchsobjekten für Experimente mit Hormonen gemacht. Man beschuldigte auch politische Gegner, beispielsweise katholische Geistliche, homosexueller Aktivitäten um sich ihrer entledigen zu können.

1936

pen, unterzeichnen Deutschland und Japan den Antikominternpakt.

• 27. November 1936: Der Reichsminister für Volksaufklärung und Propaganda Joseph Goebbels verbietet mit sofortiger Wirkung die Filmkritik und macht damit der von den Nazis kontrollierten deutschen Filmindustrie den Weg zur Verwirklichung ihres Programms frei, zu dem auch offen antisemitische Filme gehören. • In dieser Zeit herrscht in Hollywood insofern Selbstzensur, als man sich wegen des damals starken Antisemitismus in den USA scheut jüdische Themen zu behandeln.

• 29. November 1936: Walther Darré, der Reichsminister für Ernährung und Landwirtschaft, erklärt, dass Demokratie und Liberalismus Erfindungen der Juden seien.

Auf der Rückseite der Ausgabe der Monatsschrift „Jüdische Auswanderung, Korrenspondenzblatt für Auswanderung und Siedlungswesen" vom September 1936 wird für das Reisebüro Atlantic Express geworben. Die vom Hilfsverein der deutschen Juden herausgegebene Publikation vermittelte Informationen über Emigrations- und Umsiedlungsmöglichkeiten. In der Zeit von 1933 bis 1938 suchten tausende Juden der zunehmenden Verfolgung durch die Nazis zu entkommen.

Reichskanzler Adolf Hitler und der italienische Diktator Benito Mussolini bei einem Spaziergang während des offiziellen Besuchs Hitlers im Frühjahr 1934 in Italien. Das Treffen zwischen den Führern der beiden mächtigsten faschistischen Regimes Europas, das in Venedig stattfand, legte den Grundstein für den Abschluss eines formellen Militärbündnisses im Oktober 1936. Trotz der gemeinsamen Interessen vertraten beide Länder in Rassenfragen unterschiedliche Ansichten. Bevor sich Mussolini Hitlerdeutschland anschloss, hatte es im faschistischen Italien keine antisemitischen Gesetze gegeben. Für die Italiener war die „jüdische Frage" bis dahin kein brennendes Problem gewesen.

Zwei SS-Wachleute mit ihren Deutschen Schäferhunden beim Kontrollgang um das Gelände des KZ Sachsenhausen. Elektrische Zäune, speziell abgerichtete Polizeihunde und bewaffnete Wachmannschaften machten eine Flucht nahezu unmöglich. Die Tatsache, dass aufgegriffene entflohene Häftlinge ausnahmslos hingerichtet wurden, schreckte die KZ-Insassen zusätzlich von Ausbruchsversuchen ab.

• 27. Dezember 1936: Großbritannien und Frankreich einigen sich hinsichtlich des Spanischen Bürgerkrieges über eine beschwichtigende Politik der Nichteinmischung.

• 1936–1939: Der Spanische Bürgerkrieg tobt drei Jahre lang. In dieser Zeit schickt Hitler deutsche Truppen, die an der Seite der Nationalisten Francos gegen die Republikaner kämpfen. Die Deutschen nutzen den Krieg zum Testen ihrer Waffen und Kampfmethoden. Noch stärkere Unterstützung kommt von Italiens Diktator Benito Mussolini; er entsendet zehntausende Soldaten zum Kampf gegen die Truppen der linken demokratischen, rechtmäßig gewählten Regierung Spaniens. • *Obóz Zjednoczenia Narodowego* (Lager der Nationalen Einheit), die antisemitische „Oberstenclique" in Polen, wird aktiv. Sie wird von Oberst Adam Koc geführt und vom polnischen Staatspräsidenten Ignacy Mościcki sowie von Verteidigungsminister Marschall Edward Rydz-Śmigły kontrolliert.

1937

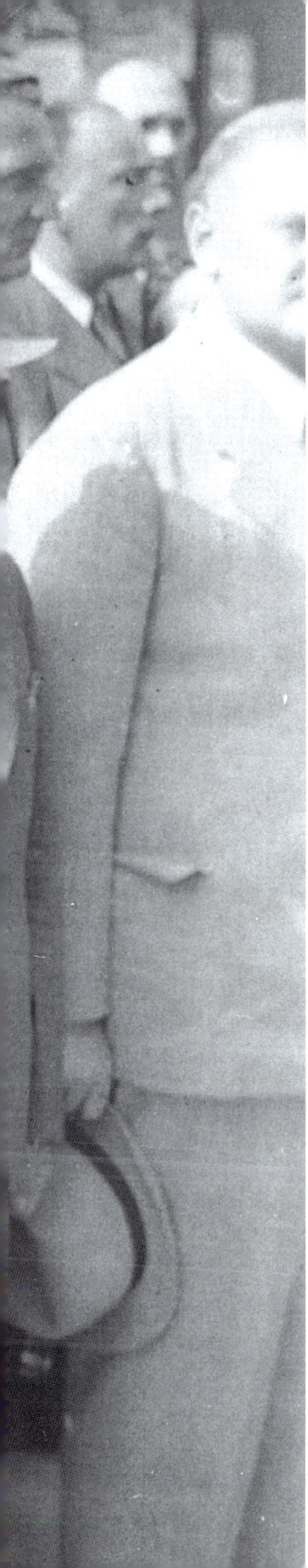

AM 1. Januar 1937 begann ein 25-jähriger deutscher Mediziner seine Tätigkeit als Forschungsassistent an dem renommierten Institut für Erbbiologie und Rassenhygiene der Frankfurter Universität. Er wurde schon bald Mitglied der NSDAP und der SS. Seine Karriere im Dienste der „rassischen Reinheit" Nazideutschlands erreichte sechs Jahre später, am 30. Mai 1943, ihren Höhepunkt, als man ihn in das Zentrum der „Endlösung" nach Auschwitz versetzte. In den 20 Monaten seiner Tätigkeit in Auschwitz führte vor allem dieser Arzt berüchtigte medizinische Experimente durch und beteiligte sich an „Selektionen", bei denen Häftlinge für den Tod in der Gaskammer „ausgesondert" wurden. Der Name dieses Mannes war Josef Mengele.

Mengele betrachtete sich selbst als Katholik. Es ist daher erwähnenswert, dass zu der Zeit, da Mengele seine Forschungen an der Frankfurter Universität begann, in Rom der 79-jährige Achille Ratti, der auf den Gebieten Philosophie, Theologie und Recht promoviert hatte, tätig war. Ratti starb vor Beginn des Zweiten Weltkrieges, stand jedoch in der relativ ruhigen Zeit vor dem Sturm des Völkermords vor wichtigen Entscheidungen, die sein Verhältnis zu Nazideutschland betrafen. Die als Achille Ratti vielleicht weniger bekannte Persönlichkeit war Papst Pius XI., das Oberhaupt der römisch-katholischen Kirche.

Pius XI. und Josef Mengele begegneten einander niemals. Dennoch wusste der Papst von Mengeles Nazi-Dienstherren und ihrem Eifer in puncto „Rassenhygiene". Nach Hitlers Machtübernahme hatte Pius XI. zwei weitere Tatsachen erkannt. Er begriff zum einen, dass der Nazismus eine Gefahr für die Autorität der katholischen Kirche darstellte. Zum anderen wusste er, dass die Juden Deutschlands von Schwierigkeiten bedrängt wurden. Hinsichtlich dieser Umstände empfand der Pontifex maximus das, was Winston Churchills am 14. April 1937 mit folgenden Worten beschrieb: „Wir scheinen uns auf eine schreckliche Katastrophe zu zu bewegen."

Hitler wusste, dass die offizielle Anerkennung seiner Autorität durch den Vatikan im eigenen Land wie über dessen Grenzen hinaus von politischem Wert sein könnte. Er ahnte auch ganz richtig, dass es der Heilige Stuhl für klug halten würde den Status der römisch-katholischen Kirche in Deutschland zu schützen. Im Frühjahr 1933 wurden entsprechende Anfragen der Nazis vom Kardinalstaatssekretär des Vatikans und vormaligen päpstlichen Nuntius in Berlin, Eugenio Pacelli, wohlwollend entgegengenommen. Am 20. Juli 1933 unterzeichneten und besiegelten Vizekanzler Franz von Papen und Kardinal Pacelli in einer feierlichen Zeremonie offiziell ein Konkordat zwischen dem Heiligen Stuhl und dem Deutschen Reich. Es bekräftigte den rechtlichen Status und den Schutz der katholischen Kirche und ihrer Organisationen in Deutschland, sofern sie sich wirklich auf rein religiöse Aktivitäten beschränkten.

Auch Geistliche waren unter den Häftlingen des Konzentrationslagers Buchenwald.

1937

Die Juden in Deutschland fühlten sich durch das Reichskonkordat keinesfalls beruhigt, da das Deutsche Reich durch den Vertrag eine bedeutende internationale Anerkennung erfuhr. Hitler sah in dem Konkordat sogar ein nützliches Instrument für den Kampf des Reiches gegen die Juden. Unterdessen wurde der Druck der Nazis auf die katholische Kirche nicht geringer; 1937 sah sich Papst Pius XI. wegen der wachsenden Zahl inhaftierter Nonnen und Priester, geschlossener Klöster und Konfessionsschulen zu seiner Enzyklika „Mit brennender Sorge" veranlasst. Die Enzyklika vom 14. März 1937 protestierte gegen die Schwierigkeiten der katholischen Kirche in Deutschland, beschuldigte die Naziregierung des Wortbruchs und warnte vor einer Vergöttlichung von Rasse, Nation und Staat. Nach Deutschland geschmuggelt, insgeheim vervielfältigt und unter den Geistlichen verteilt wurde das päpstliche Schreiben am 21. März 1937, dem Palmsonntag, im ganzen Reich von den Kanzeln der katholischen Kirche verlesen.

„Mit brennender Sorge" sprach von „gottgegebenen Rechten" und einer „menschlichen Natur", für die keine nationalen Grenzen bestehen. Die Enzyklika stellte sogar fest, dass die Ablehnung des Alten Testaments, die manche Vertreter – kirchliche wie weltliche – befürworteten, eine Gotteslästerung sei. Sie erwähnte jedoch nicht die rassistischen Nürnberger Gesetze, mit denen das Naziregime den Juden in Deutschland 1935 die Bürgerrechte genommen hatte, und verurteilte auch die Verfolgung der deutschen Juden nicht. Statt gegen den Antisemitismus zu protestieren sprach sie von den Angehörigen des auserwählten Volkes als jenen, die ständig von Gott abirrten und Christus gekreuzigt hätten.

Mit seinen Erklärungen setzte Pius XI. bezüglich der „jüdischen Frage" zwar keine eindeutigen Zeichen, doch er wurde ein immer entschiedenerer Kritiker des Nazistaates. Im Juni 1938 ließ er Pater John LaFarge, einen amerikanischen Jesuitenpriester, zu sich kommen um sich mit ihm zu beraten. Beeindruckt von LaFarges antirassistischer Arbeit in den Vereinigten Staaten griff er nicht auf die Mitarbeiter des Vatikan zurück, sondern beauftragte LaFarge mit dem Entwurf der „Humani Generis Unitas" (Die Einheit der Menschheit), einer Enzyklika, die den Rassismus und die Judenverfolgung durch die Verfechter der rassischen Reinheit öffentlich anprangerte. Als sich das Los der deutschen und österreichischen Juden unter dem Griff der Nazis noch verschlimmerte, machten sich LaFarge und einige vertrauenswürdige Mitarbeiter in Paris daran einen schließlich fast 100 Seiten langen Text zu erarbeiten und durchzusehen.

Am Abend des 9. Februar 1939 setzte ein Herzanfall dem Leben Pius' XI. ein Ende. Wie verlautete, lag LaFarges Entwurf zu dieser Zeit bereits auf dem Tisch des Papstes. Von der Bürokratie des Vatikans mehrere Monate aufgehalten erreichte er den Papst zu spät um noch etwas zu bewirken. Kardinal Pacelli, der die Kommunisten mehr als die Nazis fürchtete, wurde am 3. März 1939 als Pius XII. Nachfolger des verstorbenen Papstes. Die Wahrnehmung seines Amtes während des Holocaust sollte sich als bestenfalls problematisch erweisen. Sechs Monate später begann der Zweite Weltkrieg. *Humani Generis Unitas* verschwand im Archiv. Erst lange Zeit nach dem Holocaust hörte man wieder davon.

Auch wenn die Enzyklika in den 30-er Jahren veröffentlicht worden wäre, hätte sie allein doch nicht ausgereicht um die „Endlösung" zu verhindern. Ein Grund dafür ist der, dass LaFarges Text den Rassismus und die rassisch begründete Judenverfolgung zwar angriff, sich selbst aber keinesfalls gänzlich von den traditionellen antijüdischen Lehren freimachte, die seit Jahrhunderten Teil der christlichen Überlieferung waren. Dennoch tritt das Verschwinden der Enzyklika *Humani Generis Unitas* als bezeichnendes Beispiel für die vergebenen Chancen hervor, die, wären sie genutzt worden, den Juden vielleicht geholfen hätten, indem sie den Nazistaat dem Druck der internationalen Öffentlichkeit ausgesetzt hätten.

Mit der Enzyklika „Mit brennender Sorge" protestierte Papst Pius XI. gegen die Angriffe der Nazis gegen die Kirche.

1937 gab es auch andere Versuche den deutschen Juden zu helfen. Am 15. März fand im New Yorker *Madison Square Garden* eine antinazistische Protestkundgebung statt, die vom *American Jewish Congress (AJC)* und vom *Jewish Labor Committee* unterstützt wurde. In Deutschland selbst führte David Glick, ein amerikanischer Rechtsanwalt mit Verbindungen zum amerikanisch-jüdischen *Joint Distribution Committee*, erfolgreiche Verhandlungen über die Freilassung und Emigration von 120 der 300 Juden, die damals Häftlinge im Konzentrationslager Dachau waren. Ende Dezember 1937 forderte die offizielle Führung der deutschen Juden ihr Volk öffentlich auf sich mit Entschlossenheit und Selbstvertrauen zu behaupten.

So vortrefflich solche Bemühungen auch waren, reichten sie doch nicht aus um die Macht, gegen die sie sich richteten, zu zügeln. Den Helfern der Juden fehlte in Deutschland wie auch im Ausland die Unterstützung durch einen größeren kollektiven Willen, der nötig gewesen wäre um die Judenverfolgung aufzuhalten, die sich bereits jenseits der Grenzen des Dritten Reiches auszubreiten begann. In Polen beispielsweise wurden allein im August 350 Angriffe auf Juden registriert. Zuvor, am 11. Juni 1937, wurde eines der wenigen noch verbliebenen Rechte für deutsche Juden abgeschafft, als man den Juden verbot vor deutschen Gerichten als Zeugen aufzutreten. Fünf Monate später wurden die Juden durch eine Anordnung des Reichsministerium des Innern verpflichtet bei Reisen im Land stets besondere Kennkarten bei sich zu tragen.

Oben: Polizisten beim Aufmarsch vor dem Führer anlässlich des alljährlichen Parteitages der NSDAP in Nürnberg.
Unten: Antisemitische Schmiererei an einem Schaufenster in Frankfurt, die den Juden nahe legt nach Palästina auszuwandern.

Die Nazis nahmen verstärkt Verhaftungen vor um das gesetzliche Verbot sexueller Beziehungen zwischen Deutschen und Juden durchzusetzen. Den Verhaftungen folgte oftmals die Einweisung in ein Konzentrationslager. Im Sommer 1937 erweiterten die Nazis das System ihrer Lager um ein wichtiges Objekt, das KZ Buchenwald, das am 16. Juli übergeben wurde.

Drei Tage darauf wurde in München eine Ausstellung der Nazis über „entartete Kunst“ eröffnet. Die von Hitler selbst angeordnete Ausstellung verunglimpfte die Werke der Moderne, darunter auch Arbeiten jüdischer Künstler. Die Nazis vernichteten schließlich einen Teil dieser Kunst, versteigerten jedoch das Gros der Arbeiten gegen ausländische Valuta, die das Dritte Reich für seine Ziele benötigte. Einige Monate später, am 8. November, erlebte München die Eröffnung einer weiteren diffamierenden Ausstellung, einer antijüdischen Kunst- und Plakatschau, die den Titel „Der ewige Jude“ trug und von den Nazis finanziell unterstützt wurde.

Zu den Zielen der Nationalsozialisten gehörte 1937 auch die Festigung der Beziehungen zu Italien, die Deutschland im Jahr darauf den Weg zur Annexion Österreichs freimachte. Überdies pflegte Deutschland sein Bündnis mit dem kaiserlichen Japan und setzte den raschen Aufbau seiner Streitkräfte fort, die das Dritte Reich für eine noch größere, von Hitler immer öfter angesprochene territoriale Erweiterung brauchte. Der Ehrgeiz der Nazis schloss auch die Forschungsarbeit des jungen Dr. Mengele ein. Der Mediziner würde nur allzu bald das Institut für Erbbiologie und Rassenhygiene verlassen und sich mit den rassisch beeinflussten Experimenten und „Selektionen“ befassen, die Millionen Juden und andere schutzlose, mit den Attributen „unwertes Leben“ und „Untermenschen“ gebrandmarkte Menschen vernichten sollten. In der Welt von Auschwitz würde man sich kaum um die „gottgegebenen Rechte“ sorgen, an denen Papst Pius XI. festhielt.

Auch wenn 1937 als eines der ruhigeren Jahre des Holocaust erschien, war es doch unheilvoll genug. Der Sturm in seiner vollen Wucht war bereits nahe. Keine päpstliche Enzyklika, keine Protestkundgebung und kein Auswanderungsprojekt würde im Stande sein ihn unter Kontrolle zu halten. Churchill hatte Recht. Die „schreckliche Katastrophe“, die er 1937 vorausahnte, näherte sich rasch.

Als Antwort auf die Judenverfolgung durch die Nazis riefen die jüdischen Kriegsveteranen in den USA zu einem Boykott deutscher Waren auf. Dieser Boykott erwies sich allerdings als wirkungslos beziehungsweise hatte er sogar einen gegenteiligen Effekt. Er lieferte den Nazis einen Grund die Juden noch mehr zu tyrannisieren. Kein noch so starker wirtschaftlicher Druck konnte den Prozess der Ausgrenzung der deutschen Juden aus dem öffentlichen Leben des Landes stoppen.

In den Jahren 1933 bis 1938 versuchte die deutsche Regierung systematisch die Juden aus den öffentlichen Einrichtungen hinauszudrängen. Beispielsweise hatte man bis 1937 mehr als 60 Prozent der jüdischen Kinder aus den deutschen Schulen vertrieben. Die jüdischen Verbände reagierten darauf mit der Gründung eigener Schulen, die parallel zur „arischen" Mehrheit arbeiteten. Diese Urkunde erhielt Trude Kirchhausen für ihren Sieg im Weitsprung beim Sportfest der jüdischen Schulen Württembergs.

Zwei junge deutsche Frauen in einem Schulungslager für Krankenschwestern. Das Lagerleben ermöglichte es dem Regime Körper und Seele der jungen Menschen in Deutschland zu formen. Ein gesunder Körper war nicht nur für die Verteidigung des Vaterlandes wichtig, sondern auch für die Fortpflanzung der „arischen Rasse". Eine gesunde Seele zu entwickeln bedeutete der Jugend angemessenen Respekt vor den nationalsozialistischen Idealen, insbesondere aber die Vorstellung von der rassischen Reinheit zu vermitteln.

1937

• 1937: Auf dem Nürnberger Parteitag der NSDAP verkündet Adolf Hitler, dass das Dritte Reich 1000 Jahre bestehen werde. • Zur Ausbildung und Schulung künftiger Naziführer werden die Adolf-Hitler-Schulen gegründet. • In Berlin gründen Herbert und Marianne Baum die Herbert-Baum-Gruppe, eine jüdische Widerstandsorganisation. • Die *Central Conference of American Rabbis* hebt offiziell die *Pittsburgh Platform* von 1885 auf, in der erklärt wird, dass die Juden nicht länger in Erwartung einer Rückkehr nach Israel leben sollten. Diese neue Politik ermuntert die Juden die Schaffung eines jüdischen Heimatlandes zu unterstützen.
• In Polen wird die rechtsgerichtete antisemitische Arbeiterpartei *Stronnictwo Pracy* (Arbeitsfront) gegründet.
• In Ungarn gründet Ferenc Szálasi die *Nyilaskeresztes Part-Hungarista Mozga-*

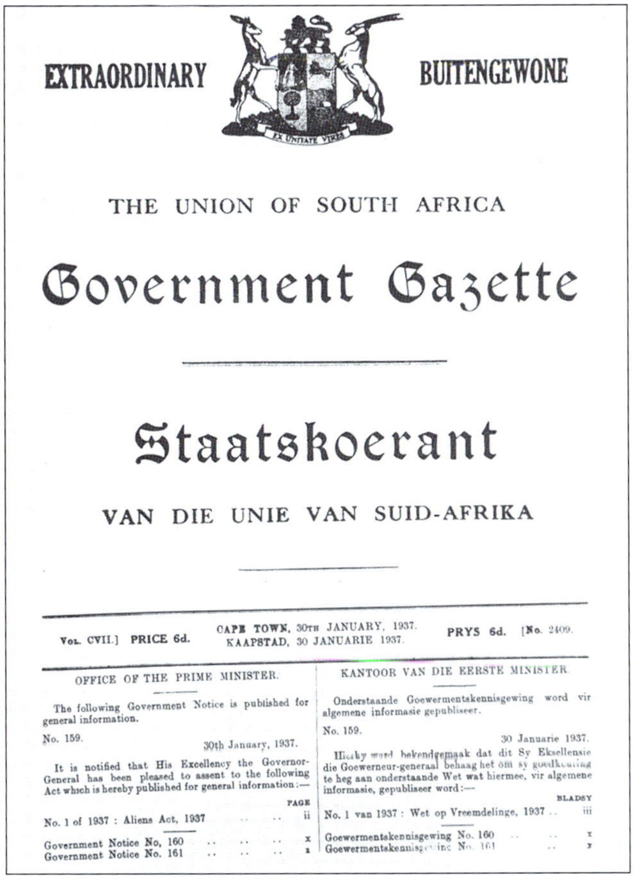
EXTRAORDINARY BUITENGEWONE

EX UNITATE VIRES

THE UNION OF SOUTH AFRICA

Government Gazette

Staatskoerant

VAN DIE UNIE VAN SUID-AFRIKA

Vol. CVII.] PRICE 6d. CAPE TOWN, 30TH JANUARY, 1937. KAAPSTAD, 30 JANUARIE 1937. PRYS 6d. [No. 2409.

OFFICE OF THE PRIME MINISTER.

The following Government Notice is published for general information.

No. 159. 30th January, 1937.

It is notified that His Excellency the Governor-General has been pleased to assent to the following Act which is hereby published for general information:—

	PAGE
No. 1 of 1937 : Aliens Act, 1937	ii
Government Notice No. 160	x
Government Notice No. 161	x

KANTOOR VAN DIE EERSTE MINISTER.

Onderstaande Goewermentskennisgewing word vir algemene informasie gepubliseer.

No. 159. 30 Januarie 1937.

Hierby word bekendgemaak dat dit Sy Eksellensie die Goewerneur-generaal behaag het om sy goedkeuring te heg aan onderstaande Wet wat hiermee, vir algemene informasie, gepubliseer word:—

	BLADSY
No. 1 van 1937 : Wet op Vreemdelinge, 1937	iii
Goewermentskennisgewing No. 160	x
Goewermentskennisgewing No. 161	x

Für die verfolgte jüdische Minderheit Deutschlands gab es nur wenige Emigrationsziele. Bestimmungen wie das Fremdengesetz in Südafrika *(Abb.)* begrenzten stark die Zahl der jüdischen Einwanderer, welche die Zielländer aufzunehmen bereit waren. Die mangelnde Bereitschaft anderer Staaten Juden aus Deutschland aufzunehmen heizte die antisemitische Propaganda des Dritten Reiches an und veranlassten Hitler die Ernsthaftigkeit des internationalen Protestes gegen seine judenfeindliche Politik infrage zu stellen.

Herbert Baum leitete von 1936 bis zu seinem Tod 1943 in Deutschland eine geheime jüdisch-kommunistische Zelle. 1937 gründeten er und seine Frau Marianne eine jüdische Widerstandsorganisation, die Herbert-Baum-Gruppe. Ihre Mitglieder kamen wöchentlich in der Berliner Wohnung des jungen Paares zusammen um über Politik und über ihr Vorgehen zu diskutieren. Sie informierten ihre jüdischen Mitbürger auch über wichtige Angelegenheiten.

Lebensraum

Die Ideologie Adolf Hitlers machte einen Krieg mit der Sowjetunion unvermeidlich. Bereits zu Beginn seiner politischen Laufbahn verkündete Hitler die „Mission" des Nationalsozialismus dem deutschen Volk das Land und den Boden zu erobern, die ihm auf dieser Erde zustünden. Zahlreiche Textstellen in seinem Buch „Mein Kampf" weisen auf die „Notwendigkeit" einer territorialen Ausdehnung Deutschlands hin um Lebensraum für das deutsche Volk zu gewinnen. Hitler war überzeugt, dass mehr Land als „Nährquelle eines Volkes" nötig sei, und dass Deutschland eine militärische und politische Großmacht werden müsse, wenn es dieses Territorium gewinnen und sichern wolle.

Der Gedanke war nicht neu. Den Begriff „Lebensraum" hatten die deutschen Expansionisten bereits vor dem Ersten Weltkrieg geprägt um ihren Kolonialbesitz und ihre europäischen Annexionspläne zu rechtfertigen. Hitler stand auch unter dem Einfluss der Lehren Karl Haushofers, eines Professors an der Universität München, dessen geopolitische Theorie sich auf den „Raum als Machtfaktor" konzentrierte.

Nach Hitlers Ansicht konnte der für das deutsche Volk benötigte Lebensraum osteuropäischen Ländern und der Sowjetunion genommen werden. Er betrachtete die slawischen Völker nicht nur als „minderwertig", sondern fand es angesichts der Schwäche der „jüdisch-bolschewistischen" Führung der Sowjetunion an der Zeit seine Eroberungspläne in diesem Land zu verwirklichen. Am 5. November 1937 skizzierte Hitler in einer Geheimkonferenz mit den Oberbefehlshabern der Wehrmacht seine Expansionspläne.

lom (Pfeilkreuz-Partei), die sich dem Antisemitismus verschreibt. • Großbritannien schlägt die Errichtung eines arabisch-jüdischen Staates vor, der durch ein Mandatsgebiet geteilt wird, das Jerusalem und Nazareth einschließt. Die Araber fordern einen Einzelstaat, in dem die Juden die Rechte einer Minderheit haben. • Der SS-Funktionär Adolf Eichmann reist als Journalist getarnt nach Palästina um die Realisierbarkeit von Massendeportationen deutscher Juden in dieses Gebiet zu erkunden. • „Die Judenfrage", von Georg Haller herausgegeben, erscheint in Deutschland in der ersten Ausgabe. • Polen prüft die Möglichkeit die im Land ansässigen Juden nach Madagaskar zu deportieren.

• 1. Januar 1937: Die Volksdeutsche Mittelstelle (VOMI) wird gegründet; sie ist als vermittelnde Einrichtung zwischen Berlin und den Volksdeutschen vorgesehen, die nach Osteuropa umgesiedelt werden sollen.

• März 1937: Der jüdische Filmstar Paul Muni erhält für die Darstellung des Titelhelden in dem Film „Das Leben des Émile Zola" einen Akademiepreis. Obwohl sich der Film mit dem französischen Antisemitismus beschäf-

Buchenwald

Im Sommer 1937 wurde im bewaldeten Hügelland nahe Weimar, einer Stadt, die für ihr kulturelles Erbe berühmt ist, das Konzentrationslager Buchenwald errichtet. Das Lager wurde bald zu einem Folterzentrum.

Ilse Koch, die Ehefrau des Lagerkommandanten Karl Koch, entwickelte einen makabren Gefallen an tätowierten Hautstreifen, die von den Leichen ermordeter Lagerinsassen stammten. Ein anderer Lagerkommandant hatte die Gewohnheit, scharf abgerichtete Hunde auf inhaftierte Zigeuner loszulassen, die sich weigerten sich sterilisieren zu lassen; die Tiere rissen ihre Opfer in Stücke. Homosexuelle Gefangene infizierte man im Rahmen pseudowissenschaftlicher Experimente mit Typhuserregern. In den Jahren 1937–1945 kamen Zehntausende ums Leben. Sie fielen Krankheiten zum Opfer, die sich durch Überbelegung und mangelhafte hygienische Bedingungen ausbreiten konnten, starben an harter Arbeit, Folter und medizinischen Experimenten oder kamen in den Gaskammern um.

Das Lager war ursprünglich nur für politische Gefangene vorgesehen, wurde 1938 jedoch erweitert um eine große Zahl jüdischer Gefangener aufnehmen zu können. Nach der Reichskristallnacht füllten mehr als 10 000 Juden die Lagerbaracken. In den Kriegsjahren hatten die Häftlinge Sklavenarbeit für die Rüstungsindustrie zu leisten. 1945 kamen nach der Auflösung der Lager in Osteuropa gewaltige Gefangenenströme in Buchenwald an. Dort waren im April 1945 mehr als 47 000 Menschen inhaftiert.

Das Konzentrationslager Buchenwald gehörte zu den berüchtigtsten Einrichtungen dieser Art in Deutschland. Hier wie auch in den anderen Lagern führten Beamte des Dritten Reiches umfangreiche Unterlagen über jeden Häftling, und so musste sich jeder Gefangene registrieren lassen *(Abb.)*. Die meisten der in Buchenwald eingewiesenen Juden wurden bald in andere Lager gebracht.

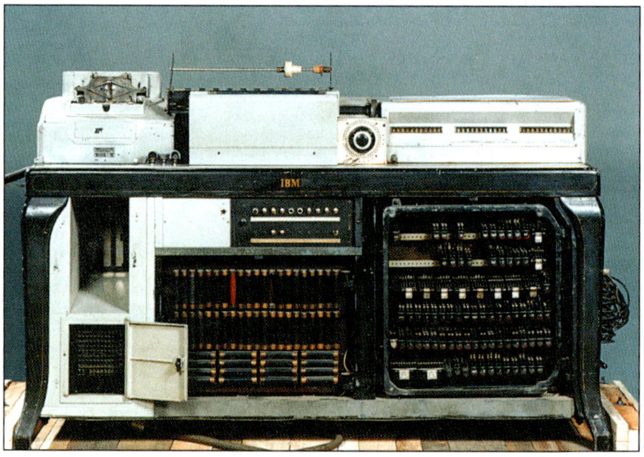

Geräte wie diese Tabulatormaschine „Dehomag D 11" ermöglichten es der SS den Überblick über die gewaltigen Zahlen von KZ-Insassen zu behalten. Die von der *Tabulating Machine Company* des deutschstämmigen Amerikaners Hermann Hollerith, einer Tochterfirma von IBM, hergestellte Datenverarbeitungsmaschine verkörperte in den 30-er Jahren den neuesten Stand der Technik.

1937

tigt, kommt das Wort „Jude“ in den Dialogen nicht vor.

• 14. März 1937: Papst Pius XI. veröffentlicht die Enzyklika „Mit brennender Sorge“, in der er den Rassismus und den Totalitarismus der Nazis ablehnt. Pius XI. tadelt die Nazis mit höflich gehaltenen Worten für den Versuch den Religionsunterricht unter ihre Kontrolle zu bringen und damit für den Bruch des Reichskonkordats. Aus der Formulierung der Enzyklika ergibt sich, dass der Papst eine Wiederannäherung an das Dritte Reich sucht. Er verurteilt nicht den unter den deutschen Christen weit verbreiteten Antisemitismus. Er erinnert die Adressaten stattdessen ausgerechnet an den verbrecherischen Gottesmord der Juden.

„Heute sind fast sechs Millionen Juden dazu verurteilt an Orten leben zu müssen, an denen sie nicht erwünscht sind; für sie ist die Welt in Gegenden geteilt, in denen sie nicht leben können und in Gegenden, in die sie nicht gelangen können."

Chaim Weizmann, Vorsitzender der World Zionist Organization (1937)

Ilse Koch, die „Kommandeuse von Buchenwald", war berüchtigt für ihre Korruptheit und ihre Grausamkeit gegenüber den Häftlingen sowie für ihre sexuellen Beziehungen zu den Angehörigen der Wachmannschaften. Sie besaß zudem eine Sammlung von Stücken tätowierter Menschenhaut. 1943 wurde sie wegen ihrer skrupellosen finanziellen Machenschaften verhaftet und verbrachte die letzten beiden Kriegsjahre in einem Weimarer Gefängnis. Nach dem Krieg wurde sie wegen Kriegsverbrechen zu vier Jahren Gefängnis verurteilt; die deutsche Regierung wandelte die Strafe später in lebenslängliche Haft um. Ilse Koch verfiel schließlich dem Wahnsinn und beging 1967 im Gefängnis Aichach Selbstmord.

Die „Große Knieende", eine Skulptur aus Kunststein von Wilhelm Lehmbruck, gehörte zu den zahlreichen Kunstgegenständen, die von den Nazis als entartet abgestempelt und in einer Ausstellung unter dem Titel „Entartete Kunst" gezeigt wurden. Diese Schau begann am 19. Juli 1937 in München. Sie umfasste mehr als 650 bedeutende Gemälde, Skulpturen und Bücher, die bis einige Wochen vor dem genannten Datum alle in einer der 32 öffentlichen Galerien Deutschlands ausgestellt gewesen waren. Man hatte die Arbeiten zusammengetragen um den für das Reich unakzeptablen und daher „undeutschen" Kunststil vorzuführen.

Nürnberg wurde jedes Jahr eine Septemberwoche lang zum Zentrum der Welt der Nazis. Dann putzte das Volk für den Führer und andere Parteifunktionäre die gesamte Stadt heraus. Die Paraden, die das Zusammengehörigkeitsgefühl des deutschen Volkes zur Schau stellen sollten, waren ein wichtiger Bestandteil der Festlichkeiten. Hier jubeln die Zuschauer SA-Leuten zu, die durch den mittelalterlichen Teil der Stadt marschieren.

• 15. März 1937: Eine antinazistische Kundgebung in New York lockt große Menschenmengen an. Bürgermeister Fiorello LaGuardia, dessen Mutter Jüdin war, verurteilt den Nazismus.

• Frühjahr 1937: Die jüdischen Kaufleute in Deutschland werden enteignet.

• 24. April 1937: Pastor Martin Niemöller, einer der führenden Köpfe der deutschen Opposition gegen Hitler, verweist in seiner Predigt auf den verhängnisvollen Entschluss Gottes zuzulassen, dass Jesus als Jude geboren wird. ***Siehe*** **1. Juli 1937.**

• 28. Mai 1937: Neville Chamberlain wird Premierminister von Großbritannien.

• Juli 1937: In München wird die Ausstellung „Entartete Kunst" eröffnet, die „unakzeptable" Werke von Juden und anderen Künstlern zeigt. Eine Veranstaltung mit „anerkannten" Kunstwerken, die in der Nähe Münchens stattfindet, zieht viel weniger Besucher an als die Ausstellung „Entartete Kunst".

• 1. Juli 1937: Pastor Martin Niemöllers Antisemitismus hindert die Nazis nicht

Das Zeppelinfeld in Nürnberg wurde zum Mittelpunkt der jährlich abgehaltenen Reichsparteitage der NSDAP. Hitler und andere führende Funktionäre des Dritten Reiches versammelten sich dort auf der Haupttribüne vor einem Massenpublikum. Damit sollte die Popularität des Regimes demonstriert werden. Die von dem Architekten Albert Speer entworfene beeindruckende Lichtkuppel mit 130 Scheinwerfern, die den Nachthimmel bis in eine Höhe von 7500 Metern erhellten, bot einen Ehrfurcht gebietenden Anblick.

Die Nationalsozialisten hatten gegen jede Geheimgesellschaft, insbesondere gegen die Freimaurer, etwas einzuwenden. Sie sahen in solchen Gruppen, die der Staat nicht kontrollieren konnte, Werkzeuge der jüdischen Weltverschwörung, die angeblich im Gange war. Diese fantasievolle Darstellung eines Freimaureraltars wurde für die Ausstellung „Der ewige Jude" gebaut, die am 8. November 1937 in München begann.

Am 5. November 1937 informierte Hitler das deutsche Oberkommando über seine Vorherrschaftspläne in Europa. Die von Oberst Hoßbach nachträglich gemachte Aufzeichnung, die so genannte Hoßbachniederschrift, dokumentiert diese Besprechung, auf der Hitler erstmals offen über seine Ansichten zur rassischen Neuordnung Europas sprach. Links von Hitler sitzt Joseph Goebbels, der Reichsminister für Volksaufklärung und Propaganda, rechts Dr. Karl Brandt, Hitlers Begleitarzt.

1937

daran den Geistlichen wegen seines Widerstandes gegen Hitler zu verhaften.

• **15. Juli 1937: In Buchenwald wird ein Konzentrationslager errichtet.**

• **27. Juli 1937: In Bamberg beginnt ein Prozess gegen fünf Juden, die des Ritualmordes angeklagt sind.**

• **August 1937: In Hummené (Tschechoslowakei) werden Juden der Kirchenschändung angeklagt. • In diesem Monat werden in Polen 350 Fälle von physischer Gewaltanwendung gegen Juden registriert.**

• **6.–13. September 1937: In Nürnberg marschieren 600 000 deutsche Soldaten auf.**

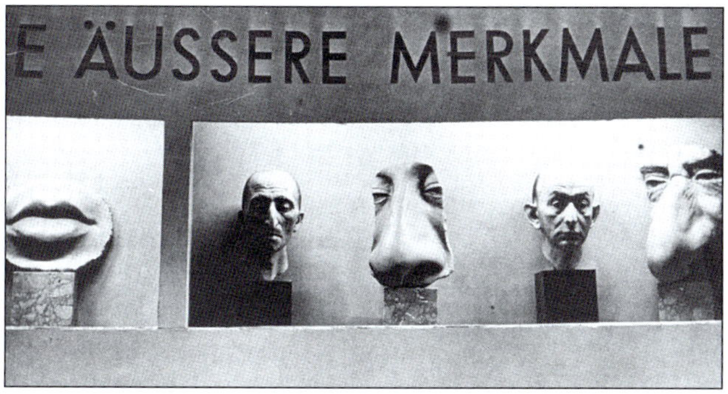

Dieser Teil der Ausstellung „Der ewige Jude" in München zeigt Darstellungen stereotyper „jüdischer" Gesichtszüge. Die Juden wurden hier durch eine große Hakennase, breite Lippen und eine fliehende Stirn charakterisiert. Diese schablonenhafte Zuordnung äußerer Merkmale war bereits seit dem Mittelalter ein wesentlicher Bestandteil des europäischen Antisemitismus, doch die Nazis gaben ihr den Anstrich wissenschaftlicher Respektabilität.

Martin Niemöller

Als die Nationalsozialisten an die Macht kamen, war Martin Niemöller Pfarrer in der lutherischen Annenkirche in Berlin-Dahlem. Wie viele Christenführer begrüßte anfangs auch er Hitlers Aufstieg an die Macht als Einleitung eines nationalen Wiederauflebens. Besonders wohlwollend stand Niemöller dem Antikommunismus der Nazis gegenüber, doch kam er bald zu dem Schluss, dass das Hitlerregime auch antichristlich war.

1934 gründete Niemöller den Pfarrernotbund, der später zu einer der Wurzeln der Bekennenden Kirche wurde. Die Kirche suchte dem wachsenden Einfluss der offen antisemitischen und pronazistischen Bewegung Deutsche Christen entgegenzuwirken. Martin Niemöller gehörte zu den Führern der Bekennenden Kirche, die im Mai 1934 die Barmener „Theologische Erklärung" entwarfen, die die jüdischen Wurzeln des Christentums und die Gültigkeit der hebräischen Bibel erneut bekräftigte.

1937 wurde Niemöller verhaftet und zu einer siebenmonatigen Haftstrafe sowie einer Geldstrafe von 2000 Reichsmark verurteilt. Auf Hitlers Anweisung wurde er kurz nach seiner Entlassung erneut verhaftet; die darauf folgenden acht Jahre verbrachte er in verschiedenen Konzentrationslagern, darunter auch Sachsenhausen und Dachau. Niemöller starb 1984.

„Der ewige Jude" war der Titel einer Ausstellung, die am 8. November 1937 eröffnet wurde. Sie war die größte antisemitische Exposition der Nazis vor dem Krieg; sie stellte die Juden als abstoßende „Untermenschen" dar. Zu den Ausstellungsobjekten gehörten auch Fotografien, welche die typisch „jüdischen" Züge von Persönlichkeiten aus der Politik wie beispielsweise Leo Trotzki und von Unterhaltungskünstlern, darunter auch Charlie Chaplin, zeigten. Die Schau hob besonders stark die angeblich von den Juden unternommenen Anstrengungen zur Bolschewisierung Deutschlands hervor.

- **7. September 1937: Hitler erklärt den Versailler Vertrag für ungültig und erledigt.**
- **12. Oktober 1937: Die SS übernimmt Schloss Grafeneck in Württemberg, eine Einrichtung für körperbehinderte Kinder, und beginnt mit dem Umbau in ein „Euthanasiezentrum".**
- **5. November 1937: In einer geheimen Besprechung informiert Hitler das Oberkommando und weitere enge Mitarbeiter über seine rassischen, geopolitischen und militärischen Pläne zur Beherrschung Europas. Oberst Friedrich Hoßbach fertigt über diese Zusammenkunft Aufzeichnungen an, die Hoßbachniederschrift genannt werden.**
- **8. November 1937: Im Deutschen Museum München beginnt die Ausstellung „Der ewige Jude", welche die Juden mit dem Bolschewismus in Zusammenhang bringt.**
- **25. November 1937: Deutschland unterzeichnet einen Militärpakt mit Japan.**
- **1937–1939: Aus Kohle entwickeltes synthetisches Fett wird an Häftlingen des Konzentrationslagers Sachsenhausen getestet.**

DAS ENDE DER ILLUSIONEN

1938

1930 veröffentlichte Sigmund Freud ein wichtiges Buch mit dem Titel „Das Unbehagen in der Kultur“. Darin stellte der berühmte jüdische Psychoanalytiker fest: „Die Menschen haben es jetzt in der Beherrschung der Naturkräfte so weit gebracht, dass sie es mit deren Hilfe leicht haben, einander bis auf den letzten Mann auszurotten.“ Freud hoffte, dass die Kenntnis dieser Tatsache „den menschlichen Aggressions- und Selbstvernichtungstrieb“ vielleicht zügeln könnte.

Das Buch verkaufte sich gut. In der zweiten Auflage, die der Verlag 1931 folgen ließ, hatte Freud einen Schlusssatz angefügt: „Aber wer kann den Erfolg und Ausgang voraussehen?“ Freud stellte diese Frage kurz nachdem die Nazipartei bei der Reichstagswahl von 1930 schlagartig großen Einfluss gewonnen hatte.

Am Ende der 30-er Jahre waren Freuds Sorgen um das „Unbehagen in der Kultur“ konkreter als zu der Zeit, da das Buch zum ersten Mal erschien. Am 12. März 1938 beispielsweise lebte der 82-jährige Freud noch in Wien, der Stadt, die schon seit langem seine Heimat war, als deutsche Soldaten in Österreich einmarschierten. Am nächsten Tag wurde das Land durch den „Anschluss“, wie man die Annexion Österreichs nannte, zu einem Teil des Dritten Reiches. Hunderttausende begeisterter Wiener bejubelten Adolf Hitlers triumphale Ankunft. Am 15. März verkündete Hitler „als Führer und Kanzler der deutschen Nation und des Deutschen Reiches“ vom Balkon der Wiener Hofburg, dass der Anschluss seiner Heimat an das Reich vollzogen sei.

Im Kampf mit dem Nazismus auf Leben und Tod waren die 190 000 Juden Österreichs von nun an Gegenstand einer Kampagne, die mit Verfolgung, Enteignung und erzwungener Auswanderung einherging und die rascher und gründlicher durchgeführt wurde als jene, welche die deutschen Juden bis dahin erlebt hatten. Am 4. Juni verließ Freud Wien, nachdem die Gestapo seine Wohnung zweimal durchsucht, seine Tochter Anna verhört, das Vermögen der Familie beschlagnahmt und Freud zur Zahlung einer Auswanderungssteuer genötigt hatte. Zudem verlangte man von Freud die Erklärung zu unterschreiben, dass er nicht misshandelt worden sei. Er ging mit der riskanten sarkastischen Bemerkung, er könne die Gestapo jedermann sehr empfehlen.

Freud starb am 23. September 1939 in London. Indessen stellte der „Anschluss“ Nazideutschland vor ein entscheidendes Problem, denn er brachte dem Dritten Reich einen jüdischen Bevölkerungsanteil, der die Gesamtzahl der Juden überstieg, denen es in den fünf Jahren zuvor gelungen war Deutschland zu verlassen. Die Strategie der Nationalsozialisten hatte darauf abgezielt das Leben der deutschen Juden so zu erschweren, dass sie eine Auswanderung vorziehen würden, doch hatte sich diese Methode als nicht sehr erfolgreich erwiesen. Die durch den „Anschluss“ geschaffenen Dimensionen des „jüdischen Problems“ erforderten

Jüdische Händler fegen die Scherben zusammen, welche die Reichskristallnacht hinterlassen hat.

1938

wirksamere Maßnahmen. Österreich wurde zum Experimentierfeld dafür. Eine der Personen, die einen entsprechenden Auftrag erhielten, war ein junger Untersturmführer, den man kurz zuvor befördert hatte. Dieser aufsteigende „Fachmann" für jüdische Angelegenheiten war Adolf Eichmann.

Im Frühjahr 1938 begann Eichmann mit einer Art Fließbandaktion zur Zwangsemigration österreichischer Juden. Durch scharfen Terror unter Druck gesetzt verließen diese Menschen das Land bereitwillig. Franz Mayer, ein jüdischer Führer, beschrieb die Emigration nach Eichmanns System folgendermaßen: „Ein Jude mit Vermögen, einem Geschäft, einem Bankkonto und Rechten betrat das Gebäude an einem Ende. Er durchschritt es und kam am anderen Ende wieder heraus – ohne Vermögen, ohne Privilegien, ohne Rechte, mit nichts als einem Pass und der Anweisung das Land innerhalb von zwei Wochen zu verlassen; andernfalls käme er ins Konzentrationslager." In sechs Monaten vertrieb Eichmann fast 45 000 Juden aus Österreich. Bis Mai 1939 hatten über 100 000 Juden, mehr als 50 Prozent der jüdischen Bevölkerung Österreichs, das Land verlassen.

Der „Anschluss" und Eichmanns Programm der Zwangsemigration weiteten das internationale Flüchtlingsproblem aus. Der US-amerikanische Präsident Franklin D. Roosevelt verlangte die Einberufung einer internationalen Konferenz zu diesem Problem. Vom 6. – 15. Juli 1938 kamen Delegierte aus 32 Ländern und die Vertreter von 39 privaten Hilfsorganisationen (davon 21 jüdische) in dem französischen Kur- und Badeort Évian-les-Bains am Genfer See nahe der Grenze zur Schweiz zusammen. Nazideutschland nahm an der Konferenz nicht teil, gestattete jedoch die Teilnahme von Vertretern der deutschen und österreichischen jüdischen Gemeinden. Die Delegierten brachten ihr Mitgefühl für die jüdischen Flüchtlinge zum Ausdruck und zugleich ihr Bedauern darüber, dass sich die Grenzen ihrer Länder nicht öffnen würden.

Die pronazistische Propaganda in den Straßen Wiens drängte auf die Zustimmung der Bürger zum „Anschluss".

Das wichtigste Ergebnis der Konferenz von Évian bestand darin, dass die Illusion erschüttert wurde, die erzwungene Auswanderung könne das „jüdische Problem" der Nazis wirklich lösen. Im selben Jahr lieferte Reichsaußenminister Joachim von Ribbentrop Hitler einen knappen Bericht über die Situation und gab auch eine Unterhaltung mit Georges Bonnet, seinem französischen Amtskollegen, wieder. Bonnet hatte auf der Weigerung Frankreichs bestanden weiterhin Juden aus Deutschland aufzunehmen; sein Land wolle zudem 10 000 Juden in ein anderes Land schicken. Er, Ribbentrop, habe Bonnet darauf erwidert, dass alle Länder ihre Juden loswerden wollten, dass aber der Umstand, dass kein Land sie aufnehmen wolle, Schwierigkeiten bereite.

Eines der Länder, auf die Ribbentrops Darstellung zutraf, war Polen. Am 31. März 1938, nur einige Wochen nach dem „Anschluss" Österreichs, nahm das polnische Parlament einen Gesetzesentwurf an, der die Aufhebung der polnischen Staatsbürgerschaft für im Ausland lebende Polen ermöglichte. Bereits vor diesem Datum hatte die polnische Regierung zu ähnlichen Maßnahmen gegriffen und bediente sich ihrer auch weiterhin mit dem Ziel die Rückkehr tausender polnischer Juden, die ihren Wohnsitz in Deutschland hatten, zu verhindern. Viele dieser Juden sollten daher am 1. November 1938 die polnische Staatsbürgerschaft verlieren. Um dem zuvorzukommen versuchten die Nazis die polnischen Juden Ende Oktober nach Polen abzuschieben. Die polnischen Behörden verweigerten den Abgeschobenen jedoch die Einreise.

Zu den polnischen Juden, die schließlich in ein polnisches Konzentrationslager nahe der Grenzstadt Zbaszyń kamen, gehörte auch die Familie des 17-jährigen Herschel Grynszpan. Herschel lebte zu jener Zeit in Paris und wusste nicht im Einzel-

Die Teilnehmer der Konferenz von Évian scheiterten kläglich mit ihren Versuchen eine Zuflucht für die Juden Europas zu finden.

nen, was seiner Familie geschah, doch eine Nachricht seiner Schwester deutete an, dass man die Grynszpans gezwungen hatte ihr Haus in Hannover zu verlassen. Als Vergeltung dafür begab sich Herschel am 7. November in die deutsche Botschaft in Paris und schoss auf einen Diplomaten mit Namen Ernst vom Rath, der zwei Tage darauf starb.

Die Nachricht von dem Attentat veranlasste die Nazis in einigen Teilen Deutschlands ihre Mitburger am Abend des 8. November zu Gewalt und Krawallen aufzuhetzen. Am folgenden Tag, nach Raths Tod, gab Joseph Goebbels, der Reichsminister für Volksaufklärung und Propaganda, mit Hitlers Billigung das Signal zu einem landesweiten Pogrom gegen die Juden des Reiches, mit dem der Mord an Rath gerächt werden sollte. Dass dieser unter dem Namen Reichskristallnacht bekannt gewordene Novemberpogrom alles andere als spontan war, zeigt das Telegramm des Gestapo-Chefs Heinrich Müller, das am 9. November um 23.55 Uhr an sämtliche Gestapostellen geschickt wurde. Darin hieß es: „Es werden in Kürze in ganz Deutschland Aktionen gegen Juden insbesondere gegen deren Synagogen stattfinden. Sie sind nicht zu stören …"

Die „Aktionen" waren verheerend. Im gesamten Reich wurden jüdische Synagogen, Friedhöfe, Krankenhäuser, Schulen, Geschäfte und Wohnungen geplündert, zerstört und häufig auch in Brand gesteckt. Eine große Anzahl Juden wurde getötet; tausende wurden verhaftet und in Konzentrationslager abgeschoben. Großen Schaden richteten die deutschen Nachbarn der Juden an, während die Polizei nicht nur den Anweisungen Müllers folgte, indem sie nicht „störte", sondern den Pogrom mit der Verhaftung vieler jener Menschen fortsetzte, die Opfer der Ausschreitungen geworden waren. Unterdessen hielten sich auch die Feuerwehren an ihre Befehle: Sie ließen die in Brand gesteckten Synagogen brennen, schützten aber das in der Nähe befindliche „arische" Eigentum.

Die Reichskristallnacht bereitete der Illusion, dass so etwas wie ein normales jüdisches Leben im Dritten Reich noch möglich sei, ein Ende. Ihre Gewalt zerstörte auch einige Illusionen der Nazis, denn das zerschlagene Glas auf den Gehwegen und Straßen vermittelte ihnen eine Vorstellung von den hohen Kosten, die der Novemberpogrom Deutschland beschert hatte. Für das Reich wertvolles Vermögen war rücksichtslos vernichtet worden. Hinzu kam, dass viele Deutsche trotz ihres Antisemitismus diese Gewalt als abstoßend empfanden.

Am 12. November berief der Reichswirtschaftsminister Hermann Göring eine wichtige Sitzung ein, die sich mit den Folgen der Reichskristallnacht beschäftigen sollte. Göring verkündete zu Beginn, dass das Treffen „von entscheidender Bedeutung" sei, da er einen im Auftrag des Führers geschriebenen Brief erhalten habe, „wonach die Judenfrage jetzt einheitlich zusammengefasst werden soll und so oder so zur Erledigung zu bringen ist." Zu dieser Zeit war Göring noch davon überzeugt, dass diese Erledigung „hauptsachlich ein wirtschaftliches Problem" sei. Sein erklärtes Ziel war die Verdrängung der Juden aus der deutschen Wirtschaft.

Die Politik, die sich aus der Besprechung vom 12. November 1938 ergab, zielte noch nicht offen auf einen Völkermord, doch führten dieser Gedankenaustausch zu strengen Rassentrennungsmaßnahmen und folgenschweren wirtschaftlichen Beschränkungen, welche die Juden bald aus den Theatern ausschlossen, ihnen den Zutritt zu Parks und Schulen versagten und die es den Betroffenen zunehmend erschwerten im Dritten Reich ihren Lebensunterhalt zu verdienen. Es gab immer weniger Anlass zu der Hoffnung, dass Nazideutschland seine antijüdische Politik mildern würde. Das Ende dieser Illusion stand nahe bevor. Göring beendete die erwähnte Zusammenkunft mit einigen zusammenfassenden Worten zum Jahr 1938, die lauteten: „ … ich möchte kein Jude in Deutschland sein."

Herschel Grynszpan *(Abb.)* ermordete Ernst vom Rath und lieferte damit einen Vorwand für die Pogrome vom 9. und 10. November 1938.

Schule und Antisemitismus

Die Kinder in Nazideutschland erfuhren aus ihren Lehrbüchern, dass Adolf Hitler einst ein großer nordischer Krieger gewesen sei, dass man den Juden nicht trauen könne und dass nicht-nordische Völker „Untermenschen" seien.

Die Nazifizierung des deutschen Schulsystems begann bald nach Hitlers Machtantritt. Die Schulen wurden zentralisiert und von jüdischen Lehrern gesäubert; das übrige pädagogische Personal schulte man politisch um. Die neu gestalteten Lehrpläne hoben die Rassentheorie hervor, waren nicht geeignet das analytische Denken zu fördern, legten dafür aber übermäßigen Wert auf körperliche Ertüchtigung.

Kinderliteratur und Lehrbücher unterlagen ebenfalls der Nazifizierung des Bildungssektors. An die Stelle der Märchenbücher traten nun Kriegserzählungen, nordische Legenden und Heldensagen und wurden zum Massenlesestoff. Auf dem Umschlag eines typischen Vorlesebuches für Kindergärten war die Karikatur eines „betrügerischen Juden" abgebildet; die Buchseiten zierten Darstellungen von Soldaten. Elementarlesebücher vermischten Dichtung und Wahrheit über die Kindheit des Führers.

Verhängnisvoller war die Einführung der pseudowissenschaftlichen Rassenbiologie. In seinem Lehrbuch über die Rassen teilte der Autor Hermann Gauch die Menschheit in nordische und nicht-nordische Völker ein; letztere nannte er Untermenschen. In den Klassenzimmern maßen sich die Schüler gegenseitig ihren Schädelumfang und bestimmten ihren Rassetyp. Die Lehrer suchten jüdische Kinder aus um die Rassenhypothesen zu demonstrieren und praktisch zu testen. Obwohl die jüdischen Kinder nur 1,5 Prozent der Schülerschaft ausmachten, verbot ihnen ein Gesetz von 1938 den Besuch öffentlicher deutscher Schulen.

Dieses offizielle Symbol der Jüdischen Winterhilfe mit dem Davidstern in der Mitte forderte die Juden auf in der kalten Jahreszeit an die Bedürftigen zu denken. Als die Nazis die Juden zum Verlassen Deutschlands zwangen, mussten selbst die jüdischen Einwohner des weltoffenen Berlin wachsende Isolierung und Not erleben. Die Berliner Juden schufen ein Modell für Wohlfahrt und Sozialarbeit, indem sie von Suppenküchen bis zu Waisenheimen alles organisierten.

Generalfeldmarschall Werner von Blomberg *(links)* trat zurück, nachdem man seine Ehefrau als ehemalige Prostituierte bloßgestellt hatte. Da sich Hitler nicht mit dem unabhängigen Generaloberst Werner von Fritsch, der eigentlich Nachfolger Blombergs werden sollte, auseinander zu setzen wünschte, fabrizierten Heinrich Himmler und Hermann Göring gefälschte Polizeiberichte, in denen von angeblichen homosexuellen Neigungen Fritschs die Rede war. Hitler nutzte die Blomberg-Fritsch-Krise um selbst den Oberbefehl über die Wehrmacht zu übernehmen und das Oberkommando der Wehrmacht zu schaffen, das ihm unmittelbar unterstellt war.

1938

• 1938: Von den 500 000 Juden, die 1933 in Deutschland lebten, sind bis Ende 1938 rund 200 000 ausgewandert. • Die erste Ausgabe der von den Nazis kontrollierten Publikation „Jüdisches Nachrichtenblatt" hält die deutschen Bürger über die Regelungen der Nazis hinsichtlich der Juden auf dem Laufenden. • Ludwig Schemann, ein führender Verfechter des Rassismus, stirbt. • Anfang 1938 tritt in Rumänien die im Dezember 1937 eingesetzte und von Oktavian Goga geführte faschistische, antisemitische Regierung zurück. • Der rechtsgerichtete katholische Priester Jozef Tiso wird Ministerpräsident der Slowakei und knüpft Verbindungen zu Nazideutschland.

• Adolf Hitler äußert gegenüber Hans Frank, Reichsminister ohne Geschäftsbereich, er sei gekommen um den Fluch

Der Führer inspiziert das Konzentrationslager Sachsenhausen nördlich von Berlin. Das 1936 gebaute KZ war nach Dachau eines der ersten Lager für die politischen Gegner der Nazis. Nach der Reichskristallnacht wurden etwa 1800 Juden verhaftet und dorthin geschickt; 450 kehrten aus dem KZ nicht zurück. Im Lager zwang man sie Spießruten zu laufen; viele von ihnen starben an ihren Verletzungen, andere wurden hingerichtet.

DIE GRÖSSTEN KONZENTRATIONSLAGER DEUTSCHLANDS 1933 – 1939

In den 30-er Jahren waren in den Nazilagern meist politische Gegner inhaftiert. Nach der Reichskristallnacht jedoch wurden dort auch tausende Juden eingesperrt.

Henry Ford, Industrieller und Besitzer der Ford Motor Company, bekannte sich freimütig zu seinem Antisemitismus. 1920 veröffentlichte seine Zeitung *„The Dearborn Independent"* die gefälschten „Protokolle der Weisen von Zion" und schürte damit die Ängste der Amerikaner vor einer jüdischen Verschwörung. Hitler ließ die „Protokolle" in deutscher Sprache drucken und verlieh Ford das Großkreuz des deutschen Adlers. Als in Europa der Krieg begann, gab Ford den „jüdischen Bankiers" die Schuld daran.

zu erfüllen, mit dem sich die Juden im Neuen Testament selbst belegt hatten: „Sein [Jesu] Blut komme über uns und unsere Kinder". Hitler, Sohn katholischer Eltern und katholisch erzogen, bemerkt, dass Martin Luther, der Begründer des Protestantismus, den Katholizismus nicht kritisiert hätte, wenn er sich der jüdischen Gefahr voll bewusst gewesen wäre; er hätte stattdessen alle Energie gegen die Juden aufgewendet.

• Januar 1938: Das Konzentrationslager Dachau wird vergrößert. • In den Niederlanden wird eine Kollaborationsorganisation, die *National-Socialistische Vrouwen Organisatie* (Nationalsozialistische Frauenorganisation), gegründet. • Die schwedische Regierung führt strenge Einwanderungsrichtlinien ein.

• 21. Januar 1938: Die rumänische Regierung spricht den im Lande lebenden Juden die Staatsbürgerschaft ab.

• Februar 1938: Hitler ernennt Joachim von Ribbentrop zum Reichsaußenminister.

• 4. Februar 1938: Hitler ernennt sich selbst zum Oberbefehlshaber der Wehrmacht. Hitlers Kabinett tritt zum letzten

Wiener Kinder begrüßen Hitler und sein Gefolge beim ersten offiziellen Besuch in der österreichischen Hauptstadt nach dem „Anschluss", der erzwungenen Vereinigung mit Deutschland. Die jungen Österreicher empfingen ihren neuen Führer mit Begeisterung. Zwar versuchte der österreichische Bundeskanzler Kurt von Schuschnigg dem deutschen Übergriff Widerstand zu leisten, doch der Druck der Nazis zwang ihn zum Rücktritt.

Der Zusammenschluss mit Deutschland löste in Österreich eine Flut von antisemitischen Aktionen aus. Man nahm den Juden nicht nur systematisch ihre Staatsbürgerschaft, sondern demütigte sie auch öffentlich. Hier schauen österreichische Nazis und die Bewohner einer Stadt zu, wie Juden gezwungen werden auf den Knien liegend das Straßenpflaster von aufgemalten Losungen für Schuschnigg, den kurz zuvor aus dem Amt entfernten österreichischen Bundeskanzler, zu säubern. Österreichische Nazis vertrieben sich auch gern die Zeit damit wohlhabende jüdische Frauen die Fußwege mit ihrer Unterwäsche scheuern zu lassen.

Ein SS-Offizier bewacht während der Überfälle am 18. Mai den Eingang zu den Büros des jüdischen Gemeindezentrums von Wien. Nach dem „Anschluss" wurden sämtliche antisemitischen Gesetze, die in den fünf Jahren zuvor in Deutschland verabschiedet worden waren, über Nacht auch in Österreich in Kraft gesetzt. Den fast 200 000 österreichischen Juden wurde die Staatsbürgerschaft aberkannt, die jüdischen Organisationen und Gemeinden erhielten keine staatlichen Zuschüsse mehr.

1938

Mal zusammen. • Die österreichischen Nazis bereiten sich auf die Übernahme sämtlicher jüdischer Unternehmen im Land vor.

• März 1938: Die polnische Regierung droht den in Deutschland lebenden polnischen Juden die Aufhebung der Staatsbürgerschaft an.

• 12. März 1938: Die Wehrmacht marschiert in Wien ein. Österreich wird von Deutschland annektiert („Anschluss") und unverzüglich den in Deutschland geltenden antisemitischen Gesetzen unterworfen. Später werden die jüdischen Organisationen und Gemeinden verboten.

• 28. März 1938: Die Organisationen der jüdischen Gemeinde in Deutsch-

Unmittelbar nach dem „Anschluss" im März 1938 gingen die Nazis daran die Kontrolle über die jüdische Gemeinde in Wien an sich zu reißen. Eichmann *(im Hintergrund links, in die Kamera blickend)* steht hier am 18. März mit SS-Männern vor dem Innenministerium; sie bereiten sich auf einen Überfall auf die jüdischen Ämter vor. Eichmann und seine Männer schüchterten die Gemeindeführer ein und schufen ein Klima der Angst um die Juden zur Auswanderung zu veranlassen. Die deutschen antisemitischen Gesetze galten jetzt auch in Österreich und die jüdischen Organisationen und Gemeinden wurden abgeschafft.

Begeisterte Teilnehmer eines Schubkarrenrennens. Diese Mitglieder der Hitlerjugend demonstrieren die pronazistische Haltung vieler Österreicher nach dem „Anschluss". Während sich diese jungen Leute ausgelassen vergnügen, erscheinen die Parks von Wien anderen Jugendliche weit weniger gastlich. Am 23. April wurden zahlreiche Juden zum Sabbat zusammengetrieben und gezwungen im Prater, Wiens berühmtem Vergnügungspark, Gras zu essen. Einige der Opfer erlitten Herzanfälle, ein Jude starb infolge dieser Tortur.

Das Schicksal der österreichischen Juden

Als die Deutschen Österreich am 12. März 1938 annektierten, gerieten auch die 190 000 österreichischen Juden unter die Herrschaft der Nationalsozialisten. Der Angriff auf diese Bürger begann fast sofort und die Isolierung und Verfolgung, der die Juden in Deutschland bis dahin länger als fünf Jahre ausgesetzt gewesen waren, begann nun, zeitlich auf wenige Monate zusammengedrängt, auch in Österreich.

Die Juden wurden auf der Straße von Nazis angegriffen und ab sofort galten auch für sie die berüchtigten Nürnberger Gesetze. Sie waren den unterschiedlichsten Erniedrigungen ausgesetzt. Man ließ sie im Kreis laufen, bis sie zusammenbrachen, manchen Juden schnitten die Nazis in der Öffentlichkeit den Bart ab. Viele betagte Juden starben an Herzanfällen, die sie durch die Peinigungen erlitten und hunderte zogen der Unterdrückung durch die Nazis den Freitod vor.

Die Arisierung jüdischen Eigentums, die bereits in Deutschland im Gange war, erstreckte sich auch auf das annektierte Österreich. In den ersten Monaten nach dem „Anschluss" gingen beispielsweise 78 der 86 jüdischen Bankhäuser in „arischen" Besitz über. Bis zum Ende des Jahres hatte man etwa zwei Drittel der Wohnungen jüdischer Mieter „arisiert".

Die Nazis errichteten auch in Österreich Konzentrationslager, darunter das berüchtigte KZ Mauthausen, um dort ihre jüdischen Opfer einzusperren. Die meisten Juden Österreichs kamen in den sieben Jahren der Naziherrschaft ums Leben.

land verlieren ihren offiziellen Status; sie werden von der Regierung nicht länger anerkannt.

• 5. April 1938: In ganz Polen kommt es zu antijüdischen Ausschreitungen.

• 15. April 1938: Bei einem antisemitischen Pogrom im polnischen Dąbrowa Tarnowska werden Juden getötet und verwundet.

• 21. April 1938: Ein neuer Erlass in Deutschland entfernt die Juden aus dem Wirtschaftsleben des Landes und ermöglicht den Zugriff auf jüdisches Vermögen.

• 23. April 1938: Am Sabbat werden Wiener Juden von den Nazis im Prater, dem berühmten Wiener Vergnügungspark, zusammengetrieben und gezwungen Gras zu essen. Viele der jüdischen Opfer erleiden Herzanfälle, einige sterben.

• 26. April 1938: Die deutsche Regierung fordert die Juden zur Anmeldung ihres beweglichen und unbeweglichen Vermögens auf, sofern es 5000 RM überschreitet. Das ist der erste Schritt zur Enteignung jüdischen Besitzes; die Arisierung ist ein Prozess, in dessen Verlauf das Deutsche Reich jüdische

Adolf Hitler und der pronazistische slowakische Ministerpräsident Josef Tiso in der Reichskanzlei. Nach dem Münchener Abkommen und der Okkupation des Sudetenlandes setzten die Nazis ihr Machtstreben gegenüber der Slowakei fort. In Tiso fanden sie einen bereitwilligen Partner. Obwohl die Slowakei eine gewisse politische Selbständigkeit behielt, schrieb Deutschland dort seine Rassenpolitik vor. 1942 wurde eine unbekannte Zahl Zigeuner und vielleicht 70 000 Juden in die Todeslager geschickt. Tiso floh 1945 nach Österreich, wo er von Angehörigen der US-Armee festgenommen wurde. Nach seiner Auslieferung an die Tschechoslowakei wurde er wegen seiner Kriegsverbrechen zum Tode verurteilt und hingerichtet.

Die Warschauer Polizei schreitet ein um einen antisemitischen Aufruhr zu unterdrücken. Während einige Juden an den Gebäuden Schutz suchen, sind andere unter der Gewalt der Faust- und Stockhiebe bereits zu Boden gestürzt. Nach dem Tod Marschall Józef Pilsudskis im Jahr 1935 nutzte die neue polnische Regierung den Antisemitismus in der Bevölkerung aus um die Nation zu sammeln und das Wohlwollen Deutschlands zu gewinnen. Obwohl sich die Regierung im Gegensatz zu rechtsgerichteten Parteien wie der *Endecja* gegen Gewalt aussprach, kam es im April 1938 in ganz Polen zu antijüdischen Ausschreitungen.

Gut gekleidet und optimistisch wirkend trifft die Hamburger Familie Simon in New York ein, von wo sie ihre Reise nach San Francisco (US-Bundesstaat Kalifornien) fortsetzt. Während manche Amerikaner den jüdischen Emigranten das Gefühl gaben willkommen zu sein, verhielten sich andere wie beispielsweise der Rundfunkprediger Pater Charles Coughlin unverhohlen feindselig. Ende 1938 gingen seine Anhänger in New York auf die Straße und forderten: „Setzt die Juden in undichte Boote und schickt sie dorthin zurück, woher sie gekommen sind."

1938

Bürger enteignet und ihren Besitz an „Arier" überträgt.

- **29. April 1938: Bei einem antisemitischen Pogrom im polnischen Wilna werden Juden getötet und verletzt.**

- **Mai 1938: In Österreich werden jüdische Männer und Frauen von ihren Mitbürgern gezwungen die Straßen mit kleinen Bürsten und den Pelzmänteln der Frauen zu reinigen.**

- **3. Mai 1938: Bei Flossenbürg wird ein Konzentrationslager gebaut.**

- **4. Mai 1938: Carl von Ossietzky, ein antinazistischer deutscher Journalist und Friedensnobelpreisträger von 1935, stirbt nach fünfjähriger KZ-Haft im Alter von 50 Jahren.**

Kaufinteressenten begutachten den beschlagnahmten Besitz deutscher Juden, bevor er zur Versteigerung kommt. Anfang 1938 brachte Hermann Göring, der Beauftragte für den Vierjahresplan, Pläne zur systematischen Enteignung jüdischen Vermögens ein. Die Juden mussten eine umfassende Aufstellung ihres in- und ausländischen Vermögens einreichen; der Besitz wurde später beschlagnahmt.

Häftlinge des Konzentrationslagers Flossenbürg bei der körperlich schweren Arbeit im Steinbruch. Das im Mai 1938 eröffnete und nach der nahe gelegenen bayrischen Stadt Flossenbürg benannte Lager war verhältnismäßig klein. Vor seiner Befreiung am 23. April 1945 durch US-amerikanische Soldaten waren darin etwa 65 000 Gefangene untergebracht. Während der letzten 14 Kriegsmonate sollen rund 14 000 Lagerinsassen gestorben bzw. hingerichtet worden sein. Zu den Todesopfern gehörte auch der deutsche Pfarrer Dietrich Bonhoeffer.

Adolf Eichmann

Adolf Eichmann, der als „Fachmann für Judenangelegenheiten" der SS galt, organisierte diensteifrig und effizient die Verhaftungen und den Transport von Millionen von Juden in die Todes- und Konzentrationslager. Von der Bedeutung und „Notwendigkeit" seiner Aufgabe überzeugt erklärte er seine Arbeit mit all dem Fanatismus zu erledigen, der sich für einen alten Nazi gehört. Er fand seine Tätigkeit „faszinierend" und gab zu, dass ihm ihre ordentliche Erledigung „ungewöhnliche Freude" bereite.

Eichmann trat 1932 der SS bei und übernahm 1934 einen Posten in dem von Reinhard Heydrich geleiteten Sicherheitsdienst (SD). Im Judenreferat des Reichssicherheits-Hauptamtes wurde er später der führende Experte für Judenangelegenheiten. Als Journalist getarnt reiste er 1937 nach Palästina um die Möglichkeit der Deportation der Juden in dieses Gebiet zu erkunden, kam jedoch zu dem Schluss, dass die Schaffung eines jüdischen Staates verhindert werden sollte. Nach der Annexion Österreichs im März 1938 leitete er die Zentralstelle für jüdische Auswanderung, in der er mit seinen Methoden der erzwungenen Emigration – systematische Anwendung physischer Gewalt, Erpressung und Androhung der Einweisung in ein Konzentrationslager – Erfahrungen sammelte.

Auf der Wannseekonferenz 1942 wurde Eichmann mit der „Endlösung der Judenfrage" betraut. Mit höchster bürokratischer Effizienz organisierte er die technische Seite der Vernichtung – vom Zusammentreiben der Opfer und den Eisenbahntransporten bis zur Entwicklung der Vergasungsverfahren und der Festlegung von Tötungsquoten in den Vernichtungslagern.

- **28. Mai 1939: In Frankfurt werden jüdische Geschäfte boykottiert.**
- **29. Mai 1938: Ungarn begrenzt den Anteil der Juden, die im Handel, in der Industrie, in freien Berufen und in der ungarischen Regierung arbeiten dürfen, auf 20 Prozent.**
- **31. Mai 1938: Die deutsche Gesetzgebung verbietet „entartete Kunst".**
- **9. Juni 1938: Die größte Synagoge in München wird von den Nazis niedergebrannt.**
- **14. Juni 1938: Sämtliche jüdische Unternehmen, die noch nicht registriert sind, müssen den Forderungen des Reiches nun Folge leisten.**
- **15. Juni 1938: In ganz Deutschland werden alle vorbestraften Juden (auch wenn die Straftat nur in einem Verkehrsdelikt bestand) verhaftet.**

Während es jüdischen Journalisten in den Jahren der Naziherrschaft verboten war für deutsche Zeitungen zu arbeiten, konnte eine Reihe jüdischer Presseerzeugnisse noch bis 1938 erscheinen. Obwohl die Zensoren ihre Arbeit genau nahmen, boten die Zeitungen den Juden eine Möglichkeit gegen ihre immer gefährlicher werdende Lage zu protestieren. Die jüdischen Journalisten griffen die von rassischen Aspekten abhängige Zuerkennung der Reichsbürgerschaft und die schlechte Behandlung der Juden durch die Naziunterdrücker an. Nach 1938 gab es nur noch ein einziges für Juden erscheinendes Journal, das „Jüdische Nachrichtenblatt".

Die *Liberation* war das Blatt der *Silver Shirts*, einer antisemitischen Organisation in den USA, die vom Vorbild der NSDAP geprägt war. Die Überschrift des Leitartikels gibt zu verstehen, dass die Juden Rädelsführer eines internationalen Drogenhandelsnetzes seien und fragt, ob man die Amerikaner in den Krieg locken sollte um solche Verbrecher zu retten.

Liberation

Facts Behind The Crisis

The prize of the year for editorial brilliance goes to the commentor who asked—after Roosevelt had sent h Four Billion Dollar pump-priming speech to Congress—"And how much is that in our money?"

VIII—No. 25 ASHEVILLE, N. C., MAY 7, 1938 Price 10 Cen

Should Americans Go to War to Save the Jew Dope Trade

WE have arrived at the days in American history when our government no longer excites our people into wars to win independence from European tyranny, or strike shackles from a million black men, or liberate starving Cubans, or "make the world safe" for Constitutional forms of government. All such high spiritual aspirations are Gentile, haic—and silly. We have arrived at the days when our ernment only excites the American people to go to war to save something—something predominantly Jewish—whic in danger.

Only yesterday it was the Jewish monopoly on the Ger Fatherland that we should be eager to fight to save. For first time in history a modern State, under a fearless and lightened leader, had smashed the Jewish control of its poli and finance. This was an unthinkable accomplishment, to people who had been taught from their cradles that Juda invincible. What Hitler did, gave living demonstration

Wie Hitler rief auch der italienische Diktator Benito Mussolini die Jugend zur Unterstützung seiner Sache auf. Hier wird *Il Duce* bei einer Kundgebung der Faschistischen Jugend im Juni 1938 in Rom von einer großen Volksmenge begrüßt. Die ersten Siege Mussolinis, darunter auch die Einnahme der so dringend benötigten äthiopischen Ölquellen, förderten die Popularität des Diktators und spornten dessen Streben nach der Eroberung weiterer Territorien an. Um sein Ansehen bei Hitler zu festigen und die Billigung seiner Expansionspläne zu erreichen erließ er 1938 antisemitische Gesetze. Diese Maßnahme wurde allerdings von nur wenigen Italienern unterstützt.

1938

• 22. Juni 1938: Der deutsche Schwergewichtsboxer Max Schmeling, ein Symbol für die „arische Überlegenheit", wird in der ersten Runde von Weltmeister Joe Louis k. o. geschlagen. Schmeling hatte Louis 1936 besiegt.

• 25. Juni 1938: Die deutsch-jüdischen Ärzte dürfen nur noch jüdische Patienten behandeln.

• 6.–14. Juli 1938: In Évian-les-Bains (Frankreich) findet eine vom US-amerikanischen Präsidenten Franklin Roosevelt einberufene internationale Konferenz zum jüdischen Flüchtlingsproblem statt. Roosevelt verfolgt angeblich das Ziel die Appelle seiner jüdischen Landsleute an die Hilfsbereitschaft gegenüber den deutschen Juden abzulenken. Mit Ausnahme Costa Ricas und der Dominikanischen Republik, die beide

Da die Juden immer stärker verfolgt wurden, suchten viele von ihnen Zuflucht in Palästina. Großbritannien allerdings fürchtete seine arabischen Verbündeten zu verlieren und weigerte sich deshalb Palästina den jüdischen Flüchtlingen als Heimat zu erschließen. Das Anwachsen der jüdischen Bevölkerung verstimmte die Araber, die auch durch die Nazipropaganda zum Handeln angestachelt wurden. Ab 1936 kam es immer wieder zu Angriffen auf jüdische Kommunen. Um die jüdische Bevölkerung sowohl schützen als auch kontrollieren zu können führte Großbritannien Passierscheine ein. Hier warten Juden aus Haifa auf ihre Passierscheine, ohne die sie die Stadt nicht verlassen durften.

Diese Karikatur aus einer antisemitischen Budapester Publikation setzte auf die Ängste und Ressentiments der Menschen. Der reiche Jude ist stellvertretend für alle wohlhabenden Juden als Manipulierer und Drahtzieher der gesamten Gesellschaft dargestellt. Unter dem rassistischen Ministerpräsidenten Gyula Gömbös, der die Regierung von 1932 bis 1939 führte, verfolgte Ungarn eine Politik der wirtschaftlichen und politischen Zusammenarbeit mit Deutschland. Im Mai 1938 folgte Ungarn dem deutschen Beispiel und erließ ein Gesetz, das die jüdische Beteiligung am Wirtschaftsleben des Landes einschränkte.

Ein Warschauer Jude späht wachsam zu seinem Sohn, der den Anmarsch von Mitgliedern der antisemitischen *Endecja* (Nationale Demokraten) signalisiert. Die stark nationalistisch und auf einen Einvölkerstaat Polen ausgerichtete *Endecja* war den Minderheiten und insbesondere den Juden, in denen sie ein Hindernis für ihre Ziele sah, feindlich gesinnt.

riesige Geldsummen für die Aufnahme einer kleinen Zahl jüdischer Einwanderer fordern, beschließen die 32 Teilnehmerstaaten keine Genehmigung für die Einwanderung einer großen Zahl Juden zu erteilen.

• **Juli 1938: Mit ihrem Vorschlag, dem so genannten Sosua-Projekt, bietet die Dominikanische Republik die Aufnahme von 100 000 jüdischen Flüchtlingen aus Europa an, die in einem Gebiet nahe Santo Domingo angesiedelt werden sollen. Als Gegenleistung fordert sie vom amerikanisch-jüdischen Joint Distribution Committee (JDC) Millionen von Dollars. (Unter diesem Plan erhalten nur etwa 500 Juden eine Einreiseerlaubnis für die Dominikanische Republik, bevor das Land die Einwanderung 1940 stoppt.)**

• **14. Juli 1938: Eine Nazizeitung bringt die Absicht der Teilnehmerstaaten der Konferenz von Évian hinsichtlich der Juden mit der Überschrift zum Ausdruck: „JUDEN GÜNSTIG ZU VERKAUFEN – WER WILL SIE? NIEMAND."**

• **23. Juli 1938: Die Juden in Deutschland werden in einer Bekanntmachung aufgefordert die Ausstellung von Kenn-**

Die Konferenz von Évian

Den Juden erschien die angekündigte Konferenz in Évian-les-Bains wie ein Geschenk des Himmels. Die internationale Zusammenkunft, die der US-amerikanische Präsident Franklin D. Roosevelt einberufen hatte, sollte den hunderttausenden Juden in dem von den Nazis beherrschten Deutschland und Österreich eigentlich einen Zufluchtsort offerieren. Stattdessen besiegelte sie in tragischer Ironie den Untergang dieser Menschen.

Vom 6.–15. Juli 1938 kamen Delegierte aus 32 Ländern sowie Vertreter von 39 privaten Hilfsorganisationen (darunter 21 jüdische Organisationen) im Luxushotel „Royal" in dem französischen Kur- und Badeort Évian-les-Bains zusammen, der am Genfer See, nahe der Grenze zur Schweiz, gelegen ist. Bereits vor der Konferenz hatte Präsident Roosevelt klargelegt, es werde von keinem Land erwartet, dass es eine größere Anzahl Emigranten aufnehme, als die bestehenden Gesetze zuließen. Diese Einschränkung vonseiten Roosevelts ausnutzend brachten die Delegierten nacheinander ihr Mitgefühl für die jüdischen Flüchtlinge zum Ausdruck, fügten jedoch entschuldigend die Gründe hinzu, aus denen ihre Länder den Einwanderern ihre Grenzen nicht öffnen könnten.

Die Konferenz von Évian bot den jüdischen Flüchtlingen keine Hilfe. Sie wurde vielmehr zu einem wichtigen Wendepunkt in den Beziehungen zwischen Nazis und Juden, indem sie die Behauptung der Nazis, niemand wolle die Juden, bestätigte. Das Treffen zeigte, dass die Zwangsemigration, die im Mittelpunkt der antijüdischen Politik Nazideutschlands gestanden hatte, nicht durchführbar war. Es musste eine andere Lösung für das „jüdische Problem" gefunden werden.

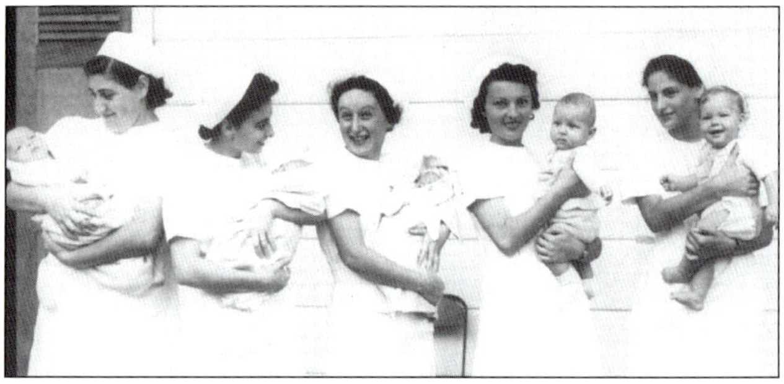

Deutsch-jüdische Flüchtlinge, die als Krankenschwestern arbeiten, mit Kleinstkindern in Sosua in der Dominikanischen Republik. Der dominikanische Präsident hatte sein Land als sicheren Hafen für die von den Nazis verfolgten Juden angeboten. Die Regierung hatte sich einverstanden erklärt gegen eine Zahlung von Millionen Dollars durch das amerikanisch-jüdische *Joint Distribution Committee (JDC)* bis zu 100 000 jüdische Flüchtlinge aus Europa aufzunehmen. Nur knapp 500 europäische Juden machten sich nach Sosua auf, bevor die dominikanische Regierung das Einwanderungsprojekt stoppte.

Myron C. Taylor aus den USA bei der Konferenz in Évian, deren Teilnehmer zusammengekommen waren um für zehntausende jüdischer Flüchtlinge eine Zuflucht zu organisieren. Zwar machte Myron C. Taylor deutlich, es sei „an der Zeit, dass die Regierungen … handeln, sofort handeln", doch verhinderte der Isolationismus und der Antisemitismus der USA ein sinnvolles Handeln der amerikanischen Politiker in dieser Frage.

1938

karten zu beantragen, die der Polizei auf Verlangen vorzuweisen sind.

• 25. Juli 1938: Den jüdischen Ärzten in Deutschland wird die Zulassung entzogen. • Der amerikanische Rundfunkprediger Pater Charles Coughlin fordert die Gründung einer amerikanischen christlichen Front zur Bekämpfung von Kommunisten und Juden. Der *Christian Front*, die ins Leben gerufen wird, gehören in der Mehrzahl Iren und Deutschamerikaner aus der Arbeiterklasse an. Die Organisation hält an der Überzeugung fest, dass Amerika eine christliche Nation sei und die Katholiken mit den Protestanten in einer vereinten *Christian Front* gegen die Juden marschieren sollten.

• 30. Juli 1938: Henry Ford, ein amerikanischer Industrieller und führender

Arbeiterinnen entfernen den Namen eines jüdischen Geschäftes in Hof. Die Arisierung jüdischen Vermögens war im Sommer 1938 in vollem Gange. Die Geschäfte jüdischer Inhaber wurden systematisch konfisziert, und auch große Unternehmen und Filialen mit jüdischem Kapital wurden von der Arisierung erfasst. Während die „freiwillige" Übertragung auf Nichtjuden in mäßigem Tempo fortgesetzt wurde, erging am 6. Juli eine Bekanntmachung, nach der jede jüdische Geschäftstätigkeit bis zum Jahresende erloschen sein musste.

Die 1938 ausgegebenen Kennkarten von Betty geb. Dreifuß und Nathan Moses sind mit einem „J" (Jude) gestempelt. Eine Bekanntmachung vom 23. Juli verpflichtete alle Juden die Ausstellung einer Kennkarte zu beantragen und diese Karte dann stets bei sich zu tragen. Einem Runderlass vom August zufolge mussten alle Juden einen zweiten Vornamen führen; männlichen Personen wurde der Name Israel, weiblichen Personen der Name Sara verordnet. Diese Bestimmungen entfremdeten die Juden nicht nur der deutschen bürgerlichen Gesellschaft, sondern stellten sie auch völlig unter die Kontrolle der Polizei.

Auf Schritt und Tritt suchten die Nazis die Juden zu erniedrigen und zu verfemen. Auch das Schild mit dem gut sichtbaren Davidstern und dem diskriminierenden Text diente diesem Zweck. Konfrontiert mit solchen Hinweisen und aus Furcht davor sich durch einen normalen Umgang mit ihren Mitmenschen schuldig zu machen, wandten sich viele Deutsche von ihren jüdischen Nachbarn, Freunden und Kollegen ab.

Antisemit, nimmt das Großkreuz des Deutschen Adlers, einen Orden des Deutschen Reiches, entgegen. Bei Ausbruch des Zweiten Weltkrieges im Jahr darauf behauptet er, die „jüdischen Bankiers" seien für den Krieg verantwortlich.

• 5. August 1938: Der Reichsminister für Volksaufklärung und Propaganda, Joseph Goebbels, stellt einen neuen Rundfunkempfänger für das deutsche Volk vor, der auch „Goebbelsschnauze" genannt wird.

• 8. August 1938: In Mauthausen wird das erste österreichische Konzentrationslager errichtet.

• 10. August 1938: Die Synagoge in Nürnberg wird zerstört.

• 17. August 1938: Die Juden in Deutschland müssen vom 1. Januar 1939 an einen zweiten Vornamen – Israel bzw. Sara – führen.

Vertreibung über die Grenze

In den 30-er Jahren bestand für die Juden Deutschlands noch die Möglichkeit zu emigrieren. Doch gab es nur wenige Orte, die als neue, sichere Heimat infrage kamen. Die meisten Länder waren nicht gewillt Juden bei sich aufzunehmen, da sie fürchteten, dass die Einwanderer ihnen sozial und wirtschaftlich zur Last fallen würden.

1938 stieg die Zahl der Juden, die im Ausland Zuflucht suchten, enorm an. Der erzwungene „Anschluss" Österreichs an Deutschland war begleitet von Demütigungen und Schikanen, von Verhaftungen und von der Enteignung der österreichischen Juden. Tausende versuchten über die Grenze in die Tschechoslowakei, nach Ungarn, Polen und in die Schweiz zu fliehen, drängten sich in den Zügen und verstopften die Straßen mit ihren Autos und Taxis.

Mit dem „Anschluss" setzte auch die Politik der gewaltsamen Abschiebung der Juden ein. Manche Juden wurden geschlagen, ihrer Habe beraubt, in schadhafte Boote gesetzt und flussabwärts über die Donaugrenze abgeschoben. Im Oktober 1938 wurden 17 000 aus Polen gebürtige, aber in Deutschland lebende Juden zusammengetrieben, in Eisenbahnwagen gestoßen, die dann verriegelt wurden, und von SS-Wachmannschaften illegal über die polnische Grenze gebracht. Tausende, die in einem kleinen Grenzdorf Schutz fanden, drängten sich in Schweine-, Kuh- und Pferdeställen und in Speichern. Man versuchte in Polen zunächst die Abgeschobenen wieder zurückzutreiben, nahm dann aber die meisten widerwillig auf.

Die Reichskristallnacht sorgte für eine weitere panikartige Auswanderungswelle nach Palästina, Großbritannien, Amerika und in das vom Krieg in Mitleidenschaft gezogene Schanghai. Manche flohen überstürzt mit der sowjetischen transsibirischen Eisenbahn in Richtung Osten. Andere nahmen in ihrer Verzweiflung eine Fahrt an Bord heruntergekommener, kaum noch seetüchtiger Schiffe auf sich.

Die zunehmende Verfolgung nährte die Überzeugung mancher deutscher Juden, dass ihre Zukunft in einem jüdischen Heimatland liege. Andere blieben in Deutschland verwurzelt, suchten aber die jüdische kulturelle Erneuerung zu fördern und die Solidarität unter den Juden zu stärken. Der Theologe, Gelehrte und Gemeindeführer Martin Buber rief ein ehrgeiziges Bildungsprogramm ins Leben um die Auswirkungen der Vertreibung der Juden von den deutschen Schulen und Universitäten auszugleichen. Hier spricht er im Rahmen der „Palästina-Woche" vor den Mitgliedern der jüdischen Gemeinde Berlins. Buber, ein überzeugter Zionist, emigrierte 1938 nach Palästina.

Dieses Plakat verkündet, dass Amerika gegen Antisemitismus und Rassenhass antritt. Viele, vielleicht sogar die meisten Amerikaner waren jedoch nicht gewillt den Juden Europas zu helfen. 1939 ergab eine Umfrage des *American Institute of Public Opinion*, dass die Mehrzahl der Amerikaner gegen steigende Einwanderungsquoten für jüdische Flüchtlinge war.

1938

• **18. August 1938:** Der Patriarch der rumänischen orthodoxen Kirche, Miron Cristea, ruft die Nation auf „die jüdischen Parasiten zu bekämpfen". • Die Regierung der Schweiz verweigert jüdischen Emigranten die Einreise. Paul Grüninger, der Polizeikommandant eines Ortes im Kanton St. Gallen an der österreichischen Grenze, missachtet die Anweisungen seiner Vorgesetzten und lässt von August bis Dezember 1938 3600 Juden die Grenze passieren.

• **26. August 1938:** In Wien wird die Zentralstelle für jüdische Auswanderung unter der Leitung von Adolf Eichmann gegründet. Damit soll die Auswanderung der Juden aus dem Reich gefördert werden.

• **September 1938:** In Neuengamme wird ein Konzentrationslager errichtet.

Diese entweihte und teilweise zerstörte Thorarolle war einst ein in Ehren gehaltener Besitz einer jüdischen Familie aus dem polnischen Pultusk. Der Pole, der sie nach dem Krieg zum Verkauf anbot, behauptete, die Rolle sei in einem Hof in Pultusk als Hintergrund für Hinrichtungen von Juden verwendet worden. Die Juden Jerome Lipowicz und Abraham Zielinski kauften sie und brachten sie schließlich in die USA. Heute ist diese Thorarolle, die nicht mehr aus einem, sondern aus fünf Stücken besteht, eine mahnende Erinnerung an die Freveltaten, die an der jüdischen Glaubensgemeinschaft begangen wurden.

Die Juden waren nicht gewillt all die Dinge aufzugeben, die das Leben erträglich machten. Dazu gehörten auch die Konzerte, die der Kulturbund Deutscher Juden veranstaltete. Die Organisation war Mitte 1933 gegründet worden um dem jüdischen Publikum Zugang zu anderen als den nationalsozialistischen Theater-, Musik- und Sportveranstaltungen zu ermöglichen. Der Kulturbund existierte unter wachsendem Druck der Nazis bis 1941 und wurde dann aufgelöst.

Die Nazis betrachteten Freimaurer und Juden als Mitglieder einer ausgedehnten internationalen Verschwörung, der man das Streben nach der Weltherrschaft unterstellte. Die Freimaurer gerieten sofort nach Hitlers Machtantritt unter Beschuss, ihre Logen wurden bald geschlossen. Um die Anschauungen der Freimaurer lächerlich zu machen übernahmen die Nazis eine Loge in Erlangen und verwandelten sie in ein Museum *(Abb.)* mit zahlreichen Darstellungen von Ritualen und Initiationsriten.

• Generäle und einflussreiche Zivilisten planen einen Putsch mit dem Ziel Hitler zu stürzen und in eine Nervenheilanstalt zu sperren. Wegen schlechter Organisation und der schwankenden Haltung der Führung wird der Plan nie verwirklicht.

• 6. September 1938: Papst Pius XII. äußert sich gegenüber belgischen Pilgern inoffiziell darüber, dass der Antisemitismus eine Bewegung sei, an der sich die Christen nicht beteiligen sollten. Seinen Worten zufolge hat jeder Christ allerdings das Recht „sich zu verteidigen, Maßnahmen zu ergreifen um sich vor allem zu schützen, was seine legitimen Interessen bedroht."

• 15. September 1938: Der britische Premierminister Neville Chamberlain trifft in Berchtesgaden mit Hitler zusammen um über die Sudetenkrise zu beraten. Hitler hatte von der Tschechoslowakei die Abtretung des Sudetengebietes gefordert, das bis zum Ende des Ersten Weltkrieges zu Österreich gehörte.

• 22.–23. September 1938: Neville Chamberlain trifft, diesmal in Bad Godesberg, erneut mit Hitler zusammen.

Ein SS-Offizier beobachtet aufmerksam die beim Bau des deutschen Konzentrationslagers Neuengamme eingesetzten Zwangsarbeiter. Wie bei vielen Lagern waren auch hier die ersten Häftlinge für den Bau der Anlagen verantwortlich. Den Standort bei Neuengamme hatte man wegen der stillgelegten Ziegelei gewählt, die ein Teil des Lagerkomplexes war. Die SS beabsichtigte die Fabrik wieder in Betrieb zu nehmen und die Ziegel für geplante öffentliche Bauten in Hamburg bereitzustellen.

Reichskanzler Adolf Hitler begrüßt in Berchtesgaden den britischen Premierminister Neville Chamberlain, der zu einem Treffen in München nach Deutschland gereist ist. Auf diesem Treffen sollte Hitlers Forderung an die Tschechoslowakei diskutiert werden die hauptsächlich von Volksdeutschen bewohnten sudetendeutschen Gebiete in Böhmen und Mähren an das Deutsche Reich abzutreten. Während der Konferenz versicherte Hitler, dass das Sudetengebiet seine letzte territoriale Forderung in Europa sei.

Von der Münchener Konferenz nach London zurückgekehrt erklärt Neville Chamberlain, er habe „den Frieden in unserer Zeit" gesichert. Chamberlain begann seine Rede mit der Feststellung, er habe soeben eine Reihe von Zusammenkünften mit dem „ehrenwerten" Mr. Hitler abgeschlossen. Er schilderte die Gespräche als offen und ernsthaft und spielte damit die Tatsache herunter, dass Großbritannien der territorialen Demontage der unabhängigen demokratischen Tschechoslowakei zugestimmt hatte.

1938

• 26. September 1938: Hitler verspricht nach der Abtretung des Sudetengebietes keine weiteren territorialen Forderungen in Europa zu stellen.

• 27. September 1938: In Deutschland wird gegen jüdische Rechtsanwälte das Berufsverbot verhängt.

• 29.–30. September 1938: An dem Treffen in München nehmen der französische Ministerpräsident Édouard Daladier, der britische Premierminister Neville Chamberlain, der italienische Diktator Benito Mussolini und Hitler teil. Als Höhepunkt der Beschwichtigungspolitik der Verbündeten stimmen Frankreich und Großbritannien der illegalen Eingliederung des tschechischen Sudetengebietes in das Deutsche

DEUTSCHES REICH

J

28.12.38

(Stempelm…

2 8. Dez. 1938

REISEPASS

Gebühr 3,– RM

Geb.-Buch Nr. 11550/38 Nr. II 7383/38

NAME DES PASSINHABERS

Karoline Rülf

BEGLEITET VON SEINER EHEFRAU

UND VON –/– KINDERN

STAATSANGEHÖRIGKEIT:

DEUTSCHES REICH

Dieser Paß enthält 32 Seiten

Wie dieser Reisepass von Karoline Rülf waren die Pässe deutsch-jüdischer Auswanderer auf Verlangen der Schweiz auf der Vorderseite mit einem aufgestempelten „J" gekennzeichnet. Heinrich Rothmund, der Chef der Polizeiabteilung im Eidgenössischen Justiz- und Polizeidepartement (EJPD), hatte als Alternative die Wiedereinführung der Visumspflicht für alle deutschen Reichsbürger angekündigt. Die Schweizer Behörden fürchteten, dass die deutschen Juden ansonsten versuchen könnten als angebliche Christen ins Land zu gelangen. Das große rote „J" auf ihren Reisepässen war ein Versuch den Zustrom deutscher Juden einzuschränken und die Schweizer Regierung zu beruhigen.

Mauthausen

Das österreichische Konzentrationslager Mauthausen bei Linz war für die „Vernichtung durch Arbeit" berüchtigt; viele Häftlinge kamen durch die schwere Arbeit im benachbarten Steinbruch um. Von den 200 000 Männern, Frauen und Kindern, die in das KZ kamen, starben etwa 120 000 an den schlechten Haftbedingungen, an Überarbeitung und sadistischen Folterungen. Das Lager wies die höchste Todesrate von allen KZ im Reich aus.

Das Lager Mauthausen war nach dem „Modell Dachau" eingerichtet worden; auch dort wandte man die bekannten Methoden zur Misshandlung der Häftlinge an. Doch zum Tod durch Hunger und Prügel kam in Mauthausen noch eine Foltermethode ohnegleichen, die sich der Lagerkommandant Franz Ziereis, ein Mann mit einem Kindergesicht, ausgedacht hatte. Die Gefangenen mussten, mit einer Steinlast von über 50 Kilogramm beladen, die 186 Stufen vom Steinbruch nach oben im Laufschritt überwinden. Fielen die Steine zu Boden, zerschlugen sie die Füße des nachfolgenden Häftlings. Jeder Jude, der seine Last fallen ließ, wurde erbarmungslos geschlagen; anschließend lud man ihm die Steine wieder auf. In ihrer Verzweiflung begingen viele Gefangene Selbstmord, indem sie vom Rand des Steinbruchs in die Tiefe sprangen. Manche wurden von den Wachmannschaften als „Fallschirmspringer" in den Steinbruch hinabgestürzt. Nicht selten wurden Häftlinge auch in die elektrischen Zäune gejagt, durch Genickschüsse oder mit Injektionen direkt ins Herz ermordet.

Reich zu. Die meisten europäischen Länder sehen das mit Erleichterung, weil damit ein Krieg abgewendet scheint. Daladier, der auf dem Flughafen Orly von einer riesigen Menschenmenge erwartet wird, fürchtet tätliche Angriffe wegen des Verrats, den Frankreich an seinem tschechischen Verbündeten geübt hat. Nach der Landung wirft ihm die Menge jedoch Rosen zu.

• Die tschechischen Vertreter, die von den Gesprächen in München ausgeschlossen sind und die Entscheidung der Vertreter Frankreichs, Großbritanniens, Italiens und Deutschlands einfach abwarten müssen, brechen nach der Verkündung der Zugeständnisse ihrer Verbündeten an das Deutsche Reich in Tränen aus. Auf dem Treffen unterzeichnet Chamberlain zudem einen Freundschaftsvertrag mit Deutschland ohne seinen Verbündeten Frankreich davon zu informieren. Bei seiner Rückkehr hält er vor der Menge, die sich an seinem Flugzeug versammelt hat, triumphierend das Vertragspapier in die Höhe und verspricht „Frieden in unserer Zeit".

• Oktober 1938: Die polnische Regierung erklärt die Pässe aller Juden, die länger als fünf Jahre im Ausland gelebt

Der Madagaskarplan

1938 prüften die Nazis den Plan die Juden Deutschlands nach Madagaskar, einer Insel vor der ostafrikanischen Küste, zu deportieren und dort anzusiedeln. Die britische Seeherrschaft verhinderte zwar, dass dieser Plan in die Tat umgesetzt wurde, doch Hitler spielte noch jahrelang mit diesem Gedanken. Er machte geltend, dass die Juden nach Afrika geschickt werden müssten, weil dort die klimatischen Bedingungen den menschlichen Organismus schwächen und dessen Widerstandskraft verringern würden.

Den Plan die Juden in das französische Kolonialgebiet im Indischen Ozean zu deportieren ersann bereits im 19. Jahrhundert der deutsche Antisemit Paul de Lagarde. Er tauchte dann in den 1920-er Jahren in antisemitischen Kreisen Polens erneut auf und 1937 führte die polnische Regierung darüber mit Frankreich Verhandlungen.

Die Nazis hatten vor, mit Hilfe des Madagaskarplanes vier Millionen Juden abzuschieben. Die französischen Bewohner der Insel würden das Territorium verlassen, sodass die Juden vom Kontakt mit weißen Europäern abgeschnitten wären. Auf der Insel würde man deutsche Flottenstützpunkte einrichten. Das restliche Inselgebiet sollte als jüdisches Reservat dienen, das eigene Bürgermeister und Poststellen hatte, doch einem Polizeikommandanten unterstand, der Heinrich Himmler verantwortlich war. Für diese Rolle hatte man Philipp Bouhler vorgesehen, der mit der Durchführung des „Euthanasie“-Programms der Nazis beauftragt war.

Die Schmierereien über dem Schaufenster eines jüdischen Bekleidungsgeschäftes in Wien drückten den antisemitischen Geist ihrer Zeit aus. Neben dem Davidstern, einem Galgen und dem Wort „Jud“ findet sich die hämische Aufforderung, die Besitzer sollten Urlaub in Dachau machen.

Eine Rundreise durch tschechisches Gebiet führte Hitler auch in den Kurort Karlsbad. Die Stadt, die für ihre guten Mineralquellen und Heilbäder bekannt ist, war häufig Gastgeberin für die Mitglieder der europäischen Königshäuser. Bei seiner Ankunft in der berühmten westtschechischen Stadt wurde Hitler von einer militärischen Ehrengarde empfangen, zu der auch eine Panzerformation der Wehrmacht gehörte. Das tschechische Volk lernte bald den militärischen Pomp kennen, den ihre neuen Herren besonders mochten.

1938

haben, für ungültig und erklärt die Inhaber zu Staatenlosen. • *Civiltà Cattolica*, die angesehenste Jesuitenzeitschrift, die in Rom erscheint und vom Vatikan kontrolliert wird, nennt das Judentum unheilvoll und beschuldigt die Juden die Welt durch Geld und Säkularismus beherrschen zu wollen. Das Journal behauptet, dass der Teufel der Herr der Juden sei; das Judentum sei bösartig und „eine ständige Gefahr für die Welt“.

• 1.–10. Oktober 1938: Truppen der Wehrmacht besetzen das tschechische Sudetengebiet.

• 5. Oktober 1938: Der Forderung Heinrich Rothmunds, des Chefs der Polizeiabteilung im EJPD, entsprechend lässt die deutsche Regierung die Reisepässe aller Juden mit einem großen roten „J“ versehen. Diese Maßnahme soll verhindern, dass sich

Drei Frauen heißen den Reichskanzler bei seiner Reise durch das neu erworbene Sudetengebiet mit dem Hitlergruß willkommen. Die unterschiedlichen Emotionen, die auf diesem Foto deutlich werden, sprechen ihre eigene Sprache. Während die Frau am linken Bildrand zweifellos begeistert ist und die Dame in der Bildmitte ein wenig reserviert und respektvoll erscheint, weint die Frau rechts im Bild beim Hitlergruß. Ihre Tränen deuten darauf hin, dass sie vielleicht fest verwurzelte Vorbehalte gegen die Einverleibung ihrer Heimat in Hitlers immer größer werdendes Drittes Reich hat.

Hitler bekommt von Kindern aus dem Sudetenland Blumensträuße geschenkt. Heinrich Himmler und weitere Spitzenfunktionäre begleiteten Hitler auf seiner Rundreise durch tschechisches Gebiet, die perfekt durchorganisiert war. Überall, wo der Führer Halt machte, wurde er von jubelnden Volksmengen, dankbaren Schulkindern und Mitgliedern der österreichischen Nazipartei empfangen. Die Einverleibung des Sudetengebietes ins Großdeutsche Reich war ein enormer Propagandasieg für Hitler. Er war seit seinem Eintritt in die Politik im Jahr 1919 leidenschaftlich für die Schaffung einer deutschen Nation eingetreten, in der alle Volksdeutschen beheimatet sein sollten.

Die Eingliederung des Sudetengebietes in das Dritte Reich betraf neben der deutschsprachigen Mehrheit auch tausende Nicht-Deutsche. Nach der Unterzeichnung des Münchener Abkommens wurden schätzungsweise 200 000 Menschen vertrieben oder flohen aus ihren Häusern. Auf diesem Foto überwachen bewaffnete Nazisoldaten die Vertreibung tschechischer Bürger aus Falknov und Ohri.

deutsche Juden als vermeintliche Christen in die Schweiz einschleichen.

• 8. Oktober 1938: Die Slowakische Hlinka-Volkspartei (HSLS) gründet die *Hlinkova Garda* (Hlinka-Garde), eine antisemitische Miliz, die mit den Deutschen zusammenarbeitet.

• 28. Oktober 1938: Deutschland deportiert die Juden mit polnischer Staatsangehörigkeit an die polnische Grenze. Polen weigert sich die Menschen ins Land zu lassen; die Nazis verwehren ihnen die Rückkehr nach Deutschland. In der polnischen Grenzstadt Zbaszyñ sitzen 17 000 Juden fest.

• November 1938: Pater Bernhard Lichtenberg, ein römisch-katholischer Geistlicher in Berlin, verurteilt die Angriffe der Deutschen auf die Juden. Er gehört zu den wenigen deutschen Katholiken, die das unmoralische Verhalten der Regierung öffentlich anprangern: „Draußen brennt die Synagoge und die ist auch ein Gotteshaus."

• 2. November 1938: Ungarn annektiert Teile der Slowakei und der Karpato-Ukraine.

Mitglieder der kurz zuvor gegründeten slowakischen Hlinka-Garde marschieren im Gleichschritt. Die Eingliederung des Sudetengebietes in das Deutsche Reich ließ die Slowakische Hlinka-Volkspartei, eine rechtsgerichtete, nationalistische Gruppierung, in Aktion treten. In der Hoffnung einen unabhängigen slowakischen Staat schaffen zu können passte sich die Führung der Volkspartei den Nazis rasch an. Die fast 90 000 Juden der Slowakei mussten sich deshalb auf unruhige Zeiten gefasst machen.

„Sie riefen uns zu: ‚Tempo, Tempo!' Ich bekam einen Stoß und fiel in den Straßengraben. Mein Sohn half mir auf und sagte: ‚Lauf, lauf, Vater, sonst stirbst du!'"

Zindel Grynszpan, ein deutscher Jude, über den erzwungenen Marsch von 17 000 Juden an die polnische Grenze.

Aus Deutschland deportierte Juden aus dem Flüchtlingslager in Zbaszyñ. Sie stehen in der Warteschlange vor einer fahrbaren Suppenküche. In den ersten beiden Tagen der Vertreibungsaktion kamen etwa 6000 Juden in der polnischen Grenzstadt an. Die Flüchtlinge wurden dort zunächst noch mit warmem Wasser und Nahrungsmitteln versorgt. Da die Krise jedoch mehrere Monate andauerte, finanzierte das Joint Distribution Committee eine organisierte Hilfsaktion. Nach Gesprächen auf Regierungsebene einigten sich die polnischen und deutschen Vertreter schließlich darauf die Deportierten zunächst nach Deutschland zurückkehren und ihren Besitz auflösen zu lassen und sie dann in Polen aufzunehmen.

1938

• 7. November 1938: Ein junger Jude mit Namen Herschel Grynszpan, der über das Schicksal seiner nach Zbaszyñ deportierten Familie äußerst beunruhigt ist, begibt sich in das Gebäude der deutschen Botschaft in Paris und verwundet den dritten Legationssekretär Ernst vom Rath tödlich. Die Nazis nutzen dieses Ereignis für eine lang geplante Terrorkampagne gegen die Juden in Deutschland und Österreich.

• 9. November 1938: Hitler ermächtigt Hermann Göring sich mit allen politischen Fragen bezüglich der Juden zu befassen.

• 9./10.November 1938: In der so genannten Reichskristallnacht finden in ganz Deutschland und Österreich Pogrome statt, bei denen 91 Juden getötet werden. 30 000 männliche Juden werden in Konzentrationslager

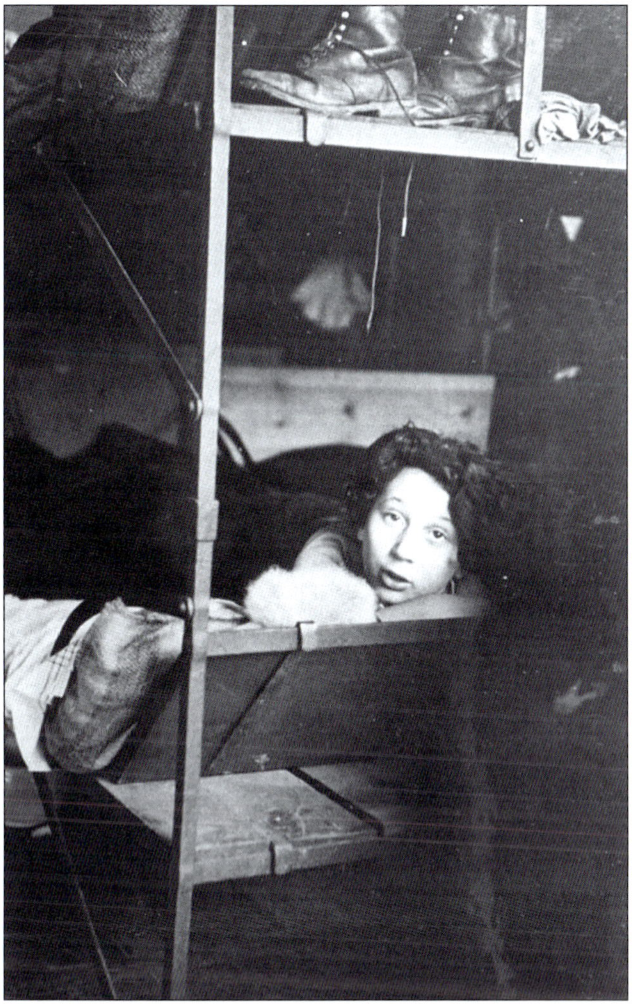

Nettie Stub Katz späht aus ihrer Schlafstelle im Flüchtlingslager an der deutsch-polnischen Grenze. Etwa 17000 polnische Juden saßen in der polnischen Grenzstadt Zbaszyń fest, nachdem die Nazis alle Juden polnischer Nationalität aus Deutschland vertrieben hatten. Polen weigerte sich die Menschen wieder in ihr Land zu lassen. Nettie Katz blieb fast ein Jahr im Lager, bevor sie ein Visum für Schweden erhielt, wo sie den Krieg überlebte.

Neuengamme

Im Dezember 1938 kaufte die SS in Neuengamme, einem unweit von Hamburg am sumpfigen Ufer der Elbe gelegenen Ort, eine stillgelegte Ziegelei. Aus dem Konzentrationslager Sachsenhausen wurden Häftlinge nach Neuengamme verlegt, welche die Fabrik wieder in Betrieb nehmen sollten. Innerhalb von zwei Jahren wandelte die SS den Standort in ein Konzentrationslager um, das der Rüstungsindustrie billige Arbeitskräfte verschaffte.

Nach Neuengamme und die angeschlossenen Außenlager wurden mehr als 100000 Häftlinge, darunter 14000 Frauen und hunderte Kinder, eingewiesen. Dort waren Polen, sowjetische Kriegsgefangene und Angehörige anderer Nationen eingesperrt. Die meisten Juden wurden nach Auschwitz gebracht. Die erschöpften, unterernährten Lagerinsassen schufteten unter mörderischen Arbeitsbedingungen. Sie schnitten, verluden und transportierten nassen, schweren Ton aus dem Morast, der das Lager umgab. Sie machten einen nahe gelegenen Kanal schiffbar und hoben ohne Schutzausrüstung glühend heiße Ziegel aus den Öfen.

Lagerinsassen mit entsprechender beruflicher Erfahrung wurden zur Produktion von Teilen für Pistolen und Granaten eingeteilt oder reparierten U-Boot-Motoren. Frauen stellten Gasmasken u.a. her. Die Produktionsquoten waren extrem hoch, die Strafen hart. Eine Panne bedeutete den Tod. Saboteure wurden gehängt. Überarbeitung, Krankheiten und medizinische „Experimente" waren die Ursachen für den Tod von mehr als der Hälfte der Lagerinsassen.

eingewiesen, die meisten von ihnen nach einigen Wochen wieder entlassen. 267 Synagogen (fast alle Synagogen Deutschlands und Österreichs) werden geschändet und zerstört. Reinhard Heydrich, der Chef des Sicherheitsdienstes der SS, weist seine Dienststellen an die Synagogen niederzubrennen, wenn dadurch nicht das Leben oder Eigentum von Deutschen gefährdet wird. Die jüdischen Geschäfte werden geplündert und zerstört.

• Hitler äußert Hermann Göring gegenüber, dass er alle deutschen Juden gern auf die Insel Madagaskar zwangsumsiedeln würde. Der von den Nazis gewählte Zeitpunkt für den Pogrom hat große symbolische Bedeutung. Er fällt mit zwei wichtigen nationalen Feiertagen, dem Tag der Blutopfer am 9. November und Martin Luthers Geburtstag am 10. November, zusammen. Der Tag der Blutopfer erinnert an die „Märtyrer", die für die Sache der Nazis gestorben sind. Martin Luther befürwortete die Zerstörung der jüdischen Häuser und Synagogen sowie Verarmung, Zwangsarbeit, Exil und Tod der Juden.

Aus Anlass des Geburtstages des Reichsministers für Volksaufklärung und Propaganda, Joseph Goebbels, wurden in Berlin 500 neue Radios an bedürftige Landsleute verteilt. Hitler wie auch Goebbels hatten erkannt, dass der Rundfunk eine effektive Möglichkeit war dem deutschen Volk ihre Botschaften zu übermitteln. Nachdem die Nazis an die Macht gekommen waren, wurde dem Reichsministerium für Volksaufklärung und Propaganda die alleinige Zuständigkeit für Goebbels' Nachrichtensendungen übertragen und Hitler hielt jedes Jahr zahlreiche Rundfunkansprachen. Das Naziregime sorgte dafür, dass Radio hören bei jeder Gelegenheit möglich war. In Betrieben, Restaurants und Büros wurden Rundfunkempfänger aufgestellt. 1939 gab es in 70 Prozent der deutschen Haushalte ein Radio. Damit hielt Deutschland den Rekord im Weltmaßstab.

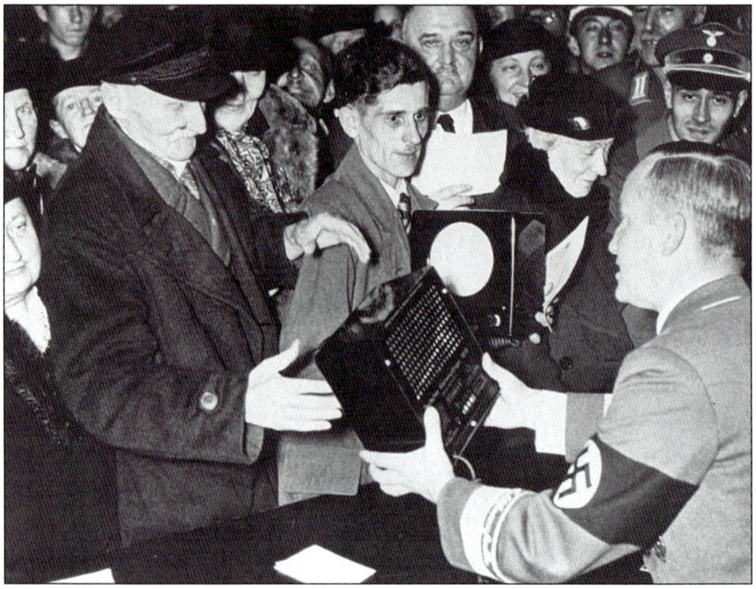

Der deutsche Diplomat Ernst vom Rath *(Abb.)* fiel im Botschaftsgebäude des Deutschen Reiches in Paris dem Attentat eines polnischen Juden mit Namen Herschel Grynszpan zum Opfer. In der Annahme, er habe den deutschen Botschafter vor sich, hatte der Attentäter auf Rath geschossen. Rath, der Legationssekretär war, starb an seinen Schussverletzungen. Sein Tod diente den Nazis als Vorwand für einen Pogrom gegen die Juden.

Herschel Grynszpan wird nach der Vernehmung zum Attentat auf Ernst vom Rath aus dem Pariser Polizeihauptquartier abgeführt. Grynszpan verbrachte zwei lange, Kräfte zehrende Jahre in französischen Gefängnissen, ehe ihn das Vichy-Regime an Deutschland auslieferte. Zeit und Ort von Grynszpans Tod sind nie ermittelt worden.

1938

• 10. November 1938: In Nürnberg nehmen 100 000 Menschen an einer Kundgebung zur Feier der Reichskristallnacht teil.

• 11. November 1938: Bei einem antisemitischen Pogrom in Bratislawa (Slowakei) werden Juden getötet und verletzt.

• 12. November 1938: Hermann Göring leitet eine Besprechung mit Ministern, Staatssekretären, Bankiers und Juristen, in deren Ergebnis der jüdischen Gemeinde in Deutschland eine Kontribution von 1 Mrd. RM an das Deutsche Reich auferlegt wird. Vorwand für diese erpresserische Maßnahme ist die „Sühne" für die während der Reichskristallnacht entstandenen Schäden. Die Versicherungsansprüche der geschädigten deutschen Juden sollen zu Gunsten des Reiches beschlagnahmt werden und

Die in der Reichskristallnacht verwüstete Inneneinrichtung der Eberswalder Synagoge. Mit der Zerstörung jüdischer Gotteshäuser ließen die Nazis ihrem Hass mit unerbittlicher Gewalt freien Lauf. Sie steckten jedoch nicht nur Synagogen in Brand, sondern plünderten die geweihten Gegenstände, beschmutzten die heiligen Bücher der Juden und griffen deutsche Juden tätlich an oder brachten sie in einigen Fällen sogar um.

Einwohner von Opava, einer Stadt in dem von den Deutschen annektierten Sudetenland, beobachten, wie die Synagoge in Flammen aufgeht. Von den mehr als 200 Synagogen, die während der Reichskristallnacht in einer Orgie der Gewalt zerstört wurden, befanden sich viele in Österreich und im Sudetenland. Mit der Ausdehnung ihres Territoriums verbreiteten die Nazis auch ihren bösartigen Antisemitismus überall im Reich.

Vor einem Damenmodengeschäft stehen neugierige Frauen um die Schäden der Reichskristallnacht in Augenschein zu nehmen. Der benachbarte Laden, der sich vermutlich in „arischem" Besitz befindet, wurde nicht angetastet; seine Dekoration und die Glasscheiben der Schaufenster sind völlig intakt. Obwohl sich viele Deutsche von den Gewalttaten jener Nacht insgeheim abgestoßen fühlten, sprachen sich nur wenige öffentlich dagegen aus.

die Opfer der Pogromnacht müssen auf eigene Kosten für die „Wiederherstellung des Straßenbildes" sorgen.
• Die Nazis beschließen eine Verordnung zur Entfernung aller Juden aus Wirtschaft, Gesellschaft und Kultur Deutschlands. Reinhard Heydrich schlägt vor alle Juden „ein Abzeichen" tragen zu lassen. Der Minister für Volksaufklärung und Propaganda, Joseph Goebbels, empfiehlt, den Juden das Betreten öffentlicher Parkanlagen zu verbieten. Hermann Göring informiert die Naziführer über eine Äußerung Hitlers in einem Telefonat vom 9. November: „Wenn das Deutsche Reich ... in einen außenpolitischen Konflikt kommt, so ist es selbstverständlich, dass auch wir ... in allererster Linie daran denken werden, eine große Abrechnung an den Juden zu vollziehen." Hitler werde den anderen Nationen die Frage stellen, weshalb man weiter über die Juden spreche; sie, die anderen, sollten sie doch bei sich aufnehmen. Goebbels äußert im „Völkischen Beobachter": „Soweit ... [das deutschfeindliche Ausland] das Bedürfnis hat, für die deutschen Juden einzutreten und sich ihrer anzunehmen, stehen sie ihm in beliebiger Anzahl zur Verfügung."
• Bei einem Treffen mit dem südafrikanischen Minister für Wirtschaft und Verteidigung kündigt Hitler an, dass die Ju-

Die Reichskristallnacht

Am 9. November 1938 traf Adolf Hitler in München zu einem Essen mit Mitgliedern der faschistischen Führung zusammen um die gefallenen Helden der Nazipartei zu ehren. Im Verlauf des Abends erhielt er die Nachricht vom Tod des deutschen Diplomaten Ernst vom Rath, der in Paris gearbeitet hatte. Auf die Neuigkeit hin führte Hitler ein eindringliches Gespräch mit Joseph Goebbels, dem Reichsminister für Volksaufklärung und Propaganda, und verließ dann das Treffen ohne seine übliche Rede gehalten zu haben.

An Hitlers Stelle ergriff Goebbels das Wort. Nachdem er die Nachricht von Raths Tod verkündet hatte, wies er auf die antijüdischen Ausschreitungen zu Beginn der Woche hin. Goebbels Worten zufolge wünschte Hitler nicht, dass derartige Demonstrationen von der NSDAP „vorbereitet oder organisiert" würden. Hitler habe jedoch geäußert, dass spontan auftretende Aktionen dieser Art nicht zu stören seien.

Dieses verschlüsselte Signal war die Folge des Mordes an Ernst vom Rath. Ein jüdischer Jugendlicher mit Namen Herschel Grynszpan hatte den Nazis einen Vorwand für die schlimmsten Pogrome des Dritten Reiches in der Zeit vor dem Zweiten Weltkrieg geliefert. Die Straßen waren am Tag darauf mit zerschlagenem Glas von jüdischen Synagogen und von Schaufensterscheiben übersät. Die Pogrome wurden unter der Bezeichnung „Reichskristallnacht" bekannt.

Der Tag, an dem das Unheil seinen Lauf nahm, war der 7. November 1938. Der 17-jährige Grynszpan lebte in Paris, wo er sich mühsam seinen Lebensunterhalt verdiente. Seine Familie war in dieser Zeit zusammen mit über 17 000 polnischen Juden, viele genau wie die Grynszpans alteingesessene Bürger Deutschlands, auf Veranlassung der Naziregierung Ende Oktober auf polnisches Territorium deportiert worden. Da sich der polnische Staat weigerte die Menschen ins Land zu lassen, landeten die meisten der abgeschobenen Juden schließlich in einem elenden polnischen Flüchtlingslager nahe der Grenzstadt Zbaszyń.

Grynszpan folgerte ganz richtig, dass sich seine Familie in großen Schwierigkeiten befand. „Wir haben nicht einen Pfennig", teilte ihm seine Schwester Berta in einem Brief mit. Ihr Bruder besaß nicht viel mehr, doch für den Kauf einer Pistole reichte sein Geld noch. Er begab sich zur deutschen Botschaft, bat zu einem Beamten vorgelassen zu werden und schoss dann Ernst vom Rath nieder.

Als Rath im Sterben lag, schmiedeten die Nazis den Plan dem „spontanen" Ausbruch des „Volkszorns", den die Nachricht von dem Attentat hervorgerufen hatte, freien Lauf zu lassen. 48 Stunden nach Raths Tod wurden hunderte jüdischer Synagogen in Brand gesteckt, während die Feuerwehrleute untätig daneben standen. Über 7000 jüdische Geschäfte wurden geplündert, ohne dass die Polizei einschritt. Jüdische Friedhöfe wurden geschändet. In dieser Nacht kamen 91 Juden ums Leben, 30 000 jüdische Männer wurden verhaftet und in die kurz zuvor erweiterten Konzentrationslager Dachau, Buchenwald und Sachsenhausen eingewiesen.

Die Schuld an dem Pogrom wies man den Juden zu. Darüber hinaus ließ man sie, die Opfer, für die Schäden aufkommen – der jüdischen Gemeinde wurde eine „Sühneleistung" von 1 Mrd. Reichsmark abverlangt. Die Reichskristallnacht machte deutlich, dass unter der Nazidiktatur kein Jude darauf hoffen konnte jemals ein normales Leben zu führen.

1938

den Europas im Kriegsfall getötet würden.

• 15. November 1938: Alle jüdischen Schüler werden vom Besuch deutscher Schulen ausgeschlossen. Sie können von nun an nur noch in jüdischen Bildungseinrichtungen lernen. • Als Folge der blutigen Pogrome der Reichskristallnacht wird der amerikanische Botschafter durch US-Präsident Franklin Roosevelt aus Deutschland abberufen. *Siehe* 22. Januar 1944.

• 18. November 1938: Hitler ruft nun seinerseits Hans Heinrich Dieckhoff, den deutschen Botschafter in den USA, zurück. • Die *Virgin Islands Assembly* bietet die Jungferninseln als sicheren Hafen für jüdische Flüchtlinge an. Die amerikanische Regierung verzichtet darauf diese Möglichkeit zu prüfen.

Einen abscheulichen Akt der Entweihung begingen die Nazis an der jüdischen Gemeinde von Baden-Baden, deren Mitglieder gezwungen wurden einer Lesung aus Hitlers „Mein Kampf" zuzuhören. Stunden bevor die Synagoge in Brand gesteckt wurde, ließen SS-Leute 60 jüdische Männer durch die Straßen marschieren. An der Synagoge angekommen wurden die Opfer genötigt dem jüdischen Gymnasiallehrer Dr. Flehinger zuzuhören, der, auf dem Podest stehend, auf dem sonst aus der Thora gelesen wird, Textpassagen aus Hitlers „Mein Kampf" vortrug. Danach mussten die Juden das Horst-Wessel-Lied so lange üben, bis sie es fehlerlos beherrschten. Es waren nicht allein Gewalttaten, sondern auch die öffentlichen Demütigungen, mit denen man in der Reichskristallnacht gegen die Juden vorging.

Tausende neu eingelieferter Gefangener in Zivilkleidung beim Anwesenheitsappell im Konzentrationslager Buchenwald. Diese Häftlinge gehörten zu den mehr als 30 000 Juden, die in der Reichskristallnacht verhaftet worden waren. Mit kahl geschorenen Köpfen und in strammer Haltung stehend mussten sie nun Bekanntschaft mit dem Terrorsystem der Konzentrationslager der Nazis machen. Mehr als 1000 Juden, die damals verhaftet worden waren, starben im KZ. Die übrigen wurden aus der Haft entlassen, nachdem die Nazis von ihnen die schriftliche Zusage erpresst hatten, dass sie Deutschland verlassen würden, sobald sie ihren Besitz aufgelöst hätten.

• **20. November 1938: Unter Berufung auf Nazidokumente behauptet der amerikanische Rundfunkkommentator Pater Charles Coughlin, dass die Juden für den sowjetischen Kommunismus und für die Probleme Deutschlands verantwortlich seien. Sämtliche Radioprogramme Coughlins werden von dessen Erzdiözese als dem katholischen Glauben oder der katholischen Moral nicht widersprechend gebilligt. Der Chicagoer Kardinal George Mundelein und einige andere Katholiken protestieren gegen Coughlins Rundfunksendungen, doch der Großteil der amerikanischen Kirche schweigt dazu.**

• **21. November 1938: Das britische Unterhaus protestiert gegen die von Deutschland praktizierte Verfolgung von Minderheiten.**

• **24. November 1939: Winston Churchill, der Führer der Konservativen, bestimmt, dass Palästina nicht als hauptsächliches Zufluchtsgebiet für Juden in Betracht kommt.**

• **Dezember 1938: Reichsbankpräsident Hjalmar Schacht reist nach London um George Rublee vom *Intergovernmental Committee for Political Refugees* einen erpresserischen Vorschlag zu unterbrei-**

R.3643

Send Your Query to THE PEOPLE'S FRIEND in the Daily INQUIRER

The Philadelphia Inquirer

PUBLIC LEDGER

PHILADELPHIA, MONDAY MORNING, NOVEMBER 14, 1938 — THREE CENTS

Today

Expression of Disgust Reason for Protest Violence Eschewed A Human Crisis Act as Americans

By Dorothy Thompson

JEWS NOW FINED FOR NAZI RIOTS

WILSON DROPS PERJURY SUIT ON LOUCHHEIM

Action Follows Note By Contractor That Testimony Created Wrong Impression

Better Army Weapons Urged by Gen. Craig

Staff Chief Says Nation Lags in 'Critical Items'

LEWIS OFFERS PLAN TO ATTAIN STABLE TRADE

Labor Chief Urges Broad Economic Program, Criticizes New Deal Policies

POPE BEATIFIES MOTHER CABRINI FOR 2 MIRACLES

Nun Becomes First American to Be Paid That Tribute By Catholic Church

100 Are Assessed For Damage Done To Stores by Mobs

Terrified Semitics Seek Way To Raise Huge Levies; Panic Grows Over Fear of New Decrees

LEADERS OF WORLD JOIN IN CRITICISM OF NAZI BRUTALITY

Vier Tage nach der Reichskristallnacht berichtet *The Philadelphia Inquirer*, dass Deutschlands Juden für die Gewalt und die Schäden, die man ihnen zugefügt hatte, eine Milliarde Reichsmark als „Sühne" zu zahlen hätten. Die große Anteilnahme in der amerikanischen Presse und in der Öffentlichkeit an der Zwangslage der Juden veranlasst Präsident Roosevelt den amerikanischen Botschafter Hugh Wilson aus Deutschland abzuberufen. Weitere offizielle Maßnahmen werden nicht ergriffen.

Die Amerikaner reagierten mit Empörung auf die Ereignisse während der Reichskristallnacht. Einige gingen auf die Straße um ihren Protest gegen die Nazipolitik zu verdeutlichen. Die Teilnehmer dieser Demonstration in New York forderten ein Ende der „blutigen Pogrome Hitlers". Präsident Franklin Roosevelt erklärte, er glaube nicht, dass es „in einer Zivilisation des 20. Jahrhunderts" zu solchen Untaten kommen könne. Trotzdem traten nur relativ wenige Amerikaner für eine Änderung der Einwanderungsquoten ein, die mehr Juden eine Zuflucht verschafft hätte.

Dieses Frankfurter Gummiwarengeschäft, das sich einst in jüdischem Besitz befand, wurde den „arischen" Eignern Stamm und Bassermann übertragen. Die „Arisierung" jüdischer Unternehmen begann 1933 mit der Verdrängung der Juden aus dem Wirtschaftsleben der Nation. Gemäß der Anordnung Hermann Görings vom 10. November 1938 zur Ausschaltung der Juden aus dem deutschen Wirtschaftsleben wurde sie nach der Kristallnacht beschleunigt durchgesetzt. Läden, Fabriken und Banken – oftmals seit Generationen jüdische Unternehmen – wurden nun gewaltsam „arisiert".

1938

ten: Die deutschen Juden könnten emigrieren, wenn sie ihr Vermögen bereitstellten, das nach der Auswanderung an das Reich übertragen würde. Der Schacht-Rublee-Plan wird aufgegeben, als Hitler Schacht 1939 entlässt, nachdem der Reichsbankpräsident gegen die hohen Rüstungsausgaben Deutschlands protestiert hat.

• Das britische Kabinett stimmt der Aufnahme von 10 000 jüdischen Kindern im Rahmen der Aktion „Kindertransport" in Großbritannien zu. (Großbritannien weigert sich aber weitere 21 000 jüdische Kinder nach Palästina zu lassen.) Die Kinder können mit Hilfe britischer und jüdischer Wohlfahrtsorganisationen sowie mit Unterstützung der Quäker aus Deutschland, Österreich und der Tschechoslowakei ausreisen. Die meisten der geretteten Kinder sehen ihre Eltern, die später dem Holocaust zum Opfer fallen,

Mit dem ersten Kindertransport aus Deutschland kam auch Helga Kreiner im englischen Harwich an. Ihre Puppe an sich gedrückt wartet sie darauf in ihr neues Zuhause gebracht zu werden. Als Antwort auf die zunehmende Gewalt gegen die Juden wurden von Dezember 1938 bis September 1939 über 10 000 Flüchtlingskinder aus Mitteleuropa in England aufgenommen. Manche wohnten bei Pflegeeltern oder in Heimen, andere waren in Ausbildungsfarmen der Jugend-*Alija* in Großbritannien untergebracht. Die große Mehrheit der Kinder sollte ihre Eltern nie wiedersehen.

Als Hitlers führender Wirtschaftsberater in der Anfangszeit des Dritten Reiches spielte Hjalmar Schacht eine wichtige Rolle beim Ankurbeln der deutschen Wirtschaft nach der Weltwirtschaftskrise und bei der Förderung der Wiederbewaffnung Deutschlands. Im Dezember 1938 schlug Schacht vor deutsche Juden ausreisen zu lassen, wenn sie Barvermögen zur Verfügung stellten, das bei ihrer Ausreise in den Besitz des Deutschen Reiches übergehen würde. 1937 trat Schacht von seinem Posten als Generalbevollmächtigter für die Wehrwirtschaft zurück. Zwei Jahre später wurde er als Reichsbankpräsident entlassen. Wegen seiner Verwicklung in das Attentat von 1944 auf Hitler kam Schacht in ein Konzentrationslager. 1946 wurde er im Nürnberger Prozess in allen Anklagepunkten freigesprochen.

Die dreijährige Trudel Levy hält eine amerikanische Flagge in der einen Hand, als sie mit der 74-jährigen Emilia Herz in New York über die Gangway geht. Am letzten Tag eines Jahres voller Hass und offener Gewalt gegen die deutschen Juden waren diese Flüchtlinge an Bord des Schiffes „President Roosevelt" angekommen. Viele nach Amerika reisende Flüchtlinge sprachen kein Englisch; sie fühlten sich hilflos in dem fremden Land, suchten Unterstützung beieinander und gründeten in Washington Heights in Manhattan (New York) eine große Gemeinde.

nie wieder; viele werden zum Christentum bekehrt.

• 3. Dezember 1938: Die deutsche Regierung verordnet die zwangsweise „Arisierung" aller jüdischen Industriebetriebe, Geschäfte und anderer Unternehmen.

• 6. Dezember 1938: Deutschland und Frankreich unterzeichnen einen Nichtangriffspakt.

• 18. Dezember 1938: Tausende Anhänger Pater Charles Coughlins gehen in New York auf die Straße und rufen in Sprechchören: „Setzt die Juden in undichte Boote und schickt sie dorthin zurück, woher sie gekommen sind!" und „Wartet nur, bis Hitler herüberkommt!" Viele christliche Polizisten sympathisieren mit den Anhängern Pater Coughlins. Gegen die Proteste, die bis April 1939 andauern, treten andere katholische Organisationen sowie Linke und Liberale auf.

• 24. Dezember 1938: Mehrere Mitglieder der amerikanischen katholischen Hierarchie und führende Protestanten unterzeichnen eine Weihnachtsresolution, in der sie „Entsetzen und Scham" über die Pogrome der Reichskristallnacht zum Ausdruck bringen.

1939

Am 21. September 1939 verschickte Reinhard Heydrich, der Chef der Sicherheitspolizei, eine geheime Botschaft an die Chefs der Einsatzgruppen, die nach dem deutschen Überfall auf Polen am 1. September für das von Nazideutschland besetzte polnische Territorium zuständig waren. Gegenstand der Mitteilung war die „Judenfrage im besetzten Gebiet"; Heydrich informierte darin über das „Endziel" und die „Abschnitte der Erfüllung dieses Endzieles".

Genau definierte Heydrich das „Endziel" nicht, doch viele der „Abschnitte" waren klar. Die Juden sollten konzentriert, d. h. aus ländlichen Gebieten und Dörfern in große Städte gebracht werden, die Eisenbahnknotenpunkte waren oder an Eisenbahnstrecken lagen. Bestimmte Teile des besetzten polnischen Gebietes sollten judenfrei werden, damit man dort wieder Volksdeutsche ansiedeln konnte. Es sollten jüdische Ältestenräte gebildet und „für die exakte und termingemaesse Durchfuehrung aller ergangenen oder noch ergehenden Weisungen" verantwortlich gemacht werden.

Heydrich forderte von den Chefs der Einsatzgruppen außerdem Angaben über Anzahl und Siedlungsorte der polnischen Juden sowie über deren Besitz an. Diese Befehle folgten einem ehrgeizigen demografischen Plan und waren das Startsignal für die Ghettoisierung des polnischen Judentums, ein Beschluss, der für Millionen jüdischer Kinder, Frauen und Männer schließlich das Todesurteil bedeutete. Unter dem Deckmantel eines konventionellen Krieges begann nun ein anderer Krieg – ein Krieg gegen alle Juden Europas.

Acht Monate zuvor, am 30. Januar 1939, sprach Hitler vor dem Reichstag über die Zukunft Europas und insbesondere über das Schicksal der europäischen Juden. Die zweieinhalbstündige Rede enthielt auch seine bereits allbekannten antijüdischen Tiraden, doch klangen Hitlers drohende Voraussagen diesmal unheilvoller als gewöhnlich: „Wenn es dem internationalen Finanzjudentum in- und außerhalb Europas gelingen sollte die Völker noch einmal in einen Weltkrieg zu stürzen, dann wird das Ergebnis nicht die Bolschewisierung der Erde und damit der Sieg des Judentums sein, sondern die Vernichtung der jüdischen Rasse in Europa."

Hitler führte nicht im Einzelnen aus, was er zu tun gedachte. Die antijüdischen Ziele, um die es zu dieser Zeit vor allem ging, waren Zwangsemigration und eine groß angelegte Umsiedlung der Juden. Aber Hitler hatte auch Pläne zur Annexion tschechischen Territoriums und wollte sich wohl eine internationale Einmischung vom Leibe halten, indem er signalisierte, dass die Juden des Deutschen Reiches als Geiseln behalten würden. Wie dem auch sei, nur wenige Zuhörer nahmen Hitlers mörderische Drohungen wörtlich. Wenn auch die Suche nach einer „Lösung der jüdischen Frage" Nazideutschlands weiterging, deutete Hitler in seiner Rede

Dieser Junge scheint inmitten der Ruinen seines Warschauer Elternhauses über sein Schicksal nachzugrübeln.

1939

doch schon die Vorstellung von der Vernichtung an, die schließlich zur Politik des Reiches werden sollte.

Dass Hitler seine Drohung die europäischen Juden zu vernichten wahr machen würde, erschien Anfang 1939 nicht besonders wahrscheinlich, da zu dieser Zeit nur eine relativ kleine Zahl – weniger als 400 000 – Juden direkt unter der Naziherrschaft lebte. Mit der Zeit stieg diese Anzahl jedoch. Damit wurden Hitlers Drohungen im Reichstag, wenn auch noch weit von der Ausführung entfernt, sehr viel glaubhafter. Ein Schritt in diese Richtung war die Besetzung des tschechischen Staatsgebietes am 15. März 1939, die das Ende der Tschechoslowakei bedeutete.

Bereits im Herbst 1938 hatte sich Nazideutschland Teile der Tschechoslowakei – die sudetendeutschen Gebiete – einverleibt. Sechs Monate später hatte Hitler geschickt die Abspaltung der Slowakei von der Tschechoslowakei und die Schaffung einer Marionettenregierung in dem neuen slowakischen Staat in die Wege geleitet. Am 15. März schließlich ließ er die tschechischen Gebiete Böhmen und Mähren von seinen Truppen besetzen und erklärte sie zum „Protektorat Böhmen und Mähren", dessen volksdeutsche Bewohner Reichsbürger werden sollten. Zwei Tage darauf verkündete der britische Premierminister Neville Chamberlain öffentlich, dass seine Regierung jeder weiteren deutschen Aggression Widerstand leisten werde. Dieses feierliche Versprechen kam für die 118 000 Juden Böhmens und Mährens, die nun unter deutscher Herrschaft standen, allerdings zu spät. Weitere 90 000 Juden lebten in dem stark antisemitischen Marionettenstaat Slowakei.

Ein polnischer Jude wird öffentlich gedemütigt, indem man ihm den Bart, ein Symbol seines Glaubens, abschneidet.

Bei dem Versuch dem ständig größer werdenden Netz der Nazis zu entfliehen stießen die Juden im Lauf des Jahres 1939 auf immer mehr Beschränkungen und Hindernisse. So beschränkte zum Beispiel die britische Regierung mit dem so genannten *White Paper*, veröffentlicht am 17. Mai, die Einwanderung von Juden nach Palästina, das der Völkerbund nach dem Ersten Weltkrieg als Mandatsgebiet unter britische Verwaltung gestellt hatte.

Auch andere Türen blieben den jüdischen Flüchtlingen verschlossen. Am 9. Februar 1939 brachten Senator Robert Wagner aus New York und die Abgeordnete Edith Rogers aus Massachusetts vor dem US-amerikanischen Kongress einen Gesetzesentwurf ein. Die *Wagner-Rogers Child Refugee Bill* sah vor, 1939 und 1940 jeweils 10 000 Flüchtlingskindern unter 14 Jahren die Einreise in die USA zu bewilligen. Diese Mädchen und Jungen sollten zusätzlich zu dem festgesetzten deutschen Einwandererkontingent aufgenommen werden. Die mehrmals abgeänderte Gesetzesvorlage gelangte jedoch nicht über die Ausschussberatung hinaus. Da auch von Präsident Franklin Roosevelt keine Unterstützung kam, wurde die *Wagner-Rogers Bill* zu Beginn des Sommers zu den Akten gelegt.

Nachdem Hitler sein Ziel in der Tschechoslowakei erreicht hatte, wandte er sich im Frühjahr 1939 Polen zu. Unbeeindruckt von dem Versprechen Großbritanniens, das am 31. Mai mit der britischen Garantieerklärung für die Sicherheit der polnischen Grenzen bestätigt wurde, gab Hitler am 11. April wichtige Befehle: Die Wehrmacht sollte den „Fall Weiß", d. h. den Angriff auf Polen, vorbereiten.

Vor einem Angriff mussten die Deutschen jedoch den potenziellen Widerstand vonseiten der Sowjetunion erkunden. Während der Verhandlungen mit Stalin stellte Hitler fest, dass der Diktator dem Angriffsplan nicht abgeneigt gegenüberstand. Am 23. August unterzeichneten die Außenminister Nazideutschlands und der Sowjetunion, Joachim von Ribbentrop und Wjatscheslaw M. Molotow, den Deutsch-Sowjetischen Nichtangriffspakt. Neben der Zusicherung, dass sich beide Länder nicht gegenseitig angreifen würden, enthielt der Vertrag einen geheimen

Zusatz, in dem die Einflusssphären beider Seiten für den Fall eines Krieges festgelegt waren. Genauer gesagt, Polen sollte geteilt werden.

Während Nazideutschland keine Intervention von sowjetischer Seite zu befürchten hatte, drangen seine Truppen am 1. September in Polen ein. Zwei Tage später reagierten Großbritannien und Frankreich auf die Notlage ihres polnischen Verbündeten mit einer Kriegserklärung an Deutschland. Bevor der September zu Ende ging, hatten die deutschen Truppen den polnischen Widerstand jedoch gebrochen.

Wie die Tschechoslowakei verschwand nun auch Polen von der Landkarte Europas. Am 17. September besetzten sowjetische Truppen Ostpolen. Im Oktober annektierte Deutschland die westlichen und nördlichen Distrikte Polens. Ein großer Teil des polnischen Kernlandes mit den Städten Lublin, Kraków und der Hauptstadt Warschau wurde unter der Bezeichnung Generalgouvernement zu einer deutschen Kolonie gemacht.

Im Herbst 1939 betrug die Bevölkerungszahl Polens etwa 33 Millionen. Zehn Prozent davon – 3,3 Millionen – waren Juden. Die Blitzkriegstaktik Nazideutschlands und die Teilung Polens brachte zwei Millionen Juden unter deutsche Herrschaft. Dieses „jüdische Problem“ stellte das Dritte Reich vor eine Schwierigkeit von beispiellosem Ausmaß. In gewisser Weise ließ sich das „jüdische Problem“ in Polen allerdings besser handhaben als es in Deutschland, Österreich oder im Protektorat Böhmen und Mähren der Fall gewesen war. Nach der Rassenideologie der Nazis standen die Polen weit unter den Deutschen, und das osteuropäische Judentum, zu dem auch die polnischen Juden gehörten, befand sich nach nationalsozialistischem Verständnis auf einer noch niedrigeren Stufe. Als Teil des „Untermenschentums“, wie es in der Naziterminologie hieß, hatten die Juden keinen Grund auch nur ein Minimum der Rücksicht zu erwarten, die man gegenüber den deutschen Juden noch gezeigt hatte.

Oben: Reinhard Heydrich forderte die Einrichtung von Judenghettos im deutsch besetzten Polen. *Unten:* Lublin war eines der Ghettos, die kurz nach dem deutschen Überfall auf Polen geschaffen wurden.

Schon die Zahl der polnischen Juden – in Warschau allein lebten fast 400 000 – stellte die Deutschen vor nie gekannte Schwierigkeiten. Was sollte man mit den polnischen Juden tun? Im Schnellbrief Reinhard Heydrichs vom 21. September wurde zwar eingeräumt, „dass die heranstrebenden Aufgaben von hier in allen Einzelheiten nicht festgelegt werden koennen“, er war aber in der Absicht verfasst einen wichtigen Beitrag zur Beantwortung dieser Frage zu leisten.

Während Pläne zur Ghettoisierung des polnischen Judentums erarbeitet wurden, ergaben sich aus dem Ermächtigungsschreiben Hitlers zur Legalisierung des so genannten Euthanasie-Programms weitere Beiträge zur Beantwortung der „Judenfrage“. Dieses Programm war gegen korperlich oder geistig behinderte Deutsche gerichtet. Im Winter 1939/1940 wurden diese „unnützen Esser“ in deutschen und österreichischen Anstalten, die über Gaskammern verfügten, getötet. Die Beamten, die im Rahmen des „Euthanasie“-Programms tätig waren, wendeten ihre Erfahrungen später in Vernichtungslagern wie Belżec, Sobibór und Treblinka an. Dort sollten die Juden zu Hunderttausenden vergast werden.

Nach der „Machtergreifung" der Nazis wurde „Der Stürmer", Julius Streichers pornografisches, antisemitisches Blatt, zu einer der meistgelesenen Zeitungen Deutschlands. Der in den 20-er Jahren in Nürnberg gegründete „Stürmer" war 1939 landesweit verbreitet. Die Aufnahme zeigt einen jungen Mann, der ein Plakat im Schaufenster des Danziger Büros der Zeitung betrachtet. Der Plakattext lautet: „Die Juden sind unser Unglück!" Er gibt eine weit verbreitete Meinung wieder, die auch die Position der Nazis zur „jüdischen Frage" ausdrückt.

Diese Fotomontage eines Unbekannten belegt die Vorstellung der Nazis von den Juden Polens zur Zeit des deutschen Überfalls. Sie erschien in dem antisemitischen Hetzblatt „Der Stürmer" und wurde nach dem Krieg in den Nürnberger Prozessen als Beweismittel verwendet.

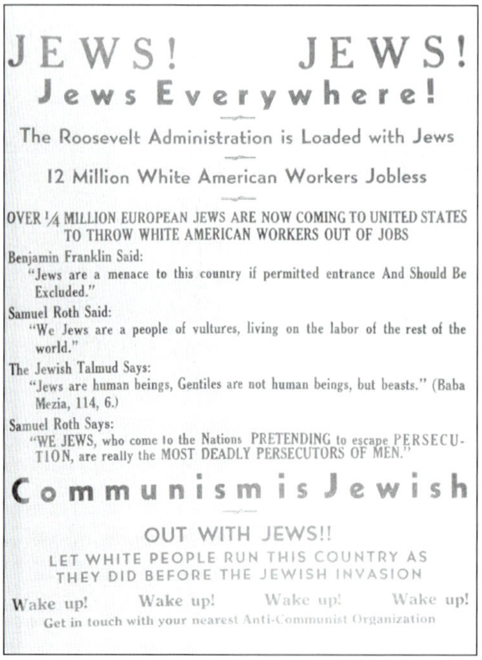

JEWS! JEWS!
Jews Everywhere!

The Roosevelt Administration is Loaded with Jews

12 Million White American Workers Jobless

OVER 1/4 MILLION EUROPEAN JEWS ARE NOW COMING TO UNITED STATES TO THROW WHITE AMERICAN WORKERS OUT OF JOBS

Benjamin Franklin Said:
"Jews are a menace to this country if permitted entrance And Should Be Excluded."

Samuel Roth Said:
"We Jews are a people of vultures, living on the labor of the rest of the world."

The Jewish Talmud Says:
"Jews are human beings, Gentiles are not human beings, but beasts." (Baba Mezia, 114, 6.)

Samuel Roth Says:
"WE JEWS, who come to the Nations PRETENDING to escape PERSECUTION, are really the MOST DEADLY PERSECUTORS OF MEN."

Communism is Jewish

OUT WITH JEWS!!
LET WHITE PEOPLE RUN THIS COUNTRY AS THEY DID BEFORE THE JEWISH INVASION

Wake up! Wake up! Wake up! Wake up!
Get in touch with your nearest Anti-Communist Organization

Der Antisemitismus war natürlich nicht allein in Europa verbreitet. Dieses antisemitische Flugblatt, das 1939 in den USA gedruckt wurde, verbindet ganz im Stil der deutschen antijüdischen Propaganda Judentum und Kommunismus miteinander. Wie ein großer Teil der einwandererfeindlichen Propaganda der 30-er Jahre macht auch dieses Flugblatt die Juden für die Massenarbeitslosigkeit verantwortlich, zu der die Weltwirtschaftskrise geführt hatte. Solche Appelle stützten sich auf die wirtschaftlichen Sorgen eines Massenpublikums; sie gehörten zu den effektivsten propagandistischen Waffen der antisemitischen Gruppierungen.

1939

• 1939: Etwa 78 000 Juden verlassen Deutschland. In ganz Deutschland werden in jüdischem Besitz befindliche Wertsachen beschlagnahmt. • „Die jüdische Weltpest. Kann ein Jude Staatsbürger sein?", ein antisemitisches Buch von Hermann Esser, wird in Deutschland veröffentlicht. • Der Reichsführer SS Heinrich Himmler wird zum Reichskommissar zur Festigung deutschen Volkstums ernannt. Um die wachsende „arische" Geburtenrate weiter zu steigern beauftragt Himmler seine SS-Männer ihre Ehefrauen zu schwängern und als „Empfängnishelfer" bei kinderlosen Frauen aktiv zu werden, die älter als 29 Jahre waren. • Die erste Ausgabe der deutschen antisemitischen Propagandazeitschrift für das Ausland, „Die Aktion. Kampfblatt für das neue Europa", erscheint. • In Deutschland wird die antisemitische Filmkomödie „Robert und

Dieses Plakat verbindet den Antisemitismus mit den starken einwandererfeindlichen Empfindungen, die für die amerikanische Politik der 1930-er Jahre charakteristisch waren. Dem Plakattext zufolge kam das Judentum dem Kommunismus gleich, der in den USA keinen Platz haben sollte. Der Text unter der mit jüdischen Zügen dargestellten Freiheitsstatue lautet: „Säubert Amerika! Macht der roten Pest ein Ende! Boykottiert den Juden!"

Die Naziführung erklärte Heim und Familie zum Schlachtfeld, auf dem sich die reichsdeutsche Frau zu bewähren habe, indem sie dem Vaterland Kinder schenkt. Ab Mai 1939 feierte man kinderreiche Mütter mit der Verleihung des Ehrenkreuzes der deutschen Mutter. Die Trägerinnen des Mutterkreuzes kamen in den Genuss von Privilegien und wurden von den Mitgliedern der Hitlerjugend gegrüßt. Die Auszeichnung gab es in drei Klassen: das bronzene Kreuz für Frauen mit vier bis sechs Kindern, das silberne für Frauen mit sieben bis acht Kindern und das goldene für Mütter, die ihre Aufgabe mit neun und mehr Kindern wirklich hervorragend erfüllt hatten.

Heinrich Himmler

Heinrich Himmler, „Architekt des Völkermords" genannt, war Reichsführer SS, Chef der Deutschen Polizei sowie der Waffen-SS und Reichsinnenminister. Im nationalsozialistischen Deutschland hatte nur Hitler mehr Macht auf sich konzentriert als Himmler.

Himmler wurde 1900 in einer katholischen Mittelstandsfamilie in München geboren. Er studierte Landwirtschaft und Volkswirtschaft, interessierte sich daneben aber stark für die nationalsozialistische Weltanschauung. 1925 trat er der kurz zuvor gegründeten SS bei und wurde vier Jahre darauf zum Reichsführer SS ernannt.

Als die Nazis 1933 an die Macht gekommen waren, übernahm Himmler zunächst die Kontrolle über die Polizei in München und Bayern. Im März desselben Jahres eröffnete er das Konzentrationslager Dachau. Im Sommer 1936 hatte er die Politische Polizei und die Kriminalpolizei des gesamten Dritten Reiches unter sich. Himmler erwarb sich den Ruf eines skrupellosen, im Organisieren von Terrormaßnahmen erfahrenen Perfektionisten.

Himmler, dem die Konzentrations- und Todeslager unterstanden, hatte direkten Einfluss auf den Vernichtungsprozess des Holocaust. In seiner Rede vom 4. Oktober 1943 vor SS-Führern nannte er die Vernichtung der Juden ein „Ruhmesblatt in unserer Geschichte" und lobte die „anständigen Kameraden", die sie ausführten.

Himmler endete so ruhmlos wie seine Nazikarriere unanständig gewesen war. Er wurde, plump verkleidet, von britischen Soldaten gefangen genommen und entging einem Prozess, indem er seinem Leben am 23. Mai 1945 durch Gift ein Ende setzte.

Bertram" produziert. • In den USA stellt das *House Un-American Activities Committee (HUAC)* Nachforschungen über den *German-American Bund* an. • Einer Elmo-Roper-Umfrage zufolge empfinden 53 Prozent der Amerikaner die Juden als „andersartig" und fordern „soziale und wirtschaftliche Restriktionen". • Eine Gallup-Umfrage ergibt, dass 83 Prozent der Amerikaner gegen die Aufnahme einer größeren Zahl jüdischer Flüchtlinge sind. • Auf Anweisung des Außenministeriums erklärt ein amerikanischer Konsularbeamter in Stuttgart dem deutschen Juden Ernest Michel, der einen amerikanischen Geldgeber hat, dass alle Einwanderungsquoten für die USA ausgeschöpft seien und er die Aufnahme als Flüchtling in drei Jahren wieder beantragen solle. • Dabei war 1939 das *einzige* Jahr, in dem die Einwanderungsquoten für die USA tatsächlich voll ausgeschöpft wurden.

• Januar 1939: Beginn der „illegalen Einwanderung" aus Deutschland nach Palästina. Bis Ende 1940 kommen 27 000 Juden illegal in dieses Gebiet. • Reichsbankpräsident Hjalmar Schacht teilt Adolf Hitler mit, dass die deutsche Wirtschaft am Rande einer verheerenden Inflation stehe.

Adolf Hitler begeht den sechsten Jahrestag seiner Ernennung zum Reichskanzler mit einer außenpolitischen Rede vor dem faschistischen Reichstag. Darin droht er an, für den Fall eines Krieges zwischen Deutschland und den westlichen Verbündeten, die Juden Europas zu vernichten.
Die damals als Sensationspropaganda aufgefasste Drohung nahm im Nachhinein den Charakter einer schrecklichen Prophezeiung an.

„Ich will heute wieder ein Prophet sein: Wenn es dem internationalen Finanzjudentum in- und außerhalb Europas gelingen sollte, die Völker noch einmal in einen Weltkrieg zu stürzen, dann wird das Ergebnis nicht die Bolschewisierung der Erde und damit der Sieg des Judentums sein, sondern die Vernichtung der jüdischen Rasse in Europa."

Aus der Rede Adolf Hitlers am 30. Januar 1939 vor dem Reichstag

Im Februar 1939 trafen die Führer der *Jewish Agency for Palestine* und führende arabische Vertreter auf einer Konferenz im St. James Palace zusammen um die Zukunft Palästinas zu erörtern. Die Zusammenkünfte in London wurden von der britischen Regierung einberufen, die daran interessiert war die wachsende Spannung zwischen den unter britischem Mandat lebenden Arabern und Juden zu dämpfen. Nachdem die Konferenzteilnehmer keine Übereinkunft erzielt hatten, veröffentlichte Großbritannien das *White Paper*, das die jüdische Einwanderung nach Palästina stark einschränkte und Landkäufe durch Juden begrenzte.

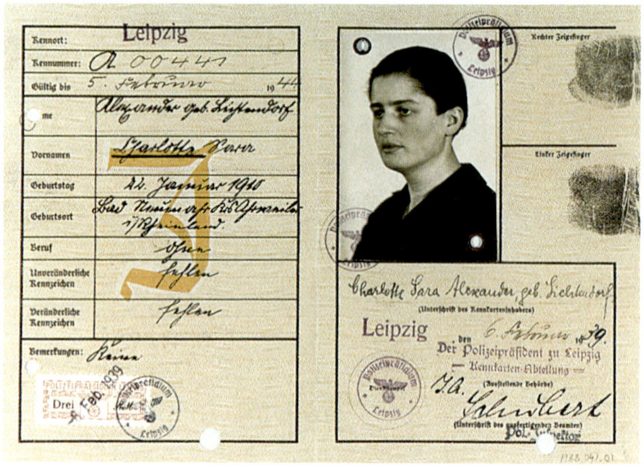

Um ihre antisemitische Politik praktisch umsetzen zu können mussten die Nazis wissen, wer überhaupt Jude war. Eine Möglichkeit zur Bestimmung der „rassischen" Zugehörigkeit einer Person waren Kennkarten, die alle Juden bei sich zu tragen hatten. Ein großes „J" auf der linken Seite identifizierte den Inhaber der Karte als Juden. Nach dem 17. August 1938 mussten alle jüdischen Frauen den Namen Sara, alle jüdischen Männer den Namen Israel als zweiten Vornamen annehmen.

1939

• 1. Januar 1939: Entsprechend dem Erlass vom 17. August 1938 müssen in Deutschland lebende jüdische Männer den Namen Israel, jüdische Frauen den Namen Sara als zweiten Vornamen annehmen. • Die Juden werden aus der deutschen Wirtschaft ausgeschaltet; ihr Vermögen wird beschlagnahmt; einige Juden arbeiten dennoch unter deutscher Leitung weiter. • Im KZ Buchenwald befiehlt der stellvertretende Lagerkommandant Arthur Rödl mehrere tausend Lagerinsassen kurz vor Mitternacht zum Kontrollappell. Er sucht fünf Männer aus und lässt sie zur Musik des Lagerorchesters auspeitschen. Die Prozedur dauert die ganze Nacht an.
• 5. Januar 1939: Die Karäer, die in Nazideutschland nicht als Juden gelten, sind laut offizieller Erklärung von der Durchsetzung der Nürnberger Gesetze nicht betroffen.

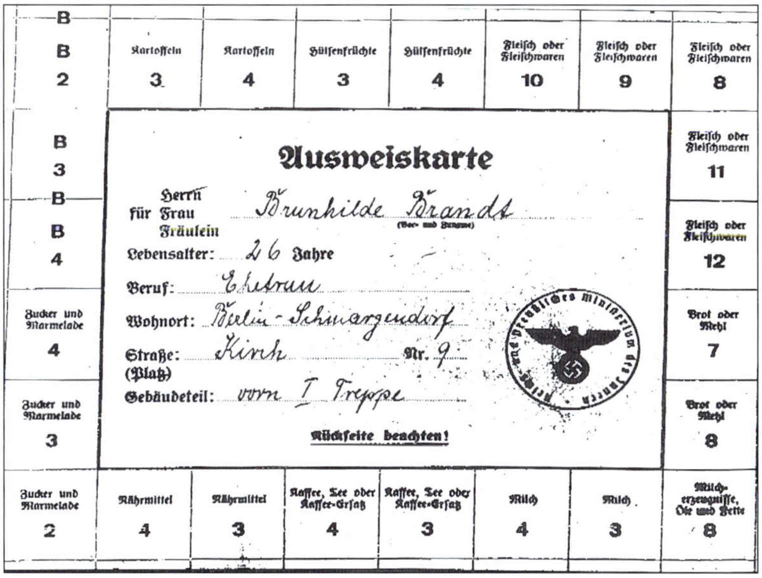
B

B 2	Kartoffeln 3	Kartoffeln 4	Hülsenfrüchte 3	Hülsenfrüchte 4	Fleisch oder Fleischwaren 10	Fleisch oder Fleischwaren 9	Fleisch oder Fleischwaren 8
B 3 B							Fleisch oder Fleischwaren 11
B 4							Fleisch oder Fleischwaren 12
Zucker und Marmelade 4							Brot oder Mehl 7
Zucker und Marmelade 3							Brot oder Mehl 8
Zucker und Marmelade 2	Nährmittel 4	Nährmittel 3	Kaffee, Tee oder Kaffee-Ersatz 4	Kaffee, Tee oder Kaffee-Ersatz 3	Milch 4	Milch 3	Milcherzeugnisse, Öle und Fette 8

Ausweiskarte

für Herrn / Frau / Fräulein: Brunhilde Brandt (Vor- und Zuname)
Lebensalter: 26 Jahre
Beruf: Ehefrau
Wohnort: Berlin-Schmargendorf
Straße: (Platz) Kirch Nr. 9
Gebäudeteil: vorn I Treppe

Rückseite beachten!

Als eine der Maßnahmen zur psychologischen Vorbereitung der deutschen Zivilbevölkerung auf einen Krieg wurden 1939 Lebensmittelkarten ausgegeben. Auf der hier abgebildeten Karte war die Menge der Lebensmittel – Milch, Kartoffeln, Zucker u. a. – festgelegt, welche die 26-jährige Brunhilde Brandt aus Berlin kaufen durfte. Die Rationierungskarten verdeutlichten, dass künftig an der Heimatfront wie auf dem Schlachtfeld Opfer gebracht werden mussten.

DEUTSCHES REICH
J
REISEPASS
Nr. 391/39
NAME DES PASSINHABERS
Lore Sara Oppenheimer
~~BEGLEITET VON SEINER EHEFRAU~~
~~UND VON KINDERN~~
STAATSANGEHÖRIGKEIT:
DEUTSCHES REICH

Die an Juden ausgegebenen deutschen Reisepässe verloren nach dem 5. Oktober 1938 ihre Gültigkeit, sofern nicht ein „J" aufgestempelt war, das die jüdische Herkunft des Passinhabers verriet. Mit diesem Reisepass von 1939 konnte Lore Oppenheimer aus Hildesheim über das Vereinigte Königreich in die USA emigrieren. Der deutschen Gesetzgebung entsprechend führte Lore Oppenheimer den zweiten Vornamen Sara.

Das Rasse- und Siedlungshauptamt (RuSHA), eine Dienststelle der SS, hatte ursprünglich die Aufgabe die rassische Reinheit der SS zu erhalten. Nach der Expansion Deutschlands in Richtung Osten organisierte es die „Germanisierung" der neu eroberten Gebiete und kümmerte sich um das Wohl der Siedler. In die für die Kolonisierung durch die SS vorgesehenen Gebiete wurden Volksdeutsche umgesiedelt. Hier erläutern eine Vertreterin der NSDAP und ein Funktionär des RuSHA mehreren volksdeutschen Frauen im deutsch besetzten Polen die neuen Maßnahmen.

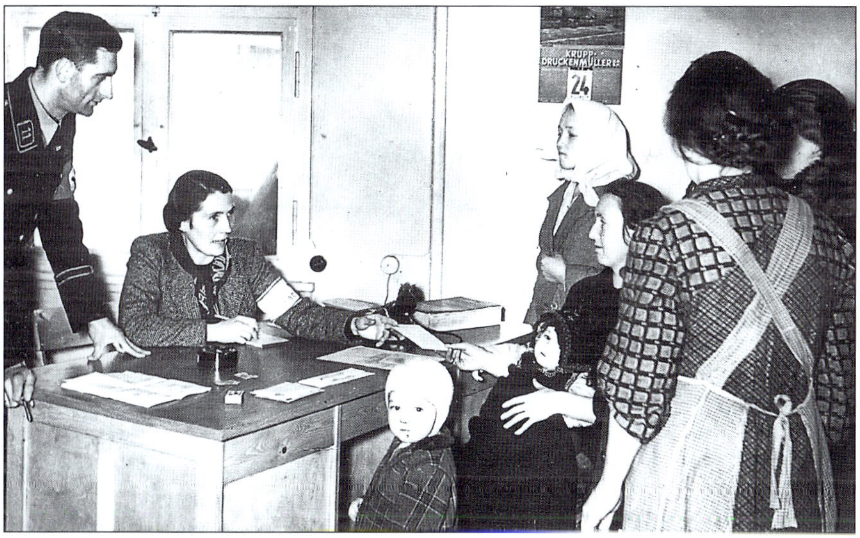

• **24. Januar 1939: Generalfeldmarschall Hermann Göring beauftragt Reinhard Heydrich mit der Einrichtung einer Reichszentrale für jüdische Auswanderung. Zum Geschäftsführer der Zentrale ernennt Heydrich Gestapochef Heinrich Müller.**

• **30. Januar 1939: Am sechsten Jahrestag seiner Ernennung zum Reichskanzler droht Hitler in einer Rede vor dem Reichstag an, dass im Fall eines Krieges die Juden Europas vernichtet würden. Auf das Fehlen von Hilfsmaßnahmen der westlichen Verbündeten für die Juden anspielend bemerkt er: „Es ist ein beschämendes Schauspiel, heute zu sehen, wie die ganze Welt der Demokratie vor Mitleid trieft, dem armen gequälten jüdischen Volk gegenüber allein hartherzig verstockt bleibt angesichts der dann doch offenkundigen Pflicht, zu helfen."**

• **3. Februar 1939: Eine Budapester Synagoge wird durch eine Bombe zerstört; dabei kommt ein Gottesdienstbesucher ums Leben.**

• **7.–20. Februar 1939: In London findet eine Konferenz zur friedlichen Lösung der schwierigen politischen Situation in Palästina statt. Die jüdischen Delegierten ziehen sich zurück, als die arabischen Teilnehmer ein Treffen mit ihren**

Die Besetzung Prags

Als am 15. März 1939 deutsche Truppen in Prag einmarschierten, erklärte Hitler, dass er einmal als der größte Deutsche in die Geschichte eingehen werde. Für Prag allerdings war er der zerstörerischste Eindringling, den die Stadt je erlebt hatte.

Mit der Besetzung Böhmens und Mährens lieferte Hitler 120 000 Juden an die SS aus. Die Hälfte der rund 50 000 Juden in Prag war zuvor aus Deutschland geflohen. Wiederum zur Flucht genötigt suchten viele Schutz in Polen und Ungarn. Tausende baten in Westeuropa vergebens um Asyl. Innerhalb eines halben Jahres wurden 30 000 Juden zur Emigration gezwungen. Von den 90 000 Personen, die im Land blieben, überlebten nur 10 000 die Naziherrschaft.

Die Verordnungen der Nazis beraubten die tschechischen Juden ihres Lebensunterhalts. Die Gesetze sorgten dafür, dass diese Menschen ihre Berufe nicht mehr ausüben konnten, dass ihre Geschäfte geschlossen und ihre Bankkonten eingefroren wurden und auch ihr Eigentum konfisziert werden konnte. Bei ihren Terrorkampagnen schreckte die SS vor nichts zurück; sie inszenierte Ausschreitungen gegen die jüdische Bevölkerung, veranstaltete antisemitische Ausstellungen und ließ in den Stadtparks systematisch jüdische Kinder verprügeln. Strenge Ausgangssperren, deren Überschreitung schwer bestraft wurde, führten zu regelrechten „Jagden“ auf Personen, die sich nicht daran hielten.

Die von der Gestapo verfolgte Taktik der Massenvertreibung hatte die Auswanderung von 70 000 Juden innerhalb eines Jahres zum Ziel. In den Provinzen zusammengetrieben und nach Prag geschickt mussten jeden Tag 200 Juden das Land verlassen und zuvor eine „Fluchtsteuer“ entrichten. Ohne ein Fluchtziel vor Augen zu haben wurden sie in Eisenbahnzüge verladen, an ihnen unbekannte Bestimmungsorte gebracht oder an den Grenzen sich selbst überlassen.

Ein Plakat mit der Ankündigung einer vom *German-American Bund* unterstützten „Pro-amerikanischen Kundgebung“, das in ganz New York verbreitet wurde. Da die Veranstaltung im *Madison Square Garden* stattfinden sollte, hofften die Organisatoren tausende Sympathisanten anlocken zu können. Die meisten der 20 000 Menschen, die schließlich daran teilnahmen, waren Mitglieder der rechtsgerichteten *Christian Front* des Geistlichen Charles Coughlin.

Tschechische Bürger säumen die Straße und sehen den deutschen motorisierten Divisionen zu, die an diesem 15. März 1939 in Prag einrücken. Die Besetzung der verbliebenen unabhängigen tschechischen Gebiete stellte einen offenen Bruch der Vereinbarungen dar, die sechs Monate zuvor in München getroffen worden waren. Auf dieser Konferenz hatte Hitler dem britischen Premierminister Neville Chamberlain versichert keine weiteren Gebiete zu beanspruchen. Der Umstand, dass keine Nation ernsthafte Maßnahmen gegen sein Vorgehen in der Tschechoslowakei ergriff, war für Hitler überaus ermutigend.

1939

jüdischen Kollegen ablehnen – und die britischen Delegierten die arabische Position noch unterstützen.

• 9. Februar 1939: In Italien werden antijüdische Gesetze erlassen.

• 10. Februar 1939: Papst Pius XI. stirbt. Seine Enzyklika über Rassismus und Antisemitismus, die unveröffentlicht bleibt, geht nicht über die traditionelle Politik des Vatikans hinsichtlich der Juden hinaus. Diese Politik basiert auf der Doktrin des Augustinus, nach der die Juden wie Kain nicht getötet werden dürfen, aber zu ewiger Wanderung verurteilt sind, bis sie das Licht sehen und zum römischen Katholizismus übertreten.

• 20. Februar 1939: Der *German-American Bund* organisiert in New York eine Kundgebung. Die rund 20 000 begeis-

Fahrendes Volk

Die Bekämpfung der Zigeunerplage auf neuen Wegen

Zu den Gruppen, die im Dritten Reich aus rassischen Gründen verfolgt wurden, gehörten auch die Zigeuner genannten Sinti und Roma. Ihren „kriminellen" Lebensstil betrachteten die Nazis genau wie den der Juden als erblich bedingt. Nachdem man diese Menschen per Gesetz systematisch ausgegrenzt hatte, beschlossen die Nazibehörden am 21. September 1939 die Zigeuner Deutschlands nach Polen zu deportieren, wo sie in besonderen Lagern interniert wurden.

George Rublee, ein Vertrauter des US-amerikanischen Präsidenten Franklin Roosevelt, leitete das *Intergovernmental Committee on Political Refugees*, einen Ausschuss, der 1938 von der britischen und der amerikanischen Regierung geschaffen worden war. Die Mitglieder des Komitees hofften, dass Rublee mit der deutschen Regierung über die Gewährung günstigerer wirtschaftlicher Bedingungen für die deutschen Flüchtlinge verhandeln könne. So versuchte Rublee beispielsweise zu erreichen, dass den Emigranten die Mitnahme von mehr Eigentum gestattet würde. Seine Bemühungen scheiterten letzten Endes und er gab sein Amt auf. Das Foto zeigt Rublee kurz nach seinem Rücktritt bei seiner Ankunft auf der „Queen Mary" am 23. Februar 1939 in den USA.

Der Totenschädel mit den zwei gekreuzten Knochen darunter soll auf Grausamkeit und Furchtlosigkeit hindeuten. Dieses Symbol trugen SS-Leute als Zeichen ihrer Zugehörigkeit zu den Totenkopfverbänden. Die wegen ihrer Härte und Disziplin ausgesuchten Mitglieder dieser Verbände trugen schwarze Uniformen. Sie bildeten einen besonderen Zweig der SS, der für die Bewachung der Konzentrationslager verantwortlich war. Mit dem Beginn des Krieges im Jahr 1939 wurden diese Einheiten zum Kern der Waffen-SS.

terten Teilnehmer sind zum großen Teil Mitglieder der *Christian Front* Pater Charles Coughlins.

- **21. Februar 1939: Die deutschen Juden werden aufgefordert alles Gold und Silber aus ihrem Besitz an die Regierungsbehörden abzuliefern.**

- **Februar – Juni 1939: Der New Yorker demokratische Senator Robert F. Wagner, ein Deutschamerikaner, und die demokratische Abgeordnete von Massachusetts, Edith Nourse Rogers, legen gemeinsam den Wagner-Rogers-Gesetzentwurf vor, in dem die Aufnahme von insgesamt 20 000 deutschen Kindern (insbesondere jüdischen Kindern) über einen Zeitraum von zwei Jahren in die USA vorgeschlagen wird. Der Entwurf erfährt so viele Änderungen, dass die Diskussion darüber zu keinem Abschluss kommt. Er wird von der Presse und bestimmten Kirchen sehr unterstützt und viele Einzelpersonen und Organisationen sprechen sich für oder gegen den Entwurf aus. Doch der in der amerikanischen Öffentlichkeit und im Kongress verbreitete Antisemitismus und die mangelnde Unterstützung durch Präsident Franklin Roosevelt lassen den Entwurf scheitern. Der stärkste Gegner des Wagner-Rogers-Gesetzentwurfs, Senator Robert Reynolds aus dem US-**

Die deutschen Einwohner von Memel begrüßen eine deutsche Panzerkolonne, die Ende März 1939 in die Stadt einrückt. Memel und das Memelland hatten seit dem 16. Jahrhundert zu Ostpreußen gehört, mussten 1919 von Deutschland an die Siegermächte des Ersten Weltkrieges abgetreten werden und wurden 1923 von Litauen annektiert. Nach der „Machtergreifung" 1933 machte Hitler Propaganda für die Rückgabe des Memellandes an Deutschland. Bevor er seine Truppen in das Gebiet schickte, brachte die NSDAP schrittweise die Lokalpolitik unter ihre Kontrolle, indem sie die von Dr. Ernst Neumann geleitete Sozialistische Volksgemeinschaft (Sovog) unterstützte.

SA- und SS-Leute verhöhnen eine jüdische Familie aus Memel, die vor den nazistischen Invasoren flüchtet. Der größte Teil der litauischen und der jüdischen Bevölkerung hatte die Stadt noch vor der Besetzung durch die Deutschen verlassen. Die Ungewissheit und Furcht angesichts dieser Fremden machen die missliche Lage jener Menschen deutlich, die das Unglück hatten dem Nazimoloch zu begegnen.

10 000 Männer, Frauen und Kinder versammeln sich am New Yorker *Columbus Circle* und lauschen den Rednern, welche die Besetzung der Tschechoslowakei durch Deutschland verurteilen. Viele der Versammelten tragen typisch tschechische Kleidung; sie hatten an diesem Tag bereits an einem Umzug unter dem Motto „Stoppt Hitler!" teilgenommen. Die Aktionen der Nazis in Europa polarisierten die Amerikaner europäischer Herkunft. Während Juden und die aus der Tschechoslowakei und aus Polen gebürtigen Amerikaner gegen Hitler waren, unterstützten vor dem Kriegsausbruch im September 1939 viele Deutschamerikaner die Naziregierung.

1939

Bundesstaat North-Carolina, hat geheime Kontakte zu dem deutschamerikanischen Naziagenten August Gausebeck. Gausebecks Partner ist Walter Schellenberg, der Koordinator der Gestapoaktivitäten in den USA. • Nach ihrer Meinung zu dem Gesetzesentwurf befragt, flüstert die Gattin des Kommissars für Einwanderung James Houghteling, dass das einzige Problem an dem Wagner-Rogers-Entwurf darin bestehe, dass aus 20 000 widerwärtigen jüdischen Kinder nur allzu bald 20 000 widerwärtige Erwachsene würden. Laura Delano Houghteling ist die Cousine des US-amerikanischen Präsidenten Roosevelt. • Als Ergebnis der Politik der Roosevelt-Regierung bieten die USA weniger – von 1934 bis 1945 etwa 1000 – jüdischen Kindern Zuflucht als Belgien, Frankreich, Großbritannien, die Niederlande oder Schweden.

Im März 1939 versuchte die britische Regierung zehn jüdische Flüchtlinge aus der Tschechoslowakei des Landes zu verweisen, da deren Pässe nicht in Ordnung waren. Auf die Drohung hin, dass sie aus dem Flugzeug springen würden, das laut Plan in Warschau landen sollte, weigerte sich der Pilot zu starten. Am Tag darauf wurden die zehn Flüchtlinge gezwungen an Bord eines Schiffes zu gehen, dessen Ziel der Kontinent war.

Zur Vorbereitung auf einen möglichen deutschen Überfall exerzierte die polnische Kavallerie mit Lanzen, die zur Bekämpfung der gegnerischen Panzer eingesetzt werden sollten. Eine derartige Taktik belegte zwar die große Tapferkeit der polnischen Soldaten, war angesichts der modernen Kriegstechnik der Deutschen aber natürlich nutzlos.

Hermann Göring

Hermann Göring, der in der Hierarchie der NSDAP an zweiter Stelle rangierte, schien von allen Naziführern der umgänglichste zu sein. Er war kein engagierter Antisemit und behauptete der Partei als Revolutionär und nicht wegen eines ideologischen Unsinns beigetreten zu sein.

Göring, ein jovialer, überschwänglicher, extrovertierter Mensch, der über Witze bezüglich seiner Körperfülle herzlich lachen konnte, schien menschlicher als Hitler oder Joseph Goebbels zu sein. Hinter seinem Verhalten verbargen sich allerdings inhumane Charakterzüge. Göhring war intelligent, konnte aber ebenso brutal sein wie seine Parteigenossen; wenn es um die Behandlung der Häftlinge in den Konzentrationslagern ging, fehlten ihm Gewissen und moralische Bedenken. Er hielt sich für einen „Renaissancemenschen", doch seine Eitelkeit und Habsucht wiesen ihn, der in seiner Macht und dem schamlos angeeigneten Reichtum schwelgte, als Genussmenschen aus.

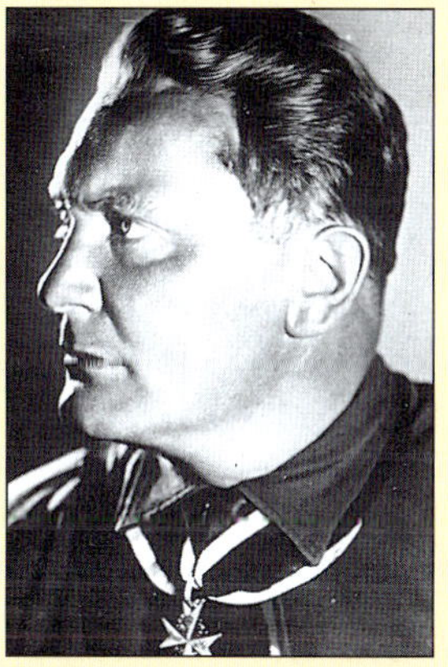

Während des Ersten Weltkrieges hatte sich Göring als hervorragender Jagdflieger ausgezeichnet. 1922 trat er der NSDAP bei, in deren Führungsriege er rasch aufstieg. 1928 wurde er in den Reichstag gewählt, 1933 war er zunächst Reichsminister ohne Geschäftsbereich, ab Mai Reichsminister für Luftfahrt. 1934 wurde er zum Oberbefehlshaber der Luftwaffe und 1936 zum Beauftragten für den Vierjahresplan ernannt, mit dem die deutsche Wirtschaft auf den Krieg vorbereitet werden sollte.

Da Göring nicht in der Lage war die Bombardierung deutscher Städte durch die Alliierten zu verhindern, fiel er in Ungnade und suchte Zuflucht im Drogenkonsum. Nachdem er im Prozess gegen die Hauptkriegsverbrecher in Nürnberg zum Tode verurteilt worden war, vergiftete er sich mit Blausäure.

• 2. März 1939: Kardinal Eugenio Pacelli wird zum Papst (Pius XII.) gewählt.

• 11. März 1939: In Ungarn wird ein Gesetz erlassen, das die Schaffung des ungarischen Arbeitsdienstsystems (*Munkaszolgálat*) genehmigt. Nach diesem Gesetz werden Juden im wehrdienstfähigen Alter beim Bau, im Bergbau und bei Befestigungsarbeiten für das Militär eingesetzt.

• 15. März 1939: Nazitruppen marschieren in der Tschechoslowakei ein und besetzen Prag. Kein Land ergreift energische Maßnahmen gegen diesen Vorstoß. Nur 19 000 von den rund 50 000 jüdischen Bewohnern Prags können aus Europa fliehen. Zehntausende Juden sind den Nazis ausgeliefert, als deutsche Truppen in die tschechischen Gebiete Böhmen und Mähren einrücken. Die Slowakei wird ein Satellitenstaat Deutschlands.

• 20. März 1939: In Berlin werden auf einem riesigen Scheiterhaufen etwa 5000 Gemälde, Zeichnungen und Skulpturen verbrannt, die bei den Nazis als „entartet" gelten.

• 21. März 1939: Nazitruppen marschieren in das litauische Memel ein und zwingen die dort lebenden Juden zur Flucht.
• Die französische Regierung verabschiedet ein Gesetz, das die Anstiftung

Franklin Delano Roosevelt, 1933 bis 1945 Präsident der Vereinigten Staaten von Amerika, war sich der immer kritischer werdenden Situation in Europa durchaus bewusst. Roosevelt, der sich einerseits mit den amerikanischen Juden konfrontiert sah, welche die Grenzen der USA für die jüdischen Flüchtlinge öffnen wollten, und andererseits antisemitischen und fremdenfeindlichen Gruppierungen gegenüberstand, die unerwünschte Ausländer fern zu halten wünschten, versuchte über diesem Konflikt zu stehen. Stets der scharfsinnige und gewiefte Politiker, empfing er die Vertreter beider Seiten im Weißen Haus, hörte sich aufmerksam ihre Bitten an und ließ den Status quo fortbestehen. Da er daneben eine stattliche Reihe innenpolitischer Probleme zu lösen hatte, nahm die Krise in Europa noch nicht seine gesamte Aufmerksamkeit in Anspruch.

Weibliche Häftlinge des Konzentrationslagers Ravensbrück werden mit dem nazistischen Terrorsystem bekannt gemacht. Das Frauenlager in Ravensbrück, das rund 80 Kilometer nördlich von Berlin lag, wurde am 5. Mai 1939 offiziell seiner Bestimmung übergeben. Die weiblichen Gefangenen mussten genau wie ihre männlichen Leidensgefährten andernorts, unabhängig von den Witterungsbedingungen, ihre Unterkünfte selbst bauen. Der Frühjahrsregen machte die Aushub- und Schachtarbeiten äußerst mühsam und schwer.

Mitglieder der jüdischen Gemeinde in Palästina protestierten auf den Straßen gegen die britische Entscheidung die Einwanderung von Juden nach Palästina zu beschränken. Das *White Paper* von MacDonald vom 17. Mai 1939 sah lediglich die Einwanderung von jährlich 10 000 Personen jüdischer Herkunft für einen Zeitraum von fünf Jahren vor. Die britische Regierungspolitik hielt die tatsächliche Anzahl jüdischer Immigranten weit unter den für Palästina festgelegten Quoten.

1939

zum Rassenhass verbietet. *Siehe* 27. August 1940.

• 25. März 1939: In New York sehen 500 000 Menschen einen Protestmarsch von 20 000 Personen, die fordern: „Stoppt Hitler!"

• 31. März 1939: Der britische Premierminister Neville Chamberlain verkündet, dass das Vereinigte Königreich und Frankreich die Souveränität Polens garantieren.

• 1. April 1939: Der Spanische Bürgerkrieg wird beendet; die Faschisten unter Francisco Franco gehen aus dem Krieg als Sieger hervor.

• 3. April 1939: Die deutsche Regierung erlässt eine geheime Weisung zur Besetzung der Freien Stadt Danzig, die bei

HAMBURG-AMERIKA LINIE
(Compañía Hamburguesa Americana)

No. 2067

Touristenklasse
Clase Turista
Tourist Class

Motorschiff / motonave / motor vessel: St. Louis
am / d salir / sailing: 13. Mai 1939
von / de / from: Hamburg
nach / d / to: Havana

Name des Reisenden: / nombre del pasajero: / passenger's name:
Herr
Moritz Schönberg
(1/1 /2 /4 /0)

Bezahlter Fahrpreis
Pasaje pagado — Fare paid
RM 500.–
Steuer 5.–
Staatsab. 3.75
RM 508.75

F. Nr. 372

Diese Fahrkarte der Hamburg-Amerika-Schifffahrtsgesellschaft für die Überfahrt von Hamburg nach Havanna auf der „St. Louis" wurde auf Moritz Schönberg ausgestellt. Der Preis von 508,75 RM war enorm hoch.

Die „St. Louis"

Die tragische Geschichte von der Reise des deutschen Ozeandampfers „St. Louis" spiegelt in gedrängter Form den verzweifelten und aussichtslosen Kampf jener Juden wider, die versuchten aus Deutschland zu entkommen.

Am 15. Mai 1939 ließen die Nazis mehr als 900 Juden an Bord des Dampfers gehen, dessen Ziel Kuba war. Die hoffnungsfrohen Passagiere hatten Genehmigungen bei sich, von denen sie glaubten, dass sie ihnen einen zeitweiligen Aufenthalt sicherten, bis die Visa beschafft werden könnten und eine ständige Zuflucht in den USA garantiert wäre. Es gab ein schreckliches Erwachen, als man bei der Ankunft in Havanna nur 29 Personen erlaubte das Schiff zu verlassen. Den übrigen Passagieren wurde die Einreise unter Hinweis auf die geänderten kubanischen Einwanderungsbeschränkungen verweigert. Als das Schiff den Hafen verlassen sollte, versuchten mehrere Passagiere sich das Leben zu nehmen. Für den Fall, dass einer der Flüchtlinge vom Schiff springen würde, ließen die kubanischen Behörden die „St. Louis" von Polizeibooten begleiten. Drei Tage kreuzte der Dampfer in langsamer Fahrt vor der US-amerikanischen Küste; seine Passagiere warteten vergebens darauf, dass Amerika sie aufnehmen würde. Mitte Juni, nach 35 Tagen zielloser Fahrt, war die „St. Louis" gezwungen nach Europa zurückzukehren. Die Regierungen Großbritanniens, Frankreichs, der Niederlande und Belgiens einigten sich schließlich darauf jeweils einen Teil der Passagiere in ihrem Land aufzunehmen. Die tragische Reise des Schiffes wurde von der Weltpresse verfolgt und selbst in den Wochenschauen gezeigt.

Die Zwillinge Renate und Innes Spanier, die an Bord des unseligen Flüchtlingsschiffes „St. Louis" waren, schauen aus einem Bullauge und warten darauf, dass das Schiff nach Kuba ablegt. Nachdem die „St. Louis" gezwungenermaßen nach Europa zurückgekehrt war, gewährte man der Familie Spanier in den Niederlanden Asyl. Während des Krieges wurden die Spaniers nach dem niederländischen Westerbork deportiert, wo der Vater als leitender Arzt arbeitete. Nach ihrer Befreiung emigrierte die Familie in die USA.

der Vorbereitung Deutschlands auf einen größeren Krieg eine Rolle spielt.

• 4. April 1939: Gründung des Instituts zur Erforschung des jüdischen Einflusses auf das deutsche kirchliche Leben.

• 7. April 1939: In Großbritannien wird die Wehrpflicht eingeführt. • Italienische Truppen besetzen Albanien.

• 10. April 1939: Die Wähler in Großdeutschland billigen den „Anschluss", die 1938 erfolgte Eingliederung Österreichs in das Deutsche Reich.

• 15. April 1939: Der US-amerikanische Präsident Franklin Roosevelt ersucht Hitler die Unabhängigkeit der europäischen Nationen zu respektieren. ***Siehe* 28. April 1939.**

• 18. April 1939: In der antijüdischen Gesetzgebung der Slowakei werden die Juden durch ihre Religion definiert.

• 20. April 1939: Das Wirtschafts- und Verwaltungs-Hauptamt wird aufgewertet. Es beschäftigt sich mit wirtschaftlichen Angelegenheiten der SS, besonders mit den Konzentrationslagern.

• 28. April 1939: Hitler lässt dem US-

Julius Streicher

Nach Hitler war Julius Streicher der unverblümteste und bösartigste Antisemit in der NSDAP. Er war zweifellos ein Mensch von äußerst grobem Wesen. Seine Vorliebe für die Misshandlung politischer Gefangener mit der Reitpeitsche wurde nur durch seinen schamlosen Eifer übertroffen, mit dem er zu Werke ging, wenn er sich an konfiszierten jüdischen Besitztümern persönlich bereicherte.

Streicher, der sich im Ersten Weltkrieg ausgezeichnet hatte, gab den Juden die Schuld an der Niederlage und an dem Missgeschick Deutschlands. 1919 wurde er Führer einer antisemitischen politischen Partei in Bayern und zwei Jahre später trat er der NSDAP bei, in die er auch seine Anhänger holte. 1923 gründete er seine eigene Zeitschrift, das berüchtigte Blatt „Der Stürmer".

Die illustrierte Wochenzeitschrift enthielt grausame, in grobem Stil verfasste Geschichten über jüdische Ritualmorde und die Vergewaltigung christlicher Mädchen. Der an öffentlichen Plätzen angebotene und weit verbreitete „Stürmer" stellte seinen Lesern die Juden in vulgären pornografischen und klischeehaften Karikaturen vor. Seine fett gedruckten Überschriften warnten vor jüdischen Verschwörungen gegen die „Arier" und forderten den Boykott jüdischer Unternehmen. Während des Zweiten Weltkrieges unterstützte Streichers Zeitschrift die Vernichtungspolitik der Nazis.

Streicher stieg in der Hierarchie der NSDAP zum Gauleiter Frankens auf. Wegen Korruption, sexueller Ausschweifungen und Streits mit anderen hohen Parteifunktionären wurde er schließlich aller Parteiämter enthoben. Streicher wurde 1946 wegen seiner Verbrechen gegen die Menschlichkeit durch den Strang hingerichtet.

Nicht alle Menschen waren ohne Mitgefühl für die Notlage der europäischen Juden. Zu jenen, die es vorzogen zu helfen, gehörte der amerikanische Lustspielfilmautor Joe E. Brown. Das Foto zeigt ihn vor dem *House Immigration Committee*, wo er einen Gesetzesentwurf zur Aufnahme von 20 000 deutschen Flüchtlingskindern in den USA unterstützt. Brown selbst leistete seinen Beitrag, indem er zwei deutsch-jüdische Jungen adoptierte.

Eine Gruppe deutsch-jüdischer Flüchtlingskinder, die sich in einem Vorort von Philadelphia (US-Bundesstaat Pennsylvania) beim Bockspringen vergnügen. Etwa 50 Kinder erhielten eine kostenlose Überfahrt nach Amerika und wurden nach ihrer Ankunft auf dem abgebildeten Gut untergebracht, bis man Pflegeeltern für sie gefunden hatte. Um in die USA einreisen zu können brauchte man Geld, Beziehungen und Glück. Ohne diese drei Voraussetzungen blieb den Juden aus Europa trotz des Umstandes, dass die Einwanderungsquoten nicht ausgeschöpft wurden, der Zugang zu diesem Land verwehrt.

1939

amerikanischen Präsidenten Franklin Roosevelt auf dessen Ersuchen vom 15. April die Unabhängigkeit der europäischen Nationen zu respektieren eine spöttische Antwort zukommen.

• 30. April 1939: In Deutschland wird der Mieterschutz für Juden aufgehoben. Diese Entscheidung ebnet den Weg für die Umsiedlung der Juden in „kommunale Judenhäuser".

• Mai 1939: In Ungarn werden diskriminierende Gesetze gegen Juden erlassen, die im Rechtswesen und in der Medizin beschäftigt sind. Der Anteil der an der Volkswirtschaft beteiligten Juden wird auf sechs Prozent beschränkt.

• 3. Mai 1939: In der Hoffnung auf eine Wiederannäherung an Nazideutschland ersetzt der sowjetische Führer Stalin seinen jüdischen Volkskommissar des

Der Stürmer
Deutsches Wochenblatt zum Kampfe um die Wahrheit
HERAUSGEBER: JULIUS STREICHER

Jüdische Erbschleicher

Juden und der deutsche Walzerkönig Johann Strauß / Die Machenschaften der Jüdin Meneszner-Strauß / Eine erbärmliche Talmuderei

Satansschlange Juda

Die Juden sind unser Unglück!

Das Titelblatt einer Ausgabe von Julius Streichers Wochenzeitschrift „Der Stürmer" vom Juni 1939. Es war typisch für die Nazis, dass sie Vergehen oder Fehltritte von Persönlichkeiten aus dem deutschen Kulturleben deren jüdischen Ehefrauen anlasteten. Die Karikatur zeigt die „Satansschlange Juda", die ein „arisches" Mädchen bedrängt. Im Hintergrund ist der Talmud zu sehen. Viele nationalsozialistische Publikationen schilderten jüdische religiöse Texte als Quelle des Bösen, das eine ewige Gefahr für das deutsche Volk darstelle. In einer für den „Stürmer" charakteristischen Art ist der Schöpfer der Karikatur auch hier fast in die Pornografie abgeglitten. Die schamlose Betonung des Aufreizenden, die sich häufig in den mit „Fips" (Philip Rupprecht) signierten Karikaturen fand, lockte auch andere als nur unkritische Leser an. Die Wochenzeitung erschien um 1939 in einer Auflagenhöhe von rund 500 000 Exemplaren.

Der französische Ministerpräsident Édouard Daladier *(links)* und der britische Kriegsminister Leslie Hore-Belisha Schulter an Schulter bei einer Militärparade, die am 14. Juli 1939, dem 150. Jahrestag des Sturms auf die Bastille, stattfindet. Die inszenierte Vorführung feierte die militärische Macht der „Vereinten Front" und zeigte auch britische Flugzeuge, Matrosen und Marineinfanteristen. Einige Tage vor der Parade waren 100 britische Bombenflugzeuge in einer beeindruckenden Demonstration ihrer potenziellen Kampfkraft von England weit über französisches Territorium und zurück geflogen.

Tschechische und deutsche Juden, die mit einem Flüchtlingsschiff auf dem Weg nach Palästina sind, bei ihrer Ankunft auf Rhodos. Trotz der beengten Verhältnisse an Bord der Schiffe, der Rarität der Einreisevisa und der Schwierigkeit, die nötigen Reiseunterlagen zu bekommen, erhöhte sich nach den Pogromen der Reichskristallnacht das Tempo der Auswanderung aus dem Großdeutschen Reich. Zwischen November 1938 und September 1939 flohen etwa 150 000 Juden aus Deutschland.

Äußeren, Maxim M. Litwinow durch den weniger britisch orientierten Wjatscheslaw M. Molotow.

• 15. Mai 1939: Im 80 Kilometer nördlich von Berlin gelegenen Ravensbrück wird ein KZ für Frauen errichtet. • Das deutsche Flüchtlingsschiff „St. Louis" sticht von Hamburg aus in See. Die meisten der rund 1000 Passagiere sind Juden, die aus Nazideutschland fliehen. Sie sind im Besitz von Ausschiffungsgenehmigungen für Kuba und von Kontingentnummern, die ihnen binnen drei Jahren die Aufnahme in die USA erlaubt hätten. *Siehe* Juni 1939.

• 17. Mai 1939: Die britische Regierung veröffentlicht das *White Paper* (häufig auch *MacDonald White Paper* genannt), das die Einwanderung von Juden für fünf Jahre auf jährlich 10 000 begrenzt. Das *White Paper* lässt die Einwanderung von 75 000 Juden nach Palästina zu (bis zu 10 000 jährlich und zusätzlich 25 000, wenn bestimmte Bedingungen erfüllt sind). Es beschränkt auch jüdische Landkäufe in Palästina. Es gelingt der britischen Regierung die tatsächliche Zahl der jüdischen Einwanderer weit unter den Quoten für die Ansiedlung in England und Palästina zu halten.

Zu den vom Jüdischen Kulturbund geförderten Aktivitäten gehörte auch die Aufführung von Opern jüdischer Komponisten. Dieses Foto wurde im Juli 1939 in Berlin aufgenommen. In einer Pause während der Darbietung der Operette „Gräfin Mariza" warben Kinder für den Kulturbund. Die Leitung des Bundes war der Ansicht, dass die Einbeziehung der Kinder in die Arbeit der Organisation wichtig für das Fortbestehen der deutsch-jüdischen Kultur sei.

Das Exekutivkomitee des Jüdischen Kulturbundes bei einer Zusammenkunft im Juli 1939. Unter den Anwesenden befindet sich der Direktor Fritz Wisten *(ganz links)*, der Dirigent Rudolf Schwarz *(Dritter von rechts)* und Werner Levie, ein ehemaliger Journalist, der früher für Zeitungen des Ullstein-Verlages gearbeitet hatte *(ganz rechts)*. 1937 waren 1425 Künstler Mitglied des Bundes, der bei der Erhaltung der deutsch-jüdischen Kultur bis in das Folgejahr eine wichtige Rolle spielte. 1939 ließ die verstärkte Verfolgung den Einfluss des Kulturbundes schwinden.

Jüdische Kinder winken zum Abschied, als sie das im Oktober 1938 eingerichtete Flüchtlingslager Zbaszyń verlassen. Sie sollen im Rahmen des Kindertransport-Programms nach Großbritannien gebracht werden, das ihnen eine sichere Zukunft verheißt. Die meisten der in Zbaszyń internierten 10 000 Juden waren allerdings nicht in einer solch glücklichen Lage. Sie mussten aufgrund einer Übereinkunft zwischen Polen und Deutschland in Polen bleiben.

1939

• 22. Mai 1939: Deutschland und Italien unterzeichnen den Stahlpakt. • Der deutsch-jüdische Dramatiker Ernst Toller begeht im Exil in New York Selbstmord.

• Juni 1939: Das deutsche Flüchtlingsschiff „St. Louis" erreicht Kuba. Nach erpresserischen finanziellen Forderungen der kubanischen Regierung verlässt das Schiff die Insel jedoch wieder und kreuzt dann vor der Ostküste der USA. Präsident Roosevelt weist die Küstenwache an keine Passagiere an Land zu lassen, selbst wenn sie von Bord springen sollten. *Siehe* 17. Juni 1939.

• 2. Juni 1939: Die in Boston (US-Bundesstaat Massachusetts) erscheinende Zeitung der *Christian Science Church* wirft den jüdischen Flüchtlingen vor ihre Probleme selbst zu schaffen. Diese Posi-

Bewohner der Insel Rhodos beobachten das vor der Küste liegende Schiff „Rim", aus dem Rauch hervorquillt. Das Schiff mit 600 illegalen rumänischen Einwanderern an Bord war auf dem Weg nach Palästina auf Grund gelaufen und in Brand geraten. Obwohl die britische Regierung Palästina für die legale Zuwanderung geschlossen hatte, versuchten tausende europäischer Juden der Verfolgung durch die Nazis zu entkommen, indem sie illegal in dieses Gebiet einreisten.

Links: Jüdische Flüchtlinge, die mit dem Schiff „Patria" von Europa nach Tel Aviv gekommen sind, gehen in Rettungsbooten an Land. Die britischen Beschränkungen für die Einwanderung von Juden zwangen diese Flüchtlinge illegal in Palästina einzureisen.
Oben: Nachdem der Kapitän die „Patria" bewusst auf eine Sandbank vor Tel Aviv hatte auflaufen lassen, wurden die 850 Passagiere von britischen Beamten verhaftet und in ein Internierungslager bei Haifa gebracht.

tion wird von bedeutenden protestantischen Journalen dieser Zeit vertreten.

• 17. Juni 1939: Nachdem den Passagieren die Einreise nach Kuba und in die USA verweigert worden ist, legt das deutsche Flüchtlingsschiff „St. Louis" im belgischen Antwerpen an. Belgien nimmt 214, die Niederlande 181, Großbritannien 287 und Frankreich 224 Passagiere auf. Schließlich werden die Nazis hunderte von den Passagieren in den Todeslagern in Osteuropa ermorden.

• 30. Juli 1939: Der britische Premierminister Neville Chamberlain schreibt: „Die Juden sind zweifellos kein liebenswertes Volk; mir persönlich sind sie egal. Doch das reicht nicht aus um den Pogrom zu erklären." Er reagiert damit auf die deutsche antijüdische Politik und spricht auch die Ansicht vieler anderer offizieller Persönlichkeiten in Großbritannien und Westeuropa aus.

• 2. August 1939: Aus Sorge darum, dass die Deutschen als erste eine Atombombe entwickeln könnten, verfasst der in den USA lebende deutsche Physiker Albert Einstein einen Brief an den amerikanischen Präsidenten Franklin Roosevelt, in dem es um die Entwicklung einer amerikanischen Bombe geht.

Joachim von Ribbentrop

Berauscht von den außenpolitischen Triumphen in der Zeit von 1938 bis 1939 bejubelte Hitler seinen Reichsaußenminister Joachim von Ribbentrop als „zweiten Bismarck" und als „Genie". Die meisten sahen in Ribbentrop jedoch einen arroganten, inkompetenten Emporkömmling (mit dem Spitznamen von Ribbensnob) und katzbuckelnden Schmeichler des Führers.

Der Reichsminister für Volksaufklärung und Propaganda, Joseph Goebbels, der auch die Presse kontrollierte, beschrieb Ribbentrop als „geistlos und undiplomatisch, reizbar und unterwürfig." Von Goebbels stammt auch die verachtungsvolle Bemerkung, dass Ribbentrop seinen Namen gekauft, sein Geld geheiratet und sich in sein Amt geschwindelt habe.

Ribbentrops Einheirat in die wohlhabende Familie eines Champagnerproduzenten, seine ausländischen Geschäftskontakte und die Beherrschung von Fremdsprachen ließen ihn vor Hitler als Mann von Welt erscheinen. Ribbentrop war zwar erst spät der NSDAP beigetreten, wurde aber trotzdem von Hitler innerhalb des Reichsaußenministeriums rasch befördert. 1935 führte er als Sonderbeauftragter die Verhandlungen über das deutsch-britische Flottenabkommen.

1936 wurde Ribbentrop deutscher Botschafter in Großbritannien, 1938 Reichsaußenminister. Er überzeugte Hitler, dass das Inselreich schwach und nicht gewillt sei der aggressiven deutschen Politik entgegenzutreten. Mit den Verhandlungen über den Nichtangriffspakt von 1939 mit der Sowjetunion ebnete er den Weg zur Eroberung des von den Nazis geforderten Lebensraums.

Der gewissenlose Diplomat wurde 1946 für seine Kriegsverbrechen schuldig gesprochen. Er, der keine Reue zeigte, wurde als erster angeklagter Nazi in Nürnberg durch den Strang hingerichtet.

Der Nichtangriffspakt zwischen Deutschland und der Sowjetunion vom 23. August 1939 schob den unausweichlichen militärischen Zusammenstoß der beiden Mächte nur hinaus und bereitete den deutschen Überfall auf Polen vor. Der Hitler-Stalin-Pakt, wie das Abkommen auch genannt wurde, enthielt ein geheimes Zusatzprotokoll, das die Aufteilung Polens zwischen den beiden großen Ländern vorsah. Das Foto zeigt (von rechts) den sowjetischen Außenminister Wjatscheslaw M. Molotow, den sowjetischen Diktator Stalin und den deutschen Reichsaußenminister Joachim von Ribbentrop.

Hitler am 1. September 1939 während seiner Rede vor dem Reichstag. Der Krieg Deutschlands mit Polen, der bis dahin größte Griff nach „Lebensraum", hatte bereits begonnen. Die Kampfhandlungen hatten eingesetzt, nachdem deutsche Soldaten in polnischen Uniformen eine Radiostation in der deutschen Grenzstadt Gleiwitz angegriffen hatten.

1939

• 17. August 1939: Das Reichsinnenministerium des Innern veröffentlicht eine Liste zulässiger Vornamen für neugeborene jüdische Kinder.

• 19. August 1939: Das rumänisch-jüdische Flüchtlingsschiff „Rim" läuft während der Fahrt nach Palästina auf Grund und gerät vor der damals italienischen Insel Rhodos in Brand.

• 22. August 1939: In seiner Rede vor den Generälen dringt Hitler darauf im bevorstehenden Krieg polnische Bürger zu liquidieren um auf diese Weise Lebensraum für die Deutschen zu gewinnen.

• 23. August 1939: In Moskau wird der Deutsch-Sowjetische Nichtangriffspakt (Hitler-Stalin-Pakt) unterzeichnet, der Hitler zunächst die Befürchtungen be-

Ein deutscher Militärzug, der kurz nach Kriegsausbruch nach Polen fahren soll, trägt die Aufschrift: „Wir fahren nach Polen, um die Juden zu versohlen". Die Pläne der Nazis zur „rassischen Neuordnung" Europas wurden in Polen, wo 3,3 Millionen Juden lebten, einer ersten großen „Bewährungsprobe" unterzogen. Den raschen militärischen Siegen folgten massenweise Umsiedlungen polnischer Nichtjuden und Juden. Die Juden wurden in Städten konzentriert und unter die Amtsgewalt der SS gestellt. Die Ghettoisierung war ein wichtiger Schritt zur Vernichtung des polnischen Judentums.

Die orthodoxen Juden in Polen wurden von Kriegsbeginn an zum Arbeitsdienst gezwungen. Im Unterschied zu West- und Mitteleuropa, wo die Juden stark angepasst und nur schwer von ihren Landsleuten zu unterscheiden waren, konnte man viele osteuropäische Juden an ihrer traditionellen Kleidung und am Gebrauch des Jiddischen, der Volkssprache des nicht assimilierten osteuropäischen Judentums, leicht erkennen. Die beiden bärtigen Männer im Vordergrund tragen die für Polens orthodoxe Juden typische Kleidung.

Deutsche Soldaten und polnische Zivilisten beobachten von einem Außenbezirk Warschaus aus den Rauch, der über der brennenden Stadt aufsteigt. Der Einfall deutscher Truppen in Polen am 1. September 1939 war von einer ausgedehnten Luftoffensive begleitet, die in Warschau und anderen polnischen Städten große Verheerungen anrichtete. Die Polen kämpften zwar heldenhaft gegen die deutschen Eindringlinge, doch ihre Armee war Hitlers gut abgestimmter Militärmaschinerie nicht gewachsen. Die Nazis ließen 1,5 Millionen Soldaten gegen ein Heer antreten, dessen Personalstärke nur ein Drittel davon betrug und das auf eine Verteidigung gegen die blitzschnellen Zangenbewegungen der nazistischen Panzer- und Infanterieeinheiten nicht vorbereitet war.

züglich einer Front im Osten nimmt. Zu diesem Pakt gehört auch ein geheimes Zusatzprotokoll über Polen, das zwischen den beiden großen Nationen aufgeteilt werden soll.

• 25. August 1939: Ein britisch-polnischer Bündnisvertrag wird unterzeichnet, mit dem sich Großbritannien verpflichtet Polen für den Fall beizustehen, dass es Opfer einer Aggression wird.

• 27. August 1939: In Deutschland erfolgt die Umstellung auf die Kriegswirtschaft. Die Naziregierung lässt an Zigeuner und in den Grenzen des Reiches lebende Ausländer Lebensmittelkarten ausgeben. Die an die Juden ausgegebenen Bezugsscheine sehen für ihre Empfänger nur 200 bis 300 Kalorien pro Tag vor.

• 30. August 1939: Zwei Tage vor dem deutschen Überfall auf Polen verpassen die bekannten polnisch-jüdischen Filmschauspieler Leon Liebgold und Lili Liliana wegen sich hinziehender Filmaufnahmen in New York ihr Schiff in die polnische Heimat. Das Paar bleibt in New York.

• 31. August 1939: 60 deutsch-jüdische Kinder werden per Eisenbahn und Schiff durch die Niederlande nach der

„Wenn wir den Krieg verlieren, dann gnade uns Gott!“

nach: *Hermann Göring im September 1939*

Ein Verband der deutschen Invasionstruppen durchquert eine brennende polnische Stadt. Die weit überlegene Feuerkraft der Deutschen wirkte sich auf große wie auf kleine Städte verheerend aus. Die in Polen üblichen Holzrahmenkonstruktionen der Häuser brannten wie Zunder. Viele Polen flohen mit Pferdewagen vor der deutschen Militärmaschinerie, die bei ihrem Vormarsch von der Luftwaffe und von Panzerdivisionen unterstützt wurde. Schnelligkeit war entscheidend und so wurden ganze polnische Divisionen bei ihrem Rückzugsversuch von den deutschen Truppen eingeschlossen und aufgerieben. Am 3. September, nur zwei Tage, nachdem die Wehrmacht die polnische Grenze überschritten hatte, gab es die polnische Luftwaffe schon nicht mehr.

Warschau war vor dem Überfall durch Nazideutschland eines der jüdischen Kulturzentren Osteuropas. In der Stadt lebten mehr als 350 000 Juden. Diese Aufnahme stammt aus dem jüdischen Viertel Warschaus. Die polnischen Juden hatten von den Grausamkeiten der Nazis gegenüber ihren deutschen Glaubensbrüdern gehört und machten sich zu Recht Sorgen um ihre Zukunft.

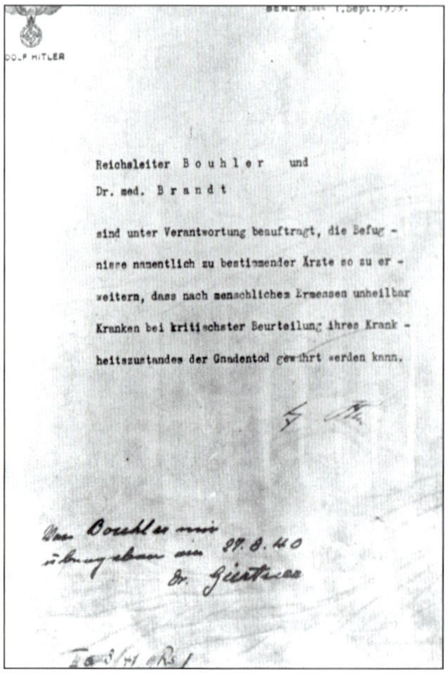

DOLF HITLER

BERLIN, 1. Sept. 1939.

Reichsleiter B o u h l e r und

Dr. med. B r a n d t

sind unter Verantwortung beauftragt, die Befugnisse namentlich zu bestimmender Ärzte so zu erweitern, dass nach menschlichem Ermessen unheilbar Kranken bei kritischster Beurteilung ihres Krankheitszustandes der Gnadentod gewährt werden kann.

Mit diesem im Oktober 1939 unterzeichneten, aber auf den 1. September rückdatierten Brief genehmigte Hitler das „Euthanasie“-Programm, das unter der Bezeichnung Aktion T 4 bekannt wurde. Das Programm, in dessen Rahmen Ärzte Personen als unheilbar krank einstuften und nach oberflächlicher Untersuchung töteten, wurde von Reichsleiter Philipp Bouhler und dem Mediziner Dr. Karl Brandt verwaltet. Die Aktion T 4, die sofort in die Praxis umgesetzt wurde, veranschaulichte die Radikalisierung der nazistischen Rassenpolitik: Menschen, die man für „lebensunwert“ befunden hatte, wurden systematisch vernichtet.

1939

britischen Hafenstadt Harwich und damit in Sicherheit gebracht.

• September 1939: Die Nazis internieren zehntausende spanische Republikaner in Frankreich und schicken sie später zur Verrichtung von Sklavenarbeit in die Steinbrüche bei Mauthausen. Der führende deutsch-jüdische Jurist Gerhard Leibholz, der 1936 aus seiner Position an der Universität Göttingen entlassen wurde, flieht mit seiner Frau und seinen beiden Töchtern in die Schweiz.

• 1. September 1939: Deutsche Truppen fallen in Westpolen ein und entfesseln damit den Zweiten Weltkrieg. 3000 jüdische Zivilisten kommen bei der Bombardierung Warschaus ums Leben. Deutsche Truppen marschieren in Danzig ein und bekommen damit mehr

„Euthanasie" und die Aktion T 4

Im Oktober 1939 schrieb Adolf Hitler das folgende Memorandum: „Reichsleiter Bouhler und Dr. med. Brandt sind unter Verantwortung beauftragt, die Befugnisse namentlich zu bestimmender Ärzte so zu erweitern, dass nach menschlichem Ermessen unheilbar Kranken bei kritischster Beurteilung ihres Krankheitszustandes der Gnadentod gewährt werden kann."

Mit diesen Worten wurde ein systematisches Programm der Nazis zur Beseitigung „lebensunwerten" Lebens gebilligt. Zu den „wertlosen" Menschen zählten geistig und körperlich behinderte Deutsche und Österreicher, Kinder und Erwachsene, die man als Makel an der „rassischen Integrität" des Dritten Reiches und als eine unakzeptable wirtschaftliche Bürde für den Staat betrachtete. Zwar hatte Hitler die Ermächtigung zu dem so genannten „Euthanasie"-Programm im Oktober 1939 unterschrieben, doch das Dokument wurde auf den 1. September, den Beginn des Zweiten Weltkrieges, rückdatiert um den Eindruck zu schaffen, dass die Gewährung des „Gnadentodes" wegen des Krieges notwendig sei.

Die als Aktion T 4 bezeichnete „Euthanasie"-Kampagne erhielt ihren Namen nach der Anschrift einer beschlagnahmten jüdischen Villa in der Tiergartenstraße 4. Dort befand sich die zentrale Verwaltung für das „Euthanasie"-Programm. Hitler bestimmte Bouhler, den Leiter seiner Privatkanzlei, und Dr. Brandt, einen seiner Ärzte, zur Beaufsichtigung der Aktion T 4. Die Verantwortung für die tagtägliche Durchführung lag jedoch bei Viktor Brack und dessen Stellvertreter Werner Blankenberg. Statistiken belegen, dass unter der Leitung dieser Männer 70 000 bis 80 000 Menschen, darunter 4000 bis 5000 Juden, der „Euthanasie" zum Opfer fielen.

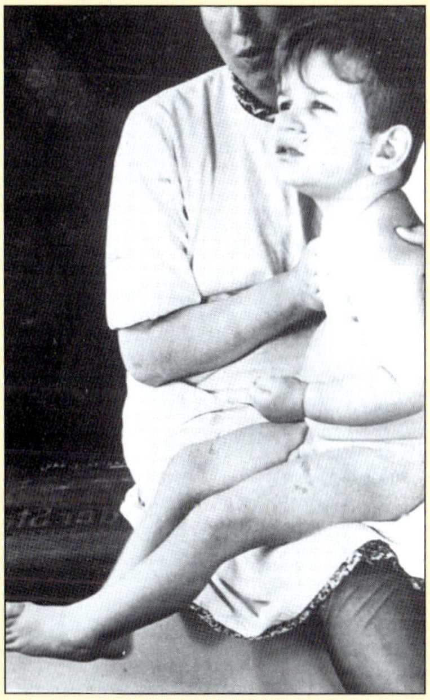

Die Nazis versuchten vergeblich das Geschehen zu verschleiern und als sich die öffentlichen Proteste – zu einem großen Teil vonseiten katholischer und lutherischer Kirchenführer – rasch mehrten, stoppte Hitler die Aktion T 4 am 24. August 1941 offiziell, doch wurde das Töten unter größerer Geheimhaltung bis zum Frühjahr 1945 fortgesetzt. Im Rahmen der Aktion T 4 und anderer „Euthanasie"-Programme wurden von 1939 bis 1945 zwischen 200 000 und 250 000 behinderte Menschen ermordet.

Medizinisches Personal suchte die Menschen aus, die aufgrund von Daten aus Krankenhäusern, Pflegeheimen und anderen öffentlichen Gesundheitseinrichtungen sterben sollten. Die selektierten Patienten wurden in eines der sechs „Euthanasie"-Zentren Deutschlands und Österreichs – Hartheim, Sonnenstein, Grafeneck, Bernburg, Hadamar oder Brandenburg – transportiert. Die Ärzte, Schwestern und weitere Fachleute, die in diesen Zentren arbeiteten, wendeten unterschiedliche Tötungsmethoden an. Anfangs waren es Nahrungsentzug und tödliche Injektionen, schließlich wurden die Opfer in Räumen, die als geflieste Duschräume getarnt waren, mit Kohlenmonoxid vergast. Nachdem man den Leichen die Goldzähne ausgebrochen hatte, wurden sie in Krematorien verbrannt.

Die Aktion T 4 war eine Vorwegnahme des Holocaust. Die hinter dem „Euthanasie"-Programm stehende Ideologie der rassischen Reinheit, die Methoden zur Vernichtung von Leben und das Verwaltungspersonal sollten später eine Schlüsselrolle bei der „Endlösung" spielen.

als 5000 Juden in ihre Gewalt. In ganz Deutschland und Österreich haben Juden im Winter ab 20 Uhr und im Sommer ab 21 Uhr Ausgehverbot.

• 1. September – 25. Oktober 1939: Bei der von SS-Einsatzgruppen ausgeführten Operation „Tannenberg" werden polnische Juden und katholische Intellektuelle ermordet und Synagogen in Polen in Brand gesteckt.

• 2. September 1939: Im polnischen Stutthof wird ein Außenlager für „zivile Kriegsgefangene" errichtet. • Als 1400 aus Polen, Rumänien, Bulgarien und der Tschechoslowakei geflohene Juden an einem Strand von Tel Aviv an Land gehen, werden sie von britischen Soldaten beschossen; zwei Flüchtlinge werden getötet.

• 3. September 1939: Großbritannien und Frankreich erklären Deutschland den Krieg. Die britische Regierung annulliert alle Visa, die sie all jenen erteilt hatte, die nun als „feindliche Staatsangehörige" galten; das hat u. a. zur Folge, dass deutsche Juden nicht länger in das sichere Großbritannien emigrieren können. • Auf einem Treffen der *Jewish Agency Executive*, einer Organisation, die inoffiziell als politische Vertretung der jüdischen Bevölkerung in Palästina

Junge jüdische Männer melden sich in einem Rekrutierungsbüro in Tel Aviv (Palästina) als Freiwillige zu den britischen Streitkräften. Der Text auf dem Plakat im Hintergrund lautet: „Dein Platz ist hier, melde dich freiwillig!" Nach dem Kriegsausbruch in Europa bestärkte David Ben Gurion von der *Jewish Agency Executive* die Juden sich am Kampf gegen Hitler zu beteiligen. Im britischen Heer kämpften etwa 26 000 Juden aus Palästina und 90 000 aus dem britischen Commonwealth.

Diese Aufnahme, die später als antisemitische Postkarte Verwendung fand, zeigt Juden aus der polnischen Stadt Biatek, die von den Deutschen bei ihrem Überfall auf Polen zerstört wurde. Die deutsche Bildunterschrift lautete: „Die Juden sind die ersten, die in die völlig zerstörte Stadt Biatek zurückkehren, wo sie wie Geier über die leeren Geschäfte herfallen." Die Nazis empfanden nur sehr wenig Mitgefühl mit ihren Opfern, die sie selbst dann noch verteufelten, als sie sie rücksichtslos verfolgten. Hitler befahl alle Polen aus ihrem Heimatland zu vertreiben oder zu töten, damit „Lebensraum" für die eintreffenden Deutschen geschaffen würde.

Eine Gruppe Polen aus Częstochowa wartet auf die Hinrichtung durch eine Einsatzgruppe, eine der Liquidierungsformationen der SS, die den Auftrag hatten die Feinde des Deutschen Reichs aufzuspüren und auszuschalten. In Polen beschränkten sich die Exekutionen größtenteils, doch nicht ausschließlich auf Nichtjuden. Zum Opfer fielen ihnen hauptsächlich politische Gegner des Nazismus – Personen, die man als Gefahr für die deutsche Vorherrschaft ansah.

1939

anerkannt ist, erklärt David Ben Gurion feierlich, dass die Juden gegen Hitler kämpfen würden. Insgesamt 1,5 Millionen Juden wollen in den Streitkräften der gegen Deutschland kämpfenden Nationen dienen: 550 000 jüdische Soldaten und Soldatinnen in den Streitkräften der USA, 500 000 für die Sowjetunion, 116 000 für Großbritannien (26 000 aus Palästina und 90 000 aus dem britischen Commonwealth) und 243 000 Juden für andere europäische Länder.

- **6. September 1939: Deutsche Truppen besetzen das polnische Kraków.**
- **8. September 1939: Deutsche Truppen besetzen die polnischen Städte Łódź, Radom und Tarnów.**
- **14. September 1939: Deutsche Truppen besetzen Przemyśl.**

Zwei polnische Juden werden gezwungen ihr Grab zu schaufeln. Das war während des gesamten Holocaust allgemein übliche Praxis. Die Nazimörder ersparten sich damit nicht nur Arbeit, sondern hatten Gelegenheit ihre Opfer auf dem Weg in den Tod noch weiter zu verunglimpfen. Die Entmenschlichung der Opfer machte es den Deutschen leichter ihr grässliches Werk auszuführen.

Die im Generalgouvernement lebenden Juden mussten für die Neubesiedelung des Gebietes durch die Deutschen Platz machen. Deshalb wurden immer mehr Juden in die städtischen Ghettos deportiert. Die Aufnahme zeigt einen deutschen Militärpolizisten, der einen Requirierungsbescheid an einem Haus anbringt, in dem eine der deutschen Familien wohnen wird, die sich in diesem Gebiet einmal ansiedeln soll. Eine Entschädigung für den beschlagnahmten Besitz erhielten die Juden nicht. Die weit verbreitete Verfahrensweise der Deportierung trug spürbar zur Übervölkerung der Ghettos bei.

Die Zeugen Jehovas

In der Zeit von 1933 bis 1945 inhaftierten die Nazis 10 000 Zeugen Jehovas und richteten mehr als 200 Anhänger dieser Glaubensgemeinschaft wegen Kriegsdienstverweigerung hin. 5000 starben in Konzentrationslagern. Trotz der Verfolgung hielten die Zeugen Jehovas unbeirrt an ihrer religiösen Überzeugung fest, die ihnen verbot Waffen zu tragen, und weigerten sich standhaft dem Nazistaat Treue zu schwören.

Bereits vor dem Machtantritt der Nazis störten SA-Schläger routinemäßig die Zusammenkünfte der Zeugen Jehovas, indem sie die Teilnehmer verprügelten. Nach 1933 startete das Regime einen energischen Angriff und verbot die Organisation. Die Gestapo stellte Mitgliederlisten zusammen und beschlagnahmte bei Razzien verbotene Literatur, beispielsweise die Zeitschrift „Der Wachtturm". Sich über das Organisationsverbot hinwegzusetzen bedeutete Verhaftung, Gefängnisstrafe und den Verlust des Arbeitsplatzes sowie der Sozialleistungen. Die Kinder der Zeugen Jehovas wurden gemieden, verspottet und bei Verweigerung des Deutschen Grußes von der Schule gewiesen.

1935 schickten die Nazis 400 Zeugen Jehovas, die sich geweigert hatten der neu eingeführten Wehrpflicht nachzukommen, in das Konzentrationslager Sachsenhausen. 1939 befanden sich in den Lagern etwa 6000 Mitglieder dieser christlichen Vereinigung. Nach 1939 wurden auch die in den besetzten Ländern lebenden Zeugen Jehovas in die KZ deportiert. Die mit einem violetten Winkel gekennzeichneten Häftlinge versuchten trotz drohender Hinrichtung, harter Arbeit, brutaler Folter und grausamer Schläge mit Stahlruten auch in den Lagern neue Anhänger zu gewinnen. Nur wenige nahmen das Angebot der Nazis an gegen eine schriftliche Erklärung über die Abkehr von ihrem Glauben freigelassen zu werden.

- **17. September: In Ostpolen marschieren sowjetische Truppen ein.**
- **20. September 1939: In Großdeutschland werden sämtliche in jüdischem Besitz befindliche Radioapparate beschlagnahmt.**
- **21. September 1939: Der Chef des Sicherheitsdienstes der SS, Reinhard Heydrich, weist die Leiter der Einsatzgruppen an in Zusammenarbeit mit deutschen Zivilverwaltungs- und Militärbehörden im deutsch besetzten Polen Judenghettos einzurichten. Er ordnet an in Polen und Großdeutschland „alle jüdischen Gemeinden mit unter 500 Koepfen aufzuloesen", damit die Deportation der Juden in die städtischen Ghettos und die Konzentrationslager beschleunigt durchgeführt werden könne. Er ordnet darüber hinaus die Aufstellung jüdischer Ältestenräte für die Ghettos an. Die Hauptziele der Ghettoisierung bestehen darin die Juden zu isolieren, sie in Ghettowerkstätten zur Herstellung wichtiger Erzeugnisse für Deutschland zu zwingen und zum Zweck der späteren Deportation und Ermordung durch die Nazis in bestimmten Gebieten zu konzentrieren.**
- **22. September 1939: Das Reichssicherheits-Hauptamt (RSHA) wird geschaffen.**

Die Reaktionen der Juden

Die meisten der 500 000 Juden, die in Deutschland lebten, als Hitler an die Macht kam, unterschätzten die Gefahr, die die Nazis für sie bedeuteten. Da sie sich als getreue und aufrechte Mitglieder der deutschen Gemeinschaft betrachteten, hofften sie den Nazisturm aushalten und überstehen zu können. Den meisten kam das volle Ausmaß des Terrors nur langsam und erst dann voll zum Bewusstsein, als es bereits zu spät war.

In Panik geraten flohen viele Juden bereits 1933, doch konnte von einer Massenauswanderung damals noch keine Rede sein. Nach Ansicht der jüdischen Gemeindeführer war die beste Reaktion sich zusammenzuschließen und sich zum Zweck der gegenseitigen Hilfe zu organisieren. Örtliche und landesweite Gruppierungen der jüdischen Gemeinde forderten die jüdische Öffentlichkeit auf für jene Mitbürger zu spenden, die ihren Lebensunterhalt und ihr Heim verloren hatten. Mit finanziellen Mitteln und Suppenküchen wurde den Mittellosen unmittelbar geholfen. Arbeitsvermittlungsagenturen sowie technische und landwirtschaftliche Umschulungsprogramme waren auf eine langfristige wirtschaftliche Unterstützung ausgerichtet.

Die sozialen und kulturellen Bedürfnisse lösten eine Wiederbelebung der jüdischen Traditionen aus, welche die Moral und die innere Kraft der Menschen stärkte. 1933 wurde der Kulturbund Deutscher Juden gegründet, der den jüdischen Schauspielern und Musikern Arbeitsmöglichkeiten verschaffte. Mit Sportwettkämpfen und neu gegründeten jüdischen Schulen versuchte man den jungen Menschen Stabilität und Normalität zu bieten, während die Kurse für Erwachsenenbildung, Vorträge und die häufiger gewordenen Synagogenbesuche das Bewusstsein für das religiöse Erbe und das gemeinsame Erleben förderten. Eigentlich schufen die verfolgten deutschen Juden eine Parallelgesellschaft, die gesondert von der „normalen" deutschen Gesellschaft und natürlich nicht gleichberechtigt mit dieser existierte.

Diese Reaktionen beruhten auf der nicht ganz abwegigen Annahme der Juden, dass die Nazis, die sich zwar zu ihren Feinden erklärt hatten, den Juden sicherlich trotzdem eine Existenz in gesonderten Gemeinden erlauben würden. Deportation und Massenmord wurden von den optimistisch denkenden Juden für unmöglich gehalten.

Nach dem deutschen Überfall wurde der Polnische Korridor einschließlich der Stadt Danzig (heute Gdańsk) wieder an Deutschland angeschlossen. Hitler nutzte die Unstimmigkeiten über dieses Gebiet um in der Zeit vor dem Angriff den Druck auf Polen zu verstärken. Das Foto zeigt deutsche Einwohner Danzigs, die auf die Entfernung des polnischen Adlers von einem der Danziger Gebäude mit dem Deutschen Gruß reagieren.

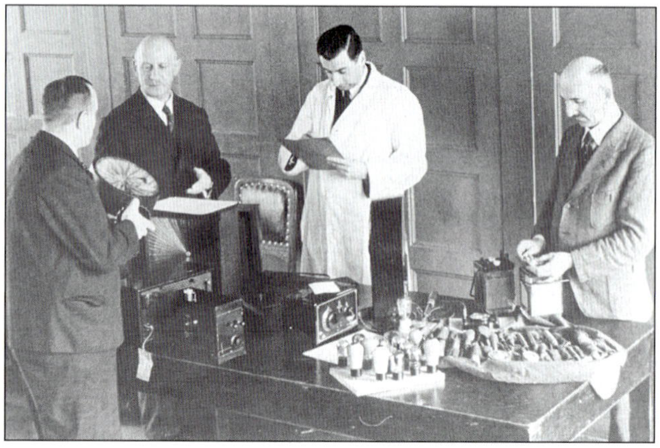

Das Radio war in Nazideutschland das wichtigste Kommunikationsmittel. Da die Juden von der Außenwelt abgeschnitten werden sollten, mussten sie bei den örtlichen Behörden ihre Radioapparate abliefern. Verstöße gegen die Anordnung wurden schwer bestraft.

1939

• 23. September 1939: An diesem Versöhnungstag, einem jüdischen Feiertag, werden die Juden in ganz Polen von SS-Soldaten gedemütigt; man zwingt sie zu arbeiten, schneidet ihnen den Bart ab, zerstört ihr Eigentum, schlägt sie und nötigt sie in der Öffentlichkeit zu tanzen. In Piotrków werden Juden gezwungen in ihrer Synagoge zu urinieren und den Boden dann mit Gebetsschals und heiligen Büchern zu säubern.

• 24. September 1939: Jüdische Kriegsgefangene werden im Stadion von Zyardow (Polen) unter Nahrungsentzug zehn Tage lang gezwungen die Latrinen mit bloßen Händen zu säubern.

• 27. September 1939: Warschau kapituliert vor den deutschen Truppen. • Aus Berlin kommt der Befehl in Polen Judenghettos einzurichten. • Die Insassen des Konzentrationslagers Dachau

Zu den tausenden osteuropäischer Synagogen, die von den deutschen Eindringlingen zerstört wurden, gehört auch dieses Gotteshaus im polnischen Inowrocław. Die Verwüstung der Synagogen war ein Teil der Maßnahmen Nazideutschlands zur Ausrottung der jüdischen Kultur in den eroberten Ländern. Bevor die Deutschen Hand an die Zentren der jüdischen Religion legten, schändeten sie häufig die dort aufbewahrten geweihten Gegenstände wie beispielsweise die Thorarollen.

Juden aus dem kleinen ukrainischen Dorf Tłuste werden gezwungen ihre Kleidung abzulegen, ehe man sie tötet. Die Umsiedlung der Juden aus den ländlichen Gebieten Polens war eine gewaltige Aufgabe, die von den Einsatzgruppen bewältigt werden musste. Häufig brachten die Mitglieder dieser mobilen Einheiten die Juden an Ort und Stelle um, statt sie in das nächstgelegene, hunderte Kilometer entfernte Ghetto zu bringen. Nach der Auslöschung des polnischen Judentums auf dem Lande vollendeten die Einsatzgruppen ihre Missionen, indem sie die jüdischen Häuser und Kultstätten in Brand steckten.

Zu den beliebtesten „Unterhaltungen" der deutschen Eindringlinge gehörte es orthodoxen Juden den Bart zu scheren. Das Foto zeigt SS-Soldaten der „Leibstandarte-SS Adolf Hitler" im polnischen Lublin bei dieser „Beschäftigung". Das Abschneiden des Bartes war nicht nur eine erniedrigende Prozedur für die Opfer selbst, sondern es verletzte auch die religiösen Gefühle vieler osteuropäischer Juden.

werden in ein Lager bei Mauthausen verlegt, damit die Waffen-SS Dachau als Ausbildungslager nutzen kann. ***Siehe*** **19. Februar 1940.**

• 28. September 1939: Polen kapituliert und das Land wird zwischen Deutschland und der Sowjetunion aufgeteilt. • Die SS wählt ausgerechnet den Beginn des eine Woche dauernden jüdischen Laubhüttenfestes um mehr als 8000 Juden aus dem polnischen Pułtusk zu deportieren.

• September – Dezember 1939: Einteilung Osteuropas in die deutschen Verwaltungseinheiten Danzig-Westpreußen, Ostpreußen und Wartheland. Die Juden werden aus diesen Gebieten vertrieben.

• Oktober 1939: Im Rahmen einer Übersiedlungsaktion werden körperlich leistungsfähige jüdische Männer aus Wien zur Zwangsarbeit nach Polen deportiert. • In dem polnischen Dorf Piasznicz beginnen die Nazis mit der Internierung „schwachsinniger" Polen. • Hitler ermächtigt ausgewählte Ärzte unheilbar Kranken oder unerwünschten deutschen Bürgern den „Gnadentod" zu gewähren. Diese „Euthanasie"-Maß-

Hans Frank

Nachdem Polen besiegt worden war, machten es die Nazis zum Prüffeld für ihre „Endlösung". Dort praktizierten und perfektionierten sie unter Leitung Hans Franks, des Generalgouverneurs im besetzten Polen, ihre Vernichtungsmethoden.

Hans Frank, vormals bayrischer Justizminister, erklärte Polen zur Kolonie und das polnische Volk zu „Sklaven des Deutschen Reiches". Er vernichtete der Reihe nach die polnische Aristokratie, die militärischen und politischen Führungskräfte, die Geistlichen und die Intelligenz Polens. Er raubte Kunstschätze, beutete die materiellen Ressourcen aus und zwang Zehntausende zur Sklavenarbeit. Während die Menschen litten, lebte Frank im Prunk des Königsschlosses von Kraków.

Franks Macht wurde jedoch in Kompetenzstreitigkeiten mit der SS stetig unterhöhlt. Frustriert von der Abschiebung der Juden in sein Gebiet lamentierte er in einer Rede: „Diese dreieinhalb Millionen Juden können wir nicht erschießen, wir können sie vergiften, werden aber doch Eingriffe vornehmen können, die irgendwie zu deren Vernichtung führen." Während der Besetzung Polens durch die Nazis kamen sechs Millionen Menschen um; mehr als die Hälfte davon waren Juden. 1946 wurde Frank als Kriegsverbrecher hingerichtet.

Mitglieder des Sicherheitsdienstes (SD) halten einen polnischen Geistlichen zur Befragung zurück. Diese Sicherheitskräfte standen unter dem Befehl Reinhard Heydrichs, der „rechten Hand" Heinrich Himmlers. Der SD war ein wichtiges Hilfsmittel der deutschen Besatzungstruppen; er wirkte besonders aktiv bei den Kampagnen gegen die Juden mit. Hatten die deutschen Truppen ihre Gegner geschlagen, traten die Mitglieder des SD und anderer Zweige der SS in Aktion. Die Mitarbeiter des SD waren fanatische Anhänger der Ideale des Nationalsozialismus.

Häftlinge des Konzentrationslagers Stutthof in Danzig in einer Warteschlange bei der Essenausgabe. In dem für „zivile Kriegsgefangene" eingerichteten Lager Stutthof waren Juden und andere Gegner des Naziregimes untergebracht. Als die deutschen Streitkräfte nach Osten vordrangen, wurden weitere Konzentrationslager gebaut, in denen die Nazis Methoden anwendeten, die sie in den sechs Jahren zuvor im eigenen Land perfektioniert hatten. Zum Bau wurden Gefangene eingesetzt, die man von Sammelplätzen aus an die entsprechenden Orte brachte, wo man sie zwang die Gebäude und Einrichtungen der Lager zu bauen.

1939

nahmen bedürfen keiner gesetzlichen Rechtfertigung.

- **1. Oktober 1939: In Frankreich wird eine polnische Exilregierung gebildet. Sie siedelt später, als die Kriegshandlungen eskalieren, nach London über.**

- **4. Oktober 1939: Hitler stattet Warschau einen Besuch ab.**

- **6. Oktober 1939: In einer Rede vor dem Reichstag macht Hitler Großbritannien und Frankreich ein Friedensangebot, das jedoch nur gelten soll, wenn Deutschland seine ehemaligen Kolonien zurückerhält, Deutschland am Welthandel teilnehmen darf und wenn beide Staaten die Lösung der „Judenfrage" durch Deutschland zulassen.**

Mit einer Infanterietruppenparade in den Straßen Warschaus wird der Sieg der Nazis über Polen gefeiert. Vier kurze, aber mörderische Wochen nach dem deutschen Überfall auf Polen kapitulierte Warschau. Polen war erobert und von nun an war das Leben der 3,3 Millionen polnischen Juden in Gefahr. Hitler nahm stets mit großer Freude die perfekt inszenierten Siegesparaden ab, die von der Nazipropaganda benutzt wurden um die Botschaft von der „arischen" Überlegenheit zu verbreiten.

Einwohner von Warschau (Polen) inmitten der Trümmer ihrer Stadt. Die kombinierten Luft- und Artillerieangriffe hatten verheerende Auswirkungen. Hitler hatte zwar erklärt, dass Deutschland keinen Krieg gegen unschuldige Zivilisten führen werde, doch entsprach das keinesfalls der Wirklichkeit. Während der deutschen Offensive wurden rund 50 000 polnische Zivilisten getötet oder verwundet und 25 Prozent der Gebäude Warschaus zerstört.

Hitler grüßt die vorbeimarschierenden Soldaten, die mit einer Parade den Sieg über Polen feiern. Nach diesem militärischen Triumph besetzten die deutschen Truppen den Westteil des Landes. Überall wurden gut sichtbar die Hakenkreuze der Nazis angebracht, im gesamten okkupierten Gebiet waren deutsche Soldaten sowie Gestapo- und SS-Leute eingesetzt, sodass man den Nazis auf Schritt und Tritt begegnete.

• 8. Oktober 1939: In Piotrków Trybunalski beginnt die Ghettoisierung der Juden durch die Nazis.

• 10. Oktober 1939: Nach einem Führererlass wird in Polen das Generalgouvernement geschaffen. Dieses Verwaltungsgebiet ist nicht Teil Großdeutschlands. Im Generalgouvernement errichten die Deutschen später ihre Todeslager.

• 12. Oktober 1939: Die Nazis beginnen mit der Deportation von Juden aus Österreich und Mähren nach Polen.
• Hans Frank wird zum Generalgouverneur im besetzten Polen ernannt.

• Mitte Oktober 1939: Im Wald von Piasznicz bei Danzig beginnt die SS mit dem Massenmord an „Schwachsinnigen".

• 16. Oktober 1939: Kraków, seit dem 14. Jahrhundert eine der bedeutendsten jüdischen Gemeinden, wird zur Hauptstadt des Generalgouvernements bestimmt.

• 17. Oktober 1939: Hitler stellt in einem Vortrag vor Keitel und anderen hohen Wehrmachtsgeneralen die Notwendigkeit fest, „Juden, Polen und ähnliches Pack" aus den alten

Jüdische Frauen in Gostynin (Polen) beim Wasserholen auf dem Marktplatz. In einer Direktive vom 21. September 1939 hatte Reinhard Heydrich die Einrichtung von Judenghettos im deutsch besetzten Polen angeordnet. Die Auflösung derjenigen jüdischen Gemeinden in Polen und Großdeutschland, die weniger als 500 Einwohnern hatten, erleichterte die Umsiedlung der Juden in städtische Ghettos. Zur äußeren Kennzeichnung mussten die Juden in ganz Polen an ihrer Kleidung den Davidstern tragen, der den Unterschied zwischen nichtjüdischen und jüdischen Polen noch verstärkte und die Ausgrenzung der Juden förderte.

Eine jüdische Frau in Płońsk (Polen) bittet einen SS-Mann um Rücksichtnahme auf ihre Situation. Die massenweise Umsiedlung der polnischen Juden aus den ländlichen Gebieten in die überfüllten und chaotischen Ghettos so genannter Konzentrierungsstädte riss die Menschen rücksichtslos aus ihren Heimstätten und Gemeinden heraus, in denen sie meist den Großteil ihrer Habe zurücklassen mussten. Bemühungen die Nazis von ihren Vorhaben abzubringen waren vergeblich. Nachdem die Konzentration der Juden in Ghettos begonnen hatte, konnte praktisch nichts mehr diesen Prozess aufhalten.

Bei einer Razzia in einem jüdischen Wohnbezirk in der Warschauer Grzybowskastraße durchsucht ein SS-Offizier einen Juden nach Waffen. Die Razzia wurde durchgeführt um „nachzuweisen", dass die Juden Waffen versteckten, die gegen das deutsche Militär eingesetzt werden sollten. Nachdem sich die Deutschen in Polen festgesetzt hatten, lief die Propagandamaschinerie der Nazis auf Hochtouren um die in der polnischen Bevölkerung bereits vorhandenen Vorurteile gegenüber den Juden zu untermauern.

1939

und neuen Reichsgebieten zu entfernen.

• **19. Oktober 1939: In Lublin wird ein Judenghetto eingerichtet.**

• **24. Oktober 1939: Die Juden im polnischen Włocławek müssen ein gelbes Stoffdreieck tragen, das sie als Juden kennzeichnet.** *Siehe* **23. November 1939.**

• **26. Oktober 1939: Das Arbeitsamt des Generalgouvernements im besetzten Polen veröffentlicht eine Verfügung zur Arbeitspflicht, die alle polnischen Männer und Frauen über 14 und unter 60 Jahren zur Zwangsarbeit verpflichtet.**

• **26. Oktober 1939 – Anfang Februar 1940: Im Rahmen eines Planes von Adolf Eichmann deportieren die Nazis**

Ein betagter Jude, der einen wahrscheinlich selbst hergestellten gelben Stern trägt, bei der Zwangsarbeit. Die Nazis machten sich ein Vergnügen daraus gerade den Juden, die bei ihnen als „arbeitsscheu“ galten, schwere Arbeiten zu übertragen. Die jüdischen Arbeiter schufteten unter schrecklichen Bedingungen um die sehr harten Arbeitsaufgaben zu erfüllen, erhielten als Verpflegung aber nur Hungerrationen. Tausende polnischer Juden, vor allem kranke und alte Menschen, starben an diesen Peinigungen.

Partisanen waren ein Pfahl im Fleisch des deutschen Militärs. Bayla Gelblung, eine polnische Jüdin, erscheint im Oktober 1939 vor einem Militärgericht der Nazis. Sie wird beschuldigt als Scharfschützin auf deutsche Soldaten gefeuert zu haben. Zu beachten ist hier, dass die Angeklagte eine Uniform trägt. Zivile Scharfschützen wurden summarisch hingerichtet.

Der gelbe Stern

Nach der Niederschlagung Polens durch die deutschen Truppen leiteten die Nazis ihre Kampagne zur öffentlichen Kennzeichnung der Juden ein. Sie zwangen die Juden den Davidstern zu tragen, der diese Menschen von anderen unterscheiden und sie erniedrigen sollte. Wer der Anordnung nicht nachkam, wurde mit dem Tod bestraft.

Alle polnischen Juden, die älter als zehn Jahre waren, mussten „am rechten Ärmel der Kleidung und Überkleidung einen mindestens 10 Zentimeter breiten weißen Streifen mit dem Zionsstern … tragen.“ Dieses Stigma wurde überall im deutsch besetzten Europa zu einem symbolischen Zeichen der Nazipolitik. Die Nationalsozialisten nannten den Stern in einem Wortspiel mit der militärischen Auszeichnung „Pour le mérite“ zynisch „Pour le sémite“.

Die Brandmarkung der Juden mit dem Davidstern verwandelte das Symbol des Judentums in ein Zeichen tiefer Erniedrigung und in eine Form der Folter. Sich auf der Straße sehen zu lassen bedeutete sofort erkannt, beobachtet, gemieden, gepeinigt und schließlich für den Tod bestimmt zu werden. Besonders die jüdischen Kinder waren bequeme Ziele für Beschimpfungen und körperliche Gewalt.

Art, Farbe und Anbringung der Kennzeichnung wechselten. Anfangs waren es in der Regel gelbe, mitunter auf den Rockaufschlag aufgenähte Dreiecke. Die deutschen Juden trugen einen gelben Stern mit der schwarzen Inschrift „Jude“. Die jüdischen Lagerinsassen in Dachau waren mit einem gelben Stern aus zwei einander überschneidenden Dreiecken gekennzeichnet. Im Warschauer Ghetto gab es die Armbinde mit einem blauen Stern und in Griechenland das Abzeichen mit einer Kennnummer. Die sowjetischen Juden trugen auf der linken Brustseite und auf dem Rücken gelbe Zeichen.

mehr als 78 000 Juden und siedeln sie in ein „Reservat“ in dem südostpolnischen Gebiet Lublin-Nisko um. Das Vorhaben wird zeitweilig eingestellt, als die Transportkapazitäten der Eisenbahn für die Feldzüge des deutschen Militärs gegen den Westen benötigt werden.

• 30. Oktober 1939: Der Reichsführer SS Heinrich Himmler bestimmt die folgenden drei Monate als den Zeitraum, in dem die ländlichen Gebiete Westpolens von Juden zu säubern sind. Davon sind hunderte Gemeinden betroffen. Tausende Juden werden vertrieben; sie haben nur das bei sich, was sie tragen können. • Die britische Regierung veröffentlicht einen Bericht, in dem die Behandlung der Häftlinge in den Konzentrationslagern durch die Nazis kritisiert wird.

• November 1939: Mehrere deutsche Generale planen einen Putsch, durch den Hitler in Zossen gestürzt werden soll. Der Plan wird nie ausgeführt.
• Hans Frank, der Generalgouverneur im besetzten Polen, stellt in den Judenghettos den ersten „autonomen“ Judenrat auf, dessen Obmann und Stellvertreter die Weisungen der Deutschen entgegennehmen müssen.

Die Jugend-Alija

Den Zweiten Weltkrieg überlebten tausende Juden nur dank der Jugend-*Alija*. Ziel dieser deutsch-jüdischen Organisation war es, Menschenleben zu retten, indem sie jungen, zu einem großen Teil verwaisten Juden half von Deutschland nach Palästina auszuwandern, wo die Emigranten ausgebildet und in Kibbuzim (kollektiven ländlichen Siedlungen) aufgenommen wurden. Die Bewegung trug dazu bei deutsche Juden vor den Nazis zu retten, mobilisierte die im Westen lebenden Glaubensbrüder und half den in Palästina lebenden Juden.

Die Jugend-*Alija*, die von der amerikanischen Zionistin Henrietta Szold und anderen geleitet wurde, verhalf 5000 Juden zur Flucht aus Deutschland. Sie konnte in den 30-er Jahren legal arbeiten, da die Politik der Naziregierung auf eine verstärkte Auswanderung der Juden ausgerichtet war. Nach Ausbruch des Krieges wurden mehr als 3000 jüdische Kinder aus Europa in Sicherheit gebracht. Weitere 15 000 brachte man vom Ende des Krieges bis zur Gründung des Staates Israel im Jahr 1948 nach Palästina.

Die kühnen Ziele der Jugend-*Alija* standen in scharfem Gegensatz zur konservativen Struktur der Organisation. Noch in den 30-er Jahren machte man zur Bedingung, dass die Kinder, die außer Landes gebracht werden sollten, geistig und körperlich gesund waren und nicht zu allein erziehenden Eltern gehörten. Nach Kriegsausbruch, als es darum ging vor allem Leben zu retten, wurde die Organisation in ihren Anforderungen flexibler. Die Kibbuzim nahmen rund 85 Prozent der geretteten jungen Menschen auf. Nach dem Krieg halfen die Mitglieder der Jugend-*Alija* mehreren tausend jungen Juden, die keine Heimat mehr hatten und in Lagern lebten und unterstützten eine noch größere Anzahl bei der Einwanderung nach Palästina.

Hitler war nun Herr über die europäische Politik. Mit seinem Überfall auf Polen 1939 begann sein Streben nach „Lebensraum" für das deutsche Volk, ein Kreuzzug, dessen Höhepunkt der Angriff auf die Sowjetunion im Juni 1941 sein sollte. Hitler erkannte, dass er eine ganze Reihe von Kriegen würde führen müssen um seine ehrgeizigen Ziele zu erreichen, welche die „arische" Herrschaft über Europa – vom Atlantik bis zum Ural – einschlossen. Der Einfall seiner Truppen in Polen war lediglich der erste Schritt seines blutigen Unternehmens.

Deutsche und sowjetische Offiziere kommen in Brześź zusammen um die Aufteilung Polens zu erörtern. Nach seiner Niederlage wurde das Land entsprechend den Vereinbarungen im geheimen Zusatzprotokoll des Deutsch-Sowjetischen Nichtangriffspaktes aufgeteilt. Der westliche Teil Polens wurde sofort unter die Herrschaft der Nazis gestellt, die Maßnahmen ergriffen um ihre Pläne zur rassischen Neuordnung dieses Territoriums in die Tat umzusetzen. Die polnischen Juden und Teile der nichtjüdischen Bevölkerung wurden umgesiedelt, damit sich Volksdeutsche in den westlichen Regionen Polens niederlassen konnten. Das Streben nach „Lebensraum" wirkte bei den Feldzügen der Nazis als eine treibende Kraft.

1939

• **7. November 1939:** Die Nazis beginnen mit Massendeportationen von Juden aus dem westlichen Polen.

• **8. November 1939:** Hitler entgeht im Münchner Bürgerbräukeller nur knapp einem Bombenanschlag.

• **11. November 1939:** In Ostrów Mazowiecka (Polen) werden 600 Juden von deutschen Soldaten ermordet. • Unter den sechs Männern und drei Jungen, die von Zielonka zur Erschießung in den nahen Wäldern weggebracht werden, sind zwei Juden.

• **12. November 1939:** Der SS- und Polizeiführer im Reichsgau Wartheland gibt gemäß der Anordnung des Reichsführers SS und Chefs der Deutschen Polizei Heinrich Himmler Richtlinien zur Abschiebung aller Juden aus dem neuen

General Franz Halder *(links)*, Generalstabschef des deutschen Heeres, bei der Erörterung militärischer Angelegenheiten mit dem Oberbefehlshaber des Heeres, General Walther von Brauchitsch. Brauchitsch befehligte die Truppen, die Polen im Sommer 1939 überfielen und besiegten. Nachdem auch der Angriff auf Frankreich im Mai 1940 unter seiner Führung erfolgreich verlaufen war, wurde er zum Generalfeldmarschall befördert. Unter Brauchitschs Oberbefehl beging das deutsche Heer zahlreiche Verbrechen gegen das polnische Volk, insbesondere gegen die Juden.

1940 zwangen die Nazis die Juden Warschaus zum Bau ihres Ghettos, des größten Ghettos in Europa. Bevor mit dem Bau der Mauer, die das jüdische Viertel nach außen hin abschließen sollte, begonnen werden konnte, mussten die Warschauer Juden die Trümmer beseitigen, die der deutsche Angriff auf die Stadt hinterlassen hatte. Der erzwungene aktive Beitrag der Juden zu ihrer Verfolgung, in diesem Fall ihre Beteiligung am Bau des Ghettos, war auf furchtbare Weise „praktisch", da die Baukosten durch die jüdische Sklavenarbeit niedrig gehalten wurden.

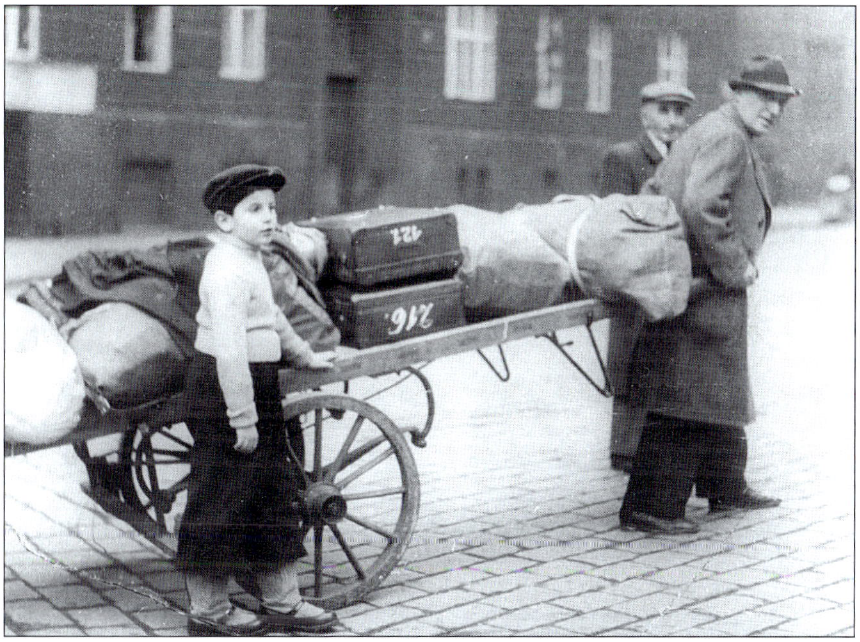

Die Nazis deportierten tausende tschechischer Juden in die polnischen Ghettos. Zu ihren Opfern gehörten auch diese beiden Männer und ein kleiner Junge aus Prag, die ihre Habe auf einen Karren geladen haben. Die Besetzung des tschechischen Sudetengebietes durch Deutschland im Jahr 1938 – eine von Großbritannien, Frankreich und Italien gebilligte Maßnahme – hatte eine große Zahl Juden unter die Herrschaft der Nazis gebracht.

Reichsgau Wartheland (im ehemaligen Westpolen) heraus. Ziel der Abschiebung ist die Vorbereitung des Gebietes für die Besiedelung durch Volksdeutsche. • Die Nazis beginnen mit der Deportation der Juden aus Łódź in andere Teile Polens.

• 13. November 1939: SS-Leute in Polen verhaften und richten 53 jüdische Männer hin, die zufällig dieselbe Anschrift haben wie ein Jude, der einen polnischen Polizisten erschossen hat.

• 15. November 1939: Schaffung des antisemitischen Fideikommissariats, das die Unternehmen jüdischer Besitzer im besetzten Polen „arisieren" soll.

• 15.–17. November 1939: Die Nazis zerstören in Łódź sämtliche Synagogen.

• 18. November 1939: Hans Frank, der Generalgouverneur im besetzten Polen, weist gemäß dem Brief Reinhard Heydrichs vom 21. September die Einsetzung von Judenräten in den jüdischen Ghettos an.

• 23. November 1939: Laut Verordnung des Generalgouverneurs müssen die polnischen Juden in der Öffentlichkeit eine weiße Armbinde mit dem Davidstern tragen.

Piotr Sosnowski, ein Diakon aus Bysław (Polen), der wahrscheinlich im Wald von Tuchola hingerichtet wurde. Am 27. Oktober 1939 wurde eine Gruppe polnischer Gefangener an einen Hinrichtungsort zwei Kilometer außerhalb der Stadt gebracht. Nachdem die Lastwagen den Wald erreicht hatten, mussten die Gefangenen ihre Taschen leeren und ein großes Grab ausheben. Als das Grab fertig war, erteilte Diakon Sosnowski den Männern Absolution. Dann befahl der kommandierende SS-Offizier Oberst Wilhelm Theodor Richardt seinen Männern die Polen als Vergeltung für das Niederbrennen zweier Scheunen, die Volksdeutschen gehört hatten, zu erschießen. Insgesamt wurden 45 Polen, darunter auch Sosnowski, getötet.

Polen in Grudziądz beim Brückenbau für den Reichsarbeitsdienst. Deutschland machte in allen besetzten Territorien ausgiebigen Gebrauch von der Möglichkeit Zwangsarbeit anzuordnen. Die Juden bekamen fast immer die mühsamsten Tätigkeiten zugewiesen und erhielten die kleinsten Essenrationen. Daher war die Zahl der Todesfälle unter den jüdischen Arbeitern stets höher als bei den Nichtjuden.

Der neu gebildete Judenrat von Warschau erhält von Beamten des SD Anweisungen. Die aus Gemeindeführern bestehenden Judenräte hatten Befehl die Weisungen der Nazis durchzusetzen. Sie waren für die Versorgung der Nazis mit Arbeitskräften, für die Vergabe von Wohnungszuweisungen, die Einziehung von Steuern und schließlich für die Erfüllung der Deportationsquoten verantwortlich. Die Mitglieder des Judenrates befanden sich in einem Teufelskreis: Versagten sie bei der Erfüllung der Befehle, erwartete sie der Tod; befolgten sie die Anweisungen, erleichterten sie den Nazis die Ausrottung der Juden.

Der Reichsminister für Volksaufklärung und Propaganda, Joseph Goebbels *(Mitte)*, besuchte im November 1939 Warschau. Den hohen Nazifunktionären machte es Freude die eroberten Gebiete zu bereisen. Goebbels' Gastgeber war der berüchtigte Chef des Generalgouvernements Hans Frank, ein bekannter Antisemit, der die Absicht hatte alle Juden des Generalgouvernements zu deportieren. Das erwies sich als undurchführbar und so unterstützte er die Ermordung der polnischen Juden, deren Zweck darin bestand Platz für „arische" Siedler zu schaffen.

1939

- **29. November 1939: Der Reichsführer SS Heinrich Himmler ordnet die Todesstrafe für deutsche Juden an, die sich nicht zur Deportation melden.**

- **November – Dezember 1939: Generaloberst Johannes Blaskowitz, der Oberbefehlshaber Ost, beklagt sich beim deutschen Oberkommando über das unangemessen brutale Vorgehen der Einsatzgruppen, das die Disziplin im Heer bedrohe. Sein Protest wird zur Kenntnis genommen, die Einsatzgruppen fahren mit ihren Aktivitäten jedoch unverändert fort.**

- **30. November 1939 – 13. März 1940: Sowjetische Truppen marschieren in Finnland ein und führen dort den so genannten Winterkrieg.**

- **Dezember 1939: Generaloberst**

Ranghohe SS-Offiziere bei einer Zusammenkunft im November 1939 im Münchner Gestapo-Hauptquartier. Das Foto zeigt (von links nach rechts) Heinrich Müller, den Chef der Gestapo; Franz Josef Huber, den Leiter der Gestapo in Wien; Heinrich Himmler, den Reichsführer SS; Reinhard Heydrich, den Chef des Sicherheitsdienstes, und Arthur Nebe, Chef des Reichskriminalpolizeiamtes. In ihrem Gespräch ging es möglicherweise um die Rolle der deutschen Polizeikräfte in den besetzten polnischen Territorien.

Der französische Ministerpräsident Édouard Daladier bei einer Inspektion der Maginotlinie im November 1939. Die aus einer Reihe befestigter Abschnitte bestehende Maginotlinie war das Kernstück der französischen Verteidigungspläne. Sie war entlang der französisch-deutschen Grenze am stärksten ausgebaut und sollte dort einen Einmarsch über den Rhein stoppen. Im Frühjahr 1940 umgingen die deutschen Truppen diese Linie jedoch einfach und fielen über Belgien in Frankreich ein.

Die Ghettoisierung

„Was hat uns der heutige Tag gebracht?", schrieb der Jude Chaim Kaplan am 5. November 1939. „Ein Ghetto im jüdischen Warschau!"

Das Wort „Ghetto", das wahrscheinlich in Italien aufkam, wurde erstmals 1516 in Venedig als Bezeichnung für ein Stadtviertel benutzt, in dem nur Juden wohnten, die sich von der übrigen Bevölkerung abgesondert hatten. Die Deutschen verliehen diesem Begriff eine viel weniger harmlose, unheilvolle Bedeutung. Die Ghettos, die sie bald nach ihrem Überfall auf Polen im September 1939 errichten ließen, waren anfangs als einstweilige Konzentrationsgebiete für die Juden gedacht, die alle aus den vormals jüdischen, für eine „arische" Neubesiedelung ausgesuchten Regionen abgeschoben werden sollten. Der einzige „Ausweg" aus den Ghettos führte später über die Deportation in die Vernichtungs- und Arbeitslager, die die Nazis in Polen gebaut hatten.

Das erste Ghetto gründeten die Nazis am 8. Oktober 1939. Es befand sich in Piotrków Trybunalski im Łódźer Distrikt im deutsch besetzten Polen. Im Jahr darauf gehörte auch Chaim Kaplan zu den etwa 500 000 Juden in Warschau, die unter den immer schlechter werdenden Lebensbedingungen im Ghetto ums Überleben kämpften. Das von Hunger, Verwahrlosung, Übervölkerung, Krankheit und Verzweiflung geprägte Ghetto in Warschau und auch Ghettos dieser Art in anderen Städten – Łódź und Lublin (Polen), in Lwow und Minsk (Sowjetunion), in Kowno und Wilna (Litauen) sowie in Riga (Lettland) – wurden zu Orten unermesslichen Leides und des Todes.

1942 und 1943 „liquidierten" die Nazis die Ghettos, indem sie deren Bewohner deportierten und ermordeten. Chaim Kaplan wurde im Vernichtungslager Treblinka (Polen) vergast.

Blaskowitz, der Oberbefehlshaber Ost, berichtet, dass viele jüdische Kinder in den Transportzügen erfrieren.
• In der Lubliner Lipowo-Straße wird das Lager Lipowo gegründet. Es dient zunächst als Sammelpunkt für polnisch-jüdische Kriegsgefangene und wird später ein jüdisches Arbeitslager.
• Der Leiter des Ghettos Łódź, Friedrich Übelhör, erwähnt, dass die Ghettoisierung der Juden nur zeitweiligen Charakter habe. Das Endziel sei die Abschiebung der Juden aus Łódź mit dem Ziel „diese Beulenpest völlig zu vernichten".

• 1. Dezember 1939: In Chełm werden 1350 Juden von deutschen Soldaten ermordet.

• 1.–9. Dezember 1939: Beim Zwangsmarsch 1800 jüdischer Männer aus Chełm und Hrubieszów (Polen) an die deutsch-sowjetische Demarkationslinie kommen 1600 Männer ums Leben.

• 5.–6. Dezember 1939: Die deutschen Behörden beschlagnahmen in Polen jüdisches Eigentum. Davon sind Geschäfte, Wohnungen, Möbel und andere Haushaltgüter, Valuta und Bankkonten, Kunstgegenstände, Schmuck und an-

Die Politik der Nazis in den Ghettos machte es den Juden außerordentlich schwer für ihren Lebensunterhalt zu sorgen. Diese jüdische Frau verkauft in einer Straße in Lublin Haarnadeln und Bänder. Auf solche Weise schlugen sich viele Juden in den Ghettos mühsam durch. Doch die zunehmend strenger werdenden Vorschriften der Deutschen erschwerten das Überleben in den Ghettos immer mehr und die Juden starben zu Zehntausenden an Krankheiten oder verhungerten.

DIE GRÖSSTEN GHETTOS IM DEUTSCH BESETZTEN POLEN (1939–1941)

Das erste Judenghetto gründeten die Nazis im Oktober 1939 in Piotrków. Das Warschauer Ghetto, mit anfangs 360 000 jüdischen Bewohnern das größte, wurde ein Jahr später abgeriegelt.

Jüdische Kinder waren für die Nazis eine besondere Herausforderung, denn sie waren immerhin die Zukunft der jüdischen „Rasse". Außerdem waren sie besonders „nutzlos", da nur wenige von ihnen arbeiten konnten. Sie gehörten deshalb meist zu den ersten Opfern der Verfolgung durch die Nazis. Dieses Foto aus Lublin zeigt eine Gruppe jüdischer Kinder und deren Aufseher. Auffallend sind die misstrauischen Blicke der beiden Kinder im Vordergrund.

1939

dere Wertgegenstände betroffen. Die Juden, die nun wirtschaftlich hilflos sind, haben praktisch nichts um sich und ihre Familien zu ernähren.

• 6. Dezember 1939: Das britische Außenministerium weist Bulgarien darauf hin, dass das Land, wenn es seine Juden nach Palästina schicke, die Emigranten auch wieder zurücknehmen müsse. Großbritannien erwarte das. Das Außenministerium liefert damit ein Beispiel für seine Bemühungen, in Mitteleuropa alle Fluchtwege der Juden zu blockieren.

• 8. Dezember 1939: Sechs Juden und 25 nichtjüdische Polen, die man beschuldigt Sabotageakte verübt zu haben, werden im deutsch besetzten Warschau erschossen.

Das Foto zeigt den letzten Juden, der in der Umgebung der Stadt Ostrów Mazowiecka hingerichtet wurde. Am 11. November 1939 hatte die örtliche Bevölkerung die Juden beschuldigt einige Tage zuvor einen Teil der Stadt in Brand gesetzt zu haben. Als Vergeltung richtete die deutsche Polizei zwischen 162 und 500 (unterschiedliche Angaben) Juden hin. Es kam häufig vor, dass polnische Nichtjuden den Deutschen bei deren antijüdischen Aktionen zur Seite standen. Die Bereitschaft zur Kollaboration überraschte nicht, da Polen genau wie andere europäische Nationen auf eine lange Geschichte des Antisemitismus verweisen konnte. Es bedurfte nur des Zusammentreffens bestimmter Umstände um die antijüdische Stimmung in Gewalt und Mord umschlagen zu lassen.

Die Nazis mussten die polnischen Juden rasch identifizieren können. Ihre potenziellen Opfer hatten daher Armbinden mit dem Davidstern zu tragen, wie sie dieser polnische Junge aus dem Warschauer Ghetto verkauft. Mit den Juden, die diese Armbinde nicht trugen, machte man kurzen Prozess und richtete sie hin. So wurden die Juden ein weiteres Mal gezwungen selbst zu ihrer Verfolgung beizutragen. Was die Deutschen hier vorführten, war eine teuflische Art der psychologischen Kriegführung. Mit der Zeit wurde diese absonderliche Situation zur unabwendbaren Normalität, und die Welt, aus der die polnischen Juden herausgerissen worden waren, schien unwiederbringlich verloren.

Vor der Hinrichtungsaktion am 11. November in der Umgebung von Ostrów Mazowiecka hoben die Männer von der ostpreußischen Polizei außerhalb der Stadt mehrere Gruben aus. Auf Befehl des SS-Obergruppenführers Friedrich Krüger führten die Polizisten die Morde selbst aus. Zeugen berichteten später, der Befehl habe die Männer beunruhigt, sie seien am Ende jedoch nicht vor der Ausführung zurückgeschreckt. Die „Aktion" bei Ostrów Mazowiecka gehörte zu den ersten systematischen Morden an polnischen Juden.

• 12. Dezember 1939: In den östlichen Gebieten Großdeutschlands werden alle männlichen Juden im Alter von 14–60 Jahren zu zwei Jahren Zwangsarbeit verpflichtet. • Die Juden werden aus Kalisz im Reichsgau Wartheland vertrieben. Viele flüchten nach Warschau.

• 16. Dezember 1939: In Łódź müssen zur Zwangsarbeit gepresste jüdische Mädchen eine Latrine mit ihren Blusen säubern. Nach Beendigung der Arbeit müssen sie sich die schmutzigen Blusen von den deutschen Aufsehern um den Kopf wickeln lassen.

• 27. Dezember 1939: In Wawer (Polen) werden 106 nichtjüdische Polen ermordet.

• 30. Dezember 1939: Das Flussschiff „Uranus" erreicht mit 1210 Juden, die auf der Flucht aus Wien und Prag sind, das Eiserne Tor, das Durchbruchstal der Donau an der rumänisch-jugoslawischen Grenze. Die Fahrt wird gestoppt, als Großbritannien, der Mandatarstaat für Palästina, bei der jugoslawischen Regierung Protest einlegt. *Siehe* Oktober 1941.

1940

NACH der Besetzung Westpolens durch deutsche Truppen wurde in Łódź Mordechai Chaim Rumkowski, ein Mann in den Sechzigern, der ein bekanntes Waisenheim organisiert und geleitet hatte, von den Nazis zum Obmann der Juden seiner Stadt ernannt. Die große Stadt Łódź, von den Deutschen Litzmannstadt genannt, lag auf dem Territorium Polens, das dem Dritten Reich angegliedert worden war. Am 5. April 1940 sandte Rumkowski an die deutschen Behörden eines seiner ständigen Bittschreiben, die seine letzten Endes vergeblichen Bemühungen zur Erhaltung des jüdischen Lebens im Łódźer Ghetto kennzeichneten. Rumkowski betonte darin, dass im Ghetto tausende Facharbeiter lebten. Er könne es organisatorisch zu Wege bringen, dass diese Menschen für die Deutschen arbeiteten.

Rumkowski war der Ansicht, dass die Juden von Łódź durch Arbeit, mit der sie sich den Deutschen nützlich, wenn nicht gar unentbehrlich machen konnten, Rettung finden würden. Diese Meinung war in vielen Ghettos verbreitet. Die Bedingungen wurden zwar von den Deutschen und nicht von den Juden festgelegt, doch manchen Ghettobewohnern verlängerte die Arbeit das Leben. Die „Rettung durch Arbeit" war allerdings nicht von langer Dauer, denn die perverse „Logik" des antisemitischen Rassismus Nazideutschlands stand im Widerspruch zu dieser Hoffnung. Infolgedessen konnte die rassische Bedrohung für die deutsche Reinheit und Macht nicht geduldet, sie musste ausgeschaltet werden.

Am 30. April erhielt Rumkowski eine Antwort auf seine Denkschrift vom 5. April. In dieser Antwort ging man überhaupt nicht auf seine Vorschläge ein, sondern erteilte eine Reihe von Anordnungen, die Rumkowski nahezu diktatorische Befugnisse im Ghetto verliehen. Diese hatte er allerdings den damaligen Vorschriften und Forderungen entsprechend auszuführen. Zuallererst teilte man ihm mit, dass es allen Ghettobewohnern vom 30. April 1940 an verboten sei das Ghetto zu verlassen. Er sei für die strikte Durchsetzung dieses Verbots und auch für das ordnungsgemäße Wirtschaftsleben des Ghettos verantwortlich.

Obwohl letztere Anweisung praktisch unmöglich zu befolgen war, nahm Rumkowski sie als Verpflichtung an und organisierte die Arbeitskräfte des Ghettos. Doch war das Schicksal der meisten der 164 000 Łódźer Juden besiegelt, als das nur knapp vier Quadratkilometer große Ghetto mit Stacheldraht eingezäunt wurde. Diese Maßnahme machte deutlich, dass die Łódźer Juden, so wertvoll ihre Arbeit eine Zeitlang auch sein mochte, im Grunde unerwünschte Kreaturen waren, die entsprechend ihrer Stellung in der Rassenhierarchie der Nazis dort, wo deutsche Interessen vorherrschten, nichts zu suchen hatten. Die Konsequenz dieses Denkschemas war der Massenmord am europäischen Judentum.

Einige Tage vor der Abriegelung des Łódźer Ghettos wurde eine weitere

In Begleitung von Polizisten und Wachhunden treiben SS-Offiziere in Polen in Ghettos gesperrte Juden zusammen.

1940

schwerwiegende Entscheidung getroffen, die die Logik des nazistischen Rassismus noch deutlicher machte: Am 27. April beschloss der Reichsführer SS Heinrich Himmler, dass in der Nähe der Stadt Oświęcim am Standort ehemaliger polnischer Militärkasernen ein Konzentrationslager errichtet werden sollte. Wie Łódź befand sich auch Oświęcim auf polnischem Territorium, das die Deutschen annektiert hatten. Sie nannten die Stadt Auschwitz. Am 29. April ernannte Richard Glücks, der Inspekteur der Konzentrationslager, den SS-Obersturmbannführer Rudolf Höß zum künftigen Kommandanten des KZ Auschwitz. Die Bauarbeiten begannen schon bald, damit das Lager seiner Bestimmung übergeben werden konnte. Zu den Arbeitern gehörten auch 300 zwangsverpflichtete Juden aus Oświęcim.

Das Lager sollte ursprünglich als regionales Gefängnis für Polen dienen, die sich der deutschen Herrschaft widersetzt hatten. Dieser Zweck machte Auschwitz für zehntausende nichtjüdischer Polen, die durch schwerste Arbeit oder Krankheiten starben oder hingerichtet wurden, zu einem Ort des Todes. In den folgenden Monaten und Jahren wurde Auschwitz zu einem ganzen Netz von Arbeits- und Tötungseinrichtungen erweitert, in denen über eine Million Menschen zu Tode kamen. 90 Prozent davon waren Juden. Sie kamen nicht allein aus Polen, sondern aus allen Teilen des von den Nazis beherrschten Europa. Auschwitz enthüllte schließlich die Logik des nazistischen Rassismus in einem Ausmaß, dass es fast zu einem Synonym für den Holocaust selbst wurde.

Der Rassismus der Nationalsozialisten betonte die deutsche „Überlegenheit" ebenso wie die „Minderwertigkeit" der Polen und Juden und brachte eine Stimmung der Überlegenheit hervor, die im Frühjahr 1940 in Deutschland besonders hohe Wellen schlug. Nachdem die Deutschen ihre Gebietsgewinne in Polen konsolidiert hatten, starteten ihre Streitkräfte eine Reihe rascher und erfolgreicher Angriffe in Westeuropa. Nach dem Einfall in Dänemark und Norwegen am 9. April 1940 griff die Wehrmacht am 10. Mai Frankreich, Belgien, Luxemburg und die Niederlande an. Nur die Evakuierung von über 380 000 britischen, französischen und belgischen Soldaten aus Dunkerque (Dünkirchen) auf dem Seeweg hinderte die Deutschen am Ende des Monats daran, das Gros der militärischen Kräfte, die sich ihnen in Westeuropa entgegengestellt hatten, zu vernichten.

Am 5. Juni holten die Deutschen zum letzten Schlag gegen Frankreich aus. Am 14. Juni fiel Paris. Zwei Tage später übernahm Marschall Philippe Pétain, Frankreichs betagter Nationalheld des Ersten Weltkrieges, das Amt des französischen Ministerpräsidenten. Er suchte bald um einen Waffenstillstand nach; ein entsprechender Vertrag wurde am 22. Juni unterzeichnet.

Ein Resultat des Waffenstillstandsvertrages war die Zweiteilung Frankreichs. Die Nazis okkupierten vom Norden her zwei Drittel des Landes einschließlich der Hauptstadt Paris. Südfrankreich mit dem neuen Regierungssitz Vichy blieb bis Anfang 1942 unbesetzt. Auf dieser Grundlage ließen die Deutschen eine von Pétain und später von Pierre Laval geführte anpassungsbereite französische Regierung zu, die als Gegenleistung ihre Bereitschaft zur Kollaboration unter Beweis stellen musste. Dazu gehörten die finanzielle Ausbeutung des Landes zugunsten Deutschlands, die Bereitstellung von Arbeitskräften für die deutsche Industrie und Strafmaßnahmen gegen die Juden.

Mit den Worten „Arbeit macht frei" wurden die Häftlinge des Konzentrationslagers Auschwitz über ihre wahre Situation hinweggetäuscht.

Die jüdische Gesamtbevölkerung der westeuropäischen Länder, welche die Deutschen im Frühjahr 1940 erobert hatten, war groß, wenn auch deutlich geringer als die Polens. Innerhalb nur weniger Wochen gerieten mehr als eine halbe Million Juden, darunter Tausende, die vor dem Krieg aus Deutschland und Mitteleuropa geflohen waren, unter die Herrschaft Nazideutschlands und dessen Kollaborateure. Diese Unschuldigen sollten später zusammengetrieben und nach dem Osten deportiert werden. Juden aus Frankreich, den Niederlanden, aus Norwegen und anderen westeuropäischen Staaten wurden mit zahlreichen Transporten nach Auschwitz in den Tod geschickt.

Das Frühjahr 1940 brachte für die Juden Europas eine Verschlechterung der Situation, denn der Antisemitismus und Rassismus der Nationalsozialisten trat auf bekannte und auf neue Weise immer deutlicher zu Tage. Am 25. Mai beispielsweise übergab Himmler Adolf Hitler ein geheimes Memorandum, das Himmlers Empfehlungen hinsichtlich der „Behandlung der Fremdvölkischen im Osten" enthielt. Es verlangte Millionen Menschen einer „rassischen Durchkämmung" zu unterziehen – eine Aktion, die zur demographischen und geografischen Umgestaltung Osteuropas geführt hätte. In diesen Gebieten könnten die Deutschen vielleicht Menschen finden, die rassisch „wertvoll" und für eine Assimilierung geeignet wären. Das weitergehende Ziel sollte jedoch die Umwandlung der so genannten „minderwertigen" Bevölkerung in ein „führerloses Arbeitskräftereservoir" sein. Die Arbeitskräfte würden „besondere Aufgaben" und die „schwere Arbeit" erledigen, die für die „stetigen kulturellen Aufgaben" des deutschen Volkes erforderlich sei. Diese Menschen sollten als gesonderte Volksgruppen aufgespalten und in „zahllose kleine Fragmente und Teilchen" aufgelöst werden. Nach Himmlers Vorstellung sollte diese nicht germanische Bevölkerung im Osten nur eine minimale Schulbildung erhalten: „Einfaches Rechnen bis höchstens 500, Schreiben des Namens, eine Lehre, dass es ein göttliches Gebot ist, den Deutschen gehorsam sowie ehrlich, fleißig und brav zu sein. Lesen halte ich nicht für erforderlich."

Besonders bemerkenswert sind zwei weitere Punkte in Himmlers Denkschrift vom 25. Mai an Hitler. Ohne ausführlichere Darlegung verwies Himmler auf die Möglichkeit, dass das Jüdische im Osten durch eine große Auswanderung aller Juden nach Afrika oder in eine andere Kolonie völlig ausgerottet werde. Außerdem stellte Himmler im Zusammenhang mit rassisch „akzeptablen" Kindern, die man zwecks Assimilierung von ihren Eltern trennen solle, fest, dass diese Schritte, so „cruel and tragic" sie in Einzelfällen auch sein mochten, noch immer die leichtesten und besten seinen, wenn man aus innerer Überzeugung die bolschewistische Methode der physischen Vernichtung eines Volkes als undeutsch und unmöglich ablehne. In Nazideutschland war es mit solch einer inneren Überzeugung nicht weit her. Als sich Himmlers „große Auswanderung aller Juden" als nicht realisierbar erwies, entsprach es der Naziideologie, die physische Vernichtung der Juden weder für unmöglich noch für „undeutsch" zu halten.

Am 28. Mai fasste Himmler die Reaktionen Hitlers auf den Vorschlag hinsichtlich der „Fremdvölkischen im Osten" zusammen. Himmler erwähnte besonders, dass Hitler die sechs Seiten gelesen habe und sie als „sehr gut und richtig" betrachte. Nach Himmlers Worten hatte Hitler verfügt, Himmlers Bericht mit „äußerster Geheimhaltung" zu behandeln, hatte jedoch erlaubt alle wichtigen Naziführer im Osten darüber zu informieren, dass der Führer diesen Bericht als Direktive anerkannt und gebilligt habe. Himmler, der mehr als jeder andere Nazi für die konsequente Umsetzung der Rassentheorie tat, hatte eine Befugnis erlangt, die ihm half die „Endlösung" in Gang zu bringen, wenn die Zeit dafür reif war.

Die Zeit für die „Endlösung" war im Frühjahr 1940 noch nicht reif, doch sie rückte zum Ende des Jahres näher. Am 18. Dezember erging Hitlers Weisung zur Vorbereitung des deutschen Überfalls auf die Sowjetunion (Fall Barbarossa). Mit der Invasion der Wehrmacht im Juni 1941 sollte der Massenmord an den Juden Osteuropas ernsthaft beginnen.

Oben: Der Eroberer Frankreichs lässt sich zusammen mit Albert Speer *(links)* in Paris fotografieren. *Unten:* Ziegelmauern riegeln das Warschauer Ghetto von der Außenwelt ab.

Arbeiter in gestreifter Kleidung, die gezwungen werden ihr eigenes Gefängnis zu bauen, legen das Fundament und errichten die Mauern von Auschwitz. Auf dem sumpfigen Gelände nahe der polnischen Stadt Oświęcim hatten während des Ersten Weltkrieges Armeekasernen gestanden. Auf Weisung Heinrich Himmlers inspizierte im April 1940 SS-Hauptsturmführer Rudolf Höß dieses Gebiet und erklärte es als bestens geeignet für die Internierung der rasch wachsenden Zahl der meist polnischen Gefangenen.

In diesem freundlich wirkenden Gebäude in der Berliner Tiergartenstraße 4 befand sich die Zentrale des „Euthanasie"-Programms. Das Programm wurde unter dem Decknamen Aktion T 4 auf Weisung Hitlers ins Leben gerufen und von Philipp Bouhler sowie Viktor Brack geleitet. In seinem Rahmen „gewährte" man geistig und körperlich Behinderten den „Gnadentod". Die Planung der Aktion T 4 begann im Frühjahr 1939; die ersten Morde wurden im Oktober verübt. Unter dem Deckmantel der „Euthanasie" wurden schließlich 70 000 Menschen ums Leben gebracht.

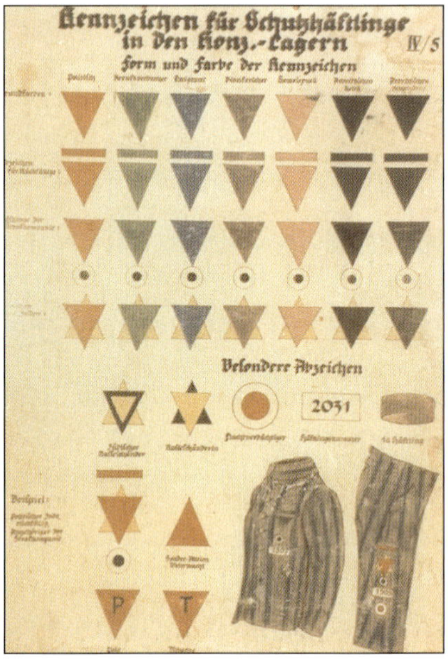

Auf dieser Tafel sind die Kennzeichen aufgeführt, die für die Insassen der deutschen Konzentrationslager verwendet wurden. Mit diesen Zeichen unterschied man folgende Kategorien von Häftlingen: Politischer Häftling, Berufsverbrecher, Emigrant, Zeuge Jehovas, Homosexueller, Arbeitsscheuer und andere. Die hierarchische Ordnung der ins KZ eingewiesenen Gefangenen ließ eine Art byzantinischer Machtbeziehungen entstehen.

1940

• 1940: In Deutschland entstehen sechs „Euthanasie"-Zentren, in denen Juden, Geisteskranke, alte Menschen, physisch Kranke und Behinderte getötet werden. • Estland wird von der Sowjetunion annektiert. • Der jüdische sozialdemokratische Politiker Ernst Heilmann stirbt im Konzentrationslager Buchenwald. • Präsident Franklin Roosevelt betraut den antisemitisch eingestellten Unterstaatssekretär Breckinridge Long und die ebenso denkenden Mitarbeiter des Außenministeriums mit der Frage der jüdischen Einwanderung in die USA. Long, ein politischer Verbündeter Roosevelts, tritt der „übertriebenen Menschenfreundlichkeit" hinsichtlich der Juden entgegen. Geleitet von einer fremdenfeindlichen Gesinnung und positiver Voreingenommenheit gegenüber Mussolini und dem italienischen Faschismus (Long war amerikanischer Botschafter

In den Wäldern von Palmiry, 27 Kilometer außerhalb Warschaus, erschießen die Deutschen während der ersten vier Kriegsjahre rund 2000 Polen. Das Foto von 1940 zeigt mehrere polnische Frauen, die mit verbundenen Augen vor einem Massengrab stehen und auf ihre Hinrichtung warten.

Ein erleichtertes und freudiges Lächeln erhellt die Gesichter dieser jüdischen Flüchtlinge. Sie gehören zu den wenigen Glück-

lichen mit einer Einreiseerlaubnis für Kanada, ein Land mit starken Vorbehalten gegen die Einwanderung von Juden. In Kanada waren im Gegensatz zu Angehörigen der meisten anderen Berufe vor allem Landwirte willkommen. Geisteswissenschaftlern und Lehrern boten die kanadischen Universitäten ungeachtet der Wertschätzung, die diese Emigranten in ihrer alten Heimat erfahren hatten, keine Arbeitsstellen an.

Sempo Sugihara

Sempo Sugihara, japanischer Konsul im litauischen Kowno, war einer der wahren Helden des Holocaust. Er rettete mehrere tausend Juden, die nach ihrer Flucht aus dem von den Nazis besetzten Polen in Litauen ihrem Schicksal überlassen waren.

Nach einem Plan zionistischer Führer sollten die Flüchtlinge dem Schein nach auf der niederländischen Insel Curaçao um Asyl bitten, auch wenn tatsächlich eine solche Absicht gar nicht bestand. Die geplante Reiseroute verlief über die Sowjetunion und Japan, für die Transitvisa benötigt wurden. Um eine Genehmigung der sowjetischen Behörden zu erhalten, musste man zunächst ein japanisches Visum vorweisen können. Japan lehnte ein entsprechendes Ersuchen jedoch ab. Der Anblick der verzweifelten Juden, die sich an der eisernen Umfriedung des japanischen Konsulats drängten und um Visa baten, weckte Sugiharas Mitgefühl. Er setzte sich über die Entscheidung seiner Regierung hinweg und stellte so vielen Antragstellern wie nur möglich – es waren mindestens 3500 – die erforderlichen Dokumente aus.

Aus Kowno abberufen unterschrieb Sugihara auch dann noch Papiere, als sein Zug bereits den Bahnhof verließ. Die Flüchtlinge reisten mit der transsibirischen Eisenbahn durch die Sowjetunion bis nach Wladiwostok, von dort per Schiff nach Japan und dann nach China. Viele von ihnen erreichten schließlich Israel oder die Vereinigten Staaten.

Als die Deutschen 1941 Kowno einnahmen, ermordeten sie tausende Juden, denen die Flucht nicht gelungen war. Sugihara wurde von der japanischen Regierung wegen Insubordination vorgeladen und aus seinem Amt entlassen.

in Italien) scheint Long besonders beunruhigt über die Aussicht, dass noch mehr Juden in die USA einreisen könnten.

• Der britische Kriegsminister Leslie Hore-Belisha, ein Jude, tritt vor allem wegen der antijüdischen Stimmung unter den Mitgliedern der britischen Regierung zurück. Außenminister Lord Halifax und der Unterstaatssekretär des Außenministeriums Alexander Cadogan äußern, dass Hore-Belisha aufgrund seiner Zugehörigkeit zum Judentum als Informationsminister ungeeignet sei, und erklären, die „jüdische Kontrolle über unsere Propaganda wäre [ein] großes Unheil."

• 2. Januar 1940: Im Generalgouvernement wird den Juden laut Verfügung untersagt Todesanzeigen zu verschicken.

• 6. Januar 1940: Die frierenden Juden in Warschau sind gezwungen jüdische Bücher als Heizmaterial zu verwenden.

• 12. Januar 1940: Gestapo- und SS-Leute erschießen in Hordyszcze 300 Insassen einer polnischen Irrenanstalt.

• 14.–16. Januar 1940: Auf dem Gewaltmarsch 880 polnisch-jüdischer Kriegs-

Das Łódźer Ghetto

Im September 1939 annektierten die Deutschen die polnische Stadt Łódź und gaben ihr einen neuen Namen – Litzmannstadt. Sie brannten ihre Synagogen nieder und trieben die 170 000 jüdischen Einwohner in dem am meisten vernachlässigten, von Armut heimgesuchten Elendsviertel der Stadt zusammen. Das Ghetto wurde eigentlich nur als eine Art Übergangsmaßnahme geschaffen, da die Nazis erklärt hatten die Stadt von Juden „säubern" und „diese Pestbeule restlos ausbrennen" zu wollen. Es blieb jedoch vier Jahre bestehen.

Im Frühjahr 1940 wurde der Ghettobezirk mit Holzzäunen und Stacheldraht dauerhaft abgeriegelt. Die meist aus Holz gebauten, überbelegten Häuser innerhalb der Umfriedung hatten keine Toiletten, es gab kein fließendes Wasser und keine Kanalisation. Nachts durfte kein elektrischer Strom benutzt werden. Die zu geringen Nahrungsmittelzuteilungen ließen die Ghettobewohner ständig Hunger leiden. Die Müllplätze wimmelten von Ratten. In regelmäßigen Abständen wüteten Ruhr-, Tuberkulose- und Typhusepidemien. Durch ständige nervöse Anspannung und das Elend hervorgerufene Herzerkrankungen forderten noch mehr Menschenleben. Manche Juden wählten den Freitod, indem sie „an den Zaun" gingen; die Wachposten erschossen jeden, der sich der Absperrung näherte.

Das Oberhaupt des Judenrates im Łódźer Ghetto, Mordechai Chaim Rumkowski, hoffte das Leben der Juden retten zu können, indem er Łódź für die Deutschen in eine riesige Werkstatt mit Arbeitskräften aus dem Ghetto verwandelte. Trotzdem begannen 1942 die Liquidierungsmaßnahmen, als 55 000 Łódźer Juden in die Gaswagenstation von Chełmno geschickt wurden. Im Mai 1944 waren nur noch 77 000 Juden am Leben. Die Ghettobewohner, die es noch gab, als die Truppen der Sowjetarmee näher rückten, endeten in den Verbrennungsöfen von Auschwitz.

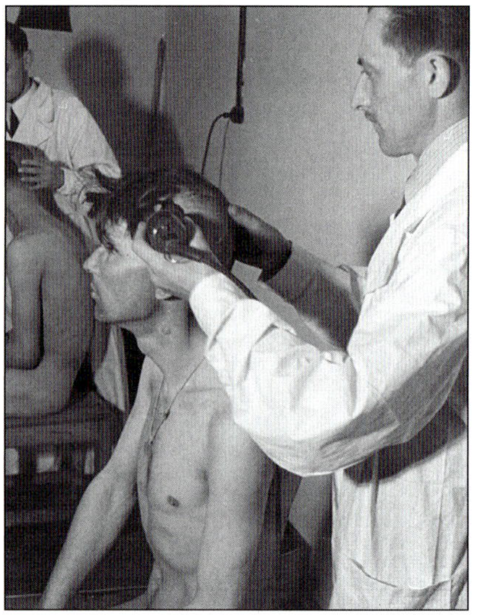

Jüdischen Kriegsgefangenen, die neu in das Krakówer Ghetto gekommen sind, lässt man – angeblich zur Vorbeugung gegen Typhus – das Haar scheren. Die Heuchelei der Nationalsozialisten war nirgendwo augenfälliger als bei der Organisation und Verwaltung der Ghettos. Zwar bestraften die Nazis die Juden wegen Unsauberkeit und ordneten äußerliche Maßnahmen an, die den Ausbruch und die Verbreitung ansteckender Krankheiten verhindern sollten, doch sorgten die enorme Übervölkerung der Ghettos und der Mangel an angemessenen sanitären Einrichtungen faktisch für Krankheiten epidemischen Ausmaßes. Krankheiten gehörten in den Ghettos zu den häufigsten Todesursachen.

Auf diesem Koppelschloss prangt der auf einem Hakenkreuz thronende deutsche Adler.

1940

gefangener werden mehr als 600 Juden erschossen.

- 18.–25. Januar 1940: 255 polnische Juden, die in Warschau aufs Geratewohl verhaftet worden sind, werden in den Wald von Palmiry außerhalb der Stadt gebracht und erschossen.

- 30. Januar 1940: Die britische Botschaft in Bukarest drängt die Regierung Rumäniens zu verhindern, dass jüdische Flüchtlinge an Bord rumänischer Schiffe gelassen werden.

- 7. Februar 1940: Den Juden Warschaus wird der Besuch der öffentlichen Bibliotheken der Stadt untersagt.

- 8. Februar 1940: In Łódź wird ein Judenghetto errichtet.

Unter den immer schwieriger werdenden Lebensbedingungen im Ghetto versuchten die Łódźer Juden ihren normalen Lebensrhythmus aufrechtzuerhalten. Die Frauen auf diesem Foto von 1940 backen in der Ghettofabrik zur Vorbereitung des Passahfestes Matze. Die Synagogen der Stadt waren bereits im Jahr zuvor zerstört worden, doch das religiöse Leben ging weiter und die Familien kamen in ihren Häusern zusammen um die jüdischen Feiertage auf traditionelle Weise zu begehen.

Als das Łódźer Ghetto im August 1944 liquidiert wurde, versteckte man dieses Modell im Keller eines Gebäudes. Es überstand den Krieg und wurde später an seinen Schöpfer Leon Jacobson zurückgegeben, der das Ghetto wie auch das KZ Auschwitz überlebt hatte. Das aus Abfallholz hergestellte Modell zeigt die Einzelheiten des Ghettos mit seinen Häusern, Fabriken, Brücken, den Ruinen der Synagogen und den Friedhöfen. Insgesamt umfasste das Ghetto eine Fläche von rund vier Quadratkilometern. Davon waren weniger als 2,5 Quadratkilometer mit Gebäuden bebaut, die sich zu Wohnzwecken eigneten. In das Ghetto, durch das nur zwei große Straßen führten, über die man je eine hölzerne Fußgängerbrücke gebaut hatte, waren über 170 000 Łódźer Juden gepfercht worden. Die Amtssiegel und einige Muster der Ghettowährung *(linker oberer Bildrand)* zeugen von der systematischen Organisation des Ghettos, das unter der Aufsicht Chaim Rumkowskis, des Obmannes des Judenrates, stand.

Mordechai Chaim Rumkowski, 1939 zum Obmann oder Judenältesten des Łódźer Ghettos ernannt, verfolgte die umstrittene Strategie „Ruhe und Arbeit" um etwas für das Überleben des Ghettos zu tun. Rumkowski verwandelte das Ghetto in ein geschäftiges Fabrikationszentrum, in dem vor allem Textilien hergestellt wurden. Rumkowski, dem die Juden den Beinamen „König Chaim" gegeben hatten, herrschte wie ein Diktator und unterdrückte jegliche Opposition. Dennoch scheiterte er mit seiner Strategie und das Ghetto fiel Hitlers Ziel, alle Juden zu vernichten, zum Opfer.

• **12.–13. Februar 1940: Die ersten Deportationen von Juden aus Deutschland, hauptsächlich aus Pommern, beginnen.**

• **18. Februar 1940: In Warschau werden zwei junge jüdische Mädchen entführt und auf einem jüdischen Friedhof von zwei deutschen Unteroffizieren vergewaltigt.**

• **19. Februar 1940: Das Konzentrationslager Dachau wird nicht mehr als Ausbildungsstätte für die Waffen-SS genutzt. Die im September 1939 in das Lager Mauthausen (Österreich) verlegten Häftlinge werden zurückgebracht und Dachau dient wieder seinem ursprünglichen Zweck als Konzentrationslager. *Siehe* 27. September 1939.**

• **21. Februar 1940: In Warschau werfen Nazis eine jüdische Frau aus einer fahrenden Straßenbahn.**

• **12. März 1940: Alle jüdischen Einwohner der Hafenstadt Schneidemühl (Polen) an der Ostsee werden in verschlossenen Güterwagen nach Lublin transportiert. Von dort aus müssen sie in 20 Kilometer entfernte kleine Dörfer laufen.**

Myron C. Taylor, Präsident Franklin D. Roosevelts persönlicher Bevollmächtigter bei Papst Pius XII., traf am 15. März 1940 mit dem Oberhaupt der katholischen Kirche zusammen. Die Aufnahme zeigt den Papst beim Lesen der Botschaft des US-amerikanischen Präsidenten, die Taylor übergeben hatte. Der Zweck des Briefes und der Zusammenkunft zwischen Taylor und dem Papst war ein Versuch in Europa Frieden zu schaffen. Die beiden Männer führten ein vierzigminütiges Gespräch unter vier Augen.

Studenten der höheren Talmudschule *(Mir Jeschiwa)* an einer Straßenecke im Schanghaier Stadtbezirk Hongkew (China). Von Sempo Sugihara, dem japanischen Konsul in Kowno, gerettet konnten 2000 Juden noch vor der deutschen Invasion aus Litauen entkommen. Mit ihren Transitvisa machten sie sich auf die mühsame Reise durch Sibirien in das sichere Schanghai und schlossen sich dort einer jüdischen Gemeinde an, die vor 1939 etwa 5000 meist aus der Sowjetunion gebürtige Mitglieder zählte.

Für die meisten dänischen Bürger gab es nach der Kapitulation Dänemarks im April 1940 kaum Veränderungen im täglichen Leben. König Christian X., ein würdiges Sinnbild des Nationalstolzes, unternahm auch weiterhin seinen täglichen Spazierritt durch die Straßen Kopenhagens. Im Gegensatz zu den anderen Ländern, die die Nazis erobert hatten, wurde Dänemark nicht unter deutsche Verwaltung gestellt. Aus Furcht vor einem öffentlichen Aufruhr nahmen die Nazis bis 1943 auch Abstand von Maßnahmen gegen die etwa 7700 Juden des Landes.

1940

• **Frühjahr 1940: Beginn der ersten Deportationen deutscher Zigeuner aus West- und Nordwestdeutschland.**

• **22. März 1940: Nach Beschwerden Hans Franks, des Generalgouverneurs im besetzten Polen, über die Abschiebung von Juden aus dem Reich in das Generalgouvernement stoppt Reichsmarschall Hermann Göring die Deportationen von Juden nach Lublin.**

• **April 1940: Deutsche Truppen fallen in Dänemark und Norwegen ein. Beide Länder versuchen Übergriffe der Nazis auf ihre jüdischen Bürger zu verhindern.** *Siehe* **Oktober 1940. • Zum Studium des polnischen Judentums wird das Institut für deutsche Ostarbeit gegründet.**

• **1. April 1940: Schanghai nimmt tausende jüdischer Flüchtlinge auf.**

Zur Verwirklichung des „Euthanasie"-Programms, dessen Ziel die Vernichtung körperlich und geistig Kranker war, wurden die Patienten mit Bussen aus verschiedenen Anstalten in die „Euthanasie"-Zentren transportiert. Zur Tötung der Kranken setzten die Nazis auch speziell umgebaute Fahrzeuge ein, bei denen Kohlenmonoxid vom Motor in das Wageninnere geleitet wurde und die Insassen erstickte. Das Vergasen ihrer Opfer gestattete den Tätern einen räumlichen Abstand zum Ort ihrer Verbrechen, den sie bei anderen Tötungsmethoden nicht hatten. Das „Euthanasie"-Programm diente als Modell für die Todeslager in Osteuropa, in die ein großer Teil des Personals versetzt wurde. Die Proteste der römisch-katholischen Kirche sorgten für einen zeitweiligen Stopp der Tötungen Behinderter.

Philipp Bouhler, Chef der Kanzlei des Führers, stand an der Spitze des „Euthanasie"-Programms. Noch vor dem Überfall auf Polen gab Hitler seinem Kanzleichef Anweisungen das „Euthanasieproblem" unverzüglich zu lösen. Bouhler wiederum beauftragte Viktor Brack mit der Schaffung einer Organisation, in deren Verantwortung geistig und körperlich Behinderten der „Gnadentod" gewährt werden sollte. Die Dienststelle wurde unter der Bezeichnung T 4 bekannt.

Rudolf Höß

Im Mai 1940 wurde Rudolf Höß Kommandant des Konzentrationslagers Auschwitz (Polen). Während seiner über dreijährigen Dienstzeit, in der Auschwitz zum Vernichtungslager „befördert" wurde, leitete er die Ermordung von mehr als einer Million Menschen und war verantwortlich für den Tod einer weiteren halben Million Lagerinsassen, die durch Unterernährung und Krankheiten ums Leben kamen.

Höß erfüllte seine Pflichten sehr effizient und war nach den Worten seiner Vorgesetzten ein „wahrer Pionier auf seinem Gebiet". Dennoch bestand er darauf die Juden persönlich nie gehasst zu haben. Er versuchte seine ungeheuerlichen Verbrechen damit zu begründen, dass die Juden „Feinde des deutschen Volkes" seien, und behauptete, dass sein Pflichtgefühl ihn gezwungen habe Hitlers Weisungen bedingungslos auszuführen.

Seine frommen katholischen Eltern hatten darauf gehofft, dass ihr Sohn sich für das Priesteramt entscheiden würde. Höß ließ sich während des Ersten Weltkrieges stattdessen als Soldat anwerben und trat dann einer rechtsgerichteten paramilitärischen Organisation bei. 1923 war er an einem politischen Attentat beteiligt und verbrachte daraufhin fünf Jahre im Gefängnis. 1934 wurde Höß Mitglied der SS. Seine Arbeit in den Konzentrationslagern Dachau und Sachsenhausen wurde geschätzt und so betraute man ihn mit dem Befehl über das Lager Auschwitz.

Höß half mit die Massentötung von Menschen zu perfektionieren, indem er wirkungsvollere Vergasungsmethoden ersann. Allerdings mochte er die langen Arbeitstage nicht und klagte darüber, dass er nicht öfter mit seinen Kindern spielen könne. Höß wurde 1946 verhaftet, vor Gericht gestellt und im April 1947 in Auschwitz hingerichtet.

- **8.–11. April 1940:** Sowjetische Soldaten ermorden im Wald von Katyn in der Nähe von Smolensk (Sowjetunion) 26 000 polnische Offiziere. Unter den Opfern befinden sich auch viele Juden.
- **22. April 1940:** Der SS-Mann Globocnik kündigt einen Plan zur verstärkten Nutzung jüdischer Zwangsarbeit und zur Schaffung gesonderter Arbeitslager für jüdische Männer und Frauen an.
- **23. April 1940:** In Stutthof (Polen) werden jüdische Gefangene gezwungen in offene Latrinen zu springen; viele ertrinken oder werden totgeschlagen.
- **27. April 1940:** H. F. Downie, Beamter des britischen Außenministeriums, vertritt die Ansicht, die Juden seien genau wie die Deutschen Feinde, allerdings auf eine heimtückischere Weise; beide – Nazis und Juden – seien durch geheime und böse Bande miteinander verknüpft.
- **30. April 1940:** Das Judenghetto in Łódź wird von der übrigen Stadt abgeriegelt.
- **Mai 1940:** Die ersten Juden aus Polen und aus dem Baltikum entkommen nach Jerusalem und durch die Sowjetunion nach Japan, Niederländisch-Indien,

Aristides de Sousa Mendes

Die Bemühungen des portugiesischen Diplomaten Aristides de Sousa Mendes *(im Bild oben rechts)* verhalfen 10 000 jüdischen Flüchtlingen das von den Nazis besetzte Frankreich zu verlassen. In seiner Position als portugiesischer Konsul, dessen Dienststelle sich im französischen Bordeaux befand, unterschrieb er Transitvisa für tausende Juden, die hofften über die Häfen Portugals entkommen zu können.

Mendes widersetzte sich den Anweisungen seiner Regierung den Ansturm der Flüchtlinge einzudämmen, die über Spanien nach Portugal einreisen wollten. Trotz besonderer Weisungen, keine Visa an Juden auszugeben, machte Mendes, ein frommer Katholik, geltend, er könne nicht zulassen, dass diese Menschen umkämen. Geleitet vom Prinzip der Humanität war er im Mai 1940 Tag und Nacht damit beschäftigt für die endlose Schar von Flüchtlingen, die sich in den Büros des Konsulats drängten, Reisedokumente auszustellen. Als die Vorräte an konsulatseigenen Briefbögen aufgebraucht waren, schrieb er auf Papierfetzen weiter. Selbst nachdem er von seiner Regierung abberufen worden war, geleitete Mendes persönlich noch eine kleine Flüchtlingsgruppe über die spanische Grenze. Er übergab ihnen handgeschriebene Behelfsvisa und wies sie an hinter seinem Auto her über einen wenig benutzten Grenzübergang zu gehen, von dem aus die Posten seine Vorgesetzten nicht benachrichtigen konnten.

Für sein Verhalten wurde Mendes aus dem Außenministerium entlassen. Die portugiesische Regierung erkannte ihm zudem sämtliche Pensionsansprüche ab. Mendes, zu dessen Familie 13 Kinder gehörten, fiel in tiefe Armut. Vergessen und mit gebrochenem Herzen starb er 1954.

Juden aus dem Krakówer Ghetto beim Beladen eines Pferdeschlittens mit Kohle. Im Hintergrund ist eine Synagoge aus dem 14. Jahrhundert zu sehen, welche die jahrhundertelange Anwesenheit der Juden in der Stadt belegt. Am Vorabend des Zweiten Weltkrieges lebten 60 000 Juden in Kraków; das war etwa ein Viertel der Stadtbevölkerung. Während der Terrorkampagnen im Dezember 1940 wurden die Synagogen Krakóws zerstört und zahlreiche Juden getötet.

Im Mai 1940 fielen die deutschen Streitkräfte in den Niederlanden ein. Sie hatten bald die Hauptstadt Den Haag und Rotterdam, den hier abgebildeten wichtigsten Hafen des Landes, eingenommen. Zur Vorbereitung des Überfalls flog die deutsche Luftwaffe am 14. Mai massive Bombenangriffe und schonte dabei auch die Zivilbevölkerung nicht. Bei den Luftangriffen wurde ein großer Teil der Stadt in Trümmer gelegt. Viele Niederländer, darunter auch ein hoher Prozentsatz der jüdischen Bevölkerung Rotterdams, flüchteten aus der verwüsteten Stadt.

1940

Australien, Kanada und in die USA. Insgesamt gelingt nur einigen tausend Juden aus diesem Gebiet die Flucht. • Rudolf Höß, Adjutant im Konzentrationslager Sachsenhausen (Deutschland) erhält den Auftrag die einstigen Kasernen der polnischen Armee in Auschwitz in ein Vernichtungslager umbauen zu lassen.

• 10. Mai 1940: Die Wehrmacht fällt in den Niederlanden, in Belgien, Luxemburg und Frankreich ein. • Winston Churchill wird Amtsnachfolger des britischen Premierministers Neville Chamberlain. • Der Dichter und Essayist T. S. Eliot schreibt, die Juden seien die führenden Kräfte des Bösen in der modernen Welt und hätten diese Welt abstoßend gemacht.

• 15. Mai 1940: Tausende jüdische

Die Rosenblums, hier Arm in Arm und dem Fotografen zulächelnd, müssen die Unterdrückung durch die Nazis oder die Deportation in ein Konzentrationslager nicht mehr fürchten. Die Suche nach einer sicheren Zuflucht führte diese Flüchtlinge aus Deutschland rund um die Welt bis zur Hellensville Farm bei Auckland (Neuseeland). Da beide Landwirte waren, wurden sie als Einwanderer gern aufgenommen.

Unter einem Schild, das die Stadtgrenze Jerusalems kenntlich macht, haben zwei Flüchtlingspaare Halt gemacht, die ihre neu gewonnene Freiheit bei einem Spaziergang ohne Einschränkungen genießen. Überall in der Welt war eine große Zahl Juden aus Polen und dem Baltikum auf der Suche nach einem Zufluchtsort, doch hatten nur wenige Erfolg. Das britische *White Paper* aus dem Jahr 1939 beispielsweise schränkte die Zahl der Juden, die eine Einreisegenehmigung für Palästina erhielten, strikt ein.

Pronazistische Niederländer marschieren während der deutschen Besetzung durch die Straßen von Amsterdam. Während sich manche Bürger der niederländischen faschistischen Bewegung *Nationaal Socialistische Beweging*, die der NSDAP entsprach, anschlossen, leisteten andere aktiven Widerstand oder widersetzten sich passiv der Okkupation ihres Landes. Die Nazis sahen zunächst davon ab öffentlich Verfügungen gegen die jüdische Bevölkerung zu erlassen. Ende September 1940 jedoch änderte sich die Lage, als die jüdischen Publikationen verboten wurden und die Staatsbeamten ihre „arische" Abstammung nachweisen mussten.

Flüchtlinge aus Deutschland, Österreich und der Tschechoslowakei sitzen hinter den deutschen Linien in der Falle, als die deutschen Truppen durch das Territorium der Niederlande vorstoßen. Das niederländische Heer kapituliert.

• **16. Mai 1940: Die Nazis starten ihre „Außerordentliche Befriedungsaktion" zur Beseitigung der polnischen Intelligenz.**

• **19. Mai 1940: Arthur Seyß-Inquart wird zum Reichskommissar für die besetzten Niederlande ernannt.**

• **20. Mai 1940: Im polnischen Auschwitz nimmt ein Konzentrationslager seinen Betrieb auf. Da die meisten europäischen Juden in Polen und Osteuropa leben, werden dort später sechs so genannte Todeslager errichtet: Auschwitz-Birkenau, Chełmno, Bełżec, Treblinka, Sobibór und Majdanek.**

• **23. Mai 1940: Beunruhigt durch die „illegale" Einwanderung nach Palästina besteht der britische Hochkommissar für Palästina, Sir Harold MacMichael, darauf, dass Ungarn die Rückkehr zweier Juden akzeptiert, die Ungarn 1934 verlassen und sich mit ihren Touristenvisa in Palästina niedergelassen**

Zigeunerfamilien aus West- und Nordwestdeutschland warten am Sammelplatz in Hohenasperg auf die Deportation in das Generalgouvernement. Wie die Juden galten auch die Zigeuner als eine Bedrohung für die Reinheit des „arischen" Blutes, wurden auch sie deshalb zum Ziel der Vernichtungsaktionen. Bereits Anfang 1936 hatten die Nazis die ersten in Deutschland lebenden Zigeuner als „Asoziale" in das Konzentrationslager Dachau (Deutschland) eingewiesen. Mehr als 5000 Zigeuner wurden schließlich in das Łódźer Ghetto geschickt; sie gehörten zu den ersten Opfern, die zur Vergasung im Todeslager Chełmno selektiert wurden.

Dieser junge jüdische Vater mit seinem Kind auf dem Arm schaut mit trostlosem Blick in eine ungewisse Zukunft. In den polnischen Ghettos Kinder großzuziehen bedeutete für die Eltern endlose Sorgen und Ängste und stellte sie immer wieder vor schreckliche Entscheidungen. Kinder wurden stets zuerst deportiert und waren auch häufig Angriffsziel sadistischer Militärangehöriger. Man versagte den Eltern ausreichend Lebensmittel, Kleidung und auch die Freizügigkeit, die sie brauchten um die jungen Menschen aufzuziehen, und so waren die Väter und Mütter nicht in der Lage ihre Kinder vor einem tragischen und unglücklichen Dasein zu bewahren. Die Erinnerungen an leidende und verlassene Kinder peinigten all jene Menschen, welche die Umstände in den polnischen Ghettos selbst erlebt hatten.

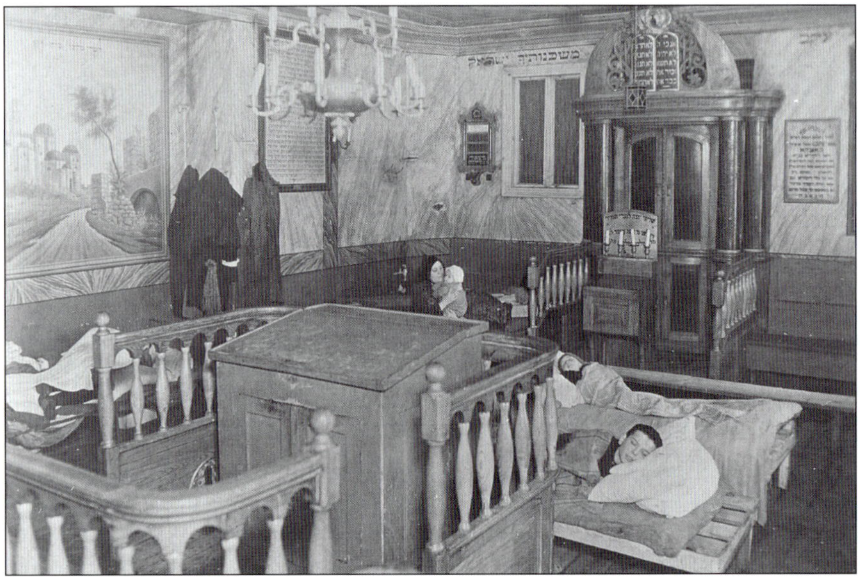

Synagoge in der Warschauer Nalewskistraße 27. Rund um das Podest für den Thoravorleser sind Bettstellen aufgebaut. Übervölkerung, Hunger und Krankheiten bestimmten das jüdische Leben in der Stadt, nachdem die Deutschen über 90 000 Juden aus anderen Gegenden Polens nach Warschau abgeschoben hatten. Mit der Schaffung des Ghettos im Oktober verschlechterten sich die Lebensbedingungen noch, 30 Prozent der Bevölkerung lebten auf weniger als 2,5 Prozent des städtischen Territoriums.

1940

hatten. Die Antwort der ungarischen Regierung lautet, dass es in ihrem Land eine „übermäßig" große Zahl Juden gebe und dass es Ziel der Regierung sei, „möglichst viele zur Auswanderung zu bewegen".

- **27. Mai 1940: In Le Paradis (Frankreich) werden 100 britische Kriegsgefangene von deutschen Soldaten ermordet.**

- **28. Mai 1940: Belgien kapituliert vor Deutschland.**

- **Mai – Dezember 1940: Tausende polnischer Juden werden als Zwangsarbeiter nach dem Osten geschickt, wo sie Befestigungen entlang der neuen sowjetischen Grenze bauen sollen.**

- **Mai 1940 – März 1941: Aus Kraków werden 40 000 Juden deportiert.**

Deutsche Truppen marschieren zur Feier ihres Sieges über Frankreich durch den *Arc de Triomphe* die Champs Élysées hinab. Der im Juni unterzeichnete Waffenstillstandsvertrag führte zur Teilung Frankreichs. Ein Teil des Staatsgebietes wurde von den Deutschen besetzt und unter eine Militärverwaltung gestellt, der andere Teil über die Regierung Marschall Pétains indirekt von den Deutschen beherrscht. Diese Regierung hatte ihren Sitz im südfranzösischen Vichy. In Paris lebte die Hälfte der rund 350 000 französischen Juden, die durch die nazistischen Eroberer nun unmittelbar bedroht waren. Auch die Vichy-Regierung unternahm Schritte um die Juden von der französischen Gesellschaft abzusondern, indem sie öffentlich das *Statut des Juifs* (Judengesetz) verkündete, das den Nürnberger Gesetzen entsprach.

Generaloberst Wilhelm Keitel trägt am 21. Juni 1940 den französischen Vertretern die Kapitulationsbedingungen vor. Hitler hatte gefordert, die Zusammenkunft der Delegationen in dem historischen Eisenbahnwaggon stattfinden zu lassen, in dem Deutschland nach dem Ersten Weltkrieg seine Kapitulation besiegelt hatte. Außerdem sind zu sehen (im Uhrzeigersinn): Joachim von Ribbentrop *(mit dem Rücken zur Kamera sitzend)*, Hermann Göring, Adolf Hitler, Walther von Brauchitsch und Rudolf Heß *(beide in die Kamera blickend)*; von der französischen Seite die Generäle Charles Léon Clément Huntzinger und Jean-Marie Joseph Bergeret *(der Kamera am nächsten sitzend)*.

Die Besetzung von Paris

Als die deutschen Truppen am 14. Juni 1940 in Paris einmarschierten, flüchteten viele hunderttausende Bewohner der Stadt in Richtung Süden. Von Lautsprecherwagen herab wurde verkündet, dass Überfälle und Sabotage mit dem Tod bestraft würden und in Propagandasendungen erfuhren die Bürger von Paris, dass sie von den Deutschen nichts zu befürchten hätten. Für viele der über 100 000 Pariser Juden bedeutete die Besetzung der Stadt durch die Nazis Verfolgung und Deportation in die Todeslager.

Mit einer Volkszahlung wurden zunächst alle Juden der Stadt ermittelt. Eine Kartei gab Auskunft über Wohnanschrift, Beruf und Nationalität jedes Juden. Die französischen Ausweise wurden eingezogen. Die Juden mussten Armbinden mit einem gelben Stern tragen und nächtliche Ausgangssperren einhalten.

Mit Hilfe der Pariser Polizei trieb die SS in regelmäßigen Abständen Juden zusammen, die dann in das Durchgangslager Drancy (Frankreich) zur Deportation geschickt wurden. Bei einer groß angelegten Menschenjagd im Jahr 1942 wurden 13 000 Juden zusammengebracht, darunter auch 4000 Kinder, von denen viele von ihren Eltern getrennt worden waren. Nachdem sie eine Woche lang in einem Sportstadion eingesperrt waren, wurden die weinenden Kinder in Viehwagen gezwängt und nach Auschwitz transportiert.

- **4. Juni 1940:** Das Konzentrationslager Neuengamme (Deutschland) erhält den Status eines eigenständigen KZ. • Aus Dünkirchen werden französische und britische Soldaten evakuiert.
- **10. Juni 1940:** Italien verkündet, dass es als kleinerer Verbündeter Deutschlands in den Krieg eingetreten sei.
- **14. Juni 1940:** Im Todeslager Auschwitz kommen die ersten Häftlinge an. Unter ihnen sind Lehrer, Geistliche und andere nichtjüdische Polen. • Paris fällt an die Deutschen. Der bekannte Romanschriftsteller und jüdische Flüchtling Ernst Weiss begeht in Paris Selbstmord.
- **16. Juni 1940:** Frankreich dringt auf einen Waffenstillstand mit Deutschland.
- **21. Juni 1940:** Der amerikanische Rundfunkkorrespondent William L. Shirer berichtet in einer Sendung über die Kapitulation Frankreichs vor Deutschland.
- **22. Juni 1940:** Frankreich kapituliert und unterzeichnet einen Waffenstillstandsvertrag mit Deutschland.
- **26. Juni 1940:** Der US-amerikanische Unterstaatssekretär Breckinridge Long

Das britische *White Paper* vom Mai 1939 schränkte die Einwanderung von Juden nach Palästina stark ein. Dennoch prangerten viele Araber dieses Papier an und forderten, Palästina unverzüglich zu einem ausschließlich arabischen Staat zu machen. Mit dem Anspruch „die bürgerlichen und religiösen Rechte aller Einwohner Palästinas unabhängig von Rasse und Religion sichern zu wollen" überzeugte das Papier damals weder Juden noch Araber. Frühere britische Versuche mit der *Haganah*, der jüdischen Untergrundarmee, zusammenzuarbeiten um die Gewalt zu beenden und sich mit den arabischen Führern auf diplomatischem Weg zu einigen, waren ungeschickt und fruchtlos. Da Großbritannien schließlich deutlich machte, dass ihm sein Weltreich wichtiger sei als eine Heimstatt für die Juden, nahm die Agitation der Juden für einen Nationalstaat zu. So überraschte es nicht, dass der Antisemitismus in Palästina und andernorts in der arabischen Welt stark ausgeprägt und weit verbreitet war. Auf dem pronazistischen arabischen Plakat ist zu lesen: „Lang lebe Hitler".

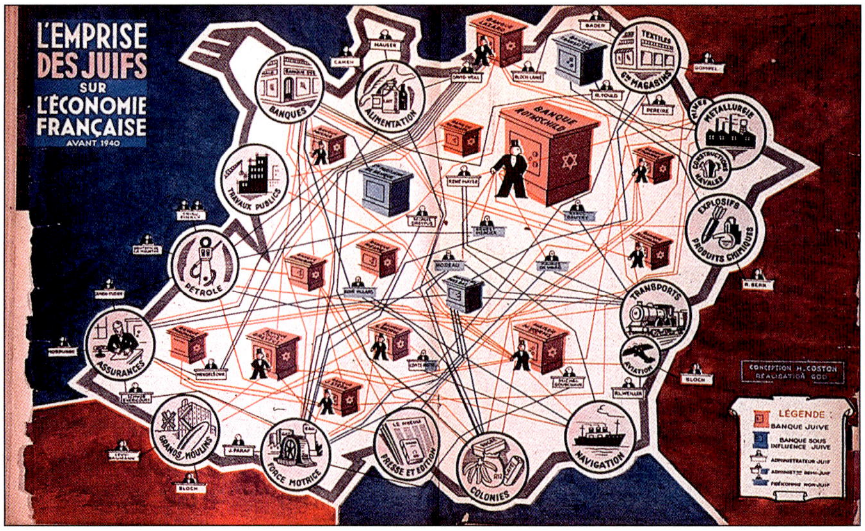

Auf dieser Karte ist die angebliche jüdische Vorherrschaft in der französischen Wirtschaft grafisch dargestellt. Die Niederlage Frankreichs und die Einsetzung des Vichy-Regimes ließen den Antisemitismus als einflussreiche soziale Kraft wieder erstehen. Die antijüdische Gesetzgebung wurde von populären Darstellungen traditioneller negativer jüdischer Stereotype noch untermauert. Die Theorie von der vermeintlichen jüdischen Vorherrschaft über das französische Kapital fand angesichts der Bekanntheit der Rothschilds und anderer jüdischer Bankiersfamilien besonderen Widerhall.

Eine Seite aus einer Nummer des „Illustrierten Film-Kuriers" mit der Darstellung einer Szene aus Fritz Hipplers Pseudo-Dokumentarfilm „Der ewige Jude". Filme waren eine besonders wichtige Waffe im Arsenal der Nazipropaganda. Joseph Goebbels, der Reichsminister für Volksaufklärung und Propaganda, erkannte ihren Nutzen für die Manipulierung der Massen – besonders in den deutsch besetzten Ländern Europas. Die grobe und undifferenzierte Schilderung jüdischer Geldgier in „Der ewige Jude" und die unverhüllten antijüdischen Botschaften sorgten dafür, dass der Film bei vielen Zuschauern nur begrenzt Anklang fand.

1940

veranlasst, dass die Ausstellung von Visa an Juden, die in die USA einreisen wollen, erschwert wird. Er sucht die Einwanderung auf unbestimmte Zeit „zu verzögern und effektiv zu stoppen", indem er die amerikanischen Konsuln anweist jedes Hindernis zu errichten um die Erteilung der Visa ein ums andere Mal hinauszuschieben. Sein Ziel wird in den vier darauffolgenden Jahren verwirklicht.

• Juli 1940: Das *America First Committee* wird gegründet. Es stellt die bedeutsamste isolationistische Gruppierung in Amerika dar und wird auch von den Nazis unterwandert, die sich bemühen eine amerikanische Intervention in Europa zu verhindern. Das Komitee wird von mehreren prominenten Amerikanern unterstützt. Viele Kongressmitglieder werfen den Juden in Hollywood vor, sie wollten Amerika in Opposition

Insassen des Konzentrationslagers Sachsenhausen vor einer Schrifttafel an einer ihrer Baracken. „Es gibt einen Weg zur Freiheit. Die Meilensteine heißen: Gehorsam, Fleiß, Ehrlichkeit, Ordnung, Sauberkeit, Nüchternheit, Wahrhaftigkeit, Opfersinn und Liebe zum Vaterlande!" Solche Sprüche waren für die Deutschen außerhalb der Konzentrationslager eine gute Propaganda, erwiesen sich angesichts der Tatsachen des Lagerlebens aber als Hohn. In ein KZ eingewiesen verloren die Häftlinge auf brutale Weise ihre Freiheit und ihre Rechte, die sie nur selten uneingeschränkt zurückerhielten.

GRÖSSERE KONZENTRATIONSLAGER IN GROSSDEUTSCHLAND (1939–1945)

Die meisten größeren Konzentrationslager befanden sich auf dem Territorium Großdeutschlands, doch ihre Todeslager bauten die Nazis im besetzten Polen, versteckt vor der deutschen Bevölkerung.

In der Nähe des Konzentrationslagers Buchenwald errichten SS-Leute einen Galgen. Öffentliche Hinrichtungen waren Teil des Terrorsystems in den Konzentrationslagern. Gefangene, die die undurchschaubaren Ordnungsregeln verletzten, wurden körperlich gezüchtigt und in vielen Fällen auch gehängt. Die Aussagen ehemaliger Häftlinge, die das KZ überlebt haben, sind voll von Augenzeugenberichten über öffentliche Hinrichtungen am Galgen.

zu Hitler bringen. • In den Städten Rumäniens kommt es zu blutigen antijüdischen Ausschreitungen. • In einem Brief an den Reichsinnenminister Wilhelm Frick protestiert der evangelische Landesbischof von Württemberg, Theophil Wurm, gegen die „Euthanasie"-Morde im nahe gelegenen Grafeneck, einer Einrichtung für körperbehinderte Kinder. • In den Niederlanden wird die kollaborationswillige Propagandabewegung *Nederlandse Unie* (Niederländische Union) gegründet.

• 1. Juli 1940: In Bédzin (Polen) wird ein Judenghetto errichtet.

• 10. Juli 1940: Mit Angriffen der deutschen Luftwaffe auf Ziele in Großbritannien beginnt die so genannte Luftschlacht um England.

• August 1940: Der US-amerikanische Kongress verabschiedet ein Gesetz, nach dem über die Einwanderungskontingente hinaus tausende britischer Kinder in die USA einreisen dürfen. Das Gesetz wird von breiten Kreisen der amerikanischen Öffentlichkeit unterstützt. Präsident Franklin Roosevelt, der mit der neuen Verordnung eine Lücke im amerikanischen Einwanderungsgesetz nutzt, auf die für jüdische Flücht-

Rettung in Frankreich

Die offizielle amerikanische Politik in den Jahren 1940 und 1941 verhinderte zwar die Einwanderung jüdischer Flüchtlinge in die USA, doch gab es eine Hand voll privater Organisationen mit unentgeltlich tätigen Mitarbeitern, die von Amerika aus Rettungsaktionen in die Wege leiteten. So half das in New York ansässige *Emergency Rescue Committee (ERC)* 2000 jüdischen Flüchtlingen aus Spanien, Deutschland und der Tschechoslowakei, die in Frankreich festsaßen. Die Organisation versorgte die Flüchtlinge mit Nahrungsmitteln, Kleidung und Medikamenten und versuchte ihre Flucht aus Frankreich zu beschleunigen.

Die heldenhaften Bemühungen des Vertreters des *ERC* in Marseille, Varian Fry *(Foto)*, ermöglichten rund 1000 Juden aus Frankreich zu entkommen. Zu diesen Menschen gehörten zahlreiche führende Persönlichkeiten aus dem Bereich der Kultur, darunter der Maler und Grafiker Marc Chagall sowie die Schriftsteller Heinrich Mann und Walter Mehring. Von August 1940 an leitete Fry ein Jahr lang die heimliche Rettung hunderter Flüchtlinge. Von den Emigrationsbeschränkungen enttäuscht und behindert organisierte Fry Operationen mit verschlüsselten Codes und geheimen Fluchtwegen. Er stellte sogar Kontakte zur Unterwelt her um den Flüchtlingen gefälschte Papiere und Überfahrten mit dem Schiff zu verschaffen. In einem Fall wurden über 100 Menschen, getarnt als Landarbeiter, auf unbewachten Wegen über die französisch-spanische Grenze gebracht.

Mitunter schlugen die Fluchtpläne allerdings fehl; dann brachten die französischen Behörden die Flüchtlingsschiffe auf und internierten die Passagiere. Fry selbst wurde im August 1941 aus Frankreich ausgewiesen.

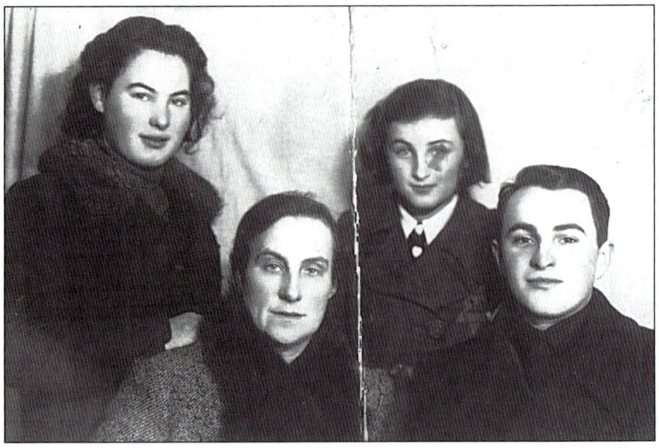

Nur ein Kind der Familie Dunski, Frania, das in verschiedenen Arbeitslagern interniert war überlebte den Krieg. Zwi, der Älteste der vier Kinder, hier neben seiner Mutter Fajga, war in der zionistischen Jugendorganisation *Haschomer Hazair* aktiv. Er und seine Freunde leisteten den Nazis Widerstand mit einer Untergrundzeitung und Flugblättern, mit denen die Juden von Sosnowiec aufgefordert wurden sich der Deportation zu entziehen. Von der jüdischen Polizei verhaftet wurde Zwi in das Gestapogefängnis Katowice gebracht und dort ermordet. Seine Mutter und seine Schwester Sala *(rechts, stehend)* und Genia *(links, stehend)* kamen in Auschwitz ums Leben.

Ion Antonescu, 1940–1944 Staatsführer Rumäniens, bei der Begrüßung von Mitgliedern des rumänischen Oberkommandos. Nachdem er mit Unterstützung der Eisernen Garde, einer faschistischen Bewegung Rumäniens, an die Macht gekommen war, befahl er die Vertreibung der Juden aus den Dörfern und Kleinstädten und ihre Abschiebung in größere städtische Zentren. Er ließ jüdisches Eigentum beschlagnahmen und verstaatlichen. Antonescu wurde als Kriegsverbrecher am 1. Juni 1946 hingerichtet.

1940

lingskinder nie zurückgegriffen wurde, bezeichnet diese britischen Kinder als „Besucher“. Das bedeutet, dass die Einwanderer beabsichtigen eines Tages nach Großbritannien zurückzukehren. Der Kongress ändert das Neutralitätsgesetz, damit amerikanische Schiffe die Kinder evakuieren können. • Im Arbeitslager Józefów (Polen) werden 400 unter blutigem Durchfall leidende Juden exekutiert.

• 9. August 1940: Hitler ordnet den Aufbau Ost an, in dessen Rahmen zur Vorbereitung eines deutschen Überfalls auf die Sowjetunion die militärischen Verbindungswege und die Verkehrswege in Polen erweitert werden. *Siehe* 22. Juni 1941.

• 10. August 1940: In Rumänien werden antisemitische Gesetze erlassen.

• 15. August 1940: Adolf Eichmann un-

Belgische Nazis beim Anbringen eines Spruchbandes mit dem Text „V – das Zeichen des deutschen Sieges". Das antisemitische Plakat mit der Karikatur eines blutdürstigen Juden ist mit folgenden Worten versehen: „Die jüdische Verschwörung gegen Europa. Tretet im Kampf gegen den Bolschewismus in das flämische Freiwilligenregiment ein." Die im September 1940 gegründete *Algemeene Schutscharen Vlaanderen* (Flämische Allgemeine SS) war die erste belgische Kollaborationseinheit. Zu ihr kam später die *Légion Wallonie* (Wallonische Legion), die sich mit ihrem Fanatismus selbst in der SS einen besonderen Ruf verschaffte.

„Ich kann nicht alle Läuse und Juden in nur einem Jahr beseitigen. Aber im Lauf der Zeit und mit Ihrer Hilfe wird dieses Ziel erreicht werden."

nach: *Hans Frank, Generalgouverneur im besetzten Polen, in einer Rede vor seinen Mitarbeitern*

Ein deutscher Rassenhygieniker und ein Polizeibeamter bei der Befragung einer älteren Zigeunerin. Das Nomadenleben der Zigeuner hielt nicht Schritt mit der Entwicklung der modernen Industriegesellschaft. Anfang des 20. Jahrhunderts unternahmen die Regierungsbehörden Versuche die 28 000 deutschen Zigeuner zu Sesshaftigkeit und ständiger Beschäftigung zu zwingen. Nachdem die Nazis an die Macht gekommen waren, verstärkten sie diese Bemühungen. Die Nürnberger Gesetze von 1935 wurden auch auf die Zigeuner angewendet und so kamen tausende dieser Menschen schließlich ins Konzentrationslager. Die Zigeuner wurden zusammen mit den Juden ins Generalgouvernement umgesiedelt.

Hans Frank *(links)* stand an der Spitze des Generalgouvernements. Dieses Gebiet in Polen wurde zum „Abladeplatz" für die Juden; in die Gräueltaten, die unter seiner Zuständigkeit verübt wurden, war Frank eng verwickelt. Unter seinem Befehl wurden die Polen rücksichtslos ausgebeutet, wurden die Schätze des Landes beschlagnahmt und tausende Unschuldige hingerichtet. 1940 wurde die Ghettoisierung der Juden in raschem Tempo fortgesetzt.

terbreitet den Vorschlag die Insel Madagaskar in ein riesiges Judenghetto umzuwandeln, in dem die Juden dann aussterben sollen.

- **25. August 1940: Erster britischer Luftangriff auf Berlin.**

- **26. August 1940: Der deutsch-jüdische Literatur- und Kulturkritiker und Schriftsteller Walter Benjamin begeht in Spanien Selbstmord, nachdem ihm die örtlichen Behörden die Ausweisung nach Deutschland angekündigt haben.**

- **27. August 1940: Die von Marschall Pétain geführte französische Regierung setzt die Verfügung vom 21. März 1939 außer Kraft, welche die Anstiftung zum Rassenhass verbietet.**

- **September 1940: Der polnische Untergrundoffizier Witold Pilecki dringt in das Hauptlager in Auschwitz ein um dort geheime Widerstandsgruppen zu organisieren. • In Rumänien kommt die Regierung des Diktators Ion Antonescu an die Macht. • In Belgien wird die militärische Kollaborationseinheit *Algemeene Schutscharen Vlaanderen* (Flämische Allgemeine SS) gegründet.**

- **1. September 1940: Die sowjetischen Behörden weisen Sempo Sugihara an Kowno zu verlassen, wo der japanische**

Dieses Hochzeitsfoto von Hala Buchwajc und Motek Lichtensztajin, das 1940 im Ghetto Będzin entstand, täuscht über die harte Wirklichkeit des Lebens der polnischen Juden hinweg. Bei ihrer Ankunft in Auschwitz wurden die Jungverheirateten voneinander getrennt und in verschiedene Lager gebracht. Sie verloren die Verbindung zueinander und fürchteten schon das Schlimmste. Wie durch ein Wunder kamen Hala und Motek wieder zusammen, als sie sich 1946 zufällig in den Straßen Londons trafen.

Die Hinrichtung des Jud Süß (dargestellt von Ferdinand Marian) bildet den Höhepunkt des antisemitischen Spielfilms „Jud Süß". Der Film unter der Regie von Veit Harlan wurde im September 1940 freigegeben und galt bei den Nazis als besonders „wertvoll" für die Jugend. Von Joseph Goebels, dem Reichsminister für Volksaufklärung und Propaganda, energisch gefördert und mit einem Budget von 2 Millionen Reichsmark versehen, stellte der Film die skandalösen Finanztricks des Josef Süß Oppenheimer dar, der im 18. Jahrhundert Berater des Herzogs Karl Alexander von Württemberg war. Die ausgesprochen antisemitische Botschaft des Filmes hatte, gepaart mit hervorragenden schauspielerischen Leistungen, eine mitreißende Wirkung auf die Zuschauer. Tätliche Übergriffe auf Juden im Anschluss an dieses Filmerlebnis waren keine Seltenheit.

Zwei Kinder aus dem Ghetto Będzin verbringen in friedlichem Zusammensein ihre Zeit. Das polnische Będzin, das am 4. September 1939 von deutschen Truppen besetzt wurde, hatte 27 000 jüdische Einwohner, die zusammen rund 45 Prozent der Stadtbevölkerung ausmachten. Die Juden von Będzin erwartete die Konfiszierung ihres Eigentums, Zwangsarbeit, Entbehrungen und schließlich die Deportation nach Auschwitz. Nach der ersten Deportationswelle versuchte eine Widerstandsgruppe Kontakte zum polnischen Untergrund herzustellen. Das Ghetto wurde im August 1943 von den Nazis liquidiert.

1940

Konsul zuvor 3500 Juden Ausreisevisa ausgestellt hat.

• 5. September 1940: Die deutschen Besatzungsbehörden führen in Luxemburg die Nürnberger Gesetze ein. Alle jüdischen Unternehmen werden beschlagnahmt und an „Arier" übergeben.
• Theophil Wurm, der evangelische Landesbischof von Württemberg, schickt dem Reichsinnenminister Wilhelm Frick einen zweiten Brief, in dem er seinen Protest gegen die Tötungen im Rahmen der „Euthanasie" zum Ausdruck bringt.

• 7. September 1940: Beginn der groß angelegten Bombenangriffe auf britische Städte.

• 11. September 1940: Das jüdische Flüchtlingsschiff „Quanza" geht zum Betanken in Norfolk (US-Bundesstaat

Den jüdischen Flüchtlingen an Bord des portugiesischen Dampfers „Quanza" wurde in New York die Einreise in die USA und in Vera Cruz die Einreise nach Mexiko verweigert. Die verzweifelte und aussichtslose Suche nach einer sicheren Zuflucht trieb einen der Passagiere, einen deutschen Juden, dazu, bei einem Zwischenstopp zum Auftanken in Norfolk (US-Bundesstaat Virginia) über Bord zu springen. Sein Fluchtplan wurde von einem Wachposten der US-Armee vereitelt.

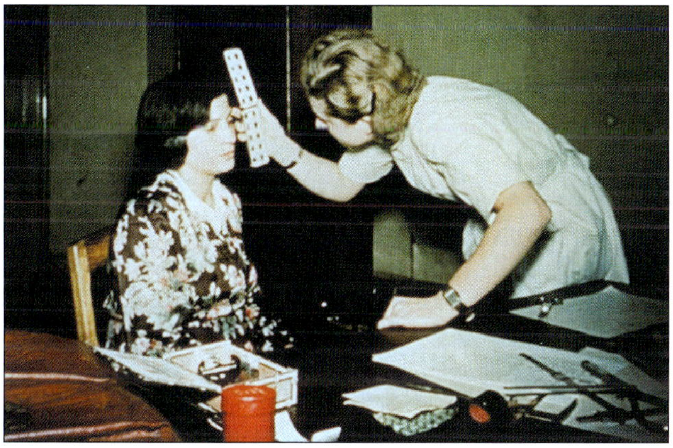

Die deutsche Hygienikerin Sophie Erhardt stellt bei einer Untersuchung zur Rassezugehörigkeit die Augenfarbe einer Zigeunerin fest. Die nazistische Rassenwissenschaft klassifizierte die Menschen nach ihrer Augen- und Hautfarbe und nach ihren Körpermaßen. Die ursprünglich aus Indien stammenden Zigeuner, die über den Iran nach Südost- und Ostmitteleuropa gekommen waren, ließen sich ohne weiteres an ihrer dunklen Haut- und Augenfarbe erkennen. Die Nazis sahen in den Zigeunern eine Bedrohung für die „reine" nordische Gesellschaft und unterwarfen auch sie ihren Umsiedlungs- und Vernichtungsmaßnahmen.

Die Juden in Nordafrika

Die antijüdische Politik der Vichy-Regierung hatte auch Einfluss auf das Leben von 300 000 Juden, die in den französischen Kolonien in Nordafrika lebten. Die dort ansässigen Europäer hegten starke antisemitische Gefühle und die fanatisch rassistische Nationalistenbewegung Algeriens terrorisierte die Juden mit Nachdruck.

Der Bürgermeister von Algier, Max Régis, der zugleich Vorsitzender der Antijüdischen Liga war, gelobte zu Beginn seiner Laufbahn, „Algeriens Freiheitsbaum mit jüdischem Blut zu gießen". Algerische Beamte sprachen den Juden die französische Staatsangehörigkeit ab, verordneten ihnen Armbinden mit dem gelben Stern und legten selbst in Grundschulen Quoten für jüdische Schüler fest.

In Marokko, wo die Juden als gleichberechtigte Bürger galten, war das *Statut des Juifs* der Vichy-Regierung nicht offiziell in Kraft. Dennoch erlegte die französische Kolonialverwaltung den Menschen antijüdische Gesetze auf, säuberte den Verwaltungsdienst von Juden und schloss die jüdischen Kinder von den öffentlichen Schwimmbädern und den Pfadfinderorganisationen aus. In Tunesien machte die Anwendung des *Statut des Juifs* dem unabhängigen Status der Juden ein Ende. Die Juden verloren ihre Arbeit und Quoten schränkten den Zugang ihrer Kinder zur Schulbildung ein. Die in Libyen lebenden Juden wurden von den italienischen Kolonialbeamten schikaniert. Ihre Pässe wurden gekennzeichnet, ihr Eigentum beschlagnahmt, die Möglichkeiten einer kulturellen Betätigung eingeschränkt. Zahlreiche Juden starben in Arbeitslagern, in denen sie interniert waren.

Im Gegensatz zu den nordafrikanischen Juden, die man nicht in bestimmten Zentren konzentrierte, wurden über 13 000 ausländische Juden, die man aus dem unbesetzten Teil Frankreichs deportiert hatte, in der Wüste interniert, wo sie regelrechte Sklavenbataillone für den Bau der Trans-Sahara-Eisenbahn bildeten. Viele kamen in den abgelegenen und trostlosen Lagern ums Leben.

Virginia) vor Anker, nachdem ihm in New York die Einreise in die USA und in Vera Cruz die Einreise nach Mexiko verweigert worden ist. Ein deutscher Jude wird von Wachposten der US-Armee zurückgebracht, nachdem er an der Küste von Hampton Roads (Virginia) vom Schiff gesprungen war. • In den Niederlanden wird die militärische Kollaborationseinheit *Nederlandse SS* (Niederländische SS) gegründet.

• 15. September 1940: Die deutsche Luftwaffe erleidet über London große Verluste; die britische *Royal Air Force (RAF)* gewinnt in der Luftschlacht um England schließlich die Oberhand.

• 23. September 1940: Der Reichsführer SS Heinrich Himmler genehmigt die Einrichtung eines besonderen SS-Depots bei der Reichsbank für die Wertgegenstände (Gold - auch das aus herausgebrochenen Goldzähnen gewonnene Edelmetall - Silber, Schmuck und ausländisches Geld), die man den internierten Juden geraubt hatte. Das Depot wird unter dem fiktiven Eignernamen Max Heiliger geführt.

• 24. September 1940: Der unter der Regie von Veit Harlan entstandene antisemitische Film „Jud Süß" hat in Berlin Premiere.

Juden in Vichy-Frankreich

Mit Ausnahme des südlichen Drittels des französischen Territoriums hielten die Deutschen in der Zeit von 1940 bis 1944 ganz Frankreich besetzt. Die südliche Zone, Vichy-Frankreich genannt, wurde von einer antisemitisch eingestellten Regierung unter Führung von Marschall Philippe Pétain beherrscht.

Das Vichy-Regime betrieb gegenüber den Juden eine diskriminierende und erniedrigende Politik, die schließlich zu Verhaftungen, Internierungen und Deportationen in die Todeslager der Nazis führte. Unter den Opfern waren nur wenige, die überlebten. Ein Drittel der 84 000 Juden, die aus Frankreich deportiert wurden, kam aus dem unbesetzten Teil des Landes. Die Vichy-Regierung erließ das *Statut des Juifs* (Judengesetz), welches das „Jüdischsein" rassisch definierte und die Juden von einflussreichen Stellungen ausschloss. Mit einer statistischen Erhebung wurden die Juden ausfindig gemacht, wurden ihre Anschriften, ihre Arbeitsstellen und ihr Vermögen erfasst. Ihre Lebensmittelkarten und Ausweispapiere erhielten den Stempel *Juif* (Jude). Jüdische Geschäfte wurden mit einem gelben Plakat gekennzeichnet und die „Arisierung" nahm den Juden schließlich ihr Eigentum.

Noch schlechter erging es den nichtfranzösischen Juden. Bei einer Jagd auf „unerwünschte Flüchtlinge" wurden 30 000 Juden verhaftet. Man brachte sie in besondere Lager, in denen 3000 Menschen infolge der erbärmlichen Bedingungen starben. In dem in den Pyrenäen gelegenen Lager Gurs starben 1167 Personen an Unterernährung, Ruhr und Typhus. In Rivesaltes, wo man Kinder von ihren Müttern getrennt eingesperrt hatte, war die Sterblichkeit gleichermaßen hoch. Katastrophale hygienische Bedingungen, Mangel an Nahrungsmitteln, Wasser und angemessenem Schutz vor der Kälte und die sadistischen Schikanen der Wachmannschaften waren Alltag in den Konzentrationslagern. Die Deportationen in den Osten sorgten dafür, dass sich die Lager schließlich leerten.

DE LA FRANCE

ETAT FRANÇAIS

PRÉFECTURE DE POLICE

DIRECTION DES AFFAIRES ADMINISTRATIVES DE POLICE GÉNÉRALE — SERVICE SPÉCIAL

ORDONNANCE

relative au

CONTROLE DES JUIFS

Paris, le 10 Décembre 1941.

NOUS, Préfet de Police,

ORDONNONS :

ARTICLE PREMIER

Les juifs des deux sexes, Français ou Etrangers, seront soumis à un contrôle périodique.

Les modalités de ce contrôle, portées à la connaissance des intéressés par voie de presse, ou sous forme de convocations individuelles, devront être strictement observées.

ARTICLE 2

ARTICLE 3

ARTICLE 4

ARTICLE 5

ARTICLE 6

Les biens appartenant aux juifs ne pourront, en aucun cas, être transportés hors du département de la Seine.

ARTICLE 7

ARTICLE 8

ARTICLE 9

DAUDONNET. BARD.

Am 3. Oktober 1940 erließ die Vichy-Regierung das erste *Statut des Juifs* (Judengesetz). Es war nach dem Vorbild der Nürnberger Gesetze erarbeitet worden. Die im unbesetzten Teil Frankreichs lebenden Juden mussten ihre Kennkarten mit dem Wort *Juif* (Jude) stempeln lassen. Außerdem durften sie ihren Wohnort nicht wechseln und mussten die Polizei über jede Änderung ihres Familienstandes informieren. Die Gesetze ermöglichten dem Regime eine wirksame Kontrolle über die Juden.

Ein jüdischer Flüchtling und seine Tochter im Hafen von Lissabon, wo das griechische Schiff „Nea Hellas" angelegt hat. Das Schiff, dessen Ziel die USA waren, sollte im Oktober 1940 in See stechen. Die Reise wurde nach der italienischen Invasion in Griechenland jedoch abgesagt. In Lissabon, einem wichtigen Ort für jene, die im Besitz eines Einreisevisums waren, saßen somit über 12 000 Flüchtlinge fest.

1940

• 27. September 1940: Japan unterzeichnet mit Deutschland und Italien einen Dreimächtepakt. Damit entsteht die Achse Berlin-Rom-Tokio. Die Slowakei, Rumänien und Ungarn schließen sich dem Pakt bald an.

• Oktober 1940: Aus Baden und der Saar-Pfalz werden 6500 Juden in die Internierungslager am Fuße der französischen Pyrenäen gebracht. • In Warschau werden die Juden gezwungen, eine Mauer rund um das Ghetto der Stadt zu errichten und dafür auch finanziell aufzukommen. • Alfred Rosenberg, Politiker des Dritten Reiches, schlägt in einem Artikel die Massendeportation der Juden auf die Insel Madagaskar vor. • Die deutschen Behörden verbieten den norwegischen Juden als Lehrer oder in anderen akademischen Berufen zu arbeiten.

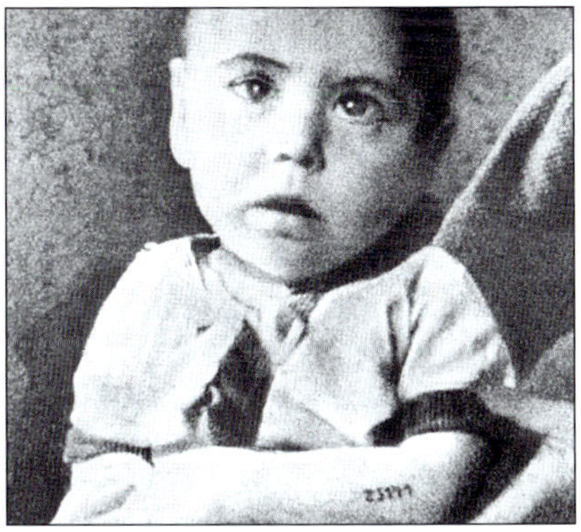

Die Mütter in den Konzentrationslagern versuchten verzweifelt ihre Kinder zu verstecken und zu beschützen, doch überlebten das KZ Auschwitz nur wenige, die nicht älter waren als dieses Kind mit der tätowierten Nummer 23 141. In den Lagern bot allein Arbeit Hoffnung auf ein Überleben, eine Möglichkeit, die den ganz Jungen und den Betagten verschlossen war. Als Auschwitz in seine letzte Phase trat und zum Vernichtungslager wurde, entgingen manche Kinder, vor allem Zwillinge, unmittelbar nach ihrer Ankunft den Gaskammern nur um grausamen medizinischen Experimenten unterworfen zu werden.

Wjatscheslaw M. Molotow *(Mitte)*, der sowjetische Volkskommissar des Äußeren, in Begleitung des Reichsaußenministers Joachim von Ribbentrop *(links)* und des Chefs des Oberkommandos der Wehrmacht, Wilhelm Keitel *(links außen)*, bei der Truppenschau, die im Rahmen seines Besuches im November 1940 in Berlin stattfindet. Ribbentrop und Molotow waren die Architekten des Deutsch-Sowjetischen Nichtangriffspakts, der die Grundlage der friedlichen Koexistenz beider Länder bilden sollte und in dessen geheimem Zusatzprotokoll Polen zwischen Deutschland und der Sowjetunion aufgeteilt wurde. Der 1940 noch gültige Pakt schob die militärische Konfrontation zwischen den beiden ideologischen Gegnern letztendlich nur hinaus.

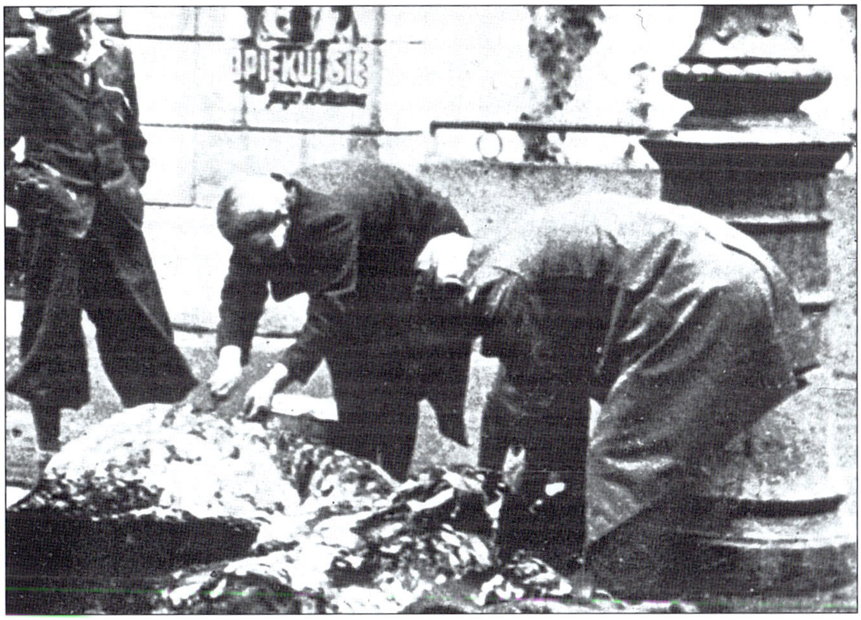

Bewohner des Warschauer Ghettos schneiden sich Fleischstücke von verendeten Pferden ab. Sie verletzten damit die jüdischen Speisegesetze, doch manche Juden sahen sich unter den außergewöhnlichen Bedingungen des Ghettolebens gezwungen diese Regeln zu vernachlässigen. Viele Juden überlebten nur, weil sie bereit waren unkoschere Nahrung zu sich zu nehmen.

• 1. Oktober 1940: Nach der Zahlung eines Lösegeldes von 20 000 Zloty an ihre Nazihäscher kehren junge jüdische Männer aus dem Lager Bełżec nach Szczebrzeszyn zurück.

• 3. Oktober 1940: In Vichy-Frankreich werden antijüdische Gesetze erlassen. Diese Gesetze, das erste *Statut des Juifs*, wurden nach dem Vorbild der Nürnberger Gesetze geschaffen und finden wie diese weithin Anerkennung. Sie werden erlassen um dem Druck der Nazis zuvorzukommen. Ihre wichtigsten Ziele bestehen darin die Juden aus dem Staatsdienst, dem Schuldienst, von der Beschäftigung im Finanzwesen, aus der Öffentlichkeitsarbeit und den Medien auszuschließen.

• 4. Oktober 1940: Ein deutsches Gesetz ermächtigt Vichy-Frankreich Juden auch in der unbesetzten Zone des Landes zu inhaftieren.

• 12. Oktober 1940: An diesem jüdischen Versöhnungstag verkünden die Deutschen in Warschau über Lautsprecher, dass alle Juden der Stadt bis Monatsende in das Ghetto umzuziehen haben.

• 14. Oktober 1940: Die Nazis siedeln Nichtjuden aus einem bestimmten Ge-

DAS WARSCHAUER GHETTO

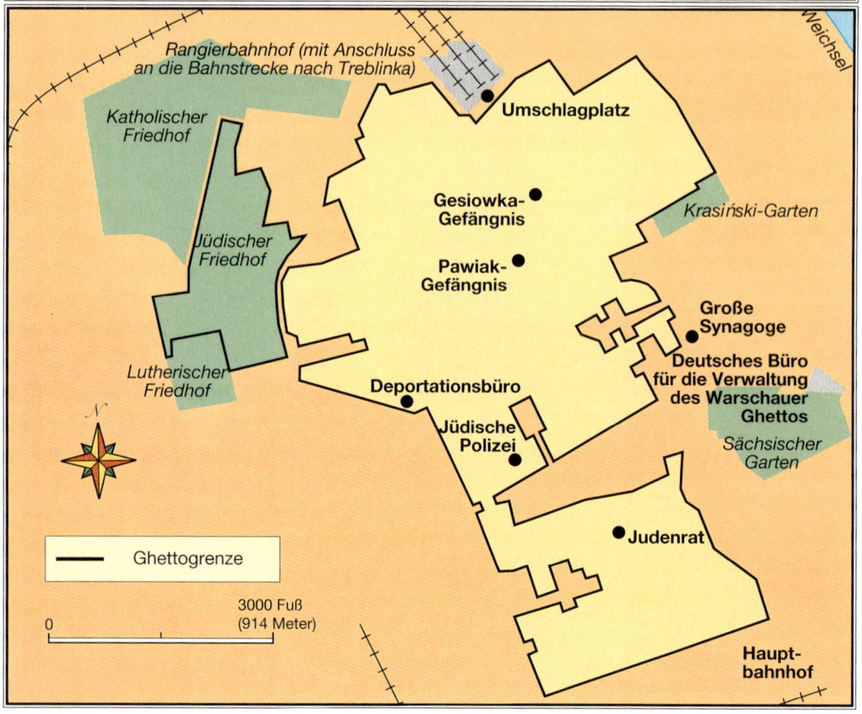

Der Umschlagplatz, ein Sammelpunkt für die Deportation, war bei den 500 000 Juden Warschaus gefürchtet.

Eine Gruppe hungriger Judenkinder bringt den Tag in einem überfüllten Raum im Warschauer Ghetto zu. Kinder waren besonders anfällig gegen die harte Vorgehensweise der Nazis. Da es an ordentlicher Nahrung, Unterkunft und Kleidung fehlte, war die Kindersterblichkeit sehr hoch. Hinzu kam, dass die Schulen geschlossen waren, außerunterrichtliche Aktivitäten fehlten und die traditionellen Familienbindungen verloren gingen, sodass die jungen Menschen aller Bildungsmöglichkeiten und einer unbeschwerten Kindheit beraubt waren.

Ein deutscher Soldat kontrolliert die Papiere einer jüdischen Frau, die das Warschauer Ghetto betritt. Das ummauerte Ghetto wurde am 16. November 1940 abgeriegelt. Von diesem Tag an bis zur endgültigen Liquidierung war das Verlassen und Betreten des Ghettos streng geregelt. Anfangs gab es 22 Tore und Maueröffnungen. Im April 1941 waren es nur noch 13, die alle von deutschen, polnischen und jüdischen Polizeikräften bewacht wurden. Es wagte niemand die Zugänge ohne ordnungsgemäße Papiere zu passieren.

1940

biet Warschaus aus und lassen Juden dorthin umziehen.

• 20. Oktober 1940: Über 7000 Juden aus dem Saargebiet werden im Lager Gurs (Frankreich) interniert.

• 22. Oktober 1940: Jüdische Geschäftsinhaber in den Niederlanden müssen ihr Gewerbe bei den deutschen Besatzern anmelden.

• 25. Oktober 1940: Eine in Kraków erlassene deutsche Vorschrift verbietet die Ausgabe von Ausreisevisa an polnische Juden.

• 28. Oktober 1940: Italien überfällt Griechenland. Über 12 000 griechische Juden tragen dazu bei die italienische Offensive zu stoppen. • Die deutsche Besatzungsmacht in Belgien erlässt antijüdische Gesetze.

Das Warschauer Ghetto

Das Warschauer Ghetto war das größte seiner Art, das die Nazis in Polen einrichteten. Dort war auf einer kleinen, nur rund neun Quadratkilometer großen Fläche eine halbe Million Juden eingesperrt. Der Ghettobezirk nahm lediglich zwei Prozent des Stadtgebiets ein, beherbergte aber 30 Prozent der Warschauer Bevölkerung.

Die unvorstellbare Übervölkerung machte das Leiden der Menschen noch schlimmer, als es ohnehin schon war. Bereits im ersten Jahr des Bestehens dieses Ghettos starben zehn Prozent der Bewohner an Unterernährung und Epidemien. Nachdem Polen kapituliert hatte, unterwarfen die Nazis die Warschauer Juden einer ganzen Reihe repressiver Maßnahmen; die Juden mussten zur Kennzeichnung Armbinden tragen, sie wurden zur Zwangsarbeit herangezogen und ihr Eigentum wurde beschlagnahmt.

Die Nazis schufen das Ghetto, indem sie die Warschauer Juden im nördlichen Teil der Stadt konzentrierten, der ohnehin den größten jüdischen Bevölkerungsanteil aufwies. Die Isolierung diente angeblich dem Zweck die Ausbreitung von Typhus durch die Juden zu verhindern. Tatsächlich breitete sich die Krankheit erst richtig infolge der Ghettoisierung aus.

Im Oktober 1940 ordnete der Nazigouverneur von Warschau die Umsiedlung der noch in anderen Stadtteilen lebenden 160 000 Juden in das Ghetto an. Ein endloser Strom bewegte sich langsam durch die verstopften Straßen; mit Wagen, Schubkarren und kleinen Bündeln waren die verwirrten Menschen auf der Suche nach einer Unterkunft unterwegs. Manche fanden einen winzigen Platz in bereits überfüllten Zimmern. Andere suchten Zuflucht in Höfen, unter Treppen oder in den Kellern ausgebombter Häuser. Jedes Gebäude beherbergte im Schnitt 400 Menschen; in den Räumen lebten durchschnittlich sechs bis sieben Personen.

Die von den Deutschen hastig errichteten Zäune aus Stacheldraht und Holz wichen später einer 3,35 Meter hohen Ziegelmauer, deren Krone mit Glassplittern besetzt war. Diese Mauer hatte eine Länge von 17,6 Kilometern und umschloss das Gebiet gänzlich. Rund 20 Tore ermöglichten einen begrenzten Zugang zur Welt außerhalb des Ghettos. Sie waren stark bewacht und wurden nachts geschlossen. Im November 1940 waren die Tore ständig zugesperrt, sodass das Ghetto von der Außenwelt faktisch abgeschnitten war.

Die Juden, die das Ghetto nicht einmal mehr zum Arbeiten verlassen durften, mussten nun irgendwie einen Lebensunterhalt finden. Die Arbeiter drängten sich nach den wenigen Tätigkeiten und Aufträgen, die sich ihnen boten. Jene, die keine Arbeit hatten, verkauften ihren Schmuck und ihre Kleidung um Nahrung beschaffen zu können. Die Nazis lieferten nur minimale Mengen an Lebensmitteln, für die im Austausch Zwangsarbeiterbataillone zur Verfügung stehen und Erzeugnisse aus den Ghettowerkstätten geliefert werden mussten. Die täglichen Rationen, die durch den Judenrat zugeteilt wurden, beliefen sich auf 200 Kalorien pro Person. Auf Weisung der Nazis durfte im Ghetto kein frisches Obst, Gemüse und Fleisch, kein frischer Fisch und keine Milch verkauft werden. Selbst sauberes Trinkwasser war Mangelware. Dutzende Suppenküchen halfen den Bedürftigsten. Viele Menschen im Ghetto lebten von gekochten Kartoffelschalen und Wasser.

Zum Straßenbild im Ghetto gehörten auch zum Skelett abgemagerte Bettler. Im Winter, wenn die Abwasserrohre einfroren, wurden die Exkremente auf die Straßen gekippt. Der Mangel an Lebensmitteln und medizinischer Versorgung und die Kälte ließen täglich Dutzende Ghettobewohner umkommen. Alte Menschen und Kinder, die zu schwach waren um sich zu bewegen, legten sich einfach auf die Straße und starben. Ihre Leichen deckte man mit Zeitungen zu. Inmitten des Abfalls in den Rinnsteinen sah man wimmernde unbekleidete Kleinkinder sitzen, um die sich keiner mehr kümmerte. Alles in allem kamen während der deutschen Besetzung rund 500 000 Einwohner Warschaus ums Leben.

• **11. November 1940:** In Dachau werden 55 nichtjüdische polnische Intellektuelle ermordet. • Die deutschen Behörden in Polen geben offiziell die Existenz des Warschauer Ghettos bekannt.

• **15.–16. November 1940:** Die Nazis riegeln das Warschauer Ghetto vom übrigen Stadtgebiet ab.

• **17. November 1940:** In Berlin gründet Oberstleutnant Kazys Skirpa, ehemaliger litauischer Botschafter in Deutschland, die *Lietuviu Aktyvistu Frontas* (Litauische Aktivistenfront), eine kollaborationswillige Faschistenorganisation, die sich dem Nationalismus und Antisemitismus verschrieben hat.

• **19. November 1940:** Ein polnischer Christ wird von Deutschen getötet, nachdem er ein Paket mit Brot über die Mauer in das Judenghetto geworfen hat.

• **25. November 1940:** Das Schiff „Patria“ mit 2000 jüdischen Emigranten an Bord wird von der radikalen jüdischen Militärorganisation *Haganah* unbeabsichtigt versenkt. Etwa 250 Passagiere werden getötet.

• **26. November 1940:** Lord Lloyd, der britische Staatssekretär für die Kolonien, bezeichnet Menschen, die zur Rettung jüdischen Lebens tätig sind und

Der Antisemitismus in Bulgarien

Vor dem Zweiten Weltkrieg waren die 48 000 Juden Bulgariens voll in das wirtschaftliche und politische Leben des Landes integriert. Das änderte sich jedoch 1940, als eine prodeutsche Regierung an die Macht kam, deren Politik bald zur Verfolgung der jüdischen Bevölkerung führte.

Das „Gesetz zum Schutz der Nation", das 1940 vom bulgarischen Parlament verabschiedet wurde, zielte darauf ab die Nation vor den Juden, die man jetzt zu Staatsfeinden erklärte, zu „schützen". Das Gesetz führte auch eine Bestimmung des Begriffes Jude ein: Jude war, wer mindestens einen jüdischen Elternteil hatte. Die Juden durften kein Ackerland besitzen oder etwa im Staatsdienst, bei Banken oder als Buchhalter arbeiten.

Das Gesetz zwang die Juden sich registrieren zu lassen und jüdische Vornamen zu tragen und es verbot ihnen auf -ow, -ew oder -itsch endende bulgarische Familiennamen. Es schloss die Juden vom Militärdienst aus und schrieb ihnen den Dienst in Arbeitskommandos vor. Man erlegte den Juden Ausgehsperren auf, entfernte Radios und Telefone aus ihren Häusern und Unternehmen und ließ sie den Davidstern tragen.

Im November 1940 sank vor Haifa (Palästina) das Flüchtlingsschiff „Patria". Es war mit mehr als 2000 Juden an Bord von der *Haganah*, einem Vorläufer der jüdischen Armee in Palästina, unbeabsichtigt versenkt worden. Bei dem Zwischenfall fanden 250 Juden den Tod.

Rauch steigt über dem „Euthanasie"-Zentrum Hadamar (Deutschland) in den Himmel. Die im Dezember 1940 eröffnete Einrichtung wurde zum sechsten und letzten Tötungszentrum, das im Rahmen des „Euthanasie"-Programms arbeitete. Neu angekommene Patienten wurden im Erdgeschoss der Tötungsanstalt abgefertigt. Die Gaskammer und das Krematorium befanden sich im Keller. Die Gaskammer war als Duschraum getarnt. Das Krematorium bestand aus zwei Verbrennungsöfen, die an einen einzigen Schornstein angeschlossen waren. Die Bewohner des Ortes hatten zwar keinen Zutritt zur Anstalt und wurden durch Warnschilder fern gehalten, doch der Rauch aus dem Schornstein und der Geruch ließen sich nicht verbergen.

1940

die Flüchtlinge illegal nach Palästina bringen, als „widerliche Leute, die ausgemerzt werden müssten".

- **28. November 1940: Der unter der Regie von Fritz Hippler gedrehte pseudodokumentarische Film „Der ewige Jude" hat in Berlin Premiere.**
- **Dezember 1940: Der Vatikan verurteilt den „Gnadentod", mit dem die Nazis „unwertes Leben" vernichten, als „dem natürlichen und dem göttlichen Gesetz widersprechend". • Im Warschauer Ghetto beginnt der jüdisch-polnische Historiker Emanuel Ringelblum seine Arbeit an einem geheimen Tagebuch über das Ghettoleben. • In den Niederlanden wird der *„Verbond van Nederlandse Journalisten"* (Verband niederländischer Journalisten), eine kollaborationswillige Propagandaorganisation, gegründet.**

Zu den aktivsten Widerstandsgruppen im Warschauer Ghetto gehörte *„Ha-Shomer ha-Tsa'ir"*, eine zionistisch-sozialistische Bewegung, die im Nationalsozialismus ein natürliches Ergebnis des Kapitalismus sah. Die Anhänger der Bewegung glaubten fest an das Prinzip der „Selbsthilfe", das bedeutete, dass Juden für andere Juden sorgen. Sie hatten ihre eigene Suppenküche, die sich in ihrem geheimen Hauptquartier in der Nalewkistraße 23 befand. Das Foto zeigt die Begründer der Organisation Oskar Handler, Zivia Lubetkin, Judke Helman und Jizchak Antek Zuckerman *(von links nach rechts)*.

„M'hot zei in drerd di rotzchim."
(„Wir werden noch leben um diese Mörder in ihren Gräbern zu sehen.")

Bekannter jüdischer Aphorismus, der in den Judenghettos zu hören war

Alle öffentlichen Einrichtungen in Warschau und in anderen Städten mit einem Judenghetto waren streng in Bereiche für Juden und für Nichtjuden getrennt. Nichtjuden war es untersagt Straßenbahnen mit dem oben abgebildeten Hinweisschild zu benutzen, und Juden durften nur mit solchen fahren. Juden, die gegen diese Bestimmungen verstießen, wurden hingerichtet. Die Deutschen hofften mit der Trennung der polnischen Bevölkerung von den Juden zu erreichen, dass die Nichtjuden nichts über die Lebensbedingungen im Ghetto erfuhren. Selbst die Toten wurden isoliert, wie dieser jüdische Leichenwagen zeigt.

• 5. Dezember 1940: Der britische Regierungsbeamte Sir John Schuckburgh schreibt, dass „die Juden keinen Sinn für Humor und kein Augenmaß haben".

• 9. Dezember 1940: Im Warschauer Ghetto springt ein deutscher Soldat aus einem Auto und bringt einem jüdischen Jungen mit einer Eisenstange tödliche Kopfverletzungen bei.

• 12. Dezember 1940: Die „Salvador", die einen Monat zuvor von Warna (Bulgarien) in See gestochen ist, sinkt im Marmarameer. 200 jüdische Flüchtlinge, darunter 70 Kinder, ertrinken. T. M. Snow, der Leiter der Flüchtlingsabteilung des britischen Außenministeriums, äußert, dass es unter dem Gesichtspunkt der Unterbindung des jüdischen Flüchtlingsverkehrs nach Palästina kein passenderes Unglück hätte geben können.

• 17. Dezember 1940: Im Arbeitslager Sachsenhausen werden in der kalten Nacht Juden von betrunkenen SS-Männern geweckt und müssen sich auf deren Befehl hin im Schnee wälzen.

• Ende 1940 – Anfang 1941: Das Judenghetto in Piotrków wird von einer Typhusepidemie heimgesucht.

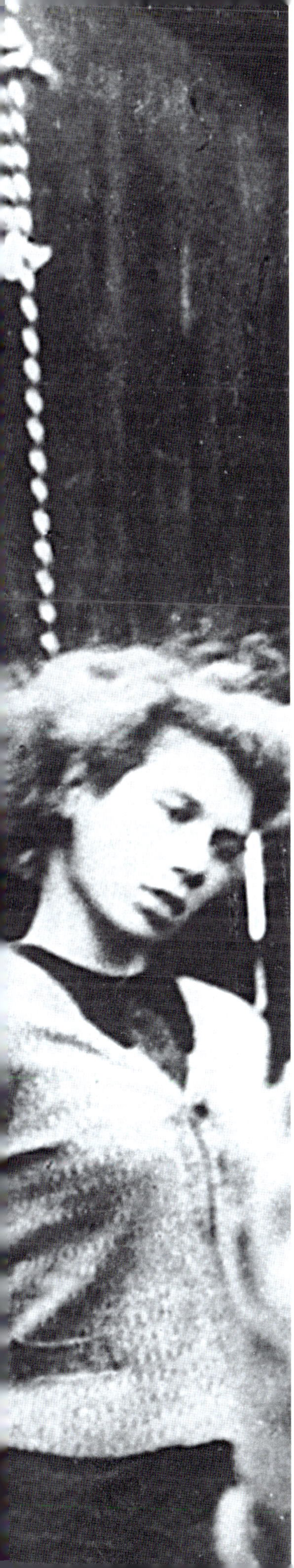

1941

AM 30. Januar 1941, dem achten Jahrestag der Machtübernahme in Deutschland, erinnerte Adolf Hitler in seiner Rede vor dem Reichstag an seine Prophezeiung zwei Jahre zuvor, „daß, wenn die andere Welt von dem Judentum in einen allgemeinen Krieg gestürzt würde, das gesamte Judentum seine Rolle in Europa ausgespielt haben wird! ... Die kommenden Monate und Jahre werden erweisen, dass ich auch hier richtig gesehen habe."

Ende 1940 belief sich die Zahl der Juden, die durch die Nationalsozialisten umgekommen waren, bereits auf fast 100 000. Doch 1941 erreichten die Zahlen der Todesopfer astronomische Höhen, da der Massenmord an den Juden zur deutschen Staatspolitik geworden war. Wie die entscheidende Wende stattgefunden und inwieweit sie mit Hitlers Voraussage am 30. Januar zu tun hatte, ist nicht ganz klar. Sicher ist jedoch, dass 1941 eine Million Juden ihr Leben verloren.

Ein Bericht über einen bedeutenden Teil dieser Verluste ging am 2. Oktober an das Berliner Büro Reinhard Heydrichs, des Chefs der Sicherheitspolizei und des Sicherheitsdienstes. Diese „Ereignismeldung UdSSR Nr. 101" fasste kurz die Arbeit der Einsatzgruppe C in Babi Jar, einer schluchtenreichen Gegend nordwestlich der ukrainischen Hauptstadt Kiew, zusammen. In dem Bericht hieß es: „Das Sonderkommando 4a hat in Zusammenarbeit mit Gruppenstab und zwei Kommandos des Polizei-Regiments Süd am 29. und 30. 9. 1941 in Kiew 33 771 Juden exekutiert."

Vom bürokratischen Standpunkt betrachtet enthielt der Bericht alle notwendigen Einzelheiten. Ein deutscher Augenzeuge, Fritz Höfer, der LKW-Fahrer im Sonderkommando 4a gewesen war, hatte 1959 dazu jedoch etwas mehr zu sagen. Höfer schilderte ausführlich, wie die Deutschen unter Beihilfe ihrer ukrainischen Kollaborateure die Juden zusammengetrieben und sie gezwungen hatten, ihre Kleidung und ihre Wertsachen abzulegen und dann in eine etwa 150 Meter lange, 30 Meter breite und gut 15 Meter tiefe Schlucht zu gehen. Es sei dabei kein Unterschied zwischen Männern, Frauen und Kindern gemacht worden. In der Schlucht angekommen habe man die Juden gezwungen sich auf andere Juden zu legen, die bereits erschossen gewesen seien. Das alles sei sehr schnell gegangen. Die Leichen hätten buchstäblich in Schichten gelegen. Dann sei ein Polizeischarfschütze gekommen und habe mit einer Maschinenpistole jeden Juden an der Stelle, an der dieser gelegen habe, ins Genick geschossen. Die Juden, die sich Babi Jar näherten, so sagte Höfer aus, hätten noch bis zuletzt, als es bereits zu spät gewesen sei, geglaubt, man wolle sie umsiedeln.

Das Massaker von Babi Jar war im Herbst 1941 nichts Ungewöhnliches. Es war die Verwirklichung eines geplanten Vernichtungsprozesses, der mit dem Überfall der deutschen Wehrmacht am 22. Juni auf sowjetisches Territorium in Gang gekommen war. Bei ihrem Vormarsch in Richtung Osten wurden die deutschen Trup-

Hinrichtung der Minsker Partisanen Wolodja Scherbatjewitsch und Mascha Bruskina am 26. Oktober 1941.

pen von den Einsatzgruppen begleitet. Diese Sonderkommandos hatten die Aufgabe bolschewistische politische Führer und Mitglieder der sowjetischen Intelligenz aufzuspüren, zu denen nach Auffassung der Nazis viele Juden gehören mussten, da der Kommunismus der Naziideologie zufolge von jüdischem Einfluss dominiert wurde.

Die Erschießungen, die ähnlich dem Massaker in Babi Jar abliefen, wurden im Sommer des Jahres 1941 noch ausgedehnt. Innerhalb weniger Wochen löschten die mobilen Mordkommandos hunderte jüdischer Gemeinden aus und schlachteten mehr Juden ab als die Nazis in den acht Jahren zuvor umgebracht hatten. Rund 1,3 Millionen Juden (etwa ein Viertel aller jüdischen Todesopfer des Holocaust) wurden einer nach dem anderen von den 3000 Männern der vier Einsatzgruppen, von deren Hilfstruppen, der lokalen Polizei und von Kollaborateuren getötet – alles mit Unterstützung der Wehrmacht. Der Großteil der 1,3 Millionen Morde geschah im Jahr 1941.

Vier Mitglieder der Einsatzgruppe A bei der Hinrichtung dreier jüdischer Männer in Kowno (Litauen).

Die Aufstellung der Einsatzgruppen war bereits vor dem Überfall Nazideutschlands auf die Sowjetunion geplant worden, doch das Datum, an dem eine Entscheidung zur Vernichtung aller europäischen Juden getroffen wurde, ist bislang nicht ermittelt worden und wird sich vielleicht auch nie feststellen lassen. Bis heute hat man beispielsweise keinen derartigen direkten schriftlichen Befehl Hitlers gefunden. Am 31. Juli beauftragte Hermann Göring, der „zweite Mann" im Dritten Reich, Reinhard Heydrich die „Endlösung der jüdischen Frage" vorzubereiten, doch das Schreiben Görings enthielt keine Einzelheiten darüber, was zu tun oder wie vorzugehen sei.

Heydrichs Aufgabe bestand darin festzulegen, wie das „Judenproblem" der Nazis ein für alle Mal zu lösen sei. Nach Auffassung des Holocaust-Forschers Raul Hilberg war das, was Heydrich erhielt, eine Ermächtigung Ideen und Erfindungen zur Lösung des „Judenproblems" zu entwickeln, als Erfinder tätig zu werden. Als die Entscheidungen getroffen waren und die Ereignisse ins Rollen kamen, wurde immer wieder nach Erfindungen verlangt. Die beteiligten Einrichtungen stießen auf noch nie da gewesene Probleme, denn in der Menschheitsgeschichte hatte es bis dahin nichts gegeben, das mit der geplanten „Endlösung" vergleichbar gewesen wäre – mit dem groß angelegten Massenmord an einem ganzen Volk, der nicht die Reaktion auf eine Untat war, sondern einfach aus „rassischen" Gründen verübt werden sollte.

Hilberg fasst die Situation knapp zusammen: Es sei nicht nur darum gegangen, wie man die Juden töten sollte, sondern auch darum, was danach mit ihrem Besitz zu geschehen habe und wie das gesamte Problem zu lösen sei, ohne dass die Welt von dem Geschehen Kenntnis erhalte. Diese Schwierigkeiten waren neu und Naziführer wie Heydrich, sein Vorgesetzter Heinrich Himmler und Untergebene wie Adolf Eichmann sowie eine ungeheure Bürokratie versuchten sie zu meistern.

Der Plan zur Ausschaltung der europäischen Juden, der zu bedeutend war um ohne Hitlers Initiative durchgeführt zu werden, trat wahrscheinlich im Sommer 1941 in Kraft, nachdem im Juni die Massaker der Einsatzgruppen begonnen hatten. Bald ließen weitere Anzeichen darauf schließen, dass Hitler seinen Entschluss zur völligen Vernichtung des europäischen Judentums kundgetan hatte. Im Spätherbst beispielsweise war in den Konzentrationslagern Bełżec und Auschwitz der Bau stationärer Gaskammern im Gange. Bereits zuvor, im September, hatte man bei Experimenten in Auschwitz festgestellt, dass zur Tötung von Menschen in Gaskammern ein Pestizid mit der Bezeichnung Zyklon B verwendet werden konnte. Am 8. Dezember, einen Tag, nachdem der japanische Bombenangriff auf Pearl Harbor die Vereinigten Staaten in den Zweiten Weltkrieg hineingezogen hatte, fand die erste Vergasung von Juden in großem Maßstab statt: 700 jüdische Einwohner von Dörfern in der Nähe des Vernichtungszentrums Chełmno (Polen) waren in speziell für diesen Zweck gebauten Lastwagen durch Kohlenmonoxid ermordet worden.

Bis dahin wurden die jüdischen Gemeinden noch immer durch Erschießungen dezimiert. In den letzten Monaten des Jahres 1941 wurde den Nazis jedoch klar, dass der Massenmord durch Erschießen für die Täter allzu anstrengend und außerdem zu ineffizient war um die Ziele der „Endlösung" zu erreichen. Der Wandel in der antijüdischen Politik Nazideutschlands hatte zur Folge, dass die Juden in zunehmendem Maß deportiert und in den großen Todeslagern in Polen vernichtet wurden.

Oben: In dieser mobilen Tötungseinrichtung wurden Juden auf der Fahrt zu den Krematorien von Chełmno (Polen) vergast. *Unten:* Rauchschwaden zeugen von den erbitterten Kämpfen zwischen deutschen Soldaten, die hier auf dem Vormarsch durch die Ukraine gezeigt werden, und den sowjetischen Verteidigern. Mit Flammenwerfern und Granaten zerstörten die Deutschen alles, was ihnen im Weg war.

Mit beschönigenden Andeutungen über eine „Umsiedlung" versuchten die Deutschen ihre mörderischen Absichten zu verbergen. Abba Kowner, ein junger jüdischer Führer aus dem Widerstand, ließ sich allerdings nicht täuschen. Der Mord der Nazis an den litauischen Juden überzeugte ihn davon, dass der bewaffnete Widerstand gegen die Deutschen unumgänglich war, und er entschloss sich jüdische Widerstandskämpfer in einer Organisation zu vereinen.

Bei einem geheimen Treffen am Abend des 31. Dezember 1941 in Wilna (Litauen) verfasste er ein Manifest, dem sich am folgenden Tag weitere Mitglieder des jüdischen Widerstands anschlossen. „Hitler plant alle Juden in Europa zu vernichten", stellte der Aufruf der Widerstandsorganisation des Wilnaer Ghettos am 1. Januar 1942 fest, „und die Juden Litauens sind als Erste in der Reihe ausgesucht worden." Weiter hieß es: „Lasst uns nicht wie Schafe zur Schlachtbank gehen! Wir sind zwar schwach und schutzlos, doch die einzige Antwort auf den Mord ist Aufstand! Lieber als freie Kämpfer fallen als durch die Gnade der Mörder leben. Erhebt Euch! Erhebt Euch mit Eurem letzten Atemzug!"

Der Aufruf gründete sich auf Kowners frühzeitiges und zutreffendes Urteil über die deutschen Absichten das europäische Judentum vollständig auszurotten. Die Aufforderung zum Widerstand war die erste ihrer Art. Ende 1941 fehlte es den europäischen Juden aber an den Mitteln und der Unterstützung, die sie für erfolgreiche Erhebungen benötigten. Als das Massenmorden für die „Endlösung" weiterging, fanden die Juden dennoch Möglichkeiten den Nazis Widerstand zu leisten – in den Ghettos, in Partisaneneinheiten, in Untergrundgruppen überall in Europa und selbst in den Konzentrations- und Vernichtungslagern.

Das Klischee, die europäischen Juden hätten nur spärlichen bewaffneten Widerstand geleistet, entspricht also nicht den Tatsachen. Vielmehr wird hier deutlich, dass es zu einer Zeit, da die Hilfsmittel der Juden äußerst begrenzt waren, viel aktive Auflehnung dieser Art gegeben hat. Die Beispiele jüdischen Widerstands, den es trotz hoffnungsloser Situationen und der nahezu sicheren Aussicht ums Leben zu kommen gab, haben nach dem Holocaust noch immer eine große symbolische Bedeutung für alle Menschen – für Juden und Nichtjuden gleichermaßen –, die das menschliche Streben nach Freiheit verstehen.

Der Metropolit Cyril von Plovdiv (Bulgarien), ein Mitglied der obersten Körperschaft der orthodoxen Kirche, legte Protest gegen die antisemitischen Gesetze seines Landes ein. Seinen Aktionen gegen die geplanten Gesetze schlossen sich weitere Geistliche sowie zahlreiche Fachleute und Politiker an. Trotz der breiten Opposition gegen die Rassengesetze stellte die bulgarische Regierung ihre Beziehung zu Deutschland über alle anderen Erwägungen und ließ die Gesetze am 21. Januar 1941 in Kraft treten.

Erich Koch, Ehrengeneral der SS und wichtigster Nazifunktionär in Ostpreußen sowie Reichskommissar für die Ukraine. Als einer der deutschen Anführer des Genozids an den slawischen Völkern war er auch für den Mord an hunderttausenden Polen und Ukrainern verantwortlich. Nach Kochs Worten waren die Deutschen eine Herrenrasse, die sich erinnern müsse, dass der geringste deutsche Arbeiter rassisch und biologisch tausendmal wertvoller sei als die Bevölkerung in der Ukraine. Koch entging einer Festnahme unmittelbar nach dem Krieg, wurde 1949 jedoch von der britischen Militärpolizei verhaftet. Nachdem er 1958 schließlich vor Gericht gestellt und ein Jahr später zum Tode verurteilt worden war, wandelte man die Strafe in lebenslängliche Haft um. Koch starb 1986 in einem polnischen Gefängnis.

Der Bulgare Dimo Kazassov bei einer Protestrede gegen die 1940 erlassenen Judengesetze. Das Gesetz zum Schutz der Nation nahm den bulgarischen Juden die Bürgerrechte. Kazassovs schriftlicher Protest an den Ministerpräsidenten wurde zurückgewiesen, doch Kazassov setzte seine Bemühungen zu Gunsten des bulgarischen Judentums fort und spielte auch eine wichtige Rolle, als es darum ging, die Deportation der Juden während des Krieges zu verhindern.

1941

• 1941: Der römisch-katholische Geistliche Maximilian Kolbe, der im Todeslager Auschwitz interniert war und sich dort bereit erklärte, anstelle eines anderen, zum Tode verurteilten nichtjüdischen Häftlings zu sterben, wird mit einer Phenolinjektion getötet. • Die erste Ausgabe der *Sztandar Wolnosci* (Banner der Freiheit), einer polnischsprachigen Publikation des jüdischen Widerstandes in Wilna (Litauen), erscheint. • In den Niederlanden wird die *Landwacht* (Bürgerwehr), eine kollaborationswillige Hilfspolizeitruppe, gegründet.

• Januar 1941: Da das Warschauer Ghetto nicht mit Heizmaterial versorgt wird, erfrieren viele Juden.

• 9. Januar 1941: Hitler gibt das Unternehmen „Seelöwe“, den Plan zum Über-

Nach exzessiven Gewalttaten der rumänischen Eisernen Garde füllen die Leichen jüdischer Opfer den Hof des Leichenschauhauses von Bukarest. Die Mordorgie, die drei Tage angedauert hatte, forderte das Leben von mehr als 100 Juden und ließ tausende Menschen geschlagen und verängstigt zurück. Den Mördern war es jedoch nicht genug ihren Opfern das Leben zu nehmen – sie stahlen auch noch deren Kleidung.

Brot und Suppe waren die Hauptbestandteile der Hungerrationen der KZ-Häftlinge. Den jüdischen Gefangenen wurden nur einige hundert Kalorien pro Tag zugestanden. Die viel zu geringe Nahrungsaufnahme ließ die jüdischen Häftlinge häufig zu Opfern der schweren Arbeit oder von Erkrankungen wie Fleckfieber und Typhus werden.

Die Sprache der Nazis

Die beschönigende, verschleiernde Sprache der Nazis spielte in dem entmenschlichenden Prozess des Holocaust eine wichtige Rolle. Hitler sprach von Anfang an von der Notwendigkeit das Reich von den jüdischen „Parasiten" zu „säubern", Deutschland vom jüdischen „Bazillus" zu „desinfizieren".

Dem „Judenproblem" kamen die Nazis schließlich durch die „Endlösung" bei. „Endlösung" stand dabei für Vernichtung. Begriffe wie „Euthanasie" und „Gnadentod" bemäntelten die Morde an Behinderten, deren Leben man als „unwert" bezeichnete, und die Morde, die aus rassischen Gründen begangen wurden und nicht um die Betroffenen von ihrem Leiden zu erlösen. „Sonderbehandlung" in den „Euthanasie"-Einrichtungen bedeutete Vergasung der Opfer.

Die verschleiernde Sprache wurde in den Todeslagern und zur Bezeichnung der Massaker der Einsatzkommandos benutzt. Es hieß im euphemistischen Sprachgebrauch der Nationalsozialisten nicht Mord, sondern „Sonderaktion", „Evakuierung" und „Umsiedlung", womit stets die wahren Absichten verborgen werden sollten. Die „Schutzhaft" für Nazigegner bedeutete nicht Schutz vor einer Gefahr, sondern zeitlich unbegrenzte Haft der Gegner ohne Gerichtsprozess. „Jüdischer Wohnbezirk" stand für Ghetto. Der „Osten" und das „jüdische Siedlungsgebiet" wurden zu verharmlosenden Sammelbegriffen für die Vernichtungszentren in Polen und die Todeslager hießen nur „Arbeits-", „Schutz-" oder „Kriegsgefangenenlager".

Grausame Täuschung und Zynismus kennzeichneten auch die berüchtigten Sprüche an den Lagereingängen, die „Arbeit macht frei" und ähnlich lauteten. Die Gaskammern und Verbrennungsanlagen in den Lagern erhielten so harmlos klingende Bezeichnungen wie „Badeanstalt" oder „Spezialeinrichtung". Nur selten wurde bislang eine Sprache auf so zynische Weise missbraucht.

fall auf England, offiziell auf. • Nazipolizisten dringen im Warschauer Ghetto in ein Haus ein, zwingen die Frauen, die sich dort befinden, sich zu entkleiden und drücken ihnen ihre Pistolen an die Brüste und die Geschlechtsteile.

• 10. Januar 1941: Die niederländischen Juden lassen sich bei den deutschen Behörden registrieren.

• 21.–24. Januar 1941: Bei einem Putsch der Eisernen Garde in Rumänien kommt es zu exzessiven antijüdischen Gewaltausbrüchen. Tausende Juden werden verprügelt und mehr als 120 getötet.

• 22. Januar 1941: In Bulgarien wird das Gesetz zum Schutz der Nation erlassen, das die Juden zwingt ihre öffentlichen Ämter aufzugeben; als Ärzte, Anwälte oder in anderen Berufen tätige Juden verlieren ihre Arbeit. Außerdem werden jüdische Geschäfte und Häuser in Bulgarien gesondert besteuert.

• 29. Januar 1941: Im Łódźer Ghetto stürzt sich Bluma Lichtensztajn aus einem Fenster im vierten Stock eines Hauses. Der Łódźer Maler und Preisträger Maurycy Trebacz stirbt an Unterernährung.

Der Holocaust in Rumänien

Rumänien gehörte zu den Ländern im Europa der Vorkriegszeit, in denen der Antisemitismus am stärksten ausgeprägt war. Nach dem Ausbruch des Krieges erreichte die Verfolgung der Juden Rumäniens ihren Höhepunkt im Massenmord. Die rumänischen Soldaten standen mit ihren brutalen Morden an den Juden den Einsatzgruppen der Nazis in nichts nach; sie vernichteten die Hälfte der jüdischen Bevölkerung Rumäniens, die vor dem Krieg noch 760 000 betragen hatte.

In den 1930-er Jahren erhielt die rumänische Propaganda, die die Juden als Parasiten darstellte, durch die Wirtschaftskrise neue Nahrung. Strenge Gesetze sprachen den Juden die Bürgerrechte ab. Im Januar 1941 stürmten die Legionäre der Eisernen Garde den jüdischen Stadtteil von Bukarest, wo sie Geschäfte, Wohnungen und Synagogen in Brand steckten. Tausende Juden wurden geschlagen und gepeinigt. Einige Juden trieb man in den Schlachthof und schlachtete sie nach den rituellen Praktiken des Schächtens buchstäblich ab. Ihre Körper hängte man an Fleischerhaken auf und versah sie mit dem Etikett „Koscheres Fleisch".

Der deutsche Überfall auf die Sowjetunion löste weitere Pogrome aus. In den zurückgewonnenen rumänischen Gebieten der Bukowina und Bessarabiens bekamen die Juden die volle Wucht des Tötungswahns zu spüren. Dort kamen über 250 000 Juden um; sie wurden Opfer von Massenerschießungen, ertranken im Dnestr, verhungerten oder starben in Ghettos und Arbeitslagern an Krankheiten. Während der Belagerung Odessas ordnete der rumänische Diktator Ion Antonescu die Exekution von mehr als 35 000 jüdischen Einwohnern der Stadt an. Selbst die deutschen Einsatzgruppen beklagten sich über den „disziplinlosen Tötungseifer" der rumänischen Soldaten und insbesondere darüber, dass sie sich nicht einmal die Mühe machten die Leichen zu vernichten.

Verachtungsvolle Blicke von Bewohnern des Łódźer Ghettos für einen jüdischen Polizisten. Die Judenräte organisierten ihre eigenen Polizeikräfte, die in den Ghettos Streife liefen und die Ordnung aufrechterhielten. Die Polizisten mussten mit den Nazis zusammenarbeiten, erhielten dafür aber erhöhte Rationen und besondere Privilegien für sich und ihre Familien. Diese Vorteile entschieden häufig über Leben und Tod.

Diese Karikatur aus den *North China Daily News* schildert die missliche Lage der jüdischen Flüchtlinge. Da Großbritannien die Einwanderung in Palästina stark eingeschränkt hatte und die Einreisemöglichkeiten für Nordamerika auf ein Minimum reduziert waren, zerstreuten sich die europäischen Juden rund um den Erdball. Tausende gelangten nach Schanghai, in dem die chinesische Regierung für die Neuankömmlinge aus Europa ein Ghetto errichten ließ.

1941

• 30. Januar 1941: Am achten Jahrestag seines Amtsantritts als Reichskanzler wiederholt Hitler seine Drohung alle Juden Europas zu vernichten.

• 31. Januar 1941: Im Warschauer Ghetto kommen 3000 deportierte Juden an, die zum großen Teil aus der polnischen Stadt Pruszków stammen.

• Anfang 1941: Die Einwohnerzahl des Warschauer Ghettos steigt auf 400 000. Die jüdischen Ghettobewohner erhalten nur 183 Kalorien pro Tag, während man den Deutschen täglich 2310, Ausländern 1790 und Polen 934 Kalorien zugesteht.

• Januar – März 1941: 70 000 vertriebene polnische Juden werden im Warschauer Ghetto zwangsangesiedelt.

Der berühmte amerikanische Pilot Charles A. Lindbergh *(links)* bei seiner Aussage vor dem *Senate Foreign Relations Committee*. Angetan von Adolf Hitler und der Nazibewegung opponierte Lindgbergh gegen das Gesetz über das Leih-Pacht-System, das die militärische Hilfe für Großbritannien ausdehnen sollte. In einer Rede im September 1941 in Iowa vertrat Lindbergh die Ansicht, dass Anglophile und Juden die USA in den Krieg drängen wollten. Die Antikriegsbewegung in den USA hatte vor der Bombardierung des Stützpunktes Pearl Harbor zahlreiche Anhänger.

Das Schild mit der Aufschrift „Seuchensperrgebiet. Nur Durchfahrt gestattet" am Eingang zum Warschauer Ghetto hielt neugierige Gaffer davon ab einen genaueren Blick auf die furchtbaren Bedingungen innerhalb der Ghettomauern zu werfen. Den in Warschau lebenden polnischen Nichtjuden war lediglich bewusst, dass die Juden auf einer Fläche von weniger als fünf Quadratkilometern zusammengedrängt waren, denn die Nazis unternahmen große Anstrengungen um die Wirklichkeit des Lebens hinter den Mauern zu verbergen.

Drei niederländische Juden, die für den Mord an einem niederländischen Nazi namens Koot verhaftet wurden, müssen hier am 11. Februar 1941 mit ihren Waffen vor dem Amsterdamer Polizeigebäude posieren. Nach der Besetzung der Niederlande im Mai 1940 führte die Widerstandsbewegung, der auch die drei Juden angehörten, einen tapferen, aber erfolglosen Kampf gegen die Naziunterdrücker.

Nazisympathisanten in Oslo (Norwegen) unter einem Banner mit dem Text „Mit Quisling für Norwegen". Vidkun Quisling arbeitete als Führer der norwegischen Kollaborationsbewegung nach der Niederlage Norwegens im Frühjahr 1940 eng mit den Nazis zusammen. In einer Rundfunksendung verkündete er im April, dass er das Amt des Ministerpräsidenten der neuen Regierung übernommen habe. Die Nazis entfernten ihn allerdings bald von diesem Posten.

Ernst Cahn, ein deutsch-jüdischer Flüchtling, war Miteigentümer der Koco-Eissalons in Amsterdam. Cahn und sein Partner, ebenfalls ein aus Deutschland emigrierter Jude, waren bei den Juden wie auch bei den Nichtjuden Amsterdams gern gesehen. Nachdem die Deutschen die Stadt besetzt hatten, kauften mehrere Kunden Waffen für die beiden Geschäftsleute und installierten an einer Wand des Eissalons einen 50 Zentimeter hohen Kanister mit Ammoniak um ungebetene Gäste fernhalten zu können. Als eine deutsche Polizeipatrouille mit dem Stoff besprüht wurde, kam es zu einem Tumult. Das Ereignis wurde unter der Bezeichnung „Koco-Affäre" bekannt.

Die „Koco-Affäre" veranlasste die Nazis erstmals gegen eine große Zahl niederländischer Juden vorzugehen. Am 22. Februar 1941 bezogen deutsche Soldaten Stellung auf dem Jonas-Daniel-Meyer-Platz im Judenviertel von Amsterdam. Sie verhafteten und misshandelten rund 400 Juden, von denen die meisten dann ins Konzentrationslager Buchenwald deportiert wurden. Ernst Cahn wurde am 3. März von einem Erschießungskommando ermordet, nachdem er sich geweigert hatte die Personen zu nennen, die den Ammoniakkanister in seinem Geschäft angebracht hatten.

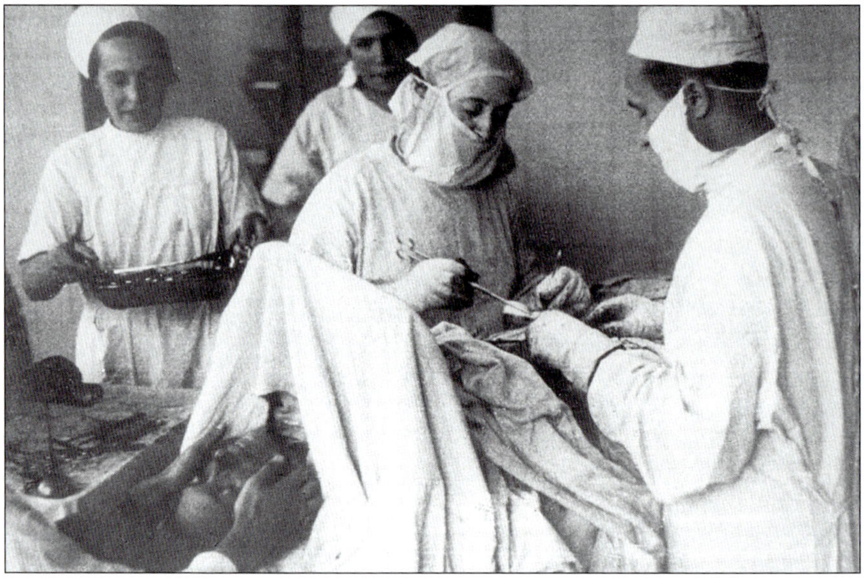

Diese Aufnahme, die im Łódźer Ghetto sicherlich als Propagandafoto der Nazis entstanden ist, zeigt jüdische Chirurgen und Krankenschwestern bei einer Operation. Der tatsächliche Stand der Gesundheitsfürsorge im Ghetto war erheblich primitiver als hier gezeigt wird.

1941

• Januar – August 1941: Im Warschauer Ghetto sterben etwa 13 000 und im Łódźer Ghetto 5000 Juden an Unterernährung.

• Februar 1941: Polnische Bürger, die man beim Verkauf von Lebensmitteln an Juden fasst, werden automatisch zu drei Jahren Zwangsarbeit verurteilt. Die tägliche Brotration für die Juden des Warschauer Ghettos wird auf 85 Gramm reduziert. • Die in Arbeitslager am Bug deportierten Juden müssen Sümpfe trockenlegen und Befestigungen entlang der Grenze zur Sowjetunion bauen.

• 1. Februar 1941: In Frankreich gründet Marcel Déat die kollaborationswillige Faschistenpartei *Rassemblement National Populaire* (Nationale Sammlungsbewegung des Volkes).

Diese beiden deutschen Propagandaaufnahmen zeigen „glückliche" Juden im Warschauer Ghetto beim Feiern in einer Bar und bei der Aufführung eines Theaterstückes. Die Darstellung solcher Szenen sollte die Juden überzeugen, dass sie mit einer guten Behandlung rechnen könnten, solange sie mit der Reichsregierung zusammenarbeiteten und bereitwillig in die „Judenviertel" zögen. Hatte man sie erst in den Ghettos konzentriert, waren die Juden den deutschen Mördern und deren Kollaborateuren vor Ort noch stärker auf Gedeih und Verderb ausgeliefert.

Martin Bormann

Als Privatsekretär des Führers hatte Martin Bormann direkten Zugang zu Hitler wie kein anderer. Das machte ihn zu einer der mächtigsten und gefürchtetsten Personen im Dritten Reich.

Bormann schlich sich Schritt für Schritt in die Reihen der Nazielite ein. 1942 wurde er von Hitler zum Leiter der neu geschaffenen Parteikanzlei ernannt. In diesem Amt übte Bormann eine enorme Macht aus, denn er hatte sämtliche Mitteilungen an den Führer und alle Kontakte mit ihm unter Kontrolle. Der kleine stämmige Bormann, der im Verborgenen tätig war und in NSDAP-Kreisen den Spitznamen „braune Eminenz" hatte, nutzte die verschwommenen Grenzen seiner Autorität mit Geschick. Als eigentlicher und „geheimer Herrscher" Deutschlands stärkte er die Rolle der Partei hinsichtlich der Bestimmung der politischen Richtlinien, leitete bösartige Angriffe auf das Christentum ein und beschäftigte sich in hunderten Denkschriften mit Juden und Slawen. „Die Slawen sollen für uns arbeiten", verkündete er. „Soweit wir sie nicht brauchen, mögen sie sterben."

Bormann blieb bis zuletzt bei Hitler. Er wurde wahrscheinlich im Mai 1945 getötet, als er versuchte aus Berlin zu entkommen.

• 6. Februar 1941: General Erwin Rommel wird zum Oberbefehlshaber des Deutschen Afrikakorps ernannt.

• 15. Februar 1941: Die Deutschen beginnen mit der Deportation von wöchentlich 1000 jüdischen Männern aus Wien in das Ghetto Kielce sowie in ein Lager bei Lublin (Polen).

• 19. Februar 1941: Deutsche Polizisten, die einen Amsterdamer Eissalon betreten, werden aus einer Vorrichtung, die von den deutsch-jüdischen Eigentümern angebracht wurde, mit Ammoniak besprüht. *Siehe* 22.–23. Februar 1941.

• 22.–23. Februar 1941: SS-Männer führen als Vergeltung für den Ammoniak-Vorfall vom 19. Februar im Amsterdamer Judenviertel eine Razzia durch. Etwa 400 Juden werden verhaftet, geschlagen und in das Konzentrationslager Buchenwald deportiert, wo die meisten von ihnen zu Tode gequält werden. Einige werden in das KZ Mauthausen (Österreich) verlegt und bis auf wenige Ausnahmen in den zum Lager gehörenden Steinbrüchen gepeinigt und später exekutiert. *Siehe* 3. März 1941.

Reinhard Heydrich

Am 31. Juli 1941 ermächtigte Hermann Göring in einem Schreiben den Chef des Reichssicherheits-Hauptamtes (RSHA), SS-Brigadeführer Reinhard Heydrich, die „Gesamtlösung der Judenfrage im deutschen Einflussgebiet in Europa“ vorzubereiten. In dem Dokument war nicht ausdrücklich gesagt, worin die „Gesamtlösung“ bestehen würde, doch enthielt es den Auftrag für Heydrich die „Judenfrage“ in einer Weise zu erledigen, die über die „Form der Auswanderung oder Evakuierung“ hinausging. Heydrich nutzte seine Chance und trug damit zur Ausführung des Mordes an Millionen Juden bei.

Heydrich, der 1931 der NSDAP und der SS beigetreten war, erregte die Aufmerksamkeit des Reichsführers SS Heinrich Himmler. Nach einem raschen Aufstieg wurde er 1939 zum Chef des Reichssicherheits-Hauptamtes (RSHA) ernannt. In enger Zusammenarbeit mit Himmler ordnete er die Ghettoisierung der polnischen Juden an, organisierte die Massendeportationen und leitete die Aktivitäten der Einsatzgruppen in Osteuropa. Am 20. Januar 1942 berief er die Wannsee-Konferenz ein. Auf dieser Zusammenkunft unterrichtete Heydrich hochrangige Nazibeamte über die Koordinierungspläne zur „Endlösung“, mit der man bereits in der zweiten Hälfte des Jahres 1941 begonnen hatte.

Heydrich wurde Opfer eines Attentats tschechischer Widerstandskämpfer, an dessen Folgen er am 4. Juni 1942 starb. Aus Rache machten die Deutschen das tschechische Dorf Lidice dem Erdboden gleich und töteten alle männlichen Bewohner.

Viele Bürger Frankreichs vertraten die Ansicht, dass Marschall Philippe Pétain Verrat an seinem Volk begangen habe, als er sich zum Chef der Marionettenregierung des État Français, die mit den Nazis kollaborierte, hatte wählen lassen. Das Plakat widerspiegelt die verzweifelten Versuche Pétains die Unterstützung seines Volkes zu gewinnen. Der Text lautet: „Franzosen! Ihr seid nicht verkauft, verraten oder im Stich gelassen worden. Vertraut mir!

1941 siedelten die Nazis tausende Juden in das Warschauer Ghetto um, das zum größten Ghetto Europas werden sollte. Die Abschiebung der Juden aus den Städten und den ländlichen Bezirken der Umgebung diente dazu die angeblich von ihnen ausgehende Bedrohung an einem Ort zu konzentrieren. Damit erhöhte sich die Zahl der jüdischen Einwohner Warschaus von rund 340 000 zu Kriegsbeginn bis zum März 1941 auf 445 000, die alle innerhalb der Ghettomauern lebten.

1941

- 25. Februar 1941: Zehntausende niederländischer Bürger beteiligen sich an einem Generalstreik um gegen die Zwangsverschickung der Juden aus ihrem Land zu protestieren. Dieser Streik ist der einzige in Europa, mit dem auf die Deportation der Juden reagiert wird.

- März 1941: In einer Rede weist Hitler seine Generäle an, gemäß dem Kommissarbefehl einen „gnadenlosen“ und „unerbittlichen“ Krieg gegen die Sowjetunion zu führen. In Frankfurt wird auf einer pseudowissenschaftlichen Konferenz das „Problem“ des europäischen Judentums erörtert.
- Adolf Eichmann, der Leiter des Referats Judenangelegenheiten im RSHA, entwirft Pläne die Auswanderung der Juden aus Europa zu unterbinden.

Der Eingang zu den Büros des Judenrates des Warschauer Ghettos. Die Armbinde der gut gekleideten Frau weist darauf hin, dass die Frau genau wie die am Eingang postierten Polizisten beim Judenrat beschäftigt war. Die wohlhabenden und „höher gestellten" Juden in den Ghettos lebten oftmals unter besseren Bedingungen.

Heinrich Himmler und der Kommandant von Auschwitz, Rudolf Höß, in einem Augenblick der Zufriedenheit während einer Unterhaltung über die Zukunft des Lagers. Während seiner Inspektion am 1. März befahl Himmler dem KZ-Kommandanten die Einrichtung zu erweitern und ein neues Lager – Birkenau – für 100 000 Kriegsgefangene einzurichten. 10 000 Häftlinge mussten ein Werk der IG Farben aufbauen, in dem synthetischer Kautschuk hergestellt wurde. Nach Höß' Angaben plante Himmler aus dem Lager Auschwitz eine „gewaltige Häftlings-Rüstungs-Zentrale" zu machen.

Als die Weisung zur Schaffung eines geschlossenen Ghettos in Kraków in Kraft trat, wurden zum Bau der Ghettomauer Juden zwangsverpflichtet. Anfangs holte man sie einfach von der Straße weg und befahl ihnen zu arbeiten. Später stützten sich die Nazibehörden auf eine enge Zusammenarbeit mit dem Judenrat um den Einsatz von Arbeitskräften zu koordinieren. Es wurden Arbeitsquoten festgelegt und der Judenrat war verantwortlich für die Bereitstellung der geforderten Anzahl von Arbeitskräften.

• 1. März 1941: Bulgarien gelingt es nicht seine Neutralität zu wahren; es schließt sich Deutschland als Verbündeter an. • Der Reichsführer SS, Heinrich Himmler, plant die Erweiterung des Lagerkomplexes Auschwitz.

• 2. März 1941: Deutsche Truppen marschieren in Bulgarien ein.

• 3. März 1941: In Kraków (Polen) wird ein Judenghetto eingerichtet. • Ernst Cahn, der Miteigentümer eines Amsterdamer Eissalons, in dem am 19. Februar deutsche Soldaten mit Ammoniak besprüht worden waren, wird von einem deutschen Erschießungskommando hingerichtet.

• 7. März 1941: Tausende in Oberschlesien lebende Juden werden zusammengetrieben und zur Arbeit in deutschen Bergwerken, Hüttenbetrieben und Textilfabriken herangezogen. Die in vielen Gebieten Deutschlands lebenden Juden müssen ähnliche Zwangsarbeit leisten.

• 12. März 1941: Im Łódźer Ghetto wird der 13-jährige Wolf Finkelstein von einem deutschen Wachposten mit Herz- und Lungenschüssen getötet.

Das Haupttor des Krakówer Ghettos zieren der Davidstern und eine hebräische Inschrift. Kraków, seit der frühen Neuzeit ein Zentrum der jüdischen Gelehrsamkeit, bot den polnischen Juden ein aufgeschlossenes Umfeld, bis die Stadt im September 1939 von den Deutschen besetzt wurde. Damals gerieten rund 60 000 Juden unter die Herrschaft der Nazis.

Ein jüdisches Paar mit seinen Habseligkeiten auf dem Weg in das Krakówer Ghetto. Am 3. März 1941 ordnete der Distriktgouverneur von Kraków, Karl Gustav Wächter, die Einrichtung eines offiziellen Ghettos im südlichen Teil der Stadt an. Am 20. März wurde das Ghetto mit einer Mauer und einem Stacheldrahtzaun abgeriegelt. Tausende Juden aus den Nachbargemeinden wurden auf einem unvorstellbar kleinen Gebiet zusammengepfercht. In jedem Zimmer lebten vier bis fünf Personen. Eine Privatsphäre gab es nicht und die sanitären Bedingungen waren erschreckend.

Ein deutscher Polizist bei der Kontrolle der Ausweispapiere von Juden aus dem Krakówer Ghetto. Juden mussten ihre amtlichen Papiere stets bei sich tragen. Ohne Dokumente angetroffen zu werden bedeutete Verhaftung und möglicherweise Deportation in ein Konzentrationslager. Als 1942 regelrechte Menschenjagden und die Deportationen begannen, setzten bei den Ghettobewohnern hektische Bemühungen ein sich als „unabkömmliche Arbeiter" zu etablieren.

1941

• 13. März 1941: In Belgien wird die kollaborationswillige Organisation *Amis du Grand Reich Allemand* (Freunde des Großdeutschen Reiches) gegründet.

• 20. März 1941: Die im Kinderhospital Baumann und Berson im Warschauer Ghetto arbeitende Krankenschwester D. Wagmann schreibt, dass sie dem Tod gegenüber hilflos ist.

• Frühjahr 1941: In Kielce (Polen) wird ein Ghetto errichtet. Die deutschen Aufseher benennen einige Ghettostraßen in Zionstraße, Palästinastraße, Jerusalemstraße, Mosesstraße, Unkoscherstraße und Grynszpanstraße um. *Siehe* 7. November 1938.

• Deutsche Soldaten exekutieren 250 Mitglieder einer jüdischen Jugendgruppe in Subotica (Jugoslawien), die Sabotageakte ausgeführt haben.

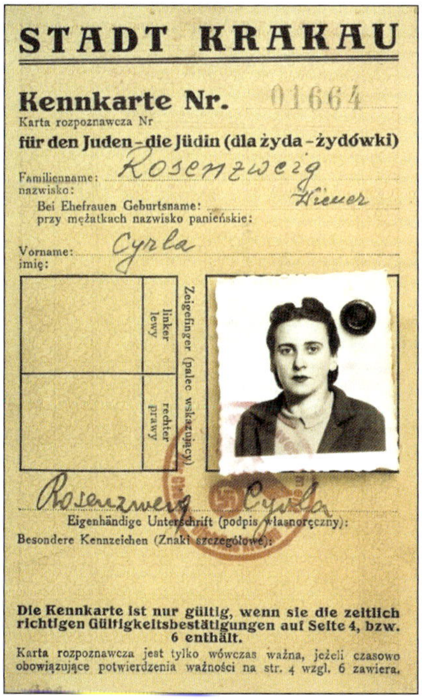
STADT KRAKAU

Kennkarte Nr. 01664

Karta rozpoznawcza Nr

für den Juden - die Jüdin (dla żyda - żydówki)

Familienname: Rosenzweig
nazwisko:

Bei Ehefrauen Geburtsname: Wiener
przy mężatkach nazwisko panieńskie:

Vorname: Cyrla
imię:

linker lewy

rechter prawy

Zeigefinger (palec wskazujący)

Rosenzweig Cyrla

Eigenhändige Unterschrift (podpis własnoręczny):

Besondere Kennzeichen (Znaki szczególne):

Die Kennkarte ist nur gültig, wenn sie die zeitlich richtigen Gültigkeitsbestätigungen auf Seite 4, bzw. 6 enthält.

Karta rozpoznawcza jest tylko wówczas ważna, jeżeli czasowo obowiązujące potwierdzenia ważności na str. 4 wzgl. 6 zawiera.

Die im Krakówer Distrikt des Generalgouvernements ausgestellte amtliche Kennkarte von Cyrla Rosenzweig. Frau Rosenzweig überlebte den Krieg als eine der berühmten Personen auf „Schindlers Liste". Oskar Schindler rettete über 1000 Juden vor den Todeslagern, indem er sie in seiner Munitionsfabrik beschäftigte und seinen Einfluss nutzte um ihre Deportation zu verhindern.

Der Kommissarbefehl

Der Überfall auf die Sowjetunion war nach Adolf Hitlers Auffassung keine bloße militärische Operation. Er war der Schlüssel zu neuem Lebensraum und bot eine Gelegenheit die Übel des Kommunismus zu vernichten. Hitler sah in der Offensive gegen die Sowjetunion daher einen epischen „Kampf zwischen zwei Weltanschauungen gegeneinander".

In einer eindringlichen Rede im März 1941 vor der deutschen Generalität umriss Hitler seinen Feldzugsplan. Mit dem Ziel den Kommunismus vollständig auszurotten ermahnte er seine Generäle die Soldaten der Sowjetarmee nicht nach den Regeln einer zivilisierten Kriegführung zu behandeln. Sein Kampf richtete sich vor allem gegen die „bolschewistischen Kommissare" und die kommunistische Intelligenz.

Der so genannte Kommissarbefehl, der im Juni in einer geheimen Direktive an die Oberbefehlshaber der Wehrmachtteile erging, legte die Richtlinien für die Behandlung der politischen Kommissare fest, die in den Einheiten der Roten Armee tätig waren. Mit der Begründung, von ihnen als „den eigentlichen Trägern des Widerstandes" gehe „eine Gefahr für die eigene Sicherheit" aus, sie seien die „Urheber barbarisch asiatischer Kampfmethoden", erging u. a. die Anordnung die Politkommissare, „wenn im Kampf oder Widerstand ergriffen, grundsätzlich sofort mit der Waffe zu erledigen".

Juden des Lubliner Ghettos beim Anstehen nach Wasser. Die Wintermonate forderten von der unterernährten und kranken jüdischen Bevölkerung einen hohen Tribut. Zu Beginn des Sommers brach eine Fleckfieberepidemie aus. Die Bemühungen die Krankheit unter Kontrolle zu bekommen wurden durch Überbevölkerung, Hunger und das völlige Fehlen einer medizinischen Versorgung behindert.

• In Novi Sad (Jugoslawien) ermorden ungarische Soldaten und deutsche Zivilisten wahllos 250 Juden und 250 Serben. • In Zagreb (Jugoslawien) betreiben zwei jüdische Brüder einen Geheimsender des Widerstands.
• Zahlreiche jugoslawische Juden schließen sich den antinazistischen Partisanen unter Führung von Josip Broz Tito an.

• 22. März 1941: Marschall Philippe Pétain, der Ministerpräsident Vichy-Frankreichs, genehmigt den Bau der Transsahara-Eisenbahn. Als Arbeitskräfte sollen internierte Juden, Tschechen, Polen und spanisch-republikanische Soldaten eingesetzt werden.

• 25. März 1941: Jugoslawien schließt sich den Achsenmächte an.

• 26. März 1941: Das Oberkommando der Wehrmacht billigt gegenüber dem Reichssicherheits-Hauptamt und Reinhard Heydrich die Aufgaben der Einsatzgruppen in der Sowjetunion.

• 29. März 1941: In Frankreich wird das antisemitische *Commissariat Général aux Questions Juives* (Generalkommissariat für jüdische Angelegenheiten) gegründet.

Erwin Rommel wurde 1941 zum Oberbefehlshaber des Deutschen Afrika-Korps in Nordafrika ernannt. Er sollte den italienischen Verbündeten zum Sieg über die britischen Truppen verhelfen. Rommel kam seiner Aufgabe zunächst auf hervorragende Weise nach. Seine Ende März gestartete Offensive führte ihn zwölf Tage später bis an die ägyptische Grenze. Deutschland bedrohte nun plötzlich die britische Herrschaft nicht nur über Suez, sondern über den gesamten östlichen Mittelmeerraum. Der Mangel an Nachschub im Herbst 1942 hatte zur Folge, dass das DAK bei El Alamein von den Briten geschlagen wurde. Hitler beorderte Rommel nach Europa zurück und übertrug ihm den Befehl über die deutschen Truppen, die die Kanalküste gegen eine Invasion der Alliierten verteidigen sollten. Nachdem Verbindungen des Generalfeldmarschalls zu den Verschwörern des 20. Juli 1944 aufgedeckt worden waren, veranlasste man Rommel auf erpresserische Weise zum Selbstmord.

PROGLAŠENA JE
NEZAVISNA HRVATSKA
DRŽAVA

Zamjenik Poglavnika i vrhovni zapovjednik cjelokupne vojne sile SLAVKO KVATERNIK održao je preko radija govor u kome je upravio hrvatskom narodu riječi, koje znače USKRS HRVATSKE DRŽAVE:

HRVASKI NARODE!

Božja providnost i volja našeg saveznika te mukotrpna višestoljetna borba hrvatskog naroda i velika požrtvovnost našeg poglavnika dra Ante Pavelića, te ustaškog pokreta u zemlji i inozemstvu:

Odredili su da danas pred dan uskrsnuća Božjeg Sina uskrsne i naša nezavisna Hrvatska Država.

Pozivam sve Hrvate u kojem god mjestu oni bili, a naročito sve časnike, podčasnike i momčad cjelokupne oružane snage i javne sigurnosti, da drže najveći red i da svi smjesta prijave zapovjedništvu oružane snage u Zagrebu mjesto gdje se sada nalaze, te da cijela oružana snaga smjesta položi zakletvu vjernosti nezavisnoj državi Hrvatskoj i njenom Poglavniku.

Cjelokupnu vlast i zapovjedništvo cjelokupne oružane snage preuzeo sam danas kao opunomoćenik Poglavnika.

Bog i Hrvati! Za dom spremni!

Proglas novog načelnika Zagreba

PROGLAS DRA MAČKA

Die Besetzung Jugoslawiens durch deutsche Truppen im April 1941 ermöglichte es dem Führer der kroatischen Faschistenbewegung *Ustaša*, Ante Pavelić, einen unabhängigen kroatischen Staat auszurufen. Pavelić arbeitete eng mit den Nazis zusammen und ließ kurz nach der Machtübernahme antijüdische Gesetze in Kraft treten, die nach dem Vorbild der Nürnberger Gesetze erarbeitet worden waren.

Griechische Zivilisten werden zur Vorbereitung auf ihre Exekution von deutschen Fallschirmspringern in einer Reihe aufgestellt. Die Besetzung Griechenlands Ende April 1941 geschah rasch und auf brutale Weise. Vermeintliche Gegner wurden unbarmherzig ausgeschaltet, die Zivilbevölkerung in drei Besatzungszonen unter italienische, deutsche bzw. bulgarische Herrschaft gestellt.

1941

• Ende März 1941: In Lublin (Polen) wird ein Judenghetto eingerichtet.

• April 1941: Über 40 000 deutsche und belgische Juden werden ins Warschauer Ghetto deportiert. • Das Frauen-KZ Ravensbrück (Deutschland) wird durch ein Männerlager erweitert. • Die von Vladko Macek geführten jugoslawischen Kollaborateure gründen die paramilitärische *Hrvatska Zastita* (Kroatische Miliz). • Sieben Warschauer Juden schmuggeln sich nach Bratislawa durch und von dort nach Palästina, wo sie in Sicherheit sind. • In Danica wird das erste jugoslawische Konzentrationslager seiner Bestimmung übergeben. Vier weitere kroatische Lager werden in Loborgrad, Jadovno, Gradiska und Djakovo eröffnet.

Noch 1941, ein Jahr bevor die Deportationen aus dem Warschauer Ghetto ihren Höhepunkt erreichten, versuchten die Führer des Ghettos unbeirrt ein gewisses Gefühl der Normalität zu bewahren und etwas für die körperlichen und seelischen Bedürfnisse der Ghettokinder zu tun. Das hier gezeigte Betreuungszentrum und andere Einrichtungen dieser Art waren lebenswichtig, da sie die Kinder mit Essen versorgten und ihnen ein Gefühl der Sicherheit und Geborgenheit vermittelten. Die Betreuungszentren konnten arbeiten, da die Nazis das Verbot öffentlicher und privater „Zusammenkünfte" Anfang 1941 aufgehoben hatten. Auch der Grundschulunterricht war erlaubt. Die „Normalität" war jedoch eine Illusion und die Lebensbedingungen für die Warschauer Kinder sollten bald unerträglich werden.

Viktor Brack, ehemaliger Chauffeur Heinrich Himmlers, brachte Geldmittel für medizinische Experimente während des Holocaust auf. SS-Oberführer Brack war Hitlers Sonderberater für das „Euthanasie"-Programm Aktion T 4. Er steckte so tief in diesem Programm, dass er jeden beteiligten Arzt persönlich traf und befragte. Brack gehörte auch zu jenen Personen, die sich für die Verwendung von Giftgas als bevorzugte Vernichtungsmethode entschieden.

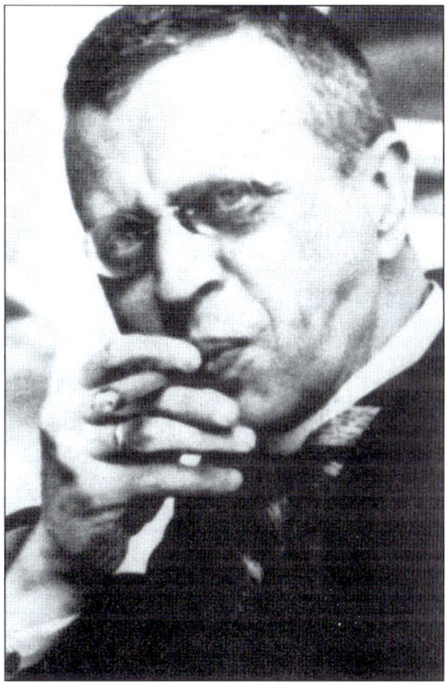

Professor Julius Hallervorden, Pathologe am Kaiser-Wilhelm-Institut, war einer von vielen deutschen Ärzten, die sich bereitwillig am „Euthanasie"-Programm zur Beseitigung Geisteskranker und Körperbehinderter aus der deutschen Bevölkerung beteiligten. Viele Ärzte arbeiteten später an schrecklichen medizinischen Experimenten mit und trafen Entscheidungen darüber, welche KZ-Häftlinge noch eine Zeit lang am Leben gelassen würden und welche sofort zu sterben hätten. Deutsche Ärzte schlossen sich in verhältnismäßig größerer Zahl der NSDAP an als Mitglieder jeder anderen Berufsgruppe.

Hitlers Ehrgeiz und Größenwahn kannten keine Grenzen. Dieser dekorative Tischglobus, den sowjetische Soldaten 1945 im Führerbunker fanden, ist mit Worten versehen, die seinen Gegnern wohl den Mut nehmen sollten; über der Sowjetunion ist zu lesen „Ich komme" und über Nordamerika „Ich bin bald da."

Von Kriegsbeginn an hoffte der ungarische Ministerpräsident Graf Pál Teleki das Territorium seiner Nation erweitern zu können, ohne sein Land dabei unter die Vorherrschaft Deutschlands und seinen ideologischen Einfluss zu bringen. Im Sommer 1940 entsprach er den Wünschen vieler Ungarn, als er nach dem 2. Wiener Schiedsspruch der Achsenmächte das größtenteils rumänische Siebenbürgen, die Heimat einer beachtlichen ungarischen Minderheit, annahm. Der Preis, den Ungarn dafür zahlen sollte, war eine engere Bindung an Berlin und eine Verstärkung der antisemitischen Agitation von seiten der ungarischen Rechten. Am 3. April 1941, drei Tage vor dem deutschen Überfall auf Jugoslawien, mit dem Ungarn einen Freundschaftsvertrag geschlossen hatte, nahm sich der gedemütigte Teleki das Leben. Telekis Begräbnis setzte den Schlusspunkt unter die Geschichte des naiven Ehrgeizes des Ministerpräsidenten.

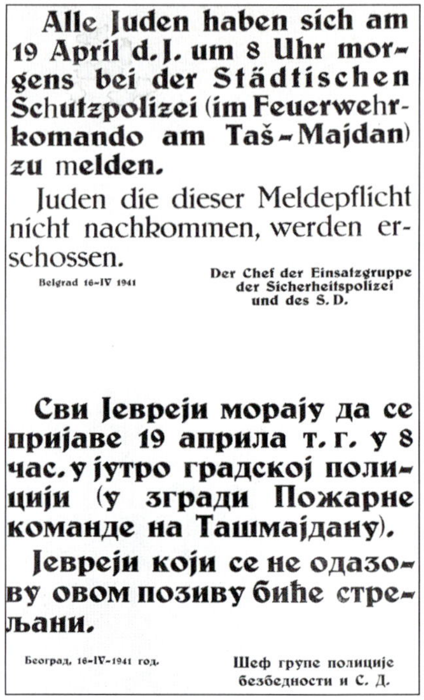

Alle Juden haben sich am 19 April d. J. um 8 Uhr morgens bei der Städtischen Schutzpolizei (im Feuerwehrkomando am Taš-Majdan) zu melden.

Juden die dieser Meldepflicht nicht nachkommen, werden erschossen.

Belgrad 16-IV 1941

Der Chef der Einsatzgruppe der Sicherheitspolizei und des S. D.

Сви Јевреји морају да се пријаве 19 априла т. г. у 8 час. у јутро градској полицији (у згради Пожарне команде на Ташмајдану).

Јевреји који се не одазову овом позиву биће стрељани.

Београд, 16-IV-1941 год.

Шеф групе полиције безбедности и С. Д.

Amtliche Anweisung in Belgrad. Die in deutscher und serbokroatischer Sprache abgefasste Mitteilung machte die ernste Absicht der Nazis deutlich.

Der deutsche Überfall auf Jugoslawien im April 1941 bedeutete für die 80 000 jüdischen Landesbewohner eine Katastrophe. Die jugoslawische Regierung hatte zwar schon vor dem Krieg antijüdische Gesetze erlassen, doch nach dem Einmarsch verstärkte sich die Kampagne gegen die Juden noch. Die Nazis registrierten alle Juden, schränkten ihre territoriale Bewegungsfreiheit ein und ließen die meisten jüdischen Männer Zwangsarbeit leisten. Die hier abgebildeten Männer mussten die Straßen reinigen.

1941

- **1. April 1941: Raschid Ali al-Gailani bildet im Irak eine pronazistische Regierung.**
- **3. April 1941: Der ungarische Ministerpräsident Graf Pál Teleki zieht der Kollaboration mit Deutschland den Freitod vor.**
- **6. April 1941: Deutsche Truppen marschieren in Griechenland und Jugoslawien ein und lösen damit den Krieg auf dem Balkan aus. Die Juden beider Länder werden schon bald aus ihren Häusern vertrieben.**
- **7. April 1941: In Radom (Polen) werden zwei gesonderte Ghettos eingerichtet. In Kielce (Polen) werden 16 000 in der Gegend ansässige und mehrere Tausend aus Wien deportierte Juden in einem Ghetto zusammengepfercht.**

DIE GRÖSSTEN JUDENDEPORTATIONEN IN DAS WARSCHAUER GHETTO (1941–1942)

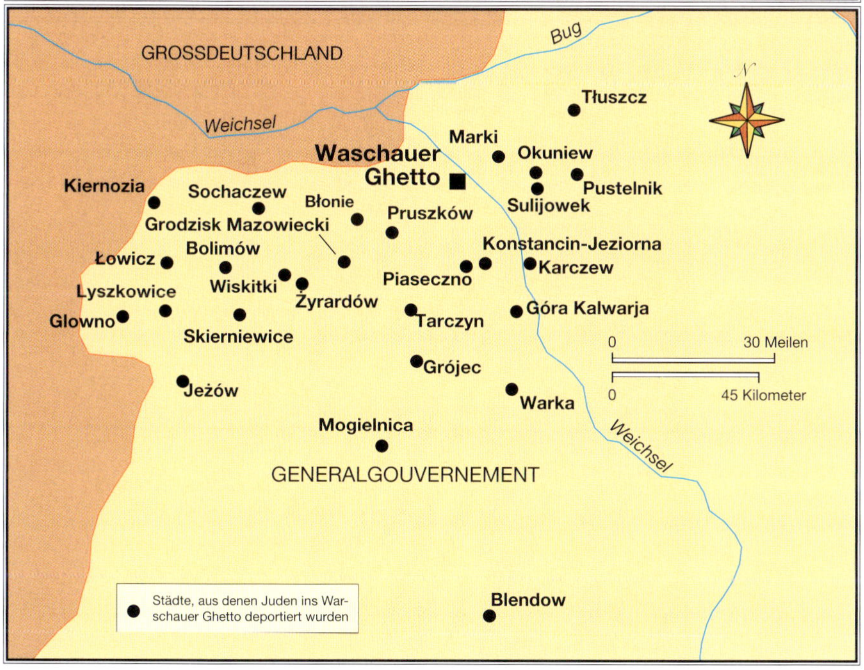

1941 und 1942 deportierten die Nazis tausende Juden aus den umliegenden Städten in das Warschauer Ghetto und vergrößerten dessen Bevölkerung damit auf über 400 000 Bewohner. Die Bedingungen im Ghetto waren so katastrophal, dass allein 1941 43 000 Menschen starben.

Nach der Besetzung Radoms 1939 durch die Deutschen begannen für die dortige jüdische Bevölkerung schwere Verfolgungen. Das in Zentralpolen, etwa 100 Kilometer südlich von Warschau gelegene Radomer Ghetto wurde im März 1941 umfriedet. Bis zum 7. April wurde die gesamte jüdische Bevölkerung in zwei separate Ghettos – in ein größeres im Stadtzentrum und in ein kleineres in einem nahe gelegenen Vorort – umgesiedelt. Die hier abgebildeten Juden wurden in einer Radomer Synagoge gefangen gehalten.

Viele Juden aus Radom wurden zur Umsiedlung in das im nahe gelegenen Glinice befindliche „kleine Ghetto" gezwungen. Wie so viele andere polnische Juden mussten auch sie diesen Umzug rasch bewerkstelligen. Sie nahmen ihre Habseligkeiten zusammen, luden sie auf Karren und zogen damit in ihr neues „Heim". Während die Deutschen über die zur damaligen Zeit modernste Ausrüstung verfügten, meisterten viele polnische Juden ihr tägliches Leben mit veralteten Hilfsmitteln.

• 9. April 1941: In Częstochowa (Polen) wird ein Judenghetto eingerichtet. • In Zagreb (Jugoslawien) wird die Unabhängigkeit Kroatiens verkündet. Die Juden werden verprügelt und ermordet und kurze Zeit darauf beginnt die Internierung der Juden in Konzentrationslagern.

• 12.–13. April 1941: Einmarsch deutscher Truppen in Belgrad (Jugoslawien). Ein jüdischer Schneider, der die fremden Soldaten bespuckt, wird erschossen. In Belgrad werden jüdische Geschäfte und Häuser von deutschen Soldaten und ansässigen Deutschen geplündert.

• 14. April 1941: Ungarische Truppen besetzen Teile Nordjugoslawiens. Etwa 500 Juden und Serben werden erschossen. • Deutschland und Italien erkennen die Unabhängigkeit des faschistischen kroatischen Staates an.

• 16. April 1941: Deutsche Soldaten und ortsansässige Moslems plündern und zerstören die Hauptsynagoge in Sarajewo (Jugoslawien). • In Frankreich wird Aron Beckermann als erster Jude wegen Widerstands gegen die Besatzer von den Deutschen erschossen.

Irak und der Holocaust

Ende der 1920-er Jahre lebten 120 000 Juden im Irak, davon allein 90 000 in Bagdad. Bis 1932, als das britische Mandat über den Irak endete, lebten die Juden friedlich neben ihren Landsleuten.

Während der darauf folgenden Dekade erlebte der Irak eine Periode der politischen Instabilität. Der Nationalismus war im Anwachsen begriffen, ebenso der Hass auf Ausländer und Minderheiten. Fritz Grobba, der deutsche Geistliche in Bagdad, infiltrierte die Stadt mit antisemitischer Propaganda. 1934 traten Sondergesetze gegen die Juden in Kraft und zwei Jahre später kam es zu Überfällen und Pogromen.

Am 1. April 1941 kam eine pronazistische Regierung unter Raschid Ali al-Gailani ans Ruder. Dem Machtwechsel folgten sporadische Übergriffe auf die Juden. Die neue Regierung wurde Wochen später, als britische Truppen am 30. Mai Bagdad besetzten, gestürzt. Am 1. Juni jedoch stifteten aufgebrachte irakische Soldaten stadtweite Ausschreitungen gegen die Juden an. Dabei wurden 179 Menschen getötet und mehr als 2000 verletzt. Eine neue Regierung stellte die Ordnung wieder her, doch die Spannungen zwischen Moslems und den irakischen Juden, von denen viele die Emigration nach Schanghai (China) vorzogen, blieben im Irak noch jahrelang bestehen.

Ein belgischer Feuerwehrmann kontrolliert die vom „Antwerpener Pogrom" im April 1941 hinterlassenen Trümmer. Belgische Antisemiten, die von den deutschen Besatzungsbehörden grünes Licht bekommen hatten, plünderten überall in der jüdischen Nachbarschaft. In einer Orgie der Gewalt demolierten sie zwei Synagogen und das Haus des Rabbiners Marcus Rottenberg und zerstörten das Leben vieler belgischer Juden.

Die italienischen Regierungsbeamten Luca Pietromarchi *(vorn links)* und Raffaele Casertano *(hinten links)* bei einer Fahrt in einer venezianischen Gondel. Rechts sitzt ein unbekannter kroatischer *Ustaša*-Funktionär. Die Männer gehörten zu den Teilnehmern der Festveranstaltungen anlässlich der Unterzeichnung des deutsch-italienisch-japanischen Dreimächtepakts durch Kroatien. Das kroatische *Ustaša*-Regime unter Ante Pavelić ließ Juden, Serben und Zigeuner töten. Hunderttausende wurden umgebracht, darunter 80 Prozent der Juden Kroatiens. Ironischerweise war es die italienische Armee, die tausende kroatischer Juden retten half.

1941

- **17. April 1941: In Warschau wird ein jüdischer Polizist mit Namen Ginsberg von deutschen Soldaten mit dem Bajonett angegriffen und erschossen, nachdem er von einem Soldaten verlangt hatte, einen Sack Kartoffeln zurückzugeben, den dieser einer jüdischen Frau abgenommen hatte.**

- **18. April 1941: Jugoslawien kapituliert vor den deutschen Truppen.**

- **21. April 1941: Eine geisteskranke jüdische Frau in Łódź befolgt den Befehl eines deutschen Wachpostens und tanzt vor ihm. Zufrieden gestellt tötet der Posten die Frau mit einem Kopfschuss.**

- **24. April 1941: Im Warschauer Ghetto werden 100 Juden verhaftet; sie müssen im Wald von Kampinos Kanäle ausschachten und die Sümpfe trockenlegen.**

Dieses Foto von einer Razzia im Warschauer Judenghetto wurde bei einem deutschen Soldaten gefunden, der an der sowjetischen Front gefallen war. Während solcher Razzien mussten sich die Juden auf den Straßen in Reihen aufstellen und mit den Händen über dem Kopf stundenlang ausharren. Es gibt keinen Aufschluss darüber, weshalb ein Soldat ein solches Andenken hätte bei sich tragen sollen.

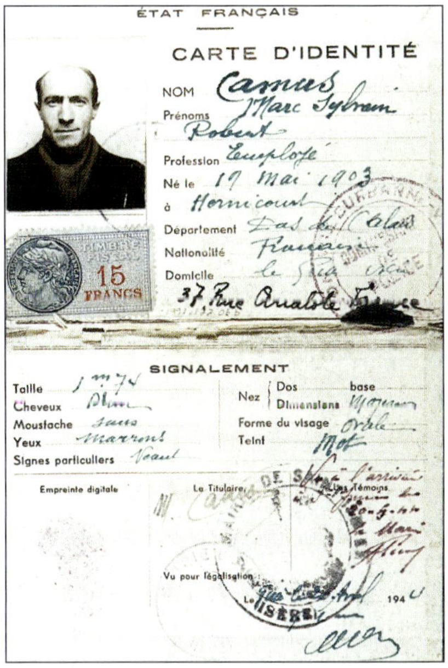

ÉTAT FRANÇAIS

CARTE D'IDENTITÉ

NOM Camus
Prénoms Marc Sylvain Robert
Profession Employé
Né le 17 Mai 1903
Département
Nationalité
Domicile 37 Rue Anatole France

15 FRANCS

SIGNALEMENT

Taille
Cheveux
Moustache
Yeux
Signes particuliers
Nez Dos / Base / Dimensions
Forme du visage
Teint

Empreinte digitale
Le Titulaire
Les Témoins
Vu pour légalisation
Le
194

Diese gefälschte Kennkarte gehörte einem Mann, der unter dem Pseudonym Marc Sylvain Robert Camus lebte und in Wirklichkeit nicht Angestellter, sondern ein französischer Widerstandskämpfer war. 1940 bildete eine Gruppe jüdischer Kommunisten eine Widerstandsorganisation mit dem Namen *Solidarité*, die später zur *Union des Juifs pour la Résistance et l'Entr'aide* (Union der Juden für Widerstand und gegenseitige Hilfe) wurde. Bis Kriegsende gelang es der *UJRE* 900 Kinder vor dem Tod zu retten.

In Ungarn herrschte zwar nie Begeisterung über die Allianz mit Nazideutschland, doch das Bündnis brachte dem Land wichtige neue Territorien und den zeitweiligen Vorteil, dass Ungarn keine deutsche Invasion erleben musste. Die deutsch-ungarischen Verbindungen festigten sich im Frühjahr 1941, nachdem sowjetische Bomben auf Ziele in Ungarn gefallen waren. All das und die Agitation der Pfeilkreuz-Partei sowie anderer ungarischer Faschistengruppierungen drängten die Nation in eine engere Verbindung mit Deutschland und in eine wachsende Kriegslust. Die hier abgebildeten Budapester Jungen gehören der paramilitärischen Organisation *Levente* an. Die Mitgliedschaft in dieser Organisation war für die ungarische Jugend obligatorisch.

• **27. April 1941: Deutschland schließt die Eroberung Griechenlands ab.**

• **30. April 1941: Mit den Rassengesetzen der deutschfreundlichen Zagreber Regierung werden die Juden in Kroatien aus dem öffentlichen Dienst ausgeschaltet. • Das kroatische Recht legt fest, dass Personen mit nur einem jüdischen Elternteil vor Deportationen geschützt sind.**

• **Mai 1941: Tausende Juden, die 1940 in der französischen Fremdenlegion gegen Deutschland gekämpft hatten, werden in Arbeitslager in der Sahara deportiert und dort beim Eisenbahnbau eingesetzt. • Bei antisemitischen Ausschreitungen in den Straßen von Bukarest (Rumänien) werden 120 Juden ermordet. • In Zagreb (Jugoslawien) werden jüdische Friedhöfe, Synagogen und jüdische Geschäfte zerstört. • Die *Norges SS* (Norwegische SS) wird gegründet. Ihre Mitglieder kommen von den kollaborationswilligen *Hirdmen*.** ***Siehe* 17. Mai 1933.**

• **1. Mai 1941: Im elsässischen Natzweiler (Deutschland) wird ein Konzentrationslager gegründet. • Groß-Rosen, ein ehemaliges Außenlager von Sachsenhausen, wird ein selbstständiges Konzentrationslager.**

Groß-Rosen

Das KZ Groß-Rosen, das ursprünglich als Außenlager von Sachsenhausen (Deutschland) existierte, erhielt 1941 den Status eines selbstständigen Konzentrationslagers. Es blieb bis zum Februar 1945 in Betrieb. Das Lager befand sich in der Nähe der Granitsteinbrüche in Niederschlesien. Die Insassen des KZ schufteten unter mörderischen Bedingungen in einem SS-eigenen Steinbruch. Kranke und ausgezehrte Gefangene wurden in die Vernichtungszentren abgeschoben, die ein Teil des „Euthanasie"-Programms der Nazis waren. Von den 125 000 Häftlingen, die durch das Lager gingen, verloren 40 000 ihr Leben.

Die Juden machten den größten Anteil der Todesopfer aus. Im Lager waren viele Nationalitäten – Männer wie Frauen – vertreten. Als die Zahl der Gefangenen wuchs, erweiterte die SS das KZ um zahlreiche Arbeits-Nebenlager. Dort leisteten Juden Sklavenarbeit in Bergwerken, Stahlwerken und Rüstungsfabriken des Industriegiganten Krupp oder in Chemiewerken der IG Farben, die zur Giftgasproduktion aufgebaut worden waren. Manche waren zum Bau von Hitlers unterirdischem Hauptquartier eingesetzt. Schwere Arbeiten wie das Ausschachten der unterirdischen Gänge und die unzureichenden hygienischen Bedingungen führten zu einer außergewöhnlich hohen Sterblichkeitsrate.

Viele weibliche KZ-Häftlinge arbeiteten in Textilfabriken oder in der Flugzeugindustrie. Andere, die zum Ausheben von Panzerabwehrgräben eingesetzt waren, hatten furchtbare Leiden auszustehen. Eine junge Frau beispielsweise erinnerte sich, dass sie zusammen mit anderen Gefangenen bei frostigem Wetter und in tiefem Schnee stehend graben musste. Viele waren barfuss und erfroren sich Füße und Beine, da man ihnen kein Schuhwerk gegeben hatte. Wenn sie versuchten sich zum Schutz vor dem Frost in Decken zu wickeln, wurden sie von den Wachposten mit der Peitsche zum Weiterarbeiten gezwungen.

Das Haupttor des Konzentrationslagers Groß-Rosen (Deutschland) empfing die Neuankömmlinge mit kaltem Gruß. Groß-Rosen, ursprünglich ein Außenlager von Sachsenhausen, wurde am 1. Mai ein selbstständiges Lager. Die Lebens- und Arbeitsbedingungen in diesem KZ, das in der Nähe eines Granitsteinbruches lag, waren besonders hart. Die Häftlinge schufteten im Steinbruch um die Lagereinrichtungen aufzubauen. Die jüdischen Gefangenen waren völlig isoliert voneinander. Sie durften sich nur in ihrem eigenen Block aufhalten und erhielten keine medizinische Hilfe.

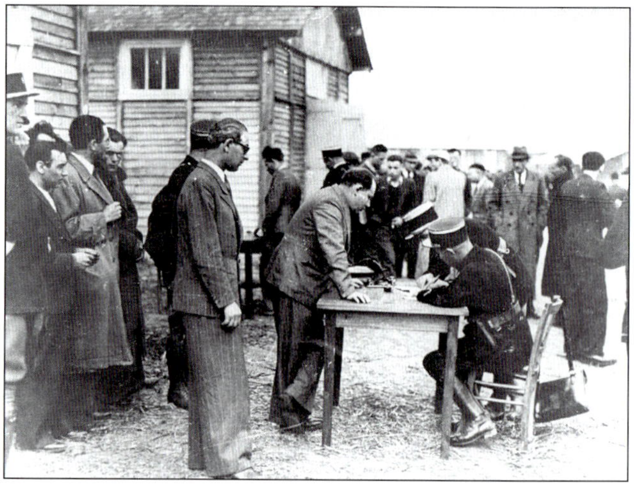

Im Mai 1941 deportierten die deutschen Besatzungsbehörden in Frankreich tausende jüdischer Männer aus Paris in ein Gefangenenlager nach Pithiviers. Die miserablen Bedingungen in diesem Lager überlasteten die französischen Hilfsorganisationen und brachten viele jüdische Frauen dazu gegen die Verhaftung ihrer Ehemänner und Söhne zu protestieren. Ungewöhnlicherweise verschafften ihnen die Demonstrationen vor den Lagertoren das Recht ihre Männer zu besuchen.

1941

• **10. Mai 1941:** Rudolf Heß, der Stellvertreter des Führers, unternimmt ohne Vollmacht von Hitler einen Flug von Augsburg nach Schottland, wo er mit dem britischen Premierminister Winston Churchill zusammentreffen und über eine Beendigung des britisch-deutschen Krieges verhandeln will. Heß wird gefangen genommen und inhaftiert. *Siehe* 18. November 1945.

• **11. Mai 1941:** Im Warschauer Ghetto werden jüdische Kinder dabei beobachtet, wie sie sich beim Spielen mit einer Leiche amüsieren.

• **14. Mai 1941:** Aus Paris werden etwa 4000 Juden deportiert; die meisten kommen in das Lager Pithiviers (Frankreich).

• **15. Mai 1941:** Polnische Juden, die in verplombten Eisenbahnwagen aus dem jüdischen Kriegsgefangenenlager Biała-

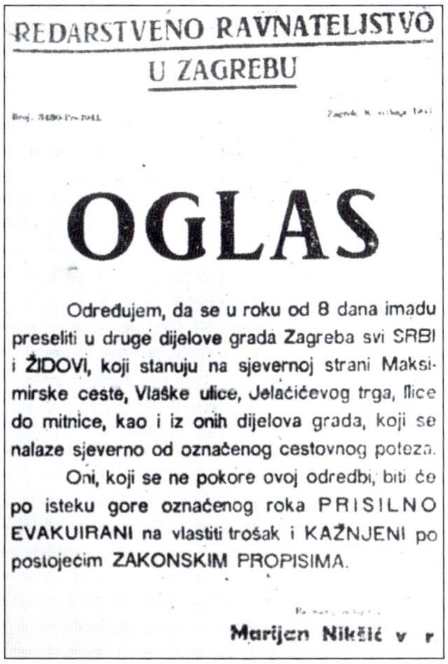

REDARSTVENO RAVNATELJSTVO
U ZAGREBU

OGLAS

Određujem, da se u roku od 8 dana imadu preseliti u druge dijelove grada Zagreba svi SRBI i ŽIDOVI, koji stanuju na sjevernoj strani Maksimirske ceste, Vlaške ulice, Jelačićevog trga, Ilice do mitnice, kao i iz onih dijelova grada, koji se nalaze sjeverno od označenog cestovnog poteza.

Oni, koji se ne pokore ovoj odredbi, biti će po isteku gore označenog roka PRISILNO EVAKUIRANI na vlastiti trošak i KAŽNJENI po postojećim ZAKONSKIM PROPISIMA.

Marijan Nikšić v r

Eine Anordnung der kroatischen Regierung vom Mai 1941 forderte alle Juden und Serben auf bestimmte Gebiete Zagrebs zu räumen. Die kroatische Nationalistenbewegung *Ustaša* hatte sofort nach der Machtübernahme mit der Verfolgung ihrer Erzgegner, der Serben, begonnen. Tausende wurden getötet und noch viele mehr nach Serbien deportiert. Das Schicksal der kroatischen Juden war unlösbar mit dem der Serben verflochten. Die Juden und Serben, die der Anordnung nicht nachkamen, wurden aus ihren Häusern vertrieben und hart bestraft.

Marschall Tito *(rechts)*, auch unter dem Namen Josip Broz bekannt, im Gespräch mit Mitgliedern des jugoslawischen Widerstands. Tito, der alle ethnischen und religiösen Gruppierungen Jugoslawiens zusammenschloss, befehligte etwa 300 000 Partisanen, die in Jugoslawien 20 deutsche Divisionen banden. Über 2000 Juden kämpften direkt für Tito, dessen Einheiten Befehl hatten auf der Flucht befindlichen Juden zu helfen.

Häftlinge in Plaszów (Polen) mit Brot für die Arbeiter in der Madritsch-Fabrik, in der deutsche Armeeuniformen hergestellt wurden. Plaszów war das erste Arbeitslager, das von ukrainischen Mannschaften bewacht wurde. 1944 wurde das Lager in ein KZ umgewandelt, dessen Bewachung der SS oblag.

Podlaska nach Konskowola gekommen sind, werden ermordet, nachdem die deutschen Zugaufseher entdeckt haben, dass vier der Kriegsgefangenen entkommen sind.

• 20. Mai 1941: Die Juden in Frankreich dürfen nicht mehr im Groß- oder Einzelhandel tätig sein und keine Banken, Hotels oder Restaurants mehr besitzen. • Die Reichszentrale für jüdische Auswanderung in Berlin informiert alle deutschen Konsulate über das von Hermann Göring verhängte Verbot der Emigration von Juden aus Frankreich und allen anderen deutsch besetzten Territorien. Der Erlass zitiert Görings Bemerkung über die „zweifellos kommende Endlösung der Judenfrage“ – der erste offizielle Hinweis der Nazis auf einen Plan zur Massenvernichtung aller Juden in Europa.

• 21. Mai 1941: In den Niederlanden wird die kollaborationswillige Gruppierung *Nederlandse Arbeids Dienst* (Niederländischer Arbeitsdienst) gegründet.

• 22. Mai 1941: Die Juden in Kroatien müssen zur Kennzeichnung einen gelben Fleck tragen.

• Juni 1941: Der Bezirk Białystok (Polen) wird dem Großdeutschen Reich einver-

Ein jüdischer Häftling in Jasenovac, der vor seiner Hinrichtung noch seinen Ring vom Finger zieht. Im Oktober 1941 begann die *Ustaša* mit der systematischen Verschickung der kroatischen Juden nach Jasenovac. Bis Jahresende waren rund zwei Drittel des kroatischen Judentums in diesem Lager eingesperrt; die meisten wurden später von der *Ustaša* getötet. Insgesamt verloren in Jasenovac etwa 600 000 Menschen ihr Leben. Unter ihnen waren Juden, Zigeuner, Serben und politische Gefangene.

Die Juden in Łódź sind hinter einem Zaun aus Holz und Stacheldraht eingesperrt, der das Ghetto vom übrigen Stadtgebiet absondert. Die Aufnahme stammt von einem deutschen Soldaten; sie wurde nach dem Krieg zusammen mit anderen Fotos in dessen verlassener Wohnung gefunden.

Adolf Hitler begrüßt Ante Pavelić, den Führer des kollaborationswilligen kroatischen Staates, der hier zum Staatsbesuch in Hitlers Domizil in Berchtesgaden eintrifft. Das Treffen im Juni auf dem malerischen Berghof in den bayrischen Alpen signalisierte Hitlers Wohlwollen gegenüber den Maßnahmen Pavelićs in Kroatien. Die offiziellen Besuche auf dem Berghof waren ein wichtiges Instrument der Außenpolitik der Nationalsozialisten.

1941

leibt. • Reinhard Heydrich, der Chef des Reichssicherheits-Hauptamtes, und der Generalquartiermeister des Heeres, General Eduard Wagner, treffen zusammen um festzulegen, wie die SS und das Heer ihre Aufgaben in der Sowjetunion ohne gegenseitige Behinderung durchführen können.

• 6. Juni 1941: Der vom Oberkommando der Wehrmacht erlassene Kommissarbefehl besagt, dass alle sowjetischen Funktionäre zu liquidieren seien.

• 17. Juni 1941: Reinhard Heydrich instruiert die Befehlshaber der Einsatzgruppen über die Durchführung der „Endlösung". • Französische Priester in der Diözese Lyon protestieren öffentlich gegen die antijüdische Politik der Vichy-Regierung.

Eugen Fischer war der erste Direktor des Kaiser-Wilhelm-Instituts für Anthropologie, Humangenetik und Eugenik. Fischer, dessen Spezialgebiet die Zwillingsforschung war, wird hier bei der Durchsicht von Abbildungen zu „Rassetypen" gezeigt. Das Institut wurde von Dr. Josef Mengele mit Blut und Skeletten von KZ-Häftlingen beliefert.

Der Pogrom von Iaşi

In der spannungsgeladenen Atmosphäre, die den Krieg Deutschlands gegen die Sowjetunion begleitete, kamen in Rumänien Gerüchte über angebliche Spionageaktivitäten jüdischer Bewohner von Iaşi auf. Die Juden wurden von ihren nichtjüdischen Landsleuten beschuldigt sowjetischen Flugzeugen bei der Bombardierung der Stadt Signale gegeben zu haben. Die Gerüchte hatten einen Pogrom zur Folge, der sich am 27. Juni 1941 mit entsetzlicher Gewalt abspielte.

Rumänische Soldaten, Polizisten und Stadtbewohner zogen randalierend durch die Straßen von Iaşi, brachten tausende Juden in ihren Häusern um und verhafteten mehr als 5000. Die Polizisten zwangen die Juden unter einer Flut von Schlägen durch die Straßen zu marschieren und schossen brutal alle nieder, die dabei stolperten. Am Bahnhof nahm man ihnen alles ab, was sie bei sich trugen und pferchte sie in bereitstehende Viehwaggons, in denen sie dann in verschiedene Lager deportiert wurden.

In den nicht belüfteten Wagen standen dicht gedrängt jeweils über 100 Menschen ohne Nahrung und Wasser. Die mit Vorhängeschlössern gesicherten Viehwaggons wurden in der Sommerhitze zum Inferno. Den Eingesperrten blieb nichts anderes übrig, als ihren Urin zu trinken. Mehr als 2500 Juden verdursteten, verhungerten oder erstickten in den beiden Zügen, die acht Tage lang langsam nach Süden fuhren. Der Pogrom von Iaşi forderte mindestens 4000 Menschenleben.

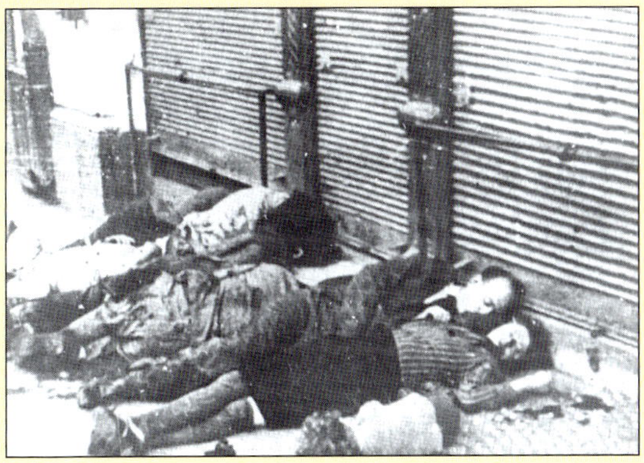

Dieses französische Plakat suggeriert, dass hinter der Entscheidung Franklin Roosevelts, US-amerikanische Truppen zum Kampf gegen das Deutsche Afrika-Korps in Französisch-Nordafrika anlanden zu lassen, die amerikanischen Juden stehen. Der Text lautet: „Wer stiehlt unser Nordafrika? Roosevelt. Wer spornt ihn dazu an? Der Jude." Auf dem Plakat wird Fiorello LaGuardia, der stark antinazistisch eingestellte Bürgermeister von New York, gezeigt, der von einem Judenstern umschlossen dem Präsidenten etwas ins Ohr flüstert. LaGuardia, ein entschlossener Reformer, der vor dem Ersten Weltkrieg *pro bono* als Rechtsberater für Einwanderer arbeitete, war der Sohn eines Italieners und einer Jüdin.

Vom Frühjahr 1941 an herrschten im Warschauer Ghetto höllische Bedingungen. Die Lebensmittel waren knapp, die Kleidung der Menschen bestand in der Hauptsache aus alten Lumpen und eine medizinische Versorgung existierte praktisch nicht. Unter diesen Umständen hatten die Ghettokinder furchtbar zu leiden. In Lumpen gehüllt, die Wunden am Körper mit Lappen umwickelt liefen sie ziellos durch die Straßen. Verwaiste und einsame Kinder suchten Zuflucht im Schlaf, wenn die Kräfte sie verließen. Erschütterte, todunglückliche Eltern mussten zusehen, wie ihre Kinder in kurzer Zeit körperlich verfielen. Im Winter 1941 kam es zu einem sprunghaften Anstieg der Sterblichkeit unter den jungen Ghettobewohnern.

1941

• 18. Juni 1941: Deutschland und die Türkei unterzeichnen einen Freundschaftsvertrag.

• Sommer 1941: In Weißrussland wird die *Belarusskaja Narodnaja Partisanka* (Weißrussische Volkspartisanen), eine kollaborationswillige Partisanenorganisation, gegründet. • In Dänemark wird eine kollaborationistische SS-Organisation, das *Freikorps Danmark* (Freikorps Dänemark) gegründet. • In Lettland gründet Viktor Arajs die kollaborationswillige paramilitärische Einheit *Perkonkrusts* (Donnerkreuz). • Der Reichsführer SS, Heinrich Himmler, berichtet dem Auschwitz-Kommandanten Rudolf Höß über Hitlers Weisung, dass die „Judenfrage“ ein für alle Mal zu lösen und die SS mit der Ausführung betraut sei. Auschwitz ist das Todeslager, in dem der Großteil der Vernichtung der Juden

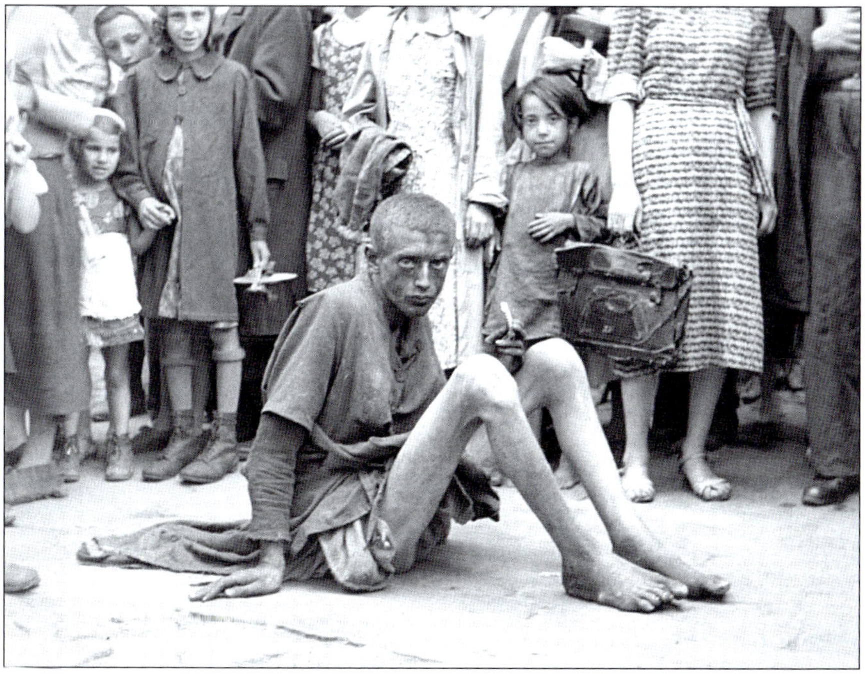

„M'hot zei in drerd di rotzchim.“
(„Wir werden noch leben um diese Mörder in ihren Gräbern zu sehen.“)

Bekannter jüdischer Aphorismus, der in den Judenghettos zu hören war.

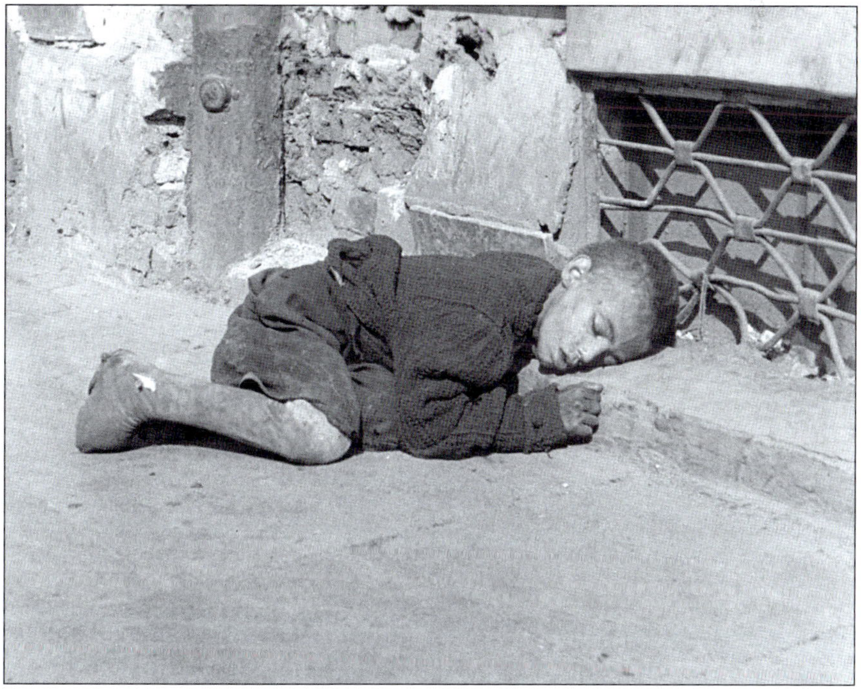

durchgeführt werden soll. Als effektivste Methode zur Vernichtung einer großen Zahl Juden sollen nicht Erschießungen, sondern Massenvergasungen angewendet werden.

• 22. Juni 1941: Das Unternehmen „Barbarossa“ beginnt mit dem Einmarsch deutscher Truppen in die Sowjetunion. Mit dem Überfall bricht Deutschland den deutsch-sowjetischen Nichtangriffspakt von 1939 und beginnt einen Zweifrontenkrieg zu führen. • Die Einsatzgruppen, mobile Mordkommandos, die jeweils einem bestimmten Operationsgebiet der Wehrmacht in der Sowjetunion zugeteilt sind, töten aufgegriffene Juden an Ort und Stelle, häufig auch mit Unterstützung einheimischer Antisemiten, die als Hilfskräfte rekrutiert werden. • In dem sowjetischen Dorf Virbalis erschießen Mitglieder einer Einsatzgruppe alle erwachsenen Juden mit Maschinengewehren und bedecken die Leichen dann mit einer Kalkschicht. Die Kinder werden an den Füßen gefasst und mit dem Kopf gegen eine Mauer oder auf die Straße geschleudert. Viele dieser Kinder werden noch lebend begraben.

• 24. Juni 1941: In Kowno (Litauen) wird ein Ghetto eingerichtet.

Die Einsatzgruppen

Am 1. Dezember 1941 stellte SS-Standartenführer Karl Jäger in Kowno einen Bericht fertig, der den Stempel „Geheime Reichssache!“ trug. Jäger, ein deutscher Geschäftsmann, der 1932 Mitglied der SS geworden war, reichte seinen Bericht als Befehlshaber des Einsatzkommandos 3JC (EK 3), einer Einheit der Einsatzgruppe A (EG A), ein. Er stellte darin fest, er könne bestätigen, dass das Ziel das Judenproblem für Litauen zu lösen vom EK 3 erreicht worden sei. In Litauen gebe es, abgesehen von den jüdischen Arbeitern und deren Familien, keine Juden mehr.

Nach Jägers Darstellung hatte das Einsatzkommando 3JC mehr als 130 000 jüdische Männer, Frauen und Kinder ermordet. Vor dem Eintreffen des EK 3JC am 2. Juli 1941 in Litauen, so schätzte er, seien bereits 4000 Juden durch Pogrome und Hinrichtungen liquidiert worden. Das erhöhte die Gesamtzahl der getöteten Juden in Jägers Bericht auf 137 346.

Es handelte sich hier keinesfalls um Einzelepisoden. Jägers Bericht und die darin enthaltenen Zahlen zum Massenmord waren Teil einer systematischen Vernichtungspolitik, die von den Nazis in die Praxis umgesetzt wurde, als ihre Truppen am 22. Juni 1941 in die Sowjetunion einmarschierten. Vor dem Überfall entschied Hitler, dass der Feldzug den Kommunismus wie auch das jüdische Leben in der Sowjetunion vernichten müsse, da der Kommunismus seiner Auffassung nach eine jüdische Erfindung war. In den Einsatzgruppen dienten hauptsächlich Angehörige des SD, der Gestapo, der Kriminalpolizei und der Ordnungspolizei sowie der Waffen-SS. Sie hatten Befehl kommunistische Funktionäre und insbesondere „Juden in Partei- und Staatsstellungen“ zu exekutieren. Nach Interpretation der Nazis gehörten praktisch alle sowjetischen Juden in die letztgenannte Kategorie. Daher spezialisierten sich die Einsatzgruppen mit logistischer Unterstützung durch das Heer und dem enthusiastischen Beistand antisemitischer Kollaborateure auf die massenweise Ermordung jüdischer Bürger.

Von den 3000 Männern in den vier Einsatzgruppen, die im Sommer 1941 nach Osten vordrangen, wurden – einer nach dem anderen – etwa 1,3 Millionen Juden (fast ein Viertel aller Juden, die während des Holocaust umkamen) ermordet. Die mobilen Einsatz- und Sonderkommandos wirkten an der „Endlösung“ mit, indem sie Juden aufspürten, zusammentrieben und zum Töten an abgeschiedene Orte brachten. Dort zwangen sie ihre Opfer alle Wertsachen abzugeben und ihre Kleidung abzulegen. Dann brachten sie sie am Rand einer Schlucht oder einer Leichengrube, welche die Opfer vor ihrer Erschießung häufig selbst ausheben mussten, mit gezielten Schüssen oder ganzen Feuergarben um.

Wie SS-Standartenführer Jäger waren die meisten Offiziere der Einsatzgruppen auch in einem zivilen Beruf tätig. In ihren Reihen traf man Anwälte, einen Arzt und sogar einen Geistlichen. Einige von ihnen kamen in den Prozessen der Nachkriegszeit vor Gericht. Jäger, der im April 1959 verhaftet wurde, sagte über sich, er sei stets ein Mensch mit hohem Pflichtgefühl gewesen. Dieses Pflichtgefühl machte ihn und seine Kameraden in den Einsatzgruppen zu gründlich arbeitenden Mördern. Jäger erhängte sich am 22. Juni 1959 im Gefängnis.

1941

• 25. Juni 1941: Der 47-jährige jüdische Chirurg Dr. Benjamin From weigert sich die Operation einer christlichen Frau im ukrainischen Luzk abzubrechen; er wird daraufhin von den Deutschen vom Operationstisch weg gewaltsam nach Hause gebracht und dort zusammen mit seiner Familie ermordet.

• 26. Juni 1941: Hunderte Juden aus Kowno (Litauen) werden am Stadtrand im Fort Nr. 9 exekutiert.

• 27. Juni 1941: Zweite Besetzung der polnischen Stadt Białystok durch die Nazis. In der Synagoge werden von einer deutschen motorisierten Einheit hunderte Juden bei lebendigem Leibe verbrannt. • Im Hof einer Synagoge in Nieśwież (Polen) versammelte deutsche Soldaten schlagen und erschießen völlig

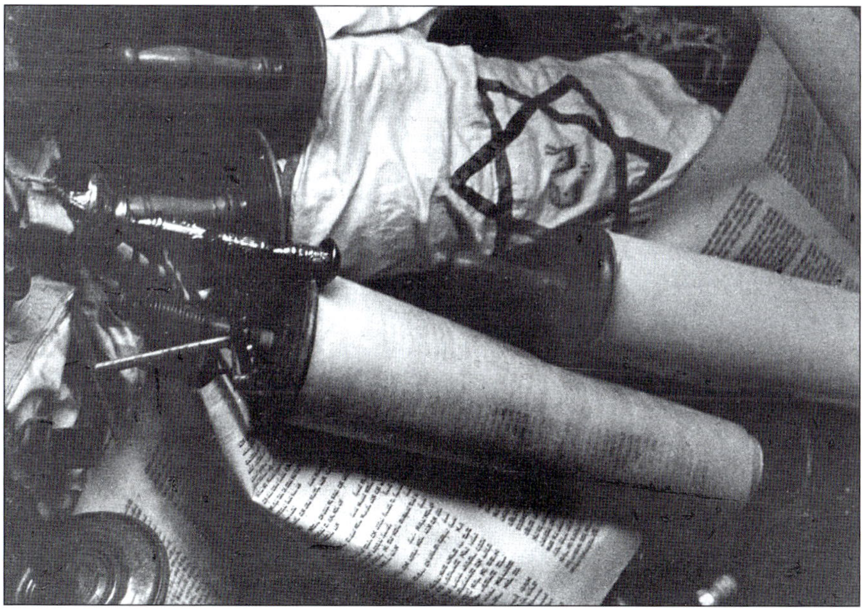

Von den Nazis entweihte Thorarollen in einer Synagoge in Kowno (Litauen). Die an den Juden verübten Gewalttaten waren in der Regel von der Zerstörung geweihter Gegenstände und der Verwüstung von Orten der Religionsausübung begleitet. Die reine und enge Verbindung zwischen jüdischem Volk und Thora machte das heilige Buch zu einem unwiderstehlichen Ziel nazistischer Vandalen.

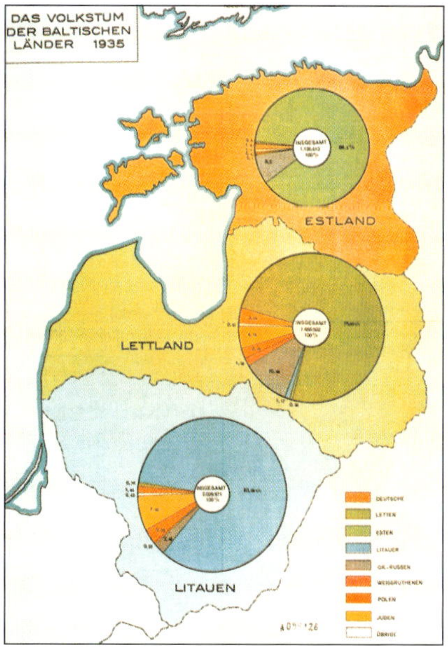

Die grafische Darstellung, die Dr. Frank Stahlecker, der erste Befehlshaber der Einsatzgruppe A, in Vorbereitung auf den bevorstehenden Überfall auf die Sowjetunion entwickelt hatte, zeigt die ethnische Zusammensetzung der Bevölkerung der baltischen Länder (Estland, Lettland, Litauen). Die Einsatzgruppen hatten Juden und Politkommissare aufzuspüren, die dann ermordet wurden. Übersichten dieser Art spielten bei der Festlegung der Operationen und der benötigten Personalstärke der Einsatzgruppen eine wichtige Rolle.

Heinrich Himmler wird während eines offiziellen Besuches am 5. Juni 1941 von Chaim Rumkowski, dem Oberhaupt des Judenrates im Łódźer Ghetto, begrüßt. Nach seiner Ankunft in einem Mercedes, der das personengebundene Kennzeichen SS-1 trug, ließ Himmler Rumkowski stundenlang warten, bevor er mit ihm zu einem Gespräch über die Zuweisung von Arbeitsaufgaben für das Ghetto zusammentraf.

Heinrich Himmler in Breslau (Deutschland) bei der Übergabe von Einbürgerungsdokumenten an die neuen Reichsbürger. Dieser Mann aus der Bukowina und seine Familie aus Rumänien erhalten wieder die deutsche Staatsbürgerschaft. Nach dem Abschluss des Nichtangriffspaktes mit Hitler befahl Stalin den Einmarsch seiner Truppen in die nördliche Bukowina und annektierte das Gebiet im Juni 1940. Verstimmt über Stalins Vordringen auf ein Territorium, das einst zum Habsburger Reich gehört hatte, gewann Hitler das Gebiet ein Jahr später, nach seinem Angriff auf die Sowjetunion, zurück.

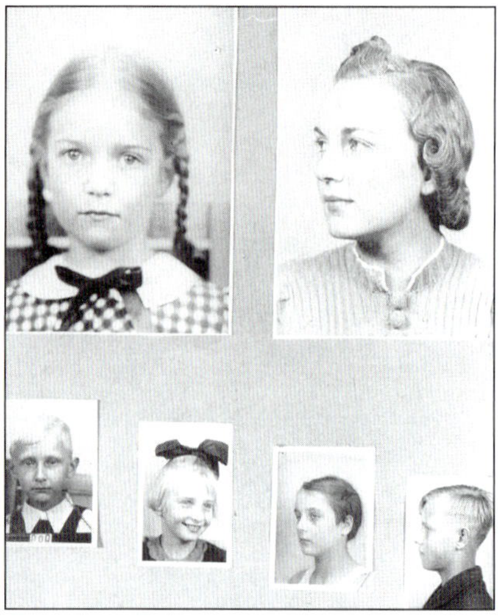

Diese Karte zeigt „ideale arische" Kinder, die nicht in Deutschland lebende Volksdeutsche waren. Die Volksdeutschen begrüßten in der Regel ihre Eingliederung ins Reich; viele betrachteten das als eine Art Repatriierung. Der größte Teil arbeitete mit den Nazis zusammen, rund 300 000 Männer traten der Waffen-SS bei.

Deutsche Sicherheitskräfte führen polnische Frauen aus Warschau in den Wald von Palmiry, wo die Frauen exekutiert werden sollen. Zwar blieb das hauptsächliche Ziel der Terrorkampagnen der Nazis die jüdische Bevölkerung, doch auch Personen, die man der Verschwörung gegen die deutschen Besatzungstruppen verdächtigte, erwartete eine harte Vergeltung. Die Nazis duldeten keinen Widerstand und niemand blieb von ihren Plänen zur Beherrschung des Kontinents verschont. Unschuldige Männer, Frauen und Kinder unterschiedlicher Herkunft wurden umgebracht, als die Nazis ihre Herrschaft der Zerstörung und Vernichtung über ganz Europa ausbreiteten.

Ein Generalmajor des deutschen Heeres und dessen Offiziere beim Studium der Befehle für die bevorstehende Offensive gegen die Sowjetunion. Die Planung für das Unternehmen, das den Codenamen „Barbarossa" trug, begann im Juli 1940, elf Monate vor dem Überfall. Der im August 1939 unterzeichnete Nichtangriffspakt mit der Sowjetunion war für Hitler nur ein Mittel zum Zweck.

1941

erschöpfte sowjetische Kriegsgefangene. • Ermutigt durch die antisemitische Politik des Diktators Ion Antonescu nimmt die rumänische Eiserne Garde die Vernichtung der Juden in Iaşi in Angriff und tötet Tausende von ihnen. • Juden aus Faleşti (Rumänien) werden zu einem Gewaltmarsch in Richtung Osten gezwungen. • Ungarn schließt sich den Achsenmächten an und tritt in den Krieg ein.

• 28.–29. Juni 1941: Im deutsch besetzten Kowno (Litauen) erschlagen litauische Polizisten und freigelassene Sträflinge in den Straßen der Stadt hunderte Juden mit Eisenstangen. In Kowno werden tausende weitere Juden und in Brest (Weißrussland) 5000 Juden ermordet.

• 29. Juni – Juli 1941: In Iaşi ermorden rumänische Soldaten und Polizisten

Am 22. Juni 1941 fielen Millionen deutscher Soldaten in die Sowjetunion ein. Das Unternehmen „Barbarossa" war nach den Worten des Historikers Alan Clark „die bedeutendste und längste Landschlacht, die die Menschheit je führte." Die Feldzüge im Osten markierten einen grundlegenden Wechsel in der Operationstaktik. Der Krieg gegen die Sowjetunion war ein Vernichtungskrieg, da Hitler die totale Zerschlagung der Sowjetmacht geplant hatte. Er nutzte den Krieg um die mordenden Einsatzgruppen in Aktion treten zu lassen. Bis zum Ende des Krieges sollten mehr als 750 000 Juden durch die Einsatzgruppen und deren Komplizen getötet werden.

General Alfred Jodl, Chef des Wehrmachtführungsstabes, erörtert mit Hitler Strategiefragen. Als Hitlers erster Militärberater und enger Vertrauter wusste Jodl bereits Anfang 1940 von den Plänen des Führers zum Überfall auf die Sowjetunion, das logische Ergebnis von Hitlers Weltsicht. Den Feind im Osten zu schlagen hieß den bolschewistischen Gegner auszuschalten und Deutschland mit dem Lebensraum zu versorgen, der nach Ansicht der Nazis notwendig war um eine größer werdende deutsche Nation zu ernähren und unterzubringen.

Alfred Rosenberg, Reichsminister für die besetzten Ostgebiete, wird von einem ukrainischen Paar, das den Naziführer im Namen des ukrainischen Volkes willkommen heißt, mit Brot und Blumen empfangen. Das kommunistische Regime Stalins hatte alle nationalistischen Bewegungen rücksichtslos unterdrückt. Deshalb betrachteten viele Ukrainer die ins Land eingefallenen Deutschen als Befreier. Der warme Empfang durch die Ukrainer und die Vertreter anderer osteuropäischer Nationalitäten ermöglichten den Nazis die Durchsetzung ihrer Völkermordpläne, ohne dass sie Widerstand von den Einheimischen fürchten mussten.

mindestens 260 Juden in ihren Häusern. Mehr als 4000 Juden werden durch die Straßen geführt und verprügelt, ihres Geldes und Schmucks beraubt, in verriegelte Waggons gesperrt und nach Süden transportiert. Auf der acht Tage dauernden Fahrt kommt über die Hälfte der Juden um.

• 30. Juni 1941: In Dobromil (Ukraine) werden 90 Juden ermordet. • Deutsche Truppen marschieren in Lwow (Ukraine) ein und erschlagen hunderte Juden, die sie zuvor zum Spaß mit vorgehaltenen Waffen gehetzt hatten. • 300 junge Juden werden aus Amsterdam in die Steinbrüche des Arbeitslagers Mauthausen (Österreich) deportiert. Sie kommen dort schließlich alle ums Leben.

• Ende Juni 1941: Der amerikanische Rundfunkkommentator Pater Charles Coughlin feiert Hitlers Überfall auf die Sowjetunion als „ersten Schlag im heiligen Krieg gegen den Kommunismus" und greift „den britisch-jüdisch-Rooseveltschen Krieg gegen Deutschland und Italien" an.

• Juni – Juli 1941: In der westlichen Sowjetunion werden mehr als 62 000 Juden ermordet.

Soldaten der Waffen-SS feiern mit Sekt einen Sieg über die Rote Armee. Die ersten Wochen des Unternehmens „Barbarossa" waren von raschen und entscheidenden Siegen der deutschen Truppen gekennzeichnet. Die deutsche Militärmaschinerie traf bei ihrem Vorstoß auf sowjetischem Territorium nur auf geringen Widerstand.

Drei russische Frauen bei der Rückkehr in ihre Heimatstadt Smolensk, eine der vielen Städte, die von den randalierenden deutschen Truppen zerstört wurden. Smolensk war jahrhundertelang Objekt erbitterter Kämpfe Russlands, Polens und Litauens gewesen, wurde jedoch nie zuvor so stark zerstört wie während des Zweiten Weltkrieges.

Deutsche Soldaten werden von den Einwohnern Litauens als Befreier begrüßt. Litauen hatte 1939 einen heldenhaften, aber letzten Endes erfolglosen Kampf gegen die Sowjetunion geführt. Seit seiner Niederlage stand das Land unter der missliebigen Kontrolle des kommunistischen Staates. Am 14. Juni 1941 forderte ein Ultimatum Moskaus den Rücktritt der litauischen Regierung, die der Aufforderung auch nachkam. Litauen wurde trotzdem von der Roten Armee besetzt. Als die deutschen Armeen während der ersten Feldzüge des Unternehmens „Barbarossa" in das Land vorrückten, wurden sie von den Litauern herzlich empfangen.

1941

• Juni – November 1941: 14 000 bosnische Juden werden in regionale Lager deportiert.

• Juli 1941: Britische Dechiffrierer, die die Funkmeldungen der deutschen Truppen in der Sowjetunion überwachen, erhalten Kenntnis über die Massaker der Nazis an sowjetischen Juden. • Deutsche Soldaten exekutieren 2000 Angehörige der Minsker Intelligenz in einem Wald nahe der Stadt. • In Shitomir (Ukraine) werden mehr als 2500 Juden massakriert. • Bei einer Aktion eines Einsatzkommandos in Mielniza (Ukraine) wirft sich ein Jude mit Namen Abraham Weintraub auf einen deutschen Offizier und schlägt ihm die Zähne aus. Weintraub wird sofort erschossen. • Im Gebiet Białystok (Polen) ermorden die Nazis 300 Angehörige der jüdischen Intelligenz. • Deutsche

Juden aus Kowno (Litauen) beim Umzug in das Ghetto, das am dritten Tag des deutschen Feldzuges gegen die Sowjetunion eingerichtet wurde. Die so rasch erlassenen Weisungen zur Umsiedlung richteten unter den jüdischen Bewohnern der Stadt ein Chaos an. Der Mann in der Bildmitte zieht auf dem Schlitten einen zerlegten Schrank hinter sich her. Die Enge in den Ghettohäusern zwangen ihn und andere Bewohner des Ghettos dann vermutlich, die Kleider nur an Nägeln aufzuhängen.

Eine Zusammenstellung der deutschen Verordnungen für das Ghetto in Kowno. Den Umschlag dieses schmalen Buches ziert eine Darstellung der Justitia mit Waage und Schwert. Der hebräische Titel drückt die Reaktion der Juden auf das Leben unter den Nazis aus. „Das sind die Gesetze in deutschem Stil“

Elchanan Elkes

Elchanan Elkes, das Oberhaupt des Judenrates im Kownoer Ghetto, unterschied sich von den Führern der Judenräte anderer Ghettos. Elkes, ein litauischer Arzt, versah sein Amt nicht in diktatorischer Manier, sondern war eine beispielgebende Persönlichkeit mit hohen moralischen Maßstäben; er diente seiner Gemeinde mit Integrität und selbstloser Hingabe.

Elkes überließ die tagtägliche Organisation der Ghettoangelegenheiten seinem Stellvertreter. Seine wichtigste Aufgabe bestand darin sich bei den deutschen Behörden, die ihn respektierten, für „sein“ Ghetto zu verwenden. Er arbeitete unermüdlich um sie zur Lockerung der strengen Verordnungen zu bewegen. Elkes verschaffte den Ghettobewohnern Arbeit und förderte die Aktivitäten von Widerstandskämpfern im Untergrund, die vielen Juden zur Flucht in die nahen Wälder verhalfen.

In den letzten Tagen des Ghettos versuchte Elkes verzweifelt die SS zu überzeugen, dass sie die Juden, die noch am Leben waren, verschonen möge, und kündigte ihnen an, dass sie sich für ihre Verbrechen würden verantworten müssen. Unfähig den Mord an der Ghettobevölkerung aufzuhalten schrieb Elkes: „Meine Seele ist ausgedörrt. Ich bin wehrlos und leer.“ Elkes wurde in das Konzentrationslager Landsberg deportiert, wo er 1944 starb.

Mordkommandos beginnen die noch in Kischinjow (Rumänien) lebenden Juden zu ermorden. • Die ungarische Regierung lässt fast 18 000 jüdische Flüchtlinge zur Deportation nach Kamenez-Podolski (Ukraine) zusammenholen. • Der 22-jährige Jude Haya Dzienciolski findet eine Pistole, verlässt das ukrainische Nowogrodek und hilft in den nahen Wäldern eine Gruppe junger Partisanen aufzubauen.

• 1. Juli 1941: In Ljachowitschi (Weißrussland) werden 100 Juden ermordet. • In Plungė (Litauen) werden hunderte Juden getötet.

• 1.–3. Juli 1941: Nachdem Deutsche und Ukrainer ein Gerücht über die Mitwirkung von Juden an der Exekution ukrainischer politischer Häftlinge in Umlauf gebracht haben, bricht in Lwow (Ukraine) ein Aufruhr los. Das Nachtigall-Bataillon, eine von der Gestapo gelenkte ukrainische Miliz, ermordet 7000 Juden. • In der ukrainischen Stadt Korez ermorden Nazisoldaten Juden und heben drei Leichengruben – je eine für die Männer, die Frauen und die Kinder – aus. Zum Spaß setzen sie auf eine der gefüllten Gruben, in der einige Juden lebendig begraben wurden, die Leiche eines Mannes.

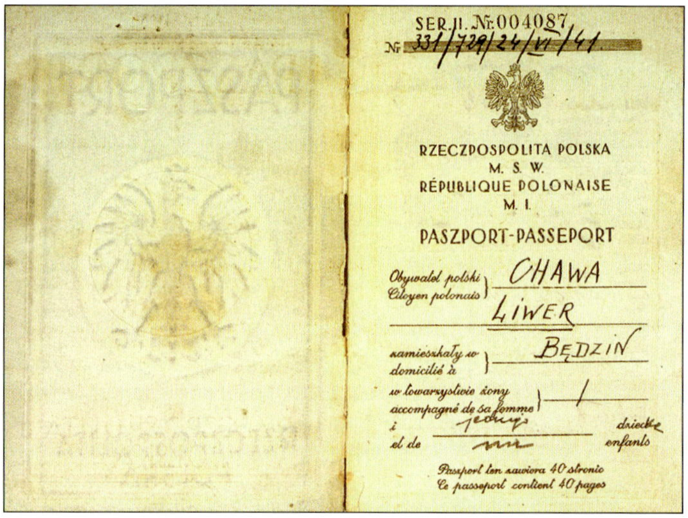
SER.II. №:004087
№ 331/729/24/VI/41
RZECZPOSPOLITA POLSKA
M. S. W.
RÉPUBLIQUE POLONAISE
M. I.
PASZPORT-PASSEPORT
Obywatel polski / Citoyen polonais CHAWA LIWER
zamieszkały w / domicilié à BĘDZIN
w towarzystwie żony / accompagné de sa femme /
i / et de dzieci / enfants
Paszport ten zawiera 40 stronic
Ce passeport contient 40 pages

Chawa Liwer und ihr Kind erhielten am 24. Juni 1941 ein Leben rettendes Geschenk – einen in Tokio ausgestellten polnischen Pass. Das Dokument hatte Abram Liwer, der Ehemann von Chawa und Vater des Kindes, beschafft. Die Familie war am 20. August 1939 aus ihrer Heimatstadt Będzin (Polen) geflohen und hatte sich in Lwow (Ukraine) wieder angesiedelt. Als Chawa mit dem Kind nach Sibirien deportiert wurde, floh Abram Liwer nach Wilna und später nach Kowno (Litauen). Dort erhielt er einen Pass für Frau und Kind und ein Visum für sich. Die Familie traf am 1. April 1941 in Tokio wieder zusammen.

Juden aus Białystok (Polen) bei der Zwangsarbeit. Als die Nazis die Stadt am 27. Juni 1941 besetzten, holten sie schon bald Juden zusammen um sie in Arbeitsbrigaden zu stecken, sie öffentlich zu erniedrigen und um ihre sadistischen, für die Opfer tödlich ausgehenden Spiele zu treiben. Deutsche Soldaten pferchten hunderte Juden in eine Synagoge der Stadt, verriegelten die Türen und setzten das Gebäude in Brand. Die in der Synagoge gefangenen Menschen verbrannten bei lebendigem Leibe.

Die große Mehrheit der Ärzte, die in den Reihen der jugoslawischen Partisanen kämpften, war jüdischer Herkunft. Dr. Rosa Papo, eine jugoslawisch-jüdische Partisanin, war der erste weibliche General in der jugoslawischen Armee.

1941

• 1. Juli – 31. August 1941: Angehörige der Einsatzgruppen, der Wehrmacht und der rumänischen Einheit *Esalon Special* töten in Bessarabien, einem Gebiet im östlichen Rumänien, mehr als 150 000 Juden.

• 2. Juli 1941: In Nowo Selista (Ukraine) werden 800 Juden getötet. Weitere hunderte kommen in Kamenka und Stryj (Ukraine) um. • In Lubieszow (Wolhynien, Ukraine) werden Widerstand leistende Juden von einer deutschen Kavallerieeinheit, die sich auf einem Patrouillenritt befindet, ermordet.

Die mit den Porträts der Faschistenführer Benito Mussolini, Adolf Hitler und Corneliu Codreanu sowie des rumänischen Diktators Ion Antonescu geschmückte Fassade der Carol-Universität in Bukarest. Die Porträts wurden am 27. Juni 1941 bei einer Antonescu-freundlichen Kundgebung angebracht. Diese Kundgebung fiel zeitlich mit der Vernichtung der Juden von Iaşi (Rumänien) zusammen, an der Legionäre der Eisernen Garde, deutsche Soldaten sowie die Polizei von Iaşi und Einwohner der Stadt beteiligt waren. Der Grund für diese Gräueltat war die unbewiesene Beschuldigung die Juden hätten sowjetischen Flugzeugen bei einem Angriff auf die Stadt Signale gegeben.

Die zu einem Haufen zusammengetragenen Leichen aus dem Todeszug von Iaşi sind ein Beleg für die Mordkampagnen der Eisernen Garde gegen die Juden. Vom 29. Juni bis Ende Juli wurden 7260 Juden in ihren Häusern umgebracht und tausende andere verprügelt und ausgeraubt, als man sie durch die Straßen von Iaşi trieb. Der Pogrom endete damit, dass 2500 Juden in Eisenbahnwaggons gesperrt und nach Süden transportiert wurden. Da es auf der achttägigen Fahrt weder Essen noch Wasser gab, starb unterwegs über die Halfte der Juden.

Die Überlebenden aus dem Todeszug von Iaşi stürzen sich in das schlammige Wasser unweit der Eisenbahngleise. Auf der Fahrt gab es weder Essen und Wasser noch sanitäre Einrichtungen und frische Luft. Als der Zug halten musste, erhielten die „Passagiere" die Erlaubnis die Waggons für einige Minuten zu verlassen. Vor Hitze glühend und vom Wassermangel ausgedörrt suchten sie Zuflucht im kühlen Schlamm bevor sie in die wie Folterkammern anmutenden verriegelten Waggons zurückkehren mussten.

Das Schicksal von Lwow

Zu Kriegsbeginn hatte Lwow 110 000 jüdische Einwohner und damit die drittgrößte jüdische Gemeinde in Polen. Ein Strom von Flüchtlingen brachte zusätzlich 100 000 Juden in die Stadt. Sie alle wurden bis auf einige Tausend von der SS und ihren ukrainischen Helfern ermordet.

Das Morden begann im Juni 1941. Ermutigt durch die Einsatzgruppe C entfesselten die ukrainischen Nationalisten höllische Pogrome, die während der folgenden Monate 6000 Juden das Leben kosteten. Im Herbst wurden die Juden von den Nazis gezwungen in ein vorbestimmtes Gebiet der Stadt zu ziehen, das mit Stacheldraht abgeriegelt wurde. Beim Umzug in dieses Ghetto wurden 5000 alte und behinderte Menschen ermordet; die Frauen wurden niedergeknüppelt, die Männer an eine Wand gestellt und erschossen.

1941 errichtete die SS ein Lager und ließ die Lwower Juden Zwangsarbeit leisten. Sadistische Lagerkommandanten benutzten die Juden bei Schießübungen als Zielscheiben und visierten deren Nasen und Finger an. Die Verletzten wurden dann mit einem Schuss „erledigt“. Als arbeitsunfähig eingestufte Juden führte man vom Lager weg in Sandgruben und ermordete sie dort. In diesem „Tal des Todes“ wurden 200 000 Juden exekutiert. Zehntausende schickten die Nazis in das Todeslager Belżec (Polen).

Bei der Liquidierung des Lwower Ghettos im Jahr 1943 veranstalteten die SS-Leute regelrechte Menschenjagden und töteten jeden Juden, den sie nur finden konnten. Einige Ghettobewohner flohen in die nahen Wälder. Eine Handvoll Juden überlebte in Abwasserkanälen versteckt.

Mit dem Vormarsch der Wehrmacht auf dem Territorium der Sowjetunion stieg die Zahl der jüdischen Opfer der berüchtigten Einsatzgruppen. Den Befehl Juden und Politkommissare zu ermorden erfüllten sie mit tödlicher Effizienz. Die Einsatzgruppen folgten den gewalttätig vorgehenden Truppen der Wehrmacht auf dem Fuß; sie trieben aufgespürte Juden zusammen und brachten sie systematisch um. Die Mordtechniken der Kampagnen in der ersten Zeit des Krieges verlangten von den Angehörigen der Einsatzgruppen und deren Komplizen ihren Opfern unmittelbar gegenüberzutreten. Die Juden wurden in der Regel durch einen Genickschuss getötet.

Die Juden von Lwow (Ukraine) erlebten nur wenige Tage nach dem Einmarsch der Nazis in die Sowjetunion eine Welle der Gewalt. Vom 30. Juni bis zum 3. Juli 1941 wüteten die Einsatzgruppe C und Ukrainer in der Stadt und ermordeten dabei 4000 Juden. Weitere 2000 starben bei den schlimmen Pogromen gegen Ende des Monats Juli.

1941

• 3. Juli 1941: In Białystok (Polen) werden 100 Juden ermordet. • In Złoczów (Ukraine) werden 3500 Juden getötet, in Drohobycz (Ukraine) sterben hunderte. • In Nowogrodek „verschwinden“ 50 Juden, die freiwillig in einem von Deutschen organisierten Judenrat arbeiten. Weitere 50 werden wahllos ausgesucht und auf dem Marktplatz der Stadt zur Musik einer deutschen Kapelle erschossen. • Stalin befiehlt die Gründung von Partisaneneinheiten, die die deutschen Truppen auf dem besetzten sowjetischen Territorium stören sollen.

• 4. Juli 1941: Aus Luzk (Ukraine) werden 7000 Juden zur Festung Lubard gebracht und dort getötet. • In Wilna (Litauen) werden 54 Juden getötet. • Die Deutschen weisen litauische Milizleute an 416 jüdische Männer

Diese „Wallonischen Freiwilligen im Kampf gegen den Bolschewismus" leisten einen Eid auf den Führer und Obersten Befehlshaber der Wehrmacht. Der nazistische Antimarxismus Hitlers war in den Augen vieler Europäer eine seiner faszinierendsten Stärken. Darauf bauten Hitler und seine Handlanger bei der Rekrutierung freiwilliger Soldaten aus den besetzten Ländern.

Soldaten einer Propagandaeinheit der Wehrmacht filmen den antijüdischen Aufruhr, der mit der deutschen Besetzung Lwows am 30. Juni 1941 begann. Die Nazis stachelten die Ukrainer an Rache an den Juden zu nehmen. Dann filmten sie das vier Tage andauernde Wüten um zu dokumentieren, wie sehr die Juden selbst von ihren ukrainischen Landsleuten gehasst wurden. Der Pogrom forderte über 4000 Menschenleben.

Die Massentötungen von Juden setzten schon bald nach dem Überfall Deutschlands auf die Sowjetunion ein. Volksdeutsche und viele Ukrainer hießen die Eindringlinge mit offenen Armen willkommen, denn sie sahen in ihnen die Befreier von den verhassten Russen. In der Zeit vom 4.–11. Juli 1941 ermordeten Deutsche und Ukrainer in Tarnopol 5000 Juden. Die Juden wurden gezwungen als Vorgeschmack auf den Tod ihre eigenen Gräber zu schaufeln.

und 47 Jüdinnen im Fort Nr. 7 zu töten.

• 4.–11. Juli 1941: In Tarnopol (Ukraine) werden 5000 Juden umgebracht.

• 5. Juli 1941: In Wilna (Litauen) werden 93 Juden von einem Einsatzkommando erschossen. • In den Straßen von Lwow (Ukraine) werden Juden von antisemitisch eingestellten Stadtbewohnern ermordet.

• 6. Juli 1941: In Tschernowzy (Ukraine) werden 3000, in Skałat (Ukraine) 600 Juden ermordet. • Die Juden in Lwow (Ukraine) müssen zur Kennzeichnung den gelben Stern tragen. Im Fort Nr. 7 werden 2000 Juden von litauischen Milizangehörigen ermordet.

• 7. Juli 1941: In Chotin (Ukraine) werden 2000 Juden ermordet.
• In Frankreich wird die kollaborationswillige militärische Truppe *Légion des Volontaires Français* (Französische Freiwilligenlegion) gegründet.
In Marijampolė (Litauen) werden 32 Juden getötet.

• 8. Juli 1941: Die Juden in den baltischen Staaten müssen ab jetzt ein Kenn-

Jakow Dshugaschwili, der Sohn Jossif Stalins, geriet einen Monat nach dem Einmarsch der Wehrmacht in die Sowjetunion in deutsche Gefangenschaft. Stalins Beziehungen zu seinem älteren Sohn waren von jeher kühl gewesen und der Diktator ging auf die späteren deutschen Angebote Jakow gegen Hitlers Neffen Leo Raubal oder Feldmarschall Friedrich von Paulus auszutauschen nicht ein. Obgleich es um einen Blutsverwandten ging, war Stalin nicht länger zu irgendeinem Handel mit den Deutschen bereit. So blieb Jakow in der Hand der Deutschen und starb 1943 in einem ihrer Gefangenenlager durch Selbstmord oder, wie manche glauben, als Opfer britischer Kriegsgefangener. Die SS-Uniform, die er hier trägt, sollte möglicherweise ein gehässiger Schlag gegen Stalin sein.

Hier wird eine Kolonne von Juden von litauischen Hilfspolizisten auf einem engen, kreisförmig verlaufenden Pfad zusammengedrängt. Sie sind auf dem Weg zu ihrer Hinrichtung auf einer verlassenen Baustelle in Ponary bei Wilna. Die Hilfsbrigaden erwiesen sich als wichtige Unterstützung für den Völkermord der Nazis. Litauer, Ukrainer, Letten, Esten und viele andere Osteuropäer beteiligten sich bereitwillig an dem mörderischen Wüten gegen Millionen von Juden.

Die Oberhäupter der jüdischen Gemeinde von Balti (Rumänien), Summer Zitterman, Josif Broitman, Bernhard Walter, Sascha Diagot, Aizic Schächtman, Schmerl Schoihat, Burach Blank, Suchar Roitman, Simon Grünberg, Cripps, Leibia Galavata und Jankel Tenenboim, in Erwartung ihrer Hinrichtung durch die deutschen Eroberer.

1941

zeichen tragen, das sie von der übrigen Bevölkerung unterscheidet. Die Deutschen und einheimische Antisemiten ermorden in den kommenden Monaten einen Großteil der jüdischen Bevölkerung im Baltikum; ihnen fallen die meisten der 250 000 Juden zum Opfer. • In Nova Sulita (Rumänien) werden hunderte Juden getötet. • In Ponary (Litauen) beginnt die Hinrichtung von Juden.

• 10. Juli 1941: Alle 1600 Einwohner der polnischen Stadt Jedwabne werden von ihrem polnischen Nachbarn und von Bauern aus der Umgebung angesprochen und zum Zentralmarkt geführt. In einem den ganzen Tag andauernden Martyrium werden die Juden gepeinigt und anschließend in eine Scheune gepfercht, die mit Kerosin in Brand gesteckt wird. Das Massaker wird nicht von den Deutschen ausgeführt, die an

Sowjetischer Kriegsgefangener in Berditschew (Ukraine). Vielen seiner gefangen genommenen Landsleute war es nicht vergönnt, ihre tägliche Lebensmittelration zu bekommen. Die Nazis waren nur schlecht auf die Millionen Gefangenen vorbereitet und zeigten sich auch nicht gewillt die notwendigen Hilfsmittel zu deren Versorgung bereitzustellen. Viele tausende sowjetischer Kriegsgefangener mussten ohne Nahrung und angemessene Unterkunft auskommen. Sie waren auch die ersten Opfer, die in den Tötungseinrichtungen von Auschwitz mit Zyklon B vergast wurden.

Nach dem raschen deutschen Vorstoß auf dem Territorium der Sowjetunion und der Gefangennahme tausender Sowjetsoldaten stattete Reichsführer SS Heinrich Himmler diesem Kriegsgefangenenlager in Minsk (Weißrussland) einen Besuch ab. Himmler blickt hier auf einen jungen, schon abgemagerten sowjetischen Gefangenen. Die Wehrmacht und Himmlers SS waren tief in diese unmenschliche Vorgehensweise verstrickt. Millionen sowjetischer Kriegsgefangener wurden zum Ziel der Vernichtung durch Verwahrlosung, Misshandlung, Unterernährung und Mord.

Jakob Gens

Jakob Gens, das Oberhaupt des Judenrates im Wilnaer Ghetto, herrschte mit fast diktatorischer Gewalt über seine Gemeinde. Gens, der spöttisch auch König Jakob der Erste genannt wurde, entschied über Leben und Tod seiner Mitbewohner aus dem Ghetto.

Überzeugt davon, dass er manche Juden retten könne, indem er ihren Wert für die deutsche Wirtschaft nachwies, wählte er jene aus, die in der Lage waren „produktive“ Arbeit zu leisten und lieferte den Nazis die nicht arbeitsfähigen Juden aus. Als die Einsatzgruppen 1941 mehrfach Ghettobewohner zusammentrieben, kontrollierte Gens persönlich den Arbeitserlaubnisschein jedes Juden. Jene, die zu alt, zu schwach oder zu krank zum Arbeiten oder nicht im Besitz der geschätzten „gelben Karte“ waren, lieferte Gens den SS-Leuten aus, die diese Menschen dann exekutierten.

Als die Rabbiner von Wilna Gens diese Vorgehensweise vorwarfen, brachte dieser zu seiner Verteidigung vor: „Wenn sie von mir eintausend Juden verlangen, übergebe ich sie ihnen. Mit den tausend rette ich zehntausend.“ Gens wurde 1943 wenige Tage vor der Liquidierung des Ghettos von der Gestapo erschossen.

diesem Tag in Jedwabne nur eine nominelle Präsenz aufrecht erhalten.

• **12. Juli 1941:** Großbritannien und die Sowjetunion unterzeichnen ein Militärabkommen zum gemeinsamen Kampf für Hitlers Niederlage.

• **17. Juli 1941:** In Slonim (Weißrussland) werden 1200 Juden ermordet. • Alfred Rosenberg wird zum Reichsminister für die besetzten Ostgebiete ernannt und ist damit für die Zivilverwaltung der besetzten sowjetischen Gebiete verantwortlich.

• **17.–31. Juli 1941:** In Kischinew (Rumänien) werden tausende Juden ermordet.

• **20. Juli 1941:** In Minsk (Weißrussland) wird ein Judenghetto eingerichtet.

• **21. Juli 1941:** In Minsk werden 45 Juden gezwungen Gruben auszuheben. Sie werden danach mit Seilen zusammengebunden und in die Gruben gestoßen. • Einige Weißrussen erhalten den Befehl Juden bei lebendigem Leib zu verbrennen. Als sie sich weigern, werden die jüdischen und die nichtjüdischen Weißrussen von Angehörigen eines Einsatzkommandos ermordet.
• In Majdanek (Polen) wird ein Konzentrationslager eröffnet.

Maximilian Kolbe

Pater Maximilian Kolbe, polnischer katholischer Geistlicher und Insasse des Konzentrationslagers Auschwitz, opferte sein Leben, indem er freiwillig die Strafe eines zum Tode verurteilten Mithäftlings auf sich nahm. Er wurde von den Nazis, die sich mit dem „Tausch“ einverstanden erklärt hatten, auf brutale Weise ermordet.

Kolbe, der wegen der Verbreitung seiner religiösen und sozialen Anschauungen eingesperrt worden war, praktizierte seinen Glauben auch in Auschwitz weiter. Als im Juli 1941 ein Gefangener aus seinem Block aus dem Lager floh, ordnete die SS als Vergeltung die Hinrichtung von zehn Häftlingen an. Eines der ausgewählten Opfer, der Familienvater Gajowniczek, bat um seiner Frau und seiner Kinder willen um sein Leben. Der Geistliche trat aus den Reihen der erstarrten und entsetzten Häftlinge hervor und erbot sich mit der Bemerkung, er habe keine Familie, die Strafe anzutreten.

Nackt und ohne Nahrung und Wasser in eine finstere, übel riechende Kellerzelle gesperrt, klammerte er sich zwei Wochen lang an sein Leben. SS-Leute, die nicht länger auf seinen Tod warten wollten, gaben ihm eine tödliche Phenolinjektion. 1982 wurde Kolbe von der katholischen Kirche heilig gesprochen.

Angehörige der lettischen SS bei Schießübungen für ihre zukünftigen Aufgaben. Die deutsche Besetzung Lettlands im Juli 1941 füllte nicht nur die Gefängnisse mit politischen Häftlingen, sondern brachte auch über 80 000 Männer in die Reihen der SS-Legion. Diese Soldaten wurden im Feldzug gegen die Sowjetunion eingesetzt und beteiligten sich aktiv an der Ermordung von Juden und Kommunisten. Die gefährlichste lettische Einheit, das Kommando Viktor Arajs', war für den Tod von über 30 000 lettischen Juden verantwortlich.

Ungarische Juden, die mit ihren Habseligkeiten beladen auf dem Weg in die Ukraine sind, bei der Rast. Sie gehörten zu den zahlreichen Juden, die von der ungarischen Regierung aus ihren Häusern vertrieben worden waren. Die Deportationen im Juli brachten fast 18 000 Juden in das ukrainische Kamenez-Podolski.

1941

- **22. Juli 1941: Die Regierung Vichy-Frankreichs beginnt mit der Enteignung jüdischer Geschäfte.**
- **24. Juli 1941: In Kischinjow (Rumänien) wird ein Ghetto eingerichtet.**
- **25. Juli 1941: In Belgrad (Jugoslawien) kommt es zu fünf Vorfällen, bei denen Juden Benzinbomben auf Autos der Nazis werfen.**
- **25.–26. Juli 1941: Etwa 3800 Juden werden in einem Pogrom bei Kowno (Litauen) umgebracht.**
- **25.–27. Juli 1941: Ukrainische Einwohner von Lwow greifen tausende jüdische Männer und Frauen auf und erschlagen mindestens 2000 von ihnen. Diese Bluttat ist eine Vergeltung für den Mord an dem ukrainischen Antisemitenführer Symon Petljura, den 1926**

Diese drei Männer wurden 1941 in Tarnopol (Ukraine) am Galgen hingerichtet. Der Grund dafür war entweder eine Zuwiderhandlung gegen die deutschen Anordnungen oder die Vergeltung für ein Verbrechen, das jemand in der jüdischen Gemeinde Tarnopols begangen hatte. Den Hingerichteten hängte man oftmals Plakate um den Hals um die Lebenden abzuschrecken und eine „vernunftmäßige" Erklärung für die Hinrichtungen zu geben. Die Leichen der Ermordeten ließ man mitunter tagelang hängen, bis die Nazis glaubten, die Einwohnerschaft habe nun genügend Zeit gehabt das „Exempel" zu verinnerlichen.

„... beauftrage ich Sie hiermit, alle erforderlichen Vorbereitungen in organisatorischer, sachlicher und materieller Hinsicht zu treffen für eine Gesamtlösung der Judenfrage im deutschen Einflußgebiet in Europa."

Hermann Göring in einem Schreiben vom 31. Juli 1941 an Reinhard Heydrich

Viele Ukrainer hießen die Deutschen im Juli 1941 in Tarnopol willkommen. Der Einnahme der Stadt folgte ein Massaker an 5000 Juden. Viele der Opfer wurden von den Deutschen und von ukrainischen Nationalisten in ihren Synagogen verbrannt. Einige Monate später richteten die Deutschen das Tarnopoler Ghetto ein, in dem mehr als 12 000 Juden eingeschlossen waren. Die Befreiung durch die Sowjetarmee im Jahr 1944 erlebten nur einige hundert von ihnen.

Dutzende deutsche Soldaten betrachten die Juden, die bei einem Massaker im Juli 1941 in Tarnopol ermordet wurden. Wegen des Geruches der verwesenden Leichen müssen sich mehrere Soldaten mit Taschentüchern die Nase zuhalten. Die deutschen Militärbefehlshaber nutzten den Antisemitismus der Einheimischen aus, wo immer ihre Soldaten auch hinkamen, sie stachelten die hasserfüllten Ortsbewohner an und ermunterten die deutschen Soldaten sich an Gewalttaten zu beteiligen. Der Pogrom in Tarnopol begann am 4. Juli, nur zwei Tage nachdem die Deutschen die Stadt eingenommen hatten.

GROSSE KONZENTRATIONSLAGER IN OSTEUROPA (1941–1943)

1941 besetzten die Deutschen Serbien, internierten die meisten der 16 000 serbischen Juden und erschossen oder vergasten sie bis auf wenige Ausnahmen. Die pronazistische *Ustaša*-Regierung in Kroatien ließ rund 30 000 Juden internieren – die meisten im Lager Jasenovac, wo 20 000 ums Leben kamen.

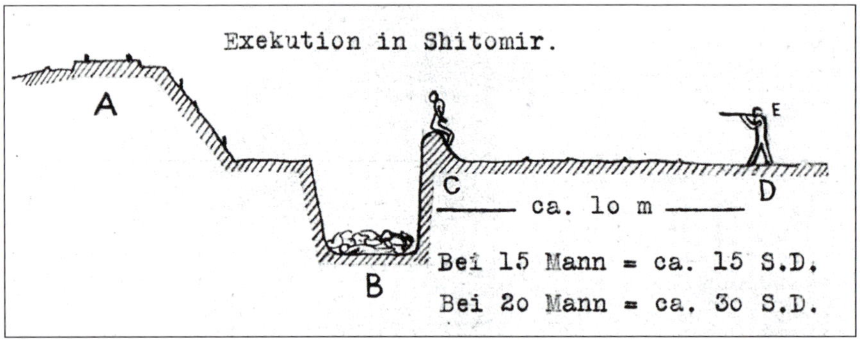

Die von einem unbekannten deutschen Soldaten angefertigte Zeichnung dokumentiert Einzelheiten einer so genannten „Aktion" in Shitomir (Ukraine), bei der etwa 500 Juden erschossen wurden. Wie hier gezeigt mussten die Juden einen Graben ausheben und dann an dessen Rand niederknien. Sie wurden einzeln durch einen Schuss in den Hinterkopf getötet und fielen in den Graben.

Im Juni 1941, zur Zeit des deutschen Einmarsches in Minsk (Weißrussland), machten die Juden etwa ein Drittel der Einwohnerschaft der Stadt aus. Sie wurden Anfang Juli in ein Ghetto gesperrt. Die Hinrichtungen und Deportationen dieser Menschen fanden dann mit der Regelmäßigkeit eines Metronoms statt. Auf diesem Foto posiert Adolf Wedekind, Angehöriger eines deutschen Polizeiregiments, vor einer protzigen Dekoration mit einem Hitlerbild. Wedekinds Regiment war an den Hinrichtungen sowjetischer Partisanen in der Gegend um Minsk beteiligt. Als die Wehrmacht immer größere Gebiete Europas einnahm, wurde die Frage des Menschenpotenzials zunehmend wichtig. Die Polizeiregimenter trugen wesentlich zur Verwirklichung der rassischen Neuordnung Osteuropas bei.

1941

ein Jude mit Namen Schalom Schwarzbard begangen hatte.

• 27. Juli 1941: Die Deutschen bringen 1200 Juden aus Belgrad in ein Lager bei Tasmajdan, wo jeder zehnte Gefangene erschossen wird. • In den Niederlanden wird eine kollaborationswillige Militärtruppe mit Verbindungen zur SS, die *Freiwilligen Legion Niederlander* (Niederländische Freiwilligenlegion), gegründet. • Die Kleidung der in Ponas (Ukraine) ermordeten Juden wird von Ukrainern und den Nazimördern verkauft.

• 28. Juli 1941: Beim Gefängnis von Drogobytsch massakrieren Angehörige der städtischen Polizei und Milizmänner mit Billigung der SS-Soldaten hunderte Juden mit Schusswaffen, Knüppeln und Fäusten. Die Straßen sind von

Diese jungen Frauen waren Mitglieder einer kleinen, aber wichtigen Widerstandsbewegung, die in den besetzten Gebieten der Sowjetunion existierte. Den Partisanengruppen dieser Bewegung gehörten Offiziere der Sowjetarmee und Politkommissare an, deren Einheiten sich aufgelöst hatten, sowie Juden, die vor den plündernden Einsatzgruppen geflohen waren. Sie waren unermüdlich dabei die Aktionen der Wehrmacht zu stören. Die meisten Widerstandsgruppen operierten in den Wäldern und in anderen abgelegenen Gebieten der Sowjetunion.

Partisanen bei der 26. Division aus Baku (Aserbaidshan) bereiten die Hinrichtung zweier gefangen genommener deutscher Polizisten vor. Nach dem Überfall Deutschlands auf die Sowjetunion regte Stalin die Schaffung von Partisanenverbänden an, welche die auf sowjetischem Territorium agierenden deutschen Truppen stören sollten. Die Partisanen waren den Kriegsgefangenen nicht freundlich gesonnen, und so waren summarische Exekutionen – wie auf diesem Bild – keine Seltenheit.

Die Massaker von Riga

In den ersten sechs Monaten der Besetzung Lettlands vernichteten die Deutschen und einheimische Kollaborateure 90 Prozent der insgesamt 95 000 Juden des Landes. Von den 40 000 Juden, die zur Zeit des deutschen Einmarsches in Riga im Juli 1941 in dieser Stadt wohnten, waren am Jahresende nur noch 4800 am Leben.

In den ersten Tagen der Besetzung initiierten lettische „zivile" Nationalisten brutale Angriffe auf die Rigaer Juden; sie verhafteten, schlugen, folterten und vergewaltigten sie und steckten Synagogen in Brand, in denen sich Menschen aufhielten. Tausende wurden an die Strände oder in die nahen Wälder getrieben und erschossen. Dann zwangen die Deutschen die noch verbliebenen 32 000 Juden zur Übersiedlung in ein überfülltes Ghetto mit baufälligen Häusern. Im November sonderten sie die „Arbeitsjuden" von den übrigen ab und schufen so zwei getrennte Ghettos. Unter Beteiligung aller verfügbaren deutschen und lettischen Kräfte führte die SS eine „Aktion" durch und brachte über 27 000 „nicht arbeitende" Juden in modernen blauen Bussen in den Wald von Rumbuli, wo sie ihre Opfer erschoss.

Nachdem die Deutschen die gesamte Bevölkerung des größeren Ghettos ausgelöscht hatten, brachten sie aus dem Reich 16 000 Juden dorthin, von denen die meisten ebenfalls getötet wurden. Ende 1943 waren nahezu alle lettischen Juden bei weiteren SS-Aktionen umgebracht, in fahrbaren Gaskammern ermordet oder in dem berüchtigten lettischen Lager Salaspils durch Arbeit vernichtet worden.

schwer verwundeten fliehenden Juden und verstümmelten Leichen verstopft.

• 29. Juli 1941: Deutsche Besatzungssoldaten exekutieren in und um Belgrad (Jugoslawien) 122 Kommunisten und Juden, die den Deutschen Widerstand geleistet haben. • In Łódź (Polen) werden 40 Geisteskranke aus einem Krankenhaus weggeholt und in einem nahen Wald hingerichtet.

• 31. Juli 1941: Reinhard Heydrich, der Chef des Sicherheitsdienstes der SS, wird in einem Schreiben Hermann Görings beauftragt alle im deutschen Einflussgebiet lebenden europäischen Juden zu evakuieren und zu beseitigen. In diesem Brief ist die Rede von einer „Gesamtlösung" für das europäische Judentum.

• Ende Juli 1941: In Dwinsk (Lettland) errichten die Deutschen ein Judenghetto.

• Juli – August 1941: In der westlichen Sowjetunion, in Litauen, Rumänien, Lettland und in Polen werden zehntausende Juden ermordet. Die Mörder sind Angehörige deutscher Einsatzgruppen, rumänischer Truppen und Milizen, ukrainische Bauern und litauische Zivilisten.

• August 1941: Nach dem Massaker an Juden in Cēsis (Lettland) feiern deutsche Soldaten und Angehörige der Sicher-

Das Wilnaer Ghetto

Wilna, auch als „Jerusalem Litauens" bekannt, war ein regionales Zentrum der jüdischen Kultur. Vor der deutschen Besetzung betrug die Zahl der in Wilna lebenden Juden 60 000 – ein Viertel der gesamten Stadtbevölkerung.

Im Sommer 1941 jedoch jagten Einsatzkommandos und litauische Kollaborateure die Wilnaer Juden aus ihren Häusern und trieben sie zum Gefängnishof. Sie ließen ihre Opfer mehrere Tage im Freien kampieren, dann mussten Männer und Frauen getrennt auf Lastwagen steigen und bekamen mitgeteilt, sie würden zur Arbeit gefahren. Stattdessen lud man sie im hügeligen Wald von Ponary ab. In kleine Gruppen aufgeteilt wurden sie zu einem Hinrichtungsplatz geführt. „Plötzlich traf uns die Wahrheit wie ein elektrischer Schlag", erinnerte sich ein Überlebender. Die Frauen baten mitleiderregend um Schonung und küssten die Stiefel ihrer Henker, boten ihnen vergebens Ringe und Uhren an. Annähernd zu 20 000 Juden wurden massakriert.

Im September errichteten die Deutschen zwei Ghettos für die noch lebenden Juden. Im Ghetto Nr. 1 wohnten die „Arbeitsjuden", während im kleineren Ghetto Nr. 2 die „Nichtarbeitenden" eingesperrt waren. Im Oktober beseitigten die Nazis alle 11 000 Bewohner dieses Ghettos; im November wurden noch tausende aus dem Ghetto Nr. 1 getötet. Im Dezember waren 40 000 Juden tot. Die 20 000 noch Lebenden dienten den Deutschen als Arbeitskräfte, bis das Ghetto 1943 aufgelöst wurde. Die Juden, die zu dieser Zeit noch arbeitsfähig waren, kamen in Arbeitslager; die anderen wurden in die Vernichtungslager gebracht. Nur 2000 bis 3000 Juden überlebten.

Die bedeutendste französische Widerstandsorganisation war das Freie Frankreich, dessen Soldaten hier abgebildet sind. Die Freifranzosen kämpften unter Führung von General de Gaulle gegen die Anerkennung des Vichy-Regimes, einer von den Nazis etablierten Marionettenregierung. Das Freie Frankreich koordinierte auch einen großen Teil der Aktivitäten des Widerstands im besetzten Teil Frankreichs. Seine Armee beteiligte sich später an der Befreiung Europas.

Hinrichtung eines lettischen Zivilisten durch einen Angehörigen der berüchtigten Einsatzgruppen. Diese Art der Exekution, die lächerlich zeitraubend und barbarisch war, gaben die so auf Effizienz bedachten Nazis nie auf.

1941

heitspolizei ein „Totenmahl".• In Belgien wird die *Legion Wallonie* (Wallonische Legion), eine kollaborationswillige Militärorganisation, gegründet.• In Slobodka (Ukraine) legen deutsche Soldaten den Boden der dortigen Synagoge mit toten Katzen aus und zwingen einige Juden die Thorarollen zu zerreißen und die Reste über die Tierkadaver zu verstreuen. Dann setzen die Nazisoldaten das Gebäude in Brand.

• Der Dompropst der St.-Hedwigs-Kathedrale in Berlin, Bernhard Lichtenberg, gehörte zu den wenigen deutschen Katholiken, die etwas zur Verteidigung der Juden unternahmen. Er erklärte, dass er das Los der Deportation nach dem Osten mit den Juden teilen wolle um dort für sie weiterbeten zu können. Er wurde anschließend bei der Gestapo denunziert und verhaftet.

Viele Juden, die den Ghettos und Lagern entkommen waren, meldeten sich freiwillig zum Kampf gegen die Nazis und die Faschisten. Über 5000 von ihnen schlossen sich dem polnischen II. Korps an, das 1941 in der Sowjetunion aufgestellt wurde; 30 000 weitere wurden Soldaten im britischen Heer. Beide Formationen nahmen später an den Kämpfen in Italien teil. Hier marschieren Seite an Seite arabische und jüdische Rekruten des *Auxiliary Military Pioneer Corps* des britischen Heeres bei Exerzierübungen in Palästina.

Das Kind eines SS-Offiziers wird in einer ausgeklügelten und fast okkulten Zeremonie geweiht. Der Säugling ist in ein Wolltuch gehüllt, das Hakenkreuz und SS-Runen schmücken, und liegt vor einem mit der Naziflagge bedeckten Altar. Jedes Kind erhielt einen Silberbecher, einen Silberlöffel und ein blaues Seidentuch. Für jedes vierte Kind, das in einer SS-Familie geboren wurde, bekamen die Mütter einen silbernen Leuchter geschenkt, in den die Botschaft eingraviert war, sie seien ein Glied in der Kette der Sippe.

Julius Lippert, hier auf dem Pferd Fridericus, zählte zur Elite der Nazis. Der sehr gebildete Lippert, der schon lange Zeit zum Bekanntenkreis des Reichsministers für Volksaufklärung und Propaganda gehörte, war auch ein entschiedener Antisemit. Nach Hitlers Machtantritt wurde er Bürgermeister von Berlin und war in hohem Maße verantwortlich für die Verfolgungen, denen die Juden der deutschen Hauptstadt in den ersten Jahren des Dritten Reiches ausgesetzt waren. Lippert impfte seinen bösartigen Judenhass auch seinem Sohn ein, der für das Schikanieren seiner jüdischen Klassenkameraden bekannt wurde.

• Der US-amerikanische Senator Gerald Nye prangert öffentlich die „jiddischen Direktoren“ des amerikanischen Theaters und Films an. Senator Burton Wheeler greift die Juden im Filmgeschäft als „Hollywood-Hitlers“ an. Senator Champ Clark unterstützt eine Ermittlung über die „unpatriotischen“ jüdischen Filmemacher in Hollywood. (Als unpatriotisch wurden sie wegen ihrer Filme bezeichnet, die eine Beteiligung am Krieg in Europa befürworteten.) Auch andere Kongressabgeordnete äußern sich in antisemitischer Weise. Viele Amerikaner stimmen deren Ansichten zu. Auch ist ein großer Teil der USA-Bürger der Meinung, dass ein Eintritt der USA in den Krieg gegen die Sowjetunion und nicht gegen Deutschland gerichtet sein müsse. • Auf den Todesmärschen von Bessarukiato (Bessarabien) an den Dnestr sterben hunderte Juden.

• 1. August 1941: In Białystok (Polen) wird ein Judenghetto eingerichtet. • In Kischinjow (Rumänien) werden mehr als 1000 Juden von einem Einsatzkommando getötet. • Schmul Vorble, Oberhaupt des Judenrates des ukrainischen Dorfes Kamien Koszyrski, meldet sich freiwillig als Todeskandidat, nachdem er eine Hinrichtungsliste mit den Namen von 80 Ghettobewohnern entdeckt hat.

Hitler und die Endlösung

Vor dem Eichmann-Prozess 1961 in Jerusalem verbrachte Avner Less, ein israelischer Polizist, hunderte Stunden mit der Vernehmung des SS-Obersturmbannführers, der am Ende für schuldig befunden und für seine Verbrechen am jüdischen Volk hingerichtet wurde. Einmal fragte Less nach „schriftlichen Weisungen" zur „Endlösung", dem Massenmord am europäischen Judentum. Er habe nie einen schriftlichen Befehl gesehen, behauptete Eichmann. Alles, was er wisse, sei, dass Reinhard Heydrich ihn vom Befehl des Führers zur physischen Vernichtung der Juden in Kenntnis gesetzt habe.

Bei der Erinnerung an Ereignisse, die 20 Jahre zurücklagen, war sich Eichmann über das genaue Datum unsicher, an dem er Heydrichs Worte gehört hatte. Er glaubte, es sei zwei oder drei Monate nach dem Überfall Deutschlands auf die Sowjetunion im Juni 1941 gewesen. Besser entsann er sich allerdings der Befehlskette. Nach seinen Worten muss Heydrich seine Instruktionen von Heinrich Himmler bekommen haben, der wiederum ausdrückliche Befehle von Hitler weitergegeben haben muss. Hätte er, Himmler, ohne Hitlers Befehl gehandelt, wäre er entlassen worden, ehe er gewusst hätte, wie ihm geschah.

Die Aussage Eichmanns, eines SS-Offiziers, der eine so wichtige Rolle bei der Umsetzung der „Endlösung" gespielt hat, ist, obwohl in diesen Punkten nur vom Hörensagen wiedergegeben, aufschlussreich, denn sie betrifft Probleme, die die Holocaust-Forschung noch immer beschäftigen. Zwar sind Hitlers unerbittlicher Judenhass und seine immer wiederkehrende Phrase von der „Vernichtung der jüdischen Rasse" gründlich dokumentiert, doch von Hitler geschriebene und unterzeichnete Befehle zur „Endlösung" wurden bislang nicht gefunden. Ein solches Dokument hat in der Tat vielleicht auch gar nicht existiert, denn Hitler verließ sich auf die mündliche Kommu-

nikation, wenn er seinen Untergebenen weit reichende Vollmachten zur Erfüllung seiner Wünsche erteilte.

Hitlers Wünsche zu verstehen, hieß seinen Ton und seine Wortwahl richtig zu deuten. Eine Erklärung Albert Speers, des Reichsministers für Bewaffnung und Munition (1942) bzw. für Rüstung und Kriegsproduktion (1943–1945), zitierend, legte der Historiker Raul Hilberg das Problem wie folgt dar: „Wenn er [Hitler] ‚kalt' und mit ‚leiser Stimme' ‚auch bei Tisch' über ungeheuerliche Entscheidungen sprach, dann wussten seine Zuhörer, dass er es ‚ernst' meinte." Erfahren in der Interpretation der Äußerungen Hitlers nutzten SS-Führer wie Himmler und Heydrich ihre Vollmachten aus um die „Judenfrage" ein für alle Mal zu lösen.

Es gibt kaum einen Grund Eichmanns Ansicht anzuzweifeln, dass die Vernichtung des europäischen Judentums durch die Nazis auf Hitlers Befehle zurückging. Nach Hilbergs Worten war „Hitler ... der Architekt der jüdischen Katastrophe." Die „Endlösung" war einfach zu bedeutsam und ein zu gewaltiges Unternehmen, als dass man sie ohne seine Initiative hätte durchführen können. Der exakte Zeitpunkt, zu dem Hitler seine Entscheidung bekannt gab, bleibt jedoch ungeklärt. Wahrscheinlich erteilte er seine Weisungen irgendwann im Sommer 1941, nach dem Überfall auf die Sowjetunion und den Mordaktionen der Einsatzgruppen, die im Juni begonnen hatten. Im Herbst jenes Jahres war die Umsetzung entsprechender Pläne für die Massendeportationen von Juden und für die Todeslager bereits im Gange.

1941

• 2. August 1941: In Ponary (Litauen) töten rund 80 betrunkene Deutsche 4000 Juden. • Unter den etwa 200 Juden, die in Kowno (Litauen) ermordet werden, befindet sich auch eine amerikanische Jüdin.

• 3. August 1941: In Tschernowzy (Rumänien) verhaften Angehörige der dortigen Einsatzgruppe 1200 Juden; 682 davon werden von deutschen und rumänischen Polizisten hingerichtet. • In Mitau (Lettland) werden 1500 Juden ermordet. • In Stanislawów (Ukraine) werden mehrere hundert Akademiker erschossen.

• 5.–8. August 1941: In der polnischen Stadt Pinsk werden 11 000 Juden ermordet.

In Lwow lebten vor dem Krieg rund 110 000 Juden. Nach der Besetzung durch deutsche Truppen im Juni 1941 wurde die Stadt vom 25.–27. Juli 1941 zum Ort brutaler Pogrome der Ukrainer gegen die Juden. Mit diesen so genannten „Petljura-Tagen" erinnerte man an den Tod des ukrainischen Ministerpräsidenten Symon Petljura, der 1919 Pogrome gegen die Juden veranstaltet hatte. Bei den Ausschreitungen im Juli 1941 wurden 2000 Juden getötet.

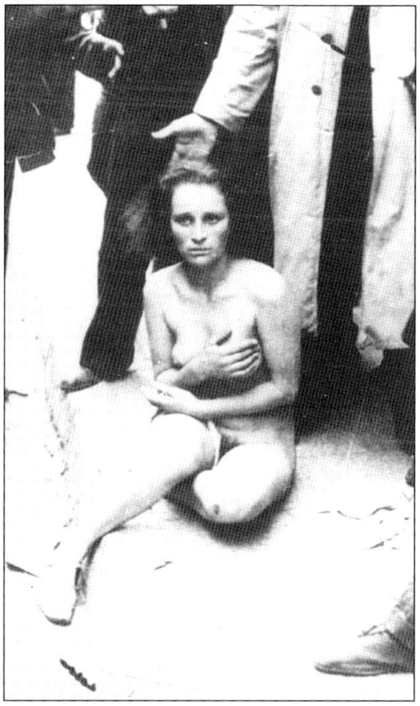

Die Begleitumstände, die dieses wahrscheinlich in Lwow (Ukraine) aufgenommene Foto betreffen, sind ungeklärt. Manche Quellen behaupten, die Frau sei eine gefangen genommene britische Agentin. Andere meinen, es handele sich um eine Jüdin, die in die Hände ukrainischer Antisemiten geraten sei. Ganz gleich, welche Geschichte sich hinter diesem beunruhigenden Bild verbirgt: Diese Frau wurde ihrer Kleider beraubt und – wahrscheinlich als Vorgeschmack auf ihre Hinrichtung – noch ein letztes Mal gedemütigt. Die Nazis und ihre überaus eifrigen Kollaborateure schienen eine besondere Vorliebe für diese niederträchtige Art der Tyrannei zu haben; sie entwürdigten jüdische und nichtjüdische Frauen um sie zu demoralisieren und um ihren „Spaß" zu haben.

Diese beiden Aufnahmen (unten) zeigen jüdische Einwohner der ukrainischen Stadt Lwow im Jahr 1941. Auf dem oberen Foto werden die Juden zu ihrer Hinrichtung zusammengetrieben. Der Lastwagen auf dem Bild rechts bringt die Leichen der Exekutierten zur Bestattung. Die Toten sollten später sehr wahrscheinlich von den auf der Ladefläche sitzenden Männern begraben werden. Falls es sich bei den Totengräbern um Juden gehandelt hat, sind sie nach Erledigung dieser Arbeit wahrscheinlich erschossen worden.

Eine Bewohnerin des Warschauer Ghettos mit einer Armbinde, die sie als Angestellte der Ghettoverwaltung ausweist. Die Organisierung und Verwaltung des Alltags in den Ghettos Osteuropas oblag den Juden. Neben den Judenräten gab es auch eine jüdische Polizei sowie eine Reihe von Verwaltern. Viele dieser Angestellten wurden von ihren jüdischen Mitbewohnern geschmäht, weil sie den Nazis zur Hand gingen, durch die sie in der Regel eine Vorzugsbehandlung erfuhren. Zu den Vergünstigungen gehörten erhöhte Lebensmittelrationen, die Zuweisung besserer Wohnungen und die Möglichkeit sich neuere Kleidung zu beschaffen.

Mit Hilfe antisemitischer litauischer Partisanen führten die mobilen Tötungskommandos der SS so genannte „Aktionen" gegen die Juden durch. In Kowno wurden die Juden in verschiedene Forts am Stadtrand gebracht, die noch aus der Zeit der Zarenherrschaft stammten. Von dort mussten sie, in Gruppen zu je 500 Personen aufgeteilt, bis zu riesigen, einige Kilometer entfernten Gruben laufen, wo sie exekutiert wurden. In den ersten Monaten der deutschen Besetzung wurden fast 40 000 Kownoer Juden ermordet.

Im August 1941 ermordeten Angehörige eines Einsatzkommandos und ukrainische Nationalisten in Kamenez-Podolski etwa 25 000 Juden in riesigen offenen Gruben. Zu den Opfern gehörten 5000 ortsansässige Juden sowie fast 20 000 Juden, die aus Ungarn deportiert worden waren.

1941

• **6. August 1941: In Belgien wird die *Legion Vlaandern* (Flandrische Legion), eine kollaborationsbereite militärische Einheit, gegründet.**

• **8.–9. August 1941: Aus Dwinsk (Lettland) werden tausende Juden in den Wald von Pogulanka gebracht und ermordet.**

• **14. August 1941: Alle Einwohner der jüdischen Gemeinde Lesko (Polen) werden nach Zasław (Polen) deportiert und exekutiert.**

• **15. August 1941: Heinrich Lohse, Reichskommissar für das Ostland (Osteuropa), verfügt, dass Juden den gelben Fleck sowohl auf dem Rücken als auch auf der Brust zu tragen haben, dass sie keine Autos oder Radioapparate besit-**

Eine Kennkarte, die am 29. August 1941 in Amsterdam für Sam Schrijver ausgestellt wurde. Nach der deutschen Besetzung der Niederlande war Schrijver aktiv im niederländischen Untergrund tätig, für den er gefälschte Kennkarten herstellte und Lebensmittelkarten schmuggelte. Schrijver, der 1943 verhaftet wurde, ertrug zahlreiche Prügelstrafen und lange Gefängnisaufenthalte. Er floh aus Westenbork einige Tage vor der Befreiung.

Nach dem Überfall auf Jugoslawien teilten die Deutschen das Land in mehrere Gebiete auf. Sie unterstellten Serbien und das Banat ihrer direkten Kontrolle und leiteten Aktionen gegen die jüdische Bevölkerung ein. Auf diesem Foto bereiten sich die Juden aus Zronjanin im Banat auf die Deportation in das Konzentrationslager Tasmajdan bei Belgrad (Jugoslawien) vor. Dort sollten sie exekutiert werden. Im August 1942 konnte die deutsche Führung dieses Gebiet stolz als „judenfrei" erklären.

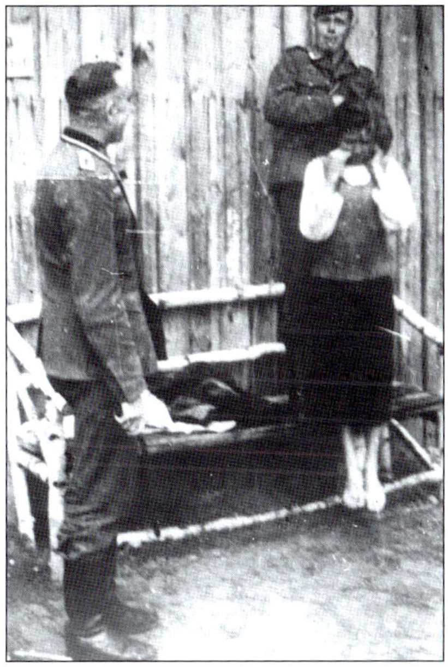

Das Leben in den Ghettos war für den Bewohner, die von den Deutschen immer wieder misshandelt wurden, auch 1941 eine Qual. Hier lässt ein deutscher Soldat eine jüdische Frau aus dem Ghetto Wilna (Litauen) an ihrem Haar in der Luft hängen. Die Deutschen wurden belehrt, die Juden nicht als Menschen zu betrachten, das erleichterte ihnen später die Liquidierung der Ghettos, als die Todeslager aufgebaut waren.

zen dürfen und dass ihre Anwesenheit an öffentlichen Plätzen streng verboten ist. • In Riga (Lettland) wird ein Judenghetto eingerichtet. • Im Kownoer Vorort Vilijampolė (Litauen) treffen die letzten der 26 000 überlebenden Juden von Kowno ein. Jeder Person wird ein Wohnraum von rund 2,75 Quadratmetern zugestanden.

• 19. August 1941: In Mogiljow (Weißrussland) werden mehr als 3000 Juden von Angehörigen des Einsatzkommandos 8 und Kollaborateuren aus der Stadt getötet.

• 20.–21. August 1941: Etwa 4300 Juden werden von Paris in das französische Durchgangslager Drancy geschickt. Sie sind die ersten von 70 000 Juden, die nach Drancy und dann in die Vernichtungslager, in erster Linie nach Auschwitz-Birkenau, deportiert werden.

• 21. August 1941: In Jasenovac (Kroatien) wird ein Konzentrationslager eröffnet.

• 24. August 1941: Der britische Premierminister Winston Churchill teilt der britischen Öffentlichkeit in einer

Eine deutsche Militärpatrouille bei der Durchsuchung „verdächtiger" Zivilisten in Baranowitschi (Weißrussland). Die Gesichter des deutschen Offiziers und seiner Männer enthüllen, dass sie ihre Macht über Leben und Tod von Zivilisten genießen. Den von Berlin kommenden Befehlen entsprechend hatten die deutschen Streitkräfte Kommunisten, Partisanen und Juden zu exekutieren. Im Gegensatz zu den anderen Kategorien potenzieller Opfer standen die Juden nicht deshalb auf der Todesliste, weil man ihnen ein Verbrechen zur Last legte, sondern einfach weil sie als Juden geboren waren.

Senator Gerald Nye aus dem US-Bundesstaat North Dakota, der wie seine Kollegen Burton Wheeler und Champ Clark den jüdischen Einfluss in Hollywood verurteilte, konzentrierte sich auf die „jiddischen Direktoren" der amerikanischen Theater- und Filmproduktion. Nye setzte sich unbeirrt dafür ein, dass sich die USA aus dem Krieg in Europa heraushielten und den Juden nicht gestatteten Amerika in diesen Konflikt hineinzuziehen. Seiner Ansicht nach beeinflussten die Hollywood-Filme die öffentliche Meinung des Landes zu Gunsten einer Intervention.

GROSSE MASSAKER DER EINSATZGRUPPEN AN JUDEN (1941–1942)

Die Einsatzgruppen der Nazis folgten der auf sowjetischem Territorium vorrückenden Wehrmacht von Juni 1941 an auf dem Fuß. Bis Jahresende hatten sie bereits hunderttausende Juden erschossen.

1941

Rundfunkansprache mit, dass in der Sowjetunion tausende Zivilisten von deutschen Soldaten hingerichtet werden. Damit nicht bekannt wird, dass der britische Nachrichtendienst den Enigma-Code für den deutschen Funkverkehr entschlüsselt hat, verzichtet Churchill auf eine Erwähnung der Zwangslage der Juden in der Sowjetunion oder andernorts im besetzten Europa. • Der 86-jährige Dr. Jakob Wygodskij, langjähriges Oberhaupt der jüdischen Gemeinde von Wilna (Litauen), wird verhaftet und eingesperrt und eine Woche darauf in Ponary (Litauen) hingerichtet.

• 25. August 1941: In Winniza (Ukraine) kommen Vertreter der deutschen Militär- und Zivilbehörden zusammen um das Schicksal von 20 000 ungarischen Juden zu erörtern, die in Kamenez-

Estnische Polizisten lassen jüdische Männer zur Internierung oder, was wahrscheinlicher ist, in den Tod marschieren. Da der Antisemitismus in den baltischen Ländern (Litauen, Lettland, Estland) stark verbreitet war, fanden die Nazis eine große Zahl Einheimischer, die die Eroberer bei der Vernichtung der Juden bereitwillig unterstützten. Die meisten estnischen Juden (1933 waren es 5000) flüchteten in die Sowjetunion, da Estland das letzte baltische Land war, das von Deutschland erobert wurde.

Auf Stoffstücke aufgemalte Kreise mit einem „J" in der Mitte weisen diese litauischen Frauen als Jüdinnen aus. Selbst wenn Juden zum Einkaufen gingen um das Lebensnotwendigste für ihre Familien zu beschaffen, waren sie, durch das Symbol stigmatisiert, Schmähungen und Misshandlungen ausgeliefert. Ihr Leben nahm bald eine verhängnisvolle Wendung, als die Einsatzkommandos mit der Vernichtung der litauischen Juden begannen. Bis Ende 1941 wurden fast 180 000 der 220 000 Juden Litauens getötet.

Die britischen Codebrecher

Entgegen allen Versuchen der Nazis die Vernichtung von Juden durch die Einsatzgruppen geheim zu halten, sickerte die Nachricht von den Massenmorden nach Deutschland und in die Länder der Alliierten durch. Die Berichte über die unvorstellbaren Gräueltaten der Nazis stießen auf Ungläubigkeit und Skepsis; man nahm an, es handele sich dabei um militärische Aktionen gegen die sowjetischen Verteidigungskräfte.

Die britische Regierung indes hatte genaue Kenntnis von den Morden. Am 24. August 1941 machte Premierminister Winston Churchill in einer Rundfunkansprache das Ausmaß der Aktivitäten der Einsatzgruppen in Osteuropa öffentlich bekannt. Er legte dar, dass deutsche Polizeieinheiten dabei seien ganze Distrikte auszulöschen und tausende russischer Patrioten, die ihre Heimaterde verteidigten, kaltblütig hinzurichten.

Churchill erwähnte nichts von der Vernichtung der Juden. Darüber zu sprechen war ihm verwehrt, wenn er vor den Deutschen geheim halten wollte, dass es dem britischen Nachrichtendienst gelungen war, deren Code für den Funkverkehr zu entschlüsseln.

Podolski zur Zwangsarbeit gepresst und interniert wurden. Generalleutnant Friedrich Jeckeln verkündet, dass alle 20 000 Juden bis zum 1. September liquidiert werden. *Siehe* 27.–29. August. • In Tykocin (Polen) werden 1500 Juden ermordet. • In Jugoslawien werden 8000 jüdische Einwohner Belgrads nach Topovske Supe transportiert und dort umgebracht.

• 27.–29. August 1941: Bei Kamenez-Podolski (Ukraine) werden fast 25 000 ungarisch-jüdische Zwangsarbeiter in Bombenkratern erschossen.

• 28. August 1941: Ein jüdischer Fleischer, der zusammen mit 2000 anderen Juden bei Kėdainiai (Litauen) in einen Graben steigen soll, setzt sich zur Wehr und bringt einem Soldaten des Einsatzkommandos einen tödlichen Biss in die Kehle bei. Die Juden werden sofort erschossen. • In Czyżewo-Slachecki (Polen) werden tausende Juden ermordet. • In Kėdainiai wird die gesamte jüdische Einwohnerschaft getötet.

• 31. August 1941: Mehr als 3600 jüdische Männer, Frauen und Kinder werden von Wilna (Litauen) in die Nähe von Ponary gebracht, wo sie als Vergeltung für einen Partisanenangriff auf

Die Komplizen

Bei ihren Kampagnen zur Vernichtung der europäischen Juden fanden die Nazis unter den Bewohnern der Länder Ost- und Westeuropas tausende bereitwilliger Komplizen.

Die einheimischen Polizeikräfte Frankreichs und der Niederlande halfen den Okkupanten jüdische Bürger aufzuspüren und zusammenzutreiben. Auch ungarische Soldaten und faschistische Extremisten beteiligten sich an der Jagd und halfen tausende Juden abzuschlachten. Die slowakische Hlinka-Garde, die nach dem Vorbild der nazistischen SA aufgebaut war, attackierte jüdische Bürger und die örtliche Polizei organisiserte deren Deportation. Die Anhänger der *Ustaša*, einer kroatischen nationalistischen, terroristischen Separatistenorganisation, peinigten ihre jüdischen Opfer und ermordeten sie auf barbarische Weise mit Äxten und Hämmern. In Rumänien und auf der Krim schockierte der Blutdurst und der Eifer, mit dem sich volksdeutsche Freiwillige und rumänische Armeeeinheiten an den Massenerschießungen beteiligten, selbst die SS-Leute.

Als die mobilen Mordkommandos der Einsatzgruppen in die Sowjetunion einfielen, füllten sie ihre relativ dünn besetzen Reihen mit hilfswilligen Esten, Letten, Litauern und Ukrainern auf. Die *Omakaitse*, estnische Polizeikollaborateure, trieben die jüdischen Bürger Tallinns zusammen und gingen den Nazis bei der Erschießung hunderter Juden zur Hand. In Riga half die lettische Selbstschutz-Polizei bei der Tötung tausender Juden. Die Polizei in Litauen verhaftete und exekutierte Juden, während die litauischen Nationalisten Pogrome veranstalteten, bei denen tausende Juden ums Leben kamen. Die besonders brutale ukrainische Hilfspolizei machte Jagd auf Juden, die aus den Ghettos geflohen waren und töteten tausende von ihnen. Ohne die Mithilfe dieser Komplizen hätte der Völkermord der Nazis ein spürbar geringeres Ausmaß gehabt.

Nach der Besetzung Lettlands gingen die deutschen und lettischen Faschisten ohne Verzug gegen die jüdischen Bürger des Landes vor. In Riga zerstörten sie die Synagogen und schlugen, vergewaltigten und erschossen Juden. Zunächst nur an den Rand gedrängt wurden die Juden im August mit der Zwangsumsiedelung in das Rigaer Ghetto vollends aus der lettischen Gesellschaft ausgeschlossen. Hier müssen jüdische Männer und Frauen die niedrigste und mühsamste Arbeit verrichten – die Trümmer beseitigen, die auf der Straße vor einer katholischen Kirche liegen.

Joseph Goebbels, Reichsminister für Volksaufklärung und Propaganda, rief die deutsche Nation zum Krieg gegen die Sowjetunion auf. Ende 1941 konnte er mit seinen Rundfunkansprachen den größten Teil der Bevölkerung erreichen. Der Zweifrontenkrieg hielt Goebbels nicht davon ab auf die Entfernung der Juden aus der deutschen Gesellschaft zu dringen. Die erste Deportation von Berliner Juden fand im Oktober statt.

1941

eine deutsche Patrouille erschossen werden.

• September 1941: Die Deutschen eröffnen in Paris eine Ausstellung unter dem Titel „Der Jude und Frankreich“. Die Besucher bekommen scheußliche Abbilder von mythischen Juden zu sehen, von Juden, die wegen ihrer vermeintlichen Schuld am Tod Jesu Christi angeblich zu ewiger Wanderung durch die Welt verflucht sind und von den Juden, die, wie behauptet wurde, nach der Weltherrschaft streben. Andere Ausstellungsstücke zeigen „den Juden“ als abstoßendes Monster, das Frankreich vernichtet. In den ersten Tagen besuchen über 100 000 Pariser Bürger die Schau. • Rumänen und Deutsche zwingen fast 150 000 Juden zu Todesmärschen in die Internierungslager in Bessarabien (Ukraine). Schläge, wahl-

Bischof Clemens August Graf von Galen unterstützte schon früh den Nationalismus der Nazis. Später versuchte er dem „Euthanasie"-Programm Einhalt zu gebieten, indem er es 1941 öffentlich anprangerte. Obwohl er nicht an dem Versuch eines Attentats auf Hitler im Juli 1944 beteiligt war, brachten ihn die Nazis damit in Verbindung und wiesen ihn in das Konzentrationslager Sachsenhausen ein. Papst Pius XII. ernannte Galen am Ersten Weihnachtsfeiertag 1945 zum Kardinal.

1941 wurden die französischen Juden mit wachsenden Restriktionen konfrontiert, zu denen, wie diese Aufnahme aus Paris zeigt, auch Verhaftungen und Durchsuchungen durch die Polizei gehörten. In Frankreich lebende ausländische Juden mussten sogar mit noch härteren Maßnahmen, unter anderem mit Verhaftung und Deportation, rechnen. Ab Anfang August wurden sie in das Durchgangslager Drancy und von dort in Arbeits- oder Konzentrationslager geschickt.

Unter den wachsamen Augen der französischen Polizei kommt ein jüdischer Mann der Anweisung der Regierung nach, die den Juden den Besitz von Radioapparaten untersagt hatte. 1941 wurden immer neue Regierungsmaßnahmen dieser Art verkündet; sie hatten die Unterdrückung und Isolierung der Juden zum Ziel und sollten diese auf ihre Verhaftung und Deportation vorbereiten. Unterdessen verfolgte die Vichy-Regierung eine Politik der Arisierung, in deren Rahmen jüdisches Eigentum beschlagnahmt wurde.

lose Erschießungen, Erschöpfung, Hunger, Durst, Entkräftung und Krankheiten kosten viele Juden das Leben.

• In Auschwitz wird ein neun Blöcke umfassender Abschnitt zu einem Lager für sowjetische Kriegsgefangene umfunktioniert. • Chemiker und Mechaniker des Kriminaltechnischen Instituts des Reichssicherheits-Hauptamtes entwickeln ein Exekutionsfahrzeug, dessen Abgase in den luftdicht abgeschlossenen Laderaum geleitet werden.

• 1. September 1941: Die Juden in der Slowakei, in Böhmen und in Mähren müssen vom 19. September an den gelben Stern tragen. Sie werden angewiesen jegliche Geschäftstätigkeit einzustellen. • Der ukrainische Nationalist Ulas Samtschuk, Herausgeber der Zeitung *Wolhyn*, schreibt, Juden und Polen müssten „völlig aus unseren Städten verschwinden". • Aufgrund der Proteste deutscher Christen lässt Hitler das „Euthanasie"-Programm offiziell einstellen. Inoffiziell wird es jedoch weitergeführt.

• 3. September 1941: In Auschwitz erhalten 600 sowjetische Kriegsgefangene und 300 Juden „Sterbehilfe". • In Dubossary (Ukraine) werden sechs Juden

Otto Ohlendorf

Otto Ohlendorf war von Juni 1941 bis Juni 1942 Befehlshaber der Einsatzgruppe D. Dieses Mordkommando operierte in der Kaukasus-Krim-Region, wo Ohlendorf die Ermordung von 90 000 Menschen befahl.

Als er 1947 vor Gericht stand, behauptete er zur Rechtfertigung seiner Handlungen, dass er von der „militärischen Notwendigkeit" der Morde völlig überzeugt gewesen sei. Die Juden seien, so argumentierte er, eine ständige Gefahr für die deutschen Besatzungstruppen gewesen und hätten eines Tages Deutschland vielleicht angreifen können. Auf die Ermordung von Kindern angesprochen machte er geltend, dass die Kleinen herangewachsen und als Kinder von Eltern, die ermordet worden seien, keine geringere Gefahr dargestellt hätten als eben diese Eltern.

Um die „gewaltige Last" der persönlichen Verantwortung zu mildern hatte er den Henkern befohlen gleichzeitig auf die Opfer zu schießen. Während des Prozesses schickten Frauen Blumen in die Zelle des gut aussehenden Angeklagten, der für seine Verbrechen zum Tod durch den Strang verurteilt wurde.

Zur Bekämpfung der serbischen Widerstandsbewegung kündigten die Deutschen strenge Vergeltungsmaßnahmen an: Für jeden getöteten Deutschen würden 100 Serben sterben müssen. Dem Widerstand schlossen sich auch viele Juden an. Die Juden wurden zum besonderen Ziel der deutschen Repressalien. Hier befiehlt ein deutscher Soldat einer Gruppe jüdischer und serbischer Männer in Reihen anzutreten um sie zu ihrer Hinrichtung führen zu können.

Unter der Kontrolle von Angehörigen der Einsatzgruppe B werden diese deprimiert blickenden jüdischen Männer in Mogiljow (Weißrussland) zur Zwangsarbeit oder zur Hinrichtung geführt. Der übergroße Davidstern, den sie an ihrer Kleidung tragen, legt den Gedanken nahe, dass das Foto für einen Propagandafilm aufgenommen wurde, der den Hass der nichtjüdischen Bevölkerung auf die Juden und die Furcht vor einer Bedrohung der Gesellschaft durch diese „Untermenschen" anheizen sollte. Überdimensionale Judensterne, um den Hals gehängte Plakate, erniedrigende Arbeiten – all das wurde gefilmt und fotografiert um die Menschen in eine Art jüdischer Zerrbilder zu verwandeln, wie sie die nazistischen Illustratoren und Karikaturisten bevorzugten.

1941

öffentlich gehängt, weil sie sich geweigert hatten im Judenrat mitzuarbeiten. Später werden 600 betagte Juden in die acht Synagogen des Ortes getrieben; sie kommen in den in Brand gesteckten Gotteshäusern um.

• 4. September 1941: Mitglieder des jüdischen Widerstands in Dubossary (Ukraine) verüben unter Leitung von Jakow Gusanjatskij ein Attentat auf den deutschen Stadtkommandanten Kraft. Eine weitere Gruppe sprengt ein großes Waffenlager der Deutschen in die Luft.

• 6. September 1941: Die Deutschen richten in Wilna ein Ghetto für arbeitsfähige Juden ein.

• 7. September 1941: Der britische Außenminister Anthony Eden äußert:

Zu der Kampagne, mit der sich die Nazis Unterstützung für ihre antisemitischen Maßnahmen sichern wollten, gehörte auch eine Ausstellung in Paris mit dem Thema „Der Jude und Frankreich". Die Exponate appellierten an den Patriotismus der Franzosen, denn sie stellten „den Juden" als Feind und als Monster dar, das die Absicht hatte, Frankreich zu ruinieren. Die Ausstellung wurde in den ersten Tagen von 100 000 Pariser Bürgern besucht.

Eine Gruppe von Kindern kurz vor ihrer Hinrichtung durch ein Einsatzkommando. Während des Holocaust starb schätzungsweise eine Million jüdischer Kinder, die meisten von ihnen in den Gaskammern der Todeslager. Bei ihrem Vormarsch auf sowjetischem Territorium überließen die Deutschen das Töten jüdischer Kinder mitunter auch ihren ukrainischen Verbündeten.

„… wenn wir jemandem den Vorzug einräumen müssen, dann lassen Sie mich Ihnen leise ins Ohr sagen, dass ich die Araber den Juden vorziehe."

• 12. September 1941: Generalfeldmarschall Keitel fordert seine Befehlshaber im Osten auf, bei der Behandlung der Juden ohne Rücksichtnahme vorzugehen. • Aus Wilna werden 3434 Juden in die Nähe von Ponary gebracht und dort hingerichtet.

• 13. September 1941: Berlin argwöhnt, dass die Alliierten den deutschen Funkverkehr abhören und weist seine Befehlshaber in der Sowjetunion an die Berichte über Exekutionen von Juden und anderen Sowjetbürgern nicht mehr über Funk, sondern nur noch per Kurier zu schicken.

• In Piotrków (Polen) werden elf Mitglieder des Judenrates, die mit den jüdischen Untergrundkämpfern der Stadt zusammengearbeitet haben, hingerichtet, nachdem sie zwei Monate lang von der Gestapo gefoltert worden sind.

• Charles und Anne Lindbergh, Mitglieder des *America First Committee*, nehmen an einer Kundgebung in Des Moines (US-Bundesstaat Iowa) teil, auf

Dr. Franz Six, Dekan an der Berliner Universität, kommandierte als SS-Brigadeführer eine Einheit der Einsatzgruppe B und war für die Ermordung von mehr als 50 000 Juden verantwortlich. Er wurde zu lediglich 20 Jahren Haft verurteilt, von denen er nur vier Jahre absaß, da er von John McCloy, dem amerikanischen Hohen Kommissar für Deutschland, für den Einsatz bei der US-amerikanischen Spionageabwehr ausgewählt worden war. Er sagte später im Eichmann-Prozess zu Gunsten des Angeklagten aus.

Die Besetzung Jugoslawiens durch deutsche Truppen löste neue brutale Aktionen gegen die Juden des Landes aus. Hier setzt ein Angehöriger einer deutschen Gebirgsjägereinheit zu einem tödlichen Fußtritt gegen das am Boden liegende Opfer an. Die Szene spielte sich während einer Kampagne zur Säuberung des Mačva-Gebietes von seinen jüdischen Bewohnern ab.

Zwei von deutschen Soldaten umringte jüdische Frauen in einem Durchgangslager in Bessarabien. Der Erlass des rumänischen Diktators Ion Antonescu *Curatirea Terenului* (Säuberung des Landes) hatte die Ermordung vieler Juden zur Folge. Jene, die die Säuberungsaktionen überlebt hatten, wurden in Ghettos abgeschoben oder in primitive Lager verbannt, wo sie in Grashütten wohnten.

1941

der Lindbergh die Juden beschuldigt, aus Gründen, die nicht amerikanisch seien, für den Krieg zu agitieren. Ihre größte Gefährlichkeit bestehe in ihrem ausgedehnten Besitz und in ihrem Einfluss auf Filmproduktion, Presse, Rundfunk und die Regierung der USA.

• 15. September 1941: In Berditschew (Ukraine) werden 18 000 Juden umgebracht.

• 16. September 1941: In Uman (Ukraine) werden alle 24 000 jüdischen Einwohner auf dem Flugplatz der Stadt versammelt und von deutschen Soldaten ermordet.

• 17. – 18. September 1941: Eine umfassende Deportation deutscher Juden beginnt.

• 19. September 1941: Deutsche Truppen besetzen Kiew (Ukraine). • In Shito-

Entsetzt und fassungslos versuchen diese beiden jüdischen Frauen sich von den brutalen Schlägen zu erholen, mit denen sie von Rumänen und Deutschen traktiert worden sind. Gewaltausbrüche dieser Art waren die ersten Erscheinungen einer Welle der Verfolgung, die sich gegen die Juden in Bessarabien (Rumänien) richtete. Danach begannen die Deportationen und die Todesmärsche in die Lager in Transnistrien (Rumänien). Viele Juden überlebten die Strapazen nicht und fielen Erschießungen, Hunger und Durst zum Opfer oder ertranken im Dnestr.

GROSSE RUMÄNISCHE MASSAKER AN JUDEN (1941–1942)

Während des Holocaust wurden mehr als 270 000 rumänische Juden ermordet. Der größte Teil von ihnen fiel 1941 den Einsatzgruppen und den nicht minder blutdürstigen rumänischen Soldaten zum Opfer. Die meisten wurden erschossen; andere kamen durch Ertrinken, Prügel oder andere Torturen ums Leben. Allein am 25. Juni 1941 wurden in Iaşi etwa 15 000 Juden ermordet.

Im September setzte eine Welle der Verfolgung der Juden Bessarabiens ein. Zwei Monate lang deportierten Rumänen und Deutsche über 120 000 bessarabische Juden aus ihrer Heimat in Lager nach Transnistrien. Wer unterwegs zurückblieb, wurde erschossen. Menschen, die den Marsch überlebt hatten, berichteten von Müttern, die sich kaum noch auf den Beinen halten konnten und ihre toten Kinder trugen, bis sie einen Platz für ein ordentliches Begräbnis gefunden hatten.

Grußkarte zum jüdischen Neujahrsfest mit einem Foto von Pola Lenczner. Die hebräische Inschrift über Polas Gesicht bedeutet „Ein glückliches Neues Jahr!" Pola Lenczner wurde später von den Deutschen ermordet.

Karl Jäger war ein bedeutender Nazifunktionär und SS-Standartenführer, der das Einsatzkommando 3 der Einsatzgruppe A und die Sicherheitspolizei in Litauen befehligte. Er ordnete die Ermordung tausender litauischer Juden an, die er in Gruben erschießen ließ. Nach dem Krieg konnte sich Jäger jahrelang dem Zugriff der Polizei entziehen, wurde jedoch 1959 schließlich verhaftet. Er entging durch Selbstmord der Hinrichtung durch den Strang.

Deutsche Polizisten und möglicherweise auch Angehörige eines Einsatzkommandos ermorden Juden, die hilflos in einem Graben stehen. Der sandige Boden deutet darauf hin, dass es sich hier vielleicht um eine „Aktion" der Einsatzgruppe A an der Ostseeküste Litauens, Lettlands oder Estlands handelt. Viele deutsche Soldaten behaupteten nach dem Krieg, sie hätten keine andere Wahl gehabt als zu schießen, wenn es befohlen war. Tatsächlich jedoch hat es nur selten Bestrafungen gegeben, wenn sich Männer weigerten an Exekutionen teilzunehmen. Wer sich an den Gräueltaten beteiligte, tat es aus freiem Willen.

1941

mir (Ukraine) werden tausende Juden ermordet. • Nach einer Polizeiverordnung vom 1. September 1941 müssen die Juden der Slowakei, Böhmens und Mährens zur Kennzeichnung einen gelben Stern tragen.

• 20. September 1941: Mehrere tausend Juden, vor allem Frauen und Kinder aus Kowno (Litauen), werden in der Kownoer Synagoge exekutiert, nachdem man sie dort drei Tage lang festgehalten hatte. • Bei der Kiewer Polizei werden Armbinden eingeführt, die ihre Träger als Mitglieder der von den Nazis geförderten Organisation ukrainischer Nationalisten ausweisen.

• 22. September 1941: Alle jüdischen Einwohner von Litin (Ukraine) werden ermordet. • Von der SS ausgebildete ukrainische Milizangehörige massakrie-

Ein Mitglied des niederländischen Widerstands beim Abhören einer möglicherweise vom BBC ausgestrahlten Sendung. Der Empfänger ist in einem Buch versteckt. Die Übertragungen so genannter „Feindsender" bewahrten nicht nur die Bevölkerung der besetzten Länder vor der Verzweiflung, sondern lieferten auch verschlüsselte Instruktionen für Untergrundaktionen gegen die Deutschen. Viele Niederländer zeigten Anteilnahme am Schicksal der Juden und riskierten ihr Leben um diese Menschen vor den Deutschen zu verstecken. Die niederländische Regierung und Polizei allerdings arbeiteten im Allgemeinen mit den Deutschen zusammen und lieferten ihnen jüdische Bürger aus, die dann auf die Reise in den Tod geschickt wurden.

Das Massaker von Ejszyszki

Im Herbst 1941 löschten die vorrückenden Einsatzkommandos in den Dörfern und Kleinstädten der baltischen Länder systematisch jüdische Gemeinden aus. Am 22. September, dem Beginn des jüdischen neuen Jahres, drangen die Kommandos in die litauische Stadt Ejszyszki ein um alle 4000 jüdischen Einwohner zu ermorden.

Über 500 Juden flüchteten aufs Land, wo sie von den Deutschen und deren Helfern von der litauischen Polizei eingefangen wurden. Die nicht mehr entkommen konnten, wurden ohne Nahrung und Wasser eingesperrt. Am nächsten Tag und in der darauf folgenden Nacht ließ man sie, die noch immer nichts zu essen und zu trinken erhalten hatten, auf dem Viehmarkt stehen. Am 25. September schließlich wurden bei Tagesanbruch die kräftigsten und gesündesten Männer weggebracht. Den übrigen sagte man, sie sollten sich beruhigen, denn die Männer würden arbeiten und ein Ghetto für die Gemeinde einrichten. Doch statt des Ghettos gab es nur Leichengruben, zu denen man die Juden in Gruppen zu 250 Personen führte und wo man sie erschoss. Ein Überlebender erinnerte sich gehört zu haben, wie die litauischen Henker mit ausgelassenem Gesang und einem Trinkgelage feierten.

An den Tötungsaktionen der Einsatzgruppe A im Baltikum beteiligten sich freiwillig etwa 300 Litauer. Bei diesen „Aktionen" wurden rund 90 Prozent der jüdischen Bevölkerung ausgelöscht. Von den jüdischen Einwohnern der Stadt Ejszyszki überlebten nur 30 den Krieg.

Die deutschen Eroberer Osteuropas ermunterten die in den besetzten Gebieten lebenden Volksdeutschen sich den Naziorganisationen anzuschließen. Viele dieser Volksdeutschen beteiligten sich auch an den Verbrechen des Naziregimes. Auf diesem Foto posieren uniformierte Volksdeutsche vor einer Gruppe von Serben und Juden, die sie am 17. September 1941 in Petrovgrad (Jugoslawien) hingerichtet haben.

ren in Winniza (Ukraine) 28 000 Juden. • Fast 500 Juden entkommen aus Ejszyszki (Litauen), nachdem man sie vor einer bevorstehenden Säuberungsaktion der Nazis gewarnt hat. *Siehe* 23. September 1941.

• 23. September 1941: In Auschwitz werden Vergasungsversuche durchgeführt. • 3500 Juden, die nicht aus Ejszyszki (Litauen) fliehen können, werden in eine Synagoge gesperrt und dann, ohne dass sie in der Zeit etwas zu essen oder zu trinken bekommen haben, zum Viehmarkt geführt. *Siehe* 27. September 1941.

• 24.–28. September 1941: Sowjetische Soldaten in Kiew (Ukraine) verstecken in zwei Hotels, im Postamt, an einer Sendeanlage und in anderen Gebäuden Bomben, die über Funk gezündet werden, nachdem sich deutsche Soldaten dort eingerichtet haben. Rund 1000 Deutsche werden getötet. Die Eroberer entwickeln sofort einen Vergeltungsplan. *Siehe* 29.–30. September 1941.

• 26. September 1941: Jüdische Einwohner von Swieciny (Litauen) werden im nahe gelegenen Polygon-Wald massakriert. Mehreren hundert jungen Männern gelingt die Flucht.

Die Einsatzgruppen waren in der Ukraine besonders aktiv. Hier beobachten Angehörige der Waffen-SS und des Reichsarbeitsdienstes die Hinrichtung eines ukrainischen Juden durch einen Soldaten der Einsatzgruppe D. Im September 1941 ermordeten die Nazis nahe der ukrainischen Stadt Winniza 28 000 Juden und verscharrten sie in Massengräbern.

Vom September 1941 an mussten die deutschen Juden an ihrer Kleidung den Davidstern tragen. Der Stern, der sofort ihre „rassische" Zugehörigkeit erkennen ließ, trug die Aufschrift „Jude". Dieses jüdische Paar wurde in den Straßen von Berlin fotografiert. Gebrandmarkt durch die Sterne hatten sie jede Hoffnung verloren den Peinigungen durch die Nazis zu entgehen, die ihnen begegneten. Die Kennzeichnung erleichterte es den Deutschen Juden für die Deportation in den Osten ausfindig zu machen, die einem Todesurteil gleichkam.

Zwei polnische Juden bei der Zwangsarbeit mit ihren deutschen „Vorgesetzten" und Peinigern. Der gequälte Ausdruck auf ihren Gesichtern steht in scharfem Gegensatz zum Lächeln der deutschen Aufseher. Der Anblick der beiden gut gekleideten jüdischen Männer, die Kohle schaufeln und die Straßen kehren müssen, scheint die Nazis erfreut zu haben.

1941

• 27. September 1941: Mehr als 3200 Juden aus Ejszyzki (Litauen) werden in der Umgebung der Stadt exekutiert.

• 27.–28. September 1941: Die Juden in Kiew (Ukraine) werden angewiesen sich zwecks „Umsiedlung" zu versammeln. ***Siehe*** **29.–30. September 1941.**

• 29.–30. September 1941: Als Vergeltung für die Deutschen, die bei Bombenanschlägen sowjetischer Soldaten in Kiew umgekommen sind, werden in der Schlucht Babi Jar (Ukraine) 33 771 Juden erschossen. Das Massaker wird von Paul Blobel, dem Befehlshaber des Sonderkommandos 4a, geleitet.

Der Vernichtungskrieg der Wehrmacht

Als Hitler seinen Feldzug im Osten begann, wurde die deutsche Wehrmacht zum unmittelbaren aktiven Partner im Vernichtungskrieg des Führers. Ihre Truppen führten nicht nur militärische, sondern auch ideologisch motivierte Operationen durch.

Die militärischen Richtlinien und Erklärungen hochrangiger Offiziere widerspiegelten Hitlers Überzeugung, dass der Feldzug gegen die Sowjetunion kein gewöhnlicher Krieg war. Die geplante totale Ausrottung des „jüdischen Bolschewismus" wurde mit der Suche nach „Lebensraum" gerechtfertigt und die Stabsoffiziere – unter ihnen auch Generalfeldmarschall Manfred von Brauchitsch *(Abb.)* – hoben die Notwendigkeit brutaler Maßnahmen hervor. Dementsprechend wurden die traditionellen internationalen Regeln der Kriegführung bei diesem Vernichtungsfeldzug mit Füßen getreten. Gefangene Rotarmisten wurden nicht als Kombattanten, sondern als „nutzlose Esser" gesehen, die man rücksichtslos liquidieren konnte.

Schätzungen zufolge kamen durch das deutsche Militär zwischen zwei und drei Millionen sowjetischer Kriegsgefangener um. Die meisten ließ man verhungern. Andere starben, da ihre warme Kleidung beschlagnahmt worden war oder Erschöpfung und Epidemien die Oberhand gewannen. Wieder andere, die auf den langen Märschen in die Gefangenenlager nicht Schritt halten konnten, wurden erschossen. Wer den Marsch überlebt hatte, musste unter schrecklichen Bedingungen Zwangsarbeit leisten oder wurde für medizinische Experimente missbraucht.

Die Wehrmacht überstellte den Einsatzkommandos mehr als 500 000 „politisch unerwünschte Kriegsgefangene" zur sofortigen Exekution. Zu den Opfern gehörten Funktionäre der Kommunistischen Partei, Angehörige der Intelligenz und alle Juden, die in deutsche Gefangenschaft geraten waren. Die Einheiten der Wehrmacht unterstützten die Einsatzgruppen auch durch die Sicherung von Geländeabschnitten, in denen Massenerschießungen stattfanden. Mitunter nahmen sie an „Durchkämmungsoperationen" teil, bei denen sowjetisches Territorium von Juden gesäubert wurde.

Von den Aktivitäten der Partisanen behindert ließ die Wehrmacht als Vergeltung eine große Zahl schutzloser Zivilisten öffentlich hängen oder auf andere Weise hinrichten. Die Juden als angebliche Förderer des Bolschewismus wurden leicht zu ihren Opfern. Die Soldaten erschossen alle, die während des Ausgehverbots auf der Straße angetroffen wurden, brannten ganze Dörfer nieder, deren Bewohner verdächtigt wurden Partisanen versteckt zu haben, trieben das Vieh weg, vernichteten Lebensmittelvorräte und zwangen Juden Minenfelder mit Harken zu säubern.

In einem Bericht der Einsatzgruppe A wurde erwähnt, dass die Wehrmacht bis zum Ende des Jahres 1941 19 000 Partisanen und „Verbrecher" – „mehrheitlich Juden" – erschossen habe.

Die Wehrmacht beteiligte sich sogar an der Liquidierung von Ghettos. Das geschah meist unter dem Deckmantel der Partisanenbekämpfung. Im Herbst 1941 war sie allein in Weißrussland im Rahmen von acht „Aktionen" dieser Art bei der Erschießung von weiteren 20 000 Juden behilflich. Den Erschießungskommandos in Lettland, die jüdische Gefangene ermordeten, gehörte auch Wehrmachtspersonal an. Zu Massakern an Zivilisten (auch hier hauptsächlich Juden), die als Vergeltungsmaßnahmen für die Aktivitäten der Partisanen durchgeführt wurden, sowie zu gemeinsamen Operationen von Heereseinheiten, Einsatzgruppen und Polizei kam es auch auf dem Balkan. Sie waren ein typisches Beispiel für die Mittäterschaft der Wehrmacht während des Holocausts.

• September – Oktober 1941: Die Zahl der SS-Morde an sowjetischen Juden steigt mit dem Vorstoß deutscher Truppen in Richtung Moskau. In Odessa (Ukraine) und Kiew (Ukraine) werden 48 000 Juden getötet. • In den besetzten östlichen Gebieten Polens werden 20 000 Juden exekutiert.

• Oktober 1941: Die deutsche Regierung verbietet ab sofort die Auswanderung von Juden aus Deutschland. • Im KZ Auschwitz beobachtet der SS-Offizier Arthur Johann Breitwieser, dass einer seiner Männer ohnmächtig aufgefunden wird, nachdem er unbeabsichtigt mit einem Zyklon B genannten Desinfektionsmittel in Berührung gekommen ist. Eine gasförmige Variante der Verbindung wird schließlich zur Ermordung von Millionen Juden eingesetzt. • Angehörige einer Einsatzgruppe holen Juden aus der Hafenstadt Liepaja (Lettland) zusammen und belegen sie im Marinestützpunkt der Stadt mit Maschinengewehrfeuer. • Im Warschauer Ghetto ertränken Deutsche 30 jüdische Kinder in Lehmgruben nahe der Okopowa-Straße. • Im Konzentrationslager Buchenwald verurteilt Dr. Fritz Mennecke 1200 jüdische Gefangene zum Tod durch eine „Euthanasie"-Maßnahme.

Das Massaker von Babi Jar

Wenige Tage nach der Einnahme der ukrainischen Hauptstadt Kiew durch deutsche Truppen fand am Rande der Stadt das wohl blutigste Massaker des Holocaust statt. Im September 1941 schlachteten Angehörige eines Einsatzkommandos der Einsatzgruppe C und der Sicherheitspolizei in der Schlucht Babi Jar an zwei Tagen über 33 000 Kiewer Juden ab.

Als in Kiew eine Reihe von Explosionen und Bränden das deutsche Hauptquartier zerstörte und eine große Zahl deutscher Soldaten tötete, gab man die Schuld daran den Juden. Als Vergeltungsmaßnahme kündigten die deutschen Behörden mit einem Plakat die angebliche „Umsiedlung“ der Kiewer Juden an. Unter Androhung des Todes mussten sich über 30 000 Juden zum jüdischen Friedhof begeben. Von da aus ging es in kleinen Gruppen weiter bis Babi Jar. Dann wurden die zitternden Menschen, die zuvor alle Kleidungsstücke hatten ablegen müssen, in die Schlucht geführt. Nachdem sie sich befehlsgemäß auf den Boden gelegt hatten, wurden sie durch Schüsse in den Hinterkopf getötet. Das Massaker ging ohne Unterbrechung weiter. Die nächsten Opfer mussten sich auf die Toten legen; die Leichen lagen regelrecht in Schichten übereinander. Eine Überlebende, die wie durch ein Wunder nicht von den Kugeln getroffen wurde, erinnerte sich, wie sie, ihren Sohn an sich gepresst, „unter einem Haufen warmer blutiger Körper“ lag. „Die Leichen alter Männer ruhten auf denen der Kinder, die auf ihren toten Müttern lagen.“ Paul Blobel, der den Einsatz leitete, versuchte später sämtliche Spuren des Massakers zu beseitigen.

Zu den berüchtigtsten Massenhinrichtungen, die von den Deutschen während des Krieges durchgeführt wurden, gehörte das Massaker von Babi Jar, einer Schlucht am Rande der ukrainischen Hauptstadt Kiew. Am 29. und 30. September 1941 trieben die Deutschen mit Unterstützung ukrainischer Kollaborateure 33 771 Juden zusammen und richteten sie in Babi Jar hin. Die Metzelei war eine der vielen Gräueltaten der Einsatzkommandos und Polizeibataillone nach dem Überfall auf die Sowjetunion.

Paul Blobel befehligte das Einsatzkommando 4a der Einsatzgruppe C, das im Sommer und Herbst 1941 in der Ukraine zahlreiche Gräueltaten beging und auch das Massaker von Babi Jar durchführte. Ende Dezember 1941 leitete Blobel eine weitere ausgedehnte Mordaktion in Charkow (Ukraine), der 21 600 Juden zum Opfer fielen.

1941

• **Anfang Oktober 1941:** Nach dem ersten Schneefall der Saison werden im Warschauer Ghetto 70 Kinder erfroren vor zerstörten Häusern aufgefunden.

• **1. Oktober – 22. Dezember 1941:** In Wilna (Litauen) werden 33 500 Juden getötet.

• **2. Oktober 1941:** An diesem jüdischen Versöhnungstag werden Juden aus dem Ghetto von Podborodz (Ukraine) geholt und getötet. • Ein Überfall der Nazis auf das Judenghetto in Wilna (Litauen) hinterlässt im nahen Ponary 3000 Tote. Serna Morgenstern, die auch zu den Opfern gehört, wird von einem SS-Offizier hinterrücks erschossen, nachdem dieser ihr Komplimente wegen ihrer Schönheit gemacht und ihr gesagt hat, es stünde ihr frei zu gehen.

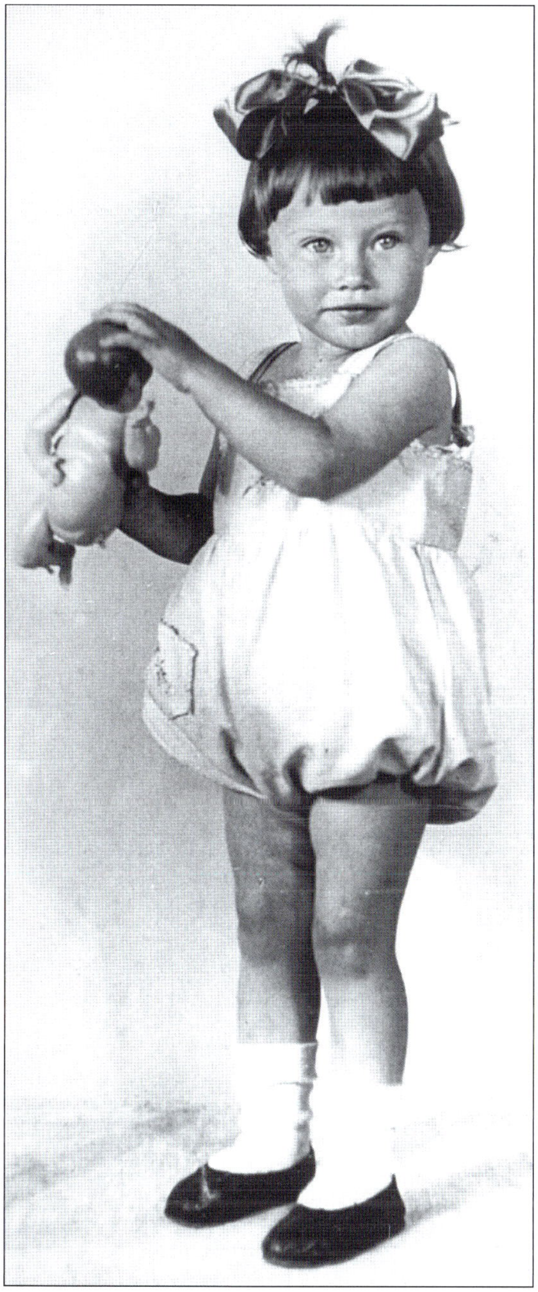

Unter den 33 771 Opfern des Massakers von Babi Jar waren Juden aller Altersstufen und gesellschaftlicher Kreise. Die Täter ließen weder bei den Betagten und den Frauen noch bei Kindern Gnade walten. Ihnen fielen auch Klara Halef-Miropolski und ihr Ehemann Josef *(oben)* zum Opfer. Ihre Tochter Mania Halef *(ganz links)*, die hier auf einem Foto aus dem Jahr 1936 zu sehen ist, war erst sieben Jahre alt, als sie in Babi Jar erschossen wurde. Die Nazis hielten es für besonders wichtig die Kinder zu ermorden, die nach ihrer Vorstellung die Zukunft der jüdischen „Rasse" darstellten. Rachil Michailowna Boorakowskaja *(oben)* war eine von den tausenden Frauen, die bei dem Massaker getötet wurden.

• 4. Oktober 1941: 1500 Juden aus Kowno werden zum Fort Nr. 9 gebracht und dort ermordet. In Kowno selbst schließen die Nazis das jüdische Krankenhaus ab und stecken es in Brand. Alle Eingeschlossenen verbrennen.

• 6.–7. Oktober 1941: Die Mehrzahl der Juden in Dwinsk (Lettland) wird ermordet.

• 8. Oktober 1941: Das Ghetto von Witebsk (Weißrussland) wird liquidiert; mehr als 16 000 Juden werden getötet.

• 9. Oktober 1941: Hans Frank, Generalgouverneur im besetzten Polen, erklärt vor den Ministern des Generalgouvernements: „Mit den Juden … muß so oder so Schluß gemacht werden."

• 10. Oktober 1941: Generalfeldmarschall Walter von Reichenau, Befehlshaber der 6. Armee, erlässt einen Befehl, der „die Notwendigkeit der harten, aber gerechten Sühne am jüdischen Untermenschentum" unterstreicht. • Tausende slowakischer Juden werden in Arbeitslager nach Sered, Vyhne und Nováky geschickt. • Die Juden der Slowakei, Böhmens und Mährens werden aus ihren Häusern vertrieben und in Ghettos angesiedelt.

Dieses Mädchen auf dem in Lubny (Ukraine) aufgenommenen Foto trägt zum Schutz vor der Kälte bereits im Oktober 1941 dicke Wintersachen. Ihr droht allerdings mehr als nur die Kälte, denn sie gehört zu einer Gruppe von Personen, die auf ihre Hinrichtung durch ein Mordkommando der Nazis warten. Das Einsatzkommando 4a wütete in der zweiten Oktoberhälfte im Gebiet Lubny. Seine Aktivitäten in diesem Gebiet und die Liquidierung von 1363 ukrainischen Juden, Kommunisten und Partisanen sind in einem offiziellen Bericht über den Völkermord mit der beschönigenden Bezeichnung „Ereignismeldung UdSSR Nr. 132" aufgeführt.

Christian Wirth war eine zentrale Figur im Vernichtungsprogramm der Nazis. Er trat 1931 der NSDAP bei und arbeitete für die Stuttgarter Leitstelle der Gestapo. Als Mitarbeiter des „Euthanasie"-Programms Aktion T4 stellte Wirth Versuche zur Vergasung von Menschen an, die man für „lebensuntüchtig" erklärt hatte. Er war für den Aufbau der ersten „Euthanasie"-Anstalten außerhalb Deutschlands verantwortlich und überwachte die Tötungseinrichtungen in den Vernichtungslagern Chełmno, Bełżec, Sobibór und Treblinka. Wirth fiel 1941 einem Attentat jugoslawischer Partisanen zum Opfer.

Deutsche Soldaten mühen sich ihr Fahrzeug wieder in Gang zu bringen, das im Schlamm eines vom Regen aufgeweichten Weges stecken geblieben ist. Zwar hatte die Wehrmacht mit dem Unternehmen „Barbarossa" anfangs Erfolge, war aber nicht auf die Härten des Klimas auf sowjetischem Territorium vorbereitet. An ihrer späteren Niederlage hatten nicht nur die sowjetischen Streitkräfte, sondern auch die Witterungsbedingungen ihren Anteil.

1941

• 11. Oktober 1941: In Tschernowzy (Rumänien) wird ein Judenghetto eingerichtet. • In Edineţi (Rumänien) werden tausende Juden ermordet.

• 12. Oktober 1941: Nach der Vernichtung von 10 000 bis 12 000 Juden in Leichengruben außerhalb von Stanisławów (Ukraine) durch Gestapoleute und ukrainische Milizangehörige veranstalten die deutschen Täter anlässlich des „Blutsonntags" eine Siegesfeier. • In Šabac (Jugoslawien) werden hunderte Zigeuner ermordet. • In Schepalowze (Ukraine) werden tausende Juden getötet.

• 13. Oktober 1941: In Dnepropetrowsk (Ukraine) werden 15 000 Juden ermordet.

Der Nazibeamte Wilhelm Kube *(links)* wurde 1941 zum Generalkommissar von Weißrussland ernannt. Er gehörte zu den ersten Mitgliedern der NSDAP und war bereits vor Hitlers Machtantritt 1933, zur Zeit der Weimarer Republik, Reichstagsabgeordneter. Kube, der bis zuletzt eine politische Figur blieb, widersetzte sich den Deportationen und dem Massenmord durch die SS, damit nicht noch mehr Juden in sein Gebiet abgeschoben würden. Im September 1943 wurde er von einer als Hausmädchen getarnten sowjetischen Partisanin getötet.

Diese Juden aus einem deutschen Arbeitslager im besetzten Teil der Sowjetunion klopfen Mörtelreste von den Ziegeln zerstörter Gebäude. Bei ihrem Vorstoß auf dem Territorium der Sowjetunion hinterließen die Deutschen ein solches Ausmaß an Zerstörung, dass viele Gebäude von Grund auf neu erbaut werden mussten. Dazu verwendete man häufig Material, das die Wehrmacht zurückgelassen hatte.

Das Kownoer Ghetto

Von den 30000 Juden, die anfangs im Ghetto von Kowno (Litauen) gewohnt hatten, erlebten weniger als zehn Prozent die Befreiung.

Während der ersten sechs Wochen der deutschen Besetzung im Jahr 1941 verhafteten litauische Extremisten tausende Juden und sperrten sie in mehrere alte Forts im Umfeld der Stadt ein. Fast 4000 Juden kamen dort ums Leben. Viele Frauen wurden vergewaltigt und dann erschossen. Die Toten warf man in Gruben.

Nachdem sich die Tore des Ghettos im August geschlossen hatten, begann das systematische Morden durch die Einsatzgruppen. Im September wurden über 1600 Männer, Frauen und Kinder erschossen. Am 4. Oktober wurden etwa 1800 Juden ermordet, darunter auch 180 Kinder und minderjährige Patienten, die bei lebendigem Leib verbrannten, als die Deutschen das Hospital des Ghettos in Brand steckten. Während der „Großen Aktion" am 28. Oktober wurden die „Arbeitsjuden" von den „arbeitsunfähigen" Ghettobewohnern getrennt. Etwa 9200 Personen schickte man „nach rechts"; sie sollten ermordet werden. Die restlichen 17000 mussten als Zwangsarbeiter schuften.

Ende 1943 begannen die Nazis mit der Liquidierung des Ghettos und deportierten viele seiner Bewohner in Konzentrationslager. Im März 1944 holten SS-Leute alle Kinder, die jünger als 12 Jahre waren, aus ihren Wohnungen und Verstecken. Diese so genannte „Kinderaktion" forderte 1300 Todesopfer. Eine Mutter hat in ihrem Tagebuch das Entsetzen festgehalten, das sie empfand, als sie mit ansehen musste, dass ihr Kind „wie eine Puppe auf den Lastwagen geworfen" wurde.

- **14. Oktober 1941: In das Ghetto Łódź (Polen) werden deutsche Juden deportiert.**

- **15. Oktober 1941: Die deutschen Behörden in Polen verfügen die Erschießung jedes Juden, der außerhalb seines Ghettos angetroffen wird. Ebenso soll jeder Nichtjude exekutiert werden, der einem Juden Hilfe leistet.**

- **16. Oktober 1941: Odessa (Ukraine) wird von deutschen und rumänischen Truppen besetzt. • Drei Tage nach dem von Deutschen verübten Mord an 15000 jüdischen Einwohnern von Dnepropetrowsk (Ukraine) werden in der Stadt weitere 5000 Juden hingerichtet. • Der erste Deportationszug mit Juden aus Westeuropa setzt sich nach Polen in Bewegung; seine Ziele sind die Ghettos von Łódź, Lublin und Warschau.**

- **16. Oktober – 4. November 1941: Zwanzig Züge mit fast 20000 Juden verlassen Deutschland, Luxemburg, die Tschechoslowakei und Österreich in Richtung Łódźer Ghetto.**

- **18.–20. Oktober 1941: Nach einer nächtlichen Feier deutscher Soldaten führt ein Einsatzkommando in Borissow (Weißrussland), 80 Kilometer östlich von Minsk, eine**

„Jüdische Frauen, die bei ihrer Ankunft in den ersten Monaten schwanger waren, mussten abtreiben lassen. Waren sie bei ihrer Verhaftung bereits hochschwanger, wurden die Kinder nach der Geburt in einem Eimer Wasser ertränkt."

Nach der Aussage von Marie Vaillant-Couturier, einer ehemaligen Angehörigen der französischen Résistance, vor dem Nürnberger Tribunal über Auschwitz (1946).

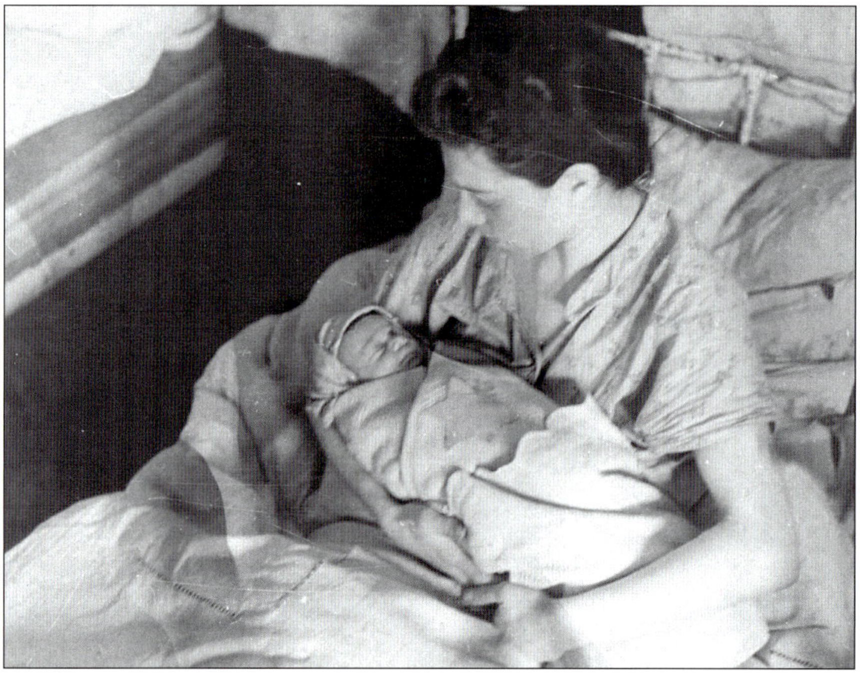

Eine Mutter mit ihrem Neugeborenen im Hospital des Ghettos Kowno (Litauen). Auf die Decke, in die das Kind gewickelt wurde, ist ein Judenstern aufgenäht. Das Symbol lässt erkennen, dass dem Kind wahrscheinlich nur ein kurzes Leben beschieden ist. Von den ursprünglich 30 000 Bewohnern des Kownoer Ghettos, das im Sommer 1941 eingerichtet wurde, überlebten weniger als zehn Prozent.

Der katholische Geistliche Bernhard Lichtenberg war Domprobst in der St.-Hedwigs-Kathedrale in Berlin. Er wandte sich gegen das staatlich sanktionierte „Euthanasie"-Programm und ermahnte seine Gemeinde offen gegen die von den Nazis durchgeführten Deportationen von Juden in den Osten aufzutreten. 1941 wurde Lichtenberg verhaftet. Bei der Durchsuchung seiner Wohnung fand man Notizen für eine Predigt, die Lichtenberg noch nicht gehalten hatte und in der er vor seiner Gemeinde die Lüge der Nazis zu entlarven gedachte, dass die Juden Deutschland und das deutsche Volk vernichten wollten. Er wurde zu zwei Jahren Haft verurteilt. Nach seiner Entlassung im Jahre 1943 wurde der 68-jährige Lichtenberg von der Gestapo verhaftet und in das Konzentrationslager Dachau eingewiesen. Vom Alter und vom Gefängnisaufenthalt geschwächt starb Lichtenberg auf dem Weg ins Lager.

1941

Massenexekution sowjetischer Juden durch.

- **19. Oktober 1941: Die sowjetischen Behörden verkünden in Moskau den Belagerungszustand.**
- **21. Oktober 1941: Einwohner der jüdischen Gemeinde Kojdanowo werden ermordet.**
- **– 23. Oktober 1941: In Kraljevo (Jugoslawien) werden tausende Juden ermordet.**
- **22. – 23. Oktober 1941: Bei einer Explosion im rumänischen Hauptquartier in Odessa (Ukraine) werden 66 deutsche Soldaten und Offiziere sowie 17 rumänische Offiziere getötet. Drei Stunden später werden Juden und Kommunisten im Stadtzentrum ge-**

GROSSE DEPORTATIONEN VON JUDEN IN DAS GHETTO ŁÓDŹ (1941–1943)

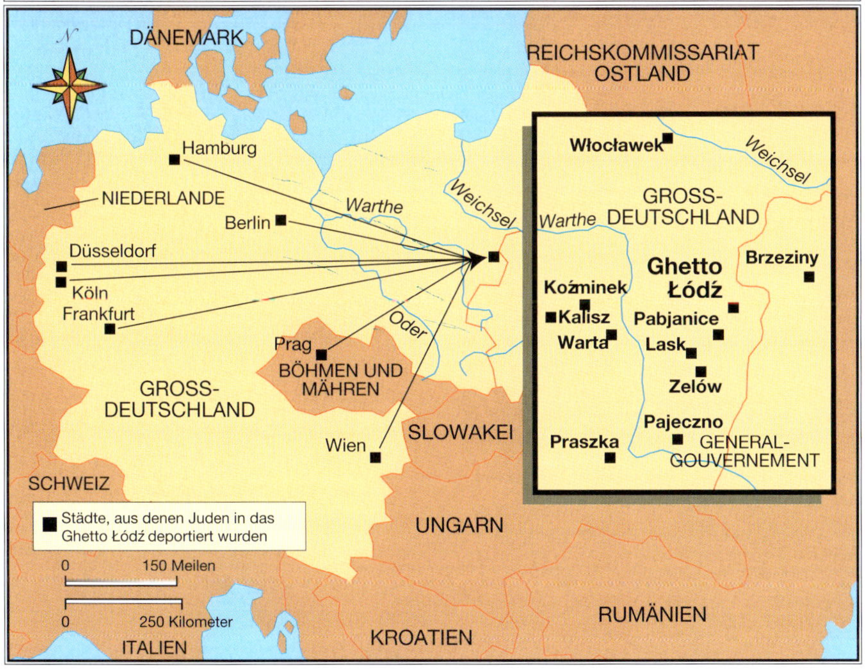

Anfang 1940 errichteten die Deutschen das Ghetto Łódź (Polen) und sperrten darin 150 000 Juden ein. 1941 und 1942 wurden aus Berlin, Wien, Prag und anderen Städten noch einmal fast 40 000 Juden nach Łódź deportiert.

Joseph Goebbels bei seiner Ansprache zur festlichen Eröffnung der deutschen Buchwoche im Oktober 1941 in Weimar. Die Bücher Deutschlands waren zu dieser Zeit bereits gründlich „arisiert" und Werke jüdischer Autoren hatte man verboten. Das Ziel des Verlagswesens bestand wie in jedem anderen Bereich des deutschen Kulturlebens darin, dem Volk einen starken Antisemitismus einzuimpfen. Bücher wurden damals immer mehr zu einem Propagandamittel der Nazis.

Arthur Nebe

Arthur Nebe befehligte von Juni bis November 1941 die Einsatzgruppe B, die in der Umgebung von Minsk (Weißrussland) und an der Moskauer Front operierte. In diesen fünf Monaten exekutierte die Einsatzgruppe Nebes über 45 000 Juden.

Nach der Erfüllung seiner Aufgabe in der Sowjetunion kehrte Nebe zu seinen Pflichten als Reichskriminaldirektor zurück. Während Himmlers Besuch in Minsk ließ Nebe als Vorführung für den Reichsführer SS 100 Menschen erschießen. Himmler wurde bei dem Anblick übel; er zeigte sich besonders beunruhigt über zwei Frauen, die nicht auf der Stelle tot waren. Er wies Nebe daraufhin an „humanere" Tötungsmethoden zu finden. Als Nebe die Aufgabe erhielt die Leiden der Patienten einer Irrenanstalt zu beenden, setzte er gegen die Geisteskranken Dynamit ein.

Nebe, der in die Verschwörung gegen Hitler verwickelt war, wurde 1945 wahrscheinlich selbst hingerichtet. Möglicherweise aber hat er den Krieg überlebt, da er nach Zeugenberichten 1956 in Italien und 1960 in Irland gesehen wurde.

hängt. Am folgenden Tag werden 5000 Juden und andere Zivilisten verhaftet und erschossen.

• Oktober 1941: In Kragujevac (Jugoslawien) werden tausende Juden ermordet.

• 23.–25. Oktober 1941: In Odessa (Ukraine) werden tausende Juden getötet.

• 24.–25. Oktober 1941: 16 000 Odessaer Juden werden aus der Stadt in Richtung Dalnik getrieben, wo sie zunächst unter freiem Himmel und später durch die durchbohrten Wände von Lagerhäusern hindurch in Gruppen zu jeweils 40 bis 50 Personen erschossen werden. Drei dieser Gebäude werden in Brand gesteckt, ein viertes durch Artilleriefeuer gesprengt.

• 25. Oktober 1941: Die Juden in Tatarsk (Russland) revoltieren gegen gewalttätige Bauern und die Mordkommandos der SS. Der Aufstand wird von regulären deutschen Heereseinheiten, Artillerie und Luftwaffe niedergeschlagen. Alle Juden in Tatarsk werden ermordet. • SS-Oberführer Viktor Brack, Oberdienstleiter in der Kanzlei des Führers, entwickelt ein Giftgasprogramm, das zur Lösung der „Juden-

Das bereits stark übervölkerte und nur unzureichend versorgte Ghetto Łódź (Polen) war der Bestimmungsort ganzer Züge voller Juden, die ab Herbst 1941 aus Deutschland, Österreich und Böhmen deportiert wurden. Um den Zustrom neuer Bewohner bewältigen zu können, forderten die Nazis Chaim Rumkowski, das Oberhaupt der Ghettoverwaltung, auf 20 000 Bewohner zur Deportation auszuwählen. Ende Januar 1942 hatte Rumkowski die Zahl auf 10 000 „Asoziale" – Personen, die nicht in den Ghettowerkstätten beschäftigt waren – heruntergehandelt.

Die Opfer der Massaker der Nazis wurden fast immer in Massengräbern verscharrt. In diesem Graben in Jugoslawien liegen die Leichen der Juden und Zigeuner, die im Oktober 1941 von Angehörigen des 750. Infanterieregiments ermordet worden waren. Um ihre entsetzlichen Verbrechen zu vertuschen ließen die Nazis später viele Massengräber wieder öffnen und die Leichen verbrennen. Das Leeren der Massengräber, die die Nazis in ganz Europa über *Monate* hinweg mit ihren Opfern gefüllt hatten, stellte jedoch ein nicht zu bewältigendes Unternehmen dar. Viele Gräber blieben daher unberührt, bis sie von den Alliierten entdeckt wurden. Selbst wenn es den Deutschen gelungen war die Leichen zu exhumieren, blieben an den überlasteten Verbrennungsöfen und den Scheiterhaufen unter freiem Himmel noch genügend menschliche Überreste als Beweise für die Schreckenstaten zurück.

Die Nazibehörden zwangen die Juden oftmals und besonders in den Ghettos eine eigene Polizei zu stellen. Diese Aufnahme zeigt einen jüdischen Polizisten am Eingang des Ghettos von Stanislawów (Ukraine). Die Nazis hofften das Ghetto und dessen Bewohner völlig von der Außenwelt abschneiden zu können. Niemand sollte erfahren, was sich innerhalb der Mauern abspielte.

1941

frage" angewendet werden soll. Bracks Vorstellungen werden von Alfred Wetzel vom Reichsministerium für die besetzten Ostgebiete und von dem SS-Offizier Adolf Eichmann unterstützt.

• 26. Oktober 1941: In Kiew (Ukraine) werden Taubenhalter in der Annahme hingerichtet, ihre Vögel könnten zur Nachrichtenübermittlung eingesetzt werden. • Die Deutschen teilen den Juden in Kalisz (Polen) mit, dass die betagten Bewohner des Genesungsheims am nächsten Tag in ein anderes Heim überführt würden. *Siehe* 27. Oktober 1941.

• 27. Oktober 1941: Vor dem jüdischen Altenheim in Kalisz hält ein schwarzer Lastwagen, der dann mit den Heimbewohnern wegfährt. Der Wagen ist so konstruiert, dass Kohlenmonoxid in den

Rumänien war einer der osteuropäischen Verbündeten Deutschlands. Am 16. Oktober 1941 wurde die ukrainische Stadt Odessa von deutschen und rumänischen Truppen überrannt und von den Rumänen besetzt. Obwohl in Rumänien seit dem zweiten Jahrhundert auch Juden lebten, hatten sie ein schweres Los. Die Regierungen, die Rumänien zu Beginn des 20. Jahrhunderts führten, verhinderten die Assimilierung der Juden und antijüdische Gewalttaten waren keine Seltenheit. 1941 praktizierte das Land – wie andere kollaborationswillige Staaten auch – die gleiche Besatzungspolitik wie die Deutschen. Das Foto zeigt Juden, die auf ihre Registrierung bei den neuen Behörden im rumänisch beherrschten Odessa warten.

Wilhelm Frick *(links)* und Hans Globke *(rechts)*, zwei Beamte in Zivil, zusammen mit ihren Kollegen vom Militär bei einer Parade. Frick spielte zunächst als Innenminister in Thüringen und später als Reichsinnenminister eine wichtige Rolle beim Aufstieg der NSDAP an die Macht. Globke, der nie Mitglied der Nazipartei war, arbeitete im Reichsinnenministerium als Leiter der Reichsbürgerstelle und war Fricks Rechtsberater. In dieser Rolle beteiligte er sich an der Formulierung des Kommentars zum Reichsbürgergesetz, an der Abgrenzung der Juden von den Deutschen und an der Entrechtung der Juden.

Ein deutscher Soldat prüft während einer Verhaftungsaktion, ob es sich bei diesem jungen Polen um einen Beschnittenen handelt. Trotz der Behauptungen der Deutschen, Juden wiesen deutlich sichtbare Rassemerkmale auf, die sie von den „Ariern" unterschieden, konnten mitunter selbst „Experten" mit ihren Geräten zur Vermessung der Schädelgröße nicht unterscheiden, wer Jude und wer „Arier" war. Die Feststellung, ob eine männliche Person beschnitten war, galt als weniger wissenschaftliche, dafür aber praktische Methode.

Lebensborn e. V.

Die nationalsozialistische Rassenpolitik in den eroberten Gebieten im Osten konzentrierte sich vor allem auf die Vernichtung unerwünschter Personen. Doch Heinrich Himmler, der früher Geflügel züchtete, setzte ein weiteres Ziel – die Feststellung und Erhaltung „rassisch wertvoller arischer" Elemente innerhalb der Bevölkerung der besetzten Gebiete.

Zu diesem Zweck brachte die SS in den besetzten Gebieten blonde blauäugige Kinder von deren Eltern fort und schickte sie zur Adoption nach Deutschland. Dieses unheilvolle Unternehmen, das unter dem Namen „Heuaktion" lief, wurde in Polen und der Sowjetunion mit besonderer Brutalität durchgeführt. Tausende Kinder wurden unbarmherzig aus ihren Familien herausgerissen. Die meisten kamen in Heime des Lebensborn e. V. der SS und wurden später von geeigneten „nordischen" Ehepaaren adoptiert. Das Oberhaupt der neuen Familie war häufig selbst Mitglied der SS. Dieses skrupellose Verbrechen war auch für Lettland und andere besetzte Länder geplant.

Diese Aktivitäten waren allerdings nur eine Seite von Himmlers Lebensborn-Programm, mit dessen Hilfe „reines arisches" Blut erhalten, verbessert und verbreitet werden sollte. Um die Weitergabe „guten Blutes" zu fördern, rief Himmler die SS zur Zeugung einer zahlreichen Nachkommenschaft auf. Dabei tat es nichts zur Sache, wenn die gezeugten Kinder unehelich geboren wurden; es ging darum, dass die Eltern „reinrassige Arier" waren. In ganz Deutschland gab es 13 spezielle Einrichtungen, die als „Zuchtfarmen" für SS-Männer und auch als Entbindungsheime für unverheiratete deutsche Mütter dienten.

Viele Frauen und Kinder fielen Massenerschießungen zum Opfer. Dieses Foto zeigt eine Mutter mit ihren beiden Kindern und mehrere hundert andere Menschen kurz vor der Massenerschießung in Lubny (Ukraine) am 16. Oktober 1941.

Jüdische Frauen und Kinder mussten kurz vor ihrer Hinrichtung oftmals ihre Habe abgeben und auch ihre Kleidung ablegen. Diese Sachen eigneten sich in der Regel die Henker an. In Lubny ermordeten Sonderkommandos 1363 Juden, Kommunisten und Partisanen.

1941

Laderaum geleitet wird. *Siehe* 28. Oktober 1941. • Die Juden des etwa 100 Kilometer von Minsk (Weißrussland) entfernten Sluzk werden von einem Einsatzkommando vernichtet, in dem je zur Hälfte Deutsche und Litauer dienen.

• 28. Oktober 1941: Aus dem Altenheim in Kalisz werden weitere betagte Juden in Vergasungswagen abtransportiert. • In Kowno (Litauen) müssen 27 000 Juden auf dem Platz der Demokratie an SS-Hauptscharführer Rauka vorbeimarschieren, der über Leben oder Tod jedes Einzelnen entscheidet. • 9200 der Juden, darunter 4300 Kinder, werden zu den Gruben in der Nähe des 9. Forts geschickt und dort ermordet. • *Siehe* 30. Oktober 1941.

• 30. Oktober 1941: In Neswish (Weißrussland) werden 4000 Juden ermordet.

Diese Violine gehörte einst dem Roma-Zigeuner Miodrag Djordevic-Tukalia aus Jugoslawien. Er wurde zwischen dem 20. und dem 26. Oktober 1941, in einer Woche der Massenerschießungen, von deutschen Soldaten in Kragujevac getötet. Djordevic-Tukalias Sohn bewahrte die Violine zur Erinnerung an seinen verstorbenen Vater auf.

Nackt und verängstigt bittet eine junge Jüdin um ihr Leben. Sie hat bereits ihre Kleider abgelegt und wird nun zu einem Massengrab gedrängt, wo sie mit einem Kopfschuss oder mit Maschinengewehrfeuer getötet werden soll. Das von vorn und in Augenhöhe aufgenommene Foto wurde mit ziemlicher Sicherheit nicht heimlich gemacht. Im Gegenteil – der Fotograf wollte wahrscheinlich ein Dokument oder vielleicht ein Andenken an diese Episode aus dem Alltag seiner Einheit haben. Man muss sich fragen, welches Schicksal der Frau beschieden war, denn in der Eile trafen die Todesschüsse der Einsatzkommandos nicht immer. Mitunter lebten einige Opfer nach einer solchen Massenerschießung noch; sie mussten sich dann unter den Leichen, von denen sie umgeben waren, hervorarbeiten.

Das Ghetto Kowno in Litauen wurde zu einem der berüchtigtsten Ghettos in Osteuropa. Diese Aufnahme zeigt das 9. Fort, auch als Tötungszentrum Nr. 2 bekannt, wo etwa 50 000 Juden exekutiert wurden. Nach der Hinrichtung wurden die Opfer von den Mördern in riesige Gruben geworfen. Jedes dieser Massengräber enthielt 3000 Leichen.

• Ein 12-jähriger Junge, der dem Massaker am 28. Oktober im 9. Fort entkommt, kehrt in das Kownoer Ghetto zurück und berichtet über das Geschehene.

• November 1941: Über 15 000 serbische Juden werden in ein Konzentrationslager in Sajmiste (Jugoslawien) deportiert und später in mobilen Vergasungseinrichtungen getötet, die als Fahrzeuge des Roten Kreuzes getarnt sind. • In Brest (Weißrussland) wird ein Judenghetto eingerichtet. • Tausende deportierter deutscher Juden treffen in Minsk (Weißrussland) ein. • Die Zeitungen in London und New York berichten über den Mord an 52 000 Juden durch die Nazis in Kiew (Ukraine).

• 1. November 1941: In Belżec (Polen) wird mit dem Bau eines Vernichtungszentrums begonnen. • In Grodno (Weißrussland) wird ein Judenghetto eingerichtet. • In Hadjerat-M'Guil (Nordafrika) wird ein von den Nazis sanktioniertes Konzentrationslager eröffnet.

• 5.–6. November 1941: Außerhalb der Stadt Rowno (Ukraine) werden 17 000 Juden getötet.

Sowjetische Soldaten beim Positionieren einer Panzerabwehrkanone während der Schlacht um Moskau Ende 1941. Die überlegene deutsche Taktik und Bewaffnung hatte zu Beginn des Krieges gewaltige personelle und territoriale Verluste der Sowjetunion zur Folge. Die wichtigsten Ziele der Deutschen waren Kiew, Leningrad und Moskau, doch die Witterung und der verzweifelte Widerstand von sowjetischer Seite verhinderten, dass die Eindringlinge auch nur eine der drei Städte vollständig eroberten.

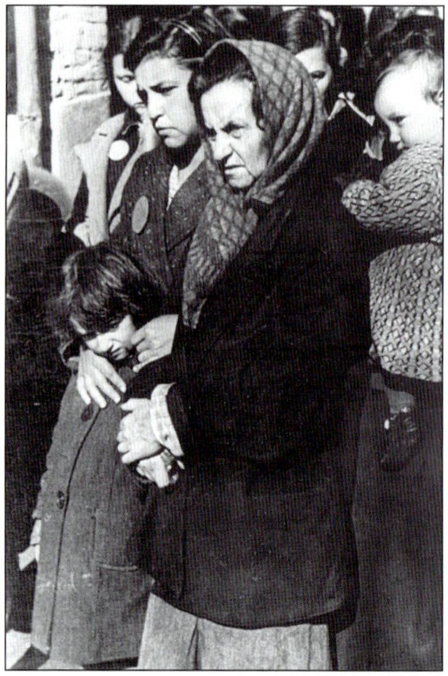

Der Gesichtsausdruck dieser jüdischen Frauen widerspiegelt die beklemmenden Bedingungen, die 1941 im Minsker Ghetto herrschten. Im Juli wurde in der Stadt ein Ghetto eingerichtet und bald darauf begannen die Nazis dessen jüdische Bevölkerung massenweise umzubringen. Am 7. November wurden rund 12 000, am 20. November weitere 7000 Juden ermordet.

Arbeiter aus Kowel (Ukraine) beim Einsteigen in einen Güterzug mit unbekanntem Ziel. Millionen nichtjüdischer Arbeiter aus allen Teilen Europas wurden als Zwangsarbeiter nach Deutschland deportiert. Ohne die Arbeit der Nichtjuden und Juden hätte die Kriegswirtschaft nicht mit den Anforderungen des Krieges Schritt halten können.

1941

• 6. November 1941: Der bekannte deutsche Filmstar Joachim Gottschalk tötet sich und seine Familie um nicht die Deportation und Ermordung seiner jüdischen Frau und seines Kindes erleben zu müssen.

• 7. November 1941: 12 000 Juden werden aus Minsk (Weißrussland) zu vorbereiteten Leichengruben in den nahen Wald von Tutschinka transportiert und dort ermordet. • In Bobruisk (Weißrussland) werden 20 000 Juden exekutiert.

• 7.–8. November 1941: Über 17 000 Juden werden aus Rowno (Ukraine) gejagt und außerhalb der Stadt im Wald von Sosenki in Leichengruben ermordet.

Die Deutschen treiben 7000 Juden aus dem Ghetto Minsk (Weißrussland) zu einer im gefrorenen Boden ausgehobenen Grube außerhalb der Stadt. Die Nazis erschießen die Erwachsenen. Noch nicht zufrieden mit der Ermordung der Erwachsenen werfen die Deutschen die Kinder lebend in die Grube und ersticken sie.

Alle drei Mitglieder dieser Familie aus Minsk (Weißrussland) überlebten den Holocaust. Die Tochter Alia wurde den ganzen Krieg hindurch von einer russischen Familie versteckt. Ein deutscher Offizier mit Namen Schultz riskierte sein Leben, als er mehrere Juden, darunter auch Alias Vater und Mutter, Schutz gewährte. Der rechtschaffene deutsche Soldat schloss sich später der antinazistischen Untergrundbewegung an.

Die Juden Finnlands

Die Juden Finnlands befanden sich bei Ausbruch des Zweiten Weltkrieges in einer absonderlichen Lage. Zwar führten die Nazis Krieg gegen die europäischen Juden, doch hatte das Bündnis Finnlands mit Deutschland zur Folge, dass an der Ostfront neben den deutschen Soldaten über 300 finnische Juden kämpften und jüdische Frauen im Zivilverteidigungskorps des Landes dienten.

Die jüdische Gemeinde Finnlands umfasste einschließlich der knapp 300 Flüchtlinge aus Deutschland und Österreich nur etwa 2000 Personen und eine Erscheinung wie Antisemitismus existierte in Finnland praktisch nicht. Die finnischen Juden besaßen volle Rechte als gleichberechtigte Bürger. Ein Großteil der Flüchtlinge wurde in Arbeitslagern untergebracht, wo die Juden in Baracken wohnten.

Als Heinrich Himmler das Thema der finnischen Juden anschnitt, antwortete der Ministerpräsident Johann Wilhelm Rangell knapp, Finnland habe kein „Judenproblem". Da die Nazis großen Wert auf die militärische Zusammenarbeit mit Finnland gegen die Sowjetunion legten, übten sie keinen weiteren Druck auf ihren Verbündeten aus.

Im Herbst 1942 jedoch wurden acht jüdische Flüchtlinge an die Gestapo ausgeliefert. Die Juden wurden in das Vernichtungslager Auschwitz (Polen) gebracht, wo sie bis auf eine Ausnahme umkamen. Nach langwierigen Verhandlungen Finnlands mit der schwedischen Regierung wurde die Überführung von 160 weiteren Flüchtlingen in das neutrale Land erwirkt. Die restlichen Flüchtlinge sowie fast alle jüdisch-finnischen Bürger überlebten den Krieg. Einige jüdische Soldaten, die im Krieg auf deutscher Seite kämpften, fielen an der Front.

- 7.–9. November 1941: In Pogulanka bei Dwinsk (Lettland) werden fast 5000 Juden ermordet.
- 8. November 1941: In Lwow (Ukraine) wird ein Judenghetto eingerichtet.
- 13. November 1941: Der Warschauer Tagebuchschreiber Chaim Kaplan notiert, dass seine Frau an Fleckfieber erkrankt ist.
- 14. November 1941: In Czepielow werden 9000 Juden aus Slonim (Weißrussland) ermordet.
- 17. November 1941: In Warschau werden acht Juden, darunter sechs Frauen, exekutiert, weil sie das Ghetto ohne Erlaubnis verlassen hatten. Die Henker sind zum Dienst gepresste polnische Polizisten.
- 20. November 1941: Annähernd 7000 Juden aus Minsk (Weißrussland) werden im nahen Tutschinka getötet.
- 23. November 1941: In Odessa (Ukraine) werden 30 000 Juden getötet.
- 24. November 1941: In Theresienstadt (Tschechoslowakei), 56 Kilometer von Prag entfernt, richten die Nazis ein großes „Modellghetto" und ein

Theresienstadt

Am 4. Juni 1942 beendete der 21-jährige Pavel Friedmann ein Gedicht über den letzten Schmetterling, den er zu Gesicht bekommen hatte. Der jüdische Dichter ließ sein Werk mit den Worten enden: „Schmetterlinge leben nicht im Ghetto“.

Einige Wochen zuvor hatten die Deutschen Friedmann in die abgeschlossene tschechische Festungsstadt Terezín (Theresienstadt) gebracht, in der sie im Herbst 1941 mit der Ghettoisierung der tschechischen Juden begonnen hatten. Ein Jahr darauf wohnten dort 50 000 Juden, die unter den sich verschlechternden Bedingungen ums Überleben kämpfen mussten.

Theresienstadt wurde auch Konzentrationslager und Durchgangslager für deutsche und westeuropäische Juden, die von den Nazis schließlich nach Auschwitz deportiert wurden.

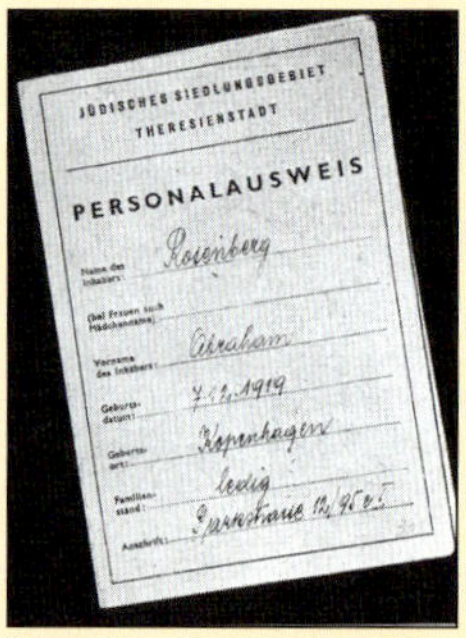

Mitte 1944 verschönerten die Nazis Theresienstadt um ein Untersuchungskomitee des Internationalen Roten Kreuzes zu täuschen und um einen Propagandafilm zu drehen, der das Ghetto als Geschenk Hitlers an die Juden zeigen sollte. In Wirklichkeit waren die Lebensbedingungen im Ghetto alles andere als erfreulich. Von den über 140 000 Juden, die nach Theresienstadt geschickt worden waren, starben 33 000, wurden 88 000 deportiert und getötet. Nur etwa 19 000 Juden blieben am Leben. Die Abbildung zeigt den Personalausweis eines Bewohners von Theresienstadt.

Trotz des Hungers, der Übervölkerung, der Krankheiten und des ständigen Grauens vor den Transporten nach dem Osten erhielten führende jüdische Männer wie Rabbiner Leo Baeck und andere die Aktivitäten auf dem Gebiet der Bildung und der Kultur am Leben. Friedmann starb am 29. September 1944 in Auschwitz, doch sein Gedicht „Der letzte Schmetterling“ ist ein Beispiel für die künstlerischen Äußerungen aus Theresienstadt, die zu den wertvollsten Zeugnissen gehören, die dem Holocaust abgerungen wurden.

In Theresienstadt, das in der besetzten Tschechoslowakei lag, schufen die Nazis ein „Modellghetto“ und ein Konzentrationslager. Das Foto zeigt die Ankunft von Juden im Lager. Theresienstadt erlangte einen schlimmen Ruf als das größte Kinderlager Europas. Von den tausenden internierten Kindern blieben nur einige hundert am Leben; die anderen starben im Lager. Trotzdem stellten die Nazis das Lager in zynischer Weise zur Schau und beteuerten vor der Außenwelt, dass die Insassen gut behandelt würden.

Jakob Edelstein gehörte vor Beginn des Krieges zu den führenden Persönlichkeiten der zionistischen Bewegung in der Tschechoslowakei. Er war der erste Vorsitzende des Judenrates im Ghetto Theresienstadt. Er nutzte seine Stellung zum Widerstand gegen die Versuche die Juden des Ghettos zu deportieren. Unerschrocken fälschte er die täglichen Berichte zur Anzahl der Juden im Ghetto. Im Dezember 1943 wurde er von den Nazis nach Auschwitz deportiert, wo er und seine Familie am 20. Juni 1944 erschossen wurden.

1941

Konzentrationslager ein. Um die bevorstehende Ankunft der ersten Bewohner vorzubereiten, werden 342 junge jüdische Männer aus Prag als Zwangsarbeiter nach Theresienstadt gebracht.

• 27. November 1941: Der erste von 19 Deportationszügen verlässt Deutschland; sein Ziel ist Riga (Lettland). Im Rigaer Ghetto werden mehr als 10 600 Juden zusammengetrieben und im nahe gelegenen Wald von Rumbuli erschossen.

• 28. November 1941: Hitler empfängt Hajj Amin al-Husseini. Der Großmufti von Jerusalem verpflichtet sich zur Kooperation bei der Vernichtung der Juden und bietet an Araber als Kämpfer für Deutschland anzuwerben.

Das Tor der Kleinen Festung von Theresienstadt mit den Worten „Arbeit macht frei" über dem Torbogen. Die Nazis, die die Juden als „arbeitsscheu" betrachteten, versuchten in zynischer Weise den Eindruck zu erwecken, dass sich die Juden ihre Freiheit verdienen könnten, wenn sie nur schwer genug arbeiteten. Kein Jude hat jemals seine Freiheit „verdient", doch war es manchen durch ununterbrochenes Arbeiten vergönnt die Befreiung zu erleben. Häufiger ließ man die Juden so lange arbeiten, wie man sie brauchte oder bis sie nicht länger in der körperlichen Verfassung waren um ihre Aufgaben zu erfüllen. An diesem Punkt endete die Täuschung und die Arbeiter wurden umgebracht.

Die Nazis versuchten die Welt glauben zu machen, dass Theresienstadt eine verhältnismäßig angenehme, politisch unabhängige Judenstadt sei. Selbst die Ausgabe von Zahlungsmitteln für die Stadt war ein Teil dieses Täuschungsversuchs. Das Ghetto und das Konzentrationslager in Theresienstadt blieben in der gesamten Zeit ihres Bestehens natürlich unter deutscher Kontrolle.

Ein Trupp jüdischer Partisanen auf dem Marsch in einem Wald in Jugoslawien. Die Partisanen ließen sich gern mit ihren Waffen fotografieren um ihre Stärke und Entschlossenheit zu zeigen. In Anbetracht der wilden und zerklüfteten Natur Jugoslawiens und der deutlichen Überlegenheit der Nazis brauchten sie beides dringend.

• Dezember 1941: Generalfeldmarschall Keitel veröffentlicht Hitlers Nacht- und-Nebel-Erlass, der den deutschen Soldaten erlaubt in den besetzten Ländern alle nicht deutschen Zivilisten zu exekutieren, von denen Widerstand zu erwarten ist.
• Der auf Befehl Heinrich Himmlers ausgearbeitete Generalplan Ost sieht zur Schaffung von „Lebensraum" für deutsche Siedler die Zwangsumsiedlung von 31 Millionen Nichtdeutschen in die eroberten Ostgebiete vor.
• Das Reichsministerium für die besetzten Ostgebiete ordnet an die Vernichtung der Juden ungeachtet wirtschaftlicher Erwägungen fortzusetzen; d. h. der Nutzen unbezahlter jüdischer Arbeit wird keine Rolle mehr spielen.
• Bei der Ermordung von 5000 Juden in Nowogrudok (Weißrussland) leisten 200 Juden Widerstand und töten 20 Nazis, bevor sie selbst niedergeschossen werden. • In Chełmno (Polen) wird ein Todeslager eröffnet. • 10 000 aus Odessa (Ukraine) deportierte Juden werden in den rumänischen Lagern Akmetschetka, Bogdanowka und Domanewka ermordet. • Die Massenmorde an Juden in der Ukraine und in Woly-

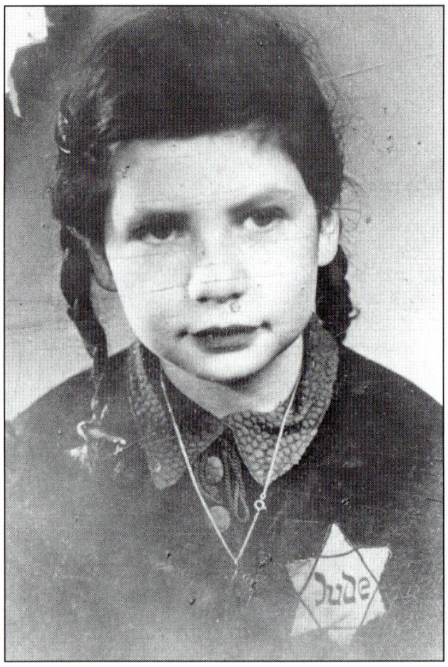

Hanna Lehrer, eine Münchner Jüdin, trägt ihren eigenen Judenstern an einer Halskette und den verordneten gelben Stern, der sie als Jüdin kennzeichnet, sie isoliert und von anderen Deutschen entfremdet. Hanna wurde später nach Riga geschickt und dort getötet.

Ende 1941 wurden 80 Juden, die in Bielefeld lebten, mit hunderten weiterer deutscher Juden für den Transport in das Konzentrationslager Kaiserwald in der Nähe von Riga (Lettland) zusammengeholt. Das Lager war auf die Ermordung von Juden in Vergasungswagen spezialisiert. Eine von der SS eingeführte „Neuerung" war der Transport von Juden in solchen Giftgaswagen zu einem Massengrab; auf dem Weg dorthin wurden die Menschen getötet. Ihre Leichen konnten dann ohne weiteres in der Grube abgeladen werden, die von anderen jüdischen Häftlingen mit Erde bedeckt wurde.

Philippe Pétain *(zweiter von links)*, der Führer Vichy-Frankreichs, mit dem nationalsozialistischen Spitzenbeamten Hermann Göring *(vierter von links)* im Dezember 1941 in St. Florentin-Vergigny (Frankreich). Das Vichy-Regime kollaborierte nicht nur mit Deutschland, sondern tat ein Übriges um die Juden, die keine französischen Bürger waren, aufzuspüren und in die Todeslager nach Polen zu transportieren, noch bevor es von den Deutschen dazu aufgefordert wurde. Nach Auffassung vieler Anhänger Vichys hatte Frankreich vielleicht gegen Deutschland verloren, zumindest aber gegenüber den Juden den Sieg davongetragen.

1941

nien verzögern sich, da wegen des gefrorenen Bodens keine Hinrichtungsgruben ausgehoben werden können.

• Die Nazis beschlagnahmen Pelzmäntel aus dem Besitz ostdeutscher Juden. Die Mäntel sind für die deutschen Soldaten an der Ostfront bestimmt.
• Das Jesuitenjournal „*Civiltà Cattolica*", das unter strenger Aufsicht des Vatikans erscheint, erinnert die Katholiken daran, dass man annimmt, dass in erster Linie die Juden angeblich für den Gottesmord verantwortlich seien und dieses Verbrechen „in jeder Generation" durch den Ritualmord wiederholt würde.

• 1. Dezember 1941: SS-Standartenführer Karl Jäger, Kommandeur des Einsatzkommandos 3, berichtet nach

Von den 350 000 Juden des Baltikums wurden die meisten 1941 von den Nazis und von Kollaborateuren aus den baltischen Ländern erschossen. Für die Überlebenden richteten die Nazis Ghettos ein, doch 1944 exekutierten oder deportierten sie schließlich die meisten Juden.

GROSSE GHETTOS IN DEN BALTISCHEN LÄNDERN (1941–1943)

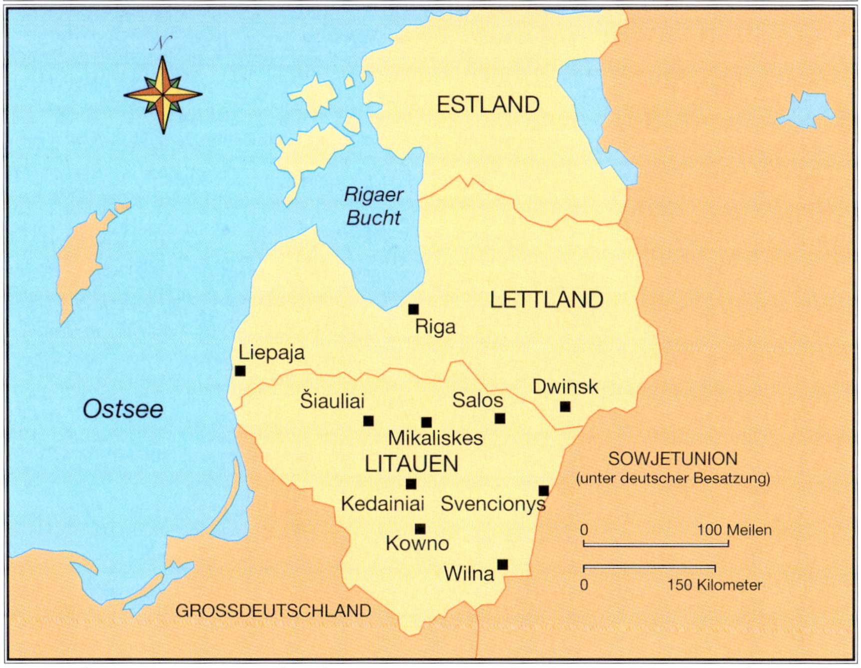

Fotografien von Personen, die über eine „geringe Ausprägung" germanischer Rassezugehörigkeit verfügen. Anhand solcher Aufnahmen wurden so genannte „undeutsche" oder „nichtarische" Körpermerkmale vorgeführt. Der rassistischen Überzeugung der Nazis zufolge repräsentierten körperliche Merkmale moralische oder geistige Fähigkeiten. Menschen, die nicht dem Standard entsprachen, mussten ausgemerzt werden.

Manche Ghettobewohner mussten Arbeiten zum Nutzen der deutschen Kriegsmaschinerie verrichten. Hier sind Männer und Frauen im Ghetto Łódź (Polen) damit beschäftigt Wehrmachtsuniformen zu nähen. Fachkenntnis und Fertigkeiten wie beispielsweise die Beherrschung des Schneiderhandwerks bewahrten den Betreffenden oftmals vor der Deportation in eines der Todeslager. Doch schließlich wurden selbst die geschicktesten Arbeiter deportiert und ermordet. Der Judenhass der Nazis hatte den Vorrang vor dem Nutzen, den die Juden für die kriegswichtige Produktion gehabt haben mochten.

Berlin, dass 85 Prozent der litauischen Juden vernichtet worden seien.

• 5.–8. Dezember 1941: 7000 Juden aus Nowogrudok (Weißrussland) müssen bei Frost einen Tag und eine Nacht vor dem Gerichtsgebäude stehen. Am sechsten Tag werden 5000 von ihnen abtransportiert; auf sie wartet der Tod. Die restlichen 2000 Juden werden zur Zwangsarbeit im Vorort Pereshike gepresst.

• 6. Dezember 1941: Die Sowjetarmee startet vor Moskau eine Gegenoffensive, an der eine Million Soldaten beteiligt ist.

• 7. Dezember 1941: Japanische Trägerflugzeuge greifen amerikanische Stützpunkte im Pazifik an; sie fliegen schwere Angriffe gegen Pearl Harbor (Hawaii-Inseln) und Clark Field (Philippinen). ***Siehe*** **8. Dezember 1941.**

• Im Todeslager Chełmno (Polen) führen die Nazis die ersten Vernichtungsoperationen mit Vergasungswagen durch.

• 7.–9. Dezember 1941: 25 000 lettische Juden werden aus dem Rigaer Ghetto weggebracht und im Wald von Rumbuli ermordet. Unter den Opfern befindet sich auch der 81-jährige Simon Dubnow, ein hervorragender jüdischer Historiker.

Arthur Seyß-Inquart war von 1940 bis 1945 Reichskommissar für die besetzten Niederlande. Seyß-Inquart, der in hohem Maße auch die Verantwortung für die Verheerungen trug, die der Holocaust den Niederlanden brachte, ist jedoch vor allem für seine Rolle bei der Annexion Österreichs durch Deutschland im Jahr 1938 bekannt. Er, der schon lange ein Anhänger der Nazis gewesen war, wurde auf Hitlers Druck hin am 11. März 1938 österreichischer Bundeskanzler. In dieser Funktion begrüßte er den Einmarsch der Deutschen und die Angliederung des Landes an das Deutsche Reich. Seyß-Inquart wurde vom Internationalen Militärgerichtshof in Nürnberg zum Tode verurteilt und durch den Strang hingerichtet.

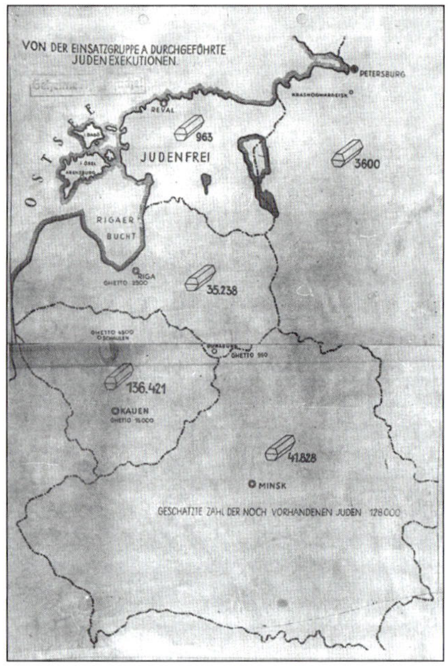

Karte mit dem Titel „Von der Einsatzgruppe A durchgeführte Judenexekutionen", die den Stempel „Geheime Reichssache" trägt. Auf der Karte ist die Anzahl der Juden angegeben, die bis Ende 1941 in den baltischen Ländern und in Weißrussland hingerichtet wurden. Die Legende in der unteren Kartenhälfte besagt, dass die „geschätzte Zahl der noch vorhandenen Juden 128 000" beträgt. Die Särge und die daneben stehenden Zahlen symbolisieren die Anzahl der getöteten Juden in dem jeweiligen Gebiet.

Die Nazis ließen nichts unversucht um die jüdische von der nichtjüdischen Bevölkerung abzusondern. Im Łódźer Ghetto (Polen), das durch die Zgierska-Straße geteilt war, ließen sie eine Brücke bauen, die die beiden Bereiche des Ghettos miteinander verband. Auf diese Weise mussten die Nazis diese wichtige Durchfahrt nicht in den jüdischen Sektor der Stadt integrieren.

1941

• 8. Dezember 1941: Die USA, Großbritannien, Australien und Neuseeland erklären Japan den Krieg. Die Nachricht von der Beteiligung Amerikas am Krieg macht vielen europäischen Juden Mut, denn sie glauben nun an eine baldige Rettung. *Siehe* 10. Dezember 1941. • 4000 Juden aus Nowogrudok (Weißrussland) werden getötet.

• 8.–14. Dezember 1941: Die Nazis vergasen Juden in einem Wald nahe Chełmno (Polen). Auf diese Weise werden allein am 8. Dezember 2300 Juden getötet. 700 Opfer stammen aus Koło (Polen).

• 9. Dezember 1941: China erklärt Deutschland und Japan den Krieg.

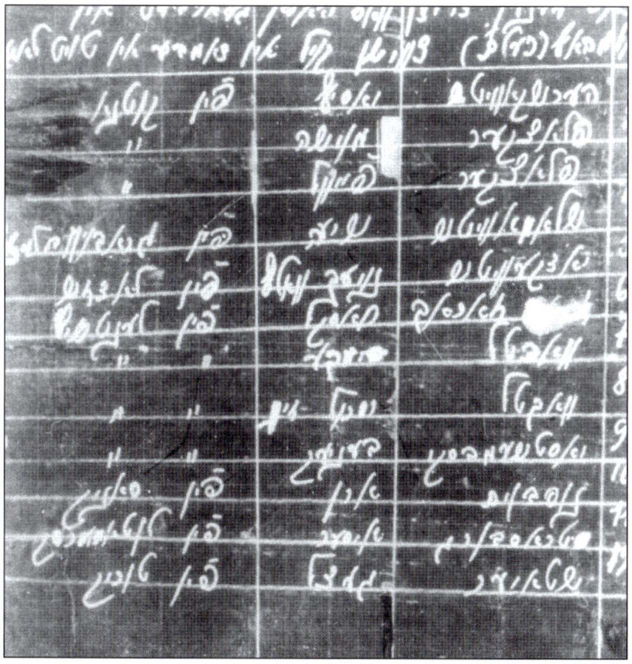

Viele Täter des Holocaust brüsteten sich mit ihrer Buchführung, auch wenn die Aufzeichnungen wie auf dieser Schiefertafel mit den Namen von Häftlingen im Todeslager Chełmno nur rasch aufgeschrieben waren und nicht lange erhalten blieben. Mit diesen Notizen hielt man sich über Einzelheiten der täglichen Arbeit, über Neuzugänge, Todesfälle und andere Lagerdaten auf dem Laufenden. Natürlich kamen selbst in gedruckten Materialien häufig Irrtümer vor.

SS-Obergruppenführer Arthur Greiser, Mitbegründer des Stahlhelm, einer nach dem Ersten Weltkrieg gegründeten nationalistischen Organisation deutscher Kriegsveteranen. Greiser, der nach dem Ausbruch des Zweiten Weltkrieges Leiter einer lokalen Zivilverwaltung im besetzten Polen war, ließ tausende jüdischer und christlicher Polen deportieren um in Osteuropa „Lebensraum" für die Deutschen zu schaffen. Der brutale Nazi wurde nach dem Krieg gefangen genommen, vor Gericht gestellt und, nachdem man ihn in Poznań in einem Käfig zur Schau gestellt hatte, am 20. Juni 1946 vor seiner ehemaligen Residenz erhängt.

Chełmno

„Es ist kaum zu erkennen", sagte Shimon Srebnik, „doch es war hier. Hier haben sie Menschen verbrannt." Der 47-jährige Srebnik war nach Chełmno zurückgekehrt, an einen Ort, den er zum ersten Mal im Sommer 1944 gesehen hatte, als er im Alter von 13 Jahren aus dem Łódźer Ghetto dorthin geschickt worden war. Die SS-Leute teilten Srebnik damals einem Arbeitskommando zu. Die Nazis, die im Januar 1945 vor den anrückenden sowjetischen Truppen flohen, ließen ihn mit einer Schusswunde zurück. Er war einer der wenigen Juden, die in diesem Tötungszentrum überlebten.

Chełmno, das etwa 80 Kilometer westlich von Łódź entfernt ist, war das erste Vernichtungslager der Nazis. Dort wurden über 150 000 Juden und 5000 Zigeuner ermordet. Die Opfer kamen in speziellen Vergasungswagen ums Leben, bei denen die todbringenden Abgase in das hermetisch abgeriegelte Wageninnere geleitet wurden. Das Lager Chełmno war von Dezember 1941 bis März 1943 in Betrieb. Während der Liquidierung des Łódźer Ghettos im Frühjahr 1944 wurde es wieder eröffnet.

In jenem September versuchten die Nazis die Beweise für den Massenmord zu beseitigen. Sie räumten die Massengräber und verbrannten die sterblichen Überreste ihrer Opfer. „Hier wurde eine Menge Menschen verbrannt", erinnerte sich Srebnik. „Ja, das ist der Ort. Von hier ist keiner je wieder weggegangen."

• **11. Dezember 1941:** Deutschland und Italien erklären den USA den Krieg. Deutschland, Italien und Japan kommen überein, dass keiner dieser Staaten einen Separatfrieden anstreben wird. • Die USA erklären Deutschland und Italien den Krieg; die Kriegserklärung erfüllt Europas Juden mit Hoffnung. Die USA wollen fast 90 Prozent ihrer militärischen Hilfsmittel auf den europäischen Kriegsschauplatz konzentrieren um die Nazis zu besiegen. • In Lutsk (Ukraine) wird ein Judenghetto eingerichtet.

• **11.–13. Dezember:** Mehr als 14 000 Juden werden in Simferopol (Ukraine) von einem Einsatzkommando ermordet.

• **13. Dezember 1941:** Die letzten sechs Juden, die noch in Warendorf (Deutschland) leben, werden nach Riga (Lettland) deportiert und getötet.

• **14. Dezember 1941:** In Charkow (Ukraine) wird ein Judenghetto eingerichtet. • Im Warschauer Ghetto eröffnet ein deutscher Polizist das Feuer auf eine jüdische Begräbnisprozession; er tötet zwei Trauernde und verletzt fünf weitere Personen.

Die deutschen Kirchen und der Holocaust

Die christlichen Kirchen Deutschlands blieben angesichts der Vernichtungskampagne der Nazis gegen die Juden Europas stumm. Im Gegensatz zum Protest der „Euthanasie“-Politik der Nazis, der die katholische Intervention Einhalt gebot, erhoben die Kirchen in der Öffentlichkeit nicht ihre Stimme, als die Juden „evakuiert“ wurden, gab es keine öffentliche Verurteilung von ihrer Seite, als die Nachricht von den Gräueltaten im Osten Deutschland erreichte.

Die protestantische (oder evangelische) wie auch die katholische Kirche gaben dem Druck der Nazis nach, die viele Wirkungsbereiche der Kirchen einschränkten, die meisten Religionsschulen schlossen und die wenigen, die sich in ihren Predigten gegen die Nazis wandten, in Konzentrationslager schickten. Die Mehrheit der Geistlichkeit mied es gefährliche Themen anzuschneiden; deshalb durften die Kirchen auch weiterhin arbeiten. Innerhalb des katholischen und des protestantischen Klerus gab es zudem nicht wenig Sympathie für Hitlers traditionelle nationalistische und konservative Werte und insbesondere für den antikommunistischen Kreuzzug der Nazis.

Einige führende Persönlichkeiten beider Kirchen nahmen gegenüber dem Judentum einen feindlichen Standpunkt ein und hegten antisemitische Gefühle, die sie von einem Protest gegen die Behandlung der Juden durch das Regime abhielten. Beide Kirchen übergaben den Behörden bereitwillig genealogische Dokumente, die den Nazis bei der Ermittlung jüdischer Abstammung entsprechend den Nürnberger Gesetzen halfen.

Manche katholischen Kirchenführer äußerten öffentlich antisemitisches Gedankengut. Erzbischof Konrad Gröber wies 1941 in einem Hirtenbrief den Juden die Schuld am Tod Jesu zu und gab zu verstehen, dass das schreckliche Schicksal der Juden im Dritten Reich nicht nur gerechtfertigt, sondern ein „selbst auferlegter Fluch“ sei.

Angesichts der fortgesetzten Verfolgung der Kirchen durch die Nazis

predigten die katholischen Führer zur Sicherung des Überlebens Gehorsam. Der Vatikan bedauerte die Verfolgung, beschränkte sich jedoch lediglich darauf die „nichtarischen“ Opfer der Nazis in seine Gebete einzuschließen. Die katholischen Bischöfe sprachen sich gegen die Morde aus, die von der SS im Osten begangen wurden, doch die meisten verwarfen nur die Tötung „christlicher“ Polen und Slawen. Nur wenige Geistliche verurteilten die Vernichtung der Juden öffentlich.

Die protestantische Kirchenführung unterstützte traditionell die Autorität des Staates. Viele Geistliche sympathisierten mit Hitlers Nationalismus; ihnen galten die Juden schon lange als Feinde der Christenheit. Der nazifizierte Teil der protestantischen Kirche, die Deutsche Glaubensbewegung unter Reichsbischof Ludwig Müller, befürwortete den Angriff des Regimes auf die Juden in vollem Umfang. Diese offizielle Reichskirche mit ihrer Mischung aus Christentum und nordischem Heidentum betrachtete die rassische „Bastardisierung“ als unmoralisch. Anders denkende Protestanten, die in der Bekennenden Kirche organisiert waren, widersetzten sich der Einmischung der Nazis in kirchliche Angelegenheiten, wurden jedoch nach der Inhaftierung und „Umschulung“ von 700 Geistlichen von den Nazis zum Schweigen genötigt.

Einer der wenigen deutschen Religionsführer, die für die Juden eintraten, war Pastor Heinrich Grüber, der Leiter einer protestantischen Organisation, die zum Christentum übergetretenen Juden Hilfe leistete. 1940 wurde Grüber wegen seines Protestes gegen die Deportation der Juden eingesperrt. Der protestantische Bischof Theophil Wurm forderte 1943 in einem Memorandum an die nationalsozialistischen Behörden vergeblich dem Töten von Angehörigen anderer Nationen und Rassen ein Ende zu machen.

1941

• 15. Dezember 1941: Am ersten Tag des Chanukka-Festes werden 15 Juden im Hof des Warschauer Ghettogefängnisses erschossen. • Den lettischen Nichtjuden Janis Lipke und Janis Briedys gelingt es zehn Juden aus dem Rigaer Ghetto zu schmuggeln. Lipke plant zur Rettung von Juden den Bau eines Verstecks unter seinem Haus.

• Mitte Dezember 1941: Hitler ernennt sich zum Oberbefehlshaber der deutschen Wehrmacht.

• 16. Dezember 1941: Hans Frank, Generalgouverneur im besetzten Polen, notiert in seinem Tagebuch, dass in dem von ihm kontrollierten Gebiet über 3 500 000 Juden leben. *Siehe* 25. Januar 1944.

Am 7. Dezember 1941 startete Japan einen Überraschungsangriff auf die in Pearl Harbor (Hawaii-Inseln) stationierte US-amerikanische Pazifikflotte. Der Überfall zog die USA nicht nur in den Krieg im Pazifik, sondern auch in den europäischen Konflikt hinein. Der Eintritt Amerikas in den Krieg ließ die europäischen Juden wie auch alle anderen Opfer der Naziaggression Mut schöpfen.

Erst nach Hitlers Kriegserklärung an die USA entfernten diese Angestellten im Büro des *America First Committee* die Plakate mit isolationistischem Inhalt. Das im Juli 1940 gegründete Komitee war die bedeutendste isolationistische Gruppierung dieser Zeit. Das Komitee, das von den Nazis unterwandert und entschlossen war eine Verwicklung Amerikas in die europäischen Angelegenheiten zu verhindern, besaß Verbindungen zu isolationistisch eingestellten Kongressmitgliedern und Antisemiten. Es machte sich den Antisemitismus nicht offiziell zu Eigen, obgleich seine Mitgliederliste Namen solch prominenter Antisemiten wie Henry und Clara Ford, Charles Coughlin, Gerald Smith, Gerald Winrod, William Pelley und des amerikanischen Naziführers Fritz Kuhn enthielt.

Der bedeutende Historiker Simon Dubnow hatte sich dem jüdischen kulturellen Nationalismus oder Autonomismus verschrieben. In verschiedenen Büchern, darunter auch in der umfangreichen „Weltgeschichte des jüdischen Volkes von den Uranfängen bis zur Gegenwart" schrieb Dubnow, dass die Juden der Diaspora über die Jahrhunderte hinweg durch ihr einzigartiges kulturelles und religiöses Leben miteinander verbunden gewesen seien, eine Leistung, die nach seiner Schlussfolgerung in der Autonomie gipfeln sollte. Der in Weißrussland geborene Dubnow ging 1922 nach Berlin, verließ Deutschland jedoch nach Hitlers Machtübernahme 1933 und siedelte nach Lettland über. Der in das Ghetto Riga (Lettland) eingesperrte 81-jährige wurde am 8. Dezember 1941 erschossen.

Im Rahmen der Bemühungen das Interesse deutscher Firmen am Warschauer Ghetto zu wecken filmen deutsche Soldaten jüdische Frauen bei der Arbeit in einer Textilfabrik. Der Judenrat wusste, dass Geld ins Ghetto kommen musste, damit Lebensmittel und Medikamente bezahlt werden konnten, und war daher bestrebt den Firmen Facharbeiter zu beschaffen. Diese Bemühungen wurden allerdings vom Widerwillen der Unternehmen gehemmt, gerade noch akzeptable Mindestlöhne zu zahlen.

Im Dezember 1941 fanden in Akmetschetka und Domanewka sowie in Bogdanowka (Rumänien) *(Abb.)*, wo die Morde besonders grauenhaft waren, Massenexekutionen von Odessaer Juden statt. In der ersten Phase des Massakers von Bogdanowka wurden 5000 alte und kranke Juden in Ställen zusammengetrieben, die mit Stroh bedeckt, mit Benzin getränkt und dann in Brand gesteckt wurden. Die Eingesperrten starben einen qualvollen Tod.

Manche Juden in Bogdanowka (Rumänien) wurden bei lebendigem Leib verbrannt, andere von den rumänischen Todeskommandos zur Hinrichtung in den Wald geführt. Man ließ die Männer, Frauen und Kinder in der Dezemberkälte sämtliche Kleider ablegen und am Rand eines Abgrundes niederknien. Dann erschoss man die Juden und die Leichen fielen in den Abgrund hinab. Dieser Schädel mit dem klaffenden Loch ist ein Zeugnis für die Hinrichtungen im Wald, denen bis Ende Dezember über 40 000 Menschen zum Opfer fielen.

Nur noch halb bekleidete jüdische Frauen und ein junges Mädchen müssen kurz vor ihrer Hinrichtung am Strand von Liepaja (Lettland) für ein letztes Foto posieren. Das Ganze spielte sich Mitte Dezember 1941 während einer wahren Mordorgie ab, die mindestens 2700 Juden das Leben kostete. Die Exekutionen wurden von einem lettischen SD-Wachzug und dem lettischen 21. Polizeibataillon sowie von Männern der Schutzpolizei unter Aufsicht des SS-Kommandeurs Fritz Dietrich durchgeführt. Dietrich sorgte dafür, dass die Hinrichtungen gefilmt wurden; sie sollten später beweisen, dass die Täter vor allem Letten waren.

1941

• 17. Dezember 1941: Ein jüdischer Arzt mit Namen Dubski stirbt bei der Behandlung von Patienten in einem Zigeunerlager in der Nähe des Łódźer Ghettos (Polen) an Flecktyphus. ***Siehe*** **29. Dezember 1941.**

• 21. Dezember 1941: Die Nazis stellen die Leichen von mehreren tausend sowjetischen Kriegsgefangenen auf einer Straße in Minsk (Weißrussland) zur Schau.

• 21.–30. Dezember 1941: Über 40 000 Juden werden in Bogdanowka in der Region Transnistrien (Rumänien) ermordet.

Szene aus einem Nazifilm, mit der nur allzu viele Europäer, vor allem Juden, vertraut waren: Mitten in der Nacht wurde unvermutet an die Tür geklopft. Die Deutschen drangen in die Wohnungen ihrer Opfer ein und sorgten so dafür, dass sich die Verwirrung noch steigerte und dass kaum Widerstand geleistet wurde. Diese Vorgehensweise hatte auch den Vorteil, dass viele Verhaftungen geheim blieben.

Verängstigte jüdische Frauen und Kinder, die sich in der Kälte am Strand von Liepaja (Lettland) aneinander drängen und ihren Tod durch die Hand von Letten und SS-Leuten erwarten. Sie mussten zuvor ihre Kleider ablegen und wurden dann erschossen. Die Kleidung der Juden wurde später nach Deutschland gebracht und dort von deutschen Zivilisten getragen. (Einmal beschwerte sich die Frau eines deutschen Soldaten, dass auf den von Juden stammenden Kleidungsstücken Blutflecke gewesen seien.) Bei der „Aktion" im Dezember 1941 wurden mindestens 2700 Juden getötet.

Thea Borzuk Slawner mit ihrer Mutter. Das Foto entstand am zweiten Geburtstag des Mädchens, den die Familie im Warschauer Ghetto feierte. Trotz der schrecklichen Lebensbedingungen scheuten die Warschauer Juden keine Mühe um ihre Menschlichkeit zu bewahren. Religiöse Feste und Familienfeiern wurden zu Symbolen des jüdischen Widerstands. Thea und ihre Mutter entkamen kurz vor dem Warschauer Aufstand 1943 aus dem Ghetto. Sie überlebten den Krieg unter falschem Namen im Kreise nichtjüdischer Mitbürger.

• 22. Dezember 1941: In den USA wird das Wehrpflichtgesetz dahin gehend geändert, dass Männer im Alter von 20 bis 44 Jahren zum Militär eingezogen werden dürfen.

• 29. Dezember 1941: Dr. Karol Boetim, ein jüdischer Arzt aus Prag, stirbt bei der Behandlung von Patienten in einem Zigeunerlager in der Nähe des Łódźer Ghettos (Polen) an Flecktyphus.

• 31. Dezember 1941: Abba Kowner, der Gründer der *Fareinikte Partisaner Organisazje* (Vereinigte Partisanenorganisation) in Wilna (Litauen), ruft mit den Worten „Lasst uns nicht wie Schafe zur Schlachtbank gehen" zum bewaffneten Widerstand der Juden gegen die Nazis auf.

• Dezember 1941 – Januar 1942: In Auschwitz werden bei einem Experiment in einer Gaskammer 600 sowjetische Kriegsgefangene ermordet.

• Winter 1941/1942: In Deutschland werden 16 000 Juden zusammengeholt und in das Rigaer Ghetto (Lettland) deportiert.

15

DIE „ENDLÖSUNG“!

1942

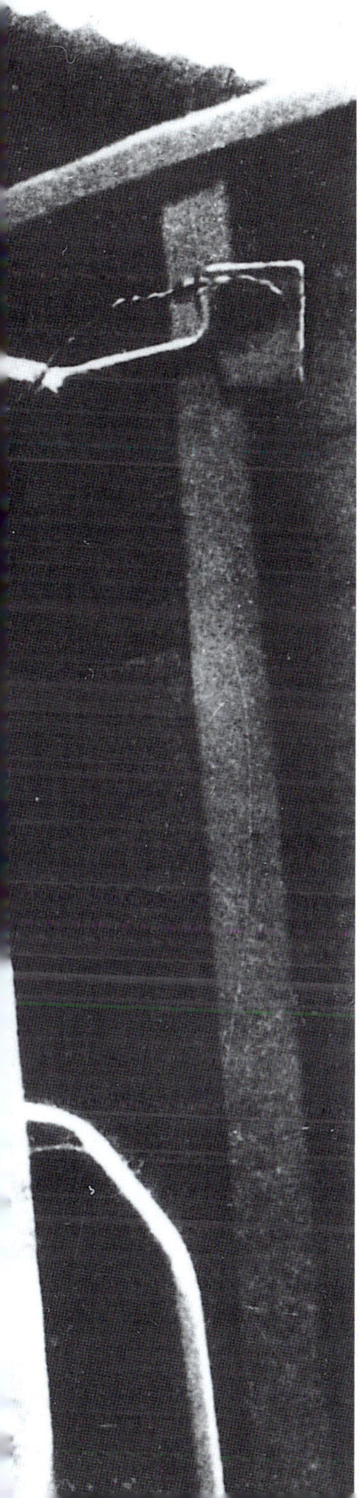

AM 8. August 1942 bereitete Dr. Gerhart Riegner, ein 30 Jahre alter Flüchtling aus Berlin, eine wichtige telegrafische Mitteilung an den Rabbiner Stephen S. Wise, den einflussreichsten Führer des amerikanischen Judentums, und an das britische Parlamentsmitglied Sidney Silverman vor. Der in der Schweiz lebende Rieger vertrat den World Jewish Congress, eine internationale Organisation, die die Rechte und Interessen der Juden verteidigte. Der antinazistisch gesinnte deutsche Industrielle Eduard Schulte hatte ihm schlechte Nachrichten zukommen lassen.

Schultes Information zufolge beabsichtigte Nazideutschland die „Judenfrage in Europa“ ein für alle Mal zu losen. Für dieses Vorhaben müssten dreieinhalb bis vier Millionen Juden in den Osten deportiert werden, wo man sie „mit einem Schlag vernichten“ wolle. Außerdem ließ Schultes Bericht darauf schließen, dass vielleicht Blausäure zum Vergasen der Opfer eingesetzt werden würde. Diese Aktionen waren für den Herbst geplant. Der knappe Telegrammtext, den Riegner schrieb um Schultes Aussage an die Empfänger zu übermitteln, endete mit zwei kurzen Feststellungen: Riegner gebe diese Nachricht mit allem nötigen Vorbehalt weiter, da von ihm und seiner Organisation deren Richtigkeit nicht überprüft werden könne, doch gehe man davon aus, dass seine Informationsquelle enge Verbindungen zu höchsten deutschen Behörden habe und als zuverlässig anzusehen sei.

Die im Krieg notwendige Geheimhaltungspflicht verlangte, dass die Mitteilung über Regierungskanäle ging. Also nahm Riegner am 8. August mit Howard Elting, einem Beamten im amerikanischen Konsulat in Genf, Kontakt auf. Er brachte drei Bitten vor, nämlich dass seine Botschaft an den Rabbiner Wise weitergeleitet würde, dass die Regierungen Amerikas und der Alliierten über den Inhalt seines Telegramms informiert würden und dass sie, wie Eltings Zusammenfassung der Unterredung erkennen lässt, gebeten würden mit allen Mitteln zu versuchen eine Bestätigung oder ein Dementi bezüglich Riegners Information zu erhalten. Da Elting von Riegners Ernsthaftigkeit und seiner Zuverlässigkeit überzeugt war, erreichte das „Riegner Telegramm“ das US-amerikanische Außenministerium.

Die Darstellung mutete nach Auffassung des Außenministeriums fantastisch an und so wurde Riegners Telegramm gar nicht erst an Rabbiner Wise weitergeleitet, der Ende August trotzdem von dessen Inhalt erfuhr. Erst im November aber, nachdem das Außenministerium Riegners Information bestätigt hatte, konnte Wise die Nachricht an die Medien weitergeben. Damals hatte das Jahr 1942, das schlimmste Jahr des Holocaust, allerdings schon den größten Teil seines Tributs an Menschenleben gefordert.

Ungewissheit, wenn nicht Unglaube oder Gleichgültigkeit erschwerten es den

Mit ängstlichen Gesichtern schauen Menschen, die aus Westerbork (Holland) deportiert werden sollen, aus einem Eisenbahnwaggon heraus.

1942

Regierungen wie auch Einzelpersonen außerhalb des von den Nazis besetzten Europa in vollem Umfang zu begreifen, was Adolf Hitler und seine Anhänger 1942 mit den europäischen Juden vorhatten. In den Nazibehörden, in den Judenghettos und in den Tötungszentren, die in Polen ihre Tätigkeit aufgenommen hatten, stellte sich die Situation immer klarer dar, da sie immer mörderischer wurde. Ende November 1941 beispielsweise lud Reinhard Heydrich wichtige Vertreter der deutschen Regierung und der SS zu einer Zusammenkunft am 9. Dezember ein. Heydrichs Einladung enthielt auch Kopien des Dokuments, das er am 31. Juli 1941 von Hermann Göring erhalten hatte und in dem er ermächtigt wurde einen Plan zur „Endlösung der Judenfrage" auszuarbeiten. Wegen des japanischen Luftangriffes auf Pearl Harbor und des Eintritts der Vereinigten Staaten in den Zweiten Weltkrieg musste das Treffen verschoben werden. Doch am 20. Januar 1942 schließlich berief Heydrich die Wannseekonferenz ein, die in der Villa „Am Großen Wannsee" 56/58 in einem vornehmen Berliner Vorort stattfinden sollte.

An der Konferenz nahmen fünfzehn Männer teil, von denen manche an deutschen Universitäten promoviert hatten. Zu dieser Zeit war das Abschlachten der Juden durch die Einsatzgruppen und im Vernichtungslager Chełmno, wo es etwas später begonnen hatte, bereits in vollem Gange. Heydrichs Gäste waren jedoch nicht etwa uneingeweihte Außenstehende. Die meisten von ihnen wussten, dass der Massenmord an den Juden zur Staatspolitik geworden war. Es war daher nicht Sinn und Zweck der Wannseekonferenz, die „Endlösung" in Gang zu bringen, sondern deren vollständige Umsetzung zu koordinieren. Die Zusammenkunft sollte garantieren, dass alle Beteiligten und die von ihnen kontrollierten Dienststellen reibungslos zusammenarbeiteten.

Laufgang zwischen den elektrischen Zäunen des Lagers Auschwitz-Birkenau, in dem mehr als eine Million Juden vergast wurde.

SS-Obersturmbannführer Adolf Eichmann, der Leiter des Referats Judenangelegenheiten, schrieb den Schlussbericht über das Treffen, den Heydrich und Gestapo-Chef Heinrich Müller sorgfältig redigierten, bevor sie den Text für 30 Exemplare, die herzustellen waren, guthießen. Nur einer dieser Berichte, das sechzehnte Exemplar, war nach dem Krieg noch vorhanden. Zu den entscheidenden Punkten des Berichts gehörte Heydrichs Ankündigung – eine weitere, höchst alarmierende Holocaust-Meldung –, dass Europa „im Zuge der praktischen Durchführung der Endlösung ... von Westen nach Osten durchgekämmt" würde. Heydrichs Berechnungen zufolge waren über elf Millionen Juden von Irland bis zum Ural und von der Arktis bis zum Mittelmeer von dieser „Endlösung" des europäischen Problems, wie es der Historiker Christopher Browning formulierte, betroffen. „Zug um Zug" würde man die Juden zunächst in Durchgangsghettos und dann „nach dem Osten" schicken. Die betagten Juden sollten in ein „Altersghetto" kommen. Die arbeitsfähigen Juden wollte man „unter Trennung der Geschlechter" zu schwerer Arbeit verwenden; von ihnen würde „ein Großteil durch natürliche Verminderung ausfallen". Die Überlebenden würden „entsprechend behandelt werden müssen, da [diese] bei Freilassung als Keimzelle eines neuen jüdischen Aufbaus anzusprechen" seien.

So euphemistisch die Sprache des Berichts von der Wannseekonferenz auch war, sanktionierte er doch die Industrialisierung des Todes. Angesichts ihrer Kenntnis der Materie konnten bei den Konferenzteilnehmern kaum Zweifel darüber aufkommen, dass die Politik Nazideutschlands nun die Verurteilung eines jeden europäischen Juden zum Sterben – entweder durch Zermürbung, Vernichtung durch Arbeit oder direkten Mord – erforderte.

Wie dabei vorzugehen sei, war angesichts des für die „Endlösung" vorgesehenen Ausmaßes und der somit unzulänglichen Methode der Massenerschießung nicht ganz klar. Doch zur Wannseekonferenz hatte Heydrich von „praktischen Erfahrungen" gesprochen, die in Bezug auf die künftige „Endlösung der Judenfrage" bereits gesammelt würden. Diese Erfahrungen wurden im Lauf des Jahres 1942 auf polnischem Territorium in sechs großen Tötungszentren in die Praxis umgesetzt – in Bełżec, Sobibór, Treblinka, Majdanek, Auschwitz-Birkenau und in Chełmno. An jedem dieser Orte wurde in Gaskammern mit Hilfe von Kohlenmonoxid oder Zyklon B jüdisches Leben ausgelöscht.

Die Kohlenmonoxid-Gaskammer in Bełżec wurde 1942 in Betrieb genommen.

Dr. Josef Bühler, Staatssekretär im Generalgouvernement und einer der Teilnehmer der Wannseekonferenz, hatte darauf gedrängt, dass die „Judenfrage" im Generalgouvernement, der deutschen Verwaltungseinheit im besetzten Polen, möglichst rasch gelöst werden solle. In den Distrikten Galizien, Kraków, Lublin, Radom und Warschau befanden sich zahlreiche Judenghettos. Die „Endlösung" könne durchaus auf seinem Territorium beginnen, da die Transportprobleme dort kaum eine Rolle spielten und die meisten Juden in diesem Teil Polens ohnehin nicht länger arbeitsfähig seien. Bühlers Wunsch erfüllte sich nicht sofort, doch am 19. Juli befahl der Reichsführer SS Heinrich Himmler die „Umsiedlung" (Vernichtung) der gesamten jüdischen Bevölkerung des Generalgouvernements bis zum Ende des Jahres.

Am 22. Juli erhielt Adam Czerniaków, der Präsident des Judenrates im Warschauer Ghetto, von deutscher Seite die Anweisung täglich 6000 Juden, darunter auch Kinder, zur Deportation „abzuliefern". Von diesem Auftrag erschüttert beging Czerniaków am 23. Juli in Warschau Selbstmord. Trotzdem wurde am selben Tag der erste Transport Warschauer Juden in dem neu eröffneten Todeslager Treblinka vernichtet. Bis Mitte September waren schließlich mehr als 250 000 deportierte Warschauer in Treblinka ermordet worden.

Die Führer der Judenghettos standen stets von neuem vor einer Wahl, die keine war. Am 3. September 1942 erhielt Mordechai Chaim Rumkowski, das Oberhaupt des Judenrates des Łódźer Ghettos, den Befehl mehr als 20 000 Juden aus dem Ghetto zu schicken. Diese Quote, so teilte Rumkowski anderntags einer verängstigten Menschenmenge mit, müsse aus kranken sowie alten Personen und, was noch verheerender war, aus Kindern unter zehn Jahren bestehen. In der ständigen Hoffnung, dass Rettung vielleicht durch Arbeit käme, rief Rumkowski: „Brüder und Schwestern, übergebt sie mir! Väter und Mütter, gebt mir eure Kinder! … Der Teil, der gerettet werden kann, ist viel größer als der Teil, der geopfert werden muss." Andere Führer der Judenräte, vor allem Dr. Elchanan Elkes, der dem Ghetto Kowno (Litauen) vorstand, unterstützten engagiert die in den Wäldern operierenden Partisaneneinheiten und die Aktivitäten des antinazistischen Untergrunds in den Ghettos.

Hesia Storm, ein Mitglied des Widerstands im Ghetto Kowno (Litauen).

Aber weder die Bemühungen in den Ghettos noch eine Deklaration der alliierten Regierungen vom 17. Dezember 1942 über „Die deutsche Politik der Vernichtung der jüdischen Rasse" konnten das Todesurteil aufheben, das Nazideutschland über Europas Juden gesprochen hatte. Die Deklaration stellte die Absicht Nazideutschlands fest das jüdische Volk in Europa auszulöschen, verurteilte in schärfsten Worten diese bestialische Politik der kaltblütigen Vernichtung und versicherte, dass die Täter ihrer Strafe nicht entgehen würden. Doch so wichtig diese erste und schärfste öffentliche Verurteilung der Gräueltaten gegen die Juden war, die während des Zweiten Weltkrieges von den Alliierten veröffentlicht wurde, blieb doch die Tatsache, dass 1942 das schlimmste Jahr in der jüdischen Geschichte war, denn 2,7 Millionen Juden hatten ihr Leben verloren.

Die Hochzeit von Salomon Schrijver fand 1942 im jüdischen Viertel von Amsterdam statt. Trotz des Sieges der Nazis über die Niederlande ging das normale Leben für die niederländischen Juden weiter, bis Vorbereitungen für ihre Deportation getroffen wurden. Ab Januar 1942 wurden viele Juden des Landes in Arbeitslagern konzentriert. Im März wurden die Nürnberger Gesetze verkündet und ab April mussten die Juden den gelben Fleck tragen.

In Łódź beschlagnahmten die Nazis 1939 den größten Teil privater Fotoausrüstungen. Die wenigen Fotoarbeiten, die danach noch entstanden, wurden von der Ghettoverwaltung kontrolliert. Der Fotograf Mendel Grossmann arbeitete für die Abteilung Statistik, versuchte jedoch auch das Leben im Ghetto in Bildern zu dokumentieren. Hier hat er auf seinem Film ein jüdisches Arbeitskommando festgehalten, das die Straßen des Ghettos mühsam vom Eis befreit.

Vor Kälte zitternd und mit Erfrierungen am Körper erdulden diese beiden jüdischen Gefangenen das qualvolle Sitzen im Schnee. Nur wenige Menschen, deren Körper nach Monaten oder Jahren der Unterernährung fast nur noch aus Haut und Knochen bestanden, verfügten über die Kraft der bitteren Kälte standzuhalten. Gerda Weissmann Klein überlebte einen Todesmarsch im Winter nur, weil ihr Vater in einer Eingebung darauf bestanden hatte, dass sie bei der Deportation aus ihrer Heimatstadt Bielitz (Polen) an einem warmen Sommertag des Jahres 1942 ihre Skistiefel an den Füßen trug.

1942

• 1942: Im Konzentrationslager Dachau (Deutschland) werden eine (wahrscheinlich nie genutzte) Gaskammer und ein Krematorium gebaut. • In Riga (Lettland) wird ein Konzentrationslager eingerichtet. • In Wilna (Litauen) entsteht ein Zwangsarbeitslager. • Delegierte der USA, Großbritanniens und der Exilregierungen der besetzten europäischen Länder erörtern auf einer Konferenz im St. James Palace in London die Kriegsverbrechen der Nazis und mögliche Reaktionen der Alliierten. Über die Juden als einzigartige Gruppe von Opfern wird nicht gesprochen. • Die Deutschen befördern den Kollaborateur Pierre Laval zum Ministerpräsidenten Vichy-Frankreichs. • Hajj Amin al-Husseini, der Großmufti von Jerusalem, flieht nach einem erfolglosen Versuch arabischer Nationalisten, die britische Herrschaft in Palästina zu

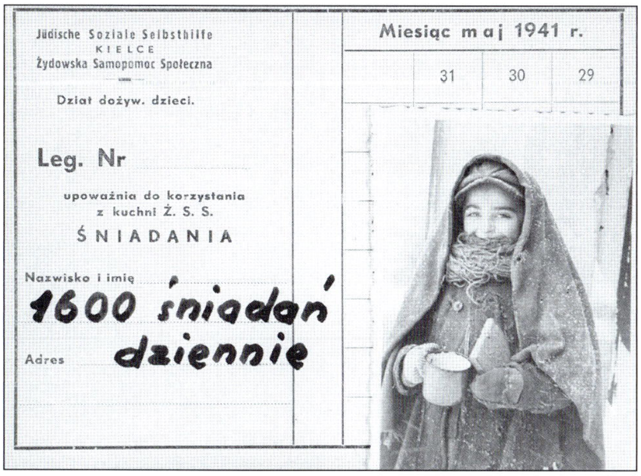
Jüdische Soziale Selbsthilfe
KIELCE
Żydowska Samopomoc Społeczna
Dział dożyw. dzieci.
Miesiąc maj 1941 r.
31 30 29
Leg. Nr
upoważnia do korzystania
z kuchni Ż. S. S.
ŚNIADANIA
Nazwisko i imię 1600 śniadań
Adres dziennie

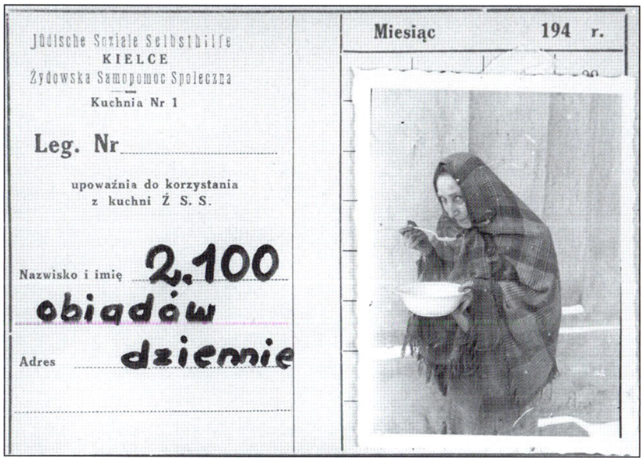
Jüdische Soziale Selbsthilfe
KIELCE
Żydowska Samopomoc Społeczna
Kuchnia Nr 1
Miesiąc 194 r.
Leg. Nr
upoważnia do korzystania
z kuchni Ż. S. S.
Nazwisko i imię 2.100 obiadów
Adres dziennie

In dem von den Nazis besetzten Polen richteten örtliche und internationale jüdische Organisationen zahlreiche Suppenküchen ein. Sobald die polnischen Juden im Ghetto lebten, unterlag ihre Lebensmittelversorgung der Kontrolle der Deutschen. Da die Rationen nur einen Bruchteil dessen betrugen, was man zur Erhaltung des Lebens brauchte, waren die Juden von zusätzlichen Nahrungsmitteln aus den Suppenküchen abhängig. Hier sind zwei Kennkarten abgebildet, deren Inhaber Essenrationen aus der vom örtlichen Judenrat betriebenen Suppenküche des Ghettos Kielce in Empfang nehmen durften. Die erste Karte galt dem Vermerk „1600 Morgenmahlzeiten – täglich“ zufolge nur für das Frühstück, die zweite, eine Berechtigungskarte für das Mittagessen, trägt den Vermerk „2100 Mittagessen – täglich“.

Ausbeutung oder Vernichtung?

Mit der Ausbreitung des Krieges wurde es immer notwendiger den ständig wachsenden Arbeitskräftemangel zu beheben und die Produktion kriegswichtiger Erzeugnisse zu steigern. Natürlich konnten die Nazis Juden als Zwangsarbeiter einsetzen, doch sollten sie dieselben Personen für sich arbeiten lassen, die sie zu vernichten trachteten?

Schließlich verwirklichte man beide Ziele. Auf der Wannseekonferenz sprach Reinhard Heydrich die Vermutung aus, dass „ein Großteil“ der in den Osten ausgesiedelten und zur Arbeit zwangsverpflichteten Juden „zweifellos … durch natürliche Verminderung ausfallen“ werde. Folglich versuchten die Nazis 1942 aus ihren Opfern so viel Arbeitsleistung wie möglich herauszuholen, bevor diese starben.

Die Ghettos und Arbeitslager waren für die Juden dann nur noch Durchgangsstellen auf dem Weg in den Tod. Lange Stunden mühevoller Arbeit unter unmenschlichen Bedingungen, zu denen brutale körperliche Misshandlungen kamen, hatten extrem hohe Sterblichkeitsziffern zur Folge. In Majdanek kamen „nur“ 40 Prozent der Opfer in den Gaskammern oder bei Massenerschießungen um, während 60 Prozent durch „natürliche Verminderung“ – Erschöpfung, Hunger und Krankheiten – starben.

Nicht selten ließ man die Häftlinge sinnlose schwere Arbeiten wie das Abtragen und Wiederaufschichten von Steinhaufen verrichten. Die SS-Wachmannschaften befriedigten ihre sadistischen Regungen, indem sie die Juden zu mörderischen Arbeiten zwangen und ihre Gefangenen dabei oftmals mit einem Hagel von Schlägen oder gar mit Elektroschocks antrieben.

untergraben nach Deutschland und schafft eine Legion aus Moslems, die an der Seite der Deutschen kämpfen sollen.

• Die antizionistische Organisation *American Council for Judaism* wird in New York von Arthur Hays Sulzberger, dem Herausgeber der *New York Times*, mit begründet. • Der deutsche protestantische Theologe Karl Friedrich Stellbrink wird verhaftet, nachdem er Briefe des antinazistisch eingestellten Bischofs Clemens August von Galen verbreitet hat. *Siehe* 10. November 1943. • Hitler ernennt Albert Speer zum Reichsminister für Bewaffnung und Munition. • Yitzhak Shamir wird als Führer der *Zionist Stern Gang* der Nachfolger Abraham Sterns, der von britischen Sicherheitskräften getötet wurde. • In Warschau wird die Widerstandsgruppe *Zydowska Organizacja Bojowa* (Jüdische Kampforganisation) gegründet. • Janusz Korczak, der Leiter eines jüdischen Waisenhauses in Warschau, lehnt ein Angebot seiner polnischen Freunde ab und wählt statt seiner Freiheit den Weg mit seinen Schützlingen nach Treblinka.

• Der Antifaschistische Block, ein Zusammenschluss jüdischer Kommunisten und zionistischer Sozialisten, beginnt

Drei Charkower Juden werden wegen angeblicher Beteiligung an Widerstandsaktionen von deutschen Soldaten gehängt. Charkow (Ukraine) wurde von den vorrückenden deutschen Truppen im Spätherbst 1941 besetzt. Am 14. Dezember richteten die Besatzer ein Judenghetto ein. Die erzwungene Konzentration der Juden in dieser Stadt war nur von kurzer Dauer, da das Ghetto bereits am 5. Januar 1942 liquidiert wurde.

Jüdisches Nachrichtenblatt
Židovské listy
Kundmachung
Stunden für Juden in Prag

Die Titelseite des „Jüdischen Nachrichtenblattes", einer zweisprachigen Publikation der jüdischen Religionsgemeinschaft in Prag, schildert die Beschränkungen, die den Juden in ganz Osteuropa auferlegt worden waren. Diese Ausgabe vom Januar 1942 enthielt eine Kundmachung der für Juden verbotenen Aktivitäten, von denen man im Westen erst etwas erfuhr, nachdem diese Blätter dorthin geschmuggelt worden waren.

GROSSE GHETTOS IM BESETZTEN EUROPA ÖSTLICH DES GENERALGOUVERNEMENTS (1941–1942)

Die sowjetischen Juden, die nicht den Einsatzgruppen zum Opfer fielen, wurden in Ghettos gesperrt, von denen das Minsker mit 80 000 Bewohnern das größte war. Die meisten ghettoisierten Juden wurden schließlich erschossen oder in die Vernichtungslager deportiert.

1942

mit der Herausgabe der antinazistischen Untergrundzeitung „Der Ruf".

• Im Lager und Ghetto Theresienstadt (Tschechoslowakei) gründet der halbjüdische Jugendliche Petr Ginz das geheime Lagermagazin „*Vedem*" (An der Spitze), das Beiträge aus den Bereichen Poesie, Humor und Garten und über die Vorgänge im Lager enthält. *Siehe* 28. September 1944. • Der deutsche katholische Geistliche Max Joseph Metzger ruft zur Bildung einer neuen deutschen Regierung auf. Der Brief wird von der Gestapo abgefangen und Metzger wird verhaftet. *Siehe* April 1944.

• Anfang 1942: Die UNO ruft zur künftigen strafrechtlichen Verfolgung der Kriegsverbrechen der Nazis die *United Nations War Crimes Commission* ins

In den Osten deportierte Wiener Juden. Die Nazis hofften Wien „judenfrei" machen zu können und schoben die jüdischen Bürger der Stadt von 1939 an in die Ghettos nach Polen ab. Am 11. Januar 1942 ließen die deutschen Behörden schätzungsweise 1500 Wiener Juden nach Riga (Lettland) schaffen; viele starben auf dem Weg dorthin. Ein Überlebender der Deportation erinnerte sich: „Es gab kein Wasser. Die Waggons waren verriegelt ... Es war sehr kalt und wir schabten etwas Eis von den Fensterscheiben um Wasser zu haben." Die Kinder und die Betagten, die diese Tortur überlebten, wurden bald nach ihrer Ankunft am Bestimmungsort ermordet.

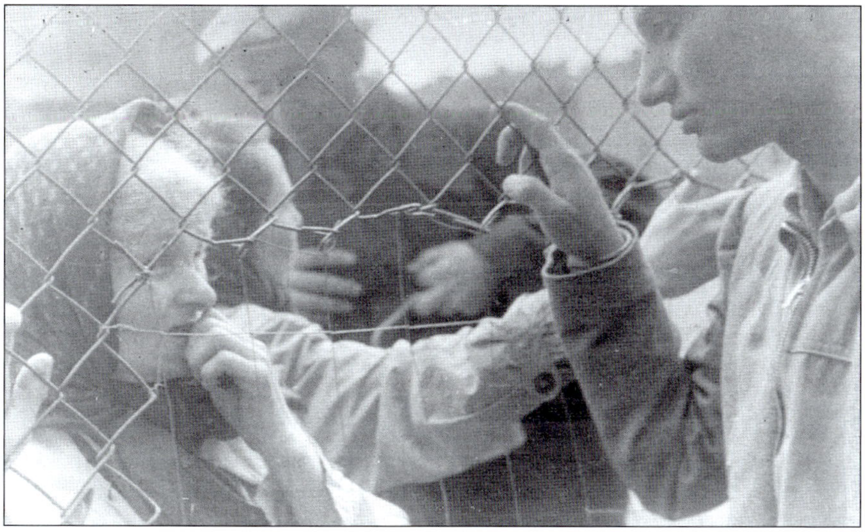

Durch einen Drahtzaun hindurch verabschiedet sich eine besorgte Mutter im Ghetto Łódź (Polen) von ihrem Sohn, dem die Deportation aus dem Zentralgefängnis in der Czarniecki-Straße bevorsteht. Zu den ersten 10 000 Personen, die für die „Umsiedlung" im Januar 1942 vorgesehen waren, gehörten jene, die im Gefängnis eine Strafe verbüßten. Um sie davon zu überzeugen, dass sie in ein Arbeitslager geschickt würden, händigten ihnen die Aufseher Brot und Wurst sowie warme Kleidung aus.

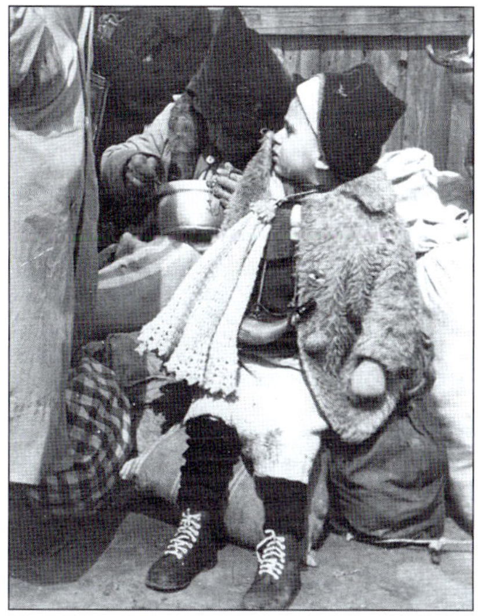

Damit sich die Łódźer Juden bereitwillig zur Deportation meldeten, verteilten die Deutschen der Ghettochronik zufolge „zwölftausend Mal warme Unterwäsche, Ohrenschützer, Handschuhe, Strümpfe, Socken und Pantinen". Dieses Kind wurde im Hinblick auf die zu erwartende Kälte in den Deportationszügen warm eingekleidet.

Leben. • Christian Wirth, Inspekteur der Vernichtungslager, baut den Dieselmotor eines Panzerkampfwagens in die Gaskammern des Lagers Bełżec ein.

• Januar 1942: In Auschwitz-Birkenau beginnen die Massentötungen von Juden mit Zyklon B. Die Leichen der Opfer werden in Massengräbern auf einer nahen Wiese verscharrt. • Fast alle Juden, die noch in Odessa leben, werden in Konzentrationslager deportiert. • Eine medizinische Sonderkommission besucht das Konzentrationslager Groß-Rosen (Deutschland) um Menschen für medizinische Experimente auszusuchen. • Joseph Darnand gründet in Frankreich die *Milice Française* (Französische Miliz), eine faschistische paramilitärische Organisation.

• 1. Januar 1942: In den USA wird zur Ermittlung und Verhaftung vermutlicher Nazikriegsverbrecher das *Counter-Intelligence Corps (CIC)* geschaffen. • In Washington, D. C., schließen sich 26 Signatarstaaten, die eine Zusammenarbeit für den Sieg über die Staaten des Dreimächtepakts und für eine allgemein gebilligte Erklärung zum Krieg vereinbaren, zu den Vereinten Nationen zusammen. • Die Deutschen richten

Die Wannseekonferenz

Im November 1940 veranlasste Reinhard Heydrich, der Chef des Reichssicherheits-Hauptamtes, die Nordhav SS Stiftung eine imposante, am Wasser gelegene Villa in dem vornehmen Berliner Vorort Wannsee zu kaufen. Die Villa wurde ein Gästehaus für die SS und auch für die Polizei. Das Haus „Am großen Wannsee“ wurde jedoch vor allem durch ein wichtiges Treffen bekannt, das Heydrich für den 20. Januar 1942 dorthin einberufen hatte.

Bereits sieben Monate zuvor hatten im Osten die Massenerschießungen von Juden begonnen. In Chełmno (Polen) wurden seit Anfang Dezember Juden vergast. Folglich wurde auf der Wannseekonferenz keinesfalls das Startsignal für die „Endlösung“ gegeben; Heydrich nutzte die Zusammenkunft vielmehr zur Koordinierung der notwendigen Maßnahmen.

Zu der Konferenz hatte Heydrich hochrangige Vertreter der SS und wichtiger Reichsministerien eingeladen. Fast alle wussten um die Deportationen und Morde, die bereits im Gange waren. Trotzdem erwartete Heydrich Einwände gegen seinen Plan, der die Beseitigung des europäischen Judentums mittels Mord oder „Vernichtung durch Arbeit“ erforderte.

Seine Bedenken waren unnötig. Die Konferenzteilnehmer äußerten ihre Ansichten zu den einzelnen Punkten – wo die „Endlösung“ Vorrang haben solle, wie mit „Mischlingen“ (Kinder aus so genannten Mischehen) zu verfahren sei und ob jüdische Facharbeiter von der „Endlösung“ auszunehmen seien –, doch waren alle im Großen und Ganzen von Heydrichs grundlegendem Plan begeistert.

Neben Heydrich und SS-Obersturmbannführer Adolf Eichmann, der das Protokoll führte, nahmen an der Wannseekonferenz weitere 13 Personen teil. Als Vertreter des Reichsministeriums für die besetzten Ostgebiete (in erster Linie Litauen, Lettland und Estland) waren Dr. Alfred Meyer, der auf dem Gebiet der Politikwissenschaften promoviert hatte, und Dr. Georg Leibbrandt, der Theologie, Philosophie, Geschichte und Wirtschaft studiert hatte, anwesend.

Sechs weitere Teilnehmer besaßen hohe akademische Grade auf dem Gebiet des Rechtswesens. Dr. Wilhelm Stuckart, der Mitautor der Nürnberger Gesetze aus dem Jahr 1935, vertrat das Reichsministerium des Innern. Dr. Roland Freisler kam vom Reichsjustizministerium. Er sollte später Präsident des Volksgerichtshofes werden und fast 1200 anders denkende Deutsche in Schauprozessen zum Tode verurteilen.

Dr. Joseph Bühler sprach sich dafür aus, dass das Generalgouvernement im besetzten Polen, als dessen Vertreter er anwesend war, vorrangiges Ziel der „Endlösung“ sein solle. Gerhard Klopfer arbeitete unter Martin Bormann als Leiter der Rechtsabteilung der Parteikanzlei, wo er sich insbesondere mit der Rassenpolitik der Nazis beschäftigte. Dr. Karl Eberhard Schöngarth und Dr. Rudolf Lange waren der Einladung als Vertreter der Gestapoabteilung für Polen und für die anderen deutsch besetzten Gebieten in Osteuropa gefolgt.

Die übrigen Konferenzteilnehmer waren Martin Luther, Friedrich Kritzinger, Otto Hofmann, Erich Neumann und Heinrich Müller. Die Männer, die am 20. Januar 1942 im Haus Wannsee planten, aßen und tranken, waren weder ungebildet noch zeigten sie sich uneingeweiht, als die Pläne für die „Endlösung“ auf den Tisch gelegt wurden. Als Hitler in seiner Berliner Rede vom 30. Januar verkündete, dass das Ergebnis dieses Krieges die totale Vernichtung der Juden sein werde, konnten diese Männer in wohlbegründetem Einverständnis nicken.

1942

23 tschechoslowakische Arbeiter wegen Sabotage hin.

• 5. Januar 1942: Das jüdische Ghetto in Charkow (Ukraine) wird aufgelöst.

• 7. Januar 1942: Im Vernichtungslager Chełmno (Polen) werden den ganzen Tag über Juden aus den umliegenden Dörfern systematisch in speziellen Fahrzeugen vergast; deutsche und ukrainische Arbeiter brechen den Leichen die Goldzähne und die Goldfüllungen aus. Die Deutschen ermorden 5000 Zigeuner aus Łódź in Vergasungswagen.

• 9. Januar 1942: Aus dem Lager und Ghetto Theresienstadt (Tschechoslowakei) werden 1000 Juden nach Riga (Lettland) deportiert.

• 12. Januar 1942: Für die Nürnberger

Das außerhalb von Berlin gelegene Wannsee war ein schöner Ort. Dort fanden häufig Zusammenkünfte der führenden Persönlichkeiten des Dritten Reiches statt, deren wichtigste die berüchtigte Wannseekonferenz im Januar 1942 war. Auf dem Foto sind einige führende Vertreter des riesigen Polizeiapparates des Dritten Reiches abgebildet (von links): Kurt Daluege, Chef der Ordnungspolizei; Karl Wolff, Chef des persönlichen Stabes Heinrich Himmlers; Heinrich Himmler, Reichsführer SS; Hauptmann Bonin von der Ordnungspolizei; Generalfeldmarschall Erhard Milch; Reinhard Heydrich, Chef des SD, der mit der Durchführung der „Endlösung" beauftragt war, und Friedrich Wilhelm Krüger, Höherer SS- und Polizeiführer im Generalgouvernement.

Mit seiner Kälte und Skrupellosigkeit hatte sich Reinhard Heydrich den Beinamen „der Henker" verdient. Als Gastgeber bei der Wannseekonferenz sorgte er mit Erfrischungen dafür, dass sich seine Gäste wohlfühlten. Dann eröffnete er die Zusammenkunft mit einer Rede, in der es um die Deportation von *elf Millionen* Juden – auch der Juden aus England und Irland – nach dem Osten ging, was deren sofortigen Tod oder Vernichtung durch Arbeit bedeutete. Heydrich fiel dann im Frühjahr des Jahres 1942 einem Attentat zum Opfer.

Das imposante Gebäude im Berliner Vorort Wannsee, das früher der Wohnsitz einer wohlhabenden jüdischen Familie gewesen war, wurde von den Nazis übernommen. Einst ein Ort für sommerliche Zusammenkünfte am Wannsee, richtete man dort am 20. Januar 1942 eine Zusammenkunft ranghoher Regierungsbeamter aus, bei der die weitere Realisierung der „Endlösung der Judenfrage" geplant wurde. Das von Reinhard Heydrich geleitete Treffen verlief so gut, dass dieser zur Feier seines Erfolges beim Abschluss ein Glas Kognak in einem Zug leerte.

Prozesse der Nachkriegszeit wird der Grundstein gelegt, als China und neun europäische Länder eine Resolution verabschieden, der zufolge die Führer der Achsenmächte wegen der Kriegsverbrechen, die sie befohlen, verübt oder als Mittäter ausgeführt haben, vor Gericht gestellt werden sollen.

• 13. Januar 1942: Die ersten von 10 000 Juden, die der Judenrat des Ghettos Łódź (Polen) dafür ausgewählt hat, melden sich zur Arbeit. • Die Exilregierungen Belgiens, der Tschechoslowakei, Frankreichs, Griechenlands, der Niederlande, Luxemburgs, Norwegens, Polens und Jugoslawiens verurteilen die deutschen Gräueltaten gegen die Bürger ihrer Länder ohne dabei speziell die Juden zu erwähnen. Das britische Außenministerium billigt die Deklaration, erwähnt aber nicht die Juden.

• 14. Januar 1942: Die USA setzen 1800 europäische Firmen, mit denen kein Amerikaner Handelsgeschäfte fortsetzen oder in die Wege leiten darf, auf eine schwarze Liste.

• Mitte Januar 1942: Aus Łódź (Polen) werden die ersten Juden in das Vernichtungslager Chełmno deportiert.

• 16. Januar 1942: Der Major der Roten

Martin Luther

Martin Luthers kometenhafter beruflicher Aufstieg lässt die beruflichen Chancen erkennen, die die Völkermordpolitik des Dritten Reiches reichlich boten. Luther schloss zwar nie eine Oberschule ab, wurde dennoch aber zu einer einflussreichen Figur im Reichsaußenministerium.

Luthers Eintritt in das Reichsaußenministerium wurde von Joachim von Ribbentrop, dem Reichsaußenminister, gefördert. Luther war ein talentierter Organisator, der sich außerordentlich geschickt im parteiinternen Gerangel der NSDAP zurechtfand und das Reichsaußenministerium in die Position eines bedeutenden Akteurs bei der „Endlösung“ brachte.

Auf der Wannseekonferenz am 20. Januar 1942 sorgte Luther dafür, dass das Auswärtige Amt die Deportation der europäischen Juden koordinierte. Er erkannte, dass die „Endlösung“ eine gute Gelegenheit zur Erweiterung seiner eigenen Machtbasis war. Luther bemühte sich 1943 ohne Erfolg Ribbentrop aus dem Amt zu drängen; das Ergebnis war seine Einweisung in das Konzentrationslager Sachsenhausen. Er starb kurze Zeit nach dem Krieg an Herzversagen.

In Novi Sad (Jugoslawien) ermordeten ungarische und andere Soldaten vom 21.–23. Januar 1942 hunderte Juden und nichtjüdische Serben. Die Leichen der Opfer wurden auf dem Friedhof zusammengetragen.

Die Deutschen ermordeten viele sowjetische Kriegsgefangene; eine noch größere Anzahl internierten sie und ließen sie in den Lagern sterben. Neben den Juden fielen die gefangen genommenen Angehörigen der Roten Armee häufiger Verfolgungen zum Opfer, gab es unter ihnen mehr Todesfälle als es bei den Gefangenen anderer Nationalitäten der Fall war. Der Umstand, dass die Sowjetunion die Unterzeichnung der Haager Landkriegsordnung von 1907 und der Genfer Konvention von 1929 abgelehnt hatte, bestärkte die Nazis in ihrem inhumanen Vorgehen. Das Übrige besorgte der mörderische Hass der Deutschen. Das Foto zeigt ein Massengrab von 3000 sowjetischen Kriegsgefangenen rund 20 Kilometer außerhalb Leningrads. Ein ähnliches Schicksal erlitten hunderttausende Sowjetsoldaten, die ebenfalls in die Hände der Deutschen geraten waren.

1942

Armee Seniza Werschowskij wird in Krementschug (Ukraine) von einer Einsatzgruppeneinheit erschossen, da er Juden beschützt hatte.

- **17. Januar 1942: Generalfeldmarschall Walter von Reichenau, der als Wehrmachtsangehöriger mit den Einsatzgruppen in der Sowjetunion zusammengearbeitet hat, stirbt an einem Herzanfall.**

- **19. Januar 1942: Sowjetische Truppen erobern Moshaisk, den Ort des weitesten Vorstoßes der Deutschen auf Moskau, zurück. Damit wird die sowjetische Hauptstadt vor der Besetzung bewahrt.**

- **20. Januar 1942: Im Berliner Vorort Wannsee findet die Wannseekonferenz führender Vertreter des Nationalsozialismus statt; die Teilnehmer sind Heydrich, Meyer, Leibbrandt, Stuckart,**

Diese Frau, die kurz vor ihrer Hinrichtung im Todeslager Belżec steht, bittet vergebens um ihr Leben. In Belżec kamen rund 600 000 Menschen ums Leben. Die Opfer waren fast alle Juden.

Drei Krankenschwestern vor dem jüdischen Hospital in Tarnów (Polen). 1942 begannen die Nazis mit der Zwangsverschickung der Tarnówer Juden in das Todeslager Belżec. Als die Nazis am 2. September 1943 mit der Auflösung des Ghettos begannen, leisteten die noch dort lebenden Bewohner Widerstand. Die Deutschen schlugen die Rebellion gewaltsam nieder und deportierten die Juden nach Auschwitz und Plaszów.

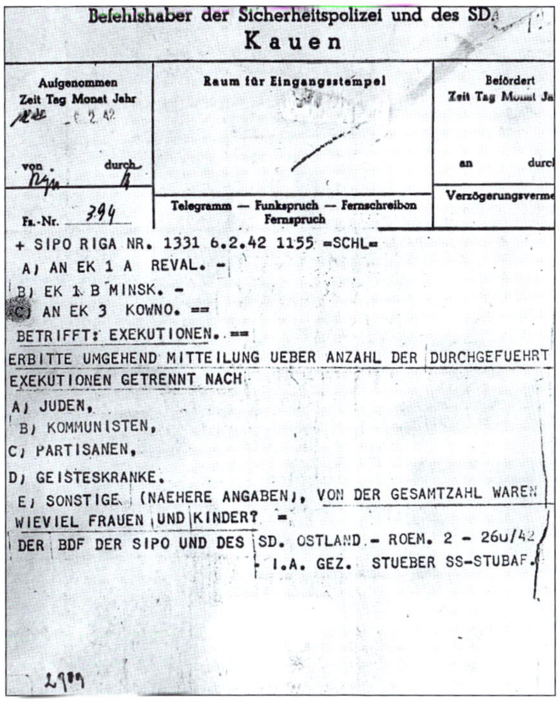

Befehlshaber der Sicherheitspolizei und des SD
Kauen

Aufgenommen Zeit Tag Monat Jahr — 6.2.42
von Riga durch
Fs.-Nr. 394
Raum für Eingangsstempel
Telegramm — Funkspruch — Fernschreiben Fernspruch
Befördert Zeit Tag Monat Ja
an durc
Verzögerungsverme

+ SIPO RIGA NR. 1331 6.2.42 1155 =SCHL=
A) AN EK 1 A REVAL. -
B) EK 1 B MINSK. -
C) AN EK 3 KOWNO. ==
BETRIFFT: EXEKUTIONEN. ==
ERBITTE UMGEHEND MITTEILUNG UEBER ANZAHL DER DURCHGEFUEHRT
EXEKUTIONEN GETRENNT NACH
A) JUDEN,
B) KOMMUNISTEN,
C) PARTISANEN,
D) GEISTESKRANKE.
E) SONSTIGE (NAEHERE ANGABEN), VON DER GESAMTZAHL WAREN
WIEVIEL FRAUEN UND KINDER? =
DER BDF DER SIPO UND DES SD. OSTLAND - ROEM. 2 - 260/42
I.A. GEZ. STUEBER SS-STUBAF.

2909

Das 1942 an drei Einsatzkommandos aufgegebene Telegramm von der Rigaer Dienststelle der Sicherheitspolizei zeugt von der methodischen Vorgehensweise der Nazis bei ihren Mordaktionen. In diesem Telegramm werden genaue Angaben zur Zahl der exekutierten Juden, Kommunisten, Partisanen und Geisteskranken sowie der hingerichteten Frauen und Kinder gefordert.

Neumann, Freisler, Bühler, Luther, Klopfer, Kritzinger, Hofmann, Müller, Eichmann, Schöngarth und Lange. Bei der Erörterung geht es um die Anzahl der europäischen Juden, die noch zu „erledigen“ sind, um die Zukunft der Zwangsarbeit, die Trennung der Juden nach Geschlecht, um Massendeportationen und um Vernichtung – um die „Endlösung“. Dem Protokoll zufolge sollen fünf Millionen sowjetische Juden (darunter fast drei Millionen ukrainische), 700 000 Juden aus dem unbesetzten Frankreich, 5600 aus Dänemark und 200 aus Albanien getötet werden. Derartige Zahlen werden auch für Länder genannt, die noch nicht unter der Naziherrschaft stehen, darunter Großbritannien (330 000), Spanien (6000), die Schweiz (18 000), Schweden (18 000) und die Türkei (55 500). Die ganze Konferenz dauert nur knapp 90 Minuten.

• 21. Januar 1942: Um sich dem Naziterror zu widersetzen gründen die Juden im Ghetto Wilna (Litauen) die *Fareinikte Partisaner Organisazje* (Vereinigte Partisanenorganisation).

• 21.–23. Januar 1942: In Novi Sad (Jugoslawien) treiben ungarische Faschisten 550 Juden und 292 Serben auf die gefrorene Donau, brechen die Eisdecke durch Schüsse auf und er-

Die Geschichte des Schiffes „Struma" zeigt, zu welchen verzweifelten Mitteln die Juden griffen um der Verfolgung durch die Nazis zu entkommen und nach Palästina zu gelangen. Das schlecht ausgerüstete Viehtransportschiff mit 769 rumänischen Juden an Bord stach im Dezember 1941 in See. Es erreichte mit Mühe seinen ersten Zielhafen Istanbul (Türkei). Die britischen Behörden weigerten sich allerdings Visa nach Palästina auszustellen und die Türkei erteilte den Passagieren keine Genehmigung an Land zu gehen. Die türkischen Behörden ließen das Schiff schließlich aufs offene Meer schleppen und befahlen dessen Weiterfahrt, obgleich es auf dem Schiff an Lebensmitteln und Treibstoff fehlte. Am 24. Februar 1942 wurde das Schiff von einem Torpedo getroffen, das möglicherweise von einem sowjetischen U-Boot versehentlich abgefeuert worden war.

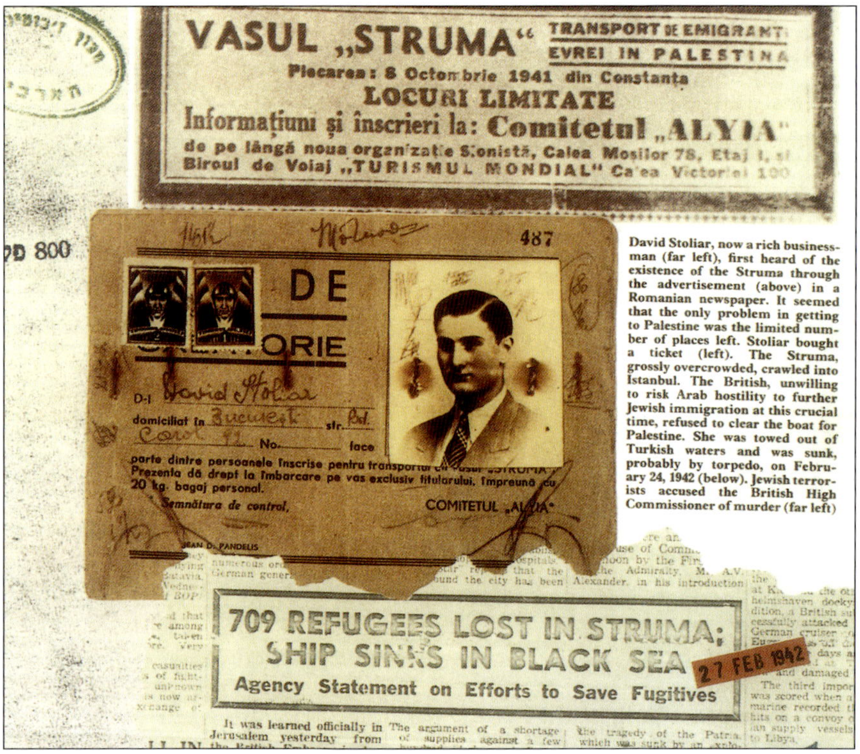

Der extreme Mangel an Lebensmitteln ließ in den Ghettos Schwarzmärkte entstehen. Die Nazis, die darauf hofften, dass sämtliche Bewohner der Ghettos an Krankheiten oder Unterernährung sterben würden, sahen diese Entwicklung natürlich mit Missbilligung. Wen sie bei Schwarzmarktgeschäften ertappten, den richteten sie ohne Umstände hin. Diese vier Männer wurden im Ghetto Zduńska Wola (Polen) gehängt.

Der einzige Überlebende der Schiffskatastrophe der „Struma", der 19-jährige David Stoliar. Wie andere Männer in Bukarest hatte man auch Stoljar zur Zwangsarbeit gepresst. Sein Vater, der um das Wohl seines Sohnes fürchtete, bestach die Behörden, kaufte eine Schiffsfahrkarte für die „Struma" und hoffte, dass sein Sohn das sichere Palästina erreichen würde. Das von einem Torpedo getroffene Schiff sank, bevor Hilfe eintraf. Stoliar wurde von Türken gerettet, die auf einem Leuchtturm arbeiteten. Nachdem er sich erholt hatte, erhielt er ein britisches Einwanderervisum.

1942

schießen dann alle, die nicht sofort ertrinken.

• 24. Januar 1942: In Kolomyja (Ukraine) werden 400 jüdische Intellektuelle verhaftet und später ermordet.

• 30. Januar 1942: In einer Rede an die Öffentlichkeit erinnert Hitler an den neunten Jahrestag der „Machtergreifung" und erklärt, dass das Resultat des Krieges nicht die Vernichtung der „Arier", sondern die völlige Ausrottung der Juden sein werde. Die Rede wird in Washington, D. C., und in London mitgehört.

• Februar 1942: Im Warschauer Ghetto beginnen 33 jüdische Ärzte, die selbst langsam verhungern, mit einer Studie über die Auswirkungen des Hungers.
• In Ostgalizien (Polen) greifen jüdische

Ein jüdischer Mann erklimmt die Mauer des Warschauer Ghettos mit einem Sack voll geschmuggelter Lebensmittel, den er zu den wartenden Ghettobewohnern hinabwirft. Oft ließ man Kinder in ihrer Kleidung Nahrungsmittel schmuggeln. Auf Schmuggel stand bei den Deutschen die Todesstrafe. Trotzdem nahmen manche Juden und polnische Nichtjuden das Risiko auf sich, denn der Nutzen – Geld und Lebensmittel für sie und ihre Familien – schien die Furcht vor den Konsequenzen aufzuwiegen.

Die Juden von Żychlin (Polen) wurden im März 1942 deportiert. Als die Deutschen die Stadt 1939 besetzten, lebten dort etwa 3500 Juden. Einen Monat vor der Liquidation im Jahr 1942 stürmten deutsche Polizisten das Ghetto und töteten hunderte jüdischer Bewohner. Am 3. März mussten sich die übrigen Juden auf dem Marktplatz versammeln. Dort ließ man sie auf Wagen steigen und deportierte sie in das Todeslager Chełmno.

Vidkun Quisling

Vidkun Quisling, der Gründer der antisemitischen politischen Partei *Nasjonal Samling* (*NS*, Nationale Einheit), begrüßte die Besetzung seines Landes durch die Deutschen am 9. April 1940. Am Abend jenes Tages proklamierte Quisling über den Rundfunk eine neue norwegische Regierung, in der er selbst das Amt des Ministerpräsidenten innehaben sollte.

Der Staatsstreich stieß auf den Widerstand der norwegischen Bevölkerung und entsprach auch nicht den Vorstellungen der Deutschen. Die Besatzer bedachten Quisling zu Gunsten des deutschen Reichskommissars Josef Terboven, der das besetzte Norwegen den gesamten Krieg hindurch mit brutaler Gewalt regierte, nur mit einer Nebenrolle. Quislings Beharrlichkeit indes erwies sich bezüglich mancher deutscher Interessen als nützlich. So rekrutierte der Kollaborateur beispielsweise norwegische Soldaten für das deutsche Militär. Am 1. Februar 1942 wurde Quisling mit Terbovens Billigung Ministerpräsident einer „Nationalregierung". Er unterstützte die spätere Deportation norwegischer Juden nach Auschwitz.

Am 24. Oktober 1945 wurde Quisling von einem Erschießungskommando hingerichtet. Sein Vermächtnis war sein Name, der in die norwegische Sprache eingegangen ist: Das Wort *quisling* steht für Verräter.

Partisanen an verschiedenen Orten deutsche Soldaten an. • Von KZ-Häftlingen produzierte Ziegel und geschnittene Natursteine, die für künftige öffentliche Denkmäler und Gebäude bestimmt sind, werden für den Bau dringend benötigter deutscher Rüstungsbetriebe abgezweigt.

• 1. Februar 1942: Das SS-Wirtschafts- und Verwaltungs-Hauptamt wird gegründet. Chef des WVHA ist Oswald Pohl.

• 13. Februar 1942: Im Ghetto Minsk (Weißrussland) exekutieren die Deutschen führende jüdische Persönlichkeiten, die drei Monate zuvor aus Hamburg zwangsumgesiedelt worden waren.

• 15. Februar 1942: Im Konzentrationslager Auschwitz (Polen) beginnen die ersten Massenvergasungen von Juden.

• 19. Februar 1942: Die Juden im Konzentrationslager Dwinsk (Lettland) müssen der Hinrichtung einer jüdischen Frau beiwohnen, die bei einer nichtjüdischen Gefangenen ein Kleidungsstück gegen eine Büchse Mehl eingetauscht hat.

Albert Speer

Albert Speer war 1942 als Reichsminister für Bewaffnung und Munition und von 1943–1945 als Reichsminister für Rüstung und Kriegsproduktion ein höchst wichtiger Mann im Dritten Reich. Seine persönliche Freundschaft mit Hitler und seine außergewöhnlichen organisatorischen Fähigkeiten ließen ihn vom Assistenzarchitekten zum einflussreichen Mitglied des Naziregimes aufsteigen.

Hitler, der selbst gern Architektur studiert hätte, wurde Speers persönlicher Mentor, nachdem er dessen Begabung für pompöse monumentale Repräsentation in der Architektur erkannt hatte. Speer vervollkommnete den nationalsozialistischen Stil der für das Hitlerregime typischen öffentlichen Paraden und Parteitagsveranstaltungen. Die von Größenwahn geprägten Leidenschaften der beiden Männer schlugen sich in den Planungsentwürfen für Berlin und Nürnberg nieder; in diesen beiden Städten sollte die Macht und Beständigkeit des Dritten Reiches in Stein für die Ewigkeit dokumentiert werden.

Speers Führungsqualitäten wirkten nahezu Wunder für die deutsche Kriegsmaschinerie. Als Reichsminister für Bewaffnung und Munition sicherte Speer trotz der massiven Bombenangriffe der Alliierten den Nachschub für die Wehrmacht. Ihm, der bedenkenlos Zwangsarbeiter einsetzte, kommt das „Verdienst“ zu den Krieg um mindestens zwei Jahre verlängert zu haben.

1945 widersetzte sich Speer Hitler und dessen so genanntem „Nerobefehl“, dem zufolge die Einrichtungen der deutschen Industrie zerstört werden sollten. Vor dem Internationalen Militärgericht in Nürnberg übernahm er die Verantwortung für seine Handlungen und wurde zu 20 Jahren Haft verurteilt. 1966 wurde Speer entlassen. Im Gefängnis schrieb er sein viel gelesenes Buch „Erinnerungen“. Speer starb 1981.

Dieser Graben in der Ratomskaja-Straße im Ghetto Minsk (Weißrussland) war für die Leichen von 5000 Minsker Juden bestimmt. Die Opfer wurden im März von Deutschen und Ukrainern abgeschlachtet.

Als 1941 in Minsk (Weißrussland) die Massenerschießungen begannen, lebten in der Stadt 100 000 ghettoisierte Juden. 1942 setzten die Deutschen Vergasungswagen ein; die Massenerschießungen gingen unterdessen weiter. Am 2. März wurde die Kindertagesstätte (oder das Waisenheim) des Ghettos aufgelöst. Die Kinder wurden lebendig begraben, während die SS-Offiziere ihnen Süßigkeiten zuwarfen. Am 31. März machten die Deutschen im Ghetto Razzia um die Anführer des Widerstands zu verhaften. Danach stand ein Großteil des Ghettos, auch die hier abgebildete Synagoge, in Flammen.

1942

• 22. Februar 1942: Aus dem Ghetto Łódź werden 10 000 Juden in das Vernichtungslager Chełmno deportiert und dort vergast.

• 24. Februar 1942: Das Schiff „Struma“, das unter neutraler panamaischer Flagge fährt und jüdische Flüchtlinge aus Rumänien an Bord hat, wird im Schwarzen Meer versenkt, nachdem Großbritannien die Türkei gezwungen hat das Schiff aus Istanbul umkehren zu lassen. Über 700 jüdische Passagiere, die mit der Reise nach Palästina ihr Leben retten wollten, ertrinken. Nur ein Passagier überlebt. ***Siehe* 5. März 1942.**

• März 1942: In diesem Monat verhungern im Warschauer Ghetto 5000 Juden. • Im Vernichtungslager Chełmno werden 24 000 Juden aus dem Ghetto Łódź

Häftlinge des Konzentrationslagers Mauthausen (Österreich) ziehen Wagenladungen voller Erdreich und Steine für den Bau des „Russenlagers“, das außerhalb des Hauptlagers gelegen und für sowjetische Kriegsgefangene bestimmt war. In dieser Einrichtung herrschten besonders harte Bedingungen. Das Lager hatte eine eigene Abgrenzung aus Stacheldraht und die Gefangenen lebten in primitiven Baracken nicht weit von den berüchtigten Mauthausener Steinbrüchen. Eine Durchfahrtsstraße verband das „Russenlager“ mit der Gaskammer, der Leichenhalle und dem Krematorium des Hauptlagers. Besonders hart gingen die Wachmannschaften mit den sowjetischen Unteroffizieren um, die aus anderen Lagern geflohen und wieder eingefangen worden waren. Von den 5000 Gefangenen, die 1941 mit dem ersten Transport angekommen waren, lebten im März 1942 nur noch etwa 80.

Slowakische Juden mit ihrem Gepäck vor einem Deportationszug. Unter den ersten Opfern, die im März 1942 in das Vernichtungslager Auschwitz transportiert wurden, befanden sich auch 6000 slowakische Juden. In Auschwitz kam schließlich mehr als eine Million Juden ums Leben.

Eine jüdische Familie beim Verladen eines Fahrrades und eines großen Bündels in einen Eisenbahnwaggon. Die Szene wurde während einer Zwangsumsiedlung aus der Slowakei aufgenommen. Zehntausende slowakischer Juden, die sich ihres künftigen Schicksals gar nicht bewusst waren, wurden innerhalb von vier Monaten – vom März bis zum Juni 1942 – deportiert.

(Polen) vergast. • Die Nazis beginnen mit den Deportationen aus Mitteleuropa in das Todeslager Bełżec (Polen). In Norwegen wird zum Schutz der Fabriken und der Infrastruktur vor Saboteuren die kollaborationistische, gegen die Widerstandsbewegung gerichtete Einheit *Hirdens Bedriftsvern* gegründet. • In Smolensk wird die Russische Befreiungsarmee, eine kollaborationswillige Gruppierung, gegründet. • In der Londoner Presse erscheint ein kurzer Artikel darüber, dass alle Juden in Mariupol (Ukraine) getötet worden sind.

• 1. März 1942: Die Nazis beginnen mit dem Bau eines neuen Vernichtungslagers in Sobibór (Polen).

• 1.–2. März 1942: Tausende weißrussischer Juden werden nach Koidanowo (Weißrussland) gebracht und dort ermordet.

• 2. März 1942: Im Arbeitslager Janowska (Ukraine) müssen sechs Juden die Nacht im Freien verbringen; alle sechs erfrieren. • Kinder aus einem jüdischen Kindergarten im Ghetto Minsk (Weißrussland) werden in eine Sandgrube geworfen, mit Süßigkeiten beworfen und dann mit Sand bedeckt

GROSSE JUDENDEPORTATIONEN NACH BEŁŻEC (1942)

Im Vernichtungslager Bełżec kamen 600 000 Menschen ums Leben. Die meisten Opfer waren Juden aus Südpolen, doch die Nazis deportierten auch Juden aus Deutschland, Österreich, Böhmen und Mähren in dieses Tötungszentrum.

In einer Kolonne und mit ihren wenigen, in Säcken verstauten Habseligkeiten beladen, marschieren Juden in das Lager Bełżec. Sie wurden von ihren Bewachern über den wahren Zweck des Lagers getäuscht; aus dem vermeintlichen Durchgangslager sollten sie Arbeitslagern zugeteilt werden. In Wirklichkeit wurden sie in die Gaskammern geschickt.

Das ehemalige Arbeitslager Bełżec wurde im März 1942 zu einem Vernichtungslager umfunktioniert, in dem Menschen anfangs mit Kohlenmonoxid und später mit Zyklon B getötet wurden. Trotz des wohlgeordneten Eindrucks, den diese SS-Wachmannschaft erweckt, ging bei den Tötungsaktionen häufig etwas schief, hatten die Opfer furchtbar zu leiden. Die Wachmannschaften nannten die Tötungseinrichtung nach dem SS-Hauptscharführer Lorenz Hackenholt *(zweite Reihe, ganz rechts)*, der einen Dieselmotor zur Erzeugung von Kohlenmonoxid laufen ließ, scherzhaft „Hackenholt-Stiftung".

1942

und erstickt. Über 5000 erwachsene Juden aus Minsk werden ebenfalls getötet.

- **3. März 1942: Belgische Juden werden zur Zwangsarbeit eingezogen.**

- **5. März 1942: Nach dem Untergang der „Struma" am 24. Februar bestätigt das britische Kriegskabinett nochmals seine Entscheidung keine „illegalen" jüdischen Flüchtlinge nach Palästina zu lassen.**

- **6. März 1942: Bei einer Zusammenkunft im Reichssicherheits-Hauptamt hebt Adolf Eichmann die Notwendigkeit strenger Geheimhaltung bei der Deportation und Vernichtung von Juden hervor, die zu dieser Zeit in Deutschland, Österreich, Mähren und Böhmen leben.**

Um die Aktivitäten der Partisanen einzudämmen, führten die Nazis regelmäßig Massenerschießungen durch. Auf dem Foto ist eine dieser Hinrichtungen in der ukrainischen Stadt Drogobytsch festgehalten. Diese Gräueltat beendete jedoch nicht das Leid der Drogobytscher Juden. Von März bis November 1942 starben rund 7800 jüdische Bewohner der Stadt in den Gaskammern von Bełżec.

Nach der Kapitulation Griechenlands im April 1941 versuchten die Briten ihre Truppen zurückzuziehen, konnten jedoch nicht alle Soldaten aus dem Land und von Kreta, das kurze Zeit später aufgab, zurückholen. Unter den in Gefangenschaft geratenen Soldaten waren auch 1400 jüdische Soldaten aus Palästina, die sich als Freiwillige zum britischen Heer gemeldet hatten. Um in den düsteren Tagen der Gefangenschaft die Moral aufrecht zu erhalten hatten diese in einem Kriegsgefangenenlager in Oberschlesien internierten Soldaten ein Orchester gegründet.

Die deutschen Erfolge im Jahr 1942 führten fast zum Zusammenbruch der Roten Armee. Die Zahl der Opfer auf beiden Seiten war enorm. Trotz der überwältigenden Überlegenheit der Deutschen versuchten die von leidenschaftlichem Patriotismus getriebenen sowjetischen Truppen die Front zu halten und sogar gegen die Eindringlinge vorzustoßen. Hier ducken sich sowjetische Soldaten beim Feuern hinter den Splitterschutz ihrer Waffen; andere kümmern sich um die Verwundeten.

• 14. März 1942: In Ilja (Polen) schließen sich Juden, die zur Arbeit auf ein Gut geschickt worden sind, in einem nahen Wald sowjetischen Partisanen an. Als Vergeltung dafür erschießen die Deutschen alte und kranke Juden auf der Straße und treiben dann über 900 Juden in ein Gebäude, das anschließend in Brand gesteckt wird. Die Eingesperrten kommen alle ums Leben.

• 15. März 1942: Hitler prophezeit, dass seine Wehrmacht in diesem Sommer die Rote Armee in allen Richtungen besiegen werde.

• 16. März 1942: Mehr als 1800 Juden aus Potschep (Sowjetunion) werden exekutiert.

• 17. März 1942: Im Todeslager Bełżec wird in vollem Umfang mit den Vernichtungsaktionen begonnen; die deportierten Opfer kommen aus Polen und aus den westlichen Gebieten Deutschlands. Bis Ende 1942 werden in Bełżec 600 000 Juden ermordet.

Die Lager für die Aktion Reinhard

Im Generalgouvernement, dem von den Nazis besetzten Teil Polens, das in die Distrikte Warschau, Radom, Kraków, Lublin und Ostgalizien gegliedert war, lebten rund zwei Millionen Juden. Dieser Tatsache eingedenk rief der Generalgouverneur Hans Frank am 16. Dezember 1941 sein Kabinett zusammen und verkündete, dass Reinhard Heydrich, der Chef des Reichssicherheits-Hauptamtes, eine wichtige Konferenz plane. An dieser Zusammenkunft sollte Franks Stellvertreter Dr. Josef Bühler teilnehmen.

Bühler war einer von 15 führenden Nazis, die am 20. Januar 1942 an der Wannseekonferenz teilnahmen. Auf dieser Konferenz wurde die Tätigkeit der an der „Endlösung“ beteiligten Instanzen koordiniert und Bühler drängte darauf, dass die „Judenfrage“ des Generalgouvernements möglichst schnell gelöst werde.

Zu Ehren Heydrichs, der im späten Frühjahr 1942 einem Attentat tschechischer Widerstandskämpfer zum Opfer gefallen war, bezeichnete die SS die Vernichtung der Juden des Generalgouvernements mit dem Decknamen Aktion Reinhard. Die Planung für den Massenmord war jedoch bereits vor der Wannseekonferenz im Gange. Sie sah vor, dass unter Leitung der SS-Offiziere Odilo Globocnik und Christian Wirth drei Lager gebaut wurden, deren Hauptzweck in der Vernichtung von Juden bestand. Mit einem aus Angehörigen der SS und der Polizei, rasch ausgebildeten Ukrainern und ehemaligen Führungskräften des so genannten „Euthanasie“-Programms bestehenden Personal sollten Bełżec, Sobibór und Treblinka zu Todesfabriken werden. In den 21 Monaten der Aktion Reinhard – von März 1942 bis November 1943 – wurden über 1,7 Millionen Juden, die meisten von ihnen aus dem Generalgouvernement, vergast.

Die konzentriert angelegte Todesfabrik war mit Benzin- und Dieselmotoren zur Erzeugung von Kohlen-

monoxid für die Gaskammern ausgerüstet. Ihren Standort bestimmten vier Faktoren: größere jüdische Gemeinden in der unmittelbaren Umgebung, ein günstiger Bahnanschluss für den Transport, Abgeschiedenheit des Ortes aus Sicherheitsgründen und die Nähe zur östlichen Grenze des Generalgouvernements zur Tarnung der Operationen als Umsiedlung in den Osten.

Das Lager Bełżec, das am 17. März 1942 in Betrieb genommen wurde, erfüllte die genannten Kriterien. Es war nur knapp einen Kilometer von der Bahnstation eines an der Hauptstrecke zwischen Lublin und Lwow liegenden Dorfes entfernt. In Bełżec wurden rund 600 000 Juden getötet. Auch in Sobibór, wo das Morden im Frühjahr 1942 in vollem Umfang begann, nutzte man die Nähe einer wichtigen Eisenbahnverbindung aus, auf der über 250 000 Juden in die Gaskammern gebracht wurden. Das nordöstlich von Warschau gelegene Treblinka begann am 23. Juli 1942 mit der Massenvernichtung. Dieses abseits gelegene Lager, das an die Bahnlinie Warschau – Białystok angebunden war, befand sich wie die anderen ebenfalls in der Nähe hunderter eingeschlossener und hungernder jüdischer Gemeinden. Bis zu seiner Schließung im Herbst 1943 hatte das Lager Treblinka zwischen 700 000 und 900 000 jüdische Menschenleben gefordert.

In den Todeslagern gab es auch Fluchtversuche. In Treblinka und in Sobibór brachen sogar Revolten aus. Es gab jedoch nur wenige Juden, die an diesen Orten des Todes überlebten. Tote hingegen gab es viele. Sie wurden anfangs in Massengräbern verscharrt. Später verbrannte man sie und äscherte auch die exhumierten Leichen aus den Massengräbern ein. Damit versuchten die Deutschen die Beweise für ihre Verbrechen zu vernichten.

1942

- 17. März – 14. April 1942: Fast 30 000 Juden aus dem Ghetto Lublin (Polen) werden in das Todeslager Bełżec deportiert.
- 19. März 1942: Die Nazis verhaften 50 Juden aus Kraków (Polen) und deportieren sie nach Auschwitz. Die Aktion ist Teil einer gegen die jüdischen Intellektuellen gerichteten Operation.
- Ende März 1942: Aus Lwow (Ukraine) werden 15 000 Juden nach Bełżec deportiert.
- 24. März 1942: Die ersten Deportationen westeuropäischer Juden nach Bełżec beginnen.
- 26. März 1942: Der erste von Adolf Eichmanns Referat veranlasste Judentransport geht nach Auschwitz ab.

DIE SECHS TODESLAGER IN POLEN (1942)

In ihren sechs Vernichtungslagern, die sich alle auf dem deutsch besetzten Territorium Polens befanden, töteten die Nazis 3,5 Millionen Juden und zehntausende andere Menschen. Das an der Aktion Reinhard beteiligte Personal ermordete in den Todesfabriken Treblinka, Bełżec und Sobibór 1,7 Millionen Juden, die zum größten Teil in Polen gelebt hatten. Mehr als eine Million Juden starben in Auschwitz.

Ustaša-Soldaten, die sich mit dem abgetrennten Kopf eines ihrer Opfer fotografieren lassen. Die *Ustaša* (Aufständische) war eine kroatische faschistische Bewegung. Sie war vor dem Krieg zahlenmäßig klein, doch nach der Eroberung Jugoslawiens durch die Nazis gelangten ihre Anhänger in Kroatien an die Macht. Berüchtigt für ihre Grausamkeit ermordeten sie nicht nur Juden, sondern auch Serben, Zigeuner und politische Gegner.

Diese polnischen Zivilisten aus Bełchatów werden nach Deutschland deportiert, wo sie als Zwangsarbeiter eingesetzt werden sollen. Je länger der Krieg dauerte, umso stärker machte sich im Reich Arbeitskräftemangel bemerkbar, da immer mehr junge Männer zum Militärdienst einberufen wurden, die die Verwundeten und Gefallenen ersetzen mussten. Vom Rassenstandpunkt der Nazis betrachtet waren polnische Nichtjuden den Juden, die ja vernichtet werden sollten, vorzuziehen.

• Der erste Transport 1000 slowakischer Juden wird nach Auschwitz geschickt.

• 27. März 1942: Die ersten Deportationen von Juden aus Frankreich nach Auschwitz beginnen.

• 28. März 1942: Fritz Sauckel wird zum Generalbevollmächtigten für den Arbeitseinsatz ernannt. In dieser Funktion soll er die Rekrutierung von Zwangsarbeitern beschleunigen.

• 31. März 1942: Deutsche Soldaten veranstalten eine Razzia im Ghetto Minsk (Weißrussland) um die Führer des jüdischen Widerstands aufzuspüren und zu verhaften.

• März – Oktober 1942: Etwa 60 000 slowakische Juden werden in die Todeslager geschickt.

• April 1942: Im Todeslager Sobibór setzt der Vernichtungsprozess in vollem Umfang ein. • Im Warschauer Ghetto verhungern mehr als 4400 Juden.
• Die ersten Judentransporte erreichen das Lager Majdanek (Polen), wo im Verlauf des Jahres die Vergasung von

Die faschistische Bewegung *Action Française* (Französische Aktion) war 1899 in Frankreich entstanden. Ernüchtert durch das Chaos, das die Dritte Republik kennzeichnete, begann man in dieser Bewegung Hitler und den italienischen Diktator Benito Mussolini immer stärker zu bewundern. Grundstein des politischen Programms der *Action Française* war ein bösartiger Antisemitismus, zu dem der Hass auf Freimaurer, Protestanten und in Frankreich lebende Ausländer kam. Diese „Feinde" hatten nach Auffassung der Anhänger der *Action* die Bewegung zu einem gigantischen Kampf für Frankreichs nationale und rassische Integrität gezwungen. Im Regime Vichy-Frankreichs spielten die Anhänger der *Action Française* eine wichtige Rolle.

Als der Konfektionsbetrieb Schultz im September 1941 im Warschauer Ghetto seine Tätigkeit aufnahm, beschäftigte er rund 150 Arbeiter, die Uniformen für die deutsche Wehrmacht herstellten. Im Juli 1942 waren es schließlich fast 4500. Die umfangreichen Deportationen während der Sommermonate ließen die Zahl der Beschäftigten jedoch rapide zurückgehen. Das Foto, das einen Teil des Betriebsgeländes und einige Beschäftigte beim Durchsehen der Uniformen zeigt, gehörte zu einem offiziellen Album, das die Firmenleitung zusammengestellt hatte um die Bedeutung des Betriebes zu demonstrieren und einer Schließung der Firma vorzubeugen. Der Konfektionsbetrieb Schultz produzierte in Warschau bis Anfang 1943, als das gesamte Unternehmen in das Arbeitslager Trawniki (Polen) verlagert wurde.

1942

Juden beginnt. • Von Auschwitz wird eine direkte Bahnverbindung zum Lagerbereich Birkenau gebaut. Die *London Sunday Times* lässt eine Nachricht über die Exekution von 120 000 rumänischen Juden durch die Nazis erscheinen, stellt sie aber nicht groß heraus. • In der Sowjetunion wird die *Drushina* (Gefolgschaft), eine kollaborationswillige Gruppierung, gegründet. Sie wird von dem sowjetischen Überläufer Oberstleutnant W. W. Gil geleitet.

• Anfang April 1942: In Mława (Polen) werden Juden verhöhnt und erhängt.

• 1. April 1942: 965 slowenische Juden werden nach Auschwitz deportiert.

Am 3. April 1942 wurden 1200 Juden aus der ukrainischen Stadt Tłumacz in das Todeslager Bełżec deportiert, das einen Monat zuvor in Betrieb genommen worden war. Sie gehörten zu den rund 600 000 meist polnischen Juden, die 1942 in Bełżec starben. Hier versammeln sich die Juden zur Deportation.

Edith Stein

Für das Dritte Reich war Edith Stein mit ihrem Glauben und ihrer Intelligenz wie ein Stachel im Fleisch. Die deutsche Jüdin, die auf dem Gebiet der Philosophie promoviert hatte, trat 1922 zum Katholizismus über. Nach einem Jahrzehnt der Lehrtätigkeit und des Schreibens wurde Edith Stein 1932 als Dozentin am Deutschen Institut für wissenschaftliche Pädagogik eingestellt. In einem Brief an Papst Pius XI. bat sie den Heiligen Vater eine Enzyklika an die Gläubigen zu richten, in der der Rassismus der Nazis verurteilt würde. Ein Jahr später wurde sie aus dem Institut entlassen, da sie jüdische Eltern hatte.

Kurz darauf siedelte Edith Stein nach Köln über und wurde unter dem Ordensnamen Teresia Benedicta a Cruce Karmelitin. Die Gestapo verhaftete sie 1942 in einem niederländischen Kloster und ließ sie nach Auschwitz deportieren, wo sie vielen Häftlingen Trost spendete. Am 8. August 1942 wurde sie – angeblich wegen der antinazistischen Aktivitäten niederländischer katholischer Bischöfe – vergast.

Edith Stein wurde 1998 von der römisch-katholischen Kirche heilig gesprochen. Ihr zu Ehren wurde in Auschwitz eine Kapelle errichtet.

An der Seite seiner Geliebten Eva Braun bewundert der Führer die Blumen und Geschenke, die anlässlich seines 53. Geburtstages am 20. April 1942 eingegangen sind. Hitler verbrachte seinen Geburtstag an seinem Zufluchtsort, dem von den bayrischen Alpen umgebenen Berghof in Berchtesgaden. Seine Beziehung zu Eva Braun ließ er stets im Dunkeln, auch verachtete er ihre mädchenhaften Neigungen, genoss aber trotzdem das Gefühl des Zuhauseseins und der Behaglichkeit, das sie ihm gab. Sie spielte auf zahllosen Teegesellschaften und abendlichen Zusammenkünften von Hitlers engerem Kreis die Rolle der Gastgeberin.

• 3. April 1942: Mit den Transporten, die an diesem Tag von Augsburg nach dem Todeslager Bełżec gehen, werden alle Juden der Stadt deportiert. Damit endet die jüdische Präsenz in Augsburg, die seit 1212 bestand.

• 5. April 1942: Die lutherische Kirche Norwegens veröffentlicht „*Kirken grunn*" (Grundlagen der Kirche), einen Brief, in dem sie Nazismus und Rassismus verurteilt und gegen die Bemühungen der deutschen Marionette Vidkun Quisling protestiert, die norwegischen Kirchen zu nazifizieren.

• 11. April 1942: Eine in Lwow (Ukraine) veröffentlichte deutsche Bekanntmachung greift die polnischen Zivilisten, die Juden Hilfe leisten, heftig an. • 3000 Juden aus Zamośź (Polen) werden in das Todeslager Bełżec deportiert.

• 16. April 1942: SS-Beamte in der Ukraine informieren die Behörden in Berlin, dass die Krim „judenrein" sei.

• 17. April 1942: Die Naziregierung verfügt, dass von Juden belegte Wohnungen in Großdeutschland als solche gekennzeichnet werden müssen.

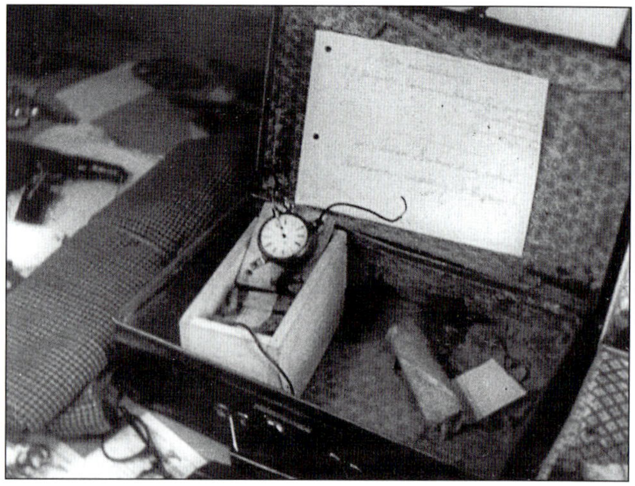

Diese Fotos zeigen unterschiedliche Sichtweisen auf den Prozess vom April 1942 gegen 27 Mitglieder der französischen Résistance. Eine Aufnahme zeigt das aus deutschen Wehrmachtsoffizieren bestehende Tribunal, eine andere die scharf bewachten Angeklagten nach dem Prozess. Gegenstand des dritten Fotos ist offenbar eine Schaltuhr für eine Zeitzünderbombe. Zwei der Angeklagten in diesem Prozess waren Juden; 25 der 27 Widerstandskämpfer wurden zum Tode verurteilt. Doch solche Urteile konnten den französischen Widerstand gegen die von Deutschland kontrollierte Marionettenregierung nicht brechen. Etwa zur Zeit des Prozesses setzte sich der kollaborationswillige Politiker Pierre Laval mit Hitlers Unterstützung wieder in das Amt des Ministerpräsidenten der Vichy-Regierung ein. Das spornte die Résistance jedoch nur zu verstärkter Aktivität an.

1942

• 18. April 1942: Im Warschauer Ghetto werden 52 Personen, die auf einer Fahndungsliste stehen, aus ihren Betten gezerrt und getötet. Diese Aktion wird unter der Bezeichnung „Blutnacht" bekannt. • 1000 Juden aus dem Lager und Ghetto Theresienstadt (Tschechoslowakei), die mit dem Zug in ein Ghetto in Rejowiec fahren sollten, werden in das Todeslager Sobibór umgeleitet. • Verärgert darüber, dass Leningrad seinen Truppen noch immer standhält, entbindet Hitler Generalfeldmarschall Wilhelm Ritter von Leeb von seinem Befehl über die Heeresgruppe Nord, die auf nordrussischem Territorium operiert.

• 20. April 1942: Auf einem in Ostpreußen stattfindenden Geburtstagsbankett für Hitler verkündet Göring, er sei für den Reichstagsbrand am

In Joseph Goebbels' Propagandaministerium wurde am laufenden Band Material produziert, das von traditionellen antijüdischen Stereotypen Gebrauch machte. Auf diesem Bild ist ein jüdischer Mann mittleren Alters dargestellt, der mit einer jüngeren nichtjüdischen Frau müßig im Freien sitzt. Die Überschrift spielt auf die Legende an, dass nichtjüdische Frauen von jüdischen Männern verführt wurden.

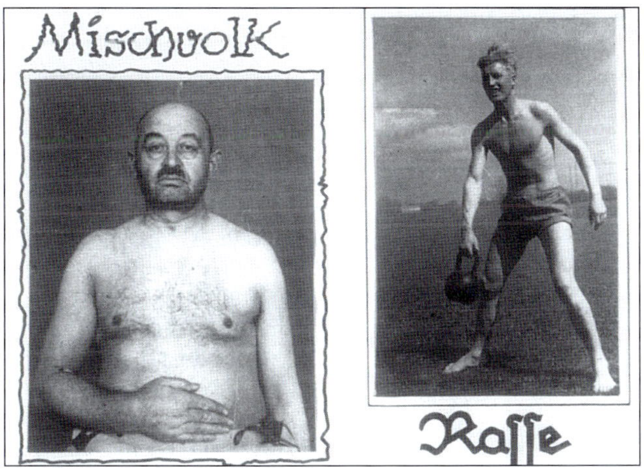

Diese Bilder zeigen links einen übergewichtigen unattraktiven und nicht „reinrassigen" Mann und rechts einen kräftigen „arischen" Jugendlichen. Die Darstellung veranschaulicht den Wunsch der Nazis die „arische Rasse" rein zu halten.

Joseph Goebbels

Joseph Goebbels war das begeistertste Mitglied von Hitlers engerem Kreis. Der raffinierte und amoralische Goebbels war ein meisterhafter Drahtzieher, der mit seiner Macht über die deutschen Medien das gemeine Volk für die Sache des Nationalsozialismus vereinte und noch Öl ins Feuer des Antisemitismus goss.

Paul Joseph Goebbels wurde 1897 im Rheinland als Sohn einer Familie der unteren Mittelklasse geboren. Die Kinderlähmung hatte bei dem Jungen ihre Spuren hinterlassen und so widmete sich Goebbels der Entwicklung seines Intellekts. Er promovierte 1921 auf dem Gebiet der Literatur und der Philosophie und schloss sich bald darauf der NSDAP an. Der gescheiterte Romanschriftsteller Goebbels fühlte sich zunächst mehr der Naziideologie als Hitler selbst verbunden. Bald überzeugte ihn auch die Person und er wurde nach Hitler *der* Befürworter des Mythus von der Unfehlbarkeit des Führers. Für seine Loyalität wurde Goebbels zum Minister für Volksaufklärung und Propaganda ernannt, als Hitler 1933 an die Macht kam.

Goebbels verbot den Juden jegliche verlegerische Tätigkeit und initiierte die Verteufelung der Juden durch die Nazipropaganda: in Spielfilmen, frisierten Wochenschauen, Dokumentarfilmen mit gefälschtem Material, erfundenen Nachrichten, Hörspielen und mit inszenierten antisemitischen Demonstrationen. Unter seiner Anleitung wurde das Wort „Jude" im gesamten Reich zu einem Synonym für „Feinde" und „Parasit".

Goebbels und seine Ehefrau Magda begingen am 1. Mai 1945 im Führerbunker Selbstmord. Zuvor hatten sie ihre sechs Kinder vergiftet.

27. Februar 1933 verantwortlich gewesen. Der Brand hatte damals Vergeltungsmaßnahmen der Nazis für die angebliche kommunistische Subversion ausgelöst.

• 24. April 1942: Den Juden in ganz Großdeutschland wird die Benutzung öffentlicher Verkehrsmittel untersagt.

• 26. April 1942: Der Reichstag verleiht Hitler in Angelegenheiten der Exekutive, der Legislative und der Jurisdiktion volle Autorität.

• 27. April 1942: Aus dem Lager und Ghetto Theresienstadt (Tschechoslowakei) werden 1000 Juden nach Izbica Lubelska (Polen) deportiert; nur eine Frau überlebt, weil ihr nach der Ankunft die Flucht gelungen ist. Andere aus Theresienstadt Deportierte werden in die Vernichtungslager Sobibór und Belzec geschickt. • Die Nazis exekutieren im Warschauer Ghetto 60 Juden. Zu den Opfern gehören auch Personen, die man der Mitarbeit an der Zeitung des Ghettountergrunds verdächtigt hatte.

• 29. April 1942: Ein deutscher Lastwagen, der in der Nähe des Ghettos

Diese Darstellung zeigt Deutschland, das von Juden „überrannt“ wird. Der Text „13 Juden täglich“ soll den Eindruck vermitteln, Deutschland sei das bevorzugte Ziel umherziehender europäischer Juden. Nichts jedoch hätte der Wirklichkeit weniger entsprechen können. Das soziale Klima war spürbar ungastlich und die Gesetze der Nazis verboten die Einreise in das Land.

Die Juden wurden für drei schreckliche historische Ereignisse verantwortlich gemacht: für den Sturz des Wesirs Haman und die blutige Rache, mit der die Juden auf einen Anschlag Hamans gegen ihr Volk reagierten (zu diesen Vorgängen steht das Purimfest der Juden in Beziehung); für den Terror der Französischen Revolution und für die Schrecken der bolschewistischen Revolution in Russland. Unter Anleitung der Nazis wurden die in deutschen Schulen verwendeten Geschichtslehrbücher inhaltlich geändert, indem man alle negativen historischen Entwicklungen den Juden und alles Positive den Deutschen zuschrieb.

Die jüdische Spinne zieht ihre Fäden zwischen den Hauptstädten Europas. Direkt auf Berlin sitzend ist das Tier zur Herrschaft über Europa bereit. Die „internationale jüdische Verschwörung“ war ein bevorzugtes Thema der Nazipropaganda.

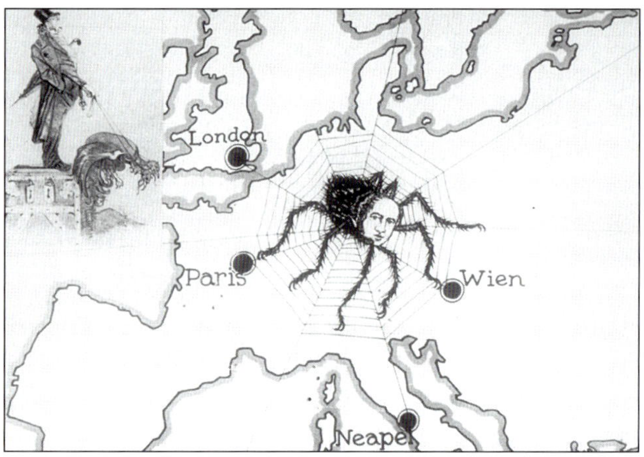

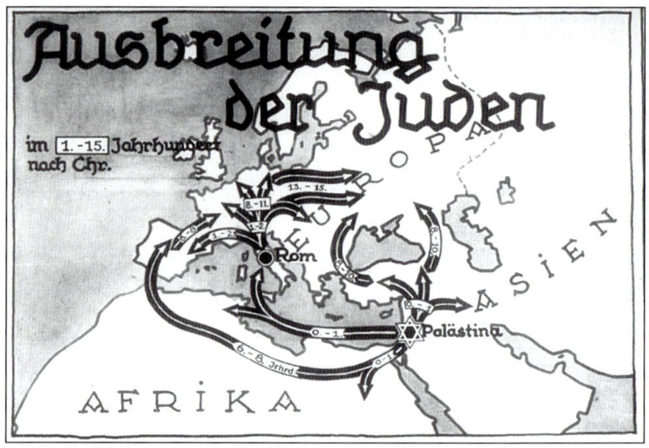

Diese Darstellung zeigt die von Palästina ausgehende „Ausbreitung“ der Juden, die nach der Geburt Christi einsetzte. Die Nazipropaganda hob immer wieder die angebliche Wurzellosigkeit der Juden hervor. Die Angehörigen des in der Diaspora lebenden Volkes wurden als Parasiten bezeichnet, die den Ländern, in denen sie sich aufhielten, das Blut aussaugten.

1942

Łódź (Polen) betankt wird, befördert „umgesiedelten“ Juden gehörendes Gepäck. Die Besitzer sind bereits im Todeslager Chełmno ermordet worden.

• 30. April 1942: Die Juden von Pińsk (Polen) erhalten den Befehl innerhalb eines Tages ein Ghetto einzurichten. Dorthin ziehen dann 20 000 Juden. • In Djatlowo (Weißrussland) werden 1200 Juden getötet. Die Juden leisten zuvor vergeblich bewaffneten Widerstand.

• Mai 1942: Im Warschauer Ghetto verhungern mehr als 3600 Juden. Die Nazis dringen in Warschau gewaltsam in jüdische Wohnungen ein, schießen auf die Bewohner, schlagen sie mit Gewehrkolben und werfen die Leichen aus den Fenstern. • In der Nähe

Das Konzentrationslager Mauthausen in der Nähe des oberösterreichischen Linz war für seine unmenschlichen Arbeitsbedingungen bekannt. Innerhalb des Lagerbereichs befand sich ein Steinbruch, in dem man die Häftlinge mörderische Arbeit verrichten ließ. Man zwang Häftlinge, die voll beladene Karren schoben oder über 50 Kilogramm schwere Steine schleppten, die „Todestreppe“ emporzusteigen. Die aus 186 Stufen bestehende Treppe bedeutete für jeden Gefangenen, der den Halt verlor und unter seiner Last stürzte, den Tod. In einem späteren Stadium des Krieges mussten die Mauthausener Häftlinge unterirdische Fabrikanlagen für die Rüstungsproduktion bauen.

Diese Frau wohnte einst in Kertsch auf der Halbinsel Krim (Russland). Bis Ende April 1942 wurden die auf der Krim lebenden Juden ermordet. In jenem Monat erklärten die Deutschen die Krim für „judenrein“.

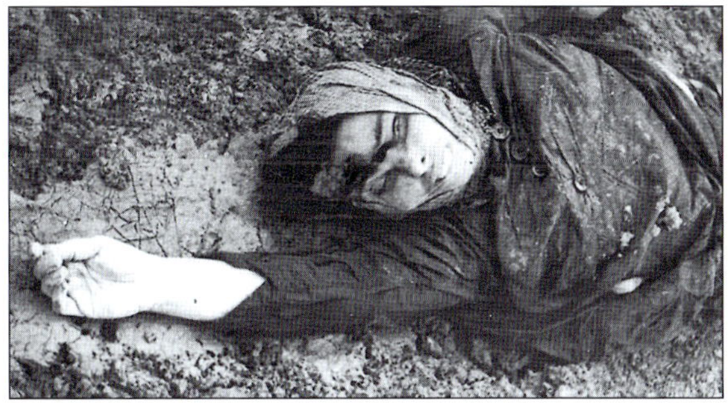

„Kein Tiger kann mich fressen, kein Hai kann mich jagen. ... Selbst der Teufel würde sich an mir die Zähne ausbeißen. Ich fühle es: Ich werde hier rauskommen.“

nach: *Fritz Loehner-Beda, ein in Auschwitz getöteter jüdischer Liedermacher*

Zu den ersten Häftlingen des Konzentrationslagers Mauthausen gehörten auch politische Gefangene, darunter 7000 spanische Republikaner, von denen einige hier abgebildet sind. Die Republikaner hatten Zuflucht in Frankreich gesucht, wurden aber im Auftrag der Vichy-Regierung deportiert. Auch Ungarn, Polen und Tschechen, darunter viele Juden, wurden nach Mauthausen geschickt. Die unmenschlichen Lagerbedingungen hatten die Häftlinge Franz Ziereis, dem Lagerkommandanten mit dem Kindergesicht, zu verdanken.

von Minsk (Weißrussland) wird ein Zwangsarbeitslager eröffnet. • Kleinen Gruppen jüdischer Jugendlicher gelingt die Flucht in die Wälder außerhalb der weißrussischen Städte Lida und Stolpce. • Slowakische Juden und in Chelm lebende Juden werden in das nahe gelegene Todeslager Sobibór deportiert und dort vergast. Denselben Tod erleiden in Sobibór mehr als 36 000 polnische Juden aus den Gemeinden zwischen Weichsel und Bug. • In Ostgalizien (Polen) werden 14- bis 60-jährige Juden an abgelegene Stellen getrieben und mit Handgranaten und Maschinengewehren getötet, nachdem sie ihre eigenen Gräber geschaufelt haben. Der „Aktion“ fallen außerdem Waisen, Bewohner von Altenheimen und auf der Straße aufgegriffene Frauen zum Opfer. • Die Häftlinge von Auschwitz-Birkenau müssen im Lager selbst und in einer Fabrik zur Produktion von synthetischem Öl und Gummi bei Monowitz Zwangsarbeit leisten. • In Auschwitz-Birkenau werden Frauen für medizinische Experimente ausgesucht. • Ein jüdischer Häftling im Arbeitslager Schwenningen (Deutschland) wird zur Strafe dafür, dass der an Diarrhöe Erkrankte seine Notdurft außerhalb der Baracken erledigt hat, bis zu den Schultern im Boden einge-

Kunstraub

Auf ihrem Siegeszug durch Europa raubten die deutschen Armeen auch das Eigentum jener Menschen, die sie ermordet hatten. Hitlers erklärte Absicht war es aus diesen Territorien so viel herauszuholen, wie man nur herausholen konnte.

Folglich vergriffen sich die Nazis schamlos an den Kulturschätzen Europas. Hermann Göring, einer der größten Kunsträuber, durchstöberte Museen und die Privatsammlungen deportierter Juden nach Werken berühmter Meister. In seiner Villa zeigte er stolz gestohlene Bilder von Tizian, Raffael, Rubens und Rembrandt. Hitlers Interesse an der Kunst Europas rührte von seinem Plan her das österreichische Linz, die Stadt seiner Jugend, zur Kulturhauptstadt der Welt zu machen. In seiner Phantasie stellte er im weltgrößten Museum schon die großartigsten Kunstschätze der Welt aus, wie beispielsweise die beschlagnahmte „Madonna mit dem Kind“ von Michelangelo.

Der Kunstraub erreichte schließlich astronomische Ausmaße. Die Nazis stahlen in ganz Europa mehr als 100 000 Werke zusammen. Allein in Frankreich eigneten sie sich in der Zeit von 1940 bis 1944 fast 22 000 Kunstgegenstände, darunter 5281 Gemälde, an und brachten sie in 29 Transporten mit 137 Güterwagen nach Deutschland. Nach dem Krieg versuchten Beamte der Alliierten die Schätze zurückzuführen, ein Unterfangen, das durch den Tod der ehemaligen jüdischen Besitzer erschwert wurde. Auf einige Stücke hat bis heute niemand Anspruch erhoben und durch rechtliche Vermittlung versucht man noch immer umstrittene Besitzansprüche zu klären.

Auf Veranlassung ihrer Regierung gründeten prominente sowjetische Juden im April das Antifaschistische Jüdische Komitee. Es sollte die Juden des Westens dazu bringen die Bemühungen der Sowjetunion zu unterstützen und der Invasion der Nazis Widerstand entgegensetzen. Das Foto stammt von einer Zusammenkunft in den New Yorker *Polo Grounds*, an der auch der Schriftsteller Itzik Fefer *(Mitte)* und der Vorsitzende des Komitees, Schlomo Michaels *(rechts)* teilnahmen. Das Komitee unternahm auch den Versuch die Erfahrungen des sowjetischen Judentums während des Holocaust zu dokumentieren, doch Stalin vereitelte diese Bemühungen und löste das Komitee 1948 auf.

Gefangene Zigeuner (Sinti und Roma), die im Todeslager Bełżec (Polen) auf die Befehle der Deutschen warten. Im November 1941 begannen die Nazis in Bełżec mit dem Bau eines Vernichtungszentrums. Dort wurden schließlich hunderte, vielleicht sogar mehrere tausend Zigeuner vergast.

1942

graben; der Mann stirbt nach mehr als zehn Stunden. • In Malyj Trostinez (Weißrussland) wird ein Zwangsarbeitslager eröffnet.

• In den Niederlanden wird die *Vrijwillige Hulp-Politie* (Freiwillige Hilfspolizei), eine kollaborationswillige Hilfspolizeitruppe gegründet. Sie hat den Auftrag niederländische Juden zur Deportation zusammenzuholen.

• In Paris rufen jüdische Kommunisten organisierten Widerstand gegen die Nazibesatzer ins Leben. • Der Bund (Jüdische Arbeitsorganisation Polens) appelliert an die polnische Exilregierung in London die Regierungen der alliierten Länder dazu zu bewegen, die deutsche Regierung auf die Konsequenzen des Mordes an den polnischen Juden hinzuweisen. Der Appell enthält detaillierte Informationen über den

Eine Abschreckungsmethode der Nazis war die Erschießung von Geiseln, insbesondere von Frauen und Kindern, mit der sie Vergeltung für Widerstandsaktionen übten. Die hier abgebildeten fünf Frauen, die einem Erschießungskommando zum Opfer fallen sollen, gehörten zu den 100 Slowenen, die 1942 in dem Ort Celje ermordet wurden. Die Nazis waren der Ansicht, dass die Erschießung von Frauen und Kindern ein besonders wirksames Mittel sei um die Widerstandsgruppen von ihren Aktivitäten abzuhalten. Doch selbst solche Gräueltaten

brachten die Aktionen der jugoslawischen Partisanen nicht völlig zum Stillstand.

Jüdische Arbeiter mit einem schwer beladenen Karren auf einem Bahngleis in der Nähe von Bor (Jugoslawien). Die von Ungarn bewachten, doch von Deutschen kontrollierten Arbeiter im Lager Bor schufteten Tag und Nacht in den Kupferminen um den für die Rüstungsproduktion benötigten Rohstoff zu fördern. Da Deutschland an mehreren Fronten kämpfte, brauchte es immer mehr Zwangsarbeiter um seine Kriegsmaschinerie in Gang zu halten.

Nach getaner Arbeit machen die 30 Soldaten des deutschen Erschießungskommandos kehrt und marschieren ab. Ihre fünf Opfer lassen sie am Boden liegen. Die Leichen werden dann auf Bahren in ein Massengrab getragen.

systematischen Massenmord an den Juden und darüber, dass bereits 700 000 polnische Juden exekutiert worden sind.

• 2600 libysche Juden werden in ein Zwangsarbeitslager nach Giado (Libyen) deportiert, wo sie für das Militär Straßen bauen müssen. • Mehr als 1750 Juden werden aus Tripolis (Libyen) zur Zwangsarbeit in die libyschen Städte Benghasi, Homs und Derna deportiert. Durch Hitze und Hunger kommen hunderte ums Leben, andere sterben bei Bombenangriffen der Alliierten, da sie keine Luftschutzeinrichtungen benutzen dürfen.

• Anfang Mai 1942: Die Mitglieder des Judenrates in Biłgoraj (Polen) werden exekutiert, nachdem sie sich geweigert haben eine Liste von Personen für die Deportation zusammenzustellen.
• 200 Luxemburger Juden, die bereits vor langer Zeit zum Christentum übergetreten sind, werden nach Chełmno geschickt.

• 1. Mai 1942: In Dwinsk (Lettland) werden etwa 1000 Juden ermordet. Von 16 000 jüdischen Einwohnern im Vorjahr leben in der Stadt nur noch 450.

Jüdische Männer mit dem Davidstern in einer Behelfssynagoge im Übergangslager Beaune-la-Rolande (Frankreich). Ausländische Juden, die ersten Ziele der Nazis in Frankreich, wurden gewaltsam aus ihren Häusern vertrieben und vor der Deportation in die Todeslager im Osten in Übergangslager geschickt. Trotz aller Ungewissheit und Entbehrung versuchten die Juden ihre Religionsgemeinschaft zu erhalten.

Eine Zigeunerfrau führt eine Gruppe Kinder durch die ungepflasterten Straßen des Übergangslagers Rivesaltes im Departement Pyrénées-Orientales. Zigeuner galten als Fremde in der französischen Nationalkultur und wurden daher Opfer der Internierungspolitik des Vichy-Regimes. Die Zigeuner hatten unter ihren Unterdrückern furchtbar zu leiden.

Angehörige der Waffen-SS und des Sicherheitsdienstes zwingen Juden ihre Gräber zu schaufeln, ehe sie erschossen werden. Szenen dieser Art gab es in der Sowjetunion in den Monaten nach dem deutschen Überfall häufig. Dass die Opfer ihre Gräber selbst schaufeln mussten, erleichterte vielen Tätern nicht nur die Arbeit - denn viele waren zu betrunken um graben zu können –, sondern gab ihnen die Möglichkeit die Menschen, die kurz darauf ermordet werden sollten, noch ein letztes Mal zu demütigen.

1942

• 4.–8. Mai 1942: Aus Angst vor der Deportation begehen in Łódź (Polen) sechs Juden Selbstmord.

• 4.–15. Mai 1942: Aus dem Ghetto Łódź (Polen) werden mehr als 10 000 Juden nach Chełmno deportiert.

• 5. Mai 1942: Im Warschauer Ghetto richten jüdische Lehrer und Erzieher einen besonderen Tag ein, an dem sie den Kindern mit Spielen und einer Sonderzuteilung von Süßigkeiten Freude bereiten. • Im Łódźer Ghetto stirbt Prof. Jakob Edmund Speyer, ein Frankfurter Jude, der das Schmerzmittel Eukodal entwickelt hat, an Erschöpfung.

• 9. Mai 1942: Die Juden aus Markuszow (Polen) fliehen unter Führung von Schlomo Goldwasser, Mordechai

1941 veranstalteten litauische Bewohner von Kowno und Deutsche mörderische Pogrome gegen die Kownoer Juden. 1942 hingegen war es in der Stadt verhältnismäßig ruhig. Die Juden erhielten zu wenig Lebensmittel und mussten in einem Ghetto eingesperrt leben, doch der Judenrat betrieb trotz der Schwierigkeiten eine medizinische Klinik, eine Suppenküche und eine Schule. Es gelang ihm sogar Konzertaufführungen und andere kulturelle Ereignisse zu organisieren.

Ein deutscher und ein einheimischer Milizmann bei der Erschießung von Juden außerhalb eines ukrainischen Dorfe – Die SS erhielt bei den Massenexekutionen, die Teil der „Endlösung" waren, häufig Unterstützung von Hilfskräften. In der Ukraine beteiligte sich die einheimische Bevölkerung bereitwillig an diesen mörderischen Kampagnen. Die beiden Männer hier erwecken den Anschein, als machten sie Jagd auf Vögel und nicht auf Menschen.

Hunger

Neben Erschießungen und Vergasungen wendeten die Nazis zur Ermordung von Juden auch „natürliche" Methoden an; sie ließen ihre Opfer langsam verhungern. Die Bewohner des Judenghettos in Warschau beispielsweise erhielten Lebensmittelrationen, die nur einen Bruchteil des normalen Bedarfs deckten. Kinder und Alte waren die ersten, die starben. Auf den Straßen liegende aufgedunsene Leichen waren bald etwas Alltägliches.

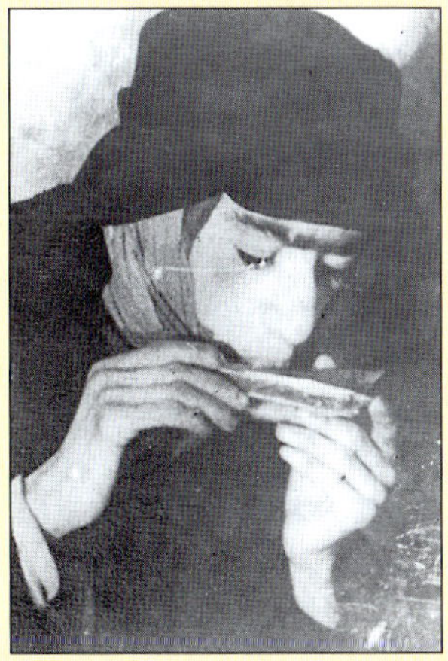

Im Ghetto Łódź (Polen) musste der Journalist Josef Zelikowicz mit ansehen, wie sich tausende Menschen durch die Straßen schleppten und in Müllhaufen wühlten um „eine Scherbe von einem zerbrochenen Gefäß zu finden, die man ablecken [konnte], oder ein Stück Stoff, in das zuvor vielleicht Lebensmittel eingewickelt waren und an dem man noch herumkauen [konnte]".

Zelikowicz beschrieb die vom Hunger entstellten Körper, an denen der „schlaffe Bauch, die eingefallene Brust, die eingesunkenen Stellen rund um den Hals" und die Beine auffielen, die so stark geschwollen waren, dass, „wenn man mit dem Finger in ein solches Bein hineinstach, eine Druckstelle, ein gelbgrauer Fleck wie von nicht durchgebackenem Brot zurückblieb".

Auch die Häftlinge in den Konzentrationslagern waren unterernährt, mussten überdies aber bis zur Erschöpfung schuften. In manchen Lagern aßen die Gefangenen vor Hunger sogar Gras. Viele magerten zu Skeletten mit lang gestreckt wirkenden Gesichtern und trockener, aschfahler Haut ab, unter der die Wangenknochen hervortraten. Die meisten litten zudem an heftigem, den Körper austrocknenden Durchfall. Viele, die dem Leben inzwischen völlig gleichgültig gegenüberstanden, wurden erst durch den Tod von ihren Leiden erlöst.

Kirschenbaum und der Brüder Jaakow und Jerucham Gothelf in die nahen Wälder. *Siehe* Oktober 1942. • Der amerikanische Dichter Ezra Pound, der für die faschistische italienische Regierung arbeitet, äußert von Italien aus: „Sie täten besser daran ihren Kindern Fleckfieber und Syphilis einzuimpfen", als noch mehr Juden in den Vereinigten Staaten aufzunehmen. Amerika, so fährt Pound fort, werde von den Juden und ihren Verbündeten regiert, die „der schmutzigste Schmutz aus dem Mülleimer des Juden" seien.

• 11.–12. Mai 1942: Amerikanische Zionisten fordern auf der Biltmore-Konferenz im New Yorker Biltmore-Hotel die jüdische Oberherrschaft über Palästina. Die Forderung wird von Großbritannien, das Palästina als Mandatsgebiet verwaltet, zurückgewiesen.

• 11. Mai 1942: Alter Dworezki, Mitglied des Judenrates in Djatlowo (Weißrussland), flieht in einen nahe gelegenen Wald, wo er von sowjetischen Partisanen erschossen wird, da er sich geweigert hat ihnen seine Pistole zu übergeben.

• 14. Mai 1942: Der bekannte Wiener Pianist Leopold Birkenfeld wird im Vernichtungslager Chełmno ermordet.

Das Ghetto Markuszów (Polen) wurde am 9. Mai 1942 liquidiert. An diesem Tag wurden die 1500 noch im Ghetto verbliebenen Juden in das Vernichtungslager Sobibór deportiert. Diese Aussiedlung und weitere Deportationen aus den Ghettos des Gebietes im Mai 1942 kündigten den Beginn des Massenvernichtungsprogramms in Sobibór an. Einigen Juden aus Markuszów gelang die Flucht in den etwa 40 Kilometer nordöstlich der Stadt gelegenen Wald von Parczew. Dort taten sich die Männer und Frauen – ohne Kampfausbildung, schlecht bewaffnet und unterernährt – als Partisanen zusammen um sich an ihren Verfolgern zu rächen.

Mordechai Chaim Rumkowski, der Judenälteste in Łódź (Polen), teilt den Ghettobewohnern mit, dass die Deportationen nun abgeschlossen seien. In der Zeit vom 4.–15. Mai waren 10915 Menschen angeblich „umgesiedelt“, in Wirklichkeit aber in das Vernichtungslager Chełmno gebracht worden. Trotz der guten Nachricht blieben die Ghettobewohner misstrauisch und bald gingen Gerüchte über baldige neue Deportationen um. Diese Gerüchte sollten sich leider auch bewahrheiten.

Vom 10.–12. Mai 1942 wurden rund 1500 Juden aus Sosnowiec (Polen) nach Auschwitz geschickt. Das war die erste von mehreren Deportationen aus dieser Stadt. Die noch verbliebenen 15000 Sosnowiecer Juden wurden im August 1943 von den Nazis nach Auschwitz verschleppt.

1942

• 18. Mai 1942: *The New York Times* berichtet, dass die Nazis in den baltischen Ländern über 100000, in Polen 100000 und in der westlichen Sowjetunion über 200000 Juden mit Maschinengewehren erschossen haben. • Aus Protest gegen den Antisemitismus der Nazis organisieren Herbert Baum und seine Anhänger in Berlin einen Brandanschlag gegen die von der Regierung unterstützte antibolschewistische Ausstellung „Das Sowjetparadies“; Teile der Ausstellung werden beschädigt. Die meisten Mitglieder der Herbert-Baum-Gruppe sowie rund 500 weitere Berliner Juden werden verhaftet.

• 22. Mai 1942: Bei einer Übung in einem Wald bei Mielec (Polen) lassen Gestapo-Agenten Juden in der Rolle von Partisanen auftreten, prügeln und verstümmeln sie und töten sie dann.

Werbeplakat für die antibolschewistische Propagandaausstellung der Nazis, die im Berliner Lustgarten gezeigt wurde. Die Schau mit dem Titel „Das Sowjetparadies" sollte die Überlegenheit des Nazismus über den Kommunismus zeigen. Die nationalsozialistische Propagandamaschinerie arbeitete in den Kriegsjahren pausenlos um die militärischen Unternehmungen des Regimes zu unterstützen. Den Mitgliedern der Herbert-Baum-Gruppe erschien die Ausstellung besonders widerwärtig, da die meisten von ihnen kommunistischen und anderen linksgerichteten Organisationen angehörten.

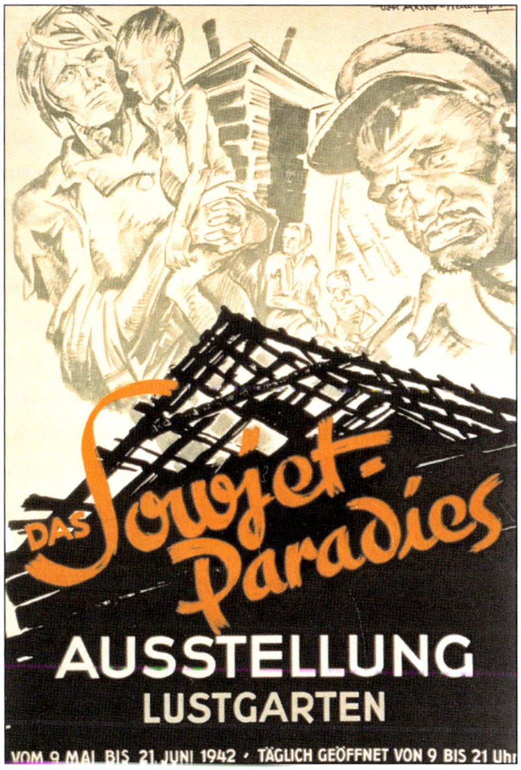

Die Baum-Gruppe

Die nach ihrem Leiter benannte Herbert-Baum-Gruppe war, was ihre Mitglieder betraf, eine breit gefächerte Organisation, die mit der Opposition gegen die Nazis allerdings ein einheitliches Ziel verfolgte. Sie wurde 1937 gegründet und ihr gehörten hauptsächlich junge jüdische Kommunisten, daneben aber auch linksgerichtete Zionisten an. Die meisten Mitglieder waren nur wenig älter als 20 Jahre.

Die Herbert-Baum-Gruppe druckte und verteilte antinazistische Flugblätter, organisierte Bildungsmöglichkeiten für die zunehmend isolierte jüdische Jugend Berlins und leistete den Verfolgten Unterstützung und kameradschaftliche Hilfe. Im Mai 1942 unternahmen einige Mitglieder der Gruppe eine gewagte antinazistische Aktion; sie zündeten in der antibolschewistischen Propagandaausstellung „Das Sowjetparadies" Brandsätze.

Herbert und Marianne Baum sowie etwa 25 weitere Mitglieder der Gruppe wurden verhaftet, gefoltert und entweder getötet oder in Konzentrationslager eingewiesen. Als Vergeltungsmaßnahme wurden außerdem 500 Berliner Juden, die nichts mit der Herbert-Baum-Gruppe zu tun gehabt hatten, verhaftet und in Lager geschickt oder ermordet.

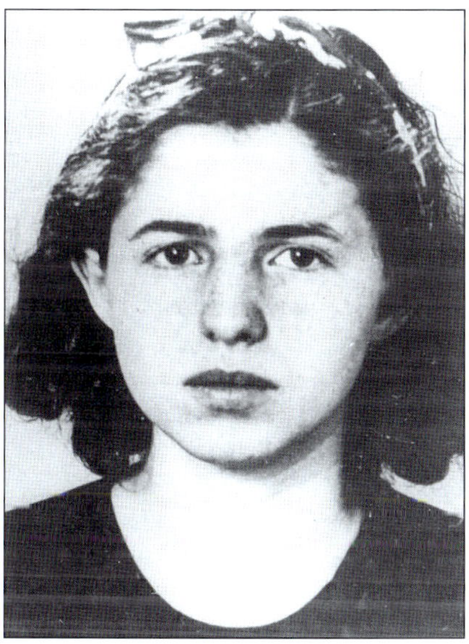

Hella Hirsch, ein Mitglied der Herbert-Baum-Gruppe. Am 18. Mai 1942 verübten Angehörige dieser Gruppe in einer antibolschewistischen Ausstellung in Berlin einen Brandanschlag. Als Vergeltungsmaßnahme verhaftete die Gestapo 500 Berliner Juden, erschoss 250 und wies die übrigen Verhafteten in das Konzentrationslager Sachsenhausen (Deutschland) ein. Am 9. Dezember 1942 fand der Prozess gegen Hella Hirsch und die übrigen elf Mitglieder der Herbert-Baum-Gruppe statt. Neun erhielten die Todesstrafe. Hella Hirsch wurde wegen „mildernder Umstände" zu drei Jahren Haft verurteilt.

• 26. Mai 1942: Großbritannien und die Sowjetunion unterzeichnen einen Vertrag über gegenseitigen Beistand.

• 27. Mai 1942: Die belgischen Juden werden angewiesen den gelben Stern zu tragen. • Mit kleinkalibrigen Waffen und Granaten ausgerüstet verwunden die in Großbritannien ausgebildeten tschechischen Partisanen Jozef Gabcik und Jan Kubis den Chef der Sicherheitspolizei und des Sicherheitsdienstes, Reinhard Heydrich, bei einem Überfall auf dessen Dienstwagen in Prag tödlich. ***Siehe* 4. Juni 1942.**

• 29. Mai 1942: In Vichy-Frankreich wird den Juden der Zutritt zu Restaurants und Cafés, Bibliotheken, Sportstätten und anderen öffentlichen Plätzen verboten. • In Radziwiłów (Ukraine) leisten 3000 Juden unter Führung von Asher Czerkaski den Deutschen Widerstand; 1500 werden getötet, die anderen entkommen in die nahen Wälder. • Im Warschauer Ghetto wird ein Kranker aus einem Fenster geworfen und dann erschossen.

• 30. Mai 1942: Der erste britische 1000-Bomber-Angriff auf Deutschland wird gegen Köln geflogen. Er lässt die Juden auf ein baldiges Kriegsende hoffen.

Munkaszolgálat

Nachdem 1938 und 1939 in Ungarn antijüdische Gesetze angenommen worden waren, galten die ungarischen Juden im wehrdienstfähigen Alter als „unzuverlässig". Zehntausende jüdische Landesbewohner, die man nun für unfähig hielt Waffen zu tragen, wurden zum ungarischen Arbeitsdienst *Munkaszolgálat* eingezogen.

Anstelle von Gewehren gab man den Juden Schaufeln und Spitzhacken. Sie arbeiteten auf dem Bau und schufteten in Bergwerken; in Kampfgebieten führten sie so gefährliche Arbeiten wie das Räumen von Minenfeldern aus.

Viele ungarische Offiziere nutzten die Gelegenheit um ihren Antisemitismus an den Angehörigen des Arbeitsdienstes *Munkaszolgálat* auszulassen. Sie peinigten ihre Opfer, nahmen den Juden das Schuhwerk ab, enthielten ihnen die Lebensmittelrationen vor und unterwarfen sie mitunter sadistischen Quälereien. Manche Juden mussten sich an entwürdigenden Spielen wie Bockspringen beteiligen oder akrobatische Übungen vorführen. Andere wurden mitten im Winter mit Wasser übergossen und durften sich nicht bewegen, bis das Wasser auf ihrer Haut gefroren war.

Nach der Kriegserklärung Ungarns im Juni 1941 an die Sowjetunion fielen zehntausende jüdische *Munkaszolgálat*-Angehörige den Kriegshandlungen zum Opfer. Nach der deutschen Besetzung Ungarns am 19. Mai 1944 fanden jedoch viele Juden Schutz im *Munkaszolgálat*, wo sie zwar schwere Arbeit leisten mussten, dafür aber der Deportation entgingen.

In einer langen Reihe gehen Juden, die deportiert werden sollen, durch die Straßen von Pabjanice (Polen). Mitte Mai 1942 wurden über 4500 jüdische Bürger der Stadt zusammengetrieben und zur Exekution nach Chełmno deportiert. Während die Juden in den Tod geschickt wurden, brachte man die Sachen, die sie von zu Hause mitgenommen hatten, in ein Lagerhaus nach Pabjanice zurück.

Ungarische Juden in der Ukraine. Sie mühen sich mit Schaufel und Spaten den schlammigen Boden zu bearbeiten. Ab 1939 mussten die ungarischen Juden anstelle des Wehrdienstes in Arbeitsbataillonen körperliche Schwerstarbeit leisten. Diese Arbeit wurde umso gefährlicher, als jüdische Einheiten an der Ostfront eingesetzt wurden. Das militärische Personal der Truppen der Achsenmächte behandelte die Juden schlecht; in sowjetischer Gefangenschaft galten die Angehörigen des Arbeitsdienstes als Feinde.

1942

• Juni 1942: Der *World Jewish Congress* mit Sitz in New York verkündet auf einer Pressekonferenz, dass Osteuropa in ein „riesiges Schlachthaus für Juden" verwandelt würde. • In den Todeslagern Bełżec und Sobibór werden mehr als 23 000 Juden vergast. • In Auschwitz grassiert eine Fleckfieberepidemie. • In Sosnowiec (Polen) dringen Deutsche in jüdische Hospitäler ein; sie ermorden Neugeborene und zerren Patienten von den Operationstischen. Die gehfähigen Patienten werden nach Auschwitz geschickt und dort vergast. • Harry Blumenfrucht, ein jüdischer Jugendlicher aus Sosnowiec, erträgt zwei Wochen lang Folterungen durch die Nazis; er weigert sich die Namen derer preiszugeben, die mit ihm bei der Beschaffung von Waffen zusammengearbeitet haben. Seine Leiden enden erst mit der Hinrichtung durch den Strang.

Am 19. Mai 1942 wiesen die Nazis 1420 Juden aus dem Ghetto im polnischen Brzeziny Slaskie *(Abb.)* aus. Auf der Bahnstation der nahe gelegenen Ortschaft Galkówek wurden die Juden in Züge „verladen", deren Ziel das Ghetto Łódź (Polen) war. Die meisten derer, die die Deportation und die Zeit im Łódźer Ghetto überlebten, kamen schließlich im Vernichtungslager Chełmno um.

Ein Sicherheitsoffizier der Nazis fotografiert Angehörige der SS und Vertreter des Roten Kreuzes bei der Besichtigung des Konzentrationslagers Amersfoort (Niederlande) durch das Rote Kreuz. Die SS überwachte den Zutritt Außenstehender zu den Lagern genau und inszenierte alle Besuche mit Akribie. Für solche Fälle wurden die Lager verschönert, erhielten die Häftlinge neue Kleidung. Selbst musikalische Veranstaltungen wurden organisiert; sie sollten zeigen, dass die Gefangenen unter annehmbaren Bedingungen lobten.

Die polnische Stadt Włodawa gehörte zu den Orten, an denen die Juden ihren Nazimördern Widerstand leisteten. Die rund 9000 jüdischen Einwohner der Stadt wurden schließlich in das Todeslager Sobibór deportiert. Die hier abgebildeten Männer mussten in einer Sägemühle Zwangsarbeit leisten.

• Juden aus Dąbrowa Tarnowska (Polen) unter Führung von Rabbi Isaak haben sich auf einem jüdischen Friedhof versammelt und widersetzen sich ihren Nazihäschern; sie halten sich bei den Händen, tanzen und trinken „auf das Leben". Die aufgebrachten Deutschen erschießen die gesamte Gruppe und schlitzen ihren Opfern die Bäuche auf. • Im Warschauer Ghetto verhungern 4000 Juden. • In Lutzk (Ukraine) wirkt eine Widerstandsgruppe unter Führung von Joel Szczerbat. • In Pilica (Polen) werden 3000 Juden nach Bełżec deportiert; mehreren hundert gelingt noch vor dem Ende der Fahrt die Flucht. • In Norwegen werden an die Juden Kennkarten mit einem aufgestempelten „J" ausgegeben. • In Jugoslawien wird die Heimwehr, eine kollaborationistische paramilitärische Organisation, gegründet. • Der Krakówer Zimmermann Mordecai Gebirtig, dessen Freiheitslieder man überall in Polen singt, wird in Bełżec exekutiert.

• 1. Juni 1942: Polnische Juden werden von Hrubieszów in das Vernichtungslager Sobibór deportiert. In der Woche darauf folgen weitere 500. • Die von der Polnischen Sozialistischen Partei herausgegebene Warschauer Untergrundzeitung *Liberty Barrikade* enthüllt die

Diese Kinder aus der polnischen Stadt Pitroków-Kujawski wurden nach Chełmno gebracht und in den Gaswagen des Lagers ermordet. Die Deportationen aus dem nahe gelegenen Łódźer Ghetto nach Chełmno begannen zwar bereits im Januar 1942, doch die Bewohner von Łódź erfuhren erst im Sommer von dem Vernichtungslager.

Selbst in den schlimmsten Zeiten versuchten die Bewohner des Łódźer Ghettos für die Kinder zu sorgen. Sie gründeten Heime für Kinder, deren Eltern deportiert worden waren; Waisenhäuser und Wohnheime waren bemüht die Jungen und Mädchen zu ernähren und ihnen zu helfen. Das Foto zeigt Jankew Chmielnicki und andere Ghettokinder bei einer Mahlzeit im Waisenhaus in der Garbarska-Straße. Die Zahl der Ghettokinder verringerte sich im September 1942 deutlich, als die Behörden die Deportation aller Kinder unter zehn Jahren anordneten.

Arbeit war der Schlüssel zum Überleben im Łódźer Ghetto und so arbeiteten auch die meisten Kinder. Damit die jungen Leute eine nützliche Tätigkeit erlernen konnten, wurde ein Schnellkurs im Schneidern organisiert. Ende 1942 erwartete man selbst von Neunjährigen, dass sie arbeiteten. Sämtliche Ghettobewohner standen auf Abruf zur Zwangsarbeit bereit. Hier wäscht ein jüdischer Jugendlicher mit dem Davidstern auf dem Rücken das Auto eines deutschen Beamten.

1942

Vergasungsaktionen der Nazis im Vernichtungslager Chełmno. • Die IG Farben eröffnet in Monowitz bei Auschwitz Werke zur Herstellung von synthetischem Kautschuk und Treibstoff.

• 1.–6. Juni 1942: Im Vernichtungslager Bełżec werden 7000 Juden aus Kraków (Polen) ermordet.

• 2. Juni 1942: Aus Wien stammende Juden werden in das Ghetto Minsk (Weißrussland) deportiert. Eine der Frauen, Elsa Speigel, entschließt sich ihren fünfeinhalb Monate alten Sohn Jona zurückzulassen. Der Junge wird schließlich in das Lager und Ghetto Theresienstadt (Tschechoslowakei) gebracht, wo er den Krieg überlebt. • Die britische Rundfunkgesellschaft *BBC* berichtet, dass 700 000 Juden vernichtet worden seien. Die Information stammt

In Kraków (Polen) lebende Juden mussten die Häuser ihrer Glaubensbrüder ausräumen, die kurz zuvor aus dem Ghetto deportiert worden waren. Die erste Deportationsaktion begann Ende Mai 1942 und dauerte bis zum 8. Juni an. Bei der ersten Deportation wurden 6000 Juden in das Todeslager Bełżec gebracht und 300 auf der Stelle ermordet. Eine zweite Aktion, bei der 7000 Juden verschleppt und 600 getötet wurden, fand am 27. und 28. Oktober statt.

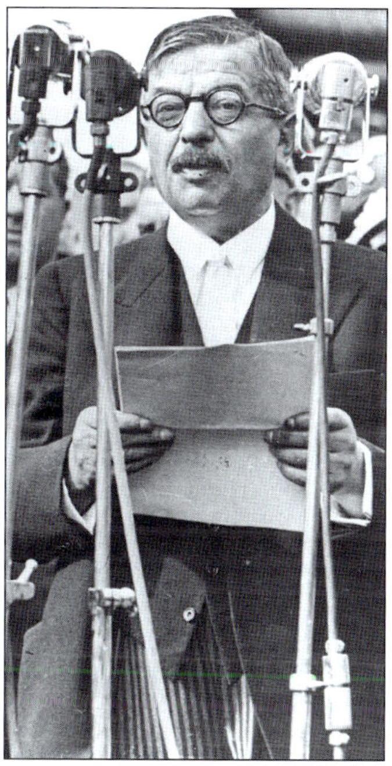

Pierre Laval, 1942 zum Ministerpräsidenten Vichy Frankreichs ernannt, wurde rasch zu einem willigen Werkzeug der Nazis. Er billigte und förderte die deutschen Aktivitäten zum Aufspüren und zur Deportation jüdischer Flüchtlinge, darunter auch jüdischer Kinder. Laval unterstützte die Deportationen, indem er die französische Polizei anwies mit den Nazibehörden zusammenzuarbeiten, die während der Sommermonate über 25 000 Juden in die Ghettos und Konzentrationslager des Ostens schickten.

Kraków und Plaszów

Die Stadt Kraków (Polen), Heimstatt einer der ältesten und bedeutendsten jüdischen Gemeinden in Europa, wurde von den Nazis in einen Ort des Schreckens verwandelt. Im September 1939 besetzten die Deutschen Kraków und erklärten es zur Hauptstadt des Generalgouvernements. Hier wurden sämtliche antijüdischen Gesetze für die Region erlassen.

Im Dezember 1940 setzten die Terrorkampagnen gegen die Juden ein. Das Vermögen der Juden wurde beschlagnahmt, die Synagogen wurden in Brand gesteckt und tausende Juden von ihren Wohnsitzen vertrieben. Im März 1941 entstand auf einer Fläche von 600 mal 400 Metern ein offizielles Ghetto, in das die Juden aus den benachbarten Gemeinden umsiedeln mussten; gegen Jahresende waren schließlich 18 000 Juden in Kraków eingesperrt. Infolge der Überbevölkerung und der erbärmlichen sanitären Bedingungen starben viele Ghettobewohner. Die hier abgebildeten hingerichteten Männer wurden für Sabotageakte gegen den Eisenbahnverkehr gehängt.

Im Mai 1942 begannen die Deportationen von Kraków in die Todeslager Bełżec und Auschwitz. Sie dauerten bis zum März 1943 an. Am 13. März 1943 wurden 2000 Juden in das Arbeitslager Plaszów verlegt. Das Lager im Krakówer Vorort Plaszów stand unter der Leitung des berüchtigten Kommandanten Amon Göth, eines psychopathischen Schlächters, der sich ein Vergnügen daraus machte von seinem Balkon aus auf Juden zu schießen. Das Krakówer Ghetto und das Arbeitslager Plaszów bildeten den Hintergrund für den Film „Schindlers Liste“.

aus einem Bericht, der vom jüdischen Bund in Warschau aus Polen herausgeschmuggelt worden war.

• 3. Juni 1942: In Breslau (Deutschland) revoltieren die jüdischen Bewohner der Stadt. • In einem Gefängnis in der Warschauer Gesia-Straße erschießen die Nazis 110 Juden. Unter den Opfern sind auch zehn jüdische Polizisten.

• 4. Juni 1942: Reinhard Heydrich, der Chef der Sicherheitspolizei und des Sicherheitsdienstes, stirbt an einer Blutvergiftung, die auf die Verletzungen Heydrichs bei dem Attentat tschechischer Partisanen vom 27. Mai zurückzuführen ist. ***Siehe*** **9. Juni 1942. • Die USA erklären Rumänien den Krieg.**

• 5. Juni 1942: Die SS berichtet über die „Erledigung“ von 97 000 Personen in fahrbaren Vergasungseinrichtungen.

• 5.–6. Juni 1942: Beim Zusammentreiben von Juden in Kraków (Polen) werden zwei Männer – ein Einbeiniger und ein Blinder, der sein Augenlicht im Ersten Weltkrieg verlor, als er auf deutscher Seite kämpfte – von SS-Leuten brutal gequält.

Was der Westen wusste

Ende Mai 1942 erhielt die polnische Exilregierung in London vom Warschauer jüdischen Bund neue Nachrichten. Die Mitteilung betraf mehrere Punkte: Sie informierte über den Mord an 700 000 polnischen Juden durch Deutsche; sie nannte die Standorte der Todeslager, enthielt eine Liste von Örtlichkeiten, an denen so genannte „Aktionen" durchgeführt worden waren, und informierte über den Plan der Nazis das gesamte polnische Judentum zu vernichten. Am 2. Juni gab die *BBC* die Zahl der ermordeten polnischen Juden bekannt. Die vom Bund errechnete Zahl war allerdings zu niedrig. An dem Tag, an dem die *BBC* die Nachricht verbreitete, ging die Zahl der Todesopfer unter den polnischen Juden bereits auf zwei Millionen zu.

In einer zweiten Sendung der *BBC* am 26. Juni wurden weitere Einzelheiten aus dem Bericht des Bundes bekannt gegeben. Drei Tage später lieferte eine Pressekonferenz des *World Jewish Congress* in London eine Bestätigung. Die offiziellen Berichte im Juni 1942 über die Vernichtung des polnischen Judentums stellten nach den Worten der Geisteswissenschaftlerin Deborah Lipstadt „einen Wendepunkt in der Verbreitung von Nachrichten über die ‚Endlösung'" dar.

Im Sommer 1942 gelobten der US-amerikanische Präsident Franklin Roosevelt und der britische Premierminister Winston Churchill die Nazis für die antijüdischen Gräueltaten zur Verantwortung zu ziehen. Unterdessen dämpfte die Politik der Verbündeten während des Krieges spezielle Bemühungen zur Rettung der Juden Europas und machte geltend, dass der Sieg im Krieg gegen Deutschland die beste, wenn nicht gar einzige Möglichkeit zur Rettung dieser Menschen sei. Auch nach den offiziellen Besuchen Jan Karskis, eines polnischen Nichtjuden, der Zeuge der Schrecken des Warschauer Ghettos geworden war, bei Churchill und Roosevelt behielt man bis zum Ende des Krieges diese Haltung bei.

Deutsche Soldaten dringen auf sowjetischem Territorium gewaltsam in ein Haus ein. Der Krieg gegen den bolschewistischen Widersacher machte keinen Unterschied zwischen Zivilisten und Soldaten. Bei dem raschen Vormarsch der deutschen Armeen nach Osten und auf Moskau wurden unzählige Häuser zerstört und abertausende Zivilisten getötet.

Ein jüdischer Polizist im Warschauer Ghetto bringt die Leiche eines Säuglings weg. Die ausgezehrte Gestalt des toten Kindes fällt deutlich ins Auge. Die Juden lebten im Ghetto von Hungerrationen; Kranke, Kinder und Gebrechliche fielen der Unterernährung und Krankheiten als Erste zum Opfer. Kinder, von denen viele bereits tot zur Welt kamen, waren unter den schlechten Bedingungen besonders anfällig.

1942

• 6. Juni 1942: In einem Telegramm an die Stapostelle Koblenz verlangt Adolf Eichmann die schwachsinnigen Patienten einer Heil- und Pflegeanstalt in die geplante Massendeportation von Juden aus Koblenz nach Lublin (Polen) einzubeziehen. • Das Judenghetto in Kraków (Polen) wird liquidiert; 6000 Juden der Stadt werden in Bełżec ermordet.

• 7. Juni 1942: Eine Jüdin, der die Flucht aus dem Warschauer Ghetto in die Stadt gelungen ist, wird in das Ghetto zurückgeschleppt und erschossen. • Im besetzten Teil Frankreichs wird das Tragen des gelben Judensterns vorgeschrieben.

• 8. Juni 1942: Der Judenrat in Pilica (Polen) fordert alle körperlich leistungsfähigen Juden zur Flucht in die nahen Wälder auf.

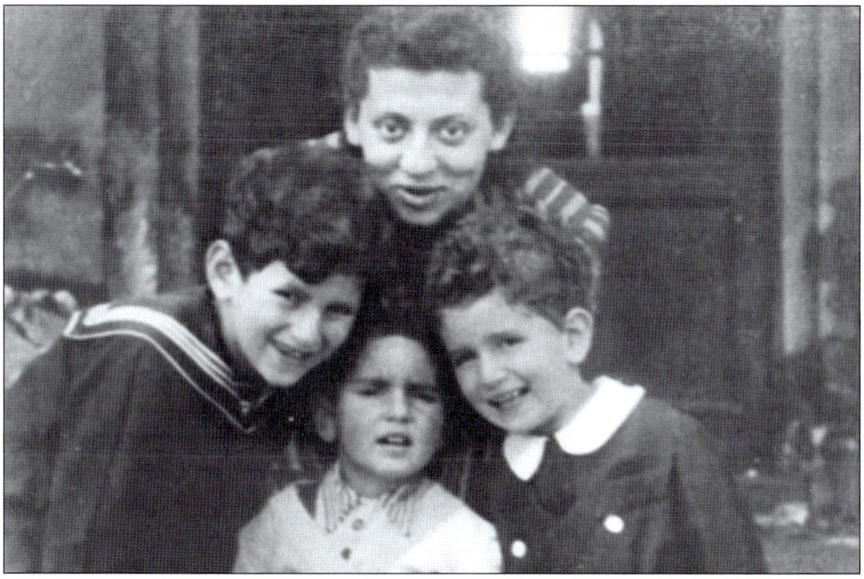

So entsetzlich die Bedingungen im Warschauer Ghetto auch waren, gelang es einigen Juden der Stadt doch zu überleben. Sie verbargen sich oftmals außerhalb des Ghettos in den Häusern nichtjüdischer Bürger, die bereit waren sie zu verstecken. Auf diesem Foto sind Jakob, David und Schalom Gutgeld mit ihrer Tante Janke zu sehen. Janke brachte es zu Wege die drei Jungen aus dem Ghetto zu schaffen und sie in der kleinen Wohnung eines Paares, der Roslans, zu verbergen. Jakob und David überlebten den Holocaust, Schalom starb an Scharlach.

Ein vielleicht schon totes Mädchen auf einer Straße im Warschauer Ghetto, an dem Passanten achtlos vorübergehen. Mehrere jüdische Ärzte untersuchen an sich selbst die Auswirkungen des Hungers, der das Ergebnis der schrecklichen Lebensbedingungen in Warschau war. Sie betrachteten die Untersuchung als einen Akt des Widerstands, der an die Toten erinnern sollte. Nach den Worten eines der beteiligten Ärzte war diese Arbeit ein Beweis dafür, dass „nicht alles von mir stirbt“.

Wegen der Materialknappheit in den Ghettos wurde es für die Juden zunehmend schwierig ihre Arbeit zu tun. Die Heranziehung zur Zwangsarbeit verschlimmerte die Lage noch. Dieser Schuhmacher gehörte zu den wenigen Personen, die ihr Handwerk im Warschauer Ghetto weiterhin ausüben durften. Ausnahmen dieser Art sollten nach dem Willen der Deutschen ein Gefühl der Normalität im Ghetto entstehen lassen und die Juden davon überzeugen, dass Deportation in den Osten tatsächlich nur „Umsiedlung“ bedeutete.

• 9. Juni 1942: In Lidice (Tschechoslowakei) ermorden die Deutschen über 190 Männer und Jungen als Vergeltung für das Attentat auf Reinhard Heydrich. Die Deutschen bringen später weitere 47 Männer, Frauen und Kinder in Lezaky (Tschechoslowakei) um. *Siehe* 18. Juni 1942. • Als eine Mutter in Pabianice (Polen) während der Deportation erbittert darum kämpft ihr Kind behalten zu dürfen, nimmt man ihr das Kind weg und wirft es aus einem Fenster. • Angehörige der deutschen Polizei in Łódź berichten ihren Vorgesetzten in Poznań, dass 95 Łódźer Juden öffentlich gehängt worden seien. • Zur Exekution von Juden wird ein Vergasungswagen nach Riga (Lettland) geschickt. *Siehe* 15. Juni 1942.

• 10. Juni 1942: Aus Prag werden 1000 Juden in den Osten deportiert und dort ermordet.

• 11. Juni 1942: Adolf Eichmann trifft mit Vertretern aus Frankreich, Belgien und den Niederlanden zusammen um die Pläne zur Deportation der Juden zu erörtern.

• 11.–12. Juni 1942: 10 000 Juden aus dem Ghetto Tarnów (Polen) werden im Vernichtungslager Belżec ermordet.

Gardisten der Slowakischen Hlinka-Volkspartei an einem Sammelplatz in Królóvsky-Chlumec vor einem Lastwagen mit Juden, die deportiert werden sollen. Die örtliche Polizei und Gardeeinheiten halfen die Juden zusammenzutreiben und in eines der sechs Todeslager im deutsch besetzten Polen zu bringen.

Viele Polen, Erben einer langen Tradition des Antisemitismus, arbeiteten mit den Nazis zusammen und verrieten ihre jüdischen Freunde und Nachbarn. Andere handelten aus Furcht vor der Todesstrafe, die die Nazis gegen jeden verhängten, der Juden versteckte. Das antisemitische Denken hatte in der Zeit von 1918 bis 1920, als Polen um seine Unabhängigkeit von Russland, Preußen und Österreich kämpfte und mit dem Aufbau einer kapitalistischen Wirtschaft begann, neue Züge angenommen. Der Nationalismus verband sich mit wirtschaftlichen Ambitionen und so betrachtete man die Juden nicht nur als Außenseiter, sondern auch als Konkurrenten. In den Jahren vor dem Zweiten Weltkrieg wurden die polnischen Juden dann zunehmend an den Rand der Gesellschaft gedrängt. Hier wird eine Jüdin in der Stadt Swierce von einer Polin buchstäblich zur Gestapo getragen.

Die Nazis fügten ihren jüdischen Opfern, die kurz vor dem Abtransport in den Tod standen, neben körperlichen Wunden häufig auch noch Beleidigungen zu. Hier demütigen Nazischläger einen orthodoxen Juden aus Stropkow (Tschechoslowakei), indem sie ihm den Bart stutzen – eine Szene, die man nur allzu oft sah. Solche Aktionen waren nicht nur eine Pein für die Opfer, sondern erlaubten den Tätern auch ihre Verachtung für die jahrhundertealte Kultur des europäischen Judentums zu zeigen.

1942

• 12. Juni 1942: Jüdische Säuglinge, Kinder und alte Menschen aus Chmelnik (Ukraine) werden in einem nahe gelegenen Wald erschossen. • Anne Frank wird 13 Jahre alt.

• 13. Juni 1942: 3000 Juden aus dem Lager und Ghetto Theresienstadt (Tschechoslowakei) werden in den Tod geschickt. • Der britische Botschafter beim Vatikan, Francis d'Arcy Osborne, äußert über Papst Pius XII.: „Die bloße Aufzählung der Gebote sichert seine moralische Führung nicht.“

• 14. Juni 1942: Aus Dzisna (Weißrussland) brechen 2000 Juden aus.

• 15. Juni 1942: Die Behörden in Riga (Lettland) fordern einen zweiten Vergasungswagen an.

Gestapo-Chef Reinhard Heydrich und seine Gattin Lina in Prag bei einem Konzertbesuch am 26. Mai 1942, dem Vorabend des Attentats tschechischer Partisanen, bei dem Heydrich tödlich verwundet wurde. Als der Reichsprotektor von Böhmen und Mähren war er mit der Vernichtung der zunehmend effektiver werdenden Untergrundbewegung betraut, die in den tschechischen ländlichen Gebieten operierte. Zu diesem Zweck ließ er tausende Tschechen verhaften und hunderte töten.

Nach dem Überfall auf Reinhard Heydrich suchten die beiden Attentäter und weitere Fallschirmspringer, die an der Operation teilgenommen hatten, in Prag Zuflucht in der Krypta der Kirche *Cyril a Methodoj*. Als ihr Versteck entdeckt wurde, stürmten deutsche Soldaten die Krypta. Dabei kam es zu einem Feuergefecht, bei dem die Partisanen getötet wurden.

Spanien und der Holocaust

Spaniens „Haupt des Staates", General Francisco Franco, sympathisierte zwar mit den Achsenmächten, weigerte sich jedoch an der Seite Deutschlands in den Krieg einzutreten. Stattdessen erklärte er Spanien zum „nicht Krieg führenden Land"; in der zweiten Hälfte des Krieges änderte er den Status Spaniens und bestand nun auf dessen Neutralität. Sein politisches Taktieren rettete schätzungsweise 17000 Juden vor den Konzentrationslagern.

Enttäuschend für die SS war die Erklärung Francos, die Nachkommen der sephardischen Juden besäßen das Recht auf die spanische Staatsbürgerschaft und hätten somit auch Asylrecht in den Botschaften seines Landes. Durch Spanien führte in der Folgezeit ein wichtiger Fluchtweg der europäischen Juden. Manche Flüchtlinge hofften auf Asyl im Land selbst, doch die meisten hatten die Absicht sich in den spanischen Häfen einzuschiffen und Zuflucht in Übersee zu finden.

Die Kapitulation Frankreichs im Jahr 1940 löste einen Flüchtlingsstrom nach Spanien aus. Zunächst gab die spanische Regierung bereitwillig Transitvisa aus, doch dann stellten sich bei den Behörden Bedenken bezüglich der offenen Grenzen ein. Dennoch gelangten viele Flüchtlinge auf gefährlichen Gebirgswegen illegal über die nördliche Grenze. Bis zum Sommer 1942 ermöglichten jüdische Hilfsorganisationen schätzungsweise 7500 Flüchtlingen die Durchreise durch Spanien.

Die spanischen Behörden waren bemüht die Flüchtlinge von einem ständigen Aufenthalt im Land abzuhalten. Für jene, die dennoch blieben, wurden Internierungslager eingerichtet. Als sich der Zustrom 1943 wieder verstärkte, erlaubte man den Flüchtlingen in den spanischen Städten zu leben.

• **16. Juni 1942:** Harold Tittmann, der amerikanische Geschäftsträger beim Vatikan, berichtet dem Außenministerium der USA, dass Papst Pius XII. „bezüglich der für jedermann offensichtlichen Gräueltaten eine Vogel-Strauß-Politik" verfolge.

• **18. Juni 1942:** Die in Großbritannien ausgebildeten tschechischen Partisanen Jozef Gabcik und Jan Kubis, die Reinhard Heydrich am 27. Mai tödlich verwundet hatten, werden zusammen mit mehreren anderen Partisanen in der Prager Kirche *Cyril a Methodoj* entdeckt. Die Kirche wird von deutschen Soldaten und SS-Männern belagert. Keiner der Partisanen überlebt.

• **19. Juni 1942:** Die Juden in Glebokie (Weißrussland) revoltieren; 2500 werden im Borek-Wald ermordet.

• **Sommer 1942:** Das Dritte Reich erlangt durch Gebietseroberungen seine größte territoriale Ausdehnung. • Die dreijährigen jüdischen Zwillinge Ida und Adam Paluch aus Sosnowiec (Polen) werden von ihrer Tante vor der Gestapo in Sicherheit gebracht und finden Aufnahme in verschiedenen katholischen Familien. *Siehe* 1995.

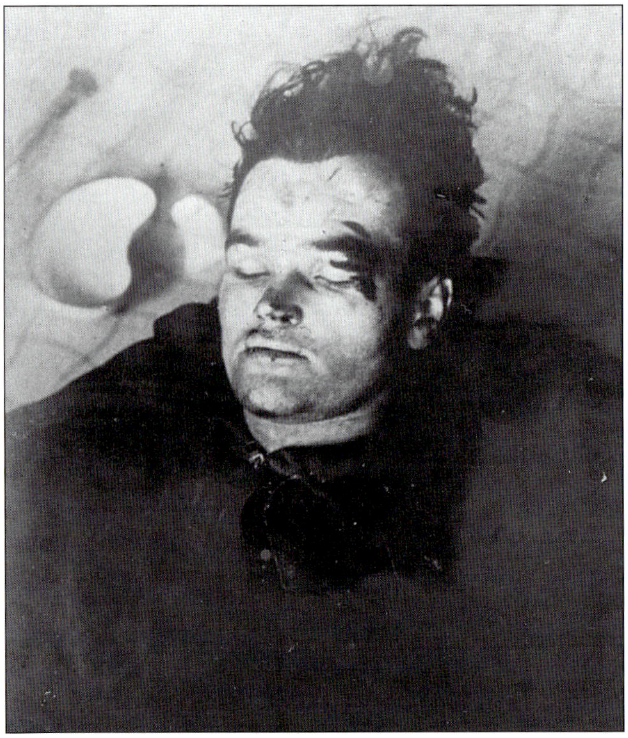

Jan Kubis warf die Granate, die Reinhard Heydrich tödlich verwundete. Er kam beim Feuergefecht in der Krypta der Kirche *Cyril a Methodoj* ums Leben. Der Tod Kubis' besänftigte Hitlers Zorn jedoch nicht. Der Reichskanzler befahl vielmehr eine Reihe von Vergeltungsmaßnahmen.

Die Nachricht von Heydrichs Tod am 4. Juni brachte Hitler auf und veranlasste die Nazibehörden die Bevölkerung zur Mithilfe bei der Ergreifung der Mörder aufzurufen. Das zweisprachige Plakat stellt für Hinweise, die zum Anführer der Attentäter führen, eine Belohnung von zehn Millionen tschechischer Kronen in Aussicht.

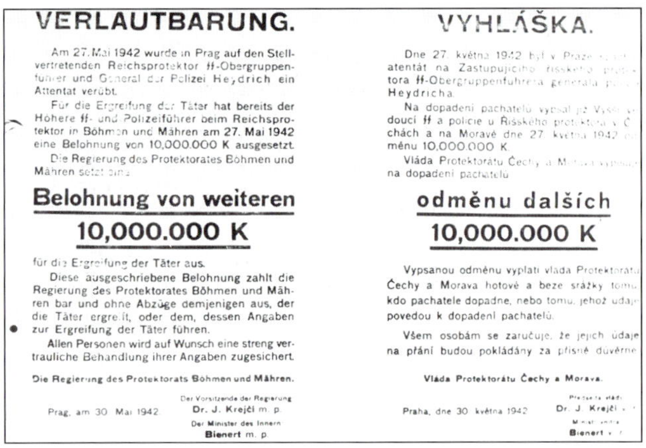

VERLAUTBARUNG.

Am 27. Mai 1942 wurde in Prag auf den Stellvertretenden Reichsprotektor ##-Obergruppenführer und General der Polizei Heydrich ein Attentat verübt.

Für die Ergreifung der Täter hat bereits der Höhere ##- und Polizeiführer beim Reichsprotektor in Böhmen und Mähren am 27. Mai 1942 eine Belohnung von 10,000.000 K ausgesetzt.

Die Regierung des Protektorates Böhmen und Mähren setzt eine

Belohnung von weiteren

10,000.000 K

für die Ergreifung der Täter aus.

Diese ausgeschriebene Belohnung zahlt die Regierung des Protektorates Böhmen und Mähren bar und ohne Abzüge demjenigen aus, der die Täter ergreift, oder dem, dessen Angaben zur Ergreifung der Täter führen.

Allen Personen wird auf Wunsch eine streng vertrauliche Behandlung ihrer Angaben zugesichert.

Die Regierung des Protektorats Böhmen und Mähren.

Prag, am 30. Mai 1942

Der Vorsitzende der Regierung
Dr. J. Krejčí m. p.
Der Minister des Innern
Bienert m. p.

VYHLÁŠKA.

Dne 27. května 1942 byl v Praze [illegible] atentát na Zastupujícího říšského protektora ##-Obergruppenführera generála [illegible] Heydricha.

Na dopadení pachatelů vypsal již Vyšší [illegible] doucí ## a policie u Říšského protektora v Čechách a na Moravě dne 27. května 1942 [illegible] měnu 10,000.000 K.

Vláda Protektorátu Čechy a Morava [illegible] na dopadení pachatelů

odměnu dalších

10,000.000 K

Vypsanou odměnu vyplatí vláda Protektorátu Čechy a Morava hotově a beze srážky tomu, kdo pachatele dopadne, nebo tomu, jehož údaje povedou k dopadení pachatelů.

Všem osobám se zaručuje, že jejich údaje na přání budou pokládány za přísně důvěrné.

Vláda Protektorátu Čechy a Morava.

Praha, dne 30. května 1942

Dr. J. Krejčí
Bienert

Eine Funkmeldung verkündete die Zerstörung von Lidice als Vergeltung für das Attentat auf Heydrich. Am Tag vor der Zerstörung des Dorfes wies Hitler darauf hin, dass ihn nichts hindern könne Millionen Tschechen auszuweisen, wenn sie nicht zu einem friedlichen Zusammenleben bereit seien. Das Massaker von Lidice war eine deutliche Botschaft an alle, die daran dachten Hitler Widerstand zu leisten. Das Plakat wurde vom US-amerikanischen *Office of War Information* entwickelt.

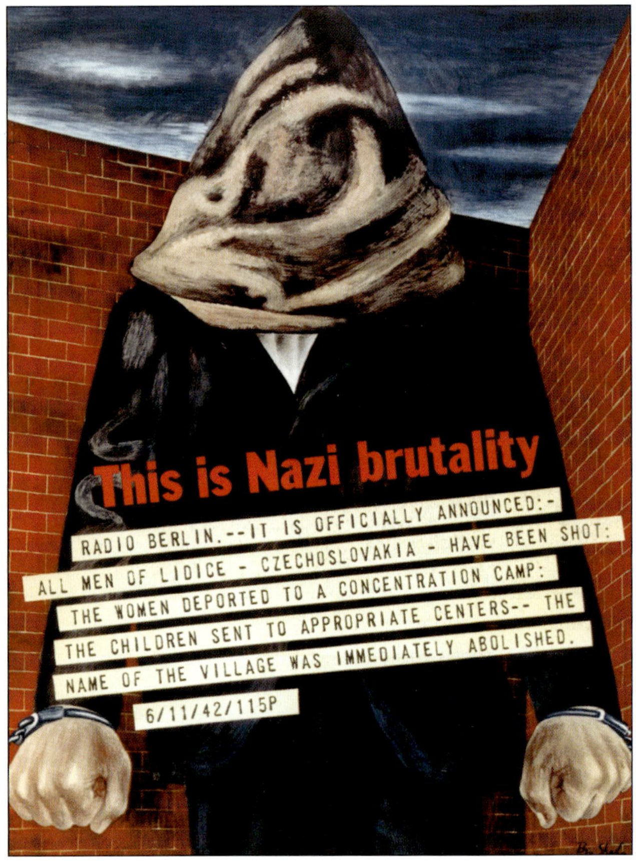

1942

- **20. Juni – 9. Oktober 1942: Aus Wien werden 13 776 Juden nach Theresienstadt deportiert.**
- **24. Juni 1942: In Janówska (Ukraine) und Piaski (Polen) werden tausende Juden aus Lwow (Ukraine) ermordet.**
- **25. Juni 1942: In einem Artikel des *London Daily Telegraph* wird berichtet, dass die Deutschen bei den größten Massakern der Weltgeschichte mehr als 700 000 polnische Juden abgeschlachtet hätten.**
- **26. Juni 1942: In Großbritannien wird über den Rundfunk von der Notlage der Juden im besetzten Polen berichtet.**
- **28. Juni 1942: Deutschland startet am Don (Sowjetunion) eine Sommeroffensive gegen die Rote Armee.**

Hitlers Zorn über das Attentat auf Heydrich entlud sich über Lidice. Das tschechische Dorf wurde in einem mörderischen, von SS und Polizei ausgeführten Racheakt brutal zerstört. Am 9. und 10. Juni 1942 wurden 199 Männer und 47 Frauen aus dem Dorf hingerichtet. Die übrigen Frauen kamen in das Konzentrationslager Ravensbrück; die Kinder, von denen nur 16 den Krieg überleben sollten, landeten in „Erziehungs"-Einrichtungen. Die ermordeten Bewohner von Lidice wurden unter freiem Himmel in Reihen nebeneinander gelegt, bevor man sie in einem Massengrab verscharrte.

Die Vergeltungsmaßnahmen für die Ermordung Heydrichs verliefen rasch und brutal. Hier sind nur einige der Kinder abgebildet, die in die Konzentrationslager Mauthausen und Ravensbrück deportiert wurden. Die meisten von ihnen überlebten den Krieg nicht.

Drancy

Das Durchgangslager Drancy war in einem unvollendeten Mietwohnungskomplex im gleichnamigen Pariser Vorort untergebracht. Hierher kamen die meisten Juden, die von Frankreich nach Auschwitz deportiert werden sollten. In den Jahren 1942 bis 1944 gingen mehr als 60 der 79 Züge, die Frankreich in Richtung Auschwitz verließen, von Drancy ab. Etwa 67 000 der von französischem Boden verschleppten 75 000 Juden verbrachten eine gewisse Zeit in Drancy.

Bei der Eröffnung des Lagers Drancy am 21. August 1941 waren die Lebensbedingungen katastrophal. Für die ersten 4000 Bewohner gab es nur 1200 hölzerne Etagenbettstellen. In den einzelnen Räumen drängten sich jeweils 40 bis 50 Internierte. Die Verpflegung bestand ausschließlich aus Kohlsuppe. Aus diesen Gründen war die Sterberate im Lager Drancy sehr hoch.

Ironischerweise verbesserten sich die materiellen Bedingungen, als die Lagerverwaltung im Juli 1943 von den Behörden Vichy-Frankreichs in die Hände der Deutschen überging. Der letzte Transport verließ Drancy am 31. Juli 1944.

• **29. Juni 1942:** In Slonim (Weißrussland) treten bewaffnete jüdische Widerstandskämpfer in Aktion. Die Deutschen verbrennen Juden bei lebendigem Leib; fast 15 000 werden getötet.

• **30. Juni 1942:** In Auschwitz-Birkenau wird eine zweite Gaskammer in Betrieb genommen. • Im *London Daily Telegraph* erscheint die Überschrift: „MEHR ALS 1 000 000 JUDEN IN EUROPA GETÖTET".

• **Juni – Juli 1942:** In der *The New York Times* fallen eher Artikel über die christlichen als über die jüdischen Opfer der Deutschen auf, obgleich die Zahl der jüdischen Opfer bedeutend höher ist.

• **Juli 1942:** Hunderte deutsche Juden werden in das Ghetto und Lager Theresienstadt (Tschechoslowakei) deportiert, alle jüdischen Waisen in Paderborn nach Theresienstadt verschleppt. • Sieben Züge, in denen Juden in das Todeslager Auschwitz deportiert werden sollen, verlassen Westerbork (Niederlande). • In Klezk (Weißrussland) gelingt einigen Dutzend Juden die Flucht; sie schließen sich den Partisa-

Das Polizeibataillon 101

Am Morgen des 13. Juli 1942 stand das Reserve-Polizeibataillon 101 im Generalgouvernement in der Nähe des Dorfes Józefów, in dem 1800 Juden lebten, zum Einsatz bereit. Die meisten waren Familienväter im mittleren Alter, die sich als Angehörige der Ordnungspolizei erst knapp drei Wochen in Polen befanden. Beim Appell erläuterte der 53-jährige Major Wilhelm Trapp, der beliebte Bataillonskommandeur, seinen Männern mit Tränen in den Augen, was sie erwartete. Das Bataillon hatte Befehl die Juden von Józefów zusammenzutreiben, die kräftigsten, arbeitsfähigen zu selektieren und alle anderen – Frauen, Kinder und Alte – zu erschießen.

Bedeutungsvoll an der Erläuterung war die Tatsache, dass Trapp jene Ordnungspolizisten, die sich der Aufgabe nicht gewachsen fühlten, davon freistellte. Mit anderen Worten – die Beteiligung an Mordaktionen konnte nicht erzwungen werden. Etwa ein Dutzend Angehörige des 500 Mann starken Bataillons nahm Trapps Angebot an. Die übrigen Männer brachten 1500 jüdische Bewohner von Józefów um. Bis Ende 1943 hatte das Reserve-Polizeibataillon 101 *(einige Angehörige s. Abb.)* zusammen mit anderen Mordkommandos der Ordnungspolizei 38 000 Juden erschossen und die Deportation weiterer 45 000 Juden nach Treblinka unterstützt.

Das Buch „Ganz normale Männer. Das Reserve-Polizeibataillon 101 und die ‚Endlösung‘ in Polen“, in dem sich der Autor und Holocaust-Experte Christopher Browning auf Aufzeichnungen von Verhören aus der Nachkriegszeit stützt, dokumentiert diese Geschichte und untersucht eine der wesentlichsten Fragen des Holocaust: Wie konnten anscheinend normale Menschen zu Massenmördern werden?

Die Nazis waren bestrebt auch in den besetzten Ländern Soldaten zu rekrutieren. Anfangs kamen dafür nur als „arisch“ geltende Menschen in Frage, wie beispielsweise diese Norweger, die sich freiwillig zum Kampf gegen die Sowjetunion gemeldet hatten. Schließlich füllte man den Personalbestand des Militärs auch mit Angehörigen slawischer Völker Osteuropas auf, die für ihren Antisemitismus bekannt waren und eine wichtige Rolle bei der Durchführung des Holocaust spielten.

Für viele Europäer „arischer“ Herkunft war die Waffen-SS, die bewaffneten Verbände der SS, besonders verlockend. Diese belgischen Rekruten traten der am besten ausgebildeten Elitekampftruppe Europas bei, die besonderen Wert auf die rassische Reinheit ihrer Mitglieder legte. Die Mitgliedschaft in der Waffen-SS galt als eine Möglichkeit nach dem Krieg, wenn die Nazis ihre „Neue Ordnung“ einführen würden, in einflussreiche Positionen zu gelangen.

1942

nen an. • Die Vernichtungsaktionen im Todeslager Sobibór kommen wegen Bauarbeiten an der Bahnstrecke und wegen der Vergrößerung der Gaskammern des Lagers zeitweise zum Stillstand. • Die jüdische Gemeinde in Gorodenko (Ukraine) wird ausgelöscht. • Die USA und Großbritannien vereinbaren eine Invasion der Alliierten in Nordafrika.

• 2. Juli 1942: Die Mitglieder der jüdischen Gemeinde der polnischen Stadt Ropczyce werden im Vernichtungslager Bełżec ermordet. • *The New York Times* informiert ihre Leser über die „Abschlachtung von 700 000 Juden“ im deutsch besetzten Polen.

• 6. Juli 1942: Die erste Ausgabe der *Ejnikejt* (Einigkeit), einer jiddischsprachigen Zeitung des Antifaschistischen

Der Sommer 1942 brachte für die Familie von Anne Frank *(Abb.)* eine dramatische Wende. Als Margot, Annes ältere Schwester, aufgefordert wurde sich zum Arbeitsdienst zu melden, beschloss Otto Frank mit seiner gesamten Familie unterzutauchen. Für die nächsten zwei Jahre wurde eine Mansarde in Amsterdam zum Heim der Franks. An ihrem Geburtstag am 12. Juni 1942 bekam Anne ein Tagebuch geschenkt, das zu ihrem besten Freund werden sollte. Sie schrieb darin an eine „Liebe Kitty“, mit der sie ihre geheimen Ängste, Hoffnungen und Träume teilte.

Überall im besetzten Europa meldeten sich Freiwillige zum Dienst in nationalen Regimentern um an der Seite der Deutschen zu kämpfen. Diese dänischen Soldaten haben sich aus unterschiedlichen Gründen rekrutieren lassen. Manche hofften, dass ihnen der Militärdienst bei den Deutschen nach dem als unvermeidlich geltenden deutschen Sieg Vorteile bringen würde. Andere waren leidenschaftliche Anhänger der nationalsozialistischen Ideologie; sie fühlten sich von der nazistischen Glorifizierung der „arischen Rasse“ angezogen und/oder unterstützten die antisemitische Politik der Deutschen. Auf ideologisch verlockenden Werbeplakaten für den Militärdienst und bei anderen Propagandamitteln, die die Nazis in den okkupierten Ländern einsetzten, wurden solche Motive geschickt ausgenutzt.

Kinder erwiesen sich mitunter als immun gegen die Vorurteile, die bei ihren Eltern so häufig anzutreffen waren. Am 7. Juni 1942 bezeugten die nichtjüdischen Jungen der *École rue Michel Bizot* ihre Solidarität mit ihren jüdischen Schulkameraden, indem auch sie den gelben Davidstern trugen, der für die Juden vorgeschrieben war. Diese Aktion machte es unmöglich, Juden von Nichtjuden zu unterscheiden und erschwerte den Behörden die Verfolgung der jüdischen Schüler. Das Foto zeigt die couragierten Jungen zu einem späteren Zeitpunkt.

Jüdischen Komitees der Sowjetunion, erscheint. • Anne Frank und ihre Familie tauchen in Amsterdam unter.

• 7. Juli 1942: Der Reichsführer SS, Heinrich Himmler, führt den Vorsitz bei einer Zusammenkunft von SS-Funktionären, bei der die Sterilisation und andere gynäkologische Eingriffe und Experimente an jüdischen Frauen im KZ Auschwitz erörtert werden. Die Eingriffe sollen ohne Wissen der Frauen vorgenommen werden. *Siehe* 10. Juli 1942. • Im Rudna-Wald werden 1000 Juden aus Rzeszów (Polen) getötet. 14 000 Juden werden in das Todeslager Bełżec deportiert.

• 8. Juli 1942: Im Arbeits- und Vernichtungslager Janówska (Ukraine) werden 7000 Juden aus Lwow (Ukraine) ermordet. • Die jüdische Partisanin Witka Kempner und zwei weitere Personen verlassen das Ghetto Wilna (Litauen); sie haben eine Landmine bei sich, mit der sie einen acht Kilometer südöstlich stehenden deutschen Militärzug fahruntüchtig machen wollen. *Siehe* 9. Juli 1942.

• 9. Juli 1942: Die jüdische Partisanin Witka Kempner kehrt in das Wilnaer Ghetto zurück, nachdem sie eine Land-

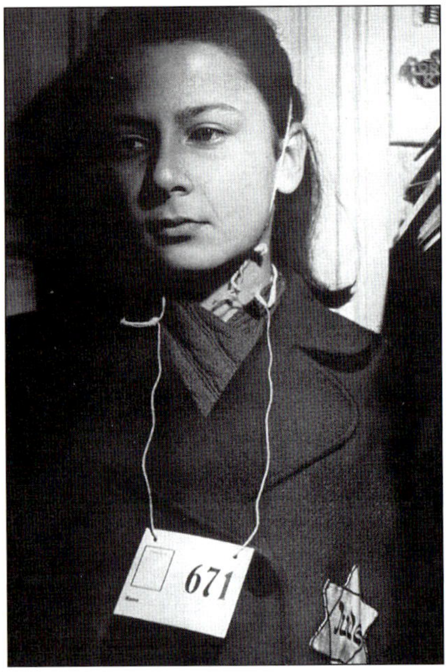

Eine junge deutsche Jüdin mit dem gelben Stern und einem Pappschild um den Hals kurz vor der Deportation. Auf dem Pappschild sind der Name, das Geburtsdatum und die Transportnummer vermerkt. Letztere zeigt an, dass die junge Frau nach Theresienstadt (Tschechoslowakei) gebracht werden sollte. Die Deportationen deutscher Juden nach Theresienstadt begannen im Juni 1942 und dauerten das ganze Jahr fort. Bis Dezember hatte man schließlich 33 554 deutsche Juden in das „Modellghetto" bei Prag verschleppt.

Mordechai Gebirtig *(zweiter von links)* mit drei Kollegen vom hebräischen Gymnasium im Kraków (Polen). Gebirtig war ein Dichter, der in jiddischer Sprache über das Denken und Fühlen der Juden in Osteuropa schrieb. *A tog fun nekome* (Ein Tag der Rache) und andere Gedichte, die während des Holocaust entstanden, drückten Furcht, Hoffnung und Zorn aus. Gebirtig starb am 4. Juni 1942.

Bestattung mehrerer Juden auf dem jüdischen Friedhof in Siedlce (Polen). Auf Befehl der Deutschen mussten ortsansässige Feuerwehrleute, darunter auch Tadeusz Castelli, der diese Aufnahme gemacht hat, die Leichen beerdigen.

1942

mine gelegt und eine Lokomotive sowie Munitionswagen eines deutschen Militärzuges gesprengt hat. ***Siehe*** **September 1943.**

• **10. Juni 1942: In Auschwitz werden 100 jüdische Frauen für Sterilisationsversuche selektiert.**

• **11. Juli 1942: Den Arbeitsbataillonen der Organisation Todt werden 9000 jüdische Männer aus Saloniki (Griechenland) zugeteilt.**

• **13.–15. Juli 1942: In den Straßen von Rowno (Ukraine) werden mehrere tausend jüdische Einwohner von Einsatzgruppen zusammengetrieben und exekutiert.**

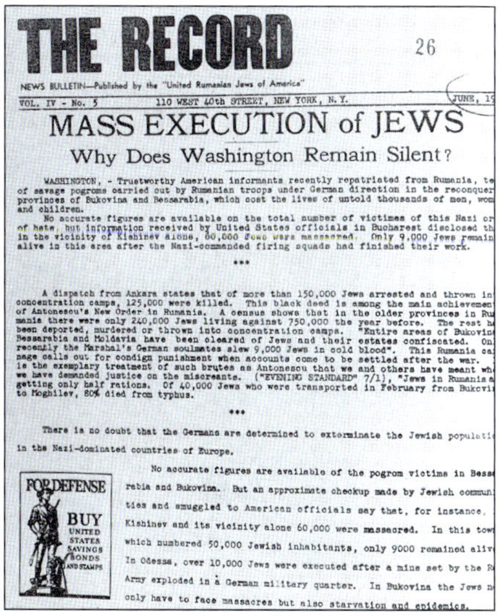

THE RECORD 26

NEWS BULLETIN—Published by the "United Rumanian Jews of America"

VOL. IV - No. 5 110 WEST 40th STREET, NEW YORK, N. Y. JUNE, 19

MASS EXECUTION of JEWS

Why Does Washington Remain Silent?

WASHINGTON, - Trustworthy American informants recently repatriated from Rumania, te of savage pogroms carried out by Rumanian troops under German direction in the reconquer provinces of Bukovina and Bessarabia, which cost the lives of untold thousands of men, wom and children.

No accurate figures are available on the total number of victimes of this Nazi or of hate, but information received by United States officials in Bucharest disclosed th in the vicinity of Kishinev alone, 60,000 Jews were massacred. Only 9,000 Jews remain alive in this area after the Nazi-commanded firing squads had finished their work.

***

A dispatch from Ankara states that of more than 150,000 Jews arrested and thrown in concentration camps, 125,000 were killed. This black deed is among the main achievemen of Antonescu's New Order in Rumania. A census shows that in the older provinces in Ru mania there were only 240,000 Jews living against 750,000 the year before. The rest h been deported, murdered or thrown into concentration camps. "Entire areas of Bukovin Bessarabia and Moldavia have been cleared of Jews and their estates confiscated. On recently the Marshal's German soulmates slew 9,000 Jews in cold blood". This Rumania ca nage calls out for condign punishment when accounts come to be settled after the war. is the exemplary treatment of such brutes as Antonescu that we and others have meant wh we have demanded justice on the miscreants. ("EVENING STANDARD" 7/1), "Jews in Rumania a getting only half rations. Of 40,000 Jews who were transported in February from Bukovi to Moghilev, 80% died from typhus.

***

There is no doubt that the Germans are determined to exterminate the Jewish populati in the Nazi-dominated countries of Europe.

FOR DEFENSE BUY UNITED STATES SAVINGS BONDS AND STAMPS

No accurate figures are available of the pogrom victims in Bess rabia and Bukovina. But an approximate checkup made by Jewish commun ties and smuggled to American officials say that, for instance, Kishinev and its vicinity alone 60,000 were massacred. In this tow which numbered 50,000 Jewish inhabitants, only 9000 remained aliv In Odessa, over 10,000 Jews were executed after a mine set by the R Army exploded in a German military quarter. In Bukovina the Jews n only have to face massacres but also starvation and epidemics.

Das Mitteilungsblatt der *United Romanian Jews of America* (Vereinigte rumänische Juden Amerikas) veröffentlichte bereits im Juni 1942 Berichte über die Gräueltaten gegen das rumänische Judentum. Unter der Überschrift „Massenhinrichtung von Juden" kritisierte das in New York gedruckte und landesweit verbreitete Blatt die Politik des Schweigens der amerikanischen Regierung. Appelle dieser Art waren typisch für die jüdischen Organisationen in den USA.

Im Beisein seiner Kameraden bietet ein deutscher Soldat einem barfüßigen, hungrigen kroatischen Kind etwas zu essen an. Der Sieg der Truppen der Achsenmächte hatte die Teilung Jugoslawiens zur Folge. Kroatien wurde unter Führung der *Ustaπa*-Bewegung zu einem Marionettenstaat der Nazis. Die *Ustaša* verfolgte jeden, der ihr Widerstand leistete. Zu den Opfern der Verfolgung gehörten auch die Serben; jene, die mit dem Leben davonkamen, verloren ihr Heim und mussten Hunger leiden.

Deportationen in Frankreich

Die Behandlung der französischen Juden durch die Nazis beweist auf prägnante Weise die Anfälligkeit der Demokratie. Obwohl sich die Juden bereits 1790 emanzipiert hatten und noch am Vorabend des Zweiten Weltkrieges fest in der französischen Gesellschaft integriert waren, änderte sich ihr Schicksal 1942 auf dramatische Weise.

Vom Sommer des Jahres 1942 an wurde in Frankreich Jagd auf Juden gemacht, die dann in den Osten deportiert und dort ermordet wurden. Die Razzien, die am 16. Juli 1942 begannen, richteten sich allerdings vor allem gegen staatenlose und im Ausland geborene Juden; britische und amerikanische Juden waren von diesen Aktionen ausgenommen. Die Juden, derer man bei den ersten Razzien habhaft geworden war, wurden in der Pariser Radrennhalle *Vélodrome d'Hiver* interniert.

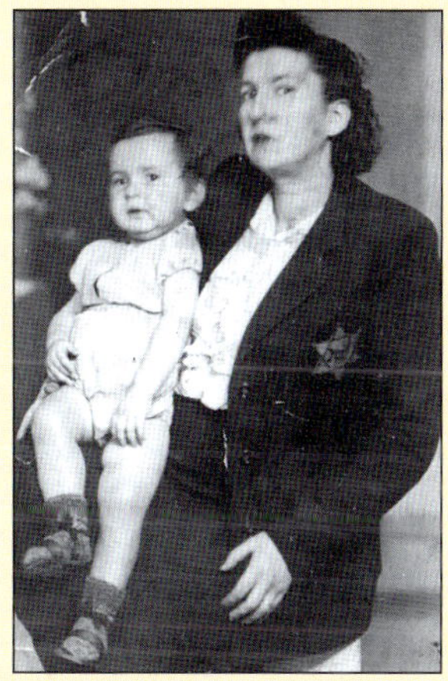

Im *Vélodrome* herrschten fürchterliche Bedingungen. Dort waren 7000 Menschen zusammengesperrt, für die es weder ausreichend Verpflegung und Wasser noch genügend sanitäre Einrichtungen gab. An diesem Ort wurden die Internierten mehrere Tage lang festgehalten. Vom *Vélodrome d'Hiver* kamen sie dann entweder nach Drancy, ein Lager in der Nähe von Paris, oder in andere provisorische Internierungszentren, bevor man sie nach Auschwitz deportierte.

Während des Holocaust wurden insgesamt mindestens 77 000 Juden aus Frankreich ermordet. Unter den Opfern befanden sich auch Henri Sznajderman und seine Mutter *(Abb.)*. Die meisten starben in Auschwitz, andere wurden in Majdanek und Sobibór oder während der Haft umgebracht.

• 14. Juli 1942: In Amsterdam werden tausende niederländische Juden verhaftet und nach Auschwitz deportiert; viele werden dort vergast. • Die Nazis riegeln das Ghetto in Przemyśl (Polen) ab.

• 15. Juli 1942: Der erste Deportationszug (aus dem Durchgangslager Westerbork) verlässt die Niederlande in Richtung Auschwitz.

• 16. Juli 1942: In Paris beginnt *La Grande Rafle* (Die große Razzia), bei der die in der Stadt lebenden rund 13 000 deutschen und österreichischen Juden zusammengetrieben werden. *Siehe* 19. Juli 1942.

• 17. Juli 1942: Eine Delegation von Nazis unter Leitung des Reichsführers SS, Heinrich Himmler, besichtigt das Todeslager Auschwitz. Himmler beobachtet eine Massenvergasung von Lagerinsassen.

• 19. Juli 1942: Die ersten Pariser Juden, die seit dem 16. Juli in Drancy interniert sind, werden in das Todeslager Auschwitz verschleppt. • Der Reichsführer SS, Heinrich Himmler, ordnet an, alle polnischen Juden im Generalgouvernement bis zum 31. 12. 1942 nach Osten zu deportieren. • Im besetz-

Reaktionen der Juden

Die Juden reagierten unterschiedlich auf den Holocaust. Manche sahen sich, da sie um ihr Leben und die Sicherheit ihrer Familien fürchteten, zur Kollaboration mit den Deutschen gezwungen; sie arbeiteten in den Judenräten der Ghettos oder bei der jüdischen Polizei mit. Manche amerikanischen Juden waren angesichts des bedenklich starken Antisemitismus in den USA zu ängstlich um auf ihre Regierung politischen Druck auszuüben. Andere wiederum weigerten sich den verheerenden Tatsachen der „Endlösung“ ins Auge zu sehen.

Die europäischen Juden jedoch zeigten eine ganze Skala von Reaktionen, die vom Festhalten an ihrem Judentum um jeden Preis bis zum Partisanenkrieg gegen die Mörder reichte. Entrüstet über das scheinbare Schweigen Gottes verwarfen manche Juden ihre religiösen Glaubensvorstellungen. Der Rabbi Irving Greenberg argumentierte nach dem Krieg, dass die Erörterung des Wesens Gottes in Gegenwart eines brennenden Kindes absurd sei; das einzig angemessene Verhalten sei ins Feuer zu springen und das Kind herauszuholen. Rabbi Emil Fackenheim erkannte ein neues Gebot – als Jude zu überleben. Im Warschauer Ghetto mahnte Rabbi Jizchak Nissenbaum die Juden ihr Möglichstes zu tun um ihr Leben zu retten.

In den Ghettos, vor den Maschinengewehren der SS und der Einsatzgruppen, vor und in den Gaskammern trafen die Juden ihre persönlichen Entscheidungen. Manche gingen gleichmütig, andere trotzig, wieder andere im Vertrauen auf die unverrückbaren Grundsätze ihres Glaubens in den Tod.

Der Rundfunkberichterstatter William L. Shirer brachte im Juni 1940 Millionen Amerikanern die Nachricht von der Kapitulation Frankreichs vor Deutschland. Shirer, ein scharfsichtiger Beobachter des Nazismus, der später das Buch *Rise and Fall of the Third Reich* (Aufstieg und Fall des Dritten Reiches) schrieb, gehörte zu den Ersten, die die Amerikaner vor den teuflischen Absichten Hitlers warnten. Im Dezember 1942 unterschrieb er zusammen mit anderen Amerikanern deutscher Abstammung eine Erklärung zur Weihnachtszeit, mit der er die „kaltblütige Vernichtung der Juden“ anprangerte und die Deutschen zum Sturz Hitlers und seiner Regierung aufrief.

Diese sieben Polen wurden von deutschen Militärangehörigen in Plaszów wegen Sabotage gegen das Schienennetz gehängt. Die Deutschen richteten zur Abschreckung der Bevölkerung jene, die ihnen die Stirn boten, bevorzugt durch den Strang hin.

1942

ten Frankreich wird das Gesetz über die Sippenhaft verkündet. Seinen Bestimmungen zufolge müssen flüchtige „Terroristen“, die sich nicht den deutschen Behörden stellen, damit rechnen, dass ihre männlichen Verwandten getötet, die weiblichen Verwandten in Arbeitslager und die Kinder in Sonderschulen zur politischen Umerziehung geschickt werden.

- **20. Juli 1942: In Klezk (Weißrussland) ermorden die Deutschen 1000 Juden; 400 Juden fliehen in die Wälder. Zwei der Geflohenen, Mosche Fisz und Ljowa Giltschik aus dem nahen Kopyl, bilden später eine Partisanengruppe.** ***Siehe* Januar 1943.**

- **20.–21. Juli 1942: Juden aus Kowale Pańskie (Polen) werden in das Todeslager Chełmno deportiert.**

„Na, gib ihnen schon zu fressen.“

Vergasungskommando von Scharführer Otto Moll in Auschwitz

Die rückwärtige Tür dieser Gaskammer in Birkenau trug ein Schild mit der Aufschrift: „Giftige Gase! Bei Betreten des Raumes Lebensgefahr!“ Diese Worte waren für nicht für die Opfer, sondern für jene bestimmt, die die Gaskammern betrieben. Die Tür für die Gefangenen war als Eingang zu einem Duschraum getarnt und mit einem Text über die Vorzüge der Reinlichkeit versehen.

Zum Bau des Vernichtungszentrums Birkenau wurden Gefangene aus Auschwitz eingesetzt. Dieses Foto zeigt das im Bau befindliche Krematorium IV. Anfangs wurden die Opfer aus den Gaskammern in Gruben verscharrt. Als sich das Tempo der Vernichtung erhöhte, verbrannte man die Leichen zunächst in den Gruben selbst und später im Krematorium. In Auschwitz-Birkenau wurde zur Erweiterung des Lagers vom Winter 1941 bis Sommerende 1944 ununterbrochen gebaut.

Die Öfen des Krematoriums II in Auschwitz-Birkenau wurden genau wie die des ersten Krematoriums von Gefängnisinsassen gebaut. Mit rasch verfügbaren Arbeitskräften und dem beschlagnahmten Vermögen der europäischen Juden besaßen die Nazis die für ihre Völkermordpläne nötigen Hilfsmittel.

• 21. Juli 1942: 600 in Nieświeź (Polen) verbliebene Juden stellen sich den angreifenden Nazis zum Kampf. Viele Juden sowie einige Nazis werden getötet; einigen überlebenden Juden gelingt die Flucht in die nahen Wälder.

• 22. Juli 1942: Angehörige der deutschen Behörden sowie ukrainische und lettische Wachmannschaften in SS-Uniform umstellen die Mauern des Warschauer Ghettos. Die Massendeportation von Juden aus Warschau in das Todeslager Treblinka beginnt; das Personal an der Bahnstation des Lagers wird über einen zu erwartenden „Pendelverkehr“ mit Judentransporten informiert.

• 23. Juli 1942: Adam Czerniaków, das Oberhaupt des Judenrates im Warschauer Ghetto, begeht Selbstmord um sich nicht der Forderung der Deutschen fügen und täglich 6000 Juden zur Deportation bestimmen zu müssen. • SS-Oberdienstleiter Viktor Brack rät Heinrich Himmler alle gesunden Juden kastrieren oder sterilisieren zu lassen und die übrigen zu vernichten.

• 22. Juli – 12. September 1942: Aus Warschau werden 265 000 Juden in das

Jüdische Polizisten und Mitglieder des Judenrates als Gäste einer jüdischen Hochzeitsfeier im Jahr 1942 in Bochnia (Polen), rund 30 Kilometer südöstlich von Kraków. Die Beziehungen zwischen den einfachen Bewohnern der Judenghettos und solchen jüdischen Mitbewohnern, die einen bevorzugten Status und ein klein wenig Macht besaßen, waren üblicherweise gespannt. Gehörte der Bräutigam nicht gerade der jüdischen Polizei oder dem Judenrat an, dann war ein solcher Ausdruck des Zusammengehörigkeitsgefühls wirklich eine Seltenheit.

Nr. 162
Sonnabend
4. Juli 1942

10 Pfennig
Auswärts 15 Pf.

der Angriff

Tageszeitung der Deutschen Arbeitsfront

Zentralverlag der NSDAP., Franz Eher Nachf. GmbH., Zweigniederlassung Berlin, Berlin SW 68, Zimmerstr. 88, Fernspr.: Sammel-Nr. 11 00 22

Der glutheiße Strahl des Flammenwerfers räuchert einen Sowjetbunker aus

Drei Kennzeichen der deutschen Propaganda

„Angriff"-Gespräch mit Dr. Goebbels

PK.: Sewastopol tags darauf

Wie eine Mondlandschaft

Sewastopol heute nur noch ein geographischer Begriff

Als erste deutsche Zeitung bringt heute der „Angriff" den ersten dramatischen Erlebnisbericht aus dem erstürmten Sewastopol. „Sewastopol gleicht einer Mondlandschaft, es ist nur noch ein geographischer Begriff, kein Stein steht mehr über dem anderen", so schreibt unser Kamerad, der Kriegsberichter Hermann Pirich.

Propaganda – der treue Helfer unserer Waffen

Ein Gespräch mit Dr. Goebbels

Am 4. Juli 1927 ist der „Angriff" zum ersten Male erschienen. Herausgeber: Der Berliner Gauleiter Dr. Goebbels, der schöpferische Organisator und geniale Propagandist der Bewegung. Dr. Goebbels gewährte heute, am 4. Juli 1942, unserem Hauptschriftleiter diese Unterredung über das bemerkenswerte und wichtige Thema der Propaganda im Kriege:

Sewastopol eine tote Stadt

Genug der Hiebe

Am 4. Juli 1927 erschien die erste Nummer der von Joseph Goebbels in Berlin gegründeten Zeitung „Der Angriff", eines Propagandablattes der Nazipartei. Nach 1933 gab Goebbels die Redaktionsarbeit auf, blieb aber Verleger und die Zeitung wurde zur offiziellen Tageszeitung der Deutschen Arbeitsfront. Auch in den Händen ihrer neuen Herausgeber war die Zeitung ein wichtiges Propagandainstrument. Abgebildet ist das Titelblatt der Ausgabe vom 4. Juli 1942.

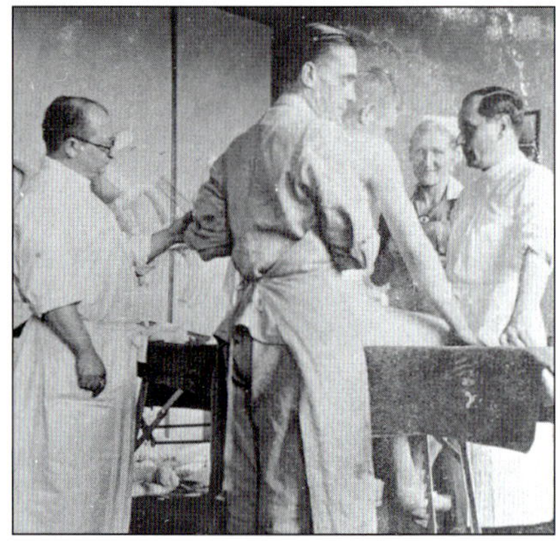

In Block 10 in Auschwitz, in dem sich jüdische Patienten – größtenteils Frauen – befanden, betrieben die Nazis medizinische Forschungen. Die Baracke wurde nach dem Arzt Carl Clauberg *(links)*, der dort einen Großteil der Experimente durchführte, auch „Claubergs Block" genannt. Clauberg interessierte sich besonders für Untersuchungen auf dem Gebiet der Infertilität und der Sterilisation. Das sicherte ihm die Unterstützung Heinrich Himmlers, der bei ihm anfragte, wie lange es wohl dauere tausend Jüdinnen zu sterilisieren. Clauberg injizierte den Versuchspersonen wahrscheinlich Formalin, das Verstopfungen der Eileiter hervorrufen und Schwangerschaften verhindern sollte.

1942

Todeslager Treblinka deportiert und dort vernichtet.

• 24. Juli 1942: Martin Luther, Unterstaatssekretär im Reichsaußenministerium, weist den Reichsaußenminister Joachim von Ribbentrop darauf hin, dass sich die italienischen Behörden dem deutschen Plan zur Deportation der Juden aus den italienisch besetzten Gebieten Kroatiens widersetzen.

• 27. Juli 1942: Die deutsche Regierung in den besetzten Ostgebieten gibt bekannt, dass jeder Pole oder Ukrainer, der versucht einen Juden zu verstecken oder ihm zu helfen, erschossen wird.

• 28. Juli 1942: Der Reichsführer SS, Heinrich Himmler, schreibt an einen ranghohen SS-Funktionär, dass die besetzten Ostgebiete „judenfrei werden"

Der Antisemitismus war auch in Italien verbreitet, wenngleich nicht so stark wie in anderen Ländern. Hier schlägt ein italienischer Soldat in Saloniki auf einen griechischen Juden ein. Die Juden hatten sich auf dem Platz der Freiheit versammeln müssen und wurden dann in der sengenden Sonne gezwungen Freiübungen zu machen. Wer dabei das Tempo verlangsamte, wurde mit Schlägen angetrieben.

Der Judenrat des Łódźer und anderer großer Ghettos hatte mit großen Schwierigkeiten zu kämpfen. Um den Bedürfnissen der Ghettobewohner nachzukommen ließ der Judenrat Hospitäler, Schulen und Suppenküchen einrichten. Die finanziellen Mittel dafür beschaffte der Rat, indem er angefangen von den Löhnen alles nur Mögliche besteuerte. Hier zählt der Nazi Walter Genewein, der Finanzchef der Łódźer Ghettoverwaltung, das Geld, das für den Bedarf des Ghettos und für besondere Abgaben an die Deutschen bestimmt ist.

Deutschland stützte sich bei dem Überfall auf die Sowjetunion vor allem auf das Überraschungsmoment und auf Schnelligkeit. In den ersten Phasen des Angriffs erzielten die Nazis einen Sieg nach dem anderen, da Hitler massenhaft Truppen und militärisches Gerät an die Ostfront warf. Den Triumphen des Sommers 1941 folgten im Sommer darauf noch spektakulärere Siege, darunter die Besetzung der Krim und des dortigen sowjetischen Flottenstützpunktes Sewastopol.

müssten. • In Tarnów (Polen) werden jüdische Eltern gezwungen der Erschießung ihrer Kinder durch Angehörige der Gestapo beizuwohnen. Die Eltern werden später zur Vernichtung in das Lager Bełżec deportiert. • Im Ghetto Łódź (Polen) werden zwei Juden, von denen einer erst 16 Jahre alt ist, nach der Flucht aus einem Arbeitskommando gehängt. • Warschauer Ghettobewohner gründen die *Zydowska Organizacja Bojowa* (*ZOB*, Jüdische Kampforganisation). Zu dieser Zeit existiert im Ghetto als einzige Waffe eine Pistole.

• 28.–31. Juli 1942: In Minsk (Weißrussland) werden rund 30 000 Juden getötet.

• 29. Juli 1942: Im Warschauer Ghetto bieten die Nazis den Juden, die sich freiwillig zur „Umsiedlung" melden, zusätzliche Verpflegung (hauptsächlich Brot und Marmelade) an.

• 30. Juli 1942: Der deutsche Industrielle Eduard Schulte, der in der Nähe von Auschwitz ein Bergwerk besitzt, enthüllt einem Schweizer Kollegen, dass Hitler und das Deutsche Reich beschlossen haben Millionen von Juden aus dem besetzten Europa zusammenzutreiben, im Osten zu konzentrieren

Das in Paris lebende jüdische Mädchen Paulette Zelasneg, hier im Alter von sechs Jahren, mit dem gelben Stern. Am 16. Juli 1942 begann in Paris *La Grande Rafle* (die große Razzia), bei der Jagd auf ausländische Juden gemacht wurde.

DIE DEUTSCHE VERWALTUNG OSTEUROPAS (1942)

Nach der Besetzung benannten die Deutschen bestimmte Gebiete um. So wurde aus den baltischen Staaten das Reichskommissariat Ostland. Westpolen wurde in Großdeutschland eingegliedert und Ostpolen erhielt die Bezeichnung Generalgouvernement.

Das zu dem riesigen Chemiekonzern IG Farben gehörende Buna-Werk Monowitz entwickelte sich zu einem gigantischen Industrieapparat. Mit Zügen wurden tausende neuer Arbeitskräfte nach Monowitz gebracht; sie ersetzten die durch Erschöpfung und Unterernährung umgekommenen Häftlinge. Inmitten der industrialisierten Inhumanität mühten sich die Gefangenen menschlich zu bleiben und nicht zu Tieren zu werden. Primo Levi erzählte, dass man gerade deshalb nicht zum Tier werden durfte, weil das Lager eine große Maschine gewesen sei, darauf angelegt die Häftlinge zu Tieren zu machen; man selbst könne an einem solchen Ort überleben und müsse überleben wollen um die Geschichte zu erzählen und zu bezeugen.

1942

und sie ab Herbst 1942 unter Verwendung von Blausäure zu ermorden. Die Information wird rasch an Gerhart Riegner, den Vertreter des *World Jewish Congress* in der Schweiz, weitergeleitet.

• 31. Juli 1942: Generalkommissar Wilhelm Kube berichtet Hinrich Lohse, dem Reichskommissar für die baltischen Gebiete und Weißrussland, dass das Judentum im Minsker Gebiet vollständig liquidiert worden sei.
• Im Łódźer Ghetto springt die 19-jährige Bluma Rosenfeld aus einem Fenster in der fünften Etage eines Hauses in den Tod. • Israel Lichtenstein schreibt aus dem Warschauer Ghetto: „Wir beide bereiten uns jetzt auf den Tod vor. Ich möchte, dass man sich an meine kleine Tochter erinnert. Margalith, die heute zwanzig Monate

Der Reichsführer SS, Heinrich Himmler, in Begleitung des Bauleiters Faust von der IG Farben bei einer Inspektion in Auschwitz III (Monowitz), das nach dem Dorf Monowice benannt war. Auf dem Lagergelände befand sich das Buna-Werk der IG Farben, in dem tausende Arbeitskräfte aus dem Konzentrationslager bei der Herstellung von synthetischem Kautschuk für den Chemiekonzern eingesetzt werden sollten. Die Produktion lief in Monowitz jedoch nie an, was zum Teil auf die Luftangriffe der Alliierten zurückzuführen war.

Häftlinge bei der Arbeit in einer Chemiefabrik im Konzentrationslager Auschwitz. Sie wurden hier als Arbeitssklaven eingesetzt. Die Stellen für Facharbeiter waren bei den Häftlingen sehr begehrt. Der italienische Schriftsteller Primo Levi, der den Holocaust überstand, schrieb sein Überleben der Tatsache zu, dass er eine Ausbildung als Chemiker besaß. Seine Fähigkeiten befreiten Levi von der Schwerstarbeit, die so viele Häftlinge das Leben kostete.

Das Geschäft mit dem Tod

Die Konzentrations- und Todeslager boten der deutschen Industrie neue Profitmöglichkeiten. Um ihre Pläne zum Bau von Lagern und insbesondere zur Erweiterung von Auschwitz zu realisieren vergaben die Nazis umfangreiche Bauaufträge. Nach der Fertigstellung lieferten die Lager billige Arbeitskräfte für den Bergbau, die Produktion synthetischer Kraftstoffe und für andere Wirtschaftszweige.

Das Lager in Jawiszowice in Südpolen stellte Arbeiter für die Kohlebergwerke der Reichswerke „Hermann-Göring“ zur Verfügung. In Österreich schufteten die Häftlinge des Lagers Mauthausen unter höllischen Bedingungen um Granit für die ehrgeizigen Bauvorhaben des Reiches zu brechen. Selbst vor der Verwertung der Körper der Lagerinsassen für die deutsche Industrie machte man nicht Halt. Aus Auschwitz, Majdanek und aus anderen Lagern wurde Frauenhaar an verschiedene Firmen geschickt, aus dem man Filz herstellte oder Garn spann, das zu Haargarnfüßlingen für die Mannschaften der U-Boote verarbeitet wurde. Die hier abgebildeten Arbeitskräfte waren in Auschwitz eingesetzt.

Die IG Farben, ein riesiger Chemiekonzern, stellte finanzielle Mittel für den Bau des Lagers Monowitz und des Buna-Werkes bereit, in dem synthetischer Kautschuk hergestellt werden sollte. Für das Bauvorhaben wurden über 10 000 Gefangene aus Auschwitz als Arbeitskräfte bestimmt. Nach Experimenten mit der Chemikalie Zyklon B traf man die Entscheidung neue große Gaskammern zu errichten; zur Einäscherung der Leichen waren neue Verbrennungsanlagen erforderlich. Sie wurden von der Firma Topf & Söhne in mehreren Lagern aufgebaut. Die DEGESCH (Deutsche Gesellschaft zur Schädlingsbekämpfung) erhielt den Auftrag die Vernichtungslager mit Zyklon B zu beliefern. Diese Beispiele zeigen, dass sich der Massenmord gut auf die Geschäfte auswirkte.

alt ist. ... Ich klage nicht um mein Leben noch um das Leben meiner Frau. Mir tut nur das kleine, hübsche und talentierte Mädchen leid. Sie hat es verdient, dass man sich an sie erinnert.“

• Ende Juli 1942: Deutschland lässt über den Verbleib der niederländischen Deportierten nur verlauten, dass diese mit unbekanntem Ziel irgendwohin in den Osten verschickt worden seien; das bedeutete Deportation in das Vernichtungslager Auschwitz.

• August 1942: In ganz Europa werden über 400 000 Juden ermordet. • In Polen erfährt der schwedische Diplomat Baron Göran von Otter durch SS-Obersturmführer Kurt Gerstein vom Mord der Nazis an den Juden in Polen. • Die Deportation von Juden aus Frankreich und den Niederlanden wird fortgesetzt. • Aus Zagreb (Kroatien) werden 5500 Juden nach Auschwitz deportiert, wo eine Fleckfieberepidemie grassiert. • Aus Ostgalizien (Polen) werden 76 000 Juden nach Bełżec deportiert. Dort werden im August 150 000 Juden ermordet. • In Wolynien (Polen) werden 87 000 Juden getötet. • Eine Hitzewelle und eine Raupenplage vernichten den von den Bewohnern des

Friedrich Wilhelm Krüger, Höherer SS- und Polizeiführer Ost. Am 19. Juli 1942 erhielt Krüger vom Reichsführer SS, Heinrich Himmler, den Befehl sicherzustellen, dass die Umsiedlung der gesamten jüdischen Bevölkerung des Generalgouvernements durchgeführt und bis zum 31. Dezember beendet werde. Krüger leistete dem Befehl bereitwillig Folge.

Den Juden auf irgendeine Weise zu helfen galt als Verbrechen. Hier versuchen ein Junge und seine Mutter in Przemyśl (Polen) einigen Hausrat zu verkaufen um sich etwas zu essen leisten zu können. Die Wahrscheinlichkeit einen Käufer zu finden war allerdings gering, da die Behörden jeden verhaften ließen, der sich auf Handelsgeschäfte mit Juden einließ.

Der neben Henry Cabot Lodge, Senator aus Massachusetts, sitzende Rabbi Stephen Wise *(links)* bereitet sich auf eine Ansprache vor 18 000 Menschen vor, die sich im New Yorker *Madison Square Garden* versammelt haben. Die Redner kündigten an, dass für die Nazibarbaren der Tag der Abrechnung kommen werde. Wise, ein talentierter Redner, arbeitete unablässig um die Aufmerksamkeit seiner Mitmenschen auf die Notlage der von den Nazis unterdrückten Völker zu lenken. Als er von der praktischen Umsetzung der „Endlösung" erfuhr, richtete er seine Kräfte darauf die Roosevelt-Regierung zu Rettungsversuchen zu bewegen.

1942

Łódźer Ghettos angebauten Kohl. • In der Ukraine werden über 500 jüdische Familien von Angehörigen der Einsatzgruppen erschossen und in ein Massengrab in der Nähe der Stadt Zagrodski geworfen.

• Das Lager Majdanek (Polen) wird mit Gaskammern ausgerüstet. • Aus Lwow (Ukraine) werden 50 000 Juden in das Todeslager Bełżec deportiert.

• Die als Jüdin geborene katholische Nonne Edith Stein wird in den Niederlanden von der Gestapo verhaftet. *Siehe* **8. August 1942. • Die Regierungen der USA, Großbritanniens und Deutschlands retten 2,5 Millionen griechischer Zivilisten vor dem Verhungern. Großbritannien und die USA kommen überein Griechenland Lebensmittel zu liefern, nachdem die Deutschen zugesichert haben, dass die Transporte**

Die ganz Jungen, die Alten und die Kranken, d. h. all jene, die nicht arbeiten konnten, wurden als Erste unter den Warschauer Juden nach Treblinka deportiert. Diese im Juli 1942 entstandene Aufnahme zeigt einen betagten Mann, der auf den Abtransport zum Deportationszentrum wartet. Die entsetzlichen Verhältnisse im Ghetto und die Bedingungen in den Deportationszügen sorgten dafür, dass viele Menschen starben, noch ehe die Züge ihr Ziel erreicht hatten. Die Übrigen wurden fast alle in den Gaskammern des Lagers ermordet.

Am 23. Juli 1942 erreichte der erste Judentransport Treblinka. Von diesem Tag an kamen bis Mitte August täglich zwischen 5000 und 7000 Opfer an, die in den Gaskammern des Lagers mit tödlichem Kohlenmonoxid aus Dieselmotoren vernichtet wurden. Insgesamt starben in Treblinka 800 000 Menschen. Sie mussten als Erstes diese Bahnstation passieren.

Der Umschlagplatz

In der tragischen Geschichte der jüdischen Gemeinde von Warschau begegnet man immer wieder dem Wort „Umschlagplatz“. Während der Massendeportationen, die im Juli 1942 begannen, wurden im Durchschnitt täglich 7000 Juden gewaltsam zum so genannten Umschlagplatz, einer Zwischenstation an der Strecke zum Vernichtungslager Treblinka, gebracht.

In den ersten zehn Tagen dieser Aktion wurden 65 000 Juden auf dem Weg in den Tod über den Umschlagplatz getrieben. Die Gewalttätigkeit, mit der diese Aktion vor sich ging, übertraf alles, was die Nazis zuvor in Warschau angerichtet hatten. Die SS, die deutsche Polizei und ihre bereitwilligen Helfer aus Lettland und der Ukraine durchstreiften die Straßen von Warschau um ihre Opfer ausfindig zu machen.

Die Juden von Warschau wussten genau, dass ihr Überleben in der Zeit der Deportationen davon abhing, dass sie den Umschlagplatz, das Vorzimmer des Todes, mieden.

nicht beschlagnahmt werden. Großbritannien verschifft monatlich über 35 000 Tonnen Lebensmittel nach Griechenland, die USA übernehmen die Bezahlung. Der Vorgang wird von neutralen Staaten und vom Internationalen Roten Kreuz überwacht. Die Vereinbarung kostet die Alliierten jährlich 30 Millionen Dollar. Im Gegensatz dazu unternehmen die Alliierten keinen Versuch die europäischen Juden mit Lebensmittellieferungen zu unterstützen.

• Ein polnischer Partisan mit Namen Trzcinski schmuggelt eine Handgranate in einen Eisenbahnwaggon, in dem Juden in das Todeslager Treblinka deportiert werden. Die Granate verwundet später eine Gruppe ukrainischer Wachleute.

• 1.–12. August 1942: Aus Warschau werden 81 000 polnische Juden in das Todeslager Treblinka deportiert.

• 2. August 1942: Im Łódźer Ghetto begeht die 56-jährige Lota Hirszberg mit einer Überdosis Schlafpulver Selbstmord.

• 3. August 1942: Aus Przemyćl (Polen) werden 12 000 Juden in das Todeslager

Das Tagebuch des Adam Czerniaków

Adam Czerniaków, ein zu Kahlköpfigkeit neigender Ingenieur in den Sechzigern, stand fast drei Jahre lang dem Judenrat des Warschauer Ghettos vor. Nahezu täglich machte er Eintragungen in sein Tagebuch, das schließlich neun Notizbücher umfasste. Das fünfte Buch fehlt, doch es ist bis heute unklar, wie überhaupt ein Teil dieses bedeutenden Tagebuches erhalten bleiben konnte. Rosalia Pietkiewicz, eine Überlebende aus dem Warschauer Ghetto, kaufte es 1959 von einem Unbekannten. Das Original des Tagebuchs befindet sich seit 1964 in der Gedenkstätte *Yad Vashem* in Jerusalem.

Die Berichte Czerniaków's, von denen viele mit der Angabe der morgendlichen Temperatur beginnen, zeigen den Verfasser als bescheidenen Menschen, der mit äußerst geringen Chancen für die Rettung jüdischen Lebens kämpfte. Sein letzter Eintrag vom 23. Juli 1942 lautet: „Es ist drei Uhr. Bis jetzt sind 4000 bereit zu gehen. Die Anordnungen lauten, dass bis vier Uhr 9000 da sein müssen.“ Die Zahlen bezogen sich auf die tägliche Quote von Juden, die der Judenrat auf Anforderung der Nazis zur „Umsiedlung“ zusammenbringen musste.

Mit Ausnahme relativ weniger Ghettobewohner kamen alle Warschauer Juden im Holocaust ums Leben. Die Mehrzahl wurde nach Treblinka deportiert und dort vergast. Czerniaków, der besonders darunter litt, dass er nicht in der Lage war die Ghettokinder zu retten, beging am 23. Juli kurz nach der letzten Eintragung in sein Tagebuch Selbstmord.

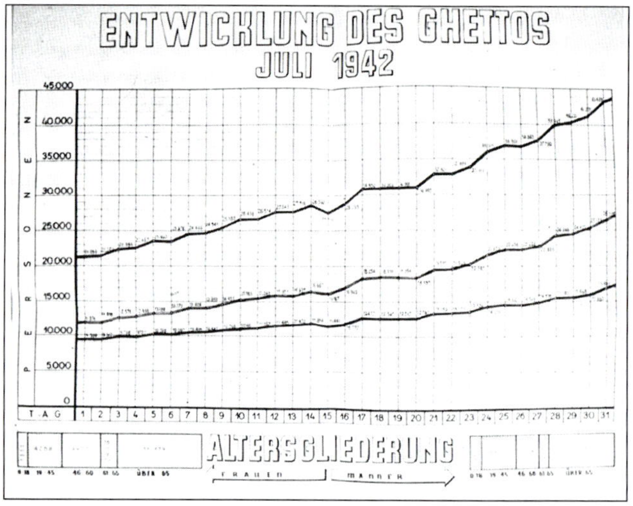

Wie dieses Dokument vom Juli 1942 zeigt, führten die Nazis peinlich genau Buch über die Bevölkerung im Lager und Ghetto Theresienstadt. Im Juli kam es zu einer Veränderung in Theresienstadt; alle Nichtjuden wurden ausgesiedelt um Platz für ganze Eisenbahnzüge neu ankommender Juden zu schaffen. Viele der Neuankömmlinge waren bedeutende Persönlichkeiten aus Deutschland und Österreich.

Dr. Jecheskel Atlas war ein polnischer Arzt und Partisanenkommandeur. Atlas' gesamte Familie kam im November 1941 im Ghetto Slonim (Weißrussland) ums Leben. Er selbst blieb bis Juli 1942 im Ghetto und floh dann zu einer Partisaneneinheit. Er führte eine Reihe erfolgreicher Angriffe gegen deutsche Einrichtungen durch, wurde aber in der Schlacht von Wielka Wola (Polen) tödlich verwundet.

1942

Bełżec deportiert. • Der erste Teil des Warschauer Tagebuches von Emanuel Ringelblum wird, in Blechschachteln und Milchbüchsen versteckt, von dem Warschauer Lehrer Israel Lichtenstein zum Aufbewahren heimlich vergraben.

• 4. August 1942: Aus Belgien werden die ersten Juden nach Auschwitz deportiert; die Zahl der Deportierten beträgt am ersten Tag 998. Im gesamten Land werden 25 000 Juden in nichtjüdischen belgischen Haushalten versteckt.

• 4.–31. August 1942: Über 5600 Juden aus Belgien werden nach Auschwitz deportiert.

• 5. August 1942: In Radom (Polen) erschießen SS-Angehörige 600 ältere Menschen und Kinder sowie hunderte anderer Juden, die in ihren Verstecken

Im Juli 1942 wurden 22 000 Juden aus dem Gebiet Rzeszów (Polen) in das Todeslager Bełżec geschickt. Weitere 1000 Juden wurden in den nahe gelegenen Rudna-Wald gebracht und erschossen. Die Deutschen forderten ihre Opfer üblicherweise auf ihre Kleidung abzulegen, die dann zur weiteren Verwendung nach Deutschland geschickt wurde.

Juden beim Sortieren von Kartoffeln in einer Straße von Nizza. 1942 waren viele französische Juden verarmt. Die antisemitische Politik der Vichy-Regierung entzog vielen von ihnen den Lebensunterhalt. Als im Juli 1942 die Deportationen einsetzten, war die Verwaltung von Nizza eifrig bemüht die fast 8000 Juden ihres Bereichs loszuwerden. Die meisten Juden in Frankreich, die verschleppt wurden, waren Ausländer.

Dieses gestellte Propagandafoto soll einen Eindruck von den Lebensbedingungen in den Baracken des niederländischen Durchgangslagers Westerbork vermitteln. Die prallen Kopfkissen und die frischen Laken auf jeder Schlafstelle sollten das Rote Kreuz davon überzeugen, dass die Internierten unter hygienischen und bequemen Bedingungen lebten. Nichts jedoch hätte von der Wahrheit weiter entfernt sein können. Eine zusätzliche Demütigung der Lagerinsassen war die Tatsache, dass die Renovierungsarbeiten 1942 in Westerbork – und wahrscheinlich auch in diesen allen Baracken – mit Geldern aus dem Verkauf beschlagnahmten jüdischen Eigentums finanziert wurden.

aufgespürt wurden. 6000 Juden aus dem kleinen und 2000 aus dem großen Ghetto der Stadt werden in das Todeslager Treblinka deportiert. • Die jüdische Gemeinde in Pilica (Polen) wird liquidiert.

• 6. August 1942: In Djatlowo (Weißrussland) werden 3000 Juden ermordet. 600 fliehen, von denen mehr als 100 unter Führung von Hirsch Kaplinski eine Partisaneneinheit bilden. ***Siehe Dezember 1942.*** **• Aus Warschau werden 15 000 Juden in das Todeslager Treblinka deportiert.**

• 6.–17. August 1942: 20 000 Juden aus Radom (Polen) werden im Todeslager Treblinka ermordet.

• 8. August 1942: Die Juden von Szczebrzeszyn (Polen) begeben sich in Verstecke, nachdem die Nazis 2000 von ihnen aufgefordert haben sich zur Deportation zu versammeln. Bis zum Ende des Tages entdeckt man nur eine Hand voll von ihnen. • Die katholische Nonne Edith Stein wird in Auschwitz vergast.

• 9. August 1942: Der Judenrat von Zwierzyniec (Polen) kauft seine Gemeinde mit Gold frei. Nur 52 der ärm-

Janusz Korczak

Der polnische Jude Janusz Korczak, der eigentlich Henryk Goldszmit hieß, war Arzt, Schriftsteller und Pädagoge. Er verbrachte sein gesamtes berufliches Leben mit dem Studium des kindlichen Verhaltens und dem sozialen Engagement für Kinder.

1912 wurde Korczak *(Abb.)* Direktor eines jüdischen Waisenhauses in Warschau. Diese Stellung erlaubte ihm die Untersuchung der kindlichen Psyche, deren Ergebnisse sich in seinen erzieherischen Auffassungen niederschlugen. Nach dem Ausbruch des Zweiten Weltkrieges und der Einrichtung des Warschauer Ghettos widmete sich Korczak der Unterstützung jüdischer Jungen und Mädchen.

Da sich die wirtschaftlichen Verhältnisse im Ghetto rasch verschlechterten, konzentrierte Korczak seine Anstrengungen auf die Beschaffung von Verpflegung und Obdach für die Kinder. Diese rastlosen Bemühungen sind in seinem Ghettotagebuch gewissenhaft aufgezeichnet.

Am 5. August 1942 holten die Nazis Korczak und die von ihm betreuten 200 Kinder zusammen. Den rund fünf Kilometer langen Marsch der Gruppe zu den Deportationszügen schilderte der Chronist Emanuel Ringelblum mit den folgenden Worten: „Das war kein Marsch in die Waggons, sondern ein organisierter stummer Protest gegen den Mord. ... Die Kinder gingen in Viererreihen. An der Spitze ging Korczak. Er hatte den Blick nach vorn gewandt und hielt an jeder Hand ein Kind.“

Über die Fahrt Korczaks nach Treblinka, wo er und die Kinder vergast wurden, ist nichts bekannt.

Der Umstand, dass die ukrainische Stadt Tłuste nur relativ wenige jüdische Einwohner hatte, hinderte die Nazis nicht daran auch diesen Ort heimzusuchen. Sie wollten auch den letzten Juden in Europa töten und so wurden im August 1942 dreihundert Juden aus Tłuste in das Todeslager Bełżec geschickt. Weitere 1000 wurden am 5. Oktober ebenfalls in dieses Lager transportiert. Das Foto zeigt die Deportation nach Bełżec.

Zwei SS-Offiziere aus Dachau (Deutschland), die sich beim Heimaturlaub von ihrem Dienst erholen. Vielen Angehörigen des Lagerpersonals gelang der Wechsel zwischen der Arbeit in den Wachmannschaften und dem „normalen“ Lebensalltag ohne weiteres. Die Zeit außerhalb des Lagers verbrachten sie mit ihren Familien und machten häufig auch Urlaub. Die Selbstverständlichkeit, mit der sie ihren Dienst versahen, ist einer der erschreckenden Aspekte des Holocaust. Die überwiegende Mehrzahl der am Holocaust Beteiligten waren „gewöhnliche Menschen“.

1942

sten Juden der Stadt werden zur Deportation bestimmt. • 180 Juden fliehen in die Wälder in der Umgebung von Mir (Weißrussland). • Die jüdische Gemeinde von Raduń (Weißrussland) wird ausgelöscht. • 1500 Juden aus Kremenez (Ukraine) werden in das Lager Białokryniza umgesiedelt. *Siehe* 10. August 1942.

• 10. August 1942: 1000 Juden, die am 4. August aus Theresienstadt (Tschechoslowakei) deportiert wurden, werden nach Maly Trostinez (bei Minsk, Weißrussland) geschafft, in Vergasungswagen exekutiert und in offene Gräber geworfen. • In Brzozów (Polen) werden 800 Juden ermordet. • Sechs deutsche und ukrainische Polizisten werden bei dem Versuch das Judenghetto Kremenez (Ukraine) zu betreten von Juden getötet. *Siehe* 11. August 1942. • Die

Die Besetzung der Niederlande durch die Nazis brachte Leid und Not über die Bevölkerung. Diese Aufnahme gehört zu einer Fotoserie von Emmy Andreisse, Mitglied der niederländischen Widerstandsbewegung, die die deutsche Besatzung dokumentieren soll. Vor dem Krieg hatte Emmy Andreisse Fotografie und Grafische Gestaltung studiert. In den Kriegsjahren nutzte sie ihr Talent um an der „Versteckten Kamera", einem Projekt zur fotografischen Dokumentation der Situation in den besetzten Niederlanden, mitzuarbeiten.

Obschon das KZ Dachau kein spezielles Todeslager war, kamen dort trotzdem fast 32 000 Menschen, Opfer des Terrorapparats der Nazis, ums Leben. Die Leichen ihrer Opfer zu beseitigen bereitete den Nazis von Anfang an Schwierigkeiten. Die in Massengräbern verscharrten Körper schwollen durch die Sommerhitze derart an, dass sie wieder an die Oberfläche traten und erneut beerdigt werden mussten. Zu den „effektivsten" Lösungen dieses Problems gehörte der Bau von Krematorien in den größten Konzentrationslagern. Das Krematorium von Dachau *(Abb. oben und unten)* besaß mehrere Öfen, in denen viele Leichen zugleich verbrannt werden konnten. Doch die Zahl der sterbenden Lagerinsassen war so groß, dass man nicht alle Toten verbrennen konnte.

jüdische Partisanenkompanie unter Jecheskel Atlas greift eine deutsche Garnison in Deretschin (Weißrussland) an. 44 deutsche Polizisten werden gefangen genommen und exekutiert.

• 10.–30. August 1942: 50 000 Juden aus Lwow (Ukraine) werden im Todeslager Belżec ermordet.

• 11. August 1942: Juden, die gegen ihre Deportation aus Kremenez Widerstand leisten, setzen das Ghetto in Brand. • In Belgien werden 999 Juden, darunter 172 Kinder, nach dem Osten deportiert, wo sie der Tod erwartet.

• 13. August 1942: Die jüdischen Gemeinden in Mir (Weißrussland) und Gorodok (Ukraine) werden liquidiert. • Die Schweiz zwingt (in der Mehrzahl französische) Juden, die bereits auf schweizerischem Territorium in Sicherheit waren, das Land wieder zu verlassen. Bis Kriegsende schickt die schweizerische Regierung mit der Begründung, dass nur politische Flüchtlinge und nicht „rassisch Verfolgte" im Land aufgenommen werden könnten, 10 000 Juden zurück und damit in den Tod. Das Schmuck- und Zahngold, das die Deutschen den toten Juden rauben,

Adam Czerniaków, das Oberhaupt des Judenrates in Warschau, befand sich im Konflikt zwischen den Forderungen seines Gewissens und denen der Nazis. Ende Juli 1942 wurden neue Deportationen angeordnet, die die Zahl der Ghettobewohner deutlich verringern sollten. Als Czerniaków erfuhr, dass sogar Kinder und Waisen verschleppt werden sollten, fasste er den Entschluss sich das Leben zu nehmen. In seinem Tagebuch schrieb er, sein Herz zittere in Sorge und Mitgefühl, er könne das alles nicht länger ertragen.

EIN DEUTSCHES FLUGBLATT

DIES ist der Text eines deutschen Flugblatts, von dem ein Exemplar nach England gelangt ist. Studenten der Universität München haben es im Februar dieses Jahres verfasst und in der Universität verteilt. Sechs von ihnen sind dafür hingerichtet worden, andere wurden eingesperrt, andere strafweise an die Front geschickt. Seither werden auch an allen anderen deutschen Universitäten die Studenten „ausgesiebt". Das Flugblatt drückt also offenbar die Gesinnungen eines beträchtlichen Teils der deutschen Studenten aus.

Aber es sind nicht nur die Studenten. In allen Schichten gibt es Deutsche, die Deutschlands wirkliche Lage erkannt haben; Goebbels schimpft sie „die Objektiven". Ob Deutschland noch selber sein Schicksal wenden kann, hängt davon ab, dass diese Menschen sich zusammenfinden und handeln. Das weiss Goebbels, und deswegen beteuert er krampfhaft, „dass diese Sorte Mensch zahlenmässig nicht ins Gewicht fällt". Sie sollen nicht wissen, wie viele sie sind.

Wir werden den Krieg sowieso gewinnen. Aber wir sehen nicht ein, warum die Vernünftigen und Anständigen in Deutschland nicht zu Worte kommen sollen. Deswegen werfen die Flieger der RAF zugleich mit ihren Bomben jetzt dieses Flugblatt, für das sechs junge Deutsche gestorben sind, und das die Gestapo natürlich sofort konfisziert hat, in Millionen von Exemplaren über Deutschland ab.

Manifest der Münchner Studenten

Erschüttert steht unser Volk vor dem Untergang der Männer von Stalingrad. 330.000 deutsche Männer hat die geniale Strategie des Weltkriegsgefreiten sinn- und verantwortungslos in Tod und Verderben gehetzt. Führer, wir danken Dir!

Es gärt im deutschen Volk. Wollen wir weiter einem Dilettanten das Schicksal unserer Armeen anvertrauen? Wollen wir den niedrigsten Machtinstinkten einer Parteiclique den Rest der deutschen Jugend opfern? Nimmermehr!

Der Tag der Abrechnung ist gekommen, der Abrechnung unserer deutschen Jugend mit der verabscheuungswürdigsten Tyrannei, die unser Volk je erduldet hat. Im Namen des ganzen deutschen Volkes fordern wir von dem Staat Adolf Hitlers die persönliche Freiheit, das kostbarste Gut der Deutschen zurück, um das er uns in der erbärmlichsten Weise betrogen hat.

In einem Staat rücksichtsloser Knebelung jeder freien Meinungsäußerung sind wir aufgewachsen.

G.39

Manifest der Münchner Studenten

Fortsetzung

HJ, SA und SS haben uns in den fruchtbarsten Bildungsjahren unseres Lebens zu uniformieren, zu revolutionieren, zu narkotisieren versucht. Weltanschauliche Schulung hieß die verächtliche Methode, das aufkeimende Selbstdenken und Selbstwerten in einem Nebel leerer Phrasen zu ersticken. Eine Führerauslese, wie sie teuflischer und zugleich bornierter nicht gedacht werden kann, zieht ihre künftigen Parteibonzen auf Ordensburgen zu gottlosen, schamlosen und gewissenlosen Ausbeutern und Mordbuben heran, zur blinden, stupiden Führergefolgschaft. Wir „Arbeiter des Geistes" wären gerade recht, dieser neuen Herrenschicht den Knüppel zu machen.

Frontkämpfer werden von Studentenführern und Gauleiteraspiranten wie Schulbuben gemaßregelt, Gauleiter greifen mit geilen Späßen den Studentinnen an ihre Ehre. Deutsche Studentinnen haben an der Münchner Hochschule auf die Besudelung ihrer Ehre eine würdige Antwort gegeben, deutsche Studenten haben sich für ihre Kameradinnen eingesetzt und standgehalten. Das ist ein Anfang zur Erkämpfung unserer freien Selbstbestimmung, ohne die geistige Werte nicht geschaffen werden können. Unser Dank gilt den tapferen Kameradinnen und Kameraden, die mit leuchtendem Beispiel vorangegangen sind.

Es gibt für uns nur eine Parole: **Kampf gegen die Partei! Heraus aus den Parteigliederungen,** in denen man uns politisch weiter mundtot machen will! Heraus aus den Hörsälen der SS-Unter- und Oberführer und Parteikriecher! Es geht uns um wahre Wissenschaft und echte Geistesfreiheit! Kein Drohmittel kann uns schrecken, auch nicht die Schließung unserer Hochschulen. Es gilt den Kampf jedes einzelnen von uns um unsere Zukunft, unsere Freiheit und Ehre in einem seiner sittlichen Verantwortung bewußten Staatswesen.

Freiheit und Ehre! Zehn Jahre lang haben Hitler und seine Genossen die beiden herrlichen deutschen Worte bis zum Ekel ausgequetscht, abgedroschen, verdreht, wie es nur Dilettanten vermögen, die die höchsten Werte einer Nation vor die Säue werfen. Was ihnen Freiheit und Ehre gilt, das haben sie in zehn Jahren der Zerstörung aller materiellen und geistigen Freiheit, aller sittlichen Substanz im deutschen Volk genugsam gezeigt. Auch dem dümmsten Deutschen hat das furchtbare Blutbad die Augen geöffnet, das sie im Namen von Freiheit und Ehre der deutschen Nation in ganz Europa angerichtet haben und täglich neu anrichten. Der deutsche Name bleibt für immer geschändet, wenn nicht die deutsche Jugend endlich aufsteht, rächt und sühnt zugleich, seine Peiniger zerschmettert und ein neues, geistiges Europa aufrichtet.

Studentinnen! Studenten! Auf uns sieht das deutsche Volk. Von uns erwartet es, so wie in 1813 die Brechung des napoleonischen, so 1943 des nationalsozialistischen Terrors aus der Macht des Geistes. Beresina und Stalingrad flammen im Osten auf, die Toten von Stalingrad beschwören uns: Frisch auf, mein Volk, die Flammenzeichen rauchen!

Unser Volk steht im Aufbruch gegen die Verknechtung Europas durch den Nationalsozialismus, im neuen gläubigen Durchbruch von Freiheit und Ehre!

Dieses Flugblatt der Widerstandsorganisation „Weiße Rose", das „Freiheit und Ehre" fordert, ruft die deutsche Jugend auf sich gegen die Nazityrannei zu erheben. Vom Untergang der vielen jungen Menschen in der Schlacht um Stalingrad erschüttert leisteten die Geschwister Sophie und Hans Scholl und der Kreis ihrer mutigen Freunde Widerstand gegen das nationalsozialistische Regime. Auf sorgfältig versteckten Vervielfältigungsapparaten, mit Farbe und Papier, die sie von immer anderen Quellen bezogen, druckten sie Flugblätter, die an der Münchner und an anderen Universitäten Deutschlands verteilt wurden.

„Neugeborenen ist sofort eine Häftlingsnummer auf den Oberschenkel zu tätowieren, da ein Kinderarm zu klein ist."

Nach den SS-Richtlinien in Auschwitz

Ein Besuch des schwedischen Prinzen Gustav Adolph 1942 in Deutschland. Bis Februar 1943, als der deutsche Vorstoß in der Sowjetunion bei Stalingrad gestoppt wurde, trug die schwedische Politik einen leicht deutschfreundlichen Charakter. An diesem wichtigen Wendepunkt des Zweiten Weltkrieges spürten die meisten Europäer, dass die Alliierten den Krieg gewinnen würden. Schweden entschloss sich daher jüdische Flüchtlinge aufzunehmen. Im Oktober 1943 öffnete das Land für rund 10 000 dänische Juden seine Grenzen.

1942

nimmt die schweizerische Regierung jedoch gern entgegen.

• 13.–27. August 1942: 53 750 Juden aus Warschau werden in das Todeslager Treblinka deportiert. • Die Außenministerien der USA und Großbritanniens treffen die Entscheidung, das Telegramm Riegners, das Einzelheiten des Holocaust enthält, geheim zu halten.

• 14. August 1942: Die gesamte jüdische Gemeinde von Gorlice (Polen) wird in das Vernichtungslager Bełżec deportiert.

• 14.–15. August 1942: Eine Frau mit Namen Riwka Josselewska gehört zu den vier Juden, die ein blutiges Massaker in einer Begräbnisgrube außerhalb des Ortes Zagrodski bei Pińsk (Polen) überleben.

Die polnischen Juden im Ghetto Kremenez (Ukraine) leisteten gewaltsamen Widerstand gegen die von den Nazis angeordneten Deportationen. Am 9. September 1942 wurden 1500 Juden, darunter auch die Führung des Ghettos, in ein acht Kilometer entferntes Ghetto transportiert. Aufgebracht darüber erschoss ein junger Jude sechs zum „Liquidierungskommando“ gehörende Deutsche und Ukrainer und zwang die Nazis zum zeitweiligen Rückzug. Am Tag darauf wurden weitere zehn Nazis getötet. Anstatt ihre Deportation und damit den sicheren Tod in Kauf zu nehmen setzten die verbliebenen Juden am 11. August das Ghetto in Brand. Von diesem Feuer wurde auch die Synagoge des Ghettos *(Abb.)* zerstört.

Serbien

Unmittelbar nach dem Einfall in Jugoslawien errichteten die Nazis auf dem besetzten Territorium Konzentrationslager. Besonders berüchtigt war das Lager Sajmište *(Abb.)*, das sich, durch die Save von Belgrad getrennt, in Semlin befand. Sajmište wurde zu einem Todesort für die serbischen Juden, vor allem für Frauen und Kinder.

Als Vergeltungsmaßnahme für Angriffe der Partisanen erschoss die deutsche Wehrmacht für jeden getöteten Soldaten 100 Geiseln. Für die Verluste bei den Deutschen mussten mehr als 4000 bis 5000 Männer, meist Juden und Zigeuner, mit ihrem Leben bezahlen. Ihre Frauen und Kinder wurden nach Sajmište gebracht und dort in primitiven Baracken festgehalten, wo sie auf ihre Deportation warteten.

Auf der Suche nach einer Möglichkeit die Juden auf effektivere und „wirtschaftlichere“ Weise loszuwerden setzten die deutschen Behörden im Frühjahr 1942 in Serbien eine mobile Gaskammer ein. Die Opfer, die angeblich umgesiedelt werden sollten, wurden stattdessen vergast und in der Nähe von Belgrad verscharrt. Im August 1942 berichteten die Nazibefehlshaber frohlockend, dass Serbien „judenrein“ sei.

Freiheit und Sicherheit vor Augen überschreiten jüdische Flüchtlinge die Grenze zur Schweiz. Nur wenige waren in einer so glücklichen Lage wie diese Gruppe, da die Schweiz unter Hinweis auf den Schutz ihrer Neutralität den meisten Flüchtlingen, insbesondere Juden, die kalte Schulter zeigte. Ein Beamter bezeichnete sein Land als „überfülltes kleines Rettungsboot“ und 1942 wies die schweizerische Regierung ihre Grenzbeamten an Flüchtlinge an der französischen Grenze zurückzuschicken, was für die Juden meist den Tod bedeutete.

• 15. August 1942: Die Deutschen eröffnen bei Auschwitz das Zwangsarbeitslager Jawiszowice. • 1000 belgische Juden, darunter 172 Kinder, werden in den Osten deportiert; dort erwartet sie der Tod.

• Mitte August 1942: Ein kräftiger jüdischer Jugendlicher wird im Todeslager Bełżec aus einem Deportationszug herausgeholt, entkleidet, für drei Stunden mit dem Kopf nach unten an einen Galgen gehängt und dann umgebracht, als ihm Angehörige der Wachmannschaften mit Stöcken Sand in die Kehle stopfen.

• 17. August 1942: 341 französische Judenkinder im Alter von zwei bis zehn Jahren sowie 323 Mädchen im Alter bis zu 16 Jahren werden in Auschwitz vergast. Zwei der Opfer sind die siebenjährige Suzanne Perl und deren dreijährige Schwester Micheline.

• 17.–18. August 1942: 2500 Juden aus Drogobytsch (Ukraine) werden im Todeslager Bełżec ermordet.

• 18. August 1942: 998 Juden, darunter 287 Kinder, werden aus Belgien in den Osten deportiert.

Die Judenräte

Der auf Anordnung der Nazis gegründete Judenrat in dem litauischen Ghetto Kowno wurde „Ältestenrat“ genannt. Awraham Tory, sein stellvertretender Sekretär, führte ein Tagebuch, das veranschaulichte, wie dieser Rat unter Leitung des bekannten Arztes Dr. Elchanan Elkes den Zwangslagen begegnete, mit denen sich auch hunderte andere Judenräte in dem von den Nazis besetzten Europa konfrontiert sahen.

Die Angehörigen der Judenräte (wie der hier abgebildete Mann aus dem polnischen Bochnia) waren verantwortlich dafür, dass die deutschen Anweisungen befolgt wurden, doch sie versuchten auch die Not und den Mangel in der Gemeinde zu lindern. Die vielseitigen Verpflichtungen der Judenräte erforderten die Einrichtung vieler Geschäftsbereiche. In seinem Tagebucheintrag vom 4. August 1942 stellte Tory fest, dass Kennkarten in neun verschiedenen Abteilungen des Kownoer Ghettos gebraucht wurden – in der Verwaltung für Lebensmittel, für Arbeit, bei der Sozialfürsorge, Gesundheitsfürsorge, Polizei, Registrierung, Wohnungsbeschaffung, in der Abteilung für wirtschaftliche Angelegenheiten und für Bildung.

Da die Nazis die Ghettos in Osteuropa zwischen 1942 und 1943 nach und nach „auflösten“, waren die von den Judenräten geführten Gemeinden dem Untergang geweiht. Im Herbst 1943 wandelten die Deutschen das Ghetto Kowno in ein Konzentrationslager um. Im April 1944 schafften sie den Ältestenrat ab. Als die Nazis am 24. Juni 1941 Kowno besetzten, lebten in der Stadt etwa 37 000 Juden. Nur 2400 von ihnen überlebten den Krieg. Dr. Elkes wurde deportiert und starb am 25. Juli 1944 in Dachau.

Der auf der Wannseekonferenz entwickelte Plan sah die Abschiebung der Juden aus Westeuropa in den Osten des Kontinents vor. 1942 begannen die Deportationen aus dem besetzten Westeuropa. Diese Juden wurden aus dem Durchgangslager Westerbork (Niederlande) nach Auschwitz transportiert. Diese Deportation, die eine der ersten aus den Niederlanden war, fand in der Zeit von Juli bis Oktober 1942 statt.

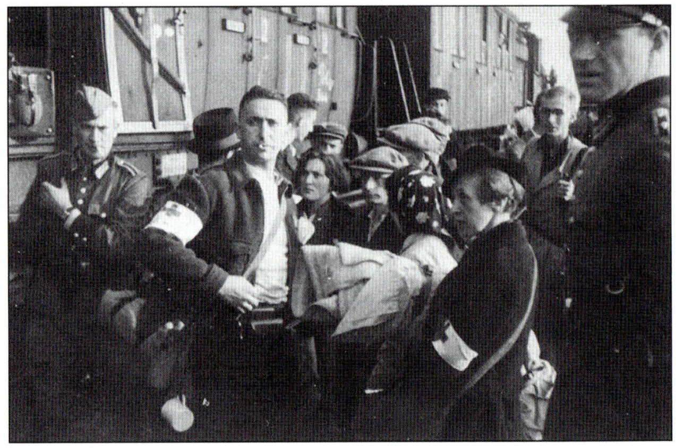

Ab Juli 1942 begannen die Nazis die Juden des Warschauer Ghettos in das Todeslager Treblinka zu deportieren, wo im Rahmen der „Aktion Reinhard“ fast alle Deportierten vergast wurden. Diese Frauen gehörten zu den über 250 000 Juden, die man von Juli bis September 1942 aus Warschau verschleppte. Weitere 13 000 sollten 1943 nach Treblinka gebracht werden.

1942

• 19. August 1942: Die Nazis ermorden die Kinder des Ghettos von Rembertów (Polen). Die über 1000 erwachsenen jüdischen Stadtbewohner werden zur Deportation in das Todeslager Treblinka zusammengeholt. Rund 300 von ihnen erhalten den Befehl auf der Straße nach Wesola ostwärts zu gehen. Während eines knapp zwei Kilometer langen Fußmarsches werden diese 300 Menschen ermordet. Die 700 anderen müssen nach Süden marschieren; als die Gruppe die Stadt Anin passiert, verschwindet eine Frau in der Menge der nichtjüdischen polnischen Zuschauer und entkommt. 45 Personen werden bei Anin von Maschinengewehren niedergemäht, weil sie angeblich zu entfliehen versuchten. Stunden später erreichen die Juden das Ghetto von Falenica, dessen Bewohner bereits gewaltsam zusammengeholt worden sind; jene, die man bei dem Ver-

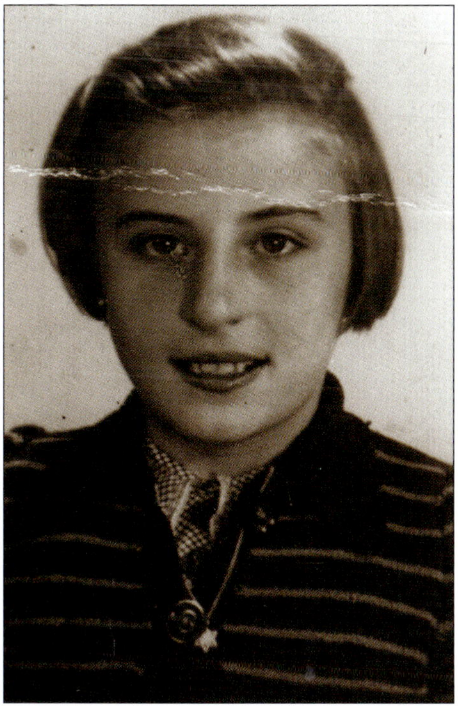

Kinder waren vom Standpunkt der Nazis gesehen nutzlos, da sie keine schwere Arbeit leisten konnten. Daher waren sie oftmals die Ersten, die deportiert wurden. Auch Jugendliche verschleppte man frühzeitig, da sie am ehesten als potenzielle Teilnehmer am Widerstand infrage kamen. Die Fotos zeigen mehrere jüdische Jugendliche aus dem Ghetto der polnischen Stadt Będzin. In Będzin wirkte eine der aktivsten Widerstandsbewegungen der Jugend Osteuropas. Der leidenschaftliche Wunsch nach Freiheit, den viele Jugendliche dieser Stadt hegten, beunruhigte die Nazis – zumal diese jungen Männer und Frauen bewusst mit der jüdischen Tradition gebrochen hatten und ihre Aktionen tollkühn und unvorhersehbar waren. Die hier abgebildeten jungen Einwohner von Będzin können sehr wohl zu den 5000 Juden gehört haben, die im August 1942 von Będzin nach Auschwitz deportiert wurden.

such sich zu verstecken entdeckt hat, werden erschossen. Im Ghetto leisten zwei Juden Widerstand; sie töten den ersten Deutschen, der in ihre Wohnung eindringt, mit einer Axt.

• Im Vernichtungslager Belżec warten 700 bis 800 in eine Gaskammer gepferchte Juden nahezu drei qualvolle Stunden, bis ein Dieselmotor, der defekt war, angelassen und die Kammer mit den tödlichen Abgasen gefüllt wird. SS-Obersturmführer Kurt Gerstein, ein antinazistisch eingestellter Gas- und Desinfektionsfachmann, beobachtet diese Szene. ***Siehe*** **20.–24. August 1942.**

• 19.–23. August 1942: 17 000 Juden aus Luzk (Ukraine) werden zum Polanka-Hügel gebracht und exekutiert.

• 20. August 1942. Die ***ZOB*** **(Jüdische Kampforganisation) unternimmt einen Attentatsversuch auf Joseph Szerynski, den Kommandanten der jüdischen Polizei im Warschauer Ghetto. Im weiteren Verlauf des Tages stecken andere** ***ZOB*****-Mitglieder mehrere Warschauer Lagerhäuser in Brand. • Die jüdische Gemeinde von Falenica (Polen) wird im Todeslager Treblinka ausgelöscht.**

Deutsche Polizisten bei der Exekution von vier Männern im deutsch besetzten Drogobytsch (Ukraine). Im Juli 1941 wurden die Juden dieser Stadt von antisemitisch eingestellten Einheimischen zu einem Friedhof getrieben und dort abgeschlachtet. Im August 1942 wurden bei einer Selektion von Juden zur Deportation mehr als 500 von deutschen und ukrainischen Polizisten ermordet.

Winston Churchill und Jossif Stalin, die Oberhäupter Großbritanniens bzw. der Sowjetunion, scheinen hier bei ihrem Moskauer Treffen im August auf gutem Fuß miteinander zu stehen. In Wirklichkeit misstrauten sie einander und waren entsprechend vorsichtig. Stalin, der sich in einem gigantischen Kampf mit den Nazis befand, bei dem Millionen seiner Landsleute umkamen, drängte Churchill während dieses Treffens eine zweite Front in Frankreich zu eröffnen.

Offiziere der deutschen Geheimen Feldpolizei, einem Zweig der Abwehr, haben sich in Gniezno (Polen) für ein Foto aufgestellt. Der von Admiral Wilhelm Canaris geleitete militärische Nachrichtendienst hatte die Aufgabe Informationen über den Gegner zu sammeln. Während manche Offiziere ihre Pflichten bei der Spionageabwehr gewissenhaft erfüllten, fanden andere dank der wachsenden Opposition Canaris' gegenüber Hitler in der Abwehr einen Platz für Widerstandsaktivitäten.

1942

• 20.–24. August 1942: 19 000 Juden aus Kielce (Polen) werden in das Todeslager Treblinka deportiert. • Der Gas- und Desinfektionsfachmann Kurt Gerstein beobachtet in Treblinka Exekutionen durch Gas, nachdem er Ähnliches einen Tag zuvor in Bełżec gesehen hatte.

• 21. August 1942: 3500 Juden aus Mińsk Masowiecki (Polen) werden in Treblinka ermordet. • Die Angehörigen der jüdischen Gemeinde in Ozorków (Polen) werden ermordet.

• 22. August 1942: 10 000 Juden aus Wielún (Polen) werden in das Todeslager Chełmno deportiert. • 10 000 Juden aus Siedlce (Polen) finden im Vernichtungslager Treblinka den Tod. • Die Angehörigen der jüdischen Gemeinde von Łosice (Polen)

Jüdische Kinder wurden mitunter auch in römisch-katholischen Klöstern versteckt. (Die Kirchenvertreter nahmen sie häufig erst auf, nachdem sie konvertiert waren.) Die Abbildung zeigt jüdische Kinder in der Klosterschule *Sœurs de Sainte Marie* in dem belgischen Dorf Wesembeek-Oppem. Zu ihnen gehörte Sarah Lamhaut, die den Krieg unter dem Namen Jeannine van Meerhaegen überlebte. Sarahs Eltern starben 1943 in Auschwitz.

Pater Bruno, ein belgischer Priester, rettete mehrere jüdische Kinder vor den Nazis und riskierte dabei sein Leben. Unter den Geretteten waren auch *(von links nach rechts)* Henri Zwierszewski, George Michaelson, Willy Michaelson, Henri Fuks, und Willy Sandorminski. Pater Bruno wurde nach dem Krieg in der Gedenkstätte *Yad Vashem* als „Gerechter der Nationen" anerkannt.

Die Juden Belgiens

Die Kapitulation Belgiens vor Deutschland am 28. Mai 1940 brachte rund 65 000 Juden unter die Herrschaft der Nazis. Tragischerweise waren viele dieser Menschen zuvor aus Deutschland und Österreich geflohen und hatten geglaubt in Belgien eine sichere Zuflucht gefunden zu haben. Die meisten von ihnen konnten dem Schatten des Todes, den die Naziherrschaft auf sie warf, nicht entrinnen.

Zu Beginn der Besetzung wurden sämtliche jüdischen Geschäfte und alle Personen jüdischen Glaubens registriert. 1941 wurden formelle Judenräte geschaffen. Im Mai 1942 erging an alle Juden die Anweisung zur Kennzeichnung einen gelben Fleck zu tragen; infolge der mangelnden Zusammenarbeit eines Teils der belgischen Beamten mit den Besatzern gelang es jedoch vielen Juden sich zu verbergen.

Im Sommer 1942 begann trotz einer Welle des Widerstands die Deportation von Juden aus Belgien. Die öffentlichen Proteste zu Gunsten der Juden und die Intervention der belgischen Königinmutter zwangen die Nazis sich bei den Deportationen auf die zu tausenden in Belgien lebenden ausländischen Juden zu konzentrieren. Während viele belgische Juden untertauchten, wurden andere – von August bis Oktober des Jahres 16 000 Menschen – aus dem Land in die Gaskammern von Auschwitz verschleppt.

Im Oktober 1944, als das Morden in Auschwitz ein Ende fand, waren rund 29 000 Juden tot, die in Belgien gelebt hatten, als die Deutschen das Land besetzten.

werden im Todeslager Treblinka liquidiert.

• 24. August 1942: In Lask (Polen) werden Juden in eine Kirche gesperrt und getötet. Unter den Opfern ist auch eine Mutter mit ihrem Neugeborenen, das in der Kirche zur Welt kam. • In Zduńska Wola (Polen) werden 1100 Juden auf den örtlichen jüdischen Friedhof getrieben und dort alle bis auf 100 Menschen erschossen oder erschlagen. Die Überlebenden müssen die Opfer begraben. • Im Todeslager Treblinka wird eine junge Jüdin entdeckt, die unter dem Bettlaken, das sie bei sich trägt, ein kleines Kind versteckt. Die Lagerwachen töten die Frau und das Kind.

• 24.–28. August 1942: 10 000 Juden aus Nowy Sącaz (Polen) werden in das Vernichtungslager Bełżec deportiert.

• 26. August 1942: Nach dem Verlassen des Deportationszuges in Treblinka schneidet ein Jude mit Namen Friedman einem ukrainischen Wachmann mit einer Rasierklinge die Kehle durch. Als Vergeltung eröffnen die SS-Wachen sofort das Feuer auf die anderen neu angekommenen Deportierten.

Breendonck

Das Konzentrationslager bei Breendonck (Belgien) war ein wichtiger Internierungsort für die Juden im besetzten Belgien. Es lag etwa 24 Kilometer südlich von Antwerpen und war eine von einem Graben umgebene Festung, die man zu Beginn des 20. Jahrhunderts erbaut hatte.

Die Nazis verwandelten Breendonck im Sommer 1940 in einen Internierungsort; sie ergänzten die vorhandenen Baulichkeiten durch Zellen, Galgen, Baracken, einen Folterraum, einen Platz zum Ertränken von Gefangenen und einen weiteren Platz, an dem Häftlinge lebendig begraben wurden, und bauten außerdem Unterkünfte für die Lageraufseher von der SS und der Wehrmacht. Die Verpflegung und die Lebensbedingungen der Gefangenen waren scheußlich; hinzu kam die außergewöhnliche Grausamkeit, zu der Artur Prauss, der Lagerverantwortliche für Zwangsarbeit, seine Leute ermunterte.

Am 24. September 1942 wurde Rabbi Dr. Salomon Ullman, der seit 1937 oberster jüdischer Kaplan des belgischen Militärs war, als Warnung für jene, die Widerstand leisteten, nach Breendonck geschickt. Nach 15 Tagen wurde Ullmann wieder entlassen; andere jüdische Häftlinge hatten weniger Glück. Als 1942 die Deportationen von Juden aus Belgien begannen, wurden viele in Breendonck festgehaltene Juden in das jüdische Durchgangslager bei Mechelen geschickt, bevor man sie zum Abtransport nach Auschwitz verurteilte.

Breendonck zeichnete sich durch seinen belgischen Standort und die Härte der Verwaltungsbeamten aus; in diesem Lager wurden nie sehr viele Juden gefangen gehalten, doch jene, die dort waren, hatten furchtbar zu leiden. Zwischen 1940 und 1944 ging die Zahl der jüdischen Gefangenen nie über 200 hinaus und 1942 schließlich bildeten die Juden nicht länger die Mehrheit der Lagerinsassen. Im Sommer 1944 wurde das Lager befreit.

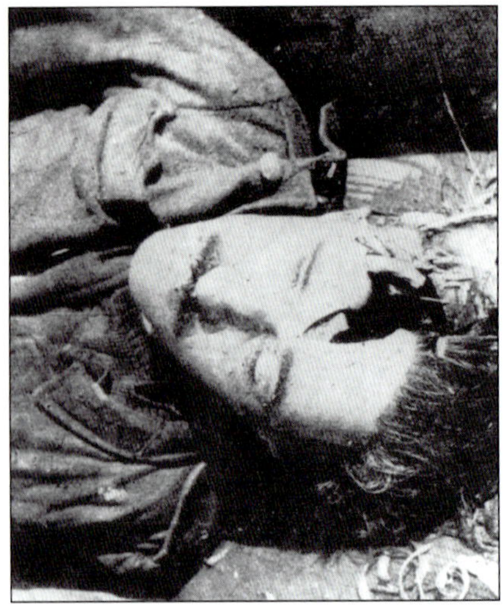

Jasenovać, das größte kroatische Konzentrations- und Todeslager, wurde im Herbst 1941 eingerichtet. Es wurde zur Endstation für mehrere hunderttausend Zigeuner, Serben und Juden. Wie der eingeschlagene Schädel dieses Mannes zeigt, ging es in dem von der *Ustaša* betriebenen Lager besonders barbarisch zu. Tausende wurden auf der Stelle ermordet oder verhungerten aufgrund der unmenschlichen Bedingungen im Lager. 1942 wurden mehr als 12 000 jüdische und serbische Kinder exekutiert.

Die in den 1920er-Jahren gegründete zionistische Organisation *Hechaluz* (Der Pionier) vermittelte jungen deutschen und österreichischen Juden wichtige Kenntnisse auf dem Gebiet der Landwirtschaft. Nach dem Machtantritt der Nazis verstärkte die Organisation die Arbeit ihrer Schulungszentren. Hatten sich ihre Mitglieder für eine Arbeitserlaubnis als gelernte Landwirte qualifiziert, konnten sie eine Genehmigung erhalten, mit der sie zu den wenigen Glücklichen zählten, die legal nach Palästina einreisen durften.

1942

• **25.–26. August 1942:** Tausende Juden aus Międzyrzec (Polen) werden in das Todeslager Treblinka deportiert. • Fast 1000 belgische Juden, darunter 232 Kinder, verschleppt man in den Osten.

• **26. August 1942:** 518 aus Paris deportierte jüdische Kinder werden in Auschwitz vergast.

• **27. August 1942:** 8000 Juden aus Wieliczka (Polen) werden im Todeslager Bełżec ermordet. • Als ein Transportzug mit 6000 Juden aus Międzyrzec (Polen) im Vernichtungslager Treblinka eintrifft, stellen die Wachmannschaften fest, dass alle 6000 Menschen während der 120 Kilometer langen Fahrt erstickt sind. • Mehrere tausend Juden aus Tschortkow (Ukraine) werden auf dem Marktplatz der Stadt versammelt und

Die Nazis wiesen ihre Opfer oftmals an ihre Habseligkeiten für die Fahrt zum Deportationsziel zu Bündeln zusammenzuschnüren. Diese Vorbereitungen auf die „Umsiedelung“ und die spätere Arbeit in den Pripjatsümpfen sollten auch 3000 Juden in Drogobytsch (Ukraine) treffen. Ihre Bündel *(Abb.)* gelangten nie in den Transportzug hinein. Die 3000 Juden wurden nicht in die Pripjatsümpfe, sondern in die Gaskammern von Bełżec gebracht.

Dieses heimlich aufgenommene Foto zeigt einen Transportzug an der Bahnstation Siedlce (Polen). Die Station lag an einer der Hauptstrecken zwischen Warschau und Treblinka; viele Juden, die während der Liquidierung des Warschauer Ghettos deportiert wurden, passierten sie. Die Nazis versuchten für ihre Aktionen abseits gelegene Orte aus um ihr Tun vor der einheimischen Bevölkerung geheim zu halten. Doch stets gab es einige Zivilisten, die um die Vorgänge wussten.

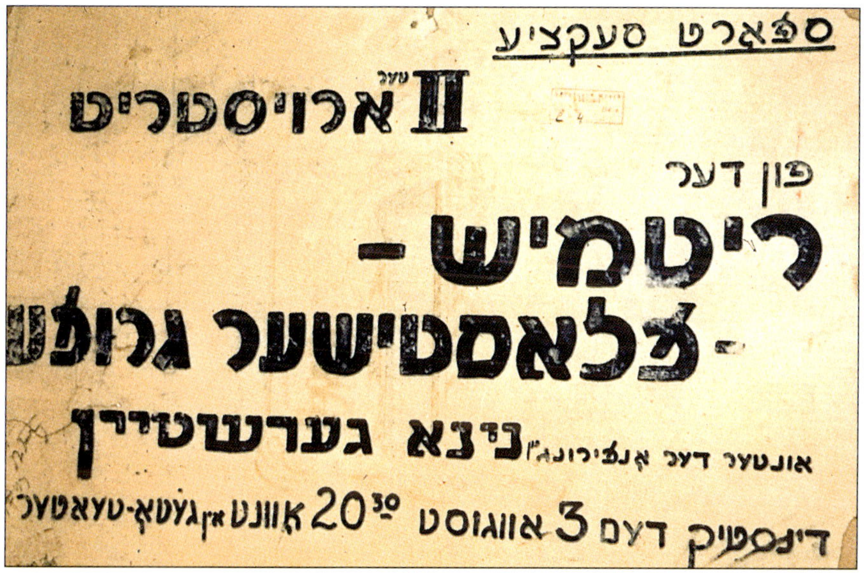

Während Abba Kowner und seine Mitkämpfer versuchten im Ghetto Wilna (Litauen) den Widerstand im Untergrund zu organisieren, widersetzten sich andere auf eigene Art: Um die Lebensgeister und die Stimmung der furchtsamen Ghettobewohner aufrecht zu erhalten sorgten die Juden in Wilna für eine Vielzahl gemeinsamer kultureller Aktivitäten. Dieses Plakat vom August 1942 lädt die Gemeinde zu einer Vorstellung der von Nina Gerstein geleiteten Rhythmik- und Plastik-Gruppe ein.

gezwungen der Ermordung der Kinder ihrer Gemeinde zuzusehen. *Siehe* 28. August 1942. • Die sowjetische Verteidigung Stalingrads verstärkt sich mit der intensiver werdenden deutschen Belagerung.

• 28. August 1942: Der Präsident des *World Jewish Congress (WJC)*, Stephen S. Wise, erhält vom Schweizer Vertreter des *WJC*, Gerhart Riegner, ein Telegramm, in dem es um die „Endlösung“ geht. Wise beschließt die Nachricht bis zu ihrer Nachprüfung zu verschweigen. *Siehe* Mitte November 1942. • In Międzyrzec (Polen) werden 10 000 Juden ermordet. • Juden aus Tschortkow (Ukraine) werden in Güterwagen in das Todeslager Bełżec transportiert. • Die deutschen Behörden ordnen die Verhaftung von Pariser Geistlichen an, die Juden Schutz gewährt haben.

• 29. August 1942: Die jüdische Gemeinde von Olesko (Ukraine) wird in das Todeslager Bełżec deportiert. • Die deutschen Besatzungsbehörden im Osten informieren Berlin darüber, dass das „Judenproblem“ in Serbien vollständig gelöst sei. Seit der deutschen Besetzung Serbiens sind 14 500 der 16 000 serbischen Juden ermordet worden.

Franz Stangl

Franz Stangl, ein österreichischer Polizist, der in den Rang eines SS-Hauptsturmführers aufstieg, war Kommandant von zwei der sechs Vernichtungslager der Nazis in Polen – Sobibór und Treblinka.

Das Lager Sobibór wurde unter Stangls Leitung Anfang Mai 1942 eröffnet. Bis Ende Juni tötete man dort rund 100 000 Juden. Stangl wurde unterdessen in Treblinka eingesetzt. Dort wurden zwischen 750 000 und 870 000 Juden vergast, die meisten davon in der Zeit von September 1943 bis August des Folgejahres, als Stangl Lagerkommandant war. Nach dem Krieg floh Stangl nach Brasilien. 1967 wurde er verhaftet, nach Deutschland ausgeliefert, wegen seiner Verbrechen vor Gericht gestellt und zu einer lebenslangen Gefängnisstrafe verurteilt. 1971 interviewte ihn die Journalistin Gitta Sereny. „Denken Sie, dass Sie diese Zeit in Polen etwas gelehrt hat?“, fragte sie ihn am 27. Juni. „Ja“, antwortete er. „Dass alles Menschliche seinen Ursprung in der menschlichen Schwäche hat.“ Stangl starb knapp 24 Stunden später an Herzversagen.

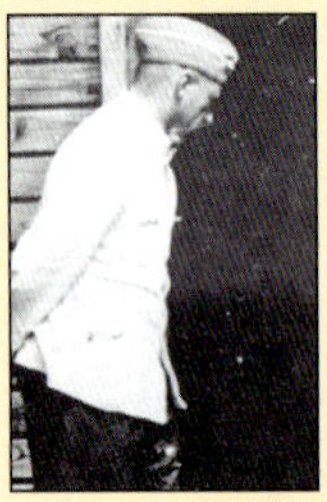

Am 25. und 26. August 1942 wurden Juden aus Międzyrzec Podlaski (Polen) in Viehwaggons verladen und nach Treblinka deportiert. In einem der voll gestopften Züge waren bei der Ankunft über 80 Prozent der Passagiere erstickt. Abraham Jakób Krzepicki, ein Jude, der in der Todesfabrik Treblinka arbeitete, erinnerte sich an einen der „Überlebenden“: „Unter den Lebenden fand ich ein Kleinkind von einem oder anderthalb Jahren, das aufgewacht war und laut weinte. Ich ließ es an der Seite liegen. Am Morgen war es tot.“

Betagte Männer und Frauen aus Wiesbaden warten auf den Zug, mit dem sie an einen unbekannten Ort im Osten „umgesiedelt“ werden sollen. Die Deportation der 1006 Wiesbadener „Volljuden“ begann im März 1942. Außer diesen Personen wurden auch andere Wiesbadener Juden über Frankfurt in den Osten verschleppt. Von den etwa 2800 Mitgliedern, die die jüdische Gemeinde Wiesbaden vor dem Krieg hatte, kehrten nach dem Krieg nur zehn in ihre Heimatstadt zurück.

1942

• 30. August 1942: Die Mitglieder der jüdischen Gemeinde von Rabka (Polen) werden ermordet. • Der französische Bischof Pierre-Marie Théas erinnert seine Gemeinde daran, dass alle Menschen, Christen wie Juden, von demselben Gott geschaffen worden seien und dass „alle Menschen ungeachtet ihrer Rasse oder Religion die Achtung anderer Menschen und der Regierungen verdienen.“

• Spätsommer 1942: Der Versuch des SS-Obersturmführers Kurt Gerstein sein Wissen um die Massenvergasungen von Juden öffentlich bekannt zu machen schlägt fehl; Gerstein wird beim deutschen päpstlichen Nuntius Cesare Orsenigo zurückgewiesen.

• September 1942: 14 000 Juden werden zu den Kiesgruben bei Pjatydni

Dieses Plakat ist eine schmerzliche Erinnerung an das Schicksal des polnischen Judentums in den ersten drei Jahren der Nazibesatzung. Der hebräische Text lautet: „Tag des polnischen Judentums: 1. September 1939 – 1. September 1942.“ Während des Zweiten Weltkrieges litt keine Menschengruppe der Welt so schwer wie die Juden Polens, die für die Nazis allein wegen ihrer Anzahl ein besonderes Ziel waren. Von September 1939 an, da die Deutschen Polen besetzten, wurden die polnischen Juden systematisch in überfüllte Ghettos gepfercht, der lebenswichtigen Dinge beraubt und ohne viel Aufhebens exekutiert. Ab Frühjahr 1942 wurden polnische Juden in die Tötungseinrichtungen der Nazis deportiert. Von den mehr als 3,3 Millionen Juden, die im September 1939 in Polen lebten, waren 1945 drei Millionen tot.

DIE GRENZEN EUROPAS AUF DEM HÖHEPUNKT DER NAZIMACHT (1942)

1942 hatte Deutschland den größten Teil Nordeuropas besetzt; die meisten südeuropäischen Länder hingegen wurden von pronazistischen Regimes regiert. Im Osten drangen die deutschen Truppen weit auf sowjetisches Territorium vor. In der zweiten Hälfte des Jahres 1942 begann die Rote Armee die Deutschen zurückzudrängen.

Der energisch wirkende Führer bei einer Rede im Jahr 1942. Gelegenheiten dieser Art wurden bald darauf, als das Dritte Reich zu zerfallen begann, immer seltener. Das vergebliche Bemühen an der sowjetischen Front den Sieg zu erringen und die verstärkten britischen Bombenangriffe auf deutsche Städte trieben Hitler in wachsende Isolation und Depression.

(Ukraine) gebracht und mit Maschinengewehrfeuer belegt. • Mosche Skoczylas und Michael Majtek bilden in Dziatoszyce (Polen) jüdische Partisaneneinheiten. • Deutsche Truppen erreichen den Kaukasus und beginnen mit der Vernichtung der dort lebenden Juden.
• Der Reichsführer SS, Heinrich Himmler, schlägt vor KZ-Insassen in Waffenfabriken vor Ort arbeiten zu lassen. Albert Speer, Reichsminister für Bewaffnung und Munition, hat Einwände dagegen und bietet einen von Hitler akzeptierten Kompromiss an: Himmlers Häftlinge stehen Speer künftig für die Arbeit in herkömmlichen Waffenfabriken zur Verfügung.

• Der New Yorker Kongressabgeordnete Emanuel Celler, ein Jude, bringt einen Gesetzesvorschlag ein, nach dem französische Juden, die in den Tod nach Osteuropa deportiert werden sollen, in die USA einwandern dürfen. Der Entwurf wird vom *House Committee on Immigration* zu Fall gebracht.
• Als Juden aus Frankreich in das Dritte Reich deportiert werden, wo sie der Tod erwartet, drängt der Informationsminister Vichy-Frankreichs die Presse „an die wahre Lehre des Heiligen Thomas und der Päpste ... an die allgemeine und überlieferte Lehre der ka-

„Hier ist kein Warum.“

Bemerkung eines Wachpostens in Auschwitz gegenüber dem Häftling Primo Levi, dem er verboten hat seinen Durst mit einem Eiszapfen zu löschen.

Ein Häftling in Auschwitz, der bei einem Fluchtversuch mit einem Maschinengewehr erschossen wurde. Zur Abschreckung ließ man den Toten stundenlang für jedermann sichtbar im Stacheldrahtzaun hängen. Die Gefangenen waren sich wohl bewusst, dass ein Entkommen nahezu unmöglich war. Bewaffnete Wachmannschaften und Polizeihunde liefen rund um das Lager Streife und ein großer Teil des Zaunes stand unter Strom.

Dieses vom Höheren SS- und Polizeiführer des Distrikts Kraków (Polen) herausgegebene Flugblatt kündigte den Beginn der Deportation der Juden in und um Sanok am 5. September 1942 an. Mangelnde Kooperationsbereitschaft, ganz gleich welcher Art, werde mit summarischer Exekution durch das Erschießungskommando geahndet. Die Deportation war aus der Sicht der Nazis ein Erfolg, da in der Zeit vom 5. bis 10. September 8000 Juden aus der Region Sanok in Bełżec ums Leben kamen.

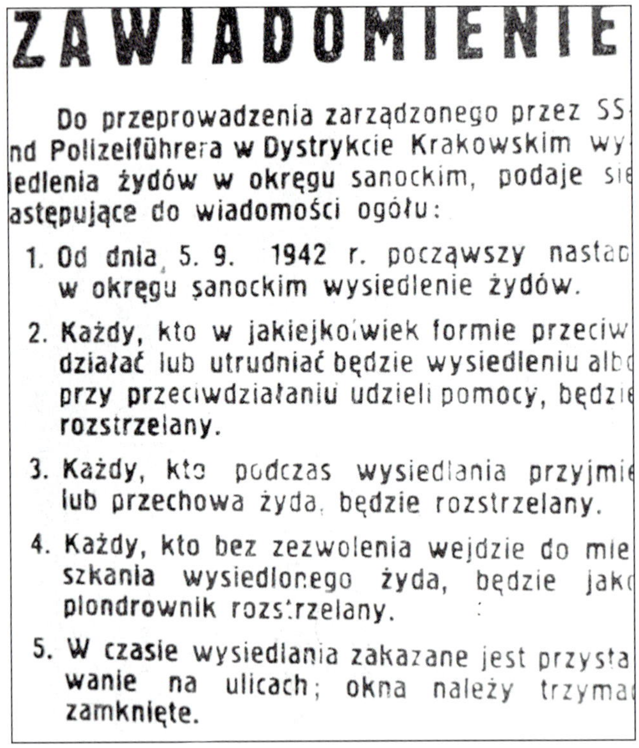

ZAWIADOMIENIE

Do przeprowadzenia zarządzonego przez SS-
nd Polizeiführera w Dystrykcie Krakowskim wy-
iedlenia żydów w okręgu sanockim, podaje si
astępujące do wiadomości ogółu:

1. Od dnia 5. 9. 1942 r. począwszy nastąc w okręgu sanockim wysiedlenie żydów.
2. Każdy, kto w jakiejkolwiek formie przeciw działać lub utrudniać będzie wysiedleniu alb przy przeciwdziałaniu udzieli pomocy, będzie rozstrzelany.
3. Każdy, kto podczas wysiedlania przyjmie lub przechowa żyda, będzie rozstrzelany.
4. Każdy, kto bez zezwolenia wejdzie do mie szkania wysiedlonego żyda, będzie jak plondrownik rozstrzelany.
5. W czasie wysiedlania zakazane jest przysta wanie na ulicach; okna należy trzyma zamknięte.

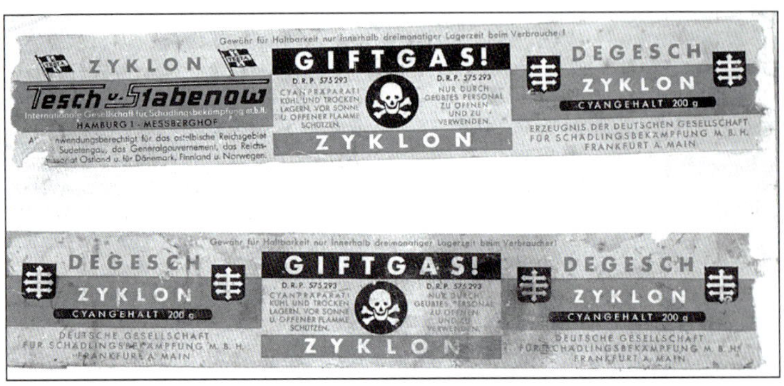

Zyklon B, der Handelsname für Blausäure, war das am meisten eingesetzte Tötungsmittel der Nazis. Es wurde zunächst im Rahmen der Aktion T 4 zur Vernichtung Geisteskranker angewendet. 1941 wurden die in Auschwitz festgehaltenen sowjetischen Kriegsgefangenen mit dem tödlichen Gas umgebracht und 1942 schließlich war Zyklon B das bevorzugte Mittel bei den Massenmorden der Nazis. Es wurde in einen luftdicht abgeschlossenen Raum mit hunderten Menschen eingeleitet und tötete jeden, der sich darin aufhielt.

1942

tholischen Kirche über das Judenproblem“ zu erinnern.

• Anfang September 1942: Ein SS-Wachmann in einem Deportationszug nach Bełżec erschießt Jadzia Beer, ein polnisches Mädchen aus Jaworów, als sich dessen Rock im Waggonfenster verklemmt und das Mädchen hilflos aus dem Fenster hängt.

• 1. September 1942: Tausende Juden aus Stryj (Ukraine) werden im Todeslager Bełżec ermordet. • Im Ghetto Łódź überfallen Sicherheitsverbände fünf Hospitäler und evakuieren und ermorden Patienten. Kleinstkinder werden aus den Fenstern der oberen Stockwerke geworfen, einige davon auf Bajonette aufgespießt, ehe sie auf dem Boden aufschlagen. • Ein deutscher Schäferhund, der im Vernich-

Der Holocaust in den Ländern des Balkan

Die Geschichte des Holocaust in den Ländern des Balkan ist kompliziert und tragisch. Mehr als 550 000 Juden aus Rumänien, Jugoslawien, Griechenland und Bulgarien wurden umgebracht, doch die Umstände ihres Todes und die Chancen für das Überleben Einzelner waren von Land zu Land verschieden.

Die Mordaktionen in Rumänien verliefen besonders barbarisch. Deutsche, rumänische und ukrainische Truppen überrollten die rumänischen Gebiete der Bukowina und Bessarabiens und schlachteten jeden Juden, den sie trafen, ab. Die Stadt Odessa in Transnistrien (einem ukrainischen Gebiet, das 1941 Deutschland und Rumänien in Besitz genommen hatten) war die Heimat von 180 000 Juden. Im Februar 1942 jedoch wurde die Stadt für „judenrein“ erklärt.

In den traditionellen rumänischen Territorien, bekannt unter dem Namen Regat, liefen die Kampagnen gegen die Juden nach einem typischen Muster ab: antijüdische Gewalt, die Beschlagnahme jüdischen Besitzes und die Schaffung von Ghettos. Ein Konflikt zwischen der rumänischen Regierung und den Deutschen sorgte allerdings dafür, dass die Zahl der nach Bełżec deportierten Juden begrenzt wurde. Insgesamt kamen während des Holocaust über 420 000 rumänische Juden ums Leben.

Mit der Aufteilung Jugoslawiens im April 1941 gerieten die dort lebenden Juden unter die Herrschaft Ungarns, Italiens, Deutschlands, Bulgariens und des Unabhängigen Staates Kroatien, der von dem Faschisten Ante Pavelić geführt wurde. Nachdem dessen *Ustaša*-Bewegung mit Hitlers Unterstützung an die Macht gekommen war, schlachteten die Kroaten über eine halbe Million Serben ab (darunter auch das hier abgebildete Kind) und gingen ebenso gegen die jüdische Bevölkerung vor. Über 80 Prozent der 80 000 Juden Jugoslawiens wurden von den Nazis und den Angehörigen der *Ustaša*-Bewegung ermordet.

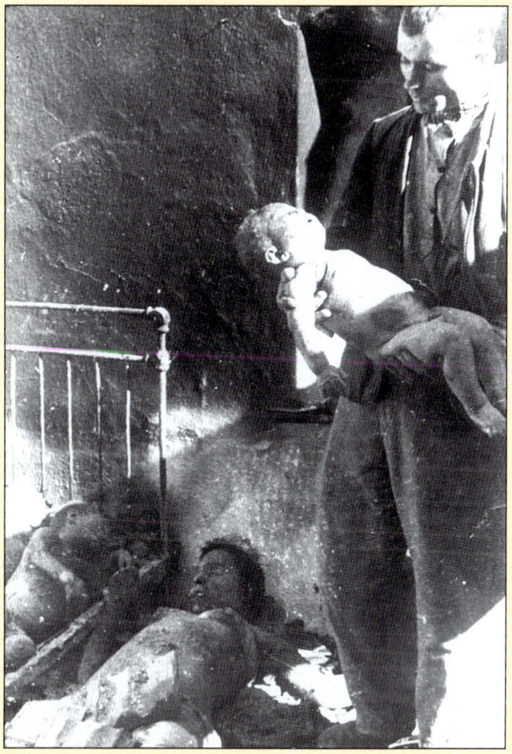

Das Schicksal des griechischen Judentums wurde von Italien bestimmt. Als Italien im September 1943 vor den Alliierten kapitulierte, besetzten deutsche Truppen Griechenland. Die Deportationen nach Auschwitz verzögerten sich zwar bis März 1943; dennoch wurden 80 Prozent der jüdischen Bevölkerung Griechenlands getötet.

Die einzigen jüdischen Gemeinden auf dem Balkan, die der Sturm der Nazis nicht berührte, befanden sich in Bulgarien. Die bulgarischen Regierungsbeamten waren zwar im Allgemeinen antisemitisch eingestellt, opponierten jedoch gegen die Ermordung der Juden und widersetzten sich den Forderungen der Deutschen Maßnahmen zur Deportation zu ergreifen. Letzten Endes jedoch erklärte sich die bulgarische Regierung mit der Verschleppung jener rund 9000 Juden einverstanden, die in den Gebieten lebten, welche Bulgarien durch die Teilung Griechenlands erhalten hatte. Die projüdischen Kampagnen, die von Ärzten, Schriftstellern, Anwälten und Angehörigen der orthodoxen Geistlichkeit ins Leben gerufen worden waren, überzeugten die bulgarische Bürgerschaft von der Verwerflichkeit der antisemitischen kollaborationistischen Pläne der Regierung Bogdan Filovs. Die bulgarischen Behörden beschlagnahmten zwar die Besitztümer der jüdischen Landesbewohner, doch 78 Prozent der Juden Bulgariens überlebten den Krieg.

tungslager Treblinka das Gesicht eines jüdischen Kleinkindes abgeleckt hat, wird von seinem Besitzer, einem SS-Mann, grausam verprügelt, bevor der Wachmann das Kind zu Tode trampelt. • Die Truppen der Alliierten erzielen in Italien und Deutschland bedeutende Fortschritte; sowjetische Truppen erreichen Bulgarien.

• 2. September 1942: Die 10 000 Juden von Działoszyce (Polen) werden von Angehörigen der Gestapo sowie von polnischen und ukrainischen Polizisten zusammengetrieben und terrorisiert, während sie den ganzen Tag in der prallen Sonne stehen müssen. 2000 Einwohner werden auf dem jüdischen Friedhof exekutiert, die restlichen 8000 Einwohner in das Todeslager Bełżec deportiert. • In Oslo (Norwegen) weigert sich Julius Samuel, der Oberrabbiner von Norwegen, unterzutauchen oder ins Ausland zu fliehen. Er wird verhaftet und in einem Lager bei Berg südlich von Oslo interniert.

• 3. September 1942: In Lachwa (Weißrussland) kämpfen mehr als 800 Juden in einem von Dov Lopatin geführten Aufstand gegen die Nazis. Die meisten der Aufständischen werden

Die Juden in Großbritannien und Australien

In den 1930er und 1940er-Jahren ordnete die britische Regierung die polizeiliche Registrierung aller Ausländer an. Der Grund dafür war zum einen das Bestreben keine Juden nach Palästina zu lassen und zum anderen der starke Antisemitismus im Außen- und im Kolonialministerium. Nach der Kapitulation Frankreichs vor Deutschland ließ die britische Regierung rund 30 000 „feindliche Ausländer" auf britischem Boden, von denen die meisten Juden waren, internieren und dann etwa 8000 dieser Personen nach Kanada und Australien deportieren. Es spielte keine Rolle, dass man sie offiziell als die am wenigsten gefährlichen Flüchtlinge klassifiziert hatte; die Regierungen und die einheimische Bevölkerung behandelten die „feindlichen Ausländer" wie Parias.

Internierung und Deportationen fanden erst nach dem Tod mehrerer hundert Deportierter ein Ende, deren Schiff, die „Arandora", im Juli 1940 torpediert und versenkt worden war. Die jüdischen Passagiere eines anderen Schiffes, der „Dunera", wurden von der Besatzung misshandelt.

Die wenigen Juden, die in Australien ankamen, mussten sich bei der Polizei melden. Sie durften nicht ohne polizeiliche Erlaubnis reisen und es war ihnen verboten Radios zu besitzen.

Mordechai Chaim Rumkowski *(links)*, das Oberhaupt des Judenrates von Łódź, im Gespräch mit Hans Biebow, dem deutschen Leiter der Ghettoverwaltung. Rumkowski versuchte 1942 immer wieder vergeblich die Deportationen einzuschränken und das Ghetto in eine unersetzbare Fabrik umzuwandeln. Rumkowski, dem nicht bewusst war, dass die Deportierten direkt in den Tod nach Chełmno geschickt wurden, bereitete seine Deportationsliste vor und hoffte damit Zeit für die verbleibenden Ghettobewohner zu erkaufen. Bis Ende September waren schließlich über 70 000 Menschen verschleppt worden. Der Chronist des Ghettos schrieb am 25. September: „Es ist [fast] keiner über 65 und unter 10 mehr im Ghetto."

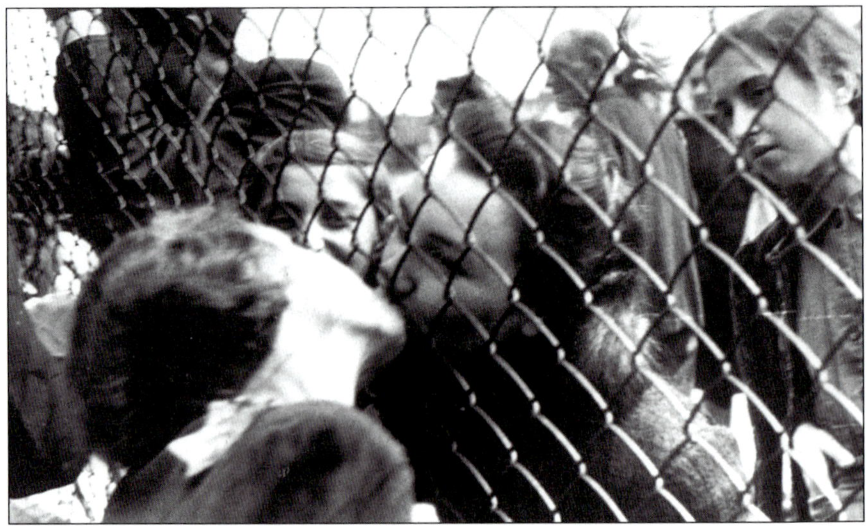

Am 4. September 1942 spitzte sich die Angst vor einer erneuten Deportation zu, als der Leiter des Judenrates, Mordechai Chaim Rumkowski, verkündete, dass 25 000 Juden, die jünger als zehn und älter als 65 Jahre seien, außerhalb des Ghettos angesiedelt werden müssten. Allein vom 5. bis 12. September wurden im Rahmen der berüchtigten Aktion „Gehsperre" mindestens 14 000 Juden deportiert. In der Ghettochronik wird diese Zeit als die „acht Tage, die wie eine Ewigkeit erscheinen" bezeichnet. Das Foto zeigt eine Frau und ein Kind, wahrscheinlich Mutter und Tochter, die sich im Ghettogefängnis durch den Zaun hindurch küssen.

1942

getötet. • Der *World Jewish Congress* mit Sitz in Genf erfährt von den Deportationen französischer Juden. • Josef Kaplan, ein Führer der *ZOB* (Jüdische Kampforganisation), wird in Warschau festgenommen und kommt wie Israel Zeltzer, ein weiterer Anführer, in Haft. Schmuel Braslaw, der ebenfalls zum *ZOB*-Kommando gehört, wird auf der Straße von deutschen Soldaten angehalten und bei dem Versuch ein Messer zu ziehen erschossen. Reginka Justman vom Kommando der *ZOB* wird angehalten und erschossen, als sie gerade mit den Waffen der Organisation auf dem Weg zu einem neuen Versteck ist. Die Waffen werden beschlagnahmt.

• 3.–14. September 1942: Die Londoner *Times* lässt Artikel erscheinen, in denen die Deportation französischer Juden beschrieben wird.

Durch die Deportationen von Bewohnern des Łódźer Ghettos wurden oftmals Familien getrennt – Männer von ihren Frauen, Eltern von ihren Kindern. Der Abschied von den geliebten Angehörigen, die deportiert werden sollten, war für die betreffenden Menschen ein traumatisches Erlebnis. In den meisten Fällen sahen sich die Familienmitglieder nie wieder.

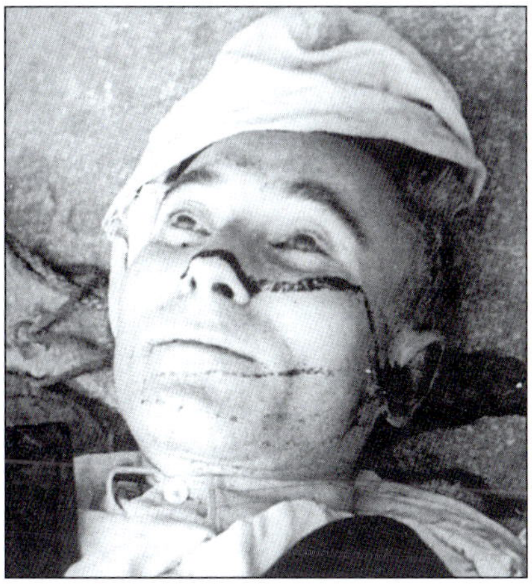

Dieser Mann ist einer der vielen, die während der Aktion „Gehsperre" in Łódź, noch vor der Deportation nach Chełmno, getötet wurden. Die Aktion verlief mit beispielloser Geschwindigkeit; sie begann bei den Kranken in den Hospitälern und erfasste dann die Alten und die Kinder. Die Menschen wurden auf Fünftonnern zur Bahnstation außerhalb des Ghettos gebracht und von dort mit Zügen oder Lastwagen in das Todeslager transportiert. Manche mussten sogar zu Fuß gehen. Oftmals erfuhren Freunde und Familien erst lange danach, dass jemand deportiert worden war. Die Aktion „Gehsperre" war Teil eines größeren Unternehmens, der „Aktion Reinhard", zur Ermordung aller Juden im Generalgouvernement.

Viele Opfer, die im September 1942 im Rahmen der Aktion „Gehsperre" aus Łódź deportiert wurden, versuchten ihrem Schicksal durch Flucht zu entgehen. Wer sich jedoch der Deportation entziehen wollte, wurde ohne Umstände erschossen. Diese Aufnahme zeigt jüdische Polizisten – denen man die Schonung ihrer Kinder versprochen hatte, wenn sie sich am Zusammentreiben der Frauen und Kinder beteiligten – als sie versuchten vom Sammelpunkt an einem jüdischen Hospital in der Drewnowska-Straße zu fliehen.

• 4. September 1942: Die Juden in Mazedonien müssen ab jetzt den gelben Stern tragen.

• 4.–12. September 1942: Das Oberhaupt des Judenrates im Ghetto Łódź (Polen), Chaim Rumkowski, fügt sich den Forderungen der Nazis hinsichtlich der Deportation der Kinder und der über 65-jährigen Erwachsenen der Gemeinde. Während der Deportation feuern die Deutschen wahllos in die Menge, exekutieren einzelne Juden und dringen in die jüdischen Hospitäler ein. Sie verschleppen rund 15 000 Menschen.

• 5. September 1942: Im Todeslager Auschwitz-Birkenau werden über 800 von Hunger und Überarbeitung geschwächte Jüdinnen vergast. Später werden in diesem Lager 661 Juden aus einem Deportationszug aus den Niederlanden vergast.

• 6.–7. September 1942: In den Straßen des Warschauer Ghettos werden mehr als 1000 polnische Juden von Nazis getötet.

• 6.–21. September 1942: Fast 48 000 Juden aus Warschau werden in das Vernichtungslager Treblinka deportiert.

Bis Ende September 1942 waren die meisten Kinder aus dem Ghetto Łódź (Polen) deportiert worden. Für die verbliebenen Ghettobewohner versuchte man Arbeit und für die Waisenkinder ein Zuhause zu finden. Die Chronik des Łódźer Ghettos berichtete stolz, dass bis Anfang Dezember bereits über 720 Kinder in Familien untergebracht waren. In der zweiten Hälfte des Jahres 1942 wurde ein Jugendkonzentrationslager für polnische (nichtjüdische) Kinder eingerichtet. Hier nimmt dessen Kommandant Karl Ehrlich seine jugendlichen Gefangenen in Augenschein.

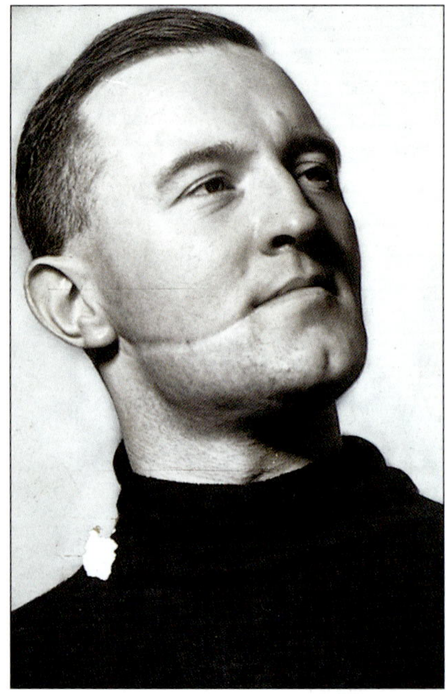

William Joyce, der den Spitznamen *Lord Haw Haw* trug, war für seine Nazipropagandasendungen bekannt. Joyce, der seit 1932 der *British Union of Fascists* (Britische Union der Faschisten) angehörte, gründete 1937, von der „weichen" antijüdischen Politik der Union enttäuscht, zusammen mit anderen die Organisation *National Socialist League* (Nationalsozialistischer Bund), nach deren Vorstellung Großbritannien der Politik Nazideutschlands nacheifern sollte. Im August 1939 siedelte Joyce nach Deutschland über; von hier aus verbreitete er sein Rundfunkprogramm *Germany Calling*. Joyce, der in seiner Heimat als Verräter galt, erhielt die deutsche Staatsbürgerschaft. Im Mai 1945 wurde er von den britischen Behörden verhaftet und wegen Verrats vor Gericht gestellt, das die Todesstrafe aussprach. Joyce wurde im Januar 1946 hingerichtet.

Leib Rotblatt war Mitglied der *ZOB*, der Jüdischen Kampforganisation, die im Sommer 1942 im Warschauer Ghetto entstand. Die Mitglieder der Organisation sammelten zur Vorbereitung auf eine letzte Konfrontation mit den Nazis den ganzen Sommer hindurch Waffen. Die Worte, die Emanuel Ringelblum nach der brutalen Aktion vom 12. September 1942 schrieb, waren wie eine Prophezeiung für die *ZOB:* „Die Deutschen werden uns niemals ungestraft von hier wegbringen. Wir werden sterben, doch die grausamen Eindringlinge werden mit ihrem Blut für das unsrige zahlen."

1942

• 7. September 1942: Mindestens 5000 Juden aus Kolomyja (Ukraine) werden nach Bełżec verschleppt; 1000 werden im Ghetto Kolomyja selbst getötet.

• 8. September 1942: Während einer Sitzung im britischen Unterhaus äußert sich Premierminister Winston Churchill verärgert über die Deportation französischer Juden durch die Nazis.

• 9. September 1942: Aus dem Lager in Lublin (Polen) werden 2000 Juden nach Majdanek deportiert. • Die Londoner *Times* berichtet über die Entlassung des Generals Robert de Saint-Vincent durch die Vichy-Regierung; der Militärgouverneur von Lyon hatte sich geweigert, in seinem Verantwortungsbereich Massenverhaftungen von Juden zu veranlassen. In derselben Ausgabe der *Times* wird über eine Anordnung der

Ein Kind in einem Kinderlager der *Ustaša* in Sisak (Kroatien). Der von der *Ustaša*-Bewegung geführte Unabhängige Staat Kroatien setzte eine ganze Reihe antijüdischer Gesetze durch, die sich an den Nürnberger Gesetzen orientierten. Das erste Konzentrationslager in Kroatien wurde Anfang 1941 eingerichtet. In vielen Lagern waren Männer, Frauen und Kinder streng voneinander getrennt.

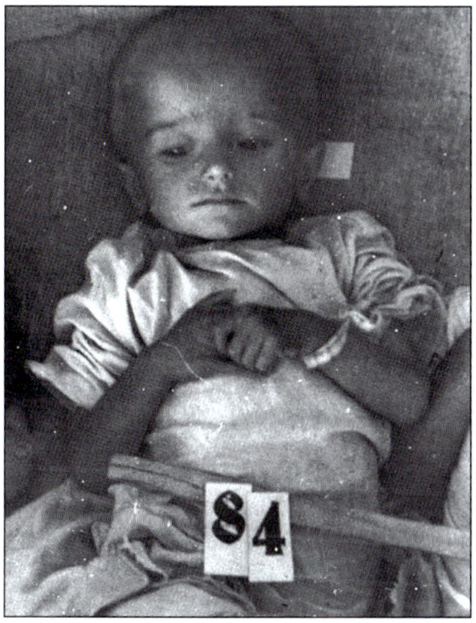

Hajj Amin al-Husseini

Der moslemische Großmufti von Jerusalem, Hajj Amin al-Husseini *(links im Bild)*, war ein nationalistisch eingestellter palästinensischer religiöser Führer. In den 1930er-Jahren organisierte er arabische Angriffe gegen die Briten und die Juden in Palästina und im Irak. Husseini, der sich den britischen Behörden entzog, wurde in Berlin von den Nazis mit offenen Armen empfangen.

Während des Zweiten Weltkrieges sympathisierte er öffentlich und privat mit dem Antisemitismus der Nazis sowie mit deren antibritischer Politik. Er verbrachte einen Großteil des Krieges in Berlin und soll mehrere Lager besucht haben. Husseini erhielt von Hitler das Versprechen, dass die Juden, die im Nahen Osten lebten, nach der Eroberung dieser Region durch Deutschland genauso vernichtet würden wie die europäischen Juden.

Husseini rekrutierte tausende europäischer Muslime für den Dienst in der Waffen-SS. Er entging einem Verfahren wegen Kriegsverbrechen und verbrachte die Zeit nach 1946 bis zu seinem Lebensende in verschiedenen Hauptstadten des Nahen Ostens.

Der Groll der Araber gegen die Rolle Großbritanniens im Nahen Osten wuchs, als immer mehr europäische Juden in Palästina eine Heimstatt suchten; es mussten britische Soldaten eingesetzt werden, die Frieden zwischen den Juden und Arabern zu halten hatten. Dennoch sympathisierten manche Juden und Araber mit den Briten und schlossen sich dem Kampf gegen die Nazis bzw. gegen die Faschisten an. Der arabische Führer Fakhri al-Nashashibi legte seinen Anhängern sogar nahe in das britische Heer einzutreten. Hier ist ein Trupp Araber aus dem palästinensischen Regiment beim Appell zu sehen. Die Kämpfer haben eine sechsmonatige Ausbildung abgeschlossen.

Deutschen zur Verhaftung zweier katholischer Geistlicher berichtet, die Juden im unbesetzten Teil Frankreichs Schutz gewährten.

• 10.–12. September 1942: In Antwerpen (Belgien) werden ausländische Juden verhaftet. Sie werden in ein Lager in Mechelen (Belgien) und dann zur Zwangsarbeit nach Nordfrankreich geschickt.

• 11. September 1942: Meir Berliner, ein argentinischer Jude, der aus Warschau in das Todeslager Treblinka deportiert wurde, ersticht den SS-Offizier Max Bialas mit einem Taschenmesser. Als Vergeltung werden Berliner und 150 weitere Insassen des Lagers Treblinka exekutiert. • In Stolin (Weißrussland) führen Moses Glaser und Asher Schapira eine jüdische Widerstandsaktion an. • Aus dem Warschauer Ghetto werden 5000 Juden nach Treblinka deportiert. Unter den Deportierten befindet sich auch der 71-jährige bekannte Schriftsteller Hillel Zeitlin.

• 12. September 1942: Aus Warschau werden mehr als 4800 Juden in das Vernichtungslager Treblinka deportiert. Ein junger Mann mit Namen Abraham Jakób Krzepicki flieht aus Treblinka und

Jüdische Kämpfer

Die Juden leisteten einen wichtigen Beitrag zu den militärischen Anstrengungen, die den Sieg über Hitler bringen sollten. Schätzungen zufolge kämpften fast anderthalb Millionen jüdische Soldaten als Angehörige der alliierten Truppen gegen Hitler.

Verglichen mit dem Anteil an der Gesamtbevölkerung des jeweiligen Landes diente in den Streitkräften der verbündeten Staaten eine überproportional große Anzahl hochmotivierter Juden. In den Truppen der Vereinigten Staaten kämpften 550 000 Juden; der Anteil der jüdischen Bevölkerung lag dort bei 5,5 Millionen. Damit waren zehn Prozent der Juden Militärangehörige, obwohl Juden weniger als drei Prozent der amerikanischen Bevölkerung ausmachten.

Die amerikanischen Juden kämpften auf jedem Kriegsschauplatz der Welt; einige von ihnen flogen noch vor dem Eintreffen der US-amerikanischen Bodentruppen Bombenangriffe auf Deutschland. Im Kampf fielen rund 8000 amerikanische Juden, weitere tausende wurden verwundet.

In den Reihen der sowjetischen Streitkräfte diente auch der jüdische U-Bootkommandant Israel Fisanowitsch. Er pirschte sich an die deutschen Schiffe in der Arktis heran und versenkte viele. Der Kosakenkommandeur General Lew Dowator trug dazu bei, dass die Offensive in der Südukraine, mit der die Deutschen in Richtung der Ölfelder des Kaukasus drängten, zum Stehen kam.

Im britischen Heer dienten rund 30 000 jüdische Freiwillige aus Palästina; 5000 davon gehörten zur Jüdischen Brigade, die 1944 in Italien im Einsatz war. Sie war die einzige Einheit, die im Zweiten Weltkrieg unter jüdischer Flagge kämpfte.

Ada Levi aus Bologna (Italien) erhielt die Aufforderung Nr. 307 zur Zwangsarbeit. Sie wurde am 14. September 1942 vom Präfekten von Bologna, dem Vorsitzenden des Provinzrates, unterschrieben. Die italienische Regierung behandelte die Juden zwar besser als es in Deutschland und sogar in Vichy-Frankreich der Fall war, zog sie jedoch zum Arbeitseinsatz ein.

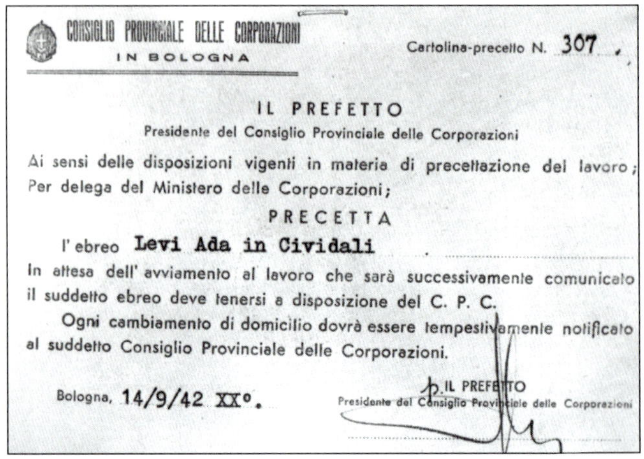

CONSIGLIO PROVINCIALE DELLE CORPORAZIONI
IN BOLOGNA

Cartolina-precetto N. 307

IL PREFETTO
Presidente del Consiglio Provinciale delle Corporazioni

Ai sensi delle disposizioni vigenti in materia di precettazione del lavoro;
Per delega del Ministero delle Corporazioni;

PRECETTA

l'ebreo Levi Ada in Cividali

In attesa dell'avviamento al lavoro che sarà successivamente comunicato il suddetto ebreo deve tenersi a disposizione del C. P. C.

Ogni cambiamento di domicilio dovrà essere tempestivamente notificato al suddetto Consiglio Provinciale delle Corporazioni.

Bologna, 14/9/42 XX°.

IL PREFETTO
Presidente del Consiglio Provinciale delle Corporazioni

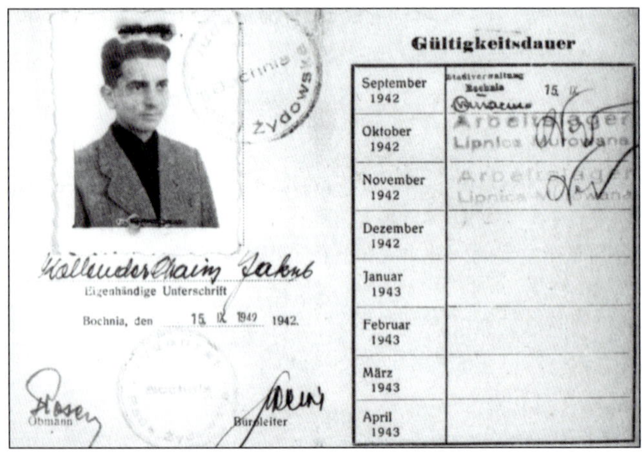

Gültigkeitsdauer

September 1942	Stadtverwaltung Bochnia 15.
Oktober 1942	Arbeitslager Lipnica Murowana
November 1942	Arbeitslager Lipnica Murowana
Dezember 1942	
Januar 1943	
Februar 1943	
März 1943	
April 1943	

Hallsweder Chaim Jakub
Eigenhändige Unterschrift
Bochnia, den 15. IX. 1942 1942.
Obmann
Büroleiter

Zwangsarbeit war ein charakteristisches Merkmal der deutschen Besetzung Polens. Diesen Arbeitsausweis vom 15. September 1942 hatte der Judenrat von Bochnia (Polen) auf Chaim Jakub Hallsweder ausgestellt. Knapp zwei Monate später griffen die Deutschen das Ghetto an, töteten hunderte Juden und schickten zusätzlich hunderte in das Todeslager Bełżec.

1942

macht sich nach Warschau auf, wo der Ghettohistoriker Emanuel Ringelblum dafür sorgt, dass der Augenzeugenbericht Krzepickis über das Lager niedergeschrieben wird. *Siehe* 1. Dezember 1950. • Die deutsche 6. Armee und die 4. Panzerarmee erreichen die Vororte von Stalingrad (Russland). Sie sind auf die Begegnung mit den sowjetischen Truppen in der Schlacht um Stalingrad vorbereitet.

• 13. September 1942: Die jüdische Gemeinde in Chęciny (Polen) wird deportiert.

• 15.–16. September 1942: Mitglieder der jüdischen Gemeinde von Kałusz (Ukraine) werden in das Todeslager Bełżec deportiert.

• 15.–21. September 1942: Die jüdische Gemeinde von Kamenka (Ukraine)

Das Rabbinat wurde im Ghetto Łódź (Polen) im September 1942 zwar abgeschafft, doch die Juden begingen auch weiterhin ihre religiösen Feiertage; die Eheschließungen übernahm Mordechai Chaim Rumkowski, der Vorsitzende des Judenrates. Hier begehen Vertreter zweier Generationen des Łódźer Ghettos den höchsten jüdischen Feiertag. Ein betagter Jude im Gebetmantel und mit seinem Gebetbuch sitzt neben einem jungen Mann, der wahrscheinlich sein Enkel ist.

Dietrich Bonhoeffer, ein deutscher evangelischer Theologe, leistete dem Naziregime aktiven Widerstand. Zusammen mit Martin Niemöller und Karl Barth gründete Bonhoeffer die christliche Widerstandsbewegung, die sich Bekennende Kirche nannte. Bonhoeffer versuchte 1942 Juden in die Schweiz zu schmuggeln. Er wurde daraufhin verhaftet und ins Konzentrationslager Flossenbürg eingewiesen, wo man ihn am 9. April 1945 durch den Strang hinrichtete.

Häftlinge eines Sonderkommandos in Auschwitz beim Verbrennen von Leichen. Überstieg die Zahl der Toten die Kapazität der Verbrennungsöfen oder funktionierten die Öfen nicht, beseitigte man die Leichen auf andere Weise. Das Todeslager Sobibór verfügte über Gaskammern, jedoch nicht über Krematoriumsöfen.

wird im Todeslager Belzec ausgelöscht.

• 16. September 1942: 6000 Juden aus Jędrzejów (Polen) werden im Todeslager Treblinka ermordet.

• 18. September 1942: In ganz Großdeutschland werden die Lebensmittelrationen für Juden deutlich gekürzt.
• Der Reichsjustizminister Otto Thierack und der Reichsführer SS, Heinrich Himmler, sind der Meinung, dass Juden und ausgewählte andere Lagerinsassen zur Vernichtung durch Arbeit, d. h. zu harter Arbeit bis zum Tod, der SS überstellt werden sollen.

• 21. September 1942: In Auschwitz beginnt man damit die Leichen in offenen Gruben zu verbrennen statt sie zu beerdigen. Aufgrund dieser Entscheidung werden bereits bestattete Tote (etwa 107 000) exhumiert und verbrannt. Damit sollen die Vergiftung des Grundwassers und die Entdeckung von Beweisen für die Gräueltaten verhindert werden.

• 22. September 1942: Das Judenghetto in Częstochowa (Polen) wird liquidiert; 40 000 Bewohner werden in

Das System des Todes

„Männer links raus! Frauen rechts raus!“ In seinen klassischen Holocaust-Memoiren, der Romantrilogie „Die Nacht“, erinnert sich Elie Wiesel, dass ein SS-Mann diese Befehle bellte, als ungarische Juden die Viehwaggons verließen, in denen sie im Frühjahr 1944 nach Auschwitz-Birkenau transportiert worden waren. „In Fünferreihen antreten!“, hörte Wiesel, als die Selektion begann, die darüber entschied, wer in die Gaskammern gehen würde.

Solche Kommandos waren in den Lagern üblich; sie gehörten zu den Methoden der Nazis, die zu Fachleuten auf dem Gebiet des systematischen Massenmordes geworden waren. Die Vorgänge in den Vernichtungszentren in Chełmno, Bełżec, Sobibór, Treblinka und Majdanek sowie in Birkenau machten das Jahr 1942 zum katastrophalsten Jahr des Holocaust.

Die Art und Weise der Ermordung von Menschen variierte von Lager zu Lager, doch alle trugen gleichermaßen zur „Effizienz“ der „Endlösung“ bei. Im Verlauf des Jahres 1942 brachten vollgestopfte Transportzüge regelmäßig europäische Juden aus den Ghettos und Durchgangslagern in die Vernichtungszentren der Nazis nach Polen. Kamen die Züge an ihrem Ziel an, mussten zunächst die Toten von den Lebenden gesondert werden. Dann wurden die Gehunfähigen aussortiert und erschossen, damit sich der Strom der Deportierten rascher zu den Gaskammern bewegen konnte.

Die mehr oder weniger Kräftigen wurden nach Geschlechtern getrennt, die Familien auseinander gerissen. Säuglinge und Kleinkinder blieben bei ihren Müttern. In Bełżec, Sobibór und Treblinka fand keine weitere Selektion statt (mit Ausnahme einiger Personen, die man für die Arbeit im Lager aussuchte). Innerhalb von Stunden waren praktisch alle Ankömmlinge in diesen drei Lagern vergast, nachdem sie zuvor ihre Wertsachen und Kleidung abgegeben und das Haar geschoren bekommen hatten.

In Auschwitz *(Abb.)*, das ein riesiges Arbeits- und Vernichtungslager in einem war, verlief die Selektion genauer. Unter der Aufsicht von SS-Ärzten wie Dr. Josef Mengele wurde je nach Bedarf des Lagers eine kleinere oder größere Anzahl gesunder Männer und Frauen im Alter zwischen 18 und 40 Jahren für die „Vernichtung durch Arbeit“ ausgesucht. Die neu angekommenen Arbeiter wurden geschoren, tätowiert, registriert, mangelhaft mit Kleidung versehen; sie mussten bei kärglicher Kost hungern und hatten zu wenig Schlaf, wurden aufgrund der mangelhaften hygienischen Bedingungen krank; sie waren zu strapaziösen Arbeiten verdammt, wurden zermürbt und mitunter von den Wachmannschaften gequält; ihnen drohten immer wieder neue Selektionen. Bei der Arbeit waren sie einer unmenschlichen Monotonie ausgesetzt, die Körper und Geist bis zur totalen Erschöpfung ruinierten. Dieses System überlebten nur wenige.

In Majdanek und Auschwitz gingen jene, die nicht zur Arbeit ausgesucht worden waren, weiter in Richtung Tod. Nachdem man ihnen Kleidung und Wertsachen abgenommen und ihr Haar geschoren hatte, wurden sie vergast. Vor dem Verbrennen der Leichen wurden die Goldzähne der Opfer herausgebrochen. Die Asche der Vergasten, die man nicht in Teiche oder Flüsse kippte, diente als Dünger.

Bei diesem Prozess fielen riesige Mengen Beute an. Das System sorgte dafür, dass nichts davon vergeudet wurde – natürlich mit Ausnahme von Millionen jüdischer Leben.

1942

das Todeslager Treblinka transportiert und dort getötet. • Der führende französische Protestant Pastor Marc Boegner protestiert öffentlich gegen die Deportation der Juden. Er versucht persönlich den Ministerpräsidenten Vichy-Frankreichs, Pierre Laval, zur Beendigung der Razzien auf jüdische Kinder zu bewegen. Als Boegner anbietet die Kinder adoptieren zu lassen, erhält er von Laval die Auskunft, dass „nicht eines von ihnen in Frankreich bleiben darf“.

• Frühherbst 1942: Die bauliche Erweiterung im Todeslager Treblinka vergrößert die Kapazität der Gaskammern im Lager.

• Herbst 1942: Arbeiter im Vernichtungslager Sobibór beginnen mit dem Verbrennen der Leichen jener Men-

Dienstmarke eines jüdischen Polizisten im Ghetto Częstochowa (Polen), die vom örtlichen Judenrat ausgegeben wurde. Bei der Liquidierung des Ghettos im September 1942 wurden fast 40 000 Juden in das Todeslager Treblinka deportiert. Diese gewaltige Aktion ließ eine Widerstandsbewegung entstehen, die sich an erfolgreichen Aktionen gegen die deutsche Wehrmacht beteiligte.

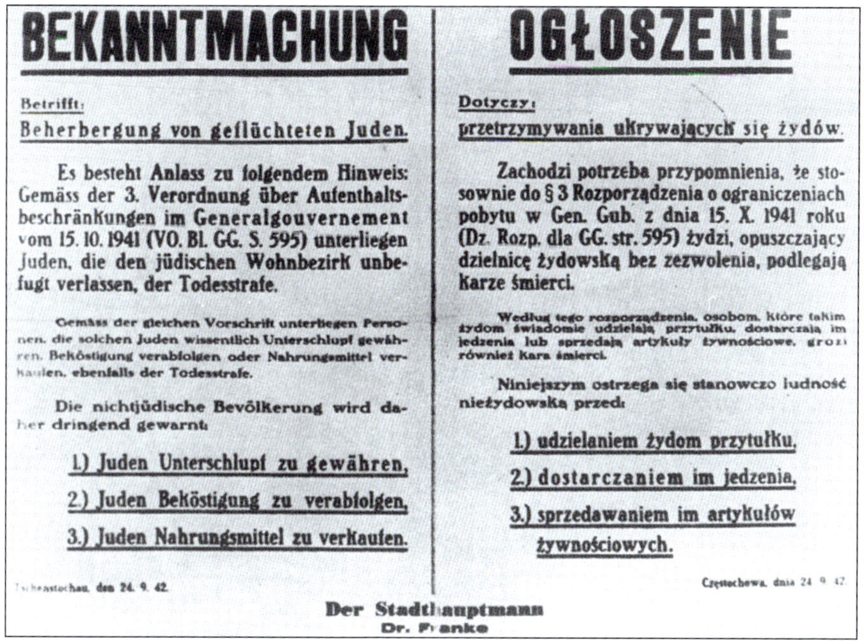

BEKANNTMACHUNG

Betrifft:
Beherbergung von geflüchteten Juden.

Es besteht Anlass zu folgendem Hinweis: Gemäss der 3. Verordnung über Aufenthaltsbeschränkungen im Generalgouvernement vom 15. 10. 1941 (VO. Bl. GG. S. 595) unterliegen Juden, die den jüdischen Wohnbezirk unbefugt verlassen, der Todesstrafe.

Gemäss der gleichen Vorschrift unterliegen Personen, die solchen Juden wissentlich Unterschlupf gewähren, Beköstigung verabfolgen oder Nahrungsmittel verkaufen, ebenfalls der Todesstrafe.

Die nichtjüdische Bevölkerung wird daher dringend gewarnt:

1.) Juden Unterschlupf zu gewähren,
2.) Juden Beköstigung zu verabfolgen,
3.) Juden Nahrungsmittel zu verkaufen.

Tschenstochau, den 24. 9. 42.

OGŁOSZENIE

Dotyczy:
przetrzymywania ukrywających się żydów.

Zachodzi potrzeba przypomnienia, że stosownie do § 3 Rozporządzenia o ograniczeniach pobytu w Gen. Gub. z dnia 15. X. 1941 roku (Dz. Rozp. dla GG. str. 595) żydzi, opuszczający dzielnicę żydowską bez zezwolenia, podlegają karze śmierci.

Według tego rozporządzenia, osobom, które takim żydom świadomie udzielają przytułku, dostarczają im jedzenia lub sprzedają artykuły żywnościowe, grozi również kara śmierci.

Niniejszym ostrzega się stanowczo ludność nieżydowską przed:

1.) udzielaniem żydom przytułku,
2.) dostarczaniem im jedzenia,
3.) sprzedawaniem im artykułów żywnościowych.

Częstochowa, dnia 24. 9. 42.

Der Stadthauptmann
Dr. Franke

Die Auflösung des Ghettos Częstochowa (Polen) im September 1942 veranlasste die Verwaltung des Generalgouvernements zu einer Bekanntmachung, bei der es um die Beherbergung geflüchteter Juden ging. Juden, die das jüdische Viertel ohne Genehmigung verließen, drohte die Todesstrafe. Die gleiche Strafe erwartete Personen, die geflüchteten Juden Hilfe leisteten. In Anbetracht der Tatsache, dass die jüdische Bevölkerung bereits zur Vernichtung bestimmt war, richtete sich die strenge Warnung in erster Linie an die nichtjüdische Bevölkerung.

Im November 1942 wurden mehr als 2000 Juden aus dem Ghetto Grodno (Weißrussland) verschleppt und nach Auschwitz gebracht. Einer der Gründe dafür war, dass die Deutschen die Aktivitäten des Widerstands, der erfolgreich in und um Grodno operierte, nicht länger dulden wollten. Das Foto wurde am Eingang des Ghettos gemacht, wo deutsche Soldaten die Juden kontrollieren, die sich mit Karren, zusammengerolltem Bettzeug, Möbelstücken und anderen Dingen eingefunden haben; all das wurde ihnen später bei ihrer Ankunft in Auschwitz gestohlen.

schen, die in Sobibór umgebracht wurden.

• 23. September 1942: Hunderte Juden aus der Slowakei und 641 Juden aus Frankreich werden in Auschwitz vergast. • Im Todeslager Treblinka werden 10 000 Juden aus Szydłowiec (Polen) getötet. • Der britische Innen- und Sicherheitsminister Herbert Morrison tritt der Aufnahme weiterer jüdischer Flüchtlinge in Großbritannien entgegen. Er fürchtet, dass die fortgesetzte Zuwanderung die französische Vichy-Regierung zur Abschiebung jüdischer Kinder nach Großbritannien ermutigen könnte.

• 24. September 1942: Ukrainische und deutsche Polizisten beginnen das Judenghetto in Tuczyn (Ukraine) zu beschießen. Getzl Schwarzman, der Vorsitzende des Judenrates, Meir Himmelfarb, Schwarzmans Stellvertreter, und Tuwia Czuwak führen einen Aufstand der Juden an. Bewaffnete Juden erwidern das Feuer, andere setzen das Ghetto in Brand. 2000 der 3000 Ghettobewohner fliehen in die nahen Wälder. *Siehe* **26.–29. September 1942. • Martin Luther, Beamter im Reichsaußenministerium, gibt an untergeordnete Beamte den Wunsch des Reichsaußenministers**

Kiddush ha-Hayyim

Jahrhundertelang reagierten viele Juden auf die religiöse Verfolgung mit Aktionen des Märtyrertums und wählten lieber den Tod als mit einem erzwungenen Übertritt zu einer anderen Religion ihren Glauben zu verleugnen. Jahrhundertelang opferten die Juden ihrer Religion ihr Leben in einem Akt der Verehrung, die sie *Kiddush ha-Shem* (Heiligung des Namens Gottes) nennen.

Manche Juden hielten auch während des Holocaust an dieser ritualen Ergebenheit in das Schicksal fest, doch entstand in dieser Zeit auch ein neues Phänomen – *Kiddush ha-Hayyim* (Heiligung des Lebens). Als Reaktion auf die Völkermordpläne der Nazis drängten manche jüdische Religionsführer ihre Glaubensbrüder am Leben festzuhalten anstatt bereitwillig in den Tod zu gehen. Rabbi Jizchak Nissenbaum schrieb in den ersten Monaten der Existenz des Warschauer Ghettos: „Dies ist die Stunde des *Kiddush ha-Hayyim* und nicht die des *Kiddush ha-Shem* durch den Tod. Unsere Feinde wollten unsere Seele und der Jude opferte seinen Leib indem er Gottes Namen heiligte. Heute will der Feind den Körper des Juden; es ist unsere Aufgabe sein Leben zu verteidigen und zu beschützen.“

Kiddush ha-Hayyim war durch viele verschiedene Handlungen gekennzeichnet, die vom Gebet bis zur heimlichen Herausgabe von Zeitungen zwecks Aufrechterhaltung der Solidarität im Ghetto reichten. Wo immer sie konnten, bemühten sich viele Juden ihr geistiges Leben und ihre religiöse Gemeinschaft zu bewahren. Rabbi Awraham Schalom Goldberg verkündete, dass jeder Jude, der am Leben bleibe, den Namen Gottes heilige.

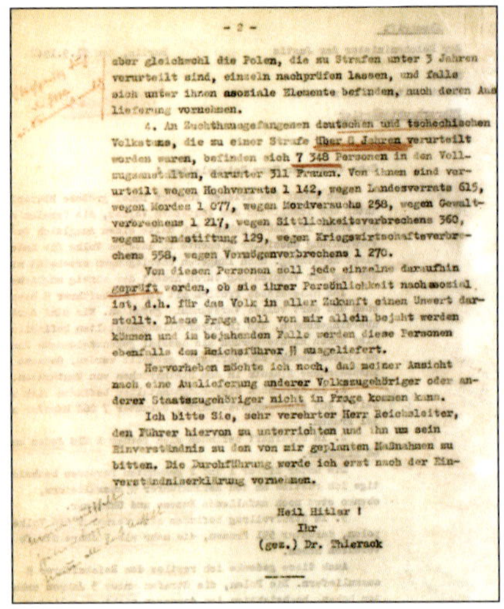

- 2 -

aber gleichwohl die Polen, die zu Strafen unter 3 Jahren verurteilt sind, einzeln nachprüfen lassen, und falls sich unter ihnen asoziale Elemente befinden, auch deren Auslieferung vornehmen.

4. An Zuchthausgefangenen deutschen und tschechischen Volkstums, die zu einer Strafe über 8 Jahren verurteilt worden waren, befinden sich 7 348 Personen in den Vollzugsanstalten, darunter 311 Frauen. Von ihnen sind verurteilt wegen Hochverrats 1 142, wegen Landesverrats 615, wegen Mordes 1 077, wegen Mordversuchs 258, wegen Gewaltverbrechens 1 217, wegen Sittlichkeitsverbrechens 360, wegen Brandstiftung 129, wegen Kriegswirtschaftsverbrechens 558, wegen Vermögenverbrechens 1 270.

Von diesen Personen soll jede einzelne daraufhin geprüft werden, ob sie ihrer Persönlichkeit nach asozial ist, d.h. für das Volk in aller Zukunft einen Unwert darstellt. Diese Frage soll von mir allein bejaht werden können und im bejahenden Falle werden diese Personen ebenfalls dem Reichsführer SS ausgeliefert.

Hervorheben möchte ich noch, daß meiner Ansicht nach eine Auslieferung anderer Volkszugehöriger oder anderer Staatszugehöriger nicht in Frage kommen kann.

Ich bitte Sie, sehr verehrter Herr Reichsleiter, den Führer hiervon zu unterrichten und ihn um sein Einverständnis zu den von mir geplanten Maßnahmen zu bitten. Die Durchführung werde ich erst nach der Einverständniserklärung vornehmen.

Heil Hitler !
Ihr
(gez.) Dr. Thierack

Dieser amtliche Brief von Reichsjustizminister Otto Thierack an Hitlers Privatsekretär Martin Bormann drückt Thieracks Ansichten über die Politik der Vernichtung durch Arbeit – die Ermordung von KZ-Häftlingen durch Verwahrlosung, Misshandlung und Unterernährung – aus. Zu den für die Vernichtung vorgesehenen Gruppen gehörten Ukrainer, Polen, Sinti und Roma, Juden und Tschechen. In seinem Schreiben ersucht Thierack Bormann sich um eine Genehmigung zur Durchführung der erörterten Maßnahmen an Hitler zu wenden. Dokumente wie dieser Brief belegen die zentrale Rolle Hitlers beim Völkermord der Nazis.

Diese Juden aus Brody (Ukraine), von denen viele Orthodoxe sind, werden zur Exekution versammelt. Im September 1942 wurden mehr als 2000 Juden aus Brody nach Bełżec deportiert. Weitere 2500 kamen im November dorthin. Im Mai 1943 wurde das Ghetto Brody liquidiert.

1942

Joachim von Ribbentrop weiter die Deportation von Juden aus ganz Europa zu beschleunigen.

• 25. September 1942: Als die Nachricht von der drohenden Liquidierung ihres Ghettos bekannt wird, fliehen einige Juden aus Korez (Ukraine) in den Wald; andere leisten Widerstand, indem sie das Ghetto in Brand setzen. Die Widerstandsaktion wird von Mosche Gildenman geleitet. • Die schweizerische Polizei verfügt, dass die Rasse allein keine Garantie für den Flüchtlingsstatus sei, und hindert damit die Juden in die sichere Schweiz einzureisen. • 700 in Drancy internierte rumänische Juden werden nach Auschwitz deportiert. • 475 französische Juden werden in Auschwitz vergast. Eines der Opfer ist der Ballettdirektor René Blum, der Bruder des ehemaligen französischen

Antisemitisches und antigaullistisches Propagandaplakat, das den französischen General de Gaulle als Marionette der Juden darstellt. Die obere Textzeile lautet: „Das wahre Gesicht des Freien Frankreich“. Zusammen mit dem Porträt des Generals, der vor einer Reihe schablonenhaft porträtierter Juden steht, übermittelten diese Worte deutlich die beabsichtigte Botschaft. De Gaulle, der Führer der freifranzösischen Exilregierung in London, hatte eine gut organisierte Opposition gegen die Nazis aufgebaut. Mit ihrer Propagandamaschinerie versuchten die Nazis die Widersacher ihres Regimes in Misskredit zu bringen, indem sie diese mit dem „internationalen Judentum“ in Verbindung brachten.

Schmuel Kaplinski war Mitglied der *Fareinikte Partisaner Organisazje* (Vereinigte Partisanenorganisation) von Wilna (Litauen). Die *FPO* war ein weit reichendes Bündnis von Mitgliedern zahlreicher Jugendgruppen. Am 23. September 1942 verhalf Kaplinski 80 bis 100 Mitgliedern zur Flucht aus dem Ghetto durch die Wilnaer Kanalisation. Als die Gruppe außerhalb des Ghettos war, traf sie mit den Partisanen von Kailis zusammen, die im nahen Rudninkai-Wald operierten.

GROSSE KONZENTRATIONSLAGER IN WESTEUROPA (1942–1945)

Aus Frankreich wurden rund 75 000 Juden (meist Ausländer) verschleppt; andere wurden in Konzentrationslager gesperrt. Etwa 25 000 belgische und 100 000 niederländische Juden wurden ebenfalls deportiert; die meisten von ihnen kamen um.

Ministerpräsidenten Léon Blum. • Abraham Gamzu, der Vorsitzende des Judenrates in Kałuszyn (Polen), wird exekutiert, nachdem er sich geweigert hat Juden zur Deportation auszuliefern. 6000 Einwohner der Stadt werden in das Todeslager Treblinka deportiert und später getötet.

• 26. September 1942: Der SS-Gruppenführer August Frank empfiehlt den Lagerverwaltern Schmuck und andere Wertgegenstände, die den Juden geraubt wurden, an die deutsche Reichsbank zu schicken, Rasiermesser und andere praktische Dinge zu säubern und an die Frontsoldaten zu verkaufen. Der Erlös soll an das Reich gehen. Weiterhin sollen beschlagnahmte Haushaltgegenstände an Volksdeutsche verteilt werden. • Das Oberhaupt der Brüsseler Juden, Edouard Rotbel, wird nach Auschwitz deportiert. Dort werden mehrere hundert niederländische Juden vergast. ***Siehe*** **9. Oktober 1942.**

• 26. und 28. September 1942: Beamte der Deutschen Reichsbahn planen bei einem Treffen in Berlin den Ausbau des Gleisnetzes und den Einsatz zusätzlicher Züge um damit die Deportation der Juden zu beschleunigen.

Die Einwanderungsbeschränkungen des britische *White Paper* von 1939 ließen auch die jüdische Gemeinde in Palästina leiden, die nichts gegen die Deportationen und die Ermordung ihrer Glaubensbrüder tun konnte. Hier versammeln sich Mitglieder des Jischuw am Grabmal des Sacharja auf dem Ölberg um jene zu betrauern, die durch die Nazis umgekommen sind. Die Menschengruppe erinnerte an die Worte des Propheten, die schon in früheren Zeiten der Verfolgung gesprochen worden waren: „So spricht der Herr der Heere: Seht, ich werde mein Volk befreien aus dem Land des Sonnenaufgangs und aus dem Land des Sonnenuntergangs. Ich werde sie heimbringen, und sie werden in Jerusalem wohnen. Sie werden mein Volk sein, und ich werde ihr Gott sein, unwandelbar und treu." (Sach. 8, 7–8)

Diese gefälschte Kennkarte wurde im September 1942 für David Donoff ausgestellt. Die Familie Donoff fälschte Papiere für den jüdischen Widerstand in Frankreich. Alle sieben Geschwister der Familie gehörten der als *Éclaireurs israélites de France* bekannten Widerstandsorganisation an. Die beiden Brüder wurden wegen ihrer Teilnahme an Widerstandsaktionen getötet; die fünf Schwestern überlebten den Krieg.

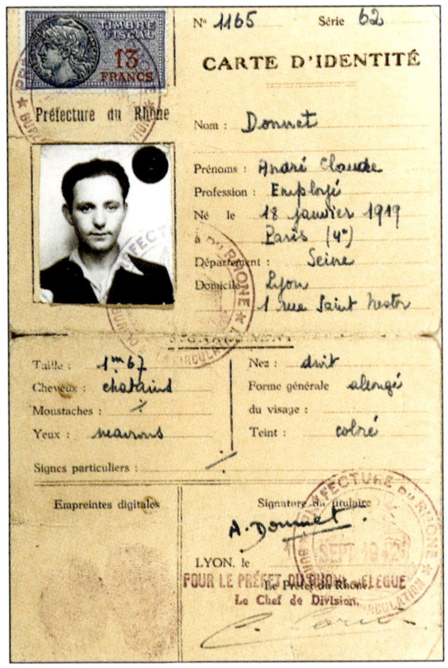

TIMBRE FISCAL 13 FRANCS

Préfecture du Rhône

Nº 1165 Série 62

CARTE D'IDENTITÉ

Nom : Donnet

Prénoms : André Claude

Profession : Employé

Né le 18 janvier 1919

à Paris (4e)

Département : Seine

Domicile : Lyon

1 rue Saint Nestor

Taille : 1m67

Cheveux : chatains

Moustaches : /

Yeux : marrons

Nez : droit

Forme générale du visage : allongé

Teint : coloré

Signes particuliers : /

Empreintes digitales

Signature du titulaire

A. Donnet

LYON, le

SEPT 1942

POUR LE PRÉFET DU RHÔNE, DÉLÉGUÉ

Le Préfet du Rhône

Le Chef de Division

Eine offensichtlich gestellte Aufnahme von einer „Schlägerei" unter Juden im Ghetto Kolbuszowa (Polen). Die Nazis nutzten solche Propagandafotos um nachzuweisen, dass die Juden Tiere waren, die oftmals wie Ratten, mit denen die Nazis sie häufig verglichen, übereinander herfielen. Die Botschaft war klar: Wenn sich die Juden nicht umeinander sorgten, weshalb sollte sich dann das deutsche Volk um sie sorgen?

1942

• 26.–29. September 1942: Suchkommandos deutscher und ukrainischer Polizisten nehmen 1000 von 2000 Juden gefangen, die am 24. September aus dem Ghetto Tuczyn (Ukraine) geflohen sind. Einige Juden werden zum jüdischen Friedhof gebracht und dort erschossen, während die meisten dort, wo man sie im Wald findet, getötet werden. *Siehe* 27. September 1942.

• 27. September 1942: 300 frierende und hungrige Frauen und Kinder, die zu den 1000 Juden gehören, die nach der Flucht vom 24. September aus dem Ghetto Tuczyn (Ukraine) noch immer auf freiem Fuß sind, gehen in die Stadt zurück, da ihnen die Deutschen eine sichere Rückkehr zugesagt haben. Alle 300 Personen werden erschossen. Von den 700 Tuczyner Juden, die noch auf

Im Juli 1942 begannen die Nazis in Paris lebende ausländische Juden nach Auschwitz zu deportieren. Von den ersten 1000 Personen, die in das Todeslager gebracht wurden, überlebten nur 17 den Holocaust. Viele starben bereits auf der Fahrt, die drei Tage dauerte. Einer der Überlebenden erinnerte sich, dass die Opfer „in Güterwaggons zusammengedrängt waren, unfähig sich zu rühren, einer an den andern gedrängt, atemlos, bei jeder Bewegung des Nachbarn zusammengepresst. Das war schon die Hölle." Die hier abgebildete 14-jährige Denise Sternzus wurde am 25. September 1942 nach Auschwitz deportiert.

Das Internierungslager Drancy am Rand von Paris war für die in Frankreich verhafteten Juden ein Ort auf halbem Wege zwischen Leben und Tod. Während der Razzien im Juli 1942 wurden 13 000 ausländische Juden, die in Paris lebten, festgenommen. Ein Drittel von ihnen waren Kinder, die von ihren Eltern getrennt, misshandelt und ermordet wurden. Die Abbildung zeigt eine Gendarmeriekaserne, in der man die Juden in Drancy unterbrachte.

Oswald Pohl

Der SS-Obergruppenführer Oswald Pohl lebte um Beute zu machen. Er war Chef des SS-Wirtschafts- und Verwaltungs-Hauptamtes. In dieser Eigenschaft herrschte er über die Arbeitssklaven in den Lagern wie auch über die Aufteilung des Besitzes, den man von den jüdischen Opfern der „Endlösung" erbeutet hatte und der für die deutschen Kriegsanstrengungen entscheidend war.

Pohl überwachte den Bau tausender deutscher Konzentrationslager und Vernichtungslager, in denen mehr als 700 000 Arbeitssklaven untergebracht waren, arbeiteten und sich zu Tode schufteten. Er war verantwortlich für die Nutzung des Haars, das man den jüdischen Opfern abgenommen hatte und aus dem Textilien hergestellt wurden sowie für das Zahngold der Juden, der Ringe und Brillengestelle, die der Staatskasse übereignet wurden.

Nach dem Krieg wurde Pohl verhaftet, vor Gericht gestellt und als Kriegsverbrecher verurteilt. Am 8. Juni 1951 wurde er durch den Strang hingerichtet.

freiem Fuß sind, überleben nur etwa 20 den Krieg.

• 29. September 1942: 500 von fast 800 Juden, die aus Serniki (Polen) zu fliehen versuchen, werden von den Deutschen getötet. Von 279 Juden, die die nahen Wälder erreichen, kommen bis Kriegsende 102 ums Leben.

• 30. September 1942: Hitler erklärt öffentlich, dass der Krieg die Vernichtung des europäischen Judentums bedeuten wird.

• September 1942 – Januar 1943: Die im Warschauer Ghetto eingesperrten polnischen Juden bauen über 600 befestigte Bunker.

• Oktober 1942: Juden aus Holland und Belgien werden nach Auschwitz, aus Zentralpolen, aus Theresienstadt (Tschechoslowakei) in das Todeslager Treblinka und aus Ostgalizien (Polen) in das Todeslager Bełżec deportiert. • In den besetzten Gebieten der Sowjetunion werden viele Juden auf den Straßen, in Wäldern und in Steinbrüchen getötet. • In Nowogrudok (Weißrussland) entkommen 50 Juden den Deut-

Kurt Daluege

Kurt Daluege war Chef der Ordnungspolizei des Deutschen Reiches. Nach dem Mord an Reinhard Heydrich wurde er außerdem stellvertretender Reichsprotektor von Böhmen und Mähren. Daluege, dem es an intellektuellen Fähigkeiten mangelte, der aber ein begabter Verwaltungsbeamter war, erwies sich für die „Endlösung" der Nazis als williger Partner.

Daluege trat 1922 in die Nazipartei ein, wurde 1926 Mitglied der Sturmabteilung (SA) und wechselte 1928 zur SS. Im Januar 1933 wurde er in den deutschen Reichstag gewählt. Als Chef der Polizeiabteilung des preußischen Innenministeriums wandelte er die preußische Polizei erfolgreich in ein wichtiges politisches Instrument der Nazipartei um.

Die berüchtigtste Aktion Dalueges war die Anordnung der Massaker in Lidice (Tschechoslowakei) als Vergeltung für das Attentat auf Heydrich. Für seine Verbrechen wurde Daluege im Oktober 1946 in Prag hingerichtet.

Am 30. September 1942 deportierten die Nazis diese Juden aus der polnischen Stadt Żelechów. Nach dem Marsch zur Bahnstation Sobolewo wurden die Gefangenen in Züge nach Treblinka verladen, wo am 2. Oktober rund 10 000 in den Gaskammern starben. Die Habe der Juden wurde von den Deutschen beschlagnahmt und für die weitere Kriegführung verwendet.

Als die Hilfsmittel zum Leben im Warschauer Ghetto immer mehr abnahmen, wurden geschmuggelte Nahrungsmittel und andere Dinge zu etwas unvorstellbar Wertvollem. Ob für den Eigenbedarf oder zum Tausch vorgesehen – diese Dinge konnten über Leben und Tod entscheiden. Hier werden einem empörten jüdischen Jugendlichen illegal beschaffte Sachen abgenommen (ob von einem jüdischen Zivilisten oder Polizisten, ist nicht zu erkennen). Der Junge kann sich jedenfalls glücklich schätzen, dass er lediglich das Schmuggelgut verliert; im schlimmsten Fall hätte er hingerichtet werden können.

1942

schen und schließen sich dem von Tuvia Bielski geführten örtlichen Widerstand an. • In Radziwiłów (Ukraine) werden 1800 Juden verhaftet; 600 entkommen. In diesem Monat werden in den besetzten Gebieten der Sowjetunion insgesamt rund 80 000 sowjetische Juden in Exekutionsgruben ermordet.

• In Auschwitz kommen 15 Deportationszüge aus Norwegen, Belgien, den Niederlanden und der Slowakei an.
• In Norwegen wird aller jüdischer Besitz beschlagnahmt. • Die meisten jüdischen Flüchtlinge aus dem Dorf Markuszów (Polen) werden von den Deutschen eingekreist und bei den folgenden Panzer- und Artillerieangriffen nach fünf Monaten Freiheit in den Wäldern der Umgebung vernichtet.
• Als in Pińczów (Polen) 3000 Juden verhaftet werden, kommt es unter Lei-

Plakat in hebräischer und englischer Sprache, das an die Mitglieder des *Jischuw*, der jüdischen Gemeinde in Palästina, appelliert sich freiwillig bei den britischen Streitkräften zu melden. Der hebräische Text lautet: „Tritt in meine Fußstapfen“. Während des Zweiten Weltkrieges versuchte die britische Regierung Rekruten aus dem gesamten Empire anzuwerben. In Palästina war dabei jedoch Vorsicht geboten, da man die arabische Gemeinde nicht verärgern wollte.

Die weiblichen Mitglieder des *Jischuw*, der jüdischen Gemeinde in Palästina, wurden ermutigt sich zum Dienst in der Laueneinheit des *Auxiliary Territorial Service* der britischen Streitkräfte zu melden. Das Ausmaß des Zweiten Weltkrieges belastete Großbritannien und die anderen Krieg führenden Staaten enorm. Der Bedarf an Soldaten, Rüstungsarbeitern, Krankenschwestern, Ärzten und anderem Personal war scheinbar grenzenlos. Es wurden ungeheure Anstrengungen unternommen um Menschen aus dem gesamten britischen Weltreich zu gewinnen und für das Militär zu rekrutieren.

Ein Bogen 12-Pfennig-Briefmarken mit dem Konterfei Hitlers erinnert uns an das allgegenwärtige Bild des Reichskanzlers. Hitlers Gegenwart war überall in der deutschen Gesellschaft zu spüren. Der Propagandaapparat der Nazis arbeitete ohne Unterlass um die Verbindung zwischen dem Führer und der Nation zu festigen. Diese Verbindung war tatsächlich stark, denn das Dritte Reich, Hitlers Werk, überlebte den Tod seines Schöpfers nicht.

tung von Michael Majtek und Zalman Fajnsztat zu einer Widerstandsaktion. • Aus Zawichost (Polen) werden 5000 Juden nach Belzec deportiert. • Der britische Botschafter beim Vatikan, Francis d'Arcy Osborne, schreibt in seinem Tagebuch, dass Papst Pius XII. moralische Verbrechen nur gelegentlich öffentlich anprangert. Solche seltenen und verschwommenen Erklärungen hätten jedoch keine dauerhafte Kraft und Gültigkeit. Osborne hebt hervor, dass die päpstliche „Politik des Schweigens angesichts solcher Verbrechen gegen das Weltgewissen notwendigerweise mit einem Verzicht auf die moralische Führung verbunden“ sei.

• Anfang Oktober 1942: In einem kleinen Arbeitslager in Budy (Polen) prügeln, verstümmeln und töten weibliche deutsche nichtjüdische Häftlinge dutzende gefangene Jüdinnen. Nach dem Massaker inspiziert der Lagerkommandant von Auschwitz, Rudolf Höß, die Szene.

• 1. Oktober 1942: Das Arbeitslager Chelmek (Polen) in der Nähe von Auschwitz-Birkenau wird eröffnet; dort werden Juden untergebracht, die Sümpfe trockenlegen, damit die nahe gelegene Schuhfabrik Bata mit Wasser

Die Lageraufseherinnen

In den Reihen der SS dienten auch weibliche Freiwillige, die die weiblichen Häftlinge in den Konzentrations- und Todeslagern bewachten. Ihre Zahl war relativ gering, doch übertrafen diese Frauen mitunter ihre männlichen Kameraden an Grausamkeit.

Irma Grese, die den Spitznamen „die Schöne von Auschwitz" trug, war noch nicht 20 Jahre alt, als sie zu den Wachmannschaften kam; sie stieg in der Hierarchie bis zu einem Aufseherposten über 20 000 gefangene Frauen auf. Irma Grese fand besonderes Vergnügen daran den Ärzten von Auschwitz bei verunstaltenden chirurgischen Eingriffen an Frauen zuzusehen.

Zu dem für Frauen vorgesehenen Konzentrationslager Ravensbrück (Deutschland) gehörte ein Schulungslager, in dem angehende Lageraufseherinnen auf ihre Arbeit vorbereitet wurden. Über 3500 Frauen, die sich in Ravensbrück ausbilden ließen, dienten dort oder in anderen Lagern als Aufseherinnen. Hildegard Mende *(Abb.)* arbeitete in Theresienstadt. Einige Aufseherinnen zeigten sich gegen die ihnen anvertrauten Gefangenen zwar freundlich, doch die meisten hielten sich an die harten Lagerbestimmungen, prügelten und demütigten die Gefangenen. Nur wenige versuchten sich für die Häftlinge einzusetzen. In dem Glauben damit ihre Aufstiegschancen zu verbessern und die Anerkennung ihrer männlichen Vorgesetzten zu erringen, wetteiferten sogar einige Aufseherinnen bei der Misshandlung der Häftlinge miteinander.

Eine Gefangene berichtete, dass die Frauen des Aufsichtspersonals sogar schlimmer waren als Männer, wenn sie ihre Wachhunde zu brutalen Angriffen auf die Häftlinge hetzten. Ein anderer Häftling bestätigte, dass eine Aufseherin um die Genehmigung bat Vergasungen in Auschwitz beobachten zu dürfen, ein Zeitvertreib, den sie besonders genoss.

Zusatzrationen waren ein bedeutendes Ereignis im täglichen Leben der hungernden Lagerinsassen. Das abgebildete Gemälde von Joseph Bau, einem Überlebenden des Arbeitslagers Plaszów, trägt den Titel „Teilung des Brotes im Konzentrationslager". Es drückt das lebhafte Interesse aus, das der unerwartete Glücksfall geweckt hat.

Eines der charakteristischen äußeren Merkmale orthodoxer Juden waren die Bärte. Wie viele andere Männer verstieß auch Rabbi Awraham Grodzensky *(Abb.)* gegen die orthodoxe Tradition und nahm sich den Bart ab, wahrscheinlich weil orthodoxe Juden häufiger Opfer von Misshandlungen wurden, vor denen man nicht einmal auf der Straße zurückschreckte.

1942

versorgt werden kann. • In Łuków (Polen) erhält David Lieberman, Mitglied des Judenrates, von den deutschen Behörden die Mitteilung, dass das Geld, das er zum Loskauf der Juden von Lublin gesammelt hat, nutzlos ist und dass die Deportationen fortgesetzt werden. Daraufhin reißt Lieberman die Geldscheine in Stücke und schlägt dem deutschen Beamten ins Gesicht. Die ukrainischen Wachposten töten Lieberman auf der Stelle; 4000 der Juden, die Lieberman davor zu bewahren gehofft hatte, werden in das Vernichtungslager Treblinka deportiert und dort vergast.

• 1.–2. Oktober 1942: Hunderte Juden fliehen aus der ukrainischen Stadt Luboml, werden jedoch rasch „erledigt". Insgesamt werden über 10 000 jüdische Einwohner der Stadt getötet.

Die Juden von Biała Podlaska (Polen) versammeln sich zur Deportation in ein Todeslager. Am 10. Juni 1942 wurden 3000 Juden nach Sobibór transportiert. Weitere 6200 kamen im September und Oktober in das Todeslager Treblinka. Biała Podlaska durchlebte unter der Naziherrschaft eine schreckliche Geschichte: Im Januar 1940 wurden 800 polnische Kriegsgefangene aus einem Internierungslager durch die Lipowa-Straße nach Biała Podlaska getrieben. Die Winterkälte, die willkürliche Misshandlung und Tötung Gefangener durch die SS sorgten dafür, dass bei der Ankunft in der Stadt nur noch einige Dutzende Kriegsgefangene am Leben waren.

Nicht alle Häftlinge in den Konzentrationslager hatten die Kraft zu überleben. Überwältigt vom Schmerz über den Verlust seiner Angehörigen, von den unmenschlichen Bedingungen und der Barbarei, die er mit angesehen hatte, beschloss mancher seinem Leben selbst ein Ende zu bereiten. Anderen befahlen die Angehörigen der Wachmannschaften in die elektrischen Zäune zu laufen, was vielleicht auch bei dem hier abgebildeten niederländischen Juden der Fall war. Sein Leben endete in Mauthausen (Österreich), einem der schlimmsten Konzentrationslager.

Im Ghetto Włocławek (Polen) zurückgelassenes Mobiliar ist nach der Deportation der 3000 Bewohner am 22. April 1942 die einzige Erinnerung an jene Juden, die diesen Ort ihre Heimat nannten. Die Stille der Szene verhüllt die Gewalt, mit der das jüdische Leben in Włocławek so tragisch endete.

• 2. Oktober 1942: Im Todeslager Treblinka werden Juden aus Żelechów (Polen) ermordet.

• 3. Oktober 1942: Der polnische Botschafter beim Vatikan berichtet Papst Pius XII. (durch einen Bericht des Staatssekretärs) ausführlich, dass die Deutschen tausende Juden vergast haben.

• 4. Oktober 1942: Aus Berlin ergeht der Befehl zur Deportation aller Juden in den Konzentrationslagern Deutschlands nach Auschwitz.

• 6. und 9. Oktober 1942: Tausende Juden aus Międzyrzec (Polen) werden in das Todeslager Treblinka deportiert.

• 9. Oktober 1942: In Brüssel (Belgien) werden nach der Intervention des Kardinals Joseph Ernst van Roey und der belgischen Königin Elisabeth fünf der sechs führenden Angehörigen der belgischen jüdischen Gemeinde aus der Haft entlassen.

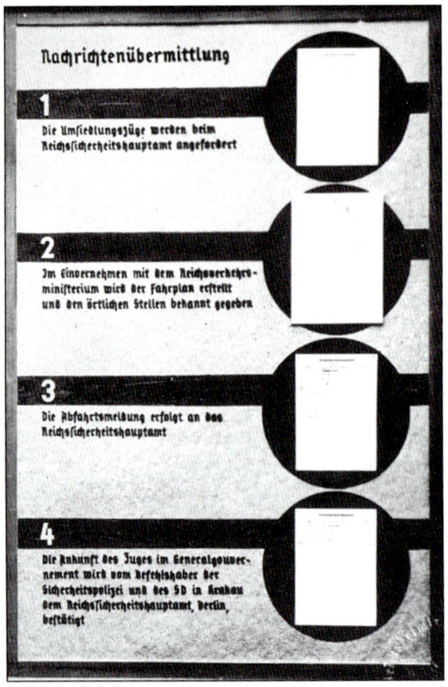

Diese Tafel zeigt die Mitteilungsformulare, die jeden Bahntransport zur Deportation von Juden begleiteten. Die Koordinierung der „Endlösung“ stellte eine enorme logistische Operation dar. Die Planung des Zugverkehrs, die Auswahl der zu deportierenden Personen und die Festlegung des Fahrtziels für jeden Transport erforderten eine komplexe und hoch entwickelte Bürokratie. Es war daher wichtig die Formulare für die Transportmeldungen, die mit jedem Zug in ein Konzentrationslager oder in ein Vernichtungszentrum der Nazis mitgeschickt wurden, zu standardisieren.

„Eines Nachts wurden wir von fürchterlichen Schreien geweckt. Und wir erfuhren am folgenden Tag von den Männern, die im Sonderkommando arbeiteten … dass sie am vorhergehenden Tag die Kinder lebendig in die Öfen geworfen hatten, da der Giftgasvorrat ausgegangen war.“

nach: *Marie Vaillant-Couturier, Mitglied des französischen Widerstands und Häftling in Auschwitz*

Angehörige eines Sonderkommandos beim Verbrennen der Leichen der in Auschwitz-Birkenau vergasten Menschen. Die aus Häftlingen bestehenden Sonderkommandos hatten besonders beschwerliche und lästige Aufgaben auszuführen, darunter auch das Durchsuchen der Toten nach Wertsachen, den Transport der Toten zum Krematorium oder an offene Gruben und das Reinigen der Gaskammern. Diese Häftlinge erhielten bessere Unterkunft und besseres Essen, doch waren diese Privilegien nur von kurzer Dauer, da die Angehörigen der Sonderkommandos in regelmäßigen Zeitabständen selbst vergast und durch andere ersetzt wurden.

1942

- **11.–12. Oktober 1942: Im Todeslager Treblinka werden 11 000 Juden aus Ostrowiec-Swietokryski (Polen) getötet.**
- **15.–21. Oktober 1942: Die SS führt eine so genannte Aktion gegen die jüdischen Einwohner von Piotrków Trybunalski (Polen) durch. Viele Juden werden in ihren Häusern erschossen, 22 000 in das Todeslager Treblinka deportiert.**
- **15. Oktober 1942: 25 000 Juden aus Brest (Weißrussland) werden ermordet. Der jüdische Widerstand unter Führung von Hana Ginsberg hatte zuvor versucht dagegen anzukämpfen.**
- **16. Oktober 1942: In Rom verhaften die Nazis über 1000 Juden und deportieren sie nach Auschwitz.**

Die in den Osten deportierten deutschen Juden mussten ihr Eigentum in der Heimat aufgeben. Das Foto zeigt eine Auktion in Hanau, auf der solche zurückgelassenen Dinge verkauft werden. Die deutsche Regierung zog nicht nur aus den Verkaufserlösen Nutzen; es wurde auch – was aus ideologischer Sicht ebenso wichtig war – vormals jüdischer Grundbesitz „arisiert“. Die Möglichkeit jüdisches Eigentum zu niedrigen Preisen erwerben zu können ermutigte die örtliche Bevölkerung die Deportationen zu unterstützen.

Dieses Kennarmband aus Leder mit einem Metallschild und einer Schnalle wurde im Konzentrationslager Majdanek (Polen) an Edwin Chwedyk ausgegeben. Nachdem sich Chwedyk mit Typhus angesteckt hatte, wurde er nach Hause geschickt. Kurze Zeit darauf starb er.

Odilo Globocnik

Odilo Globocnik leitete die „Aktion Reinhard“, d.h. die Durchführung des Planes zur Vernichtung der Juden im Generalgouvernement. Der in Triest geborene Globocnik trat 1931 in die NSDAP ein, schloss sich 1934 der SS an und wurde 1939 von Heinrich Himmler zum SS- und Polizeiführer im Distrikt Lublin ernannt. Seine üble Vergangenheit (illegale Devisenspekulationen) und sein bösartiger Antisemitismus machten ihn zu einem idealen Anwärter auf die Leitung der „Aktion Reinhard“.

Globocnik ließ die Todeslager in Bełżec, Sobibór und Treblinka errichten, in denen das polnische Judentum liquidiert werden sollte. Seine unmenschlich effektiven Operationen waren so erfolgreich, dass die Nazis diese Lager bereits Ende 1942 bzw. 1943 schließen konnten.

Globocnik bereicherte sich in großem Umfang an den Wertsachen, die man den Juden gestohlen hatte. Doch auch er starb wie viele seiner Opfer eines frühen Todes. Kurz nach seiner Gefangennahme durch eine britische Streife im Mai 1945 beging Globocnik Selbstmord, indem er Zyanid schluckte.

• 17. Oktober 1942: 1600 Juden aus Buczacz (Ukraine) werden im Todeslager Bełżec ermordet. • 405 Juden aus den Konzentrationslagern Buchenwald und Sachsenhausen (Deutschland) werden nach Auschwitz gebracht. Unter den Häftlingen aus Buchenwald ist auch der österreichisch-jüdische Opernlibrettist Fritz Beda.

• 18. Oktober 1942: Hitler erlässt den so genannten Kommandobefehl, der die sofortige Exekution gefangen genommener Angehöriger alliierter Kommandounternehmen in Zivil oder in Uniform genehmigt.

• 20. Oktober 1942: In Bar (Transnistrien, Ukraine) wurden 12 000 Juden ermordet.

• 22. Oktober 1942: Icek und Fraidla Dobrzyńska, die jüdischen Eltern zweier Kinder, die im September 1942 aus dem Ghetto Łódź deportiert wurden, begehen Selbstmord.

• 23. Oktober 1942: In Ägypten beginnt die Schlacht von El-Alamein. ***Siehe* 2. November 1942. • Der algerisch-jüdische Widerstandsführer José Aboulker trifft in Marokko mit dem**

Reaktion in den USA

Als erstmals Berichte über den Massenmord an den osteuropäischen Juden in die USA gelangten, war die jüdische Gemeinde in den USA nur schlecht auf die Auseinandersetzung mit der drohenden Tragödie vorbereitet. Der Mangel an organisatorischer Zusammengehörigkeit und der ungleichartige Charakter der jüdischen Gemeinde Amerikas verhinderte eine einheitliche Reaktion auf die Völkermordkampagne der Nazis.

Die unter der Bezeichnung *American Jewish Committee* bekannte Organisation ging gegen die Nazipolitik mit stiller Diplomatie vor. Als die kritische Situation in Europa eskalierte, schloss sich das Komitee mit sieben anderen Organisationen zum *Joint Emergency Committee on European Jewish Affairs* zusammen. Diese Gruppe unterbreitete der Bermuda-Konferenz einen Vorschlag zur Rettung ihrer Glaubensbrüder und unterstützte die Organisation von Massenkundgebungen um den Mord an den europäischen Juden publik zu machen.

Die Gründung der *American Jewish Conference* im August 1943 war ein Versuch die Geschlossenheit der Juden zu fördern und eine einheitliche Reaktion auf die sich ausweitende Katastrophe in Europa zu zeigen. Die Konzentration auf eine jüdische Nachkriegspolitik begrenzte jedoch die Wirksamkeit der Gruppe.

Das Foto zeigt Chaim Weizmann *(links)*, einen zionistischen Aktivisten, der später der erste Staatspräsident Israels wurde, und Rabbi Stephen Wise, einen der Begründer der amerikanischen Zionistenbewegung.

Mehrere wahrscheinlich jüdische Männer, die 1942 in Lwow (Ukraine) hingerichtet wurden. In der Zeit des deutschen Überfalls auf die Sowjetunion gab es in Lwow etwa 160 000 Juden. Als die Deutschen das Gebiet besetzten, ließen sie die ukrainische Bevölkerung auf die dort lebenden Juden los, von denen tausende noch vor der Einrichtung des Ghettos gepeinigt und getötet wurden. Im Dezember 1942 liquidierten die Besatzer das Lwower Ghetto und schickten die meisten seiner jüdischen Bewohner in das Vernichtungslager Bełżec.

Angehörige der deutschen Ordnungspolizei bei einer so genannten Aktion 1942 in Łuków (Polen). Während der Auflösung des Ghettos am 2. Mai 1943 wurden fast 4000 Juden ermordet. Die sichtbaren jüdischen Kennzeichen – Gebetsschals, *yarmulkes* und Bärte – ließen die Juden „jüdischer" erscheinen und machten sie wie hier besonders schutzlos gegenüber den Angriffen und Demütigungen der Deutschen.

1942

amerikanischen General Mark Clark zusammen. Aboulker erhält 800 Maschinenpistolen vom Typ Sten, 800 Granaten, 400 Faustfeuerwaffen und 50 tragbare Radios. *Siehe* 8. November 1942.

• 24. Oktober 1942: 252 Freunde und Verwandte von Einwohnern Lidices (Tschechoslowakei) werden als Vergeltung für den Mord an Reinhard Heydrich im KZ Mauthausen (Österreich) umgebracht.

• 25. Oktober 1942: In Norwegen werden männliche Juden verhaftet und auf dem Seeweg nach Szczecin (Polen) und dann per Eisenbahn nach Auschwitz geschickt. *Siehe* 25. November 1942.
• Die Deutschen fordern die Auslieferung von 400 der 1000 jüdischen Bewohner des Ortes Oszmiana (Litauen).

Trotz der Versuche der Nazis die Untergrundpresse zu vernichten, ließen sich die Bewohner des Warschauer Ghettos nicht beirren. Diese Illustration zeigt einen jungen jüdischen Kämpfer, der seine Pistole auf einen Nazioffizier richtet. In der Hoffnung Trotz zu wecken und die Flammen des Widerstands anzufachen verkündete dieses Flugblatt: „Die Nazis wagen sich nicht allein auf die Straße.“

In der ukrainischen Stadt Mizocz gab es nur ein relativ kleines Ghetto, in dem 1700 Juden lebten. Bei dem Versuch das Ghetto aufzulösen stießen die Deutschen Mitte Oktober 1942 auf kurzen, aber entschlossenen Widerstand der Bewohner. Das Ghetto wurde schließlich doch liquidiert. Zu den Personen, die südlich der nahe gelegenen Stadt Rowno von ukrainischen und deutschen Polizisten exekutiert wurden, gehörten auch diese nackten jüdischen Frauen. Einige von ihnen tragen sogar ein Kind auf dem Arm. Kleine Kinder wurden oftmals nicht erschossen, sondern lebendig mit ihren Müttern begraben.

Manche Opfer der so genannten Aktionen der Nazis überlebten die Todesschüsse zunächst. Dieses Foto zeigt einen der deutschen Polizisten beim Erschießen der Frauen, die nach der Massenexekution von Juden in Mizocz (Ukraine) noch am Leben waren. Es war nicht ungewöhnlich, dass die Täter solche Aufnahmen machten. Ein deutscher Polizist mit Namen Hille, der diese und andere Szenen fotografiert hat, übergab die Fotos einem Anwalt in der Tschechoslowakei, wo sich Hille nach dem Krieg niedergelassen hatte. 1946 beschlagnahmte die tschechische Regierung die Aufnahmen, die dann schließlich an die Öffentlichkeit gelangten.

Mit der Auswahl der Opfer wird die jüdische Polizei im nahe gelegenen Wilna beauftragt. Das Oberhaupt des Wilnaer Ghettos, Jakob Gens, beschließt die betagten Juden Oszmianas auszuliefern um die anderen zu retten.

• 27. Oktober 1942: Aus Opoczno (Polen) werden 3000 Juden in das Todeslager Treblinka deportiert. Einigen Personen gelingt die Flucht in die nahen Wälder; sie bilden die Partisanengruppe „Die Löwen“.

• 27.–28. Oktober 1942: 7000 Krakówer Juden werden nach Bełżec verschleppt; 600 werden in Kraków (Polen) getötet.

• 28. Oktober 1942: In Auschwitz trifft der erste Transport aus Theresienstadt (Tschechoslowakei) ein. • In Pińsk (Polen) werden 16 000 Juden ermordet. • Der Jude Mieczyslaw Gruber, ein ehemaliger Soldat der polnischen Armee, flieht mit 17 anderen Männern aus einem Kriegsgefangenenlager der Nazis in der Lubliner Lipowa-Straße. Die Gruppe gründet später im Wald nordwestlich der Stadt eine Partisaneneinheit. • Die SS erlässt eine geheime Weisung, nach der Fausthandschuhe und Strümpfe jüdischer Kinder, die in

Die Deportation von 22 000 Juden aus Piotrków Trybunalski (Polen) begann in den frühen Morgenstunden des 14. Oktober 1942. Dabei wurden 1000 Juden, die in den meisten Fällen bettlägerig waren, erschossen. Die anderen schaffte man nach Treblinka, wo all jene, die nicht bereits auf dem Transport gestorben waren, in den Gaskammern umkamen.

An den Deportationen nahmen oftmals auch Einheiten regulärer Truppen teil. Hier haben Angehörige der deutschen Luftwaffe in der polnischen Stadt Szczebrzeszyn eine Gruppe orthodoxer Juden zusammengetrieben. Am 21. Oktober 1942 wurden die rund 1000 noch verbliebenen Juden der Stadt nach Bełżec abtransportiert. Außerdem jagten die Deutschen zwischen 400 und 500 Juden aus deren Verstecken und erschossen sie ohne Umstände. Die nichtjüdischen Einwohner der Stadt, vom Tod bedroht, wenn sie Juden verbargen und von dem Versprechen einer Belohnung verleitet, wenn sie Juden auslieferten, halfen den Deutschen die Juden aufzuspüren, die sich versteckt hatten.

Ein deutsches Propagandaplakat, das französische Arbeiter mit den folgenden

Worten auffordert nach Deutschland zu gehen: „Ihr habt den Schlüssel zu den Lagern. Französische Arbeiter, Ihr könnt die französischen Gefangenen befreien, wenn Ihr in Deutschland arbeitet." Die Botschaft bezieht sich auf ein Abkommen zwischen der Vichy-Regierung und Deutschland, nach dem für jeden französischen Werktätigen, der freiwillig in Deutschland arbeitete, ein französischer Kriegsgefangener freigelassen werden sollte.

1942

den Todeslagern ermordet wurden, gesammelt und an SS-Familien geschickt werden sollen.

• Die jüdische Führung des Warschauer Ghettos bittet den polnischen Katholiken Jan Karski, der für den Untergrund arbeitet, den Regierungen Polens und der Alliierten Folgendes zu übermitteln: „Wir sind gegenüber den deutschen Verbrechern hilflos ... Die Deutschen versuchen nicht etwa uns wie andere Völker zu versklaven; wir werden systematisch ermordet. ... Unser ganzes Volk wird vernichtet. ..."

• 29. Oktober 1942: Auf einer Protestkundgebung in London, die der Erzbischof von Canterbury leitet, wird eine schriftliche Stellungnahme Winston Churchills verlesen, in der Deutschland für die systematische Vernichtung der

Von Deutschen bewachte jüdische Frauen und Kinder, die in einen Zug nach Treblinka einsteigen. Sie gehören zu den 10 000 Juden aus Miedzyrzec Podlaski, die im Oktober 1942 in das Todeslager deportiert wurden. Der Oktober war einer der mörderischsten Monate in der Geschichte des Lagers. Viele Juden aus Miedzyrzec Podlaski starben nicht in den Gaskammern Treblinkas, sondern bereits während der schrecklichen Zugfahrt dorthin.

Der Ordnungsdienst

Der Ordnungsdienst war die Polizeimacht des Judenrates in den Ghettos. Er war für die Durchführung der Anordnungen des Judenrates und der deutschen Behörden verantwortlich und wurde deshalb von den Ghettobewohnern gehasst und gefürchtet, obwohl seine Mitglieder ebenfalls Juden waren.

Das Personal des Ordnungsdienstes steckte in einer qualvollen moralischen Zwangslage. Anfangs nur mit der Aufrechterhaltung der Disziplin in den Ghettos und der Bewachung der Arbeitskommandos außerhalb des Ghettos beauftragt musste der Ordnungsdienst beim Ausbruch von Fleckfieber im Ghetto später auch Quarantänemaßnahmen durchsetzen und Deportationen absichern.

Wurde zur Deportation nicht die vorgeschriebene Anzahl Personen ausgeliefert, mussten sowohl die Polizei als auch die Ghettobewohner mit schlimmen Folgen rechnen. Ein Warschauer Ghettopolizist, der einmal ein Kind aus den Armen seiner Mutter riss, drückte seine Lage so aus: „Ich habe eine Frau und drei Kinder. Wenn ich bis fünf Uhr nicht meine fünf Stück abliefere, nehmen sie meine Kinder. Verstehen Sie nicht? Ich kämpfe um meine eigenen Kinder!"

Der Maler Marc Chagall, hier mit seiner Tochter Ida abgebildet, wurde von Varian Fry aus dem besetzten Frankreich gerettet. Er gehörte zu den zeitgenössischen Künstlern, deren Werk von den Nazis verdammt wurde. Als die Nationalsozialisten an die Macht gelangten, wurden die Arbeiten Chagalls aus den Museen entfernt; einige davon wurden 1937 in München in der riesigen Ausstellung „entarteter Kunst" der Kritik preisgegeben. Die Werke Chagalls wie auch Picassos oder van Goghs galten bei den Nazis als unpassend für deutsche Kunstsammlungen.

europäischen Juden scharf kritisiert wird. • In Warschau ermorden Mitglieder der Jüdischen Kampforganisation Jakob Lejkin, den stellvertretenden Chef der jüdischen Ghettopolizei Warschaus, für seine Mittäterschaft bei den Judendeportationen. • 3230 Juden aus Sandomierz (Polen) werden im Vernichtungslager Bełżec ermordet.

• 29. Oktober – 1. November 1942: Nahezu alle Juden von Pińsk (Polen) werden ermordet.

• Ende Oktober 1942: Bei Kraków verraten ortsansässige Bauern sechs Mitglieder der Jüdischen Kampforganisation, indem sie deutsche Soldaten auf die Anwesenheit der Juden hinweisen. • Zur Verhinderung von Widerstandsaktionen müssen sich 3000 Juden vor der Deportation aus Ostpolen in das Todeslager Bełżec völlig entkleiden.

• November 1942: Die Deportationen von Juden aus den Niederlanden und aus Frankreich werden fortgesetzt. Aus dem französischen Durchgangslager Drancy werden 1000 Juden nach Auschwitz deportiert. Dorthin werden fast 5200 Personen aus den Niederlanden verschleppt. • Die Nazis besetzen

Die medizinischen Experimente der Nazis

Durch verbrecherische und ethischen Grundsätzen völlig widersprechende medizinische Experimente, die deutsche Ärzte an menschlichen „Versuchskaninchen“ durchführten, wurden mehr als 7000 Männer, Frauen und Kinder verstümmelt und ermordet. Die Opfer stammten anfangs aus der deutschen Bevölkerung (Körperbehinderte und Geisteskranke), später suchte man sie unter den KZ-Häftlingen und den Kriegsgefangenen aus.

Mit dem Ziel die deutsche „Rassenkunde“ zu entwickeln wurde 1927 in Berlin das Kaiser-Wilhelm-Institut für Anthropologie, Humangenetik und Eugenik gegründet. Unter seinem Direktor Eugen Fischer formulierte das Institut komplexe Rassentheorien und unterstützte die Vorstellung man müsse „genetisch unwertes“ Leben in Deutschland ausmerzen. Diese Philosophie führte später, unter der Naziherrschaft, zur Zwangssterilisation und zu schrecklichen Experimenten im „Dienst der Forschung“.

Ziel der Naziwissenschaftler war es die Grenzen der menschlichen Belastbarkeit sowie die Körperreaktionen auf einen ganzen Katalog grausamer physischer Verletzungen festzustellen. In Auschwitz war Dr. Horst Schumann tätig, der jungen Männern die Hoden entfernte, nachdem er die Organe einer Röntgenbestrahlung ausgesetzt hatte. Im selben Lager stellten Dr. Eduard Wirths und der Gynäkologe Prof. Dr. Carl Clauberg Untersuchungen an der Gebärmutter von Frauen an, denen zuvor giftige Chemikalien injiziert worden waren.

Dr. Karl Gebhart brachte in Ravensbrück jungen gesunden polnischen Frauen künstliche Beinfrakturen bei und transplantierte verletzten Patienten des SS-Krankenhauses Körperteile, die er Häftlingen amputiert hatte. Dr. Sigmund Rascher arbeitete in Dachau, wo er „Patienten“ zwang das Gerinnungsmittel Polygal 10 zu schlucken, das bei Verletzungen den Blutverlust hemmen sollte. Dann erschoss man sie aus kürzester Entfernung.

Dr. Karl Brandt, der 1944 Reichskommissar für das Sanitäts- und Gesundheitswesen wurde, genehmigte Tests mit Phosgen- und Senfgasvergiftungen, die in Sachsenhausen von Dr. Walter Sonntag und Dr. Heinrich Baumkötter durchgeführt wurden.

Dr. Arnold Dohmen infizierte Häftlinge des KZ Sachsenhausen mit Hepatitis; der Reichsarzt SS, Dr. Ernst Grawitz, unternahm Versuche mit tödlichen Brandbazillen. In Buchenwald infizierte Dr. Karl Genzken Gefangene mit Fleckfieber. Andere Ärzte in den Lagern riefen bei ihren Opfern Gelbfieber, Pocken, Cholera, Diphterie, Grippe und Tuberkulose hervor. Auf Veranlassung der Luftwaffe untersuchten Ärzte in Dachau und anderswo in tödlichen und qualvollen Experimenten an Gefangenen die Reaktion des menschlichen Körpers auf extreme Hitze und Kälte sowie auf Sauerstoffentzug, der den Aufenthalt in großer Höhe simulieren sollte.

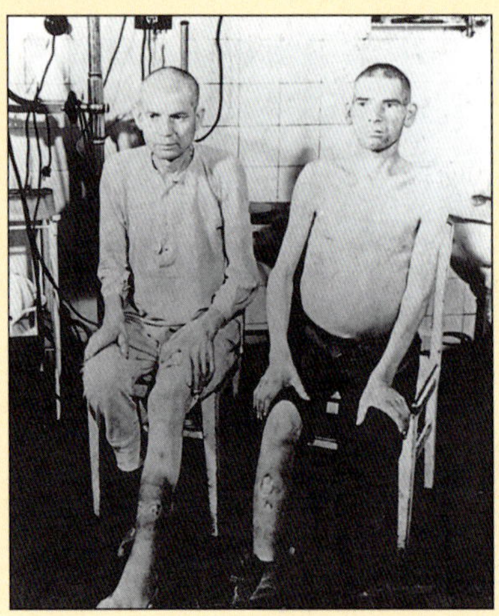

In Auschwitz betrieb Dr. Josef Mengele, der von den Häftlingen der „Todesengel“ genannt wurde, besonders abartige, verbrecherische Forschungen. Ihn faszinierten Zwillinge; er versuchte die Augenfarbe seiner Opfer mit chemischen Augenwässern zu verändern, normal entwickelte lebende Zwillinge durch chirurgische Eingriffe in siamesische Zwillinge umzuwandeln und stellte nach der Injektion von Chloroform direkt in die Herzen von Zwillingen vergleichende Tests der Organreaktion an. Als ein einjähriger Drilling in Mengeles Hände fiel, führte der Arzt an dem zwar betäubten, aber noch lebenden Körper eine „Autopsie“ durch.

Auch Zwergwüchsige und Bucklige beschäftigten Mengeles Fantasie. Diese unglücklichen Menschen waren zunächst Objekt seiner Forschungen und wurden dann ermordet. Einige der Leichen wurden zum Zweck der Skelettierung gekocht; die Knochen schickte man an das Anthropologische Museum nach Berlin. Dort und an anderen derartigen Orten setzten die Nazis ihre „Forschungen“ fort.

1942

Vichy-Frankreich. • Das jüdische Sonderkommando in Auschwitz-Birkenau hat die Exhumierung und Verbrennung der im Lager vergrabenen Leichen von Juden nahezu beendet. • Die jüdische Gemeinde in Wien wird offiziell aufgelöst. • Der *Jischuw* (jüdische Gemeinde im britisch kontrollierten Palästina) erhält eine Bestätigung der Informationen über die „Endlösung“. • Klaus Barbie trifft in Lyon (Frankreich) ein um ein Spezialkommando in der Abteilung IV des örtlichen Gestapo-Amtes zu leiten. Seine Anweisungen lauten Juden, Kommunisten, Freimaurer und die Mitglieder der französischen Résistance aktiv zu bekämpfen.

• 1.–6. November 1942: Innerhalb einer Woche werden in den Todeslagern Bełżec, Auschwitz und Treblinka mehr als 170 000 Juden getötet.

Zum Appell angetretene jüdische Häftlinge im Konzentrationslager Berg (Norwegen), die am 25. Oktober 1942 verhaftet worden sind. Nahezu alle männlichen Juden, die in dieser Phase der Deportation festgenommen wurden, kamen in dieses Lager, bevor man sie nach Auschwitz schickte. Die größte Deportation norwegischer Juden fand am 26. November 1942 statt.

Die Juden aus dem Ghetto Tomaszów Mazowiecki (Polen) wurden in das Todeslager Treblinka transportiert. Sie gehörten zu den ersten jüdischen Opfern, die in den neuen Gaskammern des Lagers umkamen. Die neuen Anlagen verfügten über eine Kapazität von 3800 Personen und stellten eine „Verbesserung" gegenüber den drei ursprünglichen Kammern dar, die „nur" 600 Personen fassten.

Die jüdischen Bewohner von Chmielnik (Polen) mussten ab März 1940 im Ghetto leben. Das Ausmaß der Übervölkerung nahm noch zu, da auch die Juden aus der weiteren Umgebung der Stadt in das Ghetto umgesiedelt wurden. Auf dieser Aufnahme vom Herbst 1942 werden Chmielniker Juden zur Deportation nach Treblinka in offene Güterwagen „verladen". Zuvor, in der Zeit vom 20. bis 24. August, waren 21 000 Juden aus dem Gebiet nach Treblinka transportiert worden; dort starben sie in den Gaskammern.

• 2. November 1942: In der litauischen Stadt Marcinkańce unternehmen 370 Juden, die sich weigern in den Deportationszug einzusteigen, einen Fluchtversuch über die Ghettomauern. Bei dem darauf folgenden Tumult werden 360 Juden und zahlreiche Angehörige des Wachpersonals getötet. Die Juden, die deportiert werden sollten, sind alle tot oder geflohen und der Zug bleibt leer. • In Solotschew (Ukraine) wird der Vorsitzende des Judenrates von den Deutschen ermordet, nachdem er seine Unterschrift unter ein Dokument verweigert hatte, demzufolge die Liquidierung des Ghettos wegen einer Fleckfieber-Epidemie notwendig sei. 2500 Solotschewer Juden, darunter auch der Dichter S. J. Imber, werden nach Bełżec deportiert. • Über 100 000 Juden, die noch in den Städten und Dörfern der Region Białystok (Polen) leben, werden verhaftet und in Sammellager in Zambrów, Wołkowysk, Kelbasin und Bogusze verschleppt und später in die Todeslager Auschwitz und Treblinka geschickt.

• Aus Siemiatycze (Polen) werden 6000 Juden deportiert. Unter Führung von Herschl Schabbes findet eine Widerstandsaktion statt. • Wolfram Sievers, Reichsgeschäftsführer des Ahnen-

Der begehrte Ausweis

Der Ausweis entschied zwischen Leben und Tod, zwischen dem weiteren Aufenthalt im Ghetto und der Deportation in die Konzentrations- oder Todeslager.

Der Ausweis zeigte an, dass sein Inhaber in einem Arbeitsverhältnis stand und daher nicht einfach ein „nutzloser" Jude war. Er gab dem Inhaber selbst sowie dessen Familienmitgliedern zumindest zeitweilig eine gewisse Sicherheit, stellte ihn jedoch mitunter vor die schwere Entscheidung, wer alles als Familienmitglied anzugeben sei. Einen gültigen Ausweis zu erlangen war nicht einfach, da die deutschen Behörden häufig die Ausweisfarbe änderten und neue Dokumente ausgestellt werden mussten. Mitunter musste man den Judenrat, der die Ausweise verteilte, bestechen, besonders da die Deutschen immer weniger Arbeitsgenehmigungen erteilten.

In Wilna reduzierten die Deutschen im Oktober 1941 die Anzahl der Ausweise auf 3000; das hieß, dass von den 27 000 Juden des Ghettos nur 12 000 vor der Deportation geschützt waren. Die Forderung der Nazis nach der Vernichtung aller Juden führte schließlich dazu, dass es kein Stück Papier mehr gab, das Sicherheit garantierte.

Mit erhobenen Händen ergibt sich ein deutscher Panzersoldat Kämpfern der britischen 8. Armee, die mit aufgepflanztem Seitengewehr vor ihm erscheinen. Die Schlacht bei El Alamein (Ägypten) stellte eine Wende im Afrikafeldzug dar, da die aufgefrischte 8. Armee, mit britischen und amerikanischen Panzern beliefert, in diesem Kampf das deutsche Afrikakorps besiegte. Für die Bewohner der Judenghettos bedeutete die Schlacht Hoffnung auf einen letztendlichen Sieg der Alliierten über die Nazis und die Faschisten.

Antisemitische Karikatur mit der Darstellung von Mitgliedern eines jüdischen Sportklubs, die hinter einer Verbandsfahne mit der Aufschrift „Meisel-Sport Ima Talmud Federation" marschieren. Die aufdringliche Symbolik stellt eine Verbindung zwischen Juden, Freimaurern und Kommunisten her. Propaganda dieser Art sollte die Vorstellung fördern, dass die Juden eine Rasse oder eine eigenständige nationale Gruppe darstellten, die sich grundlegend von den Deutschen unterschied. Infolge der Vorliebe der Deutschen für den Sport und die Zugehörigkeit zu örtlichen Sportvereinen fanden Bilder wie diese den entsprechenden Widerhall im Volk.

1942

erbe e. V., fordert die Skelette von 150 Juden an. Der Reichsführer SS, Heinrich Himmler, stimmt einem Plan zur Gründung einer Sammlung jüdischer Skelette und Schädel in dem bei Natzweiler-Struthof (KZ) gelegenen Anatomischen Institut Strasbourg (Frankreich) zu. • Die Truppen der Alliierten bereiten Generalfeldmarschall Erwin Rommel eine totale Niederlage.

• 3. November 1942: Die jüdischen Gemeinden von Biłgoraj (Polen) und Ostryna (Weißrussland) werden in den Todeslagern Bełżec und Auschwitz ausgelöscht.

• 5. November 1942: In Ciechanów (Polen) bittet ein SS-Mann eine Jüdin höflich ihm ihr Kind zu übergeben. Als die Frau der Bitte nachkommt, schlägt der Soldat das Kleinstkind mit dem

Am 1. November 1942 begannen die Nazis mit der Deportation der Juden aus dem Ghetto Płońsk (Polen). Statt in eines der Todeslager der Aktion Reinhard schickten die Deutschen die Opfer nach Auschwitz, eine neue Vernichtungseinrichtung, die zum mörderischsten Lager werden sollte. Bei dieser Aktion wurden in Auschwitz 12 000 Płońsker Juden getötet.

Diese Mütze trug Karel Bruml während seiner Häftlingszeit in Auschwitz. Bruml war zunächst in Theresienstadt, dem „Modellghetto" in der Tschechoslowakei, inhaftiert. 1942 kam er nach Auschwitz; dort musste er, da er Künstler von Beruf war, Nummern auf Häftlingsanzüge malen. In den Lagern herrschte eine besondere Hierarchie: Je niedriger die Häftlingsnummer, desto größer waren die Privilegien des Gefangenen. Die abgebildete relativ niedrige Nummer teilte sich Bruml selbst zu.

Ein Bild aus einem Propagandafilm, das darstellt, wie Beziehungen zwischen Juden und Nichtjuden die „arische Rasse" schänden. Ein wichtiger Punkt der Naziideologie war die „rassische Reinheit". Die Nürnberger Gesetze von 1935 verboten ausdrücklich Eheschließungen von Partnern unterschiedlicher Religionszugehörigkeit und sexuelle Beziehungen zwischen „Ariern" und Juden. Das Propaganda-Imperium des Joseph Goebbels war pausenlos damit beschäftigt optische Vorstellungen von den Gefahren der „Rassenschande" zu schaffen.

Kopf auf die Straße auf und tötet es auf diese Weise. • Jüdische Männer aus Stopnica (Polen) werden in ein Arbeitslager bei Skarzysko-Kamienna geschickt; 400 Alte und Kinder werden unterdessen auf dem Friedhof der Stadt erschossen. 3000 weitere Personen müssen einen Gewaltmarsch antreten; viele werden unterwegs erschossen, die Überlebenden nach Treblinka geschickt. • In Siedliszcze (Polen) holen die Bauern in Erwartung einer Razzia auf Juden ihre Sensen zusammen; sie werden für jeden gefangenen Juden bezahlt.

• 600 Juden aus Borislaw (Polen) werden zur Verhinderung von Widerstandsaktionen nackt deportiert. • Aus Paris werden 745 Juden, darunter 35 Bewohner des Rothschild-Altersheims, nach Auschwitz deportiert. Nach der Ankunft bekommen die Juden, die auf den Zutritt zu den Gaskammern warten, einen mit Leichen beladenen Lastwagen zu Gesicht, setzen ihren Weg in den Tod aber fort.

• 5.–11. November 1942: 1060 in Griechenland geborene Juden aus Paris und der Pariser Umgebung werden verhaftet und nach Auschwitz deportiert.

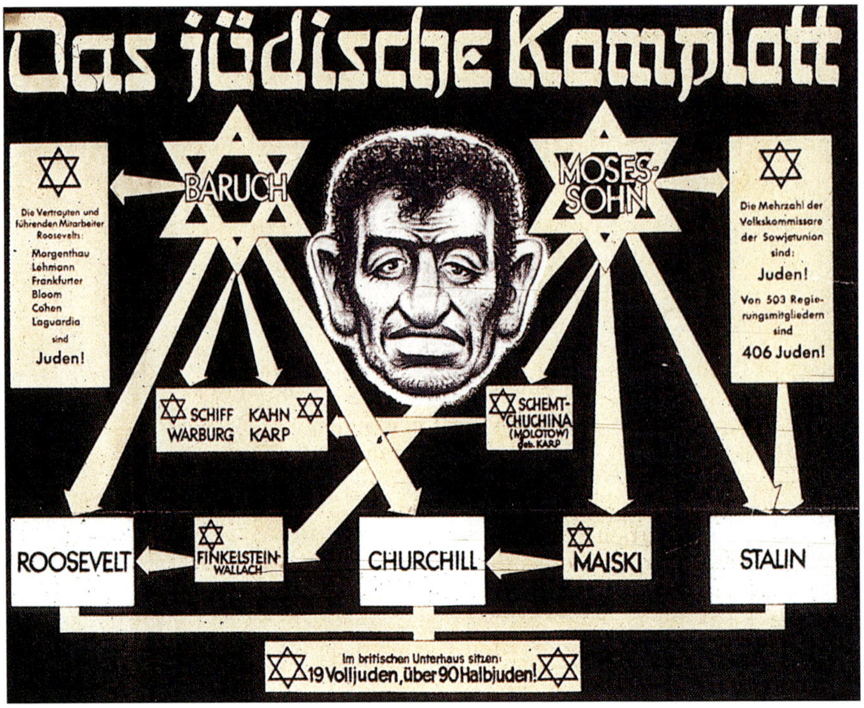

„Das jüdische Komplott" bezichtigt die drei gegen Deutschland angetretenen Mächte USA, Großbritannien und die Sowjetunion Schachfiguren der „internationalen jüdischen Verschwörung" zu sein. Links vom Davidstern mit der Inschrift „Baruch" ist eine Liste jüdischer Personen zu sehen, die als „Vertraute und führende Mitarbeiter" des US-amerikanischen Präsidenten Roosevelt bezeichnet werden. Der Text der Inschrift „Mosessohn" lautet: „Die Mehrzahl der Volkskommissare der Sowjetunion sind Juden! Von 503 Regierungsmitgliedern sind 406 Juden!"

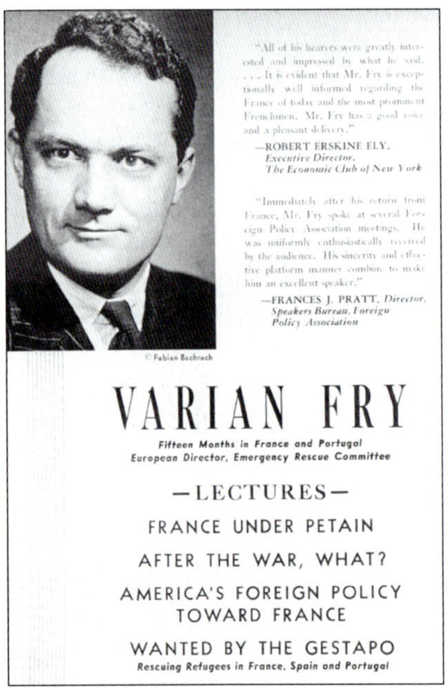

Dieses Werbeplakat von 1942 für eine Vorlesungsreihe von Varian Fry in New York macht auf das Thema „Frankreich unter den Nazis" aufmerksam. Fry, ein Abgesandter des New Yorker *Emergency Rescue Committee,* war nach Frankreich geschickt worden um die Flucht von über 200 bekannten antinazistischen Künstlern und Schriftstellern, von denen viele Juden waren, zu organisieren. Als er im September 1941, ein Jahr nach seiner Einreise, aus Frankreich ausgewiesen wurde, hatte er die Freilassung von über 1000 Personen erwirkt. Am unteren Rand des Plakats sind die für Fry geltenden Worte zu lesen: „VON DER GESTAPO GESUCHT".

Rabbi Abba Hillel Silver, der bereits früh und vernehmlich gegen die Nazis auftrat, drängte die Amerikaner sich an einem Boykott deutscher Waren zu beteiligen. Er leitete den *United Palestine Appeal,* bevor er sich Rabbi Stephen Wise als Ko-Vorsitzender des *American Zionist Emergency Council* anschloss. Silver, der in Litauen geboren wurde und jahrzehntelang Rabbi in Cleveland (US-Bundesstaat Ohio) war, wich von der Position Wises und anderer ab, indem er sich lautstark für die Schaffung einer jüdischen Heimstatt in Palästina einsetzte.

1942

• 6.–7. November 1942: In Drancy (Frankreich) verbringen 1000 Juden, in Güterwagen zusammengepfercht, die Nacht auf einem Abstellgleis. Nach der Abfahrt des Zuges in Richtung Auschwitz bringen sich zwei Juden in Sicherheit, nachdem sie die Gitterstäbe eines kleinen Fensters gelöst haben. ***Siehe* 8. November 1942.**

• 7.–30. November 1942: Über 50 000 Juden aus Polen und der Ukraine werden in die Todeslager Bełżec, Treblinka und Majdanek deportiert.

• 8. November 1942: Die Juden aus Drancy (Frankreich) kommen mit dem Zug in Auschwitz an, wo 227 von ihnen zur Zwangsarbeit bestimmt und 773 vergast werden.

Ein deutscher Soldat neben den Leichen jüdischer Männer, die im Arbeitslager bei Skarzysko-Kamienna (Polen) ermordet wurden. Noch lange nach der Liquidierung der Ghettos im besetzten Polen transportierten die Nazis Häftlinge in dieses Arbeitslager.

Eine Skulptur des amerikanischen Künstlers Gideon, die ein bewegendes Bild menschlichen Leidens vermittelt. Gideon trat im Alter von 18 Jahren in die Armee ein und verbrachte einen großen Teil des Krieges in Europa. Das Erlebnis von Schmerz und Leid übte auf den Künstler und sein Werk einen großen Einfluss aus.

Jan Karski

Der Nichtjude Jan Karski, Kurier der polnischen Exilregierung, setzte sich außerordentlichen Gefahren aus um der Außenwelt Berichte aus erster Hand über die Verbrechen an den polnischen Juden zu übermitteln.

Durch den Kontakt zu Menachem Kirschenbaum, einem Zionistenführer, und Leon Feiner, einem Vertreter des Bundes, erlangte Karski als Jude getarnt Zutritt zum Warschauer Ghetto. Seine Augenzeugenberichte von dem Leid dort machten ihn zu einem überzeugenden Fürsprecher der polnischen Juden. Bei einem anderen gewagten Unternehmen gab sich Karski als Angehöriger der Wachmannschaften aus und gelangte heimlich in ein Konzentrations- oder Todeslager. Dort sah er, wie die Juden in Güterwagen mit Ätzkalk gepfercht und getötet wurden.

Karski gab seine Berichte an die polnische Exilregierung in London weiter und traf mit Premierminister Winston Churchill zusammen. Veranlasst durch die Dringlichkeit der Angelegenheit reiste er nach Washington, wo er den US-amerikanischen Präsidenten Franklin Roosevelt um rasches Handeln bat, damit der Mord an den Juden gestoppt würde.

• Die Alliierten führen an der algerischen Küste ihre Landungsoperation *Torch* durch und garantieren im Zusammenhang damit die Sicherheit von 117 000 algerischen Juden. Der algerisch-jüdische Widerstand, mit Waffen aus den USA beliefert, trägt dazu bei eine Reaktion Vichy-Frankreichs auf die Landung der Alliierten zu verhindern. • In Tripolis (Libyen) pressen die deutschen Besatzer 2600 Juden zur Zwangsarbeit und lassen sie Straßen für das Militär bauen.

• 10. November 1942: 6000 polnische Juden, die sich seit dem Frühjahr 1942 in den Wäldern versteckt gehalten haben, ergeben sich, nachdem die Deutschen ihnen die sichere Rückkehr in ein neues Judenghetto versprochen haben. *Siehe* 10. Januar 1943.

• 11. November 1942: Vichy-Frankreich wird von deutschen und italienischen Truppen besetzt. • Norwegische protestantische Bischöfe erheben öffentlich Einspruch gegen die Deportation norwegischer Juden. In einem Brief an den norwegischen Ministerpräsidenten Vidkun Quisling stellen sie fest: „Gott macht keinen Unterschied zwischen den Menschen.“

Otto Thierack

Otto Thierack nutzte das Gesetz um die Gerechtigkeit zu untergraben – zuerst in seiner Funktion als Präsident des Volksgerichtshofes und später als Reichsjustizminister.

Thierack trat 1932 in die NSDAP ein und wurde 1936 Präsident des Volksgerichtshofes in Berlin. Als der gefürchtetste Richter der Nation verkündete er jenen, die von den Nazis zu Staatsfeinden erklärt worden waren, Strafurteile, gegen die keine Rechtsmittel zulässig waren. Seine Ergebenheit gegenüber der Naziideologie verhalf ihm 1942 zum Posten des Reichsjustizministers. In jenem Jahr verfügte er nach einem Vorschlag Joseph Goebbels', dass Ausländer, insbesondere Russen und Ukrainer, sowie Juden und Zigeuner in Konzentrationslager überführt und „durch Arbeit vernichtet" werden sollten.

Der SS-Brigadeführer Thierack ließ zu, dass Heinrich Himmler Juden und andere „Asoziale" der Rechtsprechung der Gerichte entzog und der SS übergab. Thierack geriet 1945 in Gefangenschaft. Er beging Selbstmord, bevor das Verfahren gegen ihn eröffnet wurde.

Mit Beginn des Zweiten Weltkrieges entfesselte das Naziregime einen regelrechten Propagandasturm und stellten die Juden als Aufwiegler gegen Deutschland dar. Die Nazis nutzten die traditionellen antijüdischen Klischees von der Beherrschung der Medien durch die Juden um zu zeigen, dass der Krieg vom internationalen Judentum verschuldet sei. Streng geheime Gestapoberichte deuten allerdings darauf hin, dass viele Deutsche die Unterstellungen in der Regierungspropaganda richtig einzuschätzen wussten.

Die deutsche Regierung entwickelte umfassende Pläne zur „arischen" Besiedelung Osteuropas. Am 12. November 1942 wurde der Kreis Zamość (Generalgouvernement) zum „ersten deutschen Großsiedlungsgebiet" in Polen erklärt. Die Folge war, dass etwa 110 000 Polen aus rund 300 Dörfern dieses Kreises vertrieben wurden. Dabei wurden über 30 000 polnische Kinder, darunter auch das hier abgebildete Kind, ihren Eltern weggenommen. Einige starben in den Konzentrationslagern, andere, bei denen „arische" Eigenschaften vermutet wurden, ließ man in deutschen Familien aufziehen.

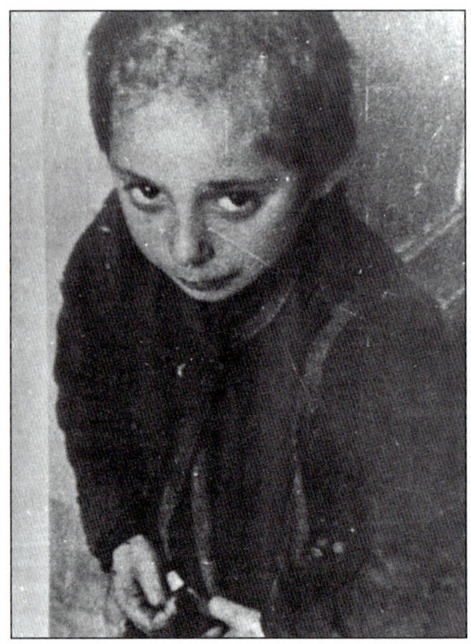

1942

• 15. November 1942: Das sowjetische Antifaschistische Jüdische Komitee gibt einen Bericht frei unter dem Titel: „Die Liquidierung der Juden in Warschau".
• Bei einer von Mayer List geleiteten Aktion bringen zwei jüdische Partisaninnen in Paris an einem Fenster einer deutschen Kaserne zwei Zeitbomben an, die dann mehrere Soldaten töten.

• Mitte November 1942: Amtliche Quellen in Großbritannien, den USA und in neutralen Ländern bestätigen die Stichhaltigkeit des Telegramms von Gerhart Riegner hinsichtlich der „Endlösung". ***Siehe* 28. August 1942 und 24. November 1942.**

• 16. November 1942: Tunesien wird von deutschen Truppen besetzt. ***Siehe* 7. Mai 1943.**

Rabbis beim Gebet in Nabeul (Tunesien), das vor dem Krieg Heimat einer blühenden jüdischen Gemeinde mit 2000 Mitgliedern war. Als Einwohner eines französischen Protektorats waren die tunesischen Juden den Rassengesetzen Vichy-Frankreichs unterworfen, wobei es ihnen dank dem mitfühlenden Gouverneur Jean-Pierre Estéva noch leidlich gut erging. Nach den Angriffen der Alliierten auf Marokko und Algerien drangen deutsche und italienische Truppen im November 1942 in Tunesien ein und machten der Toleranz gegenüber den Juden ein Ende. Die tunesischen Juden wurden zur Zwangsarbeit herangezogen und einige führende jüdische Persönlichkeiten in die Vernichtungslager geschickt.

„15. November: Eine Gruppe jüdischer Partisanen, von Mayer List geführt, legte heute zwei Zeitbomben an einem Fenster einer deutschen Kaserne in der Rue de Vaugirard ab, die mehrere Hitlersoldaten beim Frühstück töteten. An dieser Aktion waren zwei jüdische Frauen beteiligt. Sie transportierten die Bomben."

Nach einer Tagebucheintragung des Anführers des jüdischen Widerstands in Paris, Abraham Liss (1942)

Im Kreis um einen Häftling stehend, der gepeinigt und getötet werden soll, bringt das Orchester des Arbeitslagers Janówska (Ukraine) das jiddische Ständchen *Tango fun tojt* (Todestango). Das Lied, das jüdische Musiker auf Befehl des SS-Untersturmführers Wilhelm Rokita komponiert hatten, wurde auch gespielt, wenn die Arbeitskommandos das Lager morgens verließen und wenn sie zurückkehrten sowie bei Selektionen, die über Leben und Tod entschieden.

• 19. November 1942: Die sowjetischen Truppen leiten bei Stalingrad (Russland) einen Gegenangriff gegen die deutschen Truppen ein. • In Debica (Polen) kündigen die Deutschen an, dass vom 1. Dezember an jeder Pole, der einem Juden Hilfe leistet, mit dem Tod bestraft wird.

• 24. November 1942: Rabbi Stephen Wise, einer der Begründer und Präsident des *World Jewish Congress*, verkündet auf einer Pressekonferenz, das US-amerikanische Außenministerium habe bestätigt, dass die Juden Europas von den Nazis abgeschlachtet würden. Wises Schätzung, dass die Deutschen bereits zwei Millionen Juden ermordet hätten, ist untertrieben. *Siehe* 8. Dezember 1942.

• 25. November 1942: Die Juden in Piotrków Trybunalski (Polen), die sich von den Versprechungen der Nazis aus ihren Verstecken locken lassen, werden in eine Synagoge gesperrt und von Ukrainern wahllos beschossen. *Siehe* 19. Dezember 1942. • In Norwegen werden 532 jüdische Frauen und Kinder verhaftet und nach Auschwitz deportiert. Insgesamt sind mehr als 700 norwegische Juden nach Auschwitz gebracht, 930 dagegen nach Schweden geschmuggelt worden.

Das Schicksal der norwegischen Juden

Für die weniger als 2000 Juden, die in Norwegen lebten, als die Deutschen das Land am 9. April 1940 überfielen, schien es Anfang 1942 kaum wahrscheinlich, dass auch sie der „Endlösung“ zum Opfer fallen würden; immerhin hätten die Nazis für den Weg in die Vernichtungszentren in Polen Schiffe gebraucht, die aber knapp waren. Im Herbst jenes Jahres jedoch stellte die deutsche Kriegsmarine Schiffe zur Verfügung. Am 26. November wurden 532 norwegische Juden, darunter Kinder, Alte und Kranke, die man aus den Hospitälern geholt hatte, an Bord der „Donau“ aus Oslo deportiert.

Stürmische See während der Überfahrt verzögerte die Ankunft des Schiffes im Hafen von Stettin (Deutschland). Die Passagiere wurden dann auf dem Schienenweg weiter nach Auschwitz-Birkenau gebracht. Sie kamen dort am 1. Dezember nachts an. Nach der Selektion wurden 346 norwegische Juden sofort in die Gaskammern geschickt. Die übrigen 186 Personen ließ man zum Arbeiten am Leben, doch nach vier Monaten hatten nur rund 20 von ihnen überlebt. Noch weniger überstanden den Holocaust.

In diesem relativ abgelegenen Teil Europas wurde die „Endlösung“ ziemlich gründlich durchgeführt. Insgesamt wurden 763 Juden aus Norwegen verschleppt. Nur 24 kehrten zurück. Die Nazideutschen und ihre Kollaborateure brachten rund 45 Prozent der norwegischen Juden um. Im Vergleich dazu überlebten in Frankreich und in Italien 80 Prozent der jüdischen Bevölkerung.

Titelblatt der *Jugent-Schtime* (Jugendstimme), auf dem eine Faust dargestellt ist, die das Hakenkreuz, das Symbol der Unterdrückung durch die Nazis, zerschmettert. Die Zeitung der Jugendbewegung des Bundes wurde in Warschau heimlich gedruckt und vervielfältigt und erreichte hunderte Menschen. Den Autoren wie auch den Lesern drohte der Tod, wenn sie gefasst wurden.

Die „Donau“ mit ihren jüdischen Passagieren auf dem Weg von Norwegen nach Deutschland. Im November 1942 stach das Schiff mit 532 Juden an Bord in See; 346 von ihnen wurden kurz nach der Ankunft in Auschwitz getötet. Von den 763 Juden, die auf der „Donau“ und der „Monte Rosa“ aus Norwegen deportiert wurden, überlebten nur 24 den Krieg. Über 900 Juden entgingen der „Umsiedelung“ durch die Flucht in das neutrale Schweden. Die norwegische Kirche protestierte zwar gegen die Deportationen, doch Vidkun Quisling, eine Marionette Deutschlands, unterstützte die Nazis dabei Norwegen „judenfrei“ zu machen.

1942

• 27. November 1942 – August 1943: In dem fruchtbaren Gebiet des Kreises Zamość werden über 100 000 Polen aus ihren Häusern vertrieben, damit hier Volksdeutsche, SS-Angehörige und Ukrainer angesiedelt werden können. Davon sind mehr als 300 Dörfer betroffen. Tausende polnischer Kinder aus dem Kreis Zamość werden nach Bełżec und in andere Todeslager deportiert.

• November – Anfang Dezember 1942: Mitglieder der *ŻOB* in Kraków (Polen) sprengen Eisenbahngleise und ermorden einen deutschen Soldaten, einen deutschen Polizisten, einen deutschen Piloten, zwei Gestapoagenten und einen leitenden deutschen Beamten in der örtlichen Naziverwaltung.

• Dezember 1942: Mitglieder der Gruppe Jüdischer Widerständler in Sie-

Mordechai Tenenbaum war in den Untergrundbewegungen Wilnas, Warschaus und Białystoks tätig. Tenenbaum war bereits zu einem sehr frühen Zeitpunkt von den Völkermordabsichten der Nazis überzeugt. Er traf im November 1942 in Białystok (Polen) ein, vereinte schließlich die verschiedenen Untergrundbewegungen und besorgte zusätzliche Waffen. Tenenbaums Aufruf zu den Waffen zu greifen blieb in dem Archiv erhalten, das er selbst geschaffen hatte um den Untergang der Białystoker Juden aufzuzeichnen: „Lasst uns als Helden fallen; auch wenn wir sterben, werden wir dennoch leben."

Die Zeichnung, die die öffentliche Hinrichtung eines jungen Mannes wegen eines Fluchtversuchs darstellt, zeigt die Unmenschlichkeit des Lebens im Ghetto von Kowno (Litauen). Den Massentötungen von 1941 folgte 1942 eine Zeit, in der keine großen Deportationen stattfanden. Doch selbst in diesen „friedlichen" Tagen wurden die Ghettobewohner täglich mit den Schikanen der Nazis konfrontiert. Die im November 1942 entstandene Zeichnung zeigt, dass jeder mit seinem Leben bezahlte, der bei der Verletzung der Ghettovorschriften ertappt wurde.

Im KZ Dachau, dem ersten „offiziellen" Konzentrationslager in Deutschland, waren tausende Häftlinge aus ganz Europa untergebracht. Überbelegung, Krankheiten, medizinische Experimente und schwere Arbeit hatten eine hohe Sterberate zur Folge. Daher musste 1942 ein neues, größeres Krematorium mit vier Verbrennungsöfen gebaut werden. In Baracke X gab es auch eine Gaskammer *(Abb.)*. Sie war als Duschraum getarnt, wurde aber nie benutzt, da die Nazis es für effizienter hielten die als geisteskrank oder arbeitsunfähig eingeschätzten Personen in Vernichtungszentren wie Auschwitz oder Hartheim (Österreich) zu schicken.

miatycze (Polen) töten einen polnischen Bauern und dessen gesamte Familie als Vergeltung dafür, dass der Bauer drei polnische Juden aufgespürt und an die Nazis verraten hat. • In Litauen sperren die Nazis 1000 Zigeuner in eine Syngoge und lassen die Gefangenen darin verhungern. • In den Ghettos von Częstochowa und Kielce (Polen) wird der Widerstand organisiert. • In Brody (Ukraine) leisten die Juden unter Führung von Solomon Halberszstadt, Jakub Linder und Samuel Weiler Widerstand. • In Tschortkow (Ukraine) finden gemeinschaftliche Widerstandsaktionen unter Führung von Heniek Nusbaum, Mundek Nusbaum, Reuven Rosenberg und Meir Wasserman statt.

• Der jüdische Widerstandsführer Dr. Jecheskel Atlas, ein junger polnischer Arzt, wird in der Schlacht von Wielka Wola (Polen) von Nazisoldaten tödlich verwundet. • Das Judenghetto von Lwow (Ukraine) wird liquidiert. • Die SS stellt die Vernichtung von Menschen im Lager Belżec ein. • In Plaszów (Polen) wird ein Arbeitslager errichtet. • Ein Plan des Sonderkommandos zur Flucht aus Auschwitz wird aufgedeckt, die Häftlinge des Kommandos werden vergast. • Der Partisanenführer Hirsch Kaplinski, der im August 1942 in Djat-

GROSSE DEPORTATIONEN VON JUDEN NACH AUSCHWITZ (1941–1944)

Über eine Million Juden aus allen Teilen Europas wurden nach Auschwitz-Birkenau deportiert und getötet. Allein um die Mitte des Jahres 1944 starben dort fast 440 000 ungarische Juden. In Auschwitz kamen außerdem rund 70 000 nichtjüdische Polen, 20 000 Zigeuner und 15 000 sowjetische Kriegsgefangene um.

Aharon Liebeskind, ein Führer der jüdischen Untergrundbewegung in Kraków (Polen). Unter dem Pseudonym Dolek leitete er die Berufsbildungsabteilung der Jüdischen Selbsthilfegesellschaft. Er war zudem einer der Kommandeure der Widerstandsgruppe *Hechaluz Halochem*, die im Dezember 1942 einen Angriff auf die Deutschen unternahm. In dem anschließenden Kampf Mann gegen Mann wurde Liebeskind getötet.

Lächelnde Gefangene im Durchgangslager Drancy (Frankreich) im Dezember 1942, die große Brotlaibe tragen. Dieses gestellte Foto wurde aufgenommen um das Rote Kreuz und die jüdischen Organisationen sowie die französische Öffentlichkeit davon zu überzeugen, dass die Lagerinsassen gut behandelt werden. Bis dahin waren die Internierten nur unzureichend und schlecht verpflegt worden.

1942

lowo (Weißrussland) ein Massaker an Juden überlebt hat, wird bei einem deutschen Angriff auf den Lipiczany-Wald getötet.

- **2. Dezember 1942: Juden in 30 Ländern halten einen Gebets- und Fastentag für die europäischen Juden ein.**

- **3. Dezember 1942: Drei junge Jüdinnen, die aus einem Arbeitslager in Poznań (Polen) geflohen waren, werden gewaltsam in das Ghetto Łódź gebracht und dort erschossen. • In Auschwitz werden 1000 Juden aus Płońsk (Polen) getötet. • Salomon Malkes, ein Funktionär des Ghettos Łódź, begeht aus Verzweiflung über die Deportation seiner Mutter Selbstmord.**

- **4. Dezember 1942: Zofia Kossak-Szczucka und Wanda Filipowicz grün-**

Im Dezember 1942 begannen die Nazis mit der Liquidierung des Ghettos von Lwow (Ukraine). Bereits vor der letzten so genannten Aktion waren etwa 75 000 Juden nach Bełżec deportiert worden. Nach ihrer Ankunft in Bełżec, wo es nach verwesendem Fleisch stank, erkannten die Juden, dass sie – entgegen der Auskunft der Nazis, sie würden lediglich zum Arbeiten umgesiedelt – ein schlimmeres Schicksal erwartete. „Die Mehrheit wusste alles", erinnerte sich ein Zeuge. „Der Gestank verriet es." Um möglichst viele Juden zu töten wurden 800 Personen in eine nur 192 Quadratmeter große Gaskammer gepfercht.

Gestapo-Müller

Heinrich Müller, auch Gestapo-Müller genannt, verkörperte für viele Deutsche die gefürchtete Geheime Staatspolizei.

Müller, der im Ersten Weltkrieg als Jagdfliegerpilot ausgezeichnet worden war, kam nach dem Krieg zur bayrischen Polizei und wurde dort eine Autorität auf dem Gebiet des Kommunismus und der linken Bewegungen. Sein Diensteifer und seine Kenntnisse über die Kommunistische Partei brachten ihm die Anerkennung Reinhard Heydrichs ein, der Müllers Karriere bei der bayrischen Polizei förderte. 1936 wurde er von Heydrich zum Chef der Abteilung II des Geheimen Staatspolizeiamtes ernannt und mit der Ermittlung innerer Feinde des Reiches beauftragt.

1939 trat Müller die Nachfolge Heydrichs als Chef der Gestapo an. Diese Position hatte er bis zur Niederlage der Nazis inne. Als Teilnehmer der Wannseekonferenz war Müller tief in die Massenvernichtung der Juden verstrickt. Im Oktober 1939 beauftragte er Adolf Eichmann mit der Abschiebung österreichischer Juden in die Region Lublin-Nisko zu beginnen.

Der von Hitler begeisterte Müller verfolgte schonungslos jene, die an dem Attentatsversuch vom 20. Juli 1944 gegen den Führer beteiligt gewesen waren. Er war auch in den letzten Tagen vor Hitlers Selbstmord im Bunker unter dem Berliner Reichstagsgebäude an der Seite des Führers, verschwand aber bei Kriegsende. Kaum bestätigten Gerüchten zufolge fand Müller Zuflucht in Südamerika oder im Nahen Osten.

den Zegota (Geheimname des *Rada Pomocy Zydom*, Rat für Hilfe für die Juden), eine in Warschau ansässige nichtjüdische Gruppe, die von Juden und Nichtjuden gemeinsam geleitet wird. • 300 Bürger von Slonim (Weißrussland) werden getötet. Weitere 500 flüchten und schließen sich örtlichen Partisanengruppen an.

• 6. Dezember 1942: In Stary Ciepielów (Polen) sperren SS-Männer 23 christliche Polen, die der Hilfeleistung für flüchtige Juden verdächtigt werden, in eine Scheune und verbrennen sie darin bei lebendigem Leib.

• 6.–10. Dezember 1942: Die Nazis bieten Soldaten, Panzerwagen und Artillerie auf um im Parczew-Wald (Polen) Jagd auf mehr als 1000 flüchtige Juden zu machen. ***Siehe* 7. Dezember 1942.**

• 7. Dezember 1942: Deutsche Soldaten dringen in das Dorf Bialka ein und ermorden 96 Dorfbewohner, die verdächtigt werden Juden zu schützen, die vor der antijüdischen Aktion in den nahen Parczew-Wald geflohen sind. • G. Robert Borden Reams, Beamter des US-amerikanischen Außenministeriums und Ju-

Kurt Gerstein

Kurt Gerstein ist bis heute ein Rätsel. Er, der ein frommer Christ war und Fachkenntnisse auf den Gebieten Medizin und Ingenieurwesen besaß, schloss sich 1933 der NSDAP an. Drei Jahre später wurde er wegen antinazistischer Aktivitäten aus der Partei ausgeschlossen und in ein Konzentrationslager eingewiesen.

Nach der Ermordung seiner Schwägerin im Rahmen des „Euthanasie“-Programms wollte Gerstein die Wahrheit über solche Tötungen erfahren. Er trat 1941 der Waffen-SS bei und studierte die Wirkungen von Zyklon B. Gerstein wurde Leiter der Technischen Desinfektionsabteilung des Hygiene-Instituts der Waffen-SS.

Als er jedoch die Anweisung erhielt den tödlichen Stoff Zyklon B in die Lager zu bringen, wurde er in Bełżec Zeuge der Massentötung von Juden durch Kohlenmonoxid. Entsetzt über das Gesehene entschloss er sich die Welt darüber in Kenntnis zu setzen und wandte sich damit an Diplomaten, Kirchenführer und selbst an den päpstlichen Nuntius in Berlin, hatte allerdings nur wenig Erfolg.

Gerstein wurde bei Kriegsende von den Franzosen festgenommen und kam als mutmaßlicher Kriegsverbrecher in Haft. Er starb unter mysteriösen Umständen, wahrscheinlich durch Selbstmord, vielleicht aber auch durch die Hand von SS-Offizieren, die seine Zeugenaussage fürchteten.

Der Ingenieur Anton Mussert, Gründer der *Nationaal-Socialistische Beweging*, suchte einen Mittelweg innerhalb des rechten politischen Flügels der Niederlande einzuschlagen. Für seine Loyalität gegenüber dem Reich belohnten ihn die Nazis nur widerwillig und ernannten ihn Ende 1942 zum „Leiter des niederländischen Volkes“. In dieser Position besaß Mussert jedoch keine wirkliche Autorität. Die Nazibehörden vertrauten ihm nie gänzlich, was zum Teil an seiner ablehnenden Haltung gegenüber den antijüdischen Maßnahmen der Nazis lag. Gleichzeitig jedoch wurde er wegen der Zusammenarbeit mit den Nazis von seinem eigenen Volk gehasst.

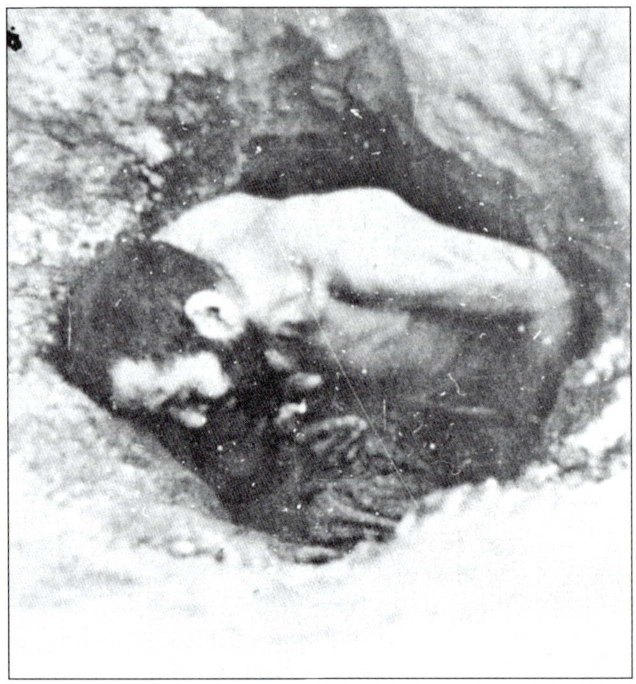

Die Nazis ermordeten ihre Opfer auf unterschiedliche Art und Weise, nicht nur durch Erschießen und Vergasen. Dieser jüdische Gefangene aus dem Vernichtungslager Bełżec wurde gezwungen in ein Eisloch zu steigen, in dem er erfror. Viele Lageraufseher waren für ihre Grausamkeit berüchtigt; sie versuchten sich mit unmenschlichen Methoden zur Ermordung ihrer Opfer gegenseitig zu übertreffen.

1942

den-„Fachmann“ in der Abteilung für europäische Angelegenheiten, empfiehlt der amerikanischen Regierung über die Einzelheiten des Holocaust zu schweigen. • Der britische Beamte John Cecil Sterndale Bennett ist verärgert darüber, dass bulgarisch-jüdischen Kindern aufgrund der Appelle der *Jewish Agency* die Einreise nach Palästina genehmigt wird.

• 8. Dezember 1942: Rabbi Stephen – Wise, der Präsident des *World Jewish Congress*, trifft mit weiteren jüdischen Führungspersönlichkeiten und mit dem US-amerikanischen Präsidenten Roosevelt zusammen um die kurz zuvor enthüllte Lage der europäischen Juden zu erörtern.

• 9. Dezember 1942: In Tunis (Tunesien) verhaften deutsche Soldaten 128 Juden und bringen sie zu Fuß in ein Arbeitsla-

Die Deutschen dehnten ihre antisemitische Politik auch auf die von ihnen kontrollierten Gebiete Nordafrikas aus. Diese tunesischen Juden sind auf dem Weg zur Zwangsarbeit. Während des Holocaust kamen relativ wenige nordafrikanische Juden ums Leben, da die Alliierten zur Stelle waren, ehe die Nazis Gelegenheit hatten dort mit ihrem systematischen Vernichtungsprogramm zu beginnen.

Max Kögel, der hier stolz mit den Insignien eines SS-Offiziers posiert, machte innerhalb der Nazibürokratie Karriere. Wie viele deutsche Soldaten nach dem Ersten Weltkrieg fiel es auch ihm schwer sich wieder in das Zivilleben einzufügen. 1926 verbrachte Kögel wegen Bankrotts und Betrugs eine Zeit im Gefängnis und 1929 veranlassten ihn Enttäuschung und Misserfolg in die SS einzutreten. 1933 gehörte er zum Personal des Konzentrationslagers Dachau und durchlief eine Reihe von Lagerpositionen. Kögel war u. a. Lagerkommandant in Ravensbrück und ab 1942 Kommandant des Todeslagers Majdanek.

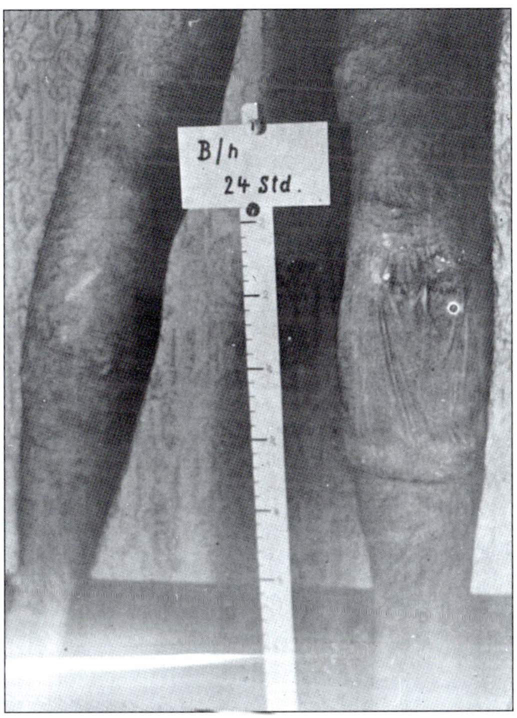

Die Naziärzte, die die Opfer ihrer medizinischen Versuche nicht als Menschen, sondern nur als Forschungsgegenstände betrachteten, hielten sich bei ihren Aktivitäten an keinerlei ethische Grenzen. So wie dem Häftling, dessen Bein hier abgebildet ist, injizierten sie manchen Gefangenen Eiter und toxische Substanzen um Infektionen hervorzurufen, an denen verschiedene noch nicht zugelassene Medikamente getestet werden konnten. Die Naziforscher amputierten auch gesunde Körperteile, die schwer verwundeten Soldaten transplantiert wurden. Nur wenige Häftlinge überlebten die Experimente; sie starben entweder sofort oder wurden so schwach und krank, dass man sie schon bald in die Gaskammern schickte.

ger. Ein junger Jude, der vor Erschöpfung zusammengebrochen ist, wird erschossen. • Das amerikanische protestantische Journal *Christian Century* bezichtigt Rabbi Stephen Wise auf seiner Pressekonferenz Lügen über den Holocaust verbreitet zu haben. In dem Journal heißt es weiter, dass die Veröffentlichung der Fakten keinen Zweck habe, selbst wenn das, was Wise sage, der Wahrheit entspräche.

• 10. Dezember 1942: In Auschwitz kommt ein Transport von Juden aus Deutschland an. • In Wola Przybyslawska (Polen), in der Nähe des Parczew-Waldes, erschießen die Nazis sieben Polen, die beschuldigt werden Juden unterstützt zu haben. • Der polnische Botschafter in Großbritannien setzt den britischen Außenminister Anthony Eden davon in Kenntnis, dass die polnische Exilregierung die systematische Vernichtung der gesamten jüdischen Bevölkerung Polens und des übrigen Europa durch die deutschen Behörden bestätigen kann.

• 11. Dezember 1942: Die jüdischen Insassen des Arbeitslagers in Luzk (Ukraine) erfahren von einer Christin, dass das Lager liquidiert werden soll. Die Juden planen eilig einen Aufstand. ***Siehe* 12. Dezember 1942.**

In einigen besetzten Länder wurde die Rassenpolitik der Nazis von Wissenschaftlern, die fragwürdige Forschungen auf dem Gebiet der Eugenik betrieben, gutgeheißen. Hier hält Louis Darquier de Pellepoix, der Leiter des *Commissariat général aux questions juives* (Amt für jüdische Angelegenheiten), links neben einem großen Porträt des Chefs des *État Français*, Henry Philippe Pétain, stehend die Rede zur Eröffnung des Instituts für Anthroposoziologie. Das Institut sollte sich mit dem Studium der Eugenik und der Rassen beschäftigen. Links neben Pellepoix steht der Rassenwissenschaftler Graf Georges Vacher de Lapouge, der die Wissenschaftler zu Beginn des Jahrhunderts aufgefordert hatte sich zur Verbesserung der menschlichen Rasse mit der Züchtung von Menschen zu beschäftigen.

Admiral François Darlan, 1939–1940 Oberbefehlshaber der französischen Flotte, war 1940–1942 stellvertretender Ministerpräsident der Regierung von Marschall Philippe Pétain in Vichy-Frankreich. Nach der Wiedereinsetzung Pierre Lavals als Ministerpräsident im April 1942 wurde Darlan Oberbefehlshaber der französischen Streitkräfte. In Französisch-Nordafrika spielte er ein gefährliches Spiel; er forderte die französischen Streitkräfte auf der Invasion der Alliierten keinen Widerstand entgegenzusetzen und vertrat gleichzeitig noch immer die Vichy-Regierung. Darlan, der bei den Anhängern Pétains wie auch Charles de Gaulles (des Führers der französischen Exilregierung) als Verräter galt, wurde von Olivier Bonnier de la Chapelle, einem Opponenten der Vichy-Regierung, am 24. Dezember 1942 in Algier ermordet.

„Ans Hakenkreuz geschlagener Jude“, eine Tuschzeichnung von Joseph Bau, einem Überlebenden des Holocaust. Diese Zeichnung ist ein eindeutiges Symbol der gnadenlosen Lösung der „Judenfrage“ durch die Nazis.

1942

• 12. Dezember 1942: Im Arbeitslager Luzk (Ukraine) revoltieren die jüdischen Häftlinge, mit Messern, Ziegelsteinen, Eisenstangen, Säure sowie mit mehreren Revolvern und abgesägten Schrotflinten bewaffnet, gegen Deutsche und Ukrainer. Der Aufstand wird niedergeschlagen.

• 13. Dezember 1942: Der Reichsminister für Volksaufklärung und Propaganda, Joseph Goebbels, beklagt in seinen Tagebucheintragungen die halbherzige Judenverfolgung in Italien.

• 15. Dezember 1942: In den Niederlanden kommen in jüdischen Haushalten gefälschte fröhliche Postkartengrüße von Freunden und Verwandten an, die in Auschwitz und im Lager und Ghetto Theresienstadt (Tschechoslowakei) interniert sind.

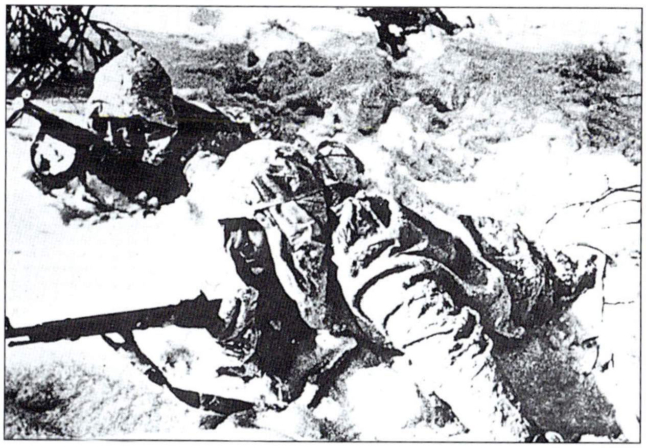

Die Schlacht um Stalingrad wurde zum Wendepunkt des Krieges; hier standen sich die bis dahin siegreichen, aber überdehnten Truppen der Wehrmacht und die erschöpften Soldaten der Sowjetarmee *(Abb.)*, die die Stadt um jeden Preis verteidigen mussten, gegenüber. In den letzten Tagen des Jahres 1942 näherte sich der Kampf einem bitteren Höhepunkt, als die Truppen der Roten Armee von Süden und Westen auf Stalingrad zustürmten und Hitler eine vernichtende Niederlage bereiteten. Mit seinem Traum von der Erschließung der Sowjetunion zur Plünderung und zur Expansion Deutschlands war es nach dieser Schlacht vorbei.

Generalfeldmarschall Gerd von Rundstedt war von 1942 bis 1945 Oberbefehlshaber West. 1938 wurde Rundstedt, ein Veteran des Ersten Weltkrieges, im Zuge der Reorganisierung der Wehrmachtsführung von seinen Pflichten entbunden. Während des Polenfeldzuges wurde er wieder in den aktiven Dienst übernommen. 1940 war er an der Westfront eingesetzt und kehrte dann in Richtung Osten zurück um im Sommer 1941 am Überfall auf die Sowjetunion teilzunehmen. Rundstedt gehörte zwar nicht zu dem Kreis der Generäle, die einen Anschlag auf Hitler planten, wusste jedoch von der Verschwörung und drängte Feldmarschall Erwin Rommel sich daran zu beteiligen.

Die Internierungslager in den USA

Der japanische Bombenangriff auf Pearl Harbor (US-Bundesstaat Hawaii) vom 7. Dezember 1941 löste unter den Amerikanern eine Art Paranoia und Panik aus. Auf eine Verfügung der Regierung hin veranstaltete man Razzien auf japanischstämmige Amerikaner, die im Westen der USA lebten, darunter auch auf jene, die in den USA geboren waren. Häufig wurden die Betroffenen vorher kaum gewarnt und mussten ihre Häuser, ihre Geschäfte und den größten Teil ihrer Habe zurücklassen.

In zehn Lagern wie beispielsweise Heart Mountain in Wyoming oder Manzanar im Owens Valley in Kalifornien wurden über 110 000 Personen festgehalten. Sie lebten in den Lagern unter primitiven und rauen Bedingungen. Das westlich vom Death Valley gelegene Manzanar war von Stacheldraht umgeben und wurde von Wachtürmen aus beaufsichtigt. Die einfachen Baracken boten weder vor der starken Sommerhitze noch vor der bitteren Kälte des Winters Schutz.

Von ihren Freunden und Verwandten isoliert, erniedrigt und ihrer Rechte beraubt begingen manche Internierten Selbstmord. Viele junge Männer versuchten aus den Lagern zu fliehen und ihre Loyalität durch den freiwilligen Eintritt in die Streitkräfte unter Beweis zu stellen. Zwar wurden viele japanisch-amerikanische Soldaten für ihre Heldentaten auf dem europäischen Kriegsschauplatz mit Orden geehrt, doch bekamen sie bei der Rückkehr nach Amerika zu hören: „Japse werden hier nicht bedient.“ Erst in den 1990er-Jahren begann die amerikanische Regierung ernsthaft Entschädigung für diese illegalen Internierungen zu leisten.

• 16. Dezember 1942: In Charkow (Ukraine) wird ein Judenghetto eingerichtet. • Deutschland verfügt die Deportation deutscher Zigeuner nach Auschwitz und deren Vernichtung. Ausnahmen werden nur bei ehemaligen Wehrmachtsangehörigen, Arbeitern in der kriegswichtigen Industrie und bei „sozial Angepassten“ gemacht.

• 17. Dezember 1942: Unter dem Druck von Parlamentsmitgliedern, jüdischen Gruppierungen in England, der Anglikanischen Kirche, der britischen Presse und der polnischen Exilregierung veranlassen die Regierungen der Alliierten die Veröffentlichung ihrer ersten offiziellen Anerkennung der Berichte über die Gräueltaten in Polen. Die verbündeten Nationen – Großbritannien, die USA, die Sowjetunion, Belgien, die Tschechoslowakei, Griechenland, Luxemburg, die Niederlande, Norwegen, Polen, Jugoslawien und das französische Nationalkomitee – verurteilen offiziell die „bestialische Politik der kaltblütigen Vernichtung“, die von den Nazis betrieben wird. Sie geloben die Verantwortlichen zu bestrafen. Mehrere Beamte des US-amerikanischen Außenministeriums versuchen diese Erklärung zu verhindern. In keiner der vorangegangenen

Stutthof

Das rund 30 Kilometer östlich von Danzig gelegene spätere KZ Stutthof war das erste Lager, das auf polnischem Territorium entstand. Es wurde im September 1939 eröffnet und diente zunächst als Arbeitslager für kriegsgefangene Zivilisten, zu denen später Dänen und Angehörige anderer Nationen kamen. Anfang 1942 wurde Stutthof in ein Konzentrationslager umgewandelt und zum Zentrum einer ganzen Gruppe von Lagern gemacht.

1944 wurden Juden aus den baltischen Staaten, aus Ungarn und aus anderen Lagern nach Stutthof geschickt. Die Mehrzahl von ihnen waren Frauen. Viele starben durch schwere Arbeit, Hunger und Krankheiten. Andere wurden vergast oder lebend in die Verbrennungsöfen des Krematoriums geworfen.

Als sich die sowjetischen Truppen im Winter 1944/45 Stutthof näherten, wurde ein Teil der jüdischen Gefangenen auf Todesmärsche geschickt, andere starben bei der Überfahrt über die Ostsee, die sie in Booten antreten mussten. Viele waren so schwach, dass sie ihre Befreiung im Mai 1945 nur wenige Stunden überlebten. In Stutthof kamen etwa 65 000 Menschen ums Leben.

Hier haben sich auf Jamaika, weit weg von ihrer Heimat, polnisch-jüdische Flüchtlinge in einem aus Holz errichteten Haus versammelt, das ihnen als Synagoge dient. Auf der Flucht vor der Verfolgung waren sie bis Portugal gekommen, wo das *Joint Distribution Committee* ihnen und 150 weiteren Flüchtlingen die Überfahrt nach Jamaika organisieren konnte. Dort warteten sie in einem Flüchtlingslager auf ihre Visa, die ihnen die Einreise in die USA oder in verschiedene lateinamerikanische Staaten erlaubten.

Der KZ-Inspekteur Richard Glücks war der unmittelbare Vorgesetzte von Rudolf Höß und anderen Lagerkommandanten. Glücks hatte nicht nur den Standort für das KZ Auschwitz ausgesucht, sondern war auch für die medizinischen „Dienste", die im Lager geleistet wurden, und für die Bereitstellung von Arbeitssklaven zur Unterstützung der Deutschen im Krieg verantwortlich. Er entschied, wie viele Gefangene für die Vergasung und wie viele für Sklavenarbeit selektiert wurden. Glücks wurde zuletzt in einem Marinehospital nahe der dänischen Grenze gesehen; ob er Selbstmord beging oder von Juden ermordet wurde, die Vergeltung üben wollten, ist bis heute nicht geklärt.

1942

und der folgenden Deklarationen werden die Juden erwähnt. • Die amerikanische Presse akzeptiert die Meinung der Regierung der USA, dass den vom Völkermord bedrohten Juden nur mit einem totalen und bedingungslosen Sieg der Alliierten über Deutschland geholfen werden kann, behandelt den Holocaust aber weiterhin wie jedes andere Ereignis des Krieges und will die systematische Judenvernichtung nicht erörtern. Die alliierten Regierungen sind über den Holocaust aktuell informiert und wollen dennoch ihre abwartende Haltung bis zum vollständigen Sieg der alliierten Streitkräfte über die Deutschen beibehalten, das heißt, sie scheinen sich damit abgefunden zu haben, dass die Mehrheit der europäischen Juden getötet wird, ehe die Deutschen gestoppt werden können. • Die jüdischen Insassen des Arbeitslagers

Selbst als sich die Bedingungen im Warschauer Ghetto verschlechterten, mühten sich die Intellektuellen und Künstler das kulturelle Leben aufrechtzuerhalten; einige suchten auch weiterhin das Hebräische, andere das Jiddische zu pflegen. Der Autor, Dichter und Verleger Aaron Luboshitzki war führend in den Bemühungen die hebräische Literatur zu fördern. Im Verlauf seines ergebnisreichen Berufslebens verfasste er Lehrbücher, Aufsätze, Gedichte und Theaterstücke und gründete mehrere Verlage. Luboshitzki wurde von den Nazis 1942 in Warschau umgebracht.

Szene aus dem Nazidokumentarfilm „Zwischen Weichsel und Rhein", in der SS-Männer bei einer Deportationsaktion in Warschau gezeigt werden. Beachtenswert ist die Darstellung der Soldaten, die hier ruhig und gelassen ihren Dienst versehen. Von der schrecklichen Brutalität der Razzien war in den Propagandafilmen der Nazis nichts zu sehen. Die Vernichtung des polnischen Judentums wurde nicht etwa als planmäßiger Völkermord, sondern als Umsiedelungsaktion geschildert.

Mitarbeiter der Gestapo und des Sicherheitsdienstes bei der Vernehmung eines jüdischen Mädchens, in dessen Schuhabsätzen Banknoten gefunden worden waren. Die Juden, die man ihrer Besitztümer beraubt hatte, versuchten bei der Vorbereitung auf ihre Deportation nach Möglichkeit alles, was von Wert war, zu verstecken. Eltern, die eine Trennung der Familie fürchteten, gaben ihren Kindern Geld oder Schmuckstücke, damit sie besser für sich sorgen könnten.

Kruszyna (Polen) bei Radom greifen die Aufseher mit Messern und Fäusten an. Sechs Gefangene werden getötet, vier fliehen. *Siehe* 18. Dezember 1942.

• 18. Dezember 1942: Als sich die jüdischen Zwangsarbeiter in Kruszyna (Polen) weigern auf Lastwagen zu steigen, werden über 100 von ihnen erschossen. • Der britische Botschafter im Vatikan, Francis D'Arcy Osborne erklärt, Papst Pius XII. verstünde nicht, dass sein Schweigen für den Heiligen Stuhl höchst schädigend sei.

• Ende 1942: 19 Mitglieder einer weißrussischen Partisaneneinheit unter Führung von Tuvia Bielski geraten in einen Hinterhalt und werden von deutschen Soldaten erschossen.

• 19. Dezember 1942: 42 jüdische Männer, die von ukrainischen Soldaten drei Wochen lang in einer Synagoge gefangen gehalten worden sind, werden zu Fuß in den Rakow-Wald getrieben und angewiesen Gräben auszuheben. Sie widersetzen sich und werden daraufhin erschossen. Nur wenigen gelingt die Flucht. Im Verlauf des Tages werden weitere 560 Juden aus der Synagoge in den Wald gebracht und ermordet.

Die Arbeitssklaven des Arbeitslagers Luzk (Ukraine) waren auf den Aufstand am 12. Dezember 1942 vorbereitet. Als an diesem Tag Nazisoldaten eintrafen um das Lager zu liquidieren, wurden sie von den mit Äxten, Messern, Säure, Eisenstangen, Ziegelsteinen und Revolvern bewaffneten jüdischen Arbeitern zurückgedrängt. Die Deutschen formierten sich erneut und griffen die Zimmererwerkstatt über zwölf Stunden lang mit Granaten an. Als die Werkstatt schließlich brannte, erhängten sich 50 Arbeiter, die nicht so sterben wollten, wie es ihnen ihre Gegner zugedacht hatten. Die hier abgebildeten Personen sind Partisanen aus dem Gebiet Luzk, deren eigene Art Widerstand die Deutschen weiterhin beschäftigen sollte.

Dieses Frauenorchester trat im Internierungslager Vittel (Frankreich) auf. Dort herrschten relativ gute Bedingungen, solange die Gestapo versuchte ausländische Bürger und Juden mit gültigen ausländischen Pässen gegen deutsche Staatsangehörige auszutauschen, die von den Alliierten festgehalten wurden. Im Frühjahr 1944 jedoch wurden Juden mit gültigen Papieren aus den besetzten und Krieg führenden Nationen in das Durchgangslager Drancy (Frankreich) abgeschoben. Europäische Juden, die im Besitz von Transitdokumenten (in den meisten Fällen neutraler) lateinamerikanischer Staaten waren, wurden nach Auschwitz geschickt. Das lag zum Teil daran, dass die Länder, in denen die Papiere ausgestellt worden waren, die Unterlagen nicht anerkannten.

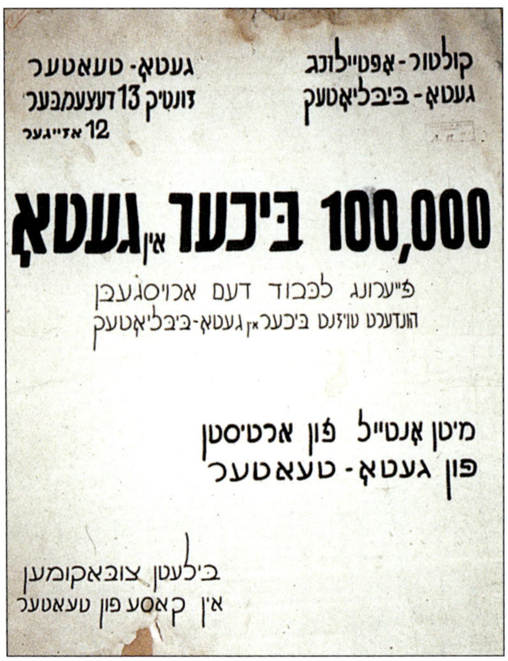

Zu den außerordentlichsten Errungenschaften des Ghettos Wilna (Litauen) gehörte dessen Bibliothek. Mit diesem Plakat vom Dezember 1942 wird die 100 000. Ausleihe eines Buches gefeiert. Die Feier dieses Ereignisses wurde von Hermann Kruk, dem Direktor der Bibliothek, organisiert; mit ihr sollte die Liebe der jüdischen Gemeinde zur Literatur und das Engagement für das Lernen selbst in der damaligen schrecklichen Zeit gewürdigt werden. Das Lesen unterhielt die Menschen und half ihnen der Härte des Alltags im Ghetto zu entfliehen.

1942

• 22. Dezember 1942: Nazisoldaten, die gerade im Krakówer Kaffeehaus *Cyganeria* sitzen, werden von jüdischen Partisanen angegriffen. Bei dem Angriff werden mehrere SS-Offiziere sowie zwei Partisanen, unter ihnen auch der Partisanenführer Aharon Liebeskind, getötet.

• 24. Dezember 1942: Die Deutschen machen im Parczew-Wald zum zweiten Mal Jagd auf geflüchtete Juden. • Der französische Admiral François Jean Darlan, ein einflussreicher Politiker der Vichy-Regierung und Kollaborateur, wird von dem 20-jährigen französischen Royalisten Fernand Bonnier de la Chapelle angeschossen und dabei tödlich verwundet. *Siehe* 26. Dezember 1942.

• 25. Dezember 1942: Vier aus dem Vernichtungslager Sobibór geflohene

Die Eintragung vom 28. Dezember 1942 in die Chronik des Łódźer Ghettos lautet kurz und bündig: „Wieder kalt." Hier suchen Kinder und betagte Juden aus dem Ghetto nach Kohlestücken. Der grimmige und unvermindert anhaltende Frost forderte unter den Bewohnern des Ghettos Łódź sogar mehr Todesopfer als der Hunger. Unter der Bevölkerung gingen Gerüchte um, dass man anlässlich der Weihnachtsfeiertage Brot, Wurst und sogar Eier zu kaufen bekäme – Hoffnungen, die sich als trügerisch erwiesen.

Der polnische Jude Abraham Stern, der seine Heimat verlassen hatte um an der Hebräischen Universität in Palästina zu studieren, gründete die Untergrundorganisation *Fighters for the Freedom of Israel (FFI,* Kämpfer für die Freiheit Israels*)*, deren Ziel es war die jüdische Emigration nach Palästina zu fördern und auch Israels Unabhängigkeit zu sichern. Die *FFI*, bei den Briten auch *Stern Gang* genannt, galt in Großbritannien als eine der aktivsten und radikalsten Gruppierungen, die sich für die Gründung eines jüdischen Staates einsetzten.

Der Vatikan

Die Ereignisse des Jahres 1942 machen deutlich, weshalb der Holocaust auch Anlass zu Debatten über den Vatikan und die römisch-katholische Kirche gibt. Die europaweiten Verbindungen der Kirche – über Bischöfe, Diplomaten, Kuriere, Priester und deren Gemeindeglieder – sorgten dafür, dass der Vatikan und Papst Pius XII. über das Schicksal der europäischen Juden auf dem Laufenden gehalten wurden. Dennoch sah der Außenminister des Vatikans, Kardinal Luigi Maglione, der sich mit den Berichten über die Deportationen und Massentötungen von 1941 und 1942 beschäftigte, die Nachrichten als unbewiesen, wenn nicht gar übertrieben an.

An einer päpstlichen Verurteilung der Behandlung der Juden durch Nazideutschland interessiert, forderten die Alliierten Pius XII. auf eine Erklärung vom 17. Dezember 1942 unter der Überschrift „Die deutsche Politik der Vernichtung der jüdischen Rasse" zu unterstützen. Kardinal Maglione erwiderte auf diese Bemühungen, der Vatikan habe gegen Gräueltaten im Allgemeinen protestiert und der Papst könne nicht öffentlich einzelne Gräueltaten verurteilen.

In seiner Botschaft vom 24. Dezember 1942 bedauerte Pius XII. in einem verschleierten Hinweis auf die Juden die „Hunderttausenden, die ohne eigenes Verschulden und mitunter nur wegen ihrer Nationalität oder Rasse dem Tod oder dem langsamen Ende ausgeliefert" seien.

Kontroversen darüber, was die oberste Behörde der römisch-katholischen Kirche während des Holocaust hätte tun können oder sollen, werden erst geklärt, wenn die Archive des Vatikans aus der Kriegszeit voll zugänglich sind.

Häftlinge werden erschossen, nachdem Dorfbewohner sie verraten haben.

• 26. Dezember 1942: Der 20-jährige französische Royalist Fernand Bonnier de la Chapelle wird zwei Tage, nachdem er Admiral Jean François Darlan tödlich verwundet hat, von einem Vichy-französischen Erschießungskommando exekutiert.

• 28. Dezember 1942: Wegen Meuterei werden zwei Juden im Arbeitslager Stalowa Wola (Polen) erschossen.
• Dr. Carl Clauberg beginnt mit seinen Sterilisationsversuchen an weiblichen Häftlingen des KZ Auschwitz.

• 30. Dezember 1942: Papst Pius XII. stellt gegenüber einem amerikanischen Vertreter fest, dass er die Gräuelgeschichten über die Juden für Übertreibungen „zu Propagandazwecken" hält.

• 31. Dezember 1942: Bis zu diesem Tag hat das Deutsche Reich über zwei Millionen Juden in die Todeslager deportiert. Hunderttausende weitere Juden sind durch Angehörige der Einsatzgruppen und der Polizeibataillone ermordet worden.

1943

DIE NAZIS kannten zwar nur selten die Namen ihrer Opfer, doch nach ihren Vorstellungen sollten Zivia Lubetkin, Richard Glazar und Thomas Blatt die „Endlösung“ nicht überstehen. Sie blieben am Leben und als der Holocaust zu Ende war, schrieb jeder von ihnen ein Buch darüber, wie sie sich 1943 der Katastrophe widersetzt hatten.

Im übervölkerten Warschauer Ghetto hatten 400 000 Juden gelebt, doch Krankheiten, Hunger und die Deportationen nach Treblinka – von Juli bis September 1942 waren 300 000 Personen verschleppt worden – hatten diese Zahl drastisch reduziert. Der Reichsführer SS, Heinrich Himmler, schätzte, dass in diesem Ghetto noch 40 000 Juden lebten (die wirkliche Zahl lag bei knapp 55 000) und befahl bei seinem Besuch in Warschau am 9. Januar 1943 weitere 8000 Personen zu deportieren. Die von dem 23-jährigen Mordechai Anielewicz geführte *Zydowska Organizacja Bojowa (ZOB)* leistete jedoch bewaffneten Widerstand, als die Deutschen am 18. Januar kamen um Himmlers Befehl auszuführen. Bis zum 22. Januar sollten dann doch noch 5000 Juden deportiert werden, aber der Widerstand der Ghettobewohner – die Maßnahmen reichten vom Verstecken und von der Weigerung sich zu melden bis zum gewaltsamen Kampf – verhinderte, dass die angeordnete Personenzahl erreicht wurde, und veranlasste die Deutschen ihre Aktion abzubrechen. Der Aufschub war jedoch nicht von Dauer.

Zivia Lubetkin war bei der Gründung der Jüdischen Kampforganisation behilflich und nahm am Januaraufstand im Warschauer Ghetto teil. In ihrem Buch „Die letzten Tage des Warschauer Ghettos“ erinnerte sie sich daran, wie sie mit Granaten, Revolvern, Eisenstäben und Glühlampen, die mit Schwefelsäure gefüllt waren, gekämpft hatten. Einige Minuten lang seien sie von der Erregung der Schlacht wie berauscht gewesen, denn sie hätten den Rückzug der deutschen Welteroberer vor einer Hand voll junger Juden mit ein paar Pistolen und Handgranaten erlebt.

Zivia Lubetkin wusste, dass die Deutschen wiederkommen würden. Die Frage war nur wann. Für die 50 000 Juden, die sich noch im Ghetto befanden, kam die entscheidende Antwort am 19. April 1943, am Vorabend des Osterfestes. Diesmal rechneten die gut ausgerüsteten deutschen Soldaten unter SS-Brigadeführer und Generalmajor der Polizei Jürgen Stroop mit Widerstand und sie wurden nicht enttäuscht. Doch die schlecht bewaffneten jüdischen Kämpfer – 700 bis 750 an der Zahl – waren ihren Gegnern an Feuerkraft unterlegen und machten sich keine Hoffnung Stroop schlagen zu können. Zivia Lubetkin sah die Deutschen zunächst zurückweichen, da die wenigen jüdischen Pistolen, Granaten und Molotow-Cocktails den deutschen Eindringlingen Angst und Tod brachten.

Doch auch jetzt gab es nur eine kurze Atempause. Nach Zivia Lubetkins Worten habe der Feind dann das Ghetto in Brand gesteckt. Die enormen Leiden und

Mitglieder der Partisanengruppe Grynszpan im Parczew-Wald (Polen).

der Schrecken der in den Flammen eingeschlossenen Juden seien nicht zu beschreiben gewesen. Aber die Ghettokämpfer widerstanden noch immer. Erst am 16. Mai konnte Stroop berichten: „Es gibt keinen jüdischen Wohnbezirk in Warschau mehr." Zu der Zeit war Zivia Lubetkin bereits durch die Kanalisation auf die „arische" Seite Warschaus geflohen, wo sie ihren Widerstand fortsetzte.

Die Bedeutung des Warschauer Ghettoaufstandes reicht weit über das, was Kampfberichte und Opferstatistiken besagen, hinaus. Die Nachricht vom Aufstand regte überall den jüdischen Widerstand an und verstärkte die Unsicherheit, die die Nazis nach der eindrucksvollen Niederlage der Wehrmacht Ende Januar bei Stalingrad empfanden. Wie im Warschauer Ghetto, so fehlte dem jüdischen Widerstand, so heroisch und ausgedehnt er auch war, jedoch meistens die Unterstützung von außen, die nötig gewesen wäre um mehr als nur moralische Siege zu erringen.

Während des Aufstandes im Warschauer Ghetto kämpfte in Treblinka der tschechische Jude Richard Glazar darum am Leben zu bleiben. Der 1920 geborene Glazar wurde Anfang Oktober 1942 aus Theresienstadt (Tschechoslowakei) in das Vernichtungslager Treblinka geschickt. Die Gaskammern dieses Lagers forderten das Leben von mehr als 800 000 Juden, doch Glazar gehörte zu den wenigen, die man für die Zwangsarbeit ausgesucht und daher geschont hatte. Wie Zivia Lubetkin war auch er im Widerstand tätig und überlebte um seine Geschichte in dem Buch „Die Falle mit dem grünen Zaun – Überleben in Treblinka" zu erzählen.

SS-Brigadeführer und Generalmajor der Polizei Jürgen Stroop *(Mitte)* leistet seinen Soldaten während des Warschauer Ghettoaufstandes Gesellschaft.

Glazar sah in regelmäßigen Abständen die Züge, die tausende Juden nach Treblinka brachten. Im Frühjahr 1943 schließlich wusste er, wie weit die Nazis bei der Verwirklichung ihrer Massenmordpläne bereits vorgedrungen waren, denn mit den Transporten kamen nun schon Juden aus dem fernen Bulgarien und Griechenland an. Die Juden verschwanden für immer, wenn sie in Treblinka angekommen waren, ihre Habseligkeiten blieben und wurden von den Deutschen geplündert. In Glazars Erinnerung war das Lager Treblinka „ein riesiger Trödelladen, in dem alles vorhanden ist – außer Leben". Das Sortieren der Beute wurde zur alltäglichen Arbeit und er und seine Mithäftlinge wussten, dass sie verloren waren, wenn es nichts mehr zu sortieren gab.

Trotz überwältigender Schwierigkeiten gab es in Treblinka Widerstand. Glazar beschreibt, wie die Züge, die das Todeslager wieder verlassen sollten, mit Beute beladen wurden, und erinnert sich dabei an eine Gelegenheit, da die Gefangenen zwischen den Bündeln zwei Flüchtlinge versteckten, die der Welt über das Morden berichten sollten. Dann, Ende Mai 1943, „kamen wieder einige große Transporte an. Sie sind elender als alle Transporte, die je in Treblinka angekommen waren". Die Menschen kamen aus Warschau. Ihre noch verbliebene Habe war so mager, dass es kaum etwas zu sortieren gab. Doch diese letzten Transporte erwiesen sich, so betonte Glazar, in einem anderen Sinn als ergiebig, denn sie brachten Nachricht über den Ghettoaufstand. Diese Nachricht ließ Glazar und seine Kameraden glauben, dass Warnungen durch die aus Treblinka Entflohenen dazu beigetragen haben, den Warschauer Aufstand anzuregen. Umgekehrt begann nun der Warschauer Aufstand die Häftlinge in Treblinka wachzurütteln: „… gebt die Hoffnung auf, dass vielleicht ihr die Letzten sein werdet, die dem nackten Tod entkommen. Zeigt der Welt und euch selbst …"

In Treblinka hatte eine Widerstandsgruppe der Häftlinge seit Beginn des Frühjahrs geplant sich der Waffen aus der Waffenkammer der SS zu bemächtigen, die Kontrolle über das Lager zu übernehmen, es zu zerstören und in die Wälder zu den Partisanen zu fliehen. Als Datum für den Aufstand in Treblinka wurde der 2. August festgesetzt. Gegen 4 Uhr, noch bevor die Widerstandsführung das Waffenlager unter ihre Kontrolle bekommen konnte, wurde ein misstrauischer SS-Offizier mit einem Schuss getötet, der das Wachpersonal in Alarmzustand versetzte und den Häftlingen vorzeitig das Signal zum Aufstand gab. Während des Schusswechsels mit den Wachen setzten einige Gefangene Teile des Lagers in Brand. Die Flüchtenden liefen um ihr Leben, doch die meisten von ihnen wurden von den Wachtürmen aus niedergemäht oder eingefangen und später getötet. Am Tag des Aufstandes befanden sich im Lager rund 850 Häftlinge. Über 750 versuchten zu fliehen. Glazar war einer von den etwa 70 Insassen, die den Holocaust überlebten.

Im Krematorium IV von Auschwitz-Birkenau konnten täglich fast 1500 Leichen verbrannt werden.

Nach der Rebellion zwangen die Deutschen die eingefangenen Flüchtlinge das Lager dem Erdboden gleichzumachen. Dann wurden diese Häftlinge erschossen, man pflanzte Bäume und tarnte den ehemaligen Lagerstandort als Bauernhof. Der jüdische Widerstand hatte zur Schließung Treblinkas beigetragen, doch erst nachdem das Lager seine Tätigkeit im Wesentlichen beendet hatte.

Zu dieser Zeit war das Todeslager Sobibór noch immer in Betrieb. Zwischen März und Juli 1943 brachten 19 Transporte 35 000 niederländische Juden in die Gaskammern Sobibórs, in denen rund 250 000 Juden umkamen. Dann nahmen die Transporte ab; in der zweiten Septemberhälfte wurden in Sobibór über 13 000 Personen aus den Ghettos in Wilna, Minsk und Lida vergast. Den Lagerinsassen war klar, dass das Ende der Transporte auch das Ende ihres Lebens bedeutete.

Anfang September 1943 befanden sich unter den Arbeitshäftlingen in Sobibór etwa 650 Juden. Wie in Treblinka gab es auch hier einige qualifizierte Arbeiter, die den Lagerbetrieb aufrechterhielten; andere sortierten die Beute und wieder andere waren zur Arbeit in den Kommandos verdammt, die die Gaskammern säuberten und die Leichen wegbrachten. Thomas Blatt gehörte zu den etwa 300 Gefangenen, denen während des Aufstandes vom 14. Oktober 1943 die Flucht gelang. In seinem 1996 erschienenen Buch „Sobibór. Der vergessene Aufstand" berichtet er, dass nur 48 der Flüchtlinge von Sobibór die Befreiung erlebten.

Der Aufstand in Sobibór veranlasste die Deutschen ihre Pläne zur Umwandlung des Todeslagers in ein Konzentrationslager aufzugeben. Stattdessen beschlossen sie den Ort, an dem ihr Mordauftrag im Grunde ohnehin erfüllt war, zu räumen und die Spuren zu beseitigen. Sobibór wurde wie Treblinka zu einem landwirtschaftlichen Betrieb gemacht. Dieses Ende war jedoch nicht das einzige Ergebnis des Häftlingsaufstands von Sobibór. Die Ereignisse in Warschau, Treblinka und Sobibór deuteten auf die immer deutlicher werdende Erkenntnis der polnischen Juden hin, dass es keine „Rettung durch Arbeit" gab. Die Juden würden, der Hoffnung auf das Überleben beraubt, Widerstand leisten bis zum Tod. Die Gefahr eines solchen jüdischen Widerstands vor Augen, beschleunigte Himmler die Auslöschung der Juden, die sich noch in den Arbeitslagern Trawniki und Poniatowa im Distrikt Lublin sowie im Vernichtungslager Majdanek befanden. Im Distrikt Lublin wurden am 3. November 1943 über 42 000 Juden erschossen. Der Historiker Browning nennt dieses Massaker die größte einzelne deutsche Tötungsaktion gegen die Juden, die während des Krieges stattgefunden habe. Die deutsche Tarnbezeichnung dafür lautete „Aktion Erntefest". Vorsichtigen Schätzungen zufolge hat der Holocaust 1943 mindestens 500 000 Juden das Leben gekostet. Trotz der beeindruckenden Leistungen der Aufständischen war der jüdische Widerstand in jenem Jahr nicht stark genug um die Katastrophe zu verhindern.

Nach der Schlacht um Stalingrad: Deutsche Wehrmachtoffiziere in sowjetischer Gefangenschaft

Rabbi Leo Baeck

Rabbi Leo Baeck gehörte zu den hervorragenden Rabbinern und Theologen des deutschen Judentums. Baeck erhielt 1897 seine Ordination und war als liberaler Rabbiner von 1912 bis zu seiner Deportation in das Lager und Ghetto Theresienstadt (Tschechoslowakei) Anfang 1943 in Berlin tätig.

Als die Nazis 1933 die Gründung der Reichsvertretung der deutschen Juden veranlassten,

wurde Baeck zu deren Präsident ernannt. Als oberster Vertreter des deutschen Judentums lehnte er es ab Deutschland zu verlassen, selbst als seine eigene Sicherheit und die der deutschen Juden bedroht war.

Nach der Deportation nach Theresienstadt arbeitete Baeck unermüdlich um viele seiner jüdischen Mitbewohner moralisch zu stärken, auch jene, von denen er wusste, dass sie nach Auschwitz kommen sollten. Nach dem Krieg ließ sich Baeck in London nieder, wo er Präsident des *Council of Jews from Germany* wurde. Das Leo-Baeck-Institut, das als wichtigste Forschungseinrichtung für das Studium des deutschen Judentums gilt, trägt den Namen dieses verehrungswürdigen Mannes.

In dem falschen Glauben, sie seien zur „Umsiedlung" in den Osten unterwegs, nahmen die Juden auf den Transport nach Auschwitz ihre wertvollsten Besitztümer in Koffern mit. Während man die Deportierten oftmals gleich nach der Ankunft in den Tode schickte, wurde ihre Habe bewacht, sortiert, gelagert und dann nach Deutschland gebracht.

Juden bei der Umsiedlung ins Ghetto von Grodno (Weißrussland). Das Ghetto wurde kurz nach dem deutschen Überfall auf die Sowjetunion eingerichtet. Im November 1941 mussten 25 000 Juden aus Grodno und den umliegenden Ortschaften dorthin ziehen. Im Januar 1943, als man seine jüdischen Bewohner nach Treblinka in den Tod schickte, wurde das Ghetto liquidiert. Bereits vor der deutschen Besetzung dieses Gebietes hatte es auf die dort lebenden Juden Angriffe vonseiten antisemitisch eingestellter Zivilisten gegeben.

1943

• 1943: Heinrich Himmler wird zum Reichsinnenminister ernannt. • Papst Pius XII. verkündet, dass der Vatikan unterdrückten Völkern nur durch seine Gebete helfen könne. • In Dänemark wird die kollaborationswillige Partei *Nye Denmark* (Das neue Dänemark) gegründet. • Die *SS Galizien*, eine ukrainische SS-Einheit von Freiwilligen, wird gegründet. • Der slowakische Ministerpräsident Josef Tiso, ein Verbündeter Adolf Hitlers, stoppt die Deportation slowakischer Juden für kurze Zeit. • In Izieu (Frankreich) gründet die französische Jüdin Sabina Zlatin ein Kinderheim, in dem über 100 jüdische Kinder Schutz vor den Nazis finden. *Siehe* 6. April 1944. • In Deutschland wird die erste Ausgabe des antisemitischen „Archiv für Judenfragen" veröffentlicht.

Ein Arbeiter im Warschauer Ghetto schleift einen ausgemergelten Leichnam von der Straße weg. Im Januar 1943 veranlassten die Deutschen neue Deportationen aus dem Ghetto. Die Juden leisteten erstmals gewaltsamen Widerstand und kämpften auf den Straßen und in den Gebäuden des Ghettos mit ihren wenigen Waffen gegen die Deutschen. Die Schießereien belebten den Kampfgeist und ließen die Kämpfer Erfahrungen für die entscheidende Konfrontation sammeln, die einige Monate später beginnen sollte.

Zerlumpte Kinder vor einer Ziegelmauer im Warschauer Ghetto. Im Winter 1942/43 herrschten im Ghetto erbärmliche Bedingungen. Die Rohrleitungen froren ein und die Abwässer traten an die Straßenoberfläche. Das Fleckfieber wütete im Ghetto und die Hungerrationen forderten unter der jüdischen Bevölkerung einen hohen Tribut. In einem Monat starben 5000 Menschen und mehr; jenen, die sich an ihr Leben klammerten, erging es unbeschreiblich elend.

„Straßen voll, voll. … Handeln. Gegenseitiges Anbetteln. Weinen. Hunger."

Jan Karski, Zeuge aus dem Warschauer Ghetto

Häftlinge des Lagers Dachau bei der Arbeit in einem nahe gelegenen Rüstungsbetrieb. Vielleicht ein Drittel der Arbeitssklaven waren Juden; der Rest setzte sich aus politisch Andersdenkenden, Geistlichen, Zigeunern, Zeugen Jehovas, Homosexuellen und sowjetischen Kriegsgefangenen zusammen. Die Verwertung der Sklavenarbeit und die Ausweitung der Kriegsanstrengungen ließen das Lager immer größer werden. Zu Dachau gehörten schließlich 36 Außenlager, in denen 37 000 Häftlinge als Zwangsarbeiter ausgenutzt wurden. Die große Mehrheit dieser Arbeiter war in der Rüstungsproduktion beschäftigt.

• Januar 1943: Zu Beginn des Jahres leisten in Betrieben in ganz Deutschland 10 000 Juden Zwangsarbeit. • Die letzten 27 Juden aus Bilgoraj (Polen) werden in ihren Verstecken aufgestöbert und getötet. • Fast 870 Kinder, Invaliden und medizinisches Personal werden aus den Niederlanden nach Auschwitz geschickt. • Von einem Sieg der Roten Armee am Don sind auch 50 000 ungarische Juden betroffen, die als Zwangsarbeiter an der Ostfront eingesetzt waren; über 40 000 kommen im Kampf zwischen den deutschen und den sowjetischen Truppen ums Leben. Darüber hinaus geraten viele tausende in Gefangenschaft und werden von den Sowjets und den gefangen genommenen Angehörigen der Achsentruppen misshandelt.

• In einer Instruktion der SS zur Vollstreckung der Todesstrafe in den Vernichtungslagern wird verfügt, dass Exekutionen durch Erhängen von dazu ernannten Häftlingen durchzuführen seien; die Vergütung dafür beträgt drei Zigaretten. • Die Mitglieder des jüdischen Widerstands im Warschauer Ghetto teilen sich in 22 Gruppen auf. Sie bauen Verstecke und Bunker und graben sogar Tunnel, die in den nichtjüdischen Teil der Stadt führen. • Die Juden Mosche Fisz und Ljowa Giltschik, die im Juli 1942 in

Die Nazipropaganda kannte in ihrem Bemühen das deutsche Volk für den Krieg zu begeistern keine Grenzen. Neben den ständigen Rundfunkansprachen und Paraden übermittelten auch Briefmarken die Botschaft vom Ruhm der Wehrmacht. Die auf diesen Marken dargestellten Kampfszenen sollten die Bereitschaft der deutschen Nation für den Krieg fördern.

Fritz Sauckel war von 1942 bis 1945 Generalbevollmächtigter für den Arbeitseinsatz. In dieser Funktion rekrutierte er Sklavenarbeiter aus der Sowjetunion und aus anderen besetzten Territorien und veranlasste die Zwangsumsiedlung von mehr als fünf Millionen Menschen aus ihrer besetzten Heimat nach Deutschland. Sauckel trug auch die Verantwortung für die Vernichtung von zehntausenden jüdischen Arbeitern in Polen. Sauckel bezahlte für seine Verbrechen mit dem Leben; er wurde von den Alliierten am 16. Oktober 1946 durch den Strang hingerichtet.

Häftlinge in Allach, einem Außenlager des KZ Dachau (Deutschland), bei der Arbeit in der Flugzeugmotorenfabrik der Bayrischen Motorenwerke AG (BMW). Als sich der Krieg immer länger hinzog, stellten die Lager der deutschen Rüstungsindustrie ein unschätzbares Aufgebot an Arbeitskräften zur Verfügung. Firmen wie BMW konnten die Arbeitssklaven zu extrem niedrigen Kosten mieten. In den 1990er-Jahren kamen „Geschäftsvereinbarungen" dieser Art, die BMW und andere noch bestehende deutsche Firmen moralisch belasteten, ans Licht.

1943

den Wäldern um Kleck (Polen) eine Partisanengruppe gebildet haben, fallen im Kampf gegen deutsche Soldaten.

• Der Putsch, den deutsche Generäle in Stalingrad (Russland) planen um Hitler zu stürzen, findet nie statt. Führende deutsche Hitler- und Nazigegner – meist konservative politische Opponenten – planen den Sturz des Hitlerreiches. Sie sind der Ansicht, dass sich Hitler übernommen und dass sich der Krieg zu einem gefährlichen Zweifronten-Kampf entwickelt hat. Trotz der Opposition gegen Hitler vertreten dessen Gegenspieler eine antisemitische Haltung und wollen die Juden noch immer verschwinden lassen. Sie sind der Meinung, dass die Juden einen verhängnisvollen Einfluss auf die Nation hätten und eine Gefahr für die deutsche Nation seien.

Joseph Darnand *(rechts)*, einer der meistgehassten französischen Kollaborateure, hier mit dem Kollaborateur Marcel Déat. Darnand leitete eine französische militärische Organisation, die offen für die Deutschen kämpfte. Als Anführer der Organisation *Service d'ordre légionnaire (SOL)* war er für Sicherheitsoperationen in Vichy-Frankreich verantwortlich. Der *SOL* verfolgte und folterte die Mitglieder des französischen Widerstands auf brutale Weise. Als Frankreich 1944 befreit wurde, flohen Darnand und 6000 seiner Anhänger nach Deutschland.

Entscheidung ohne Alternativen

„Man will leben". Diese Worte von Salmen Lewental stammen aus einem Notizbuch, das in der Nähe der Ruinen des Krematoriums Birkenau III vergraben war und später gefunden wurde. Lewental, der bei seiner Ankunft in Auschwitz am 10. Dezember 1942 als arbeitsfähig selektiert wurde, kam einen Monat darauf zum Sonderkommando und musste in den Gaskammern und im Krematorium arbeiten. Er blieb lange genug am Leben um am Aufstand des Sonderkommandos am 7. Oktober 1944 teilnehmen zu können. Wann er starb, ist nicht bekannt.

An einer Stelle in seinem Notizbuch stellt sich Lewental vor, dass ihn ein Mensch fragt: „Weshalb verrichtest du eine solche schändliche Arbeit?" Außer der Bemerkung, dass man leben wolle, gibt es darauf keine Antwort, denn welche Wahl hatte Lewental schon?

Die Naziherrschaft zwang schutzlose Menschen immer wieder Entscheidungen zu treffen, bei denen es nach den Worten des Holocaust-Gelehrten Lawrence L. Langer für sie gar keine Alternativen gab. Solche Entscheidungen, schreibt Langer, reflektierten nicht die Wahl zwischen Leben und Tod, sondern zwischen einer Form der „anormalen" Reaktion und einer anderen, beide dem Opfer durch eine keinesfalls selbst gewählte Situation aufgezwungen.

In einer solchen unglücklichen Situation befand sich auch Lewental. Seine Arbeit im Sonderkommando war nicht weniger erzwungen als seine Deportation. Lewental erging es wie Millionen Opfern des Holocaust. Für seine „Entscheidungen" in Auschwitz – durch Selbstmord zu sterben, durch Widerstand zu sterben oder als Angehöriger eines Sonderkommandos zu sterben – gab es eigentlich keine Alternativen.

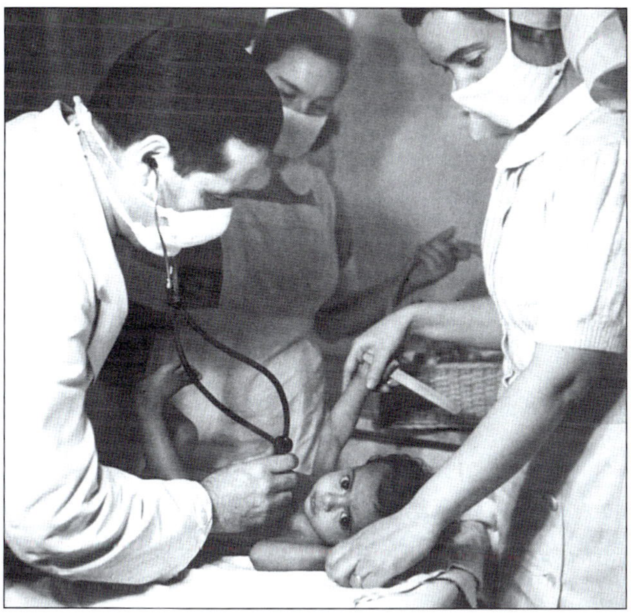

Ärzte und Schwestern, die in den Räumen der *World Zionist Organization* in Tel Aviv (Palästina) ein Flüchtlingskind aus Europa untersuchen. Trotz der britischen Bemühungen die Einwanderung von Juden nach Palästina einzuschränken, gab es 1943 in diesem Gebiet einen steten Zustrom jüdischer Flüchtlinge, von denen viele illegal einreisten.

• Die Deutschen ermorden allein in diesem Monat in Auschwitz, Treblinka und Bełżec 61 000 Juden. • Das US-amerikanische Außenministerium, in dem vieles über den Holocaust bekannt ist, unterbindet weiterhin Versuche jüdische Kinder nach Amerika zu bringen.

• 1. Januar 1943: Die Juden in den Niederlanden dürfen nicht länger Bankkonten besitzen. Stattdessen kommt alles in jüdischem Besitz befindliche Geld auf ein zentrales Konto.

• 3. Januar 1943: Der polnische Präsident Władysław Raczkiewicz ersucht Papst Pius XII. darum die deutschen Gräueltaten gegen die Juden öffentlich zu verurteilen. Pius XII. schweigt zum Mord der Deutschen an den polnischen Juden wie auch zu den deutschen Angriffen gegen die polnischen Katholiken.

• 4. Januar 1943: Das Wirtschafts- und Verwaltungs-Hauptamt der SS instruiert alle Kommandanten der Konzentrationslager das Haar jüdischer Frauen zur Verarbeitung an die in Roth bei Nürnberg ansässige Firma Alex Zink, Filzfabrik AG zu schicken. • In Częstochowa (Polen) wird Razzia auf junge Mitglieder der Jüdischen Kampforganisation gemacht. Ihr Anführer Mendel Fiszlewicz verwundet den deutschen Kom-

Auschwitz

An diesem Ort, so schrieb Elie Wiesel, ein Überlebender des Holocaust, lebten und verschwanden Menschen über Nacht. Dieser Ort heißt im Polnischen Oświęcim, ist jedoch besser unter seinem deutschen Namen Auschwitz bekannt. Er ist ein Synonym für den Holocaust selbst.

Die Stadt Oświęcim, in der vor dem Krieg 12 000 Menschen, darunter 5000 Juden lebten, liegt 65 Kilometer westlich von Kraków in Oberschlesien, einem Gebiet in Südwestpolen, das die Nazis dem Dritten Reich einverleibt hatten. An wichtigen Eisenbahnverbindungen und nicht weit vom Zusammenfluss der Sola und der Weichsel gelegen war Oświęcim früher auch Standort einer polnischen Kaserne. Diese ehemalige Kaserne wurde zum Zentrum von Auschwitz, dem berüchtigtsten Netz von Konzentrations-, Arbeits- und Todeslagern der Nazis.

Am 27. April 1940 ordnete der Reichsführer SS, Heinrich Himmler, den Aufbau eines Konzentrationslagers in Oświęcim an. In das vom Lagerkommandanten Rudolf Höß geleitete KZ wurden zunächst vor allem polnische politische Gefangene eingewiesen. Bald umfasste Auschwitz mehrere Lager, da sich das Areal und die Anzahl der Häftlinge vergrößerten. Am 1. März 1941 forderte Himmler einen zweiten Lagerkomplex, Auschwitz II, dessen Aufbau dann im Oktober begann. Ende 1941 wurde bereits am dritten Bereich gearbeitet. Nach dem in Monowice gelegenen Buna-Werk zur Herstellung von synthetischem Kautschuk, das Arbeitssklaven für die I. G. Farbenindustrie AG errichtet hatten, erhielt Auschwitz III den Namen Buna-Monowitz.

Was die Vernichtung menschlichen Lebens betraf, konnte sich kein Bereich von Auschwitz mit Auschwitz II messen, das auch unter dem deutschen Namen Birkenau – für das nahe gelegene polnische Dorf Brzeźinka – bekannt war. Das etwa 2,5 Kilometer vom Stammlager (Auschwitz I) entfernte Auschwitz-Birkenau wurde zum wichtigsten Vernichtungszentrum des Dritten Reiches. Im Frühsommer 1943 verfügte es über vier hochmoderne Einrichtungen mit Gaskammern und Krematorien, deren Hauptzweck die Ermordung von Juden und anderen Menschen in einer Art „Fließbandverfahren" war.

Die deutschen Techniker schätzten, dass in diesen vier Krematorien täglich 4415 Leichen eingeäschert werden könnten. Diese Zahl lag allerdings unter der Tageskapazität der Gaskammern. Also wurden Anstrengungen unternommen um die „Entsorgungsquote" zu verdoppeln, indem man die Verbrennungszeit verkürzte und die Zahl der Leichen, die gleichzeitig verbrannt werden konnten, erhöhte. Da die Tötungsmaschinerie von Birkenau über ihre Kapazität hinaus ausgelastet wurde, versagte sie in regelmäßigen Abständen. Dennoch vernichtete sie 1943 und insbesondere 1944 hunderttausende Juden.

Auschwitz bedeutete Leid und Tod in allen Dimensionen. Wurden die Gefangenen nicht in den Gaskammern ermordet, starben sie an Hunger und Krankheiten. Die Arbeitssklaven schufteten unter furchtbaren Bedingungen, bis sie umkamen. Nach Auschwitz wurden Menschen aus allen europäischen Regionen verschleppt; unter ihnen waren „unerwünschte Personen" aus Deutschland, sowjetische Kriegsgefangene, Zigeuner, polnische Priester und Nonnen, Angehörige der französischen Résistance und vor allem Juden. An diesem Ort kamen zwischen 1,1 und 1,5 Millionen Männer, Frauen und Kinder ums Leben. 90 Prozent von ihnen waren Juden.

1943

mandeur dieser Aktion mit einer Pistole, die er versteckt bei sich getragen hat. Fiszlewicz und 25 andere Männer werden sofort erschossen, 300 Frauen und Kinder aus der Gruppe in das Todeslager Treblinka deportiert und dort vergast.

• 5. Januar 1943: Das Konzentrationslager Vught (Niederlande) wird eingerichtet.

• 5.–7. Januar 1943: In Lwow (Ukraine) werden tausende Juden ermordet.

• 6. Januar 1943: Die Juden von Lubaczow (Polen) werden im Todeslager Belżec getötet. • 500 Juden, die sich in Opoczno (Polen) versteckt haben, werden von den Deutschen ermordet, nachdem man sie mit dem Versprechen, sie würden mit der Eisenbahn in ein

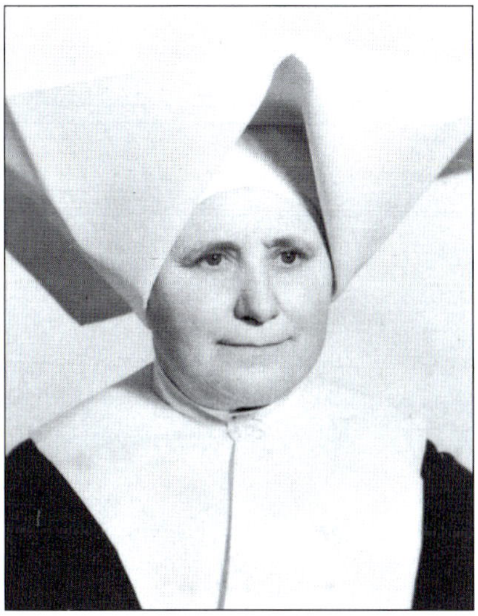

Schwester Marejanna Reszko war die Leiterin der Klosterschule von St. Antonius in Ignacow (Polen). Sie rettete zahlreiche jüdische Mädchen, indem sie sie in ihrem Waisenheim versteckte. Als man sie fragte, ob Frida Aronson, einer ihrer Schützlinge, Jüdin sei, antwortete sie, dass sie darauf nicht achte; sie stehe allen bei, die Hilfe brauchten.

DIE LAGERBEREICHE VON AUSCHWITZ (1943)

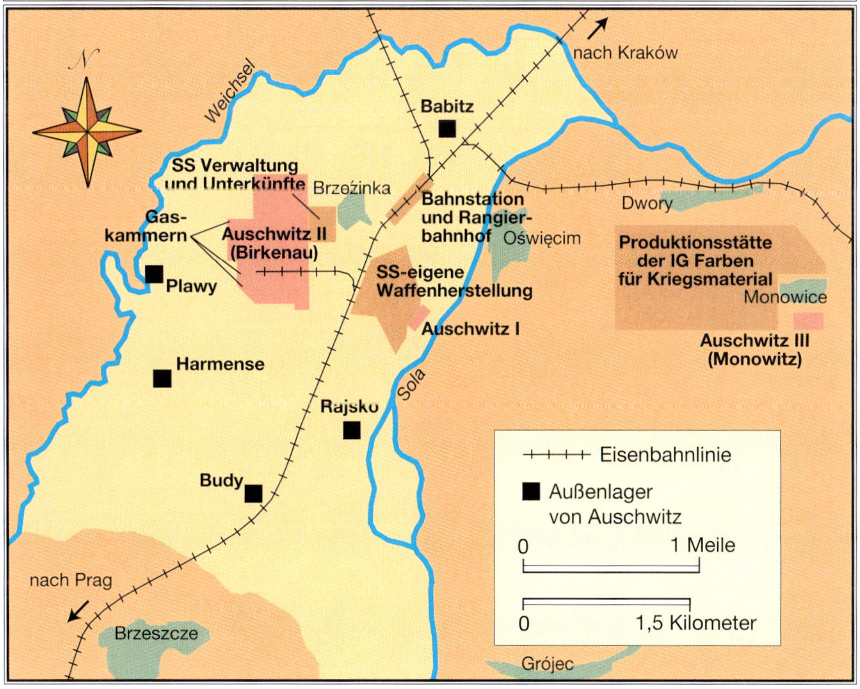

Auschwitz bestand aus drei Lagerkomplexen. Auschwitz I war in erster Linie ein Konzentrationslager. In Auschwitz II (Birkenau) wurde in fünf Gaskammern über eine Million Juden umgebracht. Auschwitz III (Monowitz) war ein riesiges Industriegebiet, in dessen Produktionsstätten der Chemieriese I. G. Farbenindustrie AG tausende Arbeitssklaven ausbeutete.

Bei der Enteignung jüdischen Besitzes kollaborierten selbst in den Niederlanden Nichtjuden häufig mit den Nazis. Dieser Umzugswagen gehörte der Firma A. Puls, deren Eigentümer bereitwillig mit den Nazis zusammenarbeitete. Die Wagen der Firma erschienen häufig im Amsterdamer Ghetto um die Habe der jüdischen Bewohner abzutransportieren. Ihr Anblick wurde zu etwas so Alltäglichem, dass man sie mit dem saloppen Wort „pulsen" verewigte, das zu einem Synonym für „stehlen" wurde.

neutrales Land gebracht, aus ihren Verstecken herausgelockt hat.

• 7. Januar 1943: Der britische Kolonialminister Oliver Stanley informiert das britische Kriegskabinett darüber, dass die osteuropäischen Verbündeten Deutschlands nun eine Politik der Vertreibung der Juden als Alternative zu deren Vernichtung verfolgen. Er ist der Meinung, dass diese Änderung der Politik es „umso nötiger" mache die Anzahl der jüdischen Kinder, die nach Palästina einreisen dürfen, zu reduzieren.

• 7.–24. Januar 1943: In Auschwitz werden 20 000 Juden aus Deutschland, Belgien, aus den Niederlanden und aus Polen vergast.

• 9. Januar 1943: Die Deutschen verhaften, foltern und töten die 20-jährige jüdische Partisanin Emma Radowa.

• Das britische Magazin *New Statesman* fordert jüdische Flüchtlinge zumindest zeitweilig in alle Länder – auch 40 000 weitere jüdische Flüchtlinge nach Palästina – einreisen zu lassen.

• 10. Januar 1943: Im Generalgouvernement werden mehrere tausend Juden, die am 10. November 1942 ihre Ver-

Auf ihrer mehrtägigen Konferenz im Januar 1943 in Casablanca (Marokko) legten der US-amerikanische Präsident Franklin Roosevelt *(links)*, der französische General Charles de Gaulle *(Mitte)* und der britische Premierminister Winston Churchill *(rechts)* ihre Strategie für die nächsten Etappen des Krieges in Europa fest. Sie einigten sich auf die Forderung nach einer bedingungslosen Kapitulation Deutschlands als Voraussetzung für die Beendigung der Kampfhandlungen. Bei ihrem Treffen einige Monate später in Hamilton (Bermuda-Inseln), bei dem es um die Flüchtlingskrise ging, waren die Vertreter Großbritanniens und der USA weit weniger entschlossen. Sie unternahmen dort nichts zur Rettung der Juden.

Miroslaw Filipović-Majstorović, ein skrupelloser Mörder, der im Konzentrationslager Jasenovać in Kroatien eingesetzt war. Filipović-Majstorović, vormals Geistlicher, gehörte der kroatischen Faschistenorganisation *Ustaša* an. Er tötete zahllose Gefangene mit seinen bloßen Händen. In Jasenovać wurden rund 600 000 Menschen ermordet, darunter Serben, Juden, Zigeuner und Gegner des *Ustaša*-Regimes.

Der Dirigent Wolf Durmaschkin mit dem Hebräischen Ghetto-Chor von Wilna (Litauen). Durmaschkin war ein Wunderkind und ein führender Musiker in Warschau. Nach dem Ausbruch des Krieges siedelte er nach Wilna über, wo er an mehreren jüdischen Schulen als Musiklehrer tätig war. Als das Ghetto eingerichtet wurde, organisierte Durmaschkin ein Orchester, leitete einen hebräischen Chor und gründete eine Musikschule.

1943

stecke in den Wäldern verlassen haben, nachdem die Nazis freien Abzug versprochen hatten, verraten. Die meisten werden nach Treblinka transportiert und dort vergast. Die übrigen schickt man in Arbeitslager bei Sandomierz und Skarzysko Kamienna. • 400 Juden, die sich im Lager Kopernik in Mińsk Mazowiecki (Polen) ihren deutschen Aufsehern widersetzen, werden in ihren Baracken bei lebendigem Leib verbrannt.

• 12.–21. Januar 1943: Aus Zambrów (Polen) werden 20 000 Juden nach Auschwitz deportiert.

• 13. Januar 1943: 1500 Juden aus Radom (Polen) werden nach Treblinka verschleppt.

• 14. Januar 1943: Als sich der Judenrat und die jüdische Polizei in Lomża (Polen) weigern, an die Gestapo 40 Ju-

In Viehwaggons, wie sie hier abgebildet sind, wurden Millionen Juden in den Tod transportiert. In Wagen mit den Abmessungen 11 Meter x 4,25 Meter x 4 Meter pferchte man bis zu 100 Personen zusammen. Die Fahrt in ein Konzentrationslager war ein unvorstellbar furchtbares Erlebnis. Für die Menschen in den verschlossenen Waggons gab es weder Wasser noch ordentliche sanitäre Einrichtungen. Tausende Menschen starben auf dem Weg, andere verloren den Verstand. Mehr als einmal führten Eltern und Kinder einen tödlichen Kampf um einen Kanten Brot oder einen Schluck Wasser. Der Umstand, dass die Juden keine Vorstellung von ihrem Fahrtziel hatten, vergrößerte den Schrecken und die Verwirrung noch.

Die Reichsbahn

Während des Holocaust wurde mit tausenden Anweisungen und Plänen der Eisenbahnverkehr zu den in Polen gelegenen Vernichtungslagern der Nazis koordiniert. Eines dieser Dokumente war die Fahrplananordnung 586 vom 25. August 1942.

Der „Umsiedlungs-Sonderzug", der die Station Łuków (Polen) nach Fahrplananordnung 586 am 28. August 10.44 Uhr verließ, bestand aus 25 Güterwagen. Seine planmäßige Ankunft im Todeslager Treblinka war 14.52 Uhr. Der leere Zug verließ Treblinka 17.22 Uhr. Zu dieser Zeit hatte man die 2500 Juden – die „Ladung" des Güterzuges – bereits vergast. Dieser Transport war nicht der größte, der in Treblinka ankam.

Die Reichsbahn spielte bei der „Endlösung" eine wichtige Rolle. Ihre Beamten organisierten in Zusammenarbeit mit Adolf Eichmann und der SS Sonderzüge und schickten Juden aus ganz Europa nach Bełżec, Chełmno, Sobibór, Majdanek, Treblinka und Auschwitz-Birkenau in den Tod. Selbst angesichts der Anforderungen des Krieges und der wirtschaftlichen Engpässe hatten diese Züge höchste Priorität. Sie erreichten ihr Fahrtziel in der Regel planmäßig.

Wie Schlachtvieh in die Güterwaggons getrieben – in einem solchen Waggon waren 80 bis 100 oder gar mehr Personen zusammengedrängt – galten die Juden doch noch als Passagiere, die sich auf einer traurigen, mitunter Tage dauernden Reise befanden. Den Fahrpreis – nur für die Hinfahrt – zahlte die SS von dem Geld und Eigentum, das zuvor von Juden geraubt worden war.

den auszuliefern, wählen Gestapobeamte die Personen, darunter auch zwei Mitglieder des Judenrates, selbst aus. Weitere 8000 Juden aus Lomża werden nach Auschwitz deportiert.

• 14.–24. Januar 1943: Der britische Premierminister Winston Churchill und der US-amerikanische Präsident Franklin Roosevelt erörtern auf einer Konferenz in Casablanca (Marokko) die künftige Invasion der Alliierten in Europa. Die Nachricht von dieser Konferenz lässt die Juden auf ein baldiges Ende des Krieges hoffen. Roosevelt jedoch schlägt dem französischen Beamten für Nordafrika, General Noguès, und später dem Führer der freifranzösischen Streitkräfte, General Giraud, vor, die französische Regierung in Nordafrika solle die nordafrikanischen Juden diskriminieren, wie es Hitler in den 1930er-Jahren in Deutschland getan habe. Roosevelt stellt insbesondere fest – einmal gegenüber Noguès und dann gegenüber Giraud –, dass die Zahl der Juden in akademischen und freien Berufen zweifellos auf den Prozentsatz beschränkt werden solle, den die jüdische Bevölkerung in Nordafrika im Vergleich zur gesamten nordafrikanischen Bevölkerung ausmache. Präsident Roosevelt fügt hinzu, dass die Begren-

Für die meisten Juden wurde die Zeit, die sie im Vernichtungslager verbrachten, auf unmenschliche Weise abgekürzt. Die erschreckende Effizienz der Todesmaschinerie der Nazis ist in dieser Tuschzeichnung von Joseph Bau, einem Überlebenden des Holocaust, festgehalten. Die Zeichnung trägt den Titel: „Eingang durch das Tor, Ausgang durch den Schornstein".

Kardinal Konrad Graf von Preysing, während der Nazizeit Bischof von Berlin, sah im Dritten Reich ein korruptes, schädliches Regime. Bereits im Mai 1933 focht Preysing die ideologischen Lehren des Nationalsozialismus an und forderte öffentlich deren Ablehnung. Im Januar 1943 war er schließlich der einzige hohe deutsche katholische Prälat, der unbeirrbar gegen die Judenpolitik der deutschen Regierung opponierte. Preysing drohte von seinem Amt zurückzutreten, wenn die anderen deutschen Bischöfe die Kollaboration mit dem Naziregime fortsetzten.

Léon Degrelle war der Anführer der Christ-Königsbewegung, einer belgischen kollaborationistischen Gruppierung. Die Angehörigen dieser Bewegung, die Rexisten, waren offen pronazistisch eingestellt. 1943 verkündete Degrelle seine Pläne zur Eingliederung Belgiens in das Dritte Reich. Degrelle konnte seinen Einfluss zwar vergrößern, doch waren die Rexisten weitgehend von der Macht ausgeschlossen. Außerdem wurden viele Anhänger der Bewegung Opfer einer unbarmherzigen Attentatskampagne des belgischen Widerstandes.

1943

zung der Zahl der Juden in den akademischen und freien Berufen überdies die besonderen und verständlichen Beschwerden, die die Deutschen gegen die Juden in Deutschland vorgebracht hätten, gegenstandslos machen würden.

• 15. Januar 1943: Eine nichtjüdische Polin und und ihr einjähriges Kind werden an der Pilica (Polen) erschossen, weil die Frau Juden unterstützt hat.

• 77 Juden springen aus einem Deportationszug, der von Belgien aus in Richtung Osten fährt. Die meisten werden wieder eingefangen und von deutschen und flämischen SS-Männern getötet.
• Tausende Juden aus dem Konzentrationslager Zasław (Polen) werden in das Todeslager Bełżec deportiert.

• 17. Januar 1943: Der Berliner Bischof Konrad Graf von Preysing ist der ein-

Rita Rosani war Mitglied des italienischen Widerstands und die einzige italienische Widerstandskämpferin, von der bekannt ist, dass sie im Kampf getötet wurde. Die in Triest geborene Rita Rosani war bis 1943 Lehrerin an der dortigen jüdischen Schule. Dann schloss sie sich dem Widerstand an. Sie fiel am 17. September 1944, nachdem sie an mehreren Kampfeinsätzen in der Region Verona teilgenommen hatte.

Joint Rescue Committee

Dieses in Jerusalem angesiedelte Komitee der *Jewish Agency for Palestine* hatte sich zur Aufgabe gemacht Informationen über die in den polnischen Ghettos eingesperrten Juden zu erlangen. Über das Komitee sollten außerdem Lebensmittelpakete an die Ghettobewohner geschickt werden. Auch wollte man Juden, denen die Flucht vor den Nazis gelungen war, zu Einreisepapieren für Palästina verhelfen.

Die ersten Führer des *Joint Rescue Committee* waren Jizchak Gruenbaum *(Abb.)*, Mosche Schapira, Elijahu Dobkin und Emil Schmorak. Gruenbaum ahnte, dass nichts von dem, was das Komitee unternahm, den im nazistischen Europa festsitzenden Juden spürbar helfen konnte; die Nazis waren einfach zu mächtig, die Alliierten waren gegen die Notlage der Juden so gleichgültig und das Komitee verfügte einfach nicht über die nötigen Hilfsmittel. Gruenbaum glaubte vielmehr, dass man sich darauf konzentrieren sollte Palästina für die Nachkriegszeit zur Heimstatt der jüdischen Überlebenden zu machen. 1945 schließlich widmete das Komitee alle seine Bemühungen der Gründung eines jüdischen Staates in Palästina.

Ein gewaltiger Berg von Bürsten, von Haarbürsten bis zu Rasierpinseln, bescheinigt das Bestreben der Nazis, ihre Opfer auch noch der persönlichsten Besitztümer zu berauben. Das Haar der Ermordeten wurden zum Füllen von Matratzen verwendet und zu Filz verarbeitet. Die Bürsten wurden in Deutschland verkauft oder an die Soldaten an der Front oder in den Lazaretten verteilt.

zige hohe deutsche katholische Prälat, der unbeirrbar gegen die Judenpolitik der deutschen Regierung auftritt. Preysing droht Papst Pius XII. mit seinem Rücktritt, falls sich die anderen deutschen Bischöfe weiterhin kollaborationswillig zeigten.

• 18. Januar 1943: Aus Belgien verschleppte Juden kommen in Auschwitz an, wo 1087 von ihnen vergast werden.

• Nach viermonatiger Unterbrechung nehmen die Deutschen die Deportationen aus dem Warschauer Ghetto wieder auf. Die Warschauer Juden reagieren mit ersten Aktionen offener Gewalt, die sich in brutalen Straßenkämpfen äußert. 1000 Juden werden in den Straßen exekutiert, 6000 in das Todeslager Treblinka deportiert. Ein alter blinder Jude wird von einem SS-Mann erschossen, weil er nicht ohne Begleitperson gehen kann. • Der emigrierte polnische Dichter Czesław Miłosz (1980 Nobelpreis für Literatur), ein aufrechter Christ, verurteilt Antisemitismus und Nationalismus als „Krankheiten, die Polen wie ein Krebsgeschwür vernichten". In seinem Gedicht *Campo dei Fiori* klagt Miłosz über Warschau im Jahr 1943 und – buchstäblich, nicht im übertragenen Sinne gemeint – darüber, dass die Zirkusmelodien des Karussells und die

Ernst Kaltenbrunner

Ernst Kaltenbrunner, der Nachfolger Reinhard Heydrichs, verschrieb sich der Fortführung und der vollständigen Verwirklichung der hasserfüllten Pläne seines Vorgängers.

Kaltenbrunner wurde in der Nähe von Hitlers Heimatort Braunau (Österreich) geboren. Er genoss die Vorzüge des Wohlstands und erlangte einen Hochschulabschluss auf dem Gebiet der Rechtswissenschaften. Der fanatische Antisemit trat 1932 in die österreichische Nazipartei ein und wurde später Mitglied der SS. Seine nationalsozialistischen Aktivitäten brachten ihn ins Gefängnis, doch mit dem so genannten Anschluss Österreichs an Deutschland wurde Kaltenbrunner mit der Ernennung zum Staatssekretär für öffentliche Sicherheit schließlich belohnt. Er arbeitete mit seinem Jugendfreund Adolf Eichmann zusammen um die Emigration österreichischer Juden durchzusetzen. Nach Heydrichs Tod im Jahr 1942 beförderte Heinrich Himmler Kaltenbrunner 1943 zum Chef des Reichssicherheits-Hauptamtes.

Kaltenbrunner, eine imposante Erscheinung mit einer auffälligen Narbe im Gesicht, bevorzugte den Schatten der Anonymität. Am Ende des Krieges versteckte er sich in den österreichischen Alpen, wurde jedoch gefangen genommen und unter Anklage gestellt. Vor dem Internationalen Militärtribunal in Nürnberg berief er sich darauf, nichts gewusst zu haben und unschuldig zu sein. Der Tatsache jedoch, dass ihm seine Position in der Zeit von 1943 bis 1945 außerordentliche Macht zur Durchführung der „Endlösung" verschafft hatte, konnte er nicht ausweichen. Zeugen brachten ihn mit den Vergasungen in Mauthausen in Zusammenhang und er wurde beschuldigt Exekutionen kriegsgefangener Soldaten der alliierten Streitkräfte angeordnet zu haben. Kaltenbrunner wurde für schuldig erklärt und am 16. Oktober 1946 hingerichtet.

Der Leiter der Ghettoverwaltung in Łódź, Hans Biebow *(links)*, bei der Begutachtung der Beute, die auf seine Weisung hin von den Ghettobewohnern eingezogen wurde. Er nutzte seine Vollmachten zur persönlichen Bereicherung, beutete die Arbeitskraft der Juden aus und beraubte die Menschen ihres Eigentums. Um noch möglichst viel Gewinn zu erlangen sorgte Biebow dafür, dass das Ghetto bis zum Sommer 1944 erhalten blieb.

Da auch die jüngeren und älteren Männer zum Militär eingezogen wurden, griffen die Nazis auf das gewaltige Potenzial der eroberten Länder im Osten zurück um ihren Bedarf an Arbeitskräften zu decken. Auf diesem Foto sind Arbeiterinnen aus der Sowjetunion zu sehen, die in den Siemens-Schuckert-Werken in Berlin Zwangsarbeit leisten. Der Aufnäher mit der Aufschrift OST an ihrer Kleidung weist sie als so genannte Ostarbeiter aus.

1943

lachenden Menschen im katholischen Teil Warschaus den Lärm übertönen, den die Deutschen mit ihren Erschießungen der Juden im Warschauer Ghetto verursachen.

• 19. Januar 1943: Als die Nazis den zweiten Tag hintereinander über das Warschauer Ghetto herfallen, erstickt eine verängstigte Mutter unbeabsichtigt ihr schreiendes Kind.

• 19.–22. Januar 1943: 6000 Juden aus Warschau werden im Todeslager Treblinka ermordet.

• 20. Januar 1943: In einem Brief an den Reichsminister für Verkehr fordert der Reichsführer SS, Heinrich Himmler, zusätzliche Züge an, damit die Abschiebung der Juden aus ganz Europa beschleunigt werden könne.

Hans Nelson und Hildegard Neumann gehörten zu den Nazis, die in dem nahe Prag gelegenen Lager und Ghetto Theresienstadt (Tschechoslowakei) eingesetzt waren. Ihr gesundes, korrektes Äußeres täuschte über die Art ihrer Tätigkeit hinweg. Als Aufsichtsbeamte trugen beide zum Tod tausender in Theresienstadt eingesperrter Juden bei. In der ersten Hälfte des Jahre 1943 waren Hans Nelson und Hildegard Neumann gewissermaßen Elemente eines wohldurchdachten Systems, das für die Deportation von Juden aus Deutschland, Österreich und dem Protektorat Böhmen und Mähren nach Theresienstadt sorgte.

Die Krupp-AG war eines der vielen deutschen Unternehmen, die den Überfluss an Arbeitssklaven aus den Konzentrationslagern in großem Umfang ausnutzten. Diese Flugzeugfabrik in Essen war nur eine von mehreren großen Krupp-Industrieanlagen, die ihre Standorte überall im Reich und in den eroberten Gebieten hatten. Im September 1944 beschäftigte Krupp rund 288 000 Arbeiter. Im Rahmen der Kriegsverbrecherprozesse in Nürnberg beschuldigten die Alliierten Alfred Krupp als Leiter des Unternehmens von der Arbeit von rund 100 000 Sklaven (die Zahl ist wahrscheinlich zu niedrig geschätzt) profitiert zu haben.

• 21. Januar 1943: Im Warschauer Ghetto schießen SS-Leute in die Fenster von Wohnhäusern und werfen Granaten. Die Juden leisten Widerstand und die Deutschen ziehen sich bald zurück. Im Ghetto bleiben 12 tote Deutsche zurück.

• 21.–24. Januar 1943: Aus dem Lager und Ghetto Theresienstadt (Tschechoslowakei) werden 2000 Juden nach Auschwitz deportiert. Über 1760 Personen, darunter Patienten der jüdischen Nervenheilanstalt Apeldoorn (Niederlande) sowie rund 50 Schwestern der Anstalt, die ihre Patienten begleiten um sie zu beruhigen, werden kurz nach der Ankunft vergast.

• 22. Januar 1943: Das Judenghetto von Grodno (Weißrussland) wird liquidiert. • In Auschwitz-Birkenau zünden jüdische Mädchen Kerzen an und singen Lieder zum Sabbat. • Am 17. Januar kommt es im Vernichtungslager Treblinka zu einem Gewaltausbruch, als 1000 mit Brettern, Messern und Rasiermessern bewaffnete Juden eines Todeszuges aus Grodno (Weißrussland) das Wachpersonal angreifen. Am Morgen sind 10 000 Juden und die Aufseher, die sich im Zug aufgehalten hatten, nicht mehr am Leben. Sie wurden von SS-

Deportation von Juden aus Nowomoskowsk (Ukraine), die sich hier zu kleinen Gruppen zusammendrängen. Aus dieser Stadt wurden über 400 Juden in die Todeslager nach Polen transportiert. Die Wehrmacht hatte vergeblich darauf hingewiesen, dass die Züge dringender für militärische Zwecke benötigt würden. Die Transporte kamen wegen des strengen Winterwetters zum Stillstand, wurden Mitte Januar 1943 aber wieder aufgenommen.

Die deutschen Besatzer nutzten den französischen Antisemitismus aus um Franzosen anzuwerben, die für die Sache der Nazis kämpfen sollten. Die Deutschen wurden zwar nie in dem von ihnen gewünschten Ausmaß unterstützt, doch die Vichy-Regierung war offiziell ihr Verbündeter und stellte den Nazis Soldaten zur Verfügung. Die hier abgebildeten französischen Legionäre waren auf dem Weg an die Ostfront. Einer von ihnen hat an die Waggontür geschrieben: „Tod den Juden".

Deutsche und rumänische Soldaten, die nach ihrer Niederlage bei Stalingrad darauf warten in Kriegsgefangenenlager geschickt zu werden. Auf dem Marsch in die Gefangenschaft, die für sie eine harte Zeit werden sollte, drängen sie sich zusammen um bei der grimmigen Kälte ein wenig Wärme und Trost zu finden. Nur wenige von denen, die in die Lager kamen, kehrten in ihre Heimat zurück; die meisten starben an Krankheiten und Unterernährung.

1943

Leuten aus Treblinka mit Maschinengewehren und Granaten getötet.

• **22.–27. Januar 1943: Bei ihrem Unternehmen „Tiger" in Marseille (Frankreich) verhaften die Nazis über 4000 Juden, die deportiert werden sollen. Im nahen Les Accates werden im Waisenheim La Rose 29 jüdische Kinder verhaftet. Die Erzieherin Alice Salomon besteht darauf bei ihren Schützlingen bleiben zu dürfen.** *Siehe* **23. März 1943.**

• **23. Januar 1943: Die italienischen Behörden weigern sich mit den Deutschen bei der Deportation französischer Juden, die in den unter italienischer Kontrolle stehenden Zonen Frankreichs leben, zusammenzuarbeiten. • Britische Truppen befreien Tripolis (Libyen).**

Generalfeldmarschall Friedrich Paulus *(links)* in Begleitung zweier Stabsoffiziere auf dem Weg zum Hauptquartier der Roten Armee, wo er die formelle Kapitulation der 6. Armee in Stalingrad (Russland) unterzeichnen wird. Paulus hatte Hitler gebeten den Rückzug zu genehmigen, bevor es zu spät sei, doch der Führer weigerte sich und ließ die von sowjetischen Truppen eingekesselte erschöpfte und hungernde Armee weiterkämpfen. Die „Festung Stalingrad", wie Hitler seine Truppen dort nannte, konnte dem harten Winter und dem Mangel an Nachschub und Verstärkung allerdings nicht standhalten. Entgegen dem Befehl und in der Hoffnung die noch verbliebenen Männer zu retten kapitulierte Paulus am 31. Januar. Paulus und seine ranghöheren Offiziere überlebten, die meisten seiner Soldaten kamen um.

Angehörige der Schutzpolizei, die am Rande eines Waldes in Deutschland eine Nachricht an einen Zigeunerwagen heften – wahrscheinlich eine Erklärung über die Beschlagnahme des Gefährts. Zigeuner waren ein spezielles Ziel der Nazis; sie galten als Gefahr für die als rein angesehene „arische Rasse". Die Ungleichheit in der Beziehung zwischen Nazis und Zigeunern tritt hier deutlich vor Augen, wenn man die kräftigen, warm gekleideten Polizisten, die in ihrem modernen Automobil an diesen entlegenen Ort gekommen sind, mit dem vor seinem Heim, einem fahrbaren Relikt aus früherer Zeit, stehenden, ängstlich besorgten Zigeuner vergleicht.

Das „Blonde Gift"

Stella Goldschlag, die heute noch lebt, war eine deutsche Jüdin mit „arischem" Aussehen. In ihrer Jugend war die hübsche blauäugige Blondine eine zwanghaft lügende Verräterin, die ihr Jüdischsein aufs Äußerste hasste. Ihr und ihren Eltern drohte die Deportation in den Osten, sie selbst wurde von der Gestapo misshandelt. So wurde Stella Goldschlag – wie eine kleine Zahl anderer Juden auch – zur Kollaborateurin und arbeitete für die Gestapo. Sie erhielt Geld, gutes Essen und für ihre Eltern einen zeitweiligen Aufschub der Deportation.

Erotische Anziehungskraft, ein unglaubliches Gedächtnis und Skrupellosigkeit halfen ihr bei der Erfüllung ihrer Aufgabe; sie sollte andere so genannte U-Boote – Juden, die während des Krieges in Berlin untergetaucht waren – aufspüren und der Gestapo zur Verhaftung ausliefern. Diese Juden wurden dann in die Vernichtungslager geschickt. An einem einzigen Wochenende half Stella Goldschlag der Gestapo 62 Juden festzunehmen. Sie war in der Tat das „Blonde Gift", das Juden in den Tod lockte.

• **27. Januar 1943: Die 8. Luftflotte der amerikanischen Armee unternimmt gegen Wilhelmshaven den ersten rein amerikanischen Luftangriff auf deutschem Gebiet.**

• **28.–31. Januar 1943: 10 000 Juden aus Pruschany (Weißrussland) werden nach Auschwitz deportiert.**

• **29. Januar 1943: In dem Dorf Wierzbica exekutieren die Deutschen 15 Polen, die drei Juden Hilfe geleistet haben. Eines der Opfer ist ein zweijähriges Mädchen.**

• **30. Januar 1943: Ernst Kaltenbrunner wird von Hitler als Nachfolger des verstorbenen Reinhard Heydrich zum Chef des Reichssicherheits-Hauptamtes ernannt.**

• **Februar 1943: Zu Monatsbeginn verstecken sich 40 000 Juden in den Wäldern Wolhyniens (Polen). Noch vor Jahresende werden 37 000 von ihnen exekutiert oder verhungern. • In Białystok (Polen) werden acht SS-Leute von Mitgliedern einer zionistischen Jugendbewegung getötet, die sich der Deportation widersetzen. Die Jugendlichen werden festgenommen und in das Todeslager Treblinka verschleppt, wo sie**

Die Bielski-Partisanen

Von den Partisaneneinheiten in den Wäldern Osteuropas, in denen rund 20 000 bis 30 000 Juden kämpften, war die von Tuvia Bielski *(Abb.)* geführte Gruppe die größte und bekannteste. Angehörige der Einsatzgruppen hatten in Nowogrudok Mitglieder der Familie Bielski ermordet, doch Tuvia gelang die Flucht in die Wälder des westlichen Weißrussland.

Tuvia Bielski erbeutete zusammen mit seinen Brüdern Zusia, Asael und Aharon Waffen und gründete eine Partisanengruppe, die bis zum Sommer auf 30 Mitglieder anwuchs. Diese kleine Schar Widerstandskämpfer schickte Kuriere in die Ghettos der Umgebung Nowogrudoks, wo sie jüdische Kameraden als Mitkämpfer gewinnen sollten. Das Lager Bielskis umfasste schließlich hunderte Familien.

Vorrangiges Ziel der Bielski-Partisanen war der Schutz jüdischen Lebens. Doch die Kämpfer gingen auch in die Offensive; sie starteten Angriffe gegen die Deutschen und übten Vergeltung an den belorussischen Polizisten und Bauern, die den Mord der Nazis an den Juden unterstützten.

Von den Aktivitäten der Partisanengruppe behindert boten die Deutschen eine hohe Belohnung für die Gefangennahme Tuvia Bielskis. Die Gruppe entkam jedoch, indem sie sich tief in die Wälder zurückzog. Als das Gebiet im Sommer 1944 befreit wurde, zählte Bielskis Abteilung 1200 Partisanen.

Nach dem Krieg emigrierte Tuvia Bielski nach Palästina. Später siedelte er mit seinen beiden noch lebenden Brüdern in die USA über.

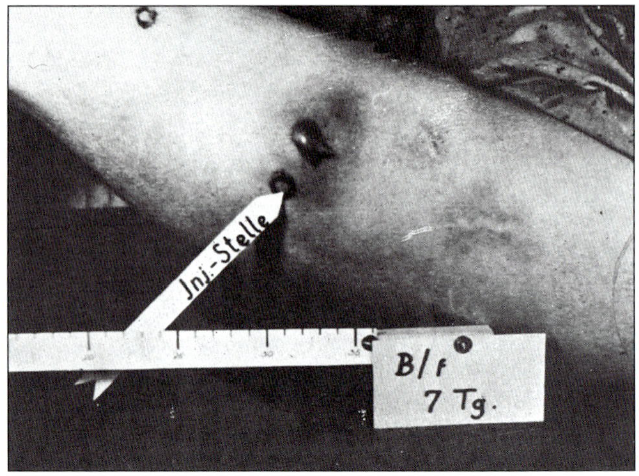

Innerhalb der Zäune und Mauern von Auschwitz und anderen Lagern mussten anstelle von Versuchstieren Menschen für medizinische Experimente herhalten. An gesunden wie auch kranken Häftlingen nahm man bedenkenlos chirurgische Eingriffe vor und probierte eine Vielzahl von Chemikalien und Krankheitserregern aus. Gesunde Gefangene wurden mit Fleckfieber, Tuberkulose und Malaria infiziert. Dieses Foto zeigt die Wirkung einer Substanz, deren Name mit B/f verschlüsselt ist, sieben Tage nach der Injektion in den Unterarm eines Häftlings.

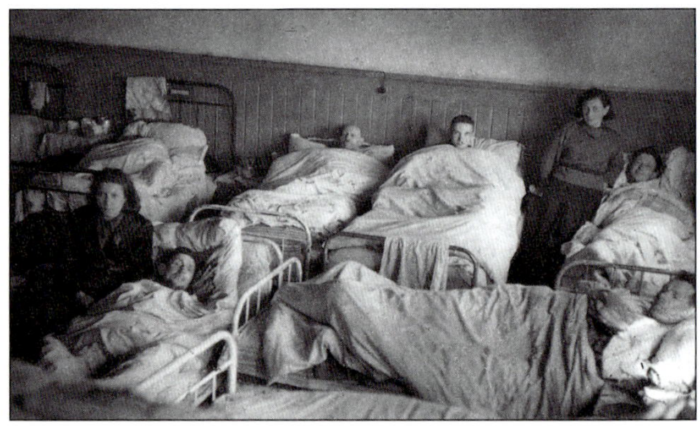

Jüdische Schwestern und Ärzte bemühten sich die Kranken und Verwundeten in den Ghettos zu versorgen. Hier sind Patienten und deren Angehörige aus dem Ghetto Kowno (Litauen) abgebildet. Da auch ausgebildetes medizinisches Personal Krankheiten und Hunger zum Opfer fiel, versuchte die Ghettoleitung neue Mitarbeiter heranzuziehen um die Verstorbenen zu ersetzen. Insgeheim durchgeführte medizinische Ausbildung fand in Warschau und höchstwahrscheinlich auch in Kowno statt.

1943

das Wachpersonal angreifen und erschossen werden. Ihr Anführer ist Elijahu Boraks. • Das Arbeitslager in Chrzanów (Polen) wird aufgelöst; 1000 Zwangsarbeiter werden nach Auschwitz in den Tod geschickt. • Die Nazis richten in Auschwitz-Birkenau ein Zigeunerlager ein. • Eine junge Jüdin, der man die Kleider vom Leib gerissen hat, nimmt einem ukrainischen Wachmann das Gewehr weg, tötet zwei Deutsche und verwundet einen dritten, ehe man sie überwältigt. Sie wird später zu Tode gefoltert. • Die deutschen Behörden veranlassen Ungarn 10 000 Juden zur Zwangsarbeit in den Kupferminen von Bor (Jugoslawien) auszuliefern. *Siehe* September 1943.

• 1. Februar 1943: Die Nazis töten in Minsk (Weißrussland) 1500 Juden; damit hat sich die Zahl ihrer Opfer in

Die Völkermordpolitik der Nazis in Osteuropa beinhaltete mehr als nur das Töten von Menschen, die im „Lebensraum" Deutschlands ansässig waren. Zehntausende Deutsche zogen in die neu eroberten Territorien um sie zu Lebensgebieten für das deutsche Volk zu machen. Diese Illustration weist auf die Zwangsaussiedelung polnischer Bürger hin, die verschwinden mussten, damit sich Deutsche ansiedeln konnten.

Anna Wachalska, eine Nichtjüdin, lebte zur Zeit des deutschen Überfalls auf Polen in Warschau. Sie unterstützte während der gesamten Besatzungszeit den jüdischen Widerstand und ging sogar so weit, das sie einer jungen Jüdin die Identität ihrer verstorbenen Tochter Stanisława verlieh. Anna Wachalska arbeitete zudem eng mit dem polnischen sozialistischen Widerstand zusammen und stellte die Verbindung zwischen ihm und den Warschauer Juden her. Nach dem Krieg wurde ihr von der Gedenkstätte die Auszeichnung „Gerechte unter den Nationen" verliehen.

Am 29. Oktober 1942, zur Zeit der gewaltigen Operationen in Polen und der Sowjetunion, deportierten die Deutschen 3000 Juden aus Sandomierz (Polen) in das Todeslager Bełżec. Am 10. November 1942 lockten die Deutschen jene Juden, die man bei den örtlichen so genannten Aktionen nicht festgenommen hatte, mit der Zusage, sie blieben von der Deportation verschont, in ein zeitweiliges Ghetto in Sandomierz. Die Versprechungen erwiesen sich als Lügen, denn Anfang 1943 wurden 6000 Zwangsarbeiter in Sandomierz umgebracht. Hier muss der 20 jährige Jizchak Goldman zusammen mit sieben weiteren Juden bei der Arbeit vor einem deutschen Amtsgebäude für einen deutschen Fotografen posieren.

Minsk seit Juli 1941 auf fast 87 000 erhoht.

• 2. Februar 1943: An einem bedeutenden Wendepunkt des Krieges kapituliert die eingekesselte deutsche 6. Armee in Stalingrad (Russland) vor den sowjetischen Truppen. Von da an ist den meisten Europäern bewusst, dass die Deutschen den Krieg nicht gewinnen werden. • Das Ghetto von Kolomyja (Ukraine) wird aufgelöst; 2000 Juden werden getötet.

• 4. Februar 1943: In Lwow (Ukraine) lassen die deutschen Behörden zwölf überlebende Mitglieder des Judenrates zusammenkommen. Als zwei Männer nicht erscheinen und die anderen sich weigern die deutschen Anordnungen zu befolgen, werden vier Mitglieder des Judenrates ermordet. Sechs werden in das Arbeitslager Janówska (Ukraine) geschickt. Die beiden Männer, die nicht vor den Behörden erschienen waren, werden später im nichtjüdischen Teil Lwows entdeckt und erschossen.

• 5. Februar 1943: In Białystok (Polen) widersetzt sich ein Jude mit Namen Jizchak Malmed der Deportation, indem er einem deutschen Polizeioffizier Schwefelsäure ins Gesicht schüttet, so-

Ein junges Mädchen erhascht zwischen den Waggontüren eines Deportationszuges einen letzten Blick auf die Umgebung. Ab Februar 1943 verließen diese Züge jeden Dienstagmorgen das Lager Westerbork (Niederlande). Sie brachten jeweils 2000 bis 3000 Juden in den Osten. Die meisten Deportierten, denen man angekündigt hatte, sie würden zur Zwangsarbeit nach Deutschland geschickt, argwöhnten jedoch etwas anderes. Daher bedeuteten die Montagabende Furcht und Schrecken, denn niemand wusste, ob er zu den nächsten „Umsiedlern" gehören würde.

E. Baskin, Funker einer ukrainischen Partisanengruppe, lauscht aufmerksam einer Sendung des Sowinformbüros. Die Partisaneneinheiten in ganz Europa und besonders in der Sowjetunion nutzten den Funk zur Übermittlung und zum Empfang von Nachrichten. Außerdem half ihnen das Mithören des deutschen militärischen Funkverkehrs, selbst der Gefangennahme zu entgehen und auch Angriffe gegen den Feind zu planen.

Die unmenschlichen Lebensbedingungen in den polnischen Ghettos und in den deutschen Konzentrationslagern führten dazu, dass sich manche Juden wegen ein paar Bissen oder um ein paar Holzspäne zum Heizen aneinander gerieten. Die Entmenschlichung des europäischen Judentums führte zu herzzerreißenden Szenen, die unter normalen Bedingungen unvorstellbar gewesen wären. Der Schriftsteller Elie Wiesel, der den Holocaust überlebte, erzählt in einem seiner Werke die Geschichte eines Jungen, der seinen Vater erschlug um an ein Stück Brot zu gelangen.

1943

dass dieser mit einem unbeabsichtigten Schuss einen in der Nähe stehenden Gestapo-Offizier tötet. Malmed flüchtet, ergibt sich jedoch später, als die Deutschen drohen als Vergeltung 5000 Juden zu exekutieren, falls er sich nicht stelle. Malmed wird öffentlich gehängt. Sein Körper wird am Eingang zum Ghetto von Białystok als Warnung für alle künftigen Aktivisten gezeigt.

- **5.–12. Februar 1943: Nach einer jüdischen Widerstandsaktion fordern eine so genannte Aktion in den Straßen von Białystok und Morde im Lager Treblinka das Leben von fast 20 000 Juden.**

- **6. Februar 1943: Bei einem Dauerappell in Auschwitz müssen die Häftlinge 13 Stunden ohne Essen bewegungslos im Schnee stehen. Viele**

Ottó Komoly, der Vorsitzende der Zionistischen Föderation, bei seiner Ansprache vor der jährlichen Vollversammlung in Budapest (Ungarn). Komoly begann 1943 eine wichtige Rolle zu spielen; in dieser Zeit war er einer der Leiter der Rettungsaktionen für Juden, die in Polen noch am Leben waren, und schmuggelte diese Menschen in das relativ sichere Ungarn. Die Besetzung des Landes durch die Deutschen machte diesen Aktivitäten zwar ein Ende, doch Komoly setzte sein Rettungswerk fort. Er bemühte sich die Budapester Juden vor den Nazis und vor den fanatischen Mitgliedern der ungarischen faschistischen Pfeilkreuzpartei in Sicherheit zu bringen.

Ein handgearbeitetes Metallkästchen, das William Gruenstein den ganzen Holocaust über bei sich trug. Das Kästchen fertigte Josef Koplewicz an, als er und Gruenstein in einem polnischen Lager Sklavenarbeit leisteten. Nachdem er das Kästchen erhalten hatte, ritzte Gruenstein in den Deckel die Namen der Konzentrationslager der Nazis ein, in denen er eingesperrt gewesen war. Er hielt dieses Stück Metall, seine einzige Habe, in Ehren und gab es nicht her; damit widerstand er dem Versuch der Nazis ihm seine Menschlichkeit und Individualität zu nehmen.

Samuel Artur Zygelbojm

Manche Juden nahmen sich das Leben um ihre Leiden zu beenden, andere wählten den Freitod als ein Mittel des Protests. Samuel Zygelbojm beging Selbstmord um gegen die Gleichgültigkeit der Welt gegenüber den Juden zu protestieren.

Zygelbojm gehörte dem ersten Judenrat des Warschauer Ghettos an. Als die Nazibehörden die Warschauer Juden aufforderten in ein Ghetto zu ziehen, das für die riesige Bevölkerungszahl ungeeignet war, rief er zum Widerstand auf. Von der Gestapo gejagt floh Zygelbojm nach Belgien und wurde schließlich Mitglied des Parlaments der polnischen Exilregierung in London. Er arbeitete fieberhaft daran die Alliierten zur militärischen Unterstützung des Widerstands im Ghetto zu bewegen, doch seine Bemühungen waren vergebens. Als er vom Tod der Widerstandskämpfer des Ghettos, darunter auch seiner Frau und seines Sohnes, erfuhr, brachte er sich um.

In seinem Abschiedsbrief bezeichnete Zygelbojm seinen Selbstmord als einen Protestakt „gegen die Apathie, mit der die Welt zuschaut und sich mit dem Abschlachten des jüdischen Volkes abfindet."

sterben im Stehen, viele andere sind zu schwach um am Ende des Tages zu den Baracken zurückzurennen und werden in die Gaskammer geschickt. • Der Reichsführer SS, Heinrich Himmler, erhält einen Bericht über die Anzahl und Menge der Gegenstände, die den Juden in Auschwitz und in anderen Lagern im Distrikt Lublin geraubt worden sind. Unter den angeführten Dingen befinden sich 155 000 Damenmäntel, 132 000 Herrenhemden und über 3000 Kilogramm Frauenhaar.

• 8. Februar 1943: Die Rote Armee überrennt eine wichtige deutsche Garnison in Kursk (Russland). ***Siehe*** **5. Juli 1943.**

• 8.–26. Februar 1943: Bei einer Aktion gegen sowjetische Partisanen in den Pripjatsümpfen (Ukraine) fallen den Deutschen 8 Maschinengewehre, 172 Gewehre, 14 Pistolen, 150 Handgranaten und 8 Landminen in die Hände. Die deutschen Soldaten nehmen außerdem 550 Pferde, 9578 Rinder, 844 Schweine, 5700 Schafe und 211 Tonnen Getreide mit. 2219 Juden werden sofort getötet; 7378 Partisanen erhalten eine „Sonderbehandlung" (Deportation und Vernichtung). Die deutschen Verluste bei dieser Aktion betragen 2 Tote und 12 Verwundete.

Der in Amerika geborene Künstler Gideon hat die Schrecken des Krieges und die Gräueltaten der Nazis mit dem Medium Kunst eingefangen. Der Einsatz von Farbe, Struktur und bedrückenden bildlichen Vorstellungen machen den Schmerz und das Leid jener deutlich, die in die Fänge der Nazis geraten waren. Die tragischen Gesichter, auf dem nahezu einfarbigen Bild unmittelbar in Beziehung gesetzt zu Ketten und Stacheldraht, lassen an einen Kerker denken – ein Symbol, das mit dem Nationalsozialismus verbunden ist. Die kräftigen Farben des zweiten Werkes deuten die ungeheure Hitze des Infernos Auschwitz an.

1943

• 10. Februar 1943: Ein von mehreren Beamten des US-amerikanischen Außenministeriums verfasstes Telegramm wird an die Vertretung der USA in Bern (Schweiz) geschickt. In dem Telegramm wird dem amerikanischen Konsul in Bern empfohlen, nicht länger Nachrichten über jüdische Gräueltaten „an Privatpersonen in den Vereinigten Staaten" zu übermitteln. Die Absender des Telegramms sind Breckinridge Long, Ray Atherton, James Dunn, Elbridge Durbrow und John Hickerson. Die Mitarbeiter von Finanzminister Henry Morgenthau beschreiben das Telegramm vom 10. Februar später als „das bösartigste Dokument, das wir jemals gelesen haben", das „von teuflischen Menschen" entworfen wurde und Informationen über die „Endlösung" unterbinden sollte. „Wir erschießen keine [Juden]. Wir lassen sie von anderen Leuten erschießen

GROSSE DEPORTATIONEN VON JUDEN NACH TREBLINKA (1942–1943)

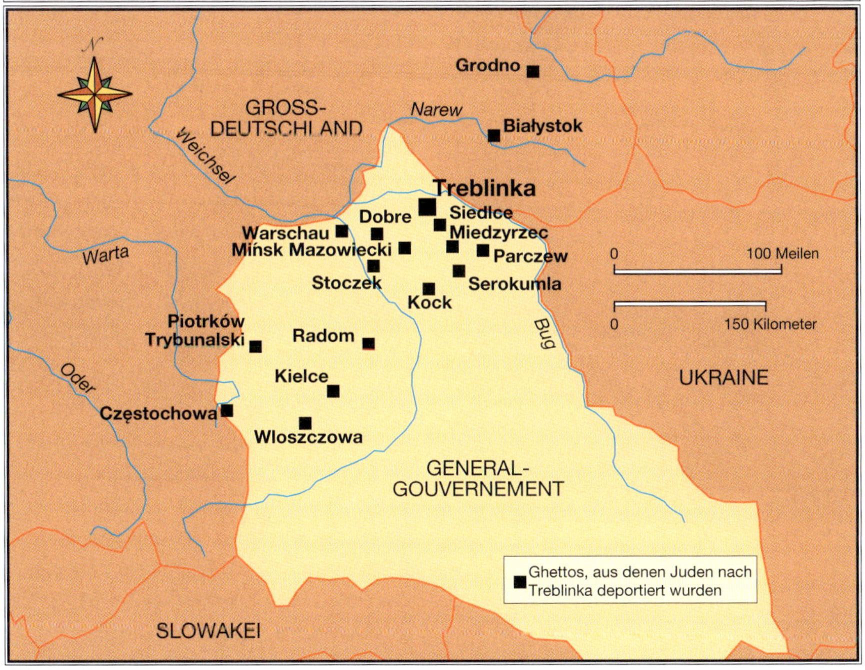

Im Todeslager Treblinka starben über 700 000 Juden. Die meisten kamen aus großen Ghettos wie Warschau (250 000 Einwohner im Sommer 1942) und Białystok. Andere ertrugen lange Zugfahrten aus der Tschechoslowakei, aus Griechenland und anderen Staaten oder starben unterwegs. Die Deportationen nach Treblinka endeten im Mai 1943.

Schlomo Perel, von Geburt deutscher Jude, legte sich als Schüler an der Adolf-Hitler-Schule in Braunschweig den Namen Josef Perjell zu. Ihre jüdische Identität zu verbergen war besonders für Männer, die in einem Wohnheim lebten, eine riskante Sache. Perel tat alles nur Erdenkliche um sein Jüdischsein zu verbergen, um auch die Beschneidung rückgängig zu machen, die zu der Zeit ein untrüglicher physischer Beweis für die Zugehörigkeit zum Judentum war. Perels Abenteuer sind auf brillante Weise in dem Film „Europa, Europa" dargestellt.

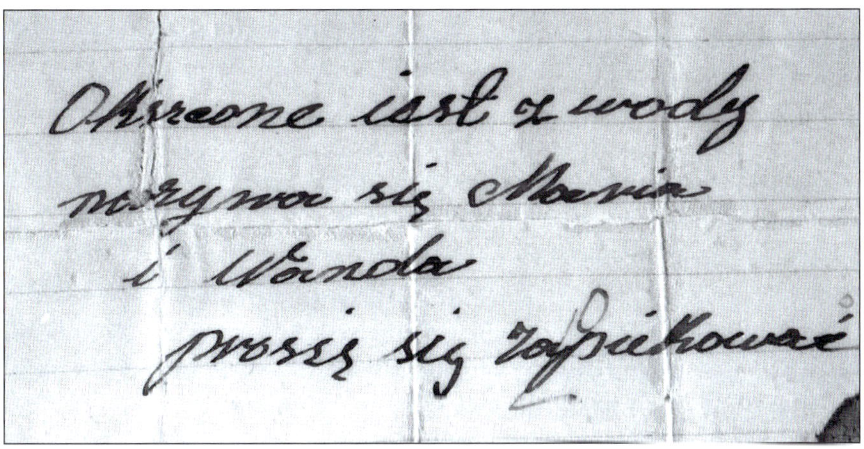

Die von der Christin Maria Dawelec geschriebenen Worte bedeuten: „Getauft, Mania und Wanda. Bitte sorgt für sie." Maria Dawelec hinterließ diese Notiz bei zwei jüdischen Kindern im Hinterhof eines Klosters. Der wirkliche Name des einen Kindes war Tamy Lavee. Tamy Lavee wurde schließlich in ein Waisenheim nach Łódź (Polen) geschickt, wo sie den Krieg überlebte.

---

und lassen sie verhungern." Minister Morgenthau bemerkt: „... wenn man das zu Ende gelesen hat, erscheint die Haltung [des Außenministeriums] bis heute nicht anders als die Haltung Hitlers." Randolph Paul, Mitarbeiter Morgenthaus, bezeichnet die mit der amerikanischen Flüchtlingspolitik beschäftigten Beamten des Außenministeriums als eine „Untergrundbewegung ... die zulässt, dass die Juden getötet werden."

• 11. Februar 1943: Von 998 Juden, die an diesem Tag aus Frankreich deportiert werden, sind zwei Jahre später bei Kriegsende nur noch zwei am Leben. Unter den 998 Personen befinden sich 123 Kinder unter 12 Jahren, die ohne ihre Eltern weggebracht werden. 802 Juden werden unmittelbar nach ihrer Ankunft in Auschwitz vergast.

• 12. Februar 1943: An der französischen Grenze entkommen drei französische Juden aus einem nach Auschwitz fahrenden Zug, werden jedoch aufgegriffen und müssen die Fahrt fortsetzen.

• 13. Februar 1943: Eine jüdische Partisanengruppe unter Führung von Eli Baumats, die bei Białystok (Polen) agiert, greift bei Lipowy Most (Polen) eine deutsche Polizeiabteilung an. • Der aus Russland gebürtige Künstler Aisik Feder,

SS-Obergruppenführer Theodor Eicke war Kommandant des Konzentrationslagers Dachau. Eicke, der am 16. Februar 1943 an der Ostfront bei einem Flugzeugabsturz ums Leben kam, gründete die SS-Totenkopfverbände und bildete deren Angehörige aus. 1934 wurde er zum Inspekteur der Konzentrationslager ernannt. Eicke, der in seinem Einfluss auf das KZ-System nur von Heinrich Himmler übertroffen wurde, ließ an den Lagertoren den ironischen Spruch „Arbeit macht frei" anbringen. Er trachtete danach die SS-Männer zu harten und gnadenlosen Menschen zu machen; wer solchen Kriterien nicht entsprach, sollte „ins Kloster" geschickt werden.

Peter Bergson (Hillel Kook), Leiter einer zionistischen Dissidentengruppe, die in den Vereinigten Staaten als das *Emergency Committee to Save the Jewish People of Europe* (Hilfskomitee zur Rettung der Juden Europas) bekannt war. Während des Krieges versuchte das Komitee die Amerikaner mit Zeitungsanzeigen und Theateraufführungen von der „Endlösung" zu unterrichten. Seine Bereitschaft auch die Taktik der Sensationshascherei zu nutzen um Mitgefühl für die europäischen Juden zu wecken wurde von den konservativen Führern der jüdischen Gemeinde Amerikas missbilligt.

Rentabilitätsberechnung der SS über Ausnützung der Häftlinge in den Konzentrationslagern

Rentabilitätsberechnung

Täglicher Verleihlohn durchschnittlich RM 6,–
abzüglich Ernährung RM –,60
durchschnittl. Lebensdauer 9 Mt. = 270 x RM 5,30 = RM 1431,–
abzüglich Bekl. Amort. RM –,10

Erlös aus rationeller Verwertung der Leiche:

1. Zahngold
2. Kleidung
3. Wertsachen
4. Geld

abzüglich Verbrennungskosten RM 2,–
durchschnittlicher Nettogewinn RM 200,–
Gesamtgewinn nach 9 Monaten RM 1631,–
zuzüglich Erlös aus Knochen und Aschenverwertung.

Bei dieser detaillierten Berechnung des Arbeitswertes, den die Häftlinge in den Konzentrationslagern der Nazis erwirtschafteten, wurden die Kosten für die „Erhaltung" des menschlichen Lebens gegen den Reichtum abgewogen, den jede Person erarbeitete. Die Berechnung weist darauf hin, dass die Konzentrationslager prinzipiell als Unternehmen mit Arbeitssklaven geführt wurden. Dennoch hatte das Vorhaben der Nazis alle Juden zu vernichten, oftmals Vorrang selbst vor den sachlichsten ökonomischen Aspekten.

1943

ein ehemaliger Schüler von Matisse, ist einer der 1000 Juden, die von Drancy (Frankreich) in das Todeslager Auschwitz deportiert werden. Er gehört zu den rund 690 Personen, die nach der Ankunft im Lager vergast werden. • Amon Leopold Göth wird Kommandant des Konzentrationslagers Plaszów. • Die Juden von Djerba (Tunesien) müssen an die deutschen Behörden 10 Millionen Franc zahlen. • *The New York Times* berichtet, dass die rumänische Regierung den Alliierten Schiffe zum Transport von 70 000 Juden an einen von den Alliierten gewünschten Ort anbietet. Es wird lediglich eine Auslaufgebühr zur Deckung der Transportkosten gefordert. Das US-amerikanische Außenministerium weist das Angebot zurück. Das britische Außenministerium lehnt das Angebot ab, da es eine Erpressung fürchtet, mit der Deutschland und seine

„Freiheit."

Auf einen Papierfetzen geschrieben, den Sophie Scholl, Mitglied der Widerstandsgruppe „Weiße Rose", am Tag ihrer Hinrichtung (22. Februar 1943) in ihrer Zelle hinterließ.

Hans Scholl, einen in München lebenden nichtjüdischen Studenten, erschütterte die Brutalität, mit der die Nazis gegen die deutschen Juden, Kommunisten und Sozialdemokraten vorgingen. 1942 äußerte er gegenüber einem Mitglied seiner Familie, es sei an der Zeit, dass die Christen endlich etwas dagegen täten. Ermutigt durch einen Widerstandskämpfer mit Namen Falk Harnaek gründete Hans Scholl die studentische Widerstandsgruppe „Weiße Rose". Von einer Basis an der Münchner Universität aus stellten Hans und seine jüngere Schwester Sophie sowie andere Mitglieder der „Weißen Rose" mit Eifer antinazistische Flugblätter her, die an Universitäten in ganz Deutschland verbreitet wurden. Am 18. Februar 1943 wurden Hans und Sophie Scholl an der Münchner Universität verhaftet. Sie wurden zum Tode verurteilt und am 22. Februar enthauptet. Bei der Urteilsverkündung im Gerichtssaal sagte Hans ruhig zu seinem Bruder Werner: „Bleib stark – keine Kompromisse."

Die „Weiße Rose"

Hans Scholl, ein 25-jähriger christlicher Medizinstudent an der Münchner Universität, gründete 1942 zusammen mit seiner 22 Jahre alten Schwester Sophie *(Abb.)* die Widerstandsgruppe „Weiße Rose". Ihr Ziel war antinazistische Flugblätter herzustellen und sie an verschiedenen Universitäten Deutschlands zu verbreiten. Sie wussten, dass sie ihre Aktivitäten im Fall einer Entdeckung mit dem Leben würden bezahlen müssen.

Die beiden Geschwister Scholl wurden zu Beginn des Jahres 1943 an der Münchner Universität verhaftet, nachdem ein Hausmeister sie beim Verteilen eines Koffers voller antinazistischer Flugblätter in den Gängen der Universität beobachtet hatte. Die Geschwister gaben beim Verhör keine Namen preis, doch ihre Mitkämpfer – Professor Kurt Huber und die Studenten Christopher Probst, Willi Graf und Alexander Schmorell – wurden ebenfalls bald festgenommen. Jüngsten Berichten über die Folterung und die Haft der beiden Scholls zufolge blieben die jungen Leute standhaft – in ihr Schicksal ergeben, doch noch immer ihrer Sache verpflichtet.

Die Scholls wurden vom Volksgerichtshof unter dessen berüchtigtem Präsidenten Roland Freisler nach einem Schauprozess zum Tod durch das Fallbeil verurteilt.

Sophie Scholl erlebte ihre letzten Stunden nach den Aussagen ihrer Schwester Inge mit einer seltsamen Gelassenheit. Sie hinterließ in ihrer Zelle einen Papierfetzen, auf den sie das Wort „Freiheit" geschrieben hatte. Sophie Scholl starb am 22. Februar 1943. Hans wurde nach ihr hingerichtet. Er hatte an die Wand seiner Gefängniszelle geschrieben: „Trotzig vor der überwältigenden Macht stehen." Sekunden bevor der Henker sein Werk tat, rief Hans Scholl: „Lang lebe die Freiheit!".

Satellitenstaaten in Südosteuropa beginnen könnten all ihre unerwünschten Burger (sprich: Juden) in andere Länder (sprich: die alliierten Länder) abzuschieben. Palästina als Fahrtziel kommt für Großbritannien nicht infrage. Die einzige Möglichkeit den Juden zu helfen, so behaupten die Alliierten, sei ein militärischer Sieg über Deutschland. *Siehe* 16. Februar 1943.

• 14.–25. Februar 1943: Amerikanische und deutsche Truppen stehen sich in der Schlacht am Kasserine-Pass (Tunesien) gegenüber.

• 16. Februar 1943: Eine kleine Gruppe palästinensischer Juden, die *Bergson Boys*, machen in den USA Propaganda um den europäischen Juden zu helfen. Ihre aktive Haltung verstimmt viele führende amerikanisch-jüdische Organisationen, die fürchten, dass diese Taktik den amerikanischen Antisemitismus, der ohnehin schon den Höhepunkt in seiner Geschichte erreicht hat, noch beleben wird. Die *Bergson Boys* veröffentlichen folgende ganzseitige Anzeige: „An die Menschheit zu verkaufen/70 000 Juden/Garantiert Menschen zu 50 Dollar das Stück." Diese Anzeige in *The New York Times* bietet den Amerikanern die Möglichkeit, 70 000 rumä-

Bei den Verbrechen des Holocaust spielten die Verbündeten Deutschlands eine wichtige Rolle. Diese Vereinbarung wurde vom bulgarischen Kommissar für jüdische Angelegenheiten, Alexander Belev, und vom deutschen Bevollmächtigten, SS-Hauptsturmführer Theodor Dannecker, unterzeichnet. Sie betrifft die Deportation von 20 000 Juden aus den jüngst von Bulgarien besetzten Gebieten Thrakien und Mazedonien nach Osteuropa. Nach ihrer Ankunft an ihrem Bestimmungsort wurden die Juden von den Nazis ermordet.

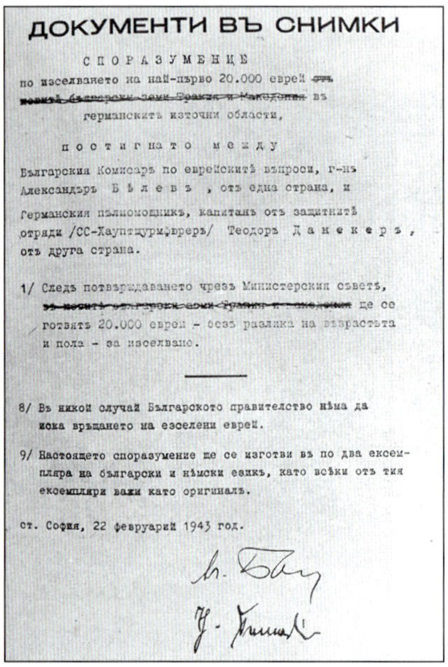

ДОКУМЕНТИ ВЪ СНИМКИ

С П О Р А З У М Е Н И Е

по изселването на най-първо 20.000 евреи ~~отъ новитѣ български земи Тракия и Македония~~ въ германскитѣ източни области,

п о с т и г н а т о   м е ж д у

Българския Комисаръ по еврейскитѣ въпроси, г-нъ Александъръ Б ѣ л е в ъ , отъ една страна, и

Германския пълномощникъ, капитанъ отъ защитнитѣ отряди /СС-Хауптщурмфюреръ/ Теодоръ Д а н е к е р ъ , отъ друга страна.

1/ Следъ потвърждаването чрезъ Министерския съветъ, ~~въ новитѣ български земи Тракия и Македония~~ ще се готвятъ 20.000 евреи - безъ разлика на възрастьта и пола - за изселване.

8/ Въ никой случай Българското правителство нѣма да иска връщането на изселени евреи.

9/ Настоящето споразумение ще се изготви въ по два екземпляра на български и нѣмски езикъ, като всѣки отъ тия екземпляри важи като оригиналъ.

ст. София, 22 февруарий 1943 год.

Nach ihrer demütigenden Niederlage durch die Deutschen im Februar 1943 sammelten sich die von britischen Verbänden des Generals Harold Alexander verstärkten US-amerikanischen Einheiten um den Kasserine-Pass zurückzuerobern und die deutschen Vorstöße zur Einnahme von Tébessa (Algerien) zu stoppen. Ein deutscher Sieg hätte die Vereinigung der britischen und amerikanischen Truppen verhindert, was wiederum ein taktischer Schlüssel zum Sieg in der Schlacht um Tunesien gewesen wäre. Hier sind amerikanische Soldaten bei der Bergung von Ausrüstungsgegenständen zu sehen.

Janine Putter, ein Flüchtlingskind aus Frankreich, beim Anzünden einer Gedenkkerze während einer Gebetsversammlung, die am 22. Februar 1943 im New Yorker Mekka-Tempel abgehalten wurde. An dieser Andacht nahmen über 3000 Kinder aus 518 Religionsschulen der New Yorker Umgebung teil um gegen die Behandlung der Kinder im deutsch besetzten Europa zu protestieren.

1943

nische Juden freizukaufen. *Siehe* 9. März 1943. • Theodor Eicke, Inspekteur der Konzentrationslager, kommt bei einem Flugzeugabsturz ums Leben.

• 18. Februar 1943: Die antinazistischen Aktivitäten der „Weißen Rose“ in München führen zur Verhaftung von Hans und Sophie Scholl, zwei Studenten an der Münchner Universität. *Siehe* 22. Februar 1943.

• 20. Februar 1943: In Auschwitz-Birkenau wird das Krematorium II fertig gestellt. Dort können täglich 1440 Leichen verbrannt werden.

• 22. Februar 1943: Die Anführer der studentischen Widerstandsgruppe „Weiße Rose“, die Geschwister Hans und Sophie Scholl, werden in München durch das Fallbeil hingerichtet. *Siehe* Mitte Juli 1943. • Die jüdische Ge-

In der Sowjetunion, wo die Nazis eine barbarische Besatzungspolitik verfolgten, stießen die deutschen Eindringlinge auf besonders starken Widerstand. Diese fünf Sowjetbürger wurden in Charkow gehängt. Auf dem Schild an ihrem Hals steht: „Zur Strafe für das Sprengen von Minen." Auch solche Sabotageakte spielten für den Umschwung an der Ostfront und die letztendliche Niederlage des Dritten Reiches eine Rolle.

Protest in der Rosenstraße

Eine der wirkungsvollsten Widerstandsaktionen gegen die Nazityrannei fand Anfang 1943 statt. Damals wurden hunderte Juden, die mit christlichen Frauen verheiratet waren, verhaftet und im jüdischen Gemeindezentrum in der Rosenstraße im Herzen Berlins interniert. Die wiederholten Forderungen der betroffenen Ehefrauen nach Freilassung ihrer Männer hatten jedoch Erfolg. Dieser außergewöhnliche, erfolgreiche Akt eines deutschen Massenprotests gegen die Verschleppung deutscher Juden lässt eine beklemmende Frage aufkommen: Was hätte man erreichen können, wenn noch mehr Deutsche ähnlich gehandelt hätten?

Die bemerkenswerte Episode begann, nachdem die letzten noch in Berlin verbliebenen Juden am 27. Februar 1943 zusammengeholt worden waren. Die mit deutschen Nichtjüdinnen verheirateten Männer wurden in die Einrichtung Rosenstraße gebracht. Die Nachricht vom Aufenthaltsort der Ehemänner wurde unter den befreundeten Familien telefonisch weitergegeben und bald darauf erschienen die besorgten Ehefrauen in der Rosenstraße. Sie forderten Auskunft über ihre Ehemänner, brachten ihnen Essen und bestanden darauf, dass die Männer freigelassen würden.

Trotz der Anordnung den Ort zu verlassen und der Androhung Maschinengewehre einzusetzen bestanden die Frauen tapfer auf ihren Forderungen. Sie beendeten ihren Protest erst, als Joseph Goebbels und andere Mitglieder der Nazihierarchie Unruhen im Land befürchteten und die Juden freiließen.

Im März 1943 wurden 4000 Juden aus dem von Bulgarien kontrollierten Thrakien (Griechenland) zusammengetrieben und in den Tod nach Treblinka geschickt. Eine Woche später wurden weitere 7000 Juden aus dem nahen Mazedonien (Jugoslawien) in eine Tabakfabrik gebracht, deren Gebäude man in ein Konzentrationslager umgewandelt hatte *(Abb.)*. Die Juden wurden einige Wochen lang dort festgehalten und dann nach Treblinka geschickt. Nur wenige überlebten.

meinde von Stanislawów (Ukraine) wird ausgelöscht. • Bulgarien unterzeichnet eine Vereinbarung mit Deutschland über die Deportation von 20 000 Juden aus dem jugoslawischen Mazedonien und dem griechischen Gebiet Thrakien, die beide jetzt von Bulgarien kontrolliert werden. Im März werden schließlich rund 11 000 Juden deportiert. • In Lyon (Frankreich) weisen die italienischen Militärbehörden die örtlichen Polizeichefs an einen deutschen Befehl zur Deportation von mehreren hundert Juden in das Vernichtungslager Auschwitz zu annullieren.

• 23. Februar 1943: Die litauische 16. Division der Roten Armee, in der viele Juden dienen, greift in der Ukraine eine überlegene deutsche Streitmacht an.

• 24. Februar 1943: In Saloniki (Griechenland) wird ein Ghetto eingerichtet.

• 27. Februar 1943: In Berlin beginnen SS-Leute jüdische Fabrikarbeiter zusammenzutreiben, die in die Lager und Tötungszentren im Osten geschickt werden sollen.

• 27. Februar – Anfang März 1943: Die in Berlin zusammengeholten jüdischen

Die Retter

Was zur Rettung der Juden während des Holocaust getan wurde, war keineswegs ausreichend. Regierungen, Kirchen und internationalen Konferenzen gelang es nicht die Nazis an der Ermordung von sechs Millionen Menschen zu hindern, doch tausende Einzelpersonen handelten mit Erfolg um jüdisches Leben zu retten.

Einfache Menschen jeglicher Herkunft ignorierten die Gefahren, die all jenen drohten, die verfolgten Juden Hilfe gewährten. Zur Rettung der Menschen nutzte man in den verschiedenen Ländern unterschiedliche Mittel und Wege und auch die Probleme, die dabei auftauchten, waren von Land zu Land anders. Was die Retter unternahmen war nicht nur davon bestimmt, in welchem Grad die Nazis ein Gebiet unter Kontrolle hatten, sondern auch von der feindseligen oder mitfühlenden Haltung der einheimischen Bevölkerung. Außerdem handelten nicht alle Retter aus moralischer Überzeugung. Manche Personen boten ihre Hilfe nur gegen einen unverschämten Preis an.

Dank der Aktionen im besetzten Westeuropa, besonders in Dänemark, Belgien, Frankreich und Italien, gelang es einen beträchtlichen Teil der jüdischen Gemeinden der jeweiligen Nation zu retten. Die dänische Bevölkerung organisierte ganze Flottillen von Fischereibooten, mit denen fast alle Juden Dänemarks in das neutrale Schweden fliehen konnten. In Frankreich retteten Gruppen und Einzelpersonen über 7000 Kinder, von denen viele in die Schweiz und nach Spanien geschmuggelt wurden. An der Rettung beteiligten sich protestantische und katholische Kirchenführer, Bauern sowie die jüdische Kinderhilfsorganisation *Ouvres de Secours aux Enfants* und die jüdische Pfadfinderorganisation *Éclaireurs israélites de France*. Die Direktorin Germaine Le Henaff *(Abb.)* versteckte mehrere Juden in dem Kinderheim *Chateau de la Guette*.

Die französische Untergrundorganisation *Circuit Garel* rettete viele Kinder aus den Durchgangslagern der Nazis und brachte sie bei Pflegefamilien unter. Die Bewohner des Dorfes Le Chambon-sur-Lignon in Vichy-Frankreich boten tausenden Juden eine vorläufige sichere Zuflucht, bis Mitglieder der Résistance sie in die Schweiz führen konnten.

In Osteuropa stellten die direktere Herrschaft der Deutschen und der vielerorts anzutreffende bösartige Antisemitismus der Rettung von Juden größere Hindernisse in den Weg. In Polen gab es nur wenig organisierte Hilfe, auch wenn – besonders in den Jahren 1942 und 1943 in Warschau – tausende Bürger den Juden Unterstützung gewährten. Zu den wenigen Gruppen, die ihre Hilfe anboten, gehörten die katholische Pfadfinderbewegung sowie der Rat für Hilfe für die Juden, *Zegota*. Auch einige Angehörige der polnischen katholischen Kirche drängten auf die Rettung der Juden. In Lwow versteckte Leopold Socha 21 Juden im Kanalisationssystem der Stadt.

Eine Reihe internationaler Organisationen, darunter das *American Jewish Joint Distribution System*, der *World Jewish Congress* und das *War Refugee Board*, unterstützten öffentliche wie auch konspirative Aktionen zur Rettung möglichst vieler Juden. Sie stellten geheime Kontakte zu den jüdischen Gemeinden im besetzten Europa her, tauschten lebensnotwendige Nachrichten aus, sorgten für die so wichtigen Geldmittel, arbeiteten Fluchtpläne aus und förderten Fluchtversuche.

Raoul Wallenberg, Mitarbeiter der schwedischen Vertretung in Ungarn, stellte Pässe aus und sorgte für lebensrettende Unterkunft, Verpflegung und medizinische Behandlung für tausende ungarischer Juden. Tausende weiterer stiller, aber unentbehrlicher Helden – von Bauern und Arbeitern bis zu Lehrern und Fabrikbesitzern (wie Oskar Schindler) – täuschten die Nazis und verbargen und beschützten Juden.

1943

Fabrikarbeiter, die einen christlichen Ehegatten haben, werden freigelassen, nachdem die Ehegatten und Kinder beim Gestapo-Hauptquartier in der Rosenstraße offiziell gegen die Verhaftungen protestiert haben. Die Freilassung wird vom Minister für Volksaufklärung und Propaganda, Joseph Goebbels, angeordnet und später von Hitler selbst bestätigt, der einen öffentlichen Aufruhr zu fürchten scheint.

• März 1943: Aus Poznań (Polen) werden 850 Juden in das Ghetto Łódź „umgesiedelt". Einige Personen werden zur Arbeit in einer Schuhfabrik ausgesucht, die anderen erwartet im Osten der Tod. • Aus dem Warschauer Ghetto entkommen drei Waisenkinder – der 12-jährige Matti Drobless, seine 14-jährige Schwester und sein 9 Jahre alter Bruder – durch das Abwassersystem der Stadt. • Fast 5700 Juden werden aus

Miriam Szyfman-Fainer und Mojsche Kojfman, Mitglieder des Bundes, in einer Straße des Warschauer Ghettos. Der Bund war eine jüdische sozialistische Organisation, die lockere, doch aufrichtige Verbindungen zur allgemeinen sozialistischen Bewegung in Polen hatte. Die Bundisten in den polnischen Ghettos arbeiteten eng mit den Widerstandsbewegungen zusammen. M. Szyfman-Fainer und M. Kojfman kamen während des Warschauer Ghettoaufstandes ums Leben.

Mit Stacheldraht überspanntes Tor, das das Wilnaer Ghetto vom Rest der Stadt trennte. Im September 1941 richteten die Deutschen in Wilna zwei Ghettos ein, in deren kleinerem Juden ohne „Schein" (Arbeitserlaubnis) leben mussten. Dieses Ghetto wurde innerhalb von wenigen Wochen aufgelöst. Vom Frühjahr 1942 an fanden etwa ein Jahr lang keine großen Deportationen statt, da die Ghettobewohner ihr Überleben durch die Herstellung kriegswichtiger Güter für die Deutschen zu sichern trachteten. Diese Zeichnung von Z. Weiner stammt aus der Zeit von 1942 bis 1943.

Ein Zug von Menschen, die dem Untergang geweiht sind, bewegt sich auf die Gaskammern von Auschwitz-Birkenau zu. Hier kamen, erschöpft von der langen Fahrt aus weit entfernten Städten und Dörfern, ganze Wagenladungen von Opfern an und traten Josef Mengele gegenüber, der mit einem Fingerschnippen über Leben und Tod entschied. Die französische Widerstandskämpferin Charlotte Delbo, die in Auschwitz inhaftiert war, beschrieb die Bahnstation als einen Ort, an dem Ankunft und Abfahrt dasselbe bedeuteten.

dem Durchgangslager Westerbork (Niederlande) in das Todeslager Sobibór (Polen) deportiert. In Minsk (Weißrussland) werden tausende Juden erschossen; 50 Personen fliehen und schließen sich der Partisanengruppe *Nekome* an. • Die bulgarische Armee unterstützt die Nazis bei der Deportation von Juden aus Mazedonien und Thrakien in die Todeslager in Polen. • Im Todeslager Chełmno (Polen) wird die Menschenvernichtung zeitweise eingestellt. *Siehe* 23. Juni 1943.

• März – Juli 1943: Im Todeslager Treblinka lässt die SS laufend die Beweise für ihren Massenmord vernichten.

• Anfang März 1943: Juden aus Thrakien und Mazedonien werden verhaftet und mit der Eisenbahn und mit Lastkähnen in das Todeslager Treblinka gebracht.

• 1. März 1943: 100 Juden aus Paderborn werden nach Auschwitz deportiert. • Im New Yorker *Madison Square Garden* findet eine Massenversammlung unter dem Motto „Stoppt Hitler jetzt!" statt.

• 4. März 1943: Der bekannte Maler Hermann Lismann wird in das Todeslager Majdanek deportiert.

Die noch in Kolomyja (Ukraine) verbliebenen Juden wurden im März 1943 abgeschlachtet. Einige Jahre zuvor hatte der ungarische Gouverneur die Ermordung von Juden durch ukrainische Einheimische verhindert, doch 1942 begannen die Liquidierungen. Diese Aufnahme zeigt dutzende auf dem Boden aufgereihte Leichen von Juden. Ein mitfühlender Ukrainer betrachtet die Toten voll Kummer.

Juden in Marseille (Frankreich) werden von Deutschen zum Einsteigen in Güterwaggons gezwungen, mit denen sie nach Drancy oder Compiègne (Frankreich) deportiert werden sollen. In der so genannten Aktion vom März 1943 wurden 4000 Juden verschleppt. 1942 äußerte der Erzbischof von Marseille, Monsignore Jean Delay, seine Regierung habe das Recht sich vor den Juden zu schützen, die nach seinen Worten viel Übles angerichtet hätten und hart bestraft werden müssten.

Vor den Flaggen der UNO-Mitgliedsstaaten und riesigen Kopien der Tafeln mit den Zehn Geboten wurde am 9. März 1943 in New York das jüdische Festspiel *We Will Never Die* eröffnet. An der Vorstellung wirkten jüdisch-amerikanische Schauspieler wie Edward G. Robinson, Paul Muni und Sylvia Sydney mit. Dieses Festspiel sahen schließlich 100 000 Amerikaner, darunter auch zahlreiche Mitarbeiter der Regierung. Es wurde von palästinensischen Juden, den *Bergson Boys*, finanziert, die sich in den USA für die Verbreitung von Informationen über die Notlage der europäischen Juden einsetzten. Sie konnten damit allerdings keine Änderung der amerikanischen Politik herbeiführen.

1943

• 5. März 1943: In der Nähe des Ghettos Chmelnik (Ukraine) werden rund 1300 Juden vernichtet. Schmuel Salzman, der Vorsitzende des Chmelniker Judenrates, wird wegen seiner Verbindungen zum örtlichen jüdischen Untergrund hinter einem Pferdewagen her zu Tode geschleift.

• 6. März 1943: Aus dem Judenghetto in Swieciany (Ukraine) flüchten 20 Jugendliche in die nahen Wälder.

• 7. März 1943: Die jüdische Gemeinde in Radoszkowice (Weißrussland) wird vernichtet.

• 8.–13. März 1923: In einem Verband der Roten Armee, der bei Sokolow (Russland) einen massiven Angriff ge-

Dimitur Peschev, der Vizepräsident der bulgarischen Nationalversammlung, gehörte zu den von den Bürgern Kjustendils gewählten Abgeordneten, die gegen die Anordnung zur „Umsiedelung" der örtlichen jüdischen Bevölkerung protestierten. Die Abgeordneten reichten beim Parlament eine Protesterklärung ein, zogen diese auf Druck des Königs jedoch zurück. Peschev weigerte sich seine Unterschrift zurückzuziehen und wurde deshalb von seinem Regierungsposten entlassen. Die Anordnung zur Deportation der Juden von Kjustendil wurde jedoch aufgehoben.

Auch unter den Bedingungen in Bełżec versuchten die jüdischen Gefangenen einen Teil ihrer religiösen Praktiken aus der Zeit vor dem Krieg zu erhalten. Diese *Kiddusch*-Becher, die man im Lager fand, wurden zur Sabbatfeier benutzt. Rituale dieser Art waren im Lager verboten, auf ihre Ausübung stand die Todesstrafe. Die Juden empfanden jedoch besonders unter solch schwierigen Umständen das Bedürfnis ihre religiösen Riten zu praktizieren.

Bulgarien und der Holocaust

Bulgarien ist ein Balkanstaat am Schwarzen Meer, an den die Türkei, Rumänien, Jugoslawien und Griechenland grenzen. 1939 wies die bulgarische Regierung die ausländischen Juden aus dem Land, während Rundfunk und Presse antisemitisches Gedankengut verbreiteten. Im selben Jahr gab das britische Außenministerium Bulgarien zu verstehen, dass Großbritannien für den Fall, bulgarische Juden würden nach Palästina gebracht, erwarte, dass die bulgarische Regierung die Einwanderer wieder aufnehme.

Während des Zweiten Weltkrieges drängten die Nazis Bulgarien sich mit Deutschland zu verbünden. Diese Allianz verbreitete unter den 50 000 sephardischen Juden Bulgariens, die zehn Prozent der Landesbevölkerung ausmachten, Angst. Auf Drängen der Deutschen verabschiedete die bulgarische Regierung antisemitische Gesetze, die von einigen Handels- und Industriegruppierungen sowie von rechts gerichteten und militärischen Organisationen unterstützt wurden. Der Antisemitismus war zwar verbreitet, doch die Geistlichkeit, die Monarchie, das Parlament und die Arbeiter verhinderten, dass die deutsche SS einen Großteil der bulgarischen Juden deportierte. Dennoch wurden in den Gebieten, die die Deutschen Bulgarien zuerkannt hatten (Thrakien und Mazedonien), fast 12 000 Juden zusammengeholt und in das Todeslager Treblinka geschickt.

Vom September 1944 bis April 1945 beteiligte sich Bulgarien am Krieg gegen Deutschland. Das bulgarische Heer, in dem auch Juden dienten, kämpfte in Jugoslawien und Ungarn gegen die Deutschen.

gen die Deutschen unternimmt, dienen auch Juden. Am Ende der Schlacht werden 300 jüdische Opfer, darunter 140 Gefallene, gezählt.

• 9. März 1943: Das von den *Bergson Boys* organisierte Festspiel *We Will Never Die* wird in New York eröffnet. Über 100 000 Amerikaner, darunter auch zahlreiche Mitarbeiter der Regierung, sehen die Aufführung.

• 10. März 1943: Die SS fordert die Deportation aller bulgarischen Juden nach Polen, doch die bulgarische Regierung widersetzt sich der Forderung aufgrund der ambivalenten Haltung des Königs und aufgrund des Widerstands der Geistlichkeit, der Bauern und Intellektuellen. Trotz der Proteste werden einige bulgarische Juden in Arbeitslager bei Radomir und Samovit (Bulgarien) verbannt. Es wird jedoch niemand deportiert und die jüdische Bevölkerung Bulgariens nimmt bis Kriegsende ständig zu.

• 13. März 1943: Ein Bombenattentat gegen Hitler schlägt fehl; die von Oberstleutnant Henning von Tresckow als Kognakflaschen getarnte Bombe an Bord von Hitlers Privatflugzeug explodierte nicht. • Die SS gründet zur Organisierung und Ausnutzung von Sklaven-

Die amerikanisch-jüdischen Organisationen

Während des gesamten Zweiten Weltkrieges engagierten sich amerikanisch-jüdische Organisationen in schonungslosem, aber relativ erfolglosem Bemühen für die Rettung des europäischen Judentums. Sie verstärkten ihre Kampagnen 1943, nachdem sich die Berichte über Hitlers Völkermordpläne bestätigt hatten.

Die von Rabbi Stephen Wise geleiteten bedeutendsten amerikanisch-jüdischen Organisationen veranstalteten öffentliche Demonstrationen und nahmen Einfluss auf Mitarbeiter der Regierung. Die Demonstration des *American Jewish Congress*, die am 1. März 1943 in New York unter dem Motto „Stoppt Hitler jetzt!“ stattfand, lockte rund 75 000 Menschen an. Die Menge lauschte den Reden der Führer der *American Federation of Labor*, des *Congress of Industrial Organizations* und anderer nichtjüdischer Vereinigungen.

Eine radikalere Gruppe, das *Committee for a Jewish Army (CJA)*, versuchte eine Rettungsaktion für die rumänischen Juden zu vermitteln. Ihre Mitglieder veröffentlichen in großen Tageszeitungen Anzeigen mit dem Hinweis, dass die Freiheit von 70 000 Juden für 50 Dollar je Person erkauft werden könne. Offensichtlich wollte man damit schockieren und zugleich darauf hinweisen, dass die Rettung der Juden eine Angelegenheit des Willens der Alliierten sei.

Am 15. März 1943 gründeten acht große jüdische Organisationen das *Joint Emergency Committee on European Affairs (JEC)*. Das Komitee war bestrebt die Kampagne zur Information der Öffentlichkeit auszuweiten, den US-amerikanischen Kongress zur Unterstützung der Rettungsaktionen anzuspornen und im Interesse des europäischen Judentums Konferenzen mit hochrangigem Teilnehmerkreis zu organisieren. Präsident Franklin Roosevelt gründete schließlich das *War Refugee Board*, was allerdings erst im Januar 1944 geschah – 14 Monate nachdem er Kenntnis über die „Endlösung“ erhalten hatte.

Henning von Tresckow, ab 1944 Generalmajor der Wehrmacht, gehörte der Oppositionsbewegung gegen Hitler an. Während seines Einsatzes an der Ostfront gelangte von Tresckow zu der Überzeugung, dass der Feldzug zum Scheitern verurteilt war und Hitler gestürzt werden musste. Er war am Attentatsversuch auf Hitler beteiligt, der im März 1943 in Smolensk (Russland) unternommen wurde. Der Versuch schlug fehl, da die als Kognakflaschen getarnte Bombe aus Plastiksprengstoff an Bord von Hitlers Privatflugzeug nicht detonierte. Als die Verschwörung zur Ermordung Hitlers im Juli 1944 ebenfalls erfolglos blieb, beging von Tresckow Selbstmord.

Josef Tiso im freundschaftlichen Gespräch mit Hitler, von hochrangigen Wehrmachtsoffizieren begleitet. Als Staatspräsident der Slowakei genehmigte Tiso die Deportation von Juden, obwohl er die Macht besaß zu intervenieren und das in einigen Fällen auch tat. Die Deportationen wurden im März 1943 eingestellt, obgleich in der Slowakei zu der Zeit noch 25 000 Juden lebten. Vielleicht beabsichtigten die Nazis sich auf andere Gebiete zu konzentrieren und diese „judenfrei“ zu machen, vielleicht aber waren auch die zahlreichen Fachleute unter diesen Juden für sie von Nutzen.

1943

arbeit in und um Lublin in Polen die Ostindustrie GmbH. Das Projekt steht unter der Aufsicht von Odilo Globocnik.

• 14. März 1943: In Kraków (Polen) werden 2000 Juden zur Deportation zusammengeholt. Noch vor Abfahrt des Zuges nach Auschwitz werden auf den Straßen und in Gräben außerhalb der Stadt hunderte Kinder und Alte ermordet. Gestapo-Angehörige bringen Patienten des jüdischen Hospitals in Kraków um.

• 15. März 1943: Die Deportationen von Juden aus Saloniki (Griechenland) nach Auschwitz beginnen. Die erste Gruppe besteht aus 2800 Personen.
• Trude Neumann, ehemalige Patientin einer Nervenheilanstalt bei Wien und Tochter von Theodor Herzl, des Begründers des Zionismus, verhungert im

Umgeben von Bündeln voller Sachen sortiert eine Jüdin im Todeslager Chełmno aus den Transporten stammende Kleidungsstücke, die dann zu einem Lagerhaus in der Nähe von Łódź (Polen) gebracht werden. Als das Lager seinen Zweck, die Tötung der meisten Juden im Reichsgau Wartheland, ehemals polnischem Territorium, das dem Reich einverleibt worden war, erfüllt hatte, wurden die Transporte nach Chełmno im März 1943 eingestellt. Ein Jahr später beschlossen die Nazis Bewohner des Ghettos Łódź zu vergasen und nahmen Chełmno wieder in Betrieb.

Fünf deutsche Soldaten mit den Leichen zweier sowjetischer Zivilisten, die sie soeben exekutiert haben. Nach den Konventionen zur Kriegführung standen Zivilisten theoretisch zwar unter Schutz, doch wurden sie an der Ostfront häufig Ziel der Deutschen. Die Nazis bestraften unbarmherzig jeden, den sie verdächtigten Partisan zu sein oder die Aktivitäten der Partisanen zu unterstützen.

Wilhelm Boger *(ganz rechts)* galt allgemein als der grausamste Aufseher in Auschwitz. Zeugen, die im Prozess gegen ihn auftraten, berichteten, dass seine Hände oftmals mit dem Blut der Opfer seiner sadistischen Foltermethoden bedeckt waren. Die nebenstehende Aufnahme zeigt ein Modell der „Boger-Schaukel", einer Foltervorrichtung, die Boger seine „Sprechmaschine" nannte.

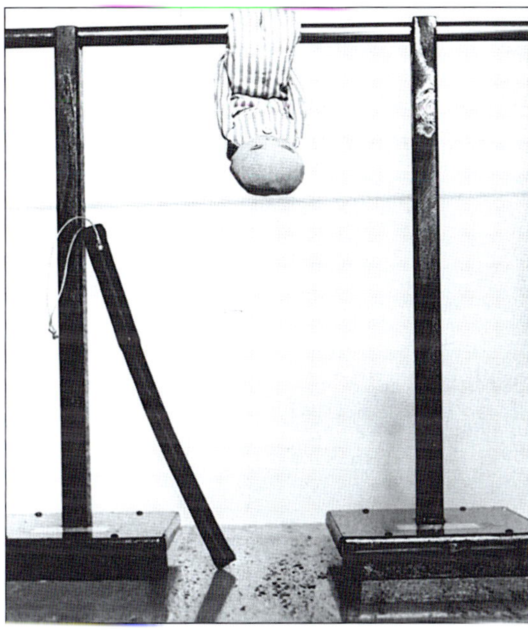

Lager und Ghetto Theresienstadt (Tschechoslowakei).

• 16. März 1943: In Lwow wird ein sehr gefürchteter SS-Angehöriger von einem Juden mit Namen Kotnowski ermordet. *Siehe* 17. März 1943.

• 17. März 1943: Als Vergeltung für den Mord vom 16. März an einem SS-Mann durch einen Juden werden in Piaski (Polen) über 1200 Juden aus Lwow (Ukraine) getötet. Elf jüdische Polizisten werden im Ghetto gehängt, 1000 jüdische Arbeitssklaven exekutiert und weitere 200 Juden ermordet.

• 18. März 1943: Das Versteck des 30-jährigen Dr. Julian Tscharin aus Lapy (Ukraine) wird an die Nazis verraten; Tscharin wird erschossen. • In Auschwitz stirbt die 26-jährige Untergrundkämpferin Lonka Kosibrodska an Fleckfieber.

• 20. März 1943: In Częstochowa (Polen) werden am Vorabend des Purimfestes mehr als 100 jüdische Ärzte, Ingenieure und Anwälte mit ihren Familien von den Nazis auf einen Friedhof gebracht und erschossen. Unter den Opfern befinden sich auch die 56-jährige Frauenärztin Dr. Kruza Gruen-

Drei betagte Juden gehen während der endgültigen Auflösung des Ghettos Arm in Arm durch die Straßen von Kraków (Polen). Die Deportationen von 1942 hatten die Zahl der Krakówer Ghettobewohner deutlich verringert; sie waren ein Vorspiel zur endgültigen Liquidierung im März 1943. In jenem Monat wurden 2000 Juden in das nahe gelegene Arbeitslager Plaszów geschafft und 2300 nach Auschwitz deportiert. Jüdische Widerstandsgruppen halfen hunderten Krakówer Juden an einen relativ sicheren Ort zu entkommen. In den Gebieten rund um die Stadt waren bewaffnete Partisanen aktiv, die die deutschen Verbände in Gefechte verwickelten, was wiederum indirekt zur Verlangsamung des Deportationstempos beitrug.

In den Straßen des Ghettos liegt zurückgelassenes Eigentum von Juden, die kurz zuvor aus Kraków deportiert wurden. Die Auflösung des Krakówer Ghettos ging auf brutale Weise vor sich. Der Großteil der Bewohner wurde nach Plaszów (Polen) und Auschwitz verschleppt, 700 Personen wurden noch im Ghetto auf der Stelle erschossen.

Diese Puppe gehörte einem Kind, das im Ghetto Kraków (Polen) wohnte. Nichtjuden, die die Puppe aufbewahrt hatten, gaben sie nach dem Krieg der Besitzerin Zofia Burowska zurück. Für Zofia hatte die Puppe eine ganz besondere Bedeutung, denn sie war extra für sie angefertigt worden. Spielzeug dieser Art war oftmals das Einzige, was jüdische Kinder mit einer normalen Kindheit verband.

1943

wald, die 30-jährige praktische Ärztin Dr. Irena Horowicz und der 44-jährige Neurologe Dr. Bernhard Epstein.

• 21. März 1943: Während des jüdischen Purimfestes werden 2300 Juden aus Skopje (Jugoslawien) nach Auschwitz deportiert. • Acht Angehörige der jüdischen Intelligenz aus Piotrków (Polen) werden auf einen jüdischen Friedhof gebracht und zusammen mit dem jüdischen Friedhofsverwalter und dessen Frau erschossen. Die Deutschen wählen die Zahl der Opfer in einem makabren Bezug auf die biblische Geschichte von den zehn gehängten Söhnen des Judenhassers Haman, die eine wichtige Figur in der Purim-Geschichte ist. • In Radom (Polen) werden jüdische Ärzte aus dem Ghetto geholt und im nahen Szydłowiec exekutiert.

Janek Krauze, ein Mitkämpfer der Partisanen in Częstochowa (Polen). Die so genannte Aktion der Deutschen gegen die Ghettobewohner im Januar 1943 leitete eine ganze Reihe von Aktivitäten des Widerstands im Ghetto selbst wie auch außerhalb der Ghettomauern ein. Krauze wurde am 19. März 1943 getötet; der Kampf zog sich bis in die Sommermonate hin. Am 25. Juni startete die *ŻOB* (Jüdische Kampforganisation) eine Kampagne, mit der sie Widerstand gegen die Liquidierung des kleinen Ghettogebiets von Częstochowa leistete.

GROSSE KONZENTRATIONSLAGER IN DEN BALTISCHEN LÄNDERN (1941–1945)

1941 schlachteten die Einsatzgruppen der Nazis die meisten der 350 000 baltischen Juden ab. Von Ende 1942 an wurden zehntausende Juden aus anderen europäischen Ländern in die Zwangsarbeitslager in Estland geschickt.

Der verlassene Platz und die leeren Häuser zeugen von der jüngsten so genannten Aktion, der Deportation von Juden aus Częstochowa (Polen). Fast 30 000 Juden, die 30 Prozent der Stadtbevölkerung ausmachten, waren einst Teil des geschäftigen Treibens dieser vormals lebendigen Stadt gewesen. Während des Krieges wurde das Ghetto zu einem Sammelplatz zur Abfertigung der Juden, die man aus ganz Europa hierher geschickt hatte. Sie wurden von hier aus in Arbeitslager und in das Todeslager Treblinka transportiert. Früher beherbergte das Ghetto 48 000 Juden; die Zahl der Bewohner wurde bis 1943 jedoch stark dezimiert.

• 22. März 1943: Das Krematorium IV in Auschwitz-Birkenau nimmt seinen Betrieb auf.

• 23. März 1943: 29 jüdische Waisenkinder aus dem Waisenhaus *La Rose* in Les Accates (Frankreich) sowie Alice Salomon, die Erzieherin, die sich zwei Monate zuvor geweigert hatte die Kinder allein zu lassen, werden im Todeslager Sobibór vergast. • In Auschwitz werden 1700 Zigeuner ermordet. • 4000 Juden aus Marseille (Frankreich) werden kurzzeitig in Drancy (Frankreich) interniert und dann nach Sobibór deportiert. • William Temple, Erzbischof von Canterbury, erklärt vor dem Oberhaus, dass Großbritannien die Quoten für jüdische Einwanderer anheben müsse.

• 25. März 1943: 1000 Juden aus Marseille (Frankreich) werden in das Todeslager Sobibór deportiert. • Die Mitglieder der jüdischen Gemeinde von Żółkiew (Polen) werden in den Borek-Wald geführt und exekutiert. • In Hitlers Kanzlei gelangt der anonyme Brief eines nichtjüdischen deutschen Bürgers, in dem die Vorgehensweise der Nazis bei der Liquidierung der Ghettos kritisiert wird.

• Frühjahr 1943: Die Mordkommandos

Das Bema der zerstörten Synagoge in Lwow (Ukraine) war nach der Auflösung des Ghettos noch größtenteils intakt. Das Ghetto wurde im Januar 1943 offiziell in ein Arbeitslager umgewandelt; 10 000 Juden, die keine Arbeitsbescheinigung besaßen, exekutierte man. Bei einer „Säuberungsaktion" im März wurden weitere 1500 Juden ermordet und 800 in ein Todeslager der Nazis abtransportiert. Aufgrund des bewaffneten Widerstandes der Ghettobewohner während der endgültigen Liquidierung sahen sich die Nazis gezwungen das Ghetto Haus für Haus zu zerstören. Die griechisch-katholische Kirche von Lwow äußerte ihr Bedauern über diese Ereignisse – nicht so sehr über die Vernichtung der Juden (die Kirche war der Meinung, dass das Judentum zur Zerstörung des Christentums entschlossen war) –, sondern weil die ukrainischen Einheimischen zur Teilnahme an den Morden ermutigt wurden.

William Temple, das Oberhaupt der anglikanischen Kirche, gehörte zu den wenigen Briten, die für die Juden eintraten. Im März 1943 drängte er im Oberhaus darauf, dass Großbritannien die Quoten für die Einwanderung von Juden in das Land erhöhe. Er befürwortete auch eine Warnung an die Deutschen, dass die für die Kriegsverbrechen Verantwortlichen zur Rechenschaft gezogen würden, wenn der Krieg erst vorüber sei.

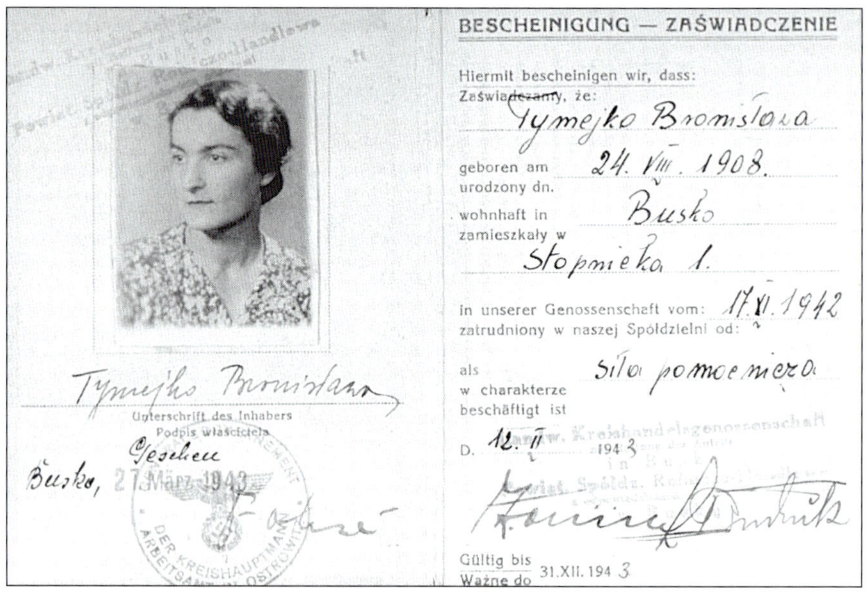

BESCHEINIGUNG — ZAŚWIADCZENIE

Hiermit bescheinigen wir, dass:
Zaświadczamy, że:
Tymejko Bronisława

geboren am / urodzony dn. 24. VIII. 1908.

wohnhaft in / zamieszkały w Busko
Stopnicka 1.

in unserer Genossenschaft vom: / zatrudniony w naszej Spółdzielni od: 17. XI. 1942

als / w charakterze / beschäftigt ist siła pomocnicza

D. 12. II 1943

Gültig bis / Ważne do 31.XII.1943

Tymejko Bronisława
Unterschrift des Inhabers
Podpis właściciela

Gesehen
Busko, 27. März 1943

Dieses amtlich wirkende deutsche Dokument bestätigte, dass Bronislawa Tymejko (Laura Schwarzwald) in der landwirtschaftlichen Kreishandelsgenossenschaft in Busko beschäftigt war. Falsche Papiere dieser Art ermöglichten polnischen Juden unter anderem Namen zu leben und der Deportation zu entgehen. Die Bedingungen in den von den Nazis geführten Genossenschaften waren zwar hart, doch die Arbeiter mussten nicht bis zum Umfallen schuften. Falsche Papiere waren daher eigentlich das Wichtigste für die Juden; es war ein großes Glück für die Juden solche Dokumente zu erlangen.

1943

der Nazis haben bis zu diesem Zeitpunkt in Osteuropa fast zwei Millionen Juden umgebracht. • Die Deutschen zwingen jüdische Häftlinge die Leichen von 600 000 Juden zu verbrennen, die in Bełżec ermordet worden sind.

• April 1943: In Bergen-Belsen (Deutschland) wird ein Konzentrationslager errichtet. • Die Deutschen starten eine Offensive gegen die im Parczew-Wald (Polen) operierenden jüdischen Partisanen. • Widerstandskämpfer lassen in Belgien einen Todeszug entgleisen. • Papst Pius XII. klagt darüber, dass die Juden anspruchsvoll und undankbar seien. • Dr. Julian Chorazycki, ein ehemaliger Hauptmann der polnischen Armee und Anführer einer Widerstandsgruppe von Häftlingen im Todeslager Treblinka, schluckt Gift, als der stellvertretende Lagerkomman-

Nach Auschwitz, Sobibór und in andere Todeslager wurden über 75 Prozent der niederländischen Juden deportiert. Nur wenige überlebten. Es gab einige Bürger der Niederlande, die sich bemühten die Pläne der Nazis zur Vernichtung der Juden des Landes zu vereiteln. Eine ihrer Aktionen war der Bombenanschlag auf das Amsterdamer Einwohnermeldeamt *(unten)* vom 27. März 1943. Den Anschlag hatten mehrere Verschwörer, darunter auch C. Hartogh *(links)*, organisiert und durchgeführt um die Deportationspläne der Nazis zu stören. Hartogh wurde einige Monate später hingerichtet.

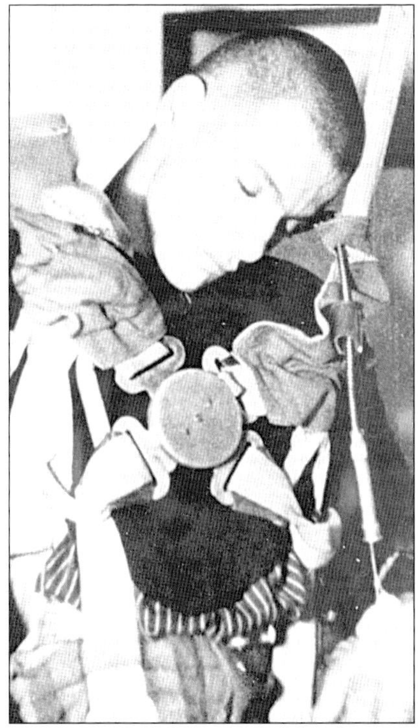

Die Konzentrationslager lieferten den Naziärzten für Versuche, von denen viele militärischen Zwecken dienten, eine große Zahl menschlicher „Versuchskaninchen". Dieser Mann war das Opfer eines Luftdruckexperiments im Konzentrationslager Dachau (Deutschland), mit dem die Belastbarkeit des Menschen in extremen Höhen gemessen werden sollte. Der Mann musste sich bei diesem Experiment in einer Druckkammer aufhalten, aus der nach und nach die Luft abgesaugt wurde. Auf diese Weise konnten die „Wissenschaftler" bestimmen, in welcher Höhe Piloten ohne Gefahr für ihre Gesundheit fliegen konnten.

dant bei ihm Devisen entdeckt, mit denen Chorazycki kleinkalibrige Feuerwaffen kaufen wollte. *Siehe* **3. Mai 1943.**

• 5. April 1943: 300 Juden aus Soly und Smorgon (Weißrussland) werden mit der Eisenbahn nach Wilna (Litauen) transportiert. Unterwegs zerschlagen Gefangene das mit Draht verstärkte Fensterglas der Waggons und versuchen zu fliehen, werden aber vom Bewachungspersonal erschossen. Die Überlebenden werden später in Ponary südwestlich von Wilna von deutschen und litauischen SS-Leuten erschossen. Rund 4000 Juden aus Wilna und der Wilnaer Umgebung werden auf Lastwagen nach Ponary gebracht und in Massengräber geworfen. Juden, die mit der Eisenbahn aus Oszmiana und Swieciany (Litauen) in Ponary ankommen, leisten mit Revolvern, Messern sowie mit bloßen Händen Widerstand; einige Dutzend entkommen nach Wilna, die anderen werden erschossen. Während des Massakers wird ein litauischer Polizist von Juden verwundet; ein SS-Oberscharführer wird mit Messerverletzungen an Rücken und Kopf ins Lazarett gebracht. • Der letzte Zug, der Juden aus Mazedonien bringt, kommt an der Bahnstation zum Todeslager Treblinka

Die Bermuda-Konferenz

Die öffentliche Empörung in den Vereinigten Staaten und in Großbritannien über die Nachricht, dass das Naziregime dabei war das europäische Judentum systematisch zu vernichten, gab den Anstoß zur Bermuda-Konferenz im April 1943. Die Konferenz sollte angeblich das von Hitlers Völkermordpolitik verursachte Flüchtlingsproblem lösen, doch wird das Treffen als Höhepunkt der Hinhaltetaktik der Alliierten bezüglich irgendwelcher Rettungsaktionen gesehen.

Bei den Verhandlungen vor der Konferenz grenzte man die Themen ein, die zur offenen Diskussion vorgesehen waren, und sicherte damit eigentlich schon den Misserfolg des Treffens. Britische und amerikanische Funktionäre beschlossen bereits im Voraus den jüdischen Anteil an dem Flüchtlingsproblem herunterzuspielen und betonten nachdrücklich, dass die Juden nur eine von vielen Gruppen seien, die unter dem Krieg zu leiden hätten. Diese Entscheidung zeigte, dass Großbritannien und die USA nicht geneigt waren ernsthaft Pläne zur Rettung der europäischen Juden aus den Klauen des Naziregimes in Betracht zu ziehen. Zudem gab es eine Unzahl zusätzlicher Schwierigkeiten, die das ganze Unternehmen zum Scheitern verurteilten.

Die Bermuda-Konferenz, mit der man die aufgerüttelte öffentliche Meinung ablenken wollte, war ein vollständiger Misserfolg. Myron C. Taylor, der amerikanische Hauptvertreter auf der Konferenz von Évian von 1938, drückte es mit den Worten aus: „Die Bermuda-Konferenz war völlig erfolglos … und wir wussten das bereits vorher.“ Die Gleichgültigkeit der britischen und der amerikanischen Regierung gegenüber der tragischen Situation des europäischen Judentums war für jedermann deutlich zu erkennen.

Der stellvertretende Außenminister der USA, Breckinridge Long, nutzte seinen Einfluss um zu verhindern, dass die USA ein Zufluchtsort für die europäischen Juden würde. Longs Fremdenfeindlichkeit bestimmte jeden Schritt, den er während des Krieges unternahm: Er stand an der Spitze, als das Außenministerium entschied politischen Flüchtlingen und auch jüdischen Intellektuellen das Visum zu verweigern. Er drängte darauf die Einwanderungsquoten herabzusetzen und er schlug als Tagungsort für die Flüchtlingskonferenz die relativ unzugänglichen Bermuda-Inseln vor.

An der verhängnisvollen Bermuda-Konferenz im April 1943 nahmen Personen mit unterschiedlichem beruflichem Hintergrund teil. Die Aufnahme zeigt *(von links nach rechts)* den britischen parlamentarischen Staatssekretär im Marineministerium, George Hall; den Rektor der Universität Princeton, Harold W. Dodds; den britischen Staatssekretär für auswärtige Angelegenheiten, Richard K. Law; den Vorsitzenden des Komitees für auswärtige Angelegenheiten des US-amerikanischen Repräsentantenhauses, Sol Bloom, und den parlamentarischen Staatssekretär im britischen Innenministerium, Osbert Peake.

1943

an. Sämtliche Passagiere werden unmittelbar nach der Ankunft vergast.

• **7. April 1943: In Skałat (Ukraine) findet unter Führung von Michael Glanz eine jüdische Widerstandsaktion statt.**

• **8.–9. April 1943: In der Nähe von Tarnopol (Ukraine) werden 1000 Juden exekutiert.**

• **13. April 1943: In der Sowjetunion entdecken die Deutschen im Wald von Katyn über 4000 Leichen polnischer Offiziere, von denen auch einige Juden waren. Die Offiziere wurden von den Sowjets getötet.**

• **14. April 1943: Das Arbeitslager in Siedlce (Polen) wird aufgelöst. • Das *Joint Emergency Committee for European Jewish Affairs* legt der Bermuda-**

Bergen-Belsen in Deutschland wurde im April 1943 als Durchgangslager eröffnet. Deshalb waren die ersten Insassen in der Mehrheit nichtdeutsche Juden, waren auch die Bedingungen weniger hart als in anderen Lagern. Als Deutschland vom „Kriegsglück“ verlassen wurde und in dem Lager eine große Zahl Gefangener ankam, die lange Todesmärsche hinter sich hatten, verschlechterte sich die Situation. In Bergen-Belsen starben etwa 50 000 Menschen, rund 14 000 davon nach der Befreiung des Lagers.

Alfred Krupp, vom Anfang der 1930er-Jahre bis Kriegsende Leiter des bekannten Unternehmens, das während des Krieges vorwiegend im Rüstungsbereich tätig war. Er wurde von amerikanischen Soldaten verhaftet und später in Nürnberg vor Gericht gestellt. Unter seiner Leitung nutzten die Krupp-Werke in großem Ausmaß unmenschliche und billige Sklavenarbeit aus, die von Häftlingen aus den Konzentrationslagern des Dritten Reiches geleistet wurde. Krupp zahlte für seine Arbeitssklaven an die Regierung, die Häftlinge indessen erhielten keinen Lohn. Unter den schrecklichen Bedingungen in den Werken starben tausende von ihnen.

Diese Berge von Schuhen gehörten den Menschen, die in Auschwitz vergast wurden. Die Nazis unternahmen beträchtliche Anstrengungen zur wirtschaftlichen Ausbeutung ihrer Opfer. Dazu gehörte auch die Beschlagnahme der Habseligkeiten, die für die deutsche Kriegswirtschaft von Nutzen sein konnten. In Auschwitz wurden diese Gegenstände in Effektenkammern aufbewahrt. Diesen Lagerbereich nannten die Häftlinge „Kanada“, da sich die Unmenge der dort gelagerten Beute für sie in Gedanken mit den Reichtümern jenes Landes verband.

Konferenz ein „Programm zur Rettung der Juden aus dem von den Nazis besetzten Europa“ vor. *Siehe* 19. April 1943. • Gerhart Riegner, Vertreter des *World Jewish Congress* in Genf, schlägt vor auf ein Schweizer Bankkonto Geld einzuzahlen, mit dem die 70 000 rumänischen Juden, die den Alliierten zum Freikauf „angeboten“ worden waren, nach dem Krieg nach Palästina auswandern können. Der Vorschlag wird unter der Bezeichnung „Riegner-Plan“ bekannt. *Siehe* Mai 1943.

• 17.–18. April 1943: Hitler trifft im Schloss Kleßheim bei Salzburg (Österreich) mit dem ungarischen Regenten Miklós Horthy zusammen um die Deportation ungarischer Juden anzukurbeln. Horthy verweigert seine Einwilligung.

• 18. April 1943: In das Warschauer Ghetto sickert die Nachricht von den Plänen der Deutschen zur Vernichtung des Ghettos durch. *Siehe* 19. April 1943. • Fast 3500 Juden aus sechs polnischen Städten werden nach Jaworów (Polen) transportiert und erschossen. Die Widerstandkämpfer, die in die nahen Wälder flüchten, werden von Arthur Henner und Henry Gleich angeführt; die meisten werden später von deutschen Soldaten erschossen.

Auch Harry Baur, ein im deutschen und französischen Kino hoch geschätzter Schauspieler, gehörte zu den Opfern der Nazis. Der 1880 geborene Baur erwarb sich beispielsweise mit der Rolle des Jean Valjean in „Die Elenden“, in *Grand amour de Beethoven* oder in „Schuld und Sühne“ einen internationalen Ruf. Während manche Bühnen- und Filmstars aus Europa in die USA flohen, mussten oder wollten andere bleiben. Baur, der von den Nazis beschuldigt wurde ein Agent der Alliierten zu sein, starb am 20. April 1943 im Gefängnis.

Gerard Kornmann brachte zweimal Juden in einem Versteck unter. Schließlich wurde er jedoch von einem Informanten verraten, daraufhin verhaftet und über das Durchgangslager Vught (Niederlande) in das Konzentrationslager Sachsenhausen (Deutschland) gebracht. Nach der Landung der Alliierten in der Normandie schafften ihn die Nazis nach Lübeck. Er befand sich auf der „Cap Arcona“, die von den Briten am 3. Mai 1945 neben drei weiteren Schiffen in der Annahme bombardiert wurde, bei den Passagieren handele es sich um Deutsche. Kornmann kam bei dem Angriff ums Leben. Die Ironie all dessen wird schmerzhaft deutlich. Kornmanns endgültiges Schicksal lässt sich bis zu jenem Informanten – wahrscheinlich ein Nachbar oder sogar ein „Freund“ – zurückverfolgen, der ihn an die Besatzungsbehörden verriet. Über den möglichen Grund dafür kann man nur Vermutungen anstellen.

Die Koffer der Juden, die nach Auschwitz-Birkenau, dem Tötungszentrum des Lagers, deportiert wurden, sind ein Hinweis darauf, dass die Opfer nicht wussten, welches Schicksal ihnen drohte. Die Anordnungen zur Deportation kamen unerwartet, sodass die Betroffenen eilig einige wertvolle Dinge einpackten, die Koffer mit ihrem Namen beschrifteten und in die Züge nach unbekannten Orten einstiegen, die sie für Umsiedlungszentren irgendwo in Osteuropa hielten. In den Zügen nahm man ihnen ihre Habe mit der Bemerkung ab, sie würden beim Aussteigen alles zurückerhalten. Das Sortieren der Sachen der nach Auschwitz und in andere Todeslager deportierten Juden war ein bedeutendes und profitables Unternehmen.

1943

• 19. April 1943: Der Aufstand im Warschauer Ghetto beginnt. Mehr als 2000 Soldaten der SS, des regulären Heeres und ausländischer Einheiten dringen in das Ghetto ein. Sie versuchen das Ghetto (40 000 Einwohner) am Vorabend des Passahfestes zu liquidieren, doch rund 700 Juden revoltieren dagegen. Die Juden bewaffnen sich mit 17 Gewehren, etwa 500 Pistolen und mehreren Tausend Granaten und Molotowcocktails. Der jüdische Untergrund kämpft bis Mitte Mai gegen die Nazis. Er erhält nur minimale Unterstützung vom polnischen Untergrund, dessen Mitglieder zu einem großen Teil antisemitische Anschauungen vertreten. Die Alliierten veröffentlichen weder Informationen über die Ereignisse noch versuchen sie Hilfe zu leisten. ***Siehe*** **20. April 1943.**

Im April 1943 entdeckten die Deutschen im Wald von Katyn die Leichen von mehr als 4000 polnischen Kriegsgefangenen, die 1940 wahrscheinlich von Angehörigen des sowjetischen NKWD (Volkskommissariat für Innere Angelegenheiten) getötet worden waren. Die Sowjetunion leugnete jegliche Verantwortung und behauptete, dass die Schuldigen die Deutschen seien. Die polnische Exilregierung in London verdächtigte die Sowjets und bestand auf einer gründlichen Untersuchung. Das führte zum Abbruch der Beziehungen zwischen der UdSSR und der polnischen Exilregierung und lieferte Jossif Stalin einen Vorwand nach dem Krieg in Polen eine kommunistische Regierung einzusetzen.

Das Massaker von Katyn

Im April 1943 entdeckten Wehrmachtsangehörige in einem stark bewaldeten Gebiet in der Umgebung des abgeschiedenen sowjetischen Dorfes Katyn ein Massengrab. Eine internationale Ärztekommission identifizierte die dort verscharrten Leichen – man fand 4143, glaubt jedoch, dass tausende mehr getötet wurden – als polnische Soldaten und Offiziere. Dem von der deutschen Regierung veröffentlichten Bericht zufolge waren die Männer 1939 während des Polenfeldzuges von den Sowjets gefangen genommen worden; sie alle wurden kurz vor dem deutschen Überfall auf die Sowjetunion durch Genickschuss ermordet.

Als die polnische Exilregierung in London dem Bericht beipflichtete, brach Jossif Stalin die diplomatischen Beziehungen zu ihr ab und behauptete die Deutschen hätten die Morde begangen. Die Alliierten unterstützten Stalins Behauptung bis 1952, als eine Untersuchung des US-amerikanischen Kongresses zu dem Schluss kam, dass die Schuld dem sowjetischen NKWD zuzuweisen sei. Im April 1990 erkannte die Sowjetunion ihre Verantwortung für das Massaker von Katyn an.

• **Die Bermuda-Konferenz Großbritanniens und der USA, die in Hamilton (Bermuda-Inseln) stattfindet, ergreift keine Maßnahmen von Bedeutung um den Juden in Europa zu helfen. Vor dem Treffen haben sich die Vertreter beider Staaten darüber geeinigt weder die Einwanderung von Juden in ihre Länder zu erörtern noch Lebensmittel an die jüdischen Flüchtlinge im deutsch besetzten Europa zu schicken.**

• 20. April 1943: Im Warschauer Ghetto setzen die Deutschen die Häuser Block für Block in Brand und erschießen alle, die aus Gebäuden, Bunkern und den Schächten zur Kanalisation herauskommen. Viele Juden bewegen sich über die Dächer fort und kämpfen weiter. Die Patienten des Warschauer Czyste-Hospitals werden von deutschen Soldaten ermordet. *Siehe* 25. April 1943.

• Der beliebte französische Filmstar Harry Baur stirbt in Berlin nach der Folterung durch Gestapo-Angehörige.

• 22. April 1943: Die Juden von Amersfoort (Niederlande) werden deportiert.

• 25. April 1943: Als das von den Deutschen gelegte Feuer im Warschauer Ghetto immer weiter um sich greift, springt ein deutscher Jude mit Namen Hoch in seiner Verzweiflung aus dem

Der Aufstand im Warschauer Ghetto

Irena Kleppfisch, die als Kind den Holocaust überlebte, ist eine bedeutende Schriftstellerin, zu deren bekanntesten Werken ein Gedicht mit dem Titel *Bashert* gehört. Der Titel, ein jiddisches Wort, klingt nach Unvermeidlichkeit und Schicksal. In seinen Worten voller Kummer und Protest erwähnt das Gedicht nicht direkt den Holocaust, doch überschattet dieses Ereignis jede Zeile: „Diese Worte sind jenen gewidmet, die starben. … Diese Worte sind jenen gewidmet, die überlebten."

Irena Kleppfischs Vater Michal war einer von jenen, die damals starben. Israel Gutman, Überlebender und Historiker des Warschauer Ghettoaufstandes, äußert über Michal Kleppfisch, dass er eine wichtige Rolle bei der Waffenherstellung im Ghetto gespielt habe und am 20. April 1943 getötet worden sei. Er sei im Kampf Mann gegen Mann mit den deutschen Soldaten unter SS-Brigadeführer Jürgen Stroop gefallen, jenen Soldaten, die den Auftrag gehabt hätten das Ghetto zu liquidieren.

Im Sommer 1942 verschleppten die Nazis 300 000 Juden aus dem Warschauer Ghetto. Die meisten wurden in die Gaskammern von Treblinka geschickt. Michal Kleppfisch und Israel Gutman gehörten einer Gruppe von rund 700–750 jungen jüdischen Männern und Frauen an, die sich, so gut es ging, für den Kampf ausbildeten und bewaffneten. Sie waren entschlossen den Bemühungen der Nazis zur Vernichtung der fast 60 000 Juden, die zu Beginn des Frühjahrs 1943 noch im Ghetto lebten, Widerstand entgegenzusetzen.

Im Januar 1943 hatte der Reichsführer SS, Heinrich Himmler, den Befehl zu weiteren Deportationen gegeben, doch der jüdische Widerstand verhinderte die Ausführung. Die Deutschen wussten, dass sie auf entschlossenen Widerstand stoßen würden, formierten sich neu und kehrten am Montag, dem 19. April, dem Vorabend des Passahfestes, zurück um ihren Auftrag zu erfüllen.

Was dann geschah, war nach Gutmans Worten die erste städtische Erhebung im deutsch besetzten Europa und unter den jüdischen Aufständen jener, der am längsten, vom 19. April bis zum 16. Mai 1943, dauerte.

Die schlecht bewaffneten jüdischen Kämpfer, denen zudem militärische Ausbildung und Kampferfahrung fehlten, waren den Deutschen, die mit einer dreimal größeren Streitmacht, Panzern und Geschützen anrückten, unterlegen. Das „Arsenal" der Juden bestand vor allem aus Pistolen, Molotowcocktails und einigen Gewehren, die in das Ghetto geschmuggelt oder von Deutschen erbeutet worden waren, die man bei den Kämpfen im Januar aus dem Hinterhalt überfallen hatte. Mit ihrer Taktik des blitzschnellen Überfalls und Rückzuges und unter Ausnutzung ihrer Bunkerverstecke brachten die jüdischen Kämpfer die Nazis in den ersten Tagen des Aufstands aus dem Konzept. Die Deutschen rächten sich und steckten das Ghetto Haus für Haus in Brand. Doch selbst dann ging der jüdische Widerstand weiter, auch wenn er zum Scheitern verurteilt war. Erst am 8. Mai gelang es den Deutschen den Bunker mit dem Hauptquartier der Jüdischen Kampforganisation in der Milastraße 18 zu zerstören. Dabei kam Mordechai Anielewicz, der Anführer der Organisation, ums Leben.

Am 16. Mai verkündete Stroop seinen Sieg und erklärte: „Es gibt keinen jüdischen Wohnbezirk in Warschau mehr!" Die Verluste, die die jüdischen Kämpfer den Deutschen beigebracht hatten, waren militärisch gesehen gering – in Stroops Bericht ist von 16 Toten und 85 Verwundeten die Rede –, doch der Aufstand im Warschauer Ghetto ist bis heute ein ungeheuer wichtiges Beispiel für den heldenhaften jüdischen Widerstand, dessen Chancen ganz und gar schlecht standen.

1943

Fenster im vierten Stock eines Hauses; er bricht sich die Arme und das Rückgrat. *Siehe* Ende April 1943.

• Ende April 1943: Der jüdische Widerstand im Warschauer Ghetto verliert an Schwung, als die Bunker von deutschen Soldaten angegriffen werden. Die Beschießung des Ghettos mit Artilleriegeschützen vereitelt die jüdische Taktik, die Deutschen in Kämpfe Mann gegen Mann zu verwickeln. *Siehe* Mai 1943.

• 27. April 1943: Der angesehene amerikanische Dichter Ezra Pound setzt seine antisemitischen Rundfunksendungen aus Italien fort. Er nennt die Juden „Ratten", „Wanzen", „Ungezieſer", „Würmer", „Bazillen" und „Parasiten", die eine überwältigende „Macht der Fäulnis" bildeten.

Mitglieder des Sicherheitsdienstes (SD) und andere SS-Soldaten fragen während der Liquidierung des Warschauer Ghettos im April 1943 einen chassidischen Juden aus. Der Frager mag wohl Hinweise auf versteckte Juden haben wollen. Die Mitglieder des Judenrates und einige andere Warschauer Juden hatten 1941 und 1942 gehofft, dass die Mehrheit der Ghettobewohner durch die Entwicklung des Ghettos zu einer zuverlässigen Quelle von Arbeitskräften möglicherweise gerettet werden könne. Zum Zeitpunkt des Aufstandes jedoch hatte sich ihr Glaube an die Rationalität der Nazis in Luft aufgelöst. Wenn die hier abgebildeten Soldaten entschlossen waren die versammelten Gefangenen auszuhorchen, wurden sie wahrscheinlich enttäuscht.

Die aus dem Warschauer Ghetto stammende Abdeckung eines Straßenschachts bietet ein tragisches Zeugnis vom Schicksal tausender Juden. Die im Widerstand aktiven Juden nutzten während des Aufstandes die Kanalisation als Flucht- und Transportweg. Die Kanalisation war auch eine wichtige Verbindung zwischen den jüdischen Widerstandskämpfern und dem polnischen Untergrund, der auf der „arischen" Seite Warschaus operierte.

Ukrainische SS-Soldaten mustern die Leichen von Juden, die im Eingang eines zerstörten Wohnhauses im Warschauer Ghetto liegen. Mit den Hilfseinheiten aus der Ukraine konnten die Nazis den Personalbedarf für ihre Völkermordkampagnen decken. Die ukrainischen Einheiten waren für ihre unmenschliche Effizienz bekannt.

• 28. April 1943: Ein amtliches Telegramm der SS instruiert die Lagerverwaltung von Auschwitz 120 Frauen für medizinische Experimente bereitzustellen.

• 29. April 1943: In der Nähe von Kraków (Polen) greifen jüdische Frauen bei der Verlegung von einem Gefängnis in ein anderes ihre männlichen Bewacher von der SS an. Zwei Frauen entkommen, die meisten anderen werden getötet. Jüdische Widerstandskämpfer, die seit Dezember 1942 in Kraków eingekerkert sind, werden auf einem Lastwagen in das Konzentrationslager Plaszów (Polen) gebracht. Die meisten werden nach der Flucht aus dem Wagen getötet.

• 30. April 1943: 2000 Juden, die aus Włodawa (Polen) nach Sobibór transportiert werden, greifen bei ihrer Ankunft an der Entladerampe die SS-Wachen des Todeslagers an. Sie werden alle von den Maschinengewehren und Granaten der SS getötet.

• Mai 1943: SS-Brigadeführer Jürgen Stroop beendet seinen offiziellen schriftlichen Bericht (Stroop-Bericht) über die Liquidierung des Warschauer Ghettos. • In Auschwitz kommen aus Saloniki (Griechenland) vier Züge mit

Vor der Liquidierung des Warschauer Ghettos waren dessen Bewohner fieberhaft mit dem Bau einer ganzen Reihe wohl durchdachter Bunker und Verstecke beschäftigt, in denen sie ihren Naziverfolgern entgehen wollten. Als die Widerstandsaktionen begannen, steckten die Nazis das Ghetto in Brand um die Juden zum Verlassen ihrer Bunker zu zwingen. Das obere Foto zeigt eine Frau, die von einem Balkon springt um der Hitze der Flammen zu entfliehen und nicht bei lebendigem Leib zu verbrennen.

1943

fast 11 000 Juden an. • Etwa 5000 sephardische Juden werden aus dem besetzten Tunesien in Arbeitslager nahe den nordafrikanischen Kampfgebieten geschickt. • In Osteuropa setzt die Rote Armee ihren Vorstoß nach Westen fort. • Breckinridge Long und seine Anhänger im US-amerikanischen Außenministerium, darunter Borden Reams und Robert Alexander, verzögern die behördliche Genehmigung zur Überweisung jüdischer Geldmittel, mit denen die Flucht von 70 000 Juden aus Rumänien (Riegner-Plan) ermöglicht werden soll. Diese Mitarbeiter des Außenministeriums sind besorgt, dass der Riegner-Plan „vielleicht wirklich Erfolg haben könnte“.

• Abrascha Blum, einer der Organisatoren des bewaffneten Widerstands im Warschauer Ghetto und Mitglied des

Ein Jude, der während des Warschauer Ghettoaufstandes aus seinem Bunkerversteck geholt wird. Selbst nachdem das Ghetto dem Erdboden gleichgemacht worden war, versuchten sich die Juden noch vor den Nazis zu verbergen. Als Gegenmaßnahme befahl SS-Brigadeführer Stroop seinen Soldaten alle notwendigen Mittel einzusetzen, damit die Juden ihre Verstecke verließen. Die Soldaten gingen mit Flammenwerfern, Gas und Granaten vor um ihre Aufgabe zu erfüllen.

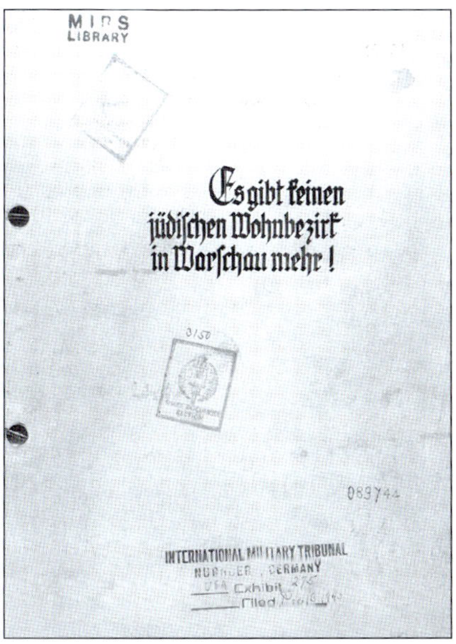

Es gibt keinen jüdischen Wohnbezirk in Warschau mehr!

Der Stroop-Bericht wurde erstmals im Jahr 1960 veröffentlicht. Das 75 Seiten lange Dokument beschreibt gewissenhaft die Zerstörung des Warschauer Ghettos und glorifiziert die Rolle des Verfassers und Truppenkommandeurs bei dieser Aktion. Die täglichen Eintragungen und Kommuniqués überliefern der Nachwelt, mit welcher kaltblütigen Brutalität Stroop gegen die Warschauer Juden vorging. Am 16. Mai 1943 berichtete er, dass die Operation abgeschlossen sei und dass es „keinen jüdischen Wohnbezirk in Warschau mehr" gebe.

Mordechai Anielewicz

Mordechai Anielewicz war der Kommandant des Warschauer Ghettoaufstandes. Er leitete den Angriff auf die Deutschen persönlich, ehe er am 8. Mai 1943 getötet wurde.

Nach dem Überfall Deutschlands auf Polen schloss sich Anielewicz der Untergrundbewegung als aktives Mitglied an. Als sich die Kampagnen der Nazis gegen die Juden zum Völkermord entwickelten, organisierte er eine bewaffnete Widerstandsbewegung.

Bei seiner Rückkehr nach Warschau im Herbst 1942 übernahm Anielewicz das Kommando über die Jüdische Kampforganisation (*ŻOB*) und arbeitete fieberhaft an der Beschaffung von Waffen. Während der Massendeportationen im Januar 1943 lieferte seine Widerstandsgruppe den deutschen Soldaten einen harten Kampf in den Straßen des Ghettos. Als im April eine neue Deportationswelle einsetzte, begannen Anielewicz und die *ŻOB* einen groß angelegten Aufstand. Kurz vor seinem Tod schrieb er, dass sein Lebenstraum wahr geworden sei; er habe den jüdischen Widerstand im Ghetto in all seiner Großartigkeit und Herrlichkeit erlebt.

Koordinationskomitees jüdischer Organisationen, wird von den Deutschen erschossen, nachdem er eingesperrt und gefoltert worden war.

• **1. Mai 1943:** Viele Mitglieder der jüdischen Gemeinde von Brody (Ukraine) werden im Todeslager Majdanek getötet. • Jüdische Schriftsteller und Künstler kommen, angeregt durch den Warschauer Ghettoaufstand, in Wilna zu einem Abend der Poesie zusammen, der unter dem hoffnungsvollen Motto „Frühling in der jiddischen Literatur" steht. • Die Alliierten beginnen die Deutschen aus Tunesien hinauszudrängen. • Der Reichsminister für Volksaufklärung und Propaganda, Joseph Goebbels, hält als Reaktion auf den jüdischen Aufstand im Warschauer Ghetto in seinem Tagebuch fest, dass schwere Kämpfe stattfänden und das jüdische Oberkommando sogar täglich Kommuniqués veröffentliche. Der Spaß werde natürlich nicht sehr lange dauern, doch er zeige, was von den Juden zu erwarten sei, wenn sie in den Besitz von Waffen gelangten.

• **2. Mai 1943:** 4000 Juden aus Międzyrzec Podlaski (Polen) werden im Todeslager Treblinka ermordet. • In Łuków (Polen) werden 4000 Juden umgebracht.

Jizchak Zuckerman

Der in Wilna (Litauen) geborene Jizchak Zuckerman war Mitglied einer zionistischen Jugendbewegung und widmete sich der Ausbildung der jüdischen Jugend auf dem Gebiet der hebräischen und der jiddischen Sprache. Nach dem deutschen Überfall auf Polen begab er sich in das sowjetisch besetzte Gebiet, doch die zionistische Führung ordnete seine Rückkehr an, damit er seine Lehrtätigkeit fortsetzen und eine jüdische Untergrundorganisation aufbauen konnte.

Zuckerman machte geltend, dass das Unterrichten der Jugend sinnlos sei, wenn keine bewaffnete jüdische Streitmacht zur Selbstverteidigung geschaffen werde. Seine dringenden Bitten um die Organisierung des bewaffneten Widerstands wurden von der Führung des Warschauer Ghettos anfangs abgelehnt. Zuckerman wurde Mitbegründer der *Żydowska Organizacja Bojowa (ŻOB;* Jüdische Kampforganisation*)* und war später einer der heldenhaften Kommandanten des Warschauer Ghettoaufstandes. Er erhielt den Auftrag das Ghetto zu verlassen um als Verbindungsmann zum polnischen Untergrund tätig zu werden und Waffen zu beschaffen. Er kehrte in den letzten Tagen des Ghettos durch die Kanalisationsgänge zurück um Überlebende zu retten. Zuckerman starb 1981.

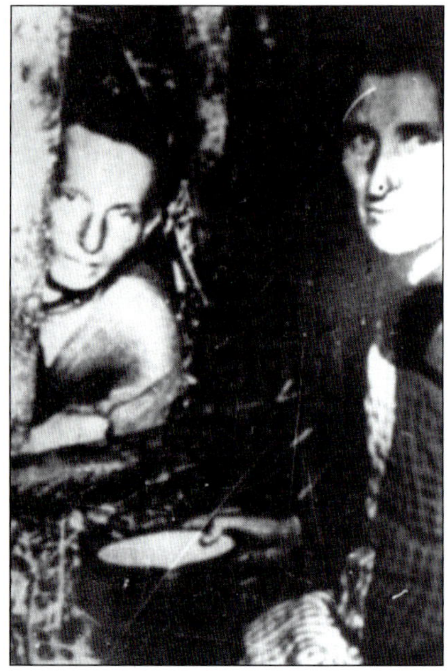

Die Zerstörung des Warschauer Ghettos gab den Nazis die Möglichkeit tausende Widerstandskämpfer zu verhaften. Die meisten Juden, die sich wie diese beiden Männer in Bunkern versteckt hielten, wurden entweder erschossen oder festgenommen. Die letzten Stunden und Minuten des von Bunkern aus agierenden Widerstands waren furchtbar: Der Missklang der Schreie und des Geschützfeuers von oben; die Geräusche der immer näher kommenden Schritte und die unabwendbare Entdeckung, nach der es zu selbstmörderischen Schießereien kam oder grobe Hände die im hellen Tageslicht blinzelnden Kämpfer nach oben zerrten. Die Juden auf dem linken Foto sind aus ihren Bunkern geholt worden und sehen ihrem weiteren Schicksal – wahrscheinlich der Deportation nach Treblinka – entgegen.

1943

• 3. Mai 1943: Deutsche Soldaten im „arischen" Sektor Warschaus verhaften und töten 21 jüdische oder vermeintlich jüdische Frauen. • Ein Jude mit Namen Rakowski, der zur Führung des Untergrunds im Todeslager Treblinka gehört, wird erschossen, als man in seiner Baracke Devisen findet, mit denen er einige Ukrainer überreden wollte ihm und einigen anderen zur Flucht zu verhelfen.

• 4.–25. Mai 1943: In vier Aktionen zur Deportation von Juden werden aus den Niederlanden insgesamt 8000 Personen in die Todeslager Auschwitz und Sobibór gebracht.

• 6. Mai 1943: Hajj Amin al-Husseini, der Großmufti von Jerusalem, schlägt dem bulgarischen Außenminister vor bulgarisch-jüdische Kinder lieber nach Polen statt nach Palästina zu schicken.

Ein Berg von Schutt ist alles, was von der so genannten Großen Synagoge in der Warschauer Tłomacka-Straße übrig geblieben ist, nachdem Jürgen Stroop im Mai 1943 deren Zerstörung angeordnet hatte. Die Synagoge gehörte bis November 1942 zum Ghettosektor, der dann stark verkleinert wurde. Zu der Zeit, als das Ghetto dem Erdboden gleichgemacht wurde, befand sich das Gotteshaus zwar im „arischen" Teil Warschaus, doch Stroop ließ es zur Vergeltung für den Aufstand zerstören.

Am 2. Mai 1943 wurden 3000 Juden aus dem Durchgangsghetto Międzyrzec Podlaski (Polen) in den Tod nach Treblinka deportiert. Nur 200 Juden, die zur Zwangsarbeit eingesetzt werden sollten, blieben im Lager. Hier werden jüdische Frauen, viele von ihnen mit Kindern, brutal in einen bereitstehenden Viehwaggon getrieben. Bereits im August des Vorjahres waren tausende Juden aus Międzyrzec Podlaski in das Todeslager geschickt worden, im Oktober weitere 10 000. Im Juli 1943 schließlich erschoss man die restlichen 200 Personen und machte die Stadt damit „judenrein".

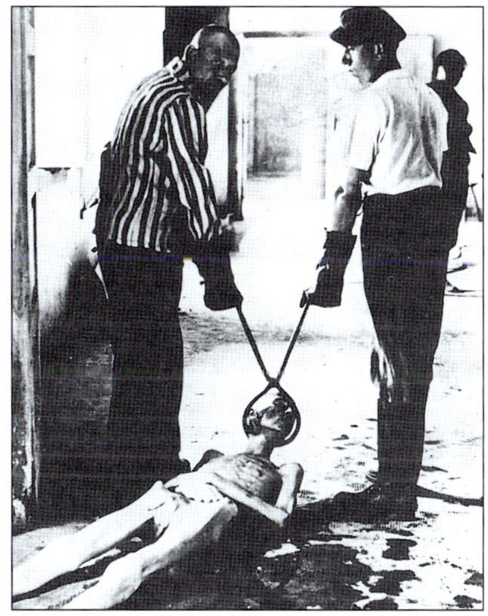

Die Angehörigen der Sonderkommandos arbeiteten für die Nazis um (zumindest für eine gewisse Zeit) ihr Leben zu retten. Sie wurden deshalb von den zum Sterben verurteilten Juden oftmals gehasst. Ein Kind von sieben oder acht Jahren soll einst gegenüber einem Häftling vom Sonderkommando geäußert haben: „Du bist ein Jude und du führst artige Kinder ins Gas – nur um dein Leben zu retten? Ist dir dein Leben inmitten der Mörderbande wirklich lieber als das Leben so vieler jüdischer Opfer?"

• In Tunesien starten die Truppen der Alliierten die Schlussoffensive gegen die Stellungen der Achsenmächte.

• 7. Mai 1943: In Nowogrudok (Weißrussland) werden fast 7000 Juden getötet. • Im Warschauer Ghetto gerät eine von Pawel Bruskin geführte Gruppe jüdischer Kämpfer auf dem Weg durch das Kanalisationssystem der Stadt in einen deutschen Hinterhalt. *Siehe* 8. Mai 1943. • In Tunesien plündern deutsche Soldaten auf dem Rückzug die Häuser sephardischer Juden.

• 8. Mai 1943: Deutsche Soldaten stoßen im Warschauer Ghetto auf das Hauptquartier des Widerstands. Der Kommandant Mordechai Anielewicz und etwa 100 seiner Anhänger werden überwältigt, ersticken oder begehen während des Beschusses und eines Gaseinsatzes durch die Nazis Selbstmord. *Siehe* 12. Mai 1943.

• 9. Mai 1943: Die jüdische Gemeinde von Skałat (Ukraine) wird vernichtet.

• 10. Mai 1943: Aus Dobele (Lettland) werden zwei Juden herausgeschmuggelt und in einem Heuhaufen versteckt.

• 12. Mai 1943: Die 17-jährige Frania

Jürgen Stroop

Der SS-Brigadeführer und Generalmajor der Polizei Jürgen Stroop erlangte mit der brutalen Unterdrückung des Warschauer Ghettoaufstandes (April – Mai 1943) eine traurige Berühmtheit. Als Anerkennung für seinen Dienst am Dritten Reich wurde Stroop mit dem Eisernen Kreuz Erster Klasse ausgezeichnet.

Im April 1943 erhielt Stroop *(links)* den Befehl die 56 000 noch in Warschau lebenden Juden abzutransportieren und den Aufstand, der kurz zuvor ausgebrochen war, niederzuschlagen. Er nahm sich dieser Aufgabe mit skrupelloser Rationalität an. Über 2000 SS- und Armeeangehörige fielen über das Ghetto her und zerstörten es systematisch Gebäude für Gebäude. Stroops detaillierter Bericht über seine Aktivitäten zeugt von der kaltblütigen Gefühllosigkeit des SS-Mannes. Am 16. Mai berichtete Stroop, dass die Operation abgeschlossen sei und dass es „keinen jüdischen Wohnbezirk in Warschau mehr" gebe.

Stroop wurde von einem polnischen Gerichtshof zum Tode verurteilt und am 8. September 1951 hingerichtet.

Ein finnisches Bataillon der Waffen-SS kehrt von seinem Einsatz an der sowjetischen Front zurück. Diese Freiwilligeneinheit war eine von vielen nichtdeutschen Gruppierungen, die sich der Waffen-SS angeschlossen hatten. Ihre antisowjetische Haltung wurde vom Naziregime sowohl im Interesse der deutschen Kriegsanstrengungen als auch zur Verwirklichung der „Endlösung" genutzt.

Im Marzahner Zigeunerlager in Deutschland internierte Familie. Im Februar 1943 begannen groß angelegte Deportationen, nachdem man im Tötungszentrum Birkenau ein „Familienlager" für Zigeuner eingerichtet hatte. Tausende kamen infolge der furchbaren Bedingungen um. An Zigeunerzwillingen führte Joseph Mengele grauenvolle „medizinische Experimente" durch.

1943

Beatus, eine Untergrundkämpferin aus dem Warschauer Ghetto, begeht Selbstmord um sich nicht den Nazis ergeben zu müssen. • In London nimmt sich der polnische Jude Samuel Artur Zygelbojm, vor dem Krieg eine Schlüsselfigur der Jüdischen Sozialdemokratischen Partei, Selbstmord, nachdem er sich fast ein Jahr lang erfolglos für die im Warschauer Ghetto eingeschlossenen Juden, darunter auch seine Frau und seinen halbwüchsigen Sohn, eingesetzt hat. Die Presse berichtet über seinen Tod, lässt jedoch den Text seines Abschiedsbriefes aus, in dem die Alliierten für ihre Gleichgültigkeit gegenüber den Juden verurteilt werden.

• 13. Mai 1943: Hans Frank, Generalgouverneur im besetzten Polen, schickt dem Reichsführer SS, Heinrich Himmler, eine Aufstellung persönlicher Ge-

Diese Stoffbrosche in Blütenform wurde von einem jungen Mädchen aus Warschau angefertigt, das im Konzentrationslager Bergen-Belsen (Deutschland) inhaftiert war. Die Brosche erhielt die Mitgefangene Sala Spett im Mai 1943 als Geschenk von ihrem Mann und ihren Kindern. Die Familie hatte ein Stück Brot dafür gegeben, was für sie einen Tag Hunger bedeutete.

„Meine Schwester Bracha, die schwanger war, weinte laut. Sie war ungefähr 28 Jahre alt. ‚Aber mein Kind ist doch noch gar nicht geboren und hat nie gesündigt. Warum ist es verdammt?'"

Zvi Szner, ein Überlebender

Diese jüdischen Frauen und ihre Säuglinge wurden im Rothschild-Entbindungsheim in Paris fotografiert. Von den 40 Jüdinnen wurden im Mai 1943 mit einer Ausnahme – Fanny Kraus, die mit ihrem Kind fliehen konnte – alle nach Auschwitz gebracht. Sie gehörten zu den fast 50 000 Juden, die im Juni 1943 aus Frankreich nach Auschwitz verschleppt wurden. Die meisten starben in den Gaskammern von Auschwitz und Chełmno.

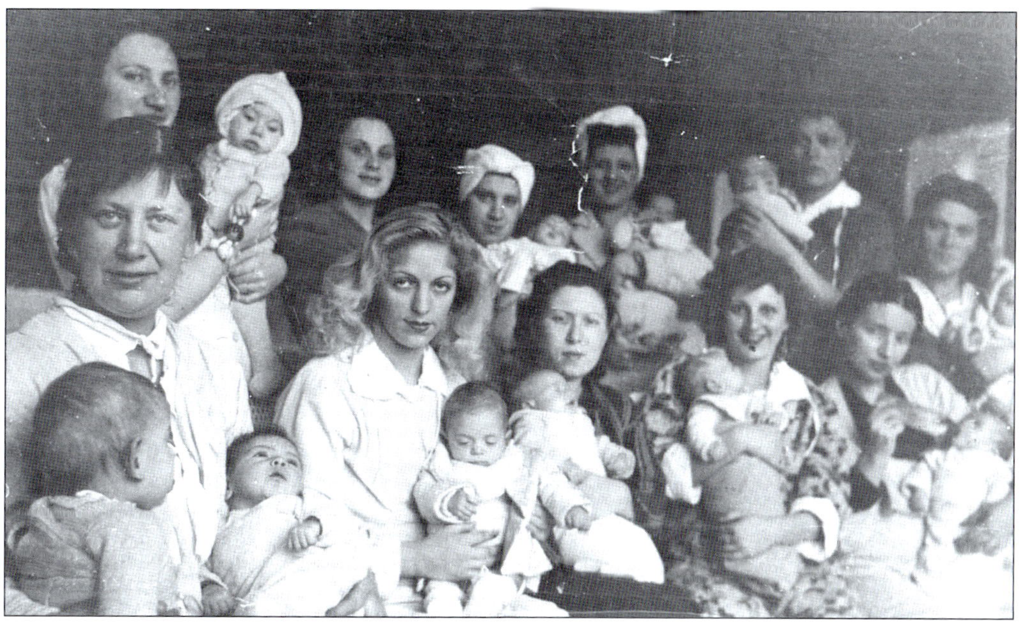

genstände und Wertsachen, die man den Juden geraubt hat. Unter der Beute befinden sich 25 000 Füllfederhalter und 14 000 Scheren. • Die deutschen und italienischen Truppen in Tunesien kapitulieren.

• 15. Mai 1943: Die jüdische Ghettopolizei in Rohatyn (Polen) plant heimlich die Beschaffung von Waffen zur Selbstverteidigung. *Siehe* 6. Juni 1943.

• 16. Mai 1943: SS-Brigadeführer Jürgen Stroop berichtet über die endgültige Liquidierung des Judenghettos in Warschau; dennoch halten sich dort noch einige Juden versteckt. *Siehe* 3. Juni 1943.

• 17. Mai 1943: 395 Juden werden von Berlin in das Vernichtungslager Auschwitz deportiert.

• 18. Mai 1943: Nahezu alle Bewohner des polnischen Bauerndorfes Szarajowka werden von SS- und Wehrmachtsoldaten und von Angehörigen der Gestapo erschossen oder bei lebendigem Leib verbrannt. Nach dem Massaker wird das Dorf dem Erdboden gleichgemacht.

• 19. Mai 1943: Im Unterhaus greift die mutige Eleanor Rathbone die britische Regierung wegen deren defätistischer

Die I.G. Farbenindustrie AG

Die deutsche Wirtschaft stellte sich rasch auf die Nazis ein und schloss mit Heinrich Himmler und der SS einen teuflischen Pakt. Die IG Farben als mächtigstes Unternehmen des Dritten Reiches hielt die deutsche Kriegsmaschinerie in Gang und strich im Gegenzug riesige Gewinne ein.

Die IG Farben belieferte die Nazis mit einer breiten Palette von Erzeugnissen, die von Chemikalien bis zu Sprengstoffen reichten. Als Anreiz zur Errichtung von Fabriken in Auschwitz erhielt das Unternehmen Steuerbefreiungen und die Zusicherung über ein fast unerschöpfliches Potenzial an Sklavenarbeitern verfügen zu können. Um den Handel zu besiegeln war die SS bereit der IG Farben über zehntausend Häftlinge als Bauarbeiter zur Verfügung zu stellen. Von der IG Farben erlangte die SS lukrative Verträge, die es Himmler und seinen Kumpanen erlaubten ihre eigenen finanziellen Ziele zu verfolgen.

Mitte 1944 schließlich beschäftigte die IG Farben 11 000 Arbeitssklaven und war damit der größte Arbeitgeber des KZ Auschwitz. Ein Teil der Häftlinge arbeitete im nahen Bergwerk, das Kohle zur Herstellung von synthetischem Treibstoff und Kautschuk lieferte. Andere waren im Lagerbereich Monowitz direkt in der Produktion von synthetischem Kautschuk (Buna) beschäftigt. Das Unternehmen war seinerseits auch bereit die Todesmaschinerie der Nazis zu beliefern; die DEGESCH (Deutsche Gesellschaft für Schädlingsbekämpfung), die teilweise von der IG Farben kontrolliert wurde, versorgte das KZ Auschwitz mit Zyklon B zum Betreiben der Gaskammern.

Weibliche Häftlinge in einer Fabrik der AGFA AG, einer der vielen Firmen, die zum Chemiekonzern IG Farben gehörten. Die deutschen Unternehmen, die die Kriegsanstrengungen des Naziregimes unterstützten, zogen großen Gewinn aus der Zwangsarbeit, zu der in den kriegswichtigen Betrieben Deutschlands hunderttausende Menschen genötigt wurden, die man zu diesem Zweck aus ihren Heimstätten vertrieben und nach Deutschland umgesiedelt hatte.

Die britischen und amerikanischen Panzersoldaten errangen in Tunesien einen Sieg nach dem anderen, obgleich die deutschen Truppen unter Generalfeldmarschall Erwin Rommel und Generaloberst Jürgen von Arnim mit großem Einsatz kämpften. Die Nachricht von der Niederlage in Stalingrad (Russland) demoralisierte die deutschen Soldaten, die allmählich erkannten, dass der Krieg womöglich verloren war. Hier steht ein deutscher Kriegsgefangener in der Nähe von Sejenane in Nordtunesien mit erhobenen Händen, während er durchsucht wird.

1943

Haltung auf der Bermuda-Konferenz an und bemerkt, dass die Alliierten für den Tod aller Juden verantwortlich seien, wenn sie sich weigerten zu helfen. • Der Reichsführer SS, Heinrich Himmler, schickt dem Chef des Reichssicherheits-Hauptamtes, Ernst Kaltenbrunner, einige Exemplare des Buches „Der jüdische Ritualmord“, in dem in unechter Weise jüdische religiöse Riten beschrieben werden. Himmler will diese Bücher in ganz Rumänien, Ungarn und Bulgarien und Auszüge daraus in Großbritannien und den USA verbreiten lassen.

• 21. Mai 1943: 3000 Juden, die aus Brody (Ukraine) zu einem wartenden Transportzug getrieben werden, revoltieren und töten vier Ukrainer sowie einige Deutsche. Viele der Juden brechen aus, nachdem man sie zum Einsteigen in den Zug gezwungen hat, kom-

Bernard Geron *(ganz rechts)* war ein jüdischer Junge, der bei der niederländischen Familie Dufour versteckt lebte. Die hier abgebildete Frau war die Gouvernante der Familie; sie wusste, dass Bernard Jude war, bewahrte das Geheimnis jedoch. Geron überlebte den Krieg und traf seinen Vater und seinen Bruder wieder. Seine Mutter war ums Leben gekommen.

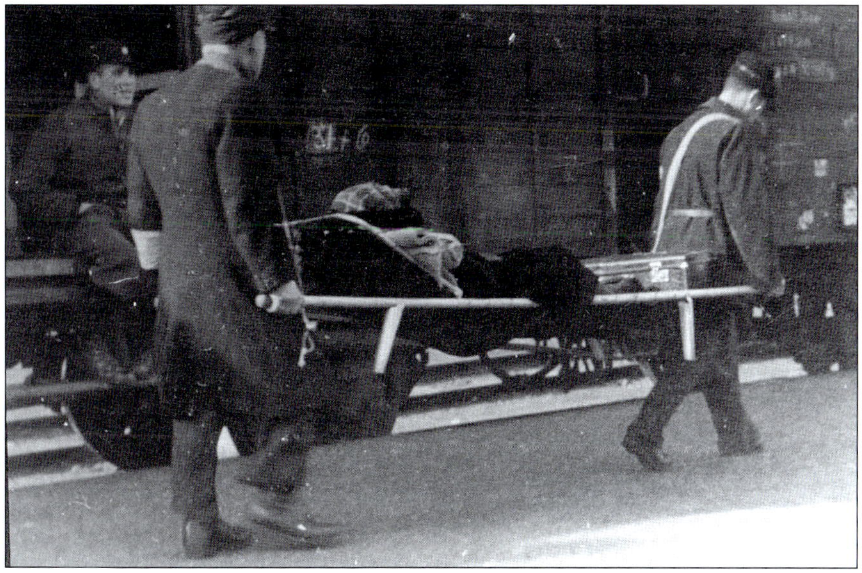

Im Mai 1943 erneuerten die Nazis ihre Bemühungen niederländische Juden zu deportieren. Weder Alte noch Gebrechliche wurden verschont. Hier tragen Angehörige des *Ordedienst* (jüdische Polizei), der in seinen besten Zeiten über 200 junge niederländische und deutsche Mitglieder hatte, eine betagte Frau zum Zug. Rund 100 000 Juden kamen über Westerbork (Niederlande) in die Lager im Osten – in den meisten Fällen nach Auschwitz und Sobibór.

Der Lehrer einer jüdischen Religionsschule *(heder)* bei der Arbeit mit seinen Schülern im Judenviertel von Casablanca (Marokko). Die meisten der 200 000 marokkanischen Juden lebten im französisch kontrollierten Teil des Landes. Die marokkanischen Juden wurden bereits zu Anfang des Krieges Opfer der Gewalt vonseiten französischer Nationalisten. Man griff sie an und viele wurden in Arbeitslager verschleppt.

men jedoch im Maschinengewehrfeuer um. Die Übrigen werden nach ihrer Ankunft im Todeslager Majdanek ermordet. • Angehörige der jüdischen Gemeinde in Drogobytsch (Ukraine) werden im Bronika-Wald vernichtet.

• 23. Mai 1943: Bei so genannten Aktionen der Nazis werden in Przemyslany und Lwow tausende ukrainischer Juden getötet.

• 24. Mai 1943: Eine von Judith Nowogrodska organisierte jüdische Partisanengruppe flüchtet aus dem Ghetto Białystok (Polen). Die Flucht wird von Szymon Datner geleitet. • Deutschland beendet die U-Boot-Angriffe auf die transatlantischen Geleitzüge der Alliierten.

• 27. Mai 1943: Die Juden von Sokal (Ukraine) werden in das Todeslager Bełżec deportiert. • In Tolstoje (Ukraine) werden 3000 Juden getötet.

• 30. Mai 1943: SS-Hauptsturmführer Dr. Josef Mengele trifft im Todeslager Auschwitz-Birkenau ein um dort seinen Dienst als Arzt anzutreten.

• 31. Mai 1943: SS-Obergruppenführer Friedrich Wilhelm Krüger äußert bei einem Treffen in Kraków gegenüber

Eine Gruppe betagter sephardischer Juden bei einer Zusammenkunft im Judenviertel von Saloniki (Griechenland). Solche religiösen und gesellschaftlichen Ereignisse sollte es bald nicht mehr geben, denn die Nazis begannen 1943 strenge Beschränkungen durchzusetzen. Mitte März erfolgten die ersten Deportationen nach Auschwitz. Bis Mitte August waren nahezu 50 000 Juden nach Auschwitz und Treblinka geschickt worden, von denen dort fast 80 Prozent getötet wurden. Die italienischen Bemühungen zur Rettung der Juden Salonikis waren größtenteils wirkungslos. Die meisten Juden, die der Deportation entgingen, verdankten dies nur dem Umstand, dass sie Pässe besaßen, die zuvor in der Türkei oder auch in Italien ausgestellt worden waren.

Saloniki, das 1941 überfallen und erobert wurde, war die Heimat der meisten Juden Griechenlands. Es wurde Teil eines neuen griechischen Staates, den ein pronazistischer Gouverneur anführte. Die Deutschen schikanierten die Angehörigen der jüdischen Gemeinde und forderten Geld und Arbeitskräfte. Ende 1942 drohten sie für den Fall, dass die Zahlung einer großen Summe ausblieb, mit der Zerstörung des alten jüdischen Friedhofs. Die Juden brachten einen Großteil des Geldes in der gestellten Frist auf, doch die Nazis machten ihre Drohung trotzdem wahr. Sie entfernten Grabsteine und verwendeten sie als Gehwegplatten *(rechts)*, schändeten und zerstörten den Rest des Friedhofs *(oben)*.

1943

seinen Kameraden, dass die Judenvernichtung zwar unangenehm, vom Standpunkt der europäischen Interessen jedoch notwendig sei. • Ein Gefängnisverwalter der Nazis in Minsk (Weißrussland) berichtet, dass Ende Mai 516 deutsche und sowjetische Juden getötet worden seien, denen man zuvor Goldkronen und -füllungen aus dem Gebiss herausgebrochen habe.

• Juni 1943: Juden aus Dalmatien (Serbien) werden auf die Insel Rab vor der kroatischen Küste gebracht.

• Anfang Juni 1943: In Janówska (Ukraine) verlieren 10 000 Juden bei Straßenüberfällen und Mordaktionen ihr Leben.

• 1.–6. Juni 1943: Bei der Liquidierung des Ghettos von Sosnowiec (Polen)

Joseph Goebbels, der missmutig vor dem Text einer Rundfunkansprache an das deutsche Volk sitzt. Die deutsche Niederlage bei Stalingrad (Russland) und die Siege der Alliierten in Tunesien erschwerten Goebbels' Tätigkeit 1943 in zunehmendem Maß. Siegesmeldungen, in den ersten Kriegsjahren Hauptthema des deutschen Rundfunks, waren nun eher seltene Ereignisse.

„Was uns betrifft, so haben wir die Brücken hinter uns abgebrochen. Wir können nicht mehr, wir wollen auch nicht mehr zurück. Wir sind zum Letzten gezwungen und darum zum Letzten entschlossen … Die Stunde kommt, da die Göttin der Geschichte unserem Volk den Lorbeer reichen wird."

Joseph Goebbels in *„Das Dritte Reich"* (Nr. 46/1943)

Nach einer Vergeltungsaktion in Pančevo (Serbien) winkt ein deutscher Soldat, neben sich die erhängten Opfer, munter dem Fotografen zu. Die Nazis achteten darauf, dass sie in den eroberten Gebieten die Oberhand behielten, und reagierten daher rasch auf lokale Revolten. Hinrichtungen – oftmals willkürlich durchgeführt – waren an der Tagesordnung.

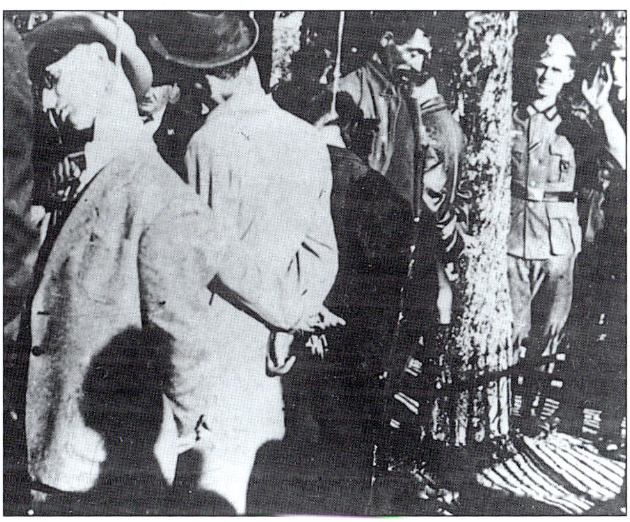

Waffen, darunter auch Messer und Pistolen, aus dem Ghetto Lwow (Ukraine). Die Nazis entdeckten die Waffen im Juni 1943, als sie das Lwower Arbeitslager von den noch verbliebenen Juden zu säubern versuchten. Trotz der großen zahlenmäßigen Überlegenheit der deutschen und ukrainischen Polizeieinheiten, die das Ghetto umstellt hatten, entschlossen sich die Juden zum Widerstand; sie töteten einige ihrer Häscher und verwundeten mehr als ein Dutzend.

kommt es unter Führung von Zvi Dunski zu einer energischen Widerstandsaktion. Die schlecht bewaffneten Juden wehren sich, als die Deportationen fortgesetzt werden. • Das Judenghetto in Buczacz (Ukraine) wird aufgelöst. Einige Juden leisten Widerstand und entkommen.

• 3. Juni 1943: Im Warschauer Ghetto zerstören deutsche Soldaten in der Walowa-Straße einen Bunker, in dem sich 150 Juden versteckt hatten. *Siehe* September 1943. • In der Nähe von Michałowice (Polen) werden zwei Bauern, die drei jüdische Flüchtlinge gerettet und in einer Scheune versteckt haben, von Deutschen getötet.

• 5. Juni 1943: 1266 jüdische Kinder aus Vught (Niederlande), die unter 16 Jahre alt sind, werden in das Todeslager Sobibór verschleppt und nach ihrer Ankunft vergast. • In Mińsk Masowiecki (Polen) werden über 100 jüdische Arbeiter in der Rudzki-Fabrik erschossen.

• 6. Juni 1943: Jakob Gens, der Vorsitzende des Judenrates in Wilna, argumentiert, die Wilnaer Juden hätten bessere Überlebenschancen, wenn sie ihre Nützlichkeit als Arbeitskräfte unter Beweis stellen würden. • Nachdem die

Josef Mengele

Der berüchtigte „Todesengel" Josef Mengele entschied über das Schicksal tausender Juden, die nach Auschwitz gebracht wurden. Als Lagerarzt von Auschwitz überwachte Mengele die Selektionen für die Gaskammern und führte schreckliche medizinische Experimente durch.

Mengele schloss 1938 sein Medizinstudium in Frankfurt am Main ab und begann dann im Institut für Erbbiologie und Rassenforschung zu arbeiten, wo er sich auf die Forschung zum Thema „Zwillinge" und auf die Rassenwissenschaft konzentrierte. Während des Krieges trat Mengele der Waffen-SS bei und diente bei den Feldzügen in Frankreich und in der Sowjetunion als Militärarzt. Im Mai 1943 wurde er zum Lagerarzt von Auschwitz ernannt.

In Auschwitz betrieb Mengele pseudowissenschaftliche Forschungen und wählte die Opfer dafür aus dem nicht abreißenden Strom von Neuzugängen im Lager persönlich aus. Menschen mit Missbildungen wurden sofort getötet und zur Untersuchung in Mengeles Labor geschickt. Zwillinge wurden ausnahmslos Objekte seiner qualvollen und grotesken Experimente.

Nach dem Krieg wurde Mengele irrtümlich von den US-amerikanischen Behörden freigelassen und begab sich schließlich nach Buenos Aires (Argentinien). Er soll 1978 ertrunken sein. 1985 nahm eine internationale Gruppe von Gerichtspathologen eine Autopsie an einer exhumierten Leiche vor; die Pathologen kamen zu dem Schluss, dass es sich dabei mit großer Wahrscheinlichkeit um die sterblichen Überreste Josef Mengeles handelte.

Natzweiler-Struthof bei Strasbourg (Frankreich) war eines der kleinsten Konzentrationslager; seine Häftlinge schufteten im Granitsteinbruch und in unterirdischen Anlagen zur Rüstungsproduktion. 1943 erhielt das Lager auf Kosten des Anatomischen Instituts der Reichsuniversität Strasbourg eine Gaskammer. Aus Auschwitz wurden Juden und Zigeuner gebracht, die als Objekte für verschiedene groteske Experimente dienen sollten. Nach Abschluss der Versuche wurden sie vergast und in dem hier abgebildeten Krematorium verbrannt.

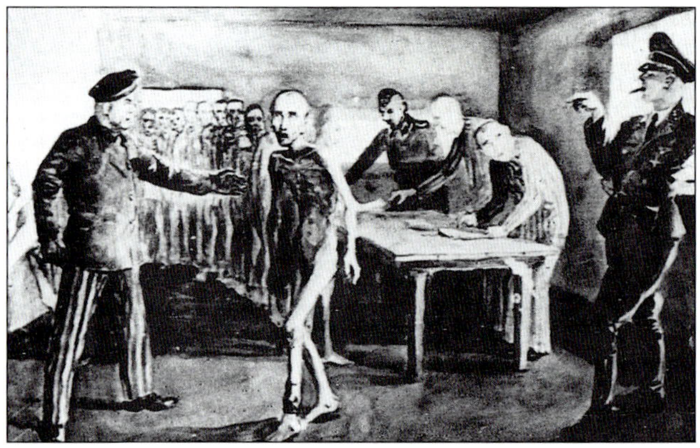

Diese Zeichnung eines Häftlings von Auschwitz zeigt den SS-Arzt Josef Mengele bei der Selektion Kranker und Schwacher, die dann vernichtet wurden. Mengele spielte – wie die anderen Ärzte im Lager – auch deshalb eine wichtige Rolle, weil er entschied, wer sofort sterben und wer durch Arbeit vernichtet werden sollte. Die Zeichnung ist heute im Museum von Auschwitz zu sehen.

1943

deutschen Behörden einen geheimen Plan jüdischer Ghettopolizisten zum Kauf von Waffen aufgedeckt haben, werden alle 1000 Juden, die noch im Ghetto Rohatyn (Polen) leben, von den Deutschen exekutiert.

• 7. Juni 1943: Dr. Carl Clauberg berichtet aus Auschwitz, dass die Apparatur zur Sterilisation von täglich 1000 Jüdinnen aufgestellt wird.

• 8. Juni 1943: Die jüdische Gemeinde in Zbaraż (Ukraine) wird vernichtet.

• 11. Juni 1943: Der Reichsführer SS, Heinrich Himmler, ordnet die beschleunigte Deportation von Juden aus polnischen Ghettos in die Todeslager an.

• 12. Juni 1943: Die Mitglieder der jüdischen Gemeinde in Bereshany (Ukraine) werden ermordet. • Im Ghetto Łódź

Als die Bombenangriffe der Alliierten immer mehr Fabriken auf deutschem Boden lahm legten oder zerstörten, suchten die deutschen Industriellen neue Standorte, an denen Arbeitssklaven die Produktion aufrechterhalten konnten. Nach der Bombardierung eines Betriebes der Krupp AG in Essen im März 1943 wurde in Auschwitz ein neues Werk errichtet. Diese Arbeitssklaven leisten die Schmutzarbeit dafür.

Rekrutierungsplakat mit einem gütig blickenden Winston Churchill im Vordergrund und Flugzeugen im Hintergrund, das die Mitglieder des *Jischuw* (jüdische Gemeinde in Palästina) aufruft Großbritannien im siegreichen Kampf gegen die Achsenmächte zu unterstützen. Die Briten weigerten sich zwar eine separate jüdische Division aufzustellen, doch 1940 bildeten sie jüdische Batterien bei der Küstenartillerie sowie jüdische Infanteriekompanien, die Teil der britischen Streitmacht in Palästina wurden.

Hans Frank *(rechts)*, Generalgouverneur in Polen als Gastgeber des Reichsführers SS, Heinrich Himmler, bei einem Essen im Juni 1943 im Krakówer Wawel. Frank wandte sich dagegen, dass Himmler die vollständige Kontrolle über das „Judenproblem" in Polen inne hatte und dass das Generalgouvernement als „Abladeplatz" für die Juden genutzt werden sollte. Seine Proteste bei Hitler waren vergeblich, da die SS Himmlers die höchste Befugnis über die „Endlösung" behielt.

(Polen) müssen die Chefs der jüdischen Polizei der Hinrichtung aufgegriffener Flüchtlinge aus dem Ghetto – des 23-jährigen Hersch Fejgelis, des 29-jährigen Mordechai Standarowicz und des 31-jährigen Abram Tandowski – beiwohnen.

• 15. Juni 1943: In Jaworzno bei Auschwitz wird ein Arbeitslager für ein Bergwerk eröffnet. • Der Generalinspekteur der Konzentrationslager, SS-Gruppenführer Richard Glücks, ordnet an die Gebäude in Auschwitz, die vor der Öffentlichkeit verborgen bleiben sollen, entsprechend abzuschirmen. • In den Todesgruben des Lagers Janówska in Lwow (Ukraine) müssen hunderte jüdische Arbeitssklaven die Leichen von Juden exhumieren, Schmuck und Zahngold entfernen und die Leichen dann verbrennen um die Spuren der Morde zu beseitigen.

• 16. Juni 1943: Der Reichsführer SS, Heinrich Himmler, genehmigt die Überstellung jüdischer Häftlinge aus Auschwitz-Birkenau zu medizinischen Experimenten mit Gelbsucht in das Konzentrationslager Sachsenhausen (Deutschland). • Die Ärztin Dr. Njuta Jurezkaja, die aus dem Ghetto Minsk (Weißrussland) in die nahen Wälder geflohen ist, wird aufgegriffen, gefoltert und erschossen. • In Berlin werden 200

Kapos und ein deutscher Aufseher im Konzentrationslager Mauthausen (Österreich) vor der Leiche eines Häftlings, den sie soeben totgeschlagen haben. Augenzeugen zufolge war der Mann, der medizinische Behandlung brauchte, aus seiner Baracke gewankt. Sein Verhalten erregte beim Wachpersonal Anstoß und musste nach dessen Meinung mit einem qualvollen und grauenhaften Tod geahndet werden.

Zur Verbrennung in den Öfen des KZ Mauthausen (Österreich) aufgereihte Leichen. In diesem Konzentrationslager starben von 1938 bis 1945 rund 103 000 Menschen. George E. King, ein Überlebender von Mauthausen, berichtete, dass er häufig von der Flucht geträumt habe. „Man durchläuft diese qualvolle Anstrengung eines Fluchtversuchs. Dabei bewegt man sich immer nur langsam, als stünde man bis zu den Hüften in Schlamm. … Man strengt sich aufs Äußerste an um zu rennen, doch man bewegt sich kaum von der Stelle."

Dieses Hemd trug das Oberhaupt einer Gruppe rumänischer Zigeuner, die unter dem Namen *Calderai* bekannt waren. Wie andere Zigeuner trug auch Gheorge Ciaoba, der Besitzer des Hemdes, zu besonderen Anlässen Kleidung in leuchtend bunten Farben. Das Hemd stammt aus der Zeit von 1942 bis 1945, in der die Nazis die Zigeuner brutal verfolgten. Die Opfer waren häufig (und ohne weiteres) an ihrer typischen Kleidung zu erkennen.

1943

Patienten aus dem jüdischen Hospital der Stadt in das Lager und Ghetto Theresienstadt (Tschechoslowakei) verschleppt. • Die deutschen Behörden erklären Berlin als „judenrein".

• 20. Juni 1943: 5000 Juden aus Amsterdam werden nach Auschwitz deportiert. • Das Ghetto von Tarnopol (Ukraine) wird liquidiert.

• 21. Juni 1943: Der Reichsführer SS, Heinrich Himmler, ordnet die Auflösung aller jüdischen Ghettos in der Sowjetunion an. • Die noch im Ghetto Lwow (Ukraine) verbliebenen Juden, darunter auch 350 der 500 Personen, die in den Kanalisationsgängen der Stadt entdeckt wurden, werden gejagt und getötet. • Sämtliche jüdischen Arbeiter in den städtischen Fabriken von Drogobytsch (Ukraine) werden ge-

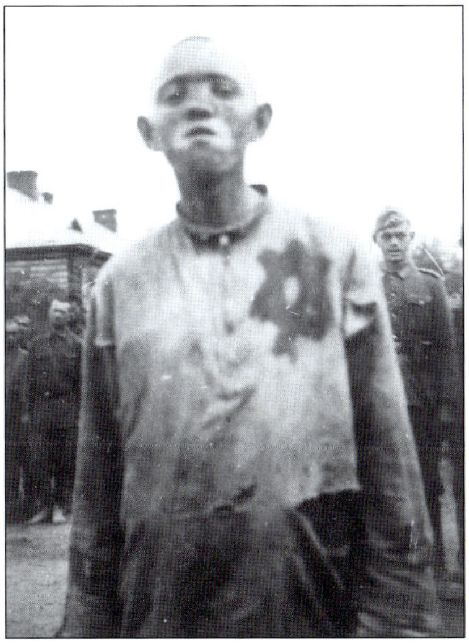

Der anfängliche Erfolg des Unternehmens Barbarossa brachte den Deutschen eine enorme Zahl sowjetischer Kriegsgefangener, die von den Nazis als „Untermenschen" behandelt wurden. Viele wurden exekutiert oder starben auf langen Todesmärschen; sie alle litten unter extremem Hunger und Entbehrungen. Die jüdischen Soldaten unter den Gefangenen wurden, sobald man sie entdeckt hatte, für den sofortigen Tod bestimmt oder in Stalags oder Vernichtungslager wie Sobibór geschickt. Dieser ausgezehrte jüdische Kriegsgefangene ist an dem Davidstern zu erkennen, den er tragen musste.

Eine Fußgängerbrücke über die Paneriu-Straße verband das große und das kleine Ghetto von Kowno (Litauen) miteinander. Im Juni 1943 wurde das Ghetto Kowno in ein Konzentrationslager umgewandelt; seine 4000 Bewohner wurden in kleine Lager außerhalb Kownos verlegt. Zur selben Zeit wurde die Widerstandsgruppe Jüdische Kampforganisation gegründet, die die Flucht von Juden aus dem Ghetto und deren Ausbildung für Partisanenaktionen erleichtern sollte.

Die Aufnahme ins Lager

Die Umstellung auf das Leben in einem Konzentrationslager der Nazis war eine schlimme und verwirrende Erfahrung. Von dem Moment an, da man das Lager betrat, musste man sich auf einen völlig neuen Ablauf des täglichen Lebens einstellen. Passte man sich nicht an, hatte das tödliche Folgen.

Nach endlosen Tagen ohne Verpflegung, Wasser und sanitäre Einrichtung waren die Neuankömmlinge für einen Augenblick erleichtert, wenn die Türen ihrer Waggons geräuschvoll aufgeschoben wurden und der Befehl zum Aussteigen kam. Die Erleichterung war jedoch nur von kurzer Dauer.

In manchen Lagern standen am Ankunftsort SS-Offiziere in frisch gebügelten schwarzen Uniformen und wiesen die Ankömmlinge an nach links oder rechts – in Richtung Leben oder Tod – zu gehen. Die Aufseher schlugen die Häftlinge zur „Begrüßung" mit Gewehrkolben oder Knüppeln, während ausgemergelte Figuren in gestreiften Uniformen die neuen Gefangenen an ihre Bestimmungsorte trieben.

Im Lager angekommen wurden die „Neuen" rasiert, in einigen Lagern tätowiert und in ein völlig fremdes Umfeld geworfen. Um zu überleben mussten die Häftlinge vergessen, dass sie je in einer zivilisierten Gesellschaft gelebt hatten, und sich mit dem Lagerleben vertraut machen. Sie mussten mit der Menge gehen, verhindern, dass sie herausgefischt wurden, und sich, wann immer Gelegenheit war, eine zusätzliche Ration Essen ergattern. Den Lagerinsassen blieb nur wenig Zeit die Abläufe in ihrer neuen Umgebung kennen zu lernen. Innerhalb von Tagen wurden sie in namenlose Opfer des Naziregimes verwandelt.

totet. • Der deutsche Professor August Hirt sucht in Auschwitz 103 jüdische Männer und Frauen zur Verlegung in das Lager Natzweiler-Struthof bei Strasbourg aus. Dort werden die Juden vergast. Die Weichteile ihrer Körper werden entfernt und ihre Skelette als Ausstellungsstücke zum Studium der jüdischen Rasse im Anatomischen Institut der Reichsuniversität Strasbourg aufgehängt. ***Siehe*** **25. Oktober 1943.**

• 23. Juni 1943: Ukrainische Polizisten umstellen eine jüdische Schule in Czortków (Ukraine), in der 534 jüdische Arbeitssklaven untergebracht sind. Der Lagerkommandant Thomanek erschießt mehrere Gefangene und befiehlt weitere Häftlinge zur Hinrichtung zu schleppen. Jan Nakonieczny, ein ortsansässiger Nichtjude, versteckt fünf Juden in seinem winzigen Hühnerstall.

• 25. Juni 1943: In Lwow (Ukraine) und in Częstochowa (Polen) kommt es zu bewaffneten Widerstandsaktionen der Juden. • In Auschwitz-Birkenau wird ein neues Krematorium in Betrieb genommen.

• 29. Juni 1943: Südlich von Warschau werden fünf Polen erschossen, weil sie vier Juden versteckt gehalten haben, die ebenfalls erschossen werden. • Im

Die Technologie des Todes

Der Vorgang 17/9 des Nachrichtendienstes der Roten Armee, bis zum Zusammenbruch der UdSSR für westliche Wissenschaftler unzugänglich, gelangte im Mai 1993 dem Historiker Gerald Fleming zur Kenntnis. Er enthielt Informationen über Kurt Prüfer, Fritz Sander und andere deutsche Ingenieure, die bei der Firma Topf & Söhne beschäftigt waren, einer Firma, die die Krematoriumsöfen in den Nazilagern Buchenwald, Dachau, Mauthausen, Groß-Rosen und Auschwitz-Birkenau gebaut hatte.

Ende 1944 zerstörten die Deutschen die Einrichtungen und Aufzeichnungen von Auschwitz-Birkenau, doch diese Todesfabrik war zu gewaltig, als dass man sie hätte spurlos verschwinden lassen können. Als die Rote Armee zwei Monate darauf das Lager befreite, befanden sich nach Flemings Worten unter dem gewaltigen Beweismaterial auch Einzelheiten über die Technologie des Massenmordes, mit Angaben zu den Kosten der Krematorien und Berechnungen zur Anzahl der Leichen, die täglich eingeäschert werden konnten. Der Vorgang 17/9 dokumentierte nicht nur die Verhaftung von Prüfer und Sander, sondern enthielt auch Abschriften der darauf folgenden Verhöre.

Die Errichtung der vier sorgfältig geplanten Einheiten aus Krematorien und Gaskammern nahm vor allem aufgrund der kriegsbedingten Baubeschränkungen beträchtliche Zeit in Anspruch. Neben der Firma J. A. Topf & Söhne waren zehn weitere zivile Unternehmen am Bau der Anlagen beteiligt. Die Bauarbeiten, zu denen man Häftlinge heranzog, begannen im Sommer 1942; es dauerte fast ein Jahr, bis auch die letzte Einrichtung betriebsbereit war. Jede dieser Einrichtungen bestand aus einem Raum, in dem sich die Opfer entkleiden mussten, aus einer Gaskammer und einem Raum mit den Verbrennungsöfen der Firma Topf & Söhne. Diese Orte des Todes waren für die Tötung von täglich tausenden Juden ausgelegt. Dennoch seien, so äußerte Prüfer beim Verhör, die Ziegel des Krematoriums wegen der kolossalen Überlastung der Öfen bereits nach sechs Monaten kaputt gewesen.

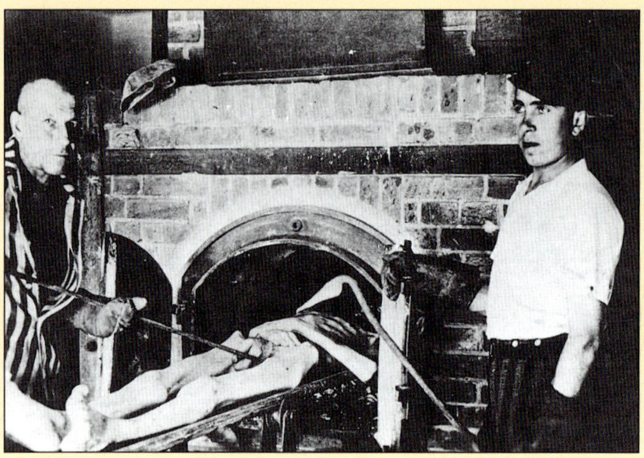

Nach Prüfers Aussage wurden in der Zeit von 1940 bis 1944 unter seiner Leitung für die Konzentrationslager 20 Krematorien gebaut. Seine Tätigkeit führte ihn fünfmal nach Auschwitz; er wusste, dass dort „unschuldige Menschen liquidiert wurden". Kenntnis davon hatte auch Sander, einer von Prüfers Vorgesetzten. Er war Fachmann für Lüftungsanlagen in Krematorien und kam im Rahmen seiner Arbeit für Topf & Söhne dreimal nach Auschwitz. Die Verhöre durch die Rote Armee ergaben, dass Sander Ende 1942 Pläne für ein Krematorium mit noch größerer Kapazität vorgelegt hatte. Es wurde zwar nie gebaut, sollte aber nach Sanders Erläuterung nach dem „Fließbandprinzip" arbeiten. Das heißt, dass nach diesen Plänen die Leichen ohne Unterbrechung zu den Verbrennungsöfen transportiert werden sollten. Seine Pflicht sei es gewesen, so Sander am 7. März 1946, sein Fachwissen zu nutzen um den Deutschen zum Sieg in diesem Krieg zu verhelfen, so wie ein Flugzeugbauingenieur im Krieg Flugzeuge baue, die ebenfalls mit der Vernichtung von Menschen zu tun hätten.

Nach knapp drei Wochen starb Sander im Gewahrsam der Roten Armee an einem Herzanfall. Prüfer, der zu 25 Jahren Freiheitsentzug verurteilt wurde, starb am 24. Oktober 1952 an einer Gehirnblutung.

1943

Arbeitslager Biala Waka bei Wilna (Litauen) werden 67 Insassen als Vergeltung für die Flucht von sechs Juden in einem nahen Wald erschossen.

• Ende Juni 1943: Die betagten Bewohner eines jüdischen Pflegeheims werden in das Lager und Ghetto Theresienstadt (Tschechoslowakei) deportiert.

• Juli 1943: In einer amerikanischen Rundfunksendung wird die US-amerikanische Regierung für ihr fortgesetztes Schweigen zur Behandlung der europäischen Juden durch die Nazis vom jüdischen Kongressabgeordneten Emanuel Celler scharf kritisiert. • Die amerikanische *Women's International Leage for Peace and Freedom* schätzt ein, dass die Deutschen in Polen bereits Millionen Juden ermordet haben und dass die Regierung und das Volk der USA an die-

Amsterdamer Juden, die 1943 zur Deportation nach Auschwitz zusammengetrieben werden. Den 110 000 Juden und 30 000 jüdischen Einwanderern, die in den Niederlanden lebten, waren zahlreiche niederländische Bürger behilflich. Viele Niederländer in der Regierung und bei der Polizei kollaborierten jedoch mit den Deutschen. Die letzte Razzia, bei der 5000 Juden festgenommen wurden, fand im September 1943 statt.

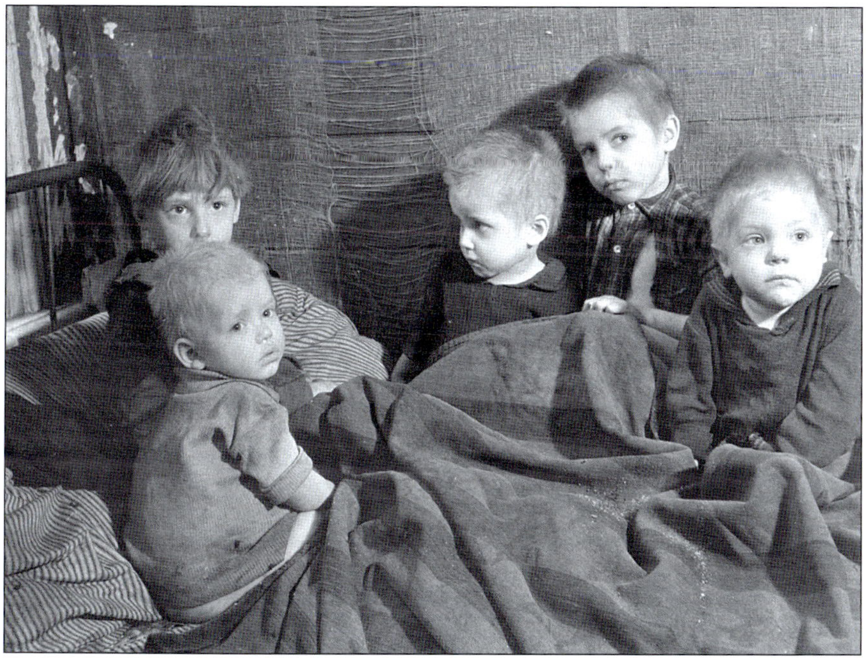

Kinder im Amsterdamer Stadtbezirk Kallenburg, die sich Wärme und Trost suchend aneinander drängen und der Fotografin mit skeptischen Blicken begegnen. Mit den Jahren der Besatzung durch die Nazis verschlechterten sich die Lebensbedingungen für alle Zivilisten, insbesondere aber für die Anfälligsten unter ihnen, die Kinder und die alten Menschen. Die Fotografin Emmy Andreisse, Mitglied des niederländischen Widerstands, hielt die Bedingungen in den Niederlanden während der Besatzungszeit fest.

Unter den Gegenständen, die die Nazis bei den Juden von Prag (Tschechoslowakei) und anderen Orten beschlagnahmten, befanden sich auch diese schönen Flügel. Der an den europäischen Juden begangene Völkermord war von einer systematischen Enteignung des jüdischen Vermögens begleitet. Alles, was man für wertvoll hielt, wurde geraubt, registriert und in ein geeignetes Lager gebracht.

sen Gräueltaten mitschuldig seien, da sie „von einer dicken Schicht von Vorurteilen geschützte“, selbstgefällige Feiglinge seien.

• 5. Juli 1943: Die Deutschen starten bei Kursk (Russland) eine große Panzeroffensive, die sich zur größten Panzerschlacht der Geschichte entwickeln soll. *Siehe* 23. Juli 1943. • Heinrich Himmler ordnet die Umwandlung des Todeslagers Sobibór in ein Konzentrationslager an.

• 6. Juli 1943: Über 2400 Juden werden aus den Niederlanden nach Sobibór deportiert.

• 10. Juli 1943: Die Alliierten landen auf Sizilien. • Tausende Juden aus Lwow (Ukraine) werden in Kamenka Bugskaja ermordet.

• 11. Juli 1943: Hitlers Privatsekretär Martin Bormann veröffentlicht in Hitlers Auftrag auf höchster Ebene eine Direktive, der zufolge in der öffentlichen Erörterung der Judenfrage nicht von einer „zukünftigen Gesamtlösung“ die Rede sein darf, sondern nur davon, dass die Juden zum Arbeitseinsatz zusammengeholt würden.

Die Partisanin Witka Kempner *(rechts)* und ihre Mitkämpfer Selda Treger und Raizel Kartschak mit schussbereiten Maschinenpistolen. Witka Kempner galt selbst unter den Partisanen als außergewöhnlich wagemutig. Anfang Juli 1943 schlich sie sich mit einer selbst gebauten Bombe aus dem Ghetto Wilna (Litauen) und sprengte einen deutschen Munitionszug in die Luft. Trotz einer Verwundung lief sie drei Tage und Nächte und kehrte ins Ghetto zurück. Später setzte sie ihre heldenhaften Aktionen von den Wäldern aus fort; sie verhalf jüdischen Arbeitssklaven zur Flucht aus dem Arbeitslager der Pelzfabrik „Keilis" bei Wilna und tat sich mit anderen Partisanen zusammen um eine Fabrik zu zerstören.

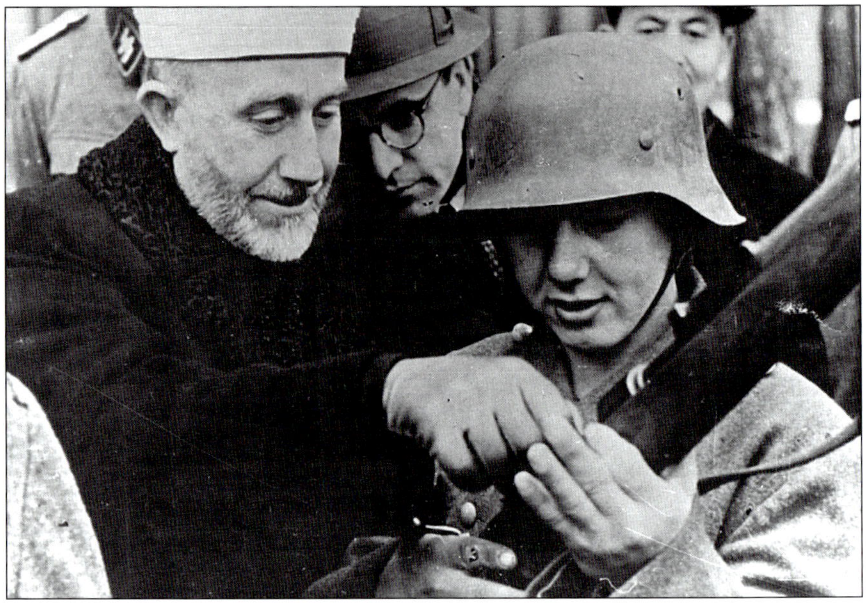

Der achsenfreundlich gesinnte Großmufti von Jerusalem, Hajj Amin al-Husseini, inspiziert die Waffe eines bosnisch-muslimischen Freiwilligen der Waffen-SS. Als Führer von Arabern und Muslimen betrachtete al-Husseini die Achsenmächte als ein Mittel zur Erlangung der arabischen Unabhängigkeit und zur Vernichtung der Juden. Sein Traum von einer unabhängigen arabischen Legion erfüllte sich zwar nicht, doch er hatte mehr Erfolg, als er einige 20 000 bosnische Muslime zum Eintritt in Freiwilligeneinheiten, die so genannten *Handjar* (Schwert), überredete. Diese in die Waffen-SS eingegliederten Verbände erwiesen sich bei der Jagd auf Juden und Partisanen als sehr erfolgreich.

Nazis erhängen im Lager Buchenwald (Deutschland) 20 Häftlinge als Vergeltung für den Mord an einem deutschen Aufseher. Wie gewöhnlich musste das ganze Lager der Hinrichtung zusehen. Die Nazis hofften auf die Einsicht der Häftlinge, dass solche Widerstandsaktionen nie ungestraft hingenommen würden und dass mit den Tätern auch Unschuldige zu leiden hätten.

1943

• 14.–17. Juli 1943: In der Kaukasusregion (Russland) beginnt der „Krasnodarer Prozess" gegen 13 vermeintliche sowjetische Kollaborateure. Acht der Angeklagten werden zum Tode, drei zu 20 Jahren Haft verurteilt und zwei freigesprochen.

• Mitte Juli 1943: Die Deutschen richten Professor Kurt Huber, einen antinazistischen Aktivisten, hin, der zu der Münchner studentischen Widerstandsgruppe „Weiße Rose" gehörte.

• 16. Juli 1943: In Wilna (Litauen) stört die Polizei ein Treffen zwischen Mitgliedern der *Fareinikte Partisaner Organisazje* (Vereinigte Partisanenorganisation) und Jakob Gens, dem Vorsitzenden des Wilnaer Judenrates, und verhaften den Anführer des Widerstands, Jizchak Wittenberg. Vor dem Gebäude greifen

Der berüchtigte Amon Göth, SS-Hauptsturmführer und Kommandant des Arbeitslagers Plaszów (Polen), der hier auf seinem Balkon auf eine Gelegenheit wartet auf irgendeinen jüdischen Gefangenen zu schießen. Unter den Lagerkommandanten war Göth der Einzige, der diesen „Sport" betrieb, und er musste schließlich dafür bezahlen, denn er wurde nach dem Krieg vor ein polnisches Gericht gestellt und in Kraków hingerichtet.

Als Treblinka im Juli 1943 geschlossen wurde, hatten mindestens 750 000 Menschen, meist polnische Juden, in den Gaskammern des Lagers ihr Leben verloren. Nach Himmlers Besuch im Lager im März 1943 ließen die Nazis hunderttausende Leichen exhumieren, riesige Scheiterhaufen errichten und die Leichen verbrennen, damit die Beweise für den Massenmord getilgt würden. Diese Knochen sind ein schweigendes Zeugnis dafür, dass das Vorhaben der Nazis misslang.

Aktion 1005

1942, als die Alliierten Kenntnis von den Massenmorden der Nazis erhielten und hunderttausende hastig verscharrter Leichen inzwischen zu einem ernsten Gesundheitsrisiko geworden waren, planten die Nazis die schrecklichste all ihrer Operationen: Die Massengräber sollten wieder aufgesucht, die Leichen „enterdet" und verbrannt werden.

Diese so genannte Aktion 1005 wurde von Paul Blobel geleitet, der das Sonderkommando 4a beim Massenmord in Babi Jar kommandiert hatte. Jedes Sonderkommando der Aktion 1005 wurde von Angehörigen des Sicherheitsdienstes, der Sicherheitspolizei und der regulären deutschen Polizei überwacht. Die Schmutzarbeit verrichteten Gefangene der Nazis, größtenteils Juden. Ab Juni 1942 verbrannten die Sonderkommandos die Leichen, die man in den Todeslagern der Nazis abgeladen hatte. Im Juni 1943 stießen sie zu den Massengräbern in Polen und in den besetzten Gebieten der Sowjetunion vor.

Die Häftlinge arbeiteten in drei Gruppen. Die erste Gruppe öffnete die Gräber und exhumierte die Leichen. Die zweite legte die Leichen zum Verbrennen auf Scheiterhaufen. Die Leichen wurden im Wechsel mit Baumstämmen geschichtet, mit Benzin übergossen und angezündet. Die dritte Gruppe siebte und verstreute die Asche und zermahlte die Knochenreste.

Die Nazis ließen viele, wenn auch nicht alle ihre Massengräber beseitigen. Die meisten Häftlinge, die bei der Aktion 1005 eingesetzt waren, wurden nach Beendigung ihrer Arbeit ebenfalls getötet. Dutzende andere überlebten; sie hatten revoltiert und waren geflohen.

jüdische Partisanen die Polizisten an und befreien Wittenberg. ***Siehe*** **17. Juli 1943. • Theophil Wurm, Bischof der evangelischen Kirche in Württemberg, bittet in einem Brief nach Berlin die Verfolgung von Angehörigen anderer Nationen und Rassen sofort zu stoppen.**

• 17. Juli 1943: Der Partisanenführer Jizchak Wittenberg ergibt sich der Gestapo um die Zerstörung des Ghettos von Wilna (Litauen) zu verhindern.

• 18. Juli 1943: In Międzyrzec (Polen) werden 200 Arbeitssklaven ermordet. • Aus Paris werden 1000 Juden nach Auschwitz deportiert.

• 19. Juli 1943: Die Deutschen setzen bei einer großen Suchaktion nach Wertsachen in den Überresten des Warschauer Ghettos 3500 jüdische Arbeitssklaven ein.

• 20. Juli 1943: In Częstochowa (Polen) werden 500 Arbeitssklaven ermordet. • 2209 Juden werden aus den Niederlanden nach Sobibór verschleppt. • Aus Sobibór fliehen zwei Juden.

• 22. Juli 1943: Da das US-amerikanische Außenministerium auch weiterhin

Musik für die Verurteilten

Die Nazis hatten die jüdischen Musiker in Deutschland und in den besetzten Ländern zum Verstummen gebracht. Nun beauftragten sie die Juden zu musizieren, damit die Angst- und Schmerzensschreie der Naziopfer übertönt würden. Die so entstandene Musik nannten die Gefangenen *Symphonia diabolica* (Teufelssinfonie).

In jedem der Todeslager gab es Orchester, die fröhliche und beruhigende Weisen spielten, wenn die Züge mit ihrer „Ladung", erschöpften Menschen, ankamen. Der Argwohn und die Ängste der Deportierten wurden beschwichtigt, wenn die Ankömmlinge die vertraute Musik einer zivilisierten Gesellschaft hörten.

In Auschwitz, das sechs Orchester besaß, sowie in anderen Lagern spielten die Orchester, wenn die Häftlinge zur Arbeit gingen (zur Unterhaltung der SS-Angehörigen), ebenso bei Selektionen und Hinrichtungen. Im Lager Janówska (Ukraine) entstand auf Befehl der Nazis die Komposition *Tango fun tojt* (Todestango), mit der die Gefangenen in den Tod geleitet werden sollten.

Die neuen Führer der polnischen Exilregierung, Ministerpräsident Stanisław Mikołajczyk *(rechts, in Uniform)* und Władysław Raczkiewicz *(im Frack)*, die eine Meldung ihrer Offiziere entgegennehmen. Die Exilregierung hatte ihren Sitz zunächst in Paris und siedelte im Juli 1940 nach London über. Von dort aus sendeten ihre Mitarbeiter im Rundfunk Botschaften der Hoffnung in die polnische Heimat. Sie setzten Kuriere wie Jan Karski ein um möglichst viel von den Vorgängen in Polen in Erfahrung zu bringen und versuchten den Widerstand mit Waffen und Nachrichtenmaterial zu unterstützen.

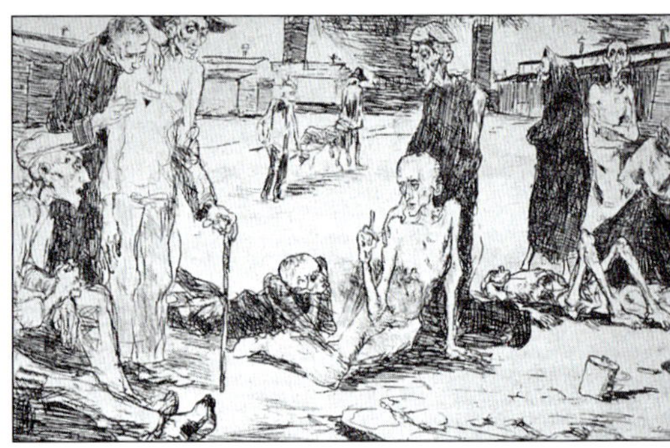

Die Zeichnungen von Walter Spitzer zeigen auf dramatische Weise die Schrecken des Holocaust. In der ersten abgebildeten Arbeit sind Tote und zum Skelett abgemagerte, noch lebende Menschen ineinander verschlungen. Ihre Gliedmaßen hängen über die Seiten des Wagens hinaus, auf dem sie ihre letzte Reise antreten. Die ausgezehrten Gestalten in der zweiten Zeichnung sind in unterschiedlichen Körperhaltungen dargestellt; sie bezeugen, dass das Leben im Lager die Hölle auf Erden war.

1943

eine Reaktion auf den Riegner-Plan zur Rettung von 70 000 Juden verzögert, setzt sich der amerikanische Rabbi Stephen Wise bei Präsident Franklin Roosevelt für die Unterstützung des Planes ein. Roosevelt lässt zu, dass der Plan wegen „energischer britischer Einwände" zu Fall gebracht wird.

• 23. Juli 1943: Der 40-jährige Mandel Langer, der seit Ende 1942 als antinazistischer Saboteur aktiv ist, wird in Tolouse (Frankreich) gefangen genommen und hingerichtet. • Die deutsche Panzeroffensive bei Kursk (Russland), die größte Panzerschlacht in der Geschichte, scheitert.

• 24. Juli 1943: 21 junge jüdische Partisanen in Wilna (Litauen) schließen sich hinter den deutschen Linien sowjetischen Partisanen an. Nördlich von

Odilo Globocnik trat der österreichischen Nazipartei bereits 1931 bei. Vor dem „Anschluss" setzte er sich aktiv ein um die Mitgliederzahl sowie den Einfluss der Partei zu erhöhen. Sein hingebungsvoller Dienst in der SS brachte ihm nach dem „Anschluss" das Amt des Gauleiters von Wien ein, aus dem er später wegen Korruption entlassen wurde. Heinrich Himmler machte sich Globocniks Ehrgeiz und sklavische Ergebenheit zu Nutze, verzieh ihm seine Verfehlungen und setzte ihn als SS- und Polizeiführer im Distrikt Lublin (Polen) ein. Globocnik überwachte den Bau der Vernichtungslager Majdanek, Bełżec, Sobibór und Treblinka und hatte bis August 1943 die Bereiche Zwangsarbeit und Vernichtung unter seiner Kontrolle.

Im Rahmen der umfangreichen Bemühungen der Nazis zur Erhöhung der Geburtenrate der „Arier" betrieb Dr. Josef Mengele Zwillingsforschung. An den Zwillingen wurden endlose Messungen und Vergleiche durchgeführt. Manche starben einfach an dem Blutverlust, den sie bei den Tag für Tag durchgeführten Experimenten erlitten hatten. Andere kamen durch noch schrecklichere Prozeduren wie chirurgische Eingriffe an der Wirbelsäule und äußerst grausame Operationen um, bei denen die Körper von Zwillingen miteinander verbunden wurden. Die Zwillinge René und Renate Guttmann, die hier zusammen mit ihrer Mutter abgebildet sind, wurden zunächst nach Theresienstadt und dann nach Auschwitz deportiert, wo Frau Guttmann in den Gaskammern den Tod fand. Die Zwillinge überlebten Mengeles Experimente und kamen nach dem Krieg schließlich in den USA wieder zusammen. Zu erwähnen ist, dass nur sehr wenige Angaben aus erster Hand über Mengeles Zwillingsforschungen existieren, da der KZ-Arzt seine „Forschungsobjekte" (durch Injektionen) tötete, wenn er meinte, dass sie ihren Zweck erfüllt hätten. Wichtige Informationen über Mengeles perverse Verbrechen erhielten die Untersuchungsbeamten der Alliierten von den Guttmann-Zwillingen sowie einer relativ kleinen Zahl weiterer „Objekte", die dem Tod entkamen.

Baracke im Konzentrationslager Auschwitz, in der in Reihen dreistöckige hölzerne Schlafstellen für die Häftlinge stehen. In einer Etage schliefen mindestens zwei Häftlinge, die „Betten" waren meist nur mit dünnen Laken bedeckt. Überlebende beschreiben den Nachtschlaf in einer solchen Baracke mit gemischten Gefühlen. Für die meisten Lagerinsassen war die hölzerne Koje nach den Gefahren der täglichen Existenz zwar eine Art Zufluchtsort, doch war auch die Schlafenszeit mit Schrecken erfüllt. In den Erinnerungen der Überlebenden tauchen immer wieder das nächtliche Wüten betrunkener Kapos, das unaufhörliche Gerangel mit den Schlafgefährten und die Gänge zu den Latrinen oder Latrineneimern auf.

Wilna werden neun von ihnen in einem Hinterhalt an einer Brücke getötet. Drei Tage später werden in Wilna 32 Verwandte der neun toten Partisanen von der Gestapo verhaftet, zu den nahen Kiesgruben in Ponary gebracht und exekutiert. Bruno Kittel, der Leiter der Gestapo in Wilna, verkündet, dass die gesamte Familie jedes Juden, der aus dem Ghetto in den Wald fliehe, hingerichtet werde. Habe der Flüchtling keine Familie oder Stubenkameraden, würden sämtliche Bewohner seines Hauses exekutiert. Außerdem würden, falls ein zehnköpfiges jüdisches Arbeitskommando nicht vollzählig zurückkehre, die verbliebenen Mitglieder des Kommandos mit dem Tod bestraft.

• Die spanische Regierung interveniert im Namen von 367 sephardischen Juden in Saloniki (Griechenland) und sorgt dafür, dass sie nicht nach Auschwitz deportiert, sondern nach Spanien und damit in Sicherheit gebracht werden. • Die britische *Royal Air Force* beginnt mit Luftangriffen auf Hamburg.

• 25. Juli 1943: Der italienische Diktator Benito Mussolini tritt unter Druck zurück und wird verhaftet. • Ein junger Jude im Arbeitslager Janówska (Ukraine)

Heinz Birnbaum *(oben links, weiter im Uhrzeigersinn)*, Werner Steinbrink, Lotte Rotholz und Edith Fraenkel gehörten der Widerstandsorganisation an, die unter dem Namen Herbert-Baum-Gruppe oder Baum-Gruppe bekannt war. Der Anschlag der Gruppe auf die antibolschewistische Propagandaausstellung im Mai 1942 hatte schließlich den Tod fast aller Mitglieder der Gruppe, darunter auch der hier abgebildeten vier Widerstandskämpfer, zur Folge. Birnbaum soll gehängt worden sein. Steinbrink wurde nach dem Brandanschlag auf die Ausstellung verhaftet und am 18. August 1942 hingerichtet. Lotte Rotholz starb in Auschwitz. Edith Fraenkel wurde in das Lager und Ghetto Theresienstadt (Tschechoslowakei) und später nach Auschwitz deportiert, wo sie 1944 ums Leben kam.

1943

bei Lwow, offensichtlich froh über den Sturz Mussolinis, erzürnt damit einen Gestapo-Angehörigen, der befiehlt, den Jugendlichen kopfüber aufzuhängen, ihm den Penis abzuschneiden und in den Mund zu stecken und den Juden mit Schlägen in die Magengegend zu traktieren, bis er stirbt.

• 27. Juli 1943: Die Deutschen ermorden 17 Juden, die sie in ihren Verstecken in den Trümmern des Warschauer Ghettos entdeckt haben.

• 28. Juli 1943: Jan Karski, ein katholischer polnischer Untergrundkämpfer, der das Warschauer Ghetto und das Todeslager Bełżec besucht hat, trifft in den USA ein um der amerikanischen Führung von dem Gesehenen zu berichten. Seine Unterredung mit Franklin Roosevelt deutet darauf hin, dass der

Das Ghetto Będzin (Polen) wurde schließlich wie hunderte andere Judenghettos liquidiert. Dieses Foto, das nach der Zerstörung am 1. August 1943 aufgenommen wurde, zeigt chaotisch umherliegende Möbelstücke und andere Gegenstände. Links steht lächelnd ein deutscher Polizeioffizier, den die Auslöschung der polnisch-jüdischen Gemeinde offensichtlich befriedigt.

Fryda Litwak wurde 1916 in Lwow (Ukraine) geboren. Sie war eine von tausenden Juden, die den Holocaust überlebten, indem sie sich als „Arier" ausgaben; sie hatte den Namen Sofia Wolenska angenommen. Sie lebte in ständiger Furcht vor der Entdeckung und dem sicheren Tod, der die Folge gewesen wäre. Arbeit fand sie bei einem Apotheker in Radom (Polen). Später siedelte sie sogar nach Deutschland über um dort zu arbeiten. Sie war zwar den Nazis entkommen, kam aber in den letzten Monaten des Krieges – wahrscheinlich bei einem Bombenangriff der Alliierten – ums Leben.

Janówska

Das Konzentrationslager Janówska, das an der von Lwow (Ukraine) kommenden Janówska-Straße lag, war berüchtigt für die Brutalität, die man dort gegenüber den Häftlingen – bei Musikbegleitung – an den Tag legte.

Im Herbst 1941 siedelten die Deutschen Ausrüstungswerke, ein Wirtschaftsunternehmen der SS, Ghettobewohner zur Produktion von Rüstungsgütern nach Janówska um. Die unter unmenschlichen Bedingungen lebenden Lagerinsassen ließ man grauenhafte körperliche Tests absolvieren, die ihr Durchhaltevermögen unter Beweis stellen sollten. Die wenigen, die das überstanden, durften einen weiteren Tag arbeiten. Die vielen Häftlinge, die die nötige Kraft nicht aufbrachten, wurden *na Piaski* – zu einer Sandgrube – gebracht und erschossen.

Im März 1942 wurde Janówska Durchgangslager für Juden, die auf dem Weg von Ostgalizien in das Vernichtungslager Bełżec waren, und ab 1943 war es selbst ein Standort zur Ermordung von Menschen. Nach einer Laune des SS-Offiziers Wilhelm Rokita, eines ehemaligen Geigers, sollte der Tod von Musik begleitet werden. Das Häftlingsorchester erhielt den Befehl den *Tango fun tojt* (Todestango) als Begleitmusik zu Selektionen und Hinrichtungen zu komponieren und zu spielen.

Präsident bereits viel über den Holocaust weiß.

• **Ende Juli 1943:** Mitglieder des Sonderkommandos im Todeslager Bełżec werden in das Vernichtungslager Sobibór geschickt, wo die Häftlinge nach der Ankunft revoltieren und erschossen werden.

• **August 1943:** Die Insassen des Zwangsarbeitslagers in Sasow (Polen) revoltieren. • Im Arbeitslager in Lackie Wielkie (Polen) kommt es zu bewaffnetem Widerstand. • Nach einer bewaffneten Widerstandsaktion im Arbeitslager Jaktorów wird das Lager aufgelöst; die Lagerinsassen werden getötet. • Frumka Plotnicka, die beim Verlassen des Warschauer Ghettos und bei der Rückkehr mit Nachrichten und Schmuggelware wiederholt ihr Leben riskiert hat, wird in einem Keller in Będzin (Polen) von den Nazis in die Enge getrieben und erschossen. • Im Arbeitslager Konin (Polen) endet eine von Rabbi Joshua Aaronson angeführte jüdische Revolte mit dem Tod fast aller Aufrührer. • In Nordhausen im Harz beginnen Arbeitssklaven mit dem Bau einer unterirdischen Waffenfabrik.

• **1. August 1943:** Die Judenghettos in

Die Deportation der europäischen Juden

Die Züge aus Westerbork, einem Durchgangslager im Nordosten der Niederlande, brachten mehr als 100 000 der 140 000 niederländischen Juden in die Todeslager Sobibór und Auschwitz. Am 24. August 1943 beschrieb Etty Hillesum, eine 29 Jahre alte niederländische Jüdin, in einem geheimen Brief eine jener Deportationen: „Mein Gott, gehen diese Türen wirklich alle zu? ... Durch die schmalen Öffnungen oben sieht man Köpfe und Hände, die später, als der Zug abfährt, winken... Die Pfeife stößt einen durchdringenden Schrei aus, ein Zug mit tausendundzwanzig Juden verlässt Holland."

Vor dem Herbst 1938 nötigte Nazideutschland die Juden zur Auswanderung. Als militärische Eroberungen neue Territorien und Millionen Juden unter die Naziherrschaft brachten, erforderte die Lösung der „Judenfrage" eine aggressivere Politik. Während der ersten 18 Monate des Zweiten Weltkrieges gehörten die Deportationen zu dem Plan der Nazis die Juden aus Hitlers expandierendem Dritten Reich zu beseitigen, indem man sie in Ghettos oder Sperrgebiete im Osten schickte. Als 1941 die Massaker der Einsatzgruppen begannen und die Entscheidung fiel die „Judenfrage" durch Massenmord zu lösen, änderte sich der Sinn der Deportationen. Sie waren nicht mehr Ziel, sondern das Mittel zur Verschleppung von Juden in die Vernichtungszentren Chełmno, Bełżec, Sobibór, Treblinka, Majdanek und vor allem Auschwitz-Birkenau.

Mit erheblicher Unterstützung des Reichsverkehrsministeriums und der Bürokratie der Reichsbahn organisierten Adolf Eichmann und sein Stab im Referat IV B 4 des Reichssicherheits-Hauptamtes diese über den gesamten Kontinent reichende Operation. Eisenbahnzüge brachten fast drei Millionen Juden von weit entfernten europäischen Bahnstationen zu den Tötungszentren. Die „Passagiere" mussten ihre Fahrkarten – ohne Rückfahrt – bezahlen und wurden dann oftmals als „Ladung" in überfüllten Güterwaggons transportiert.

Die Deportationen des Jahres 1942 vernichteten das polnische Judentum, doch das Netz wurde immer weiter gespannt. Im März erfasste es die slowakischen Juden. Im Juli waren Massendeportationen von Juden aus Frankreich und Belgien sowie aus den Niederlanden im Gange. Im November dezimierten Deportationen auf dem Seeweg und mit der Eisenbahn die zahlenmäßig kleine jüdische Bevölkerung Norwegens.

Die Deportationen wurden 1943 fortgesetzt. In jenem Jahr wurden in Auschwitz-Birkenau neue Gaskammern und Krematorien in Betrieb genommen. Im „Kalendarium der Ereignisse im Konzentrationslager Auschwitz-Birkenau 1939–1945" von Danuta Czech ist die Vergasung von 873 Juden aus Berlin am 13. Januar verzeichnet. Am 6. Februar wurden 1868 Deportierte aus dem Ghetto Białystok (Polen) unmittelbar nach ihrer Ankunft vergast. Sechs Wochen später wurden 2191 Juden aus Saloniki (Griechenland) in den Gaskammern getötet. So ging es immer weiter.

Etty Hillesum und ihre Familie wurden am 7. September 1943 aus Westerbork verschleppt. Sie kamen wahrscheinlich am 9. September in Auschwitz an. Die Eltern wurden sofort vergast. Am 30. November 1943 befanden sich 54 446 Männer und 33 846 Frauen als Häftlinge im Lagerkomplex von Auschwitz. Davon waren 9273 Männer und 8487 Frauen als krank oder arbeitsunfähig gemeldet. Ein Bericht des Roten Kreuzes gibt den 30. November 1943 als Etty Hillesums Todestag an.

1943

Będzin und Sosnowiec (Polen) werden aufgelöst. Die meisten Juden werden nach Auschwitz deportiert. Die Juden leisten Widerstand.

• 2. August 1943: Mit einer kleinen Anzahl von Pistolen, Gewehren und Handgranaten sowie mit Benzin bewaffnete jüdische Insassen des Todeslagers Treblinka organisieren einen Aufstand, bei dem 350 bis 400 der 700 Lagerinsassen fliehen können. Die Flüchtlinge werden bis auf 100 alle aufgegriffen und ermordet. Zu den Anführern des Aufstandes gehören Dr. Julian Chorazycki, Alfred Marceli Galewski und Zelomir Bloch.

• 3. August 1943: Die Mitglieder der Jüdischen Kampforganisation im Ghetto Będzin (Polen) unternehmen eine erfolglose Widerstandsaktion gegen die Nazis. Baruch Graftek, der dortige Füh-

Abraham Kolski *(links)*, zusammen mit Erich Lachman und einem Mann mit Namen Brenner. Die drei Männer nahmen am 2. August 1943 am Aufstand in Treblinka teil und fanden Zuflucht in einem nahen Wald. Kurze Zeit später wurden alle drei von einer nichtjüdischen Familie aufgenommen und bis zur Befreiung Polens in einem Versteck untergebracht.

JÜDISCHE AUFSTÄNDE IN GHETTOS UND KONZENTRATIONSLAGERN (1941–1944)

Trotz unüberwindlicher Schwierigkeiten erhoben sich die Juden in Ghettos – die bedeutendsten Aufstände fanden in Warschau und Białystok statt –, Konzentrations- und Todeslagern. Juden steckten das Lager Treblinka in Brand (2. August 1943), töteten in Sobibór 11 SS-Aufseher (14. Oktober 1943) und sprengten eines der Auschwitzer Krematorien (7. Oktober 1943).

Nach dem Aufstand steigen am Horizont Rauchschwaden über der Tötungseinrichtung Treblinka auf. Der Aufstand wurde von einer kleinen Gruppe tschechisch-jüdischer Häftlinge organisiert. Einige SS-Aufseher wurden getötet, einigen der Teilnehmer gelang die Flucht in die Wälder der Umgebung. Die Gaskammern wurden zwar beschädigt, waren aber noch immer funktionstüchtig. Das Lager blieb danach noch zwei Monate in Betrieb.

rer der *ŻOB*, und seine Mitkämpfer werden getötet.

• 6. August 1943: 1000 Juden aus Wilna (Litauen) werden nach Klooga (Estland) deportiert, da die Deutschen mit der Auflösung des Wilnaer Ghettos beginnen. • Der französische Jude Albert Kohan wird aus Frankreich illegal nach Großbritannien gebracht um dort mit in London wohnenden Vertretern des französischen Widerstands Kontakte herzustellen.

• 7. August 1943: Der letzte Zug aus Saloniki (Griechenland) geht mit 1800 Juden nach Auschwitz ab. Die meisten Deportierten werden im Lager getötet. Bis zu diesem Tag ist der Großteil der jüdischen Bevölkerung, die vor dem Krieg in Saloniki lebte (schätzungsweise 56 000 Personen), ermordet worden.

• 10. August 1943: Im „arischen" Sektor Warschaus werden 27 Jüdinnen von den Nazis festgenommen und hingerichtet.

• 15. August 1943: Fast 1000 französische Juden polnischer Herkunft werden in ein Arbeitslager auf Alderney, eine der Kanalinseln, gebracht, die 1940 von Deutschland besetzt wurden. Dort müssen sie Befestigungen bauen.

Białystok

Die nordostpolnische Stadt Białystok wurde am 15. September 1939 zunächst von deutschen Truppen besetzt und dann an die Sowjetunion übergeben, unter deren Kontrolle sie für die nächsten 21 Monate blieb. Am 27. Juni 1941 eroberten die Deutschen Białystok zurück. Im August 1941 wurden die 50 000 Juden der Stadt in ein Ghetto gesperrt. Da das Ghetto Arbeitskräfte für seine Fabriken und Werkstätten brauchte, meinten seine jüdischen Bewohner, dass ihr Leben geschont würde.

Die so genannte Aktion vom Februar 1943 verjagte jedoch rasch jeden Gedanken an eine langfristige Sicherheit. In den Straßen Białystoks wurden 52 000 Juden ermordet, 10 000 weitere in das Vernichtungslager Treblinka in den Tod geschickt.

Die Anordnungen vom August 1943 zur Liquidierung trieben die Widerstandsgruppen des Ghettos zum Handeln an. Die Kämpfe dauerten vom 16. bis 20. August. Die Widerstandskämpfer mit ihren wenigen Waffen wurden von den zahlenmäßig überlegenen und besser ausgerüsteten deutschen Verbänden überwältigt. Nahezu alle Kämpfer wurden von den Deutschen getötet. Nur einige hundert Białystoker Juden überlebten den Krieg.

Die Brüder Katzowicz, die im August 1943 am Ghettoaufstand in Białystok beteiligt waren. In der Stadt existierten zahlreiche Zellen des Untergrunds, die erst 1943 ihre Eigenständigkeit aufgaben und sich für ein gemeinsames Ziel zusammentaten. In den fünf Tagen des Aufstandes verloren über 1500 jüdische Kämpfer ihr Leben.

Die Jüdin Chajka Grossman war eine Aktivistin des Untergrunds. Sie trat als Jugendliche einer zionistischen Jugendbewegung in Białystok (Polen) bei und beteiligte sich dort nach der Besetzung durch die Deutschen an der Organisierung von Widerstandsaktionen des Untergrunds. Bei ihren zahlreichen Missionen, die sie im Auftrag des jüdischen Untergrunds in anderen Ghettos ausführte, trat Chajka Grossman stets als nichtjüdische Polin auf. Sie nahm auch am Ghettoaufstand in Białystok im August 1943 teil.

1943

• 16. August 1943: Die Insassen des Arbeitslagers Krychów (Polen) revoltieren.

• 16.–20. August 1943: Nazisoldaten dringen in das Ghetto Białystok (Polen) ein um die 30 000 dort lebenden Juden zu deportieren. Hunderte Widerstandskämpfer, die sich unter Führung von Mordechai Tenenbaum-Tamaroff und Daniel Moszkowicz mit kleinkalibrigen Waffen, Äxten und Bajonetten zur Wehr setzen, werden vernichtet. Die Überlebenden werden in Todeslager transportiert, wo 25 000 umkommen. *Siehe* 17. August 1943.

• 17. August 1943: Über 1200 Kinder werden aus dem Judenghetto in Białystok (Polen) in das Lager und Ghetto Theresienstadt (Tschechoslowakei), später nach Auschwitz gebracht und dort

Den Blick in die Ferne gerichtet steht ein Mann, wahrscheinlich ein jüdischer Partisan, in Polen Wache. Im August 1943 machten sich die Nazis daran das Ghetto Białystok (Polen) zu liquidieren und die noch verbliebenen 30 000 Personen zu deportieren. Einige Juden, die erkannten, dass das Ende nahte, wehrten sich unter Führung von Mordechai Tenenbaum und Daniel Moszkowicz in einem heroischen und heftigen Kampf. Andere versuchten den Widerstand zu verlängern, indem sie in die Wälder flohen und sich dort den *Forois* und anderen Partisanengruppen anschlossen.

Eines der hunderte von Massengräbern, die in der Nähe des Todeslagers Chełmno angelegt wurden. In den Jahren 1941 bis 1944 wurden in Chełmno 150 000 bis 320 000 Menschen (die Schätzungen variieren stark), die meisten davon polnische Juden, vergast. 1943 stoppten die Nazis die Deportationen nach Chełmno, da die Vernichtung in den Gaswagen nach ihrer Auffassung zu langsam ablief. Im April 1944 eröffneten sie das Lager jedoch wieder um dort die Juden von Łódź (Polen) zu töten.

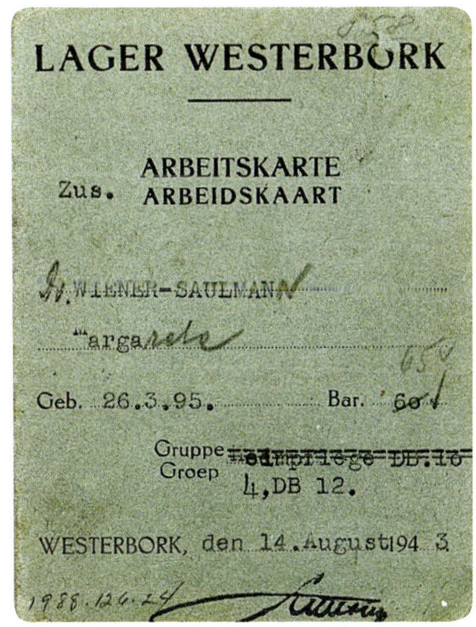

LAGER WESTERBORK

ARBEITSKARTE
Zus. ARBEIDSKAART

WIENER-SAULMANN
Margarete

Geb. 26.3.95. Bar. 60

Gruppe / Groep 4,DB 12.

WESTERBORK, den 14.August1943

Westerbork wurde von den Niederländern 1939 ursprünglich als Internierungslager für illegal eingereiste Juden eingerichtet. Unter der Naziherrschaft wurde es zum „Umschlagplatz" für die Deportation niederländischer Juden. Während die meisten nur einige Tage im Lager blieben, lebte eine kleine Anzahl Personen ständig dort. Sie besaßen Arbeitskarten wie die oben abgebildete und waren größtenteils im Lagerhospital und in der Apotheke beschäftigt.

getötet. • Die Alliierten schlagen die Truppen der Achsenmächte auf Sizilien.

• 19. August 1943: Im Todeslager Treblinka trifft der letzte Zug mit jüdischen Deportierten ein. Die Juden kommen aus Białystok (Polen).

• 20. August 1943: Während einer Revolte in Glebokie (Weißrussland) werden 3000 Juden exekutiert.

• 23. August 1943: Die Rote Armee nimmt Charkow (Ukraine) ein.

• 24. August 1943: In Auschwitz, Treblinka und Majdanek werden 5000 Juden aus Białystok (Polen) getötet.

• 25. August 1943: Im Arbeitslager Janówska (Ukraine) suchen SS-Angehörige 24 attraktive Jüdinnen im Alter von 17–20 Jahren aus und bringen sie zu einem nächtlichen Gelage der SS. *Siehe* **26. August 1943.**

• 26. August 1943: Die jüdische Gemeinde von Zawiercie (Polen) wird in Auschwitz vernichtet. • Eine der 24 jungen Jüdinnen, die in der vorangegangenen Nacht im Arbeitslager Janówska (Ukraine) unfreiwillig zu Gast bei einer SS-„Feier" war, wird bei einem Fluchtversuch erschossen. Die üb-

Partisanen aus Rowno im polnischen Teil Wolhyniens bereiten sich darauf vor an der Seite ihrer Kameraden gegen die Unterdrücker zu kämpfen. Als die Nazis eine letzte Aktion planten, flohen einige Juden in die Wälder der Umgebung. Der in Wolhynien operierende Mosche Gildenman, auch „Onkel Mischa" genannt, baute eine erfolgreiche Partisaneneinheit auf, die den deutschen und ukrainischen Soldaten Verluste beibrachte.

Zwei jüdische Partisanen mit schussbereiten Waffen bereiten sich auf den Kampf vor. Junge Leute aus den Ghettos von Wilna und Kowno (Litauen) folgten dem Aufruf Abba Kowners lieber zu kämpfen statt sich den Unterdrückern zu ergeben; sie versuchten zu fliehen und sich den Partisanen anzuschließen. Die meisten Gruppen waren schlecht bewaffnet und stießen mitunter auf die Feindseligkeit antisemitisch eingestellter Partisanen, die die Nazis nicht wegen der Judenverfolgung, sondern aus anderen Gründen hassten. Beflügelt von dem Wunsch nach Rache gründeten die Juden Partisanengruppen wie *Hanokem* in Wilna und *Kadima* in Kowno.

Die Nazis setzten in der Hochtechnologie-Industrie, wie beispielsweise in der Herstellung der V 2-Raketen, die in den letzten Kriegsmonaten auf Großbritannien und Belgien niedergingen, in großem Umfang auch Zwangsarbeiter ein. Die hier abgebildeten Arbeiter waren beim Bau eines ausgedehnten unterirdischen Tunnelsystems beschäftigt, in dem die Produktionsstätten für die Raketen untergebracht werden sollten. Im Gegensatz zu den vielen Millionen Sklaven des Reichs drohte diesen Zwangsarbeitern, die außerhalb der Tunnel in einem Barackenlager wohnten, Gefahr von den Bombenangriffen der Alliierten.

1943

rigen 23 Frauen werden später ermordet.

• 27. August 1943: Alle Juden, die in einer Zementfabrik in Drogobytsch in der Nähe des Arbeitslagers Janówska arbeiten, werden ermordet. Eines der Opfer ist Dr. Mojzesz Bay, ein 36-jähriger Absolvent der Sorbonne.

• 28. August 1943: Deutschland verhängt das Kriegsrecht über Dänemark und hebt die dänisch-deutsche Vereinbarung vom 9. April 1940 auf, die ein Vorgehen der Deutschen gegen die Juden verbot.

• Ende August 1943: 47 jüdische Frauen und 50 jüdische Männer werden exekutiert, nachdem man sie im „arischen" Teil Warschaus entdeckt hat.

Eine Seite aus dem Sammelalbum von Kurt Franz, dem stellvertretenden Kommandanten des Todeslagers Treblinka. Nach seiner Ankunft im Spätsommer 1942 begann Franz eine umfassende Fotodokumentation über die Ereignisse im Lager anzulegen. Er schrieb später: „Überall gab es Leichen. Ich erinnere mich, dass diese Leichen schon aufgedunsen waren." Franz war eines der Belegschaftsmitglieder von Treblinka, die zwischen Oktober 1964 und August 1965 vor Gericht standen. Er wurde zu lebenslanger Haft verurteilt.

Jüdischer Freiwilliger in einer Batterie der Küstenartillerie mit einer Granate, die die hebräische Aufschrift trägt: „Ein Geschenk für Hitler". Die 1940 aufgestellten Einheiten waren Teil der britischen Streitmacht in Palästina. Als die Nachricht von den Todeslagern Palästina erreichte, wuchs unter den jüdischen Soldaten der Wunsch nach Vergeltung. Schließlich stimmte Großbritannien der Bildung der *Jewish Brigade Group* zu.

Die American Jewish Conference

Die *American Jewish Conference* wurde 1943 von der amerikanischen Zionistenbewegung organisiert. In dem Bewusstsein, dass einem Krieg oftmals große politische Veränderungen folgen, glaubten viele amerikanische Juden, dass die richtige Zeit sich für die Schaffung eines jüdischen Staates in Palästina einzusetzen nach dem Ende des Zweiten Weltkrieges und des Holocaust käme. Bei der Zusammenkunft der über 500 Delegierten war nahezu jede amerikanisch-jüdische Organisation vertreten.

Da die Konferenz mehr an der Gründung eines jüdischen Staates als an dem konzentrierten Bemühen um die Rettung der europäischen Juden interessiert schien, kritisierten verschiedene jüdische Organisationen – insbesondere das *American Jewish Committee* –, dass die Konferenz der Notwendigkeit zur Rettung der jüdischen Opfer nur ungenügend Nachdruck verlieh. Darüber hinaus schlug der Versuch der von Henry Monsky *(Abb.)* organisierten Konferenz fehl, die US-amerikanische Regierung in der Palästinafrage zu beeinflussen. Erst im Januar 1945 drängte die Konferenz auf Rettungs- und Hilfsmaßnahmen für die Juden Europas.

Die Konferenz war ein Vorbote des breiten amerikanisch-jüdischen Engagements für die Gründung Israels. Im September 1945 ergab eine Roper-Umfrage, dass 80 Prozent der amerikanischen Juden die zionistische Position bevorzugten. Die bedeutendste Leistung der Konferenz war ihr Beitrag zu einem Umschwung im Denken der amerikanischen Nichtjuden und der Politiker zu Gunsten einer Heimstatt für die Juden Europas, die nach dem Krieg geschaffen werden sollte.

• September 1943: Die Deutschen schicken in die Ruinen des Warschauer Ghettos ein polnisches Arbeitsbataillon, das die Mauern und Gebäudereste, die nach dem deutschen Angriff vom vorangegangenen Frühjahr noch stehen, einebnen soll. Bei den Abrissarbeiten kommen die meisten Überlebenden der Liquidierung vom April/Mai schließlich um. • Der *American Council for Judaism* erklärt, dass das Jüdischsein nur in religiösem Sinn existiere und dass Versuche zur Schaffung einer jüdischen Heimstatt den Heimatländern der einzelnen Juden gegenüber treulos sei. • Juden im Todeslager Sobibór greifen ihre SS-Aufseher mit Steinen und Flaschen an. Die Angreifer werden alle getötet. • Jüdische Frauen und Kinder sowie Alte und Kranke, die nach der Verschleppung aus Dalmatien (Serbien) auf der Insel Rab zurückgelassen worden sind, werden nach Zemun (Jugoslawien) in ein Konzentrationslager überführt und dort getötet. Andere bleiben auf der Insel und werden von Partisanen geschützt.

• Aus Wilna (Litauen) entkommen hunderte Juden; sie fliehen nach Osten in Richtung der sowjetischen Frontlinie.
• Die Partisanin Witka Kempner aus Wilna sprengt in der Stadt einen Trans-

Kunst als Widerstand

Die Häftlinge in den Konzentrationslagern waren bedrängt von Entwürdigung und Verzweiflung und ließen dennoch nicht zu, dass man ihre Kreativität erstickte oder zerstörte. Selbst wenn sie nur noch ums Überleben kämpften, nutzten die Gefangenen jeden Fetzen Papier und jeden Bleistiftstummel, den sie nur finden konnten um sich zu äußern. Durch Poesie und Kunst bestätigten sie ihre Existenz und dokumentierten die Schrecken, die ansonsten, so fürchteten sie, in Vergessenheit geraten könnten.

In Theresienstadt, dem Modell eines Lagers und Ghettos, das die Nazis bei Prag (Tschechoslowakei) eingerichtet hatten, brachten Künstler wie Felix Bloch „offizielle" Kunst auf Befehl hervor, schufen aber insgeheim auch Werke, die die reale jüdische Existenz widerspiegelten. Die Lehrerin Friedl Dicker-Brandeis hegte die Talente ihrer jungen Theresienstädter Schützlinge, indem sie den Kindern die Fähigkeit vermittelte mit der Kunst die dunkle und gefährliche Welt der Nazis in ein Reich des Lichts und der Liebe zu verwandeln. Die erhalten gebliebenen Zeichnungen der Kinder zeigen Schmetterlinge und Vögel, Segelboote und Familientreffen. Doch in ihnen ist auch das Trauma des Alltags, der Ghetto-Aufseher und der Abfahrt der Deportationszüge in die Todeslager festgehalten.

Das Gedicht eines Kindes fasst die Sehnsucht, die die Zeichnungen vieler Kinder widerspiegeln, in Worte: „Ich möchte allein dorthin gehen/ Wo andere, nettere Menschen sind/Irgendwohin in das ferne Unbekannte/Dorthin, wo keiner einen anderen tötet."

Die jüdische Synagoge in Zagreb (Kroatien) wurde 1943 zerstört. Der Feldzug gegen das kroatische Judentum begann 1941 mit dem deutschen Überfall auf die Sowjetunion und dauerte bis 1943 an. Die Deportationen aus Zagreb wurden im Mai 1943 von Heinrich Himmler persönlich angeordnet und die Mehrheit der kroatischen Juden, die nach Auschwitz kamen, kehrte nie zurück. Die meisten kroatischen Juden, die damals starben, wurden jedoch nicht von den Nazis, sondern von den Anhängern des skrupellosen *Ustaša*-Regimes getötet.

Der Zionist Ignacy Isaak Schwarzbart war Mitglied des polnischen Parlaments und der polnischen Exilregierung. Er veröffentlichte in London eine jüdische Zeitung, *The Future*, in der er die Ermordung der Juden in Polen durch die Deutschen dokumentierte. Wie alle Informationen dieser Art, die die Alliierten erreichten, hatte auch seine Zeitung nur wenig Wirkung auf die Abneigung der Alliierten den Juden zu helfen. Schwarzbart wandte sich gegen die Bombardierung von Auschwitz, denn er fürchtete, dass bei den Angriffen der Alliierten zu viele Juden ums Leben kommen würden.

1943

formatorkasten. Einen Tag darauf dringt sie in das Arbeitslager der Pelzfabrik „Keilis" bei Wilna ein und bringt heimlich mehrere dutzend Häftlinge in Sicherheit. Später reist sie mit fünf anderen Partisanen nach Olkieniki (Polen) und hilft dort eine Terpentinfabrik in Brand zu stecken. • In Paris wird Karl Ritter, Berater Fritz Sauckels, des Generalbevollmächtigten für den Arbeitseinsatz, von drei jüdischen Partisanen aus einem Hinterhalt überfallen und ermordet. • Nach monatelanger Weigerung willigt die ungarische Regierung in die deutschen Forderungen ein Juden als Arbeitssklaven in den Kupferbergwerken von Bor (Jugoslawien) einzusetzen. • In Vaivara (Estland) wird ein Konzentrationslager für sowjetische Kriegsgefangene eingerichtet. ***Siehe* 28. Juni 1944.**

Heinrich Himmler, der Architekt des nationalsozialistischen Programms des Völkermordes, verbrachte einen Großteil des Jahres 1943 mit der Durchführung der „Endlösung". Himmler, der im August zum Reichsinnenminister ernannt wurde, nutzte seine Macht über die Gerichte und den Verwaltungsdienst um die rassische Neuordnung Europas voranzubringen und schenkte dabei dem Schicksal der vermuteten 600 000 Juden Frankreichs besondere Beachtung. In einer Rede vor SS-Gruppenführern im Oktober in Posen (Deutschland) erklärte Himmler, dass die Nationalsozialisten ein „moralisches Recht" und eine „Pflicht" zur Vernichtung der Juden hätten. Mit Stolz begrüßte er dabei die Rolle der SS in diesem Prozess. Himmler äußerte vor den Versammelten, dass die „Endlösung" auf einer unbeschriebenen Seite in der Geschichte der SS stünde, die auch niemals beschrieben werden dürfe, sorgte seltsamerweise aber dafür, dass seine Rede aufgezeichnet wurde.

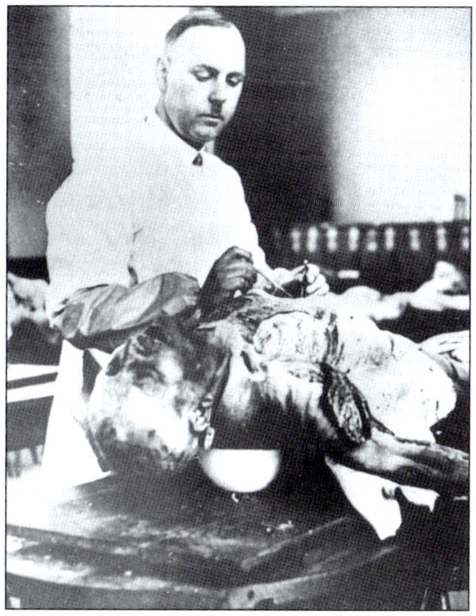

Dr. August Hirt, Direktor des Anatomischen Instituts an der Reichsuniversität Strasbourg (Frankreich), seziert die Leiche eines Juden. Hirt, der das Streben der Nazis unterstützte, die Überlegenheit der arischen Rasse nachzuweisen, beabsichtigte eine Sammlung zu schaffen, in der Skelette von Menschen aller Völker zu sehen sein sollten. 1943 gab es in dieser Sammlung noch nicht genügend Skelette von Juden. Deshalb wurden auf Hirts Bitte 86 Juden, deren Knochenbau die gewünschten Eigenschaften hatte, von Auschwitz nach Natzweiler-Struthof überstellt und dort vergast. Die Leichen wurden dann nach Strasbourg geschickt und dort von den Weichteilen befreit, so dass nur noch die Skelette übrig blieben.

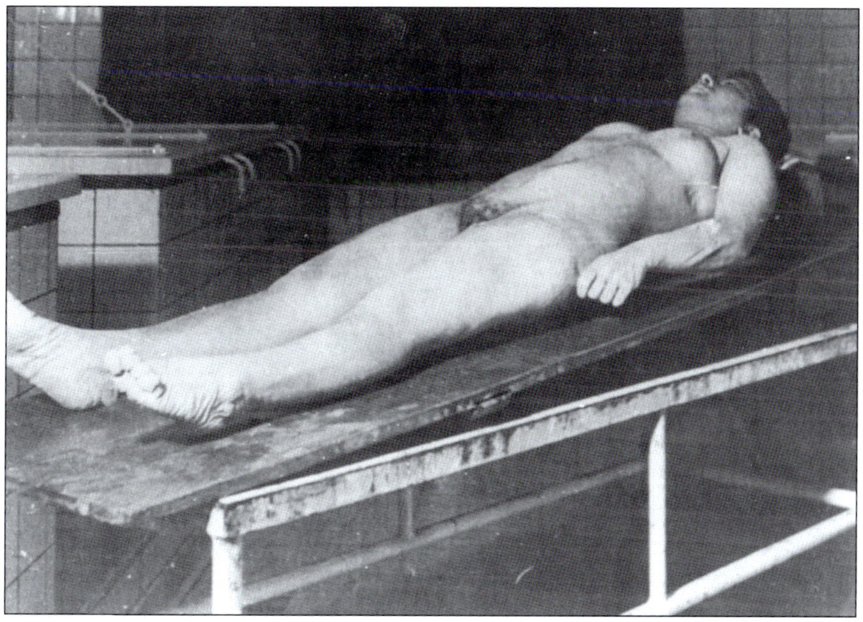

Im August 1943 wurden 30 Frauen aus dem Block 10 in Auschwitz-Birkenau nach Natzweiler-Struthof gebracht und dort vergast. Ihre Leichen wurden dann zur Untersuchung an das Anatomische Institut der Reichsuniversität Strasbourg geschickt. Dr. August Hirt, der unter der Schirmherrschaft des Amtes Ahnenerbe im Persönlichen Stab des Reichsführers SS forschte, wollte ein anthropologisches Klassifikationssystem entwickeln, in dem zwischen niederen und höheren Rassen unterschieden und die arische Überlegenheit nachgewiesen werden sollte.

• 2. September 1943: 1000 Juden werden von Paris nach Auschwitz deportiert. • Aus Tarnów (Polen) werden 10 000 Juden nach Auschwitz und in das Arbeitslager Plaszów verschleppt. • In Treblinka töten 13 Juden einen ukrainischen SS-Aufseher mit einem Brecheisen. Der 18-jährige Seweryn Klajnman, der Anführer der Aktion, zieht die Uniform des Toten an und führt die anderen 12 Gefangenen, die bereits bei einem Arbeitskommando außerhalb des Ghettos sind, vom Lager weg.

• 2.–3. September 1943: 3500 Juden werden aus Przemyśl (Polen) nach Auschwitz deportiert.

• 3.–8. September 1943: Die Alliierten dringen auf das italienische Festland vor. Italien kapituliert. Der neue italienische Führer, Marschall Pietro Badoglio, unterzeichnet ein Waffenstillstandsabkommen mit den Alliierten.

• 5.–6. September 1943: Ein altes Schuhgroßhandelsgeschäft im Ghetto Łódź (Polen) nimmt eine Lieferung von 12 Lastwagen voller Schuhe entgegen, die ermordeten Juden geraubt worden sind. *Siehe* 13. September 1943.

Jüdische Intellektuelle galten bei den Nationalsozialisten als besonders verabscheuungswürdig. Sie spielten nicht nur eine wichtige Rolle für die Bewahrung der jüdischen Kultur, sondern waren vom Standpunkt der Nazis auch zuständig für die angeblich gänzlich negativen Folgen des jüdischen Einflusses auf die deutsche Kultur. Die Nazis meinten, dass für jede intellektuelle Bewegung, die sie ablehnten – alle Formen des kulturellen Modernismus natürlich eingeschlossen –, die Juden verantwortlich seien. Für dieses Vorurteil der Nazis mussten die hier abgebildeten Wiener Intellektuellen im KZ Mauthausen (Österreich) einen hohen Preis zahlen.

Diese Karikatur, die einen betenden Juden vor dem Altar des Wohlstands darstellen soll, erschien in einer antisemitischen ungarischen Publikation. Der Gegensatz zwischen dem erhöht stehenden Sack voller Geld und der am Boden liegenden Thorarolle, dem heiligsten Buch des Judentums, suggeriert, dass materielle Werte die jüdischen religiösen und ethischen Lehren ersetzt haben. Die Verbindung von Juden mit dem Thema Geld war ein bevorzugtes Motiv der Nazipropaganda. Philipp Rupprecht, der Schöpfer dieser Zeichnung, signierte seine Werke mit „FIPS". Seine Karikaturen zierten häufig die Titelseiten von Julius Streichers antisemitischem Hetzblatt „Der Stürmer".

Soldaten der Alliierten überschreiten auf einer Pontonbrücke den Volturno in Italien. Nach ihnen rückte die US-amerikanische 5. Armee vor, die die Deutschen bei deren Rückzug über die Apenninen verfolgte. Die Armee kam zwar nur langsam voran und erlitt hohe Verluste, doch sie drang allmählich nach Norden vor, bis der Schnee die Verbände in der Nähe des Rapido zum Stehen brachte.

1943

• 8. September 1943: In Auschwitz kommen 5006 Juden an, die aus dem Lager und Ghetto Theresienstadt deportiert worden sind. • Die italienischen Truppen auf Rhodos kapitulieren vor den Deutschen. Deutsche Truppen besetzen Athen.

• 10. September 1943: In Międzyrzec (Polen) greifen jüdische Jugendliche deutsche Soldaten an und töten zwei von ihnen. • In eine Teegesellschaft, an der die Witwe von Wilhelm H. Solf (dem ehemaligen Kolonialminister unter Kaiser Wilhelm II.), deren Tochter Gräfin Ballestrem und weitere Mitglieder des deutschen Widerstandes gegen Hitler teilnehmen, ist ein Dr. Reckse, Informant der Gestapo, eingeschleust worden. *Siehe* Januar 1944. • Deutsche Truppen besetzen Rom.

Menschliche Skelette bedecken den Boden vor dem Krematorium des Lagers Majdanek in Polen. Rund 145 000 Menschen kamen in den sieben Gaskammern des Lagers um, die seit 1942 in Betrieb waren und Zyklon B verwandten. Viele andere verhungerten, starben an der Ruhr oder bei Erschießungen. Die kleine Verbrennungsanlage konnte die große Zahl der Leichen nicht „bewältigen" und so wurde im September 1943 ein neues, großes Krematorium gebaut.

Dieser Berg von Schuhen im Todeslager Majdanek ist ein Zeugnis dafür, wie viele Menschen durch die Tore des Lagers in den Tod gingen. Während die Häftlinge in schlecht passenden Holzpantinen umherliefen, sammelten sich in den Speichern des Todeslagers tonnenweise Schuhe an. In Auschwitz-Birkenau wurden Frauen zur Arbeit im Schuhkommando bestimmt. Ihre ermüdende Tätigkeit bestand darin die Sohlen von den Oberteilen der Schuhe und Gummi von Leder zu trennen. Die Einzelteile wurden dann nach Deutschland gebracht. Giuliana Todeschi, eine dieser Frauen, beschrieb die Arbeit als ein „Ertrinken in einem Meer von Schuhen".

Majdanek

Majdanek, ein Konzentrations- und Todeslager bei Lublin (Polen), wurde im Oktober 1941 in Betrieb genommen. Bevor sowjetische Soldaten das Lager am 24. Juli 1944 befreiten, waren dort fast 500 000 Personen aus 28 Ländern eingesperrt gewesen. Die Zahl der Toten in Majdanek erreichte 360 000 – hauptsächlich sowjetische Kriegsgefangene, Polen und Juden. Sechzig Prozent der Lagerinsassen starben durch Hunger, Krankheiten und Schwerstarbeit. Die anderen Opfer wurden – oftmals kurz nach ihrer Ankunft – exekutiert. Unter ihnen befanden sich tausende Juden, die in den sieben Gaskammern Majdaneks umkamen.

Ende Oktober 1943 erhielten die Häftlinge den Befehl im Südsektor des Lagers drei riesige Gräben auszuheben. Damit wurde die „Aktion Erntefest" vorbereitet. Beim Morgenappell am 3. November wurden die Juden von den anderen Gefangenen getrennt, an die Gräben geschickt und erschossen. Aus den Lautsprechern des Lagers plärrte laute Tanzmusik, die die Schreie und das Maschinengewehrfeuer übertönen sollte. Die Mörder beendeten ihr Werk erst mit Einbruch der Nacht. Der „Blutmittwoch" hinterließ in den Gräben von Majdanek die Leichen von 18 000 Juden.

Die „Aktion Erntefest", mit der die Nazis jüdische Häftlingsrevolten zu verhindern gedachten, fand nicht nur in Majdanek statt. Auch in anderen Lagern im Distrikt Lublin wurden am 3. November jüdische Häftlinge erschossen – 8000 bis 10 000 in Trawniki und 15 000 in Poniatowa. Majdanek sollte sich dabei jedoch als der Ort hervortun, an dem es bei einer eintägigen Aktion der Deutschen gegen die Juden die meisten Todesopfer gab.

- **11. September 1943: 1000 Juden, die man in ihren Verstecken in Przemyél (Polen) entdeckt hat, werden ermordet.**
- **11.–14. September 1943: Die jüdische Gemeinde in Minsk (Weißrussland) wird liquidiert.**
- **13. September 1943: Im Ghetto Łódź (Polen) wird Izek Bekerman gehängt, weil er ein paar Lederfetzen für Schnürsenkel an sich genommen hat. Die Zimmerei des Ghettos erhält den Befehl den Galgen zu errichten.**
- **14. September 1943: Jakob Gens, der Vorsitzende des Judenrates im Ghetto Wilna (Litauen), wird von den Nazis erschossen.**
- **Mitte September 1943: Im Todeslager Sobibór haben Angehörige des Leichenverbrennungskommandos einen Fluchttunnel gegraben, durch den sie auf das Minenfeld des Lagers fliehen wollen. Die meisten der 150 Arbeiter des Kommandos werden getötet.**
- **16. September 1943: Über 37 000 italienische Juden kommen unter deutsche Herrschaft.**

Abba Kowner

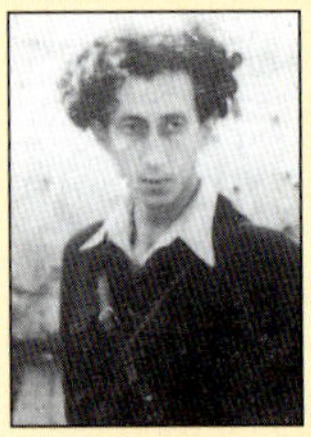

Der Künstler Abba Kowner gehörte 1941, damals 23 Jahre alt, in Wilna (Litauen) zur Führung der zionistisch-sozialistischen Jugendorganisation *Haschomer Hazair*. Als die Nazis ihre Razzien auf die Juden verstärkten, verbarg er sich zusammen mit anderen in einer Klosterschule der Dominikaner. Als er dann von den Morden im Wald von Ponary erfuhr, erkannte Kowner das volle Ausmaß des Planes der Nazis und rief zum Widerstand auf.

Am 1. Januar 1942 machte er seinem Volk deutlich, dass Deportation Tod hieße. Er veröffentlichte einen zündenden Aufruf an die jüdische Jugend, die fliehen und kämpfen sollte: „Lasst uns nicht wie Schafe zur Schlachtbank gehen!" Kowner beteiligte sich an der Organisierung eines vereinten Widerstands und nach dem Tod von Jizchak Wittenberg wurde er Kommandant der *Fareinikte Partisaner Organizacje (FPO*, Vereinigte Partisanenorganisation*)*. Als die Nazis im September 1943 die letzten Juden aus dem Ghetto Wilna holten, flohen die Widerstandskämpfer unter Kowners Führung in den Wald von Rudninkai, wo sie als Bataillon „Rächer" weiterkämpften. Kowner starb 1988.

Eine Arbeitspause genießend versammelt sich ein Trupp Zwangsarbeiter für ein Foto. Diese Angehörigen eines ungarischen Arbeitsbataillons tragen zu ihrer größtenteils zivilen Kleidung Militärkäppis. Während Heinrich Himmler und die SS bemüht waren sämtliche Juden Europas zu ermorden, tat Albert Speer, der Lenker der deutschen Kriegswirtschaft, alles um möglichst viele Arbeitskräfte für den Wiederaufbau von Fabriken und die Produktion dringend benötigter Rüstungsgüter herbeizuschaffen.

Der Abriss dieser Luxemburger Synagoge wurde im Herbst 1943 mit zweijähriger Verspätung vollendet. Die Anordnung zur Zerstörung des jüdischen Gotteshauses war bereits im Mai 1941 erteilt worden. Da kein Einheimischer diese Aufgabe übernehmen wollte, engagierten die Nazis zwei Italiener, die den Auftrag ausführten. In Luxemburg lebten zu Beginn des Zweiten Weltkrieges rund 3500 Juden. Nachdem der letzte Judentransport das Land am 28. September 1943 verlassen hatte, wurde Luxemburg als „judenrein" erklärt.

1943

• 18. September 1943: 2000 Juden aus Minsk (Weißrussland) werden in das Todeslager Sobibór deportiert; 80 Personen werden zur Zwangsarbeit bestimmt, die anderen vergast.

• 18.–19. September 1943: Die Juden von Lida (Weißrussland) werden in das Todeslager Majdanek verschleppt.

• 20. September 1943: 1000 jüdische Lagerinsassen in Szebnie (Polen) werden mit Lastwagen zu einem nahe gelegenen Feld gefahren und mit Maschinengewehren exekutiert. Die Leichen werden verbrannt, die Knochen in den Fluss Jasiołka geworfen.

• Der Jude Jakob Kapler, der zur Arbeit im Leichenverbrennungskommando an der Stätte des Massenmordes in Babi Jar (Ukraine) bestimmt wird, findet ei-

Mussolini freut sich, umgeben von deutschen Fallschirmspringern, über seine Befreiung aus der Gefangenschaft. Als die Alliierten auf Sizilien gelandet waren und weiter vordrangen, entließ der italienische König Viktor Emanuel III. Mussolini im Juli aus dem Amt des Ministerpräsidenten und stellte ihn unter Militärarrest. Hitler, der Mussolini als faschistischen Partner nicht verlieren und dessen Regierung nicht stürzen lassen wollte, ordnete eine gewagte Befreiungsaktion an. Mussolini wurde dann Regierungschef einer faschistischen Republik in Norditalien, über die Deutschland die direkte Kontrolle hatte.

Der flaggongeschmückte, von einer deutschen Ehrenwache flankierte Sarg Wilhelm Kubes, des ehemaligen Generalkommissars weißrussischer Gebiete (Weißruthenien). Kube *(rechts)*, ein langjähriger Nazi, begründete die Deutsche Glaubensbewegung, die die „Arisierung" des Christentums anstrebte. Er war Mitglied der NSDAP-Fraktion im Reichstag und arbeitete in verschiedenen Funktionen, darunter auch als Oberpräsident der Provinz Brandenburg. 1941 wurde er auf seinen Posten in Weißruthenien berufen. Am 22. September 1943 wurde er im Schlaf von einer Bombe getötet, die sein Dienstmädchen, ein Mitglied des Widerstands, unter seinem Bett platziert hatte.

nen Schlüssel, der zum Vorhängeschloss für den Bunker passt, in den er und andere Arbeiter nachts eingeschlossen werden. ***Siehe*** **29. September 1943.**

• **Spätsommer 1943: 40 Juden, die sich in den Wäldern bei Koniecpol (Polen) versteckt halten, werden von Polen angegriffen. Viele der Juden werden getötet.**

• **22. September 1943: Wilhelm Kube, Generalkommissar von Weißruthenien, wird von einer Bombe getötet; die Bombe ist von einer sowjetischen Partisanin, die bei ihm als Dienstmädchen arbeiten musste, unter sein Bett gelegt worden.**

• **24. September 1943: Die Nazis schließen die Liquidierung des Judenghettos von Wilna ab.**

• **25. September 1943: Die Rote Armee nimmt Smolensk (Russland) ein. • In Wilna (Litauen) verbleiben nur 2000 Juden, die auf vier Arbeitslager aufgeteilt sind. • Elijahu Barzilai, der Oberrabbiner von Athen (Griechenland), flieht als Bauer verkleidet aus der Stadt.**

• **26. September 1943: Im Arbeitslager Nowogrudok (Weißrussland) schließen**

Riga war das größte jüdische Zentrum Lettlands. Nach der deutschen Besetzung Lettlands im Juli 1941 wurden tausende Juden ermordet und 30 000 in das Rigaer Ghetto gesperrt. Ende 1941 wurde der bedeutende jüdische Historiker Simon Dubnow zusammen mit den meisten Juden, die noch in der Stadt lebten, ermordet. Das Ghetto wurde mit deutschen Juden neu besiedelt und im November 1943 schließlich zerstört.

„Von Zeit zu Zeit sehen wir Leute an den Gleisen arbeiten … viele von ihnen in Kriegsgefangenenuniformen. Wir fragen sie, wo und was das vermutliche Ziel unserer Reise ist. Sie zucken mit den Schultern. Einer von ihnen zeigt zum Himmel. Wir verstehen die Andeutung nicht.“

nach: *Anneliese Borinsky, eine Überlebende*

Selbst die Musik musste für die Zwecke der Nazis herhalten. Damit sich die Ankommenden beruhigten und sich der Illusion hingaben, sie seien an einem sicheren Ort, musste das Lagerorchester von Auschwitz-Birkenau fröhliche und bekannte Melodien spielen, wenn die Menschen aus den Zügen stiegen. Wie auf dem Foto zu sehen ist, war Musik auch für manchen eine makabre Begleitung auf dem Weg in den Tod. Hier werden Häftlinge unter den Geigen- und Akkordeonklängen des Lagerorchesters zum Galgen geführt. Die Gefangenen nannten diese grausame Perversion der Kunst *Symphonia diabolica* (Teufelssinfonie).

1943

die Juden ihre heimliche Arbeit an einem Tunnel, der unter dem Drahtzaun hindurchführt, ab. Von den 220 Juden, die versuchen durch den Tunnel zu fliehen, werden 120 aufgegriffen oder getötet.

• 28.–29. September 1943: 5000 Juden aus Amsterdam werden in das Durchgangslager Westerbork (Niederlande) verschleppt. • Die Angehörigen der jüdischen Gemeinde von Split (Jugoslawien) werden im Konzentrationslager Sajmište (Jugoslawien) getötet. • Die römischen Juden liefern wie befohlen 50 Kilogramm Gold an die Gestapo in Rom ab. Papst Pius XII. hatte den italienischen Juden für den Fall, dass sie die volle Menge nicht selbst aufbringen könnten, eine Anleihe von 15 Kilogramm Gold angeboten.

Über 4000 belgisch-jüdische Kinder konnten den gesamten Krieg über in sicheren Verstecken untergebracht werden. Nicht alle waren jedoch in einer so glücklichen Lage. Zur Zeit des deutschen Einmarsches lebten in Belgien schätzungsweise 65 000 Juden. Die ersten jüdischen Bürger wurden im Juli 1942 deportiert; sie kamen über Malines nach Auschwitz. Schließlich wurden über 25 000 Juden, darunter auch die hier abgebildeten Kinder, in den Tod geschickt.

Ein belgischer Priester mit zwei Mädchen, bei deren Erstkommunion. Die auf der rechten Seite stehende Marie-Rose ist eine Jüdin, die sich während des Krieges versteckt halten musste. Die Bürger Belgiens protestierten gegen die Deportation der Juden. Manche Belgier, besonders Angehörige der Polizei, arbeiteten bei den Deportationen mit den Deutschen zusammen; andere wiederum, unter ihnen auch Priester und Nonnen, schützten und versteckten Juden. Der Umstand, dass Belgien eine Demokratie war und dass sich die Juden im Großen und Ganzen der wirtschaftlichen und auch der politischen Hauptströmung der Nation angepasst hatten, ermutigte die Belgier zu jener Art Hilfe, die auch der jungen Marie-Rose zuteil wurde.

• 29. September 1943: Mehr als 320 Juden und sowjetische Kriegsgefangene aus dem Arbeitskommando in Babi Jar (Ukraine), dem Ort eines Massakers, unternehmen eine Massenflucht. Sie werden fast alle niedergeschossen, nur 14 Personen finden ein Versteck. *Siehe* 6. November 1943.

• 30. September 1943: Die Waffenfabrik der Krupp AG in Mariupol (Ukraine) wird demontiert und nach Westen in das schlesische Fünfteichen (Polen) verlegt, wo dann jüdische Arbeitssklaven eingesetzt werden.

• September 1943 – April 1944: Jüdische Arbeitssklaven exhumieren in Ponary (Litauen) bei Wilna mindestens 68 000 Leichen ermordeter Juden und sowjetischer Kriegsgefangener. *Siehe* 15. April 1944.

• Herbst 1943: Techniker der Firma Topf & Söhne, der deutschen Firma, die die Verbrennungsöfen in Auschwitz-Birkenau hergestellt und aufgebaut hat, untersuchen die Brennbarkeit der in verschiedenen Graden schon verkohlten Leichen. • Die Intensität der britischen und amerikanischen Bombenangriffe auf Deutschland, vor allem auf das stark industrialisierte Ruhrgebiet, nimmt zu. • Juden in Włodowa (Polen)

Sexueller Missbrauch in den Lagern

Sexueller Missbrauch in den Lagern trat in unterschiedlichen Formen auf. So führten Naziärzte an Männern und Frauen barbarische medizinische Experimente durch, bei denen die Opfer ihre Geschlechtsorgane einbüßten. In Auschwitz mussten Frauen, denen man die Gaskammern zunächst erspart hatte, unter den lüsternen Blicken von SS-Aufsehern in den Duschräumen ihre Nacktheit vorführen. Die Aufseher machten sich ein Vergnügen daraus, die Brüste der Frauen anzufassen und zu knuffen.

In den Lagern gingen Gerüchte über Gerüchte um, dass junge attraktive Frauen in Bordells gezwungen würden. In Buchenwald nötigte man politische Gefangene, die für ihre ethischen und religiösen Prinzipien bekannt waren, das Lagerbordell zu besuchen, in dem nichtjüdische „Freiwillige" aus dem Frauenkonzentrationslager Ravensbrück beschäftigt waren. Irma Grese, die sadistische SS-Aufseherin in Auschwitz-Birkenau, soll homosexuelle Beziehungen mit weiblichen Häftlingen gehabt haben, die sie dann in die Gaskammern schickte. In Birkenau boten hungernde Frauen männlichen Häftlingen ihren Körper gegen Lebensmittel an.

Die Rassenideologie der Nazis verbot zwar Beziehungen zwischen Juden und „Ariern", doch es gab trotzdem Fälle von Vergewaltigungen. Allerdings waren die Nazis nicht die einzigen, die sexuellen Missbrauch trieben. Überlebende aus Buchenwald berichteten, dass junge Polen und Russen, nicht älter als 12 Jahre, von triebhaft veranlagten Häftlingen zu homosexuellen Handlungen gezwungen wurden. Die Opfer des sexuellen Missbrauchs haben über diese Erfahrungen größtenteils geschwiegen und diese Seite des Lagerlebens kaum ans Licht kommen lassen.

Die *Jewish Agency*, die in den 1920er-Jahren vom Völkerbund geschaffen wurde, veröffentlichte im Oktober 1943 in der *Jewish Frontier* Material über „Das Massaker an einem Volk". Die *Jewish Agency* brachte Waisen nach Palästina, trat für die Bombardierung der Eisenbahngleise nach Auschwitz ein und drängte die Alliierten Juden vor den Konzentrationslagern zu retten.

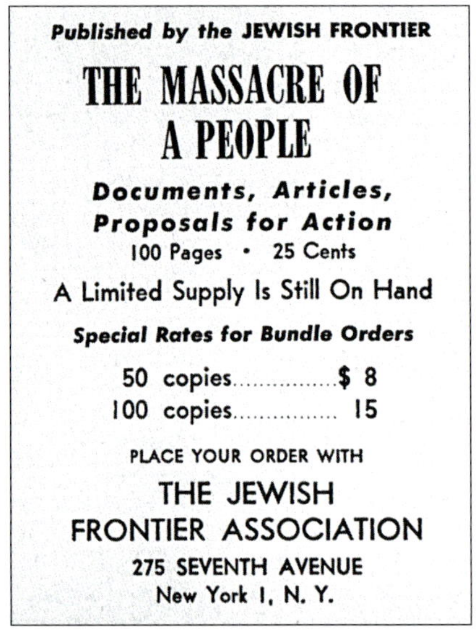

Ein schweizer Freiwilliger mit Namen Abbe Gross *(links)* langt durch einen Stacheldrahtzaun, der das Durchgangslager Gurs umgibt, um mit einem Lagerinsassen eine Zigarette zu teilen. Das in den französischen Pyrenäen gelegene Lager Gurs war ein behelfsmäßiges Internierungszentrum, in das tausende Juden vor ihrer Deportation nach Auschwitz kamen. Notdürftige Unterkünfte, schmutzige Straßen, die sich bei Regen in Schlamm verwandelten, und Hungerrationen trugen dazu bei, dass die in Gurs festgehaltenen Menschen unter äußerst misslichen Bedingungen lebten.

1943

greifen das Gut Turno an, das einst ein jüdischer Hof war und dann in die Hände der Deutschen fiel. Sie stecken die Gutsgebäude in Brand. Ein Jude mit Namen Jankel, der über ein Jahr lang in einem Loch im Fußboden der Scheune versteckt gelebt hat, stirbt wenige Stunden, nachdem ihn die angreifenden Juden in Sicherheit gebracht haben.

• Oktober 1943: Das Judenghetto von Tschernowzy (Rumänien) wird liquidiert. • Der Reichsführer SS, Heinrich Himmler, hält eine Rede auf einer Konferenz zur „Endlösung". • Mehrere jüdische Frauen in Auschwitz gehen mit bloßen Händen gegen SS-Soldaten vor, ehe sie ermordet werden.

• 2. Oktober 1943: Das dänische Volk startet eine Rettungsaktion für rund

Mosche Gildenman, auch unter dem Namen „Onkel Mischa" bekannt, der eine Partisaneneinheit in der Ukraine kommandierte. Nachdem die Nazis am 21. Mai 1942 seine Frau und seine Tochter umgebracht hatten, bildete er zusammen mit seinem Sohn eine Widerstandsgruppe, die deutsche Bauernhöfe und ukrainische Polizeistationen angriff. Als seine Einheit 1943 in eine größere Partisanengruppe eingegliedert wurde, meldete sich Mosche freiwillig zur Roten Armee. 1950 emigrierte er nach Israel, wo er 1958 starb.

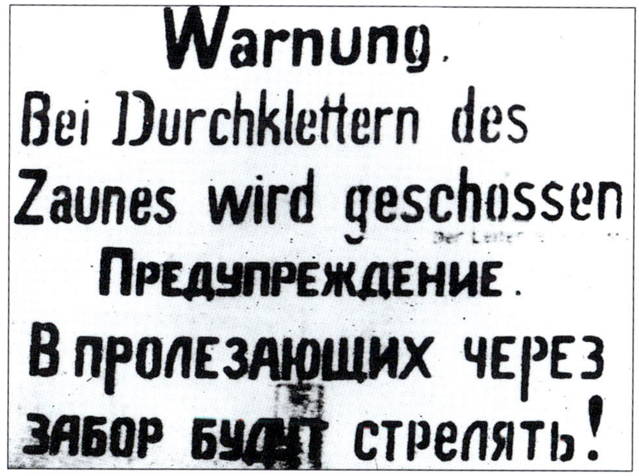

Zweisprachige Warntafel, die die Bewohner des Ghettos von Minsk (Weißrussland) von der Flucht in die Wälder abhalten soll. Trotz der angedrohten Todesstrafe nahmen viele Ghettobewohner das Risiko auf sich; von wagemutigen Kindern angeführt, unter denen sogar Elfjährige waren, suchten ganze Familien Schutz und Sicherheit im Wald. Dort schlossen sich viele dem Familienlager und der Partisaneneinheit von Schalom Sorin an.

Ein deutscher Soldat in einem Wald bei Minsk, der seine Waffe auf einen Juden richtet, den er vielleicht für einen Partisanen hält. Nachdem im Oktober 4000 Juden aus Minsk deportiert worden waren, befanden sich im Ghetto der Stadt nur noch wenige Juden, denen es gelungen war sich zu verstecken. Vom Frühjahr 1942 an waren viele in die Wälder der Umgebung geflohen, wo sie sich Partisanengruppen wie beispielsweise der Einheit von Schalom Sorin anschlossen, der schließlich 800 Kämpfer angehörten.

7000 Juden, von denen nur 500 in die Hände der Deutschen geraten. Die Verhafteten werden in das Lager und Ghetto Theresienstadt (Tschechoslowakei) geschickt; bis auf 77 Personen überleben sie alle den Krieg. Die dänische Regierung lässt ständig prüfen, ob die nach Theresienstadt gebrachten Juden gesund sind und sich wohl befinden. Auf diese Weise können fast alle bis Kriegsende überleben. • Die ersten jüdisch-palästinensischen Fallschirmspringer landen auf dem Balkan. Sie willigen ein im Interesse der britischen Kriegsführung zunächst die organisierten nichtjüdischen Untergrundeinheiten zu unterstützen. Erst dann erlauben ihnen die Briten nur auf sich gestellt anderen Juden Hilfe zu leisten.

• 2.–3. Oktober 1943: In den Niederlanden werden die Familien jüdischer Männer, die zur Zwangsarbeit eingezogen wurden, in das Konzentrationslager Westerbork (Niederlande) geschickt.

• 3. Oktober 1943: Bei einer Routineinspektion in den Baracken des Todeslagers Auschwitz-Birkenau erklärt ein SS-Arzt 139 Insassen für arbeitsunfähig. Diese Personen werden sofort vergast.

Leben im Verborgenen

In ganz Europa versuchten Juden sich in Mansarden und Kellern, in versteckten Schränken, die so klein waren, dass man darin kaum hocken konnte, vor ihren Naziverfolgern zu verbergen. Manchmal halfen ihnen nichtjüdische Freunde, manchmal auch völlig Fremde unterzutauchen.

In Amsterdam verbarg sich die Familie Frank zusammen mit anderen monatelang in einem geheimen Nebengebäude. Sie wurden von Miep Gies mit allem Lebensnotwendigen versorgt. Die Niederländerin Dieuwke Hofstede *(Abb.)* öffnete ihr Haus für Henny Kalkstein *(rechts)*. Auch Klosterschulen und Klöster versteckten jüdische Kinder. In der norditalienischen Stadt Assisi beschaffte Pater Rufino Niccacci Juden gefälschte Ausweispapiere und half ihnen Unterkunft und Arbeit zu finden. In Frankreich engagierte sich das ganze Dorf Le Chambon-sur-Lignon unter Führung seines Pfarrers André Trocmé um jüdische Flüchtlinge zu verbergen und zu schützen.

Eine sichere Zuflucht in Osteuropa zu finden war äußerst schwierig. Viele Polen waren antisemitisch eingestellt und viele fürchteten die Folgen, unter denen sie zu leiden gehabt hätten, wenn sie Juden geholfen hätten und dabei entdeckt worden wären; doch es gab in Polen trotzdem Menschen, die auf die Hilferufe reagierten. Irene Gut Oppyke versteckte im Haus eines deutschen Offiziers, für den sie als Haushälterin arbeitete, zwölf Juden. In Włodawa (Polen) lebte ein Jude mit Namen Jankel ein Jahr lang in einem Loch im Fußboden einer Scheune. Der Bauernhof selbst war von deutschen Soldaten besetzt.

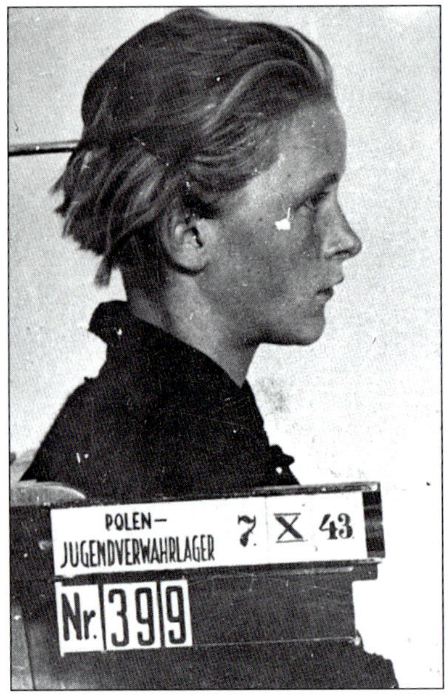

Kinderhäftling des Jugendschutzlagers, das sich im Ghetto von Łódź befand. Das Jugendschutzlager wurde im Dezember 1942 für nichtjüdische Polen eingerichtet. Durch seine Tore gingen rund 10 000 Kinder; die meisten wurden später in Chełmno und Auschwitz getötet.

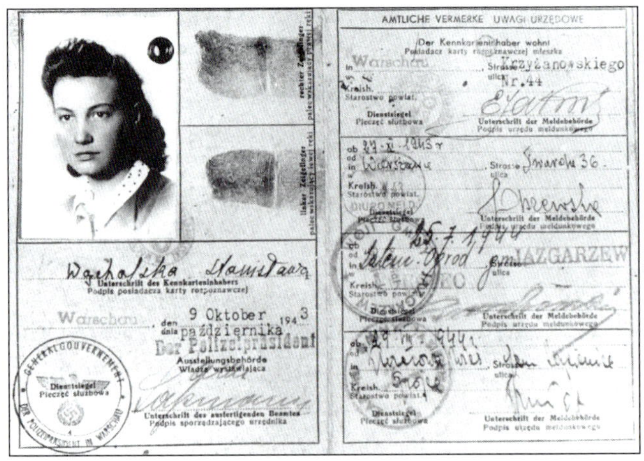

Mit dieser gefälschten, auf den Namen Stanisława Wachalska ausgestellten Kennkarte lebte Wladka Meed auf der „arischen" Seite Warschaus, wo sie für die Widerstandsbewegung des Ghettos tätig war. Sie beschaffte nicht nur Waffen für die Kämpfer der *ZOB*, sondern schmuggelte Juden aus dem Ghetto heraus und kümmerte sich um eine Unterkunft für sie. Die Heldentaten Wladka Meeds und anderer spielten eine wichtige Rolle für den Erfolg der Widerstandsbewegung im Warschauer Ghetto und in anderen polnischen Ghettos.

1943

• 4. Oktober 1943: In einer Rede vor ranghohen SS-Offizieren äußert der Reichsführer SS, Heinrich Himmler, dass das Töten hart, aber notwendig sei und dass man über das Töten der Juden niemals öffentlich sprechen werde.

• 6. Oktober 1943: Die Jüdin Helen Manaster, die sich als Katholikin ausgibt und im Krakówer Krankenhaus in den Wehen liegt, wird zur Gegenüberstellung mit zwei Gestapo-Agenten geholt. Sie bewahrt die Ruhe und wird von den Gestapo-Leuten in den Kreißsaal zurückgeschickt.

• 7. Oktober 1943: Eine bei Wilna (Litauen) operierende jüdische Partisaneneinheit zerstört an der Straße von Wilna nach Grodno mehr als 50 Telegrafenmasten. • In einem offiziellen Bericht empfiehlt der deutsche Polizei-

Als das „Kriegsglück" die Deutschen verließ, unternahmen die Nazis den Versuch ihre Verbrochen zu vertuschen. Sonderkommandos, in denen zum größten Teil Juden arbeiteten, erhielten den grässlichen Auftrag die Leichen der Millionen Opfer Nazideutschlands zu exhumieren und die Überreste zu vernichten. Dieses Foto zeigt eine Knochenmühle, in der die Leichenteile zerkleinert wurden, die sich nicht verbrennen ließen. Der Mann zur Rechten, der den Familiennamen Korn trug, verbrannte in den drei Monaten, die er im Sonderkommando verbrachte, rund 46 000 Leichen, darunter auch die seiner Frau.

Josef Glazman, stellvertretender Kommandant der Wilnaer Ghettopolizei und Leiter der Jugendgruppe *Betar*. Das Ergebnis seiner Verhandlungen mit den Leitern der Jugendgruppen war eine vereinigte Widerstandsgruppe, die sich *Fareinikte Partisaner Organisazje (FPO)* nannte. Glazmann war für das Sammeln von Nachrichtenmaterial über die deutschen und litauischen Truppen zuständig, für die Ausbildung neuer Rekruten und die Organisierung von Unterkünften im Ghetto. Glazman wurde im Oktober bei einem Feuergefecht mit den Deutschen in den Narocz-Wäldern getötet.

Fertigungsabteilung in der Munitionsfabrik der Gustloff-Werke II, in der Häftlinge des Konzentrationslagers Buchenwald (Deutschland) arbeiteten. Diese Einrichtung der Gustloff-Werke wurde 1943 erbaut und gehörte zu den wichtigsten Rüstungsbetrieben in Buchenwald. Im dortigen Rüstungskomplex waren 3600 Häftlinge beschäftigt. Die besonders sadistische Behandlung der Gefangenen durch die Naziaufseher hatte eine sehr hohe Sterberate zur Folge.

chef in Polen polnische Bürger, die Juden Hilfe leisteten, ohne Gerichtsverfahren abzustrafen. • Aus Paris werden 1000 Juden in den Tod nach Auschwitz deportiert.

• 8. Oktober 1943: Am Vorabend des jüdischen Versöhnungstages werden in Auschwitz mehrere tausend kranke oder schwache jüdische Männer vergast. • In La Risiera di San Sabba (Italien) südlich von Triest ermorden Angehörige der SS und ukrainische Aufseher 3000 italienische Kriegsgefangene. Von den 1920 Juden in Triest werden 620 von der SS umgebracht.

• 10. Oktober 1943: Ein nichtjüdischer Lette mit Namen Janis Lipke rettet in Riga drei Juden; er bietet den Ghettoaufsehern zwei Päckchen Zigaretten für „ein paar Juden, die in meinem Küchengarten arbeiten sollen". ***Siehe*** **11. Oktober 1943. • Im Todeslager Sobibór planen jüdische Arbeiter und jüdische Kriegsgefangene aus der Roten Armee einen Aufstand.** ***Siehe*** **13. Oktober 1943.**

• 11. Oktober 1943: Einen Tag, nachdem Janis Lipke die Aufseher des Rigaer Ghettos um drei Juden zur Arbeit auf seinem Grundstück gebeten

Ein italienischer Soldat und ein italienischer Matrose umarmen sich aus Freude über die Nachricht, dass Italien Deutschland den Krieg erklärt hat. Die Freude währte für viele Soldaten allerdings nur kurze Zeit. Am 8. September kapitulierte die von Marschall Pietro Badoglio geführte neue italienische Regierung vor den Alliierten; fünf Wochen später unternahm König Viktor Emanuel III. den nächsten Schritt und erklärte Deutschland den Krieg. Das Ergebnis war, dass in den von deutschen Truppen kontrollierten Gebieten hunderttausende italienische Soldaten von Deutschen entwaffnet und in Internierungslager geschickt wurden. Dabei kamen Tausende ums Leben.

Im Rahmen einer landesweiten Rettungsaktion bringen dänische Fischer jüdische Flüchtlinge in einem Boot über eine schmale Meerenge in das neutrale Schweden. Die Nachricht von bevorstehenden Judendeportationen ließ die Dänen rasch reagieren und fieberhaft für die Rettung ihrer jüdischen Mitbürger arbeiten. Sie setzten Boote aller Größen und Formen ein um die Juden von Dänemark nach Schweden zu bringen und damit dem Zugriff der Nazis zu entziehen.

Ein Jude, den ein dänischer Nazis *(Bildmitte, mit schwarzem Mantel und Hut)* kurz zuvor festgenommen hat, wird von seinen dänischen Mitbürgern gerettet. Als der Nazi den Mann durch die Straßen führte, wurde er von einer aufgebrachten Menge gezwungen, seinen Gefangenen der dänischen Polizei zu übergeben. Nachdem der Jude sicher in der Polizeistation angekommen war, halfen ihm die Gendarmen zu entkommen. Die dänische Polizei weigerte sich unbeirrbar mit den deutschen Besatzungsbehörden zusammenzuarbeiten.

1943

hat, holt er unter demselben Vorwand weitere Juden aus dem Ghetto heraus. • Im Todeslager Sobibór bricht unter neu angekommenen Deportierten eine Panik aus; die Menschen laufen auf den Stacheldrahtzaun zu und werden daraufhin vom Wachpersonal mit Maschinenpistolen erschossen.

• 13. Oktober 1943: Italien erklärt Deutschland den Krieg. • Unter den Insassen des Todeslagers Sobibór werden heimlich Beile, Messer und warme Kleidung verteilt. ***Siehe*** **14. Oktober 1943.**

• 14. Oktober 1943: Leon Feldhendler und Alexandr Petschorskij, ein jüdischer Offizier der Roten Armee, die beide seit September im Todeslager Sobibór interniert sind, initiieren eine Häftlingsrevolte und eine Massenflucht, bei der elf

Dieses Gruppenfoto dänisch-jüdischer Kinder entstand nach deren Flucht aus Dänemark in einem schwedischen Kinderheim. Die Rettung des dänischen Judentums war eines der wenigen positiven Ereignisse in den tragischen Annalen des Holocaust. Diese jüdischen Kinder widerstanden unbewusst allen Schwierigkeiten; sie überlebten den Völkermord der Nazis.

Ein schwedischer Polizist begleitet einen neu angekommenen dänisch-jüdischen Flüchtling zum Wohlfahrtsamt in Rebslagergade (Schweden). Die Beteiligung Schwedens an der Rettungsaktion spielte eine ganz wichtige Rolle. Die Regierung erklärte nicht nur ihre Bereitschaft alle jüdischen Flüchtlinge aus Dänemark aufzunehmen, daneben trug das schwedische Rote Kreuz zur Rettung der etwa 500 dänischen Juden bei, die in das Lager und Ghetto Theresienstadt (Tschechoslowakei) deportiert worden waren.

Rettungsaktion in Dänemark

Die heldenhaften Aktionen des dänischen Volkes im Herbst 1943 bewahrten nahezu alle Juden Dänemarks vor dem sicheren Tod in den Konzentrationslagern der Nazis.

Nachdem die Deutschen das Land 1940 besetzt hatten, weigerte sich die dänische Regierung dem Druck der Nazis nachzugeben und die Juden an die Besatzer auszuliefern. 1943 verstärkten die Dänen ihren Widerstand und veranlassten die Nazis damit zu einer scharfen Reaktion. Sie verhängten das Kriegsrecht und begannen im Oktober dänische Juden zu verhaften und zu deportieren. Die dänischen Bürger reagierten spontan; sie warnten und versteckten die Juden, brachten sie an die Küste und organisierten die heimliche Überfahrt nach Schweden *(Abb.)*. Zu den bescheidenen dänischen Rettern gehörten Polizisten, Fischer, Mitglieder der Kirche und gesellschaftlicher Organisationen.

Im Verlauf von drei Wochen brachten die Dänen mehr als 7200 Juden und fast 700 von deren nichtjüdischen Verwandten an Bord dänischer Fischereifahrzeuge in Sicherheit. In die Hände der Nazis gerieten 464 Juden, die in das Lager und Ghetto Theresienstadt (Tschechoslowakei) geschickt wurden. Die Unterstützung endete damit jedoch nicht; die dänische Öffentlichkeit sorgte dafür, dass die in Theresienstadt festgehaltenen jüdischen Landsleute Lebensmittelpakete erhielten. Im Frühjahr 1945, kurz vor Kriegsende, fanden Verhandlungen statt, die den meisten dieser Juden Rettung brachten, denn es kam zu einer Vereinbarung, nach der viele Skandinavier aus den Konzentrationslagern nach Schweden überführt werden sollten.

deutsche und zwei oder drei ukrainische SS-Aufseher getötet werden. 200 der 600 Juden im Lager werden durch Maschinengewehrfeuer und explodierende Minen getötet; unter den Opfern befindet sich auch der 33-jährige niederländische Maler Max van Dam. Von den 300 Personen, die fliehen, werden 100 wieder aufgegriffen; ein großer Teil der 200 Entkommenen schließt sich sowjetischen Partisaneneinheiten an. Nur 50 bis 70 davon überleben den Krieg, unter ihnen auch Petschorskij. *Siehe* 16. Oktober 1943.

• 16. Oktober 1943: Zwei Tage nach einer jüdischen Revolte im Todeslager Sobibór befiehlt der Reichsführer SS, Heinrich Himmler, das Lager zu zerstören. • Die Deutschen führen auf der Jagd nach Juden in Rom Hausdurchsuchungen durch. Rund 1000 Juden werden für kurze Zeit im *Collegio Militare* in Rom festgehalten und dann nach Auschwitz deportiert. 477 Juden finden Schutz im Vatikan, weitere 4238 in Klosterschulen und Klöstern ganz Roms. Dennoch sind bis zu diesem Tag über 8300 italienische Juden nach Auschwitz verschleppt worden.

• Der deutsche Botschafter beim Vatikan, Ernst Freiherr von Weizsäcker, würdigt den Heiligen Stuhl für dessen

Zyklon B

1943 fuhr ein Lastwagen alle sechs Wochen von Auschwitz nach Dessau (Deutschland) und kehrte mit luftdicht verschlossenen Metallbüchsen zurück, in denen sich Zyklon B befand. Zyklon B war der Handelsname für bläuliche Körner, die Blausäure enthielten. Das Giftgas, das daraus freigesetzt wurde, erstickte im Tötungszentrum Auschwitz mehr als eine Million Menschen.

Zyklon B, ein hochwirksames Pestizid, wurde während des Ersten Weltkrieges entwickelt. Man setzte es zur Bekämpfung ansteckender Krankheiten ein, indem man von Läusen befallene Gebäude damit desinfizierte. Auch in Auschwitz, wo aufgrund der Überbelegung, schlechter Ernährung und mangelhafter sanitärer Einrichtungen ständig Ruhr, Typhus und insbesondere Fleckfieber auszubrechen drohten, diente es zunächst nur als Entwesungsmittel. Im Spätsommer 1941 stellten die Nazis an sowjetischen Kriegsgefangenen Versuche mit Zyklon B an. Sie stellten fest, dass das aus den Körnern freigesetzte Giftgas eine besonders verlässliche und effiziente Möglichkeit zur Beschleunigung der „Endlösung" bot.

Aus der Belieferung der SS mit Zyklon B zogen zwei deutsche Firmen – die DEGESCH, eine Tochtergesellschaft der IG Farben, sowie Tesch und Stabenow – immense Gewinne. Sie wandelten das Mittel für den Einsatz in Auschwitz sogar ab, indem sie ihm den charakteristischen Geruch nahmen, der den Menschen die tödliche Nähe des Giftes angezeigt hätte.

1942 wurden in Auschwitz rund 7,4 Tonnen Zyklon B eingesetzt. 1943 betrug der Verbrauch 12,1 Tonnen. Der Großteil davon wurde durch kleine, verschließbare Öffnungen auf dem Dach in die Gaskammern geworfen, in denen dicht gedrängt Juden standen. An der Luft setzten die Körner dann ein todbringendes Gas frei. Minuten später verstummten die panischen Angstschreie und die menschlichen Opfer waren tot.

Der 16-jährige Stanisław Szmajzner beteiligte sich an der Vorbereitung und Durchführung der Revolte im Oktober 1943 im Todeslager Sobibór. Szmajzner gehörte zu jenen Häftlingen, die nach dem Aufstand fliehen konnten und sich den sowjetischen Partisanen anschlossen. Er war einer der drei Angehörigen seiner Gruppe, die den Krieg überlebten.

Ernst Freiherr von Weizsäcker war ein Berufsdiplomat, der dem Naziregime treu ergeben diente. Seine Laufbahn folgte dem Weg seines Mentors, des Reichsaußenministers Joachim von Ribbentrop. Nach der Ernennung Ribbentrops zum Reichsaußenminister war Weizsäcker bis 1943 als Oberstaatssekretär tätig und wurde dann zum Botschafter beim Vatikan ernannt.

1943

„vollkommene Unparteilichkeit" bei der Behandlung Deutschlands und der Alliierten. Als Weizsäcker die Frage stellt, was Papst Pius XII. tun werde, wenn die deutsche Regierung ihre derzeitige Judenpolitik in Italien fortsetze, antwortet der Außenminister des Vatikans Maglione, dass der Heilige Stuhl nicht in die Lage gebracht zu werden wünsche ein Wort der Missbilligung äußern zu müssen. Der Papst sei darauf bedacht dem deutschen Volk nicht den Eindruck zu vermitteln, dass er in diesem schrecklichen Krieg auch nur die kleinste Sache gegen Deutschland unternommen habe oder zu unternehmen wünsche.

• 17. Oktober 1943: Eine jüdische Partisaneneinheit unter Abba Kowners Kommando zerstört zwei Lokomotiven und zwei Brücken bei Wilna (Litauen). • Der

Auf diesem Familienbild aus glücklicheren Zeiten sind Leone Biondi und Virginia Piperno mit drei ihrer sechs Kinder abgebildet. Nach der deutschen Besetzung Norditaliens begann im Oktober 1943 eine neue Phase der deutschen Kontrolle über die italienischen Angelegenheiten. Es ergingen Befehle die Juden Roms zusammenzutreiben und zu deportieren und am 18. Oktober wurden rund 1000 Personen nach Auschwitz geschickt. Es war dem Einschreiten ihrer italienischen Freunde und Nachbarn zu danken, dass sich viele Juden verstecken und der Festnahme entgehen konnten. Manche fanden Zuflucht in katholischen Kirchen und Klöstern. Die Biondis hatten dieses Glück nicht; die ganze Familie kam in Auschwitz ums Leben.

Die jüdischen Oberhäupter in den italienischen Städten Florenz und Venedig ermahnten die Juden unterzutauchen, doch die Führung in Rom reagierte zu langsam auf die Nachricht von möglichen Deportationen. Sie versäumte es ihre Verzeichnisse und Adressenlisten zu vernichten und lieferte damit viele jüdische Familien einer sofortigen Verhaftung aus. Unter den Personen, die deportiert wurden, befanden sich auch die sieben bzw. zehn Jahre alten Mädchen Franza und Enrica Spizzichino, die sich hier auf einem Platz in Rom mit einem Fahrrad haben fotografieren lassen. Die Mädchen, ihre Eltern und ihr Bruder Mario wurden festgenommen, nach Auschwitz deportiert und dort kurz nach ihrer Ankunft getötet.

Gertruda Babilinska arbeitete 15 Jahre lang für eine jüdische Familie. Sie ist hier mit Michael Stolowitzky, einem der Kinder dieser Familie, abgebildet. Frau Babilinska weigerte sich die Familie zu verlassen, als die Deutschen begannen das Land zu besetzen. Sie verhalf Frau Stolowitzky und ihrem Sohn Michael zur Flucht nach Warschau und dann nach Wilna, nachdem man Herrn Stolowitzky nach Auschwitz verschleppt hatte und seine Tochter gestorben war. Dort mietete sie eine Wohnung, in der sie Michael versteckte. Da auch Michaels Mutter starb, war Frau Babilinska nach dem Krieg für das Wohl des Jungen verantwortlich. Sie emigierte mit ihm nach Palästina, wo sie ihm eine jüdische Erziehung ermöglichte.

deutsche Botschafter beim Vatikan, Ernst Freiherr von Weizsäcker, schreibt an den Reichsaußenminister, dass das Kardinalskollegium besonders bestürzt gewesen sei, da die Razzia auf die Juden in Rom direkt unter den Fenstern des Papstes stattfinde. Er vermerkt, dass der Papst weiterhin alles tue, was er könne um nicht die Beziehungen zur deutschen Regierung und den deutschen Behörden in Rom zu belasten.

• 20. Oktober 1943: Die *United Nations War Crimes Commission* wird gegründet. *Siehe* 26. Oktober 1943.

• 21. Oktober 1943: Während der letzten so genannten Aktion in Minsk (Weißrussland) werden rund 2000 Juden in Maly Trostinez ermordet.

• 23. Oktober 1943: 1800 polnische Juden, die zuvor in Bergen-Belsen (Deutschland) interniert waren, kommen in Auschwitz an, wo die Frauen vor den Gaskammern revoltieren und dabei einen SS-Aufseher töten sowie zwei verwunden. SS-Verstärkungen überwältigen und töten die Aufrührerinnen mit Gasgranaten und Maschinengewehrfeuer. • In Litauen zerstört eine jüdische Partisaneneinheit Telegrafen- und Telefonleitungen an der Eisenbahnlinie Wilna-Lida.

Der jüdische Widerstand

Auch wenn ihre Chancen äußerst gering waren, gab es viele Juden, die den Nazis mutig die Stirn boten; nicht wenige kämpften aktiv gegen sie. Der jüdische Widerstand gegen die Nationalsozialisten nahm in der Tat viele verschiedene Formen an.

Für viele Juden war der „geistige Widerstand" oftmals die einzige Möglichkeit zur Gegenwehr in den Ghettos und Lagern Osteuropas. Die Juden schätzten jedes Mittel zur Bewahrung der eigenen Würde und ihres kulturellen Erbes. Sie widersetzten sich hartnäckig der entmenschlichenden Politik der Nazis, indem sie illegale religiöse Zeremonien, Konzerte oder Theateraufführungen veranstalteten. Sie hielten Hebräischkurse ab, gaben Zeitungen heraus und dokumentierten das Leben in den Ghettos und Lagern mit bildlichen Darstellungen oder in Chroniken und Archiven.

Die Juden bauten aktive Untergrundverbindungen auf, über die Nahrungsmittel, Kleidung und Medikamente geschmuggelt wurden; damit konnte die Existenz jener, die eingesperrt waren, verlängert werden. Indem sie den Nazis nicht nachgaben, sondern sich stattdessen unter extremsten Bedingungen leidenschaftlich an das Leben klammerten, demonstrierten die Juden ihre „Heiligung des Lebens", ihren Willen zu überleben. In einigen Lagern initiierten sie Bummelstreiks und andere offene Aktionen gewaltloser Zuwiderhandlungen. Jüdische Oberhäupter und Angehörige der Judenräte, die sich weigerten den Anweisungen der Nazis Folge zu leisten, bezahlten für ihren Trotz mit dem Leben.

Die Aussichten mochten zwar schlecht und die Umstände außerordentlich schwierig sein, doch die Juden gingen in den Ghettos und Lagern auch zum bewaffneten Widerstand über und kämpften als Angehörige von Partisaneneinheiten gegen die Nazis. In mehr als 40 Ghettos kam es zu Erhebungen. Der Warschauer Aufstand von 1943 wurde von den Deutschen zwar niedergeschlagen, hatte jedoch eine symbolische Bedeutung. Er forderte unter den Deutschen beträchtliche Opfer, bewies,

dass die Juden keine passiven Opfer waren, und spornte die Untergrundorganisationen und Einzelkämpfer in anderen Ghettos und Lagern an.

Die Androhung harter Vergeltungsmaßnahmen, die Zäune, Wachtürme, Maschinengewehre, Suchscheinwerfer und scharfen Wachhunde konnten nicht verhindern, dass in vier Todeslagern und mehreren Konzentrationslagern Aufstände ausbrachen. Die symbolische Zerstörung der Verbrennungsöfen in Auschwitz durch die Häftlinge war eine tapfere und verzweifelte Aktion, die leider nicht viele Menschenleben rettete. Die meisten Aufständischen wurden getötet.

Es gab zehntausende Juden, die im Rahmen von Partisanenoperationen gegen die Nazis kämpften. Als Stadtpartisanen und Saboteure – oder als Attentäter in der freien Natur, die sich im Gebirge, in Wäldern und Sümpfen versteckten – störten sie die Operationen der Deutschen in beträchtlichem Ausmaß. In Ostpolen und im Westen der UdSSR kommandierten sowjetische Soldaten, die mit Fallschirmen über diesen Gebieten abgesprungen waren, jüdische Freiwilligenverbände. Eine litauisch-jüdische Brigade operierte in den dichten Wäldern bei Wilna. In Weißrussland führten die Brüder Bielski eine jüdische Kampfgruppe an, die Streifzüge durch den Naliboki-Wald unternahm. Die hier abgebildeten Männer operierten im weißrussischen Rudninkai-Wald.

In Jugoslawien kämpften 4000 Juden in der nationalen Befreiungsarmee Titos. Fast alle Angehörigen des jüdischen Rab-Bataillons fielen im Kampf auf dem Balkan. Mehr als 1500 jüdische Kämpfer waren im August 1944 an dem erfolglosen Nationalaufstand in der Slowakei beteiligt. In Frankreich unterstützte die vereinigte *Organisation Juive de Combat* (Jüdische Kampforganisation) die Landung der Alliierten in der Normandie durch 1900 bewaffnete Aktionen und zahlreiche Sabotageakte gegen Eisenbahnlinien, Betriebe und Brücken. Die Hälfte der 2000 Organisationsmitglieder kam dabei ums Leben. Eine jüdische Einheit des *Maquis* soll über 1000 Nazis getötet haben.

1943

• 25. Oktober 1943: Angehörige der jüdischen Gemeinde von Dwinsk (Lettland) werden in das Konzentrationslager Riga-Kaiserwald (Lettland) deportiert. • Die Deutschen beginnen mit der Liquidierung des Leichenverbrennungskommandos im Arbeitslager Janówska (Ukraine). • Der Reichsführer SS, Heinrich Himmler, ordnet die Vernichtung der Sammlung jüdischer Schädel und Skelette im Anatomischen Institut der Reichsuniversität Strasbourg an. *Siehe* 21. Juni 1943. • Die Rote Armee befreit Dnepropetrowsk (Ukraine).

• 26. Oktober 1943: 3000 Juden werden aus Kowno (Litauen) in das Arbeitslager Klooga (Estland) verschleppt. • Die *United Nations War Crimes Commission*, der 15 alliierte Nationen angehören (die Sowjetunion ist nicht unter den

Mit hoch erhobenen Händen stehende vermeintliche Widerstandskämpfer, die ein Angehöriger der *Milice* (französische Miliz) mit vorgehaltener Pistole bewacht. Die Miliz agierte als Polizeigewalt der Vichy-Regierung und setzte ihre Angehörigen als verdeckte Agenten bei der Verfolgung der Mitglieder des *Maquis* ein, der zur französischen *Résistance* gehörte. Die *Milice*, die im Herbst 1943 schließlich über 29 000 Freiwillige zählte, ging in ihrem Streben nach Macht zunehmend auch zur Ermordung ihrer Gegner über.

BEDEUTENDE JÜDISCHE WIDERSTANDSGRUPPEN IN OSTEUROPA (1942–1944)

Zu den Partisanengruppen in den Wäldern Osteuropas gehörten mehr als 20 000 Juden; die meisten waren aus nahe gelegenen Ghettos geflohen. Die Partisanen mussten ums Überleben kämpfen und planten trotz ihres beschränkten Waffenvorrats Überraschungsangriffe.

Ein Hügel aus verbrannten Leichen zeugt von dem Massenmord, der in Maly Trostinez bei Minsk (Weißrussland) begangen wurde. Bei der Auflösung des Minsker Ghettos Ende Oktober 1943 wurden über 2000 Juden nach Maly Trostinez gebracht, wo sie der Tod erwartete. An diesem Ort wurden insgesamt zehntausende Juden exekutiert.

Teilnehmern) veranstaltet in London ihr erstes Treffen.

• 30. Oktober 1943: Der jüdische Arzt Dr. Selig Lewinbok, der im Lager Kolditschewo in Weißrussland interniert ist, entkommt zusammen mit seiner Frau und seinem achtjährigen Sohn.

• November 1943: Die Nazis machen das Todeslager Treblinka dem Erdboden gleich. • Ein Hebräischlehrer mit Namen Szosznik führt eine Widerstandsaktion der Häftlinge im Todeslager Majdanek an. Hunderte werden getötet, zehn entkommen. • Das Leichenverbrennungskommando in Borki (Polen) revoltiert. Fünfzig Häftlinge werden getötet, drei überleben. • Im Arbeitslager Fünfteichen (Polen) gibt es die ersten Toten. • Das Todeslager Sobibór wird niedergerissen.

• Die Kampagne Breckinridge Longs, eines Beamten des US-amerikanischen Außenministeriums, gegen die Einwanderung von Juden erreicht ihren Höhepunkt, als Long vor dem *House Foreign Affairs Committee* falsch aussagt. Er informiert das Komitee darüber, dass die USA seit 1933 580 000 Flüchtlinge aufgenommen hätten. Er impliziert, dass die meisten Juden seien und dass sie sich noch immer in den USA aufhiel-

Im November 1943 trafen Jossif Stalin, Franklin Roosevelt und Winston Churchill in Teheran (Iran) zusammen. Sie erörterten ihre militärische Vorgehensweise und die Bildung einer internationalen Organisation zur friedlichen Beilegung von Streitigkeiten zwischen den Nationen. Stalin plädierte insbesondere für die Eröffnung einer zweiten Front, die den Druck der Deutschen von seiner Roten Armee nehmen sollte. In der vorderen Reihe sitzen hier *(von links nach rechts)* der sowjetische Außenminister Wjatscheslaw M. Molotow, der US-amerikanische Gesandte W. Averell Harriman, Winston Churchill und Jossif W. Stalin.

Diese fein gearbeitete Violine gehörte früher Henry Rosner, einem Häftling des Arbeitslagers Plaszów (Polen), dessen Lagerkommandant der berüchtigte Amon Göth war. Rosner und sein Bruder Poldek, der Akkordeon spielte, unterhielten Göth und dessen häufigen Gast, Oskar Schindler, bei zahlreichen Abendgesellschaften. Schindler mochte Rosners Musik und so setzte er die gesamte Familie Rosner auf die Liste der 1100 Personen, die in seiner Munitionsfabrik in Brinnlitz arbeiteten. Das Instrument gelangte zwar nicht mit in den Betrieb, doch Rosner fand seine geliebte Violine ebenso wie seine Frau nach dem Krieg wieder.

Ivan Vranetić, der in Jugoslawien dutzende Juden vor den Nazis versteckte. Er brachte die Juden in Scheunen und gelegentlich auch in seinem Haus unter. Da sein Dorf Topusko jedoch nahe an der deutschen Grenze lag, suchten deutsche Soldaten dort häufig nach versteckten Juden. War dies der Fall, dann ließ Vranetić die Juden sich im Wald verbergen. Nach dem Krieg erhielt Vranetić von der Gedenkstätte *Yad Vashem* den Ehrentitel *Man of Honor*. Er lebt heute in Israel.

1943

ten. Tatsache ist jedoch, dass weniger als 200 000 in den USA geblieben sind; viele sind aus den USA in andere Länder ausgewandert und viele der Flüchtlinge waren keine Juden. Longs Angaben beziehen sich lediglich auf die Anzahl der in den USA ausgestellten Visa. Die tatsächliche Zahl deutscher Flüchtlinge, die in den USA leben, beträgt nur 51 960. In der Zeit zwischen dem Angriff auf Pearl Harbor und dem Kriegsende erhalten nur 21 000 zusätzliche Flüchtlinge eine Einreisegenehmigung für die USA.

• 1. November 1943: Jossif Stalin, Franklin Roosevelt und Winston Churchill unterzeichnen die Moskauer Erklärung. Wegen der britischen Vermutung, dass die jüdischen und polnischen Darstellungen der deutschen Gräueltaten übertrieben seien, werden in der

Maßstabgetreues Modell des Krematoriums II in Auschwitz-Birkenau, das die Verbrennung der Opfer darstellt. Es wurde 1991 von dem Künstler Mieczysław Stobierski angefertigt. Die für den Abtransport der Leichen aus den Gaskammern, den Transport zu den Öfen und das Verbrennen verantwortlichen Personen bildeten die so genannten Sonderkommandos. Jene, die für diese grässlichen Arbeiten bestimmt wurden, erhielten Sonderrationen und wurden besser als der Durchschnittshäftling behandelt. Alle drei oder vier Monate wurden die Sonderkommandos jedoch selbst in die Gaskammern geschickt und verbrannt – genau wie die tausende Opfer vor ihnen, die durch ihre Hände gegangen waren.

Der Jude Karl Lowenstein war der Vorgesetzte der Ghettowache in Theresienstadt, dem „Modelllager" bei Prag (Tschechoslowakei). Lowenstein genoss innerhalb des Lagers als Kommandant von über 400 jungen Männern beträchtliche Macht. Zwischen ihm und dem Judenrat des Ghettos kam es wegen der Privilegien, die man ihm und seinen Männern gewährte, häufig zu Zusammenstößen. Lowensteins Machtmissbrauch führte schließlich zu seiner Entlassung und zur Verhaftung durch die deutsche Lagerverwaltung.

Oneg Schabat

Umgetrieben von dem Empfinden die Unmenschlichkeit des nationalsozialistischen Angriffs auf die Juden von Warschau dokumentieren zu müssen machte sich der jüdische Historiker Emanuel Ringelblum daran Zeitzeugnisse zu sammeln und als dokumentarischen Bericht über das Leben innerhalb der Ghettomauern zu archivieren. Unter seiner Führung fand sich eine kleine Gruppe aus Schriftstellern, Journalisten, Lehrern und Geschichtsstudenten zum *Oneg Schabat* (Sabbatvergnügen) zusammen.

Dieser konspirative Kreis, der nach den geheimen Zusammenkünften der Gruppe am Sabbat benannt war, schuf ein Archiv, in dem die Erfahrungen und Erlebnisse der Juden verzeichnet waren. Die Gruppe um Ringelblum förderte das Schreiben von Memoiren und Tagebüchern. Sie sammelte Materialien des Untergrunds wie beispielsweise Ghettozeitungen, Plakate, Anzeigen, Fotos sowie Berichte und Statistiken über das Ghetto. Die Gruppe zeichnete auch Zeugenaussagen von Flüchtlingen auf, die aus anderen Ghettos und aus Lagern nach Warschau kamen. Auch Ringelblum selbst führte Tagebuch über die Ereignisse.

Die Archivare des *Oneg Schabat* versuchten das dokumentarische Beweismaterial in den Westen zu bringen, verstauten einen Großteil des Archivmaterials jedoch in drei luftdicht verschlossenen Milchkannen und vergruben diese an verschiedenen Orten. Eine dieser Kannen wurde 1946 entdeckt, eine zweite im Jahr 1950. Die dritte, die Informationen über den Widerstand enthalten soll, wurde bislang nicht gefunden. Die meisten Mitglieder des Kreises überlebten die Deportationen des Jahres 1942 nicht. Ringelblum verbarg sich im nichtjüdischen Teil Warschaus, bis er am 7. März 1944 verhaftet und kurz darauf mit seiner Familie exekutiert wurde.

Erklärung Hinweise auf die Gaskammern ausgelassen. Trotz des Versprechens die Mörder nach dem Krieg ihrer gerechten Strafe zuzuführen werden die Juden nicht erwähnt.

• **3. November 1943:** 300 Juden in Borki (Polen) bei Chełm müssen 30 000 Leichen exhumieren, die zum großen Teil von ehemaligen Angehörigen der Roten Armee stammen, die Ende 1941 gefangen genommen und ermordet wurden. Die Leichen werden auf riesigen Scheiterhaufen verbrannt. • Jakob Katz, Angehöriger eines jüdischen Reinigungstrupps im Konzentrationslager Budzyn (Polen) rettet sieben betagte Juden, indem er sie unter Matratzen versteckt. • Riccardo Pacifici, Rabbiner von Genua (Italien), wird zusammen mit 200 Mitgliedern seiner Kongregation und 100 jüdischen Flüchtlingen aus Nordeuropa nach Auschwitz deportiert. • Der antinazistische katholische Priester Bernhard Lichtenberg stirbt auf dem Weg in die Internierung im Konzentrationslager Dachau (Deutschland).

• **3.–4. November 1943:** Die Deutschen führen einen geplanten Massenmord an den Juden dreier Lager in Lublin (Polen), die „Aktion Erntefest", durch. In Majdanek werden rund 18 000, in

Bernhard Lichtenberg, Domprobst der St. Hedwigs-Kathedrale in Berlin, war einer der wenigen deutschen Geistlichen, die sich gegen das Naziregime aussprachen. Er schloss sich dem Erzbischof Clemens August Graf von Galen von Münster an, der gegen die „Euthanasie"-Maßnahmen protestierte und öffentlich für das Wohl der Juden betete. Von der Gestapo verhaftet erklärte er unerschrocken, er wolle sich den Juden anschließen, die deportiert worden seien. Eine zweijährige Haftstrafe ruinierte seine Gesundheit, doch das hinderte die Nazis nicht daran ihn nach seiner Entlassung aus dem Gefängnis nach Dachau zu schicken.

BEDEUTENDE JÜDISCHE WIDERSTANDSGRUPPEN IN WESTEUROPA (1942–1944)

Die *Armée juive* (Jüdische Armee) war eine französische Partisanengruppe, die in den Jahren 1942–1944 operierte. Sie schmuggelte französische Juden in das neutrale Spanien, beschaffte Geld um damit versteckt lebenden Juden zu helfen und nahm 1944 an den Aufständen in Paris, Toulouse und Lyon teil.

Der US-amerikanische Präsident Franklin Roosevelt bei der Unterzeichnung des *UNRRA*-Abkommens im November 1943. Die *UNRRA (United Nations Relief and Rehabilitation Agency)* war eine Hilfsorganisation zur Unterstützung der Flüchtlinge und Verschleppten. Sie stand unter der Schirmherrschaft der Alliierten, wurde jedoch in den fünf Jahren ihrer Existenz größtenteils mit Geldern der USA finanziert. Die vom ehemaligen New Yorker Bürgermeister Fiorello LaGuardia geleitete Organisation war eine große Hilfe für Nichtjuden und in zweiter Linie für die in Lagern für *Displaced Persons* lebenden Juden.

1943

Trawniki 10 000 und in Poniatowa 15 000 Juden ermordet. In Poniatowa werden Juden, die Widerstand leisten, bei lebendigem Leib in einer Baracke verbrannt.

• 4. November 1943: Im Arbeitslager Szebnie (Polen) schlagen die Deutschen eine Häftlingsrevolte nieder. Das Lager wird aufgelöst; rund 3000 Juden werden nach Auschwitz deportiert.

• 6. November 1943: Fünf Wochen nach ihrer Flucht aus einem Arbeitskommando an der Massenmordstätte Babi Jar (Ukraine) verlassen 14 Juden und sowjetische Kriegsgefangene ihr Versteck um die Rote Armee bei der Befreiung Kiews (Ukraine) zu begrüßen.

• 9. November 1943: 200 Juden aus Venedig sowie 400 Juden aus Florenz und Bologna (Italien) werden nach

Der Friedhof in Hadamar (Deutschland), wo sich eines der größten Vernichtungszentren des „Euthanasie"-Programms befand. Die Leichen der Opfer, die tödliche Injektionen erhalten hatten, die vergast wurden oder die man einfach hatte verhungern lassen, wurden für gewöhnlich verbrannt. Die nächsten Angehörigen erhielten dann die Nachricht, dass die Opfer an einer ansteckenden Krankheit gestorben seien. Viele Personen, die an führender Stelle mit dem „Euthanasie"-Programm zu tun hatten, wandten ihre einschlägigen Erfahrungen 1942 und 1943 in den Todeslagern Osteuropas an.

Generalfeldmarschall Wilhelm Keitel war der Chef des Oberkommandos der Wehrmacht. Keitel, der Hitlers engster Militärberater war, stellte die Pläne seines Führers nie in Frage und schwieg, wenn er dessen Auffassung nicht teilte. Viele der berüchtigten Befehle für die Völkermordoperationen in Osteuropa tragen Keitels Unterschrift. Keitel wurde vom Internationalen Militärtribunal in Nürnberg der Verschwörung, der Verbrechen gegen den Frieden und gegen die Menschlichkeit für schuldig befunden. Seine Bitte wie ein Soldat erschossen zu werden lehnte man ab. Keitel wurde am 16. Oktober 1946 stattdessen durch den Strang hingerichtet.

Der deutsche Widerstand

Der deutsche Widerstand hatte viele verschiedene Gesichter. Die Überzeugung, dass die Naziherrschaft ein Ende haben müsse, vereinte Militärangehörige und Pfarrer, Diplomaten und Juristen sowie politische Führer ganz unterschiedlicher Anschauungen und Glaubensrichtungen.

Die Mittel und Wege zu diesem Ziel waren unterschiedlich. In München druckte die Widerstandsorganisation der beiden Studenten Hans und Sophie Scholl, die „Weiße Rose", Flugblätter gegen Hitler. Die Studenten wurden verhaftet und hingerichtet. Der Kreisauer Kreis um Helmuth James Graf von Moltke *(Abb.)* plante ein neues, vom Nazismus freies und nach christlichen Prinzipien geführtes Deutschland. Viele Mitglieder des Kreises wurden verhaftet und hingerichtet.

Die Widerstandsgruppe im Militär unter Führung des charismatischen Obersten Claus Schenk Graf von Stauffenberg plante Hitler bei einem Bombenattentat zu töten und eine Regierung zu bilden, die mit den Alliierten Frieden schließen würde. Das Attentat fand statt, doch Hitler überlebte. Die Verschwörer und alle, die mit ihnen in Verbindung standen, darunter auch der evangelische Theologe Dietrich von Bonhoeffer, wurden ermordet. Einige wurden erschossen, andere gefoltert und dann in das Gefängnis Plötzensee geschickt, wo sie an Fleischerhaken gehängt und langsam zu Tode stranguliert wurden.

In allen Schichten der Gesellschaft gab es Deutsche mit Gewissen und Überzeugung, die sich der Nazityrannei widersetzten und Obstruktion gegen die wachsende Judenverfolgung trieben. Viele bezahlten diese Herausforderung der Macht mit ihrem Leben.

Auschwitz deportiert. • Jakob Edelstein, der Vorsitzende des Ältestenrates im Lager und Ghetto Theresienstadt (Tschechoslowakei) und drei weitere Juden werden beschuldigt durch falsche Berichte über die Ghettobevölkerung 55 Juden vor der Deportation bewahrt zu haben. • Der US-amerikanische Senator Guy Gillette und die Abgeordneten Will Rogers und Joseph Baldwin bringen im Kongress eine Resolution ein, durch die der Präsident aufgerufen wird eine Kommission von Diplomaten, Wirtschafts- und Militärexperten zu schaffen, die einen Aktionsplan zur Rettung der noch lebenden Juden Europas ausarbeiten und ausführen soll. Diese Resolution dient später als Grundlage für das *War Refugee Board (WRB)*. • Die *United Nations Relief and Rehabilitation Administration (UNRRA)* wird gegründet.

• 10. November 1943: Der antinazistisch eingestellte deutsche protestantische Theologe Karl Friedrich Stellbrink wird in Hamburg hingerichtet. • Arthur Liebehenschel löst Rudolf Höß als Lagerkommandanten von Auschwitz ab.

• 11. November 1943: Am 25. Jahrestag der Niederlage Deutschlands im Ersten Weltkrieg lassen die Deutschen alle

Kurt Waldheim

Die Karriere Kurt Waldheims zeigt, mit welcher Leichtigkeit sich manche Menschen zwischen der bürgerlichen Gesellschaft und dem Nazismus bewegten. Als Waldheim 1987 vom US-amerikanischen Justizministerium auf die Liste der zu beobachtenden Personen gesetzt wurde, weil man ihn verdächtigte ein Kriegsverbrecher zu sein, wurde der Schleier des Stillschweigens, unter dem Waldheim seine Vergangenheit verborgen hatte, rasch gelüftet.

Kurt Waldheim trat 1937 in die juristische Fakultät der Universität Wien ein. Nach dem so genannten Anschluss Österreichs an das Deutsche Reich trat er der nazistischen Studentenvereinigung bei und wurde Mitglied der SA. Als Soldat der Wehrmacht nahm Waldheim an den Feldzügen gegen Frankreich und gegen die Sowjetunion teil; im Dezember 1941 wurde er verwundet.

Während seines Einsatzes auf dem Balkan in den Jahren 1942–1945 erlangte Waldheim direkte Kenntnis über die an jugoslawischen Partisanen begangenen Gräueltaten. Er war an den Morden zwar nicht persönlich beteiligt, doch eine österreichische Kommission, die seine Rolle untersuchte, war der Meinung, dass er Personen nahe gestanden habe, die solche Verbrechen befahlen und ausführten und dass er nichts unternommen habe um sie davon abzuhalten.

Nach dem Krieg distanzierte sich Waldheim sofort von seiner Nazivergangenheit. Er trat 1945 in den diplomatischen Dienst Österreichs ein und war von 1968 bis 1970 Außenminister. 1971 wurde er zum Generalsekretär der Vereinten Nationen ernannt. Obschon Waldheim öffentlich bereits in Misskredit geraten ist, steht es ihm noch bevor sich offen seiner Vergangenheit zu stellen.

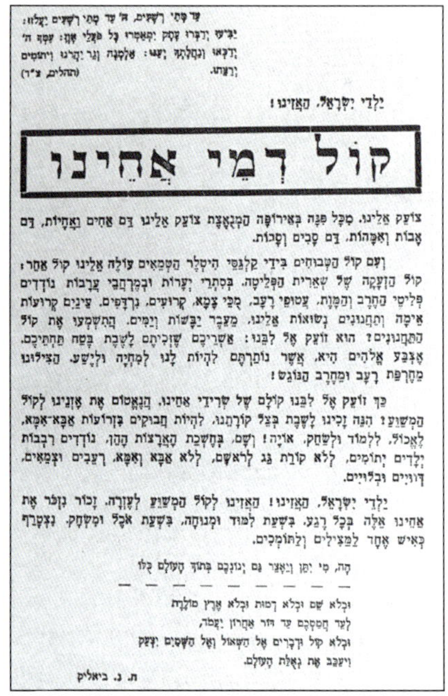

עד מתי רשעים, ה' עד מתי רשעים יעלזו: יביעו ידברו עתק יתאמרו כל פעלי און: עמך ה' ידכאו ונחלתך יענו: אלמנה וגר יהרגו ויתומים ירצחו. (תהלים, צ"ד)

ילדי ישראל, האזינו!

קול דמי אחינו

צועק אלינו. מכל פנה באירופה המבאצת צועק אלינו דם אחים ואחיות, דם אבות ואמהות, דם סבים וסבות.

ועם קול הטבוחים בידי קלגסי היטלר הטמאים עולה אלינו קול אחר: קול הזעקה של שארית הפליטה. בסתרי יערות ובמרחבי ערבות נודדים פליטי החרב והמות. עטופי רעב, מכי צמא, קרועים, נרדפים. עינים קרועות אימה ותחנונים נשואות אלינו, מעבר יבשות וימים. התשמעו את קול התחנונים? הוא זועק אל לבנו: אשריכם שזכיתם לשבת בטח תחתיכם. אצבע אלהים היא, אשר נותרתם להיות לנו למחיה ולישע. הצילונו מחרפת רעב ומחרב הנוגש!

כך זועק אל לבנו קולם של שרידי אחינו. הנאטום את אזנינו לקול המשוע? הנה זכינו לשבת בצל קורתנו, להיות חבוקים בזרועות אבא-אמא, לאכול, ללמוד ולשחק. אויה! ושם, בחשכת הארצות ההן, נודדים רבבות ילדים יתומים, ללא קורת גג לראשם, ללא אבא ואמא, רעבים וצמאים, דוויים ובלויים.

ילדי ישראל, האזינו! האזינו לקול המשוע לעזרה. זכור נזכר את אחינו אלה בכל רגע, בשעת למוד ומנוחה, בשעת אכל ומשחק. נצטרף כאיש אחד למצילים ולתומכים.

הה, מי יתן ויאצר גם יגונכם בתוך העולם כלו

— — — — — — — — —

ובלא שם ובלא דמות ובלא ארץ מולדת
לעד תסככם עד דור אחרון יעמד,
ובלא קול ודברים אל השאול ואל השמים יזעק
ויעכב את גאלת העולם.

ח. נ. ביאליק

Mit diesem Rundschreiben wurden die Palästinenser aufgefordert zu den Rettungsbemühungen für die europäischen Juden beizutragen. Es heißt u. a.: „Hört, Kinder Israels! Hört die Stimme, die um Hilfe ruft. Denkt jeden Augenblick an eure Brüder, wenn ihr lernt und wenn ihr ruht, wenn ihr esst und wenn ihr spielt. Wir wollen uns zu einem Individuum zusammenschließen um [unsere Brüder] zu retten und ihnen zu helfen."

Juden, die ohne Genehmigung nach Palästina einzuwandern versuchten, mussten sich vor der britischen Marine in Acht nehmen, die darauf bedacht war illegale Einreisen zu verhindern. Ende November 1943 wurden Juden an Bord dreier Schiffe, die in Palästina an Land gehen wollten, festgenommen und in ein Lager auf der Insel Mauritius geschickt. Da sie für sich selbst sorgen mussten, gründeten die Gefangenen ein Hospital. Die Schwestern und Ärzte mussten mit vielen Problemen zurechtkommen.

1943

47 000 Juden im Lager und Ghetto Theresienstadt (Tschechoslowakei) in einem großen Karree zu einem schlecht organisierten Zählappell antreten. Der Appell, der bei eisigem Regen stattfindet, dauert 18 Stunden. Einige Juden sterben während der Zählung oder kurze Zeit später.

• 13. November 1943: Ein Jude mit Namen Fritz Lustig unternimmt einen erfolglosen Versuch aus dem Todeslager Auschwitz-Birkenau zu fliehen.

• 14. November 1943: Juden aus Ferrara (Italien) werden nach Auschwitz deportiert.

• 16. November 1943: Ukrainische Aufseher und SS-Männer locken kranke jüdische Arbeitssklaven der Munitionsfabrik Skarzysko-Kamienna (Polen) mit

Eine mit Beton verkleidete und auf der Krone mit Glassplittern und Stahlspitzen versehene Mauer umgibt das Konzentrationslager Vught, die wichtigste Durchgangsstation für die Juden im südlichen Teil der Niederlande. Vught wurde im Dezember 1942 errichtet; die ersten jüdischen Häftlinge kamen einen Monat später an. Die Bedingungen im Lager waren zwar nicht so schlecht wie in den Lagern Osteuropas, doch Vught diente als Durchgangsstation nach Westerbork, das eine wichtige Zwischenstation auf der Fahrt nach Auschwitz war.

Ein frei stehender Verbrennungsofen außerhalb des Stacheldrahtzaunes von Vught (Niederlande). Vught war zwar kein Vernichtungslager, doch hier starben viele Gefangene während ihrer Haft – besonders in der Zeit von Oktober 1943 bis Januar 1944, als das Lager von SS-Sturmbannführer Adam Grünewald geleitet wurde. Vor dem Ofen liegt ein Haufen Menschenasche.

Reichsminister Richard Walther Darré 1943 bei der Begrüßung Hitlers. Im Laufe seines beruflichen Werdegangs in der Landwirtschaft und der Volkswirtschaft wurde Darré Leiter des SS-Rasse- und Siedlungshauptamtes (RuSHA) und Leiter des Reichsamtes für Agrarpolitik. Wegen seiner Kritik an der Kriegsführung Hitlers und Himmlers wurde er aus seinen Ämtern entlassen und später in sein Jagdhaus in der Schorfheide (Deutschland) verbannt.

dem Versprechen, dass sie eine Suppe erhalten werden, aus ihren Baracken und erschießen sie oder bringen sie auf Lastwagen zu einem Hinrichtungsort im Lager.

• 17. November 1943: 995 niederländische Juden kommen in Auschwitz an; 531 Personen, darunter 166 Kinder, werden sofort vergast. • Der rumänische Diktator Ion Antonescu weist seine Regierung an sich den deutschen Bemühungen zur Vernichtung der Juden in der Region Transnistrien zu widersetzen.

• 19. November 1943: Im Arbeitslager Janówska (Ukraine) bei Lwow revoltieren Häftlinge eines Leichenverbrennungskommandos der Aktion 1005. Unter den wenigen, die überleben, ist auch der Anführer des Aufstandes, Leon Weliczker. • Auf dem jüdischen Friedhof außerhalb von Sandomierz (Polen) werden 1000 Juden erschossen.

• 22. November 1943: Über 1000 Patienten einer Berliner Nervenheilanstalt werden nach Auschwitz deportiert.

• 23. November 1943: 150 jüdische Partisanen fliehen aus dem besetzten

„Da rannten Ratten umher so groß wie Katzen; sie nagten an den Leichen und griffen sogar die Sterbenden an, die nicht mehr genug Kraft hatten sie wegzujagen. ...[Drinnen] lagen schmutzige Strohmatratzen, die nur gewechselt wurden, wenn sie total verfault waren. Das Bettzeug war so voller Läuse, dass man sie wie Ameisen wimmeln sehen konnte."

nach: *Marie Vaillant-Couturier, französische Widerstandskämpferin, die in Auschwitz eingesperrt war*

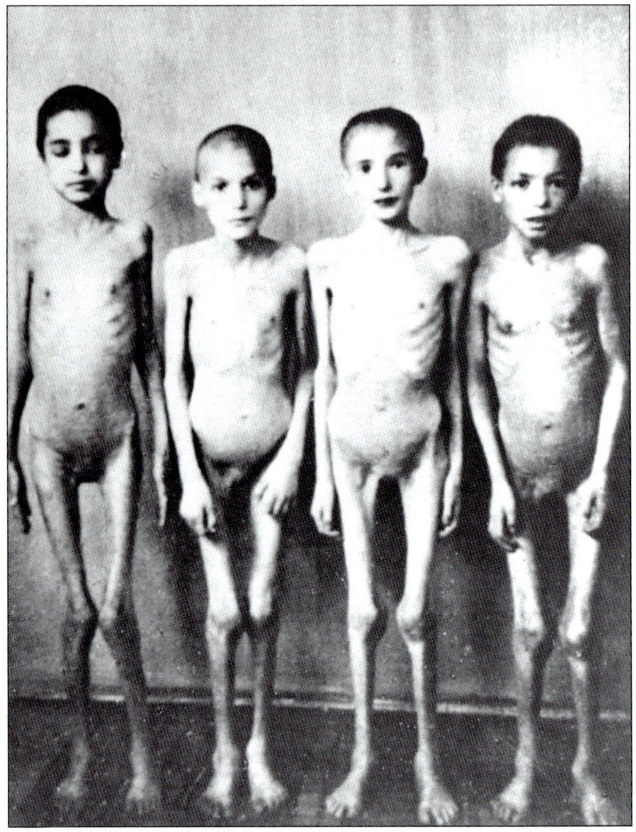

In Auschwitz fotografierte ausgezehrte Zigeunerjungen, die für grauenvolle chirurgische Eingriffe ausgesucht worden waren, bei denen man ihnen Penis und Hoden entfernte. Hitler war stark an der Sterilisation „unerwünschter" Personen interessiert, mit der das Anwachsen bestimmter Bevölkerungsteile unter Kontrolle gehalten werden sollte. Bei der Realisierung seiner Vorstellungen ergab sich ein „nützlicher" Nebeneffekt, da die unfruchtbar gemachten „Objekte" als Arbeitskräfte für das Reich eingesetzt werden konnten. Die Naziärzte in den Lagern gingen mit Eifer an ihre chirurgischen Eingriffe und andere Prozeduren heran. Abgesehen davon, dass das medizinische Experimentieren zutiefst unethisch war, wurden die Versuche oftmals ungeschickt ausgeführt und beruhten nicht im Entferntesten auf rechtmäßiger Wissenschaft. Das Motiv des Dr. Josef Mengele und anderer Chirurgen in den Lagern war vielmehr eine amoralische Was-wenn-Mentalität, d. h. eine tödliche Neugier darauf, was wohl geschehen würde, wenn an einem Menschen eine bestimmte Prozedur ausgeführt würde. Menschliches Leid war für solche Ärzte bedeutungslos.

Der Hauptteil der Synagoge in Kraków (Polen) wurde im Winter 1943/44 zerstört. Der Kommandant des Lagers Płaszów, Amon Göth, befahl skrupellos deren Abriss, um Platz für eine neue Eisenbahnlinie zu schaffen. Die Eisenbahn spielte für den Krieg der Nazis eine wichtige Rolle; sie ließen tausende Gleiskilometer verlegen um den Transport von Rohstoffen und kriegswichtigen Materialien zu sichern.

1943

Kowno (Litauen) und wenden sich nach Osten in den Rudninkai-Wald.

• 28. November – 1. Dezember 1943: Die alliierten Staatsoberhäupter Winston Churchill, Franklin Roosevelt und Jossif Stalin kommen in Teheran (Iran) zusammen. Sie erörtern ein britisch-amerikanisches Vorgehen gegen Deutschland von Westen her.

• 30. November 1943: Der italienische Innenminister ordnet die Konzentration aller italienischen Juden in Lagern an.

• Anfang Dezember 1943: Der US-amerikanische Finanzminister Henry Morgenthau weist seine Mitarbeiter Randolph Paul und John W. Pehle an, die Behandlung der jüdischen Flüchtlingsfrage durch das Außenministerium zu untersuchen.

Das „Leben" in den Lagern

Die Nazis setzten die Häftlinge in den Konzentrationslagern katastrophalen, entmenschlichenden Bedingungen aus, die den Körper schwächten und den Mut brachen. Die Lagerinsassen mussten ganz und gar unzureichende Verpflegung, ungenießbares Wasser, überfüllte und von Läusen befallene Baracken, unhygienische Waschgelegenheiten und Toiletten, endlose Stunden erschöpfender Arbeit und mitunter sadistische Bestrafungen erdulden.

Der Tag eines Häftlings begann sehr früh. Immer in der Furcht vor den Schlägen der fluchenden Aufseher lebend kletterten die müden Gefangenen hastig aus ihren Schlafstellen heraus und richteten in aller Eile ihr Bettzeug. Sie eilten zu den schmutzigen Toiletten und Waschräumen und drängelten sich mit hunderten anderen, die sich an den wenigen Wasserhähnen zu waschen versuchten. Dann warteten sie in einer Reihe auf das „Frühstück", das oftmals nur aus bitter schmeckendem Kaffee und einem Stück Brot bestand.

Nach einem in die Länge gezogenen Anwesenheitsappell wurden Arbeitskommandos gebildet. In manchen Lagern mussten die Häftlinge dieser Kommandos beim Ausmarsch aus dem Lager singen; das Lagerorchester begleitete sie. Manche Kommandos liefen bis zu 15 Kilometer, ehe sie ihren Arbeitsplatz erreichten. Andere führten quälende, unproduktive Tätigkeiten innerhalb des Lagers aus. Abends, nach einem mühevollen 11- oder 12-Stundentag, mussten die Häftlinge bei stundenlangem Stillstehen erneut einen Zählappell über sich ergehen lassen, dem das „Abendbrot" und um 21 Uhr das Lichtlöschen folgten.

In den stets überfüllten, oftmals unbeheizten Baracken fanden die Häftlinge nur schwer Schlaf. Dicht an dicht in dreistöckigen hölzernen Bettstellen untergebracht lagen zwei oder drei Menschen in einer Koje, die eigentlich nur für eine Person gedacht war; manchmal hatten sie Strohmatratzen, oft schliefen sie auf den bloßen Brettern und nicht immer gab es Laken. Die Sanitäreinrichtungen bestanden aus Pissoirs und Latrinen, die nichts weiter als Reihen von Löchern waren, die man in die Betonplatten über den Abwasserleitungen geschnitten hatte. In den Waschräumen befanden sich Abflussrinnen aus Steingut und mehrere Wasserleitungen, in denen verschmutztes Brunnenwasser floss.

Die Häftlinge hatten stets zu wenig zu essen – sie hungerten regelrecht. Morgens und abends gab es zum Kaffee mitunter bitteres, hartes Brot. Hatten die Gefangenen Glück, wurden zum Abendbrot einige Gramm alte oder schimmelige Wurst, Käse oder Marmelade ausgegeben. Mittags

nahmen sie mit einer übel schmeckenden, wässrigen Rübensuppe, die nur Spuren von Kartoffeln und Gerste enthielt, 300 bis 400 Kalorien zu sich. Oftmals, selbst bei Frost, musste im Freien gegessen werden; dann mussten die Häftlinge die Suppe direkt aus den Schüsseln trinken. Viele Lagerinsassen stöberten in den Abfallbehältern neben den Lagerküchen herum; sie erkrankten an der Ruhr, weil sie die aus dem Abfall herausgeklaubten rohen Schalen und Kohlabfälle gegessen hatten. Manche stahlen oder tauschten Essen ein und riskierten dabei eine strenge Bestrafung.

Schläge gehörten zum Alltag. Jeder SS-Mann genoss das Recht einen beliebigen Häftling schlagen oder gar töten zu dürfen. Prügelstrafen wurden für gewöhnlich beim Appell vollstreckt. Zu diesem Zweck mussten sich die Häftlinge auf eine speziell dafür gedachte Bank legen, auf der sie die Beine nicht bewegen konnten, und erhielten dann dutzende Hiebe mit Stöcken oder Peitschen.

Eine außerordentlich qualvolle Strafe bestand darin, dass die Hände des Gefangenen hinter dessen Rücken zusammengebunden wurden und das Opfer dann mit einem an den Handgelenken angebrachten Seil an einen Deckenbalken oder einen Baum gehängt wurde. Gleichermaßen grausam war das Einsperren in der „Stehzelle". Dabei wurden vier Häftlinge tagelang in einen total dunklen, nur etwa einen Quadratmeter großen Raum gesperrt, in dem man nicht liegen konnte und der nur eine 5 Zentimeter breite Luftöffnung besaß. Häftlinge, die man bei einem Fluchtversuch aufgegriffen hatte, wurden vor den Augen ihrer Mithäftlinge gehängt.

• **2. Dezember 1943:** In Auschwitz kommen 100 Juden aus Wien an.

• **12. Dezember 1943:** Der Vorsitzende des Judenrates in Włodzimierz-Wołyński (Polen), wo 1942 Straßenmassaker stattgefunden haben, versichert den noch verbliebenen Ghettobewohnern, dass für sie keine Gefahr bestehe. *Siehe* 13. Dezember 1943.

• **13. Dezember 1943:** Die jüdische Gemeinde in Włodzimierz-Wołyński (Polen) wird liquidiert. • In dem Dorf Kalávrita (Griechenland) ermorden die Nazis alle männlichen Personen, die über 14 Jahre alt sind.

• **17. Dezember 1943:** In Kowno werden als Vergeltung für die Flucht mehrerer Juden aus dem Ghetto andere Juden exekutiert.

• **21. Dezember 1943:** Der Jude Hersz Kurcweig und der Nichtjude Stanisław Dorosiewicz fliehen aus Auschwitz, nachdem sie einen SS-Aufseher getötet haben.

• **22. Dezember 1943:** Die Gestapo entdeckt 62 Juden, die sich im Keller eines Gebäudes in der Warschauer Krolewska-Straße versteckt haben, und ermordet sie alle. • Der US-amerikani-

Das Partisanenleben

Während des Zweiten Weltkrieges schlossen sich zehntausende Männer und Frauen den Partisanenverbänden an, die vor allem in Osteuropa und auf dem Balkan aktiv waren. Ob sie allein oder gemeinsam mit ihren Familienmitgliedern operierten oder säkularen Nationalistenverbänden angehörten – die Partisanen führten stets ein unsicheres und gefährliches Leben.

Viele Partisanen hatten ihre Operationsbasis in den waldreichen Gebieten Osteuropas, wo sie sich mit selbst gesammelter Nahrung oder erbeuteten Lebensmitteln versorgten. Um nicht entdeckt zu werden, mussten sie auf den Bau dauerhafter Einrichtungen verzichten. Sie lebten in Unterständen oder schliefen im Schutz von Zweigen und Blättern. Die langen Winternächte waren besonders hart, denn Lagerfeuer waren ein Luxus, den sich die im Geheimen agierenden Partisanen nicht leisten konnten.

Das Partisanenleben der Juden war anders als das Leben nichtjüdischer Guerillas. Während nichtjüdische Partisanen von der Szene verschwinden konnten, indem sie Unterschlupf bei Einheimischen suchten, fanden sich nur sehr wenige Osteuropäer, die bereitwillig jüdische Partisanen versteckten und mit Lebensmitteln versorgten. Für Juden, die dem Leben im Ghetto entflohen waren um als Partisanen zu kämpfen, gab es kein neutrales Gebiet, in dem sie ungestört von den Nazibehörden leben konnten. Die jüdischen Partisanen wurden von den Nazis gejagt und oftmals auch von den Einheimischen gehasst.

Rabbi Stephen – Wise *(links)* während einer Anhörung des *House Foreign Relations Committee* im Gespräch mit dem US-amerikanischen Abgeordneten Sol Bloom. Wises unermüdliches Wirken im Interesse des europäischen Judentums brachte seinen verfolgten Glaubensbrüdern nur wenig Erleichterung. Bei dieser Anhörung im Dezember 1943 brachte Rabbi Wise erneut ein Sechs-Punkte-Programm vor, das er bereits acht Monate zuvor auf der Bermuda-Konferenz vorgestellt hatte. Darin wurde Großbritannien aufgefordert, Palästina für die jüdische Einwanderung zu öffnen. Der Widerstand Großbritanniens verhinderte, dass diese Vorstellung jemals ernsthaft in Betracht gezogen wurde.

Die SS-Mannschaften des Konzentrationslagers Neuengamme (Deutschland) wahrscheinlich 1943 oder 1944 bei einer Weihnachtsfeier mit ihren Familien. Der Krieg und die „Endlösung" hinderten die Lagerbesatzung nicht sich von ihrem Dienst zu erholen und an den Festen und Feiern des Jahres teilzunehmen. Den ganzen Krieg hindurch war die SS bemüht einen normalen Alltag für die Lageraufseher und deren Familien zu sichern.

1943

sche Finanzminister Henry Morgenthau tritt dem stellvertretenden Außenminister Breckinridge Long entgegen und sagt ihm ins Gesicht, dass überall der Eindruck bestehe, dass insbesondere er antisemitisch eingestellt sei.

• 23. Dezember 1943: Die jüdische Gemeinde in Pińsk (Polen) wird ausgelöscht. • Der US-amerikanische Finanzminister Henry Morgenthau wird von seinem Stab informiert, dass „… wenn man das zu Ende gelesen hat, … die Haltung [des Außenministeriums] bis heute nicht anders [ist] als die Haltung Hitlers."

• 24. Dezember 1943: 32 der 64 Juden, die aus dem 9. Fort bei Kowno (Litauen) fliehen, werden rasch aufgegriffen; fünf werden niedergeschossen und acht

Dieses Foto vom Dezember 1943 zeigt bosnische SS-Freiwillige, die sich *Handoza* nannten. Diese Soldaten in Achtungstellung sehen professionell aus, wenn nicht ebenso einschüchternd wie ihre deutschen Vorbilder. Ihre Uniformen tragen das Hakenkreuz, den deutschen Adler und das SS-Totenkopfzeichen.

Edward R. Murrow war ein berühmter amerikanischer Kriegskorrespondent beim Sender *CBS*, der über Deutschlands Vernichtungspolitik gegenüber den Juden berichtete. Murrow hatte bereits zuverlässige und dramatische Augenzeugenberichte über Ereignisse in Deutschland nach Amerika gebracht – über die Einverleibung Österreichs noch vor dem Krieg, über die Münchner Konferenz, die deutsche Besetzung der Tschechoslowakei und die Luftschlacht um England. Seine couragierte Berichterstattung stellte gegenüber der oftmals zynischen Reaktion der US-amerikanischen Medien auf die Holocaust-Berichte eine Ausnahme dar.

Die Nazipropaganda dehnte ihre Bemühungen bis nach Amerika aus. Die Radiostation *Station Debunk*, die angeblich aus dem Bundesstaat Iowa sendete, forderte die Amerikaner zu Pazifismus auf und verurteilte die Politik Präsident Franklin Roosevelts. Um die amerikanischen Kriegsanstrengungen zu unterstützen taten sich bekannte Schriftsteller und Rundfunksprecher gegen die Propaganda der Achsenmächte zusammen. Rex Stout *(Abb.)*, bekannt durch seine Kriminalgeschichten über den Detektiv Nero Wolfe, moderierte das *CBS*-Radioprogramm *The Secret Weapon* und arbeitete als Sprecher für *The Voice of Freedom*.

Das 9. Fort war ein Gefängnis- und Vernichtungsort bei Kowno (Litauen), an dem Deutsche und Litauer im Oktober 1941 mindestens 9000 Juden ermordeten. Dieser junge jüdische Mann, Abe Diskont, war einer von 64 Gefangenen, die am Weihnachtsabend des Jahres 1943 aus dem 9. Fort entkamen. Er schloss sich später den Partisanen an und 1944 fiel im Kampf gegen die Deutschen.

weitere in der Nähe des Ghettos von Kowno gefasst. 19 gelangen ins Ghetto, Rabbi Gabriel Shusterman stirbt an seinen Erfrierungen. • In Borki (Polen) versuchen 60 Juden, die in einem Exhumierungskommando arbeiten, durch einen Tunnel zu fliehen. Nur wenigen gelingt die Flucht.

• 25. Dezember 1943: Lastwagen bringen in regelmäßigen Abständen unbekleidete Jüdinnen zur Gaskammer in Auschwitz-Birkenau. Jede Frau, die von einem LKW springt, wird sofort erschossen.

• Ende 1943: Der Reichsführer SS, Heinrich Himmler, ordnet an das Vernichtungslager in Belzec genau wie zuvor die Todeslager Sobibór und Treblinka dem Erdboden gleichzumachen. An allen drei Lagerstandorten wird der Boden umgepflügt und werden Ukrainer angesiedelt.

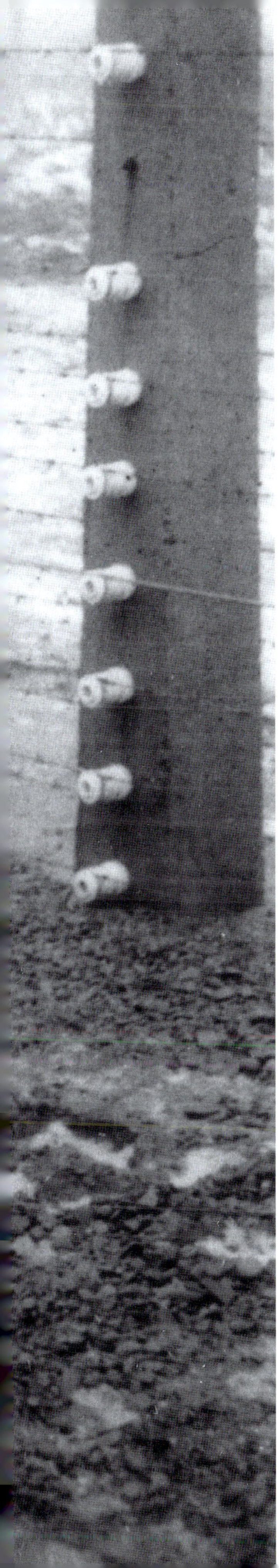

1944

NACH einer enormen Recherchetätigkeit stellte die Holocaust-Forscherin Danuta Czech das *Kalendarium der Ereignisse im Konzentrationslager Auschwitz-Birkenau 1939–1945* zusammen. Ihr 1056-seitiges Buch dokumentiert in überwältigenden Einzelheiten die Vernichtung von mehr als einer Million Männer, Frauen und Kinder – 90 Prozent davon Juden –, die in den berüchtigten Todeslagern ermordet wurden.

Die Eintragung Danuta Czechs für den 24. Mai 1944 betrifft 2000 jüdische Gefangene, die aus Ungarn nach Auschwitz verschleppt wurden. Sie erhielten persönliche Nummern von A-5729 bis A-7728. Eine Nummer aus dieser Reihe – A-7713 – wurde auch einem jüdischen Jugendlichen in den linken Arm tätowiert, der aus Sighet, einer rumänischen Stadt mit 26000 Einwohnern kam, die 1940 unter ungarische Herrschaft gekommen war. Dieser Junge war Elie Wiesel. Er überlebte Auschwitz, wurde ein bekannter Schriftsteller und erhielt 1986 den Friedensnobelpreis. Nach seinen Worten starb in Auschwitz nicht nur der Mensch, sondern auch die Vorstellung vom Menschen … In Auschwitz habe die Welt ihr eigenes Herz eingeäschert.

Wiesel ist der Autor des Romans „Die Nacht", eines der beiden am weitesten verbreiteten Bücher über den Holocaust. Dieser Bericht erinnert an die schrecklichen Monate, die Wiesel 1944 in Auschwitz zubrachte; Wiesel erzählt, dass er, sein Vater, seine Mutter und die kleine Schwester Tsipora an einem Sonntag aus Sighet deportiert wurden. Ihr Zug war einer von insgesamt vier Zügen, die in der Zeit vom 16.–22. Mai die Juden von Sighet nach Auschwitz brachten. Die Transporte aus Sighet waren Teil einer Massendeportation von Juden aus Ungarn, dessen große jüdische Bevölkerung – 1941 betrug sie 725000 – von den schlimmsten Verheerungen des Holocaust bis dahin verschont geblieben war.

Als deutsche Truppen am 19. März 1944 Ungarn besetzten um Waffenstillstandsverhandlungen ihrer schwankenden Mitstreiter mit den Alliierten zu verhindern, änderte sich die Lage drastisch. Vor der deutschen Besetzung waren bereits mehr als 60000 in Ungarn lebende Juden getötet worden.

Die Jagd auf Juden fand unter der Führung von Adolf Eichmann statt. Innerhalb weniger Wochen, in denen die Zeit bereits gegen die Nazis lief, da sich deren Lage an der Ostfront verschlechterte, wurden alle Juden Ungarns, die Budapester ausgenommen, in Ghettos gesperrt. Sie wurden enteignet und die Deportationen begannen. Vom 15. Mai bis zum 9. Juli brachten über 140 Züge 437000 Juden aus Ungarn nach Auschwitz. Der größte Teil der Menschen, darunter auch Wiesels Mutter und seine kleine Schwester, wurde vergast.

Weit weg von Auschwitz schrieb Anne Frank, eine junge Jüdin, am 25. Mai, einen Tag, nachdem Elie Wiesel seine Häftlingsnummer eintätowiert bekommen hatte,

Ein Häftling des KZ Auschwitz liegt vor dem elektrisch geladenen Stacheldrahtzaun, der seinem Leben ein Ende setzte.

1944

wieder etwas in ihr Tagebuch. Dieses junge Mädchen traf nie mit Wiesel zusammen, doch sie dachte über die Menschen wie er und seine Familie, wenn sie die Beobachtung machte: „Die Welt steht hier auf dem Kopf. Die anständigsten Menschen werden in Konzentrationslager, Gefängnisse und einsame Zellen geschickt und der Abschaum regiert über Jung und Alt, Arm und Reich." Die Worte sollten bald auch auf sie und ihre Familie zutreffen. Als Wiesel und die Juden aus Sighet in Auschwitz ankamen und den Geruch von brennendem Fleisch wahrnahmen, schlief Anne Frank noch in ihrem Versteck in der Amsterdamer Prinsengracht 263.

Anne Frank wurde am 12. Juni 1929, rund neun Monate nach Elie Wiesel, geboren. Sie und ihre Familie verließen bald nach der Machtübernahme Hitlers im Jahr 1933 das heimatliche Deutschland und übersiedelten in die Niederlande. Ihr relativ sorgenfreies Leben änderte sich am 10. Mai 1940, als Deutschland die Niederlande überfiel und besetzte. Anfang Juni 1942 befanden sich die niederländischen Juden in einer schlimmen Lage. Mit Hilfe von Freunden wie Miep Gies fanden die Franks ein Versteck und lebten fortan dort. Etwa ein Viertel der 25 000 Juden, die untergetaucht waren, wurden schließlich festgenommen und deportiert. Die Familie Frank wurde verraten (der Name des Informanten ist bis heute unbekannt) und am 4. August 1944 von Angehörigen des Sicherheitsdienstes (SD) verhaftet. Einen Monat später, am 3. September, waren auch Anne Frank und ihre Familie unter den 1019 jüdischen Gefangenen, die den letzten Zug nach Auschwitz besteigen mussten und das niederländische Durchgangslager Westerbork verließen, von dem aus seit Juli 1942 rund 107 000 Juden deportiert worden waren.

Ungarische Juden 1944 an einem Sammelpunkt in Auschwitz-Birkenau. Sie werden kurze Zeit später vergast.

Im *Kalendarium der Ereignisse im Konzentrationslager Auschwitz-Birkenau 1939–1945* wird angeführt, dass aus dem Westerborker Transport, in dem sich auch die Familie Frank befand, 549 Juden sofort nach ihrer Ankunft in Auschwitz vergast wurden. Anne Frank wurde verschont und in das Frauenlager nach Auschwitz-Birkenau geschickt. Am 28. Oktober 1944 kam sie zusammen mit weiteren 1308 jüdischen Frauen von Auschwitz nach Bergen-Belsen, ein Konzentrationslager in Deutschland, wo sie im März 1945 an Fleckfieber starb.

Das Tagebuch der Anne Frank beginnt am 14. Juni 1942. Anne hatte es zwei Tage zuvor von ihrem Vater Otto Frank zum 13. Geburtstag geschenkt bekommen. Die Aufzeichnungen, die Miep Gies nach der Verhaftung der Familie in Sicherheit brachte, wurden zum meistgelesenen Buch über den Holocaust. Die letzte Eintragung stammt vom 1. August 1944. Knapp drei Wochen zuvor, am 15. Juli, hatte Anne die Worte geschrieben, die wohl die bekanntesten aus diesem Tagebuch wurden. „Ich sehe, wie die Welt langsam immer mehr in eine Wüste verwandelt wird, ich höre den anrollenden Donner immer lauter, der auch uns töten wird …" Sie glaube aber trotz allem, dass die Menschen von Herzen gut seien.

Es war 1944 schwer, Anne Franks Glauben an das Gute zu teilen. Das Ende des Dritten Reichs nahte, doch die Nazis waren entschlossen ihren Krieg gegen die Juden zu gewinnen. Auschwitz blieb, wie es Elie Wiesel nannte: „Ort ewiger Nacht … das Grab des Menschenherzens".

Auch am 6. Juni – Anne Frank hörte gerade die Rundfunkübertragungen der *BBC* über die Landung der Alliierten in der Normandie – gingen die Transporte tausender ungarischer Juden nach Auschwitz weiter. Am 20. Juli unternahmen deutsche Offiziere einen erfolglosen Attentatsversuch auf Adolf Hitler; am selben Tag kamen 2000 aus Griechenland verschleppte Juden in Auschwitz an. Zu Beginn der darauf folgenden Woche befreiten sowjetische Soldaten das Vernichtungszentrum Majdanek (Polen) sowie die polnische Stadt Lublin, in der von den 40 000 Juden, die vor dem Krieg dort gelebt hatten, nur noch eine Hand voll übrig war.

Die Alliierten bombardierten im besetzten Europa zahlreiche Ziele, wurden jedoch für die Verschonung des KZ Auschwitz kritisiert.

Am 20. August erlebte Elie Wiesel den amerikanischen Bombenangriff auf die Chemiefabrik der IG Farben bei Monowitz, den Teil des Auschwitzer Lagerkomplexes, in den man ihn und seinen Vater Schlomo als Arbeitssklaven geschickt hatte. Von „Mustang"-Jägern geschützt ließen 127 amerikanische Bomber 1336 227-kg-Bomben auf die Fabrik fallen. Das knapp acht Kilometer entfernte Auschwitz-Birkenau blieb unangetastet. Eine nach dem Krieg vorgenommene Auswertung der Luftaufnahmen von einem Bombenangriff am 13. September auf die IG Farben zeigt, dass auf dem Birkenauer Eisenbahngleis 65 Waggons standen und etwa 1500 Menschen in langer Reihe auf die Gaskammern zuzugehen schienen.

Der Meinungsstreit darüber, ob die Alliierten Auschwitz oder die in das Vernichtungszentrum führenden Gleise hätten bombardieren sollen, ist noch immer nicht beigelegt. Der Holocaust-Wissenschaftler David Wyman beispielsweise behauptete, dass die Luftstreitkräfte der US-amerikanischen Armee Auschwitz und den Schienenweg dahin bereits im Mai 1944 hätten bombardieren können. Angriffe dieser Art waren das ganze Jahr 1944 hindurch gefordert worden. Der Sprecher des US-amerikanischen Kriegsministeriums, John J. McCloy, stellte am 14. August fest, eine Untersuchung habe ergeben, dass eine solche Aktion nur durch die Umleitung einer beträchtlichen, für den Erfolg der amerikanischen Verbände wichtigen Luftunterstützung durchgeführt werden könne, die zu der Zeit jedoch bei entscheidenden Operationen andernorts eingesetzt und ohnehin von so zweifelhafter Wirkung seien, dass sie den Nutzen der amerikanischen Mittel nicht garantieren würden. Es herrsche vielmehr die Meinung, dass eine solche Anstrengung, selbst wenn sie praktikabel sei, vielleicht weitere Racheaktionen der Deutschen provoziert.

Auschwitz-Birkenau wurde nicht bombardiert. Knapp zwei Wochen nach McCloys Erklärung befreiten die Alliierten Paris. Zuvor jedoch hatten die Nazis Razzien in den jüdischen Kinderheimen der Pariser Umgebung gemacht und 250 jüdische Mädchen und Jungen nach Auschwitz verschleppt. Am 3. und 4. September 1944 befreiten die Alliierten die belgischen Städte Brüssel und Antwerpen. Zu der Zeit befand sich die Familie Frank bereits auf dem Weg nach Auschwitz.

André Trocmé, Pfarrer in dem französischen Dorf Le Chambon, verschaffte hunderten Schutz suchenden Juden eine Zuflucht.

Während der Transport, zu dem auch die Familie Frank gehörte, nach Osten fuhr, hielten sich in Budapest noch rund 200 000 ungarische Juden auf. Am 15. Oktober, kurz nach der Niederschlagung eines Häftlingsaufstandes in Auschwitz durch die SS am 7. Oktober, leitete die fanatisch antisemitisch eingestellte, faschistische ungarische Pfeilkreuzpartei, die sich der Unterstützung der Deutschen erfreute, eine Schreckensherrschaft gegenüber den Budapester Juden ein. Die Vergasungsaktionen in Auschwitz wurden zwar allmählich eingestellt, doch bei Zwangsarbeit, Todesmärschen und Erschießungen kamen im Herbst 1944 noch zehntausende Budapester Juden ums Leben. Weitere tausende wurden an den Ufern der Donau von Pfeilkreuzlern ermordet, die die Leichen hinterher einfach in den Fluss warfen. Der schwedische Diplomat Raoul Wallenberg rettete tausende Budapester Juden mit „Schutzpässen" und in geschützten Häusern. Als sowjetische Truppen die Stadt Anfang 1945 befreiten, waren dort noch 120 000 Juden am Leben.

Am 15. Juli 1944 schrieb Anne Frank in ihr Tagebuch: „... ich fühle das Leid von Millionen Menschen mit. Und doch, wenn ich zum Himmel schaue, denke ich, daß sich alles wieder zum Guten wenden wird, daß auch diese Härte aufhören wird, daß wieder Ruhe und Frieden in die Weltordnung kommen werden." Das Ende des Holocaust war in der Tat nahe, doch es sollte noch nicht 1944 kommen. Die Zahl der Todesopfer unter den europäischen Juden überstieg in jenem Jahr 600 000.

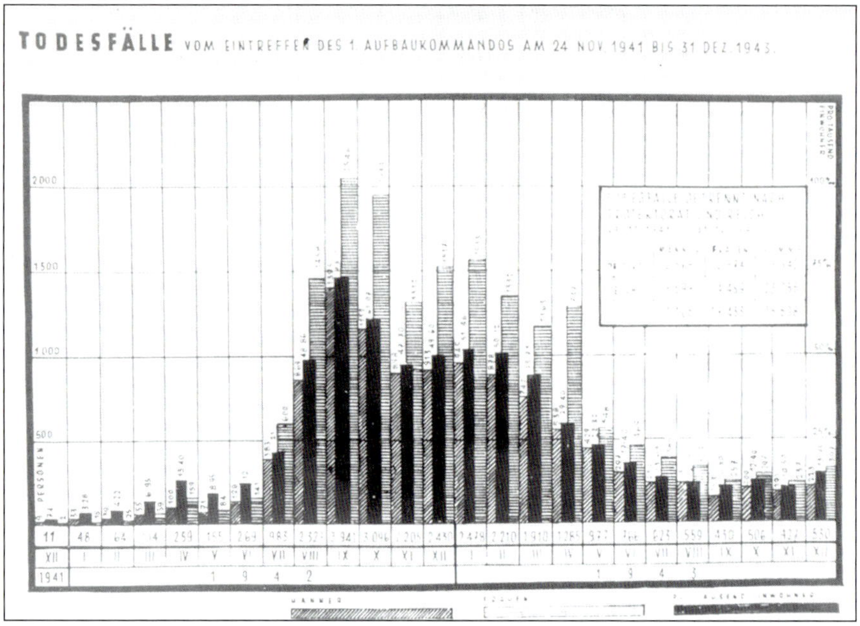

In vielen Lagern und Ghettos wurde über die Zahl der Todesfälle am jeweiligen Standort detailliert Buch geführt. Diese grafische Darstellung vom 1. Januar 1944 zeigt die Anzahl der Todesfälle in Theresienstadt, dem „Modell"-Ghetto und Konzentrationslager in der Tschechoslowakei, in der Zeit vom 24. November 1941 (als mit dem Bau des Lagers begonnen wurde) bis Ende 1943. In Theresienstadt kamen etwa 33 000 Menschen um. Außerdem wurden fast 88 000 Lagerinsasssen in die Gaskammern von Auschwitz verschleppt.

Die unter dem angenommenen Namen Jeannine van Meerhaegen lebende Jüdin Sara Lamhaut *(links)* bei der Vorbereitung auf die Erstkommunion. Saras Eltern, Icek Leib und Chana Laja Goldwasser, kämpften bei den belgischen Partisanen, bis sie denunziert, verhaftet und schließlich nach Auschwitz in den Tod geschickt wurden. In verschiedenen Klosterschulen versteckt, darunter auch im Konvent *Sœurs de Sainte Marie* bei Brüssel, überlebte Sara den Krieg und traf später Freunde ihrer Eltern, die sich um sie kümmerten. Dem jüdischem Untergrund gelang es in Zusammenarbeit mit der belgischen katholischen Kirche über 4000 belgisch-jüdische Kinder untertauchen zu lassen.

Henry Morgenthau jr., ein enger Freund des US-amerikanischen Präsidenten Franklin Roosevelt, war Finanzminister und das ranghöchste jüdische Mitglied der US-amerikanischen Regierung. Anfang 1944 erhielt Morgenthau von mehreren Angestellten seines Ministeriums ein Dokument mit der Bezeichnung „Bericht an den Minister über die Einwilligung dieser Regierung in den Mord an den Juden". Morgenthau brachte den Bericht zum Präsidenten und setzte damit die Bildung des *War Refugee Board* in Gang, mit dessen Hilfe in den letzten Monaten des Jahres über 200 000 Menschenleben gerettet wurden.

1944

• 1944: Die Vernichtungsindustrie der Nazis befindet sich auf ihrem Höhepunkt; sie beschäftigt 47 000 gut ausgebildete Vollzeitarbeitskräfte. • Die Lebenserwartung der Arbeiter im Bunawerk der IG Farben in Auschwitz (Polen), wo synthetischer Kautschuk und Treibstoff hergestellt werden, beträgt drei bis vier Monate, in den Bergwerken einen Monat. • König Gustav V. von Schweden und Papst Pius XII. zwingen Ungarn die Judendeportationen zu stoppen. • Der Jurist Raphael Lemkin beschreibt in seinem Buch *Axis Rule in Occupied Europa* (Die Herrschaft der Achsenmächte im besetzten Europa) die Naziherrschaft und den Mord an den Juden als einen Rückfall in die Barbarei. Lemkin prägt das Wort „Genozid", das er vom griechischen *génos* (Geschlecht) und vom lateinischen *caedere* bzw. *-cidere* (töten) ableitet.

Dieses Plakat in englischer und hebräischer Sprache fordert die Mitglieder des *Jischuw* (jüdische Gemeinde in Palästina) auf sich der Jüdischen Brigade anzuschließen. Von Kriegsbeginn an hatten sich auch Juden aus Palästina für das britische Heer rekrutiren lassen. Die Nachricht von den Massentötungen fachte den Wunsch nach einer eigenen Einheit an, in der die Juden unter zionistischer Flagge gegen die Truppen der Achsenmächte kämpfen konnten.

Ona Simaite, die von der Gedenk- und Forschungsstätte *Yad Vashem* den Ehrentitel „Gerechte der Nationen" erhielt. Die Bibliothekarin aus Wilna (Litauen) fuhr regelmäßig in das Judenghetto der Stadt, wo sie angeblich auf der Suche nach nicht zurückgegebenen Büchern war. In Wirklichkeit brachte sie Lebensmittel und andere Dinge für die Ghettobewohner mit und unterstützte den Untergrund. Sie wurde 1944 von den Nazis verhaftet, weigerte sich aber trotz fortdauernder schrecklicher Folterungen ihren Häschern Informationen preiszugeben. Schließlich schickten die Nazis sie in ein Lager in Frankreich, wo sie von den Alliierten befreit wurde.

Das War Refugee Board

Die internationalen Bemühungen zur Rettung der europäischen Juden nahmen mit der Schaffung des US-amerikanischen *War Refugee Board (WRB*; Kriegsflüchtlings-Ausschuss*)* im Januar 1944 einen Aufschwung. Nachdem Präsident Franklin Roosevelt der Angelegenheit länger als ein Jahr ausgewichen war, reagierte er schließlich auf den Druck der Öffentlichkeit und ordnete die Gründung des Ausschusses an. Er wies das *WRB* an alle in seiner Macht stehenden Maßnahmen zu ergreifen um die vom Tod bedrohten Opfer gegnerischer Unterdrückung zu retten.

Doch weder der Präsident noch das Außenministerium engagierten sich im *WRB*, für dessen Aktivitäten sie nur unzureichende finanzielle Unterstützung gewährten. Die meisten Gelder wurden von privaten jüdischen Organisationen aufgebracht.

Der von John W. Pehle geleitete Ausschuss koordinierte die Rettungsbemühungen über eine Reihe von Mitarbeitern in Übersee. Zu ihren Strategien gehörte es die Evakuierung von Juden aus den deutsch besetzten Gebieten zu planen, passende Umsiedlungsorte ausfindig zu machen, erwartete Deportationen zu verhindern und Häftlinge in den Nazilagern per Post mit dem Notwendigsten zu versorgen. Im August 1944 gelang es dem *WRB* 982 Flüchtlinge aus Italien, davon 874 Juden, in die USA und damit in Sicherheit zu bringen. 1944 konzentrierte der Ausschuss einen großen Teil seines Wirkens auf die Rettung der ungarischen Juden, die von der Verschleppung durch die Nazis sowie vom brutalen Vorgehen der ungarischen Pfeilkreuzler bedroht waren. Trotz heldenhafter Bemühungen und der Rettung von über 200 000 Menschenleben war das, was das *WRB* tat, nach Einschätzung seines Direktors noch „zu wenig und [kam] zu spät".

• Anfang 1944: Der Reichsminister für Volksaufklärung und Propaganda gibt den Film „Der Führer schenkt den Juden eine Stadt" frei, der ein größtenteils verfälschtes Bild vom vermeintlich guten Leben der Juden im Lager und Ghetto Theresienstadt (Tschechoslowakei) vermittelte.

• 10. Januar 1944: Professor Victor Basch und seine Ehefrau werden bei Lyon (Frankreich) als Vergeltung für den Mord französischer Partisanen an einem französischen Kollaborateur exekutiert.

• 12. Januar 1944: Frau Hanna Solf, die Witwe von Wilhelm Solf (dem ehemaligen deutschen Botschafter in Tokio), und ihre Tochter, Lagi Gräfin von Ballestrem, die beide dem antinazistischen deutschen Widerstand angehören, werden vier Monate nach ihrer Teilnahme an einer Teegesellschaft, bei der auch ein Informant der Gestapo zugegen war, verhaftet.

• 13. Januar 1944: Josiah DuBois und Randolph Paul, zwei Beamte des US-amerikanischen Finanzministeriums, drohen mit ihrem Rücktritt und der Veröffentlichung ihres Untersuchungsberichts über die skandalösen Aktivitä-

Zuflucht in einem Dorf

An einem Tag im Winter 1940/41 öffnete Magda Trocmé auf ein Klopfen ihre Tür. Vor ihr stand eine verängstigte Frau, die sich als deutsche Jüdin zu erkennen gab. Sie habe gehört, dass man in Le Chambon vielleicht Hilfe finden könne. Magda Trocmé bat sie ins Haus.

Le Chambon ist ein Gebirgsdorf im südlichen Zentralfrankreich. Viele der Dorfbewohner waren Nachfahren der Hugenotten, die einst auf die Hochebene geflohen waren, damit sie ohne eine Strafe fürchten zu müssen an ihrem protestantischen Christentum festhalten konnten. Der schon lange bestehende Argwohn gegenüber der Amtsgewalt und die Tradition auf ihr christliches Gewissen zu hören veranlassten die Bewohner den Juden zu helfen.

In Le Chambon fanden 5000 verfolgte Juden Zuflucht. Die Reaktion des Dorfes kam allerdings nicht über Nacht. Die Tapferkeit und Selbstlosigkeit der Menschen hatten sich über Jahre hinweg entwickelt, denn André Trocmé, der protestantische Geistliche der Gemeinde, hatte diese in seinen Predigten mit den Grundlehren des Christentums – Frieden, Verständnis und Liebe – bestens vertraut gemacht. Seine Botschaft lautete Gewaltlosigkeit, eine Gewaltlosigkeit allerdings, die Passivität ablehnte und Ungerechtigkeit missbilligte. Und entsprechend reagierten die Leute von Le Chambon.

Das Verstecken von Juden war zwar ein Verbrechen, auf das die Todesstrafe stand, doch die Einwohner von Le Chambon öffneten ihre Türen. „Keiner von uns dachte, dass wir etwa Helden seien“, sagte Magda Trocmé. „Wir waren einfach Leute, die versuchten ihr Bestes zu geben.“

Landung britischer Soldaten am 22. Januar 1944 am Strand von Anzio (Italien). Nach der Überwindung des heftigen deutschen Widerstands bei Anzio, am Monte Cassino und an der befestigten Gustav-Stellung drängten die Alliierten nach Norden. Am 4. Juni fiel Rom, Mitte August Florenz. Eine Wendung in diesem Krieg war im August der Beginn des italienischen Feldzuges gegen Deutschland, den einstigen Verbündeten. Das Vordringen der Alliierten nach Italien, die Kanalüberquerung und die Landung der Alliierten am 6. Juni in der Normandie (Frankreich) waren der Anfang vom Ende des Dritten Reiches.

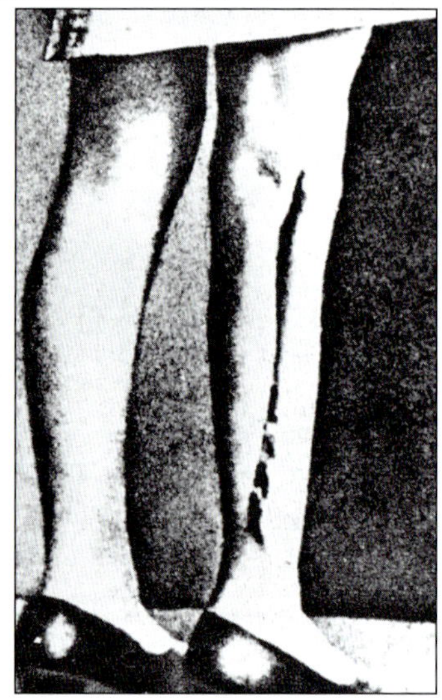

Jene Opfer, die nicht an den medizinischen Versuchen der Nazis starben, hatten häufig lebenslang unter den Folgen zu leiden. Dieses Foto zeigt das Ergebnis einer Operation, bei der einer Frau, die während des Krieges im Konzentrationslager Ravensbrück (Deutschland) eingesperrt war, der Wadenmuskel des rechten Beins entfernt wurde. Im Rahmen eines von Dr. Karl Gebhardt geleiteten Projekts amputierte man Häftlingen sogar Gliedmaßen, die angeblich verwundeten Soldaten transplantiert wurden. Nahezu die Hälfte der 24 Frauen, die diese speziellen Experimente über sich ergehen lassen mussten, starb.

1944

ten des Außenministeriums bezüglich der Juden. Das Dokument heißt ursprünglich „Bericht an den [Finanz-]Minister über die Einwilligung dieser Regierung in den Mord an den Juden“. Der Bericht klagt die Beamten des Außenministeriums des „vorsätzlichen Versuchs zur Verhinderung von Schritten zur Rettung der Juden vor Hitler“ an.

• 18. Januar 1944: 300 Juden, die sich in den Wäldern bei Buczacz (Ukraine) versteckt halten, werden von Panzern der Nazis eingekreist und getötet.

• 20. Januar 1944: 1155 Juden werden aus dem Durchgangslager Drancy (Frankreich) nach Auschwitz deportiert.

• 22. Januar 1944: Der US-amerikanische Präsident gründet unter Druck das *War Refugee Board*.

Ihre religiöse Überzeugung veranlasste viele Zeugen Jehovas der Naziregierung den Gehorsam zu verweigern. In den düsteren Kriegstagen des Jahres 1943 schloss sich die hier abgebildete Büroangestellte Mary Smigiel in Gdynia (Polen) den Zeugen Jehovas an. In dem Glauben, dass nur Jehova gepriesen und verehrt werden dürfe, lehnte Mary Smigiel die Forderung ihres Chefs ab, sämtliche Geschäftsbriefe mit dem Gruß „Heil Hitler" zu beenden. Ihre Weigerung wurde weitergemeldet und sie wurden in das Arbeitslager Stutthof (Polen) geschickt. Sie überlebte den Krieg, heiratete und ließ sich schließlich in den Vereinigten Staaten nieder.

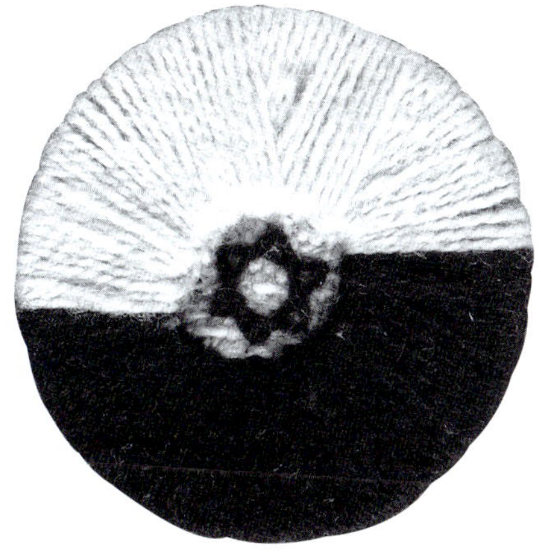

Selbst unter den schrecklichen Bedingungen, die in den Konzentrationslagern herrschten, versuchten die Häftlinge einen Anschein von Menschlichkeit zu bewahren. Dieser wollene Anstecker wurde von einem Häftling des Lagers Bergen-Belsen (Deutschland) angefertigt. Ruth Wiener bekam ihn als Geburtstagsgeschenk.

Für manche Juden in den besetzten Niederlanden war das Untertauchen vor den Nazis ein Schachzug, der funktionierte, so wie es bei diesem älteren Ehepaar, Coen und Ella van Eekeres-Jünge, der Fall war, das sich in diesem winzigen Keller in Amsterdam versteckte. Strapazen und Beschwernisse waren noch die geringsten Gefahren, die mit dem Leben im Verborgenen einhergingen; die eigentlichen Bewohner des Hauses mussten völlig auf die Sicherheit ihrer jüdischen Gäste bedacht und sich der großen Risiken bewusst sein, die sie selbst eingingen. Auch mussten sie sich vor antisemitisch eingestellten Nachbarn und selbst vor Verwandten sowie vor den unvermeidlichen Schnüffeleien der Nazibehörden in Acht nehmen.

• **25. Januar 1944: Hans Frank, Generalgouverneur im besetzten Polen, vermerkt in seinem Tagebuch, dass sich von den 3 500 000 Juden, die Ende 1941 in der Region ansässig waren, noch rund 100 000 unter seiner Kontrolle befinden.**

• **29. Januar 1944: Ein Nazigericht in Kraków (Polen) verurteilt fünf Polen zum Tod, weil sie Juden Hilfe geleistet haben. Einer der Angeklagten, Kazimierz Josefek, wird an einem öffentlichen Platz gehängt.**

• **30. Januar 1944: Aus Mailand (Italien) werden 700 Juden nach Auschwitz deportiert.**

• **Februar 1944: Adam Götz, ein Hamburger Ingenieur, der an der Entwicklung von Luftschiffen mitgearbeitet hat, stirbt im Ghetto von Łódź (Polen). • Der 20-jährige jüdische Widerstandsführer Moishe Fingerewajg wird in Frankreich exekutiert.**

• **4. Februar 1944: 365 Juden aus Saloniki (Griechenland), die unter dem Schutz der spanischen Regierung stehen, verlassen das Konzentrationslager Bergen-Belsen (Deutschland) und reisen in das sichere Spanien.**

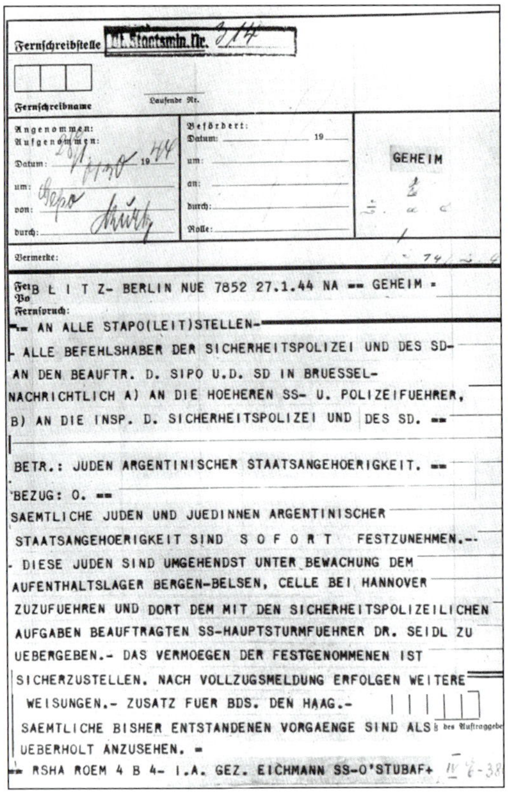
Fernschreibstelle Ät. Staatsmin. Nr. 314

Fernschreibname — Laufende Nr.

Angenommen: Aufgenommen:
Datum: 28/1 1130 1944
um:
von: Sepo
durch:

Befördert:
Datum: 19
um:
an:
durch:
Rolle:

GEHEIM

Vermerke:

Fernspruch: B L I T Z- BERLIN NUE 7852 27.1.44 NA == GEHEIM =

== AN ALLE STAPO(LEIT)STELLEN-
ALLE BEFEHLSHABER DER SICHERHEITSPOLIZEI UND DES SD-
AN DEN BEAUFTR. D. SIPO U.D. SD IN BRUESSEL-
NACHRICHTLICH A) AN DIE HOEHEREN SS- U. POLIZEIFUEHRER,
B) AN DIE INSP. D. SICHERHEITSPOLIZEI UND DES SD. ==

BETR.: JUDEN ARGENTINISCHER STAATSANGEHOERIGKEIT. ==
BEZUG: O. ==
SAEMTLICHE JUDEN UND JUEDINNEN ARGENTINISCHER STAATSANGEHOERIGKEIT SIND S O F O R T FESTZUNEHMEN.-- DIESE JUDEN SIND UMGEHENDST UNTER BEWACHUNG DEM AUFENTHALTSLAGER BERGEN-BELSEN, CELLE BEI HANNOVER ZUZUFUEHREN UND DORT DEM MIT DEN SICHERHEITSPOLIZEILICHEN AUFGABEN BEAUFTRAGTEN SS-HAUPTSTURMFUEHRER DR. SEIDL ZU UEBERGEBEN.- DAS VERMOEGEN DER FESTGENOMMENEN IST SICHERZUSTELLEN. NACH VOLLZUGSMELDUNG ERFOLGEN WEITERE WEISUNGEN.- ZUSATZ FUER BDS. DEN HAAG.- SAEMTLICHE BISHER ENTSTANDENEN VORGAENGE SIND ALS UEBERHOLT ANZUSEHEN. =
== RSHA ROEM 4 B 4- I.A. GEZ. EICHMANN SS-O'STUBAF+

Dieses Geheimtelegramm schickte der SS-Funktionär Adolf Eichmann im Januar 1944 an alle Befehlshaber der Sicherheitspolizei und des Sicherheitsdienstes in Brüssel (Belgien). Darin ordnete er die Verhaftung aller in Belgien lebenden argentinischen Juden und deren Abtransport in das Konzentrationslager Bergen-Belsen (Deutschland) an. Während des Krieges waren viele Juden, die argentinische Ausweispapiere besaßen, geschützt. Nach dem Krieg ließen sich zahlreiche Nazis und auch einige jüdische Überlebende in Argentinien nieder.

Die Deportationen niederländischer Juden begannen 1942; zwei Jahre später waren sie weitgehend abgeschlossen. Die meisten Verschleppten wurden nach Westerbork und von da nach Auschwitz oder Sobibór geschickt. 1944 lebten im Land nur noch wenige jüdische Bürger, deren Möglichkeiten beschränkt waren: Sie konnten sich verstecken, ungeheure Summen an einheimische Wucherer zahlen, die versprachen die befohlene Deportation zu verschieben oder aufzuheben, oder sie konnten Widerstand leisten. Hier verstecken Mitglieder des niederländischen Widerstands ein Gewehr und 9-mm-Munition unter dem Fußboden eines Badezimmers.

Zwei Kapos halten den Körper eines Häftlings fest, der den brennenden Schmerz des Peitschenhiebes auf seinen nackten Rücken erwartet. In den Lagern musste man selbst bei kleinsten Vergehen mit harten Strafen rechnen. Eine Bestrafung wie das Auspeitschen konnte einen Häftling derart schwächen, dass er nicht mehr arbeitsfähig war, und das Versagen bei der Arbeit bedeutete den Tod. Diese Zeichnung des ungarischen Künstlers György Kadar, der den Aufenthalt in fünf Lagern überstand, gibt überzeugend die Leiden und Qualen des Häftlings wieder.

1944

• 8. Februar 1944: 1015 Juden werden aus den Niederlanden nach Auschwitz deportiert. Unter den Deportierten befinden sich auch Kinder, die an Scharlach und Diphterie erkrankt sind. *Siehe* 10. Februar 1944.

• 10. Februar 1944: Von den 1015 Juden in einem Deportationszug, der aus den Niederlanden in Auschwitz eintrifft, werden 800 Personen – darunter sämtliche Kinder des Transports – sofort vergast. Aus Westerbork (Niederlande) werden 1229 Juden nach Auschwitz deportiert.

• 14. Februar 1944: Reichsmarschall Hermann Göring übermittelt dem Reichsminister für Bewaffnung und Munition die telegrafische Bitte ihm so viele KZ-Häftlinge wie möglich als Arbeitssklaven für die Betriebe der Luftrüstung zu überlassen.

Nahum Goldmann trug zur Gründung des *World Jewish Congress (WJC)* im Jahr 1936 bei. Die Organisation, die ihre Zentrale in den USA hat, versuchte das Überleben des jüdischen Volkes zu sichern und dessen Einheit zu fördern. Der Holocaust vertiefte nur noch die Überzeugung Goldmanns, dass in Palästina ein jüdischer Staat geschaffen werden müsse.

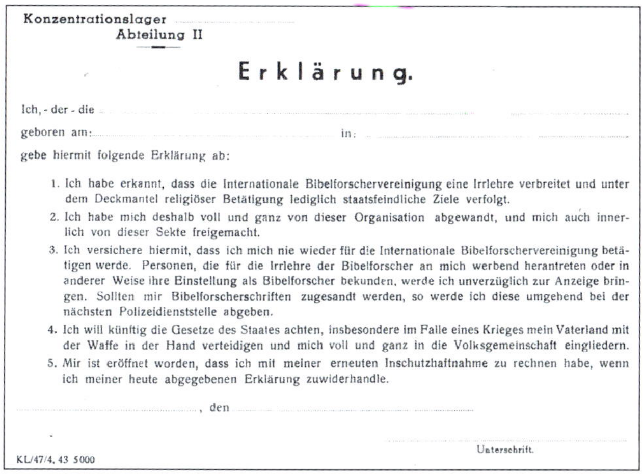

Konzentrationslager ....
Abteilung II

Erklärung.

Ich, - der - die ....

geboren am: .... in: ....

gebe hiermit folgende Erklärung ab:

1. Ich habe erkannt, dass die Internationale Bibelforschervereinigung eine Irrlehre verbreitet und unter dem Deckmantel religiöser Betätigung lediglich staatsfeindliche Ziele verfolgt.
2. Ich habe mich deshalb voll und ganz von dieser Organisation abgewandt, und mich auch innerlich von dieser Sekte freigemacht.
3. Ich versichere hiermit, dass ich mich nie wieder für die Internationale Bibelforschervereinigung betätigen werde. Personen, die für die Irrlehre der Bibelforscher an mich werbend herantreten oder in anderer Weise ihre Einstellung als Bibelforscher bekunden, werde ich unverzüglich zur Anzeige bringen. Sollten mir Bibelforscherschriften zugesandt werden, so werde ich diese umgehend bei der nächsten Polizeidienststelle abgeben.
4. Ich will künftig die Gesetze des Staates achten, insbesondere im Falle eines Krieges mein Vaterland mit der Waffe in der Hand verteidigen und mich voll und ganz in die Volksgemeinschaft eingliedern.
5. Mir ist eröffnet worden, dass ich mit meiner erneuten Inschutzhaftnahme zu rechnen habe, wenn ich meiner heute abgegebenen Erklärung zuwiderhandle.

.........., den ....

....
Unterschrift.

KL/47/4. 43 5000

Im Gegensatz zu vielen Opfern der Nazis, die keine Hoffnung auf Freiheit hatten, brauchten die Zeugen Jehovas nur eine Erklärung zu unterschreiben um aus Dachau oder einem anderen Konzentrationslager freigelassen zu werden. Die Nazis versuchten zwar die Zeugen Jehovas voneinander zu trennen und sie mit ihrem Glauben brechen zu lassen, doch die meisten blieben standhaft und waren nicht bereit Hitler die Treue zu geloben. Die Zeugen Jehovas sahen ihre Verfolgung als Zeichen des nahenden Jüngsten Gerichts an.

Pierre Marie Benoît

Viele Geistliche zogen Schweigen und Sicherheit vor, doch es gab auch einige wenige heldenhafte Mitglieder der Kirche, die das Gebot der Nächstenliebe, ganz gleich ob der Nächste ein Jude oder ein Christ war, nicht vergessen hatten. Pater Pierre Marie Benoît, ein Kapuzinermönch des Franziskanerordens, setzte sich für die Rettung von Juden zunächst in Frankreich und später in Rom ein.

Aus der Sicherheit seines Klosters in Marseille (Frankreich) wurde Pater Benoît Zeuge der Razzien auf nichtfranzösische Juden, die in Konzentrationslager gesteckt werden sollten. Wie der protestantische Pfarrer André Trocmé war auch Benoît der Meinung, dass man hier etwas unternehmen konnte. Sein Kloster wurde ein Zentrum der Aktivitäten zur Rettung von Juden, die in die neutrale Schweiz oder nach Spanien zu fliehen versuchten.

Nach der deutschen Besetzung Vichy-Frankreichs bereitete Benoît zusammen mit französischen und italienischen Behörden eine kühne Rettungsaktion vor um 30 000 Juden in Nizza vor der Deportation zu bewahren und nach Nordafrika in Sicherheit zu bringen. Dieser Plan wurde durch die Besetzung Norditaliens durch die Deutschen durchkreuzt. Doch solche Hindernisse spornten Benoît zu neuen Bemühungen an, und er konzentrierte sich auf die Juden Roms. Unter falschem Namen und in Zusammenarbeit mit jüdischen Organisationen rettete Benoît über 100 Juden, indem er ihnen falsche Papiere beschaffte und mehrere Botschaften überredete ihn bei seinen Bemühungen zu unterstützen. Nach dem Krieg erhielt Benoît von der Gedenk- und Forschungsstätte *Yad Vashem* den Ehrentitel „Gerechter der Nationen".

• **20.–25. Februar 1944:** Im Rahmen der *Operation Argument* binden amerikanische Luftwaffenverbände erfolgreich deutsche Fliegerkräfte um die deutsche Luftwaffe in einen Zermürbungskampf hineinzuziehen, den sie nicht gewinnen kann. Die Alliierten stellen vor dem *D-Day* (Landung in Westeuropa) die Luftüberlegenheit über Westeuropa her.

• **24. Februar 1944:** In Erwartung von Fluchtversuchen deportiert die SS 200 Häftlinge der Sonderkommandos von Auschwitz in das Todeslager Majdanek (Polen), wo alle 200 Häftlinge erschossen werden.

• **März 1944:** Deutsche Truppen marschieren in Ungarn ein und besetzen das Land. Oskar Schindler besitzt in Ungarn eine Fabrik zur Herstellung von Küchengeräten; er setzt sich wiederholt bei den örtlichen Behörden ein um Verhaftungen und Deportationen seiner jüdischen Angestellten zu verhindern. *Siehe* Sommer 1944. • 300 jüdischen Waisen aus Transnistrien (Rumänien) wird die sichere Überfahrt nach Palästina gewährt. • Die Juden auf der Insel Rab vor der Küste Dalmatiens (Serbien) werden verhaftet und nach Auschwitz deportiert. • Da die Rote Armee von Osten her immer weiter vorrückt, be-

Gisi Fleischmann

Die zionistische Aktivistin Gisi Fleischmann, die zu den letzten nach Auschwitz transportierten Juden gehörte, kam in einem Güterwaggon an ihrem Bestimmungsort an. Ihre Rückkehr war unerwünscht. Sie, die so viele Menschen gerettet hatte, konnte ihr eigenes Leben nicht retten.

Gisi Fleischmann, die in Bratislawa (Slowakei) arbeitete, leitete die *Alija*, die Einwanderungsabteilung des Jüdischen Zentrums, die die Auswanderung von Juden nach Palästina arrangierte. Als Leiterin der „Arbeitsgruppe" rettete sie Menschenleben, indem sie Nazibeamte mit privaten Geldern bestach, die in den USA aufgebracht worden waren. Als die Deportationen in der Slowakei im Oktober 1942 aufhörten, arbeitete Gisi Fleischmann an der Entwicklung des „Europaplans" mit, der den Austausch von Juden gegen Waren vorsah, die die Deutschen brauchten. Außerdem half sie weiter bei der Rettung der polnischen Juden mit, die aus den Ghettos flohen.

Selbst als die SS in Bratislawa das Netz um Gisi Fleischmann zuzog, setzte die Frau ihr Rettungswerk fort und weigerte sich unterzutauchen. Sie wurde am 18. Oktober 1944 vergast.

Plakat in englischer und hebräischer Sprache, das zu Spenden für die Rettung von Juden aus dem von den Nazis beherrschten Europa auffordert. Das von der *Hebrew Sheltering and Immigrant Aid Society (HIAS)* veröffentlichte Plakat drängte die Menschen die Juden bei der Flucht vor dem Tod und in die Vereinigten Staaten zu unterstützen. In dem Bewusstsein, dass Millionen bedroht waren, bemühte sich die *HIAS* zusammen mit anderen Organisationen verzweifelt für möglichst viele Juden die Überfahrt über den Atlantik zu organisieren. Ihre Mitarbeiter waren insbesondere daran interessiert jüdische Kinder sicher in die USA zu bringen und setzten diesen Kampf auch nach dem Krieg als Fürsprecher der Juden fort, die in den europäischen Lagern für *Displaced persons* lebten. Die *HIAS* war Teil der *HICEM*, einer größeren Hilfs- und Einwanderungsorganisation, die 1927 gegründet worden war.

Leonardo Conti, der den geschwollen klingenden Titel eines Reichsgesundheitsführers trug, war für das Gesundheitsprogramm der Nazis zuständig. In dieser Rolle ordnete er die Ermordung erwachsener Geisteskranker an. Als Anregung für andere Ärzte ihm zu folgen verabreichte Conti die ersten tödlichen Injektionen selbst. Conti trat bereits früh in die NSDAP ein und gründete den nationalsozialistischen Ärztebund, bevor Hitler ihn 1939 zum Reichsärzteführer ernannte. Bei Kriegsende wurde er verhaftet. Dem Prozess in Nürnberg, bei dem er sich für die von ihm angeordneten tausenden „Gnadentode" hätte verantworten müssen, entzog er sich durch Selbstmord.

1944

ginnen die Deutschen die jüdischen KZ-Häftlinge nach Westen zu evakuieren. Das Reich ordnet die Vernichtung der Lagerdokumente und der Leichen an.

• 4. März 1944: Vier jüdische Frauen, die im „arischen" Teil Warschaus entdeckt worden sind, werden von Deutschen ermordet. Es werden auch 80 nichtjüdische Polen getötet. Die Leichen wie auch die Körper der Opfer, die noch leben, werden angezündet.

• 5. März 1944: Der 60-jährige Max Jacob, ein getaufter Katholik, der den gelben Stern tragen muss und dem die Deportation bevorsteht, stirbt in Drancy (Frankreich) an Bronchopneumonie. Jacob, ein Patensohn Pablo Picassos, war ein bekannter Dichter.

Mobilisiert für den allumfassenden Krieg setzte die Rote Armee im Kampf auch Frauen wie diese polnischen Angehörigen der Kosciuszko-Division ein. Im Februar 1944 hatten die sowjetischen Streitkräfte die Deutschen aus einigen Teilen Polens schließlich vertrieben und setzten ihren Vormarsch nach Westen fort. Der Vorstoß zur Befreiung Osteuropas vollzog sich zwangsläufig in Etappen und über lange Zeitabschnitte. Diese Soldatinnen zeigen ein berechtigterweise triumphierendes Lächeln, doch es sollten noch zahllose vom Holocaust Betroffene sterben und viele überlebende polnische Juden sollten entdecken, dass der Antisemitismus aus ihrer Heimat nicht verbannt war.

Der 1920 in Rumänien geborene Paul Célan schuf beklemmende, unvergessliche Gedichte über den Holocaust. Seine Eltern wurden während der Nazibesatzung nach Transnistrien verschleppt, wo sein Vater an Fleckfieber starb und seine Mutter erschossen wurde. Célan verbrachte 18 Monate in einem Arbeitslager. Seine Erlebnisse dort und der Tod seiner Eltern prägten sein berühmtestes Gedicht „Todesfuge". Das Gedicht beschwört Bilder endlosen Leidens herauf, das ganz deutlich wird bei den Worten „Schwarze Milch der Frühe//wir trinken sie abends".

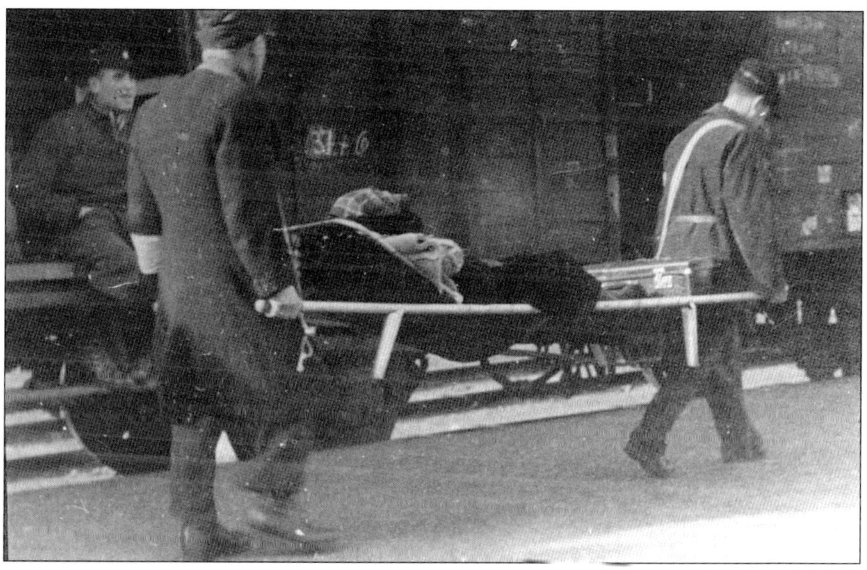

Jüdische Polizisten im Lager Westerbork (Niederlande), die eine alte Frau zum Zug nach Auschwitz tragen. Am 10. Februar 1944 traf ein Zug mit rund 1000 Insassen von Westerbork im Todeslager ein. Aus dieser Gruppe wurden etwa 800 Menschen vergast. Die übrigen Ankömmlinge wurden zur Arbeit geschickt, die den Tod dieser Menschen lediglich hinauszögerte.

• 7. März 1944: Der polnische Historiker Emanuel Ringelblum, der das Archiv des Warschauer Ghettos führte, ist einer von 38 Juden, die die Gestapo in einem Bunker im „arischen" Teil Warschaus verhaftet. Ringelblum und seine Familie werden gefoltert und getötet. • Der Dichter David Vogel wird von Drancy (Frankreich) nach Auschwitz deportiert. Unter den Kindern im selben Transport sind die 17-jährige Henriette Hess und ihr neunjähriger Bruder Roger. Beide werden ohne ihre Eltern deportiert. • Nur wenige Tage nach einem inszenierten Lagerrundgang für eine Besucherdelegation des Roten Kreuzes in Auschwitz, bei der die Lagerverwaltung für die Sicherheit der Häftlinge garantiert, werden dort 3800 tschechische Juden vergast. Juden, die sich mit bloßen Händen wehren, werden mit Gewehrkolben und Flammenwerfern in die Gaskammern getrieben. Während sie sterben, singen sie die tschechische Nationalhymne und *Hatikvah*, die spätere Nationalhymne Israels. Elf Zwillingspaare bleiben zu „Forschungszwecken" des Dr. Josef Mengele von der Gaskammer verschont. • Aus Drancy (Frankreich) werden 1500 Juden nach Auschwitz verschleppt. • Anne Frank äußert in ihrem Tagebuch: „Wer Mut und Vertrauen hat, wird im Unglück nicht untergehen!"

Der Holocaust in Griechenland

Die Vernichtung des griechischen Judentums ist eines der düstersten Kapitel des Holocaust. Von den mehr als 58 000 Juden, die von März 1943 bis Juli 1944 aus Griechenland verschleppt wurden, kehrten nicht einmal 2000 zurück.

Der Mord an den griechischen Juden verlief in drei Phasen. Im März 1943 wurden die Juden Thrakiens *(Abb.)* und Mazedoniens, zweier griechischer Gebiete, die Bulgarien annektiert hatte, nach Treblinka deportiert. Etwa 4200 Juden kamen kurz nach ihrer Ankunft in die Gaskammern.

In der zweiten Phase wurden die in den deutsch besetzten Zonen Griechenlands lebenden Juden in Saloniki in Ghettos gesperrt und später nach Auschwitz transportiert. In der Zeit von März bis August 1943 wurden rund 45 000 Juden verschleppt. Etwa 34 000 vergasten die Nazis sofort, über 12 000 wurden für die Zwangsarbeit selektiert.

Die letzte Phase der mörderischen Kampagnen gegen das griechische Judentum fand nach der Kapitulation Italiens im September 1943 statt. Bei den Deportationen aus Athen und vielen kleineren Städten auf dem Festland wurden 9000 Juden nach Auschwitz in den Tod geschickt.

Einige griechische Juden wehrten sich gegen die Naziunterdrücker. Griechische Häftlinge halfen das Krematorium III in Auschwitz zu sprengen; ein Mann mit Namen Albert Errera entkam, nachdem er seine Aufseher verwundet hatte.

Etwa 60 000 der 75 000 Juden Griechenlands wurden deportiert und in den Tod geschickt. Diese Juden aus Nordgriechenland wurden im März 1944 zusammengetrieben. Eine Zeit lang wurden die Juden, die in den italienisch besetzten Gebieten Griechenlands lebten, von der italienischen Armee geschützt. Aber die Deutschen okkupierten schließlich auch diese Territorien. Die meisten Juden wurden nach Polen in die Todeslager deportiert.

Das Waisenheim des Ghettos von Kowno (Litauen) war als Kinderstation des Ghettohospitals getarnt. Waisenkinder gehörten zu den ersten Opfern der Deutschen. Im Oktober 1941 riegelten die Deutschen das Ghetto ab und ermordeten 9000 Juden, von denen fast die Hälfte Kinder waren. Bei der „Kinderaktion" vom 27./28. März 1944 kamen 1300 Juden ums Leben.

1944

• 15. März – 2. April 1944: Die Deutschen starten auf dem griechischen Festland eine ausgedehnte Suche nach Juden, die dann nach Auschwitz deportiert werden sollen.

• 19. März 1944: Die Deutschen übernehmen die Kontrolle über Ungarn. Damit kommen weitere 725 000 unter die direkte deutsche Herrschaft. SS-Einheiten des Sondereinsatzkommandos Eichmanns, das Ungarn von Juden säubern soll, beginnen mit den Deportationen. • 200 jüdische Ärzte und Anwälte, die man in Ungarn willkürlich aus einem Fernsprechbuch ausgewählt hat, werden in das Konzentrationslager Mauthausen (Österreich) deportiert. • Das Todeslager Majdanek wird geräumt, da die sowjetischen Truppen immer näher rücken. Die kranken Häftlinge werden nach Auschwitz transportiert und dort vergast.

Bis März 1943 waren fast alle Juden im Generalgouvernement ermordet worden. Deshalb beschloss Heinrich Himmler die Aktion Reinhard allmählich auslaufen zu lassen; die Operation wurde am 19. Oktober 1943 offiziell beendet. Im August wurden die letzten 25 000 Juden des Ghettos Białystok nach Treblinka transportiert und dort ermordet. Im Herbst schlossen die Nazis das Lager und rissen es dann ab um ihre Verbrechen zu vertuschen. Als die sowjetischen Truppen das Gebiet im Juli 1944 erreichten, fanden sie eine ukrainische Bauernfamilie vor; die Familie hatte sich in einem Haus niedergelassen, das von der SS auf dem Lagergelände errichtet worden war. Die Rote Armee zwang die Ukrainer dort wegzuziehen und brannte das Haus nieder.

Saly Mayer, Schweizer Geschäftsmann und von 1936 bis 1942 Vorsitzender des Schweizerischen Israelitischen Gemeindebundes. Mayer verhandelte in einer Art Balanceakt mit den Nazis um ungarische Juden zu retten und widersetzte sich gleichzeitig den Wünschen der Nazis nach Hilfsmitteln, die den Krieg verlängert hätten. 1940 wurde er zum Vertreter des *Jewish Distribution Committee (JDC)* in der Schweiz ernannt. In dieser Position versuchte er schweizerisch-jüdische Gelder zur Unterstützung der Juden in den besetzten Staaten aus dem Land zu schleusen und um über die Freilassung der Verfolgten zu verhandeln.

In diesem imposanten Gebäude an der Ecke einer Straße in Paris befand sich die Zentrale der *Milice* (französische Miliz), einer pronazistischen, paramilitärischen Organisation, die im Januar 1943 auf die Initiative Joseph Darnands gegründet wurde. Sie agierte in Frankreich teilweise nach dem Vorbild der SS in Deutschland. Sie hatte für die innere Sicherheit in dem von den Nazis besetzten Frankreich zu sorgen und konzentrierte sich dabei auf das Aufspüren von Juden und Mitgliedern der französischen Résistance.

• Frühjahr 1944: Das Lagersystem Stutthof (Deutschland) wird vergrößert und umfasst nun 74 Außenlager.

• 22. März 1944: Unter Führung von Schlomo Kuschnir fliehen fast 100 Juden aus dem Arbeitslager in Kolditschewo (Weißrussland). Die Rebellen hinterlassen eine Sprengladung, die zehn SS-Aufseher tötet. Den meisten Flüchtlingen gelingt es zu entkommen; sie schließen sich der Widerstandsgruppe der Brüder Bielski im Naliboki Wald an. Kuschnir wird gefasst und begeht daraufhin Selbstmord.

• 23. März 1944: In der Region Białystok (Polen) zerstört eine jüdische Partisanengruppe unter Führung von Andrej Zymbal einen deutschen Militärzug, der Panzerfahrzeuge an die Ostfront bringen sollte. • Fast 6500 Juden aus Griechenland, darunter 1687 Personen aus Ioannina, werden nach Auschwitz deportiert.

• 24. März 1944: In Auschwitz werden 800 Juden aus Athen (Griechenland) ermordet. • Unweit der Katakomben in der Umgebung von Ardea (Italien) töten die Deutschen in den Ardeatinischen Höhlen 335 Zivilisten als Vergeltung für eine antinazistische Widerstandsaktion; über 250 der Opfer sind Katholiken und

Offizielles Foto, auf dem Hans Frank als hohe Persönlichkeit in der Nazihierarchie erscheint. Nach dem März 1942 übte Frank allerdings keine wirkliche Macht mehr aus, obgleich er seinen Titel als Leiter des Generalgouvernements, d. h. der besetzten polnischen Gebiete, die nicht in das Deutsche Reich eingegliedert worden waren, behielt. Die wirkliche Macht im Generalgouvernement lag in den Händen der SS. Anfang 1944 vermerkte Frank stolz in seinem Tagebuch, dass von den 3,5 Millionen Juden, die es 1941 in seinem Gebiet gab, nur noch 100 000 hier lebten.

Die beiden Neuvermählten Donna Habib und Pepo Levi posieren für das traditionelle Hochzeitsfoto. Nach der Kapitulation Italiens sahen sich die griechischen Juden, darunter auch dieses junge Paar von der Insel Rhodos, neuen Bedrohungen gegenüber. Ihr eheliches Glück sollte einen Monat später abrupt enden, als sie zusammen mit etwa 1700 anderen Juden von der Insel nach Auschwitz geschickt wurden. Die meisten Menschen aus diesem Transport gingen direkt in die Gaskammern; etwa 400 wurden als Arbeitssklaven ausgesucht.

Außenminister Cordell Hull, Finanzminister Henry Morgenthau jr. und Kriegsminister Henry L. Stimson *(von links nach rechts)* im Büro des US-amerikanischen Außenministers. Die drei Kabinettsmitglieder trafen am 21. März 1944 bei der dritten Sitzung des *War Refugee Board* zusammen. Der Ausschuss wurde im Januar 1944 aufgrund einer Verfügung des Präsidenten Franklin Roosevelt gebildet und ermächtigt Strategien zur Rettung der Opfer der Naziaggression zu entwickeln.

1944

78 Juden. • Der US-amerikanische Präsident Franklin Roosevelt kündigt all jenen, die Kriegsverbrechen begangen haben, an, dass sie der Bestrafung nicht entgehen würden.

- **27. März 1944: 1000 Juden werden von Drancy (Frankreich) nach Auschwitz verschleppt.**

- **27.–28. März 1944: Im Lager Zezmariai (Litauen) und im nahen Kowno werden alle jüdischen Kinder zusammengetrieben und ermordet. Unter den wenigen Überlebenden ist der fünfjährige Zahar Kaplanas, den ein nichtjüdischer Litauer in einem Sack versteckt in Sicherheit bringt. Eine Frau erhält die Erlaubnis, eines ihrer drei Kinder zu behalten; sie kann sich nicht entscheiden und muss zusehen, wie alle drei auf einem LKW weggebracht werden.**

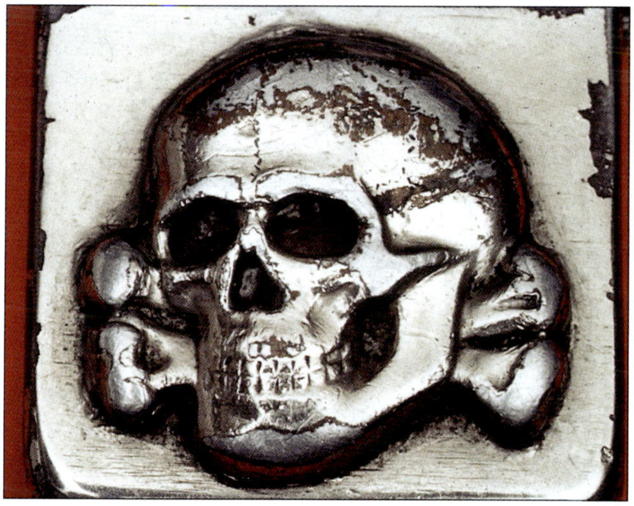

Dieses Totenkopfemblem, das im Konzentrationslager Dachau (Deutschland) gefunden wurde, veranschaulicht die tödliche Grausamkeit jener, die beschlossen hatten, dieses Zeichen zu tragen. In den letzten Kriegsmonaten musste Dachau tausende Häftlinge aus den Lagern im Osten aufnehmen. Krankheiten und der Tod beherrschten das Lager, in dem Schädel und Knochen zur dominierenden Realität wurden.

Rabbi Abba Hillel Silver, eine der deutlichsten und mächtigsten Stimmen in der jüdischen Gemeinschaft, wanderte als neunjähriger Junge aus Litauen in die Vereinigten Staaten aus. Nach seiner Ordination vom *Hebrew Union College* im Jahr 1915 folgte Silver dem Ruf in eine Gemeinde in Cleveland (US-Bundesstaat Ohio), wo er sein gesamtes Berufsleben verbrachte. Der Zionist Silver war ein leidenschaftlicher und stimmbegabter Fürsprecher für eine jüdische Heimstatt. 1938 wurde er Vorsitzender des *United Palestine Appeal*. Später wurde er neben Rabbi Stephen Wise zum Ko-Vorsitzenden des *American Zionist Emergency Council*.

Massaker in den Höhlen

In den Adreatinischen Höhlen in der Umgebung Roms wurden 335 italienische Geiseln, darunter 78 Juden, ermordet. Das Blutbad fand als Vergeltung für einen Partisanenangriff statt, bei dem in der *Via Rasella* in Rom 33 deutsche Soldaten umgekommen waren. Den Befehl zu dem Massaker hatte am 24. März 1944 SS-Obersturmbannführer Herbert Kappler gegeben.

Fünf Monate zuvor, am 16. Oktober 1943 (dem „Schwarzen Samstag"), hatte Kappler die Razzia auf römische Juden befohlen. Damals kamen mehr als 1000 Personen nach Auschwitz, von denen 800 ermordet wurden. Nach dem Krieg wurde Kappler vor ein italienisches Militärgericht gestellt und zu lebenslanger Haft verurteilt. Er floh 1977 im Kofferraum des Autos seiner Frau, starb aber kurz darauf in Deutschland.

Der SS-Hauptsturmführer Erich Priebke, der das Massaker in den Höhlen leitete, wurde 1996 von Argentinien an Italien ausgeliefert. Er kam vor ein italienisches Kriegsgericht, das seine Verurteilung wegen Kriegsverbrechen allerdings ablehnte. Die Begründung lautete, Priebke habe lediglich Befehle ausgeführt und die Verjährungsfrist sei abgelaufen. Priebke stand 1996 nochmals vor einem anderen italienischen Kriegsgericht, das ihn zu fünf Jahren Haft verurteilte, von denen er nur sechs Monate absaß.

• 31. März 1944: Der SS-Funktionär Adolf Eichmann versichert führenden jüdischen Persönlichkeiten in Ungarn, dass sich die deutsch-jüdischen Beziehungen nach dem Krieg normalisieren würden.

• April 1944: In den Leichengruben in Ponary (Litauen) entdeckt Isaak Dogim, einer der Juden, die die Leichen ermordeter Juden exhumieren und verbrennen müssen, die verwesenden Leichen seiner Frau, seiner drei Schwestern und seiner drei Nichten. • Der ehemalige Anführer der Partisanen in den Pripjat-Sümpfen (Weißrussland), Berl Lopatin, der jetzt Angehöriger der Sowjetarmee ist, wird bei der Überwindung eines Minenfeldes getötet. • 900 jüdische Waisen aus Transnistrien (Rumänien) erhalten die Genehmigung zur Überfahrt nach Palästina. • Der deutsche katholische Geistliche Max Joseph Metzger, dessen Brief mit der Bitte um eine neue deutsche Regierung 1942 die Gestapo abfing, wird in Brandenburg (Deutschland) hingerichtet. Von den 5500 jüdischen Arbeitssklaven, über die die Fabrik zur Herstellung von synthetischem Treibstoff in Blechhammer (Polen) bei ihrer Eröffnung 1942 verfügte, sind nur noch 4000 am Leben. In diesem Monat wird Blechhammer in Auschwitz IV umbenannt.

Jizchak Katzenelson

Unter den Opfern, die im Frühjahr 1944 in den Gaskammern von Auschwitz getötet wurden, befand sich auch der Dichter Jizchak Katzenelson und dessen 18-jähriger Sohn Zvi. In glücklicheren Tagen in Polen war Katzenelson ein produktiver Schriftsteller gewesen, der in jiddischer und hebräischer Sprache schrieb und Werke ganz verschiedener Genres – angefangen von Theaterkomödien bis hin zu Kinderbüchern – veröffentlichte. Unter deutscher Besatzung rüttelte Katzenelson mit seinen Werken, die Beharrlichkeit angesichts großer Not und überwältigenden Elends ausdrückten – seine Frau und zwei seiner Kinder waren nach Treblinka deportiert worden –, die Ghettogemeinschaft in Łódź (Polen) und nach seiner Flucht nach Warschau die Juden auch dort auf.

Während des Warschauer Ghettoaufstandes wurden Katzenelson und dessen Sohn, beide durch einen gefälschten honduranischen Pass geschützt, im Rahmen eines geplanten Gefangenenaustauschs mit den Alliierten in das Konzentrationslager Vittel (Frankreich) geschickt. Die Schrecken, die Katzenelson erlebt hatte, drängten ihn weiterzuschreiben. Die Eintragungen in seinem Tagebuch zeugen vom Mut der deportierten Ghettobewohner und vom Heldentum der Warschauer Ghettokämpfer. Seine Gedichte aus Vittel drücken die schmerzliche Vorahnung aus, dass der Austausch nicht zu Stande kommen und er mit seinem Sohn sterben würde. Sein „Großer Gesang vom ausgerotteten jüdischen Volk“ *(Dos lild vunem ojsgehargeten jidischn volk)* enthält die schmerzlichen Worte: „Der Umsatz war glänzend, denn ein Volk ward euch beschert …“. Katzenelson und sein Sohn wurden im April 1944 von den Deutschen ermordet.

Ein junges jüdisches Paar mit seinem Kind in Nordafrika. Sie werden bald an Bord eines Schiffes gehen, das sie nach Palästina bringen soll. Jüdische Hilfsorganisationen charterten Schiffe verschiedener Herkunftsländer, darunter auch aus Portugal, die Juden aus Nordafrika nach Palästina brachten. Doch selbst nach der Landung amerikanischer Truppen erlebten die Juden in Casablanca (Marokko) und anderen nordafrikanischen Städten auch weiterhin Verhaftungen und Übergriffe, deren Urheber mitunter rechtsgerichtete und antisemitisch eingestellte französische Behörden waren.

Walter Schellenberg gelangte 1944 als Chef der Sicherheitsdienste der SS und der Wehrmacht zu neuer Größe und Macht. Seine Ernennung folgte der Auflösung der Abwehr und der Verhaftung des Chefs dieser Abteilung, Admiral Canaris'. Schellenberg, ehemaliger Berater Heinrich Himmlers, hatte während des Krieges verschiedene verantwortungsvolle Posten inne und war u. a. Chef des Amtes VI des Reichssicherheits-Hauptamtes (RSHA), das für die Nachrichtenbeschaffung aus dem Ausland zuständig war. Seine Ernennung 1944 machte ihn in der SS zum zweitmächtigsten Mann nach Himmler.

1944

• 4. April 1944: Die Luftaufklärung der USA nimmt die ersten Fotos von Auschwitz auf.

• 5. April 1944: Von 835 Juden, die aus Fossoli (Italien) nach Auschwitz deportiert werden, kommen 692 unmittelbar nach der Ankunft in die Gaskammern. Unter den Opfern befinden sich auch die 71-jährige Sarah Klein und die fünfjährige Rosetta Scaramella.

• 6. April 1944: Auf der Suche nach flüchtigen Juden schwärmen 3000 deutsche Soldaten im „arischen“ Teil Warschaus (Polen) aus. Sie verhaften 70 Männer und 30 Frauen, die später ermordet werden. • Eine Gestapo-Einheit unter dem Kommando von Klaus Barbie durchsucht das Kinderheim in Izieux (Frankreich) nahe der Grenze zur Schweiz und verhaftet zehn Betreuerinnen und 43 jüdische Kinder. Die meis-

Max Joseph Metzger war katholischer Priester und Pazifist. Metzger, der im Ersten Weltkrieg als Militärgeistlicher gedient hatte, gründete 1917 in Graz den „Weltfriedensbund vom Weissen Kreuz", der später in den „Friedensbund Deutscher Katholiken" überging. Während des Zweiten Weltkrieges forderte er eine nicht nazistische Regierung für Deutschland. Metzger wurde verhaftet, von dem ausgesprochen pronazistischen Volksgerichtshof wegen Hochverrats verurteilt und im April 1944 hingerichtet.

„Ich sah viele Internierte, die bis ganz zum Schluss an ihrer menschlichen Würde festhielten. Die Nazis hatten es geschafft sie körperlich zu erniedrigen, doch sie konnten sie nicht moralisch herabsetzen. Wegen dieser Wenigen habe ich meinen Glauben an die Menschheit nicht vollständig verloren. Wenn selbst im Dschungel von Birkenau alle nicht unbedingt unmenschlich zu ihren Mitmenschen waren, dann gibt es in der Tat Hoffnung."

Olga Lengyel, Five Chimneys: The Story of Auschwitz

Am 13. April 1944 fand eine der letzten Judendeportationen aus dem Durchgangslager Drancy (Frankreich) nach Auschwitz statt. Am 16. April kamen 1500 Gefangene in Auschwitz an, unter denen sich auch die Familie Brin *(Abb.)* befand. Sie alle starben mit Ausnahme von 388 Personen in den Gaskammern.

ten werden nach Drancy (Frankreich) und dann nach Auschwitz transportiert. Die 11-jährige Liliane Berenstein, eines der Kinder, die nach Auschwitz gebracht wurden, schreibt einen Brief an Gott, in dem sie um die Rückkehr ihrer Eltern bittet.

• 8. April 1944: An diesem ersten Abend des Passahfestes packt der polnische Rabbi Mosze Friedman, der erst kurz zuvor in Auschwitz angekommen ist, einen SS-Untersturmführer und hält ihm seine Verbrechen vor; er versichert ihm, dass die Juden ewig existieren würden und das Ende des Nazismus drohend bevorstehe.

• 10. April 1944: Der 26-jährige Alfred Wetzler und der 19 Jahre alte Rudolf Vrba, zwei slowakische Juden, fliehen aus Auschwitz. Beide geben den Alliierten später die ersten Augenzeugenberichte über die „Endlösung" sowie einen Hinweis auf die Absicht der Nazis das ungarische Judentum zu vernichten.
• Die Rote Armee nimmt Odessa (Ukraine) ein.

• 13. April 1944: Aus Drancy (Frankreich) werden 1500 Juden nach Auschwitz deportiert. Eine Überlebende aus diesem Transport, die damals

Der Prozess der Ghettoisierung und Deportation verlief in Ungarn bemerkenswert rasch. Die Juden wurden in der Regel nur wenige Tage nach ihrer Umsiedlung in ein Ghetto von dort abtransportiert. Dieses Foto zeigt Moritz Goldstein und dessen Sohn Endre im Ghetto von Debrecen. Moritz und dessen Ehefrau Mathilde hatten vier Söhne, von denen nur einer, Ernst, den Krieg überstand. Er wanderte 1946 in die USA aus.

GROSSE GHETTOS IN UNGARN (1944)

Nach der Besetzung Ungarns durch deutsche Truppen am 19. März 1944 mussten die Juden des Landes (mit Ausnahme der jüdischen Einwohner Budapests) in Ghettos umziehen. Vom 15. Mai bis zum 9. Juli wurden mehr als 430 000 ungarische Juden verschleppt – die meisten von ihnen in die Gaskammern von Auschwitz.

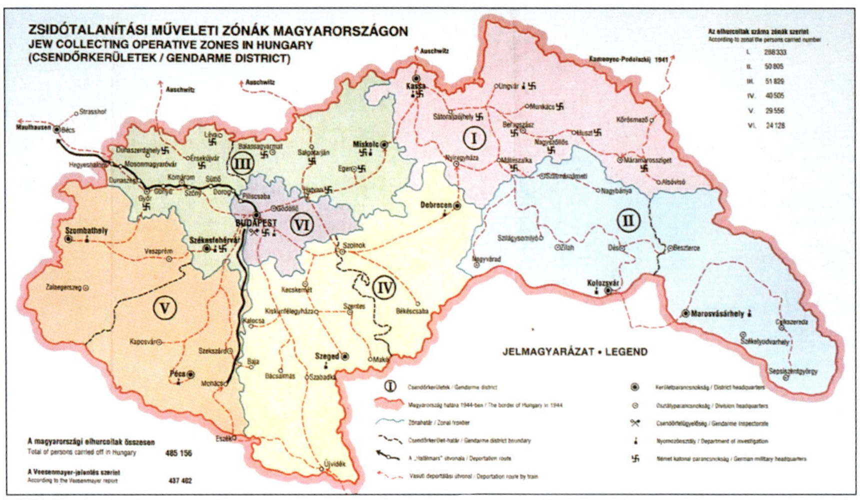

Am 19. März 1944 besetzten die Nazis Ungarn und begannen Pläne zur Vernichtung der 725 000 Juden des Landes zu schmieden. Die ungarischen Juden waren bis dahin im Großen und Ganzen unbehelligt geblieben. Die meisten wurden nach Auschwitz, das größte Todeslager, deportiert. Diese Karte zeigt die Polizeidistrikte, in die die Nazis Ungarn zur effektiveren Organisation der Judentransporte gegliedert hatten.

1944

16-jährige Simone Jacob, lebt dann unter dem Namen Simone Veil und wird später Frankreichs Gesundheitsministerin und 1979 Präsidentin des Europaparlaments in Strasbourg (Frankreich).

• 15. April 1944: Jüdische Arbeitssklaven, die in Ponary (Litauen) bei Wilna die Leichen ermordeter Juden und sowjetischer Kriegsgefangener exhumieren müssen, unternehmen einen Fluchtversuch. Von den 40 Männern, die in einen heimlich gegrabenen Tunnel an der Seite eines Massengrabes kriechen können, erreichen 15 die nahen Wälder. Die meisten von ihnen schließen sich sowjetischen Partisanengruppen an. *Siehe* **20. April 1944. • In Ungarn müssen zehntausende Juden ihre Häuser verlassen und in Ghettos umziehen.**

Männer und Frauen des polnischen Widerstands, die sich einen Moment kameradschaftlichen Beisammenseins gönnen, ehe sie wieder in den Kampf ziehen. Diese Kämpfer unterstützten die Sowjetarmee, indem sie im Gebiet um Wilna (Litauen) mit ihren Guerilla-Aktionen einen Zermürbungskampf gegen die deutschen Truppen führten. Manche Juden, die vom Rudninkai-Wald und von anderen geheimen Standorten aus operierten, waren auch in der Widerstandsbewegung aktiv und bereiteten den Weg zur Befreiung Wilnas im Juli 1944.

Hermann Göring gehörte zu den einflussreichsten Persönlichkeiten Nazideutschlands. 1944, als er bereits hoffnungslos morphiumsüchtig war, schwand sein Einfluss jedoch und er verlor einen Großteil seiner Macht an Goebbels, Himmler und Bormann. Er hatte inzwischen auch ein Körpergewicht von mehr als 135 Kilogramm erreicht. Hitler, der Göring für die Wende des Kriegsverlaufs gegen Deutschland verantwortlich machte, weigerte sich oftmals sogar ihn zu empfangen.

Joseph Darnand, ein Veteran des Ersten Weltkrieges, stand schon lange mit rechtsgerichteten, antisemitischen Gruppierungen in Frankreich in Verbindung. Er gründete den *Service d'ordre légionnaire (SOL)*, eine kollaborationistische paramilitärische Gruppe, zu der etwa 15 000 Mitglieder gehörten. Darnand wurde schließlich Führer der Miliz Vichy-Frankreichs und war in dieser Funktion für Recht und Ordnung verantwortlich. Das Foto vom 16. April 1944 zeigt ihn auf einer Kundgebung in Paris, mit der man die Bereitschaft der Bevölkerung der Stadt zur Zusammenarbeit mit den Besatzern fördern wollte.

• 20. April 1944: 29 jüdische Arbeitssklaven, die nach einer teils erfolgreichen Flucht aus Ponary (Litauen) zurückgeblieben sind, werden von SS-Aufsehern erschossen.

• 22. April 1944: Unter den 250 Juden und sowjetischen Kriegsgefangenen, die in einem Betrieb der Siemens-Schuckert-Werke GmbH in Bobrek (Polen) arbeiten müssen, sind auch 50 Kinder.

• 28. April 1944: Adolf Eichmann schickt die ersten 1500 jüdischen Arbeitssklaven aus Ungarn in die Rüstungsbetriebe in und bei Auschwitz.

• 29. April 1944: In Kistarcsa beginnt die erste Deportation ungarischer Juden nach Auschwitz. • Aus dem Durchgangslager Drancy (Frankreich) werden 1004 Juden, darunter auch der jüdische Dichter Jizchak Katzenelson und dessen ältester Sohn, nach Auschwitz deportiert.

• 30. April 1944: Aus Topolya (Ungarn) werden 2000 körperlich leistungsfähige Juden nach Auschwitz verschleppt.

• Mai 1944: SS-Sturmbannführer Christian Wirth, ein Kommandant des Todeslagers Belżec (Polen), wird in Fiume (Jugoslawien) von Partisanen

Dieses sorgfältig zusammengestellte und eingelagerte Porzellan war einst der Stolz jüdischer Familien in Prag (Tschechoslowakei). Diese Stücke gehörten zu einer gewaltigen Anhäufung von Gebrauchsgegenständen, Büchern und Möbeln, die einer der bekanntesten jüdischen Gemeinden Europas von den Nazis geraubt worden waren. Sie sollten nach den Vorstellungen der Nazis Teil einer Sammlung im geplanten Zentralmuseum für die ausgelöschte jüdische Rasse werden. Die Gegenstände überlebten leider viele ihrer Besitzer.

SS-Sturmbannführer Christian Wirth führte die Verwendung von Giftgas zur Tötung der „Euthanasie"-Opfer ein. Er war u. a. der Leiter der Vernichtungslagerorganisation in Polen. In Bełżec hielt er eines Tages ein großes Gefäß voller Zähne hoch, die ermordeten Juden herausgebrochen worden waren. „Sehen Sie doch selbst diese Menge Gold!" brüstete er sich. „Das ist nur von gestern und vorgestern. Sie können sich nicht vorstellen, was wir jeden Tag finden – Dollars, Diamanten, Gold!" Später wurde Wirth mit der Leitung des italienischen Konzentrationslagers *La Risiera di San Sabba* beauftragt, wo er 22 Häftlingstransporte nach Auschwitz zusammenstellte. Im Mai 1944 wurde er bei Fiume (Jugoslawien) von italienischen Partisanen erschossen.

Drei Juden drängen eine jüdische Frau zu einer der Gaskammern in Auschwitz. Wahrscheinlich wollen sie damit ein gewaltsames Vorgehen der SS-Aufseher vermeiden, die im Hintergrund bereits aufgetaucht sind. Viele Juden klammerten sich bis ganz zuletzt an die Hoffnung, dass das, was sie über Auschwitz gehört hatten, unwahr sei.

1944

ermordet. • Unter den polnischen und den alliierten Soldaten, die am Monte Cassino (Italien) kämpfen, befinden sich auch viele Juden. • Das Judenghetto in Łódź (Polen) wird aufgelöst. • Mit dem Beginn der Massendeportationen von Juden aus Ungarn in die Todeslager werden in Sátoraljaújhely und Miskolc hunderte ungarische Juden erschossen, die sich weigern die Züge nach Auschwitz zu besteigen. • In Auschwitz werden 33 000 Juden aus Munkács (Ungarn) getötet.

• 3. Mai 1944: In Gleiwitz (Polen) bei Auschwitz eröffnen die Deutschen eine Produktionsstätte für „schwarzen Rauch", der für Rauchvorhänge benutzt wird. In der Fabrik werden Arbeitssklaven eingesetzt.

• 13. Mai 1944: Die Rote Armee nimmt

Diese weiblichen Häftlinge in Auschwitz werden von einem Berg aus Schuhen überragt, die sie der Größe nach sortieren müssen. Die Schuhe existierten in vielen Fällen länger als die Frauen in den Arbeitskommandos. Nach dem Sortieren kam das Schuhwerk „nach Kanada", d. h. ins Depot. Dort machten sich die Frauen des Schuhkommandos an die Arbeit und trennten die Oberteile von den Sohlen und das Leder vom Gummi. Ein Großteil des Materials wurde nach Deutschland geschickt.

Das Aufräumungskommando, in dem zum großen Teil Juden arbeiteten, hatte die makabre Aufgabe die Habseligkeiten der Opfer der Auschwitzer Gaskammern zu sortieren. Die Lagerinsassen nannten die mehrere Dutzend Baracken, in denen die Sachen gelagert wurden, „Kanada", weil sie sie mit den Reichtümern dieses Landes in Verbindung brachten.

„Kanada"

Während ihre Opfer in den Gaskammern von Auschwitz-Birkenau starben, plünderten die Nazis schon die persönlichen Besitztümer der Toten. In einer speziellen Abteilung des Lagers Birkenau sortierten Arbeitskommandos, in denen hauptsächlich Jüdinnen zu finden waren, die Beute. Dieser Teil des Lagers wurde „Kanada" genannt, denn man verglich ihn in einem Anflug von Hohn mit jenem Land, das für seine Reichtümer und seinen Überfluss bekannt war.

Die in Tag- und Nachtschichten arbeitenden Häftlingskommandos sortierten systematisch Kleidung, Gepäck, Decken und sonstige Gebrauchsgegenstände, Wertsachen und Lebensmittel. Einige Häftlinge sortierten Schuhe, einige nur Herrenbekleidung. Sie warfen Koffer, Decken und sogar Kinderwagen getrennt zu großen Haufen zusammen. In einem Gebäude, das als „Futterbaracke" bekannt war, verschimmelten und verfaulten große Berge von ungarischer Salami, holländischem Käse und anderen Lebensmitteln.

Die SS, die auf der Suche nach Geld und Schmuckstücken war, befahl den Häftlingen auch Zahncremetuben auszudrücken um die eventuell darin versteckten Diamanten aufzuspüren. Selbst persönliche Gegenstände wie Haarbänder, Uhren, Brillen und künstliche Gebisse wurden gesammelt. Die sortierte Beute wurde in Eisenbahnwaggons oder auf LKW verladen und nach Deutschland transportiert. Als die Nazis das Lager Anfang 1945 räumen mussten, hinterließen sie 349 820 Herrenanzüge, 836 255 Stück Damenbekleidung und rund 38 000 Paar Herrenschuhe.

Sewastopol (Ukraine) ein. • Im gesamten Lagersystem der Nazis wird eine neue Serie Häftlingsnummern eingeführt, die mit A beginnt. Damit soll die Anzahl der Auschwitzer Häftlinge vertuscht werden.

• 15. Mai 1944: Die Deutschen beginnen mit der Deportation ungarischer Juden aus Ruthenien und dem nördlichen Siebenbürgen nach Auschwitz. • Aus Drancy (Frankreich) werden 878 Juden in das Arbeitslager Reval (Estland) verschleppt.

• 15. Mai – 9. Juli 1944: Über 430 000 Juden werden nach Auschwitz deportiert. In geschlossene Güterwagen werden jeweils bis zu 100 Personen gepfercht, die für die Fahrt nur einen einzigen Eimer Wasser und einen Eimer für Abfälle erhalten. Selbstmorde und Wahnsinn nehmen während der Transporte überhand.

• 18. Mai 1944: Der jüdische Partisanenführer Alexander Skotnicki fällt, als seine Einheit in Polen in der Nähe des Parczew-Waldes gegen die SS-Panzerdivision „Wiking" kämpft. • In Kowno (Litauen) trifft ein Deportationszug aus Paris ein. *Siehe* 19. Mai 1944.
• Die Deportationen aus Theresienstadt

Die Vernichtung der ungarischen Juden

„Ich wurde im Mai geboren. Ich bin im Mai gestorben." So schrieb Isabella Leitner in „Literarische Fragmente von Isabella", einer Erinnerung an den Holocaust. „Wir begannen die Reise der Hässlichkeit am 29. Mai. Wir fuhren nach Auschwitz. Wir kamen am 31. Mai an."

Noch zu Beginn des Jahres 1944 schienen die 725 000 Juden Ungarns relativ sicher zu sein. Die Oberhäupter dieser letzten großen europäischen Judengemeinde besaßen Berichte über das Schicksal, das ihre Glaubensbrüder unter der Nazibesatzung ereilt hatte; Ungarns Juden lebten angesichts des Bündnisses ihres Landes mit Hitler in einer unsicheren Situation. Doch verglichen mit der Lage anderer jüdischer Gemeinden, von denen die meisten 1944 bereits ausgelöscht waren, schienen die ungarischen Juden Glück gehabt zu haben. Bis zum 19. März 1944, als die Deutschen das Staatsgebiet ihres unsicheren Bundesgenossen besetzten, litten nach den Worten von Ida Fink, einer weiteren Überlebenden des Holocaust, freilich viele ungarische Juden unter dem „Mangel an Vorstellungskraft". Sie konnten nicht glauben, dass das, was den Juden im deutsch besetzten Europa widerfahren war, auch mit ihnen geschehen würde.

Der Albtraum begann im April 1944. Die ersten ungarischen Juden wurden in Ghettos gesperrt und dann verließen am 29. und 30. April zwei Transporte mit insgesamt 3800 Männern und Frauen Ungarn. Sie kamen am 2. Mai in Auschwitz an. Die „Selektion" ließ 486 Männer und 616 Frauen zum Arbeiten am Leben. Die übrigen 2698 Menschen wurden vergast. Mitte Juli 1944 schließlich hatten 147 Züge mehr als 430 000 ungarische Juden nach Auschwitz gebracht. Über 75 Prozent der Deportierten wurden kurz nach ihrer Ankunft getötet. Als Ungarn Anfang 1945 befreit wurde, waren über 560 000 seiner jüdischen Bürger tot.

Isabella Leitners 20. Geburtstag war Sonntag, der 28. Mai 1944. Zu ihrer „Geburtstagsfeier" gehörte auch die Vorbereitung auf die für den folgenden Tag angekündigte Deportation. Dieser Transport brachte Isabella Leitner, ihre vier Schwestern, ihren Bruder und ihre Mutter zusammen mit hunderten weiterer ungarischer Juden aus dem Ghetto von Kisvárda nach Auschwitz. Ihre Mutter und die jüngste Schwester wurden unmittelbar nach der Ankunft ermordet. Eine weitere Schwester kam in Bergen-Belsen um, doch Isabella und ihre übrigen Geschwister überlebten. Sie fand schließlich auch ihren Vater wieder. Er war in seiner Verzweiflung in die Vereinigten Staaten gegangen um seine Familie zu retten, indem er ihnen dort Visa beschaffte. Ihm blieben zwar die nazistischen Schrecken erspart, doch er fühlte sich bis ans Ende seines Lebens von dem Gefühl verfolgt nicht genug für die Rettung seiner Familie getan zu haben.

Nach der Befreiung und der Ankunft in den USA konnte Isabella Leitner ihr „anderes Leben" im Ghetto, im Transportzug und in den Lagern allerdings nicht einfach hinter sich lassen. „Sie haben *eine* Vorstellung vom Leben", sagte sie bei einem Gespräch, „und ich habe zwei." Sie fügte, für viele Überlebende des Holocaust sprechend, hinzu: „Wir haben dieses ... dieses doppelte Leben. Wir können es nicht ausstreichen. Es will einfach nicht verschwinden ... es ist sehr schwer."

1944

(Tschechoslowakei) nach Auschwitz gehen mit dem Transport von 2500 Juden zu Ende.

• 19. Mai 1944: Die aus Paris nach Kowno (Litauen) verschleppten Juden werden auf einem umzäunten Areal von Aufsehern mit Maschinengewehren erschossen, nachdem einige Häftlinge SS-Soldaten angegriffen haben. • Die Deutschen schicken den ungarischen Juden Joel Brand mit dem Vorschlag Adolf Eichmanns in die Türkei, dass die westlichen Alliierten eine Million osteuropäischer Juden gegen 10 000 Lastwagen eintauschen sollen. Eichmann nennt dieses Angebot „Blut für Lastwagen". Brand wird von den Briten verhaftet und zu Lord Moyne, dem britischen Staatsminister für den Nahen Osten, gebracht, der den Vorschlag kommentiert: „Was soll ich mit dieser Million Juden anfangen?"

Im Frühjahr 1944 begannen die Nazis mit der Deportation der 725 000 ungarischen Juden, meistens nach Auschwitz. Diese drei Abbildungen zeigen ungarische Juden in Auschwitz-Birkenau. Auf dem Foto oben ist eine Gruppe orthodoxer Juden zu sehen; der Mann am linken Bildrand ist Rabbi Naftali Zvi Weiss aus Bilke. Das zweite Foto, wahrscheinlich von einer Großfamilie, zeigt Juden in Erwartung ihres weiteren Schicksals. Die dritte Aufnahme vom Mai 1944 zeigt eine Frau mit ihren drei Enkelkindern auf dem Weg in die Gaskammer. Die hier abgebildeten Menschen gehörten zu den ersten von rund 400 000 ungarischen Juden, die in Auschwitz umkamen.

• **21. Mai 1944: Die Gestapo steckt alle 260 Juden von Chaniá auf Kreta in Réthymnon (Kreta, Griechenland) ins Gefängnis.**

• **22.–27. Mai 1944: Juden, die zum Abtransport aus Munkács (Ukraine) und aus Sátoraljaújhely (Ungarn) bereitstehen, weigern sich in den Zug einzusteigen. Einige werden erschossen.**

• **25. Mai 1944: In Auschwitz laufen Juden, die in die Gaskammer geführt werden, weg, werden jedoch von der SS erschossen.** *Siehe* 28. Mai 1944.

• **27. Mai 1944: Zwei Juden, Arnost Rosin aus der Tschechoslowakei und Czesław Mordowicz aus Polen, fliehen aus Auschwitz.**

• **28. Mai 1944: Wie bereits am 25. Mai flüchten wieder Juden, die in Auschwitz in die Gaskammer gebracht werden, in Richtung der nahen Wälder, werden jedoch niedergeschossen.**

• **29. Mai 1944: Mehrere tausend Juden aus Baja (Ungarn) kommen nach dreieinhalbtägiger Eisenbahnfahrt an der deutschen Grenze an; 55 von ihnen sind tot und 200 wahnsinnig geworden.**

„Ringsum weinten alle. Jemand begann, Kaddisch, das Totengebet aufzusagen. Ich weiß nicht, ob es in der langen Geschichte des jüdischenVolkes einmal vorgekommen ist, daß Menschen das Totengebet für sich selbst sprachen."

Elie Wiesel, Chronist des Holocaust, über seine Erlebnisse als Jugendlicher, der gerade mit einem Transport in Auschwitz angekommen ist

Judendeportation aus dem Ghetto von Sighet (Ungarn). Zwei Kinder halten sich an der Hand ihres Vaters fest, während sich ihre an Krücken gehende Mutter mühsam aufrecht hält. Vom 16. bis 22. Mai 1944 wurden die meisten der fast 8600 Juden, die man im Ghetto der Stadt zusammengedrängt hatte, nach Auschwitz verschleppt. Unter den von Sighet nach Auschwitz Deportierten befand sich auch der 14-jährige Elie Wiesel, der seine Erlebnisse später in dem Buch „Die Nacht" niederschrieb.

Als am 11. Mai 1944 in Kőszeg ein Ghetto eingerichtet wurde, lebten in der kleinen ungarischen Stadt nur 80 Juden. Die Gesamtbevölkerung des Ghettos, in dem dann auch die Juden aus den Städten der näheren Umgebung wohnten, betrug nur 103. Das Foto zeigt das „Verladen" der Ghettobewohner in einen Transportzug nach Auschwitz. Bei der Aktion waren auch Angehörige der ungarischen Faschistenorganisation, der Pfeilkreuzpartei, anwesend. Die Pfeilkreuzler, von denen viele arm und ungebildet waren, beteiligten sich tatkräftig an den Deportationen.

1944

• Ende Mai 1944: Deutsche Soldaten, die am Auschwitzer Eisenbahnanschluss auf einen versiegelten Deportationszug stoßen, der ungarische Juden in das Todeslager Birkenau bringt, geben den bittenden Gefangenen trotz der Drohungen der SS-Aufseher Wasser und Essen. • Einem SS-Mann, der sich in ein jüdisches Mädchen verliebt hat, gelingt es das Mädchen monatelang vor den Gaskammern zu bewahren; die Sache kommt jedoch ans Licht und beide werden exekutiert.

• 31. Mai 1944: SS-Standartenführer Edmund Veesenmayer berichtet nach Berlin, dass 204 312 Juden aus Ungarn deportiert worden seien. • Ein Deportationszug aus Ungarn hält vor der deutschen Grenze, damit aus dem Zug 42 Leichen herausgeschafft werden können.

Chana Szenes vor dem Krieg in ihrer Heimatstadt Budapest (Ungarn). Nach ihrem Studium, bei dem sie sich durch ausgezeichnete Leistungen hervortat, wanderte die sehr begabte Chana nach Palästina aus, wo sie Mitglied eines Kibbuz wurde. Ihre Tagebücher und Gedichte widerspiegeln eine Liebe zum Leben, die nur durch ihr leidenschaftliches Engagement für das jüdische Volk übertroffen wurde. Mit einer Gruppe mutiger Fallschirmspringer, die Piloten der Alliierten retten und den jüdischen Widerstand fördern sollte, begab sie sich nach Jugoslawien. Beim Grenzübertritt nach Ungarn wurde sie verhaftet. Sie verriet auch unter der Folter keinen ihrer Funkcodes. Ihr Gedicht „Der Span sei gepriesen", das die Zeile „Der Span sei gepriesen/ /da er verbraucht ward//die Flamme zu entzünden" enthält, wurde zu einem Symbol ihrer heldenhaften Selbstaufopferung.

Chawiwa Reik, die 1939 aus ihrer slowakischen Heimat nach Palästina auswanderte, trat der *Haganah* (jüdische Militärorganisation) bei um gegen die Nazis zu kämpfen. In der Hoffnung in die Heimat zurückkehren und ihre jüdischen Landsleute retten zu können meldete sich Chawiwa Reik nach dem Dienst in der *Haganah* freiwillig zu dem noch gefährlicheren Einsatz als Fallschirmspringerin. Am 21. September 1944 landete sie bei Banská Bystrica und versuchte zur Führung des jüdischen Widerstands in Bratislava zu gelangen. Ihre Mission wurde von heftigen Kämpfen behindert und Chawiwa Reik, die anderen Fallschirmspringer der Gruppe und die einheimischen Partisanen mussten sich in die Berge zurückziehen. Chawiwa Reik wurde von der SS gefangen genommen und am 20. November erschossen.

Fallschirmspringer aus Palästina

In der britischen Armee dienten rund 250 palästinensisch-jüdische Freiwillige als Fallschirmspringer, deren Missionen höchst gefährlich waren. Die für die Einsätze vorgesehenen Personen wurden unter den besten und intelligentesten osteuropäischen Juden ausgewählt, die die Balkansprachen beherrschten sowie mit den Sitten und Gepflogenheiten und der Geographie der Balkanländer vertraut waren.

Nach dem Abschluss ihrer Ausbildung wurden 32 jüdische Fallschirmspringer über den Balkanländern, über Österreich und Frankreich abgesetzt um für Großbritannien Spionage zu treiben. Nach Beendigung ihrer Mission im Auftrag der Alliierten erhielten sie von den Briten die Genehmigung ihren jüdischen Glaubensbrüdern zu helfen.

Die britischen Behörden standen einer Kampfausbildung palästinensischer Juden zwar zunächst ablehnend gegenüber, doch der stellvertretende britische Staatsminister in Kairo, Lord Walter Moyne, billigte das Vorhaben schließlich. Zynisch gab er zu, dass der Einsatz der tapfersten Juden bei Selbstmordmissionen in Osteuropa diese Menschen doch für immer aus Palästina beseitige.

Zu den bekanntesten palästinensisch-jüdischen Fallschirmspringern gehörte Chana Szenes, eine aus Ungarn gebürtige Dichterin. Wie die meisten anderen beendete auch sie ihre Mission für Großbritannien erfolgreich. Als dieser Teil ihrer Aufgabe abgeschlossen war, wurde sie jedoch von den Deutschen gefangen genommen und exekutiert. Ein anderer Angehöriger der Gruppe, der ebenfalls von den Briten ausgebildete Enzo Sereni, sprang im Mai 1944 über Norditalien ab. Sereni, der die Uniform eines britischen Hauptmanns trug, wurde gefangen genommen und in das Konzentrationslager Dachau (Deutschland) geschickt, in dessen illegalem Lagerkomitee er dann eine führende Rolle spielte.

• Juni 1944: **Einer Meinungsumfrage in den USA zufolge erwarten 57 Prozent der Amerikaner „in diesem Land eine breit angelegte Kampagne" gegen die Juden. • Aus Miskolc (Ungarn) werden 13 500 Juden nach Auschwitz verschleppt.**

• 1. Juni 1944: **Obwohl 55 000 Plätze der Einreisequote für Personen aus dem besetzten Europa noch nicht ausgenutzt sind, stimmt Präsident Franklin Roosevelt nur der Einreise von 1000 jüdischen Flüchtlingen in die USA zu. Sie sollen im Fort Ontario in Oswego (US-Bundesstaat New York) untergebracht werden.**

• 2. Juni 1944: **Jizchak Gruenbaum, der Vorsitzende des *Rescue Committee* der *Jewish Agency*, fordert die Bombardierung der Eisenbahnlinie nach Auschwitz.**

• Die Alliierten starten auf dem Balkan eine Bombardierungsoperation (Operation *Frantic*), die die Deutschen von der bevorstehenden Landung der Alliierten an der französischen Küste ablenken soll. Die Flugroute der Bomber kreuzt auch die Eisenbahnlinien, die von Ungarn nach Auschwitz führen. Die Operation dauert vier Monate; in diesem Zeitraum werden zehntausende ungarischer Juden nach Auschwitz deportiert.

Joel Brand gehörte zur jüdischen Führung des *Relief and Rescue Committee* in Ungarn. An ihn wendete sich Adolf Eichmann mit dem seltsam anmutenden Vorschlag das Leben ungarischer Juden gegen die Lieferung von 10 000 Lastkraftwagen von den Alliierten einzutauschen. Brand versuchte dieses Angebot an die Alliierten zu übermitteln; diese lehnten ab und verhafteten Brand. Nach seiner Freilassung 1944 schloss er sich der Stern-Gruppe in Palästina an, wo er an Gewaltaktionen gegen die Briten und die *Jewish Agency* teilnahm. Brand starb 1964.

1943 schuf die Regierung Vichy-Frankreichs die *Milice*, eine kollaborationistische paramilitärische Organisation, die von Joseph Darnand geleitet wurde. Sie sollte Ruhe und Ordnung in Frankreich bewahren, das Land nach nazistischem Vorbild umgestalten und die Feinde des Vichy-Regimes bekämpfen. Die meisten Angehörigen der *Milice*, darunter auch Spezialeinheiten für Frauen und Kinder, kamen aus dem *Service d'ordre légionnaire*, einer Veteranenorganisation, die sich dem Schutz des Vichy-Regimes widmete. Dieses Foto vom 2. Juni 1944 zeigt Angehörige der *Milice*, die Mitglieder der Résistance in ein Internierungslager bringen.

Lastkraftwagen gegen Juden

Als die Judendeportationen aus Ungarn 1944 ihren Höhepunkt erreicht hatten, kam der deutsche „Plan" zum Loskauf von Juden mit Lastkraftwagen auf. Selbst Heinrich Himmler, der Hauptinitiator der „Endlösung", zeigte sich einem solchen Handel nicht abgeneigt. So wurde ein Vorschlag zum Austausch von einer Million Juden gegen 10 000 Lastkraftwagen und einige hundert Tonnen Tee, Kaffee und Seife erarbeitet.

An den Verhandlungen waren der Jude Joel Brand, Mitglieder des *War Refugee Board* und Vertreter des britischen Außenministeriums beteiligt. Die Alliierten zogen den Vorschlag allerdings nicht ernsthaft in Betracht. Die Briten misstrauten Himmler nicht nur, sondern meinten auch, dass sich durch den Freikauf so vieler Juden die Einwanderung nach Palästina, die Großbritannien doch einzuschränken versuchte, noch verstärken würde. Die Sowjetunion widersetzte sich dem Plan, da sie annahm, dass die Nazis die gewünschten Lastkraftwagen gegen sie einsetzen würden. Während der Verhandlungen wurden über 1600 Juden (unter ihnen auch die hier abgebildeten Personen) freigelassen. Sie fanden sichere Zuflucht in der Schweiz.

1944

Die Eisenbahnlinien, über die die Transporte laufen, werden nie angegriffen.

• 4. Juni 1944: Die Alliierten befreien Rom.

• 6. Juni 1944: In der ersten Phase der Kämpfe der Westalliierten zur Befreiung Europas landen alliierte Truppen an der Küste der Normandie (Frankreich). Als die deutschen Behörden feststellen, dass die Nachricht von der Landung der Alliierten im Judenghetto von Łódź (Polen) umgeht, starten sie eine Suche nach illegalen Radios. Sechs Juden werden festgenommen. • Alle auf der Insel Korfu lebenden Juden werden von der Gestapo verhaftet und nach Auschwitz verschleppt, wo 1600 vergast und die übrigen 200 zur Zwangsarbeit bestimmt werden. • Ein deutsches Deportationsschiff mit rund 260 Juden aus

Deutsche Kriegsgefangene mit erhobenen Händen und noch im Besitz ihrer Feldausrüstung, die während des amerikanischen Vormarsches durch Cisterna (Italien) von amerikanischen Soldaten aus der Reichweite des Scharfschützenfeuers gebracht werden. Der lange Italienfeldzug brachte den Alliierten Anfang 1944 wichtige Siege. Am 4. Juni marschierten US-amerikanische Truppen unter dem Befehl von General Clark in Rom ein.

Einmarsch amerikanischer Truppen und Panzer am 4. Juni 1944 in Rom. Da Rom zur offenen Stadt erklärt worden war, konnte die italienische Hauptstadt vor weiterer Zerstörung bewahrt werden. Der Italienfeldzug sollte den Weg der alliierten Truppen nach Deutschland abkürzen, entwickelte sich jedoch zu einer langen, bitteren Operation voller harter Kämpfe gegen den hartnäckigen Widerstand des gut verschanzten und brillant geführten deutschen Gegners. In Rom waren 8000 Juden untergetaucht, doch im Oktober 1943 trieben die Deutschen gewissermaßen unter den Augen des Papstes 1000 von ihnen zusammen und transportierten sie nach Auschwitz in den Tod ab.

Deportation niederländischer Juden Anfang Juni 1944. Von März bis September 1944 verschleppten die Nazis jeden Monat mehrere hundert niederländischer Juden. Mit dem letzten Zug, in dem sich auch Anne Frank befand, wurden im September 1019 Personen abtransportiert. Von den 107 000 Juden, die aus den Niederlanden verschleppt wurden, überlebten nur 5200 den Holocaust.

Chaniá an Bord wird vor Kreta versenkt. Die Berichte darüber widersprechen sich in Einzelheiten des Vorfalls: In einer Version hatte das Schiff die Leichen von Juden an Bord, die den Nazis zum Opfer gefallen waren; die Nazis hatten das Schiff aufs Meer treiben lassen und dann versenkt um die Beweise ihres Verbrechens zu vernichten. In einer anderen Lesart war das Schiff auf dem Weg nach Auschwitz, wurde jedoch von einem britischen U-Boot torpediert und versenkt. Außer den jüdischen Passagieren waren möglicherweise auch 300 italienische Kriegsgefangene und 400 griechische Zivilisten an Bord.

- **7. Juni 1944: Die erste Phase der Deportation und Vernichtung der ungarischen Juden ist abgeschlossen. Innerhalb von 23 Tagen sind fast 290 000 Juden getötet worden.**

- **9. Juni 1944: Die aus Ungarn gebürtige jüdische Dichterin und palästinensische Fallschirmspringerin Chana Szenes wird in Ungarn verhaftet, nachdem sie ihre Mission für Großbritannien in Jugoslawien beendet hat. Sie wollte nun den ungarischen Juden helfen, die sich gerade auf dem Transport nach Auschwitz befanden.**

- **10. Juni 1944: Als Vergeltung für den**

Leben im Schmutz

Die Deutschen versuchten auf vielerlei Weise das Fühlen und Denken der Juden zu zerstören, die Juden seelisch und körperlich zu ruinieren. Dazu gehörte auch die erniedrigende Methode die Menschen in ihrem Kot dahinvegetieren zu lassen. Die Demütigung der Juden, die man zwang in einer von Schmutz beherrschten Umgebung zu leben und zu sterben, enthüllte eine Seite der deutschen Vorgehensweise. Soldaten sperrten die zum Abtransport bestimmten Menschen in Güterwaggons, in denen es keinerlei sanitäre Einrichtung gab.

Durch die Lagerbaracken rannen Bäche aus Schmutz, Erbrochenem, Krankheitskeimen und Exkrementen. Im Lager Bergen-Belsen gab es für 30 000 Frauen nur eine Latrine. Die Häftlinge fast aller Lager infizierten sich mit Fleckfieber oder Ruhr oder mit beiden Krankheiten, die mit Durchfall einhergingen. Viele Betroffene banden sich ihre Hosenbeine mit Bindfaden zu um ihren Kot aufzufangen und so der Bestrafung durch Schläge oder gar Tod zu entgehen, die drohte, wenn sie sich die Zeit nehmen und eine Latrine aufsuchen wollten. Reska Weiss beschrieb Gefangene, die „nicht einmal mehr Tiere, sondern auf zwei Beinen gehende verwesende Leichen“ gewesen seien.

Die Landung amerikanischer, britischer, kanadischer und anderer alliierter Truppen am 6. Juni 1944 in der Normandie (Frankreich). Die Invasion zwang Deutschland nicht mehr nur gegen die im Osten angreifende Sowjetarmee zu kämpfen, sondern einen Zweifrontenkrieg zu führen, den es nicht gewinnen konnte. Die Alliierten wurden zwar wochenlang in dem schwierigen Gelände der Normandie aufgehalten, schafften aber schließlich den Durchbruch. Danach stießen sie rasch durch Frankreich hindurch vor und näherten sich im Dezember schließlich der deutschen Grenze. Bei ihrem Vormarsch stießen sie auch auf Konzentrationslager und befreiten diese.

Jüdische Männer, die sich am Abend des 6. Juni, des Tages, an dem die Alliierten in der Normandie gelandet waren, auf den Stufen der Synagoge im *Hebrew Home and Hospital for the Aged* in Brooklyn (New York) versammelt haben. Mit ihren Gebetsschals angetan blasen sie den *Schofar*, ein althebräisches Horninstrument, um die Menschen zum Gebet für einen raschen Sieg der Alliierten zu versammeln, der die Naziherrschaft und damit das Leid der Juden Europas beenden würde.

1944

Mord an einem SS-Offizier durch einen Scharfschützen der Résistance töten die Deutschen 642 Bewohner des französischen Dorfes Oradour-sur-Glane. Die Frauen und Kinder werden in einer Kirche bei lebendigem Leib verbrannt, die Männer mit Maschinengewehren erschossen. Unter den 642 Opfern befinden sich sieben jüdische Flüchtlinge, die der Deportation nach Auschwitz entgangen waren, weil sie Unterschlupf bei mitfühlenden Bewohnern des Dorfes gefunden hatten. Dem Massaker fällt auch der achtjährige Serge Bergman zum Opfer.

- **11.–16. Juni 1944: Die Deutschen transportieren weitere 50 805 ungarische Juden nach Auschwitz.**
- **14. Juni 1944: Von Korfu (Griechenland) werden 2000 Juden nach Auschwitz**

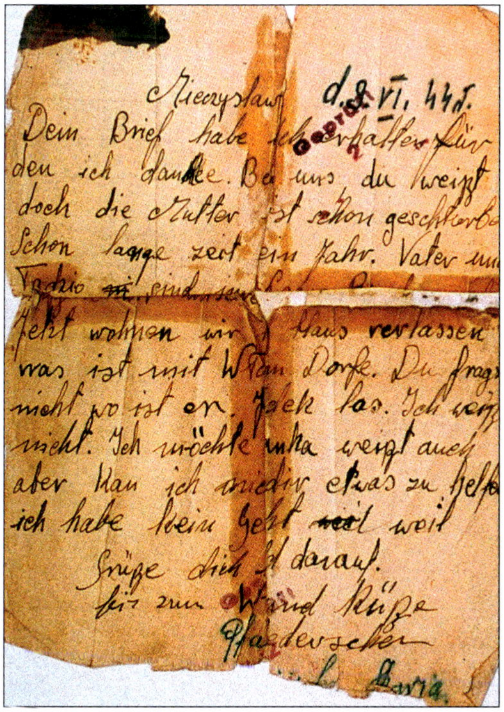
Mieczyslaw d. 8. VI. 44 J.
Dein Brief habe ich erhalten für
den ich danke. Bei uns du weißt
doch die Mutter ist schon gestorben
schon lange zeit ein Jahr. Vater und
[illegible]
Jetzt wohnen wir [illegible] Haus verlassen
was ist mit [illegible] Dorfe. Du fragst
nicht wo ist er. [illegible] las. Ich weiß
nicht. Ich möchte [illegible] weißt auch
aber kann ich nicht etwas zu helfen
ich habe kein Geld weil
Grüße dich [illegible] darauf.
bis zum [illegible] Küsse
[illegible]
[illegible]

Die Angehörigen auseinander gerissener Familien suchten stets Möglichkeiten um miteinander in Kontakt zu bleiben und einander Lebenszeichen und Mitteilungen zukommen zu lassen. Viele dieser Mitteilungen waren allerdings sehr schmerzlich. In dem hier abgebildeten Brief teilt Marian Watnicki seinem Bruder Mietek in Auschwitz mit, dass sich einige Familienmitglieder in einem Konzentrationslager befinden, andere tot sind oder vermisst werden. Mietek, der als politischer Häftling in Auschwitz war, konnte verhindern, dass seine jüdische Identität entdeckt wurde.

Sylvester Stadler, unter dessen Kommando ein Regiment der SS-Division „Das Reich" in dem französischen Dorf Oradour-sur-Glane 634 Menschen, darunter auch Juden, ermordete. Die Opfer wurden in der Kirche des Ortes zusammengetrieben und dann abgeschlachtet. Das Massaker war ein Vergeltungsschlag für die Erschießung eines

SS-Offiziers durch einen Angehörigen der Résistance.

Auch diese 38 Schülerinnen befanden sich unter den 634 Menschen, die am 10. Juni 1944 in Oradour-sur-Glane (Frankreich) von Angehörigen der Waffen-SS ermordet wurden. Bei ihren Vergeltungsaktionen töteten die Nazis gewöhnlich Frauen und Kinder, da sie sich davon eine größere Wirkung auf die Angehörigen der Widerstandsbewegung versprachen.

verschleppt. • In Thessalien (Griechenland) stirbt der jüdische Widerstandskämpfer Leon Sakkis im deutschen Maschinengewehrfeuer, als er einem verwundeten Kameraden hilft.

• 16. Juni 1944: Die Bewohner des Judenghettos von Łódź (Polen) werden über die „freiwillige Einschreibung zur Arbeit außerhalb des Ghettos" benachrichtigt. In Wahrheit wartet auf sie nicht Arbeit, sondern der Tod im Vernichtungslager Chełmno (Polen), wo die Deutschen in drei aufeinander folgenden Wochen jeweils 3000 Juden ermorden wollen. • In Frankreich wird der jüdische Historiker Marc Bloch, einer der Führer der *Francs-Tireurs et Partisans Français*, von deutschen Soldaten exekutiert. • Die deutschen Truppen in Belgien beginnen sich von der Douve zurückzuziehen.

• 17.–24. Juni 1944: Die Juden von Budapest dürfen sich nur in besonders gekennzeichneten „Judenhäusern" aufhalten.

• Sommer 1944: Mehr als 500 Juden stehen insgeheim unter dem Schutz des Industriellen Oskar Schindler.

• 22. Juni 1944: An der baltischen und der weißrussischen Front startet die

Nach der Befreiung Frankreichs wurden die Franzosen, die mit den Deutschen kollaboriert hatten, verhaftet. Manche wurden strafrechtlich verfolgt, andere ohne Umstände von der Résistance exekutiert. Die obere Aufnahme zeigt eine Razzia auf Kollaborateure in einer französischen Stadt. Auf dem unteren Foto ist die Vorbereitung zur Hinrichtung eines jungen Mannes durch ein Erschießungskommando in Grenoble zu sehen. Der junge Mann, den man der Kollaboration für schuldig befunden hatte, war einer von sechs Einwohnern der Stadt, die an jenem Tag erschossen wurden.

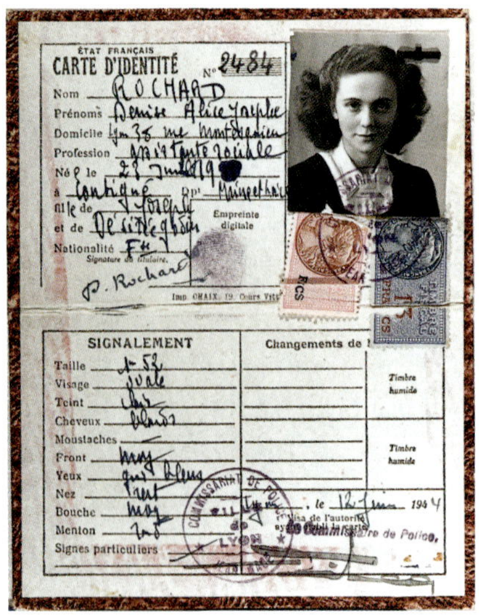

Falsche Papiere waren für Juden, die im Verborgenen unter der nichtjüdischen Bevölkerung lebten, äußerst wichtig. Dieser französische Personalausweis von Lina Donoff wies die Inhaberin als Denise Alice Josephine Rochard aus. Den gefälschten Ausweis stellte Linas Mutter her um ihre Tochter vor der Deportation zu schützen. Gefälschte Dokumente dieser Art waren nichts Ungewöhnliches; sie sorgten oftmals für den Schutz, den ihre Inhaber brauchten. Dieser Ausweis führt die hartnäckige Behauptung der Nazis, die Juden seien sofort an ihrem Äußeren zu erkennen, *ad absurdum*.

1944

Rote Armee auf einer Linie von 480 Kilometern eine Offensive. Das anfängliche Ziel ist das an der Eisenbahnlinie Riga-Moskau liegende Witebsk. • Die SS schließt das Konzentrationslager in Riga-Kaiserwald (Lettland).

• 23. Juni 1944: Der Betrieb des Todeslagers Chełmno wird wieder aufgenommen. • Die Alliierten erfahren, dass seit Mai mehr als 430 000 ungarische Juden nach Auschwitz deportiert und dort ermordet worden sind. In Ungarn sind zu diesem Zeitpunkt noch rund 300 000 Juden am Leben. • Eine Delegation des Roten Kreuzes stattet dem Lager und Ghetto Theresienstadt (Tschechoslowakei) einen Besuch ab und lässt sich anscheinend von dem auf den ersten Blick angenehmen Eindruck dort täuschen. Fast zur gleichen Zeit schickt das Rote Kreuz jedoch an Ungarn einen offiziel-

America und die Juden

Mit der Landung der Alliierten am 6. Juni 1944 in der Normandie (Frankreich), an der neben britischen und kanadischen auch US-amerikanische Truppen beteiligt waren, wurde das Ende des Zweiten Weltkrieges in Europa beschleunigt. Nur eine Niederlage Nazideutschlands konnte den Holocaust beenden. Bei der Niederschlagung des Dritten Reiches spielten die Vereinigten Staaten eine wichtige Rolle. Dennoch hatte die Rettung des europäischen Judentums bei der Regierung der USA zu keiner Zeit höchste Priorität.

Deutschland erklärte den Vereinigten Staaten erst am 11. Dezember 1941 den Krieg. Bis dahin hatten die mordenden Einsatzgruppen bereits hunderttausende osteuropäischer Juden erschossen, hatte die Vergasung von Menschen in Chełmno (Polen) begonnen, hatten die Nazis seit Beginn des Jahres 1941 fast eine Million Juden umgebracht. Der US-amerikanische Präsident Franklin Roosevelt *(Abb.)*, der den „massenweisen, systematischen Mord an den Juden" als eines der „schwärzesten Verbrechen der Geschichte" bezeichnete, versprach am 24. März 1944, dass die Täter nicht „ungestraft davonkommen" würden. Die Notlage der europäischen Juden wurde dennoch nie als entscheidender Grund für Amerikas Teilnahme am Krieg angesehen.

Auf einer Tafel an der New Yorker Freiheitsstatue sind die Worte der amerikanisch-jüdischen Dichterin Emma Lazarus zu lesen, die ins Deutsche übersetzt lauten:

„Schickt mir die, die arm sind und
geschlagen, bedrückte Massen,
die's zur Freiheit drängt,
der Länder Abfall, elend, eingeengt ..."

Diese Worte können nicht darüber hinwegtäuschen, dass starke Vorbehalte gegen die Einwanderung, dass Antisemitismus und zeitweise auch Isolationismus in Amerika sehr verbreitet waren. Während der dreieinhalb Jahre, in denen die Vereinigten Staaten Krieg gegen Nazideutschland führten, erhielten aufgrund der Vorgehensweise des amerikanischen Außenministeriums nur 21 000 Flüchtlinge eine Einreisegenehmigung. Das waren nur 10 Prozent der Anzahl, die man nach den ohnehin schon beschränkten Quoten hätte legal aufnehmen können. Erst im Sommer 1944 trafen die Vereinigten Staaten Vorkehrungen um jüdische Flüchtlinge nach Amerika zu bringen; doch selbst diese Maßnahmen waren unzulänglich.

Roosevelt wies an die aufzunehmende Flüchtlingsgruppe solle „einen angemessenen Anteil verschiedener Kategorien verfolgter Personen enthalten". Am 9. Juni 1944 verkündete er, dass über die festgelegte Einwanderungsquote hinaus 1000 Flüchtlinge zeitweise in einer „Notunterkunft für Flüchtlinge" im Fort Ontario, einer veralteten Einrichtung der Armee rund 55 Kilometer nordwestlich von Syracuse (Bundesstaat New York), untergebracht werden könnten. Die tatsächliche Zahl der Eingereisten, von denen 89 Personen Juden waren, betrug 982.

Die Ansichten der Amerikaner zu dieser symbolischen Geste gingen auseinander, denn der Antisemitismus war in den USA weit verbreitet. Landesweite Meinungsumfragen in den Jahren 1938–1941 zeigten, dass 33 bis 50 Prozent des amerikanischen Volkes glaubten die Juden verfügten über „zu viel Macht in den Vereinigten Staaten". Nach 1941 und dann bis zum Ende der Kriegsjahre Amerikas stieg der Anteil der Personen, die diese Ansicht äußerten, auf über 50 Prozent. Amerika kämpfte zwar in dem Krieg, der Nazideutschland die Niederlage brachte und den Holocaust beendete, doch bei den Umfragen äußerten 15–24 Prozent der befragten Amerikaner, dass die Juden „eine Bedrohung für Amerika" seien.

len Protest gegen die Deportation ungarischer Juden.

• 24. Juni 1944: Die *United States Military Air Operations* erklärt, dass die Bombardierung der Eisenbahngleise nach Auschwitz „undurchführbar", da nur mit einer Luftunterstützung möglich sei, die von bereits laufenden „entscheidenden Operationen", d. h. von der Bombardierung deutscher Fabriken zur Herstellung von synthetischem Treibstoff, abgezogen werden müsste. Tatsache ist, dass sich viele dieser Fabriken in der Nähe von Auschwitz befinden.

• Der polnische Nichtjude Edward Galinski und seine jüdische Gefährtin Mala Zimetbaum fliehen in entwendeten SS-Uniformen aus Auschwitz-Birkenau und bleiben für zwei Wochen in Freiheit.

• 25. Juni 1944: Papst Pius XII. schickt Admiral Miklós Horthy, dem Regenten Ungarns, ein Telegramm mit der Bitte die Deportation ungarischer Bürger aufgrund ihrer Rasse „an ein unbekanntes Ziel" zu beenden. Der Papst benutzt in seinen Botschaften nicht das Wort „Jude".

• 27. Juni 1944: Der 24 Jahre alte Anführer des jüdischen Widerstands David „Dodo" Donoff wird bei Lyon (Frankreich) exekutiert.

Theresienstadt

Am 4. Juni 1942 schrieb der 21-jährige Pavel Friedmann ein Gedicht zu Ende, in dem es um den letzten Schmetterling ging, den er je sah. „Schmetterlinge", so schloss der jüdische Verfasser, „leben nicht im Ghetto".

Einige Wochen zuvor hatten die Deutschen Friedmann nach Terezín (Theresienstadt), eine ummauerte Garnisonsstadt in der Tschechoslowakei, deportiert, wo sie im Herbst 1941 mit der Ghettoisierung der tschechischen Juden begonnen hatten. Ein Jahr später kämpften 50 000 Juden unter den immer schlechter werdenden Bedingungen in Theresienstadt ums Überleben.

Theresienstadt wurde auch zum Konzentrations- und Durchgangslager für deutsche und westeuropäische Juden, die man schließlich nach Auschwitz abtransportierte. Mitte 1944 verpassten die Nazis der Stadt eine Verschönerungskur um Vertreter des Roten Kreuzes zu täuschen und einen Propagandafilm zu drehen, der das Ghetto als Geschenk Hitlers an die Juden darstellte. Die Wirklichkeit stand dazu allerdings im Widerspruch. Von den über 140 000 Juden, die nach Theresienstadt geschickt wurden, starben mehr als 33 000, wurden rund 88 000 deportiert und ermordet. Am Leben blieben nur etwa 20 000 Personen.

Unter den Juden in Theresienstadt befanden sich viele berühmte Künstler, Schriftsteller, Wissenschaftler, Musiker, Gelehrte und Lehrer aus der Tschechoslowakei, aus Deutschland und Österreich. Während ihres Aufenthalts in Theresienstadt hielten Kinder und junge Leute ihre Empfindungen und Erlebnisse in Gedichten und Bildern fest. Pavel Friedmann starb am 29. September 1944 in Auschwitz; sein Gedicht „Der letzte Schmetterling" ist ein Beispiel für die künstlerischen Äußerungen der Menschen in Theresienstadt.

Diese Kinder, denen es scheinbar gut ging, wurden in einem Park in Theresienstadt fotografiert. Die Einrichtung dieses „Muster"-Ghettos und -Konzentrationslagers in der Tschechoslowakei diente zum Teil einem Propagandamanöver der Nazis, mit dem der Eindruck geschaffen werden sollte, dass das Leben in den Lagern der Nazis angenehm war. Theresienstadt war das einzige Lager, zu dem ausländische Besucher, darunter auch Vertreter des Internationalen Roten Kreuzes, Zutritt hatten. Von den 15 000 Kindern, die hier interniert waren, überlebten nur etwa 100 den Krieg.

Szene aus dem deutschen Propagandafilm „Der Führer schenkt den Juden eine Stadt", die Frauen und Kinder in Theresienstadt Anfang 1944 in ihren Baracken zeigt. Theresienstadt durfte von Vertretern verschiedener sozialer Organisationen, darunter auch des Roten Kreuzes, besichtigt werden. Die Nazis behaupteten zwar, dass die Juden dort gut lebten, die meisten Bewohner sollten später jedoch ermordet werden. Von den 140 000 Gefangenen, die die Station Theresienstadt durchliefen, wurden 90 000 in die Todeslager, in erster Linie nach Auschwitz, abtransportiert.

1944

• **28. Juni 1944: Als sich die Rote Armee dem Konzentrationslager Maly Trostinez (Weißrussland) nähert, werden die nichtdeutschen SS-Hilfsaufseher durch reguläre deutsche SS-Soldaten ersetzt. Alle noch lebenden Häftlinge – Juden und nichtjüdische sowjetische Zivilisten – werden in einer Baracke zusammengetrieben, die dann in Brand gesteckt wird. Gefangene, die sich aus dem brennenden Gebäude retten können, werden erschossen. Etwa 20 Juden, die aus dem Lager und Ghetto Theresienstadt (Tschechoslowakei) gekommen waren, fliehen in die Wälder.** ***Siehe* 4. Juli 1944.**

• **Das Konzentrationslager für sowjetische Kriegsgefangene in Vaivara (Estland) wird geschlossen.**

• **30. Juni 1944: Die Krematorien in Auschwitz arbeiten bei voller Kapazitätsauslastung, nachdem 2044 Juden**

Der bedeutende jüdische Historiker Marc Bloch, der in seinem Werk *L'étrange defaite* (Die seltsame Niederlage) die Ursachen für die Niederlage Frankreichs 1940 analysierte. Bloch war auch als Partisanenführer in Lyon aktiv, wo er verhaftet, gefoltert und am 16. Juni 1944, zehn Tage nach der Landung der Alliierten in der Normandie, erschossen wurde.

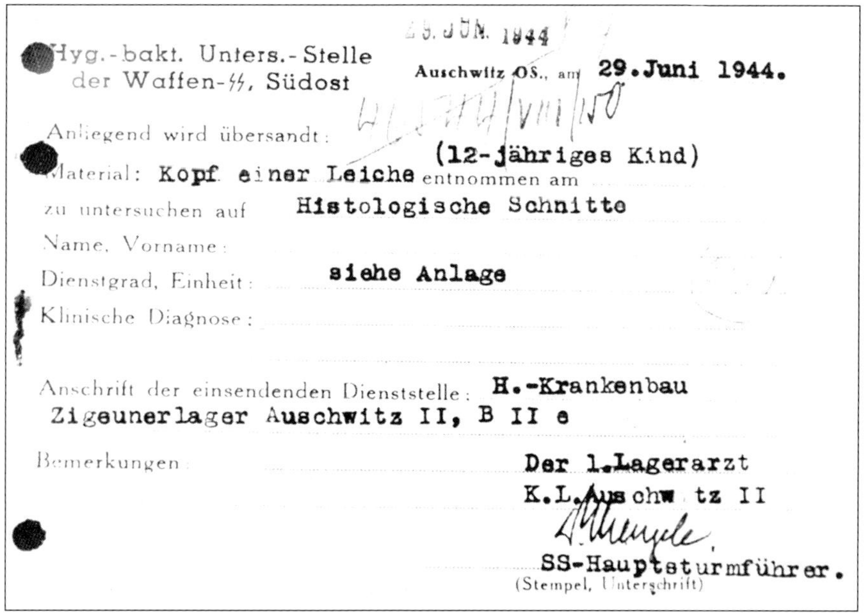

26. JUN. 1944

Hyg.-bakt. Unters.-Stelle
der Waffen-SS, Südost

Auschwitz OS., am 29.Juni 1944.

Anliegend wird übersandt:

Material: Kopf einer Leiche (12-jähriges Kind) entnommen am

zu untersuchen auf Histologische Schnitte

Name, Vorname:

Dienstgrad, Einheit: siehe Anlage

Klinische Diagnose:

Anschrift der einsendenden Dienststelle: H.-Krankenbau
Zigeunerlager Auschwitz II, B II e

Bemerkungen:

Der 1.Lagerarzt
K.L.Auschwitz II
Mengele
SS-Hauptsturmführer.
(Stempel, Unterschrift)

Dieses Dokument vom 29. Juni 1944, das die pedantische Buchführung der Naziärzte belegt, war das Begleitformular zum Kopf eines toten 12-jährigen Zigeunerkindes, an dem histologische Schnitte durchgeführt werden sollten. Es war von Josef Mengele unterschrieben und stammte von der Krankenstation des Zigeunerlagers in Auschwitz.

Im Juni 1944 mussten die noch in Budapest (Ungarn) verbliebenen Juden in Häuser umziehen, die mit einem Judenstern gekennzeichnet waren. Vom 8. November 1944 an trieben Angehörige der SS und der ungarischen faschistischen Pfeilkreuzpartei rund 70 000 von ihnen von Budapest aus an die österreichische Grenze. Auf diesen Todesmarschen starben tausende Budapester Juden.

von Korfu und Athen (Griechenland) eingetroffen sind. Am Ende des Tages verbiegen sich die Blitzableiter an den Schornsteinen der Krematorien durch die Hitze aus den Verbrennungsöfen.

• Juli 1944: Jüdisch-sowjetische Partisanen aus Polen und Litauen sind hinter den Linien in Lublin (Polen) sowie in Kowno, Wilna und Šiauliai (Litauen) aktiv, als die sowjetischen Truppen von Osten näher rücken. • Die Rote Armee befreit Lwow (Ukraine). • Die SS schließt die Räumung des Todeslagers Majdanek ab. • Die SS räumt das Konzentrationslager in Kowno (Litauen). • Der jüdisch-amerikanische Oberstleutnant Murray C. Bernays wird von der *U.S. Army Civil Affairs Division* beauftragt Beweise für die an amerikanischen Militärangehörigen begangenen Kriegsverbrechen zu sammeln. Bernays beginnt seine Vorstellung vom Nazismus als eine strafbare Verschwörung zu formulieren; sie wird im Nürnberger Prozess vor dem Internationalen Militärtribunal 1945–1946 eine zentrale Rolle spielen. • Die neutrale Schweiz verzichtet auf die seit langem bestehenden restriktiven Normen zur Einwanderung von Juden und lässt alle jüdischen Flüchtlinge, die es wünschen und in der Lage dazu sind, ins Land einreisen.

Die Führung der Wilnaer *FPO (Farejnikte Partisaner Organisazje*, Vereinigte Partisanenorganisation*)*. Die *FPO* unternahm den Versuch das Ghetto von Wilna (Litauen) auf die Befreiung vorzubereiten. Das Unternehmen schlug fehl und die Mitglieder der Gruppe mussten sich in die nahen Wälder zurückziehen und ihre Widerstandsaktionen von dort starten.

Die ersten polnischen Kinder kamen bereits im Juni 1940 in Auschwitz an, doch das Gros wurde erst in der zweiten Hälfte des Jahres 1944 in das Lager gebracht. Hier ist eine Gruppe polnischer Kinder hinter einem Stacheldrahtzaun in Auschwitz zu sehen. Polnische und russische Kinder, die man nach ihren Körpermerkmalen – blondem Haar und blauen Augen – als „arisch" einstufte, wurden aus ihren Familien gerissen und den Dienststellen des Rasse- und Siedlungs-Hauptamtes zur Unterbringung und Eindeutschung zugeführt. Tausende polnischer Jungen und Mädchen wurden in Auschwitz festgehalten, ehe man sie im Rahmen der so genannten „Heuaktion" nach Deutschland brachte.

Alfred Rosenberg, führender Ideologe des Nationalsozialismus, Reichsminister für die besetzten Ostgebiete und lautstarker Verfechter der Überlegenheit des arischen und germanischen Blutes. Er verfasste zahlreiche rassistische Traktate, die von den Deutschen zwar gekauft, aber nur selten gelesen wurden. Rosenberg leitete das Institut zur Erforschung der Judenfrage und plante den Vorsitz bei einem internationalen antijüdischen Kongress zu übernehmen, der im Juli 1944 stattfinden sollte.

1944

• 2.–3. Juli 1944: 3000 Juden aus Wilna – Fabrikarbeiter und die letzten Juden der Stadt – werden im nahe gelegenen Ponary von der SS exekutiert.

• 3. Juli 1944: Die Rote Armee nimmt Minsk (Weißrussland) ein. • Das britische Kriegskabinett stimmt einer Prüfung der Forderung Chaim Weizmanns zu eine jüdische Brigade aufzustellen , die unter dem weiß-blauen Davidstern in der britischen Armee kämpfen will.

• 4. Juli 1944: Einheiten der Roten Armee erreichen das Konzentrationslager Maly Trostinez (Weißrussland). Rund 20 Juden, die sechs Tage zuvor in die Wälder geflohen sind, werden von Sowjetsoldaten gefangen genommen. ***Siehe* 1946. • 1000 jüdische Frauen werden von Auschwitz nach Hamburg**

Der Galgen von Vught (Niederlande), ein beherrschendes Kennzeichen der Umgebung des Durchgangs- und Arbeitslagers. Er symbolisiert den Wandel, den das Lager 1943 unter seinem neuen Kommandanten, SS-Sturmbannführer Adam Grünewald, durchmachte. An dem Galgen wurden belgische und niederländische Partisanen hingerichtet. Die Zahl der Häftlinge in Vught ging ab Mitte 1943 zurück, da die Nazis danach trachteten alle dort internierten Juden zu töten. Anfang Mai 1943 gab es in Vught 8684 jüdische Gefangene; ihre Anzahl ging bis Sommeranfang 1944 auf weniger als 500 zurück. Die meisten in Vught internierten Juden wurden über Westerbork nach Auschwitz und Sobibór in den Tod geschickt.

Das Rote Kreuz

Trotz seines weltweiten Engagements in humanitären Initiativen unternahm das in der Schweiz ansässige Internationale Komitee vom Roten Kreuz (IKRK) nur sporadische Bemühungen um den Juden Europas während des Zweiten Weltkrieges zu helfen. Die Vertreter des Roten Kreuzes fürchteten, dass eine öffentliche Verurteilung der Gräueltaten der Nazis auf die Tätigkeit der Organisation zurückschlagen und die Hilfsaktionen für Kriegsgefangene und internierte Zivilisten gefährden könnte.

Das IKRK war überzeugt, dass es nur wenig tun könnte um den Juden wirklich Rettung zu bringen. Das Rote Kreuz, das vom Schicksal der meisten Deportierten nicht einmal Kenntnis hatte, versuchte das Leid zu mildern, indem es Lagerinsassen, deren Aufenthalt und Lebensumstände bekannt waren, Pakete mit Lebensmitteln, Kleidung und Medikamenten zukommen ließ. Die Sendungen erreichten jene, die sie am dringendsten gebraucht hätten, allerdings nicht. Die meisten Versuche des Roten Kreuzes, die Konzentrations- und Vernichtungslager in Augenschein zu nehmen, wurden von den Nazis verhindert. Erst unter starkem Druck genehmigten sie 1944 widerwillig einen Inspektionsbesuch von Vertretern des Roten Kreuzes im Lager und Ghetto Theresienstadt (Tschechoslowakei). Die „Besichtigung“ war eine reine Farce, da die Nazis das Gefängnis für kurze Zeit in ein komfortables „Muster-Ghetto“ verwandelt hatten, und so gaben die getäuschten Inspektoren des Roten Kreuzes einen günstigen Bericht über die Lebensbedingungen an diesem Ort ab.

Einen wirkungsvollen Schutz der Juden erreichte das IKRK durch die Arbeit seines Budapester Vertreters Friedrich Born, der sich an internationalen Bemühungen zur Beendigung der Deportationen 1944 aus Ungarn beteiligte. Über 50 Jahre nach dem Holocaust erkannten die Funktionäre an, dass man damals mehr hätte tun sollen und können und dass die nur spärlichen Bemühungen der Organisation ein „moralisches Versäumnis“ darstellen.

geschickt, wo sie die Ruinen der bei alliierten Bombenangriffen zerstörten Häuser abtragen sollen. • 250 Insassen, größtenteils französische Juden, des Lagers Alderney auf den besetzten Kanalinseln werden beim Transport auf das Festland durch das Feuer britischer Kriegsschiffe getötet.

• 4.–5. Juli 1944: 2565 Juden aus Pápa (Ungarn) werden zu dem Zeitpunkt nach Auschwitz geschickt, da die ungarische Regierung bereit ist sich den Deutschen zu widersetzen und die Deportationen zu stoppen. Nur 30 der 2800 Juden von Pápa überleben den Krieg.

• 7. Juli 1944: Der britische Premierminister Winston Churchill informiert den Außenminister Anthony Eden darüber, dass er der Bombardierung von Auschwitz durch die Royal Air Force zustimme. Vom 7. Juli 1944 bis 19. Januar 1945 bombardieren die Alliierten mindestens viermal Industrieziele bei Auschwitz; dabei wird Auschwitz einmal zufällig von Bomben getroffen.

• 8. Juli 1944: Die ungarische Regierung gibt an Berlin eine Erklärung darüber ab, dass sie die Deportation von Juden innerhalb ihrer Landesgrenzen

Dieser Seziertisch, der die Grausamkeit des Lebens selbst im Arbeitslager Vught (Niederlande) wiederspiegelt, wurde zur Obduktion von Häftlingen benutzt. Einigen Lagerinsassen, insbesondere jenen, die für den Elektronik- und Elektrotechnikkonzern Philips arbeiteten, bot das Lager bessere Überlebenschancen, da das Unternehmen seine Arbeiter zu schützen suchte und dafür sorgte, dass sie angemessene Verpflegung erhielten. Als sich die Bedingungen im Lager verschlechterten, verbreiteten sich unter den Häftlingen rasch Lungenentzündung, Scharlach und andere Krankheiten.

Die Verschwörung gegen Hitler

Am 20. Juli 1944 ließ Oberst Claus Graf Schenk von Stauffenberg in Adolf Hitlers Nähe eine Bombe explodieren, die Hitlers Trommelfelle schädigte, seinen rechten Arm verletzte und Hitler Brandwunden beibrachte, ihn aber nicht tötete. Der gescheiterte Versuch Hitler auszuschalten entfesselte eine sofortige mörderische Reaktion.

Unter den Verschwörern, die den Attentatsversuch unternahmen, befanden sich bedeutende Persönlichkeiten des deutschen Militärs. Sie wollten Hitlers „inkompetenter, skrupelloser Führung“ ein Ende setzen. Stauffenberg hatte direkten Zugang zu Hitler und war daher derjenige, der die beste Gelegenheit hatte den deutschen Reichskanzler zu ermorden.

Nach der Detonation der Bombe meinten die Verschwörer, dass das Attentat auf Hitler erfolgreich verlaufen sei. Sie machten sich daran wichtige Stellen in Berlin zu besetzen und Befehle zur Verhaftung führender Nazifunktionäre und Angehöriger der SS zu erteilen. Da Hitler den Anschlag jedoch überlebt hatte, konnten er und seine Anhänger den Plänen zum Sturz des Naziregimes zuvorkommen.

Hitlers Rache kam rasch und war unerbittlich. Die Teilnehmer des Attentatsversuchs wurden verhaftet und erschossen oder mit Drahtschlingen erhängt, sodass sie den qualvollsten Tod starben. Die Hinrichtungen wurden für Hitler gefilmt; er soll den Anblick der Männer, die sich im Todeskampf wanden, genossen haben. Die Gestapo verhaftete über 7000 weitere Personen, von denen 200 hingerichtet wurden.

Der deutsche Offizier von Stauffenberg deponierte die Bombe, die Adolf Hitler töten sollte. Stauffenberg war ein Kriegsheld, der im Kampf schwere Verwundungen davongetragen hatte. Wie die meisten konservativen Deutschen, die in die Planung des Attentats vom 20. Juli 1944 verwickelt waren, glaubte auch er, dass Hitler „zu weit gegangen“ war. Er wurde nur Stunden nach dem Scheitern des Attentats von einem Erschießungskommando hingerichtet.

1944

stoppe. Damit sind über 300 000 Juden (darunter mehr als 170 000 in und um Budapest lebende Juden) gerettet, doch inzwischen sind bereits mehr als 430 000 ermordet worden. • Die Jüdin Marianne Cohn, die die Flucht von Juden durch Frankreich in die Schweiz aktiv unterstützt hat, wird von den Deutschen in Ville-le-Grande (Frankreich) hingerichtet.

• 8.–13. Juli 1944: Soldaten der Roten Armee und jüdische Partisanen töten bei Wilna rund 8000 deutsche Soldaten.

• 9. Juli 1944: Der schwedische Diplomat Raoul Wallenberg trifft in Budapest mit einer Liste von über 600 ungarischen Juden ein, für die schwedische Visa zur Verfügung stehen. Mit Hilfe anderer Diplomaten in Ungarn, finanzieller Unterstützung von außen und seiner

Hitler, dessen rechte Hand nach der Explosion noch zittert, inspiziert die Trümmer, die das Bombenattentat vom 20. Juli hinterlassen hat. Zu seiner Rechten steht sein Verbündeter, der italienische Diktator Benito Mussolini, den man in seiner Heimat gestürzt hatte und den Hitler aus der Gefangenschaft befreien ließ. Zwischen ihnen steht Paul Schmidt, Diplomat und persönlicher Dolmetscher Hitlers. Schmidt schrieb später einen Bericht über Hitlers Persönlichkeit.

Ludwig Beck, Chef des Generalstabs des Heeres. Beck, der Hitlers Machtübernahme 1933 als Reichskanzler zunächst begrüßt hatte, fürchtete einen langwierigen Krieg und trat 1938 als Generalstabschef zurück. Später beteiligte er sich an der so genannten „Mittwochs-Gesellschaft" Intellektueller, Volkswirtschaftler und Politiker, die Hitler ablehnend gegenüberstanden. Beck, der führend an der Verschwörung vom 20. Juli beteiligt war, galt als wahrscheinlicher Kandidat, der Hitler als deutsches Staatsoberhaupt ersetzen sollte. Ehe man ihn verhaften konnte, unternahm er einen missglückten Selbstmordversuch. Ein Soldat des Gardebataillons erschoss ihn.

Carl Friedrich Goerdeler, ehemaliger Oberbürgermeister von Leipzig und Nazibeamter, war in das Mordkomplott gegen Hitler verwickelt. Goerdeler, der eine einigende Kraft zwischen den Verschwörern des 20. Juli darstellte, sollte für den Fall, dass die Verschwörung Erfolg hätte, Hitlers Stelle als Reichskanzler einnehmen. Er wurde verhaftet, vor den Volksgerichtshof gebracht und im Februar 1945 hingerichtet.

eigenen Courage und Phantasie rettet Wallenberg zehntausende ungarischer Juden.

• 10. Juli 1944: 30 Juden werden erschossen, nachdem sie im „arischen" Teil Warschaus aufgegriffen worden sind.

• 12. Juli 1944: Viele der 8000 Juden, die noch im Ghetto von Kowno (Litauen) leben, werden getötet, das Ghetto niedergebrannt. In der Nähe verbirgt ein litauischer Zimmermann mit Namen Jan Pauvlavicius mindestens acht Kownoer Juden in einem Versteck, das er in seinem Keller eingerichtet hat.

• 14. Juli 1944: Ungarische Juden, die im Arbeitslager Reval (Estland) interniert sind, werden in einem nahen Wald erschossen. • Deutsche ermorden im Vercors (Frankreich) hunderte Kriegsgefangene und jüdische Partisanen. • 42 Juden, die in den Werkstätten des Warschauer Pawiak-Gefängnisses arbeiten, werden von Deutschen, die einen Angriff der Roten Armee erwarten, erschossen.

• 15. Juli 1944: Die Deutschen deportieren 7000 Juden, die im Ghetto von Šiauliai versammelt sind, in das Konzentrationslager Stutthof (Deutschland). 100 Juden, die zurückgelassen werden, er-

General Friedrich Olbricht, Chef des Allgemeinen Heeresamtes im Oberkommando der Wehrmacht. Olbricht, der ein religiöser Mann war und seine Heimat Deutschland liebte, initiierte und organisierte das Bombenattentat vom 20. Juli 1944 auf Hitler. Am 15. Juli, dem ursprünglich für den Anschlag auf Hitlers Leben vorgesehenen Datum, gab er vorzeitig den Befehl an die Truppen auf Berlin zu marschieren. Für diese Aktion erhielt er einen Verweis und wurde verhaftet, als das Attentat am 20. Juli misslang. Olbricht wurde nur wenige Stunden später zusammen mit Claus von Stauffenberg von einem Erschießungskommando hingerichtet.

Roland Freisler *(Mitte)*, 1942 – 1945 Präsident des Volksgerichtshofes. Hier eröffnet er den Prozess gegen die Verschwörer des 20. Juli. Freisler, ein langjähriger Nazi, war ein fanatischer Antibolschewik; während des Ersten Weltkrieges war er in russische Gefangenschaft geraten und musste fünf Jahre in Sibirien verbringen. Er war berüchtigt für seine scharfen Ausfälle gegen die Angeklagten, über die er Gericht hielt. Freisler wurde bei einem Bombenangriff der Alliierten am 3. Februar 1945 getötet; an diesem Tag führte er den Vorsitz im Prozess gegen einen der Attentäter vom 20. Juli.

Otto Mueller gehörte zu den einflussreichsten römisch-katholischen Theologen in Deutschland. Er gründete das Ketteler-Haus, das zum Zentrum der katholischen antinazistischen Aktivitäten in Köln wurde. Das sorgte für Uneinigkeit mit Splittergruppen in der katholischen Kirche, die die angeblich von den Juden verkörperten gesellschaftlichen Erscheinungen – Liberalismus, Sozialismus und vor allem den Kommunismus – hassten und fürchteten. Das Verhältnis der deutschen katholischen Kirche zur Hitlerregierung war 1933 nicht feindselig, sondern eher zwiespältig und blieb auch so. Dennoch setzte Mueller seine Bemühungen fort und war mit der Zeit den Nazibehörden wohl bekannt. Nachdem das Attentat gegen Hitler am 20. Juli gescheitert war, wurde Mueller verhaftet. Er starb im Gefängnis.

1944

schießt man an Ort und Stelle. *Siehe* 27. Juli 1944.

• 19. Juli 1944: 1200 ungarische Juden aus Kistarcsa werden mit LKW nach Rákoscsaba (Ungarn) gebracht, dann in Züge „verladen“ und nach Auschwitz transportiert. • Angelo Roncalli, der spätere Papst Johannes XXIII., appelliert im Namen von 5000 ungarischen Juden mit palästinensischen Visa an Miklós Horthy. Roncalli beschafft Taufbescheinigungen für untergetauchte Juden.

• 20. Juli 1944: Im Führerhauptquartier „Wolfsschanze“ in Rastenburg (Deutschland) findet ein Bombenanschlag auf Hitler statt, den Mitglieder des deutschen Oberkommandos und politisch konservative Persönlichkeiten geplant haben; der Attentatsversuch scheitert.

„Es gibt keinen Zweifel, dass dies wahrscheinlich das größte und schrecklichste Verbrechen ist, das in der gesamten Weltgeschichte je begangen wurde.“

Winston Churchill, britischer Premierminister, im Sommer 1944 über die Gräueltaten in den Vernichtungslagern

Das Todeslager Majdanek in Ostpolen wurde am 23. Juli 1944 als erstes Lager von den Alliierten befreit. Die Abbildung zeigt Skelette und Leichenteile in Majdanek, die die Deutschen exhumiert hatten und noch vor der Ankunft der Roten Armee verbrennen wollten. Die Truppen der Roten Armee kamen, wie es auch hier der Fall war, oftmals so rasch voran, dass sie bereits erschienen, ehe die Deutschen ihr grausiges Tun vollenden konnten.

Die Nazis setzten, so wie hier in Majdanek, häufig Verbrennungsöfen ein um die Leichen ihrer Opfer einzuaschern. Schließlich war die Zahl der Opfer jedoch selbst für diese relativ „effiziente“ Methode der Leichenentsorgung zu groß. Die Alliierten fanden in den Lagern, die sie befreiten, hunderttausende Tote vor.

In Theresienstadt, dem „Muster“-Ghetto und -Konzentrationslager der Nazis, versuchte man auf jede Art und Weise die Illusion von Normalität zu schaffen. Auf diesem Szenenfoto aus einem deutschen Propagandafilm ist das Orchester *Ghetto Swingers* zu sehen. Den *Swingers* war ganz sicher nicht so sorglos zumute wie das Foto suggeriert; es gab aber in Theresienstadt tatsächlich eine starke Musikgemeinschaft, die einige bemerkenswerte Werke wie die Oper „Der Kaiser von Atlantis“ von Victor Ullman und Peter Kien, die Klaviersonate Nr. 6, op. 49 von Ullman oder „Bundibar“, Hans Karasas Kinderoper, hervorbrachte.

Hitler, den ein Tisch aus massivem Holz schützt, kommt mit zeitweiliger Taubheit und leichten Verletzungen davon. Die meisten Verschwörer aus dem Militär und deren Anhänger vertreten eine konservative Haltung und glauben, dass Hitler durch die Fortsetzung des Krieges trotz unüberwindlicher Schwierigkeiten Deutschland in den völligen Ruin führen wird. • Deutsche Truppen beginnen mit der Deportation der Juden von den italienischen (später griechischen) Inseln Rhodos und Kos.

• 21. Juli 1944: Die sowjetischen Truppen rücken rasch auf Brest (Weißrussland) und Lublin (Polen) vor.

• 22. Juli 1944: Überlebende einer Massenexekution jüdischer Arbeitssklaven in Białystok (Polen) vom 13. Juli erreichen die Linien der Roten Armee, nachdem sie neun Nächte lang unterwegs waren. • Die deutschen Soldaten ziehen sich aus den Parczew-Wäldern (Polen) zurück, in denen die Nazis zahlreiche Suchaktionen nach jüdischen Flüchtlingen und Partisanen durchgeführt haben. • Die Rote Armee besetzt Chełm (Polen) östlich von Lublin.

Die teilweise verbrannten Leichen erzählen die grauenhafte Geschichte von Maly Trostinez, einem Dorf in der Nähe von Minsk (Weißrussland), wo die letzten Deportierten aus dem Minsker Ghetto den Tod fanden. Als die Sowjetarmee immer näher rückte, exekutierten die Deutschen in aller Eile die Häftlinge, die sie eingesetzt hatten um die Spuren tausender Toter zu beseitigen. Diese Gefangenen – Juden und nichtjüdische sowjetische Zivilisten – wurden in einer Baracke zusammengetrieben, die man dann in Brand steckte. Trotz der Bemühungen der Nazis überlebten einige Juden, die über die Massenmorde in Maly Trostinez und im benachbarten Dorf Bolschoj Trostinez berichten konnten.

Von Trauer und Entsetzen übermannte sowjetische Soldaten und polnische Zivilisten, darunter eine Nonne, die inmitten der Ruinen des Todeslagers Majdanek stehen. Die Lagerverwaltung war noch vor der Ankunft der vorrückenden sowjetischen Truppen aus Furcht vor der Verhaftung und der Entdeckung, dass Majdanek als Todeslager gedient hatte, im Juli 1944 überstürzt geflohen und hatte dabei rund 1000 Häftlinge mitgenommen. Zuvor hatte sie in der Hoffnung die Beweise für ihre Verbrechen vernichten zu können das Lager in Brand gesetzt. Es gelang ihr jedoch nicht die Gaskammern zu zerstören, die vom furchtbaren Zweck des Lagers zeugten.

Dieser Hügel aus Knochen ist ein grausiger Beweis für die große Zahl der Todesopfer in Majdanek. In der Zeit, in der das Konzentrations- und Todeslager in Betrieb war, wurden hier rund 500 000 Personen interniert, von denen 360 000, zumeist Juden, in den Gaskammern, am Galgen, durch Hunger, Krankheiten oder Überarbeitung umkamen. Als die Rote Armee das Lager befreite, fanden die Soldaten rund 500 Häftlinge vor, die noch am Leben waren.

1944

• 23. Juli 1944: Sowjetische Soldaten befreien das aufgegebene Todeslager Majdanek, in dem noch rund 500 Häftlinge am Leben sind. • Die Nazis deportieren 1700 Juden von Rhodos (Italien) nach Auschwitz.

• 24. Juli 1944: 258 jüdische Waisen aus Paris und Umgebung werden verhaftet. • In Bourges (Frankreich) massakrieren Angehörige der Gestapo und Milizionäre 28 jüdische Männer und acht jüdische Frauen, die in der Résistance aktiv sind. Einige Opfer werden lebendig in einen Brunnen geworfen. • Die Wehrmacht übernimmt den Hitlergruß anstelle der bisherigen militärischen Ehrenbezeigung.

• 25. Juli 1944: Drei von der italienisch besetzten Insel Rhodos kommende Tanker mit mehr als 1600 Juden an Bord

4000 Lubliner Juden waren die Ersten, die am 9. November 1942 in den Gaskammern von Majdanek starben. Zur Ermordung der Opfer wurde wie in Auschwitz auch in der Todesfabrik Majdanek das Pestizid Zyklon B verwendet. Hier halten zwei Lagerangestellte große Büchsen mit den Kristallen, die bei Raumtemperatur ein tödliches Gas freisetzten. Diese beiden Deutschen werden später für ihre im Lager begangenen Verbrechen hingerichtet.

DIE BEFREIUNG GROSSER KONZENTRATIONSLAGER (1944–1945)

Bei ihrem Vormarsch in Richtung Deutschland stießen die alliierten Truppen auch auf die Konzentrationslager der Nazis und befreiten die Gefangenen. Als Erste entdeckten sowjetische Soldaten die Gräueltaten der Nazis – am 23. Juli 1944 in Majdanek bei Lublin (Polen); die US-amerikanischen Soldaten wurden am 4. April 1945 in Ohrdruf (Deutschland) erstmals Zeugen des Holocaust.

Viele Menschen in Deutschland und im besetzten Europa wussten zwar, was mit den Juden geschah, doch die Nazis bemühten sich trotzdem ihre Verbrechen zu verbergen. Außenstehende wurden beispielsweise mit Warnschildern davon abgehalten sich den Lagern zu nähern. Dieses Warnschild in deutscher und polnischer Sprache stand in Majdanek.

machen Station auf der Insel Kos, wo weitere 94 Juden an Bord gehen müssen. *Siehe* 30. Juli 1944. • Im Ghetto von Łódź (Polen) kommen 31 gefälschte Postkarten an. Die Absender behaupten gut umgesiedelt worden zu sein; in Wirklichkeit sind sie in Chełmno vergast worden.
• Hitler ernennt Joseph Goebbels zum Generalbevollmächtigten für den Totalen Kriegseinsatz. • Lord Walter Moyne, der oberste britische Beamte im Nahen Osten, billigt schließlich eine britische Militärausbildung für jüdische Palästinenser, die dann zu Selbstmordmissionen in das besetzte Europa geschickt werden. Er schreibt: „Der Plan würde eine Reihe aktiver und findiger Juden aus Palästina entfernen. … Die Chancen, dass viele von ihnen in Zukunft zurückkehren und in Palästina Schwierigkeiten bereiten, scheinen gering."

• 27. Juli 1944: Šiauliai (Litauen) wird 12 Tage, nachdem die Deutschen 7000 ortsansässige Juden deportiert und 100 in der Stadt verbliebene Juden ermordet haben, von der Roten Armee befreit.
• Dwinsk (Lettland) wird von der Sowjetarmee befreit. • Die Wehrmacht zieht sich aus Lwow (Ukraine) zurück. Nur einige Juden der Stadt, die sich größtenteils in der Kanalisation versteckt halten, haben die deutsche Besetzung überlebt.

Die Nazis trachteten nicht nur danach auch den letzten Juden Europas zu vernichten, sondern darüber hinaus auch den größten Teil der Zeugnisse darüber, dass die Juden je existiert hatten, verschwinden zu lassen. Dieses Foto zeigt zwei Rotarmisten, die eine teilweise verbrannte Thorarolle, ein Überbleibsel der Kultur, die das Dritte Reich auslöschen wollte, in Augenschein nehmen. Die Rolle fanden sowjetische Soldaten bei der Befreiung des Todeslagers Majdanek.

Von dieser jungen Frau, eine der 20000 Zigeuner, die man in Auschwitz-Birkenau registrierte, wurden verschiedene Porträtfotos angefertigt. Die Behandlung der Zigeuner durch die Nazis hing teils davon ab, ob sie „reines" oder „gemischtes" Blut hatten. Die als so genannte „Mischlinge" eingestuften Personen hatten seltsamerweise mehr zu leiden als „reine" Zigeuner, die man ursprünglich als „Arier" betrachtete. Die im Familienlager untergebrachten Zigeuner, zu denen vielleicht auch diese junge Frau gehörte, wurden im Sommer 1944 in den Tod geschickt.

Der US-amerikanische Kriegsminister Henry S. Stimson, der wenige Wochen nach der Landung der Alliierten in der Normandie stolz auf das Vorankommen der alliierten Truppen auf dem von den Nazis besetzten Territorium verweist. Nachdem er einige Frontabschnitte besucht hatte, teilte er dem amerikanischen Volk in einer Ansprache mit, dass der Sieg in Sicht sei, auch wenn der Feind noch verbissen kämpfe. Wie verbissen sich die Deutschen zur Wehr setzten, konnte sich wahrscheinlich selbst Stimson nicht vorstellen, denn obwohl die Invasion am *D-Day* tatsächlich der Beginn des alliierten Vormarsches auf ihr Vaterland war, leisteten die deutschen Truppen noch 11 qualvolle Monate lang Widerstand. Von Hitler angestachelt zerstörten Waffen-SS und die Wehrmacht auf ihrem Rückzug oftmals alles, was sie nicht mehr verteidigen konnten und verhinderten damit den Zugriff der Alliierten auf Unterkunftsmöglichkeiten, Treibstoff und anderes Material.

1944

• 28. Juli 1944: Die Rote Armee nimmt Brest (Weißrussland) ein.

• 29. Juli 1944: 3520 Juden werden zu einem Todesmarsch gezwungen, der sie von Warschau nach Westen führt. Über 200 von ihnen sterben.

• 30. Juli 1944: Drei Tanker mit über 1700 Juden von den italienisch besetzten Inseln Rhodos und Kos treffen in Piräus (Griechenland) ein, wo die Juden auf LKW getrieben und dann in das Internierungslager Haidar bei Athen gebracht werden. • Über 100 Juden werden aus Toulouse (Frankreich) nach Auschwitz deportiert.

• 31. Juli 1944: Unter den 1300 Juden, die aus dem nordwestlich von Paris gelegenen Drancy (Frankreich) nach Auschwitz verschleppt werden, befinden sich auch 258 jüdische Waisen, die

Diese Zeichnung von György Kadar, der den Holocaust überlebte, vermittelt eine Vorstellung von den Extremen des Lebens in den Konzentrationslagern. Die ausgemergelten, gebeugten Häftlinge bilden einen Gegensatz zu dem wohlgenährten, arroganten Lageraufseher. Manche Aufseher misshandelten die Gefangenen nicht offen, andere wiederum nutzten ihre Macht um den unter ihrer Kontrolle stehenden Männern und Frauen sadistische Strafen aufzuerlegen oder sie zu erniedrigen. Ein solches Verhalten wurde zwar durch den Antisemitismus und den Krieg geschürt, hatte aber seinen Ursprung auch in irgendeinem dunklen Winkel des menschlichen Bewusstseins, in dem rohe Gewalt, Herrschsucht und eine Geringschätzung der Würde und des Lebens eines machtlosen „Feindes" nisteten.

Die britische Politik in Palästina

Die Palästinapolitik Großbritanniens während des Zweiten Weltkrieges gründete sich auf das *White Paper*, das im Mai 1939 veröffentlicht worden war. Mit diesem offiziellen Regierungsdokument änderte Großbritannien seine langjährige Politik der Befürwortung eines jüdischen Staates und ersetzte sie durch strenge Verfügungen hinsichtlich der Landzuweisungen in Palästina. Die größten Auswirkungen auf das europäische Judentum hatte die im *White Paper* verankerte Einwanderungsbeschränkung für Juden.

Die britische Regierung, die ein Eskalieren der Gewalt in Palästina fürchtete, beschränkte die Einwanderung von Juden für einen Zeitraum von fünf Jahren auf nur 75 000 Personen. Weitere Zuwanderungen nach diesen fünf Jahren hingen von der Zustimmung der arabischen Seite ab. Großbritannien sprach sich zwar mit einem Lippenbekenntnis dafür aus den Juden Europas einen Zufluchtsort zu bieten, verfolgte allerdings nie eine gezielte Politik, die es ermöglicht hätte im Nahen Osten einen solchen sicheren Hafen zu schaffen.

In den ersten beiden Kriegsjahren riegelte Großbritannien die Fluchtwege für jüdische Flüchtlinge ab. Menschen, die vor der Naziverfolgung flohen und mit Schiffen in Palästina ankamen, wurde die Einreise verweigert, und die Flüchtlinge mussten in das Land zurückkehren, aus dem sie gekommen waren. Der britische Außenminister Anthony Eden war besonders unnachgiebig in seiner Weigerung Palästina zum Zufluchtsort für Juden zu erklären. Großbritannien trug zumindest indirekt zum Tod zehntausender Juden bei.

am 24. Juli in Paris und der Pariser Umgebung verhaftet worden sind. Bei der Ankunft im Lager werden alle 500 Kinder und 300 Erwachsenen vergast. Dieser Transport ist der letzte Judentransport aus dem Lager Drancy nach Auschwitz. Insgesamt sind 73 853 Juden aus Drancy nach Auschwitz und Sobibór in den Tod geschickt worden.

• Ende Juli 1944: Der französische Jude Maurice Löwenberg, der Begründer der Widerstandsgruppe *Mouvement de la Libération Nationale (MNL*, Nationale Befreiungsbewegung*)*, wird von der Gestapo zu Tode gefoltert. • SS-Sturmbannführer Richard Baer wird neuer Lagerkommandant von Auschwitz. • In Auschwitz werden 46 000 jüdische Häftlinge vergast und verbrannt.

• August 1944: Juden, die sich von ihrer Religion losgesagt haben und Anfang 1943 in Berlin freigelassen wurden, werden erneut verhaftet und nach Auschwitz deportiert. • In Italien stationierte Luftwaffenverbände der Alliierten bombardieren Auschwitz III (eine Produktionsstätte für synthetischen Kautschuk). • In Castres und Mazamet (Frankreich) kommt es zu Judenaufständen. • Zu dieser Zeit leben in Großdeutschland nur noch 4000 Zigeuner.

Anne Frank und die Juden der Niederlande

Von den 140 000 Juden, die in den Niederlanden lebten, als das Land im Mai 1940 an die Nazis fiel, kamen während des Holocaust 75 Prozent ums Leben. Nur etwa 5200 der über 100 000 nach Osten Deportierten überstanden den Krieg.

Zur jüdischen Bevölkerung der Niederlande gehörten auch mehr als 14 000 Juden aus Deutschland, die den Nazis hatten entkommen wollen und deshalb über die Grenze geflohen waren. Unter ihnen waren auch die elfjährige Anne Frank und ihre Familie gewesen, die in Amsterdam lebte.

Die Franks hatten Deutschland 1933 verlassen und sahen sich nun plötzlich in der Falle, als die Nazis die Niederlande besetzten. Als 1942 die Razzien und Deportationen begannen, tauchte die Familie unter. Zwei Jahre lang lebten Anne und ihre Schwester, ihre Mutter und ihr Vater versteckt in einer kleinen Dachwohnung, die sie mit vier weiteren Personen teilten. Sie waren auf ihre nichtjüdischen Freunde angewiesen, die ihre eigene Sicherheit aufs Spiel setzten um die Flüchtlinge mit Lebensmitteln zu versorgen.

In einem Tagebuch, das Anne Frank zu ihrem 13. Geburtstag bekommen hatte, hielt das Mädchen seine Empfindungen, Ängste und die täglichen Schwierigkeiten des quälenden Daseins der Flüchtlingsgruppe fest. Im August 1944 verriet ein unbekannter Informant ihr Versteck an die Polizei. Die SS verhaftete alle acht Juden und brachte sie in das Durchgangslager Westerbork; von dort wurden die Gefangenen nach Auschwitz abtransportiert. Annes Mutter Edith kam im Januar 1945 in Auschwitz um. Anne und ihre Schwester Margot starben im März 1945 in Bergen-Belsen an Typhus. Ihr Vater Otto überlebte und veröffentlichte später Annes bemerkenswertes und heute berühmtes Tagebuch.

Das Haus in der Prinsengracht 263, in dem sich Anne Frank und ihre Familie rund zwei Jahre lang verbargen. Am Ende meldete ein Informant den örtlichen Behörden, dass sich dort Juden versteckt hielten. Am 4. August 1944 verhafteten SS und Sicherheitspolizei die acht Personen, die im „geheimen Anbau" des Hauses gelebt hatten. Sie nahmen auch zwei Personen – Viktor Kugler und Johannes Kleiman – fest, die den Untergetauchten geholfen hatten. Anne wurde am 3. September nach Auschwitz abtransportiert und schließlich in das Lager Bergen-Belsen (Deutschland) gebracht. Dort starb sie im zeitigen Frühjahr des Jahres 1945, nur wenige Wochen bevor britische Soldaten das Lager befreiten.

Die Treppe zu Anne Franks „geheimem Anbau" war hinter einem Bücherregal verborgen. Juden vor den Nazis zu verbergen war ein äußerst schwieriges und gefährliches Unternehmen und man musste häufig zu umständlichen und wohl durchdachten Maßnahmen greifen, damit das Versteck unentdeckt blieb.

1944

• **1. August 1944: Die Rote Armee befreit Kowno (Litauen). Während der Befreiung ermorden nichtjüdische Einwohner der Stadt den ortsansässigen Zimmermann Jan Pauvlavicius dafür, dass er drei Wochen zuvor Juden Schutz gewährt hat. • In Pisa (Italien) werden der katholische Philanthrop Guiseppe Pardo Roques, vier Nichtjuden und sieben Juden, die er geschützt hatte, von Nazis ermordet.**

• **1. August – 4. Oktober 1944: Der polnische Untergrund und 1000 Juden erheben sich gegen die Deutschen in Warschau. *The New York Times* veröffentlicht fast täglich lange Berichte über diesen Aufstand, mehrere davon sogar auf der Titelseite. Die Alliierten unternehmen große Anstrengungen um den Polen beizustehen, obwohl sie wissen, dass das Einfliegen von Kriegsmaterial nach Warschau mit schweren Ver-**

Das wahrscheinlich berühmteste Tagebuch der Geschichte. Es wurde vom 12. Juni 1942 bis zum 1. August 1944 von Anne Frank geführt. In dem Tagebuch, das man erstmals 1947 veröffentlichte, sind nicht nur die außerordentlichen Erlebnisse der Familie in den Jahren ihrer Existenz im Verborgenen, sondern auch das Seelenleben eines wahrhaft bemerkenswerten jungen Mädchens festgehalten. Am 15. Juli 1944 schrieb Anne: „... trotz allem, weil ich noch immer an das innere Gute im Menschen glaube."

„Wir Juden dürfen nicht unseren Gefühlen folgen, müssen mutig und stark sein, müssen alle Beschwerlichkeiten auf uns nehmen und nicht murren, müssen tun, was in unserer Macht liegt, und auf Gott vertrauen. Einmal wird dieser schreckliche Krieg doch vorbeigehen, einmal werden wir doch wieder Menschen und nicht nur Juden sein!"

Anne Frank, Tagebuch

Anne Frank war in vielerlei Hinsicht ein typisches junges Mädchen, das versuchte sich an Dinge zu klammern, die sie an ein normales Leben erinnerten. An dieser Wand in ihrem Zimmer befestigte sie mit Zwecken Fotos von Filmstars und Postkarten, die eine für Anne verbotene Außenwelt darstellten.

lusten bei den Luftstreitkräften verbunden ist und die Deutschen sich des größten Teils des ankommenden Materials bemächtigen. Die Alliierten ziehen zwei Monate lang etwa 100 Bomber von anderen Operationen ab und unterbrechen damit ihren strategischen Bombenfeldzug gegen Deutschland.

• 2. August 1944: In Auschwitz werden 2897 Zigeuner ermordet.

• 2. August – 30. August 1944: Aus dem Ghetto von Łódź (Polen) werden mindestens 60 000 Juden nach Auschwitz verschleppt.

• 4. August 1944: Mit einem Todeszug werden Juden aus Warschau in das Konzentrationslager Dachau (Deutschland) abtransportiert. *Siehe* **9. August 1944.**

• Auf einen Hinweis eines Informanten aus der Nachbarschaft dringen in der Amsterdamer Prinsengracht 263 ein SS-Oberscharführer – der Österreicher Karl Silberbauer – und fünf Angehörige der niederländischen Sicherheitspolizei in das Versteck der jugendlichen Tagebuchschreiberin Anne Frank und deren Familie ein und verhaften alle Bewohner des Verstecks. *Siehe* **3.–5. September 1944.**

• 5. August 1944: Polnische Verbände

Juden des Ghettos von Łódź (Polen), die nach Auschwitz deportiert werden sollen, stehen in einer langen, bis zur Bahnstation reichenden Kolonne. Am 7. August 1944 verkündete der deutsche Ghettoverwalter Hans Biebow den versammelten Juden, dass das Ghetto verlegt und dass man seine Bewohner zur Arbeit in Rüstungsbetrieben und anderen kriegswichtigen Einrichtungen verpflichten würde. Um die Täuschung perfekt zu machen und die ängstlichen Menschen zu beruhigen drängte Biebow die Juden sogar ihr Geschirr, Töpfe und Pfannen mitzunehmen, damit sie nach der Ankunft ihr Familienleben ohne große Unterbrechung fortführen könnten.

Der Freude über die Befreiung folgte in Frankreich ein Ausbruch der Wut gegen die Nazis und deren Kollaborateure. Diese Frau aus Laval, die beschuldigt wird den Deutschen geholfen zu haben, wird von Mitgliedern der Résistance und Bewohnern der Stadt gezwungen mit einem großen Hakenkreuz auf ihrer Kleidung durch die Stadt zu laufen.

Der niederländische Nichtjude Joop Westerweel *(Abb.)* und der Jude Joachim Simon leiteten eine Untergrundorganisation in den Niederlanden. Sie retteten niederländische Juden, indem sie sie über die französische Grenze und weiter in das neutrale Spanien schmuggelten. Von dort aus gelangten viele dieser Flüchtlinge nach Amerika und damit in Sicherheit. Die Nazis verhafteten Westerweel schließlich, richteten ihn am 11. August 1944 hin und stoppten damit seine erfolgreichen Rettungsaktionen.

1944

befreien in ihrer Heimat das Lager Gesiowka und lassen 324 jüdische Männer und 24 jüdische Frauen frei.

• 6. August 1944: Da die Rote Armee immer weiter nach Westen vorstößt, beginnt die SS die Häftlinge der Konzentrationslager in Ostpolen in das KZ Stutthof (Deutschland) zu treiben.

• 6.–8. August 1944: 44 Juden, die im Lager Kaiserwald bei Riga (Lettland) interniert sind, werden in Boote „verladen" und müssen darin eine zweitägige Fahrt entlang der Ostseeküste nach Stutthof (Deutschland) machen.

• 9. August 1944: Ein Warschauer Todeszug, der seit dem 4. August nach Dachau (Deutschland) unterwegs ist, kommt im Lager an; bei der Ankunft sind 2000 der 3600 Menschen im Zug tot.

Deutsche Panzer rollen durch Banská Bystrica (Slowakei), vorbei an deutschen und pronazistischen ungarischen Soldaten. Die Judendeportationen, die man im Oktober 1942 eingestellt hatte, wurden nach dem gescheiterten Aufstand gegen die Hlinka-Garde und die Nazis im Herbst 1944 wieder aufgenommen. Einigen Juden gelang es unterzutauchen, andere jedoch wurden entdeckt und umgebracht. Über 13 000 wurden nach Auschwitz und in andere Lager geschickt.

Die Ankunft jüdischer Passagiere mit dem „Kasztner-Zug" in der Schweiz war das Ende einer langen Odyssee in die Freiheit. Die Reise mit dem Zug, den man nach Rezso Kasztner, einem der Führer des Budapester *Relief and Rescue Committee*, benannt hatte, war von dem Komitee nach langen Verhandlungen mit den Nazis im Rahmen des Plans „Juden gegen Lastkraftwagen" organisiert worden. Die Vereinbarung über einen Austausch von LKW und anderen Gütern gegen das Leben ungarischer Juden kam zwar nicht zu Stande, doch dem Komitee gelang es trotzdem diese Gruppe von 1684 Juden in Sicherheit zu bringen.

Das Jewrejskij Antifaschistskij Komitet

Das *Jewrejskij Antifaschistskij Komitet* (Antifaschistisches Jüdisches Komitee) wurde im April 1942 in Moskau gegründet. Der sowjetische Führer Jossif Stalin erkannte dieses Komitee an, weil es sich während des Krieges um eine weltweite jüdische Unterstützung der Sowjetunion bemühte. Das Komitee verbreitete antifaschistisches Propagandamaterial und sprach auch die Nöte und besonderen Bedürfnisse der Juden an.

Das vom Komitee herausgegebene jiddischsprachige Magazin *Ejnikejt* führte die Gräueltaten der Nazis während des Holocaust auf und informierte über das jüdische Leben in der Sowjetunion während des Holocaust und danach. Zur Führung des Komitees gehörten bekannte Persönlichkeiten aus den Kreisen jiddischsprachiger Literaturschaffender und anderer Intellektueller wie der jüdische Historiker Bernard Mark; der Schriftsteller Ilja Grigorjewitsch Ehrenburg, einer der Herausgeber des „Schwarzbuch. Der Genozid an den sowjetischen Juden", in dem ausführlich über die Gräueltaten der Nazis gegen die sowjetischen Juden berichtet wird; Schlomo Michoels, der Direktor des Staatlichen Jüdischen Theaters in Moskau und der berühmte Schriftsteller Peretz Markisch *(Abb.)*.

Nach Stalins Säuberungsaktionen und der Ermordung jüdischer Intellektueller wurde das Komitee 1948 aufgelöst. Zu den Opfern gehörten auch Schlomo Michoels, Itzik Fefer und weitere Mitglieder der Führung des Komitees.

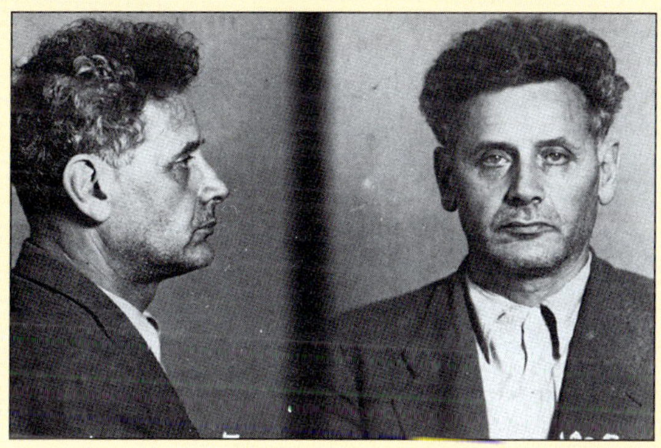

• 15.–25. August 1944: In Paris bricht ein allgemeiner Aufstand auf. Die Stadt wird am 25. August von den Alliierten befreit.

• 16. August 1944: In Auschwitz trifft ein Deportationszug mit Juden von den italienisch besetzten Inseln Rhodos und Kos ein.

• 17. August 1944: Der letzte Deportationstransport mit 51 Juden verlässt Drancy (Frankreich); sein Ziel ist Buchenwald.

• 20. August 1944: Flugzeuge der *USAAF* bombardieren das nur 5 Kilometer von Auschwitz I (Stammlager) und 8 Kilometer vom Todeslager Birkenau entfernte Auschwitz III (Produktionsstätte für synthetischen Kautschuk und Treibstoff). Unter dem Schutz von 100 Jagdflugzeugen, die auf nur 19 deutsche Flugzeuge treffen, werfen 127 Bomber über 1 300 227-kg-Bomben ab. Nur ein Bomber wird abgeschossen.

• 22. August 1944: Die Gestapo löst die Aktion Gewitter, eine Terrorkampagne gegen deutsche antinazistische Funktionäre, aus, bei der 5000 Personen verhaftet werden. • 261 US-amerikanische Bomber, die einen Angriff auf deutsche

Fort Ontario

Das in Oswego (US-Bundesstaat New York) gelegene Fort Ontario war von August 1944 an ein sicherer Hafen für 982 meist jüdische Flüchtlinge aus 17 Ländern. Sie waren in Süditalien von den Alliierten befreit worden und erhielten in dem „Freihafen" unter der Bedingung Asyl, dass sie nach dem Krieg in ihre Heimatländer zurückkehren würden. Um von vornherein die Angst zu beschwichtigen, die USA würden am Ende des Krieges vielleicht von einer Flut besitzloser jüdischer Flüchtlinge überschwemmt, wurde die Zahl der Lagerbewohner begrenzt.

Viele der Flüchtlinge, die sich nur im Lager aufhalten durften, verzweifelten über ihre Situation. Eine Mutter, deren beide Söhne bereits früher emigriert waren und in der US-Armee dienten, rechnete damit, dass sie die Söhne nie wiedersehen würde, wenn sie selbst in ihre Heimat zurückkehren müsste. Die Präsidentengattin Eleanor Roosevelt war von der Notlage der Frau tief berührt, meinte jedoch, dass die Menschen im Krieg nicht logisch dächten und der Kongress so handle, wie es das eigene Volk wolle.

Flüchtlinge mit Namensschildern an der Kleidung bei ihrer Ankunft im Lager Fort Ontario in Oswego (US-Bundesstaat New York). Das 1944 eröffnete Lager diente fast 1000 europäischen Juden und einigen Nichtjuden als zeitweiliger Zufluchtsort. Die Flüchtlinge hatten zunächst kaum Hoffnung, dass sie nach dem Krieg würden in den USA bleiben dürfen; so lebten sie in gedrückter Stimmung und in Angst vor der Zukunft. Im Dezember 1945 lockerte Präsident Harry Truman die Beschränkungen und erlaubte den Flüchtlingen auch weiterhin in den USA zu leben, wenn sie es wünschten.

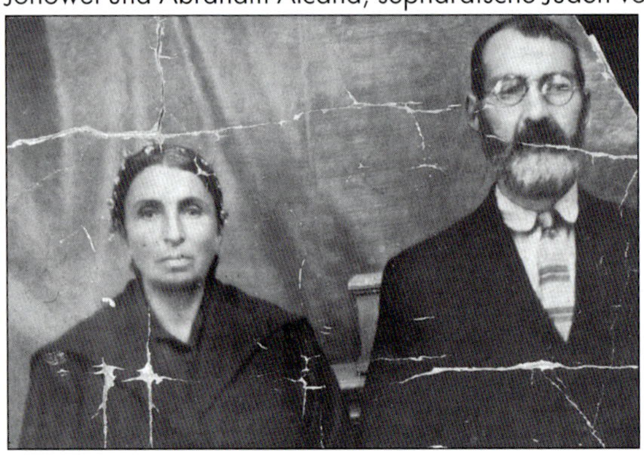

Johowet und Abraham Alcana, sephardische Juden von der Insel Rhodos, posieren mit ernstem Gesichtsausdruck für den Fotografen. Die Bemühungen der Nazis zur Ausrottung der jüdischen Inselbewohner wurden im Sommer 1944 verstärkt, als Adolf Eichmann seinen Assistenten Anton Burger nach Rhodos schickte. Die Juden wurden an verschiedenen Sammelpunkten zusammengeholt und dann per Schiff nach Athen gebracht, wo man sie vor dem Abtransport nach Auschwitz einsperrte. Der 70-jährige Abraham Alcana und seine 60 Jahre alte Frau Johowet gehörten zu jenen, die die Nazis als zu alt für die Zwangsarbeit einstuften. Sie wurden nach ihrer Ankunft in Auschwitz zum Gang in die Gaskammer bestimmt.

1944

Ölraffinerien fliegen, passieren Auschwitz in knapp 65 Kilometern Entfernung.

• 23. August 1944: Das Regime des rumänischen Diktators Ion Antonescu wird gestürzt. Rumänien schließt sich den Alliierten an.

• 24. August 1944: In Mielec (Polen) werden 3000 Arbeitssklaven getötet.

• Eine überlebende Jüdin im befreiten Lwow (Ukraine) notiert in ihrem Tagebuch, dass nur noch drei Prozent der Juden in der Region am Leben sind.

• 25. August 1944: Die deutschen Truppen kapitulieren in Paris. Eine große Zahl Juden schließt sich den freifranzösischen Truppen im Kampf um die Befreiung von Lyon an. • Adolf Eichmann und sein Stab verlassen Ungarn; damit

Zu den Dingen, die Auschwitz zum schrecklichsten aller Lager machten, gehörte die berüchtigte Selektion, die unmittelbar nach der Ankunft der Gefangenen stattfand. Dieses Foto zeigt einen SS-Mann, der darüber entscheidet, wer sofort in den Gaskammern sterben und wer sich als Arbeitssklave der „Herrenrasse" zu Tode schuften wird. Kinder und Schwangere, die die Zukunft der jüdischen „Rasse" repräsentierten, wurden üblicherweise in die Gaskammern geschickt.

Das Fotografieren der Vorgänge in den Todeslagern war verboten und daher ein äußerst gefährliches Unterfangen. Doch die Widerstandsorganisationen hielten es für sehr wichtig die Geschehnisse aufzuzeichnen, damit später niemand die Berichte über die Verbrechen der Nazis an den Juden Europas anzweifeln konnte. Dieses Foto mit einer Gruppe von Frauen, die man gerade in die Gaskammern von Auschwitz treibt, wurde von einem Mitglied des Widerstands aufgenommen. Die darauf abgebildeten Frauen starben kurz darauf.

Die Insassen der Konzentrations- und Todeslager erfuhren das „Gemeinschaftsleben" in seiner härtesten und erniedrigendsten Weise. Selbst eine Andeutung von Intimsphäre, die den Häftlingen vielleicht einen Funken Hoffnung oder Würde gegeben hätte, war schon aufgrund der baulichen Gegebenheiten des Lagers unmöglich. Diese offene Latrinenreihe in Auschwitz, wie man sie auch in den anderen Lagern vorfand, zwang die Gefangenen ihre Notdurft so rasch wie möglich zu erledigen, zumal einige Aufseher diese „Pausen" nutzten um die Lagerinsassen auf besonders infame Weise zu demütigen.

enden die Deportationen ungarischer Juden durch die Nazis.

• 28. August 1944: Die Insassen der Arbeitslager in Narva, Reval und Klooga an der Küste Estlands werden per Schiff nach Süden in das Lager Stutthof (Deutschland) evakuiert, da von Osten her die sowjetischen Truppen vorrücken.

• 29. August 1944: Über 800 zur Zwangsarbeit bestimmte Juden werden von Auschwitz in das Arbeitslager Sachsenhausen (Deutschland) abtransportiert, wo sie zur Arbeit in den nahen Fabriken eingeteilt werden. Aus einem Arbeitslager bei Leipzig werden 72 Kranke und Schwangere weggebracht und in die Gaskammern von Auschwitz abtransportiert.

• 31. August – 3. September 1944: Juden, die zuvor im Arbeitslager Nováky (Slowakei) interniert waren, beteiligen sich am slowakischen Nationalaufstand gegen die Deutschen. Den 16 000 slowakischen Soldaten und Partisanen schließen sich mehr als 1500 Juden an. Die Jüdin Edita Katz, die ein Partisanenbataillon kommandiert, deckt mit einem Maschinengewehr und Handgranaten den Rückzug ihrer Männer, bis sie selbst von Deutschen und Angehörigen der

Weshalb wurde Auschwitz nicht bombardiert?

Am 9. August 1944 erhielt der stellvertretende US-amerikanische Verteidigungsminister John J. McCloy von Ernst Frischer, einem jüdischen Mitglied des im Londoner Exil wirkenden tschechoslowakischen Staatsrates, eine Nachricht. Darin sprach sich Frischer für die Bombardierung von Auschwitz aus. In alliierten wie in jüdischen Kreisen waren die Meinungen über die Durchführbarkeit einer solchen Aktion geteilt und Frischers Bitte war auch nicht die erste oder letzte dieser Art.

McCloy erkannte zwar die „humanitären Beweggründe" des Ersuchens, lehnte es aber trotzdem ab. Eine Studie habe gezeigt, so argumentierte er, dass die Bombardierung von Auschwitz die Umleitung beträchtlicher Kräfte zur Luftunterstützung erfordern würde. Ein Bombenangriff wäre von „zweifelhafter Wirksamkeit" und „könnte möglicherweise sogar weitere Racheaktionen der Deutschen provozieren".

Die nicht gerade ehrlichen Argumente McCloys verschleierten die geheime Vorgehensweise, die das Verteidigungsministerium bereits im Januar ausgearbeitet hatte: Amerikanisches Militär sollte nicht „zur Rettung von Opfern der Unterdrückung durch den Feind eingesetzt [werden], wenn eine solche Rettung nicht das direkte Ergebnis militärischer Operationen ist, die mit dem Ziel der Niederwerfung der Streitkräfte des Gegners durchgeführt werden".

Im Juni 1944 begannen die Alliierten die Bombardierung der an Auschwitz angeschlossenen Produktionsstätten für synthetischen Kautschuk und Treibstoff in Betracht zu ziehen. Die in der Folge entstandenen Aufnahmen der Luftaufklärung zeigen den Auschwitzer Lagerkomplex. Während eines Luftangriffes am 20. August 1944 wurden von amerikanischen Flugzeugen 1 336 227-kg-Bomben auf das Gelände der Fabriken abgeworfen, die nur knapp acht Kilometer von den Gaskammern des Lagers entfernt waren.

Der Meinungsstreit über das Zögern der Alliierten hinsichtlich der Bombardierung von Auschwitz hält weiter an. Heute ist jedoch klar, dass ein Luftangriff im Frühjahr oder Sommer 1944 viele Menschenleben hätte retten können.

Freudige Begrüßung sowjetischer Soldaten im August 1944 in Bukarest. Für hunderttausende rumänischer Juden, die von antisemitisch eingestellten Landsleuten und den Angehörigen deutscher Einsatzgruppen abgeschlachtet worden waren, kam die Befreiung allerdings zu spät. Insgesamt kamen unter der Naziherrschaft mehr als 420 000 Juden Rumäniens um.

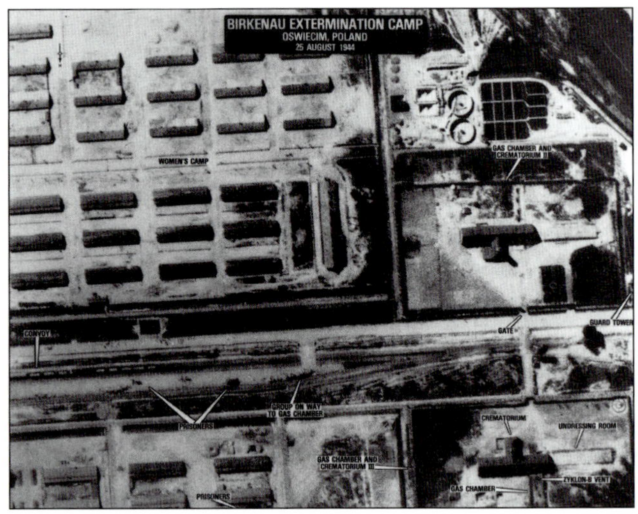

Das Todeslager Auschwitz-Birkenau wurde regelmäßig von Aufklärungsflugzeugen der Alliierten überflogen und fotografiert. Auf dieser Luftaufnahme kann man die Krematorien und Gaskammern sowie zahlreiche Baracken und Wachtürme deutlich erkennen. Sogar einige Häftlinge sind zu sehen, ebenso die Gleise, auf denen ganze Zugladungen voller Opfer in das Lager gebracht wurden. Die Alliierten, die einen raschen Sieg als die beste Möglichkeit zur Beendigung der in Auschwitz begangenen Gräueltaten ansahen, unternahmen nichts um das Lager zu bombardieren.

1944

Hlinka-Garde getötet wird. Tibor Cifea, ein anderer jüdischer Partisan, wird von Deutschen erschossen und seine Leiche drei Tage lang aufgehängt.

• September 1944: 5000 Frauen und 500 Männer werden von Auschwitz nach Norden in das Lager Stutthof (Deutschland) evakuiert. 3000 internierte Frauen werden von Auschwitz in das in nordwestlicher Richtung liegende Neuengamme (Deutschland) verlegt. • Nach den amerikanischen Bombenangriffen auf die Fabriken in Auschwitz lässt die SS den verwundeten Häftlingen ausgezeichnete medizinische Hilfe zuteil werden und beschenkt die Verwundeten mit Blumen und Schokolade. Dieses Verhalten ist allerdings nur ein Propagandatrick für die deutschen Medien; als sich die Opfer wieder erholt haben, werden sie umgebracht. • Angehörige

Wehrmachtoffiziere, die kleinmütig in der Halle des Hotels „Majestic", ihrem früheren Hauptquartier in Paris, sitzen. General Dietrich von Choltitz, der Wehrmachtbefehlshaber von Groß-Paris, setzte sich über Hitlers Befehl die Stadt zu verwüsten hinweg, da er eine Zerstörung für nutzlos und schädlich hielt. Nachdem seine Truppen nur noch geringen Widerstand geleistet hatten, kapitulierten sie am 25. August 1944 vor den ersten französischen Verbänden, die in Paris einmarschierten – der 2. Panzerdivision unter Generalmajor Jacques Leclerc. Nach vier Jahren deutscher Herrschaft in Frankreich war die Wehrmacht besiegt und befand sich auf dem Rückzug.

Strahlende junge Frauen, die die lang ersehnte Befreiung von Paris am 25. August 1944 feiern und in ihrer Freude einen Soldaten der Alliierten umarmen. In einer Ansprache an die Einwohner der Hauptstadt verkündete General Charles de Gaulle, der Führer der freifranzösischen Streitkräfte, stolz, dass Paris, geschlagen und gemartert, doch von seinem eigenen Volk befreit worden sei.

General Charles de Gaulle, der am 26. August 1944 die Siegesparade auf den *Champs Elysées* in Paris anführt. De Gaulle, ein Symbol des französischen Willens zur Niederschlagung der Nazis, wurde Ende August Ministerpräsident der Provisorischen Regierung der Französischen Republik.

der Gestapo und der SS in Przemyśl exekutieren acht Mitglieder einer nichtjüdischen polnischen Familie und ein kleines jüdisches Mädchen, die beim gemeinsamen Spielen in einem Hof angetroffen worden sind. • Winston Churchill, von Anfang an ein Befürworter der Schaffung einer Jüdischen Brigade, in der palästinensische Juden für Großbritannien kämpfen, ordnet schließlich die Gründung dieser Brigade an. Außenminister Anthony Eden hat weiterhin Vorbehalte dagegen.

• Anfang September 1944: In Auschwitz beobachtet die Gefangene Gisella Perl einen betagten niederländischen Juden dabei, wie er dem Aufseher eines Arbeitskommandos für ein paar rohe Kartoffeln einen Beutel Diamanten aushändigt. Der Jude isst die Kartoffeln mit zitternden Händen sofort auf.

• 2. September 1944: Etwa 2000 aus Płaszów (Polen) verschleppte Juden werden in Auschwitz vergast.

• 3. September 1944: Alliierte Truppen befreien Brüssel (Belgien). • Die Alliierten beginnen mit der Evakuierung von Juden aus den von Partisanen gehaltenen Gebieten Jugoslawiens auf dem Luftweg in das von den Alliierten besetzte Italien. • Ein hoher italienischer Polizei-

Im August 1944 revoltierte der inzwischen größtenteils nichtjüdische polnische Untergrund gegen die deutschen Besatzer in Warschau. Einige frühe Triumphe wie die Gefangennahme deutscher Soldaten *(oben links)* hatten große psychologische Wirkung; die Nähe der sowjetischen Truppen gab den polnischen Kämpfern weiteren Auftrieb. Doch statt seine Verbände so schnell wie möglich nach Warschau hineinzuschicken, gab Stalin den Befehl die Truppen außerhalb der Stadt warten zu lassen, bis die Deutschen den Aufstand niedergeschlagen hätten. Im September gestattete Stalin britischen und amerikanischen Flugzeugen sowjetische Flugplätze zu benutzen, damit sie die belagerten Polen aus der Luft mit dringend benötigten Lebensmitteln und Ausrüstungen versorgen konnten. Ein großer Teil der abgeworfenen Güter fiel jedoch in die Hände der Deutschen und Stalin hob bereits nach einer Woche die Genehmigung zur Nutzung seiner Flugplätze durch die Alliierten auf. Andere Routen alliierter Flugzeuge, die von Foggia (Italien) gestartet waren, verliefen in Sichtweite jüdischer und anderer Häftlinge, die in Auschwitz interniert waren. Im Oktober schließlich war der Warschauer Aufstand niedergeschlagen *(ganz oben rechts und oben)*.

1944

offizier mit Namen Giovanni Palatucci wird in der deutsch besetzten jugoslawischen Stadt Fiume wegen Unterstützung von Juden verhaftet und in das Konzentrationslager Dachau (Deutschland) geschickt, wo er stirbt.

• 3.–5. September 1944: Anne Frank gehört zu den 1019 Juden, die mit dem letzten Transport aus dem Lager Westerbork (Niederlande) nach Auschwitz deportiert werden. ***Siehe*** **6. September 1944.**

• 4. September 1944: In Lugos (Ungarn) massakrieren ungarische Faschisten hunderte Juden. • Die Alliierten nehmen den belgischen Hafen Antwerpen ein.

• 5. September 1944: Falsche Gerüchte über die bevorstehende Befreiung der Niederlande veranlassen die niederländischen Nazis zu fliehen. Dieser Tag

Diesen Schutzpass erhielt die ungarische Jüdin Lili Katz von schwedischen Vertretern in Budapest. Ein solches Dokument schützte den Inhaber vor der Deportation in eines der Lager und damit in den fast sicheren Tod. Das „W" in der linken unteren Ecke bedeutet, dass dieser Schutzpass von Raul Wallenberg ausgestellt wurde.

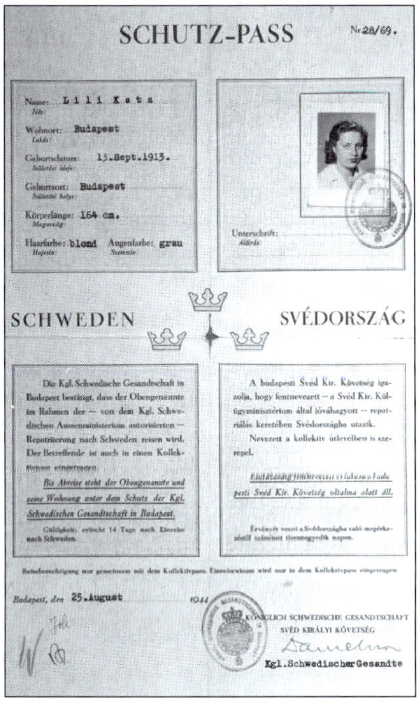
SCHUTZ-PASS Nr 28/69.

Name: Lili Katz
Név:
Wohnort: Budapest
Lakás:
Geburtsdatum: 13.Sept.1913.
Születési ideje:
Geburtsort: Budapest
Születési helye:
Körperlänge: 164 cm.
Magasság:
Haarfarbe: blond Augenfarbe: grau
Hajszín: Szemszín:

Unterschrift:
Aláírás:

SCHWEDEN SVÉDORSZÁG

Die Kgl. Schwedische Gesandtschaft in Budapest bestätigt, dass der Obengenannte im Rahmen der — von dem Kgl. Schwedischen Aussenministerium autorisierten — Repatriierung nach Schweden reisen wird. Der Betreffende ist auch in einen Kollektivpass eingetragen.

Bis Abreise steht der Obengenannte und seine Wohnung unter dem Schutz der Kgl. Schwedischen Gesandtschaft in Budapest.

Gültigkeit: erlischt 14 Tage nach Einreise nach Schweden.

A budapesti Svéd Kir. Követség igazolja, hogy fentnevezett — a Svéd Kir. Külügyminisztérium által jóváhagyott — repatriálás keretében Svédországba utazik.

Nevezett a kollektív útlevélben is szerepel.

[illegible] pesti Svéd Kir. Követség oltalma alatt áll.

Érvényét veszti a Svédországba való megérkezéstől számított tizennegyedik napon.

Reiseberechtigung nur gemeinsam mit dem Kollektivpass. Einreisevisum wird nur in dem Kollektivpass eingetragen.

Budapest, den 25.August 1944

KÖNIGLICH SCHWEDISCHE GESANDTSCHAFT
SVÉD KIRÁLYI KÖVETSÉG
Kgl.Schwedischer Gesandte

Klaus Barbie

Klaus Barbie, der Chef der Gestapo in Lyon (Frankreich), war ein engagierter Nazi, der seine Pflichten rücksichtslos erfüllte.

Barbie überwachte den letzten Judentransport aus Lyon, der Anfang August 1944, nur wenige Wochen vor der Befreiung der Stadt durch die Alliierten, nach Auschwitz abging. Einige Monate zuvor, im April, hatte Barbie 41 jüdische Kinder aus Izieux (Frankreich) in das Lager geschickt. So zielstrebig Barbie die Deportation der Juden betrieb, so scharf war sein Vorgehen bei der Jagd auf Mitglieder des französischen Widerstands. Auf seinen Befehl wurde beispielsweise Jean Moulin, der Führer der Résistance, verhaftet und gefoltert.

Nach dem Krieg floh Barbie nach Bolivien, wo er unter falschem Namen der Strafe für seine Verbrechen entgehen wollte. Nach jahrelangen Bemühungen jüdischer Organisationen lieferte man ihn an Frankreich aus. 1987 wurde Barbie, der „Schlächter von Lyon", wegen seiner Verbrechen gegen die Menschlichkeit vor Gericht gestellt. Er wurde zu lebenslanger Haft verurteilt; 1991 starb er im Gefängnis.

Die Alliierten unternahmen gemeinsame Anstrengungen um Zeugnisse der deutschen Verbrechen gegen die Menschlichkeit zu sammeln. Hier nehmen sowjetische Ermittler in Treblinka (Polen) die exhumierten Leichen ehemaliger Lagerhäftlinge in Augenschein. Den Nazis war es trotz all ihrer Bemühungen nicht gelungen ihre abscheulichen Verbrechen zu vertuschen; Bilder wie diese Aufnahme dienten später in Nürnberg und bei anderen Prozessen zur Verfolgung von Kriegsverbrechen als Beweismittel.

wird unter dem Namen *Dolle Dinsdag* (Verrückter Dienstag) bekannt. • Die SS schließt das Konzentrationslager 's-Hertogenbosch (Niederlande).

• 6. September 1944: Salman Gradowski, Arbeiter in einem Auschwitzer Sonderkommando, vergräbt seine Aufzeichnungen über das Lagerleben, die er seit seiner Ankunft im Lager im Februar 1943 gemacht hat. • In Topolčany (Slowakei) marschieren Angehörige eines Einsatzkommandos unter SS-Hauptsturmführer Hauser ein um einen jüdischen Aufstand niederzuschlagen. Viele führende Persönlichkeiten der dortigen jüdischen Gemeinde werden verhaftet und getötet, darunter auch der vormalige stellvertretende Bürgermeister Karl Pollak, dessen Frau und Moritz Hochberger, über die SS-Soldaten herfallen. • 549 niederländische Juden, die sich zusammen mit Anne Frank auf dem Transport nach Auschwitz befanden, werden vergast. Anne bleibt davon vorerst verschont, da sie bereits 15 Jahre alt ist. Als 14-jährige wäre sie sofort getötet worden. Sie erhält wie alle Häftlinge eine Nummer eintätowiert und wird kahl geschoren. *Siehe* 30. Oktober 1944.

• 7. September 1944: Die ungarischen Behörden gestatten dem Juden Ottó

Kinder und der Holocaust

Die Kaltblütigkeit und Grausamkeit der Nazis bei der Behandlung jüdischer Kinder während des Holocaust gehört in das Reich des Bösen. Die Nazischlächter und ihre Komplizen ermordeten nicht nur eine Million jüdischer Kinder, sondern brachten zahllose andere Kinder in Situationen, die eigentlich kein Mensch und erst recht kein Kind erleben sollte.

Die Schaffung von Ghettos in Polen verursachte einen tiefen Wandel im Leben der jüdischen Kinder. Alles, was typisch für die Zeit der Kindheit ist – von Unschuld und Arglosigkeit bis zu Freiheit und Sicherheit – fehlte von nun an in ihrem Dasein. Die Auflösung der Kernfamilie in den Ghettos hatte zur Folge, dass die Eltern nicht länger für ihre Kinder sorgen oder sie beschützen konnten. Zehntausende Juden fielen Hunger und Krankheiten zum Opfer. Ein zeitgenössischer Beobachter beklagte, dass die erschütterndsten Veränderungen in den Gesichtern der Kinder zu sehen seien. Die Gesichter seien „durch Not und Elend, den Mangel an Nahrung, Vitaminen, frischer Luft und Bewegung bis auf die Knochen abgemagert, durch übergroße Sorgen, Ängste, Unglück, Leid und Krankheit entstellt."

In den Ghettos grassierende Epidemien und die Deportation der Eltern machten tausende Kinder zu Waisen. In den überfüllten Waisenhäusern lagen halb nackte, ungewaschene Kinder matt und apathisch auf dem Fußboden. Der Mangel an sanitären Einrichtungen, ordentlicher Verpflegung und Unterkünften trieb viele auf die Straße. Nach den Worten von Chaim Kaplan aus dem Warschauer Ghetto konnte man jeden Morgen „ihre kleinen Körper erfroren auf den Straßen des Ghettos sehen". Ein Bericht über die soziale Lage vom Februar 1942 fasste die Situation der Kinder wie folgt zusammen: „Hunger, Krankheit und Mangel sind ihre ständigen Begleiter und der Tod ist der einzige Besucher in ihren Heimen."

Die endlosen Schrecken der Nazipolitik wirkten sich verheerend auf das Leben der jüdischen Kinder aus. Die meisten verbrachten ihr tragisch kurzes Erdendasein ohne je in einem Park gespielt oder sich einmal im Wasser eines Schwimmbeckens ausgetobt zu haben. Noch schlimmer war, dass die Schließung der Schulen in den Ghettos den jungen Menschen auch noch die für die Kindheit so wichtige geistige Anregung nahm.

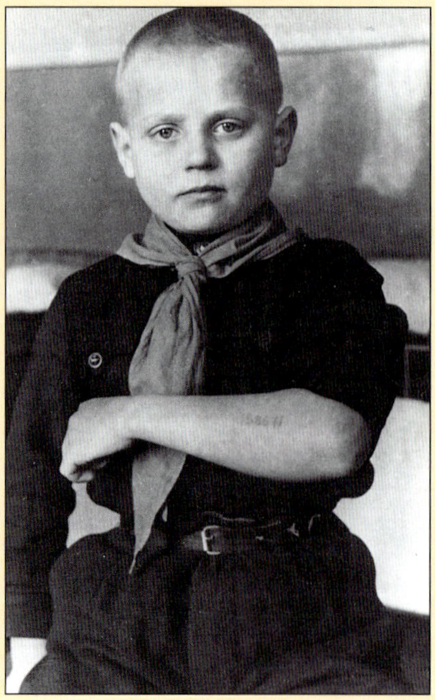

Nachdem die Verwirklichung der „Endlösung" einmal begonnen hatte, ließen die Nazis nur noch arbeitsfähige Juden am Leben. Da man Kinder nicht zur Arbeit heranziehen konnte, wurden die meisten von ihnen unmittelbar nach der Ankunft in den Lagern getötet. Jugendliche, die sich als erwachsen ausgeben konnten, überlebten die berüchtigte Selektion. Die Kinder hingegen wurden in den Vernichtungszentren unbarmherzig vernichtet. Minderjährige gingen mit ihren Müttern in die Gaskammern, Kleinstkinder und Säuglinge wurden häufig einfach in Gruben voller brennender Leichen geworfen.

Die Jugendlichen, die die Selektion überstanden hatten, erwartete ein Dasein als Arbeitssklaven, die hungerten, die geschlagen und bei der Arbeit zu Tode geschunden wurden. Jack Rubinfeld, der als Jugendlicher das Lager überlebte, drückte es so aus: „Ich musste die Zähne zusammenbeißen und zeigen, dass ich kräftig war, dass ich wie die Erwachsenen war."

Das nationalsozialistische Terrorsystem erstickte in Millionen von Juden die Vorstellung von einer schönen Kindheit. Jene, die dies alles überstanden, mussten wie Aljoscha Lebedew *(Abb.)* bis an ihr Ende mit der Erinnerung an die Schrecken dieser Zeit leben.

1944

Komoly in Budapest Häuser zu mieten, in denen jüdische Kinder Schutz finden sollen. Komoly bietet schließlich in 35 Häusern 5000 Kindern Zuflucht. *Siehe* Anfang 1945.

• 9. September 1944: SS-Männer, die die Arbeiter im Steinbruch des Lagers Mauthausen (Österreich) bewachen, foltern und ermorden 39 Niederländer, sieben Briten und einen amerikanischen Geheimagenten. • Seit Beginn der Deportationen aus dem Judenghetto von Łódź (Polen) in das Todeslager Chełmno am 23. Juni 1944 sind den Juden vor ihrem Tod 775 Armbanduhren und 550 Taschenuhren geraubt worden.

• 10. September 1944: In Topoľčany (Slowakei) werden 52 Juden verhaftet; sie müssen auf Befehl von Angehörigen eines Einsatzkommandos und slowaki-

Am 8. Juli 1944, drei Wochen bevor die Rote Armee das Ghetto von Kowno (Litauen) befreite, trieben die Nazis Juden mit Hunden, Nebelgranaten und Brandbomben aus ihren unterirdischen Bunkerverstecken. Dabei kamen 2000 Juden ums Leben, 4000 weitere wurden in die Lager nach Deutschland geschickt. Die Deutschen hatten in Litauen große Erfolge zu verzeichnen, da Angehörige aller Bevölkerungsschichten des Landes mit ihnen kollaborierten um „die Nation [von den jüdischen] Parasiten [zu] befreien".

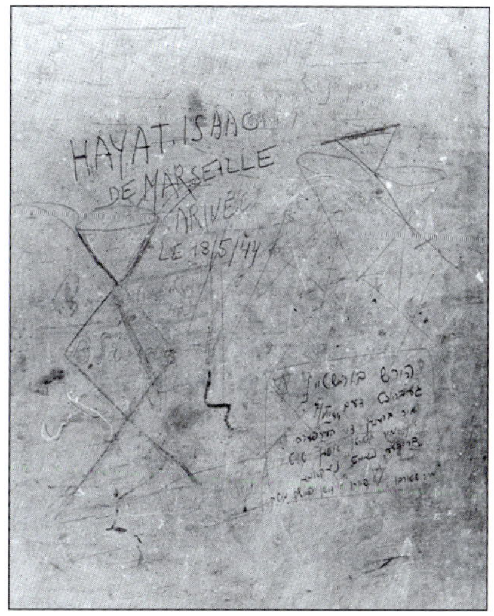

Im Fort Nr. 9, einem Teil des ehemaligen Verteidigungssystems von Kowno (Litauen), ermordeten Deutsche und Litauer im Oktober 1941 fast 10 000 Juden. Später wurden hier weitere zehntausende Juden aus ganz Europa umgebracht. Das Foto zeigt in das Mauerwerk eingeritzte Worte, die Juden kurz vor ihrer Ermordung hinterließen. Manche Botschaften waren einfache Gedenkworte, andere forderten Rache. Wieder andere besagten, dass die Juden „mit Stolz für unsere jüdische Nation sterben".

Zur Unterstützung der Landung der Alliierten am 30. August 1944 in Südfrankreich treffen an der südfranzösischen Küste US-amerikanische Armeesoldaten und Nachschub ein. Die Operation fiel zeitlich mit den Kämpfen um die Normandie in Nordfrankreich zusammen. Die Landung im Süden brachte nebenbei auch den in Vichy-Frankreich untergetauchten Juden die Freiheit, hatte aber keine bedeutenden Auswirkungen auf den Holocaust, da die meisten Juden in Osteuropa ansässig waren.

scher Hilfseinheiten ihre eigenen Gräber ausheben und werden dann exekutiert. Unter den Todesopfern befinden sich auch sechs Kinder; eines davon ist ein drei Monate alter Säugling.

• 12. September 1944: In der Nähe von Lieberose (Deutschland) werden jüdische Arbeitssklaven beim Bau einer Ferienanlage für deutsche Offiziere eingesetzt. *Siehe* Dezember 1944.

• 13. September 1944: Die Widerstandskämpfer in Warschau erhalten von sowjetischen Flugzeugen aus der Luft geringe Mengen Nachschub.

• 15. September 1944: Alliierte Truppen befreien Nancy (Frankreich).

• 16. September 1944: Nach einem kommunistischen Staatsstreich erklärt Bulgarien Deutschland den Krieg.

• 17. September 1944: Die Deutschen beginnen mit der Räumung des Arbeitslagers des Kupferbergwerks in Bor (Ungarn). 60 Zwangsarbeiter werden auf dem Marsch, 600 nach der Ankunft an ihrem Bestimmungsort, einer Ziegelei in Cservenka (Ungarn), erschossen.
• Die 23-jährige Rita Rosani, die jüdische Anführerin einer italienischen Partisaneneinheit, fällt im Kampf gegen deutsche Soldaten.

Zwei Frauen in Strasbourg (Frankreich) bei der Lektüre der ersten französischen Zeitung, die sie seit Beginn der deutschen Besetzung zu Gesicht bekommen haben. Die Aufschrift an der Mauer neben ihnen spricht Bände über die Zeit, die hinter den Menschen in Frankreich liegt.

Marion Kaufmann *(hinten Mitte)* inmitten der Zigeunerfamilie, in der sie im September 1944 Zuflucht und Schutz fand. Nachdem Marion 1942 mit ihrer Mutter nach Süddeutschland geflohen war, durchlebte sie Jahre der Angst, des Versteckens und der Flucht. Christen halfen ihnen in die Niederlande zu entkommen, die allerdings bereits von den Nazis besetzt waren. Getrennt von ihrer Mutter, die ein Jahr lang in einem Heuhaufen versteckt lebte, fand Marion bis zur Befreiung durch kanadische Soldaten Schutz im Untergrund.

Amerikanische Soldaten bei einer fröhlichen Karussellfahrt in Verviers (Belgien). Für die belgischen Juden war das Leben nicht so freudvoll, denn die Befreiung von den Nazis war nur der erste Schritt beim mühsamen Wiederaufbau ihres Lebens. Die Überlebenden hatten mit der Suche nach ihren Familienangehörigen und der Rückführung ihres beschlagnahmten Eigentums zu tun. In den Monaten nach der Befreiung unterstützten jüdische Feldgeistliche in den alliierten Armeen und Angehörige der Jüdischen Brigade die Überlebenden beim Aufbau ihrer Lebensgrundlagen und bei der Nachforschung nach verschollenen Angehörigen.

1944

- **18. September 1944: In Auschwitz werden 1400 jüdische Jungen aus ihren Baracken in den Kinderblock verlegt und später vergast.**

- **19.–23. September 1944: Als die sowjetischen Truppen immer näher rücken, ermorden Angehörige der SS im Arbeitslager Klooga (Estland) 2400 Juden und 100 sowjetische Kriegsgefangene. Nur 85 Lagerinsassen bleiben am Leben.**

- **22. September 1944: Arad (Rumänien) wird von sowjetischen Truppen befreit.**

- **24. September 1944: Als die Deportationen nach Auschwitz seltener werden, vergasen die Nazis 200 Arbeiter der Sonderkommandos. Die Leichen werden noch am gleichen Tag verbrannt. In den Sonderkommandos des Lagers arbeiten nun noch 661 Personen.**

Ein Händedruck zwischen einem jüdischen Polizisten und einem der über 1000 Juden, die Anfang September 1944 aus dem Konzentrationslager Westerbork (Niederlande) abtransportiert wurden. Von den 1019 Westerborker Häftlingen, die Anfang September in Auschwitz eintrafen, wurden 549 sofort in die Gaskammern geschickt. Zu den Juden, die an jenem Tag dem sofortigen Tod entgingen und ins Lager kamen, gehörte auch Anne Frank, die Verfasserin des berühmten Tagebuches. Das Töten in Auschwitz dauerte noch weitere fünf Monate an, ein Umstand, der besonders furchtbar erscheint, da die Luftwaffe der Alliierten bereits im Herbst 1943 in der Lage war den Lagerkomplex zu bombardieren.

Das Durchgangslager Vittel spielte eine wesentliche Rolle bei der Ermordung der Juden Frankreichs. Tausende Menschen, darunter viele, die keine französischen Staatsbürger waren, kamen auf dem Weg in größere französische Konzentrationslager oder zur Vernichtung nach Auschwitz durch dieses Lager. Die hier abgebildeten Personen gehörten zu den 2087 Gefangenen, die sich in Vittel befanden, als das Lager am 12. September 1944 von den Alliierten befreit wurde.

Westerbork

Das Lager Westerbork, das die niederländische Regierung nahe der deutschen Grenze eingerichtet hatte, diente ursprünglich als Auffanglager für jüdische Flüchtlinge. Als die Nazis die Niederlande im Mai 1940 besetzten, machten sie Westerbork zu einem Durchgangslager mit ständig wechselnden Bewohnern, unterhielten gleichzeitig aber auch ein Kernlager, in dem Arbeiter wohnten.

Ab Juli 1942 war Westerbork Zwischenstation für über 100 000 niederländische Juden, die in die Todeslager im Osten geschickt wurden. Die Baracken dienten tausenden Familien, auch Anne Franks Familie, als letzte Heimstatt. Meist dienstags wurden tausende Männer und Frauen in Viehwaggons gepfercht und auf ihre letzte Reise geschickt. Nicht einer wurde verschont. Etty Hillesum, die ja selbst bald auf den Transport nach Auschwitz gehen sollte, sagte über ihre Beobachtungen der grausamen Vorgänge: „Ein Stück unseres Lagers ist wieder amputiert worden."

• 26. September 1944: An diesem jüdischen Festtag (Jom Kippur) müssen sich 1000 Jungen in Auschwitz vor Dr. Mengele versammeln. Jeder, dessen Kopf nicht bis an ein Brett heranreicht, das Mengele an einen Pfosten genagelt hat, wird beiseite gestellt und kommt später in die Gaskammer. *Siehe* 28. September 1944.

• 28. September 1944: Die Jungen, die Dr. Mengele zwei Tage zuvor als zu klein befunden hat, werden vergast. • Nach viermonatiger Unterbrechung nehmen die Nazis die Deportationen aus dem Lager und Ghetto Theresienstadt (Tschechoslowakei) nach Auschwitz wieder auf. Unter den 2499 Gefangenen, die an diesem Tag abtransportiert werden, befindet sich auch Petr Ginz, ein Tscheche jüdischer Herkunft, der das in Theresienstadt gegründete geheime Magazin „*Vedem*" (An der Spitze) leitete, das überall im Lager verbreitet wird. Über 1000 der 2499 Deportierten werden sofort vergast. • Josef Bürckel, Reichskommissar für die Vereinigung Österreichs mit Deutschland, und seine Frau begehen Selbstmord. • Das Lager Klooga (Estland) wird von sowjetischen Soldaten befreit.

Zwangsarbeit

Als der Krieg immer länger andauerte, nahm in Nazideutschland der Mangel an Arbeitskräften ständig zu. Das verfügbare deutsche Arbeitskräftepotenzial war jedoch bereits bedenklich ausgeschöpft. 1944, als man immer mehr deutsche Männer aus dem Arbeitsprozess herausnahm und zum Militär einzog, trat ein akuter Arbeitskräftemangel ein.

Die Nazis zögerten Frauen für die Arbeit in der Rüstungsindustrie zwangszuverpflichten (die hier abgebildeten Frauen arbeiteten in dem deutschen Lager Ravensbrück) und versuchten stattdessen die ständig wachsende Kluft durch die Rekrutierung ausländischer Arbeitskräfte zu überbrücken. Diese kamen aus der Zivilbevölkerung der besetzten Länder, waren Kriegsgefangene oder Juden, die man in Ghettos und Arbeitslagern interniert hatte. Die Anfang 1944 aufgestellten Quoten erforderten die Mobilisierung von Millionen zusätzlicher Arbeitskräfte für die Kriegsproduktion. Am Ende des Jahres arbeiteten schließlich mehr als neun Millionen ausländische Zivilisten und Kriegsgefangene im Reich. Ihre Zahl betrug über den gesamten Krieg verteilt mindestens zwölf Millionen. Für Tätigkeiten in der Landwirtschaft und der Industrie zogen die Nazis so genannte Fremdarbeiter heran, während Juden in den Konzentrationslagern ausschließlich als Arbeitssklaven für die deutsche Industrie schufteten.

Eine 1942 erlassene Richtlinie zur Arbeitspflicht gestattete dem Generalbevollmächtigten für den Arbeitseinsatz, Fritz Sauckel, im In- und Ausland rücksichtslos Arbeitskräfte zu rekrutieren. Seine Agenten holten in den Städten Menschen von Straßen und Plätzen, aus Kirchen und Filmtheatern weg um sie zum Arbeitseinsatz nach Deutschland zu verschleppen. Die von rassischen Prinzipien geleitete Behandlung und die Arbeitsbedingungen dieser Fremdarbeiter variierten. In der Nazipolitik galten osteuropäische Arbeiter als minderwertige „Untermenschen"; sie waren strengen Kontrollen, harten Strafen und anstrengender körperlicher Arbeit ausgesetzt. Polen und Russen, die ein entsprechendes Kennzeichen tra-

gen mussten, erhielten extrem niedrige Löhne, konnten keinen Umgang mit Deutschen pflegen und durften sich nach der Arbeit nur in ihrer Unterkunft aufhalten. Im Gegensatz zu ihnen erhielten Arbeiter aus Westeuropa höhere Löhne und wurden viel besser behandelt.

Viel schlimmer erging es allerdings den Juden im besetzten Polen, die von den Nazis in Ghettos und eigens eingerichteten Arbeitslagern als Arbeitssklaven ausgebeutet wurden. Diese Lager, für die die SS zuständig war, wiesen hohe Sterblichkeitsziffern auf, da die Insassen bei unzureichender Verpflegung und Unterbringung täglich zwölf Stunden schuften mussten. Eine Reihe deutscher Industriebetriebe nutzte die ohne weiteres verfügbaren, billigen Arbeitssklaven aus, indem sie Betriebsteile in die Nähe von Konzentrationslagern oder sogar direkt in den KZ ansiedelte.

In der ersten Hälfte des Jahres 1944 expandierten die Produktionsstätten in der Auschwitzer Umgebung, in denen man neben Juden auch Kriegsgefangene als billige Arbeitskräfte ausnutzte. In den Krupp-Werken wurden die Arbeitssklaven in der Stahlherstellung eingesetzt. Die Wehrtechnikfirma Rheinmetall GmbH mit Sitz in Düsseldorf errichtete Produktionsstätten in Buchenwald. Der Chemieriese I. G. Farbenindustrie AG, der Farbstoffe, Sprengstoffe, synthetischen Kautschuk und zahlreiche kriegswichtige Erzeugnisse produzierte, ließ in der Nähe von Auschwitz ein ausgedehntes System von Außenlagern errichten. Dazu zählte auch das Buna-Werk in Auschwitz-Monowitz, in dem Arbeitssklaven synthetischen Kautschuk und Kohlenteeröl herstellten.

Das Arbeitslager in Myslowice stellte 1300 Sklaven zur Arbeit im Kohlebergwerk Fürstengrube zur Verfügung. In Sosnowiec stellten die Häftlinge Gewehrläufe und Granaten für die Ost-Maschinenbau Gesellschaft her. Die Siemens-Schuckert-Werke GmbH setzte Kinder zur Fertigung elektrischer Bauteile für Flugzeuge und U-Boote ein. Waren die Arbeiter ausgelaugt und nicht länger arbeitsfähig, wurden sie ohne weiteres durch andere ersetzt.

1944

• 29. September 1944: Aus dem Lager und Ghetto Theresienstadt (Tschechoslowakei) werden 1500 Internierte nach Auschwitz abtransportiert, wo 750 sofort nach der Ankunft vergast werden. • Der deutsche Gewerkschafter Wilhelm Leuschner wird von den Nazis gehängt. • Im befreiten Kiew (Ukraine) versammeln sich Juden um des dritten Jahrestages des Massenmordes der Nazis an Juden in Babi Jar zu gedenken.

• Oktober 1944: Rund 15 000 Juden werden aus dem Lager und Ghetto Theresienstadt (Tschechoslowakei) nach Auschwitz deportiert. • Die Deutschen schicken die Häftlinge von Auschwitz auf Todesmärsche nach Dachau, Bergen-Belsen, Sachsenhausen und in andere Lager Deutschlands. • Im Konzentrationslager Stutthof (Deutschland) beginnen die Exekutionen jüdischer Häftlinge. Bei den ersten Mordaktionen

Das Konzentrationslager in Klooga im Norden Estlands wurde 1943 eingerichtet. Als die sowjetischen Truppen immer näher rückten, griffen die Nazis am 19. September 1944 zu dem Mittel, das damals zur üblichen Reaktion auf die bevorstehende Befreiung wurde – zum hastigen, berechneten Mord. Man führte die Lagerinsassen gruppenweise in die nahen Wälder und exekutierte sie. Auf diese Weise wurden rund 2400 jüdische Häftlinge des Lagers und etwa 100 sowjetische Kriegsgefangene getötet. Unter den Opfern waren auch eine Schwangere *(oben)* und ihr ungeborenes Kind. Als die Rote Armee das Lager am 28. September befreite, fanden die Soldaten nur 85 Häftlinge, darunter auch diese vier sowjetischen Gefangenen *(unten)*, die noch am Leben waren.

Josef Bürckel, seit 1925 ein tatkräftiger Organisator der NSDAP im Saargebiet und der Pfalz, stieg rasch zum Gauleiter der Saarpfalz auf. Nach dem so genannten Anschluss Österreichs im Jahr 1938 wurde Bürckel Gauleiter von Wien und Reichskommissar für die Vereinigung Österreichs mit dem Deutschen Reich. Er arbeitete eifrig und gewissenhaft um den Vereinigungsprozess voranzubringen und unterstützte dabei auch den Erlass antijüdischer Verordnungen sowie die Beschlagnahme jüdischen Eigentums. Bürckel starb – wahrscheinlich von eigener Hand – am 28. September 1944.

müssen sich die Opfer – angeblich zu medizinischen Untersuchungen – mit dem Rücken zur Wand eines Krankenzimmers aufstellen. Durch Öffnungen im Mauerwerk werden die Häftlinge aus dem angrenzenden Raum mit Kopfschüssen getötet. • Über 150 Zwillinge, in den meisten Fällen Kinder, befinden sich in Dr. Mengeles Block in Auschwitz-Birkenau.

• 4. Oktober 1944: Alle Frauen und Kinder, die mit einem Zug aus Theresienstadt (Tschechoslowakei) in Auschwitz eintreffen, werden nach ihrer Ankunft vergast.

• 6. Oktober 1944: Die Rote Armee marschiert in Ungarn ein.

• 6.–7. Oktober 1944: Juden aus Polen, Ungarn und Griechenland, die als Arbeiter eines Sonderkommandos in Auschwitz die Leichen der vergasten Opfer zu den Verbrennungsöfen bringen müssen, greifen die SS-Aufseher mit Hämmern, Steinen, Spitzhacken, Stemmeisen und Äxten an. Mit Sprengstoff, den sie aus einer nahe gelegenen Rüstungsfabrik herausgeschmuggelt haben, zerstören sie auch einen Verbrennungsofen. Sowjetische Kriegsgefangene werfen einen SS-Mann leben-

Der slowakische Nationalaufstand

Nachdem die Deutschen im Oktober 1938 einen Teil der Tschechoslowakei und im März 1939 die so genannte Rest-Tschechei besetzt hatten, erklärten sie das besetzte Territorium zum Protektorat Böhmen und Mähren; der mit Deutschland verbündete Rumpfstaat wurde Slowakei genannt. Die slowakische Regierung war eine von dem katholischen Geistlichen Dr. Josef Tiso geführte totalitäre Diktatur. Tiso unterstützte die Deutschen bei deren Kampagne zur Deportation von zwei Dritteln der 90 000 slowakischen Juden nach Auschwitz.

Im August 1944 riefen verschiedene Gruppierungen, darunter die tschechische Exilregierung und die kommunistische Partei, zu einer nationalen Erhebung auf. Darauf reagierten 16 000 Angehörige der slowakischen Nationalarmee ebenso wie eine große Zahl Partisanen und Juden aus den Arbeitslagern. In einer blutigen Schlacht kämpfte eine jüdische Einheit aus dem Arbeitslager von Nováky heldenhaft gegen die Nazis, ehe sie überrannt wurde.

Der Aufstand wurde am 27. Oktober 1944 von den Nazis niedergeschlagen. An den Kämpfen hatten mehr als 1500 Juden teilgenommen.

Petr Ginz mit seinen Eltern und seiner Schwester. Petr kam als Jugendlicher in das Lager und Ghetto Theresienstadt (Tschechoslowakei), wo er sich anderen talentierten Jungen unter Anleitung von Professor Valter Eisinger anschloss und ein geheimes „Magazin" mit dem Titel *Vedem* (An der Spitze) herausgab. Unter Einsatz ihres Lebens vervielfältigten die jungen Leute nachts in ihren Baracken von Hand eifrig Zeichnungen, Gedichte und Erzählungen. Dann verteilten sie das Magazin überall im Ghetto. Im September 1944 wurde Petr zusammen mit weiteren 2498 Häftlingen in die Gaskammern von Auschwitz deportiert.

Wilhelm Leuschner, dessen Opposition gegen die Nazis unerschütterlich war, musste das Scheitern des Attentatsversuchs auf Hitler vom Juli 1944 mit seinem Leben bezahlen. Zusammen mit Julius Leber führte Leuschner die sozialistische Opposition gegen die Nazis an und schloss sich später der Widerstandsgruppe Kreisauer Kreis an. Seine Gesinnungsgenossen nominierten ihn als Vizekanzler einer Regierung, die nach Hitlers Sturz aufgestellt werden sollte. Nach der gescheiterten Verschwörung wurde Leuschner in einer Prozessfarce des Volksgerichtshofes zum Tod durch den Strang verurteilt und am 29. September 1944 hingerichtet.

1944

dig in einen der Öfen. Die SS-Aufseher setzen Maschinengewehre, Handgranaten und Hunde gegen die Angreifer ein. 250 Juden werden außerhalb der Lagerumzäunung erschossen. Weitere 12 Geflohene werden später aufgegriffen und exekutiert. *Siehe* 9. Oktober 1944.

• 9. Oktober 1944: Die SS verhaftet in der Auschwitzer Rüstungsfabrik drei Jüdinnen, die am Sprengstoffschmuggel für den Aufstand vom 6./7. Oktober 1944 beteiligt waren.

• 10. Oktober 1944: Vier weitere Frauen, die in den Sprengstoffschmuggel für den Aufstand vom 6./7. Oktober in Auschwitz verwickelt waren, darunter auch eine Gefangene mit Namen Roza Robota, werden verhaftet. Auch 14 Männer aus dem Sonderkommando des Lagers werden festgenommen.

Oskar Schindler mit seinem Pferd auf dem Gelände seiner Emailwarenfabrik *Emalia*. Schindler, der für seine weltoffenen Ansichten und seine Vorliebe für den Luxus bekannt war, nahm auch Notiz von der ihn umgebenden Not und half seinen Arbeitern mit kleinen Gesten der Menschlichkeit. Leon Leyson, der damals als Kind in der Fabrik arbeitete, erinnert sich noch lebhaft daran, wie sich Schindler wiederholt einsetzte um ihn und seine Familie zu retten und nie vergaß für den hungrigen Jungen eine Extraportion Suppe zu bestellen.

Diese Fabrik in der Lipowa-Straße 4 in Kraków (Polen) bot den Juden, die das Glück hatten für Oskar Schindler arbeiten zu dürfen, eine sichere Zuflucht. Schindler, der Sudetendeutscher und Mitglied der NSDAP war, verdiente mit dem Einsatz billiger jüdischer Arbeitskräfte ein Vermögen, verwendete seinen enormen Reichtum später jedoch um seine Arbeiter vor der Deportation und dem Tod zu bewahren. Als die Nazis im Oktober 1944 die Vernichtung der Krakówer Juden beschleunigten, erlangte Schindler durch Bestechung der Nazibehörden die Genehmigung seine Fabrik und über 1100 Arbeiter in das sichere Brünnlitz im Sudetenland zu verlegen.

Gruppenfoto der Mitarbeiterinnen des Sekretariats in Oskar Schindlers Emailwarenfabrik in Kraków. Schindler, der sich seinen Angestellten gegenüber ausgesprochen loyal verhielt, setzte sein Leben aufs Spiel um seine 300 Arbeiterinnen zu retten, die versehentlich mit einem Zug nach Auschwitz und nicht nach Brünnlitz im Sudetenland geschickt worden waren, wo Schindler seine neue Fabrik eröffnet hatte und die Frauen in Sicherheit waren.

Der einzige überlebende Verschwörer, ein griechischer Jude mit Namen Isaak Venezia, verhungert später, nachdem die Lagerinsassen von Auschwitz von ihren Bewachern nach Ebensee (Österreich) evakuiert worden sind. *Siehe* 6. Januar 1945.

• 13. Oktober 1944: Sowjetische Truppen befreien Riga (Lettland).

• 14. Oktober 1944: Die Horthy-Regierung in Ungarn sagt die Freilassung eingekerkerter jüdisch-palästinensischer Fallschirmspringer zu. *Siehe* 15. Oktober 1944.

• 15. Oktober 1944: Nachdem Admiral Miklós Horthy die Alliierten um die Waffenstillstandsbedingungen gebeten hat, wird die ungarische faschistische Pfeilkreuzpartei von den Nazis an die Macht gebracht. Als Regierungschef wird der ungarische Nazi Szálasi eingesetzt.

• 16.–26. Oktober 1944: Deutsche und Mitglieder der faschistischen Nyilas-Gruppe verbieten den Juden in Budapest (Ungarn) ihre Häuser zu verlassen. Auf einer Brücke zwischen den Stadtteilen Buda und Pest werden viele jüdische Arbeitssklaven von Angehörigen der Nyilas-Gruppe getötet.

Ab Herbst 1944 begann sich die Lage der Deutschen in Polen rapide zu verschlechtern, da die sowjetischen Truppen durch das Land hindurch nach Westen gegen Deutschland vorstießen. Die Deutschen, die noch kurz zuvor die absolute Herrschaft über die Einwohner Polens ausgeübt hatten, waren nun gezwungen einen Verteidigungskrieg mit einem von vornherein feststehenden Ausgang zu führen. Das Schlimme daran war allerdings, dass diese Wendung viel zu spät kam, als dass sie die Vernichtung von drei Millionen der insgesamt 3,3 Millionen polnischen Juden hätte verhindern können. Hier zielen mit leichten Maschinengewehren bewaffnete polnische Kämpfer im Warschauer Vorort Praga auf Nazisoldaten.

Ein Soldat der Jüdischen Brigade erteilt in der *Rinshonim hachshara* (landwirtschaftliche Ausbildungsfarm) in Bari (Italien) an der Adria Kindern Hebräischunterricht. In Bari und in den später eingerichteten Ausbildungsfarmen versuchte man Flüchtlinge und Überlebende auf eine neue Zukunft in Palästina vorzubereiten. Die Soldaten der Jüdischen Brigade, die Italien im November 1944 erreichten, nahmen auch an der Schlussoffensive der Alliierten im Frühjahr des Folgejahres teil.

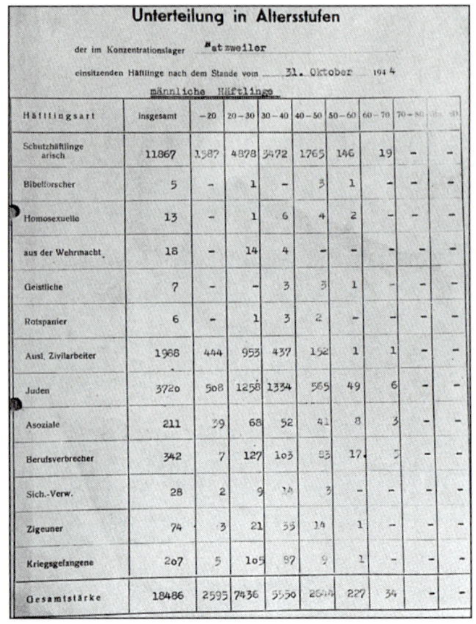

Unterteilung in Altersstufen

der im Konzentrationslager Natzweiler
einsitzenden Häftlinge nach dem Stande vom 31. Oktober 1944
männliche Häftlinge

Häftlingsart	insgesamt	–20	20–30	30–40	40–50	50–60	60–70	70–80	[illegible]
Schutzhäftlinge arisch	11867	1587	4878	3472	1765	146	19	–	–
Bibelforscher	5	–	1	–	3	1	–	–	–
Homosexuelle	13	–	1	6	4	2	–	–	–
aus der Wehrmacht	18	–	14	4	–	–	–	–	–
Geistliche	7	–	–	3	3	1	–	–	–
Rotspanier	6	–	1	3	2	–	–	–	–
Ausl. Zivilarbeiter	1988	444	953	437	152	1	1	–	–
Juden	3720	508	1258	1334	565	49	6	–	–
Asoziale	211	39	68	52	41	8	3	–	–
Berufsverbrecher	342	7	127	103	83	17	5	–	–
Sich.-Verw.	28	2	9	14	3	–	–	–	–
Zigeuner	74	3	21	35	14	1	–	–	–
Kriegsgefangene	207	5	105	87	9	1	–	–	–
Gesamtstärke	18486	2595	7436	5550	2644	227	34	–	–

Natzweiler-Struthof lag im Elsass (Frankreich). Im Konzentrationslager Natzweiler, das für seine Stein- und Schieferbrüche und auch für seine unterirdischen, von Häftlingen gebauten Fabriken bekannt war, ließ man die Gefangenen sich zu Tode schuften. Zu dem KZ gehörten zahlreiche Außenlager; im gesamten Lagerkomplex wurden mindestens 20 000 Menschen ausgebeutet. Das hier abgebildete Dokument wurde im Herbst 1944 in Struthof gefunden. Darauf ist die Zahl der männlichen Häftlinge im Stil exakter Buchführung nach Alter und Häftlingsart erfasst: arische Schutzhäftlinge, Bibelforscher, Homosexuelle, ehemalige Wehrmachtsangehörige, Geistliche, Rotspanier, ausländische Zivilarbeiter, Juden, Asoziale, Berufsverbrecher, Zigeuner und Kriegsgefangene.

1944

• 17. Oktober 1944: Der SS-Funktionär Adolf Eichmann kehrt nach Budapest (Ungarn) zurück um 50 000 körperlich kräftige Juden zu holen, die nach Deutschland in Marsch gesetzt werden, wo sie zur Zwangsarbeit eingesetzt werden sollen. ***Siehe*** **20. Oktober 1944.**

• Dr. Josef Mengele überwacht in Auschwitz weitere Selektionen von Häftlingen für die Gaskammern.

• 18. Oktober 1944: 700 Internierte, die aus dem Lager Plaszów (Polen) in das Lager Groß-Rosen (Deutschland) verschleppt worden sind, werden von dort nach Brünnlitz im Sudetenland geschickt. Oskar Schindler, der Besitzer einer neu eröffneten Rüstungsfabrik in Brünnlitz, überredet die SS ihm alle 700 Juden als Arbeiter zu überlassen. Schindler trifft auch Vorkehrungen um 300 Jüdinnen von Auschwitz in seine

Frauen und der Holocaust

„Die Mörder gehen in der Welt herum.

Die ganze Nacht, o Gott, die ganze Nacht!"

Gertrud Kolmar, eine hervorragende jüdische Schriftstellerin, nahm diese Worte in ein Gedicht auf, das sie „Mörder" nannte. Das genaue Datum ihres Todes in Auschwitz – dorthin war sie im Winter 1943 aus Berlin deportiert worden – ist unbekannt, doch ihr Aufschrei lebt fort. Der darin verborgene Schmerz ist ein Wehklagen über die unbarmherzige Ermordung von Millionen Frauen, vor allem jüdischer Frauen, bei der „Endlösung".

Die deutschen Deportations- und Todeslisten enthielten oftmals Angaben zum Geschlecht der Opfer. Frauen und Männer wurden in den Konzentrations- und Todeslagern voneinander getrennt; jüdische Frauen behandelte man anfangs besser als jüdische Männer. Als 1939 der Zweite Weltkrieg begann und 1942 die „Endlösung" in Gang kam, waren allerdings auch die jüdischen Frauen zunehmend gefährdet.

Ältere Jüdinnen galten bei den deutschen Behörden als nutzlos für die Kriegsproduktion. Sie waren daher verurteilt durch Hunger, Krankheit, Erschießung oder in der Gaskammer zu sterben. Ein weiteres Problem, das die Nazis beschäftigte, waren jüdische Frauen im gebärfähigen Alter. Einerseits konnte ihre Arbeitskraft für das Dritte Reich von Nutzen sein; andererseits ging von ihnen eine besonders akute Gefahr aus, da sie mit ihren Kindern für den Fortbestand des jüdischen Volkes sorgten. Das musste die „Endlösung" verhindern.

Hunderttausende jüdischer Frauen wurden in Treblinka getötet. Hunderttausende mehr arbeiteten sich in Auschwitz zu Tode oder wurden dort vergast. Wieder andere mussten in Ravensbrück, einem Frauen-KZ, das im Mai 1939 bei Fürstenberg rund 80 Kilometer nördlich von Berlin eröffnet wurde, Zwangsarbeit leisten, wurden unmenschlichen medizinischen Experimenten ausgesetzt, die nicht selten mit dem Tod der Opfer ausgingen. Dieses Konzentrationslager war für mehrere tausend Häftlinge geplant; 1944 stieg die Zahl der Inhaftierten auf über 40 000 Frauen an.

Die insgesamt mehr als 100 000 weiblichen Gefangenen, die in Ravensbrück festgehalten wurden, kamen aus über 20 Ländern. Rund 13,5 Prozent von ihnen waren Jüdinnen, 5,5 Prozent Sinti und Roma. 92 000 weibliche Häftlinge kamen im Lager ums Leben. Rund 6000 Frauen wurden in den letzten Monaten der Existenz des Lagers vergast, als die Deutschen bei ihrem Rückzug vor der Roten Armee die Gefangenen aus den Lagern im Osten nach Ravensbrück schickten. Kein anderes Konzentrationslager in Deutschland wies einen so hohen Prozentsatz an ermordeten Häftlingen auf wie Ravensbrück.

Die Holocaust-Wissenschaftlerin Myrna Goldenberg schätzt die Situation treffend ein: Die Hölle mochte für die Frauen und Männer während des Holocaust dieselbe gewesen sein, doch die Schrecken, die sie abhängig von ihrem Geschlecht durchlebten, waren verschieden. Die letzten Worte des Gedichts „Die Dichterin" von Gertrud Kolmar „Vernimmst du auch, was fühlt?" lassen darauf schließen, dass die Dichterin dieser Erkenntnis zustimmen würde.

Fabrik verlegen zu lassen. *Siehe* 21.–29. Januar 1945.

• 18. oder 19. Oktober 1944: Gisi Fleischmann, vor dem Krieg Vorsitzende der zionistischen Frauenbewegung in der Slowakei, wird in Auschwitz vergast.

• 20. Oktober 1944: Die Naziverwaltung in Auschwitz verbrennt Dokumente, die Aufschluss über die Häftlinge und deren Schicksal geben. • Die Nazis schicken Juden aus Budapest (Ungarn) auf Todesmärsche nach Deutschland. • 22 000 Budapester Juden werden zur Deportation nach Auschwitz „verladen". Aus einer Gruppe von 650 jüdischen Jungen werden 600 in einer Baracke in Auschwitz-Birkenau eingesperrt um vergast zu werden. Viele rennen nackt und in Panik durch das Lagergelände, bis sie von SS-Aufsehern, die Jagd auf sie machen, niedergeknüppelt werden. Die 50 Überlebenden werden zum Ausladen von Kartoffeln aus Güterwaggons eingesetzt. • In dem soeben befreiten Dorf Ejszyszki greifen Angehörige der polnischen Heimatarmee jüdische Häuser an. Die jüdischen Bewohner des Dorfes rächen sich später an den Polen. • Die Nazis setzen 25 000 ungarische Juden und 10 000 Jüdinnen

Roza Robota

In den Annalen des Heldentums in der Zeit des Holocaust nimmt Roza Robota einen besonderen Platz ein. Sie war im zionistischen Untergrund Polens aktiv. 1942 wurde sie nach Auschwitz deportiert. Ihr starker Geist ließ sich durch die Schrecken von Auschwitz-Birkenau nicht brechen und so wurde sie zu einem Verbindungsglied zwischen dem Frauenlager und dem Widerstand, der sich im Männerlager zu formieren begann.

Roza Robota war zur Arbeit in eine Fabrik abkommandiert, in der Bomben hergestellt wurden. Sie und mehrere andere mutige Frauen schmuggelten nach und nach kleine Mengen Schießpulver aus der Fabrik heraus, mit dem Angehörige des Untergrunds im Oktober 1944 eines der Krematorien in Auschwitz sprengen wollten. Roza Robota wurde zusammen mit drei weiteren Frauen, die in der Fabrik arbeiteten, verhaftet und verhört, doch sie weigerte sich selbst unter langer Folter irgendeine Information preiszugeben.

Ihre Hinrichtung am Galgen im Beisein sämtlicher Lagerinsassen sollte jeglichen Funken von Widerstand auslöschen. Roza hinterließ bei ihren Kameraden jedoch eine ganz andere Erinnerung, als sie kurz vor ihrem Tod „Nekama!" (Rache) schrie.

Ala Gertner, eine der Heldinnen des Aufstandes des Sonderkommandos in Auschwitz-Birkenau, in eleganter Pose auf einem Foto, das in glücklicheren Tagen vor dem Krieg in Będzin (Polen) entstand. Ala Gertner wurde mit ihrem Mann nach Auschwitz deportiert und musste dort in der Union Munitionsfabrik arbeiten. Ihr und zwei ihrer Arbeitskameradinnen gelang es den Sprengstoff zu entwenden und zu verstecken, mit dem das Sonderkommando am 7. Oktober das Krematorium zerstörte. Ala Gertner wurde verhaftet, in einen Bunker gesperrt und gefoltert. Sie starb ohne ihre Gefährten verraten zu haben.

Admiral Miklós Horthy war Chef der autoritären Regierung Ungarns. Er vertrat zwar antisemitische Ansichten, doch die Deutschen hielten ihn in der jüdischen Frage für zu nachgiebig. So hatte sich Horthy beispielsweise gegen die Ghettoisierung der ungarischen Juden gestellt. Als er sich schließlich im Herbst 1944 um einen Waffenstillstand mit den Sowjets bemühte, stürzten die von Deutschland unterstützten Pfeilkreuzler seine Regierung und errichteten eine faschistische, stark antisemitische Diktatur.

1944

zum Ausheben von Panzergräben auf dem Weg der vorrückenden Roten Armee ein.

• 21. Oktober 1944: US-amerikanische Truppen nehmen Aachen (Deutschland) ein. Aachen ist die erste Stadt, die an eine Armee der Alliierten fällt.

• 23. Oktober 1944: In Budapest geben der schwedische Konsul Raoul Wallenberg und der schweizerische Konsul Carl Lutz weiterhin Schutzpässe an Juden aus. Sie reagieren damit auf eine Verfügung, nach der in Ungarn lebende Juden, die ausländische Staatsbürger oder Inhaber eines ausländischen Passes sind, von der Zwangsarbeit befreit sind.

• 26. Oktober 1944: Munkács (Ungarn) wird von sowjetischen Truppen befreit.

Eines der vorrangigen Ziele der neuen Pfeilkreuzler-Regierung Ungarns war die Zusammenarbeit mit den Deutschen bei der Ausrottung der ungarischen Juden. Die Abbildung zeigt die Führung der Pfeilkreuzpartei während eines Parteitages, der während des Staatsstreichs gegen die Horthy-Regierung abgehalten wurde. Auffällig sind die Ähnlichkeit der Grußgeste mit ihrem deutschen Vorbild und die ähnlich aussagekräftigen Insignien und Symbole.

Am 15. Oktober 1944 verübte die ungarische faschistische Pfeilkreuzpartei mit deutscher Hilfe einen Staatsstreich gegen die Regierung von Admiral Miklós Horthy, den sie als „Söldling der Juden und Verräter seines Landes" brandmarkte. Die Nazis unterstützten die neue Regierung, da deren Führung einen heftigen Antisemitismus vertrat. Das Foto zeigt Ferenc Szálasi, den Führer der Pfeilkreuzler, beim Schwören des Amtseides als neuer Regent Ungarns.

Nach dem Staatsstreich vom 15. Oktober ließ die Pfeilkreuzpartei zu, dass sich der lange angestaute Judenhass des ungarischen Volkes Bahn brach. Hier werden Juden auf dem Budapester Kalman-Tisza-Platz von Pfeilkreuzlern geschlagen. Die Tage nach der Machtübernahme der Pfeilkreuzpartei waren von zahlreichen Gewaltakten gegen die jüdische Bevölkerung Budapests gekennzeichnet. SS-Leute und Pfeilkreuzler machten Razzia auf tausende Juden. Internationale Proteste zwangen die ungarische Regierung jedoch die Juden wieder freizulassen, die damit (zumindest zeitweilig) dem sicheren Tod entgingen.

• 27. Oktober 1944: Nazis, die das Warschauer Ghetto durchstreifen, entdecken einen verborgenen Bunker. Als die sieben Juden darin das Feuer eröffnen, werden sie getötet.

• 28. Oktober 1944: Ein Zug aus Bozen (Italien) trifft mit 301 Gefangenen in Auschwitz ein. Von diesen Gefangenen werden 137 sofort vergast.

• 30. Oktober 1944: Der letzte Deportationszug von Theresienstadt (Tschechoslowakei) nach Auschwitz trifft im Lager ein. Von den 2038 Gefangenen des Transports werden 1689 unmittelbar nach der Ankunft vergast. • Die Deutschen verlegen Anne Frank nach Bergen-Belsen. ***Siehe*** **März 1945.**

• Ende Oktober 1944: Der in Sachsenhausen (Deutschland) internierte 18 jährige Jonathan Stark, ein Zeuge Jehovas, wird im Lager von den Nazis gehängt, weil er sich weigert einen Treueid auf Hitler zu schwören.

• November 1944: 12 000 Juden aus Stutthof (Deutschland), darunter 4000 Frauen, werden auf einen Todesmarsch in Richtung Südwesten geschickt. Auf der über 800 Kilometer langen Wegstrecke werden hunderte getötet oder

Raoul Wallenberg

Die entschlossenen, energischen Bemühungen des jungen schwedischen Diplomaten Raoul Wallenberg retteten tausende ungarischer Juden vor dem sicheren Tod in den Gaskammern von Auschwitz.

Wallenberg, den das schwedische Außenministerium nach Budapest entsandt hatte, war tätig um die noch verbliebenen 200 000 Juden der Stadt vor der geplanten Deportation im Juli 1944 zu retten. Er gab an die ungarischen Juden tausende spezieller, von der schwedischen Botschaft abgestempelter „Schutzpässe" aus. Mit Geldmitteln, die das *War Refugee Board* zur Verfügung gestellt hatte, kaufte Wallenberg in Budapest Immobilien, die er zu „geschützten Häusern" für jene machte, die vor den Transporten gerettet worden waren. Er baute ein Netz aus hunderten jüdischen Mitarbeitern auf und schaffte es so die in diesen Häusern untergekommenen Juden mit Lebensmitteln und Medikamenten zu versorgen.

Mit Täuschungsmanövern und diplomatischen Beglaubigungsschreiben zwang Wallenberg die SS sogar ihm einige Gefangene herauszugeben, die sich bereits in den Deportationszügen befanden. Als Adolf Eichmann tausende Juden auf Todesmärsche an die österreichische Grenze schickte, eilte Wallenberg den Marschkolonnen nach und erreichte die Freilassung einer ganzen Reihe derer, die im Besitz schwedischer Pässe waren. Anfang 1945, als sich die Sowjetarmee Budapest näherte, brachte Wallenberg den SS-Kommandanten davon ab, ein befohlenes Massaker an den noch in der Stadt lebenden Juden auszuführen.

Nach der Befreiung Budapests verschwand Wallenberg. Ein russischer Bericht aus dem Jahr 2000 meint, dass Wallenberg von den Sowjets im Lubyanka Gefängnis hingerichtet wurde.

Oberst Gerhard Wilck, der Kommandant der Garnison Aachen, nach seiner Gefangennahme in Begleitung dreier seiner Offiziere in einem amerikanischen Jeep. Zwar lagen noch Monate voller Kämpfe, darunter auch die Ardennenschlacht, vor den Armeen, doch die deutsche Niederlage schien jetzt nur noch eine Frage der Zeit zu sein, da die westlichen Alliierten auf den Rhein vorstießen und die Sowjetarmee nach Ostpreußen vordrang. Mit der Einnahme Aachens am 21. Oktober standen die amerikanischen Truppen erstmals auf deutschem Boden.

Chaim Weizmann in Tel Aviv bei einer Rede vor Freiwilligen der Jüdischen Brigade. Weizmann war der Vorsitzende der *World Zionist Organization*, deren Ziel es war die Juden zur Auswanderung nach Palästina zu ermutigen und dort einen jüdischen Staat zu gründen. Weizmann, der vor dem Antisemitismus in der Sowjetunion und auch in Deutschland geflohen war, wo er als Chemieprofessor gearbeitet hatte, wurde im Februar 1949 der erste Präsident des Staates Israel.

1944

sterben vor Erschöpfung. • Die letzten 400 Arbeitssklaven in Piotrków (Polen) werden zu Fuß nach Bergen-Belsen (Deutschland), Buchenwald (Deutschland), Mauthausen (Österreich) und in andere Konzentrationslager geschickt. • Jüdische Fallschirmspringer, die in Palästina von den Briten angeworben worden sind, werden hinter den deutschen Linien abgesetzt. • Stanisław Switala, ein nichtjüdischer polnischer Arzt, gewährt sieben ehemaligen Führern der Jüdischen Kampforganisation, darunter Jizchak Zuckerman und Tuvia Borzykowski, Unterschlupf in seinem Hospital. • Die ungarische Regierung stimmt der Schaffung eines internationalen Judenghettos in Budapest zu, in dem Juden in 72 Häusern unter dem Schutz der Schweiz stehen. ***Siehe*** **31. Dezember 1944.**

Elijahu Dobkin, Mitglied der *Jewish Agency Executive*, mit seinen Schützlingen, die sich auf die Reise von Lissabon (Portugal) nach Palästina an Bord des portugiesischen Schiffes „Guine" vorbereiten. Diese Kinder, die von Angehörigen des französischen Untergrunds aus Frankreich herausgeschmuggelt worden waren, hatten bereits große Gefahren überstanden. Trotz übermächtiger Hindernisse gelang es der *Jewish Agency Executive* Schiffe aufzutreiben und bis Ende 1944 über 3500 Flüchtlinge nach Palästina zu bringen.

Dieser Schnappschuss aus Raoul Wallenbergs Automobil zeigt eine Gruppe Budapester Juden, die vor der Deportation in ein Todeslager gerettet worden sind. Als diese Menschen zu ihrer schicksalsschweren Reise am Bahnhof eintrafen, erhielten sie von der schwedischen diplomatischen Delegation Wallenbergs Schutzpässe ausgehändigt. Das Foto zeigt sie bei ihrer Rückkehr in das internationale Ghetto in Budapest, in dem Juden lebten, die nicht Staatsbürger Ungarns waren.

Juden auf dem Bahnsteig der Budapester Bahnstation Jósefváros. Rechts, mit den Händen auf dem Rücken, ist Raoul Wallenberg zu sehen. Die Juden erhalten gerade schwedische Schutzpässe, die sie vor der Deportation schützen. Viele Menschen konnten so gerettet werden, doch es waren noch viel mehr, für die es keine Hilfe gab. Selbst die Inhaber der von Raoul Wallenberg und anderen „neutralen" Diplomaten ausgegebenen Pässe waren nicht unbedingt sicher, da die Schläger der Pfeilkreuzpartei die Unterlagen ganz nach ihrer Willkür anerkannten oder auch ignorierten.

• 3. November 1944: In Auschwitz trifft ein Judentransport aus dem Arbeitslager in Sered (Slowakei) ein. Da die Gaskammern des Lagers abgerissen werden, schickt man die 990 Juden aus dem Zug zur Arbeit oder in Baracken und nicht in den Tod.

• 4. November 1944: Szolnok (Ungarn) wird von sowjetischen Truppen befreit. • Hunderte Juden aus dem Arbeitslager des Kupferbergwerks in Bor (Ungarn) werden in Györ (Ungarn) erschossen oder erschlagen, nachdem man sie gezwungen hat ihre eigenen Gräber auszuheben. Zu den Opfern gehört auch der 35 Jahre alte bekannte Dichter Miklós Radnóti.

• 6. November 1944: In Budapest ermorden ungarische Pfeilkreuzler 19 Juden und treiben fast 30 000 zur alten österreichischen Grenze.

• 7. November 1944: Die zionistische Dichterin Chana Szenes wird in Budapest (Ungarn) von Mitgliedern der Pfeilkreuzpartei exekutiert, nachdem sie im Rahmen einer Widerstandsaktion der Briten als Fallschirmspringerin in Ungarn abgesetzt worden ist.

• 8. November 1944: Die Deutschen schicken Juden auf einen Todesmarsch von Budapest nach der österreichischen

Raphael Lemkin

Der polnische Rechtswissenschaftler Raphael Lemkin prägte den Begriff „Genozid", mit dem er die systematische Vernichtung des europäischen Judentums durch die Nazis bezeichnete. Dieses Wort tauchte erstmals 1944 in Lemkins Veröffentlichung *Axis Rule in Occupied Europe, Laws of Occupation-Analysis of Government, Proposals for Redress* auf.

Lemkin kam in einer Juristenfamilie im ländlichen Ostgalizien zur Welt und erhielt eine Ausbildung an der Universität Lwow. Nach dem Machtantritt Hitlers beschäftigte sich Lemkin zunehmend mit der Analyse der Verbrechen Massenmord und Verfolgung von Minderheiten. Während seines Aufenthalts in Schweden stellte er seine bahnbrechende Analyse der nationalsozialistischen Rassengesetze zusammen. Nachdem er auf Umwegen über Schweden, die UdSSR, Japan und Kanada in die Vereinigten Staaten gelangt war, veröffentlichte er sein Werk im Jahr 1944.

Nach dem Krieg unterstützte Raphael Lemkin die Bemühungen der Vereinigten Staaten zur strafrechtlichen Verfolgung der Kriegsverbrecher in Nürnberg und bei anderen Kriegsverbrecherprozessen.

Carl Lutz nutzte seinen Diplomatenstatus als Waffe im Kampf für einen guten Zweck. Er griff in den Jahren 1942 bis 1945 wiederholt vermittelnd ein um das Leben tausender Budapester Juden zu retten. Als Konsul der Schweiz war Lutz für die Ausgabe von über 50 000 schweizerischen Pässen verantwortlich, die ihre jüdischen Inhaber unter den Schutz der schweizerischen Regierung stellten. Er bemühte sich in den letzten Kriegsmonaten noch so viele Leben wie nur möglich zu retten und riskierte dabei Opfer eines Attentats der SS zu werden. Lutz folgte schließlich einem Todesmarsch von 70 000 Juden, der im November 1944 begann, und konnte einige Menschen retten, indem er ihnen salvadorianische Staatsbürgerausweise aushändigte.

John J. McCloy, stellvertretender Kriegsminister der Vereinigten Staaten, spielte bei der Festlegung der militärischen Prioritäten der USA eine entscheidende Rolle. Das *War Refugee Board*, das *Emergency Committee to Save the Jewish People of Europe* und andere Gruppierungen wandten sich wiederholt mit der Bitte an McCloy die nach Auschwitz führenden Eisenbahngleise sowie die Gaskammern des Lagers bombardieren zu lassen. McCloy wies die Bitten mit der falschen Behauptung zurück das Ziel läge außerhalb der Reichweite US-amerikanischer und britischer Bomber.

1944

Grenze. Raoul Wallenbergs Eingreifen rettet zehntausende Juden. • Angehörige der Widerstandsorganisation *Fighters for the Freedom of Israel*, auch *Stern Gang* genannt, ermorden Lord Walter Moyne, den britischen Staatsminister für den Nahen Osten. • John W. Pehle, Leiter des *War Refugee Board*, der ein Ersuchen um die Bombardierung von Auschwitz monatelang aufgeschoben hat, ändert seine Auffassung. Er macht geltend, dass ein Bombenangriff sowohl die Gaskammern als auch die deutschen Fabriken und Truppen in diesem Gebiet vernichten, den Widerstand unterstützen und die Häftlinge befreien würde. Der stellvertretende Kriegsminister John J. McCloy weist Pehles Argumentation zurück und behauptet fälschlicherweise, dass die Bombardierung von Auschwitz die Kriegführung behindern würde.

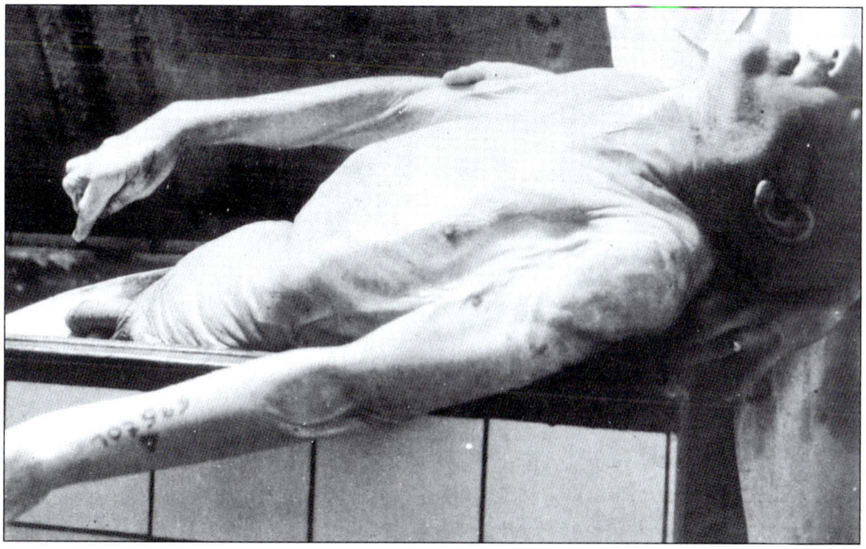

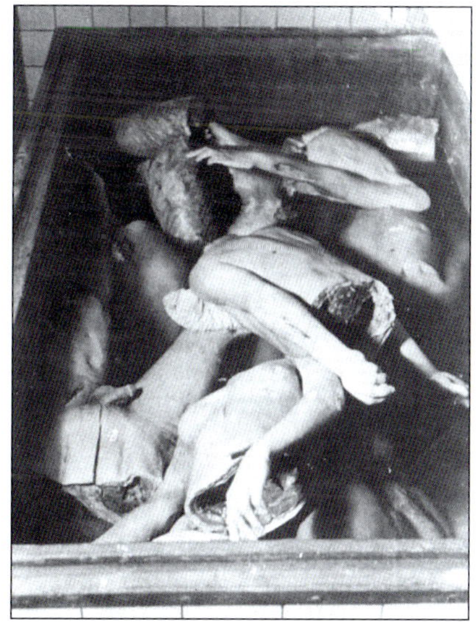

Am Anatomischen Institut der Reichsuniversität Strasbourg (Frankreich) wurde unter Leitung von Dr. August Hirt an einem speziellen Programm für eine Ausstellung gearbeitet, in der zu „Ausbildungszwecken" 86 Skelette von Juden gezeigt werden sollten. Die jüdischen Opfer waren in Auschwitz ausgesucht und nach Struthof (Frankreich) zur Vergasung gebracht worden. Ihre Leichen ließ man über ein Jahr lang in großen, mit Alkohol gefüllten Wannen liegen, bevor die Mitarbeiter Hirts die Skelette von den Weichteilen befreien konnten. Die Direktion des Instituts versuchte die Beweisstücke in letzter Minute zu vernichten, doch die Alliierten trafen in Strasbourg rascher als vermutet ein.

Ein Kind im Konzentrationslager Neuengamme. Die unter dem erhobenen Arm sichtbare Narbe stammt von einem Experiment, bei dem Naziärzte die Auswirkungen der Tuberkulose auf das Immunsystem testen wollten und zu diesem Zweck die Lymphknoten des Kindes entfernt hatten. Die meisten Lagerinsassen von Neuengamme bei Hamburg schufteten in der Rüstungsproduktion. Etwa 100 Erwachsene und 20 Kinder aus Auschwitz mussten medizinische Versuche über sich ergehen lassen. Die Kinder wurden auf Anweisungen von Dr. Kurt Heißmeyer mit Tuberkulose infiziert. Als die drohende Niederlage Deutschlands offensichtlich wurde, tötete man die meisten von ihnen um zu verhindern, dass sie über die durchlebten Schrecken berichteten.

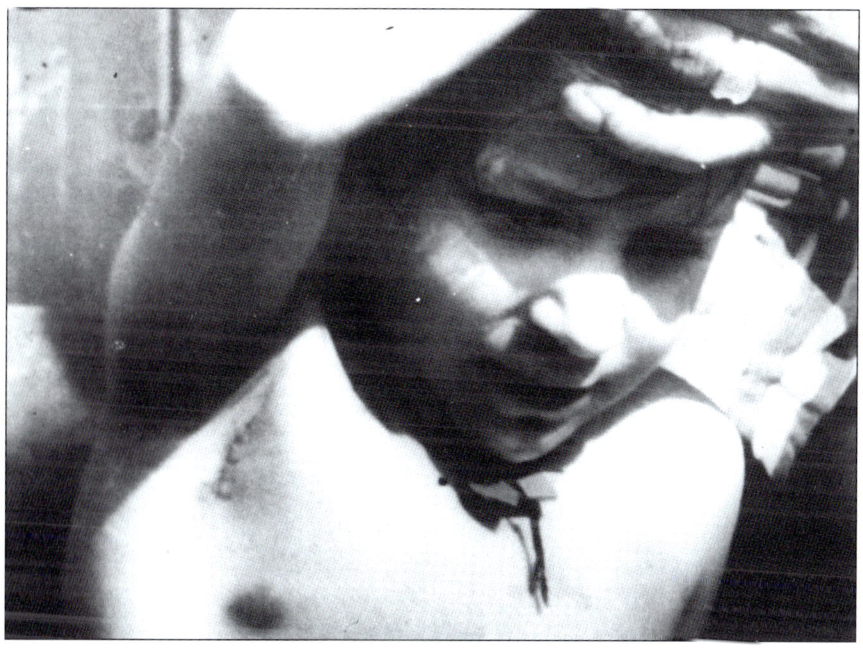

• 14. November 1944: Bernhard Letterhaus, katholischer Arbeiterführer und Mitglied des Widerstands, wird von den Deutschen gehängt.

• 18. November 1944: Der jüdisch-palästinensische Fallschirmspringer Enzo Sereni wird von den Deutschen in Dachau (Deutschland) exekutiert.

• 20. November 1944: Die jüdisch-palästinensischen Fallschirmspringer Chawiwa Reik, Rafael Reiss und Zvi Ben Jakov werden in der Tschechoslowakei hingerichtet.

• 21. November 1944: Alliierte Truppen nehmen Saarburg (Deutschland) ein.

• 22. November 1944: Die Beschützer der Juden in Budapest (Ungarn) treffen in der Budapester Gesandtschaft Schwedens mit dem schwedischen Diplomaten Raoul Wallenberg zusammen. *Siehe* **23.–27. November 1944.** **• Mulhouse (Frankreich) wird von alliierten Truppen befreit.**

• 23.–27. November 1944: Die schweizerischen Konsulatsbeamten Leopold Breszlauer und Ladislaus Kluger geben rund 300 Schutzpässe an ungarische Juden aus, die sich an der ungarisch-österreichischen Grenze versammelt haben.

Da so viele deutsche Männer an der Front kämpften oder gefallen waren, beschäftigten die Nazis zunehmend Arbeitssklaven in der Produktion. Wie diese Aufnahme zeigt, war das selbst auf dem Gebiet der Hochtechnologie der Fall. Diese Häftlinge führen im unterirdischen Rüstungsbetrieb im Lagerkomplex Dora-Mittelbau bei Nordhausen (Deutschland) hochkomplizierte Arbeiten im Rahmen der Montage von V 2-Raketen aus.

Als ihnen klar wurde, dass der Krieg verloren war, gerieten die Deutschen in eine zunehmend verzweifelte Lage. Ihre Führung setzte daher großes Vertrauen in die neu entwickelten „Vergeltungs"-Waffen, die, so glaubte sie, die Wende im Krieg herbeiführen würden. Auf den Fotos ist die berüchtigte V 2-Rakete zu sehen, mit der die Nazis in London große Verwüstungen anzurichten gedachten. Gegen Ende des Krieges regneten auf die britische Hauptstadt hunderte V 1- und V 2-Raketen nieder, die zwar nur geringe militärische Auswirkungen hatten, dafür aber rund 5500 Todesopfer forderten und für viele Briten eine psychische Belastung waren.

1944

• 25. November 1944: Häftlinge beginnen mit dem Abriss des Krematoriums II von Auschwitz. Die Rohre und Motoren der Lüftungsanlage werden ausgebaut und in die Lager Mauthausen (Österreich) und Groß-Rosen (Deutschland) geschickt.

• 27. November 1944: „Der Prozess gegen europäische Kriegsverbrecher und deren Bestrafung", eine Abhandlung des US-amerikanischen Kriegsministers Henry Stimson und des Außenministers Cordell Hull, wird Präsident Franklin Roosevelt vorgelegt.

• Dezember 1944: Nach dreimonatiger Arbeit an einem Erholungskomplex für deutsche Offiziere in Lieberose (Deutschland) wird die Sklavenarbeit von den Nazis eingestellt. Die jüdischen Arbeiter werden stattdessen evakuiert

Wie die Aufnahme vom 2. Dezember 1944 belegt, hatten die Nazis ein ausgeklügeltes System zur Entsorgung der Leichen ihrer Opfer entwickelt. Hier nehmen ein amerikanischer Soldat und ein Mitglied der französischen Résistance das Krematorium des befreiten Lagers Natzweiler-Struthof (Frankreich) in Augenschein. Mit den Zangen wurden die Leichen in die Verbrennungsöfen gerückt.

Dora-Mittelbau

Das bei Nordhausen in Ostdeutschland gelegene Lager Dora, das als Außenlager des Konzentrationslagers Buchenwald eingerichtet worden war, erhielt im Herbst 1944 unter der Bezeichnung Dora-Mittelbau den Status eines selbstständigen Lagers. Von 1943 an wurden tausende Häftlinge nach Dora abkommandiert, wo sie die Stollen eines alten Salzbergwerks im Harz erweitern mussten. Sie bauten eine unterirdische Fabrik auf, in der die Geheimwaffen V 1 und V 2 hergestellt wurden. Menschenleben zählten nichts bei den Nazis, die verzweifelt bemüht waren eine Wende im Krieg herbeizuführen und ihre Niederlage zu vermeiden.

Die Behandlung der Häftlinge in Dora war selbst nach den in den Konzentrationslagern üblichen Normen brutal. Die Gefangenen lebten und arbeiteten ohne einen Sonnenstrahl zu Gesicht zu bekommen, es gab für sie keine sanitären Einrichtungen und sie schufteten, bis sie umfielen. Ihre von Läusen bedeckten und oftmals nur noch 40 Kilogramm schweren Leichen – monatlich rund 1000 – wurden zur Verbrennung nach Buchenwald geschickt.

Nach der Fertigstellung der Produktionsanlage setzte die staatliche Firma Mittelwerk GmbH dort tausende Häftlinge, darunter viele Juden, als Arbeiter zur Montage der Raketen ein. Auch sie schufteten unter furchtbaren Bedingungen und mussten beispielsweise Wasser aus undichten Stellen in den Rohren trinken. Die Angst vor Sabotage lieferte den Aufsehern Vorwände für ihr außergewöhnlich sadistisches Vorgehen gegen die Häftlinge, die ganz nach Laune der Bewacher gehängt oder gefoltert wurden. In den letzten Kriegstagen starben die Häftlinge zu tausenden in Dora-Mittelbau selbst und nach der Evakuierung des Lagers auf den Todesmärschen.

Selbst wenn eine Leiche durch Verbrennung beseitigt wird, bleibt immer noch ein Rest in Form von Asche übrig. Diese Tatsache wurde für die Täter des Holocaust schon allein aufgrund der großen Zahl ihrer Opfer zum Problem. Hier nimmt ein Angehöriger der französischen Résistance einige der Urnen in Augenschein, die man im Lager Natzweiler-Struthof mit der Asche der Opfer füllte und vergrub.

und zu Fuß nach Nordwesten in das 160 Kilometer entfernte Konzentrationslager Sachsenhausen (Deutschland) geschickt. Von den 3500 Menschen zu Beginn des Marsches kommen nur 900 am Bestimmungsort an. Mehrere hundert kranke Häftlinge, die nicht marschfähig sind, werden auf ihren Schlafpritschen erschossen. • Das befreite Frankreich begeht zum Gedenken an die Unschuldigen, die sich noch in den Händen der Nazis befinden, eine „Woche der Abwesenden". • Der amerikanische Meinungsforscher Elmo Roper weist warnend darauf hin, dass die USA, insbesondere die Großstädte und deren Umgebung, vom Antisemitismus angesteckt seien.

• 11. Dezember 1944: Die jüdischen Arbeitssklaven in Auschwitz III (Monowitz) feiern insgeheim ihr Chanukka-Fest.

• 16. Dezember 1944: Auf einem 65 Kilometer langen Frontabschnitt in den Ardennen starten 300 000 deutsche Soldaten der 6. SS-Panzerarmee und der 5. Panzerarmee einen Überraschungsangriff gegen die 1. und die 9. US-Armee. Die unerfahrenen amerikanischen Fronttruppen werden überrollt, da die Deutschen alles auf eine Karte setzen um den strategisch wichtigen Hafen Antwerpen (Belgien)

Die Jüdische Brigade

Die Jüdische Brigade war ein Regiment der britischen Armee, in dem ausschließlich jüdische Freiwillige aus Palästina dienten. Die im September 1944 offiziell gegründete Brigade kämpfte auf dem italienischen Kriegsschauplatz und unterstützte später die illegale Einwanderung von Juden nach Palästina.

Der Vorläufer der Jüdischen Brigade, das Palästinensische Regiment, wurde im August 1942 geschaffen. Es bestand aus vier Bataillonen – drei jüdischen und einem arabischen. Unter dem Druck der *World Zionist Organization* sowie aufgrund der Unterstützung durch Winston Churchill und Franklin Roosevelt wurde dann die selbstständige Jüdische Brigade gegründet, in der 5000 palästinensische Juden dienten. Als Banner wählte der Kampfverband unter Brigadekommandeur Ernest Benjamin die zionistische Flagge.

Die Idee zur Schaffung eines jüdischen Regiments wurde von den zuständigen britischen Stellen, die fürchteten die arabische Bevölkerung in Palästina gegen sich aufzubringen, zunächst abgelehnt. Die Kriegsereignisse zwangen die britische Regierung und das Militär aber schließlich ihre Haltung zu ändern.

Dieser amerikanische Soldat, einer der Befreier des Lagers Natzweiler-Struthof, betrachtet die Kennzeichen auf der Kleidung eines Häftlings. Die Buchstaben NN stehen für „Nacht und Nebel". Der auf Befehl Hitlers am 7. Dezember 1941 in Kraft gesetzte Nacht- und Nebel-Erlass richtete sich gegen Sabotageorganisationen und Spione. Die Beschuldigten sollten nach der Festnahme exekutiert oder, wenn dies nicht durchführbar war, zur Aburteilung ins Reich deportiert werden. Die meisten Festgenommenen wurden zunächst nach Natzweiler geschickt.

Eine Gruppe von Rekruten, hier noch in Zivilkleidung, die im Meir-Park in Tel Aviv (Palästina) der Jüdischen Brigade beitreten. Die Rekruten tragen Armbinden, die sie als Freiwillige ausweisen. Sie wollen sich den jüdischen Kämpfern anschließen, die bereits einen Monat zuvor Palästina verlassen haben um am Italienfeldzug teilzunehmen. Einige Mitglieder der *Armée Juive*, des jüdischen Widerstands in Frankreich, waren bereits 1943 über die Pyrenäen nach Spanien geflohen um sich nach Palästina durchzuschlagen und dort ihren Freiheitskampf fortzusetzen.

1944

einzunehmen. *Siehe* 26. Dezember 1944.

• 17. Dezember 1944: In Malmédy (Belgien) werden 68 amerikanische Kriegsgefangene von SS-Soldaten ermordet.

• Winter 1944: Im Konzentrationslager Stutthof (Deutschland) sterben in separat aufgestellten Zelten hunderte kranker und hungernder jüdischer Frauen eines langsamen Todes. • In Frankreich wird die *Organisation Technique* (Technischer Dienst), eine geheime Kollaborationsorganisation, gegründet.

• 26. Dezember 1944: Die letzte verzweifelte Offensive der Deutschen in diesem Krieg, die am 16. Dezember gegen die in den Ardennen stehenden amerikanischen Verbände gestartet

Diese Wegweiser, die in Richtung Malmédy und St. Vith (Belgien) zeigen, erinnern an einen weiteren barbarischen Vorfall des Krieges. In einem letzten verzweifelten Manöver, das die Niederlage abwenden sollte, schickte Hitler Mitte Dezember so viele Männer und Panzer wie er nur auftreiben konnte gegen die in den Ardennen stehenden Verbände der Westalliierten. Bei St. Vith stieß die 6. SS-Panzerarmee auf heftigen amerikanischen Widerstand, der ihren weiteren Vormarsch aufhielt. Demoralisiert und unter Missachtung der Kriegsregeln gingen Soldaten der 1. Panzerdivision in Malmédy mit ihren Maschinenpistolen gegen amerikanische Kriegsgefangene vor und töteten 86 von ihnen.

Amerikanische Soldaten mit erhobenen Händen vor den Deutschen, von denen sie gefangen genommen worden sind. Die letzte große deutsche Offensive des Krieges sollte an der Westfront einen Keil zwischen die alliierten Armeen treiben. Unterstützt von schlechtem Wetter, das den Start der amerikanischen und britischen Flugzeuge verhinderte, hatten die Deutschen zunächst Erfolg. Doch der Vormarsch endete, als die Alliierten Verstärkung erhielten und ihre Flugzeuge die Bombardierung der deutschen Nachschubwege aufnehmen konnten.

Auf dem Schlachtfeld von Bastogne (Belgien) liegende Leichen gefallener deutscher Soldaten. Um Bastogne entbrannte einer der härtesten Kämpfe der Ardennenschlacht. Die durch Fallschirmeinheiten verstärkten Verbände der Alliierten weigerten sich zu kapitulieren, obgleich sie von den Deutschen eingeschlossen und dem Gegner zahlenmäßig unterlegen waren. Nachdem sich die Wolkendecke aufgelöst hatte, konnten sie durch ihre Flugzeuge aus der Luft mit Nachschub versorgt werden. Bastogne wurde einen Tag nach Weihnachten entsetzt.

worden ist, bleibt nach zehn Tagen eindrucksvoller Erfolge stecken. Das wichtigste Ziel, die Besetzung Antwerpens (Belgien), wird nicht erreicht. Fast 250.000 deutsche Soldaten sind gefallen, verwundet oder in Gefangenschaft geraten, über 1400 deutsche Panzer und schwere Sturmgeschütze verloren gegangen. Ab jetzt trägt die deutsche Kriegsführung nur noch reinen Verteidigungscharakter.

• 28. Dezember 1994: Mitglieder der ungarischen Pfeilkreuzpartei entführen mit Gewalt 28 Juden aus einem Krankenhaus. Die Juden werden zwei Tage darauf getötet.

• 31. Dezember 1944: Ungarische Pfeilkreuzler stürmen in Budapest ein von der Schweiz unterhaltenes „geschütztes Haus" und gehen gegen dessen Bewohner mit Maschinenpistolen und Handgranaten vor. Dabei kommen drei Juden ums Leben, die übrigen werden von einer ungarischen Militäreinheit gerettet. *Siehe* **11.–14. Januar 1945.**

• 1944–1947: Bei den Machtkämpfen in Polen, das zunehmend unter sowjetischen Einfluss gerät, kommen auch tausende Juden ums Leben.

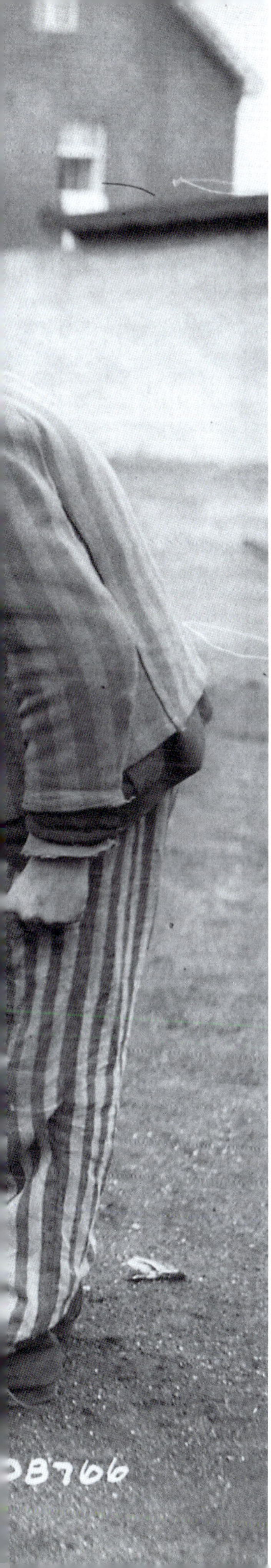

1945

DAS Ende des Zweiten Weltkrieges und des Holocaust erlebten weder Adolf Hitler noch Franklin Roosevelt. Am 7. Mai 1945 unterzeichnete Generaloberst Alfred Jodl die Urkunde über die bedingungslose Kapitulation Nazideutschlands. Eine Woche zuvor, am 30. April, begingen der Führer und Eva Braun, die Hitler am Abend zuvor geheiratet hatte, im Bunker der Berliner Reichskanzlei Selbstmord. Am 12. April, knapp drei Wochen vor Hitlers Tod, setzte eine Gehirnblutung dem Leben des US-amerikanischen Präsidenten ein Ende.

Um die Beweise für die Praktizierung der „Endlösung" beiseite zu schaffen, um sich ihre Arbeitssklaven zu erhalten und auch um weiter an der Taktik des Massenmordes festzuhalten hatten die Nazis am 17. Januar mit der Evakuierung jüdischer Häftlinge aus Auschwitz begonnen. In diesem bitterkalten Winter mussten über 60 000 Juden ohne Verpflegung und Unterkünfte Todesmärsche in die Konzentrationslager im Innern Deutschlands antreten. Die Zahl derer, die unterwegs starben, war immens hoch. Die Bedingungen, die die Häftlinge bei ihrer Ankunft in Lagern wie Buchenwald oder Bergen-Belsen erwarteten, ließen alle Hoffnungen ersterben.

Während von der einen Seite die vorrückenden Verbände der Sowjetarmee die Nazilager in Osteuropa – darunter Stutthof, Groß-Rosen und Sachsenhausen – erreichten, stießen US-amerikanische und britische Truppen auf die im Westen gelegenen Konzentrationslager. Das erste Lager, das von amerikanischen Soldaten befreit wurde, war Ohrdruf, ein Außenlager des KZ Buchenwald. Am 12. April, dem Todestag Präsident Roosevelts, bekamen die US-amerikanischen Generäle Omar Bradley, George Patton und Dwight Eisenhower das am 4. April befreite Ohrdruf selbst zu Gesicht. Eisenhower schrieb später, dass man den Anblick der Folgen der Brutalität und des Hungers gar nicht in Worte fassen könne. Dabei war Ohrdruf nicht einmal das schlimmste Lager der Nazis. Noch verheerendere Bilder begegneten den amerikanischen und britischen Befreiern am 9. April im KZ Dora-Mittelbau und in dessen Außenlagern, wo tausende Gefangene unter unerträglichen Bedingungen in unterirdischen Stollen Sklavenarbeit geleistet und V 2-Raketen montiert hatten.

Am 11. April befreiten amerikanische Verbände Buchenwald. Buchenwald gehörte zu den ersten Konzentrationslagern der Nazis; in den acht Jahren seines Bestehens waren dort über 238 000 Personen interniert gewesen, von denen 43 000 während der Haft starben oder ermordet wurden. Vier Tage später befreiten britische Soldaten Bergen-Belsen; sie fanden im Lager 13 000 Leichen sowie 58 000 Häftlinge – größtenteils Juden –, die zwar noch am Leben waren, sich aber in einem kritischen Zustand befanden. Rund 10 000 Lagerinsassen, die sich nicht mehr von den erlittenen Misshandlungen erholen konnten, starben in den darauf folgenden Wochen.

Zwei befreite Häftlinge des KZ Dachau mit einem Lageraufseher namens Weiss, der ohne seine Waffen, mit denen er die Gefangenen früher bestraft hätte, völlig hilflos ist.

1945

Am 5. Mai erreichten amerikanische Truppen das Konzentrationslager Mauthausen in Österreich. Das Lager war sieben Jahre lang in Betrieb gewesen; dort waren insgesamt fast 200 000 Menschen gefangen gehalten worden. Bei der Befreiung des KZ Mauthausen waren nur noch wenige Häftlinge am Leben, 119 000 waren umgekommen. Am 8. Mai feierten die Alliierten den *V-E Day* (Tag des Sieges in Europa) – der Krieg in Europa war offiziell zu Ende. Am selben Tag befreiten sowjetische Soldaten das Lager und Ghetto Theresienstadt und fanden dort 19 000 Internierte vor, die noch am Leben waren. 121 000 waren gestorben.

Am 2. Mai unterzeichnete Präsident Harry S. Truman, der Amtsnachfolger Roosevelts, den Exekutivbefehl 9547, mit dem er den Richter am Obersten Gerichtshof Robert H. Jackson zum juristischen Chefberater der USA bei der *United Nations War Crimes Commission (UNWCC)* ernannte. Die Kommission war am 20. Oktober 1942 von den Regierungen der USA, Großbritanniens und der Sowjetunion geschaffen worden um sicherzustellen, dass die nationalsozialistischen Kriegsverbrecher vor Gericht kämen, sobald der Krieg beendet wäre. Mit Trumans Anordnung wurde Jackson auch zum US-amerikanischen Hauptankläger bei dem geplanten internationalen Kriegsverbrecherprozess bestimmt, der am 20. November in Nürnberg eröffnet wurde.

Am 25. April 1945 trafen Angehörige der 69. Infanteriedivision der 1. US-Armee und der 58. Gardeschützendivision der sowjetischen 3. Gardearmee in Torgau an der Elbe zusammen. Aus der historischen Begegnung ergab sich später die Zweiteilung Nachkriegsdeutschlands.

Von den Verheerungen des Krieges waren neben den Lageropfern auch rund elf Millionen Menschen betroffen, die man aus ihren Heimatländern entwurzelt hatte. Zu ihnen gehörten ehemalige deutsche Kriegsgefangene, freigelassene Arbeitssklaven und Überlebende aus den Konzentrationslagern (unter ihnen eine große Anzahl Juden). Die Alliierten standen vor der immensen Aufgabe diesen entwurzelten, Not leidenden Menschen zu helfen. Sie erklärten die Flüchtlinge zu *Displaced Persons (DP)* und machten für sie die *United Nations Relief and Rehabilitation Administration (UNRRA)* verantwortlich. Da es der *UNRRA* für diese Mission anfangs an Personal mangelte, fiel ein Großteil der Arbeit zur Unterstützung der *DP* den Militärverbänden der Alliierten zu.

Im Frühjahr 1945 befanden sich im besetzten Deutschland rund sieben Millionen *Displaced Persons*. Die meisten gingen nach und nach in ihre Länder zurück, doch mehr als eine Million Menschen wollte oder konnte nicht in die Heimat zurückkehren. Zu ihnen gehörten auch 50 000 Juden sowie hunderte Sinti und Roma (Zigeuner), die kurz zuvor aus den Konzentrationslagern befreit worden waren. Manche Nichtjuden fürchteten Vergeltungsakte für ihre Zusammenarbeit mit den Nazis. Andere rechneten damit von kommunistischen Staaten verfolgt zu werden.

Die Juden, die den Holocaust überlebt hatten, befanden sich meist in einer anderen Art Zwangslage; sie konnten nicht in ihre Häuser zurückkehren, da es diese Häuser nicht mehr gab. Die wenigen osteuropäischen Juden, die zurückkehrten, erlebten oftmals einen erneuerten Antisemitismus und mussten feststellen, dass sich ihr früheres Eigentum nun in den Händen ehemaliger Nachbarn befand.

Die Befreiung brachte den jüdischen Überlebenden keine eigentliche Freiheit, die meisten, die dem Europa der Nachkriegszeit 1945 ganz und für immer den Rücken kehren wollten, konnten ihr Vorhaben nicht in die Tat umsetzen. Großbritannien ließ nur ein Rinnsal legaler jüdischer Einwanderer nach Palästina; auch in den USA stießen sie für gewöhnlich auf Beschränkungen anstatt auf offene Türen. Für die meisten Juden, die den Holocaust überstanden hatten, gab es 1945 kaum eine andere Wahl, als in den hunderten von *DP*-Lagern zu bleiben, die man rasch in ehemaligen Kasernen, Kriegsgefangenenlagern und sogar in früheren Konzentrationslagern wie Bergen-Belsen und Dachau eingerichtet hatte.

Mit der Zeit lief die Arbeit des amerikanisch-jüdischen *Joint Distribution Com-*

mittee (JDC), der *Organization for Rehabilitation through Training (ORT)* und anderer jüdischer Hilfsorganisationen zur Verbesserung der Lebensbedingungen, zur schulischen und beruflichen Ausbildung der jüdischen Überlebenden in den *DP*-Lagern an. Trotz außerordentlich schwieriger physischer und psychischer Bedingungen begann sich das jüdische Leben zu erneuern. Die Menschen heirateten und gründeten neue Familien.

Drei Überlebende aus Ebensee (Österreich). Sie lutschen Zuckerwürfel um ihren Körper so zu kräftigen, dass er wieder feste Nahrung aufnehmen kann.

Dennoch waren die Lager für *Displaced Persons* zu keiner Zeit Orte, in denen man sich wohl fühlen konnte. Nachdem man ihm über die schlechten Bedingungen in diesen Lagern berichtet hatte, ernannte Präsident Truman am 22. Juni 1945 Earl G. Harrison, den Dekan der *University of Pennsylvania Law School*, zum Vorsitzenden einer Untersuchungskommission und betonte ihm gegenüber, dass den Lebensumständen der jüdischen *Displaced Persons* besondere Beachtung geschenkt werden solle. Im Verlauf des Juli 1945 besuchte Harrisons Delegation mehr als 30 *DP*-Lager. Sein Bericht an Truman enthielt eine trostlose Einschätzung. Die jüdischen *DP* wüssten zwar nun, dass sie nicht länger Gaskammern, Folter und andere Formen eines gewaltsamen Todes fürchten müssten, könnten ansonsten aber kaum eine Änderung ihrer Lage erkennen und stellten sich und anderen häufig die Frage, was „Befreiung" eigentlich bedeute.

Mit Harrisons Bericht erhöhte sich der Druck auf Großbritannien einwanderungswillige Juden nach Palästina zu lassen. Am 22. Dezember erteilte Präsident Truman den in den amerikanischen Besatzungszonen lebenden *DP* „aller Glaubensrichtungen und Nationalitäten" (im Rahmen bestimmter Quoten) die Genehmigung in die USA einzureisen. Darüber hinaus verbesserten sich nach und nach auch die Bedingungen in den *DP*-Lagern, doch traf Harrisons Beschreibung noch für den größten Teil des Jahres 1945 zu. Einige der Lager waren mit Stacheldraht eingezäunt. Die Verpflegung war dürftig, die Bewegungsfreiheit eingeschränkt, die Unterkünfte überbelegt und die sanitären Einrichtungen unzureichend. Die zusammen mit Nichtjuden und zeitweilig sogar mit Nazikollaborateuren und ehemaligen Kriegsgefangenen untergebrachten „befreiten" Juden waren zudem noch immer Ziel antisemitischer Ausbrüche. Erst Ende 1945 wurden in einigen *DP*-Lagern nur noch Juden einquartiert, damit man besser auf deren Bedürfnisse eingehen konnte.

„Nach dem jetzigen Stand der Dinge", stellte Harrison im Sommer 1945 in seinem Bericht über die *DP*-Lager fest, „scheinen [die Alliierten] die Juden so zu behandeln wie die Nazis sie behandelten, außer dass sie sie nicht vernichten." Harrisons hartes Urteil war natürlich übertrieben. Die Nazis hatten die Juden bis zuletzt, bis zur Kapitulation Deutschlands, gepeinigt und vernichtet und sich dabei der Besitztümer ihrer Opfer bemächtigt.

Kinder im *DP*-Lager in Zeilsheim (Deutschland) feiern das *Chanukka-Fest.*

Auf dem europäischen Schauplatz des Zweiten Weltkrieges verloren mehr als 35 Millionen Menschen – Zivilisten wie Militärangehörige – ihr Leben. Unter den Toten waren fast sechs Millionen Juden und Millionen andere Menschen – Zigeuner, Polen, Sowjetbürger, Slawen, Zeugen Jehovas, Homosexuelle, geistig Behinderte –, die während des Holocaust zum Ziel von Verfolgung und Mord wurden. Das Chaos, das am Ende des Zweiten Weltkrieges herrschte, macht eine genaue Feststellung der Zahl der aus den nationalsozialistischen Konzentrationslagern befreiten Juden unmöglich. Zu Beginn der 1950er Jahre befanden sich rund 250 000 jüdische Überlebende des Holocaust in den *DP*-Lagern der Alliierten und warteten darauf auswandern zu können. Sie fanden schließlich eine neue Heimat: 142 000 reisten nach Israel, 72 000 in die Vereinigten Staaten, 16 000 nach Kanada, 8000 nach Belgien, 2000 nach Frankreich, 1000 nach Großbritannien und etwa 10 000 nach Lateinamerika und in andere Länder aus.

Ein amerikanischer *GI* bewacht deutsche Soldaten, die während der Ardennenschlacht in Gefangenschaft geraten sind. Die von acht Panzerdivisionen angeführte deutsche Gegenoffensive überraschte die Alliierten zwar und verlief für die Angreifer zunächst erfolgreich, kam aber nach einem Wetterumschwung und unter dem Druck der britischen und amerikanischen Verbände rasch zum Stehen. Im Januar 1945 schließlich begannen die Deutschen mit dem Rückzug und begruben damit alle Hoffnungen auf einen Sieg.

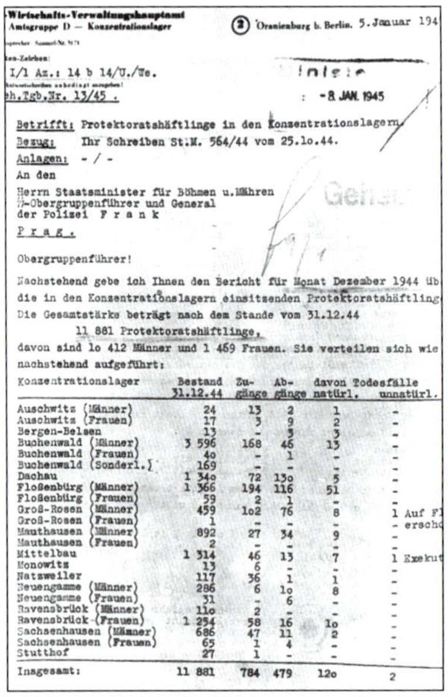

Wirtschafts-Verwaltungshauptamt
Amtsgruppe D – Konzentrationslager

Oranienburg b. Berlin, 5. Januar 194

I/1 Az.: 14 b 14/U./We.
ch.Tgb.Nr. 13/45 .

-8. JAN. 1945

Betrifft: Protektoratshäftlinge in den Konzentrationslagern.
Bezug: Ihr Schreiben St.M. 564/44 vom 25.1o.44.
Anlagen: - / -

An den
Herrn Staatsminister für Böhmen u.Mähren
SS-Obergruppenführer und General
der Polizei F r a n k
P r a g .

Obergruppenführer!

Nachstehend gebe ich Ihnen den Bericht für Monat Dezember 1944 üb die in den Konzentrationslagern einsitzenden Protektoratshäftling Die Gesamtstärke beträgt nach dem Stande vom 31.12.44

11 881 Protektoratshäftlinge,

davon sind lo 412 Männer und 1 469 Frauen. Sie verteilen sich wie nachstehend aufgeführt:

Konzentrationslager	Bestand 31.12.44	Zugänge	Abgänge	davon Todesfälle natürl.	unnatürl.	
Auschwitz (Männer)	24	13	2	1	-	
Auschwitz (Frauen)	17	3	9	2	-	
Bergen-Belsen	13	-	3	3	-	
Buchenwald (Männer)	3 596	168	46	13	-	
Buchenwald (Frauen)	4o	-	1	-	-	
Buchenwald (Sonderl.)	169	-	-	-	-	
Dachau	1 34o	72	13o	5	-	
Floßenbürg (Männer)	1 366	194	116	51	-	
Floßenbürg (Frauen)	59	2	1	-	-	
Groß-Rosen (Männer)	459	1o2	76	8	1	Auf Fl
Groß-Rosen (Frauen)	1	-	-	-	-	ersch
Mauthausen (Männer)	892	27	34	9	-	
Mauthausen (Frauen)	2	-	-	-	-	
Mittelbau	1 314	46	13	7	1	Exekut
Monowitz	13	6	-	-	-	
Natzweiler	117	36	1	1	-	
Neuengamme (Männer)	286	6	1o	8	-	
Neuengamme (Frauen)	31	-	6	-	-	
Ravensbrück (Männer)	11o	2	-	-	-	
Ravensbrück (Frauen)	1 254	58	16	1o	-	
Sachsenhausen (Männer)	686	47	11	2	-	
Sachsenhausen (Frauen)	65	1	4	-	-	
Stutthof	27	1	-	-	-	
Insgesamt:	11 881	784	479	12o	2	

Bericht vom Januar 1945 über die Zahl der Häftlinge, die aus dem Protektorat Böhmen und Mähren stammten und in Konzentrationslagern der Nazis festgehalten wurden. Der Bericht war für Karl Hermann Frank, Nachfolger Reinhard Heydrichs als Reichsprotektor und später Staatsminister für Böhmen und Mähren, abgefasst. Frank wurde nach dem Krieg von den Amerikanern gefangen genommen und an die Tschechoslowakei ausgeliefert. 1946 wurde er vor Gericht gestellt, zum Tode verurteilt und hingerichtet.

Der sowjetische Befehlshaber Georgi K. Shukow *(rechts)* im Gespräch mit anderen hohen Militärs über den bevorstehenden Angriff auf Berlin. Der Vorstoß der Roten Armee auf die Reichshauptstadt war der Höhepunkt jenes Zweifrontenkrieges, den Hitlers Berater am meisten gefürchtet hatten. Nun, am Vorabend der Schlussoffensive der Alliierten, rückten amerikanische und britische Truppen von Westen, die Sowjetarmee von Osten her auf das Reichsgebiet vor. General George Patton und einige andere Angehörige des US-amerikanischen Generalstabs drängten General Dwight Eisenhower auf Berlin zu marschieren um noch vor der Roten Armee dort zu sein, doch Eisenhower kam zu dem Schluss, dass ein solches Vorgehen den USA politisch nichts einbringe und dass, was noch wichtiger sei, ein amerikanischer Sturm auf Berlin den Tod tausender *GIs* bedeuten würde. Deshalb erhielt Patton den Befehl seinen Vormarsch an der Elbe zu stoppen und den Sowjets die lang ersehnte – und teuer erkaufte – Rache zu überlassen.

1945

• 1945: Admiral Wilhelm Canaris wird wegen seiner Verbindung zum antinazistischen Widerstand hingerichtet. • Richard Glücks, Generalinspekteur der Konzentrationslager, stirbt – wahrscheinlich durch eigene Hand. • Italien gewährt Juden die italienische Staatsbürgerschaft.

• Anfang 1945: Ottó Komoly, ein ungarischer Jude, der seit September 1944 in gemieteten Häusern etwa 5000 jüdischen Kindern Zuflucht und Schutz geboten hat, wird von ungarischen Pfeilkreuzlern ermordet. • Die deutsch-jüdische Dichterin Hilde Monte wird bei dem Versuch aus der Schweiz über die Grenze nach Deutschland zu gelangen von SS-Grenzposten getötet.

• Januar 1945: In Deutschland nimmt die Zahl der aus den Arbeitslagern Eva-

Sowjetsoldaten, die im Januar 1945 durch das zerstörte Warschau marschieren. Vom jüdischen Warschau war kaum etwas übrig geblieben und nur wenige Menschen hatten überlebt um das wieder aufzubauen, was einst eine blühende jüdische Gemeinde gewesen war. In die Freude der Menschen, die in Verstecken gelebt hatten und nun aus den Trümmern hervorkamen, mischte sich der Schmerz über den Verlust so vieler Freunde und Angehöriger.

Als die Rote Armee im Januar 1945 Częstochowa (Polen) befreite, hatten die flüchtenden Nazis das einst dicht besiedelte Ghetto schon nahezu liquidiert. Kurze Zeit bevor dieses Foto entstand, das sowjetische Soldaten mit einigen der 5000 jüdischen Überlebenden der Stadt zeigt, waren viele Juden in der Umgebung an einer Fleckfieberepidemie gestorben, waren nach Buchenwald und Ravensbrück in den Tod abtransportiert oder als Arbeitssklaven in die nahe gelegene Rüstungsfabrik HASAG Pelzery geschickt worden.

Zivia Lubetkin

Zivia Lubetkin, eine wahre Heldin des Widerstands, kämpfte kühn und tapfer beim Warschauer Ghettoaufstand mit. Erst als die Deutschen das Ghetto im Mai 1943 in Brand steckten, entschloss sie sich zur Flucht durch die Kanalisation auf die „arische“ Seite Warschaus und hatte damit ihren Schwur bis zum Ende zu bleiben erfüllt.

Vor dem Krieg war Zivia Lubetkin in der zionistischen Jugendbewegung aktiv und vertrat die *Dror-Hechaluz Partei* im Antifaschistischen Block, der 1942 zur Bekämpfung der Nazis und zur Unterstützung der Sowjetarmee geschaffen worden war. Im Jahr darauf schloss sie sich Jizchak Zuckerman, den sie nach dem Krieg heiratete, und anderen Kämpfern an und gründete mit ihnen die *Żydowska Organizacja Bojowa (ŻOB*, Jüdische Kampforganisation*)*. Nach dem Fall des Ghettos verbarg sich Zivia Lubetkin bei einem Arzt und erlebte die Erleichterung der Menschen, die mit der Ankunft der sowjetischen Truppen am 17. Januar 1945 einherging. Nach ihren Worten waren sie und ihre Gefährten aber dennoch traurig und niedergeschlagen, da sie wussten, dass nur wenige Juden diesen Tag erlebt hatten.

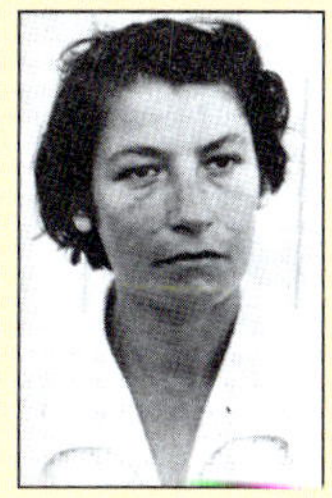

kuierten ein kritisches Ausmaß an. 5000 Juden aus dem Arbeitslager Skarzysko-Kamienna werden nach dem Westen evakuiert. Die Lager bei Danzig und Königsberg werden geräumt. • Helmuth James Graf von Moltke, ein Anführer des antinazistischen Widerstands und ehemaliger Sachverständiger für Völkerrecht beim Oberkommando der Wehrmacht, wird im Gefängnis Plötzensee in Berlin hingerichtet. • Das *Supreme Headquarters, Allied Expeditionary Force (SHAEF)* gründet die *Central Registry of War Criminals and Security Suspects (CROWCASS)*. Diese interalliierte Ermittlungsgruppe soll Nazikriegsverbrecher aufspüren und strafrechtlich verfolgen.

• Januar – März 1945: 2136 spanische Republikaner, die während des Spanischen Bürgerkrieges gegen die von den Nazis unterstützten Truppen gekämpft hatten, werden in den Steinbrüchen des Arbeitslagers Mauthausen (Österreich) durch Schwerstarbeit zu Tode gebracht oder auf der Stelle ermordet.

• 1. – 16. Januar 1945: Die deutsche Ardennenoffensive wird von den Alliierten zum Stehen gebracht. Damit endet die Ardennenschlacht, die letzte große deutsche Offensive in diesem Krieg.

Im Januar 1945 befreite die Rote Armee Auschwitz-Birkenau, das schlimmste Todeslager des Dritten Reiches, in dem schätzungsweise 1,1 Millionen Menschen – größtenteils in den Gaskammern des Lagers – gestorben waren. Diese Kinder gehörten zu den wenigen Personen, die den Zwangsaufenthalt in Birkenau überlebt hatten.

Ein Soldat der Roten Armee filmt ein zerstörtes Krematorium in Auschwitz. Der Abriss der Verbrennungsöfen in Birkenau ging in mehreren Phasen vonstatten. Das Krematorium IV wurde während des Aufstandes des Sonderkommandos am 7. Oktober 1944 gesprengt; am 25. November zerstörten rebellierende Juden das Krematorium II. Die Überreste der Verbrennungsanlagen II, III und des noch in Betrieb befindlichen Krematoriums V wurden Ende Januar 1945 von den Nazis gesprengt.

Ich sitze mit meinen Puppen am Ofen und träume.
Ich träume, dass mein Vater zurückgekommen ist.
Ich träume, dass mein Vater noch am Leben ist.
Wie gut ist es doch einen Vater zu haben.
Ich weiß nicht, wo mein Vater ist.

Anonym.
A Treasury of Jewish Poetry

1945

• **4. Januar 1945: Der Jude Fritz Elsas, von 1931 bis 1933 Erster Bürgermeister von Berlin und 1933 wegen angeblicher Widerstandsaktionen verhaftet, wird nach 12 Jahren Haft in Sachsenhausen (Deutschland) hingerichtet.**

• **6. Januar 1945: Roza Robota und drei weitere Jüdinnen, die sich am Schmuggel von Sprengstoff für den Aufstand am 7. Oktober 1944 in Auschwitz beteiligt hatten, werden gehängt. • Die ungarischen Behörden stimmen der Bitte Raoul Wallenbergs zu in Budapest 5000 Juden in geschützte Häuser umzusiedeln, für die die Schweiz finanziell aufkommt. • Anne Franks Mutter Edith stirbt in Auschwitz.**

• **11.–14. Januar 1945: Schläger der ungarischen faschistischen Nyilas-Gruppe dringen überall in Budapest in**

Die Angehörigen der Sowjetarmee, die im Verlauf des Krieges schon viel Leid gesehen hatten, empfanden Entsetzen angesichts dessen, was sie in Auschwitz vorfanden. Diese Rotarmisten stehen inmitten zehntausender Schuhe, die den Opfern des Lagers geraubt worden waren.

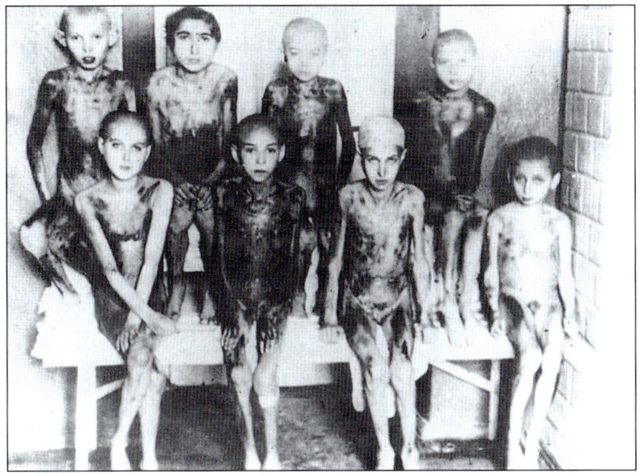

Kinder, die von der Sowjetarmee aus dem Lager Auschwitz befreit wurden. Sie hatten grausame „medizinische" Experimente über sich ergehen lassen müssen, die sie glücklicherweise überlebten. Der Auschwitzer Arzt Horst Schumann sterilisierte Männer, Frauen und Kinder, indem er sie extrem hohen Strahlungsdosen aussetzte. Seine Opfer erlitten dabei so schlimme Verbrennungen, dass sie danach als nicht mehr arbeitsfähig eingeschätzt und in die Gaskammern geschickt wurden. Welche Versuche an diesen Kindern durchgeführt wurden, ist nicht genau geklärt.

Diese Kinder im Lager Auschwitz, das am 27. Januar 1945 von der Sowjetarmee befreit wurde, zeigen dem Fotografen ihre tätowierten Arme. Jeder Häftling in Auschwitz bekam auf den Arm eine Kennnummer tätowiert, die zwei Aufgaben erfüllte. Erstens konnten die Lagerbeamten mit Hilfe der Nummern stets die Übersicht über tausende von Häftlingen im Lager behalten. Zweitens diente die Verwandlung der Lagerinsassen in namenlose Objekte ihrer Entmenschlichung, denn sie zerstörte die Widerstandskraft der Häftlinge und erleichterte es den Aufsehern den Gedanken an das Menschsein ihrer „Schützlinge" zu verdrängen.

„geschützte" jüdische Häuser ein und ermorden Dutzende Bewohner. Die Leichen zahlreicher Opfer werden in die Donau geworfen. Ebenfalls in Budapest umstellen Mitglieder der Nyilas-Gruppe das Jüdisch-Orthodoxe Hospital. Sie peinigen die 92 Patienten, Ärzte und Schwestern und töten alle bis auf eine einzige Krankenschwester.

• 12. Januar 1945: Die antinazistisch eingestellte deutsche Krankenschwester Gertrud Seele wird im Gefängnis Plötzensee in Berlin hingerichtet.

• 12.–14. Januar 1945: Die Rote Armee erzielt an der Weichsel einen Durchbruch.

• 14. Januar 1945: Die SS evakuiert die noch verbliebenen Häftlinge des Konzentrationslagers Plaszów (Polen).

• 15. Januar 1945: Das Konzentrationslager Plaszów (Polen) wird von der Roten Armee befreit. • Im Arbeitslager Brodnica bei Stutthof (Polen) werden 152 Jüdinnen von ihren Aufsehern ermordet. Einige Gefangene können fliehen.

Die Todesmärsche

Im Sommer 1944 brachen die Alliierten über das Dritte Reich herein, das noch immer 750 000 Personen in seinem riesigen, doch zunehmend verwundbar gewordenen Netz von Konzentrationslagern festhielt. Die heftigen Kämpfe auf dem Reichsgebiet sollten bis zur Kapitulation Deutschlands im Mai 1945 anhalten. Anfang November 1944 veranlasste die sich verschlechternde militärische Lage die Nazis die Vergasungen in Auschwitz-Birkenau einzustellen und die Massenmorde, die sie dort begangen hatten, nach Möglichkeit zu vertuschen. Was die in den Konzentrationslagern verbliebenen Häftlinge betraf, so war den Nazis klar, dass dieses Arbeitskräftepotenzial – und nicht zuletzt die verheerenden Zeugenaussagen, die diese Männer und Frauen machen konnten – in die Hände der Alliierten gelangen würden, wenn man die Gefangenen nicht evakuierte.

Früher hatten die Nazis Juden und andere Gefangene in Lastkraftwagen und Eisenbahnwaggons transportiert, aber auch Zwangsmärsche hatte es während des gesamten Krieges gegeben. Besonders in den Jahren 1944 und 1945, als andere Transportmittel knapper als je zuvor waren, ordneten die Nazis Fußmärsche über große Entfernungen an um die Häftlinge der Konzentrationslager aus der Reichweite der Alliierten zu bringen und sie zu Arbeitseinsätzen zu verlegen. Wochen und Monate gingen dahin und diese Todesmärsche wurden immer brutaler, mörderischer und sinnloser. Hungrig, krank, verwundet und dem bitterkalten Winterwetter ausgesetzt mussten die gepeinigten Häftlinge unter Bewachung marschieren, wurden sie erschossen, wenn sie taumelten, oder einfach zum Sterben an Ort und Stelle liegen gelassen, wenn sie vor Erschöpfung zusammenbrachen. Auch in den letzten Kriegsmonaten, als bereits fest stand, dass Hitlerdeutschland zum Untergang verurteilt war, ließen die Nazis ihre unglücklichen Gefangenen ziellos und ohne Erbarmen von einem Ort zum anderen marschieren.

Von Mitte Januar 1945 an, als die Sowjetarmee die polnischen Städte Warschau und Kraków befreite, wurden rund 66 000 Häftlinge aus Auschwitz evakuiert. Über 15 000 Personen starben auf dem Fußmarsch nach Gleiwitz und Włodzisław (Polen), wo die noch Lebenden trotz des frostigen Wetters in offene Eisenbahnwaggons gepfercht wurden. Man ließ sie ohne Verpflegung und Wasser und so kamen noch weit mehr Menschen um auf der langen Fahrt nach Westen in Konzentrationslager wie Sachsenhausen, Groß-Rosen, Dachau, Buchenwald und Mauthausen.

Ende Januar 1945 mussten weitere 50 000 Juden zu Fuß das an der Ostseeküste bei Danzig gelegene Lagersystem Stutthof verlassen. Rund 5000 davon schleppten sich an die Küste, wo sie ins Wasser getrieben und erschossen wurden. Der Rest machte sich auf den Weg nach Lauenburg in Westdeutschland; da vorstoßende sowjetische Einheiten ihnen den Weg abschnitten, mussten die Gefangenen zurück nach Stutthof marschieren. Ende April 1945 schließlich schlossen sowjetische Bodentruppen Stutthof ein. Wieder zwang man die Häftlinge in Richtung Küste zu laufen, wo weitere hunderte erschossen wurden. Rund 4000 Gefangene, von denen unterwegs viele ertranken, wurden auf dem Seeweg nach Deutschland geschickt. Auf den Märschen von Stutthof starben etwa 25 000 Menschen.

Auf den Todesmärschen, die die deutschen Nazis in der Agonie ihrer Niederlage befohlen hatten, kamen insgesamt zwischen 250 000 und 375 000 Häftlinge ums Leben, die meisten von ihnen Juden.

1945

• 16. Januar 1945: Sowjetische Soldaten marschieren kurz nach der Evakuierung der letzten Arbeitssklaven in Częstochowa (Polen) ein.

• 17. Januar 1945: Die Rote Armee marschiert in Warschau (Polen) und in Pest (Ungarn) ein. • In Auschwitz findet der letzte Zählappell statt: In Birkenau befinden sich noch 11 102 Juden, im Frauenlager Birkenau 10 381 Frauen, im Stammlager Auschwitz 10 030, im Außenlager Monowitz 10 233 und in den restlichen Produktionsstätten der Umgebung rund 22 800 Häftlinge. *Siehe* 18. Januar – März 1945. • In Budapest werden 119 000 Juden von den sowjetischen Truppen befreit. • Die Sowjets verhaften Raoul Wallenberg, den sie zu Unrecht verdächtigen unter dem Deckmantel seines humanitären Wirkens für die Juden mit den Deutschen oder den

Als sich die Truppen der Alliierten im Januar 1945 dem Konzentrationslager Klooga (Estland) näherten, ermordeten die Aufseher eiligst die hier internierten sowjetischen Männer, Frauen und Kinder. Damit die Leichen auch richtig verbrannten, wurden sie im Wechsel mit großen Holzkloben, die die Opfer zuvor selbst hatten zusammentragen müssen, zu Scheiterhaufen aufgeschichtet.

Das letzte Treffen der „Großen Drei" – Winston Churchill, Franklin Roosevelt und Jossif Stalin – fand im Februar 1945 in Jalta (Ukraine) statt. Auf dieser Konferenz erarbeiteten die alliierten Mächte Pläne zur Gestaltung Europas nach dem Krieg und brachten dabei auch die Vereinbarungen zur Besetzung Nachkriegsdeutschlands zum Abschluss. Die Sowjetunion verpflichtete sich zwei oder drei Monate nach der Beendigung der Kampfhandlungen in Europa in den Krieg gegen Japan einzutreten.

Budapest (Ungarn) wurde im Januar/Februar 1945 von sowjetischen Truppen befreit. Bei ihrer Ankunft fanden die Soldaten der Roten Armee tausende Juden vor, die von den Nazis ermordet worden waren. Für die Armeen der Alliierten war die Entdeckung der grässlichen Zeugnisse der deutschen Verbrechen inzwischen etwas Alltägliches, doch angesichts solcher Szenen konnten selbst die in den Kämpfen hart gewordenen Soldaten nicht ungerührt bleiben.

Ein Davidstern als Kennzeichen eines geschützten Hauses am Budapester Kossuth-Platz. In den letzten Kriegsmonaten versuchten vor allem schwedische und schweizerische Diplomaten so viele Juden wie nur möglich vor der von den ungarisch-faschistischen Pfeilkreuzlern entfesselten zügellosen Gewalt zu schützen. Als die Stadt Anfang 1945 vor der Roten Armee kapitulierte, erlebten 120 000 Juden, von denen 25 000 in so genannten geschützten Häusern untergebracht waren, ihre Befreiung.

Diese vier Französinnen wurden beschuldigt während des Krieges mit den deutschen Besatzern Frankreichs zusammengearbeitet zu haben. Nach dem Krieg nahm man Rache an weiblichen Kollaborateuren, indem man sie öffentlich erniedrigte; die Frauen wurden kahl geschoren und bis auf die Unterwäsche entkleidet. Männliche Verräter wurden oftmals viel härter behandelt und zu Gefängnisstrafen verurteilt oder hingerichtet. Dennoch entgingen einflussreiche Kollaborateure jahrelang ihrer Strafe; sie wurden von französischen Regierungsbeamten und Angehörigen der katholischen Kirche geschützt.

Die nach Osten vorrückenden Truppen der Alliierten wussten, dass der Rhein das letzte große natürliche Hindernis auf dem Weg in das Deutsche Reich war. Am 7. März 1945 überschritt die US-amerikanische 9. Panzerdivision den Fluss an einer unbeschädigten Brücke bei Remagen und brachte Deutschland damit eine strategische und psychologische Niederlage bei. Zwei Tage darauf erreichte die Hauptstreitmacht der 3. US-Armee den Rhein und hob den Vorhang zum vorletzten militärischen Akt des Zweiten Weltkrieges in Europa.

Dieses Foto vom März 1945 ist eines der letzten Bilder, das Hitler lebend zeigt. Hitler, der noch unter den Folgen seiner Verletzung beim Attentat im Juli 1944 litt und mit leichtsinnig verschriebenen Medikamenten vollgepumpt war, begrüßt hier Mitglieder der Hitlerjugend in Berlin, als die Rote Armee praktisch ungehindert auf die Hauptstadt vorstieß. Die naive Hitlerjugend war eine der wenigen Naziorganisationen, die inmitten einer Atmosphäre des Leids, des Chaos und der Wut dem Führer gegenüber gänzlich loyal blieb.

1945

westlichen Alliierten (das *War Refugee Board* finanzierte seine Arbeit) zu kollaborieren. *Siehe* 1947.

• SS-Aufseher im Todeslager Chelmno (Polen) spielen „Wilhelm Tell“, indem sie Flaschen von den Köpfen jüdischer Lagerinsassen schießen; die Juden waren beim Abriss der Verbrennungsöfen des Lagers eingesetzt. Am Abend werden die noch lebenden Juden in Gruppen zu fünft aus ihren Baracken geführt und erschossen. Einer der Gefangenen, Mordechai Zurawski, sticht einen SS-Aufseher nieder und flieht trotz einer Schussverletzung am Fuß. Ein zweiter Häftling, Shimon Srebnik, überlebt ebenfalls, als er nach einem Schuss durch Mund und Hals für tot gehalten wird. 47 weitere jüdische Häftlinge in Chelmno, die wissen, dass die SS-Aufseher sie erschießen wollen, ehe sie vor

Zu den letzten Opfern von Bergen-Belsen im Frühjahr 1945 gehörten auch die 15-jährige Anne Frank *(Abb.)* und deren Schwester Margot. Die Schwestern, die im Oktober 1944 aus Auschwitz gekommen waren, hielten fest zusammen und kampften inmitten der immer schlechter werdenden Bedingungen im Lager ums Überleben. Dem Fleckfieber fiel zuerst Margot zum Opfer; die bereits geschwächte Anne starb einige Tage darauf.

DER VORMARSCH DER ALLIIERTEN (1944–1945)

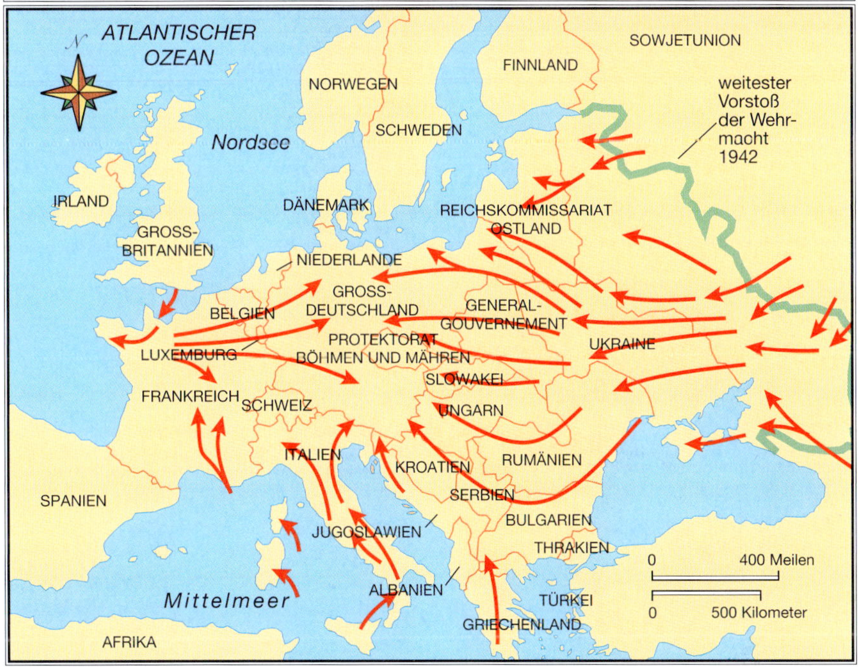

Nach ihrem großen Sieg über die deutschen Truppen in der Schlacht um Stalingrad im Winter 1942/43 stießen die sowjetischen Verbände bis zur Einnahme Berlins am 2. Mai 1945 unaufhaltsam in westlicher Richtung vor. Nach der Landung der Alliierten in der Normandie am 6. Juni 1944 kämpften sich in den darauf folgenden elf Monaten mehr als zwei Millionen Soldaten der Alliierten nach Osten voran.

Sowjetische Soldaten Anfang 1945 auf dem Weg nach Westen. Über eine auf die Straße geworfene Nazifahne marschieren sie symbolträchtig hinweg. Die Rote Armee stürmte unter so befähigten Führern wie Konstantin K. Rokossowski und Iwan S. Konew von einem Sieg zum nächsten voran. Trotz des mitunter heftigen deutschen Widerstands nahmen die sowjetischen Truppen die polnischen Städte Warschau und Gdansk ein, als sie auf ihr letztendliches Ziel, die Überschreitung der Oder und die Einnahme Berlins, vorstießen.

den Sowjets nach Westen fliehen, verstecken sich in einem Gebäude, das daraufhin von der SS in Brand gesteckt wird. Die Juden, die vor den Flammen davonlaufen, werden mit Maschinenpistolen niedergeschossen; nur einer von den 47 Häftlingen überlebt. Die SS verlässt das Lager Chelmno im Verlauf des Tages.

• 18. Januar – März 1945: Wie aus Berlin befohlen beginnt die SS alle Häftlinge und Arbeitssklaven aus den Lagern Auschwitz, Birkenau und Monowitz sowie aus der Region Auschwitz (Oberschlesien, Polen) zu evakuieren. Auf dem Weg zu ihrem Bestimmungsort sterben die meisten der tausenden Marschierenden an der Kälte, an Erschöpfung und Misshandlungen. Die aus Birkenau evakuierten Jungen marschieren nach Mauthausen (Österreich). Viele von ihnen sind beim „Karrenkommando“ eingesetzt, d. h. sie sind in Zwanzigergruppen vor riesige Karren gespannt.

• 20. Januar 1945: In Auschwitz werden 4200 Juden erschossen. • Die Rote Armee dringt nach Ostpreußen vor.

Die Todesmärsche fanden in vielen Fällen in aller Öffentlichkeit statt. Diese Gruppe entkräfteter Gefangener aus Dachau wurde auf dem Weg durch das bayrische Wolfratshausen fotografiert. Viele der Häftlinge haben zum Schutz vor der feuchten, kalten Witterung ihren Kopf bedeckt.

Der Reichsführer SS, Heinrich Himmler *(rechts)*, im Gespräch mit seinem Leibarzt und Masseur Felix Kersten. Kersten, der mehrere Naziführer behandelt hatte, wirkte in den letzten Kriegstagen als Vermittler zwischen Vertretern des *World Jewish Congress* und dem Reichsführer SS. Während zweier Zusammenkünfte auf Kerstens Landgut außerhalb Berlins stimmte Himmler schließlich der Freilassung von rund 10 000 weiblichen Häftlingen des Konzentrationslagers Ravensbrück (Deutschland) zu.

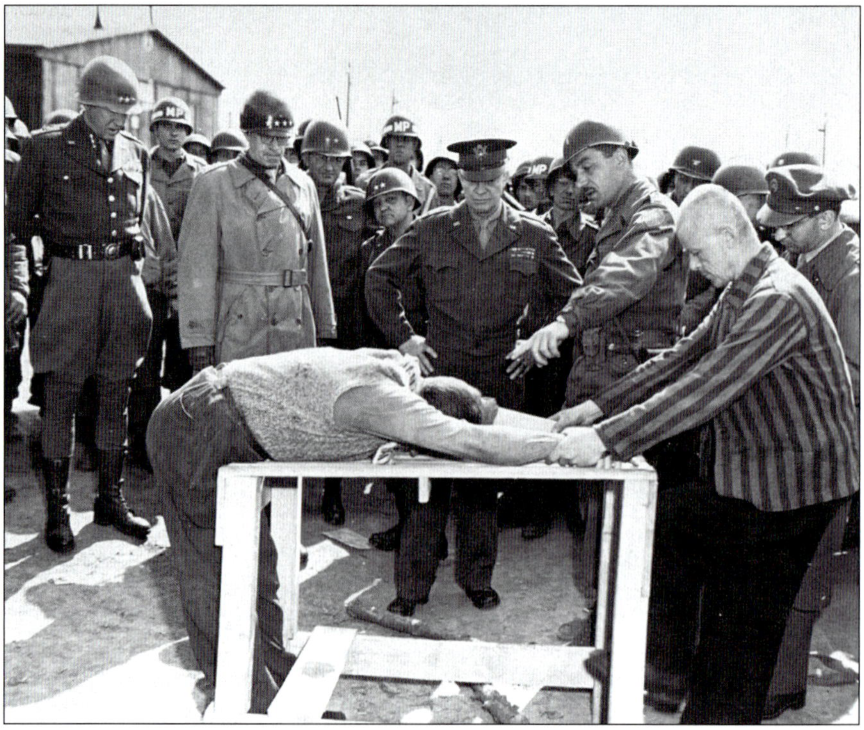

Das Alliierte Oberkommando zeigte auch Interesse an den Vorgängen in den ehemaligen Lagern. Seine Angehörigen unternahmen mit ihren Offizieren regelmäßig Besichtigungsfahrten um Informationen über die Naziverbrechen zu sammeln. Hier besuchen die Generäle George Patton, Omar Bradley und Dwight Eisenhower *(von links nach rechts)* am 4. April 1945 das Lager Ohrdruf (Deutschland), das erste Lager, das von amerikanischen Soldaten befreit worden war. Ein ehemaliger Häftling führt vor ihren Augen Foltermethoden der SS vor.

1945

• 21.–29. Januar 1945: 96 ungarische Juden, die in Auschwitz interniert sind und in einem Steinbruch bei Golleschau (Deutschland) arbeiten, werden in zwei Viehwaggons mit der Aufschrift „Eigentum der SS" gesperrt. Die Hälfte der Häftlinge erfriert, da der Zug tagelang ziellos umherfährt. In Zwittau (Deutschland) werden die Viehwaggons vom Zug abgehängt und auf der Bahnstation stehen gelassen. Der Industrielle Oskar Schindler ändert den im Frachtbrief angegebenen Bestimmungsort in „Fabrik Schindler, Brünnlitz". Auf seinem Betriebsgelände lässt Schindler die Waggons öffnen und befreit die Juden. ***Siehe*** **26. April 1945.**

• 23. Januar 1945: Sowjetische Truppen nähern sich Auschwitz.

„Wir hatten davon gewusst. Die Welt hatte irgendwie davon gehört. Doch bis jetzt hatte es niemand von uns gesehen. Selbst an diesem Morgen hatten wir nicht geglaubt, dass wir das zu Gesicht bekämen. Es war, als ob wir endlich zum Zentrum des schwarzen Herzens, in das gruselige Innerste des teuflischen Herzens vorgedrungen wären."

Meyer Levin, Schriftsteller, über die Befreiung von Ohrdruf

Diese polnischen Lagerinsassen wurden bei einer Massenexekution in Ohrdruf (Deutschland) von der SS erschossen. Wie so oft töteten die Deutschen ihre Opfer lieber, als dass sie sie in die Hände der Alliierten fallen ließen. Der amerikanische General Omar Bradley sagte über die Gräueltaten von Ohrdruf: „Der Geruch des Todes überwältigte uns schon, ehe wir die Umzäunung passierten. Mehr als 3200 nackte, ausgemergelte Leichen waren in flache Gräber geworfen worden. Andere lagen auf der Straße, wo sie umgefallen waren. Auf der vergilbten Haut der mageren knochigen Körper wimmelte es von Läusen."

Die Befreiung von Ohrdruf

Das Arbeitslager Ohrdruf bei Gotha (Deutschland) nimmt in der Geschichte einen speziellen Platz ein. Ohrdruf, das erste Lager, das von den westlichen Alliierten befreit wurde, lieferte den amerikanischen Soldaten Beweise für die Nazibarbarei.

In Ohrdruf hatten tausende Arbeitssklaven angespannt und gehetzt unter unmenschlichen Bedingungen geschuftet um für die Wehrmacht ein unterirdisches Kommunikationszentrum zu bauen. Amerikanische Soldaten, die am 4. April 1945 in Ohrdruf *(Abb.)* ankamen, fanden Massengräber mit tausenden von Leichen vor. Einige Häftlinge waren nur vier Tage vor dem Eintreffen der Amerikaner im Lager exekutiert und eilig verscharrt worden. Die Soldaten trafen auch einige überlebende Zeugen, die aus dem Lager hatten fliehen können, bevor die Nazis die noch anwesenden Häftlinge zu erschießen begannen.

Acht Tage nach der Befreiung des Lagers besuchten die US-amerikanischen Generäle Dwight Eisenhower, Omar Bradley und George Patton, Männer, die mit dem Chaos des Krieges bestens vertraut waren, Ohrdruf. In seinem Zorn über das Gesehene spornte Eisenhower die Presse an das Lager zu besichtigen und die Welt über die dort begangenen Gräueltaten zu informieren.

• 25. Januar 1945: Die SS evakuiert das Konzentrationslager Stutthof (Polen).

• 26. Januar 1945: 1000 im Arbeitslager Neusalz (Polen) internierte Jüdinnen werden auf einen anderthalb Monate dauernden Marsch in das rund 320 Kilometer südwestlich liegende Konzentrationslager Flossenbürg (Deutschland) geschickt. Auf dem Weg dorthin werden 800 Frauen erschlagen und erschossen. *Siehe* **15. Februar 1945.**

• 27. Januar 1945: Sowjetische Soldaten befreien Auschwitz, wo sie noch 7000 Insassen, darunter auch Anne Franks Vater Otto, am Leben finden. Sie entdecken außerdem mehr als 830 000 Damenmäntel und Kleider, fast 348 000 Herrenanzüge und sieben Tonnen Menschenhaar. • Memel (Litauen) wird von sowjetischen Truppen befreit.

• Ende Januar 1945: Mehrere tausend Juden aus Danzig und Königsberg müssen einen Marsch nach Palmnicken an der Ostseeküste antreten. Unterwegs werden mindestens 700 Marschierende erschossen; die übrigen werden mit Ausnahme einiger Personen, die fliehen konnten, an der Ostseeküste von der SS

Folke Bernadotte

Noch in den letzten Kriegstagen nutzte Graf Folke Bernadotte, der Vizepräsident des Schwedischen Roten Kreuzes, sein diplomatisches Geschick um Juden aus den Klauen der Nazis zu retten. Mit seinen Verhandlungsbemühungen schützte er das Leben von 423 dänischen Juden, die in Theresienstadt (Tschechoslowakei) interniert waren. In einer kühnen Aktion während des Krieges wurden die Juden nicht nur vor dem Tod gerettet, sondern auch mit einem Buskonvoi nach Dänemark in Sicherheit gebracht.

Mit dem Ziel jüdisches Leben zu retten traf Bernadotte mehrmals mit Heinrich Himmler zusammen. Während Bernadotte verhandelte um die Juden vor der Ermordung zu bewahren, benutzte Himmler diese Menschen bei seinen Bestrebungen als Trumpf um mit den westlichen Alliierten einen separaten Frieden zu erreichen – eine Taktik, die von den Alliierten energisch zurückgewiesen wurde. Bernadottes Verhandlungen mit Himmler brachten über 14 000 weiblichen Gefangenen des Konzentrationslagers Ravensbrück (Deutschland) die Freiheit. Die Frauen wurden nach Dänemark und von dort nach Schweden gebracht.

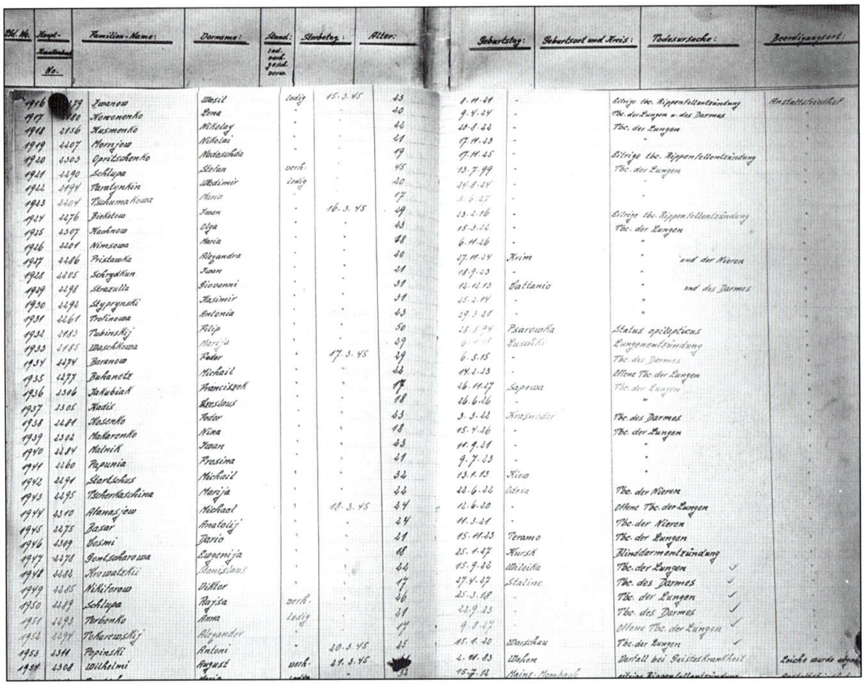

Lfd. Nr.	Haupt-Kranken-buch No.	Familien-Name:	Vorname:	Stand: led. verh. gesch. verw.	Sterbetag:	Alter:	Geburtstag:	Geburtsort und Kreis:	Todesursache:	Beerdigungsort:

Eine Seite aus dem Sterberegister der Anstalt Hadamar. Die Anstalt war eine der sechs großen Einrichtungen des deutschen „Euthanasie"-Programms. Dieses Dokument enthält den Vor- und Familiennamen jedes Opfers, dessen Geburts- und Sterbedatum, die Todesursache und das Alter zum Zeitpunkt des Todes.

Niemand weiß genau, wie viele Konzentrations- und Arbeitslager die Nazis betrieben. Es gab viele Lager mit zahlreichen Außenlagern, in denen Häftlinge untergebracht werden konnten, die in zeitweilig bestehenden Arbeitskommandos eingesetzt waren. Dieser Überlebende wurde im Lager Vaihingen, einem Außenlager von Natzweiler in Deutschland, gefunden.

1945

mit Maschinenpistolen erschossen.
• 29 000 Juden, zumeist Frauen, werden von Danzig (Polen) und Stutthof (Polen) evakuiert und auf Fußmärsche geschickt. Nur 3000 Menschen überleben.
• Tausende Juden werden aus dem Lager Lamsdorf bei Breslau (Deutschland) in westliche Richtung nach Thüringen auf einen Todesmarsch geschickt. Auf dem Weg dorthin sterben hunderte an Entkräftung oder werden umgebracht.

• Februar 1945: Ukrainische Nationalisten machen überall in der Ukraine Jagd auf Juden und ermorden ihre Opfer. • Alliierte Truppen nähern sich Köln.

• 3. Februar 1945: 3500 Häftlinge aus Groß-Rosen (Deutschland) werden auf einen Marsch in Richtung Südwesten in das fast 320 Kilometer entfernte Konzentrationslager Flossenbürg (Deutsch-

US-amerikanische Armeesoldaten an einem der zahlreichen Leichenberge im Konzentrationslager Buchenwald (Deutschland). Der Geruch nach verwesendem Fleisch war Übelkeit erregend. Der Soldat John Glustrom berichtete: „Mein erster Eindruck von [Buchenwald] war der Geruch. Es stank überall im Lager, und da stand zusammengedrängt eine Gruppe ganz verwirrter, verlorener Personen, die sich in ihrer unordentlichen Einheitskleidung Mitleid erregend zu mir ans Tor bewegten um zu schauen, was wir da taten und was mit ihnen geschehen sollte.

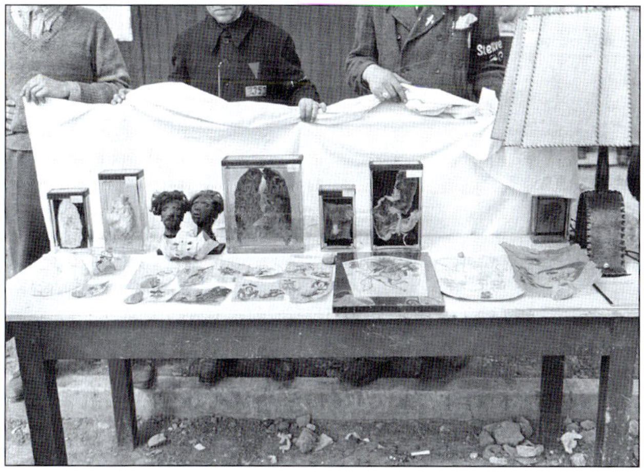

Die menschlichen Überreste auf diesem Tisch, darunter auch zwei Schrumpfköpfe und ein Lampenschirm, der angeblich aus Menschenhaut gefertigt war, wurden aus einem von den SS-Aufsehern Buchenwalds betriebenen Labor geholt. Ilse Koch, die Frau des Lagerkommandanten, besaß eine Sammlung tätowierter Menschenhäute. Die beiden Köpfe stammen von polnischen Häftlingen, die man nach ihrer Flucht wieder aufgegriffen hatte.

Die Verpflegungsrationen in Buchenwald waren angesichts der schweren Arbeit, die die Häftlinge leisten mussten, stets zu knapp bemessen und wurden im Verlauf des Krieges immer kleiner. Im März 1945 beispielsweise erhielten die Lagerinsassen wöchentlich ganze 250 Gramm Pferdefleisch. Die Gefangenen stahlen mitunter das Futter der gut genährten Wachhunde. Bei der Befreiung plünderten die Häftlinge einen im Hundezwinger des Lagers aufbewahrten Vorrat an Hundekuchen. Der Mann im Bildvordergrund, ein ungarischer Jude, war so dünn, dass man von oben seine Wirbelsäule durch den Körper hindurch erkennen konnte. Die Opfer solch schwerer Fälle von Unterernährung hatten nur geringe Überlebenschancen.

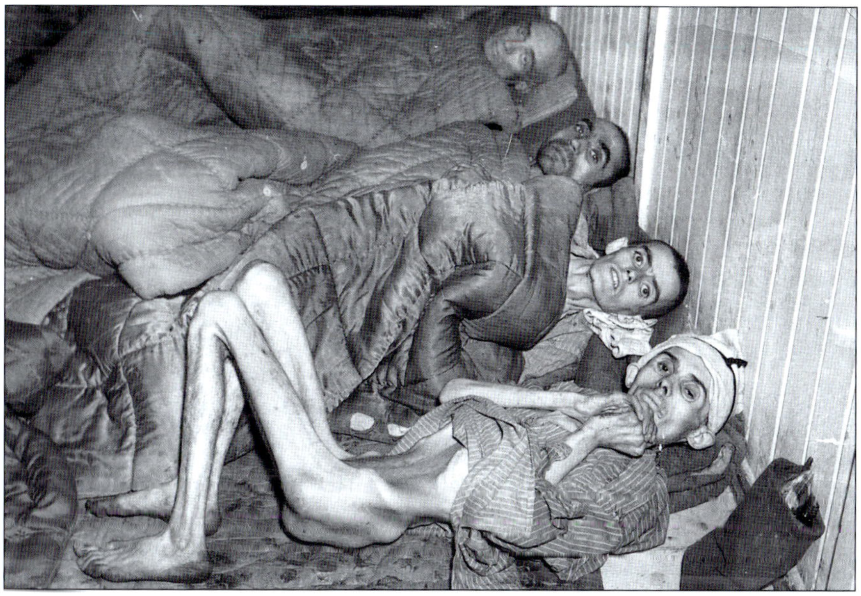

land) geschickt. Unterwegs sterben 500 Gefangene. 2000 weitere Personen werden mit der Eisenbahn in das Lager Ebensee (Österreich) bei Mauthausen evakuiert. Auf der Fahrt sterben 49 Gefangene und im Lager kommen weitere 182 um. • In das Gebäude des Volksgerichtshofes in Berlin schlägt eine amerikanische Bombe ein, die den fanatischen Nazirichter Roland Freisler tötet und die Verurteilung zweier Angehöriger des antinazistischen deutschen Widerstandes, Hanna Solf und ihrer Tocher Gräfin Ballenstrem, unterbricht. *Siehe* 10. September 1943 und 23. April 1945.

• 4. Februar 1945: Auf der Konferenz der Alliierten in Jalta (Ukraine) wird die Einteilung in Einflusszonen beschlossen, die nach dem Krieg in Kraft tritt.

• 8. Februar 1945: Sowjetische Truppen stehen rund 50 Kilometer östlich von Dresden.

• 13. Februar 1945: Die deutschen Truppen in Budapest (Ungarn) kapitulieren. • Die SS evakuiert das Konzentrationslager Groß-Rosen (Deutschland).

Als die Nazis gegen Kriegsende ihre Vernichtungslager in Polen räumen ließen, machten sie Buchenwald und andere Konzentrationslager im Westen zu Auffangzentren für viele tausende evakuierter Juden. Zwischen Mai 1944 und März 1945 trafen in Buchenwald 20000 Juden ein. Hier sitzt eine Kriegswaise auf dem Trittbrett eines Lastkraftwagens der *United Nations Relief and Rehabilitation Administration*. Als amerikanische Soldaten Buchenwald befreiten, fanden sie dort rund 900 Kinder, darunter auch diesen fünfjährigen Jungen. Er wartet hier zusammen mit Kindern aus Polen, der Sowjetunion und aus anderen Ländern darauf in die Schweiz gebracht zu werden.

Im April 1945 befahl Heinrich Himmler, den der Vormarsch der Alliierten nun doch mit Schrecken erfüllte, die Evakuierung der Konzentrationslager, die auf dem Weg der Alliierten lagen, zu stoppen und die Lager unzerstört zu übergeben. Manche Aufseher wurden überrascht und hatten nicht einmal mehr Zeit zu fliehen, bevor die Soldaten der Alliierten eintrafen. Hier zeigt ein sowjetischer Kriegsgefangener auf einen Aufseher des KZ Buchenwald, der Häftlinge brutal geprügelt hatte.

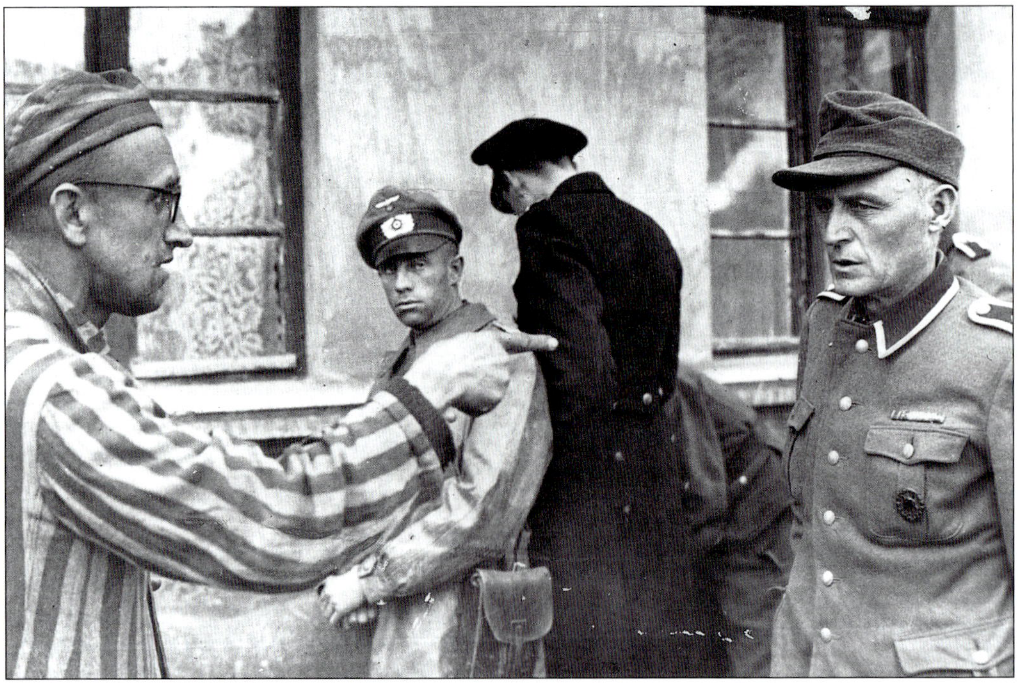

1945

• 15. Februar 1945: Soldaten der Roten Armee befreien das Arbeitslager Neusalz (Polen). ***siehe*** **19. März 1945.**

• 17. Februar 1945: In Sokoly (Polen) werden sieben Juden, darunter auch ein kleines Waisenmädchen, von einem Polen ermordet.

• 18. Februar 1945: In ganz Deutschland werden 500 mit Christen verheiratete Juden verhaftet und in das Lager und Ghetto Theresienstadt (Tschechoslowakei) deportiert.

• 23. Februar 1945: Die Nazis evakuieren die im Konzentrationslager Schwarzheide (Deutschland) internierten Juden. Die 300 schwächsten Häftlinge werden in offenen Waggons in das Konzentrationslager Bergen-Belsen (Deutschland) geschickt.

Deutsche Zivilisten beim Ausheben von Gräben in Buchenwald. Wann immer es möglich war, zwangen die alliierten Truppen die einheimische Bevölkerung die in den Lagern zurückgelassenen verwesenden Leichen zu begraben. Das ersparte den Soldaten einerseits die Erfüllung einer so grausigen Aufgabe und konfrontierte andererseits die Deutschen persönlich mit den Verbrechen, die ihre Landsleute begangen hatten.

Diese männlichen Häftlinge, die aus dem KZ Buchenwald befreit wurden, hatten alle kranke Beine und Füße. Die Erkrankungen waren Folgen der Arbeit unter fürchterlichen Bedingungen, der unzureichenden Verpflegung und nicht zuletzt des unzulänglichen Schuhwerks – wenn die Gefangenen überhaupt Schuhe hatten.

Diese tätowierten Menschenhäute wurden in einem Prozess gegen SS-Angehörige in Dachau (Deutschland) als Beweise für die deutschen Gräueltaten vorgelegt. Die Opfer waren Häftlinge des KZ Buchenwald gewesen; ihre Tätowierungen hatten die Aufmerksamkeit von Ilse Koch, der „Kommandeuse von Buchenwald", erregt. Sie stellte aus der tätowierten Haut angeblich Lampenschirme her.

Jüdische Jugendliche, die sich nach ihrer Befreiung aus dem KZ Buchenwald auf der Fahrt nach Palästina befinden. Am 11. April 1945 trafen amerikanische Soldaten in Buchenwald ein und befreiten 21 000 Lagerinsassen, darunter auch 4000 Juden. Die meisten wurden in Lager für so genannte *Displaced Persons* geschickt, andere versuchten – legal oder illegal – in Palästina einzureisen.

Einwohner von Washington, D.C., die am 12. April 1945 Trost suchend die Nachricht vom Tod des US-amerikanischen Präsidenten Franklin Roosevelt aufnehmen. Harry Truman, der kaum bekannte Nachfolger Roosevelts, bemühte sich in die Fusstapfen des geliebten und geachteten Verstorbenen zu treten. Besorgt um die aus den Nazilagern befreiten Juden, die in Lagern für *Displaced Persons* untergebracht waren, drängte Truman Großbritannien mehr jüdische Einwanderer in Palästina zuzulassen. Auch auf den amerikanischen Kongress nahm er Einfluss, damit mehr heimatlose Menschen eine Einreisegenehmigung in die USA erhielten. Trumans Bemühungen stießen bei Teilen der Öffentlichkeit, im Außenministerium und bei einigen Kongressabgeordneten, darunter auch bei Senator Patrick McCarran, dem mächtigen Vorsitzenden des *Senate Judiciary Committee*, auf Widerstand.

Jüdische Soldaten einer Truppe der Alliierten, die 1945 am Comer See in Italien den ersten Abend des Passahfestes feiern. Mit diesem Fest wird alljährlich die Befreiung der Juden aus der Sklaverei im alten Ägypten gefeiert. Das Passahfest in jenem Jahr 1945 hatte für die europäischen Juden eine besondere Bedeutung, da diese zum ersten Mal nach einem Dutzend Jahren nicht mehr „Sklaven" der Nazis und ihrer Kollaborateure waren.

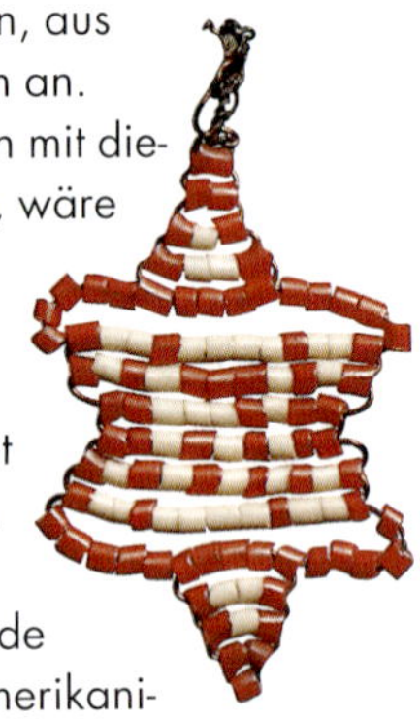

Diesen Anhänger in Form eines Davidsterns fertigte ein junges jüdisches Mädchen, eine Arbeitssklavin, aus bunten Rohrdrahtstücken an. Hätte man das Mädchen mit diesem Anhänger entdeckt, wäre es hingerichtet worden. Ein Transportzug der Nazis, in dem sich das Mädchen zusammen mit anderen Arbeitern (u. a. mit ihrer kränklichen Schwester) befand, wurde bei München von US-amerikanischen Flugzeugen versehentlich angegriffen und fahruntüchtig gemacht. Die deutschen Wachsoldaten flohen und überließen die Gefangenen der Fürsorge einer Aufklärungseinheit der US-Armee. Aus Dankbarkeit schenkte das Mädchen diesen Anhänger ihrem Retter, einem amerikanischen Soldaten mit Namen Marvin Dorf.

1945

• Anfang März 1945: Die 15 Jahre alte Anne Frank stirbt im Konzentrationslager Bergen-Belsen (Deutschland). • Arthur Nebe, Kommandeur der Einsatzgruppe B in Weißrussland, wird wegen Unterstützung der Verschwörung gegen Hitler von den Nazis hingerichtet.

• März – April 1945: 2000 Insassen des Arbeitslagers Kőszeg (Ungarn) werden auf einen wochenlangen Fußmarsch durch die rauen ländlichen Gebiete Ungarns und Österreichs geschickt.

• 3. März 1945: Ein Evakuierungszug aus Groß-Rosen (Deutschland) trifft mit mehr als 2000 Juden im Lager Ebensee (Österreich) ein. 180 Personen werden fast unmittelbar nach der Ankunft getötet.

Die Befreiung der Lager

Am Tag des Sieges in Europa, dem 8. Mai 1945, tanzten auf den Straßen amerikanischer Städte Männer und Frauen zur Feier des Sieges der Alliierten über Nazideutschland. In Mauthausen, einen Ozean und einen Kontinent von Amerika entfernt, fand in etwas düsterer Stimmung ebenfalls eine Siegesfeier statt. Das Nazi-KZ Mauthausen war etwa 20 Kilometer von der österreichischen Stadt Linz entfernt. In dieser Stadt hatte Adolf Hitler nach seinen Worten in „Mein Kampf" die „glücklichsten Tage" seiner Jugend verbracht.

In Mauthausen gab es keine „glücklichen Tage". In dem im Mai 1938 eingerichteten Lager ging es besonders streng und hart zu; charakteristisch waren die unmenschlich schwere Arbeit und sadistischen Quälereien, denen die Häftlinge im Steinbruch des Lagers ausgesetzt waren. Während des Krieges entwickelte sich Mauthausen mit seinen über 60 Außenlagern – Gusen, Gunskirchen, Ebensee u. a. – zu einem Industrieimperium, das von der SS kontrolliert wurde. Von den 199404 Häftlingen, die das Lager Mauthausen durchliefen, kamen rund 119000, darunter 38120 Juden, ums Leben.

Im Juli 1944 bzw. im Januar 1945 befreiten sowjetische Soldaten die auf polnischem Territorium gelegenen Todeslager Majdanek und Auschwitz. Auf dem Reichsgebiet befreiten die von Westen vorrückenden amerikanischen Truppen am 11. und am 29. April die Konzentrationslager Buchenwald und Dachau; britische und kanadische Soldaten erreichten am 15. April Bergen-Belsen. In jedem Lager fanden die Befreier Überreste so ungeheuerlicher Gemetzel, dass selbst altgediente Veteranen von dem Anblick schockiert waren.

Was Angehörige der US-amerikanischen 71. Infanteriedivision und der

11. Panzerdivision zu Gesicht bekamen, gehörte zu den schlimmsten Schreckensbildern. Die 71. Infanteriedivision befreite am 5. Mai Gunskirchen, ein Außenlager des KZ Mauthausen. Die 11. Panzerdivision nahm – ebenfalls am 5. Mai – Linz ein und befreite das Konzentrationslager Gusen. Ihre Panzer erreichten das Lager Mauthausen am 5. Mai um 11.30 Uhr, rund 50 Stunden vor der bedingungslosen Kapitulation Nazideutschlands.

Hauptmann J.D. Pletcher erinnerte sich besonders an den Geruch, der ihm entgegenschlug, als er Gunskirchen betrat. „Der Geruch ließ vielen Amerikanern, die dort waren, zum Erbrechen übel werden. Es war ein Geruch, den ich niemals vergessen werde, ganz anders als alles, was mir jemals begegnet ist. Man konnte ihn fast sehen und er hing über dem Lager wie ein Hauch des Todes." Mauthausen und seine Außenlager waren nach seinen Worten Orte voller „stinkender Körperausdünstungen, schwelender Abfallhaufen" und „Schlamm, der mit Kot und Urin vermischt war". Viele Häftlinge konnten selbst nach ihrer Befreiung nicht vor dem Tod bewahrt werden. Noch tagelang forderten Dehydrierung, Hunger, Krankheiten und Erschöpfung ihren Zoll.

Für Mauthausen und seine Außenlager kam die Befreiung spät – viel zu spät für die große Zahl der wehrlosen Opfer –, doch waren diese Orte nicht die letzten Schauplätze des Holocaust, die befreit werden mussten. Sowjetische Truppen erreichten erst am 9. Mai das Lager und Ghetto Theresienstadt (Tschechoslowakei), wo sie 19000 Häftlinge am Leben fanden. Am 8. Mai befreiten polnische und sowjetische Einheiten das Lager Stutthof (Polen). Selbst nachdem Deutschland kapituliert hatte, hing über den befreiten Lagern noch immer der Hauch des Todes, so wie es an diesen Orten bis heute der Fall ist.

• 5. März 1945: Die 9. US-Armee erreicht den Rhein südlich von Düsseldorf.

• 7. März 1945: Die 1. US-Armee überschreitet bei Remagen (Deutschland) den Rhein.

• 12. März 1945: Der Reichsführer SS, Heinrich Himmler, und sein Leibarzt Dr. Felix Kersten unterzeichnen die Himmler-Kersten-Vereinbarung, in der es darum geht, was angesichts der anrückenden alliierten Truppen mit den Konzentrationslagern zu geschehen hat. Bemerkenswerterweise fordert das Dokument, den Mord an den jüdischen Lagerinsassen einzustellen.

• 19. März 1945: Jugoslawische Partisanen starten in Triest (Italien) eine Offensive. • Adolf Hitler erlässt den so genannten Nero-Befehl oder Verbrannte-Erde-Befehl, der dafür sorgen soll, dass die vorrückenden Alliierten nur noch ein zerstörtes Deutschland vorfinden. • 200 Überlebende von den 1000 Jüdinnen, die am 26. Januar vom Arbeitslager Neusalz (Polen) auf einen Fußmarsch geschickt worden sind, werden mit der Eisenbahn in das Konzentrationslager Bergen-Belsen (Deutschland) evakuiert. *Siehe* 24. März 1945.

Amerikanische Soldaten schreiten die langen Reihen tausender Leichen ab, die von den deutschen Aufsehern im Konzentrationslager Nordhausen (Deutschland) unbeerdigt zurückgelassen werden. Wie in anderen Lagern, so war auch hier der Gestank das Erste, was den Befreiern auffiel. Der amerikanische Soldat C.W. Doughty sagte darüber: „Oh, die Gerüche. Man kann die Gerüche nicht beschreiben. ... Vielen von den Jungs, von denen ich jetzt rede – das waren harte Soldaten, da gab es Kämpfer, die die ganze Invasion mitgemacht hatten –, war kotzübel und sie übergaben sich allein beim Anblick all dessen..."

Zwei ehemalige Arbeitssklaven stehen neben einer teilweise fertig gestellten V 2-Rakete, die sie in einer Fabrik bei Nordhausen gebaut haben. Die mörderischen Arbeitsbedingungen und Hungerrationen töteten viele der in der Fabrik eingesetzten sowjetischen, polnischen und französischen Arbeiter. Die Amerikaner entdeckten bei der Befreiung der Fabrik auch einen Raum, in dem 20 Leichen zur Verbrennung bereitlagen.

Das Ende des Krieges gab den Überlebenden endlich Gelegenheit jene Menschen zu beklagen, die sie an die Todesfabriken der Nazis verloren hatten. Szenen wie diese in Nordhausen waren etwas Alltägliches. Dieser polnische Junge trauert um seine tote Großmutter, während sein Vater über ihren sterblichen Überresten ein Gebet spricht.

1945

• 20. März 1945: In einem Lager in Tiefstack (Deutschland) bei Hamburg werden bei einem Luftangriff der Alliierten jüdische Frauen getötet.

• 21. März 1945: Soldaten der Roten Armee dringen in das Lager Pruszcz (Polen) bei Stutthof ein. Von den ursprünglich 1100 weiblichen Häftlingen sind nur noch 200 Frauen am Leben.

• Frühjahr 1945: Die SS heckt einen Plan aus, nach dem alle Insassen des Konzentrationslagers Dachau (Deutschland) vergiftet werden sollen, bevor die Alliierten das Lager befreien. Die Idee wird nicht weiter verfolgt.

• 24. März 1945: In Bergen-Belsen (Deutschland) trifft ein Zug mit 200 jüdischen Frauen ein, die der Todesmarsch von Neusalz (Polen) völlig erschöpft hat.

Von Gott verlassene Menschheit. Der Künstler Gideon fängt in impressionistischer Manier die unwirklich scheinenden Schreckensbilder ein, die die ostwärts vordringenden alliierten Soldaten bei der Befreiung der Konzentrationslager erwarteten.

Die schmutzigen Pflaster im Gesicht dieser Überlebenden aus Bergen-Belsen deuten auf die Misshandlungen hin, die die Frau erdulden musste. Viele „Überlebende" des Lagers starben noch nach der Befreiung Bergen-Belsens. Ein britischer Soldat erinnerte sich, dass nicht wenige der ehemaligen Lagerinsassen „beim Laufen zusammenbrachen und tot umfielen." In der Zeit vom 15. April bis zum 20. Juni starben rund 14 000 Gefangene.

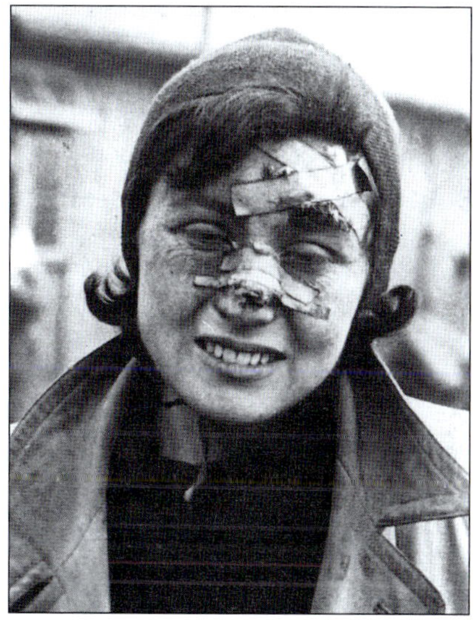

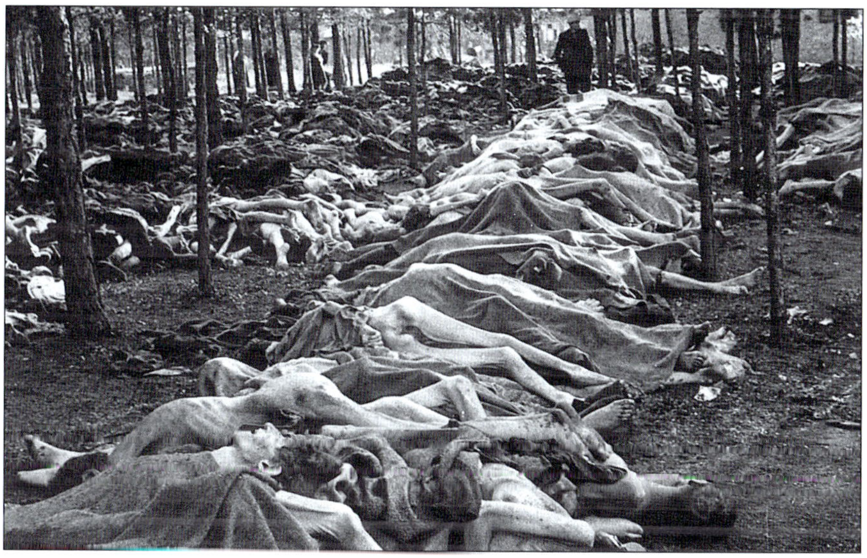

Als britische Soldaten am 15. April 1945 das Konzentrationslager Bergen-Belsen (Deutschland) befreiten, entdeckten sie zehntausende unbeerdigter Leichen, die die Deutschen einfach liegen gelassen hatten. Den Soldaten blieb nichts übrig als die Leichen in Massengräbern zu bestatten. Der Amerikaner Curtis Mitchell, der das Lager zu dieser Zeit besichtigte, schrieb über die Deutschen, die die Leichen für ein Massenbegräbnis auf Lastwagen laden mussten, sie hätten sich dabei verhalten, „als würden sie Müll entsorgen".

• **29. März 1945: Truppen der Roten Armee nehmen Danzig ein.**

• **30. März 1945: Jüdische Frauen, die im Lager Ravensbrück (Deutschland) in den Tod geführt werden, beginnen ein Handgemenge mit ihren Bewachern von der SS. Neun Frauen fliehen, werden jedoch wieder aufgegriffen und mit den übrigen ermordet. • Sowjetische Truppen marschieren in Österreich ein.**

• **April 1945: In einem durchsichtigen Versuch zur Rettung seiner Person äußert Heinrich Himmler gegenüber Norbert Masur, einem Vertreter des in Genf ansässigen *World Jewish Congress*, dass Juden und Nationalsozialisten „das Kriegsbeil begraben" sollten. *Siehe* 20. April 1945. • Da die Häftlinge in Mauthausen (Österreich) keine Gelegenheit mehr haben sich zu waschen, gerät die Läuseplage außer Kontrolle.**

• **Anfang April 1945: Die SS evakuiert tausende Juden, als die Truppen der westlichen Alliierten und der Sowjetunion von Westen bzw. Osten vorrücken. Die Evakuierten legen den Weg in die Lager Bergen-Belsen (Deutschland), Dachau (Deutschland), Ebensee (Österreich), Leitmeritz (Tschechoslowakei) und Theresienstadt (Tschechoslowakei) meist zu Fuß zurück. Bei dieser Operation kommt es täglich zu Schlägen und**

Bergen-Belsen

Das berüchtigte Konzentrationslager Bergen-Belsen bei Celle in Norddeutschland wurde Anfang 1943 in Betrieb genommen. Es sollte rund 10 000 jüdische Häftlinge aufnehmen. Das Scheitern der deutschen Kriegsanstrengungen und die darauf folgende Schließung der Lager in ganz Osteuropa veranlasste die Nazis zehntausende Häftlinge nach Bergen-Belsen zu verlegen. Als das Lager am 15. April 1945 von der britischen 2. Armee befreit wurde, fanden die Soldaten über 60 000 ausgemergelte und kranke Menschen vor.

Die miserablen Lebensbedingungen in Bergen-Belsen ähnelten den Verhältnissen in den Lagern Osteuropas; Verpflegung, Unterkünfte und sanitäre Einrichtungen waren völlig unzureichend. Der immer schlechter werdende gesundheitliche Zustand der Häftlinge führte dazu, dass im Sommer 1944 tausende durch tödliche Injektionen ermordet wurden.

Als die Zahl der Lagerinsassen 1945 stark anstieg, verschlimmerte sich die Situation rasch. Die Lagerangestellten und die Einrichtungen waren einfach überfordert. Alle Versuche die Häftlinge zu registrieren, einzugliedern und zu verpflegen scheiterten. Als im April britische Soldaten das Lager betraten, bot sich ihnen ein unvorstellbar grauenhaftes Bild. Auf dem Boden lagen verwesende Leichen. In den für 100 Häftlinge gebauten Baracken waren mehr als 1000 vom Fleckfieber heimgesuchte, mit Exkrementen bedeckte Menschen zusammengepfercht. In der Zeit vom 15. April bis zum 20. Juni 1945 forderte der Tod durch Krankheiten und Unterernährung noch 14 000 Opfer.

Josef Kramer, der von Dezember 1944 bis Kriegsende Lagerkommandant von Bergen-Belsen war, mit angelegten Fußfesseln. Während der Vernichtung der ungarischen Juden 1944 war er Kommandant des Todeslagers Auschwitz II. Nach seiner eigenen Aussage hatte er als Kommandant des Lagers Natzweiler (Deutschland) Häftlinge vergast. Am 17. November 1945 wurde er für seine Verbrechen zum Tode verurteilt.

Die Insassen der Lager mussten unter unglaublich unhygienischen Bedingungen leben, die häufig Krankheiten und Ungezieferbefall zur Folge hatten. Diese Kinder aus Bergen-Belsen baden seit Monaten das erste Mal.

1945

Morden, verhungern jeden Tag Menschen oder sterben an Fleckfieber. 1300 Juden werden zu Fuß aus Wien evakuiert; nur 700 erreichen später ihren Bestimmungsort, das Lager Gusen (Österreich), lebend.

• **1. April 1945:** Zur Evakuierung der Konzentrationslager Dora-Mittelbau und Kochendorf (Deutschland) organisiert die SS Todesmärsche.

• **3. April 1945:** Alle 497 Angehörigen einer Gruppe von Arbeitssklaven in Bratislawa (Slowakei) werden erschossen oder auf andere Weise von ihren Bewachern getötet. • Die Nazis evakuieren das Konzentrations- und Arbeitslager Nordhausen (Deutschland). *Siehe* 11. April 1945.

• **4. April 1945:** Die US-amerikanische 4. Panzerdivision befreit das Konzentra-

Die als „SS-Frau ohne Uniform" bekannte Hilde Lobauer war für die Häftlinge von Bergen-Belsen die Verkörperung des Bösen. Sie, die selbst politische Gefangene der Nazis gewesen war, ergriff später Partei für ihre Häscher und frönte mit Lederpeitsche und Rohrstock ihrer Vorliebe für Grausamkeit. Ihr Sadismus brachte Hilde Lobauer eine Beförderung zur Internierten, die die Verantwortung für einen Lagerabschnitt trug. Nach dem Krieg wurde sie in Nürnberg vor Gericht gestellt und zu zehn Jahren Gefängnis verurteilt, jedoch schon im Juli 1950 entlassen.

„Eine Frau kam auf einen Soldaten zu, der über die Milchausgabe wachte und die Milch an Kinder ausgab, und bat um Milch für ihr Baby. Der Mann nahm das Baby und sah, dass es schon seit Tagen tot war, schwarz im Gesicht und ganz runzlig. Die Frau hörte nicht auf um Milch zu betteln. Also goss er ein wenig auf die toten Lippen. Vor Freude darüber begann die Mutter leise zu singen und trug ihr Kind triumphierend davon. Dabei stolperte sie und fiel einige Meter weiter tot hin."

Patrick Gordon, amerikanischer Reporter während der Befreiung Bergen-Belsens durch die Alliierten im April 1945

Diesen Häftling fanden die Befreier Bergen-Belsens im Todeskampf. Die Internierung in Hitlers Lagern hatte für die Überlebenden langfristige – und oftmals verhängnisvolle – psychische und physische Auswirkungen.

Im April 1945 war das Lagersystem in Bergen-Belsen unter der Flut neu hinzugekommener Häftlinge schließlich zusammengebrochen. Innerhalb von nur zwölf Tagen (3.–14. April) hatte es beispielsweise 28 000 Neuzugänge gegeben. Die Verpflegungsrationen wurden gekürzt, es gab keine Anwesenheitsappelle mehr und die Häftlinge wurden sich selbst überlassen. Trotzdem blieben einige Angehörige des Lagerpersonals bis zum Schluss in Bergen-Belsen; so auch diese SS-Aufseherinnen, die sich den Ruf eingehandelt hatten ebenso grausam wie ihre männlichen Kollegen zu sein. Während des Holocaust wurden tausende deutsche Durchschnittsbürger zu aktiv Mitwirkenden.

Jüdische Frauen, die nach dem Abkommen mit Graf Bernadotte aus den Konzentrationslagern befreit wurden, bei ihrer Ankunft in Malmö (Schweden). Eine der Frauen reagiert freudig auf das Angebot einer freundlichen Person, die ihr ein Glas Milch gereicht hat. Graf Folke Bernadotte hatte die Rettung von fast 30 000 Überlebenden – größtenteils aus dem Konzentrationslager Ravensbrück – durch Schweden organisiert.

In den meisten kleineren Lagern wurden die tödlichen Gase zur Ermordung der Opfer mit Dieselmotoren erzeugt, doch die Nazis improvisierten auch *(Abb. oben)* um ihre grässliche Aufgabe zu erfüllen.

Diese verkohlten Leichen wurden von US-amerikanischen Soldaten im Lager Thekla (Deutschland) entdeckt. Margaret Bourke-White, eine Korrespondentin des Magazins *Life,* beschrieb eine der Leichen (es waren die sterblichen Überreste eines Professors aus Polen) mit den folgenden Worten: „Die verschrumpfte untere Hälfte seines Körpers war völlig verbrannt … seine verkohlte Krücke lag neben ihm, doch der feine, intellektuelle kahle Kopf, der außerhalb [der Lagerumzäunung] steckte, war nicht entstellt, sogar die Brille saß noch an ihrem Platz. Er muss sehr beliebt gewesen sein, denn die Überlebenden vergossen viele Tränen um ihn.

1945

tionslager Ohrdruf (Deutschland), in dem während der vorangegangenen drei Monate über 4000 Menschen gestorben sind. Die Todesopfer waren Juden, Polen und sowjetische Kriegsgefangene. Hunderte, die kurz vor der Befreiung erschossen wurden, waren beim Bau eines riesigen unterirdischen Funk- und Telefonkommunikationszentrums eingesetzt gewesen. Zum Zeitpunkt der Befreiung sind nur noch sehr wenige Häftlinge am Leben. • Juden, die in den Steinbrüchen bei Gotha (Deutschland) schuften müssen, werden von ihren Naziaufsehern ermordet.

• 8. April 1945: Jüdische Lagerinsassen werden aus dem Konzentrationslager Buchenwald (Deutschland) auf einen Fußmarsch in das 160 Kilometer südöstlich gelegene Lager Flossenbürg (Deutschland) geschickt. Die nichtjüdi-

Häufig ließen die Alliierten die einheimische Bevölkerung die Leichen der in den Konzentrationslagern oder auf den Todesmärschen umgekommenen Häftlinge exhumieren, damit diese ordentlich beerdigt werden konnten. Das war besonders in Fällen wie hier in Helmbrechts so, wo man die Leichen von Arbeitssklavinnen aus Osteuropa nicht etwa an abgelegenen, sondern an offen zugänglichen Orten verscharrt hatte.

Diese Jüdinnen, hier kurz nach ihrer Befreiung, waren als Arbeitssklavinnen in einer Rüstungsfabrik in Kaunitz (Deutschland) eingesetzt gewesen. Das auf ihre Kleidung aufgemalte gelbe Kreuz machte sie für die einheimische Bevölkerung sofort als Juden kenntlich und verringerte somit die Fluchtmöglichkeiten.

Die Interpretation des Holocaust

Die Befreiung der Konzentrationslager in Deutschland löste eine Flut von Nachrichten über die Behandlung der Juden durch die Nazis aus. Die Berichte konzentrierten sich vor allem auf die Berge von Leichen (hier eine Aufnahme aus Gotha), die Schreckensbilder und den Gestank in den Lagern und die unwirklich scheinenden, zu Skeletten abgemagerten Menschen, die dort noch am Leben waren.

Nachrichten über den systematischen Massenmord am europäischen Judentum hatte es zwar seit 1942 in den westlichen Medien gegeben, doch hatte praktisch niemand eine Vorstellung von den Szenen hinter den Stacheldrahtzäunen der Nazilager.

Der *CBS*-Rundfunkkorrespondent Edward R. Murrow, der aus Buchenwald berichtete, brachte folgende Beschreibung: „Um mich herum wallte ein übler Gestank auf. Männer und Jungen streckten ihre Arme aus um mich zu berühren. Sie trugen Lumpen und Uniformreste auf dem Leib. Viele von ihnen waren bereits vom Tod gezeichnet, doch sie lächelten mit den Augen. ... In Buchenwald war gemordet worden. Gott allein weiß, wie viele Männer und Jungen während der letzten zwölf Jahre dort gestorben waren."

Berichte wie dieser veranlassten die Menschen zu der irrigen Annahme, der Völkermord durch die Nazis habe nur in Deutschland stattgefunden. Es mussten viele Jahre vergehen, ehe man alle Einzelheiten der „Endlösung" zusammengetragen hatte und die Menschen die Geschehnisse des Holocaust genauer interpretieren konnten.

schen Häftlinge werden im Lager zurückgelassen, wo sie auf die anrückenden Amerikaner warten. Einige Juden können sich verstecken und so dem Marsch entgehen. *Siehe* 11. April 1945.

• 9. April 1945: Das Konzentrationslager Dora-Mittelbau (Deutschland) wird von US-amerikanischen Truppen befreit. Nur sehr wenige Insassen sind noch am Leben.

• 10. April 1945: Der SS-Funktionär Adolf Eichmann besucht das Lager und Ghetto Theresienstadt (Tschechoslowakei), wo er befriedigt die große Zahl der dort umgekommenen Juden zur Kenntnis nimmt.

• 11. April 1945: Amerikanische Soldaten befreien das Konzentrationslager Buchenwald (Deutschland), in dem noch 21 000 Häftlinge am Leben sind. In der Abteilung Pathologie (Block 2) entdecken die Soldaten gegerbte und tätowierte Menschenhaut. • Die US-amerikanische 104. Infanteriedivision und die 3. Panzerdivision befreien das Konzentrations- und Arbeitslager in Nordhausen (Deutschland). • Die Insassen des Lagers Aschersleben (Deutschland) werden von der SS nach Theresienstadt (Tschechoslowakei) evakuiert.

Das Arbeitslager Flossenbürg (Deutschland), dessen Häftlinge in einem Steinbruch und in der Waffen- und Munitionsproduktion arbeiten mussten, war seit 1938 in Betrieb gewesen. Am 20. April 1945 evakuierte das Lagerpersonal die Gefangenen und schickte sie auf einen acht Tage dauernden Todesmarsch nach Dachau. Am 23. April trafen amerikanische Soldaten in Flossenbürg ein und befreiten die wenigen noch verbliebenen Häftlinge. Die Marschroute der Amerikaner säumten hastig verscharrte Leichen von Gefangenen, die vor Schwäche gestorben oder ermordet worden waren. General George Patton war entsetzt über die Toten und die behelfsmäßigen Gräber, die alle wieder geöffnet werden mussten, und erließ einen unzweideutigen Befehl: „Ich will, dass kein amerikanischer Soldat nach diesen Leichen gräbt. Holt den Bürgermeister der Stadt und alle verfügbaren Zivilisten zusammen und lasst sie mit dem Graben anfangen." Die deutschen Frauen auf diesem Foto gehörten zu jenen Personen, die für diese Aufgabe verpflichtet wurden.

Die mangelhafte Verpflegung, die die Lagerinsassen erhielten, wirkte sich langfristig auf das Verdauungssystem der Betroffenen aus. Die über einen langen Zeitraum anhaltende Unterernährung hatte schwere Fälle von Ruhr zur Folge, die auch nach der Befreiung oftmals tödlich verliefen. Dieser junge Tscheche aus dem Lager Flossenbürg ist schwer ruhrkrank; er muss von seinen Mithäftlingen gestützt werden.

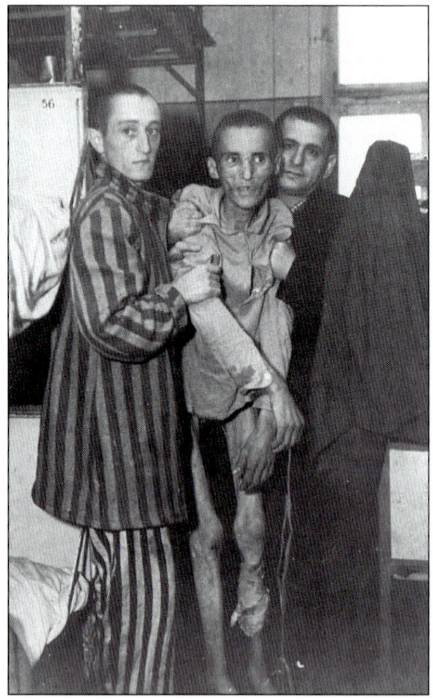

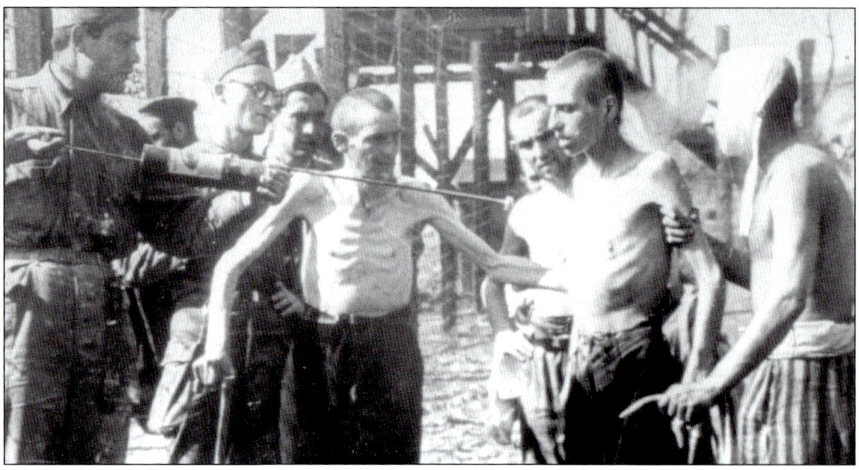

Läuse und Flöhe gehörten zu den Plagen, die die Häftlinge der Konzentrationslager erdulden mussten. Das Ungeziefer verschärfte das ohnehin unerträgliche Lagerleben nicht nur, sondern übertrug auch Krankheiten. Aus diesem Grund setzten die Alliierten alles daran um die ehemaligen Gefangenen von diesem Übel zu befreien. Hier werden Überlebende des Lagers Flossenbürg (Deutschland) von einem amerikanischen Soldaten mit einem Desinfektionsmittel besprüht.

1945

• 12. April 1945: Die Generäle Dwight Eisenhower, George Patton und Omar Bradley besichtigen das Lager Ohrdruf (Deutschland) und nehmen die dort vorgefundenen Leichen und andere Beweise für die Gräueltaten der Nazis in Augenschein. • SS-Soldaten evakuieren die Insassen des Lagers Schönebeck (Deutschland) nach Theresienstadt (Tschechoslowakei). • Der US-amerikanische Präsident Franklin Roosevelt stirbt. Sein Amtsnachfolger wird Vizepräsident Harry S. Truman.

• 13. April 1945: Sowjetische Truppen marschieren in Wien ein. • Die auf einem Todesmarsch befindlichen Insassen des kleinen Arbeitslagers von Rottleberode, einem Außenlager von Dora-Mittelbau, werden an den Stadtrand von Gardelegen (Deutschland) getrieben, wo sie zwei Tage zuvor angekommen

Diese Jacke gehörte William Luksenburg, einem Überlebenden des Holocaust. Nach der Deportation seiner Eltern im Jahr 1942 nach Auschwitz kam Luksenburg in eines der Außenlager von Auschwitz. Im Januar 1945 wurde er nach Flossenbürg und dann nach Regensburg gebracht, wo er bei der Bahn arbeitete. Als das Ende des Krieges nahte, wurde er auf einen Todesmarsch geschickt, den er überlebte. Ein amerikanischer Soldat fand Luksenburgs Jacke und vergrub sie um die Verbreitung irgendwelcher Krankheitserreger zu verhindern. Vier Monate darauf grub er sie wieder aus und behielt sie als „Andenken".

Die Ausbeutung der Naziopfer ging über den Raub und die Verarbeitung von Haaren und Zahngold weit hinaus. Selbst aus der Asche der Ermordeten wurde noch Gewinn gezogen. In manchen Lagern wurde wahllos Asche in Urnen gefüllt und an die trauernden Hinterbliebenen als Überreste eines Angehörigen *verkauft*. Die Urne und das mit Asche gefüllte Fass wurden im Konzentrationslager Flossenbürg (Deutschland) entdeckt, wo der Lagerkommandant Hans Vogel für den Betrug beträchtliche Summen einstrich.

Diese polnischen Partisaninnen waren im Kampf um Warschau im Herbst 1944 in deutsche Gefangenschaft geraten. Die Frauen wurden von polnischen Soldaten aus deutschen Kriegsgefangenenlagern bei Emden (Deutschland) befreit. Einige der Befreier fanden dort auch ihre Ehefrauen wieder. Westeuropäischen Soldaten, die in Kriegsgefangenschaft gerieten, gestanden die Deutschen gewisse Rechte zu. Nichtjüdische Partisanen wurden von den Nazis weniger gut behandelt, doch jüdische Zivilisten waren in deren Augen ganz und gar rechtlos.

waren. Die über 1000 Gefangenen werden von SS-Aufsehern und Angehörigen der örtlichen Polizei in eine Scheune getrieben, die zuvor als Hinrichtungsort vorbereitet wurde. Als die letzten Gefangenen in das Gebäude gedrängt werden, werfen die SS-Aufseher Fackeln auf das mit Benzin getränkte Stroh und sperren die Tore zu. Die Häftlinge, die nicht durch Rauch und Flammen umkommen, werden bei dem Versuch zu fliehen von den SS-Leuten erschossen. Am Leben bleiben nur einige wenige Gefangene. *Siehe* 14. April 1945.

• 14. April 1945: Der schwedische Diplomat Graf Folke Bernadotte verhandelt über die Repatriierung von 423 dänischen Juden, die im Lager und Ghetto Theresienstadt (Tschechoslowakei) festgehalten werden. • Amerikanische Soldaten erreichen Gardelegen (Deutschland) und entdecken dort die verkohlten Leichen von dem Massaker, das am Tag zuvor an Juden verübt worden ist.

• 15. April 1945: Britische Soldaten treffen im Konzentrationslager Bergen-Belsen (Deutschland) ein und finden dort 60 000 Überlebende sowie 27 000 unbeerdigte Leichen vor. Nach der Befreiung fordern Hunger und Fleckfieber noch zehn Tage lang täglich das Leben

Afroamerikanische Befreier in den Lagern

Die Befreiung der von Krankheiten überschwemmten und total überbelegten Konzentrationslager auf dem Territorium des Dritten Reiches war für die Alliierten eine gute wie böse Erfahrung. Für afroamerikanische Soldaten war der Anblick der Opfer des Rassismus – tot, sterbend oder leidend – ein erschreckender Hinweis auf die Folgen, zu denen Vorurteile führen können.

Keiner der Befreier war auf die Dinge vorbereitet, die hinter den Toren von Dachau und Buchenwald lagen, doch von den Bildern und Erlebnissen schienen vor allem die afroamerikanischen Soldaten betroffen gewesen zu sein. Bob Bender, ein aus Buchenwald geretteter Überlebender, erinnert sich an die „schwarzen Soldaten der 3. US-Armee, groß und kräftig, die wie Kinder weinten, als sie die ausgemergelten Körper der befreiten Häftlinge wegtrugen."

Erschreckt von dem, was er in Buchenwald gesehen hatte, schilderte Leon Bass vom 183. Pionierbataillon der 3. US-Armee seine Beobachtung folgendermaßen: „Ich kam als ein zorniger schwarzer Soldat in das Lager. Zornig auf mein Land und das mit gutem Grund. Zornig, weil man mich behandelte, als sei ich nicht gut genug. Doch [an diesem Tag] kam ich zu der Erkenntnis, dass sich das menschliche Leid nicht auf mich und die Meinen allein konzentriert. Ich wusste jetzt, dass menschliches Leid uns alle treffen konnte. ... [Was ich] in Buchenwald [sah], war das Angesicht des Bösen ... es war Rassismus."

Kinder, die das Lager Bergen-Belsen (Deutschland) überlebten, mit Spielzeug, das alliierte Soldaten in den umliegenden Städten beschlagnahmt haben. Da während des Zweiten Weltkrieges rund sechs Millionen Juden ermordet wurden, muss man davon ausgehen, dass die meisten dieser Kinder Waisen waren, die kein Zuhause mehr hatten. Solche Szenen waren nichts Ungewöhnliches; bei einem hohen Prozentsatz der Bewohner von Lagern für *Displaced Persons* handelte es sich um Kinder und Jugendliche.

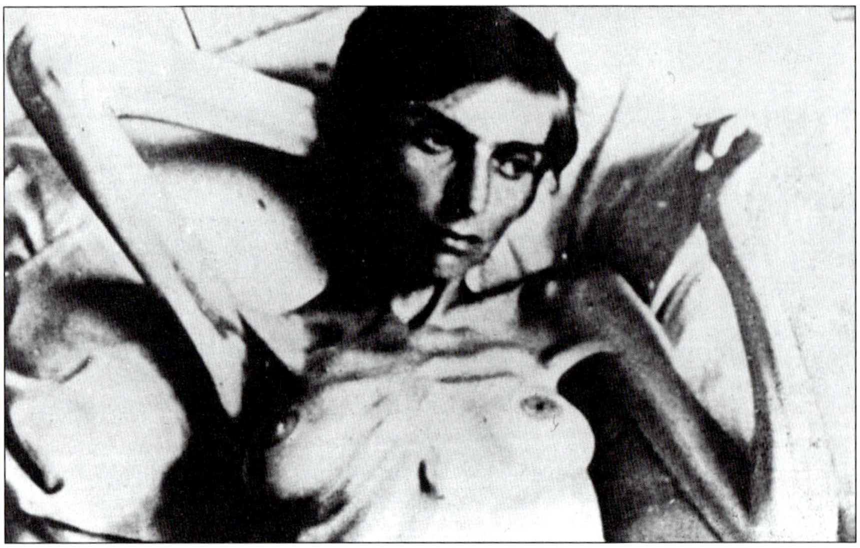

Als der Krieg seinem Ende zuging, schickten die Nazis zehntausende Häftlinge in die Lager im Herzen Deutschlands. Diese zum Skelett abgemagerte junge Frau, die im Frauen-KZ Ravensbrück (Deutschland) interniert gewesen war, gehörte zu den tausenden Lagerinsassen, die man im Frühjahr 1945 nach Sachsenhausen verlegte. Auf den zu Recht als „Todesmärsche" bezeichneten Fußmärschen starben tausende Gefangene.

1945

von rund 500 Insassen. *Siehe* 15. bis 17. April 1945. • Britische Truppen nähern sich Bremen und Hamburg. • Sowjetische Truppen stehen 56 Kilometer östlich von Berlin und 96 Kilometer östlich von Dresden. • In Ravensbrück und Sachsenhausen (Deutschland) schickt die SS 57 000 Lagerinsassen, darunter 17 000 Frauen, auf einen Marsch in Richtung Westen. Unterwegs werden viele Häftlinge erschossen, weil sie zu schwach sind, oder sie sterben an Entkräftung oder aus anderen Gründen. Unter den Opfern ist auch die 21-jährige Mila Racine; sie kommt bei Bombenangriffen der Alliierten um, die in der Nähe gelegenen Zielen gelten. • Ein Deportationszug aus Wien – der letzte, der von den Mitarbeitern Adolf Eichmanns zusammengestellt wurde – trifft mit 109 Juden im Lager und Ghetto Theresienstadt (Tschechoslowakei) ein.

Benito Mussolini wurde im April 1945 von kommunistischen Partisanen verhaftet, als er versuchte in der Uniform eines deutschen Soldaten nach Österreich zu fliehen. Die Partisanen erschossen ihn am 28. April. Danach wurde sein toter Körper zusammen mit dem seiner Geliebten Clara Petacci und den Leichen fünf weiterer naher Vertrauter in Mailand (Italien) auf der *Piazza Loreto* aufgehängt und von einer aufgebrachten Volksmenge verstümmelt. Mussolini hatte den Rat seines Sohnes und anderer Personen ignoriert und sich geweigert das Land per Flugzeug zu verlassen und sich zeitweilig in Sicherheit zu begeben. Auch Clara Petacci zeigte sich auf törichte Weise standhaft; sie wollte *Il Duce* nicht verlassen.

Diese ausgezehrten Kinder sind Überlebende des Konzentrationslagers Ravensbrück (Deutschland). In Ravensbrück waren zwar größtenteils Frauen interniert, doch neben einem gesonderten Männerlager gab es auch ein Lager für Kinder, das „Jugendschutzlager" Uckermark. Im Dezember 1944 und Januar 1945 wurde Uckermark zum Selektions- und Vernichtungslager für Ravensbrück gemacht. Ende Januar fand eine groß angelegte Selektion statt; alte, kranke oder zu schwache Frauen wurden in das Lager Uckermark gebracht und – in vielen Fällen durch Vergasen – ermordet. Die Selektionen wurden bis zum Frühjahr fortgesetzt und bedeuteten für mindestens 5000 Frauen den Tod.

Ein kleiner Trupp Aufseher bewacht Häftlinge aus dem Konzentrationslager Dachau (Deutschland) auf einem Todesmarsch. Dieses Foto vom 29. April 1945 wurde heimlich von einem deutschen Zivilisten aufgenommen. Es zeigt abgemagerte Gefangene auf dem Marsch auf der Nördlichen Münchner Straße im bayrischen Grünwald. Nur wenige Zivilisten versuchten den leidenden Menschen zu helfen.

Unter den Häftlingen des Konzentrationslagers Dachau, die am 29. April 1945 von amerikanischen Soldaten befreit wurden, waren auch diese physisch und psychisch misshandelten Männer. Einer der Befreier sagte über die Lagerinsassen, sie seien nur noch „Haut und Knochen" gewesen. Viele Überlebende hatten zuvor monatelang von Hungerrationen gelebt. Ein großer Prozentsatz von ihnen starb noch an den Folgen.

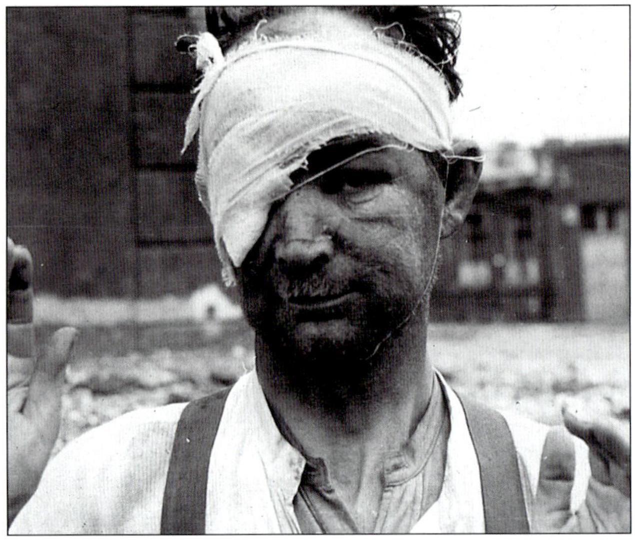

Befreite Gefangene nutzten oftmals die Gelegenheit an ehemaligen Lageraufsehern Rache zu nehmen. Dieser Deutsche, der zu den Wachmannschaften in Dachau gehört hatte, wurde von Häftlingen verprügelt, die seine Grausamkeiten überlebt hatten.

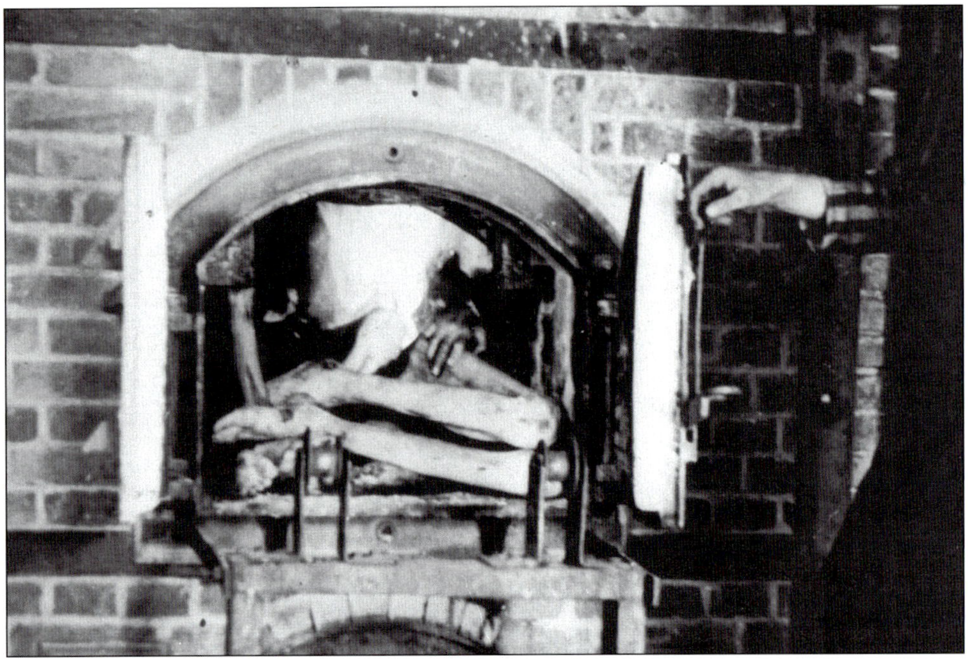

30 Minuten nach der Befreiung des Lagers brennen in einem der Krematoriumsöfen von Dachau noch immer Leichen. Als die Zahl der Toten stieg, ließen die Nazis die Verbrennungsöfen in Dachau Tag und Nacht betreiben. Sie schafften es trotzdem nicht die Leichen hunderter von Menschen zu beseitigen, die jeden Tag starben.

1945

• 15.–17. April 1945: Das kleine Kontingent britischer Soldaten im Lager Bergen-Belsen (Deutschland) kann nicht verhindern, dass ungarische SS-Aufseher 72 jüdische und 11 nichtjüdische Gefangene ermorden.

• 16. April 1945: Die Rote Armee startet ihren abschließenden Sturmangriff auf Berlin. • Französische Truppen marschieren in Nürnberg ein, das einst Veranstaltungsort der gigantischen Parteitagsaufmärsche der NSDAP war. • Das Lager in Johanngeorgenstadt (Deutschland) wird nach Theresienstadt (Tschechoslowakei) evakuiert. Über 60 Evakuierte werden in dem Dorf Buchau (Tschechoslowakei) getötet.

• 18. April 1945: Die Nazis schicken Gefangene aus Schwarzheide (Deutschland) auf einen Todesmarsch nach

Zwei britische Soldaten bewachen Alex Bernard Hans Piorkowski, den berüchtigten ehemaligen Lagerkommandanten von Dachau. Die Zahl der Lagerinsassen, die in Dachau vergast wurden, war zwar relativ gering, doch Piorkowski sorgte für so entsetzliche Bedingungen, dass die Häftlinge zu tausenden durch Unterernährung, Krankheiten und Misshandlungen (auch regelrechte Hinrichtungen) durch das Lagerpersonal starben.

Der amerikanische Soldat Jack Hallett, der an der Befreiung Dachaus beteiligt war, berichtete: „Das Erste was ich sah, war ein Berg von Leichen – vielleicht sechs Meter lang und etwa so hoch, wie ein Mann reichen konnte … Und was ich nie vergessen werde, war, dass wir bei näherer Betrachtung feststellten, dass in dem Haufen Menschen unter einer Last von vielleicht drei oder vier Mann lagen und noch mit den Augen blinkten." Ein besonders beklemmender Anblick der Szene, die auf diesem Foto festgehalten wurde, ist die bekleidete junge Frau inmitten dutzender kahl geschorener nackter Männerleichen.

Eine der ersten Handlungen der Alliierten war es für die Überlebenden ausreichend Verpflegung zu sichern. Hier wird eine Wagenladung Brot an die Überlebenden von Dachau verteilt. Tragischerweise aßen sich viele Häftlinge nach monatelanger Unterernährung zu Tode. Sie hatten so lange Zeit ohne ausreichend Nahrung gelebt, dass ihr Verdauungssystem durch das reichliche Essen überfordert war und sie daran starben.

Theresienstadt (Tschechoslowakei). ***Siehe*** **6. Mai 1945.**

• 19. April 1945: Amerikanische Truppen nehmen Leipzig ein.

• 20. April 1945: Der Reichsführer SS, Heinrich Himmler, trifft mit dem schwedischen Diplomaten Norbert Masur zusammen um Vorkehrungen für den Transport von 7000 Frauen, von denen 50% Jüdinnen sind, aus dem Lager Ravensbrück (Deutschland) in das neutrale Schweden zu treffen. Hinter dem Plan steckt Himmlers durchsichtiger Versuch seine Position bei den Alliierten zu verbessern. • Die SS evakuiert das Konzentrationslager Flossenbürg (Deutschland). ***Siehe*** **23. April 1945.**

• 22. April 1945: In Jasenovać (Kroatien) revoltieren 600 jüdische und serbische Gefangene gegen ihre Aufseher. 520 Häftlinge werden mit Maschinenpistolen und Granaten getötet. Die übrigen 80 Personen, darunter 20 Juden, entkommen.

• 23. April 1945: Das Konzentrationslager Flossenbürg (Deutschland) wird von amerikanischen Soldaten befreit; dort sind noch 2000 Häftlinge am Leben. • Die SS evakuiert das Konzentrationslager Ravensbrück (Deutschland).

Als die Amerikaner Dachau am 29. April 1945 befreiten, wurden 16 SS-Aufseher von einer unbekannten Zahl amerikanischer Soldaten an der Mauer eines Kohlenhofes im angrenzenden Ausbildungslager der SS aufgestellt und exekutiert. Weitere Hinrichtungen fanden auf dem Rangierbahnhof Dachau, an einem Wachturm und am Ufer der Würm statt. Insgesamt wurden an diesem Tag 37 bis 39 SS-Leute getötet. Diese Aktionen hatten „unerlaubt" stattgefunden und entsprachen nicht der üblichen Verfahrensweise der US-Armee gegenüber gefangen genommenen SS-Angehörigen.

Eine nüchterne Schlagzeile der Ausgabe des *Chicago Herald* vom 30. April, die über ein Foto von einem Dachauer Todeszug gelegt ist. Für die Amerikaner, die von ihrer Führung nur wenig über den Holocaust erfahren hatten, waren solche Bilder und Schlagzeilen nahezu unfassbar.

Als sich die sowjetischen Truppen Berlin näherten, kehrte Eva Braun in die Stadt zurück um an der Seite Hitlers zu sein. Am 29. April ließen sich beide in einer einfachen Zeremonie im Bunker unter der Reichskanzlei trauen. Ihre Trauzeugen waren Joseph Goebbels und Martin Bormann. Der Trauung folgte eine kleine Feier. Am Tag darauf begingen die Neuvermählten Selbstmord – Eva mit Zyanid und Hitler wahrscheinlich mit Zyanid und seiner Schusswaffe.

1945

• Durch ein Versehen der Beamten wird Hanna Solf, eine Angehörige des deutschen antinazistischen Widerstands, zusammen mit ihrer Tochter aus dem Gefängnis Moabit entlassen. *Siehe* 10. September 1943 und 3. Februar 1945.

• 25. April 1945: Von Westen kommende amerikanische und aus dem Osten heranrückende sowjetische Soldaten treffen in Torgau (Deutschland) zusammen.

• Französische Truppen in Süddeutschland erreichen vier Orte, an denen Massenmorde verübt wurden: Schömberg (1771 Opfer), Schörzingen (549), Spaichingen (111) und Tuttlingen (86). • Bei der abschließenden Evakuierung aus Stutthof (Polen) werden 200 Jüdinnen an einen Strand gebracht und erschossen. Die restlichen 4000 Häftlinge, darunter 1500 Juden, werden auf fünf Schleppkähne „verladen" und über die

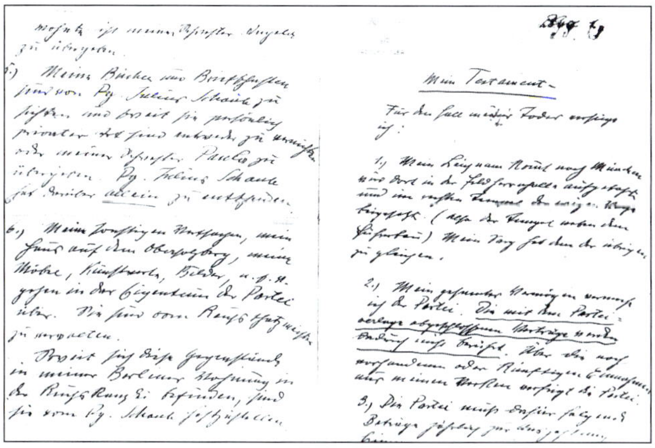
Mein Testament

Dieses handschriftliche Dokument, das mit den Worten „Mein Testament" überschrieben ist, enthält die letzten Verfügungen Adolf Hitlers. Hitler verfasste eigentlich zwei Dokumente. Das eine war sein Politisches Testament, in dem er Großadmiral Karl Dönitz zu seinem Nachfolger bestimmte und „Verräter" wie Heinrich Himmler und Hermann Göring aus der Partei ausstieß. Das andere war sein persönlicher letzter Wille, in dem u. a. festgelegt war, dass Andenken an seine getreuen Sekretärinnen zu übergeben seien. Er ordnete ausdrücklich an, dass seine und Evas Leiche zu verbrennen seien, damit den Sowjets nichts von ihm bliebe, woran sie sich weiden könnten.

Hitlers getreue Untertanen, unter ihnen sein Chauffeur Erich Kempka und der Kommandant der SS-Wachmannschaften, Hans Rattenhuber, folgten dem letzten Befehl des Führers: Sie trugen die Leichen Eva und Adolf Hitlers in den über dem Bunker liegenden Garten, übergossen sie mit Benzin und setzten sie in Brand. Später sollte es Debatten darüber geben, ob die sterblichen Überreste, die die Sowjets gefunden und in diesen Sarg gelegt hatten, tatsächlich von Adolf Hitler stammten.

Die letzten Tage Hitlers

Das Scheitern des deutschen Aggressionskrieges und der unaufhaltsame Vormarsch der alliierten Armeen veranlassten die größten Ämter und die Ministerien der Naziregierung sich in ein unterirdisches Netz von Bunkern zurückzuziehen. Adolf Hitler verbrachte die letzten Wochen seines Lebens in einem dumpfigen, 18 Räume umfassenden Bunker direkt unter der Reichskanzlei in Berlin.

Als die Rote Armee näher kam, war der Führer nur noch ein Schatten seiner selbst. Er ging gebeugt, magerte ab und konnte nicht verhindern, dass seine Hände zitterten und seine Stimme bebte. Er litt unter starken Stimmungsschwankungen und lehnte es kategorisch ab sich mit einem Flugzeug aus Berlin abzusetzen.

Vor seinem Ableben stieß Hitler Hermann Göring und Heinrich Himmler aus der Nazipartei aus. Er ließ sich mit seiner langjährigen Geliebten Eva Braun trauen und diktierte seinen letzten Willen. Der letzte Satz seines Politischen Testaments lautet: „Vor allem verpflichte ich die Führung der Nation und die Gefolgschaft zur peinlichen Einhaltung der Rassegesetze und zum unbarmherzigen Widerstand gegen den Weltvergifter aller Völker, das internationale Judentum."

Am 30. April 1945, in der Zeit zwischen 15 und 16 Uhr, setzte Hitler eine Pistole an seine Schläfe, biss auf eine Zyanidkapsel und erschoss sich. Eva Braun beging ebenfalls Selbstmord. Der hier abgebildete deutsche Kriegsgefangene empfand darüber offensichtlich nur wenig Kummer.

Ostsee an die deutsch-dänische Küste geschickt. Über 2000 Personen ertrinken oder werden von den Deutschen erschossen. • In Cuneo (Italien) verhaftet und ermordet die Gestapo sechs Juden.

• 26. April 1945: Die Rote Armee erobert Brno (Tschechoslowakei) und befreit Oskar Schindlers Juden.

• 26. April 1945 – 3. Mai 1945: Die Überlebenden des Konzentrationslagers Stutthof (Polen) werden per Schiff 480 Kilometer weit nach Lübeck (Deutschland) evakuiert. Während der sieben Tage dauernden Fahrt kommen hunderte ums Leben.

• 27. April 1945: Von den 2775 Menschen, die sich auf einem Todesmarsch von Rehmsdorf (Deutschland) bei Buchenwald in Richtung Osten befinden, tötet die SS in Marienbad (Tschechoslowakei) mit Granaten und Maschinenpistolen 1000 Personen, die versucht haben zu fliehen. Auf dem Marsch werden weitere 1200 Gefangene getötet. Bei der Ankunft in Theresienstadt (Tschechoslowakei) werden 500 ermordet. Von den anfangs 2775 Gefangenen überleben nur 75. • Das Konzentrationslager Sachsenhausen (Deutschland) wird von Soldaten der Roten Armee befreit; im Lager sind noch 3000 Insassen

Charlotte Delbo

Nach ihrer Befreiung am 23. April 1945 aus dem Konzentrationslager Ravensbrück (Deutschland) gab Charlotte Delbo als Augenzeugin in Veröffentlichungen ihre Erfahrungen weiter.

Als die Deutschen ihre Heimat Frankreich überfielen, befand sich Charlotte Delbo gerade mit einem Theaterensemble auf Tournee in Brasilien. Als sie nach Hause zurückkehrte, schloss sie sich ihrem Mann Georges Dudach an, der im Widerstand tätig war. Dudach wurde im März 1942 verhaftet und im Mai desselben Jahres erschossen. Charlotte Delbo wurde nach Auschwitz und dann nach Ravensbrück geschickt. Während der Haft in Auschwitz schrieb sie, dass sie und die anderen Frauen dort sich nur als „Larven" fühlten und ihre Decken die „Leichentücher" seien.

Nach dem Krieg kehrte Charlotte Delbo nach Frankreich zurück, wo sie an das Leben jener, die umgekommen waren, eindringlich erinnerte. Über den Tag ihrer Befreiung aus Ravensbrück schrieb sie: „Ich weiß, weshalb Blumen schön, der Himmel schön, die Sonne schön, die Stimmen der Menschen verwirrend und schön waren. Die Welt war schön, wiedergefunden worden zu sein." Doch Charlotte Delbo konnte die Erde, wie sie sie gekannt hatte, nie wieder finden. Für sie war es unmöglich „aus einer Welt jenseits des Wissens" zurückzukehren.

Die Todesmärsche aus den Konzentrationslagern, die in den Jahren 1944 und 1945 verstärkt angeordnet wurden, hinterließen furchtbare Spuren; die Marschrouten waren mit Opfern gesäumt, die ermordet worden oder an Entkräftung gestorben waren und die man in manchen Fällen hastig verscharrt hatte. Diese Leichen wurden von amerikanischen Soldaten in der Nähe von Namerring (Deutschland) exhumiert.

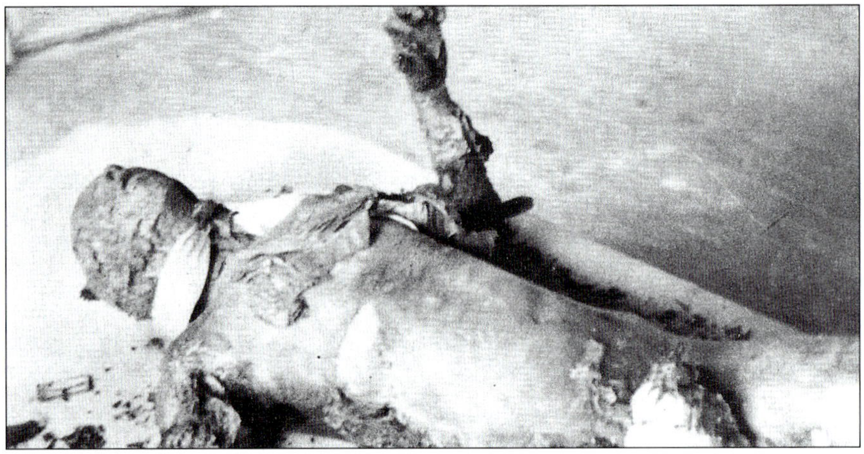

Die verkohlten Überreste von Joseph Goebbels belegen die fanatische Ergebenheit des Mannes gegenüber Hitler. Goebbels Frau Magda, die den Fanatismus ihres Mannes teilte, hatte erklärt, ihre Kinder seien „zu gut für das Leben, das nach uns kommen wird." Am 1. Mai 1945 bat sie einen SS-Arzt ihren sechs Kindern Helga, Hilde, Helmut, Holde, Hedde und Heide tödliche Morphiuminjektionen zu verabreichen. Dann vergifteten sich Goebbels und seine Frau mit Zyanid. Untergebene verbrannten die Leichen des Ehepaars später.

1945

am Leben. • Das Lager in Kaufering (Deutschland) wird von amerikanischen Soldaten befreit, die nur wenige noch lebende Insassen vorfinden.

• 28. April 1945: Die SS arbeitet mit dem Roten Kreuz zusammen, das 150 jüdische Frauen aus dem Konzentrationslager Ravensbrück (Deutschland) sicher in das neutrale Schweden bringen soll. Auf dem Weg dorthin werden fünf Frauen bei einem Luftangriff der Alliierten getötet. • Der abgesetzte italienische Diktator Benito Mussolini wird von italienischen Partisanen gefangen genommen und in Dongo (Italien) erschossen. *Siehe* **29. April 1945. • Heinrich Müller, von 1939 bis 1945 Chef der Gestapo, wird zum letzten Mal in Hitlers Bunker gesehen.**

• 29. April 1945: In seinem Testament

Gefangen genommene deutsche Soldaten mussten auf Anordnung der Alliierten häufig Opfer des Holocaust exhumieren, damit die Leichen unter hygienischeren Bedingungen beerdigt werden konnten. Hier legen mehrere deutsche Kriegsgefangene in Kaufering III ein Massengrab frei. Die insgesamt 11 Lager von Kaufering waren Außenstellen des Lagers Dachau (Deutschland). Dort sollten die Häftlinge Produktionsstätten für Jagdflugzeuge errichten, ein Vorhaben, das nie in die Tat umgesetzt wurde. In Kaufering starben tausende Lagerinsassen an Krankheiten, Überarbeitung, Unterernährung oder durch Hinrichtung; ihre Leichen wurden wie Müll abgeladen.

Am 29. April 1945 bestimmte Hitler Großadmiral Karl Dönitz *(Abb.)* zu seinem Nachfolger und ernannte ihn in seinem Testament zum Reichspräsidenten und Oberbefehlshaber der deutschen Wehrmacht. Der Führer war überzeugt, dass die SS, die Wehrmacht und die Luftwaffe ihn verraten hatten. Nur die deutsche Kriegsmarine, die allerdings schon lange keinen Einfluss mehr auf das Kriegsgeschehen hatte, erschien Hitler ohne Tadel. Heinrich Himmler und Hermann Göring hatten mit dem Regime gebrochen und versuchten – allerdings vergeblich – durch separate Vereinbarungen mit den Alliierten ihre Haut zu retten. So wurde Dönitz vor allem in Ermangelung einer Alternative Hitlers Nachfolger. In den 23 Tagen, in denen Dönitz Deutschland führte, setzte er Hitlers antisowjetische Politik fort. Dönitz wurde in Nürnberg für schuldig befunden einen Aggressionskrieg geführt und Kriegsverbrechen begangen zu haben; er wurde zu zehn Jahren Haft verurteilt.

Anton Mussert *(mit Hut)* war der Führer der *Nationaal-Socialistische Beweging der Nederlanden*, der niederländischen Nazipartei. Er war zwar ein treuer Anhänger der Nazis, hatte in den langen Jahren der Besatzung jedoch nur wenig Einfluss auf die Ereignisse in seinem Land. Hitler schätzte ihn nicht. Am 7. Mai 1945 wurde Mussert von Angehörigen des niederländischen Widerstands verhaftet. Genau ein Jahr später fand seine Hinrichtung statt.

bestimmt Hitler Großadmiral Karl Dönitz zu seinem Nachfolger als Oberbefehlshaber der Wehrmacht und Reichspräsident. Der Reichsminister für Volksaufklärung und Propaganda, Joseph Goebbels, soll Reichskanzler werden. • Hitler, der mit seinen Vertrauten in seinem unterirdischen Berliner Bunker eingeschlossen ist, diktiert sein politisches Testament. Das Dokument gibt den Juden und deren „Kollaborateuren" die Schuld am Krieg und an allen Problemen Deutschlands. Hitler beendet das Testament mit den für Deutschland bestimmten Worten: „Vor allem verpflichte ich die Führung der Nation und die Gefolgschaft zur peinlichen Einhaltung der Rassegesetze und zum unbarmherzigen Widerstand gegen den Weltvergifter aller Völker, das internationale Judentum." • Durch eine Sendung von Radio Stockholm erfährt Hitler, dass der italienische Diktator Benito Mussolini am 28. April hingerichtet wurde. • Die Leichen Mussolinis und seiner Geliebten Clara Petacci werden in Mailand auf der *Piazza Loreto* an den Füßen aufgehängt und von einer wütenden Volksmenge verstümmelt. • Die US-amerikanische 42. und die 45. Infanteriedivision befreien das Konzentrationslager Dachau (Deutschland), in dem sie 32 000 noch lebende Gefangene und 50 Eisen-

Mit einer Bronzebüste von Adolf Hitler unter dem Arm feiert ein sowjetischer Soldat die Einnahme des Reichstagsgebäudes. Die letzten deutschen Truppen, meist alte Männer und Jungen von der Hitlerjugend, konnten nur wenig ausrichten um die gewaltige Sowjetarmee aufzuhalten. Berlin fiel am 2. Mai und am 7. Mai wurde in einem Schulgebäude bei Reims (Frankreich) die bedingungslose Kapitulation der deutschen Streitkräfte unterzeichnet. Damit endeten in Europa fast sechs Jahre Krieg – und Tod und Verwüstung, die in der Geschichte nicht ihresgleichen hatten.

Zum Zeichen des hart erkämpften Sieges hisst ein Soldat eine sowjetische Flagge auf dem Dach des Reichstagsgebäudes, das nun von der Sowjetarmee besetzt war. Unter der Führung der kriegsgestählten Generäle Tschuikow und Konew drangen die sowjetischen Truppen wie eine Flut in die Stadt vor. Die verängstigten Berliner Bürger versuchten aus Furcht vor Vergeltung aus der verwüsteten Hauptstadt zu fliehen.

1945

bahnwaggons mit ausgemergelten Leichen vorfindet. • Nach der Anlieferung von Lebensmitteln durch amerikanische Soldaten sterben in Allach (Deutschland) bei München viele Juden durch übermäßiges Essen. • Das Konzentrationslager Neuengamme (Deutschland) wird von Soldaten der Britisch-Königlichen Armee befreit, die im Lager nur noch wenige Häftlinge am Leben finden. • 123 im KZ Dachau gefangen genommene SS-Aufseher werden von aufgebrachten amerikanischen Soldaten exekutiert.

• 30. April 1945: Hitler und seine Frau Eva Braun begehen in Hitlers unterirdischem Berliner Bunker Selbstmord. • Hitlers Kammerdiener und weitere Vertraute schaffen die Leichen aus dem Bunker in den Garten der Reichskanzlei, übergießen sie mit Benzin und setzen sie in Brand. • Alliierte Truppen

SS-Soldaten in Kopenhagen (Dänemark) übergeben ihre Waffen, bevor sie kapitulieren. Die langen Jahre des Kampfes hatten ihren Tribut gefordert. Als sie erkennen, dass der Krieg verloren ist, reagieren diese Soldaten mit Freude auf den Befehl sich zu den britischen Linien zu begeben; sie waren im Gegensatz zu vielen ihrer Kameraden mit dem Leben davongekommen.

Die Alliierten nutzten aus praktischen Gründen – und mit Ironie – oft die ehemaligen Konzentrationslager zur Unterbringung deutscher Kriegsgefangener. Dieser britische Soldat hält auf dem Gelände des ehemaligen Lagers Neuengamme Wache über deutsche Kriegsgefangene.

Die Befreiung wurde von jedem Häftling begrüßt. Jene allerdings, die mit den Nazis zusammengearbeitet hatten, fühlten sich in der neuen Situation nicht so recht wohl. Dieser polnische Zwangsarbeiter *(links)* auf einem Foto vom 4. Mai 1945, der sich zusammen mit einem jüngeren Gefährten in den Räumen des ehemaligen Adjutanten des Konzentrationslagers Flossenbürg (Deutschland) aufhält, wurde später beschuldigt Kapo gewesen zu sein und die jüdischen Gefangenen des Lagers misshandelt zu haben.

Symbolische Siege über ihre einstigen Häscher spielten für die befreiten Lagerhäftlinge oftmals eine große Rolle. Hier reißen ehemalige Gefangene aus dem Konzentrationslager Mauthausen den Naziadler und das Hakenkreuz über dem Haupttor des Lagers ab. Die früheren Insassen hatten auf beispiellose Weise unter dem Naziterror gelitten und waren begierig darauf die sichtbaren Erinnerungen an das Dritte Reich zu zerstören. Es blieb einigen alliierten Soldaten überlassen, die den deutschen Soldaten hauptsächlich als ihren Widersachern auf dem Schlachtfeld begegnet waren, die Hinterlassenschaften der Nazis als Andenken zu betrachten, die man zusammentragen und aufbewahren musste.

Ein Vertreter der deutschen Reichsbank und Soldaten der 3. US-Armee prüfen Säcke mit europäischen Währungen, die in den Tiefen eines Salzbergwerkes versteckt waren. Dieses Versteck, eines von vielen, die die Nazis hatten, barg auch schätzungsweise 100 Tonnen Barrengold und verschiedene Kunstschätze. Die Politik der Nationalsozialisten sanktionierte die Erbeutung von Gold und anderen Gütern aus dem Besitz von Juden und Christen im Wert von Milliarden von Dollar. Das meiste Gold stammte von den Nationalbanken der besetzten Länder; einen Teil machte jedoch auch das Gold aus den Zähnen und den persönlichen Gegenständen der ermordeten Holocaust-Opfer aus. Es ist bekannt, dass die Regierungen und Nationalbanken einiger neutraler Staaten, besonders der Schweiz, bei der „Wäsche" erbeuteten Goldes halfen und damit den Krieg Deutschlands unterstützten.

Soldaten der 7. US-Armee mit Gemälden von unschätzbarem Wert, die im Schloss Neuschwanstein in Bayern entdeckt wurden. Dieses Beutegut war für eine Kunstgalerie in Linz bestimmt gewesen; in dieser Stadt hatte Hitler einen Großteil seiner Kindheit verbracht. Die Bilder wurden auf Befehl Hermann Görings, des obersten Kunsträubers Nazideutschlands, zusammengetragen.

Die Nazis brachten es beim Plündern und Beutemachen zu einer Art düsterer Meisterschaft; sie eigneten sich alles an, was von Wert war und ihnen in die Hände fiel. Als das Reich Anfang 1945 zerfiel, entdeckten die Alliierten immer mehr geheime Nazilager voller Wertgegenstände. Hier nimmt Oberleutnant James Rorimer von der 7. US-Armee ein ganzes Auslagebrett voller gestohlener alter Juwelen, Goldsachen, Schnupftabakdosen und anderer Gegenstände in Augenschein, die in dem bayrischen Schloss Neuschwanstein entdeckt wurden.

1945

nehmen München ein. • Soldaten der Sowjetarmee besetzen das Berliner Reichstagsgebäude. • Sowjetische Soldaten befreien das Lager Ravensbrück (Deutschland), in dem noch rund 2000 Insassen am Leben sind. Im Verlauf von zwei Jahren sind dort 30 000 Juden und Nichtjuden, die meisten von ihnen Frauen und Kinder, gestorben.

• Ende April 1945: In Großbritannien werden Aufnahmen aus dem Konzentrationslager Bergen-Belsen (Deutschland) verbreitet.

• Mai 1945: Nach 68 Monaten Krieg ist nur noch jeder Zehnte der 3,3 Millionen Juden Vorkriegspolens am Leben. • 30 000 Häftlinge aus Mauthausen (Österreich) und Warschau revoltieren im Arbeitslager Ebensee (Österreich). Als sie sich in einen mit Sprengsätzen

Auf provisorischen Beinprothesen gehend begleiten zum Krüppel gemachte sowjetische und polnische Gefangene in Mauthausen einen amerikanischen Panzerwagen. Sie waren den Exekutionen behinderter Häftlinge entgangen, die in den letzten Tagen des Lagers noch stattgefunden hatten. Vielen von ihnen waren beide Beine amputiert worden.

Deutschland kapituliert

Die bedingungslose Kapitulation Deutschlands am 8. Mai 1945 bereitete dem Dritten Reich ein schändliches Ende. Das System hatte nur zwölf und nicht, wie von Hitler versprochen, 1000 Jahre geherrscht. Doch in diesen zwölf Jahren hatten als Folge der Naziaggression über 35 Millionen Menschen ihr Leben verloren.

Am 30. April 1945 beging Adolf Hitler Selbstmord. Großadmiral Karl Dönitz, Hitlers designierter Nachfolger, erkannte die hoffnungslose Lage Deutschlands. Er entsandte Generaloberst Alfred Jodl und weitere hochrangige Militärs in das Hauptquartier General Dwight Eisenhowers, wo sie die Kapitulationsurkunde unterzeichneten. Aus Entsetzen über die Szenen, die er in den Konzentrationslagern zu Gesicht bekommen hatte, weigerte sich Eisenhower dem Gegner die Ehre seiner persönlichen Teilnahme an dem Zeremoniell zu erweisen und schickte an seiner Stelle Emissäre der britischen, französischen und sowjetischen Streitkräfte. Einen Tag darauf wurde die Unterzeichnung in Berlin wiederholt; diesmal nahm Marschall der Sowjetunion Georgi K. Shukow die Kapitulation von Generalfeldmarschall Wilhelm Keitel *(Abb.)* entgegen. Der 8. Mai 1945 ist in die Geschichte als Tag des Sieges oder als *V-E Day* – Tag des Sieges in Europa – eingegangen.

Generaloberst Alfred Jodl *(Mitte)*, Generalmajor Wilhelm Oxenius *(links)* und Generaladmiral Hans von Friedeburg unterzeichnen die Dokumente zur bedingungslosen Kapitulation Deutschlands. Friedeburg sollte wenige Tage darauf Selbstmord begehen, Jodl nach seiner Verurteilung durch das Internationale Militärtribunal durch den Strang hingerichtet werden.

vollgestopften Stollen begeben sollen, weigern sie sich auch nur einen Schritt zu gehen. Sie bringen damit das Aufsichtspersonal aus SS-Leuten und so genannten Volksdeutschen aus der Fassung, denen bewusst ist, dass die Alliierten immer näher rücken und dass Kriegsverbrechen eines Tages wahrscheinlich strafrechtlich verfolgt werden. Die Häftlinge haben mit ihrer Aktion Erfolg und bleiben unbehelligt. • Bernhard Rust, Reichsminister für Wissenschaft, Erziehung und Volksbildung, begeht Selbstmord. • SS-Obergruppenführer Hans-Adolf Prützmann, der maßgeblich am Massaker in Babi Jar beteiligt war, begeht Selbstmord. • Martin Luther, ehemaliger Stellvertreter des Reichsaußenministers Joachim von Ribbentrop, stirbt an Herzversagen.

• Anfang Mai 1945: Martin Bormann, einflussreicher Sekretär Hitlers, wird bei dem Versuch zu Fuß zu entkommen wahrscheinlich von sowjetischen Soldaten getötet. Noch Jahre danach gehen Gerüchte von seinem Überleben um.

• 1. Mai 1945: Der Reichsminister für Volksaufklärung und Propaganda, Joseph Goebbels, und seine Frau Magda begehen im Führerbunker Selbstmord, nachdem sie ihre sechs Kinder vergiftet

Am 6. Mai 1945 befreiten Soldaten der 3. US-Armee ein Lager in Ebensee (Österreich). Diese Überlebenden hatten offensichtlich über Monate, wenn nicht gar Jahre hinweg nur von Hungerrationen gelebt. Ein Soldat erinnerte sich: „Die Lebenden, die noch umherliefen, waren so mager; ihre Köpfe waren kahl geschoren; sie hatten Wunden an ihren Körpern. Einige liefen ganz benommen nackt herum. Andere hatten sich in Decken gewickelt, die von einem Gürtel zusammengehalten wurden; ihre Gesichter hatten normale Größe, doch alles andere war völlig unproportioniert."

Am 3. Mai, nur wenige Tage nach Hitlers Selbstmord, erhoben sich die Prager Einwohner gegen ihre deutschen Herren. Die in der Stadt befindlichen Truppen der Wehrmacht konnten die zivilen Aufständischen für drei Tage zurückwerfen. Am 6. Mai wandte sich die von General Andrej A. Wlassow kommandierte kollaborationistische *Russkaja Oswoboditelnaja Armija* (Russische Befreiungsarmee) gegen ihre deutschen Kameraden und verhinderte, dass die deutschen Verbände die Stadt weiter hielten. Die Deutschen begannen sich aus Prag zurückzuziehen und am 9. Mai marschierten sowjetische Truppen in die Stadt ein. Während des Aufstandes wurden viele Tschechen verwundet *(unten)*; 2000 Kämpfer ließen ihr Leben.

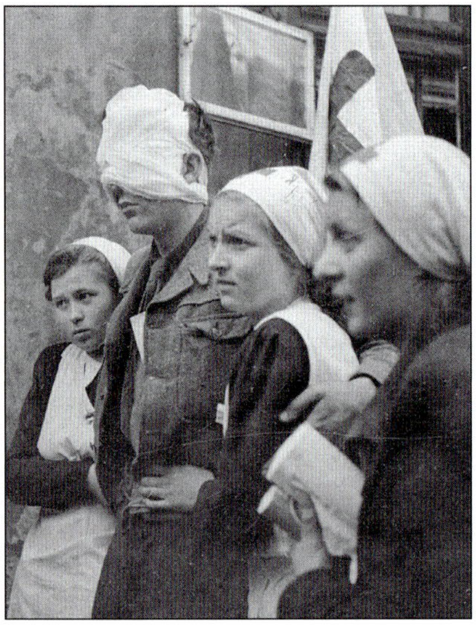

Weltweit feiern Millionen Menschen am 8. Mai 1945 den Tag des Sieges; so auch diese Amerikaner auf dem *Times Square* in New York. Hinter ihnen wirbt ein Transparent für die Aufführung der Filme des *U.S. Army Signal Corps* über die deutschen Gräueltaten.

1945

haben. • Ein Jude aus einer Gruppe von Arbeitern aus dem Lager Sonneberg (Deutschland) singt und tanzt vor Freude über die Nachricht von Hitlers Tod. Ein deutscher Aufseher erschießt den Mann gelassen. • Das Konzentrationslager Stutthof (Polen) wird von Soldaten der Roten Armee befreit. Dort sind nur noch 120 Insassen am Leben.

• 2. Mai 1945: Berlin wird von sowjetischen Truppen besetzt. Die deutschen Truppen in Berlin kapitulieren. • Die deutschen Truppen in Italien kapitulieren. •Die SS-Aufseher im Arbeitslager Neustadt-Glewe (Deutschland) versäumen es sich zum Morgenappell zu melden; sie lassen jüdische Frauen frei, die man zum Ausheben von Verteidigungsgürteln und Panzergräben aus Ravensbrück und Breslau (Deutschland) hergebracht hatte.

Die Juden überall in der Welt begrüßten die Niederlage Nazideutschlands natürlich mit Freude. Diese palästinensischen Juden feierten in den Straßen Jerusalems das Ende des Krieges in Europa. Auf dem Transparent ist zu lesen: „Das Volk von Israel erinnert an seine ungeheuren Verluste. Es wird nicht schweigen und ruhen, bis in seinem Heimatland die Unabhängigkeit hergestellt ist." Der Holocaust wirkte als gewaltiger Impuls für die Gründung des Staates Israel im Jahr 1948.

Amerikanischer Armeelastwagen in Nordhausen (Deutschland), auf dessen Tür das Datum 8. Mai 1945 – Tag des Sieges in Europa – aufgemalt ist. Deutschland hatte am 7. Mai kapituliert. Das war ein wichtiger Tag nicht nur für diese amerikanischen Soldaten, sondern auch für den abgemagerten Überlebenden des Arbeitslagers, der neben ihnen steht. Der 8. Mai brachte auch in Lettland das Ende der Gegenwehr der Deutschen und nach einem wahren Bravourstück für die Alliierten die Verhaftung des hohen Nazis Hermann Göring in Österreich.

Die Nachricht vom Ende des Zweiten Weltkrieges, hier in einer Reihe palästinensischer Zeitungen verkündet, wurde von den Siegern mit Freude, von den Besiegten mit Verwirrung und einer Art Erleichterung aufgenommen. Es gab aber vielleicht keine Nation, die die Unsicherheit und Schwierigkeit des Kommenden so spürte wie Palästina, wo die britischen Behörden die Einwanderung von Juden streng kontrollierten und die Juden sich leidenschaftlich für eine jüdische Heimstatt einsetzten.

• 3. Mai 1945: Rund 9400 jüdische Häftlinge, die aus Neuengamme evakuiert wurden und nach Lübeck (Deutschland) marschieren mussten, werden von ihren Aufsehern auf die Schiffe „Thielbeck" und „Cap Arcona" gebracht. Das geschieht offenbar nur, weil die Nazis hoffen, dass die Juden an Bord sterben werden. Britische Piloten greifen mit ihren Flugzeugen in dem Glauben an, dass es sich um feindliche Schiffe handelt. Beide Schiffe sinken innerhalb von 15 Minuten im Lübecker Hafen. Angehörige der Hitlerjugend, des Volkssturms und der SS schießen auf die Überlebenden, die versuchen die Küste schwimmend zu erreichen. Von den 9400 Gefangenen überleben nur rund 2400. • Angesichts der kurz bevorstehenden Niederlage Deutschlands beginnen die Gruppierungen des tschechischen Widerstands einen Aufstand und kämpfen gegen die deutschen Truppen in Prag. *Siehe* **9. Mai 1945.**

• 4. Mai 1945: Salzburg (Österreich) wird von alliierten Truppen besetzt. • Die deutschen Truppen in den Niederlanden, in Norddeutschland und Dänemark kapitulieren. • Soldaten der Roten Armee befreien das Lager Oranienburg (Deutschland), in dem noch 5000 Häftlinge am Leben sind. • Das Internatio-

Odessa

In den Tagen des Durcheinanders nach dem Krieg entgingen viele Nazis – von hochrangigen SS-Beamten bis zu SS-Aufsehern der Konzentrationslager – der Gerechtigkeit, indem sie aus Europa flüchteten. Auf welche Weise Kriegsverbrecher wie Adolf Eichmann, Josef Mengele oder Franz Stangl nach Südamerika gelangen und sich dort in Sicherheit bringen konnten, ist bis heute ein Geheimnis. Für das Netz von Organisationen, die die Flucht der Nazis erleichterten und die Untergetauchten mit neuen Identitäten ausstatteten, steht der Name „Odessa".

Über die Führung und die Geldmittel dieser geheimen Organisationen gibt es Spekulationen in Hülle und Fülle, doch es besteht kein Zweifel, dass die Nazis Unterstützung verschiedenster Art – von gefälschten Pässen bis zu Fahrkarten und Geld – erhielten; die Hilfe kam von Personen, denen die Identität der Empfänger bekannt war, aber auch von Menschen, die man über den Verwendungszweck im Unklaren ließ. In Südamerika wiesen gleichgesinnte Diktatoren Auslieferungsersuchen zurück, so dass als einziges Mittel einen Naziverbrecher vor Gericht zu bringen mitunter nur die Entführung blieb. Das war der Fall bei Adolf Eichmann, der von Mitarbeitern des israelischen Geheimdienstes in Argentinien verhaftet und nach Israel gebracht wurde, wo er sich vor Gericht verantworten musste.

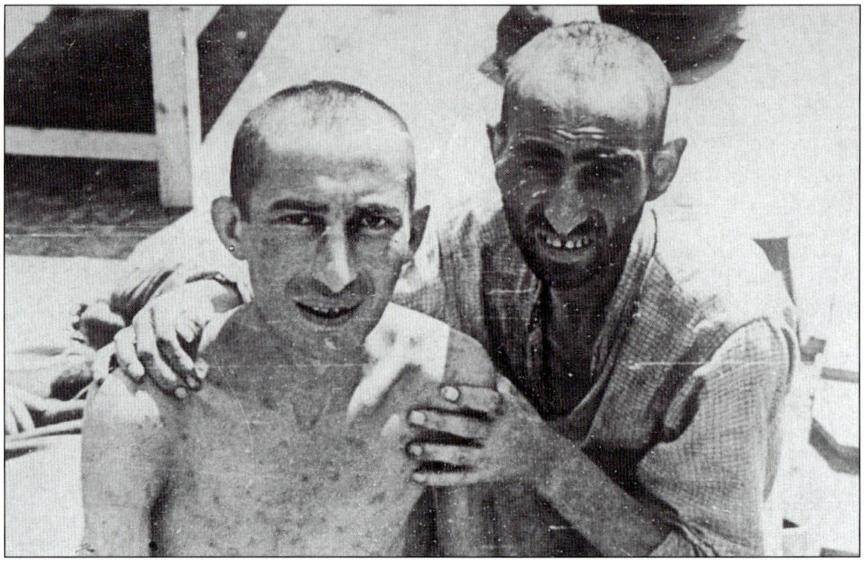

Theresienstadt wurde von den Nazis ursprünglich als „Muster"-Ghetto und -KZ eingerichtet, mit dem der Welt suggeriert werden sollte, das Regime behandele die Juden keinesfalls schlecht. Das Lager entwickelte sich jedoch bald zu einem der schlimmsten Orte in Europa. Diese bis zum Skelett abgemagerten Männer überlebten den Aufenthalt dort.

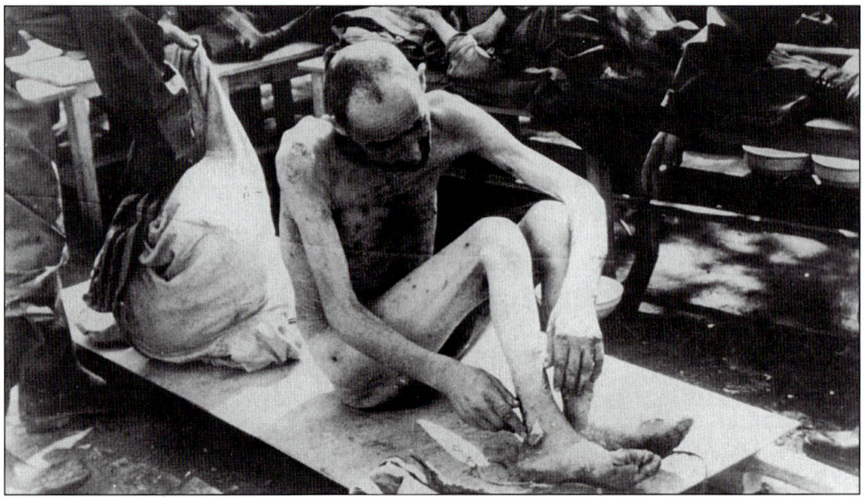

Es gab Lagerinsassen, die nicht einmal schlecht sitzendes Schuhwerk, sondern überhaupt keine Fußbekleidung besaßen. Die Häftlinge litten ständig unter Krankheitserscheinungen an den Beinen und Füßen. Dieser Überlebende aus Theresienstadt kümmert sich gerade um die Geschwüre an seinen Beinen und Füßen. Gefangene mit solch entkräftenden gesundheitlichen Problemen hatten oftmals nicht mehr lange zu leben, denn Arbeitsunfähigkeit bedeutete den Tod.

1945

nale Komitee vom Roten Kreuz übernimmt die Verwaltung des Lagers und Ghettos Theresienstadt (Tschechoslowakei). Die letzten SS-Angehörigen des Lagerpersonals fliehen. • Die US-amerikanische 82. Luftlandedivision befreit das Konzentrationslager Wöbbelin (Deutschland).

• 5. Mai 1945: Die US-amerikanische 11. Panzerdivision befreit das Konzentrationslager Mauthausen (Österreich). Die Soldaten treffen dort 110 000 Überlebende, darunter 28 000 Juden, an. In einem Massengrab werden die Leichen von 10 000 Lagerinsassen entdeckt. In den Tagen nach der Befreiung sterben noch 3000 ehemalige Häftlinge. • Das Lager Gusen (Österreich) bei Mauthausen wird von amerikanischen Soldaten befreit; dort sind noch 2000 Insassen am Leben. • Die deutschen Truppen in Nor-

Die Überlebenden verließen schließlich die Lager um entweder in ihre Heimat zurückzukehren oder um auszuwandern. Der Holocaust hatte vor allem in Osteuropa Millionen Menschen entwurzelt. Diese Frauen wurden beim Verlassen des Arbeitslagers in Theresienstadt fotografiert.

Diese im Freien stehenden Verbrennungsöfen befanden sich im Konzentrationslager Stutthof (Polen). Die Öfen waren normalerweise in Krematorien untergebracht, doch hier mussten die deutschen Ingenieure wahrscheinlich improvisieren, damit bei der Leichenverbrennung kein Zeitverzug entstand. Die Ermordung mehrerer Millionen Menschen war ein sehr kostspieliges Unternehmen – eine furchtbar sachliche Betrachtungsweise und eine Tatsache, der sich die Nazis voll bewusst waren.

Zwei sowjetische Soldaten und drei Zivilisten stehen im Lager Groß-Rosen (Deutschland) vor einem Berg von Schuhen, die einst den Opfern des Lagers gehörten. Auf dem Höhepunkt seines Bestehens verfügte der Komplex Groß-Rosen über 77 Außenlager, waren dort mindestens 80 000 Gefangene interniert, von denen die meisten Zwangsarbeit leisten mussten. Im Februar 1945 evakuierten die Nazis das Lager und transportierten die Häftlinge in Waggons ab oder schickten sie auf Todesmärsche.

Zyklon B war im Juni 1944 schließlich das bevorzugte Mittel zur Vergasung der Gefangenen des Konzentrationslagers Stutthof. Damit konnte eine große Anzahl Menschen rasch und auf „wirtschaftliche" Weise getötet werden. Diese Behälter mit dem tödlichen Pestizid wurden in Stutthof von sowjetischen Soldaten beschlagnahmt, ehe ihr Inhalt in den Gaskammern eingesetzt werden konnte.

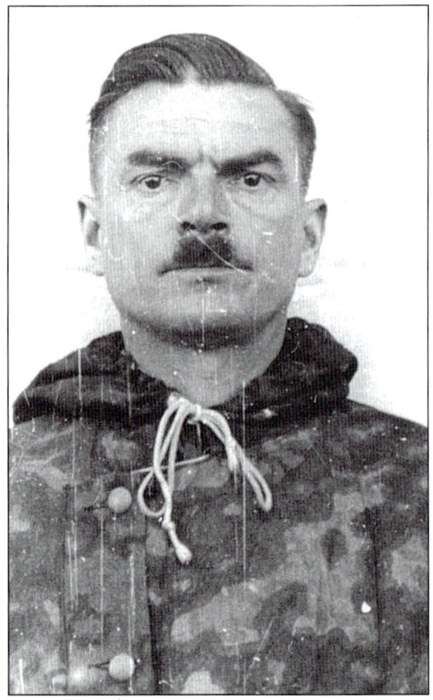

Als sich die alliierten Truppen zu den Konzentrationslagern durchschlugen, gerieten immer mehr deutsche Soldaten und Kollaborateure sowie SS-Leute, die sich zuvor um Juden und andere Gefangene „gekümmert" hatten, in Gefangenschaft. Die hier abgebildeten Männer wurden fotografiert, nachdem sie in die Hände der Alliierten geraten waren. Es handelt sich um Leonhard Eichberger, SS-Aufseher bei einem Todesmarsch; Michael Redwitz, SS-Aufseher; Konrad Belsh, SS-Aufseher bei einem Todesmarsch und Jean Scheibel, Aufseher, wahrscheinlich kein SS-Mann *(von links oben weiter im Uhrzeigersinn)*.

1945

wegen kapitulieren. • Der Vorsitzende der deutschen Katholischen Bischofskonferenz instruiert seine Priester zu Hitlers Gedenken eine Messe lesen. • Die US-amerikanische 71. Infanteriedivision befreit das Lager Gunskirchen (Österreich), wo noch 18 000 Insassen am Leben sind. Der ungarische Autor und Journalist Geza Havas, der auf einem Todesmarsch von Mauthausen in das Lager gekommen ist, stirbt wenige Stunden vor der Ankunft der Amerikaner. • Im Konzentrationslager Ebensee (Österreich) bittet ein brutaler Kapo die Lagerinsassen ihn nicht als Kriegsverbrecher an die näher rückenden Amerikaner auszuliefern. Er wird von drei jüdischen Jungen angegriffen und getötet. Weitere Deutsche in Ebensee erleiden ein ähnliches Schicksal. Gegen Ende des Tages wird auf dem Wachturm von Ebensee die weiße Fahne gehisst.

Als die Armeen der Alliierten immer näher kamen, exekutierten die Lageraufseher ihre Gefangenen in vielen Fällen. Hier muss der Kommandant Eichelsdörfer des Konzentrationslagers Kaufering III in Landsberg (Deutschland) auf Anweisung der amerikanischen Befreier inmitten der ausgemergelten Leichen hunderter Opfer stehen, von denen viele noch vor dem Eintreffen der Amerikaner erschossen worden waren. Kaufering III war ein Außenlager von Dachau.

Überlebende aus den Lagern nahmen oftmals Rache an ihren ehemaligen Aufsehern, vor allem an jenen, die sich durch besondere Bösartigkeit hervorgetan hatten. Hier nimmt eine Gruppe befreiter Häftlinge im Lager Gusen (Österreich) die Leiche eines Lageraufsehers in Augenschein, der von einigen seiner ehemaligen „Schützlinge" getötet worden ist.

Opfer und Statistiken

Am 28. Juni 1941 nahmen deutsche Truppen die weißrussische Stadt Minsk ein. Bis zur Herbstmitte hatten sie dann tausende der 80 000 ghettoisierten Juden der Stadt getötet. Zu den Juden, die den Eindringlingen Widerstand leisteten, gehörte auch die 17-jährige Mascha Bruskina. Die Deutschen verhafteten sie und richteten sie am 26. Oktober am Galgen hin. Durch Hunger, Zwangsarbeit, Erschießungen, Vergasung und viele andere Methoden vernichtete Nazideutschland die europäischen Juden und Millionen Nichtjuden, aber jede Person starb ihren eigenen Tod.

Die vernichteten Menschenleben summierten sich zu ungeheuren Statistiken. Raul Hilberg, ein führender Holocaust-Gelehrter, schätzt, dass während des Holocaust 5,1 Millionen Juden ums Leben kamen. Heute vertreten die meisten Wissenschaftler die Auffassung, dass die Gesamtzahl der getöteten Juden bei knapp sechs Millionen liegt. Israel Gutman und Robert Rozett beispielsweise setzen die Zahl der jüdischen Verluste zwischen 5 596 000 und 5 860 000 an. Der deutsche Wissenschaftler Wolfgang Benz schätzt sie auf 6,1 Millionen. Für die so unterschiedlich ausfallenden Schätzungen der Todeszahlen gibt es mehrere Gründe: die Jahre und die geografischen Grenzen, die zur Feststellung der Bevölkerungsstatistiken berücksichtigt wurden, die Differenzen zwischen jüdischen und deutschen Quellen, die Schwierigkeiten beim Vergleich der Bevölkerungszahlen der Vor- und der Nachkriegszeit und der Umstand, dass die Deutschen und ihre Kollaborateure nicht jedes Todesopfer registrierten.

Jede zuverlässige Einschätzung kommt zu dem Ergebnis, dass fast zwei Drittel der europäischen Juden – und ein Drittel der Juden in der Welt – während des Holocaust getötet wurden. Hitler beabsichtigte alles jüdische Leben mit Stumpf und Stiel auszulöschen. Die erschütternde Zahl jener, die dabei tatsächlich den Tod fanden, zeigt, wie nah er seinem Ziel kam.

• 6. Mai 1945: Ein Todesmarsch von Schwarzheide (Deutschland) nach Theresienstadt (Tschechoslowakei), der am 18. April begonnen hat, kommt in Leitmeritz (Tschechoslowakei) zum Stehen. • Die US-amerikanische 11. Panzerdivision befreit das Konzentrationslager Ebensee (Österreich). Dort werden in einem gewaltigen Massengrab fast 10 000 Leichen gefunden. Von den 3500 Lagerinsassen, die noch am Leben sind, sterben viele durch den übermäßigen Verzehr von Nahrungsmitteln, die die Soldaten den Hungernden angeboten haben ohne die Folgen zu ahnen.

• 7. Mai 1945: Vertreter Deutschlands unterzeichnen im Hauptquartier von Dwight D. Eisenhower in Reims (Frankreich) die Urkunde über die bedingungslose Kapitulation. Das Ende der Kampfhandlungen in Europa wird auf den 9. Mai 1945, 23.01 Uhr, festgelegt. *Siehe* 8. Mai 1945. • Breslau (Deutschland) wird nach 82-tägiger Belagerung von sowjetischen Truppen eingenommen. • Der niederländische Naziführer Anton Mussert wird verhaftet. • Der 38 Jahre alte ungarische Romanschriftsteller Andor Endre Gelleri stirbt im Arbeitslager Mauthausen (Österreich) zwei Tage nach der Befreiung.

Alija Bet

Alija Bet bezeichnet die illegale Übersiedelung von Juden nach Palästina vor der Schaffung des Staates Israel im Jahr 1948. Rund 25 Prozent der 530 000 jüdischen Immigranten, die vor 1948 nach Palästina einwanderten, kamen auf diese Weise ins Land.

Manche Juden, die illegal einwanderten, taten das auf eigene Initiative, doch viele Reisen wurden auch von zionistischen Organisationen arrangiert. Die Mehrheit der Immigranten kam mit dem Schiff, manche wählten den Landweg von Osteuropa her. Einige blieben einfach in Palästina, nachdem sie als Touristen eingereist waren. Die illegale Einwanderung von Juden wurde von den Briten (die Palästina verwalteten) stets abgelehnt. Sie ließen über 50 000 Personen aufgreifen _(oben)_ und in Internierungslager auf Zypern bringen.

Nach dem Krieg setzten sich die Zionisten fieberhaft dafür ein die Überlebenden des Holocaust aus den Lagern für _Displaced Persons_ in Europa nach Palästina zu holen und dort anzusiedeln. Die _Alija Bet_, die für jeden sichtbar vor sich ging, und der internationale Druck, den sie ausübte, spielten bei der Schaffung eines jüdischen Staates eine wichtige Rolle.

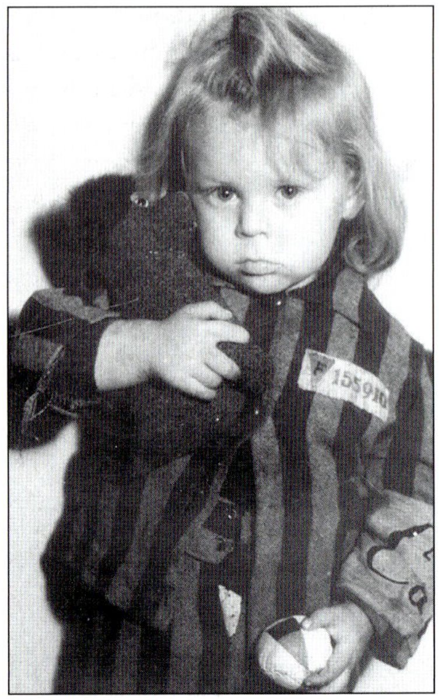

In einem Konzentrationslager eine normale Kindheit zu erleben war unmöglich, doch oftmals versuchten die Eltern und andere Erwachsene für die in den Lagern eingesperrten Kinder trotzdem ein Gefühl von Normalität zu schaffen. Dieses Mädchen in Lageruniform, das in Prag (Tschechoslowakei) fotografiert wurde, hält mit der einen Hand ein Plüschtier an sich gedrückt und in der anderen einen Ball. Die beiden Spielzeuge wurden von ihrer Besitzerin sicherlich hoch geschätzt.

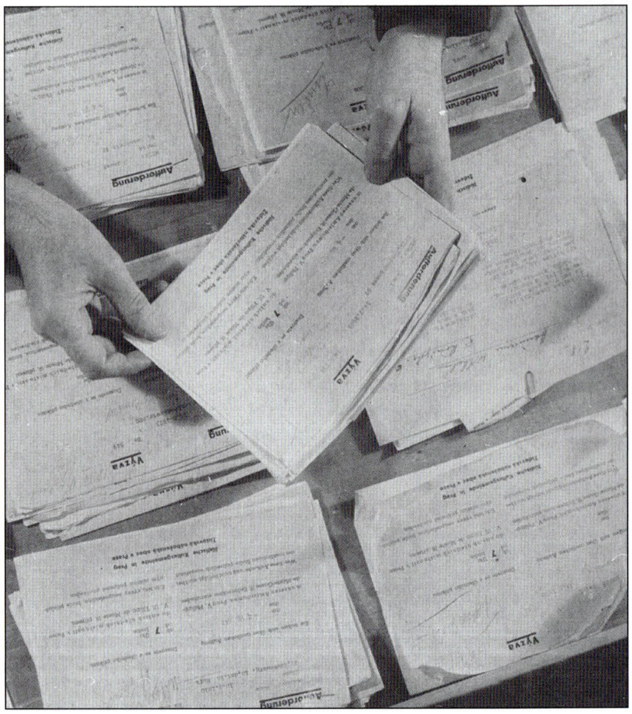

In dem Bemühen ihren Verbrechen einen Anstrich von Legalität zu geben erwiesen sich die Nazis als fanatische Liebhaber von Formularen und Papieren aller Art. Diese Deportationsmitteilungen, die man in Prag fand, bedeuteten für tausende Tschechen die Reise in den Tod. Mit solchen Papieren ließen sich die Opfer auch davon überzeugen, dass sie tatsächlich in den Osten umgesiedelt und nicht in ein Vernichtungslager abtransportiert würden.

1945

• 8. Mai 1945: Tag des Sieges in Europa: Die Alliierten nehmen die bedingungslose Kapitulation Deutschlands entgegen. • Die Rote Armee befreit das Konzentrationslager Groß-Rosen (Deutschland). • Die Alliierten nehmen Hermann Göring gefangen.

• 9. Mai 1945: Das Lager und Ghetto Theresienstadt (Tschechoslowakei) wird von sowjetischen Truppen befreit. • SS-Obergruppenführer Friedrich Krüger, der für die Massenvernichtung polnischer Juden verantwortlich war, begeht Selbstmord. • Sowjetische Truppen und Angehörige des tschechischen Widerstands bringen den deutschen Truppen in Prag eine Niederlage bei. Prag ist die letzte europäische Hauptstadt, die befreit wird. • Die Russische Befreiungsarmee, eine kollaborationistische, antikommunistische sowjetische Streitmacht mit

Die Naziärzte benutzten die menschlichen „Versuchskaninchen", die zu ihrer Verfügung standen, auf skrupellose Weise. Diese Frau, die das Konzentrationslager überlebt hat, war das Opfer schrecklicher „experimenteller" Brustoperationen. Möglicherweise testeten die Ärzte an ihr eine neue Krebstherapie oder wollten verschiedene Aspekte des weiblichen Fortpflanzungssystems untersuchen.

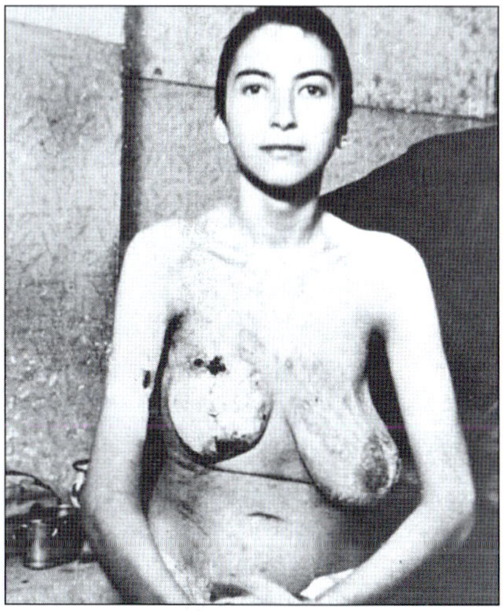

Dr. David Prato *(links)*, der Oberrabbiner von Rom, erörtert mit dem Oberrabbiner von Jerusalem, Isaac Herman Herzog, und einem Vertreter der europäischen Zentrale des amerikanischen *Joint Distribution Committee*, Arthur Greenleigh, die Probleme heimatloser europäischer Juden in Italien. Zwar waren nur 40 Prozent der so genannten *Displaced Persons*, die nach dem Krieg in die USA übersiedelten, Juden, doch die Amerikaner gingen davon aus, dass die Mehrheit der Einwanderer eben Juden seien und traten dieser Immigration entgegen. Als sich herausstellte, dass das Ziel der meisten jüdischen *Displaced Persons* Israel war, begann sich die amerikanische Meinung zugunsten der jüdischen Emigration aus Europa zu wandeln. Eine schonungslose Analyse der Situation lieferte der britische Außenminister der Nachkriegszeit Ernest Bevin: Die Amerikaner begrüßten die Öffnung Palästinas für die Juden, weil sie in New York nicht zu viele von diesen Emigranten haben wollten.

Heinrich Himmler, der Reichsführer SS, hatte sich während der letzten Kriegsmonate bemüht Juden regelrecht zu verkaufen, nur um seine eigene Haut zu retten. Bei Kriegsende gehörte er zu den meistgesuchten Kriegsverbrechern im besetzten Deutschland. Er versuchte der Verhaftung zu entgehen, indem er sich bartlos, mit einer Augenbinde und einer Wehrmachtsuniform angetan unter dem Namen Heinrich Hitzinger auf den Weg machte. Am 23. Mai 1945 wurde er trotzdem festgenommen. Unmittelbar nach seiner Verhaftung beging er Selbstmord; er zerbiss ein Glasröhrchen mit Zyanid, das er im Mund versteckt bei sich hatte.

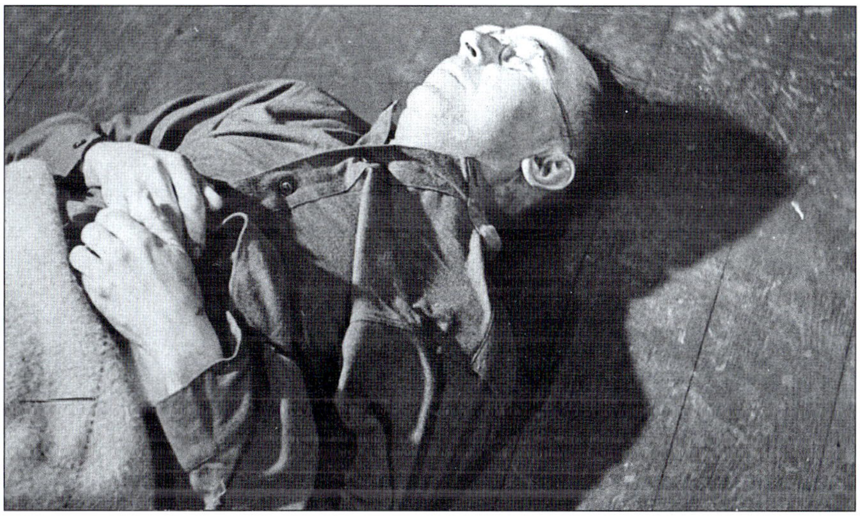

20 000 Soldaten, die sich für den Kampf an der Seite der SS entschlossen hatten, wendet sich gegen ihre deutschen „Verbündeten" in Prag. Der Befehlshaber der Armee, Andrej A. Wlassow, hält mit Unterstützung von General Sergej Bunjatschenko in harten Straßenkämpfen die deutschen Verstärkungen auf.

• 10. Mai 1945: SS-Obergruppenführer Richard Glücks, Generalinspekteur der Konzentrationslager, wird im Flensburger Marinelazarett tot aufgefunden. Die Todesursache – Selbstmord oder Mord – ist unklar. • Die deutschen Truppen in der Tschechoslowakei kapitulieren. • Der norwegische Verräter Vidkun Quisling wird verhaftet. *Siehe* 24. Oktober 1945.

• 11. Mai 1945: Josef Terboven, Reichskommissar für die besetzten norwegischen Gebiete, der viele norwegische Juden nach Deutschland deportieren ließ, begeht Selbstmord mit Dynamit.

• 19. Mai 1945: Philipp Bouhler, Mitarbeiter Hitlers und von 1939–1941 einer der beiden „Euthanasie"-Beauftragten, unter deren Regie hoffnungslos Kranken und Geisteskranken der „Gnadentod gewährt" wurde, begeht zusammen mit seiner Frau Selbstmord, als amerikanische Soldaten ihn verhaften wollen.

Riwka Tuskolaska, eine Überlebende des KZ Auschwitz, gehörte zu den Bewohnern des *Kibbuz* (ländliche Gemeinschaft mit kollektiver Wirtschaft) Buchenwald, der im Juni 1945 in der Nähe von Geringshof (Deutschland) in der amerikanischen Besatzungszone gegründet wurde. Die Mitglieder des *Kibbuz* emigrierten 1946 nach Palästina, wo sie dem *Kibbuz* Afikim beitraten, später jedoch eine eigene Gemeinschaft, den *Kibbuz* Netzer Sereni, gründeten.

Bewohner des *Kibbuz* Buchenwald tanzen die *Hora*. In diesem *Kibbuz*, den Überlebende des berüchtigten Konzentrationslagers Buchenwald (Deutschland) auf deutschem Boden gegründet hatten, sollten dessen Mitglieder durch eine landwirtschaftliche Ausbildung auf die Ansiedlung in Palästina vorbereitet werden. 1947 reisten die Bewohner an Bord der „Tel Chai" nach Palästina aus und der *Kibbuz* Buchenwald wurde aufgelöst.

Die gute Behandlung, die die in amerikanische Gefangenschaft geratenen Deutschen erfuhren, stand in starkem Gegensatz zu den Gräueltaten, die von den Nazis an sowjetischen Kriegsgefangenen, hilflosen Juden und anderen Zivilisten begangen worden waren. Diese noch nicht in die Heimat zurückgeführten deutschen Kriegsgefangenen mussten sich am Morgen des 26. Juni 1945 im New Yorker *Halloran General Hospital* versammeln, wo man ihnen Filme über die Gräueltaten der Deutschen zeigte. Ihre Reaktionen reichten von großem Interesse bis zu offen gezeigtem Schamgefühl und Schmerz.

1945

• 20.–27. Mai 1945: Vier polnische Juden, die in ihre Heimatstadt Dzialoszyce zurückkehren, werden von Polen ermordet.

• 21. Mai 1945: Viele befreite Überlebende sind noch immer im Konzentrationslager Dachau untergebracht. • SS-Gruppenführer Odilo Globocnik, der Gründer der Todeslager Bełżec, Majdanek und Sobibór, begeht kurz nach seiner Gefangennahme durch britische Soldaten Selbstmord.

• 22. Mai 1945: Polnische Freibeuter stoppen im polnischen Distrikt Białystok einen Zug und verprügeln und entführen einen Juden mit Namen Mejer Sznajder.

• 23. Mai 1945: Der ungeschickt verkleidete Heinrich Himmler wird erkannt

Im Juli 1945 erklärte sich die schwedische Regierung bereit 10 000 geschwächten Überlebenden der Konzentrationslager medizinische Hilfe zu leisten. Die ehemaligen Häftlinge wurden zunächst in das schwedische Durchgangslazarett in Lübeck (Deutschland) geschickt und dann nach Schweden gebracht. Dieser Patient war zu schwach um nach Schweden zu reisen und musste daher im Lazarett bleiben. Er wird hier von einem Angehörigen der *United Nations Relief and Rehabilitation Association* über seine eventuelle Rückkehr nach Polen befragt.

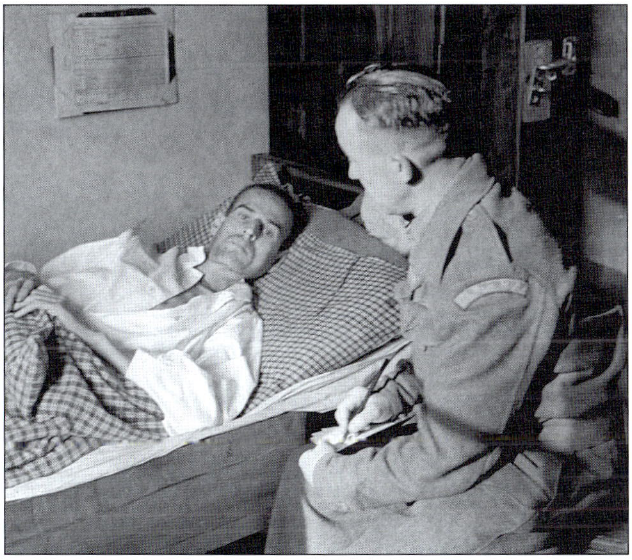

Elie Wiesel

Der Jude Elie Wiesel wurde 1944 als Jugendlicher zusammen mit seiner Familie aus Siebenbürgen nach Auschwitz-Birkenau deportiert. Seine Mutter und seine Schwester starben in den Gaskammern, er selbst wurde 1945 aus dem Konzentrationslager Buchenwald befreit. Über seine Erlebnisse während des Holocaust schrieb Wiesel ein Buch unter dem Titel „Und die Welt blieb stumm", der später in „Die Nacht" geändert wurde. Darin stellte er die Frage, weshalb sowohl die Alliierten als auch der Gott der Juden angesichts der Apokalypse, die der Holocaust darstellte, geschwiegen haben.

Wiesel, der 1986 den Friedensnobelpreis erhielt, hat in zahllosen Abhandlungen und in mehr als 20 Büchern auf ergreifende Weise das jüdische Leben und die jüdische Geisteshaltung porträtiert. Er hat darauf aufmerksam gemacht, dass „zwar nicht alle Opfer [des Holocaust] Juden, aber alle Juden Opfer waren".

Er rüttelte das Gewissen der Welt auf, als er die Entscheidung des US-amerikanischen Präsidenten Ronald Reagan den Bitburger Friedhof zu besuchen, auf dem auch Angehörige der SS begraben waren, öffentlich infrage stellte und erklärte: „Herr Präsident, Ihr Platz ist bei den Opfern, nicht bei der SS." Wiesels Thema ist auch heute noch die moralische Fragwürdigkeit des Schweigens und die Notwendigkeit der menschlichen Würde.

Ein amerikanischer Soldat am „Ehrentempel", einer Gedenkstätte für die „nationalsozialistischen Märtyrer" in München. Das majestätische Denkmal sollte an verstorbene Nationalsozialisten erinnern. Die Leichen der meist jüdischen Opfer des Nationalsozialismus dagegen wurden in namenlosen Massengräbern verscharrt oder in den Verbrennungsöfen der KZ vernichtet. Die einzige Erinnerung an die Opfer der Nazis war der zum Himmel aufsteigende flüchtige Rauch.

und in Bremervörde (Deutschland) von einer britischen Patrouille verhaftet. Bei einem ersten Verhör gegen Ende des Tages in der Lüneburger Heide (Deutschland) überrascht der ehemalige Reichsführer SS seine Bewacher, indem er plötzlich eine in seinem Mund versteckte Zyanidkapsel zerbeißt und Selbstmord begeht.

• Juni 1945: Heimatlose Juden aus dem Buchenwalder Lager für *Displaced Persons* gründen den *Kibbuz* Buchenwald, dessen landwirtschaftliches Schulungszentrum jungen Juden helfen soll das (Gemeinschafts-)Leben im *Kibbuz* zu meistern. • Meinungsumfragen ergeben, dass die Juden bei den Amerikanern als eine weit größere Gefahr für Amerika gelten als deutsch- oder japanischstämmige Amerikaner.

• Mitte 1945: Auf dem ehemaligen Besitz Julius Streichers bei Pleikershof (Deutschland) wird der *Kibbuz* Nili gegründet. Dort sollen heimatlose Juden eine landwirtschaftliche Ausbildung und jüdische Mädchen und Jungen Schulunterricht erhalten.

• 14. Juni 1945: Der ehemalige Reichsaußenminister Joachim von Ribbentrop wird von den Briten verhaftet.

Primo Levi

Der italienische Jude Primo Levi war einer der Überlebenden des Holocaust. Seine literarischen Werke gehören zu den hervorragendsten Darstellungen des Lebens in den Konzentrationslagern der Nationalsozialisten.

Als die italienische Regierung unter Pietro Badoglio 1943 vor den Alliierten kapitulierte und die Deutschen damit veranlasste einen Großteil des Landes zu besetzen, floh der in Turin (Italien) geborene und als Chemiker ausgebildete Levi in die Berge. Nachdem ihn eine faschistische Miliz aufgegriffen hatte, wurde er im Durchgangslager Fossoli (Italien) interniert und dann im Februar 1944 nach Auschwitz-Birkenau geschickt.

Jene zehn Monate in Birkenau bilden den Rahmen der Erinnerungen, die Primo Levi unter dem Titel „Ist das ein Mensch?“ veröffentlichte. Dieses ergreifende Buch beschreibt das berüchtigte Todeslager als ein „biologisches und soziales Experiment von gigantischen Ausmaßen“.

Levis Selbstmord im Jahr 1987 erinnert auf schmerzliche Weise an die lange anhaltenden Auswirkungen des Holocaust.

Pierre Laval, ehemaliger kollaborationswilliger Ministerpräsident Vichy-Frankreichs, bei seiner Aussage im Prozess gegen Marschall Philippe Pétain *(sitzend, rechts)*, der des Hochverrats angeklagt war. Pétain wurde für schuldig befunden und zum Tode verurteilt, doch General Charles de Gaulle wandelte das Urteil in lebenslange Haft und Verbannung auf die Insel Yeu um. Zwei Monate später stand Laval selbst vor Gericht; er wurde nach einem flüchtigen Prozess, in dem man keine Zeugen der Verteidigung anhörte, eilig verurteilt. Laval beharrte auf seiner Unschuld, wurde aber trotzdem am 9. Oktober 1945 hingerichtet.

Im August 1945 hielt die Führung der zionistischen Bewegung in London ihren Zionistischen Weltkongress ab. In der ersten Reihe stehen hier *(von links nach rechts)* Jizchak Zuckerman, Chajka Grossman, Emil Sommerstein und ein nicht identifizierter Mann; in der zweiten Reihe Abba Hillel Silver, Moshe Sharett und Nahum Goldmann; in der dritten Reihe Moshe Sneh, Jizchak Gruenbaum und eine weitere nicht identifizierte Person. Die Konferenzteilnehmer protestierten gegen die Weigerung Großbritanniens mehr Juden nach Palästina einreisen zu lassen. In Palästina führte der Unwille der jüdischen Bevölkerung zu vermehrten heftigen Angriffen gegen die Briten.

1945

• 30. Juni – 14. Juli 1945: *Lest We forget* (Damit wir nicht vergessen), eine Wanderausstellung von Fotos aus den Todeslagern, die von der *St. Louis Post-Dispatch* und dem Washingtoner *Evening Star* organisiert wurde, wird in Boston (US-Bundesstaat Massachusetts) und im Mittelwesten gezeigt. Fast 90 000 Amerikaner sehen die Bilder.

• 25. Juli 1945: Kurt Gerstein, Befürworter des „Euthanasie“-Programms und ehemaliger Leiter der Technischen Desinfektionsabteilung des Berliner Hygiene-Instituts der Waffen-SS, erhängt sich im Gefängnis.

• 30. Juli 1945: Der Alliierte Kontrollrat übernimmt die oberste Regierungsgewalt in Deutschland. *Siehe* 10. Oktober 1945.

• 31. Juli 1945: Der französische kolla-

Vidkun Quisling, der Anführer der nationalsozialistischen Bewegung in Norwegen, half 1940 die deutsche Besatzungsmacht in seiner Heimat zu etablieren. Während der fünf darauf folgenden Jahre starben tausende norwegischer Patrioten, die den Besatzern Widerstand leisteten. Am 19. Juni 1945 wurde Quisling gezwungen sich einige der Massengräber anzuschauen, in denen man die in der Besatzungszeit ermordeten Menschen verscharrt hatte. Am 24. Oktober, als er hingerichtet wurde, bezahlte der Verräter Quisling für seine Verbrechen.

Der hier abgebildete britische Generalleutnant Sir Frederick Morgan wurde gegen Ende des Sommers 1945 zum Direktor der reichlich zwei Jahre zuvor gegründeten *United Nations Relief and Rehabilitation Administration (UNRRA)* ernannt. Mit dem Kriegsende wurde zwar schon lange vor der Einstellung der Kampfhandlungen gerechnet, trotzdem war die *UNRRA* zunächst mit der gewaltigen Zahl heimatloser und entwurzelter Menschen überfordert, die man in den *DP*-Lagern untergebracht hatte oder die über die ehemaligen Schlachtfelder und durch vormals besetzte Länder irrten.

Die Verhaftung Ferenc Szálasis am 5. Oktober 1945. Szálasi führte nach dem Sturz des Regimes Admiral Miklós Horthys in Ungarn eine nazihörige Marionettenregierung an. Horthy hatte die Judendeportationen nach Auschwitz eingeschränkt und sich um einen Friedensschluss mit der Sowjetunion bemüht. Im Herbst 1944 schickte das Szálasi-Regime zehntausende Juden auf Todesmärsche.

borationistische Politiker Pierre Laval wird in Österreich verhaftet. *Siehe* **9. Oktober 1945.**

• **August 1945: Der 22. Zionistische Weltkongress fordert die sofortige Einreisegenehmigung für 100 000 jüdische Flüchtlinge nach *Erez Israel*. Großbritannien weigert sich und provoziert damit gewalttätige Ausschreitungen des jüdischen Untergrunds in Palästina, die von den Organisationen *Haganah*, *Palmach*, *Lohame Herut Israel* (Stern-Gruppe) und *Irgun Zwai Leumi (IZL*, Militärische Nationale Organisation*)* getragen werden.**

• **6. August 1945: Aus einer US-amerikanischen B-29 wird eine Atombombe auf Hiroshima (Japan) abgeworfen.**

• **8. August 1945: Die Alliierten treffen zur Ausarbeitung einer Charta für ein Internationales Militärtribunal zusammen, das deutsche Kriegsverbrecher vor Gericht stellen soll. • Die Sowjetunion erklärt Japan mit Wirkung vom 9. August den Krieg.**

• **9. August 1945: Aus einer amerikanischen B-29 wird eine Atombombe auf Nagasaki (Japan) abgeworfen.**

• **11. August 1945: In Kraków (Polen) kommt es zu antijüdischen Ausschreitungen.**

Displaced Persons

Nach der Kapitulation Nazideutschlands am 8. Mai 1945 gab es schätzungsweise elf Millionen Europäer, vor allem nichtdeutsche und nichtösterreichische Staatsangehörige, die von ihren Heimatländern getrennt worden und entwurzelt waren. Sie wurden von den Alliierten und der *United Nations Relief and Rehabilitation Administration (UNRRA)*, die am 9. November 1943 gegründet worden war um sich mit den zu erwartenden Problemen der Heimatlosen und Entwurzelten zu beschäftigen, als *Displaced Persons (DP)* klassifiziert.

In Deutschland gab es sieben Millionen *Displaced Persons*. Die Mehrzahl dieser Menschen war während des Krieges zur Zwangsarbeit für das Dritte Reich nach Deutschland gebracht worden. Die Nazis hatten allein etwa 800 000 Polen zur Arbeit verpflichtet. Zu den Heimatlosen gehörten darüber hinaus auch ehemalige Häftlinge, unter ihnen rund 200 000 Juden, die Nazilager und Todesmärsche überstanden hatten und erst kurz vor Kriegsende befreit worden waren.

Bis Ende 1945 gingen zwar über sechs Millionen dieser Menschen in ihre Heimatländer zurück, doch zwischen anderthalb und zwei Millionen von ihnen lehnten eine Repatriierung ab. Bei den Nichtjuden, die nicht nach Hause zurückkehren wollten, handelte es sich vor allem um Polen, Esten, Letten, Litauer, Ukrainer und Jugoslawen. Manche, die mit den Deutschen zusammengearbeitet hatten, fürchteten politische Repressalien, andere die Verfolgung durch die kommunistischen Regimes Osteuropas.

Für die Juden stand eine Rückkehr nach Hause kaum zur Debatte. Ihre Familien waren ausgerottet, ihre Gemeinden vernichtet, ihr Besitz beschlagnahmt worden. Wenn diese Juden wirklich den Versuch unternahmen heimzukehren, wurden sie von ihren früheren Nachbarn oftmals mit Feindseligkeit und Gewalttätigkeiten empfangen.

Für jüdische *Displaced Persons* existierte die Vorstellung von einem „Zuhause“ nicht mehr. Diese Menschen fanden sich stattdessen in abstoßenden *DP*-Lagern auf deutschem Boden (wie dem hier abgebildeten Lager in Zeilsheim) wieder. Die meisten Lager dieser Art waren mit Stacheldraht umzäunt, waren überbelegt und zudem auf dem Gelände ehemaliger Arbeits- oder Konzentrationslager gelegen. Viele Juden wurden von früheren Nazikollaborateuren schikaniert und tätlich angegriffen. Die Juden hofften auf eine Gelegenheit zu emigrieren, die sie an ein Ziel wie Palästina oder die Vereinigten Staaten bringen würde, doch bis dahin mussten sie die tägliche Mühe und Anspannung erdulden.

Jüdische Kapläne der US-Armee wie Rabbi Judah Nadich und vor allem Rabbi Abraham Klausner wirkten rastlos im Interesse der jüdischen *Displaced Persons*. Sie empfahlen den alliierten Behörden mit Erfolg rein jüdische *DP*-Lager einzurichten, in denen die Bewohner unter besseren Bedingungen lebten. Das Lager Feldafing, in dem 3700 Personen wohnten, war das erste dieser Art. Die jüdischen *DP*-Lager in Landsberg und Föhrenwald boten jeweils weiteren 5000 Juden Unterkunft. In der amerikanischen Besatzungszone gab es Ende 1945 ein Dutzend *DP*-Lager ausschließlich für Juden. Die meisten Lager für heimatlose Juden waren 1952 bereits geschlossen; das Lager in Föhrenwald blieb unter Aufsicht der demokratischen Bundesrepublik Deutschland allerdings bis Anfang 1957 in Betrieb. Bis zu ihrer endgültigen Räumung hatten die jüdischen *DP*-Lager fast 250 000 Personen beherbergt.

1945

• 27. August 1945: Hermann Göring wird in Nürnberg als erster Angeklagter von Vertretern der Alliierten intensiv verhört.

• Herbst 1945: Der ehemalige Reichsärzteführer Leonardo Conti, der hunderte „geisteskranke“ Deutsche getötet hat, begeht Selbstmord.

• September 1945: Die Führung des Landsberger *DP*-Lagers gründet die jüdische politische Organisation *Ichud* (Einheit). Die Organisation agiert zunächst als Vermittler zwischen *Displaced Persons* und der US-Armee bei den Verhandlungen für die Einreise von *DPs* nach Palästina. • Die Politik hinsichtlich der *Displaced Persons* in der amerikanischen Besatzungszone wird nach einem Bericht über Übergriffe gegen diese Menschen geändert.

• 1. September 1945: Jaakow Waldman,

Frauen aus einem *DP*-Lager beim Nähkurs der *Organization for Rehabilitation through Training (ORT)*. Ab 1940 bot die *ORT* europäischen Juden die Möglichkeit einer Berufsausbildung und finanzierte auch Lehrgänge – auf den Gebieten Medizin, Grafik, Architektur und in anderen Bereichen der Kunst –, die im Fall einer Entdeckung den Unwillen der Nazis erregt hätten. Am Ende des Krieges kümmerte sich die *ORT* mit ihren Mitteln schließlich um die unmittelbaren Bedürfnisse der *Displaced Persons* in Europa. Sie war eine von mehreren Gruppen, die zum Teil mit finanzieller Unterstützung des amerikanischen *Joint Distribution Committee* arbeiteten und die versuchten den Überlebenden durch Schulung Kenntnisse und Fertigkeiten zu vermitteln, die sie brauchen würden um eine neue Arbeit zu finden und in der Welt der Nachkriegszeit für sich und ihre Familien sorgen zu können.

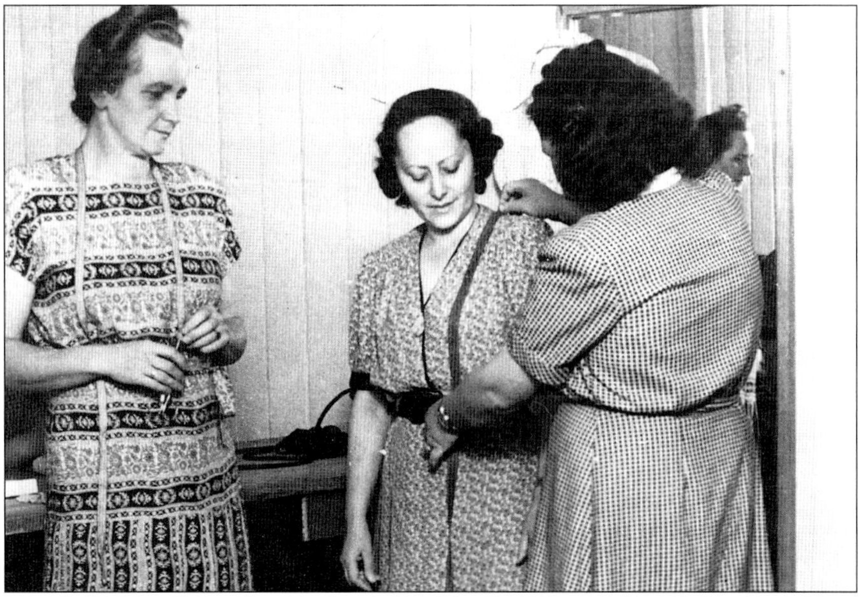

Dieses Schild der *Jewish Agency for Palestine* hing an der Tür zum Büro der Agentur im *DP*-Lager Zeilsheim (Deutschland). Die Jüdische Agentur für Palästina hatte seit den 1930er Jahren die legale wie auch die illegale Auswanderung der Juden nach Palästina gefördert. Nach Schätzungen der britischen Behörden kamen in der Zeit zwischen 1940 und 1945 rund 58 000 europäische Juden, darunter eine bedeutende Anzahl illegal eingereister Personen, in Palästina an.

Manche Juden wanderten ganz legal in Palästina ein, so auch der hier abgebildete Mann, der als Passagier der „Transsylvania" einreiste. Er wird hier nach seiner Ankunft am 26. Oktober 1945 in Haifa von Journalisten interviewt. Damaligen Schätzungen zufolge reisten in der Zeit vom 1. Januar 1946 bis zum 15. Mai 1948 48 451 Juden nach Palästina ein, 30 000 davon illegal.

Ein großer Teil der SS-Wachmannschaften der Lager wurde von den Alliierten gefangen genommen; auch die Aufseher des Konzentrationslagers Dachau (Deutschland) machten da keine Ausnahme. Dachau war im April 1945 von amerikanischen Truppen befreit worden und Mitte November begann ein Prozess gegen 40 ehemalige Angehörige des Lagerpersonals, der einen Monat dauerte. 36 Angeklagte wurden zum Tode verurteilt. Die Abbildung zeigt den Haupteingang zum Gericht, das seinen Sitz auf dem ehemaligen Lagergelände hatte.

Als Folge des Holocaust hatten viele Menschen jüdischen Glaubens, vor allem Kinder, die Bindung zu ihrem Kulturerbe verloren. Für die Juden war es daher wichtig die jungen Überlebenden mit dem Judentum vertraut zu machen und entsprechend zu unterrichten. Das Foto entstand während einer Hebräischstunde im *DP*-Lager Zeilsheim (Deutschland). An der Tafel ist eine hoffnungsvolle – und entschlossen klingende – Botschaft zu lesen: „Die Juden werden in das Land Israel einwandern."

Das Foto zeigt Dr. Hans Marx, Dr. Otto Stahmer und Dr. Fritz Sauter *(Zuordnung der Namen zu den Personen nicht möglich)*, die während der Nürnberger Prozesse als Verteidiger auftraten. Je nachdem, wen sie zu verteidigen hatten, argumentierten sie, dass ihr Mandant „nur Befehle ausgeführt" oder nichts über die Verbrechen des Naziregimes gewusst habe. Manche Verteidiger behaupteten sogar, das Tribunal sei nicht zuständig für ihre Mandanten. Die von ihnen verteidigten Angeklagten – Julius Streicher, Hermann Göring und Rudolf Heß – wurden alle verurteilt.

1945

Überlebender eines Todesmarsches von 1942, wird in Turek (Polen) von Polen ermordet.

- **2. September 1945: Die Kapitulation Japans beendet den Zweiten Weltkrieg.**
- **17. September – 17. November 1945: In Lüneburg (Deutschland) stehen 48 ehemalige Mitarbeiter der Lagerverwaltung Bergen-Belsen (Deutschland) vor Gericht. Elf werden zum Tode verurteilt und hingerichtet, 23 erhalten Gefängnisstrafen.**
- **20. September 1945: Die *Jewish Agency für Palestine* erhebt zum ersten Mal Anspruch auf Wiedergutmachung von deutscher Seite für die Naziverbrechen gegen die Juden.**
- **Ende September 1945: Von 100 000 beschlagnahmten Nazidokumenten wählen die Alliierten rund 4000 unter dem**

Jene, die den Holocaust überstanden hatten, führten auch nach der Befreiung ein unsicheres Leben. Die meisten wussten nicht, wo sie leben sollten, hatten keine Familien mehr und nichts zu essen. Ohne massive Hilfsaktionen hätten viel weniger von ihnen überlebt. Zu den Organisationen, die bei der Unterstützung dieser Menschen eine wichtige Rolle spielten, gehörten auch das Rote Kreuz und das amerikanisch-jüdische *Joint Distribution Committee (JDC)*. Das in Wien aufgenommene Foto zeigt Harry Weinsaft, ein Mitglied des *JDC*, der an heimatlose und entwurzelte Juden Rot-Kreuz-Pakete verteilt.

Männer, Frauen und Kinder aus der Sowjetunion beim Spaziergang auf der Straße eines *DP*-Lagers in Allach bei München. Die zum Trocknen aufgehängte Wäsche zeugt von den Bemühungen der Menschen ein halbwegs normales Leben zu führen. Am Ende des Krieges lebten über ganz Europa verstreut sieben bis neun Millionen *Displaced Persons*; die meisten wussten nicht, was die Zukunft ihnen bringen würde.

Das Joint Distribution Committee

Das amerikanisch-jüdische *Joint Distribution Committee (JDC)* war der wichtigste Vermittler der Hilfsaktionen, die das amerikanische Judentum während des Krieges und auch danach durchführte. Das *JDC* unternahm zwar keine große Rettungsaktion in Europa, seine Bemühungen im Interesse des europäischen Judentums nach dem Zweiten Weltkrieg waren jedoch besonders wichtig.

Die Aktivitäten und Hilfsaktionen des Komitees während des Holocaust erhöhten die Überlebenschancen vieler Juden. Mit den Fonds des *JDC* wurden europäische Waisenhäuser, Hospitäler und Suppenküchen unterstützt. Die Geldmittel des Komitees halfen auch falsche Ausweispapiere für Juden zu beschaffen und Lebensmittelpakete an die in Konzentrationslagern und Ghettos eingesperrten Juden zu schicken.

Nach dem Krieg verstärkte das Komitee seine Anstrengungen. Zusammen mit anderen Organisationen leistete das *JDC* den in Europas Lagern für *Displaced Persons* lebenden Menschen enorme Hilfe. Von 1946 bis 1950 gab das Komitee 280 Millionen Dollar für Lebensmittel, Kleidung, Bücher, Schulbedarf und andere notwendige Dinge aus. Auf dem Foto erörtern zwei Angehörige des *JDC* die auf der Karte eingetragenen Aktivitäten der Organisation in der amerikanischen Besatzungszone Deutschlands.

Nach der Gründung des israelischen Staates half das *JDC* Flüchtlinge nach Israel zu bringen und Berufsausbildungszentren aufzubauen. Dass Israel die Hindernisse der ersten Zeit überwand und den Überlebenden des Holocaust Gelegenheit gab ihr Leben neu aufzubauen, war zu einem nicht geringen Teil dem Engagement des *Joint Distribution Committee* zu verdanken.

Gesichtspunkt aus, dass sie für die Gerichtsverfahren zur Ahndung von Kriegsverbrechen beweiserheblich sind.

• Oktober 1945: In Boleslawiec (Polen) werden acht Juden von Angehörigen einer antisemitischen polnischen Widerstandsgruppe ermordet. • Pastor Martin Niemöller, Angehöriger der Opposition gegen Hitler und Gründer des Pfarrernotbundes, aus dem sich später die Bekennende Kirche entwickelt, verfasst das Stuttgarter Schuldbekenntnis, in dem er die Kollektivschuld des deutschen Volkes am Hitlerregime behauptet.

• 6. Oktober 1945: Prominente deutsche Häftlinge in Nürnberg werden zum ersten Mal darüber informiert, dass sie als Angeklagte vor einem internationalen Tribunal stehen sollen.

• 9. Oktober 1945: Nach seinem Prozess in Paris wird der französische Politiker und Kollaborateur Pierre Laval von einem Erschießungskommando hingerichtet.

• 10. Oktober 1945: Die NSDAP wird über 25 Jahre nach ihrer Gründung in München aufgelöst.

• 24. Oktober 1945: Der norwegische Verräter Vidkun Quisling wird in Oslo (Norwegen) hingerichtet. • Robert Ley,

Die Kriegsverbrecherprozesse

Während des Zweiten Weltkrieges wurden in Europa über 35 Millionen Menschen – meist Zivilisten – getötet. Welche Behandlung sollte nun den Naziführern zuteil werden, die den Völkermord entfesselt hatten? Mit dieser Frage beschäftigten sich die Alliierten in Nürnberg, wo eine Reihe von Kriegsverbrecherprozessen stattfand.

Am 20. November 1945 nahm Robert H. Jackson, Richter am US-amerikanischen *Supreme Court*, in Nürnberg die strafrechtliche Verfolgung auf. Die grausamsten und zahlreichsten Verbrechen, die die Nazis geplant und begangen hätten, so betonte er, seien gegen die Juden gerichtet gewesen. Hitler, Heinrich Himmler und andere führende Nazis hörten seine Worte nicht mehr. Sie hatten sich einer Gerichtsverhandlung durch Selbstmord entzogen. Auf der Anklagebank saßen allerdings 22 weitere Nazis, als das Internationale Militärtribunal (IMT), in dem Richter der alliierten Mächte – Großbritanniens, Frankreichs, der UdSSR und der USA – vertreten waren, mit seiner Arbeit begann.

Unter den Angeklagten befanden sich Martin Bormann, ehemaliger Leiter der NSDAP-Kanzlei, Sekretär und Chefberater Hitlers, der in Abwesenheit verurteilt wurde (Bormann war nicht gefunden worden und galt als tot); Hermann Göring *(auf der Anklagebank links)*, der Reinhard Heydrich zur Vorbereitung der „Endlösung“ ermächtigt hatte; Ernst Kaltenbrunner, ehemaliger Chef des Reichssicherheits-Hauptamtes; Hans Frank, ehemaliger Generalgouverneur im besetzten Polen; und Julius Streicher, ein führender antisemitischer Propagandist.

Ungeachtet der Eröffnungserklärung Jacksons verwiesen die Anklagen gegen diese Männer nicht speziell auf die Verbrechen gegen das Judentum. Stattdessen stand jeder Angeklagte in Nürnberg wegen mindestens eines der folgenden Anklagepunkte vor Gericht: (1) Verbrechen gegen den Frieden, (2) Kriegsverbrechen, (3) Verbrechen gegen die Menschlichkeit, (4) Verschwörung zur Ausführung eines dieser Verbrechen.

Das IMT sprach drei der Angeklagten frei. Zwölf – unter ihnen Bormann, Göring, Kaltenbrunner, Frank und Streicher – wurden zum Tod durch den Strang verurteilt. Albert Speer und sechs andere Angeklagte, die Häftlinge der Konzentrationslager als Arbeitssklaven benutzt hatten, erhielten Gefängnisstrafen.

Von Oktober 1946 bis April 1949 fanden unter amerikanischer Verantwortung 12 weitere Gerichtsverfahren in Nürnberg statt. Die Anklagen gegen Nazikriegsverbrecher hatten auch Prozesse vor einer Reihe anderer Gerichte zur Folge. Doch wurden nur wenige der Täter, die zu tausenden direkt an den Kriegsverbrechen und am Holocaust beteiligt waren, schließlich vor Gericht gebracht.

Dieser Mangel schmälert die Bedeutung jener Verfahren der Nachkriegszeit jedoch nicht. Die Prozesse dokumentierten viel von dem Geschehenen und ihre Akten wurden zu einem offiziellen Bericht, der noch heute Zeugnis vom Holocaust ablegt. Zudem verschafften sie wichtigen Prinzipien Geltung: Führungspersönlichkeiten können für Verbrechen, die bei der Praktizierung ihrer Regierungspolitik begangen wurden, rechtlich zur Verantwortung gezogen werden und Einzelpersonen können sich nicht einfach mit der Behauptung verteidigen, sie hätten nur Befehle befolgt.

Nach den Prozessen nahmen die Vereinten Nationen eine Konvention zur Verhinderung von Verbrechen des Völkermordes sowie eine Allgemeine Erklärung der Menschenrechte (UNO-Menschenrechtsdeklaration) an.

1945

ehemaliger Leiter der Deutschen Arbeitsfront, erhängt sich in seiner Gefängniszelle in Nürnberg.

• 25. Oktober 1945: In Sosnowiec (Polen) werden Juden tätlich angegriffen.

• 15. November – 14. Dezember 1945: 40 ehemalige Angehörige der Lagerverwaltung Dachau werden vor Gericht gestellt. 37 Personen werden zum Tode verurteilt, einige in Abwesenheit.

• 19. November 1945: In Lublin (Polen) kommt es zu antijüdischen Ausschreitungen.

• 20. November 1945: In Nürnberg werden die Verfahren gegen ehemalige führende Nazis eröffnet, die angeklagt sind Kriegsverbrechen begangen zu haben. Unter den Angeklagten befinden sich Hermann Göring, Alfred Rosenberg, Rudolf Heß und Julius Streicher.

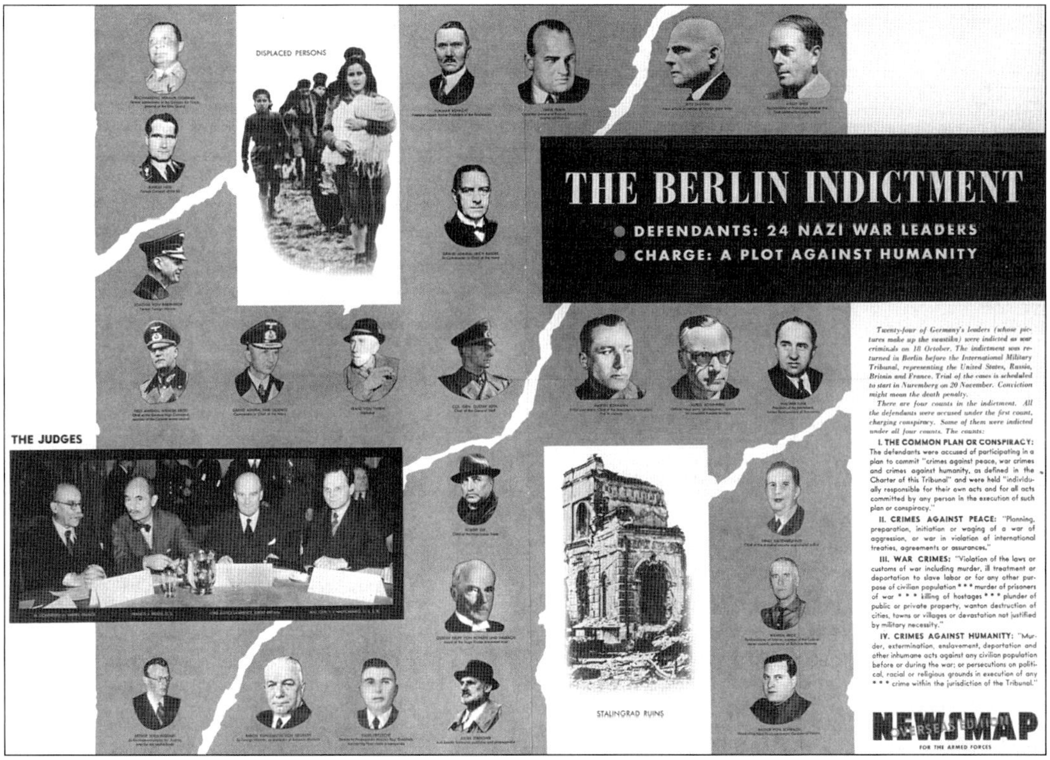

Das Plakat sollte die amerikanischen Soldaten über die Anklage gegen Nazis informieren, die unter dem Verdacht standen Kriegsverbrecher zu sein. Diese Mitglieder der deutschen Führung wurden dreier Verbrechen – bei unterschiedlicher Beteiligung – beschuldigt: Verbrechen gegen die Menschlichkeit, Planung eines Aggressionskrieges und Kriegsverbrechen. Da die Nürnberger Prozesse in der Geschichte beispiellos waren, hielten es die Alliierten für sehr wichtig ihren Bürgern und Soldaten und auch dem deutschen Volk den Zweck der Prozesse zu erläutern.

Die Angeklagten, über die in Nürnberg gerichtet wurde, hören die gegen sie erhobenen Anklagen. Unter den hochrangigen Nazis befanden sich neben anderen *(vordere Reihe der Anklagebank, ganz links beginnend)* Hermann Göring, Rudolf Heß, Joachim von Ribbentrop, Wilhelm Keitel. Das Verfahren gegen die Hauptkriegsverbrecher kann wohl als „Prozess des Jahrhunderts" gelten.

Julius Streicher während des Verhörs im Verfahren gegen die Hauptkriegsverbre-

cher in Nürnberg. Streicher, ein berüchtigter Antisemit, war der Herausgeber des pornographischen Käseblatts „Der Stürmer". Er war eine derart widerwärtige Person, dass niemand in der Nazibewegung ihn ernst nahm und er nur wenig Einfluss auf die Ereignisse während der Jahre der Naziherrschaft hatte. Dennoch galt er bei den Alliierten als verantwortlich für die Aufhetzung zum Judenhass, der den Holocaust erst möglich machte, und so wurde er der Verbrechen gegen die Menschlichkeit für schuldig befunden. Streicher wurde am 16. Oktober 1946 in Nürnberg gehängt. Seine letzten Worte waren: „Heil Hitler!".

Robert H. Jackson

Robert H. Jackson, der leitende Vertreter der Anklage beim Internationalen Militärtribunal in Nürnberg, brachte für diese Aufgabe reiche Erfahrungen als Richter ein. Der für seine Integrität sehr geschätzte Jackson stand im Dienst der Roosevelt-Regierung – zunächst als Generalstaatsanwalt und später als Justizminister –, bevor er an den *Supreme Court* berufen wurde. Präsident Harry Truman bestimmte ihn zum Vertreter der USA bei den Verfahren und verlieh ihm den Dienstgrad eines Generalleutnants der Armee.

Jackson, ein redegewandter Sprecher für jene Menschen, die unter der Naziherrschaft gelitten hatten, erklärte, dass der Kläger im Prozess gegen die Naziführer weder eine einzelne Nation noch die Gemeinschaft der Alliierten sei. Der Kläger sei in Wahrheit die „Zivilisation". In seinem Schlussplädoyer erklärte er: „Wenn Sie von diesen Männern sagen sollten, dass sie nicht schuldig seien, so wäre es ebenso wahr zu sagen, dass es keinen Krieg gegeben habe, dass niemand erschlagen und kein Verbrechen begangen worden sei."

Ein amerikanischer Militärpolizist wirft einen Blick in die Zelle Hermann Görings, des prominentesten Häftlings im Nürnberger Stadtgefängnis. Da die Alliierten fürchteten, dass die angeklagten Naziführer versuchen würden, ihrer Hinrichtung durch Selbstmord zu entgehen, wurden Gefangenen unter ständiger Beobachtung gehalten. Hitler, Joseph Goebbels und Heinrich Himmler hatten lieber den Freitod gewählt als sich der Gerechtigkeit zu stellen. In der Tat sollte Göring mit Zyanid, das er monatelang gut verborgen hatte oder das ihm von nicht identifizierten Personen heimlich zugesteckt worden war, am 14. Oktober 1946 Selbstmord begehen.

Die amerikanischen Beamten, die die Kriegsverbrechen zu untersuchen hatten, feierten im November 1945 in Nürnberg *Thanksgiving.* Der Duft des Essens machte auch dem ehemaligen SS-Standartenführer Joachim Peiper, dessen Zelle unter dem Speiseraum lag, Appetit. Peiper war angeklagt das Massaker an 86 unbewaffneten amerikanischen Militärangehörigen, die 1944 bei Malmédy (Belgien) gefangen genommen worden waren, zugelassen zu haben. Da die Häftlinge in Nürnberg nur mäßige Rationen erhielten, ließ Peiper die Feiernden wissen, er würde, wenn man ihm die Reste ihres Festessens überließe, auch etwas dafür tun. Hier bedient der gedemütigte Peiper seine „Gegner" bei Tisch. Er erhielt dafür wie vereinbart die Reste, wurde aber am nächsten Tag zu weiteren Verhören in die Dienststelle der Alliierten in Dachau verlegt. Peiper 1946 zum Tode verurteilt, zehn Jahre später aber aus dem Gefängnis entlassen.

1945

• Dezember 1945: Antisemitisch eingestellte Polen ermorden in Kosow-Lacki (Polen), nur zehn Kilometer vom Standort des Vernichtungslagers Treblinka entfernt, elf Juden. • Der amerikanische Soziologe Oliver Cox kommt zu dem Schluss, dass die Christen in den USA „den Juden" als ihren unversöhnlichen Feind im eigenen Land, die Antithese zu ihrem Gott, den Störenfried ihrer Lebensweise und ihrer sozialen Bestrebungen betrachten.

• 22. Dezember 1945: Das amerikanische Gesetz über *Displaced Persons* erleichtert Nazikriegsverbrechern die Einwanderung in die USA. Es begünstigt vor allem Balten, Ukrainer und so genannte Volksdeutsche, von denen sich viele „auf einem hohen Niveau der Kollaboration" mit den Deutschen enga-

Der Naziarzt Dr. Claus Schilling steht im ehemaligen Konzentrationslager Dachau bei München vor Gericht. Dr. Schilling, der angeklagt war über 1000 Häftlinge mit Malaria infiziert zu haben, wurde für schuldig befunden und zum Tode verurteilt. Er bat das Gericht dennoch seine „großartige Arbeit" anzuerkennen. „Es wäre ein großer Verlust, wenn ich meine Arbeit nicht beenden könnte", so sagte er. „Ich brauche nur einen Tisch, einen Stuhl und eine Schreibmaschine. Es wäre eine große Hilfe für die Wissenschaft, für meine Kollegen und auch gut für meine Rehabilitierung." Darauf brach er seine Rede ab und weinte.

Zu den zahlreichen Beispielen illegaler Einwanderung nach Palästina gehörte auch die Aktion mit der hier abgebildeten „Chana Szenes". Das Schiff verließ am 14. Dezember 1945 Vado (Italien); es konnte den britischen Patrouillenbooten entkommen und lief dann nördlich von Haifa (Palästina) bei Naharija auf Grund. Auf dem Transparent ist zu lesen: „Dieses Schiff ‚Chana Szenes' hat mit Hilfe der jüdischen Widerstandsbewegung Einwanderer hierher gebracht. Mag dieses Schiff als Denkmal für die sechs Millionen Brüder und Schwestern, die in Europa starben, und als Zeichen der Schande der britischen Regierung erhalten bleiben."

Eine Mitarbeiterin der *United Nations Relief and Rehabilitation Association* in Klagenfurt (Österreich) bei der Kontrolle der Anzahl und Nationalität der ins Land gekommenen *Displaced Persons* (Aufnahme vom Dezember 1945). Die *DP*-Lager in Österreich waren überfüllt, und viele Bewohner lehnten es ab Arbeit zu leisten, die den Wiederaufbau der österreichischen Wirtschaft gefördert hätte. Die meisten Flüchtlinge, die sich in Österreich befanden, wollten nach Palästina auswandern – ein berechtigter Wunsch, dem sich die britische Regierung trotzdem heftig widersetzte.

giert hatten. Das Gesetz benachteiligt andererseits jüdische Flüchtlinge. Bei der Beratung der Gesetzesvorlage bringen viele Kongressabgeordnete und Angehörige des Außen-, des Justiz- und des Innenministeriums indirekt und bei Gesprächen unter vier Augen ihre antijüdischen Empfindungen zum Ausdruck.

- **1945 – 1950: Die Einkerkerung in deutschen Konzentrationslagern überstehen zwischen 250 000 und 300 000 Juden. Rund sechs Millionen Juden sind umgekommen. Etwa 1,6 Millionen europäische Juden, die nicht eingesperrt waren, überleben ebenfalls. In dieser Zeit wandern die Juden massenhaft aus Europa aus: 142 000 nach Palästina/Israel; 72 000 in die USA; 16 000 nach Kanada; 8000 nach Belgien und rund 10 000 in andere Länder. Die Reaktionen der Regierungen auf die illegale Emigration von 1945 – 1947 variieren: Die Sowjetunion zeigt in der Hauptsache Desinteresse; Großbritannien, das um sein Mandatsgebiet Palästina besorgt ist, reagiert auch weiterhin mit heftiger Ablehnung; die US-amerikanischen Streitkräfte lassen die illegale Emigration eingedenk dessen, dass in der Heimat eine projüdische Haltung Fuß fasst, ungehindert vor sich gehen.**

STEBEN NACH GERECHTIGKEIT

1946

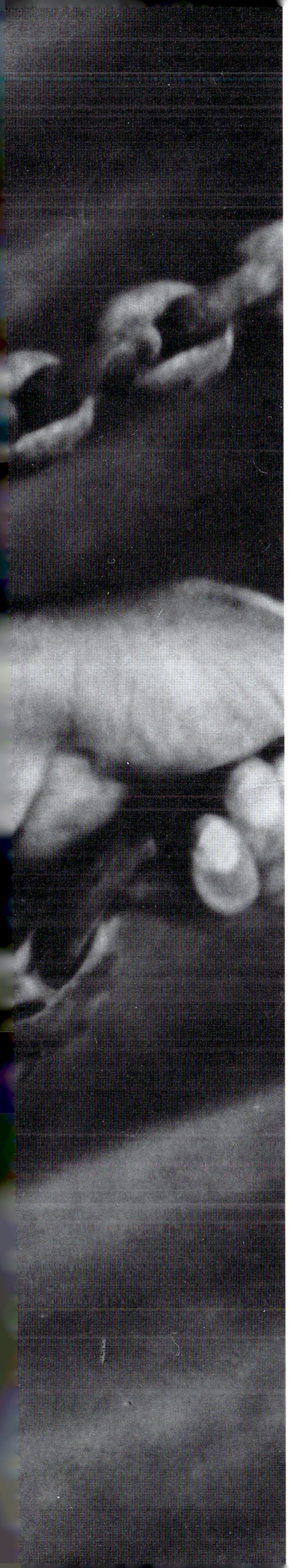

ALS sich an einem Tag Ende November 1946 ein Schneesturm zusammenbraute, machte sich in Buffalo (US-Bundesstaat New York) eine jüdische Frau namens Gerda Weissmann Klein nach ihrem Einkauf beim Lebensmittelhändler eilig auf den Heimweg. Das Einkaufen war eine wichtige Angelegenheit für sie. Die Wörter und Bilder auf den Warenetiketten halfen ihr beim Englischlernen. Die mit Lebensmitteln gefüllten Regale beruhigten sie; ihre anscheinend endlose Fülle bedeutete, dass sie nie wieder vor Hunger würde vergehen müssen.

Nachdem sie ihre Einkäufe ausgepackt hatte, nahm Gerda das Brot, das sie gekauft hatte, setzte sich ans Fenster ihres Wohnzimmers und begann, während sie das Wirbeln des Schnees im Sturm beobachtete, von dem Laib zu essen. Obwohl das Brot frisch war, begann es allmählich salzig und klitschig zu schmecken, denn Gerda weinte und ihre Tränen durchtränkten den Teig.

Die Holocaust-Überlebende Gerda Klein, deren bemerkenswerte Geschichte Gegenstand des mit dem *Academy Award* ausgezeichneten Dokumentarfilms *One Survivor Remembers* (Eine Überlebende erinnert sich) ist, erzählt diese Episode in ihrem Lebensbericht *All But My Life* (Nichts als das nackte Leben). Sie hatte zu essen, doch die Erinnerung sagte ihr, das etwas dabei fehlte. „Während der langen Jahre der Entbehrung", rief sie sich ins Gedächtnis zurück, „hatte ich davon geträumt, dass ich mich an einem warmen Ort und in Frieden satt esse, doch ich dachte dabei nie, dass ich mein Brot einmal allein essen würde."

Allein war Gerda, die mit Kurt Klein, einem ehemaligen Leutnant der US-Armee verheiratet war, nicht – und dennoch fühlte sie sich so. Die 1924 geborene Gerda Weissmann hatte 1939 die deutsche Besetzung ihrer Heimatstadt Bielitz (Polen) miterlebt. Sie hatte Jahre in Arbeitslagern der Nazis verbracht und 1945 unmenschliche Todesmärsche ausgehalten, bevor sie von amerikanischen Soldaten, unter denen sich auch Kurt Klein befand, Anfang Mai in Volary (Tschechoslowakei) befreit wurde.

Nachdem sich Kurt und Gerda in Volary kennen gelernt und ineinander verliebt hatten, heirateten sie. Im September 1946 zogen sie nach Buffalo und begannen sich dort ein langes und erfolgreiches gemeinsames Leben aufzubauen. Dennoch wurde Gerda noch immer von „einer bohrenden Erinnerung" und vor allem von „einer alles durchdringenden Einsamkeit" gequält, denn sie hatte während des Holocaust den größten Teil ihrer Familie und viele Freunde verloren.

Während Gerda Klein gegen ihren Schmerz ankämpfte, versuchte der US-amerikanische Brigadegeneral Telford Taylor die Nazitäter vor Gericht zu bringen. Der erfahrene Rechtsgelehrte Taylor hatte ein Jahr zuvor zu dem Juristenteam gehört, das von Robert H. Jackson, Richter am US-amerikanischen *Supreme Court*

Dieser jüdische Überlebende des Holocaust, der ehemalige Häftling B-12077, fand in Palästina eine nutzbringende Tätigkeit.

1946

und amerikanischer Hauptankläger beim Internationalen Militärtribunal (IMT), zusammengestellt worden war. Das IMT, dem Vertreter Frankreichs, Großbritanniens, der Sowjetunion und der Vereinigten Staaten angehörten, war zwölf Monate tätig gewesen um über 24 der wichtigsten Naziführer Recht zu sprechen.

Das IMT brachte in den Nürnberger Prozessen vier Anklagepunkte gegen die Beschuldigten vor: (1) Verbrechen gegen den Frieden, (2) Kriegsverbrechen, (3) Verbrechen gegen die Menschlichkeit und (4) Verschwörung zur Durchführung der vorgenannten Verbrechen. In den Anklagen, in denen die damals kaum verbreiteten Begriffe Holocaust oder *Schoa* nicht vorkamen, wurden die Vergehen gegen die Juden oder andere zivile Bevölkerungsgruppen, die von den Nazis und deren Kollaborateuren verfolgt worden waren, nicht ausdrücklich genannt. Zugleich definierte Artikel 6 der Charta des Internationalen Militärtribunals jedoch auch „Mord, Ausrottung, Versklavung, Deportation und andere in Vorbereitung oder bei der Führung eines Krieges gegen die Zivilbevölkerung begangene inhumane Handlungen sowie die Verfolgung aus politischen, rassischen oder religiösen Gründen …" als Verbrechen gegen die Menschlichkeit.

Taylor leitete die Verhandlung gegen das deutsche Oberkommando, die Generäle und Admirale, die die militärischen Eroberungsfeldzüge Nazideutschlands angeführt hatten. Die Eroberungen hatten eine riesige Zahl europäischer Juden unter deutsche Herrschaft gebracht und den Einsatzgruppen, der SS und auch der Wehrmacht ermöglicht einen „Krieg gegen die Juden" zu führen. Taylors Aufgabe bestand eindeutig nicht darin zu zeigen, dass die Angehörigen des deutschen Oberkommandos ebenfalls Täter des Holocaust waren; sein Ziel war es zu dokumentieren, dass die Berufsmilitärs Nazideutschlands auf verbrecherische Weise Krieg geführt hatten.

Andrew Klein *(rechts)*, ein Überlebender aus Auschwitz, wird in New York von seinem Bruder William begrüßt.

Bei der Urteilsverkündung am 1. Oktober 1946 wurden im Prozess gegen die Hauptkriegsverbrecher – unter ihnen auch Martin Bormann, der Leiter der Parteikanzlei, den man in Abwesenheit verurteilte – 19 Angeklagte für schuldig befunden. Drei Männer erhielten einen Freispruch: Hjalmar Schacht, bis 1937 Reichswirtschaftsminister; Franz von Papen, erster Vizekanzler der Naziregierung, und Hans Fritzsche, Leiter der Abteilung Deutsche Presse im Reichministerium für Propaganda und Volksaufklärung. Taylor erreichte sein Ziel jedoch, als die nationalsozialistischen Militärführer Wilhelm Keitel, Chef des Oberkommandos der Wehrmacht, und Alfred Jodl, Chef des Wehrmachtführungsstabs, schuldig gesprochen wurden.

Sieben Angeklagte erhielten Gefängnisstrafen von zehn Jahren bis „lebenslänglich". Zwölf Beschuldigte, darunter auch Keitel und Jodl, wurden zum Tod durch den Strang verurteilt. Zehn Hinrichtungen fanden in den Morgenstunden des 16. Oktober 1946 statt. Der in Abwesenheit verurteilte Bormann fehlte in der Gruppe der schuldig Gesprochenen. Hermann Göring, Oberbefehlshaber der Luftwaffe, der ebenfalls gehängt werden sollte, entging dem Galgen, da er zuvor Zyanid schluckte und sich damit das Leben nahm.

Das Ende der Tätigkeit des Internationalen Militärtribunals im Herbst 1946 in Nürnberg war jedoch nicht das Ende des Strebens nach Gerechtigkeit. Vor und nach den Verfahren des IMT gegen die Hauptkriegsverbrecher fanden in zahlreichen Ländern tausende Prozesse zur Ahndung von Nazikriegsverbrechen statt. Die Nachfolgeprozesse unter amerikanischer Zuständigkeit begannen im Dezember 1946 und dauerten bis April 1949. Sie umfassten zwölf Verfahren. In diesen Prozessen, die sich im Wesentlichen auf 185 Ärzte, Juristen, Industrielle, Bankiers, Befehlshaber des Militärs und der SS (darunter auch das Personal der Einsatzgruppen) sowie Angehörige anderer Berufsgruppen und Regierungsbehörden konzentrierten, spielte Chefankläger Telford Taylor eine wichtige Rolle.

In den Anklagen waren Verbrechen genannt, die von missbräuchlichen medizinischen Versuchen und der Beteiligung am „Euthanasie"-Programm Nazideutschlands bis zur Ausbeutung von Arbeitssklaven, der Leitung von Konzentrationslagern und Massenmord reichten.

Von den 142 Angeklagten, die für schuldig befunden wurden, erhielten 25 die Todesstrafe, die allerdings nur in zwölf Fällen vollzogen wurde. Einer der Hingerichteten war Otto Ohlendorf, der Chef der Einsatzgruppe D. Dieses Mordkommando, das der 11. Armee angeschlossen war, brachte in der Zeit von 1941 bis 1942 in der Ukraine, auf der Krim und in anderen Gebieten des südlichen Abschnittes der Ostfront 90 000 Männer, Frauen und Kinder – meist Juden – um. In seiner Aussage als Zeuge der Anklage im Nürnberger Prozess gegen die Hauptkriegsverbrecher hatte Ohlendorf festgestellt, es sei für einen nachgeordneten Befehlshaber undenkbar gewesen den Weisungen der Staatsführung nicht Folge zu leisten.

Vermutliche Kriegsverbrecher lieferte man nicht selten an andere Länder aus. Hier werden Beschuldigte mit dem Flugzeug nach Polen gebracht.

Ohlendorf, der im April 1948 zum Tode verurteilt wurde, verbrachte über drei Jahre in Haft, bevor man ihn am 8. Juni 1951 im Gefängnis Landsberg durch den Strang hinrichtete. Zu dieser Zeit war allerdings bereits über die Hälfte der 142 in den Nachfolgeprozessen Verurteilten freigelassen worden, hatten andere Strafmilderungen erreicht, da das neue politische Klima des kalten Krieges verlangte Westdeutschland als Barriere gegen die sowjetischen Expansionsbestrebungen zu stärken. Viele der ehemaligen Verurteilten, insbesondere Industrielle und Angehörige anderer Berufsgruppen, setzten ihre Karriere fort und erhielten Pensionen.

Selbst wenn alle den Nazikriegsverbrechern zugemessenen Strafen vollständig verbüßt worden wären konnte man trotz aller Bemühungen um Gerechtigkeit keinesfalls all jene gerichtlich verfolgen und bestrafen, die für die quälenden Erinnerungen und die alles durchdringende Einsamkeit jener Überlebenden wie Gerda Weissmann Klein verantwortlich waren. Ebenso vermochte das Streben nach Gerechtigkeit nicht die Millionen Menschen zurückzubringen, die während des Holocaust ermordet worden waren.

Das schmälert jedoch nicht die Bedeutung der Prozesse, die 1946 und in den Folgejahren stattfanden. Ihre Rolle unterstrich Telford Taylor in der Eröffnungsrede der Anklage vom 9. Dezember 1946 zum Ärzte-Prozess, dem ersten der so genannten Nachfolgeprozesse: „Es ist unsere tiefe Verpflichtung vor allen Völkern der Welt zu zeigen, weshalb und wie diese Dinge geschahen. Es ist unsere Pflicht klar und deutlich die Vorstellungen und Motive bekannt zu machen, die diese Angeklagten veranlassten ihre Mitmenschen geringschätziger als Tiere zu behandeln." Dann sagte er mit den Worten Richter Jacksons, die Delikte, für die man ein Urteil und ein Strafmaß zu finden versuche, seien so kalkuliert, so heimtückisch und so verheerend gewesen, dass die Zivilisation nicht dulden könne, dass man sie ignoriere, da sie deren Wiederholung nicht überleben würde.

Während Taylor diese Worte sprach, ging auch das Leben Gerda Kleins in Buffalo weiter. Fast ein halbes Jahrhundert später kehrte sie nach Volary (Tschechoslowakei), an den Ort ihrer Befreiung, zurück. In ihrem Buch „Nichts als das nackte Leben" schrieb sie: „Ich verweilte an den Gräbern meiner Freundinnen, denen es nie vergönnt war, die Freuden der Freiheit, die Sicherheit eines Laibs Brot oder das tiefe Glück ein Kind in den Armen zu halten, zu erleben." Ihre Erinnerung an die Toten des Holocaust, so fügt sie hinzu, „brachte die nicht zu beantwortende Frage zur Sprache, die mich seit dem Tag, da ich sie verließ, verfolgt hat: Warum?"

Da kein Streben nach Gerechtigkeit diese Frage wird je beantworten können, wird sie, sooft man sich an den Holocaust erinnert, immer wieder auftauchen.

Dorothy Levy vom *Joint Distribution Committee* im „Düppel *Center*", einem jüdischen *DP*-Lager im amerikanisch besetzten Teil Berlins, mit einem Mädchen auf dem Arm.

Zionismus

Der Begriff Zionismus bezeichnet die nationalistische Bewegung des jüdischen Volkes. Das ursprüngliche Ziel der zionistischen Bewegung war die Schaffung einer nationalen Heimstatt für die Juden. Bereits vor 1939 hatte es Fortschritte in dieser Richtung gegeben; nach dem Holocaust nahm der Wunsch eine jüdische Nation zu gründen eine noch größere Dringlichkeit an.

Während der Kriegsjahre schränkte Großbritannien, das Palästina als Mandatsgebiet verwaltete, die Einwanderung von Juden in dieses Gebiet stark ein. Die Zionisten in Europa indessen unternahmen verzweifelte Bemühungen um jüdische Flüchtlinge nach Palästina zu schmuggeln, von denen tausende dann mit Erfolg einer Verhaftung durch die britischen Behörden entgingen.

Nach dem Krieg bereisten zionistische Aktivisten die Auffanglager für *Displaced Persons*, von denen die meisten in Deutschland zur Unterbringung jüdischer Flüchtlinge eingerichtet worden waren. Die Aktivisten ermunterten die Überlebenden des Holocaust – so auch das hier abgebildete Ehepaar – nach Palästina auszuwandern. Sie argumentierten überzeugend, dass nur eine jüdische Nation die Sicherheit des jüdischen Volkes garantieren könne.

Großbritannien dagegen lehnte eine massive Einwanderung jüdischer Flüchtlinge noch immer ab und ließ die meisten der 65 Flüchtlingsschiffe nach Europa zurückkehren. Die Notlage der Juden, die von der Küste Palästinas faktisch wieder weggeschickt wurden, ließ die Weltmächte immer mehr zu der gemeinsamen Auffassung kommen, dass Palästina ein jüdischer Staat werden solle. Die jüdisch-zionistischen Aktivitäten der Folgezeit und die Unterstützung durch die Vereinten Nationen führten 1948 schließlich zur Gründung Israels.

Heinrich Himmlers Ehefrau Marga *(rechts)* und seine Tochter Gudrun *(links)* wurden nach dem Krieg verhaftet. In dieser Zeit war es eine gängige Praxis, die Familien führender Nazis in Gewahrsam zu nehmen. Die meisten wurden zwar nie irgendwelcher Verbrechen angeklagt, doch die Alliierten verdächtigten sie Kenntnis über den Aufenthalt ihrer Väter oder Ehemänner zu haben, nach denen die Alliierten fahndeten. Marga wusste wahrscheinlich nur wenig über ihren Mann Heinrich, da dieser sich kaum um sie gekümmert hatte. Himmler hatte eine 20 Jahre jüngere Geliebte gehabt, die ihm zwei Kinder geboren hatte.

Die Alliierten sahen sich in vielen Fällen gezwungen ehemalige Konzentrationslager nach dem Krieg als Lager für *Displaced Persons* zu nutzen. Die Bewohner der *DP*-Lager wandten sich häufig künstlerischen oder handwerklichen Tätigkeiten zu um sich irgendwie zu beschäftigen. Hier ist eine Grußkarte zum Neujahrsfest zu sehen, die im *DP*-Lager Bergen-Belsen (Deutschland) von Josef Lipnicki gestaltet wurde.

1946

• 1946: Der deutsche Hauptvertreter der Geopolitik, Karl Haushofer, dessen Theorie vom Raum als lebenswichtigem Bestandteil der politischen Macht einer Nation von den Nazis übernommen und entstellt wurde, begeht Selbstmord.
• Der ehemalige Reichsjustizminister Otto Thierack begeht in Nürnberg Selbstmord, bevor das Verfahren gegen ihn als mutmaßlichen Kriegsverbrecher eröffnet wird. • Vor seiner geplanten Hinrichtung wegen der Deportation von Juden in die Todeslager stirbt Vojtěch Tuka, ehemaliger Ministerpräsident der Slowakei, eines natürlichen Todes.
• 96 000 ehemalige SS-Leute geben in eidesstattlichen Versicherungen an nichts über die an Juden und anderen Menschen begangenen Gräueltaten gewusst zu haben.

• Die Juden, die sechs Tage vor der Be-

Eines der Hauptziele der Nazis war die vollständige Vernichtung der Kultur der europäischen Juden. Die Überlebenden waren jedoch entschlossen Hitler in dieser Hinsicht keinen Sieg zu gönnen. Hier beschäftigen sich Kinder im *DP*-Lager Landsberg (Deutschland) mit einem hebräischen religiösen Text. Die meisten dieser heimatlosen Kinder hatten diese Art Unterricht nie erhalten, da die Nazis das nicht zuließen und jeden hinrichteten, der versuchte anderen Wissen über das Judentum zu vermitteln.

Ferenc Szálasi nach seiner Hinrichtung am 12. März 1946. Szálasi war als Anführer der Pfeilkreuzpartei im letzten Kriegsjahr Oberhaupt einer faschistischen Regierung in Ungarn gewesen. Als Admiral Miklós Horthy im Herbst 1944 versuchte mit der Sowjetunion Frieden zu schließen, unternahm Szálasi einen Staatsstreich gegen dessen Regierung. Als enger Verbündeter Deutschlands verfolgte er die jüdische Bevölkerung Ungarns auf schlimme Weise.

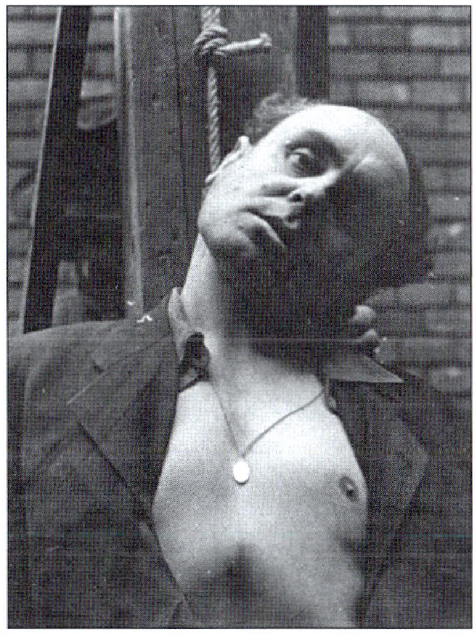

Nach Präsident Harry Trumans Anordnung vom Dezember 1945 zur Einwanderung siedelten viele *Displaced Persons* in die USA über. Diese heimatlose Frau ist gerade an Bord der „Marine Flasher" in New York angekommen. Auch sie hatte wie viele andere Einwanderer, die nach dem Krieg in den USA eintrafen, offenbar Familienangehörige und Freunde, die bereits hier lebten. Solche Kontakte halfen den Neuankömmlingen sich in ihrer neuen Heimat einzugewöhnen.

freiung des KZ Maly Trostinez (Weißrussland) im Juni 1944 durch die Rote Armee aus dem Lager geflohen waren, werden aus der von den Sowjets sanktionierten Lagerhaft in Sibirien entlassen.
• Die Alliierten und die Schweiz einigen sich über die Rückgabe von Vermögenswerten, die von den Nazis aus dem Staatsschatz der eroberten Nationen erbeutet worden waren. Für die Rückgabe der von Einzelpersonen geraubten Vermögensgegenstände werden keine Vorkehrungen getroffen. *Siehe* **Mai 1996.**

• 3. Februar 1946: SS-Obergruppenführer Friedrich Jeckeln, Höherer SS- und Polizeiführer in Russland und den baltischen Staaten, wird nach seiner Verurteilung als Kriegsverbrecher im ehemaligen Ghetto von Riga (Lettland) gehängt.

• 5. Februar 1946: Polnische Antisemiten ermorden im Parczew-Wald (Polen) vier Juden.

• März 1946: Die Überlebenden eines jüdischen KZ-Orchesters spielen im Nürnberger Opernhaus für Angehörige des Internationalen Militärtribunals eine Auswahl an klassischen Musikstücken und Liedern aus den Ghettos.

Fiorello LaGuardia, ehemaliger Bürgermeister von New York, leitete als Generaldirektor der *UNRRA* die Bemühungen der Vereinten Nationen zur Lösung der massiven Probleme der *Displaced Persons*. Hier ist er bei einer Ansprache im *DP*-Lager Berlin-Schlachtensee zu sehen. LaGuardia, dessen Mutter jüdischer Herkunft war, hielt seine Rede in jiddischer Sprache, was seine Zuhörer zweifellos zu schätzen wussten.

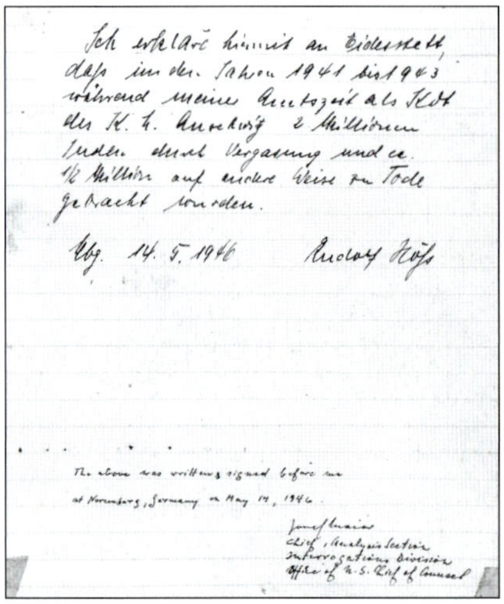

Ich erkläre hiermit an Eidesstatt, daß in den Jahren 1941 bis 1943 während meiner Amtszeit als Kdt des K.L. Auschwitz 2 Millionen Juden durch Vergasung und ca. 1/2 Million auf andere Weise zu Tode gebracht wurden.

Nbg. 14.5.1946 Rudolf Höß

The above was written & signed before me at Nuremberg, Germany on May 14, 1946.

Chief, Analysis Section
Interrogation Division
Office of U.S. Chief of Counsel

Mit seiner handschriftlichen eidesstattlichen Erklärung vom 14. Mai 1946 bestätigte der Lagerkommandant Rudolf Höß, dass während seiner Amtszeit im KZ Auschwitz (1941 – 1943) zwei Millionen Juden vergast und etwa eine halbe Million auf andere Weise ermordet worden sind. Historiker gehen mittlerweile davon aus, dass die Zahl der Opfer in Auschwitz tatsächlich zwischen 1,1 Millionen und 1,6 Millionen liegt.

Jahrelang hatten die Nazis die Praktizierung religiöser Riten, eine wichtige Seite des Judentums, verboten. Viele dieser Riten, insbesondere der *Seder*abend, schließen ein gemeinsames Mahl ein. Die Aufnahme zeigt Kinder im *DP*-Lager Landsberg (Deutschland) bei der *Seder*feier. Für viele der Kinder war es das erste Mal, dass sie an dieser wichtigen Zeremonie teilnahmen.

1946

• 12. März 1946: Ferenc Szálasi, das ehemalige Oberhaupt der von den Nazis kontrollierten Marionettenregierung in Ungarn, wird nach seiner Verurteilung als Kriegsverbrecher hingerichtet. *Siehe* **22. März 1946.**

• 14. März 1946: Polnische Schläger stoppen in Warschau einen Dienstwagen, der mit britischem Stander fährt. Sie zerren vier Insassen heraus, die sie für Juden halten, und schießen auf sie.

• 19. März 1946: Chaim Hirszman, einer von nur zwei Überlebenden des Todeslagers Bełżec, wird in Lublin (Polen) von polnischen Antisemiten ermordet, nachdem er über die Schrecken berichtet hat, die er erlebt hatte.

• 22. März 1946: Döme Sztójay, ehemali-

Nach ihrer Befreiung waren die europäischen Juden entschlossen allen Formen der Verfolgung entgegenzutreten, die im Europa der Nachkriegszeit, vor allem in Polen, beängstigend häufig vorkamen. Diese Juden wollen mit ihrem Marsch die polnisch-jüdische Partnerschaft fördern; sie rufen Juden wie Polen dazu auf beim Wiederaufbau ihres Landes nach den schrecklichen Jahren der Nazibesatzung zusammenzuarbeiten. Während des Holocaust waren rund 2,8 Millionen polnischer Juden umgekommen.

LAGER FÜR *DISPLACED PERSONS* (1945–1946)

Nach dem Krieg gab es über 1,5 Millionen Europäer, darunter auch eine Viertelmillion Juden, die entweder nicht in ihre Heimat zurückkehren wollten oder die kein Zuhause mehr hatten, wohin sie hätten gehen können. Sie blieben eine Zeit lang in *DP*-Lagern, die von den alliierten Ländern verwaltet wurden. Bis 1951 wanderten über zwei Drittel der heimatlosen Juden nach Israel aus.

Der Holocaust und seine Nachwirkung ließen keinen Teil des besetzten Europa oder Großdeutschlands unberührt. Diese Kinder, die wahrscheinlich in den Kriegsjahren zu Waisen wurden, sollen in ein Lager für *Displaced Persons* in Salzburg (Österreich) geschickt werden. Kinder, deren Eltern ums Leben gekommen waren, wussten nach dem Krieg nicht, wo sie unterkommen sollten. Sie warteten darauf von Pflegefamilien adoptiert zu werden.

ger Ministerpräsident der von den Nazis kontrollierten ungarischen Regierung, wird nach seiner Verurteilung als Kriegsverbrecher hingerichtet.

• **28. März 1946: Oberhäupter jüdischer Gemeinden werden auf ihrer Reise von Kraków nach Łódź (Polen) von polnischen Antisemiten gepeinigt und ermordet.**

• **21. April 1946: Fünf Juden, die alle KZ-Überlebende sind, werden auf einer Autofahrt bei Nowy Targ (Polen) an einem falschen Polizeikontrollpunkt gestoppt und erschossen. Das älteste Opfer ist 35, eines 25 und die übrigen drei sind 22 Jahre alt. *Siehe* 24. April 1946.**

• **24. April 1946: Antisemiten verfolgen von Dächern und Fenstern aus mit höhnischen Bemerkungen 5000 Juden, die am Begräbnis ihrer fünf Glaubensbrüder teilnehmen. Diese sind drei Tage zuvor bei Nowy Targ von Polen ermordet worden. *Siehe* 30. April 1946.**

• **30. April 1946: Bei Nowy Targ (Polen), nicht weit von der Stelle, an der bereits am 21. April fünf Juden getötet worden sind, ermorden polnische Antisemiten sieben weitere Juden. *Siehe* 2. Mai 1946.**

So furchtbar die Nazilager auch gewesen waren, so ging das Leben für jene, die den Aufenthalt dort überstanden hatten, doch weiter. Jedes der hier abgebildeten Ehepaare hatte sich in einem von Hitlers Lagern kennen gelernt. Am 14. Juni 1946 ließen sie sich in einer Gruppenzeremonie in Stockholm trauen. Das waren die ersten Hochzeiten zwischen *Displaced Persons*, von denen viele ihren ersten Ehepartner während des Holocaust verloren hatten.

Das Schiff „Josiah Wedgewood", das Einwanderer illegal nach Palästina bringen sollte, wurde von der britischen HMS „Venus" aufgebracht. Seine Passagiere schickte man in das Internierungslager in Athlit (Palästina). Hier wird an Bord der „Josiah Wedgewood" die *Hora* getanzt.

Das Schiff „Chawiwa Reik", mit dem illegale Einwanderer auf der Reise nach Palästina waren, wurde im Juni 1946 von dem britischen Zerstörer „Saumarez" aufgebracht. Nachdem die Briten das Schiff nach Haifa (Palästina) geschleppt hatten, wurden die Passagiere im Internierungslager Athlit (Palästina) festgesetzt. Beim Einlaufen des Schiffes in den Hafen sangen dessen Passagiere die jüdische Nationalhymne und entrollten ein Transparent, auf dem in hebräischer Sprache zu lesen war: „Lasst die Tore offen – wir sind nicht die Letzten."

1946

• Mai 1946: Der ehemalige jüdische Partisanenführer und Offizier der Roten Armee Eliahu Lipszowicz wird in Legnica (Polen) von einem polnischen Antisemiten ermordet. • Der ehemalige SS-Obergruppenführer Oswald Pohl, der über den Einsatz der Arbeitssklaven und die Aufteilung der den Juden geraubten Wertsachen bestimmte, wird in seinem Versteck gefunden und verhaftet.

• 1. Mai 1946: Die Empfehlung des anglo-amerikanischen *Committee of Inquiry* 100 000 jüdische *Displaced Persons* nach Palästina einwandern zu lassen wird von der britischen Regierung, die Palästina als Mandatsgebiet verwaltet, zurückgewiesen.

• 2. Mai 1946: In Kraków (Polen) wird ein Begräbnisgottesdienst für sieben Juden abgehalten, die am 30. April bei

Jüdische Überlebende des Holocaust, die illegal in Palästina einzureisen versuchten und aufgegriffen wurden, internierte man in *DP*-Lagern. Diese Juden wurden zu tausenden nach Zypern geschickt *(Abb.)*, wo sie schlechte und unzureichende Verpflegung, Wassermangel, mit der Überbelegung der Lager einhergehende Probleme und mangelhafte hygienische Verhältnisse erdulden mussten. Die bittere Ironie der ganzen Situation ließ die Juden der Welt natürlich nicht kalt.

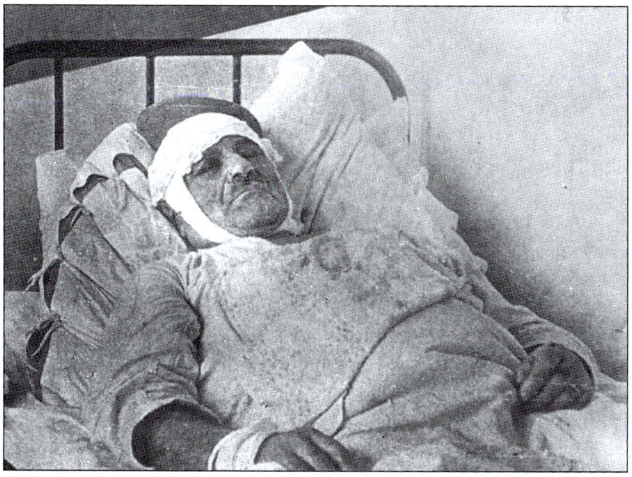

Dieser Mann war einer der Überlebenden des Pogroms von Kielce. Während seines Krankenhausaufenthalts sagte er: „Ich war drei Jahre lang in Oświęcim [Auschwitz]. Es war furchtbar dort, aber hier in Kielce war es noch schlimmer. Alles atmete Hass. Die Leichen der ermordeten Menschen wurden verstümmelt und man trampelte auf ihnen herum." Mit dem Holocaust fand keineswegs auch der Antisemitismus in Europa sein Ende.

Der Pogrom in Kielce

Die Vorurteile und der Hass gegenüber den Juden waren mit der Niederlage der Nazis nicht verschwunden. Nur wenige polnische Juden überlebten die Todeslager der Nazis, doch wurden gerade die wenigen, die diese Schrecken überstanden hatten, bei der Rückkehr in ihre Heimat von gewalttätiger Feindschaft empfangen.

Vor dem Krieg waren von den etwa 60 000 Bewohnern der südostpolnischen Stadt Kielce rund 15 000 Juden gewesen. 1946 wohnten in Kielce noch rund 200 Juden, von denen die meisten auf die Ausreise nach Palästina warteten. Dass es in der Stadt überhaupt noch Juden gab, störte einige polnische Bürger.

Der bis dahin nur glimmende Hass flammte augenblicklich auf, als eines Tages ein christliches Kind verschwand. Stadtbewohner beschuldigten die Juden des Ritualmordes und behaupteten, das Kind sei gewaltsam entführt worden, weil man sein Blut für ein satanisches Ritual gebraucht habe. Es wurde eine Welle tödlicher antisemitischer Gewalt entfesselt, bevor das Kind (das bei einem Freund gewesen war) schließlich wieder auftauchte. Bei dem Gewaltausbruch wurden 42 Juden getötet und dutzende andere, auch die hier abgebildeten Personen, verletzt. Unter den Angreifern befanden sich Polizisten und sogar ein katholischer Priester.

Als sich die Kunde von den Morden verbreitete, flohen die Juden in ihrem Entsetzen und erschüttert darüber, dass sie, nachdem sie die Todeslager der Nazis überlebt hatten und in ihre Heimat zurückgekehrt waren, von polnischen Antisemiten mit dem Tod bedroht wurden.

Nowy Targ (Polen) von antisemitischen Schlägern ermordet worden sind.

• 7. Mai 1946: Der niederländische Nazifführer und Kollaborateur Anton Mussert wird als verurteilter Kriegsverbrecher genau ein Jahr nach seiner Verhaftung gehängt.

• 25. Mai 1946: Die Schweiz unterzeichnet das Washingtoner Abkommen, nach dem die schweizerische Regierung freiwillig 58,1 Millionen Dollar in Gold an eine Kommission der Alliierten zahlen wird, die zur Unterstützung des Neuaufbaus in Europa gegründet wurde. Die Alliierten wissen, dass die Zahlung mit dem Gold erfolgen wird, das Juden und anderen Opfern der Naziverfolgung geraubt wurde. Sie einigen sich dennoch darauf keine zusätzlichen Forderungen an die Schweiz zu stellen. Zu diesem Zeitpunkt befinden sich in der Schweiz zwischen 300 und 400 Millionen Dollar an erbeutetem Gold. *Siehe* 1951.

• 29. Mai – 1. Juni 1946: Zehn ehemalige Angehörige des Lagerpersonals von Natzweiler (Deutschland) werden in Rastatt (Deutschland) vor Gericht gestellt. Es werden ein Todesurteil und fünf Haftstrafen verhängt; vier Angeklagte werden freigesprochen.

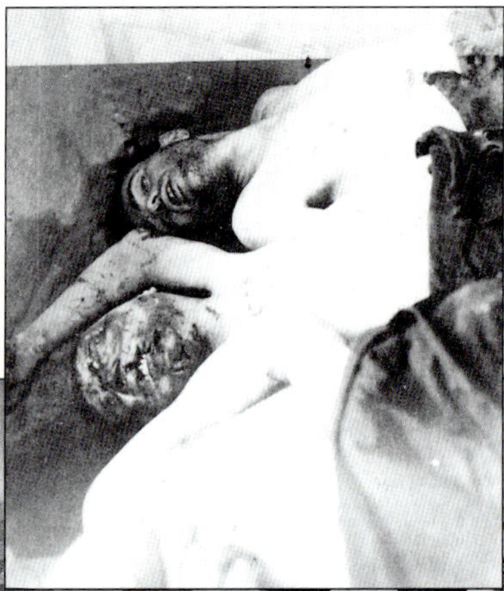

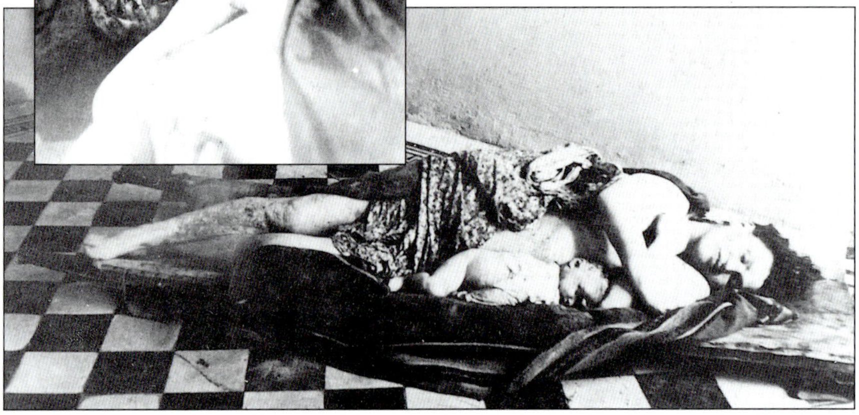

Das Gesicht des Toten zur Linken *(Abb. links)* trägt die Spuren des antisemitischen Gewaltausbruchs in Kielce. Der Mann wurde von einem oder mehreren Polen mit harten Schlägen auf den Kopf und ins Gesicht tödlich verwundet. Auch Regina Fisz und ihr Kind *(Abb. unten)* starben bei dem Pogrom in Kielce (Polen).

Während des Holocaust vernichteten die Nazis überall im besetzten Europa tausende Thorarollen. So kam es, dass viele jüdische Gemeinden diesen wichtigen Bestandteil ihres religiösen Kults nicht mehr besaßen. Hier wird Arthur Greenleigh *(in Uniform)*, ein Vertreter des *Joint Distribution Committee*, bei einer Zeremonie gezeigt, in der er 33 Thorarollen, Geschenke amerikanischer Juden, an die jüdische Gemeinde Frankreichs übergibt.

Verzweifelt über den britischen Widerstand in der Frage eines Judenstaates kämpften jüdische nationalistische Gruppierungen in Palästina für die Vertreibung der Briten und die Schaffung der Nation Israel. Am 22. Juli 1946 verübte die von anders denkenden Angehörigen der *Haganah* gegründete *Irgun Zwai Leumi* (Militärische Nationale Organisation) einen Bombenanschlag auf das Jerusalemer „König-David-Hotel", in dem sich das Palästina-Hauptquartier der britischen Regierung und des britischen Militärs befand. Bei dem Anschlag wurden 76 Juden, Araber und Briten getötet und dutzende Personen verletzt. Die Organisation behauptete später zur Räumung des Gebäudes hinreichend aufgefordert zu haben, was die britischen Behörden jedoch bestritten. Das

Bombenattentat stärkte jedenfalls die britische Entschlossenheit die Gründung eines jüdischen Staates zu blockieren.

1946

• Juni 1946: Nach dem Mord an zwei Juden in Biała Podlaska (Polen) verlassen die noch in der Stadt lebenden Juden das Land.

• 1. Juli 1946: Der Antisemit Ion Antonescu, ehemaliger rumänischer Diktator, wird nach seiner Verurteilung als Kriegsverbrecher hingerichtet. Mihai Antonescu, der ebenfalls antisemitisch eingestellte ehemalige stellvertretende Ministerpräsident Rumäniens, wird als verurteilter Kriegsverbrecher hingerichtet.

• 4. Juli 1946: Nach dem Verschwinden eines christlichen Kindes in Kielce (Polen) kommt es zu einem Pogrom gegen die Juden der Stadt. Ein wütender Mob stürmt das jüdische Gemeindezentrum und ermordet 42 Juden, darunter auch zwei Kinder. (Der vermisste christliche

Diese jüdischen *Displaced Persons* waren Mitglieder einer Sportgemeinschaft im *DP*-Lager Zeilsheim (Deutschland). Sportklubs und andere Gemeinschaften halfen den Juden ihr soziales und kulturelles Leben, das der Holocaust zu einem großen Teil zerstört hatte, wieder aufzubauen. Eine von Harry Truman Ende 1945 in Auftrag gegebene Untersuchung brachte aber zu Tage, dass die Bedingungen in den Lagern für die heimatlosen Juden unvertretbar hart waren. Sportklubs und andere Lagergruppen konnten nicht für die Tatsache entschädigen, dass „Unterbringung, medizinische Einrichtungen und Erholungsmöglichkeiten unzulänglich waren" und „nichts getan wurde um die Lebensqualität zu verbessern".

Von den britischen Behörden des Terrorismus verdächtigte Juden, die ein Stacheldrahtzaun im Internierungslager Latrun (Palästina) von der Außenwelt absperrt. Um das jüdische Streben nach einer Heimstatt zu hintertreiben, ergriffen die britischen Behörden strenge Maßnahmen, ließen Schiffe wie die „Exodus" umkehren und sperrten Personen ein, die sie der Zugehörigkeit zum *Mossad*, dem jüdischen Geheimdienst, verdächtigten.

Viele Oberhäupter der Judenghettos führten Tagebuch über die Dinge, die den europäischen Juden unter der Nazibesatzung widerfuhren. Emanuel Ringelblum, der Historiker des Warschauer Ghettos, fertigte insgeheim umfassende Aufzeichnungen an und vergrub sie in Milchkannen versteckt, damit künftige Generationen Kenntnis über den Holocaust erhielten. Hier ist eine Stelle gezeigt, an der man einen Teil der Ringelblumschen Aufzeichnungen gefunden hat. Einige Behälter sind bisher noch unentdeckt geblieben.

Junge wird dann unverletzt in einem nahen Dorf gefunden). In ganz Polen brechen weitere antijüdische Pogrome aus. Nach diesen Gewaltakten verlassen 100 000 polnische Juden ihre Heimat in Richtung Palästina, USA, Lateinamerika, Australien, Großbritannien und Westeuropa.

• 11. Juli 1946: Kardinal August Hlond, polnischer Primas, gibt den Juden von Kielce (Polen) die Schuld an dem gegen sie gerichteten Pogrom vom 4. Juli.

• 20. Juli 1946: Arthur Greiser, Reichsstatthalter des Gaues Wartheland (Polen), wird als verurteilter Kriegsverbrecher in Poznań (Polen) gehängt.

• 22. Juli 1946: Jüdische Untergrundkämpfer der *Irgun Zwai Leumi (IZL*, Militärische Nationale Organisation*)* lassen im Jerusalemer König-David-Hotel, dem Hauptquartier der britischen Verwaltung Palästinas, eine Bombe detonieren.

• 26. Juli 1946: In Nürnberg trägt Robert H. Jackson eine Zusammenfassung der Anklage gegen die Hauptkriegsverbrecher vor.

• 13. August 1946: Die britischen Behörden eröffnen auf Zypern Internierungslager, in dem jüdische Flüchtlinge

Wilhelm Keitel

Wilhelm Keitel war von 1938 bis zum Zusammenbruch des Nazireiches Chef des Oberkommandos der Wehrmacht. Seine völlige Unterordnung unter Hitler und die Bereitschaft selbst Massenmord zu akzeptieren waren die hauptsächlichen Gründe dafür, dass er im Oktober 1946 vom Internationalen Militärtribunal zum Tode verurteilt wurde.

Keitel, ein Berufssoldat, der im Ersten Weltkrieg verwundet worden war, diente von der Pike auf und erhielt im Februar 1938 schließlich die Berufung auf den höchsten Posten des deutschen Militärs. Im Juli 1940 wurde er zum Generalfeldmarschall befördert.

Keitels unterwürfige Loyalität gegenüber Hitler und die offenkundige Unfähigkeit an seinem Dienstherrn Kritik zu üben verleiteten auch andere Offiziere ihrem Führer blind zu gehorchen. Als noch katastrophaler erwiesen sich jedoch Keitels Befehle, die den Massenmord sanktionierten und deren berüchtigtster der so genannte Nacht-und-Nebel-Erlass vom Dezember 1941 war.

Die Ankläger der Alliierten nutzten die vom Hitlerregime hinterlassenen umfassenden Dokumente um in Nürnberg ihr Urteil über die Führung des Dritten Reiches zu fällen. Die Anklagebehörde präsentierte dem Gericht massenhaft dokumentarisches Beweismaterial, das mehr Gewicht hatte als Zeugenaussagen. Diese Aufnahme zeigt nur einen winzigen Bruchteil der vorgelegten Sachbeweise. Abgebildet sind hier eine Karte, einige Fotos und einige Gegenstände, die auf begangene Gräueltaten hinweisen.

Rudolf Heß, bis 1932 Hitlers Privatsekretär und ab 1933 bis zu seiner Verhaftung in Großbritannien, wohin er 1941 in eigener Regie zu einer „Friedensmission" geflogen war, u. a. Hitlers Stellvertreter in der Leitung der NSDAP. Während der Verhandlungen in Nürnberg simulierte er größtenteils Unzurechnungsfähigkeit. Er gab vor sich des Geschehens um ihn herum nicht bewusst zu sein, sein Gedächtnis verloren zu haben und daher nicht verhandlungsfähig zu sein. Ed Vebell, Gerichtszeichner im Nürnberger Prozess, schrieb für die US-amerikanische Armeezeitung *Stars and Stripes*: „Heß sah sehr hohlwangig aus und hatte einen mageren Hals. Er schien die Verhandlung zu ignorieren und hielt – in ein Buch vertieft – den Kopf gesenkt." Heß wurde für schuldig befunden Verbrechen gegen den Frieden begangen zu haben. Die Richter verurteilten ihn zu lebenslanger Haft. Heß verbrachte 43 Jahre seines Lebens im Gefängnis Spandau; während der letzten 23 Haftjahre war er dort der einzige Gefangene. 1987, im Alter von 93 Jahren, beging er Selbstmord.

1946

untergebracht werden sollen, die gemäß den britischen Einwanderungsbeschränkungen an der Einreise nach Palästina gehindert worden sind.

- **September 1946: Paul Touvier, ein rechtsgerichteter ehemaliger Sympathisant Vichy-Frankreichs und Gegner der französischen Partisanen, wird in Abwesenheit wegen Verrats zum Tode verurteilt.**

- **18. September 1946: Ein Teil der Aufzeichnungen Emanuel Ringelblums über das Warschauer Ghetto, die der Verfasser heimlich vergraben hatte, wird in einer Hausruine in der Warschauer Nowolipki-Straße 68 entdeckt. *Siehe* 1. Dezember 1950.**

- **1. Oktober 1946: Die Urteile im ersten Nürnberger Prozess werden verkündet. Freigesprochen werden Fritz-**

„[Deutschland] hat zugelassen, dass man es seines Gewissens und seiner wahren Seele beraubte. Üble Machthaber kamen, die seine primitiven Leidenschaften weckten und die Gräueltaten ermöglichten, die ich Ihnen beschrieben habe. In Wirklichkeit besteht das Verbrechen dieser Männer darin, dass sie das deutsche Volk dazu gebracht haben sich mehr als zwölf Jahrhunderte zurückzuentwickeln."

Der französische Ankläger Charles Dubost in einer Erklärung vor dem Nürnberger Militärtribunal (1946)

Am 30. September und 1. Oktober 1946 fällte das Internationale Militärtribunal in Nürnberg seine Urteile über die deutschen Hauptkriegsverbrecher. Die meisten der Angeklagten behaupteten nur Untergebene und damit zur Erfüllung der erteilten Befehle verpflichtet gewesen zu sein; nur der gewandte Albert Speer, Reichsminister für Bewaffnung und Munition, gestand seine Verbrechen ein. Von den 22 Männern, die bei diesem ersten und bedeutendsten Kriegsverbrecherprozess vor Gericht standen (Martin Bormann wurde in Abwesenheit verurteilt) wurden zwölf zum Tod durch den Strang und sieben zu Gefängnisstrafen zwischen zehn Jahren und „lebenslänglich" verurteilt. (Als das Foto entstand, befand sich der zu lebenslanger Haft verurteilte Rudolf Heß nicht auf der Anklagebank.)

Nürnberg war eine schöne mittelalterliche Stadt, die die Nazis wegen ihres „deutschen Charakters" bewunderten. Sie hatten Nürnberg sogar zum Ort ihrer alljährlichen Parteitagsveranstaltungen gemacht. Die Alliierten wählten diese Stadt bewusst als Gerichtsort für den Prozess gegen die Hauptkriegsverbrecher des Dritten Reiches aus. Das Foto macht die mittelalterliche Pracht der Stadt deutlich, es zeigt auch den Justizpalast, in dem die Verhandlungen stattfanden. Das Gebäude war im Gegensatz zu einem Großteil der Stadt während der schweren Bombenangriffe in der zweiten Kriegshälfte unzerstört geblieben. Bei den Luftangriffen wurden zahlreiche Wahrzeichen Nürnbergs, deren Entstehung bis auf das Jahr 1140 zurückging und auf die die Nazis besonders stolz waren, zerstört.

sche, Schacht und Papen; schuldig gesprochen werden Heß, Speer, Raeder, Dönitz, Kaltenbrunner, Streicher, Frank, Funk, Schirach, Ribbentrop, Rosenberg, Göring, Frick, Sauckel, Seyß-Inquart, Jodl, Keitel und Bormann (Letzterer in Abwesenheit).

• 11. Oktober 1946: Die Verteidiger im Nürnberger Prozess werden vom Tribunal darüber in Kenntnis gesetzt, dass die Berufungen aller verurteilten Angeklagten abgelehnt worden sind.

• 15. Oktober 1946: Wenige Stunden vor seiner geplanten Hinrichtung durch den Strang begeht Hermann Göring in seiner Zelle in Nürnberg Selbstmord; er zerbeißt ein Röhrchen mit Zyanid, das er möglicherweise in seiner Pfeife versteckt hatte.

• 16. Oktober 1946: Nach ihrer Verurteilung als Kriegsverbrecher werden in Nürnberg folgende Personen durch den Strang hingerichtet: Joachim von Ribbentrop, ehemaliger Reichsaußenminister; Julius Streicher, ehemaliger Herausgeber des Blattes „Der Stürmer"; Wilhelm Frick, ehemaliger Nazijurist; Alfred Rosenberg, ehemaliger Nazi-„Philosoph"; Fritz Sauckel, ehemaliger Generalbevollmächtigter für den Ar-

Nach seiner Verurteilung als Kriegsverbrecher durch das Internationale Militärtribunal in Nürnberg beging Hermann Göring am 15. Oktober 1946, nur zwei Stunden vor seiner geplanten Hinrichtung durch den Strang, in seiner streng überwachten Zelle Selbstmord. Ob er die dazu benutzte Zyanidkapsel bereits monatelang bei sich getragen hatte oder sich im letzten Moment in die Zelle hat schmuggeln lassen, ist bis heute ungeklärt.

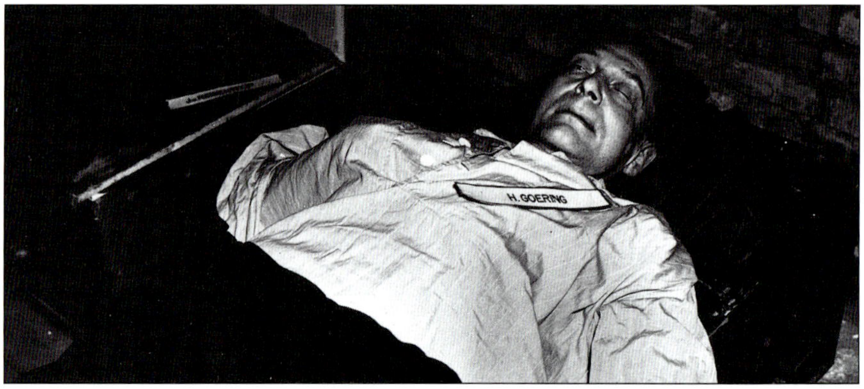

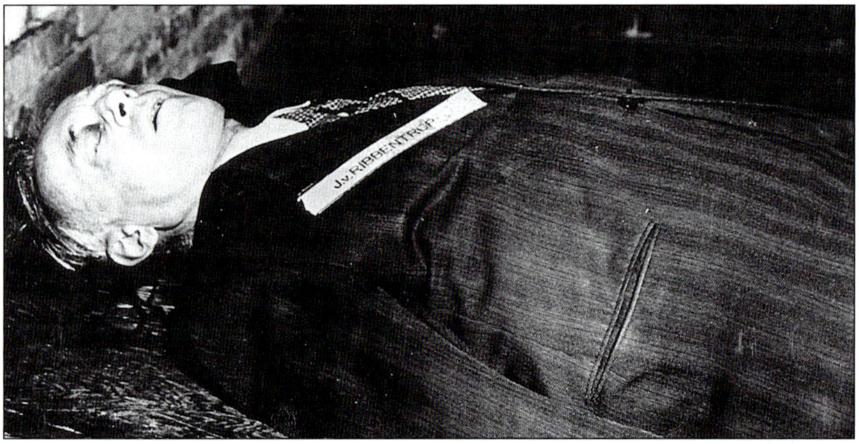

Ribbentrop, der angeklagt war Kriegsverbrechen, Verbrechen gegen die Menschlichkeit sowie gegen den Frieden begangen zu haben wurde durch das Internationale Militärtribunal in Nürnberg in allen Punkten der Anklage schuldig gesprochen. Er war der Erste der Naziführer, die am 16. Oktober 1946 am Galgen hingerichtet wurden. Ribbentrop war ein treuer Diener Hitlers gewesen, doch sein Einfluss auf die Regierung ließ während des Krieges nach, als Diplomatie für Hitlers Ziele nicht mehr entscheidend war.

Arthur Seyß-Inquart unterstützte nicht nur die Einverleibung Österreichs in das Deutsche Reich, sondern war später auch Reichskommissar für die besetzten Niederlande. Seyß-Inquart, ein ausgesprochener Opportunist, verwandte einen Großteil seiner Laufbahn darauf möglichst vielen Juden so viel Schaden wie möglich zuzufügen nur um Hitlers Anerkennung zu erlangen. Er wurde in Nürnberg für schuldig befunden Kriegsverbrechen begangen zu haben und zum Tode verurteilt. Die Aufnahme entstand am 16. Oktober 1946 nach seiner Hinrichtung durch den Strang.

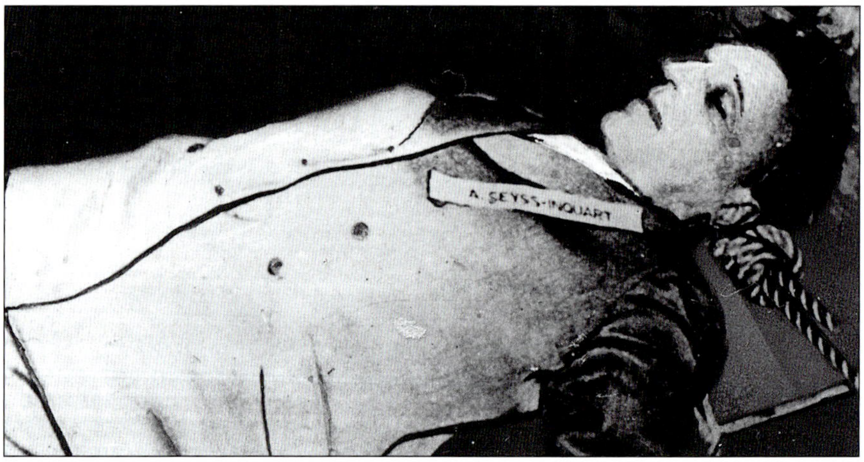

1946

beitseinsatz; Arthur Seyß-Inquart, ehemaliger Reichskommissar für die besetzten Niederlande; Hans Frank, ehemaliger Generalgouverneur im besetzten Polen; Alfred Jodl, ehemaliger Generaloberst der Wehrmacht und Chef des Wehrmachtführungsstabes; Ernst Kaltenbrunner, ehemaliger SS-Obergruppenführer und Chef des Reichssicherheits-Hauptamtes; Wilhelm Keitel, ehemaliger Generalfeldmarschall und Chef des Oberkommandos der Wehrmacht. Die Leichen der Hingerichteten und Hermann Görings werden in den Verbrennungsöfen des ehemaligen Konzentrationslagers Dachau (Deutschland) eingeäschert. Die Asche wird gegen Ende des Tages in die Isar gestreut.

• 20. Oktober 1946: Kurt Daluege, ehemaliger SS-Obergruppenführer und

Der junge Mann mit dem bandagierten Kopf gehörte zu den Passagieren der „Knesseth Israel", die illegale jüdische Einwanderer nach Israel brachte. Die britischen Behörden unternahmen alles um die ungenehmigte Ansiedlung zu stoppen, und so wurde die „Knesseth Israel" von britischen Kriegsschiffen aufgehalten. Beim Entern des Schiffes wurden zwei junge jüdische Männer erschossen; 57 Verletzte musste man in ein Krankenhaus einliefern. Die Passagiere wurden schließlich von den britischen Behörden in ein Internierungslager auf Zypern geschickt.

Naziärzte hatten an Lagerinsassen furchtbare Verbrechen begangen und die Alliierten waren entschlossen sie dafür zur Verantwortung zu ziehen. Im Ärzte-Prozess (1946–1947) in Nürnberg standen 23 Ärzte wegen ihrer Verbrechen gegen die Menschlichkeit vor Gericht. Die vier abgebildeten Frauen, Opfer „medizinischer" Experimente, trafen am 15. Dezember 1946 in Nürnberg ein um gegen die Angeklagten auszusagen. Dem Berufsstand der Mediziner in Deutschland fiel es in der Nachkriegszeit nicht leicht sich von den Untaten einiger seiner Mitglieder zu erholen.

Die Einmaligkeit des Holocaust

Völkermord ist nach den Worten des Politikwissenschaftlers R. J. Rummel die staatlich organisierte Vernichtung eines Volkes wegen dessen „untilgbarer Zugehörigkeit zu einer Gruppe (Rasse, Ethnizität, Religion, Sprache)". Die Vernichtung des europäischen Judentums durch Nazideutschland war eindeutig Völkermord; war der Holocaust aber einmalig?

Die Argumente für die Einmaligkeit des Holocaust werden nicht hauptsächlich von der Zahl der jüdischen Opfer oder der Art und Weise ihres gewaltsamen Todes bestimmt. Die Feststellung von der Einmaligkeit beruht nach der Auffassung des Gelehrten Steven T. Katz vielmehr auf der „Tatsache, dass sich noch nie zuvor ein Staat die physische Vernichtung eines jeden Mannes, jeder Frau und jeden Kindes eines bestimmten Volkes zum Vorsatz gemacht und diesen mit seiner Politik auch verwirklicht hat … Einen solch allumfassenden, kompromisslosen, schrankenlosen Mord beabsichtigte man nur im Fall des Judentums im Dritten Reich."

Die Auffassung von der Einmaligkeit des Holocaust hat inzwischen einen Meinungsstreit entfacht. Einige Gelehrte behaupten beispielsweise, dass sich die feindseligen Absichten Nazideutschlands gegenüber den Sinti und Roma (Zigeuner) nicht wesentlich von dem Schicksal unterschieden, das die Nazis den Juden zugedacht hatten. Andere Wissenschaftler fürchten, dass mit der Feststellung von der Einmaligkeit andere Fälle von Völkermord ungerechtfertigt als zweitklassig hintangestellt werden könnten. Die Untersuchung solcher Fragen braucht stets ihre Zeit, doch der Holocaust-Gelehrte Jehuda Bauer, ein Verfechter der These von der Einmaligkeit des Holocaust, äußerte einen wichtigen Hinweis dazu: „Ereignisse geschehen, weil sie möglich sind. Sind sie einmal möglich, dann sind sie auch nochmals möglich. In diesem Sinn ist der Holocaust nicht einmalig, sondern eine Warnung für die Zukunft."

---

stellvertretender Reichsprotektor von Böhmen und Mähren, wird nach seiner Verurteilung als Kriegsverbrecher in Prag (Tschechoslowakei) gehängt.

• 25. Oktober 1946: 23 ehemalige Naziärzte, die angeklagt sind an Lagerinsassen Experimente vorgenommen zu haben, die allen ethischen Normen widersprechen, werden im so genannten Ärzte-Prozess in Nürnberg vor Gericht gestellt. Zu den unterschiedlichen Versuchen gehörten das Trinken von Meerwasser, Knochentransplantationen, Experimente mit Senfgas und andere Gräueltaten. ***Siehe*** **20. August 1947.**

• 13. November 1946 – 17. April 1947: Der ehemalige Generalfeldmarschall und Generalinspekteur der Luftwaffe, Erhard Milch, steht in Nürnberg vor Gericht (Milch-Prozess).

• 11. Dezember 1946: Die Generalversammlung der Vereinten Nationen bestätigt die Urteile des Internationalen Militärtribunals in Nürnberg.

• 1946–1949: In zwölf Nachfolgeprozessen werden in Nürnberg weitere 185 Nazis angeklagt Kriegsverbrechen begangen zu haben und strafrechtlich verfolgt.

of Our Lives
MYRNA LOY
FREDRIC MARCH
DANA ANDREWS
TERESA WRIGHT
VIRGINIA MAYO
WILLIAM WYLER

DIE NACHWIRKUNGEN

EPILOG

DIE Zeit steht still, als um acht Uhr die Sirenen heulen. Zwei Minuten später nimmt das Leben an diesem Morgen in Israel fast wieder seinen gewohnten Lauf – mit einem Unterschied. Es ist *Jom ha-Sho'ah*, der Tag im April, der an den Holocaust erinnert. Heute hält man zur Erinnerung in vielen Ländern Feiern ab, doch eingeführt wurde dieses jährliche Gedenken 1951 von der *Knesseth*, dem israelischen Parlament.

Jom ha-Sho'ah, nach dem jüdischen Mondkalender der 27. Tag des Monats *Nisan*, ist der Jahrestag des Beginns des Warschauer Ghettoaufstands am 19. April 1943. Kurz nach *Jom ha-Sho'ah*, am 5. Tag des Monats *Ijjar*, feiert man *Jom Atzmaut*, den israelischen Unabhängigkeitstag, denn am 14. Mai 1948 wurde die Eigenstaatlichkeit Israels ausgerufen. Die zeitliche Nähe dieser beiden Jahrestage ist kein Zufall. Sie weist darauf hin, dass das jüdische Leben in Israel aus dem Widerstand und dem Untergang des Warschauer Ghettos, aus der Vernichtung und dem Trotz gegenüber dem Holocaust neue Kraft findet.

Doch lassen die Sirenen, die wie vor der Feier der Unabhängigkeit Israels heulen, eine mehrfache Mahnung erklingen. Seid wachsam; nehmt die Existenz Israels nicht als selbstverständlich hin. Seid realistisch; glaubt nicht, dass der Holocaust nie in Vergessenheit geraten wird oder dass der Völkermord der Vergangenheit angehört. Lasst euch nicht in die Irre führen; glaubt nicht, dass die Existenz Israels den Holocaust „wettmacht". Seid vorsichtig; gebt euch nicht – zumindest nicht ohne weiteres – der Vorstellung hin, dass der Staat Israel den Bund zwischen Gott und dem jüdischen Volk erneut bestätigt. Behaltet einen klaren Kopf; bewältigt den Holocaust nicht, indem ihr ihm eine positive Seite abgewinnt und zu etwas macht, das auch ein „höheres Gut" hervorgebracht hat.

„Wenn Sie die Geschichte unserer Zeit betrachten, sich umdrehen und die Berge von Leichen betrachten, halten Sie einen Augenblick inne und stellen Sie sich vor, dass diese mageren Überreste von Fleisch und Knochen Ihr Vater, Ihr Kind, Ihre Frau, der Mensch ist, den Sie lieben. Sehen Sie sich und Ihre Nächsten, an denen Sie mit Herz und Seele hängen, nackt in den Schmutz geworfen, gequält, hungernd und ermordet."

nach: *Eugen Kogon, Widerstandskämpfer und Schriftsteller*

Das Sirenengeheul soll nicht die Freude über den Staat Israel, den Stolz auf dessen Errungenschaften oder die Hoffnung auf die israelische Zukunft und auf einen sicheren Frieden mit den oftmals feindseligen arabischen Nachbarn vermindern. Das Sirenengeheul soll auch nicht heißen, dass jüdische Identität gleichbedeutend mit Opfertum ist. Die Sirenen des *Jom ha-Sho'ah* sollen am allerwenigsten dementieren, dass das jüdische Leben nach dem Holocaust blüht und sich entwickelt. Im Gegenteil, sie können und sollen – zumindest teilweise – als Ausdruck der Tapferkeit und der Zuversicht verstanden werden, dass das jüdische Leben für immer bleiben wird – stark, kraftvoll und nach den Worten des biblischen Propheten Jesaja schließlich „ein Licht für die Völker".

Ein königlicher Traum

Der moderne Staat Israel feierte 1998 den 50. Jahrestag seines Bestehens. Das Streben nach einem jüdischen Staat ist allerdings viel älter. Dem österreichischen Juden Nathan Birnbaum, der gegen Ende des 19. Jahrhunderts die jüdisch-nationalistische Organisation *Hovevei Zijon* (Freunde Zions) führte, kommt das Verdienst zu 1893 den Begriff Zionismus eingeführt zu haben. Seither ist der Zionismus in mancher Hinsicht eine Antwort auf den Antisemitismus gewesen. Er ist auch Ausdruck

Kriegsversehrte Juden vor einem Theater in Tel Aviv, nur wenige Monate nach der Ausrufung des unabhängigen Staates Israel. Der hier angekündigte Hollywood-Film *The Best Years of Our Lives* (Die besten Jahre unseres Lebens) beschäftigt sich mit der Heimkehr amerikanischer Soldaten nach dem Krieg.

Die „Theodor Herzl", deren Passagiere illegale Einwanderer sind, 1947 bei ihrer Ankunft in Haifa (Palästina). Auf dem Transparent ist zu lesen: „Die Deutschen haben unsere Familien zerstört – zerstört ihr nicht unsere Hoffnungen."

der Bejahung der typisch jüdischen Kultur und des nationalistischen Engagements für die Gründung und Erhaltung einer jüdischen Heimstatt mit politischen Mitteln. Historisch gesehen waren die zionistischen Bestrebungen eine Widerspiegelung veränderter politischer, kultureller und religiöser Überzeugungen. Manche Zionisten standen politisch links, andere rechts; manche waren weltlich, andere religiös eingestellt; manche mehr, andere weniger militant. Ihr gemeinsames Anliegen aber war die Förderung und Verteidigung eines Staates für die Juden auf einem Territorium, das früher Palästina hieß und noch früher, zu biblischen Zeiten, in jüdischem Besitz gewesen war.

Die Vorstellung von einem jüdischen Staat nannte der Zionistenführer Theodor Herzl 1896 einen „königlichen Traum". Dieser Traum wurde Wirklichkeit – allerdings erst nach albtraumhaften Ereignissen, die Herzl weder erleben musste noch je sich vorgestellt hatte.

Der biblische Begriff *Alija*, der Aufstieg bedeutet, bezeichnet einen bergauf führenden Weg nach Jerusalem; er steht im Allgemeinen für die Immigration nach Israel. Zwischen 1882 und 1903 wanderten rund 30 000 Juden nach Palästina ein; damit wurde die jüdische Einwohnerzahl der Region mehr als verdoppelt. Verglichen mit den 500 000 Juden aus Osteuropa und der Sowjetunion, die sich in der gleichen Zeit in den USA niederließen, war die Zahl allerdings klein.

Während der Zweiten *Alija* (1904 bis 1914) kamen weitere 35 000 Juden nach Palästina, die wiederum nur einen kleinen Bruchteil der 1,5 Millionen Juden darstellten, die in diesen zehn Jahren vor den erbarmungslosen Pogromen in Osteuropa flohen. 1914 lebten in Palästina schließlich eine halbe Million Araber und 85 000 Juden.

Die starken wirtschaftlichen und strategischen Interessen Großbritanniens am Nahen Osten, insbesondere an der Kontrolle über den Suez-Kanal, waren die Gründe für die nach dem britischen Außenminister Arthur James Balfour benannte *Balfour Declaration*. Diese Deklaration machte deutlich, dass die britische Regierung „die Gründung einer nationalen Heimstatt für das jüdische Volk in Palästina [begünstigt] und ihre Kräfte einsetzen wird um das Erreichen dieses Zieles zu erleichtern, wobei klares Einverständnis darüber herrscht, dass nichts getan wird, was die bürgerlichen und religiösen Rechte der bereits bestehenden nichtjüdischen Gemeinden in Palästina oder die Rechte und den politischen Status der Juden in einem anderen Land beeinträchtigt."

Die *Balfour Declaration* wurde kurz nach dem Einmarsch britischer Truppen im Oktober 1917 in Palästina veröffentlicht. Im darauf folgenden September schließlich befand sich das gesamte Gebiet unter britischer Kontrolle. Gemäß dem Frieden von Sèvres (1920), an dem der kurz zuvor gegründete Völkerbund mitgewirkt hatte, wurde Palästina britisches Mandatsgebiet. Großbritannien wurde die Aufsicht über ein Palästina übertragen, dessen mehrheitlich arabische Bevölkerung mit Unzufriedenheit feststellte, dass sich die jüdische Minderheit in Palästina immer stärker für die in der *Balfour Declaration* versprochene Eigenstaatlichkeit engagierte.

Großbritannien hieß die jüdische Einwanderung in Palästina gut, bis es im Mai 1921 zu arabisch-jüdischen Krawallen kam. Die Immigration wurde vorübergehend gestoppt, doch

Ein britischer Soldat zwingt jüdische Kinder die „Exodus 1947" zu verlassen (Aufnahme vom Juli 1947).

• 1947: Josef Tiso, ehemaliger Ministerpräsident der Slowakei und Verbündeter Adolf Hitlers, wird in der Tschechoslowakei vor Gericht gestellt und hingerichtet. • Der schwedische Diplomat Raoul Wallenberg stirbt (einem sowjetischen Bericht von 1956 zufolge) in einem sowjetischen Gefängnis. • Der belgische Kommunist Jean Terfve peitscht eine Gesetzesvorlage zum Gedenken an die jüdischen Opfer der Naziverfolgung durch.

• 4. Januar – 4. Dezember 1947: In Nürnberg findet der Prozess gegen 15 Nazijuristen (Juristen-Prozess) statt. Vier Angeklagte werden zu lebenslanger Haft, vier zu zehn, einer zu sieben und einer zu fünf Jahren Haft verurteilt. Vier Angeklagte werden freigesprochen; einer wird aus gesundheitlichen Gründen auf freien Fuß gesetzt.

• 13. Januar – 3. November 1947: In Nürnberg stehen 18 ehemalige Angehörige des Wirtschafts- und Verwaltungs-Hauptamtes vor Gericht (Pohl-Prozess). Vier Angeklagte werden zum Tode und elf zu Haftstrafen verurteilt; drei werden freigesprochen.

• 8. Februar – 22. Dezember 1947: In Nürnberg findet der Prozess gegen sechs deutsche Industrielle, darunter gegen Friedrich Flick, statt (Flick-Prozess). Drei

dann veröffentlichte der damalige britische Kolonialminister Winston Churchill ein Weißbuch *(White Paper)* der Regierung, das die *Balfour Declaration* nochmals bestätigte. Das Weißbuch konstatierte, dass Palästina nicht vollständig jüdisches Gebiet würde, und koppelte die jüdische Einwanderung an die Fähigkeit des Landes diese wirtschaftlich abzustützen.

Großbritannien unternahm zwar keinen Vorstoß um die israelische Souveränität zu fördern, doch die jüdische Einwanderung nach Palästina nahm trotzdem stetig zu. Ende der 1930er Jahre waren die Juden stark vertreten und auch die arabische Bevölkerung hatte zugenommen. Die Agitation für einen arabisch-palästinensischen Staat begleitete wie ein Echo die Rufe nach einem jüdischen Staat. Mit dem im Mai 1939 veröffentlichten Weißbuch unternahm Großbritannien den Versuch die Unruhen einzudämmen. Zu den umstrittenen Verordnungen des Dokuments gehörten folgende Punkte: (1) Großbritannien errichtet nach zehn Jahren einen unabhängigen binationalen palästinensischen Staat, in dem sich Juden und Araber die Regierungsgewalt proportional zu ihrem jeweiligen Bevölkerungsanteil teilen. (2) Während der folgenden fünf Jahre erhalten 75 000 Juden eine Einreisegenehmigung für Palästina; die Einwanderung nach dieser Zeit hängt von der Zustimmung der arabischen Seite ab. (3) Landkäufe durch Juden werden stark beschränkt.

Als knapp vier Monate später der Zweite Weltkrieg begann, war nicht nur die Schaffung eines jüdischen Staates, Theodor Herzls Traum, in weite Ferne gerückt, sondern wurden auch die Tore zu einem Zufluchtsort vor dem Antisemitismus, den Herzl gefürchtet hatte, zugeschlagen. In der Zeit von 1939 bis 1945 konnten nur etwa 50 000 Juden nach Palästina einreisen. Rund 16 000 davon wurden dank militanter jüdischer Organisationen, die den britischen Versuchen die Flüchtlinge trotzten abzuweisen, auf dem Seeweg ins Land geschmuggelt.

Nach dem Krieg spornte das leidenschaftliche Streben nach einer jüdischen Heimstatt in Palästina die jüdischen Untergrundorganisationen zu dem Versuch an die Briten Mit

Eine junge Angehörige der *Haganah*, der jüdischen Untergrundbewegung, mit einer Granate in der Hand. Sie lässt sich 1948 am Mt. Scopus bei Jerusalem für den Kampf ausbilden.

Die jüdische Einwanderung nach Palästina

Von den 250 000 Juden, die am Ende des Krieges heimatlos und entwurzelt waren, wollten nur wenige in Europa bleiben. Sie, die in Lagern für *Displaced Persons* leben mussten, wollten ihr neues Leben anderswo beginnen.

Die meisten Juden hofften nach Palästina auswandern zu können. Doch wie bereits während des Krieges wurde auch jetzt ihre Flucht durch die Einwanderungsquoten behindert, die Großbritannien als Mandatarstaat Palästinas festgesetzt hatte. Mit Hilfe der illegalen Aktivitäten der jüdischen Untergrundorganisation *Mossad* waren die Juden in den Jahren 1945 bis 1948 in der Lage insgeheim Reisen nach Palästina zu unternehmen.

Durch Gebirge und im Schutz der Nacht machten sich jüdische Familien auf den Weg an die Küsten Europas, drängten sich auf altersschwache Schiffe, die durch die britische Blockade zu schlüpfen versuchten. Entdeckung bedeutete Gefängnis. Trotz der Risiken brachten 64 Schiffe mehr als 70 000 Personen bis an die Strände Palästinas. Weitere 50 000 Menschen wurden aufgegriffen und in die britischen Internierungslager auf der Insel Zypern gebracht.

Großbritannien konnte die Massenflucht europäischer Juden nicht aufhalten und gab schließlich nach. Die Gründung des Staates Israel im Jahr 1948 ermöglichte die Einwanderung von rund zwei Dritteln der *Displaced Persons*. Die übrigen Flüchtlinge beschlossen sich anderswo eine Heimstatt zu schaffen; ungefähr 70 000 von ihnen siedelten in die Vereinigten Staaten über, als dort die Quotenbeschränkungen 1948 und 1950 gelockert wurden.

Angeklagte erhalten Gefängnisstrafen, drei werden freigesprochen.

• 29. März 1947: Am Ende seines Prozesses in Warschau (Polen) wird der ehemalige Lagerkommandant von Auschwitz, Rudolf Höß, zum Tode verurteilt. *Siehe* 16. April 1947. • Der Nazijäger Simon Wiesenthal gründet in Linz (Österreich) ein Dokumentationszentrum über die Nazikriegsverbrecher.

• 16. April 1947: Rudolf Höß, ehemaliger Lagerkommandant von Auschwitz, wird in Auschwitz gehängt.

• 8. Mai 1947 – 30. Juli 1948: In Nürnberg stehen 24 Mitglieder des Vorstands der I.G. Farbenindustrie AG vor Gericht (IG-Farben-Prozess). 13 Angeklagte werden zu Haftstrafen verurteilt, zehn freigesprochen und einer aus gesundheitlichen Gründen verschont.

• 10. Mai 1947 – 19. Februar 1948: In Nürnberg stehen zwölf ehemalige hochrangige Wehrmachtoffiziere vor Gericht (Generals-Prozess gegen die Südost-Generäle). Acht von ihnen werden zu Haftstrafen verurteilt und zwei freigesprochen; ein Angeklagter begeht Selbstmord; einer wird aus gesundheitlichen Gründen für prozessunfähig erklärt.

• 1. Juli 1947 – 10. März 1948: In Nürn-

Der jüdische Untergrund in Palästina

Die *Haganah* (Verteidigungsstreitmacht) wurde 1920 gegründet; sie sollte arabische Übergriffe auf die palästinensischen Juden abwehren. Ihre Mitglieder, bei denen Frauen als gleichberechtigt galten, kämpften während des Zweiten Weltkrieges für Großbritannien. Opponierende Mitglieder der *Haganah*, die es für notwendig hielten Palästina trotz des britischen Widerstands zu öffnen um zur Rettung der europäischen Juden beizutragen, gründeten 1931 die *Irgun Zwai Leumi* (Militärische Nationale Organisation).

In der Zeit des Holocaust beteiligte sich die *Irgun Zwai Leumi* an der Organisation der *Alija Bet*, der „illegalen" Einwanderung europäischer Juden in Palästina, und unterstützte außerdem die Briten im Kampf gegen die Nazis. Als der Krieg jedoch nahezu gewonnen war, ging die *Irgun* mit der Begründung, die Judenpolitik Großbritanniens sei allzu restriktiv, antisemitisch und deutschfreundlich, zu Angriffen gegen britische militärische Ziele in Palästina über. Die aggressive Stern-Gruppe kam zu der Erkenntnis, dass die britischen Behörden im Großen und Ganzen antijüdisch und proarabisch eingestellt waren und kämpfte daher sowohl gegen die Briten als auch gegen die Deutschen.

Gewalt zu vertreiben. Zu diesen Organisationen zählten die von Menachem Begin geleitete *Irgun* und die *Lehi* unter der Führung von Yitzhak Shamir. (Beide Männer waren später israelische Premierminister.) Die drastischen Maßnahmen der Briten hielten diese Minderheitsbewegungen mehr oder weniger in Schach, doch deren Bestrebungen verstärkten den Kampf um die israelische Eigenstaatlichkeit.

Dieser kurze Abriss über reichlich 50 Jahre palästinensischer Geschichte deutet einen kleinen Teil des jüdischen Kampfes für eine Heimstatt an und beschwört eine ernste Frage herauf: Haben die Juden in Palästina alles in ihrer Macht Stehende getan um den Holocaust zu vereiteln? Der Meinungsstreit darüber hält noch immer an. Manche Kritiker tadeln Großbritannien dafür, dass es sich weigerte die von Juden geleiteten militärischen Anstrengungen zu unterstützen. Andere erklären, die jüdische Führung in Palästina sei gegenüber der britischen Politik zu passiv und willfährig gewesen. Wie die Wahrheit auch lauten mag – sie kann durchaus eine Verknüpfung beider Positionen sein –, man kommt nicht an der Tatsache vorbei, dass die antisemitischen Tendenzen in Europa in den 1930er Jahren immer stärker wurden und schließlich zur systematischen Ermordung von sechs Millionen Juden führten. Nach dem Krieg begann man überall die Gedanken der Überlebenden über dieses Verbrechen zu veröffentlichen.

Jugendliche Mitglieder der jüdischen Untergrundorganisation *Haganah* im Jahr 1948. Sie bewachen zusammen mit ihren Hunden eine jüdische Siedlung in der Negev-Wüste um auf einen möglichen arabischen Angriff reagieren zu können.

Menachem Begin war von 1977 bis 1983 Ministerpräsident von Israel. Als junger Mann betätigte er sich in den 1930er Jahren in Warschau als aktiver Zionist. 1942 ging er mit der polnischen Exilarmee nach Palästina. Von 1943 bis 1948 leitete Begin die militante Organisation *Irgun*.

---

berg findet der Prozess gegen 14 ehemalige Angehörige des Rasse- und Siedlungshauptamts der SS (RuSHA-Prozess) statt. Dreizehn Angeklagte werden zu Haftstrafen verurteilt, einer wird freigesprochen.

• 3. Juli 1947 – 10. April 1948: In Nürnberg stehen 24 ranghohe SS- und SD-Offiziere der Einsatzgruppen (Ohlendorf-Prozess) vor Gericht. Vierzehn Angeklagte werden zum Tode verurteilt.

• 12. Juli 1947: In Nathanya (Palästina) verprügeln und entführen Juden zwei Angehörige einer Aufklärungseinheit der britischen Armee und veranlassen die Briten über dieses Gebiet vorübergehend das Kriegsrecht zu verhängen.

• 18. Juli 1947: Im Spandauer Gefängnis werden die folgenden zu Haftstrafen verurteilten Nazikriegsverbrecher aufgenommen: Baldur von Schirach *(siehe* 1966*)*, Karl Dönitz, Konstantin Freiherr von Neurath, Erich Raeder, Albert Speer *(siehe* 1966*)*, Walther Funk und Rudolf Heß *(siehe* 17. August 1987*)*.

• 14. August 1947: Der deutsche Fürst Josias Erbprinz von Waldeck-Pyrmont, der als erster Angehöriger des alten deutschen Adels von der SS rekrutiert wurde, wird als Kriegsverbrecher zu lebenslanger Haft verurteilt.

Nutzlose Bekanntschaft

Ich habe mit dem Tod gesprochen
deswegen
weiß ich
wieviele Lehren hohl waren
aber ich habe es um den Preis des
Leidens erfahren
eines so großen
daß ich mich frage
ob es das wert war.

Charlotte Delbo,
Auschwitz und danach.
Trilogie. Band 2:
Eine nutzlose Bekanntschaft

„Nutzlose Bekanntschaft". Das war es, was die Erlebnisse der ehemaligen KZ-Gefangenen Charlotte Delbo in Auschwitz und Ravensbrück vermittelten. Charlotte Delbo war keine Jüdin. Sie wurde 1943 trotzdem nach Auschwitz geschickt. Von den 230 Französinnen in ihrem Transport kamen nur 49 mit dem Leben davon. Zu den Überlebenden gehörte auch Frau Delbo. Sie sah, was den Juden, ihren französischen Gefährten und ihr selbst geschah. Ein Schicksal in Auschwitz hätte ihr auch erspart bleiben können. Als die Deutschen im Juni 1940 ihre Heimat Frankreich besetzten, befand sich Charlotte Delbo nämlich gerade mit einem Theaterensemble auf Tournee in Südamerika. Gegen den Rat ihrer Freunde kehrte sie 1941 nach Frankreich zurück, wo sie ihren Mann George Dudach wiedertraf und mit ihm in der Widerstandsbewegung arbeitete.

Am 2. März 1942 wurde das Paar von der kollaborationswilligen französischen Polizei verhaftet und den deutschen Behörden überstellt, die die beiden in zwei verschiedene Gefängnisse sperrte. Charlotte durfte ihrem Mann noch einen kurzen Besuch abstatten, bevor er am 23. Mai von einem Erschießungskommando hingerichtet wurde. Sie selbst blieb bis zu ihrer Deportation in Haft. Über ihre Ankunft in Auschwitz im Januar 1943 schrieb sie folgendes: „Die Türen der Viehwaggons wurden aufgeschoben und ließen uns den Rand einer eisigen Ebene sehen. Es war ein Ort aus der Zeit vor der Geografie. Wo waren wir? Wir sollten erfahren – später, mindestens zwei Monate danach; wir, das heißt diejenigen von uns, die zwei Monate später noch am Leben waren –, dass dieser Ort Auschwitz hieß. Wir hätten ihm keinen Namen geben können".

Diese Worte stammen aus Charlotte Delbos einzigartiger Trilogie *Auschwitz et après* (Auschwitz und danach), deren qualvolle bildliche Beschreibungen und tiefsinnige Betrachtungen über die Erinnerung das Werk zu einem unübertroffenen Zeugnis des Holocaust machen. Den ersten Teil – *Aucun de nous ne reviendra* (Keine von uns wird zurückkehren) – schrieb sie 1946, nachdem sie aus Ravensbrück, einem Nazilager für Frauen, entlassen und dem Roten Kreuz übergeben worden war. Sie erholte sich in Schweden und kehrte dann nach Frankreich zurück. Die Autorin ließ jedoch fast 20 Jahre vergehen, ehe sie den ersten Teil der Trilogie 1965 veröffentlichte. Mit dem zweiten Teil – *Une connaissance inutile* (Eine nutzlose Bekanntschaft) – begann Charlotte Delbo ebenfalls kurz nach ihrer Rückkehr nach Frankreich, doch dieser erschien erst 1970.

Dieses bronzene „Denkmal für die Opfer in den Lagern" auf dem Gelände der Gedenkstätte *Yad Vashem* in Jerusalem wurde von Nandor Glid geschaffen.

Das Kazet-Theater, ein Ensemble, dessen Schauspieler Überlebende der KZ waren, bei der Aufführung des Stückes „Die Todeskolonie" im *DP*-Lager Bergen-Belsen. Die Theatertruppe trat 1947 vor *Displaced Persons* in ganz Europa auf.

• 10. August 1947 – 31. Juli 1948: Der Krupp-Prozess gegen zwölf leitende Angestellte des Krupp-Konzerns findet statt. Elf Angeklagte werden zu Haftstrafen verurteilt, einer wird freigesprochen. Alle Strafen werden in die bereits verbüßte Untersuchungshaft umgewandelt.

• 20. August 1947: Der Ärzte-Prozess in Nürnberg wird abgeschlossen. 16 der 23 Ärzte und Angeklagten werden für schuldig befunden. Sieben erhalten die Todesstrafe, fünf werden zu lebenslanger Haft, zwei zu 20, einer wird zu 15 und einer zu 10 Jahren Haft verurteilt. Die anderen werden freigesprochen.

• Ende August 1947: Nach dem Ärzte-Prozess wird der *Nuremberg Code* veröffentlicht; es handelt sich um eine 10-Punkte-Erklärung, mit der man die Menschenrechte von „Forschungsobjekten" schützen will.

• 8. September 1947. In Palästina setzen britische Soldaten Tränengas ein um die Anlandung des jüdischen Flüchtlingsschiffes *Exodus* zu verhindern.

• 3. November 1947: Der Prozess gegen SS-Obergruppenführer Oswald Pohl, den ehemaligen Chef des Wirtschafts- und Verwaltungs-Hauptamtes, der u. a. für den Arbeitseinsatz von Häftlingen und

Die Holocaust-Justiz und der Kalte Krieg

Der Tag des Sieges in Europa war noch nicht gefeiert worden, da eskalierten die Spannungen zwischen den westlichen Alliierten und der Sowjetunion bereits. Die Aufteilung Europas in „Einflusssphären" verschärfte die Rivalität und führte zum Jahrzehnte andauernden so genannten Kalten Krieg.

Der Wettlauf um die Schaffung von Atomwaffen, um die Eroberung des Weltraums und die Sicherung einer erfolgreichen Nachkriegswirtschaft drängte das Streben nach Gerechtigkeit gelegentlich in den Hintergrund. Einige hohe Angestellte der I.G. Farbenindustrie AG, die zwar als Kriegsverbrecher vor Gericht gestanden hatten, für den Erfolg der westdeutschen Wirtschaft aber als unentbehrlich angesehen wurden, erhielten nur kurze Haftstrafen, obwohl die I.G. Farben während des Krieges der größte Nutznießer von Arbeitssklaven in Auschwitz war. Friedrich Flick *(Abb.)*, Unternehmer des Montankonzerns Mitteldeutsche Stahlwerke, in dem in den Kriegsjahren in großem Maßstab Arbeitssklaven eingesetzt waren, saß nur einige Jahre im Gefängnis, bevor er seine Karriere so erfolgreich fortsetzte, dass er zum reichsten Mann Deutschlands avancierte.

Wissenschaftler, deren Fachwissen man für das Weltraumprogramm oder für das atomare Wettrüsten als wichtig beurteilte, wurden für den Einsatz von Arbeitssklaven bei ihren Kriegsprojekten nicht verantwortlich gemacht. Einer dieser Wissenschaftler war Wernher von Braun, der Wegbereiter der Mondrakete bei der NASA. Die Suche nach Gerechtigkeit wurde in der Nachkriegszeit von dem alles überragenden Wunsch den Kalten Krieg zu gewinnen gebremst.

Bald darauf wurde unter dem Titel *Mesure de nos jours* (Maß unserer Tage) die Fortsetzung herausgegeben.

In *La mémoire et les jours* schrieb die Autorin, Auschwitz habe sich so tief in ihr Gedächtnis eingeprägt, dass sie keinen Augenblick davon vergessen könne. Zwar lernte sie in den Monaten und Jahren *nach* Auschwitz all das wieder, was sie aus der Zeit *vor* ihrem Martyrium vergessen hatte. *Hier*, in dem Frankreich, in das sie zurückgekehrt war, konnte sie tun, was *dort* nie möglich gewesen war – zum Beispiel eine Zahnbürste benutzen. *Jetzt* konnte sie tun, was *damals* undenkbar gewesen war – etwa gelassen mit Messer und Gabel essen. Doch selbst als sie scheinbar wieder zu der Person wurde, die sie vor ihrer Gefangenschaft in Auschwitz gewesen war – charmant, kultiviert und zivilisiert –, konnte sie kaum den Geruch des Regens wahrnehmen, ohne sich daran zu erinnern, dass der Regen in Birkenau den Gestank nach Durchfall nur noch verstärkt habe. Was in Auschwitz geschah, so bestätigte sie, trug *damals* wie *heute* kaum dazu bei das Leben zu vereinen, aufzurichten oder ihm Würde zu geben. Was im Holocaust geschah, trug stattdessen größtenteils dazu bei das Leben zu spalten, zu bedrängen und herabzusetzen.

Charlotte Delbo wollte nicht unterstellen, dass das Leben nach dem Holocaust hoffnungslos sein muss. So „nutzlos" ihre Bekanntschaft mit dem Lager in gewissem Sinn ist, so nutzte sie sie doch um zu zeigen, wie gefährlich es wäre zu vergessen und dass es eine Zeit gab, in der Auschwitz „der größte Bahnhof der Welt [war], was Ankunft und Abfahrt betrifft". Auch der Gelehrte Lawrence L. Langer sagt nicht, dass das Wissen vom Holocaust einfach nur nutzlos sei. Im Gegenteil, er ist der Meinung, dass die Begegnung mit dem Holocaust durch eine ernsthafte Beschäftigung mit ihm ebenso schwierig wie wichtig ist, da uns eine solche Arbeit Zugang zu dem Hauptereignis unse-

Eine amerikanische Briefmarke erinnert an den 50. Jahrestag der Befreiung der Konzentrationslager durch die Alliierten im Jahr 1945.

die Verwendung gestohlener Wertgegenstände verantwortlich war, wird abgeschlossen.

• 4. November 1947 – 13. April 1949: In Nürnberg stehen 21 ehemalige hochrangige Nazidiplomaten und Mitarbeiter oberster Reichsbehörden vor Gericht (Wilhelmstraßen-Prozess). 19 Angeklagte werden zu Haftstrafen verurteilt, zwei freigesprochen. Sämtliche Strafen werden schließlich in die bereits verbüßte Zeit umgewandelt.

• 28. November 1947 – 28. Oktober 1948: In Nürnberg findet der Prozess gegen 14 ehemalige Angehörige des Oberkommandos der Wehrmacht (OKW-Prozess) statt. Zwölf Angeklagte erhalten Haftstrafen, zwei werden freigesprochen. Alle Strafen werden schließlich in die bereits verbüßte Zeit umgewandelt.

• 29. November 1947: Die UNO fasst einen Beschluss zu Gunsten der Teilung Palästinas, mit der ein jüdischer Staat geschaffen werden soll. Die palästinensischen Araber erheben energisch Einspruch dagegen.

• Dezember 1947: 40 ehemalige Angehörige der Lagerverwaltung Auschwitz stehen in Kraków (Polen) vor Gericht. 23 Angeklagte werden zum Tode, 16 zu

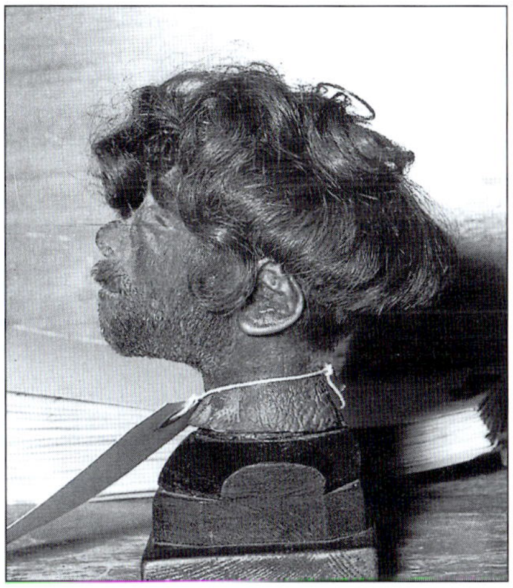

Dieser im Konzentrationslager Buchenwald gefundene Schrumpfkopf ist eine grässliche Erinnerung an die Grausamkeit der Nazis.

rer Zeit, vielleicht gar des modernen Zeitalters verschafft.

Charlotte Delbo verabscheute Abstraktion, lehnte Sentimentalität ab und verachtete noch mehr die Unehrlichkeit. Entsprechend schrieb sie auch: „Das dauert ewig, das Geräusch von fünfzig Stockschlägen auf den Rücken eines Menschen."

Sie fügt hinzu: „Keine einzige sagt: ‚Ich habe Hunger. Ich habe Durst. Ich friere.' Diese Dinge verstanden sich von selbst; in Auschwitz solche Äußerungen zu machen war absurd. Charlotte Delbos Worte belegen einfach, aber treffend, dass die Nazis ein Umfeld schufen, das so unerbittlichen Hunger, Durst und so großes Elend hervorbrachte, dass sich die meisten herkömmlichen Ausdrücke für großen Mangel nur noch Stillschweigen unter der Gleichgültigkeit des blauen Himmels waren.

Sterben, so setzt Charlotte Delbo fort, war vielleicht ein Schwindel erregender Moment, in dem man fühlte, „daß es vorbei ist mit Leiden und Kampf, vorbei damit, diesem erschöpften Herzen das Unmögliche abzufordern. Das Schwindelgefühl dauert kürzer als ein Blitz, lang genug, ein Glück zu berühren, von dessen Existenz man nichts ahnte". Der Mangel an Ehrerbietung gegenüber dem Tod brachte Charlotte Delbo ins Leben zurück, allerdings nur zum Teil: „Ich will sterben, aber nicht auf dieser kleinen Bahre vorbeigetragen werden. Nicht auf dieser kleinen Bahre, mit hängenden Beinen und hängendem Kopf, nackt unter der zerlumpten Decke. Ich will nicht auf dieser kleinen Bahre vorbeigetragen werden." Da Auschwitz den Lebenswillen in solchem Grad einschränkte, folgerte Charlotte Delbo, dass es weit besser sei nichts zu wissen, wenn man weiterleben wolle.

Was die Liebe betrifft, so kann sie nach dem Erlebnis Auschwitz nicht mehr so „tragisch herrlich" sein, wie man üblicherweise von ihr sagt. Die Behauptung, es sei besser geliebt und verloren zu haben als niemals geliebt zu haben, trifft hier nicht zu. Charlotte Delbo deutet an, dass die Nazis die Liebe zunichte machten. Vor der Hinrichtung ihres Mannes hatte man ihr eine letzte Begegnung mit ihm zugestanden. Sie berichtet, dass beide ihre Trennung durch den scheinbar einzig möglichen Akt der Liebe noch verschlimmerten – durch die gegenseitige Täuschung, bei der einer dem anderen gegenüber vorgab nicht zu wissen, welches Schicksal sie beide erwartete.

In Auschwitz konnte man eigentlich nicht an Liebe denken. Dort war selbst die Erinnerung ein Luxus, den die spärliche Lebenskraft kaum zuließ. Wenn die Erinnerung an die Liebe wirklich einmal auftauchte, so klagt Charlotte Delbo, fügte sie jenen, die bereits jenseits solcher Emotionen lebten, nur übergroßen Schmerz zu.

So ergaben sich für Charlotte Delbo wie für jeden anderen Häftling komplizierte, tiefgründige Fragen. Was Frau Delbo nutzlose Bekanntschaft nannte, veranlasste sie sich zu fragen, ob ihr Überleben sich lohnte. Ihr rückhaltlos ehrliches und tief trauriges Zeugnis gleicht nicht dem anderer Menschen – Juden oder Nichtjuden –, die die Nazilager überlebten. Es verstärkt jedoch eine der wichtigsten Auswirkungen des Holocaust, einen starken Widerhall oder Nachklang, der nachdenkliche Aufmerksamkeit verdient: Vor allem

Der letzte Jude in Vilkaviškis (Litauen) auf dem jüdischen Friedhof der Stadt, den er nach dem Krieg wieder hergerichtet hat.

Haftstrafen verurteilt. Ein Urteilsspruch ist unbekannt.

- **2. Dezember 1947: Maria Mandel, Oberaufseherin der SS für das Frauenlager in Auschwitz-Birkenau, wird in Kraków (Polen) gehängt.**
- **1948: Papst Pius XII. bittet um Gnade für alle Nazikriegsverbrecher, die zum Tode verurteilt wurden. Sein Gesuch wird von Lucius Clay, dem stellvertretenden Militärgouverneur in Deutschland, abgelehnt.**
- **Januar 1948: Schlomo Mikhoels, der Direktor des Staatlichen Jüdischen Theaters in Moskau und Vorsitzender des Antifaschistischen Jüdischen Komitees, wird bei einem inszenierten Autounfall von Angehörigen des NKWD ermordet.**
- **April 1948: Franz W. Six, ehemaliger SS-Brigadeführer und Kommandeur der Einsatzgruppe B, wird wegen der begangenen Kriegsverbrechen zu 20 Jahren Haft verurteilt. *Siehe* 1955.**
- **28. April 1948: Albert Forster, ehemaliger Reichsstatthalter und Gauleiter von Danzig-Westpreußen (Polen), wird wegen Kriegsverbrechen zum Tode verurteilt und in Danzig hingerichtet.**
- **14. Mai 1948: Das britische Mandat über Palästina erlischt. Palästina wird in**

Die Einwanderung in die Vereinigten Staaten verhalf vielen jüdischen Kindern, die den Holocaust überlebt hatten, zu einem neuen Anfang. Die erlittenen Verluste konnte ihnen jedoch nichts ersetzen.

nach Auschwitz muss man sich hüten, den Holocaust als eine Art philosophisches Druckmittel zur Bestätigung der Ideale und religiösen Glaubensvorstellungen aus der Zeit vor dem Holocaust auszunutzen.

Charlotte Delbo und andere Überlebende wissen, dass sie, obwohl nicht durch die Hand der Nazis und deren Kollaborateure umgekommen, doch fast buchstäblich *aus der Welt abtransportiert*, an Orte gebracht wurden, wo normale Erwartungen und Verhaltensregeln in ihr Gegenteil verkehrt, losgerissen, in Grund und Boden getreten wurden. Viele Überlebende haben noch immer das Gefühl der Entfremdung von dieser Welt und empfinden es als schwierig, wenn nicht gar unmöglich, etwas zu feiern, das einem menschlichen „Triumph" über die vernichtende Wirkung des Holocaust gleicht. Aber zugleich kann eben diese Entfremdung Reaktionen im tiefsten Innern menschlicher Besorgnis hervorrufen. Wie Lawrence Langer uns sagt, kommt abgrundtiefes Entsetzen bei der Vorstellung von einem „entzweigerissenen Baby oder einer bei lebendigem Leib verbrannten Frau" auf. Trotzdem – wenn wir ein tief gegründetes Bewusstsein des Holocaust entwickeln und bewahren, können wir vielleicht doch verhindern, dass Verzweiflung und Tod das letzte Wort haben. Der Staat Israel veranschaulicht diese Möglichkeit.

Schicksal und Kampf

Frühjahr 1945. Hitler war tot, das Dritte Reich lag in Trümmern. Viele Nichtjuden überall auf der Erde nahmen an, dass das Grauen sein Ende gefunden habe, doch das traf nur bis zu einem gewissen Grad zu. Die staatlich organisierte Gewalt und Vernichtung waren gestoppt worden, doch der Antisemitismus war auf dem europäischen Kontinent noch immer weit verbreitet. Ehemalige SS-Angehörige und andere Täter aus den niedrigen Rängen befanden sich auf freiem Fuß und der Aufenthaltsort so mancher hochrangiger oder ehemals stark engagierter Nazis war unbekannt. In Großbritannien sowie in Nord- und Südamerika schien man nur wenig Anteil an den Sorgen der Juden zu nehmen. Die Juden machten sich keine Illusionen über ihr Los. Die mörderischen antisemitischen Pogrome des Jahres 1946 in Polen machten die Wahrheit deutlich: Wenn die Juden in Sicherheit leben wollten, mussten sie ihren eigenen Weg gehen und sich eine eigene Nation schaffen.

Das Ziel zehntausender Juden am Ende des Zweiten Weltkrieges und unmittelbar danach war die Emigration nach Palästina; dort, so hofften diese Menschen, konnten sie sich den palästinensischen Juden beim Aufbau eines unabhängigen jüdischen Heimatlandes anschließen. Großbritannien kontrollierte die Einwande-

Abb. links: Die jüdischen Führer Nahum Goldmann, David Horowitz, Emanuel Neumann und Rabbi Wolf Gold *(von links nach rechts)* vor einer Landkarte, die den Vorschlag der UNO zur Teilung Palästinas zeigt (Aufnahme vom 12. November 1947). *Abb. rechts:* Am 29. November 1947 bestätigte die UNO einen Plan zur Teilung Palästinas, der Maßnahmen zur Schaffung eines jüdischen Staates beinhaltete. Mitglieder des *Jischuw* (der jüdischen Gemeinde Palästinas) feiern die Nachricht.

---

den Staat Israel und das Königreich Jordanien geteilt. Der Nationalrat der Juden proklamiert den unabhängigen Staat Israel. Dessen Anerkennung durch die USA erfolgt wenige Stunden später. *Siehe* 15. Mai 1948.

• **15. Mai 1948: Ägyptische und jordanische Truppen marschieren in das gerade einen Tag bestehende Israel ein. *Siehe* 7. Januar 1949.**

• **2. Juni 1948: Viktor Brack, ehemaliger SS-Oberführer und einer der Organisatoren der „Euthanasie"-Aktion T 4, wird nach seiner Verurteilung wegen Kriegsverbrechen im Gefängnis Landsberg (Deutschland) gehängt. Karl Brandt, ehemaliger Leibarzt Adolf Hitlers und SS-Gruppenführer, der in illegale medizinische Experimente verwickelt war, wird nach der Verurteilung wegen Kriegsverbrechen ebenfalls hingerichtet.**

• **30. September 1948: Die *United Nations Relief and Rehabilitation Agency* beendet ihre Tätigkeit.**

• **November 1948: Stalin lässt das Erscheinen der jiddischsprachigen Wochenzeitung *Ejnikejt* (Einigkeit) vorübergehend einstellen.**

• **Dezember 1948: Die UNO beruft eine Tagung zum Thema Völkermord ein, auf der die Mitgliedsstaaten aufge-**

rung von Juden allerdings noch immer. In der Befürchtung, dass eine Flut jüdischer Flüchtlinge ihnen die arabische Welt entfremden würde, zeigten die Briten auch weiterhin keine Bereitschaft die Einreise von Juden in großem Maßstab zu genehmigen. Sie ließen eine dürftige legale Quote von 1500 Juden pro Monat zu und gingen scharf gegen die „illegale" Einwanderung vor. Dennoch versuchten zwischen 1944 und 1948 mehr als 200 000 Juden nach Palästina zu fliehen und gelangten dabei auf jede nur mögliche Weise über die

DIE JÜDISCHE BEVÖLKERUNG EUROPAS NACH DEM KRIEG (1950)

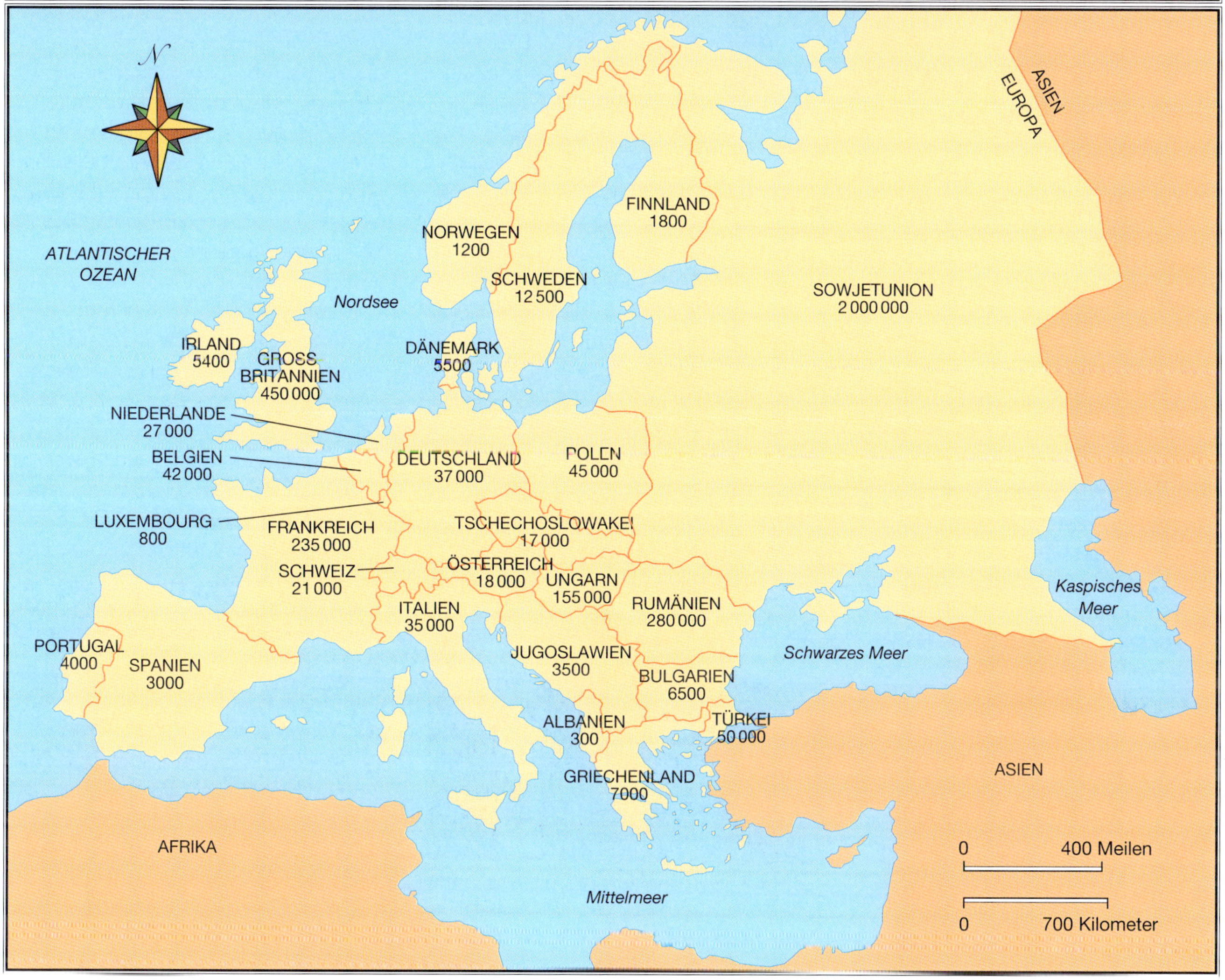

Die jüdische Bevölkerung Europas ging von rund 9,5 Millionen (1933) auf 3,5 Millionen (1950) zurück. Von drei Millionen jüdischen Einwohnern Polens gab es 1950 nur noch 45 000. Bis 1950 waren über 200 000 europäische Juden nach Palästina bzw. Israel und 72 000 in die Vereinigten Staaten ausgewandert.

fordert werden entschlossen gegen Organisationen vorzugehen, die sich auf die Vernichtung von Menschen aus rassischen, ethischen, religiösen oder nationalen Gründen verlegt haben. Die US-amerikanische Delegation, die sich der gewollten Rassentrennung in den Vereinigten Staaten voll bewusst ist, lehnt die Ratifizierung der Konvention ab.

- **1949: Nur 300 der 9600 Personen, die im Prozess vor dem Internationalen Militärtribunal gegen die Hauptkriegsverbrecher und in den Nachfolgeprozessen zu Gefängnisstrafen verurteilt worden sind, befinden sich noch in Haft. • Josef Mengele, der KZ-Arzt und Menschenschinder von Auschwitz-Birkenau, siedelt sich unter falschem Namen in Südamerika an. • Ein deutsches Entnazifizierungsgericht entzieht dem Nazi Hermann Esser, der die Juden mit seiner Demagogie verfolgt und 1939 „Die jüdische Weltpest" verfasst hat, Vermögen und bürgerliche Rechte und verurteilt ihn in Abwesenheit zu fünf Jahren Zwangsarbeit. • Lutz Schwerin von Krosigk, ehemaliger Reichsfinanzminister, wird in Nürnberg zu zehn Jahren Haft verurteilt. • Die Beschäftigung des Westens mit dem sich entwickelnden Kalten Krieg vermindert die Bestrebungen zur weiteren umfassenden Verfolgung mutmaßlicher Kriegsverbrecher.**

Im Februar 1948 gelang es einigen Arabern offensichtlich die nachlässigen britischen Sicherheitsvorkehrungen zu umgehen und eine Bombe zu zünden, die im jüdischen Bezirk Jerusalems große Zerstörungen anrichtete *(Abb.)*. Drei Monate später, am 15. Mai, befand sich der gerade einen Tag alte Staat Israel nach Angriffen von ägyptischer und jordanischer Seite im Krieg.

Grenzen. Von August 1945 bis Mai 1948 machten sich rund 69 000 Personen auf 65 Schiffen auf die Reise. Nur einige Schiffe schafften es die britische Blockade zu durchbrechen. Etwa 51 000 der jüdischen Flüchtlinge verbrachten bis zu zwei Jahren in britischen Internierungslagern auf der Mittelmeerinsel Zypern. Da die Juden in ihrem Streben nicht nachließen, unterstützte schließlich auch der internationale Druck die Schaffung einer jüdischen Heimstatt. Am 14. Mai 1948, mehrere Monate nachdem die UNO die Teilung Palästinas in einen jüdischen und einen arabischen Staat beschlossen und Großbritannien mit dem Rückzug aus Palästina begonnen hatte, verkündete David Ben Gurion die Unabhängigkeit Israels. Die sechs Monate danach vorgenommene Volkszählung ergab, dass der neue Staat 782 000 Einwohner hatte. 713 000 Personen davon waren Juden, unter ihnen auch Überlebende des Holocaust, deren Zahl bis zum Ende des Jahrzehnts auf 140 000 anwachsen sollte.

Die Eigenstaatlichkeit war jedoch keine Garantie für die Sicherheit Israels. Die neue Nation wurde am 14. Mai 1948 ausgerufen und bereits am 15. Mai drangen arabische Truppen in das Land ein. Acht Monate später wurde ein Waffenstillstand vereinbart. Der Konflikt von 1948/49 war der erste Zusammenstoß in einer Reihe von Kriegen mit feindlich gesinnten arabischen Nachbarn; die bedeutendsten waren der Sechs-Tage-Krieg im Juni 1967 und der *Jom-Kippur-Krieg* 1973, die beide mit großartigen Siegen und Gebietsgewinnen Israels endeten.

Israel brachte den arabischen Angreifern im Sechs-Tage-Krieg von 1967 eine gründliche Niederlage bei. Der Sieg erweiterte die Grenzen Israels, schuf ein neues Bild von der israelischen Stärke und Macht in der Region und ließ bei den Juden Selbstvertrauen und Stolz aufkommen.

Auch wenn sich die Aussichten auf einen dauerhaften Frieden verbessert haben, ist er doch keinesfalls sicher. Das unbequeme Problem eines unabhängigen Staates für die palästinensischen Araber, dessen Territorium das Westjordanland und den Gazastreifen umfassen würde, ist auch zu Beginn des 21. Jahrhunderts noch nicht geklärt.

Gäbe es heute den Staat Israel, wenn der Holocaust nicht stattgefunden hätte? Manche Argumente sprechen dafür, dass eine jüdische Heimstatt vielleicht sogar noch eher existiert hätte, wenn nicht der Zweite Weltkrieg und der Holocaust dazwischengekommen wären. Andere Argumente, deren Verfechter solchen Spekulationen nach dem Motto „Was wäre, wenn …?" misstrauisch gegenüberstehen, betonen, dass die Existenz des Staates Israel unlösbar mit der Geschichte des Holocaust verknüpft sei. Und die Sirene mahnt, so würde mancher hinzufügen, dass Israel in seiner Wachsamkeit nie nachlassen sollte.

Die Existenz Israels fordert jedoch noch eine andere Frage heraus; diese Frage beruht auf Theodor Herzls Vorstellung, dass ein unabhängiger jüdischer Staat die einzig realisierbare Antwort auf die „Judenfrage" sei. Sie lautet: Hätte es den Holocaust gegeben, wenn die Juden zu Beginn des 20. Jahrhunderts einen eigenen Staat besessen hätten? Vielleicht hätte er nicht stattgefunden, doch auch diese Frage verleitet zu heftiger Spekulation. Besteht die Möglichkeit, dass die Nazis neun Millionen europäischer Juden in ein jüdisches Palästina deportiert hätten oder dazu in der

---

• 7. Januar 1949: Ein Waffenstillstand beendet die arabisch-israelischen Feindseligkeiten, die im Mai 1948 begonnen haben. Die Vereinbarung bestätigt die Ausdehnung des israelischen Territoriums um 50 Prozent.

• 11. Mai 1949: Israel wird in die Vereinten Nationen aufgenommen.

• 23. Mai 1949: Die Bundesrepublik Deutschland wird als parlamentarische Demokratie gegründet.

• 7. Oktober 1949: Aus den kommunistisch geführten Ländern im Osten Deutschlands entsteht die zentral verwaltete Deutsche Demokratische Republik.

• 1949–1952: Bestärkt durch den sowjetischen Führer Jossif Stalin inszenieren die Gerichte in Ungarn und der Tschechoslowakei Schauprozesse gegen Juden.

• 1950: Die Alliierten übertragen Westdeutschland die Verantwortung für die Verfolgung der restlichen Nazikriegsverbrecher. • Erich Koch, ehemaliger Reichskommissar für die Ukraine, wird wegen seiner Mitschuld am Tod von Millionen Menschen, darunter von 72 000 polnischen Bürgern, an Polen ausgeliefert. Das Todesurteil wird wegen seiner schlechten gesundheitlichen Verfassung in eine lebenslange Haftstrafe umgewan-

Das Dorf Ma'alot wurde im Mai 1974 zum Ziel palästinensischer Terroristen. Bei dem Angriff wurden 20 Schulkinder getötet. Hier trägt Galil Maimon seine verletzte Schwester Zipora an einen sicheren Ort.

Lage gewesen wären; hätte das Gebiet einen so enormen Zustrom von Menschen verkraftet? Ein solches Szenario überfordert jegliches Vorstellungsvermögen.

Doch diese Frage lenkt die Aufmerksamkeit auf wichtige Probleme. Staatenlos zu sein kann Hilflosigkeit und Hoffnungslosigkeit bedeuten. Der Wehrlosigkeit muss eine solide strategische Politik begegnen. Nationale Stärke lässt die Widersacher zögern, bevor sie sich mit einem Land anlegen, und niemand, der die Sicherheit Israels oder irgendwo in der Welt das Wohl der Juden antastet, darf erwarten, dass er das ungestraft tun kann. Diese politischen Betrachtungen gehören zu den wichtigsten Auswirkungen des Holocaust.

Die Schuldfrage

Es gibt nur wenige Ereignisse, die stärker als der Holocaust die jüdische und israelische Identität beeinflusst haben. Die Folgen des Holocaust wirken sich auf das deutsche Selbstverständnis ähnlich stark aus. Es ertönt zwar kein Sirenengeheul jedes Jahr im April, das Deutschland innehalten und still der Vernichtung des europäischen Judentums gedenken lässt, doch die Geschichte dieser Nation ist zwangsläufig mit der Geschichte des Holocaust verbunden.

In Berlin wird es zu Beginn des neuen Jahrhunderts ein neues Denkmal geben, ein Denkmal, dessen Geburt mühsam war. Es handelt sich um Deutschlands Mahnmal für die ermordeten Juden Europas. Holocaust-Gedenkstätten gibt es auf deutschem Boden schon seit einiger Zeit; die ehemaligen Konzentrationslager Buchenwald, Dachau, Ravensbrück und Sachsenhausen sind einige Beispiele dafür. Doch das Berliner Mahnmal, das seinen Platz im Herzen der deutschen Hauptstadt haben wird, stellt eine besondere nationale Anerkennung der historischen Verantwortung Deutschlands für den Holocaust dar.

Im Juni 1998 empfahl eine fünfköpfige Kommission einen Entwurf des amerikanischen Architekten Peter Eisenman. Der Entwurf zeigt ein weites Areal mit unzähligen Säulen, deren unterschiedliche Höhe die ganze Fläche „wogen" lässt. Er war vom damaligen Bundeskanzler Helmut Kohl akzeptiert und in der deutschen Presse viel gelobt worden. Der von Kohls politischer Opposition geführte Widerstand gegen das Vorhaben bremste allerdings endgültige Entscheidungen und vertagte sie auf

Die Gründung Israels

Das lang ersehnte Ziel der Zionisten in Palästina eine jüdische Heimstatt zu schaffen war am 14. Mai 1948 schließlich erreicht, als David Ben Gurion *(Abb. unten, stehend)* die Existenz des Staates Israel verkündete. Die Opfer, die die Juden während des Holocaust hatten bringen müssen, hatten unmittelbar dazu beigetragen, dass die internationale Gemeinschaft die Schaffung einer souveränen jüdischen Nation enorm unterstützte.

Am 29. November 1947 fasste die UNO den Beschluss Palästina in einen jüdischen und einen arabischen Staat zu teilen. Während die arabischen Nationalisten den Plan völlig ablehnten, billigte die Führung der jüdischen Gemeinde Palästinas die Teilung schließlich.

Als Ministerpräsident Ben Gurion die Schaffung des Staates Israel in den im Teilungsplan bestimmten Grenzen verkündete, drangen fast unmittelbar darauf Armeen arabischer Länder in das Territorium des neu gegründeten Staates ein.

---

delt. • Israel verabschiedet das Gesetz zur Rechtsprechung über Naziverbrecher und deren Helfer, das die Möglichkeit schafft ehemalige Nazis in Israel vor Gericht zu stellen. • Der SS-Funktionär Adolf Eichmann setzt sich mit Hilfe von Mitarbeitern der Organisation „Odessa", ehemaligen SS-Offizieren, deren Ziel die Unterstützung solcher Flüchtlinge ist, nach Argentinien ab.

• Juni 1950: Der US-amerikanische Kongress ändert das Gesetz über *Displaced Persons* von 1948 im Interesse gerechter Bedingungen für die Einwanderung von Juden in die USA. Nach dem ursprünglichen Gesetz waren Juden bevorzugt worden, deren Heimat sich nach dem Krieg unter sowjetischem Einfluss befand.

• 1. Dezember 1950: In Warschau wird, im Keller des ehemaligen Hauses Nowolipki-Straße 68 vergraben, der zweite von drei Teilen des von Emanuel Ringelblum organisierten geheimen Warschauer Ghetto-Archivs *(Oneg-Schabat-Archiv)*, das auch Ringelblums persönliches Tagebuch enthielt, entdeckt. Hier findet sich auch der Augenzeugenbericht des jungen Abraham Jakob Krzepicki über das Todeslager Treblinka. Krzepicki hatte aus dem Lager fliehen können.

Israel und der Holocaust

Die jüdischen Einwohner Palästinas nahmen die europäischen Juden, die den Holocaust erlebt hatten, nicht nur gern auf, sondern setzten sich auch für die Rettung ihrer Glaubensbrüder ein. Palästina war der einzige Platz auf der Welt, an dem ein großer Teil der Bevölkerung europäischen Juden mitten im Krieg Zuflucht bot.

Die in den 1890er Jahren von Theodor Herzl gegründete zionistische Bewegung vertrat die Ansicht, dass Europa kein sicherer Platz für Juden sei und dass diese Menschen eine nationale Heimstatt in Palästina haben müssten. Herzl unterstützte die legale und illegale Einwanderung in Palästina, das von Großbritannien als Mandatsgebiet verwaltet wurde.

Bereits in den ersten Kriegsjahren wandte sich David Ben Gurion, der Vorsitzende der zionistischen Exekutive und der *Jewish Agency for Palestine*, an die amerikanischen Juden und bat um Unterstützung für die europäischen Juden und für die Schaffung eines jüdischen Staates in Palästina. Er drängte darauf als Vergeltung für die an den Juden begangenen Gräueltaten deutsche Städte zu bombardieren; die Massendemonstrationen in den alliierten Ländern betrachtete er als Zeitverschwendung, da er sah, dass die Juden von den Alliierten keine Hilfe erhielten.

Nach dem Holocaust wurde in Palästina bzw. Israel, dem 1948 gegründeten Judenstaat, fast eine Million jüdischer Flüchtlinge aus Europa aufgenommen. Das Foto von 1948 zeigt jüdische Ankömmlinge an Bord der „Negev". Israel, das einzige Land, das allen einreisenden Juden, die dort leben wollen, automatisch die israelische Staatsbürgerschaft verleiht, wurde als ein Platz gegründet und erkämpft, an dem die Juden schließlich in Sicherheit sein würden.

Ironischerweise sind die Juden in Israel noch immer sehr gefährdet. Die ungeheuren Auswirkungen des Holocaust auf die israelische Denkart hat das Leben und die Politik Israels jahrzehntelang bestimmt. Von Staaten mit feindselig gestimmten arabischen Regierungen umgeben und auf einem Gelände gelegen, das nicht leicht zu verteidigen ist, haben sich die Israelis stark auf ihre Sicherheitsbedürfnisse konzentriert, woraus sich eine zwangsläufig aggressive Außenpolitik ergeben hat.

Das kulturelle, geistige und politische Leben Israels widerspiegelt zwar ein breites Spektrum von Problemen, doch schwebt über der Nation ständig das Gespenst einer Wiederholung des Holocaust. Der große jüdische Denker Richard Rubenstein hat die kompromisslose Entschlossenheit der nach Israel ausgewanderten Holocaust-Überlebenden beschrieben, was uns wiederum eine wichtige Einsicht in das israelische Denken erlaubt: „Wir sterben vielleicht im Wüstensand Palästinas, doch wir werden uns nie wieder eurer Gnade oder eurer Voreingenommenheit anpassen. Vielleicht gibt es eines Tages ein weiteres Masada, in dem die Juden bis zum letzten Mann kämpfen, ehe sie von ihren Feinden überwältigt werden."

„Es wird nie wieder ein Auschwitz geben", so fuhr Rubenstein fort. „Die Juden werden niemals wieder auf eure Menschlichkeit vertrauen um dann den entwürdigendsten aller unpersönlichen Tode zu erleiden. Wir haben unsere Zelte abgebrochen. Wir werden nicht länger Wanderer sein. Wir werden nicht länger mit euch leben. Was immer daraus werden wird, wir sind auf dem Weg nach Hause."

• 1951: Hans Schmidt, ein ehemaliger Aufseher im KZ Buchenwald, ist der letzte Kriegsverbrecher, der von den Alliierten hingerichtet wird. • Der Schriftsteller Ernst von Salomon veröffentlicht sein Werk „Der Fragebogen"; der Autor „beantwortet" darin einen Fragebogen, wie er 1945 in Deutschland ausgegeben wurde, und versucht dabei die deutsche Kriegsschuld zu relativieren. Mit dem Fragebogen wollte man begeisterte Nazis ausfindig machen und verhindern, dass sie in Regierungen der Nachkriegszeit hohe Posten bekleideten. • Die US-amerikanische Bank *National City* verabredet insgeheim mit der *Federal Reserve*, von den Nazis erbeutetes Gold im Wert von 30 Millionen Dollar, das in der Schweiz „gewaschen" worden ist, als Sicherheit für ein Darlehen an Spanien zu akzeptieren. Die mit dem Hakenkreuz versehenen Goldbarren werden eingeschmolzen und als Barren des US-amerikanischen *Assay Office* ausgegeben. *Siehe* 1. November 1997. • Otmar von Verschuer wird an die Universität Münster berufen, wo er Humangenetik lehren soll. Als Josef Mengeles Mentor ließ er sich während der Nazizeit „menschliches Untersuchungsmaterial" und Berichte aus Auschwitz schicken. • In New York wird die *Conference on Jewish Material Claims Against Germany* als Dachorganidie Zeit nach den Wahlen im September 1998. Aus diesen Wahlen ging Gerhard Schröder als neuer Kanzler hervor. Michael Naumann, der damalige Staatsminister für Kultur und Medien, trat der Idee von einem nationalen Holocaust-Mahnmal entgegen, doch Verhandlungen zwischen Naumann, Eisenman und der Findungskommission führten zu machbaren Abänderungen. Der ursprüngliche Entwurf für die Gedenkstätte ist maßstäblich verkleinert worden und sie wird durch ein Zentrum zur Erläuterung der Geschehnisse des Holocaust sowie durch eine Forschungsbibliothek ergänzt.

Als 1999 die Realisierung des Projekts näher rückte, tauchten im Frühjahr desselben Jahres in den deutschen Nachrichten zwei andere bemerkenswerte Vorgänge auf. Beide haben zumindest eine mittelbare Beziehung zu dem Denkmal für die ermordeten Juden Europas. In der ersten berichtete die amerikanische Nachrichtenagentur *Associated Press* am 22. Mai über Zusammenstöße rechts- und linksgerichteter politischer Gruppierungen in Köln. Bei den Krawallen konnte die Polizei die gegnerischen Parteien eine Zeit lang auseinander halten, doch als 200 Anhänger der NPD ihre gerichtlich genehmigte Demonstration starteten, umgingen etwa 400 Personen der gegnerischen Linken die Polizeikontrolle und begannen die Demonstranten mit Flaschen, Steinen, Eiern und Tomaten zu bewerfen. Während des Spektakels wurden ein parkendes Auto und Schaufensterscheiben zertrümmert; auf beiden Seiten gab es Leichtverletzte und die Polizei nahm 26 Personen in Gewahrsam.

Wäre die Angelegenheit nicht von größerer Bedeutung gewesen, hätte die internationale Presse wahrscheinlich keine Notiz davon genommen. Doch die Hintergründe dieses Zusammenstoßes waren tatsächlich von Interesse. Zur deutschen Identität der Nachkriegszeit gehört auch die weit verbreitete Ansicht, dass die Wehrmacht – trotz der Untaten Hitlers und der Nazis – ihren Kampf stets mit soldatischer Ehre geführt habe, die vom Holocaust nicht befleckt werden konnte. Viele Deutsche wussten es besser, doch der Eindruck vom Anstand der Wehrmacht hielt sich in der öffentlichen Meinung. Dann wurde im März 1995 in mehreren Orten Deutschlands eine Ausstellung mit dem Titel „Vernichtungskrieg. Verbrechen der Wehrmacht 1941–1944" gezeigt. Die zusammengetragenen Fotos und Dokumente bestätigten, dass die Wehrmacht eine gegen Juden und Zigeuner gerichtete Völkermordpolitik durchsetzte. Auch ihre Angehörigen waren an Massentötungen von Slawen in Polen, Serbien und in der Sowjetunion beteiligt und für den Tod von mehr als drei Millionen Kriegsgefangenen verantwortlich. Die umstrittene Ausstellung, die vom späten Frühjahr 1999 an in 32 Städten von mehr als 820 000 Menschen besucht wurde, rief erhebliche Proteste hervor. Vor dem Tumult in Köln war es bereits in Saarbrücken zu Zusammenstößen zwischen linken und rechten Gruppierungen gekommen. Dort wurden über hundert Linke, Verteidiger der Ausstellung, verhaftet, als sie den Protesten von Rechten gegen die Darstellung der Gräueltaten der Wehrmacht durch die Ausstellung widersprachen.

Michael Naumann, ehemaliger Staatsminister für Kultur und Medien, erläutert ein Entwurfsmodell für das geplante Holocaust-Denkmal, das im Herzen Berlins entstehen soll (Aufnahme vom 20. Januar 1999).

Die umstrittene Wanderausstellung „Vernichtungskrieg. Die Verbrechen der Wehrmacht" erschütterte die weit verbreitete Ansicht, dass die deutsche Wehrmacht während des Krieges ehrenhaft gekämpft und nichts mit den Gräueltaten der Nazis zu tun gehabt habe.

sation zur Abwicklung deutscher Entschädigungszahlungen an Juden geschaffen.

• **Januar 1951: In Jerusalem kommt es zu einem Aufruhr Protestierender, die sich gegen ein Angebot Westdeutschlands über Entschädigungszahlungen an Israel und die Juden für den Holocaust wenden. Viele Israelis sind gegen den Abschluss von Abkommen jeglicher Art mit Deutschland. *Siehe* 27. September 1951.**

• **12. Januar 1951: Die von der UNO geförderte Konvention über die Verhütung und Bestrafung des Völkermordes verbietet gemäß den Bestimmungen in Artikel LVI der UNO-Charta Folter, Mord, Deportation und Verfolgung, die aus rassischen, religiösen oder politischen Gründen gegen eine bestimmte Gruppe gerichtet sind.**

• **12. April 1951: Die *Knesseth*, das israelische Parlament, legt per Gesetz einen Holocaust-Gedenktag *(Jom ha-Sho'ah)* fest.**

• **8. Juni 1951: Nach ihrer Verurteilung für ihre Kriegsverbrechen werden folgende ehemalige Nazis im Gefängnis Landsberg durch den Strang hingerichtet: Oswald Pohl, ehemaliger SS-Standartenführer und Chef des Wirtschafts- und Verwaltungs-Hauptamtes der SS, der für den Einsatz von Arbeitssklaven und die**

Die angenommene Unbescholtenheit der Wehrmacht war für die Deutschen der Nachkriegszeit ein wichtiges Kriterium. Die Mittäterschaft der Wehrmacht an zahlreichen Gräueltaten wurde erst später offenbar und es zeigte sich, dass die Prozesse gegen Generalfeldmarschall Wilhelm List *(Abb. oben, Mitte)* und andere Militärführer gerechtfertigt waren.

Unter den Nachrichten aus Deutschland vom 21. Mai 1999 befand sich ein weiterer interessanter Bericht, der mit dem Holocaust zu tun hatte. Darin ging es um einen so genannten Volksdeutschen mit Namen Alfons Götzfried, der 1991, als sich die Sowjetunion auflöste, aus seiner ukrainischen Heimat nach Deutschland übergesiedelt war. Doch hier wurde Götzfried von seiner Kriegsvergangenheit eingeholt. Es stellte sich heraus, dass er Angehöriger der Gestapo und 1943 in Polen an der Ermordung von 17 000 Juden beteiligt gewesen war. Er kam vor ein Stuttgarter Gericht und wurde für schuldig befunden Kriegsverbrechen begangen zu haben.

Der Anklagevertreter beantragte eine Haftstrafe von 13 Jahren, die das Gericht aber ablehnte. Doch selbst wenn die Argumente des Staatsanwalts ausschlaggebend gewesen wären, hätte der Prozess gegen Götzfried nicht unbedingt anders geendet. Nachdem der Angeklagte zu zehn Jahren Haft verurteilt worden war, wurde er vom Gericht mit der Begründung, er habe nach dem Krieg bereits 13 Jahre in einem sowjetischen Arbeitslager in Sibirien verbracht, auf freien Fuß gesetzt. Götzfrieds Ankläger stellten fest, dass dieser Prozess möglicherweise der letzte sei, der in Deutschland gegen Kriegsverbrecher der Nazizeit stattgefunden habe. Denn nicht nur die Überlebenden des Holocaust würden älter und stürben; dasselbe gelte auch für die mutmaßlichen Kriegsverbrecher und die Zeugen, die gegen sie aussagen könnten.

Deutschland ist nicht das einzige Land, in dem man sich mit Personen hat auseinandersetzen müssen, die

Ringen mit der Vergangenheit

Das mörderische Erbe des Nazismus hat einen langen und bösen Schatten auf die deutsche Nation geworfen. Die Fragen nach der Kollektivschuld und der Verantwortung für die Verbrechen des Nationalsozialismus durchdringen das System der deutschen Gesellschaft. Es sind zwar mehr als 50 Jahre, die den heutigen Tag vom Ende des Zweiten Weltkrieges trennen, doch Deutschland ringt noch immer um die Bewältigung seiner Vergangenheit.

Bis in die 1960er Jahre hinein fehlten im Grunde genommen Erörterungen zum Thema Nationalsozialismus in den westdeutschen Schulbüchern. In Deutschland werden zwar inzwischen Fragen zur Schuld am Holocaust vorsichtig angesprochen, doch entfacht jeder Versuch an den Holocaust zu erinnern eine nationale Debatte.

Im persönlichen Bereich haben sich deutsche Intellektuelle endlos mit der Frage der deutschen Schuld beschäftigt. Während der Philosoph Karl Jaspers die These von der Kollektivschuld ablehnte, erkannte der Theologe Martin Niemöller sie öffentlich an.

In seinem Schuldbekenntnis schrieb Niemöller, dass die Kirche sicherlich nicht ohne Schuld sei; er frage sich immer und immer wieder, was geschehen wäre, wenn 14 000 evangelische Geistliche in ganz Deutschland im Jahr 1933 oder 1934 die Wahrheit mit ihrem Leben verteidigt hätten. Er könne sich vorstellen, dass 30 bis 40 Millionen Leben gerettet worden wären.

Nach dem Krieg fand Dr. Josef Mengele, der sadistische SS-Standortarzt von Auschwitz, Zuflucht in Südamerika. Dieses Fahndungsplakat wurde 1985 vom *Simon Wiesenthal Center* veröffentlicht.

Verwendung der den Häftlingen gestohlenen Wertgegenstände verantwortlich war; Paul Blobel, ehemaliger SS-Standartenführer, Kommandeur des Sonderkommandos 4 a und Leiter der Aktion 1005; Otto Ohlendorf, ehemaliger SS-Gruppenführer und Kommandeur der Einsatzgruppe D.

• 23. Juli 1951: Philippe Pétain, das Oberhaupt der kollaborationistischen Vichy-Regierung in Frankreich, stirbt im Alter von 96 Jahren im Exil auf der Insel Yeu.

• 8. September 1951: Jürgen Stroop, ehemaliger SS-Gruppenführer, der 1943 den Auftrag hatte das Warschauer Ghetto zu liquidieren, wird nach seiner Verurteilung als Kriegsverbrecher in Warschau gehängt.

• 27. September 1951: Bundeskanzler Konrad Adenauer entschuldigt sich formell für die Verfolgung der Juden durch die Nazis und wiederholt das Angebot der BRD zur Zahlung von Entschädigungen. ***Siehe* Januar 1951, 10. September 1952.**

• 1952: Der Erste Strafsenat des deutschen Bundesgerichtshofes erklärt die offiziellen Gesetze des Naziregimes für ungültig, da sie alle Normen der Legalität und Moral verletzen.

während des Holocaust jüdisches Leben zerstörten. In den Vereinigten Staaten beispielsweise schuf das Justizministerium zu diesem Zweck 1979 das *Office of Special Investigations (OSI)*, dessen Ziel die strafrechtliche Verfolgung von Nazis ist. Seither erkannte man 61 ehemaligen Nazis die US-amerikanische Staatsbürgerschaft ab und wies 49 Personen aus den USA aus. Dank der Beobachtungslisten des *OSI* konnte in 150 Fällen verhindert werden, dass als Nazikriegsverbrecher verdächtigte Personen in die USA einreisten; 1999 führte das *OSI* Ermittlungen zu mehr als 250 Personen durch.

Eine intensive Untersuchung fand insbesondere zur Person des aus der Ukraine stammenden John Demjanjuk, eines pensionierten Automechanikers aus Cleveland (US-Bundesstaat Ohio), statt. Demjanjuk war 1951 in die USA übergesiedelt und hatte 1958 die US-amerikanische Staatsbürgerschaft erhalten. 1986 wurde er an Israel ausgeliefert, wo man ihm wegen Verbrechen gegen die Menschlichkeit den Prozess machte. Demjanjuk wurde jedoch entlastet, als Beweismaterial aus der Sowjetunion Zweifel daran aufkommen ließ, dass er der berüchtigte „Iwan der Schreckliche“, einer der so genannten Trawniki, war, die zur Bewachung und zum Betrieb der Gaskammern von Treblinka eingesetzt waren. Das US-amerikanische Justizministerium strengte am 19. Mai 1999 an einem Bundesgericht ein Verfahren an um Demjanjuk die amerikanische Staatsbürgerschaft aberkennen zu lassen. Demjanjuk mag vielleicht nicht in Treblinka gewesen sein, doch das Justizministerium beschuldigte ihn u. a. als Waffen tragender Aufseher in Sobibór und Majdanek, zwei berüchtigten Todes- und Konzentrationslagern auf polnischem Territorium, gedient zu haben, wo während des Holocaust hunderttausende Juden ermordet wurden. Das US-amerikanische Bundesstrafgesetzbuch enthielt allerdings keine Bestimmungen, die sich ausdrücklich auf Kriegsverbrechen bezogen. Dafür war in den USA die Fälschung von Angaben bei einem Einbürgerungsantrag ein Grund für die Aberkennung der amerikanischen Staatsbürgerschaft und die Ausweisung mutmaßlicher Kriegsverbrecher. Wenn die Regierung mit dem Prozess gegen Demjanjuk Erfolg hat – als dieses Buch entstand, dauerte das Verfahren noch an –, wird der Angeklagte wahrscheinlich in seine ukrainische Heimat abgeschoben.

Abb. oben links: Beate Klarsfeld gehörte zu den berühmteren und entschlosseneren „Nazijägern“, die nach dem Krieg auftauchten. Hier begrüßt sie im Juli 1975 den israelischen Ministerpräsidenten Yitzhak Rabin. *Abb. oben rechts:* Der aus der Ukraine stammende John Demjanjuk, der im Verdacht steht der berüchtigte „Iwan der Schreckliche“, einer der Häftlinge gewesen zu sein, die zur Bewachung und zum Betreiben der Gaskammern in Treblinka eingesetzt waren. Er wurde wegen Mangels an Beweisen wieder auf freien Fuß gesetzt. Das US-amerikanische Justizministerium brachte ihn jedoch mit anderen Todeslagern in Verbindung. *Abb. unten rechts:* Im März 1998 erhielt der ehemalige SS-Hauptsturmführer Erich Priebke dafür, dass er 1944 die Ermordung von 335 italienischen Zivilisten, darunter 75 Juden, in den Ardeatinischen Höhlen bei Rom angeordnet hatte, eine lebenslange Haftstrafe. Gegen das Urteil legte Priebke Berufung ein.

Umstrittene Wissenschaft

Mittlerweise entsteht zu einer Zeit, da die Generation der Täter dahinschwindet, Deutschlands Denkmal für die ermordeten Juden Europas.

• Februar 1952: Die *Federal Reserve Bank* von New York erwirbt Goldsachen – Geschirr, Knöpfe, Münzen und Pfeifenverzierungen – die offenbar den Opfern der Verfolgung durch die Nazis in Europa geraubt wurden. Die *Federal Reserve* lässt die Gegenstände später einschmelzen und zu Goldbarren gießen, die an europäische Zentralbanken übergeben werden. *Siehe* Dezember 1997.

• 10. September 1952: Israel und die BRD unterzeichnen das Luxemburger Abkommen. Deutschland zahlt an Israel und an jüdische Organisationen für den Völkermord der Nazis Entschädigungen von insgesamt 820 Millionen Dollar, 750 Millionen sollen an Israel gehen. *Siehe* 1990.

• 9. November 1952: Chaim Weizmann, der erste Präsident Israels, stirbt.

• 1953: Das israelische Parlament legt einen Tag des Holocaust-Heldentums fest. • Der Firma I. A. Topf & Söhne, die während des Krieges Gaskammern und Krematorien baute, wird ein Patent für eine Methode zum Betreiben von Verbrennungsöfen mit Tierfett erteilt.

• 1955: Franz W. Six, ehemaliger SS-Brigadeführer und Kommandeur der Einsatzgruppe B, wird auf freien Fuß gesetzt,

Flüchtige Nazis in Amerika

Nicht alle Nazis folgten dem Beispiel Joseph Goebbels', der den Selbstmord einem Leben ohne seinen Führer vorzog. Viele, unter ihnen auch einige Personen, die für die Verwirklichung der „Endlösung" direkt verantwortlich waren, flohen aus Deutschland und hofften so ihrer Strafe entgehen zu können.

Unterstützt von einem geheimen Netz von Nazisympathisanten entkamen Adolf Eichmann, Franz Stangl und Josef Mengele zusammen mit unzähligen anderen nach Südamerika. Eichmann, der „Judenexperte" der SS, floh nach Argentinien, wurde aber von israelischen Sicherheitsbeamten schließlich ausfindig gemacht und aus dem Land gebracht. Stangl, der Kommandant der Todeslager Sobibór und Treblinka, gelangte mit Hilfe eines gleich gesinnten katholischen Bischofs zunächst nach Syrien und reiste dann weiter nach Brasilien. Dort lebte er mit seiner Familie 16 Jahre lang unter seinem richtigen Namen und arbeitete in einem Volkswagen-Werk, bis er von den Behörden an Deutschland ausgeliefert wurde, wo man ihm den Prozess machte.

Josef Mengele, der als „Todesengel" bekannte SS-Stabsarzt von Auschwitz, fand Zuflucht in Argentinien. Als ihm die Auslieferung drohte, versteckte er sich in Brasilien und Paraguay und entging so der Verhaftung. Er starb 1978 als freier Mann. Andere, darunter ehemalige Aufseher der Konzentrations- und Todeslager, schlossen sich den Flüchtlingen an, die in die Vereinigten Staaten einwanderten, bauten sich dort ein neues Leben auf und entgingen der strafrechtlichen Verfolgung für ihre Verbrechen. Im Sommer 1998 unterzeichnete Argentinien mit Deutschland, Israel und den USA eine Übereinkunft zum Informationsaustausch über Nazis, die sich noch auf freiem Fuß in Argentinien befinden.

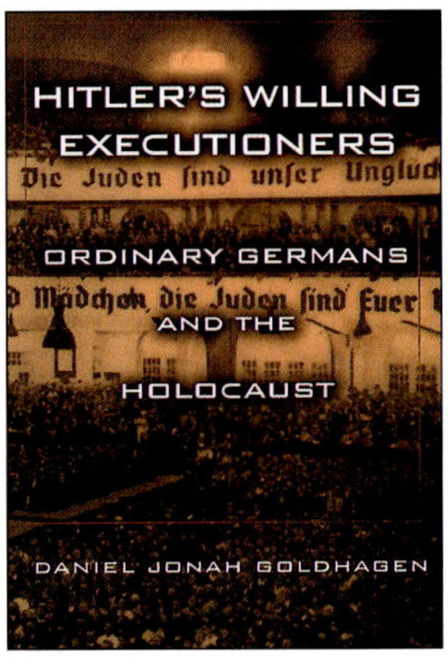

In seinem Buch „Hitlers willige Vollstrecker. Ganz gewöhnliche Deutsche und der Holocaust" behauptet Daniel Goldhagen, der weit verbreitete und tief verwurzelte Antisemitismus habe deutsche Normalbürger zu „willigen" Mördern der Juden gemacht.

Wie die Zusammenstöße in Köln und Saarbrücken veranschaulichen, wird der Holocaust im deutschen Selbstverständnis, wie es sich in der Zeit danach darstellt, noch lange nachwirken. Das Berliner Denkmal, das vom Ausmaß der „Endlösung" künden wird, erinnert auch daran, dass die deutsche Verantwortung für die Vernichtung der europäischen Juden auf vielen Schultern verteilt war. In den Vernichtungsfeldzug verwickelt waren Personen wie Alfons Götzfried, seine Kameraden von der Gestapo und auch die Wehrmacht. Zumindest für Daniel Jonah Goldhagen, einen jungen *Associate Professor of Government and Social Studies* an der *Harvard University*, war die deutsche Verantwortung so gewaltig, dass es ihm angemessen schien sie mit dem Titel seines Bestsellers *Hitler's Willing Executioners. Ordinary Germans and the Holocaust* (Hitlers willige Vollstrecker. Ganz gewöhnliche Deutsche und der Holocaust) auf die Deutschen in ihrer Gesamtheit zu übertragen. In dem halben Jahrhundert nach dem Ende des Holocaust hat keine Schrift über dieses Verbrechen – nicht einmal die entschlossensten Versuche jener Pseudowissenschaftler, die leugnen, dass der Holocaust überhaupt stattgefunden hat – eine größere Debatte über die deutsche Identität hervorgerufen als dieses Werk.

Selbst wenn es um so wichtige Themen wie den Holocaust geht, finden 600 Seiten starke Bücher über die Geschichte nur selten so viel Aufmerksamkeit wie „Hitlers willige Vollstrecker". Die meisten Holocaust-Gelehrten in den Vereinigten Staaten, in Europa und Israel vertre-

---

nachdem er sieben von 20 Jahren Haft verbüßt hat. Der französische Filmregisseur Alain Resnais bringt unter dem Titel *Nuit et Brouillard* (Nacht und Nebel) eine beeindruckende Kurzdokumentation über die Gräueltaten in den Konzentrations- und Todeslagern der Nazis heraus. Der größte Mangel des Films besteht darin, dass er nicht auf die Tatsache eingeht, dass vor allem Juden Opfer des Holocaust waren. • „Jud Süß", der berüchtigtste antisemitische Film, der während der Hitlerzeit in Deutschland gedreht wurde, wird arabisch synchronisiert und von *Sowexportfilm*, der Allunionsvereinigung für Filmexport und -import des Kulturministeriums der UdSSR, in den arabischen Staaten verbreitet.

• 1956: Der polnische Regisseur Andrzej Wajda bringt den Film „Der Kanal" heraus, ein Drama über Juden auf der Flucht, die sich im September 1944 in der Kanalisation von Warschau versteckt hielten.

• 29. Oktober 1956: Als Reaktion auf die Verstaatlichung des Suezkanals am 26. Juli durch Ägypten greift Israel die ägyptische Halbinsel Sinai an und dringt gegen den Kanal vor.

• 6. November 1956: Ein von den USA durchgesetzter Waffenstillstand beendet

Himmlers SS-Leute hielten sich für ganz besondere Menschen, obwohl die meisten von ihnen, darunter auch diese ehemaligen Aufseher von Auschwitz, die hier während ihres Prozesses fotografiert wurden, stumpfsinnige Männer ohne Skrupel und Gewissen waren.

ten allerdings eine andere Überzeugung als Goldhagen und beurteilen dessen Werk nicht so, wie die hohen Verkaufszahlen des Buches vielleicht vermuten lassen. Aus meist gutem Grund stellten führende Wissenschaftler, die Goldhagen auszustechen suchte, fest, dass dessen Methodik zweifelhaft und der Ton seiner Schrift anmaßend und selbst dem besten Werk im Rahmen der Holocaust-Forschung gegenüber verächtlich und ablehnend sei. Die Kritiker betrachteten Goldhagens Forschungsergebnisse entweder als bei weitem nicht so neu wie Goldhagen behauptete oder als gefährlich ungenau bis destruktiv, da sie die nicht gerechtfertigten Vorurteile gegenüber Deutschen und Juden gleichermaßen wieder auflodern ließen.

Was nun hat Goldhagen, dieser junge Akademiker einer Nachkriegsgeneration, geäußert, das so kritische Reaktionen hervorruft? Zunächst sei gesagt, dass seinem Buch „Hitlers willige Vollstrecker" das Werk Christopher Brownings, eines hervorragenden Historikers, vorausging, das 1992 erschien und im Rahmen der Holocaust-Forschung bereits den Rang eines Klassikers erlangt hat. Browning nannte sein Buch „Ganz normale Männer. Das Reserve-Polizeibataillon 101 und die ‚Endlösung' in Polen". Er analysierte darin die gerichtlichen Verhöre von 210 Angehörigen des Reserve-Polizeibataillons 101, eines 500 Mann starken Mordkommandos der deutschen Ordnungspolizei, das für die Tötung von 83 000 Juden während des Holocaust in Polen verantwortlich war.

Auf dieses Werk Brownings spielte Goldhagen an, als er für sein Buch „Hitlers willige Vollstrecker" den Untertitel „Ganz gewöhnliche Deutsche und der Holocaust" wählte. Nach der Untersuchung desselben Archivmaterials über das Reserve-Polizeibataillon, mit dem auch Browning gearbeitet hatte, kam Goldhagen zu der Überzeugung, dass dieser die Angaben falsch gehandhabt und interpretiert habe. Goldhagen behauptete, Browning habe das Ausmaß und die Tiefe des Antisemitismus in Deutschland unterschätzt und dessen hartnäckigen und fürchterlichen Einfluss auf das deutsche Volk heruntergespielt. Überdies beschuldigte er ihn, er habe die Bereitschaft der Männer im Reserve-Polizeibataillon 101 zu töten nur mangelhaft erläutert, indem er als einige der wichtigsten Beweggründe Konformitätsdruck, blinde Zustimmung zu den gängigen politischen Normen und Karrieredenken angeführt habe.

Brownings Interpretation unterstrich die besondere Bedeutung der Männer des Reserve-Polizeibataillons, denn sie seien, so deutsch sie waren und so antisemitisch ihre Einstellung gewesen sein mochte, dabei auch ganz gewöhnliche Menschen gewesen. Browning vertrat die Ansicht, dass die Aussage über das Reserve-Polizeibataillon 101 Männern und Frauen allerorten zumindest Unbehagen verursachen sollte. Denn wie die Geschichte der Zeit nach dem Holocaust zeigt, sind Menschen auch zu anderen Zeiten und an anderen Orten – Menschen wie *wir* – zur Mittäterschaft am Völkermord fähig. Goldhagen ließ sich davon nicht beeindrucken, geschweige

Diese ehemaligen Aufseherinnen von Auschwitz, die 1947 in Polen vor Gericht standen, waren einst „typisch" deutsche Frauen gewesen. Es reizte sie Macht zu besitzen und sie fanden Erfüllung bei ihrer Arbeit in den Baracken und Gaskammern.

die arabisch-israelischen Kampfhandlungen und führt dazu, dass die freie Nutzung des Suezkanals aufrechterhalten bleibt.

• 1957: Der ehemalige SS-Gruppenführer Fritz Katzmann, der für die Vernichtung der Juden in Galizien (Polen) verantwortlich war, stirbt, nachdem er sich zwölf Jahre lang der strafrechtlichen Verfolgung entzogen hat. • Das letzte noch betriebene Lager für *Displaced Persons*, das sich in Belgien befindet, wird geschlossen.

• 1958: Der in der Sowjetunion stattfindende Prozess gegen die Einsatzkommandos dokumentiert die Völkermordaktionen der Nazis während der deutschen Besetzung Litauens. Während des Holocaust wurden 94 Prozent des litauischen Judentums – etwa 220 000 Menschen – ermordet. • Die Regierung der BRD richtet in Ludwigsburg eine Zentrale Stelle der Landesjustizverwaltungen zur Aufklärung nationalsozialistischer Verbrechen ein.

• 1959: Der ehemalige SS-Standartenführer und Kommandeur des Einsatzkommandos 3 der Einsatzgruppe A, Karl Jäger, wird verhaftet, begeht vor Prozessbeginn aber Selbstmord. • Ante Pavelič, Gründer der *Ustaša*, der faschistischen

denn überzeugen. Er beanstandete Brownings Buch, weil er darin vermisste, was er selbst als den entscheidenden Punkt des Holocaust ansah: Nur der tief sitzende Rassenantisemitismus, von dem das deutsche Volk heimgesucht wurde, konnte das Verhalten bestimmter Deutscher, die die Gräueltaten zur Verwirklichung der „Endlösung" begingen, verursachen und damit auch erklären.

Um seinen Standpunkt schlüssig vorzubringen, musste Goldhagen allerdings mehr tun als Brownings Interpretation der Archivakten über das Reserve-Polizeibataillon 101 zu widersprechen. Er musste zunächst beweisen, dass „die antisemitischen Auffassungen der Deutschen die zentrale Triebkraft des Holocaust" waren. Die Behauptung zwang ihn nicht nur die Geschichte des deutschen Antisemitismus zurückzuverfolgen, sondern auch zu belegen, wie Autorität und Macht verhängnisvoll genug in diese Geschichte verwickelt waren um die gewaltigen Zerstörungen des Holocaust zu verursachen. Außerdem war der springende Punkt in Goldhagens Meinung zu zeigen, dass sich „gewöhnliche Deutsche" – nicht nur fanatisch antisemitische Nazis, die die politische Macht besaßen – entweder freiwillig an dem Gemetzel beteiligten oder es so willig geschehen ließen, dass sie auch nicht gezögert hätten zu töten, wenn man es von ihnen verlangt hätte. Kurz, Goldhagen musste beweisen, dass der Holocaust im Gegensatz zu Brownings Hypothese von den „gewöhnlichen Männern" im Wesentlichen die vorsätzliche Tat „gewöhnlicher Deutscher" war, die eine viel gefährlichere antisemitische Haltung vertraten, als die frühere Wissenschaft überhaupt eingestanden hatte.

Zur Begründung dieser Positionen hatte Goldhagen sein Buch um zwei Argumente gruppiert. Beginnend mit der Geschichte des deutschen Antisemitismus wollte Goldhagen zeigen, wie vor allem ein potenziell tödlicher antijüdischer Rassismus das vornazistische Deutschland beeinflusste. Dann konzentrierte er sich auf die eigentlichen deutschen Täter des Holocaust, wobei er sich vor allem mit dem Personal und der Tätigkeit der Mordkommandos wie beispielsweise des Reserve-Polizeibataillons 101 beschäftigte. Er untersuchte auch die Rolle, die andere „gewöhnliche Deutsche" in dem ausgedehnten System der Konzentrations-, Arbeits- und Vernichtungslager gespielt hatten, das, wie er richtig feststellte, die „emblematische" Einrichtung Deutschlands während seiner Nazizeit war. Diesen Standpunkt untermauerte er durch ebenso grauenhafte wie wertvolle Einzelheiten über eine weniger bekannte Seite des Holocaust, nämlich die „unmenschlichen Todesmärsche", die es von Ende 1939 bis zum Ende des Weltkrieges gab.

Goldhagen zufolge waren gewöhnliche Deutsche erstens antisemitisch eingestellt. Ihr Antisemitismus erforderte die Beseitigung der Juden. Deshalb waren gewöhnliche Deutsche bereit willige Vollstrecker zu sein.

1959 wurde die Kölner Synagoge wieder aufgebaut und neu geweiht. Schon bald waren ihre Mauern mit Hakenkreuzen und den Worten „Juden raus" verschandelt.

Hannah Arendt, eine hervorragende deutsch-jüdische Philosophin und ehemalige Geliebte des Nazisympathisanten Martin Heidegger, siedelte in die Vereinigten Staaten über. Sie schrieb später das Werk *The Origins of Totalitarism* (Elemente und Ursprünge totaler Herrschaft).

Terrororganisation in Kroatien und Verantwortlicher für den Mord an zehntausenden Juden und hunderttausenden Serben, stirbt zwei Jahre nach einem Terroranschlag auf sein Leben. • Der amerikanische Regisseur George Stevens veröffentlicht den Film *The Diary of Anne Frank*, der auf dem biografischen Theaterstück über die junge niederländische Jüdin Anne Frank, deren Familie und die geheime Unterkunft in Amsterdam beruht, in der sich die Flüchtlinge vor den Nazis versteckt hielten. Anne und ihre Familie werden in dem Film wie auch bereits in dem Stück nicht als Juden dargestellt. Annes Vater Otto Frank stimmt dem zu, da er zu Recht das Gefühl hat, dass die Öffentlichkeit nicht bereit ist, einen „allzu jüdischen" Film zu akzeptieren.

• 1960: Wernher von Braun, ehemaliger SS-Mann und führender deutscher Wissenschaftler, der eine wichtige Rolle bei der Entwicklung der V 2-Rakete spielte, wird zum Leiter des *George C. Marshall Space Flight Center* in Huntsville (US-Bundesstaat Alabama) ernannt. • In Stuttgart wird „Hitlers zweites Buch" veröffentlicht. Das Buch wird Adolf Hitler zugeschrieben und soll angeblich die Fortsetzung von „Mein Kampf" sein. Die Autorschaft ist bis heute ungeklärt.

Zweitens wurden manche Deutsche freiwillig zu Henkern der europäischen Juden. Typischerweise stellten nach Meinung Goldhagens eben diese Deutschen einen repräsentativen Durchschnitt der deutschen Bevölkerung dar. Daher sind die gewöhnlichen Deutschen mit Ausnahmen, die nur die Regel bestätigen, der Vernichtung der europäischen Juden angeklagt.

Goldhagens Beweise für diese Behauptungen leiteten sich aus seiner Einschätzung des deutschen Antisemitismus her. Nach seinem Verständnis dieses Geschichtsabschnittes wurden die gefährlichen Formen des Kultur- und Rassenantisemitismus im 19 und 20. Jahrhundert, lange bevor Hitler und die Nazipartei 1933 an die Macht gelangten, zur ethischen Norm in Deutschland. Ein solcher Antisemitismus forderte die Ausschaltung der Juden und des jüdischen Einflusses in Deutschland. So war die Mehrheit der deutschen Bevölkerung dann auf diese oder jene Weise bereit die Juden zu vernichten.

Als die Nazis an die Macht kamen, traten sie für einen unverhohlen auf die *Ausrottung* der Juden abzielenden Antisemitismus ein. Entscheidend für Goldhagens Argumentation war seine Behauptung, dass diese Ausrottungsideologie nur eine Variante des Antisemitismus sei, der die *Ausschaltung* der Juden forderte und der in Deutschland bereits eine Zeit lang existiert hatte. Während der Nazizeit 1933–1945 verfolgten und töteten deutsche Täter des Holocaust willig Juden, weil sie die antisemitische Auffassung der Nazis teilten. Diese Auffassung besagte, dass die Vernichtung der Juden notwendig und gerechtfertigt sei, da die Juden eine tödliche Seuche seien, die die rassische Überlegenheit und die den Deutschen ordnungsgemäß zustehenden politischen Privilegien bedrohe.

Goldhagen zufolge waren die durch das Naziregime legitimierten deutschen Mörder keine außergewöhnliche Minderheit, sondern vielmehr typische Vertreter des deutschen Volkes. Das bedeutete nach Goldhagens Überzeugung, dass die Mehrheit der Deutschen nicht nur gewillt war den Holocaust geschehen

Nazijäger

Nach dem Krieg betrieb man Nachforschungen um geflüchtete Nazis aufzuspüren und vor Gericht zu bringen. Die beiden erfolgreichsten Nazijäger waren Simon Wiesenthal und Serge Klarsfeld.

Wiesenthal *(Abb.)*, der den Aufenthalt in mehreren Lagern, darunter auch in Buchenwald und Mauthausen, überlebt hatte, gründete in Linz (Österreich) das Jüdische Historische Dokumentationszentrum mit dem Ziel Nazikriegsverbrecher ausfindig zu machen, ausliefern und vor Gericht bringen zu lassen. Später verlagerte er seine Ermittlungstätigkeit nach Wien. Dank seinem unermüdlichen Wirken konnten Franz Stangl, Lagerkommandant von Sobibór und Treblinka, und weitere Nazis vor die Schranken des Gerichts gebracht werden.

Klarsfeld erlebte den Holocaust als Kind. Er war in Bukarest (Rumänien) geboren worden; seine Familie floh mit ihm nach Nizza (Frankreich) und versteckte sich dort vor den Nazis. Er selbst, seine Mutter und seine Schwester kamen davon, doch sein Vater ging den Nazis ins Netz, wurde verhaftet und in Auschwitz ermordet. Die Bemühungen Klarsfelds und seiner Ehefrau Beate führten zur Verhaftung Klaus Barbies, des „Schlächters von Lyon". Barbie wurde von Bolivien an Frankreich ausgeliefert und dort von einem Gericht zu lebenslanger Haft verurteilt.

Wiesenthal und Klarsfeld, die verhindern wollen, dass Nazis bis an ihr Ende unerkannt und in Frieden leben können, haben sich ihrer Ermittlungstätigkeit gewidmet um Kriegsverbrecher und jene, die ihnen Unterschlupf gewähren, dem prüfenden Blick der Öffentlichkeit vorzuführen.

Der zweite Teil von Emanuel Ringelblums geheimem Ghetto-Archiv, das die Ereignisse im Warschauer Ghetto belegte, wurde 1950 entdeckt. Den dritten und letzten Teil hat man nie gefunden.

• 23. Mai 1960: Der israelische Ministerpräsident David Ben Gurion verkündet, dass Eichmann vom israelischen Geheimdienst in Argentinien aufgespürt wurde und in Israel eingetroffen ist um sich als Kriegsverbrecher vor Gericht zu verantworten. *Siehe* 11. April – 14. August 1961.

• 1961: Eine Mauer, die am Rand der Mordstätte Babi Jar errichtet wurde, stürzt ein und lässt Schlamm, Wasser und Überreste menschlicher Körper in die Straßen von Kiew gelangen. Bei daraufhin ausbrechenden Bränden und in den überfluteten Gebäuden und Straßenbahnen kommen 24 Menschen um. • In Israel wird die Halle des Gedenkens, eine Holocaust-Gedenkstätte, eingeweiht. • Der Nazijäger Simon Wiesenthal eröffnet in Wien erneut ein Dokumentationszentrum für Nazikriegsverbrechen. • *The Origins of the Second World War* (Die Ursprünge des Zweiten Weltkrieges), ein Buch des revisionistischen britischen Historikers A. J. P. Taylor, wird veröffentlicht. Darin versucht der Verfasser die Schuld am Zweiten Weltkrieg von Hitler auf die Führung der alliierten Staaten auszudehnen.

• 11. April – 14. August 1961: In Israel findet der Prozess gegen Adolf Eichmann statt. Der Angeklagte wird für

Der Eichmann-Prozess

Der Prozess gegen Adolf Eichmann im Jahr 1961 war ein Ereignis, das einen Wandel in der wissenschaftlichen Untersuchung des Holocaust herbeiführte. Vor dem Prozess waren die Einzelheiten des von den Nazis begangenen Völkermords nur selten systematisch auswertet worden, hatten die Überlebenden nur widerstrebend öffentlich über ihre Erlebnisse nachgedacht.

Eichmann wurde 1960 von israelischen Agenten aus Argentinien entführt und nach Israel gebracht, um ihn vor Gericht zu stellen. In dem Prozess wurde nicht nur Eichmanns Schuld festgestellt, sondern kamen auch Einzelheiten der „Endlösung“ ans Licht, so wie sie sich von 1933 bis 1945 in Europa zugetragen hatten.

Eine der erschütterndsten Enthüllungen während der Gerichtsverhandlungen war die Entdeckung, dass Eichmann, der eine primäre Rolle bei der Ermordung von Millionen Juden gespielt hatte, ein verhältnismäßig gewöhnlicher Mensch war. Er war kein begeisterter Nazi, sondern nur ein Bürokrat gewesen, der seine Arbeit getan hatte. Adolf Eichmann wurde in der Nacht vom 31. Mai zum 1. Juni 1962 um Mitternacht durch den Strang hingerichtet. Seine Leiche wurde verbrannt und die Asche jenseits der Hoheitsgewässer Israels über dem Meer verstreut.

zu lassen, sondern sich wahrscheinlich unmittelbar an den Morden beteiligt hätte, wenn sie dazu aufgefordert worden wäre.

Im Vertrauen auf die Überlegenheit seines Urteilsvermögens behauptete Goldhagen, dass hinsichtlich der Ursachen des Holocaust nur noch wenige Rätsel zu lösen seien. Obwohl die Ereignisse des Holocausts noch längst nicht vollständig erklärt sind, hielt er es nicht für notwendig sich mit dem Großteil der komplexen Probleme, die sich in Jahrzehnten der Analyse der kausalen Zusammenhänge des Holocaust ergeben haben, ausführlich zu beschäftigen. Nach Goldhagens Urteil hatte der Holocaust eine Ursache, die alle anderen überwog. Es handelt sich, direkt und ohne Umschweife, um die Motivation, ohne die der Holocaust undenkbar sei, nämlich um die antisemitischen Auffassungen der Deutschen über die Juden. Ohne diesen Faktor hätte der Holocaust, der ja geschehen ist, nicht stattgefunden. Andererseits *brauchte* der Antisemitismus der gewöhnlichen Deutschen Goldhagens Leute wie Hitler und die Nazipartei, doch hätten Hitler und die NSDAP allein den Holocaust nie stattfinden lassen können, so wie er tatsächlich verlaufen ist. Dieser Holocaust erforderte willige, gewöhnliche Deutsche, die ihn herbeiführten.

Nach Goldhagens Worten verband Hitler und die Nazipartei in ihrem fanatischen Antisemitismus eine gegenseitige Abhängigkeit mit den gewöhnlichen Deutschen, als es um die „Judenfrage“ ging. Mit Hitler und der NSDAP erhielten die Deutschen die Organisation, die Entschlossenheit und die Legitimierung dafür nach ihrem unterschwelligen, wenn nicht gar aktiven Willen zur Vernichtung der europäischen Juden zu handeln. In den gewöhnlichen Deutschen fanden wiederum Hitler und die Nazipartei ein Volk, das durchaus bereit war den Plan für ein Drittes Reich, das judenrein wäre, zu verwirklichen. So wurde Goldhagens Buch, als der Autor das tatsächliche Geschehen des Holocaust in Rechnung stellte, viel mehr als eine Erläuterung dessen, wie der Holocaust seiner Meinung nach stattgefunden hatte. Mit seiner Ansicht, dass die antisemitische Motivation der Deutschen die entscheidendste – in der Tat notwendige, doch nicht hinreichende – Voraussetzung für den Holocaust gewesen sei, klagte Goldhagen die „gewöhnlichen Deutschen“ unterschiedslos an und fällte ein pauschales Urteil von der deutschen Kollektivschuld.

Goldhagens Buch hat seine Verdienste. Sie bestehen vor allem in der Mehrung einiger Details über die „Endlösung“, doch nicht in der nur scheinbar zutreffenden Zusicherung eine bahnbrechende Analyse vorzulegen, die einem – mehr eingebildeten als realen – Bedürfnis nach einer „radikalen Revision“ fast der gesamten bisherigen Wissenschaft über den Holocaust entgegenkomme. Diese Bewertung seines Buches ist nirgends treffender als in Bezug auf seine Behauptung, dass die „antsemitischen Ansichten der Deutschen die zentrale

---

schuldig befunden und zum Tode verurteilt. *Siehe* Mai 1962.

- **1962: Hans Globke, bundesdeutscher Staatssekretär und einst Speerspitze der antisemitischen Gesetzgebung in Hitlerdeutschland, schlägt ein Gesetz vor, das für die Ausbeutung der Juden durch deutsche Unternehmen Kompensationen vorsieht. Die bundesdeutsche Industrie lehnt Globkes Vorhaben ab. • In der Jerusalemer Gedenkstätte Yad Vashem wird die Straße der Gerechten eingeweiht. Dort werden zu Ehren von Nichtjuden, die Juden während des Holocaust unterstützten, Bäume gepflanzt.**
- **Mai 1962: Die Berufung Adolf Eichmanns gegen sein Todesurteil wird abgelehnt. *Siehe* 31. Mai 1962.**
- **31. Mai 1962: Adolf Eichmann wird in Israel durch den Strang hingerichtet.**
- **20. Dezember 1963 – 20. August 1965: In Frankfurt am Main findet ein Prozess gegen 21 führende SS-Offiziere statt, die im Vernichtungslager Auschwitz tätig waren. Die Urteile reichen von Freispruch bis zu lebenslanger Haftstrafe.**
- **1964: Bis jetzt sind rund 65 000 Nazikriegsverbrecher vor Gericht gebracht und verurteilt worden.**
- **1965: Der Vatikan erkennt an, dass**

Triebkraft des Holocaust" gewesen seien.

Goldhagen unterstellt zu Unrecht, dass Wissenschaftler wie Raul Hilberg, Jehuda Bauer und Christopher Browning die Bedeutung des deutschen Antisemitismus geleugnet oder vernebelt hätten. Was diese und andere führende Holocaust-Gelehrte getan haben, war, dass sie die starken Vereinfachungen vermieden haben, die das Schicksal von Goldhagens Buch entscheiden werden. Der Antisemitismus zum Beispiel war tatsächlich bereits in vornazistischen Zeiten eine bedeutende Strömung und Goldhagens Werk bringt zwar ergänzend empirische Einzelheiten über jene grässliche Erscheinung, aber der vornazistische Antisemitismus in Deutschland war trotzdem nicht in erster Linie von der im Grunde tödlichen Art, wie Goldhagen behauptet um seine Thesen zu stützen. Goldhagen tut Beweise für das Gegenteil einfach als unzulänglich oder ungeeignet ab, verzichtet auf Vergleiche und stellt den deutschen Antisemitismus nicht in einen größeren europäischen Zusammenhang, was seine extremen Ansichten relativiert hätte. Er geht, um seinen Standpunkt zu untermauern, ungerechtfertigt von einer Einheitlichkeit des deutschen Antisemitismus aus.

Adolf Eichmann schien einer von Daniel Goldhagens „gewöhnlichen Deutschen" zu sein. Seine Motivationen waren allerdings vielschichtiger als Goldhagen glaubt.

Gelegentlich betont Goldhagen, dass man seine „gewöhnlichen Deutschen" nicht als sklavische Menschen karikieren dürfe und ihre Entscheidungsfreiheit in Rechnung stellen müsse, wenn man sie für ihre Handlungen in bezug auf den Holocaust verantwortlich machen wolle. Doch dann – um eine von Christopher Brownings knappen Widerlegungen anzuführen – ignoriert Goldhagen seine eigenen Prinzipien, indem er die gewöhnlichen Deutschen beschreibt als im Grunde undifferenziert, unveränderlich, von einer einmaligen monolithischen kognitiven Auffassung besessen, vor allem gegenüber den Juden vor dem und während des Holocaust.

Das Urteil darüber, wie Goldhagens Buch die Prüfung der Zeit besteht, ist noch nicht gesprochen. Unterdessen hat der Autor in bewusst provozierender Weise sehr umstrittene Fragen zum Selbstverständnis der Deutschen und zum Holocaust angeschnitten. Unter Berücksichtigung von Ereignissen wie dem Prozess gegen Götzfried, den Auseinandersetzungen um die Geschichte der Wehrmacht und um die Zukunft des Berliner Mahn-

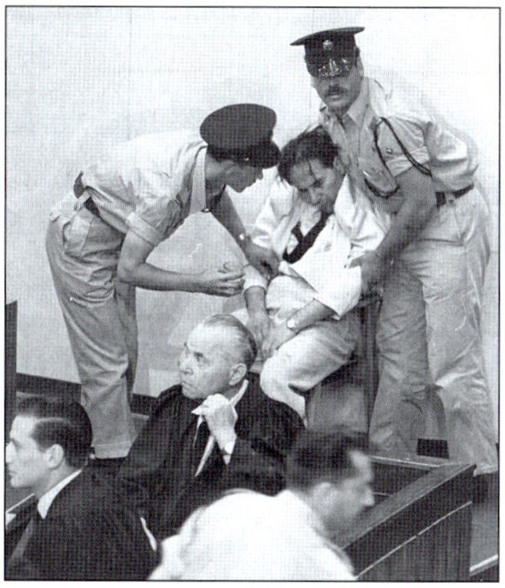

Der Eichmann-Prozess war für viele Überlebende des Holocaust ein stark emotionales Erlebnis. Jehiel Kojdzenik *(Abb.)* brach nach seiner Aussage gegen den Angeklagten ohnmächtig zusammen.

mals, müssen die Nachwirkungen dieser Probleme geklärt und gründlich durchdacht werden. Doch auf eine Sache können wir vertrauen: Die Integrität des deutschen Selbstverständnisses hängt, wie es die politische Philosophin Hannah Arendt (eine in Deutschland geborene Jüdin, die aus dem Dritten Reich geflohen war) ausdrückte, vom „bewussten Prüfen und Ertragen" der Lasten der Geschichte des 20. Jahrhunderts ab. Nichts weniger sollte über die Identität gesagt werden, die wir als Menschen nach den Geschehnissen von Auschwitz teilen.

Die Schuld der Christen

Es gibt nur wenige Traditionen, Einrichtungen oder Regierungen, die von den Auswirkungen des Holocaust unberührt und unversehrt geblieben

die katholische Kirche Verantwortung für den Antisemitismus mit zu tragen hat, und unternimmt den Versuch ihn innerhalb der Kirche zu beseitigen.

• 1966: Albert Speer, ehemaliger Reichsminister für Bewaffnung und Munition, wird aus dem Spandauer Gefängnis entlassen. *Siehe* 1970. • Baldur von Schirach, ehemaliger Reichsjugendführer, wird aus dem gleichen Gefängnis entlassen.

• 5.–10. Juni 1967: Als Reaktion auf die syrischen Grenzverletzungen und ägyptische Truppenbewegungen und in der Befürchtung, dass Ägypten angreifen könne, beginnt Israel einen Krieg gegen Syrien, Jordanien und Ägypten, erringt innerhalb von sechs Tagen einen Sieg und erweitert sein Territorium um 200 Prozent. Der Konflikt wird unter der Bezeichnung Sechs-Tage-Krieg bekannt. Israel verwaltet nun das gesamte frühere palästinensische Gebiet, das von 1922 bis 1948 britisches Mandat war. *Siehe* 6. Oktober 1973.

• 1967–1968: Die kommunistische Regierung Polens führt eine antisemitische Kampagne gegen den Zionismus an.

• 1969: Im deutschen Strafgesetzbuch wird der Paragraf 175 reformiert, der Homosexualität zur Straftat erklärte und den Nazis die Verfolgung Homosexueller ermöglicht hatte.

sind. So haben auch die christlichen Kirchen aller Glaubensgemeinschaften die Pflicht die Lasten der Geschichte des Holocaust bewusst zu prüfen und zu tragen. Das müssen sie zumindest dann tun, wenn sie auch nach dem Holocaust noch Glaubwürdigkeit besitzen wollen. Die Reaktion der christlichen Gemeinschaften in jenen finsteren Zeiten war – vielleicht ein unvermeidliches Ergebnis der jahrhundertealten antijüdischen Tradition des Christentums – im Großen und Ganzen weniger als lauter. Gewiss protestierte eine christliche Minderheit und widersetzte sich dem, was die Nazis taten, doch selbst dieses Aufbegehren geschah nur selten ausdrücklich im Interesse der bedrängten Juden. Manche Christen retteten Juden, doch es waren zu wenige um die Schande auszulöschen, die feinfühlige Christen empfinden, wenn sie erkennen, was hätte getan werden können und müssen und doch unterlassen wurde.

Die Nachbeben des Holocaust stellen die christlichen Kirchen vor große Herausforderungen, aber auch vor schwierige Fragen. Wie stellen sich die Kirchen dem Abschnitt in ihrer Geschichte, in dem der Holocaust stattfand? Wie beeinflusst die Begegnung mit dieser Geschichte ihr Reden und Handeln, vor allem da der Holocaust immer weiter in die Vergangenheit rückt und die Gefahr des Vergessens wächst? Es gibt vor allem Fragen danach, was die Kirchen sagen und tun – oder nicht sagen und nicht tun – sollten um ihren Beitrag dazu zu leisten, dass der Holocaust in Erinnerung bleibt und nie ausschließlich rational betrachtet oder gar bagatellisiert wird.

Demonstration zum Gedenken an den sechsten Jahrestag des Massakers von 1944 in den Ardeatinischen Höhlen, bei dem Deutsche italienische Geiseln – Christen und Juden – ermordeten.

Christliche Kirchen existieren in vielen Formen und Größenordnungen, doch im Westen gibt es keine größere, ältere, unübersehbarere oder in einer differenzierteren Hierarchie verwaltete Kirche als die römisch-katholische. Was das Christentum angeht, tauchen die Auswirkungen des Holocaust zwangsläufig vor den Toren des Vatikan auf. Vor allem unter Johannes Paul II., dem Papst aus Polen, der seit dem 16. Oktober 1978 im Amt ist, verlief die Auseinandersetzung der römisch-katholischen Kirche mit den sie betreffenden Nachwirkungen des Holocaust in einigen Fällen konstruktiv, in anderen erfolglos, doch fast immer stürmisch. Wie einige Ereignisse aus jüngster Zeit belegen, wird in der Kirche der Einfluss des Holocaust noch lange Zeit nachhallen.

Am 7. April 1994 fand die erste offizielle Handlung des Vatikans zur Erinnerung an die jüdischen Opfer der Naziaggression statt. Unter den Gästen des päpstlichen Konzerts zum Gedenken an den Holocaust befanden sich mehr als 200 Überlebende des Holocaust.

Am Abend des 7. April 1994 kamen auf Einladung Papst Johannes Pauls II. in der riesigen *Sala Nervi* (der Halle Pauls VI. neben der Peterskirche in der Vatikanstadt) 7500 Menschen zusammen um an dem päpstlichen Konzert zum Gedenken an den Holocaust teilzunehmen. Fernsehübertragungen in 50 Ländern ermöglichten es Millionen Menschen das Ereignis mitzuerleben. Zu der eindrucksvollen Zusammenkunft von Anhängern verschiedener Glaubensrichtungen in Rom waren auch zahlreiche Kardinäle und Rab-

• 1970: Unter dem Titel „Erinnerungen" werden die Memoiren des ehemaligen Reichsministers für Bewaffnung und Munition, Albert Speer, veröffentlicht.
• Der bundesdeutsche Kanzler Willy Brandt führt eine Wallfahrt schuldbewusster Deutscher zum Standort des Warschauer Ghettos an.

• 22. Dezember 1970: Franz Stangl, ehemaliger Kommandant der Todeslager Sobibór und Treblinka, wird zu lebenslanger Haft verurteilt. Er war nach Syrien geflohen und von dort nach Brasilien übergesiedelt und wurde dann 1967 an Deutschland ausgeliefert.

• 1971: Eine Notiz in den Akten der argentinischen Regierung, die sich auf flüchtige Nazis im Land beziehen, weist darauf hin, dass über 100 Seiten Aktenmaterial entfernt worden sind.

• 1972: Argentinische Beamte beteuern, dass nach dem Krieg nur ein flüchtiger Nazi – Adolf Eichmann – in Argentinien eingereist sei. Jüdische Funktionäre gehen von 60 000 Personen aus, wovon mindestens 1000 SS-Angehörige waren. ***Siehe*** **Juli 1997.**

• 1973: Nur zwei amerikanische Universitäten bieten Lehrveranstaltungen über den Holocaust an. ***Siehe*** **1979.**

biner, unter ihnen Rav Elio Toaff, der Oberrabbiner von Rom, sowie Botschafter und mehr als 200 Überlebende des Holocaust aus zwölf Ländern gekommen. Bei einer Begegnung mit den Überlebenden, die vor dem Konzert stattfand, drückte Johannes Paul II. seine Hoffnung aus, dass „die Musik, die wir gemeinsam hören werden, erneut unseren Vorsatz zur Festigung der guten Beziehungen zwischen Christen und Juden bestätigen wird, damit wir mit Hilfe des allmächtigen Gottes zusammenwirken können um die Wiederholung eines so abscheulichen Übels zu verhindern“.

Deutsche Schulkinder im Jahr 1999 am Haupteingang des ehemaligen Konzentrationslagers Sachsenhausen (Deutschland), provozierend durch einen christlichen „Rahmen“ fotografiert.

Die Vorbereitungen für das Konzert hatten bereits 1991 begonnen, nachdem Gilbert Levine die Idee dazu geäußert hatte. Levine, ein amerikanischer Jude, war drei Jahre zuvor, nach seiner Ernennung zum musikalischen Leiter des Philharmonischen Orchesters von Kraków, der Heimatstadt des Papstes, die nicht weit von Auschwitz entfernt ist, mit Papst Johannes Paul II. zusammengetroffen. Levine dirigierte nicht nur das *Royal Philharmonic Orchestra*, das zu dem Konzert aus London gekommen war, sondern schrieb auch die Erläuterungen zum Programm für die Justice-Records-CD, die danach herausgebracht wurde. Darin hieß es, dass unter der Leitung Johannes Pauls II., der sich auch an der Auswahl der Musik mit beteiligt hatte, viel dafür getan worden sei, dass man schwierigen Fragen habe in Freundschaft und Güte begegnen können. Das Konzert fand in „einer Nacht der ersten Begegnung“ statt und lassen erkennen, dass das Konzert etwas wahrhaft Historisches war. Sie zeigen auch, wie bewegend – im Sinne von aufschreckend und beunruhigend – das Ereignis noch heute wirkt.

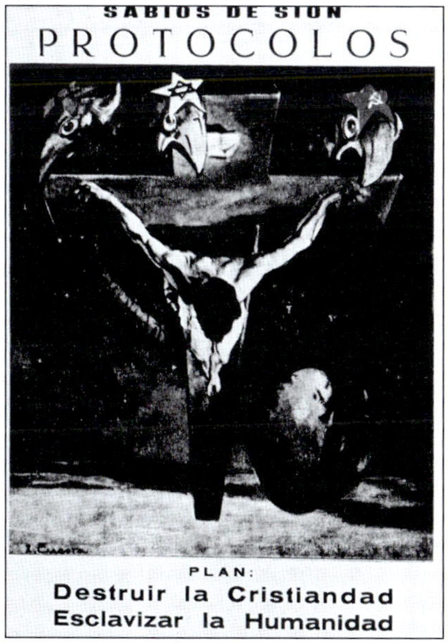

„Die Protokolle der Weisen von Zion“, eine antisemitische Fälschung, wurde vor und nach dem Holocaust von Antisemiten in aller Welt veröffentlicht. Hier ist eine spanische Ausgabe von 1963 zu sehen.

7. April 1994 – überlegen Sie, wie lange es gedauert hat und wie spät die „ersten Begegnung“ kamen. Levine zufolge wurde der Oberrabbiner von Rom erstmals eingeladen in einer öffentlichen Funktion im Vatikan aufzutreten. Zum ersten Mal beteten Juden und Katholiken, jede Gruppe auf ihre Weise, zusammen an einem solchen Platz. Zum ersten Mal sang ein jüdischer Kantor, Howard Nevison, in der Vatikanstadt. Zum ersten Mal trug die *Capella Giulia*, der seit 500 Jahren bestehende Chor des Vatikan, einen hebräischen Text vor. Zum ersten Mal gedachte der Vatikan offiziell des Holocaust. Levine führt auch den Bericht eines Vertreters des Vatikans an, nach dessen Worten das Konzert „die besten Beziehungen zwischen Katholiken und Juden in 2000 Jahren“ zeigte. Levine bemerkte zutreffend, dass „der Papst selbst, der Führer von weltweit 900 Millionen Katholiken, am 7. April 1994 Dinge offen aussprach“. Das zu tun war für Johannes Paul II. kein „Erstes“, doch es ist noch immer bedrückend traurig, dass die Geschichte und vor allem die Rolle der Christenheit darin solch ein päpstliches Konzert zum Gedenken an den Holocaust notwendig gemacht hat.

Die Notwendigkeit des Konzerts hatte viel mit Auschwitz zu tun, das Charlotte Delbo „die Mitte Europas“

• 6. Oktober 1973: In der Hoffnung das im Sechs-Tage-Krieg von 1967 verlorene Territorium zurückerobern zu können starten ägyptische und syrische Truppen einen Überraschungsangriff gegen Israel. Nach anfänglichem Erfolg erleiden die Angreifer schließlich eine Niederlage.

• 26. November 1975 – 30. Juni 1981: In Düsseldorf stehen 16 ehemalige Angehörige der Verwaltung des Todeslagers Majdanek (Polen) vor Gericht. Neun Angeklagte werden zu Haftstrafen zwischen drei Jahren und „lebenslänglich“ verurteilt, vier freigesprochen und zwei für verhandlungsunfähig befunden; einer stirbt während des Prozesses.

• 1977: Die kanadische Regierung erklärt Nachforschungen nach ehemaligen Nazis, die in Kanada leben, für undurchführbar. *Siehe* September 1987.

• An der *Northwestern University* in Illinois veröffentlicht Arthur R. Butz, Professor für Ingenieurwesen, unter dem Titel *The Hoax of the Twentieth Century* eine revisionistische „Geschichte“ des Holocaust. *Siehe* Dezember 1996.

• Dezember 1977: In Los Angeles (US-Bundesstaat Kalifornien) beginnen die Ausschachtungsarbeiten für das *Simon Wiesenthal Center for Holocaust Studies*.

nannte. Auschwitz war während der Amtszeit Johannes Pauls II. mehr als einmal ein Konfliktpunkt, der die christlich-jüdischen Beziehungen beeinträchtigte. Deshalb muss man erwähnen, dass der *Sejm*, das polnische Parlament, im Mai 1999 ein Gesetz erließ, das unangemessene Bauvorhaben und unpassende öffentliche Versammlungen in weniger als 100 Metern Entfernung von ehemaligen Konzentrations- oder Todeslagern, die die Nazis auf polnischem Boden eingerichtet hatten, einschränkt. Anlass für dieses Gesetz hatte die Aufstellung religiöser Symbole, vor allem christlicher Kreuze, in Auschwitz geboten.

Polnische Katholikinnen im Gebet vor Kreuzen, die unmittelbar vor dem Gelände des ehemaligen KZ Auschwitz aufgestellt wurden. In Auschwitz starben zwar auch zehntausende Polen, doch die Gegenwart des christlichen Symbols beleidigte viele Juden.

Bei einer Demonstration am 25. Januar 1995 protestierten jüdische Aktivisten gegen die „Christianisierung des Holocaust", vor allem gegen Kreuze, die polnische Katholiken zum Gedenken an die katholischen Opfer aufgestellt hatten.

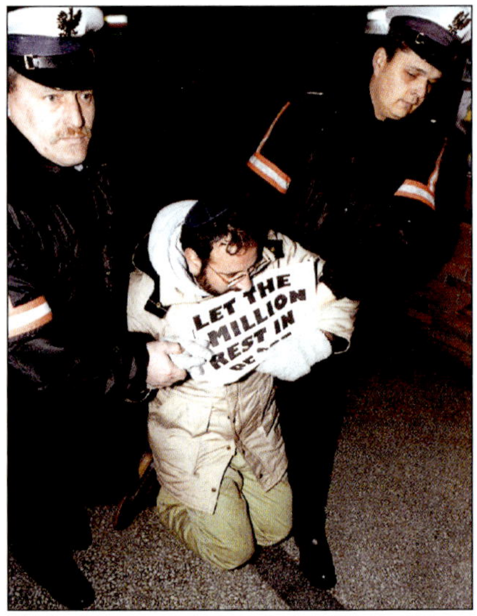

Kreuze in Auschwitz

Das Kreuz, das die Hinrichtung Jesu verkörpert, ist ein mächtiges Symbol – geehrt und geheiligt von den Christen, nicht aber von den Juden, die unter diesem Zeichen oftmals verfolgt worden sind. In Auschwitz war das Kreuz mehr als nur mächtig; es war ein lebendiges Symbol, eines, das die Beziehungen zwischen Polen und Israel wie auch zwischen christlichen und jüdischen Gruppierungen in aller Welt belastet hat. Im Juli 1998 stellte eine Gruppe rechtsgerichteter römisch-katholischer Polen, die trotz heftigen Widerspruchs vonseiten der Juden auf der Präsenz christlicher Symbole in dem ehemaligen Todeslager der Nazis bestanden, außerhalb von Auschwitz I, dem zuerst entstandenen Abschnitt des Lagerkomplexes, mehr als 50 Kreuze auf. Im September befanden sich dort schließlich über 300 Kreuze. Sie standen an einer Stelle, an der die Nazis einst 152 Polen hingerichtet hatten. An demselben Ort war zehn Jahre zuvor ein fast acht Meter hohes Kreuz errichtet worden, das vom Innern des Lagers zu sehen war. Dieses besonders große Kreuz hatte man von Auschwitz-Birkenau, dem großen Vernichtungszentrum des Lagers, versetzt, wo man das Symbol zum ersten Mal am 7. Juni 1979 gebrauchte, als Johannes Paul II. dort während seines ersten Papstbesuches in seiner polnischen Heimat eine Messe zelebrierte.
In der Befürchtung, dass der neue Standort dieses Kreuzes gefährdet sei – die Gegenwart des christlichen Symbols empörte viele Juden – legten die Katholiken stattdessen ein ganzes Areal mit Kreuzen an. Die katholischen Bischöfe Polens verurteilten diese Reaktion und bestanden darauf, dass die Symbole mit Ausnahme des großen Papstkreuzes entfernt würden.

Polen ist seit langem ein überwiegend katholisches Land. Eine große Anzahl polnischer Katholiken, darunter auch mehrere tausend Priester, wurden von den Nazis ermordet. Christliche Polen, deren Zahl in die Zehntausende ging, mussten ihr Leben in Auschwitz lassen. Zugleich wird Auschwitz zu Recht häufig als der größte jüdische Friedhof der Welt bezeichnet, denn 90 Prozent der mehr als eine Million Menschen, die dort umkamen, waren Juden. Es

---

• 1978: Der in Südamerika lebende Dr. Josef Mengele, ehemaliger Stabsarzt in Auschwitz, der medizinische Experimente an Menschen durchführte, kommt bei einem Badeunfall ums Leben. • Amerikanische revisionistische Autoren gründen das *Institute for Historical Review (IHR)* und dessen offizielle Publikation *Journal of Historical Review*. • Der US-amerikanische Präsident Jimmy Carter ruft eine Kommission ins Leben, die ergründen soll, ob die Schaffung einer amerikanischen Nationalgedenkstätte für die Opfer des Holocaust realisierbar ist.

• 1979: Die Ermittlungen des US-amerikanischen Kongresses zu Nazikriegsverbrechern im Westen regen die Gründung des *Office of Special Investigations* an, das ermächtigt ist, Prozesse gegen mutmaßliche Kriegsverbrecher anzustrengen, diesen Personen die amerikanische Staatsbürgerschaft (falls bereits zuerkannt) abzuerkennen und sie aus den USA auszuweisen. • Auf Veranlassung des Ministerpräsidenten Menachem Begin wird für die israelischen Schulen ein Holocaust-Lehrplan angenommen. • 206 amerikanische Universitäten bieten Lehrveranstaltungen zum Thema Holocaust an; 1973 waren es nur zwei gewesen. ***Siehe* Februar 1997.**

ist nur verständlich, dass das Vorhandensein von christlichen Kreuzen bzw. deren Entfernung die Beziehungen zwischen Juden und Katholiken und vor allem zwischen Juden und polnischen Katholiken belastet hat. Im Winter 1997/98 wurden religiöse Symbole – Davidsterne wie auch christliche Kreuze – in Auschwitz-Birkenau entfernt, wo viele auf einem Areal zu sehen waren, auf dem die Nazis einst Massengräber angelegt und die Asche aus den Krematorien von Birkenau gelagert hatten. Doch die Ereignisse des darauf folgenden Sommers zeigten, dass der Meinungsstreit um die religiösen Symbole nicht beigelegt war.

Auch als das vom polnischen Parlament verabschiedete Gesetz zur Schaffung einer Schutzzone rund um die ehemaligen Nazilager auf polnischem Boden am 25. Mai 1999 in Kraft trat, war Auschwitz noch immer ein Schauplatz von Reaktionen, die sich im wahrsten Sinne des Wortes als explosiv erwiesen. Am frühen Morgen des 28. Mai entfernten Soldaten der polnischen Armee in der Nähe von Auschwitz I mehrere hundert Kreuze. Am Ort des Geschehens hatte Kazimierz Switon, ein radikaler katholischer Aktivist, nach dessen Auffassung die Juden in Polen einen zu großen Einfluss besaßen, bereits einige Tage in seinem Zelt zugebracht. Er überwachte die Fertigstellung einer Holzhütte, die ein pensionierter Geistlicher am 16. Mai als Kapelle geweiht hatte – eine Aktion, die von der römisch-katholischen Kirche abgelehnt wurde. Zu Switons Tätigkeit an diesem Ort gehörte allerdings noch etwas anderes. Switon präparierte die „Kapelle" mit Plastiksprengstoff um den von den Behörden angeordneten Abriss zu verhindern. Als die Polizei die Kreuze wegräumte – das große, fast acht Meter hohe Kreuz hatte man stehen gelassen – verhaftete sie Switon und brachte den Sprengstoff unter Vorsichtsmaßnahmen zum Detonieren. Unter jenen, die erleichtert auf die Entschärfung der Lage reagierten, waren auch zahlreiche führende polnische Katholiken, die befürchtet hatten, dass die Kontroverse in Auschwitz den Besuch Papst Johannes Pauls II. in seiner polnischen Heimat beeinträchti-

Dieses Holocaust-Mahnmal wurde in Skokie (Illinois), der Heimat vieler Holocaust-Überlebender, enthüllt. In dem Film *Skokie* wird die Reaktion auf eine Besorgnis erregende neonazistische Demonstration im Jahr 1977 geschildert.

Gerechte unter den Nationen

Die dunkle Nacht des Holocaust wurde gelegentlich durch die leuchtenden Beispiele der „Gerechten unter den Nationen" erhellt. Der Ehrentitel stammt aus dem Talmud und bezeichnet jene Menschen, die ihr eigenes Leben riskierten um das anderer, mitunter völlig fremder Menschen zu retten.

Persönlichkeiten wie Oskar Schindler (in der Abbildung unten bei einer Zeremonie im Jahr 1962 in der Gedenkstätte Yad Vashem) und selbst ganze Nationen wie Dänemark riskierten ihre Sicherheit um von den Nazis verfolgte Menschen zu retten. Manche verbargen Juden über Monate hinweg in ihrem Haus. Andere halfen Juden über die Grenze in die neutrale Schweiz zu gelangen. Wieder andere nutzten ihren Diplomatenstatus um Transitvisa auszustellen oder den Verfolgten sogar eine neue Staatsbürgerschaft zu verleihen.

Die „Gerechten unter den Nationen" werden seit 1953 in der Gedenkstätte Yad Vashem in Israel geehrt. Man pflanzt ihnen zu Ehren einen Baum, der ein lebendiges Zeugnis ihres Heldentums sein soll. Diese wenigen Gerechten, die Folter und Tod riskierten, legen Zeugnis davon ab, dass die leise Stimme des Gewissens auch die rassistischen Naziphrasen übertönen konnte. Die „Gerechten unter den Nationen" retteten nicht nur einzelne Leben, sondern, wie der Talmud sagt, „das gesamte Universum". Mit ihrem Mut und ihrem Mitleid bewahrten sie inmitten des Bösen die Menschlichkeit.

• **Oktober 1980: Der US-amerikanische Kongress beschließt einstimmig ein Gesetz zur Schaffung des *United States Holocaust Memorial Council*, der die Schirmherrschaft über Wohltätigkeitsveranstaltungen für das *Holocaust Memorial Museum* der USA übernimmt.**

• **Spätherbst 1980: Polnische Schüler, die in der Nähe von Auschwitz-Birkenau einen Baum pflanzen, entdecken ein vergrabenes geheimes Tagebuch eines Lagerinsassen.**

• **1981: Amerikanische Juden, die den Holocaust überstanden haben, schaffen ein nationales Register, das die Biographien der Überlebenden, die in die USA eingewandert sind, dokumentiert.**

• **Juni 1981: In Jerusalem versammeln sich mehr als 6000 Holocaust-Überlebende.**

• **1982: Eine Hollywood-Verfilmung des Romans *Sophie's Choice* (Sophies Wahl) von William Styron über einen christlichen Holocaust-Überlebenden wird herausgebracht.**

• **1984: Katholische Nonnen gründen ein Karmelitinnen-Kloster; eines der Klostergebäude wird auf dem Gelände des ehemaligen Todeslagers Auschwitz errichtet. Juden protestieren dagegen,**

50 Jahre nach dem eigentlichen Geschehen sorgten die ungeheuerlichen Verbrechen der Nazis für Spannungen zwischen Katholiken und Juden. Das bei einem Prozess 1947 aufgenommene Foto zeigt Wladimir Bilan, einen der Verbrecher aus der Zeit des Zweiten Weltkrieges, der als Aufseher in Auschwitz gearbeitet hatte.

gen würde. Bei dem Besuch, der nur wenige Tage später, am 5. Juni, begann, war auch die Seligsprechung von 108 polnischen Katholiken vorgesehen, die während des Zweiten Weltkrieges von den Nazis umgebracht worden waren – einige von ihnen in Auschwitz. Unter diesen 108 Katholiken befanden sich auch Nonnen und Priester, die sich während des Holocaust an der Rettung von Juden beteiligt hatten.

Werden die Entfernung der Kreuze und der unschädlich gemachte Sprengstoff Kazimierz Switons die letzten Episoden im christlich-jüdischen Konflikt um Auschwitz sein? Das ist noch längst nicht sicher und sogar unwahrscheinlich. Es gibt ein treffendes Beispiel hierfür, bei dem es um ein Gebäude in Auschwitz-Birkenau geht. Direkt vor dem Stacheldrahtzaun, an einer schmalen Straße gelegen, befindet sich eine ehemalige Einrichtung der Nazis, die auf den Lageplänen von Auschwitz-Birkenau deutlich als „Neues Kommandantenbüro" bezeichnet ist. Dieses Gebäude wurde Anfang der 1980er Jahre in eine katholische Kirche umgewandelt. Es ist unter anderem eine Erinnerungsstätte für die deutsche Jüdin Edith Stein, die 1922 zum Katholizismus übertrat, Nonne und eine hervorragende Philosophin wurde, 1942 aus den Niederlanden nach Birkenau verschleppt und dort vergast wurde. Anlass für ihre Deportation war zwar die Ablehnung des nazistischen Antisemitismus durch die niederländischen Katholiken, doch Edith Stein wurde nicht in erster Linie deshalb ermordet, weil sie Katholikin, sondern weil sie nach den Rassendefinitionen der Nazis Jüdin war. Die Entscheidung des Vatikans von 1998 sie heilig zu sprechen stieß vor allem – aber nicht ausschließlich – unter den Juden auf beträchtlichen Widerspruch. Unterdessen gab es kaum Protest gegen die Kirche in Birkenau, als diese zum ersten Mal ihre Pforten öffnete, doch der Meinungsstreit hierüber hat seither für Wirbel gesorgt und die Geschichte deutet darauf hin, dass es möglicherweise nicht das letzte Mal war.

Am 1. August 1984 zog eine kleine Gruppe Nonnen vom *Ordo Fratrum Beatae Mariae Virginis de Monte Carmelo* in das im ehemaligen Stammlager Auschwitz I gelegene Theatergebäude ein. Der Hof dieses Gebäudes war die Stelle, an der später das große Papstkreuz stand und im Sommer 1998 die vielen Kreuze aufgestellt wurden. Die Karmelitinnen hatten das Theatergebäude mit Genehmigung der polnischen Behörden und der katholischen Kirche bezogen, doch offensichtlich ohne vorherige Absprache mit Angehörigen der jüdischen Gemeinde in Polen oder im Ausland.

Die Empörung des internationalen Judentums brachte die „Kontroverse über das Auschwitzer Kloster" im darauf folgenden Frühjahr richtig zum Ausbruch. Bei der Diskussion ging es vor allem um den Standort des Theatergebäudes. Dieses lag außerhalb der Mauer, die das Gelände des ehemaligen Stammlagers Auschwitz I

Sehen wir von den Kontroversen ab, die auch nach dem Holocaust anhielten – es ist klar, dass Mörder wie Rudolf Höß, ehemaliger Lagerkommandant (Abb.), Menschen ohne Charakter und Format waren.

da mit den Aktivitäten der Nonnen an einem Ort, an dem mehr als eine Million Juden umgekommen sind, christliche Märtyrer gefeiert werden.

• 27. März 1984: Arthur Rudolph, ehemaliger Naziwissenschaftler und Ingenieur in Peenemünde, der im Rahmen des *Project Paperclip* nach Amerika gebracht wurde, wird aus den USA ausgewiesen. Nachdem seine Aktivitäten während des Krieges bekannt werden, wird ihm die Staatsbürgerschaft aberkannt.

• 1985: *Shoah*, ein 8,5 Stunden langer Dokumentarfilm des Regisseurs Claude Lanzmann über den Holocaust, kommt heraus. • Der sowjetische Regisseur Elem G. Klimow veröffentlicht seinen Film „Komm und sieh", ein stark aufrüttelndes Drama über das Vorgehen der Einsatzgruppen 1943 in der Sowjetunion. • Der revisionistische „Historiker" Ernst Zundel steht in Toronto wegen der Veröffentlichung einer antisemitischen Schrift mit dem Titel *Did Six Million Really Die?* (Starben wirklich sechs Millionen?) vor Gericht. Er wird der Verbreitung falscher Informationen für schuldig befunden und zu 15 Monaten Haft verurteilt.

• 5.–7. Mai 1985: Der US-amerikanische Präsident Ronald Reagan besucht auf

umgibt, und manche Befürworter der Interessen der Nonnen erklärten, dass das aus der Zeit vor dem Ersten Weltkrieg stammende Gebäude streng genommen nicht zum Lager gehöre. Dieses Argument war allerdings nicht überzeugend, denn auch andere Einrichtungen – das Wohnhaus des Kommandanten, ein Nebengleis, an dem die Häftlinge ihre Transportzüge verlassen mussten, und ein Hinrichtungsplatz – befanden sich außerhalb der Mauer und konnten kaum als nicht zum Lager gehörend bezeichnet werden. Außerdem deutete die Mehrfachnutzung des Theatergebäudes darauf hin, dass es tatsächlich Teil des Auschwitzer Lagerkomplexes gewesen war. Es hatte nicht nur als Depot für das persönliche Eigentum, das man den Gefangenen vor ihrer Vergasung abgenommen hatte, sondern auch als Lager für das Zyklon B gedient, mit dem die in erster Linie jüdischen Opfer von Auschwitz vergast wurden.

Nach schwierigen Verhandlungen zwischen jüdischen und katholischen Führern kam am 22. Februar 1987 eine Vereinbarung zustande, wonach das Auschwitzer Kloster innerhalb von zwei Jahren an eine Stelle außerhalb des Lagers umgesiedelt werden sollte. In derselben Vereinbarung war auch festgelegt, dass es auf dem Gelände des Stammlagers Auschwitz und des Lagers Auschwitz-Birkenau keine ständige katholische Kultstätte geben werde. Mit der Übereinkunft war die Angelegenheit jedoch keineswegs erledigt. Der Meinungsstreit verschärfte sich, als der Februar 1989 verging, ohne dass die Nonnen aus dem Theatergebäude ausgezogen waren. Die Lage verschlimmerte sich im Juli, als jüdische Demonstranten auf dem Klosteranwesen protestierten und polnische Arbeiter gewalttätig darauf reagierten. Nach einer scharfen Debatte begannen die Erschließungsarbeiten für eine neue Einrichtung, in der die Nonnen unterkommen sollten und die nicht weit, doch deutlich vom Gelände des Lagers Auschwitz entfernt war. 1993 räumten die Nonnen das Theatergebäude und bezogen ihr neues Quartier.

Das Kloster der Karmelitinnen und die Kreuze der Christen hatten bei den Juden starken Anstoß erregt, weil ihre Gegenwart Schritte zur „Christianisierung" zu sein schienen, die dem Holocaust und insbesondere Auschwitz die jüdische Besonderheit und Einmaligkeit nahmen. Die polnischen Katholiken, die das Kloster und die Kreuze rechtfertigten, machten geltend, dass sie ein Recht und die Pflicht hätten ihrer Brüder und Schwestern zu gedenken, die ebenfalls in großer Zahl in Auschwitz umgekommen seien, an einem Ort, den viele Polen als Symbol für das Martyrium ihrer Heimat während des Zweiten Weltkrieges ansehen. Die römisch-katholische Kirche in Birkenau, die die jüdischen Besucher von Auschwitz-Birkenau kaum übersehen können, ist noch heute ein Pulverfass.

Im 21. Jahrhundert werden noch mindestens drei bedeutende Nachwirkungen des Holocaust die jüdisch-christlichen Beziehungen beeinflussen. Es handelt sich erstens um ein Dokument, das die Kommission des Heiligen Stuhls für religiöse Beziehungen mit den Juden unter dem Titel „Wir erinnern uns. Eine Betrachtung über die Schoa" veröffentlichte und von dem man weithin annahm, es sei die lang erwartete Erklärung der Kirche über die Position des Vatikans während des Holocaust. Vor allem in jüdischen Kreisen wurde

Nichts ist nur schwarz oder weiß, am allerwenigsten die Art der Reaktionen der katholischen Kirche auf den Holocaust. Die Bemühungen der Kirche brachten Dana Szefflan *(in der Abb. mit einem Kind)* 1948 nach Kanada.

Die Holocaust-Gedenkstätten, wie die abgebildeten in Theresienstadt, sind für die Überlebenden und deren Familien ein gewisser Trost. Diese Zeugnisse sind für alle zugänglich und fördern die Verständigung.

Veranlassung von Bundeskanzler Helmut Kohl den Bitburger Friedhof, auf dem sich auch Gräber von Angehörigen der Waffen-SS befinden. Der Besuch löst eine internationale Debatte aus.

• 1986: Während des Wahlkampfes von UN-Generalsekretär Kurt Waldheim um das Amt des österreichischen Bundespräsidenten werden Waldheims Aktivitäten als Wehrmachtsoffizier während des Zweiten Weltkrieges bekannt. Ungeachtet dessen wird er in das angestrebte Amt gewählt. • Andrija Artuković wird von den USA an Jugoslawien ausgeliefert, wo er vor Gericht kommt und als Kriegsverbrecher zum Tode verurteilt wird. Artuković spielte als kroatischer Innenminister eine gewichtige Rolle bei der Ermordung von 300 000 Serben, Juden, Zigeunern und politischen Widersachern. Er stirbt noch vor der Vollstreckung der Todesstrafe.

• November 1986: Die australische Regierung unternimmt Schritte zur strafrechtlichen Verfolgung ehemaliger Nazis, die in Australien leben.

• 1987: Französische revisionistische Autoren gründen die *Annales d'Histoire Révisionniste*.

• 16. Februar 1987 – 18. April 1988: John Demjanjuk, der beschuldigt wird der berüchtigte „Iwan der Schreckliche" aus

Die Erinnerung an den Holocaust

Seit dem Ende des Zweiten Weltkrieges sind in Israel, Europa und den Vereinigten Staaten hunderte dem Holocaust geweihte Gedenkstätten, Denkmäler und Museen gebaut worden. Jedes Holocaust-Denkmal ehrt die Millionen Leben, die das Naziregime gnadenlos auslöschte, doch das spezielle Thema der Stätten variiert von Ort zu Ort.

Die in den Todeslagern errichteten Mahnmale in Polen schließen die Ermordung der Juden unter dem breiteren Thema „polnisches nationales Gedenken" ein. Weder das Denkmal, das von den sowjetischen Befreiern in Majdanek aufgestellt wurde, noch das staatliche Memorial im ehemaligen Vernichtungslager von Auschwitz heben die jüdischen Opfer hervor. Beide Gedenkstätten bringen eine umfassendere Sicht zum Ausdruck und erinnern an alle Opfer des Nationalsozialismus.

Wie in Polen, so sind auch die Monumente und Museen in Deutschland der Gesamtheit der Opfer gewidmet. Die in Dachau geschaffene Erinnerungsstätte besitzt gesonderte Denkmäler für Protestanten, Katholiken und Juden. Das hier abgebildete Berliner Memorial erinnert an nichtjüdische deutsche Frauen, die der Gestapo die Stirn boten; in Berlin ist eine Gedenkstätte für die jüdischen Opfer geplant.

In den Vereinigten Staaten wie auch in Israel gedenkt man des Holocaust auf ganz andere Weise als in Europa. Charakteristisch für die Gedenkstätten in diesen beiden Ländern sind umfangreiche Betrachtungen zur jüdischen Geschichte, in denen detailliert über das Leben der Juden in Europa vor dem Krieg berichtet wird. Sie widerspiegeln auch die Wiedergeburt des jüdischen Lebens nach dem Holocaust. Die Holocaust-Denkmäler in den USA heben in vielen Fällen die Bedeutung von Freiheit und Pluralismus für die Sicherheit der amerikanisch-jüdischen Gemeinde hervor.

Die Errichtung von *Yad Vashem*, die nationale Holocaust-Gedenkstätte des jüdischen Volkes in Israel, wurde 1953 von der *Knesseth*, dem israelischen Parlament, beschlossen. Der Komplex besteht aus Museen und Monumenten sowie aus Zentren für Forschung, Lehre und Materialsammlungen. Die Bezeichnung *Yad Vashem*, der die Bedeutung eines Berges und eines Namens hat, stammt aus dem Bibelvers von Jesaja, Kap. 56, 5, der lautet: „... ihnen allen errichte ich in meinem Haus/und in meinen Mauern ein Denkmal, ich gebe ihnen einen Namen, /der mehr wert ist als Söhne und Töchter ... /der niemals ausgetilgt wird." Viele israelische Gedenkstätten konzentrieren sich auf eine Reihe jüdischer Widerstandsaktionen und auf das Martyrium des jüdischen Volkes.

Das *United States Holocaust Memorial Museum* wurde 1993 in Washington eröffnet. Darin wird mehr als in irgendeinem anderen Museum das ganze Spektrum der Medien genutzt um die Erfahrung des Holocaust neu zu „erschaffen". Die Besucher lesen die Geschichten auf den Gedenktafeln, schauen sich Foto- und Videodokumentationen an, hören die hasserfüllten Reden von Nazis, sehen auf Video aufgezeichnete Zeugenaussagen von Überlebenden und machen sich mit Hilfe von Computern mit Themen ihrer Wahl vertraut.

Jedes Jahr werden neue Holocaust-Museen und -Denkmäler geplant und gebaut. Jede Gedenkstätte zeugt von der gewaltigen Bedeutung, die man dem Holocaust beimisst. Die Stätten vermitteln auch einen Einblick in die Selbstwahrnehmung der Menschen und Nationen, von denen sie geschaffen wurden.

---

dem Vernichtungslager Treblinka zu sein, wird in Jerusalem vor Gericht gestellt und für schuldig befunden. *Siehe* Ende 1993.

- **11. April 1987:** Primo Levi, ein italienisch-jüdischer Partisan, der zahlreiche Bücher über seine Lagererlebnisse schrieb, nimmt sich das Leben.
- **11. Mai – 4. Juli 1987:** Klaus Barbie, ehemaliger Offizier des SD und der SS, steht in Lyon (Frankreich) als mutmaßlicher Kriegsverbrecher vor Gericht und wird zu lebenslanger Haft verurteilt.
- **17. August 1987:** Rudolf Heß, ehemaliger Stellvertreter Adolf Hitlers, der seit 1941 bei den Alliierten in Haft und seit 1946 im Spandauer Gefängnis inhaftiert ist, stirbt – augenscheinlich durch Selbstmord – im Alter von 93 Jahren.
- **September 1987:** Die kanadische Gesetzgebung wird geändert, damit ehemalige Nazis, die zu dieser Zeit in Kanada leben, strafrechtlich verfolgt werden können.
- **1988:** Das US-amerikanische *Office of Special Investigations (OSI)* führt Nachforschungen über 600 mutmaßliche ehemalige Nazis weiter, die in Amerika leben.
- **März – April 1988:** Der Amerikaner Fred Leuchter verfasst eine pseudowis-

Diese Gedenktafel in Warschau mit Worten in Polnisch, Jiddisch und Hebräisch erinnert an die hunderttausende Juden, die aus dem Warschauer Ghetto in das Todeslager Treblinka deportiert wurden.

es nur mit verhaltenem Interesse aufgenommen. Zwei Punkte machten das Dokument besonders anfechtbar: Zum Ersten trennte es in nicht überzeugender Weise den nazistischen Antisemitismus vom christlichen Antijudaismus. Natürlich existieren Unterschiede zwischen beiden Erscheinungen, doch „Wir erinnern uns" hob sie zu stark hervor, betonte aber ihre Verbindung mit zu wenig Nachdruck. Zum Zweiten erkannte das Dokument an, dass das Verhalten der Christen während des Holocaust nicht dem entsprochen habe, „was man von den Anhängern Christi hätte erwarten können" und setzte dann fort, dass „für Christen diese schwere Bürde für das Gewissen ihrer Brüder und Schwestern während des Zweiten Weltkrieges ein Anlass zur Reue" sei.

Viele Juden und Christen hatten die Empfindung, dass eine solche Sprache die Verantwortung für das Versagen der Christen unangebracht darstelle, denn „Wir erinnern uns" sagte – unausgesprochen oder offen – nur wenig, wenn überhaupt etwas über die Pflichtversäumnisse der römisch-katholischen Führung während des Holocaust. Es schuf den fragwürdigen Eindruck, dass die Basis mehr als deren katholische Oberhäupter für das Versagen der Christen verantwortlich sei. Die Kommission für religiöse Beziehungen verbesserte ihre Glaubwürdigkeit auch nicht, indem sie unterstrich, dass die jüdischen Gemeinden und Oberhäupter während des Krieges und danach Papst Pius XII., dessen sehr umstrittene Amtsführung (1939 – 1958) auch die kritischen Jahre des Holocaust einschloss, für alles dankten was er und seine Vertreter getan hätten „um hunderttausende jüdischer Leben zu retten".

Ob nun zu Recht oder zu Unrecht – Pius XII. ist zum Blitzableiter für das Echo auf den Holocaust geworden. Er ist für das Versäumnis dessen, was er hätte tun können oder tun müssen um während des Holocaust im Interesse der Juden zu intervenieren, scharf und nachhaltig kritisiert worden. Wie „Wir erinnern uns" erkennen lässt, ist sein Ruf aber auch verteidigt worden, und zwar in einem Maß, dass er im 21. Jahrhundert vielleicht heilig gesprochen wird. Eine Kritik von jüdischer Seite im Frühjahr 1999 enthielt gar den Vorwurf, dass der Stand der Heiligkeit für Pius XII. nichts weniger als die Schändung der Erinnerung an den Holocaust bedeuten würde. Gegen Anschauungen dieser Art protestieren die katholischen Fürsprecher Pius' XII. heftig. Das Ergebnis ist, dass sich die Spannungen in den Beziehungen zwischen Juden und römischen Katholiken wahrscheinlich verschlimmern werden, falls man in nächster Zeit Schritte zur Heiligsprechung Pius' XII. unternimmt.

Ob sich diese Spannungen mildern lassen, hängt zum Teil von einem weiteren lästigen Problem ab, bei dem es um die Archive des Vatikans und vor allem um dessen Bestände aus der Amtszeit Pius' XII. geht. Zu Beginn des 21. Jahrhunderts ist eine Flut neuen Archivmaterials aufge-

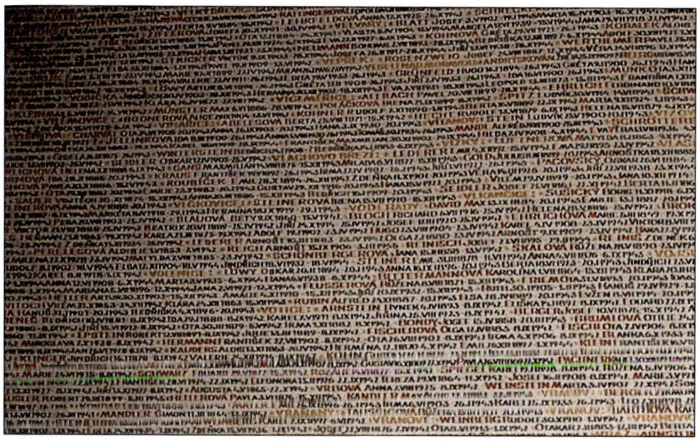

Das ist ein winziger Ausschnitt einer Wand in der Prager Pinkas-Synagoge. Dort wird der 77 000 tschechoslowakischen Juden gedacht, die die Nazis umgebracht haben

senschaftliche Darstellung, die von dem revisionistischen britischen Historiker David Irving als *The Leuchter Report* veröffentlicht wird. In den Ausführungen wird behauptet, dass die speziellen Räumlichkeiten in Auschwitz nie für Exekutionen durch Vergasen benutzt worden seien und dass in den Krematorien des Lagers nie eine so große Zahl Leichen hätte verbrannt werden können, wie allgemein angenommen wird.

• 1990: Die Sowjetunion löst sich in zahlreiche unabhängige Staaten auf. • Ost- und Westdeutschland werden zu einem demokratischen Deutschland wiedervereinigt. Die ehemalige DDR stimmt dem Luxemburger Abkommen von 1952 zu.

• 1992: Nach der Wiedervereinigung Deutschlands kommt es in der Nation zu antisemitischen Gewalttaten. Im ehemaligen Konzentrationslager Sachsenhausen wird bei einem neonazistischen Bombenanschlag ein großer Teil der erhaltenen Baracken zerstört.

• 1993: François Mitterand verurteilt öffentlich die französische Vichy-Regierung des Zweiten Weltkrieges. • Der Regisseur Steven Spielberg bringt seinen Film „Schindlers Liste" heraus, in dem es um den deutschen Industriellen Oskar Schindler geht.

taucht, das der Westen zu einem großen Teil aus sowjetischen und osteuropäischen Archiven erhielt, die erst nach dem Ende des Kalten Kriege zugänglich wurden. Unter den in jüngster Zeit bereitgestellten Dokumenten befindet sich beispielsweise ein vom Reichsführer SS, Heinrich Himmler, geführter Termin- und Notizkalender. Auch Teile von Adolf Eichmanns Memoiren sind inzwischen aufgetaucht. Diese neuen Archivfunde, deren wissenschaftliche Bewertung noch in einer relativ frühen Phase steckt, werden weitere Einzelheiten ans Licht bringen und vielleicht die besten Erkenntnisse revidieren, die wir bisher über den Holocaust besitzen. Wie dem auch sei, die Archive des Vatikan über die Zeit des Holocaust müssen der Holocaust-Forschung erst noch vollständig zugänglich werden. Solange sich die Lage nicht ändert, bleibt unser Bild von Pius XII. und der Politik des Vatikan während der Nazizeit bestenfalls mehrdeutig. Wie man die mit dem Holocaust zusammenhängenden – vergangenen, gegenwärtigen und zukünftigen – Möglichkeiten des Vatikans würdigt, vergibt oder vernünftig nutzt, wird auch künftig ein Bereich sein, in dem sich die Nachwirkungen des Holocaust gewiss stark bemerkbar machen werden.

Holocaust-Gedenkstätte in Majdanek, einem der sechs großen Todeslager in Polen.

Den zumeist jüdischen Opfern des Massakers von Babi Jar bei Kiew (Ukraine), bei dem die Deutschen zehntausende Unschuldige ermordeten, wurde ein Denkmal gewidmet.

Vermächtnis der Überlebenden

Nicht alle Menschen, die dem Holocaust zum Opfer fielen oder die diese Schrecken gar überstanden, waren Juden, und es gibt auch keine derartige „offizielle" Definition. Doch die Überlebenden des Holocaust waren in erster Linie jene Kinder, Frauen und Männer, die in Nazideutschland als Juden galten, die unter der Herrschaft Nazideutschlands und seiner Kollaborateure oder in deutschen Besatzungsgebieten lebten und trotzdem der vollständigen Vernichtung entgingen, die die Nazipolitik für die Juden in Europa und sogar weltweit vorgesehen hatte. Die Holocaust-Überlebenden haben alle ihre ganz eigenen Erfahrungen gemacht, da sie unter verschiedenen Bedingungen, zu anderen Zeiten und an anderen Orten überlebten. Manche flohen vor der Verfolgung durch die Nazis bereits vor Beginn des Zweiten Weltkrieges im Jahr 1939 oder bevor die „Endlösung" 1941 offizielle Politik Nazideutschlands wurde. Andere hielten die Kriegsjahre und die „Endlösung" durch, überstanden irgendwie die elenden Ghettos, Arbeitskommandos, Deportationen, todbringende Lager und Todesmärsche. Wieder anderen gelang es zu überleben, indem sie eine andere Identität annahmen, untertauchten oder in Widerstandsgruppen arbeiteten.

Der Holocaust-Wissenschaftler Michael Berenbaum schätzte zu Beginn des 21. Jahrhunderts ein, dass höchstens noch 300 000 Juden leben, die sich nach Ende Juni 1941 unter der Herrschaft Nazideutschlands und seiner Kollaborateure oder in deutschen Besatzungsgebieten befanden.

• April 1993: In Washington wird das *United States Holocaust Memorial Museum* eröffnet.

• Ende 1993: Der in den USA wohnhafte John Demjanjuk, der 1988 in Jerusalem schuldig gesprochen wurde Kriegsverbrechen begangen zu haben, wird vom israelischen Obersten Gerichtshof wegen unzulänglicher Beweise aus der Haft entlassen.

• 1994: Die britische Abteilung zur Untersuchung von Kriegsverbrechen wird nach der erfolglosen strafrechtlichen Verfolgung eines mutmaßlichen ehemaligen Nazikriegsverbrechers geschlossen. • Argentinien hebt das Auslieferungsverbot für Verbrecher auf, die von anderen Ländern in Abwesenheit verurteilt worden sind. • Der Hollywood-Regisseur Steven Spielberg gründet die *Shoah Foundation*, ein gemeinnütziges Unternehmen, das sich der Aufzeichnung von Interviews mit Überlebenden, Rettern und Zeugen aus der Zeit des Holocaust auf Videoband widmet. • Sabine Zlatin, die 1944 das Kinderheim in Izieux (Frankreich) gründete, eröffnet in der Nähe des Standortes des Heimes ein Gedenkmuseum für die Kinder. *Siehe* 6. April 1944.

• 17. März – 19. April 1994: Paul Touvier, ein ehemaliger rechtsgerichteter Vichy-

Diese zunehmend alternde Gruppe von Menschen wird inzwischen rasch kleiner. Bis zur Mitte des 21. Jahrhunderts wird niemand davon mehr am Leben sein. Berenbaum kennt die Demografie dieser Gruppe, denn er stand an der Spitze des höchst ehrgeizigen Unternehmens die mündlichen Zeugnisse der Überlebenden zu sammeln. Solche Arbeiten sind bereits seit einiger Zeit im Gange, doch es gibt kein Projekt, das so umfassend ist wie das Vorhaben der in Los Angeles ansässigen *Survivors of the Shoah Visual History Foundation*.

Angeregt von der Erfahrung bei der Produktion seines Films „Schindlers Liste" (1993), der mit dem *Academy Award* ausgezeichnet wurde und der viel dazu beitrug, die Aufmerksamkeit der Menschen auf den Holocaust zu lenken, gründete Steven Spielberg 1994 die *Shoah Foundation*. Im Rahmen dieser Stiftung entstand eines der eindrucksvollsten Zeugnisse Überlebender: Bis zum Mai 1999 wurden mehr als 50 000 Interviews auf Videoband aufgezeichnet. Die in 32 Sprachen geführten Gespräche fanden mit Überlebenden aus 57 Ländern statt. Die gesammelten Aussagen wurden auf über 50 000 Kilometern Videoband konserviert. Bei ununterbrochener Vorführung der Aufnahmen würde man 13 Jahre brauchen, wollte man sie alle anhören und anschauen. Bei den Interviews der *Shoah Foundation* überwiegen die Stimmen der jüdischen Überlebenden in angemessener Weise. Doch das Projekt beinhaltet auch Interviews mit Nichtjuden, mit verfolgten Gruppen wie den Zigeunern, den Zeugen Jehovas, mit politisch Andersdenkenden und Homosexuellen sowie mit Befreiern und mit Augenzeugen, deren Position es erlaubte, die Geschehnisse während des Holocaust zu beobachten.

Kein Mensch kann sich ein 13 Jahre dauerndes Holocaust-Zeugnis anschauen und anhören. Deshalb steht die *Shoah Foundation* vor der Aufgabe, diese unschätzbaren Aussagen in besser handhabbare Formen zur Wiedergabe zu bringen, die in Forschung, Bildung und Erziehung genutzt werden können Es bedarf nicht nur besonderer Vorkehrungen zur Erhaltung der Videobänder, sondern man wird auch noch Jahre brauchen um die Zeugenaussagen zu katalogisieren, die der Wissenschaft dann in speziellen Forschungszentren zugänglich gemacht und mit Hilfe digitaler Wiedergabesysteme ausgewertet werden können.

Außerdem hat die *Shoah Foundation* eine CD-ROM für den Einsatz in Schulen sowie Filme entwickelt, darunter auch den mit dem *Academy Award* ausgezeichneten Dokumentarfilm *The Last Days* (1998), in dem es um fünf ungarische Juden geht, die 1944 in der letzten Phase der „Endlösung" verfolgt werden. Der Film bestätigt Charlotte Delbos Urteil:

Oskar Schindler in der Gedenkstätte *Yad Vashem* in Jerusalem. Nach Schindlers Tod verunglimpfte dessen frühere Frau seinen Ruf als „Gerechter" Christ. Es bleibt dennoch eine Tatsache, dass der deutsche Industrielle eine wichtige Rolle bei der Rettung hunderter Juden gespielt hat.

Das „Denkmal für die Deportierten" wurde in der Gedenkstätte *Yad Vashem* zur Erinnerung an die Millionen Juden errichtet, die in Viehwaggons in die in Osteuropa gelegenen Vernichtungslager der Nazis transportiert wurden.

Sympathisant, wird vor Gericht gestellt und wegen des Mordes an sieben Juden im Jahr 1944 zu lebenslanger Haft verurteilt

- **16. Juli 1994: Frankreich gedenkt zum ersten Mal der Verschleppung von 76 000 Juden während des Krieges aus dem Land.**
- **1995: Die jüdischen Zwillinge Ida und Adam Paluch treffen sich nach 53 Jahren wieder, nachdem die Gestapo im Sommer 1942 versucht hatte sie aus ihrem Elternhaus in Sosnowiec (Polen) zu entführen. Die damals dreijährigen Kinder waren von ihrer Tante in Sicherheit gebracht und in unterschiedliche katholische Heime geschickt worden.**
- **Sommer 1995: Das Internationale Komitee vom Roten Kreuz entschuldigt sich formell für seine Passivität während des Holocaust, die es als ein „moralisches Versagen" bezeichnet.**
- **Winter 1995: Die Bayer AG, die von 1925 bis zur Entflechtung der I.G. Farbenindustrie AG zu diesem Konzern gehorte, entschuldigt sich für das Leid und die Ausbeutung, für die das Unternehmen verantwortlich war.**
- **1996: Ein bei Oświęcim (Auschwitz) ansässiges Unternehmen zur wirtschaftlichen Erschließung legt seine Pläne zum Bau eines kleinen Einkaufszentrums ge-**

Das *United States Holocaust Memorial Museum* in Washington erinnert an die Millionen ermordeter Menschen. Fotos, Worte, Artefakte, künstlerische Gestaltungsmittel, Filme und auf Videoband aufgezeichnete Aussagen vermitteln den Besuchern einen Eindruck von den Geschehnissen des Holocaust.

„Wir klammerten uns an eine Hoffnung, die wir uns aus tausend zerbrechlichen Teilen gebastelt hatten, von denen kein einziges einer Prüfung widerstanden hätte, hätten wir unseren Verstand behalten. Daß wir den Verstand verloren und am Wahn zu hoffen festgehalten haben, hat einige gerettet. Das sind so wenige, daß es ohne Beweiskraft ist."

Nicht nur bei der *Shoah Foundation*, sondern auch andernorts sind Interviews mit Überlebenden zu finden, darunter in der israelischen Gedenk- und Forschungsstätte *Yad Vashem* in Jerusalem, im *Fortunoff Video Archive for Holocaust Testimonies* an der *Yale University* und im *United States Holocaust Memorial Museum (USHMM)* in Washington. Letzteres wurde im April 1993 eröffnet. Bis zum 8. April 1999, zwei Wochen vor dem sechsten Jahrestag ihrer Eröffnung, hatten bereits 12 Millionen Besucher, darunter 8,6 Millionen Nichtjuden, das Museum besucht. Üblicherweise sprechen die Menschen, die den Holocaust überstanden haben, über ihr Dasein davor, während des Holocaust und danach.

Nach Auschwitz möchte der menschliche Verstand einen Sinn in den emotionalen Aufruhr bringen, den die Zeugnisse des Holocaust hervorgerufen haben. Das Verlangen danach, dass sich die Gerechtigkeit durchsetzt, die Ganzheit wiederhergestellt wird, moralische Erwartungen gerechtfertigt werden und der menschliche Geist triumphiert, reicht tief. Doch die Aussagen zeigen, dass das, was die Überlebende Ida Fink die „Ruinen des Gedächtnisses" nennt – dazu gehören Hunger, Schläge, verheerende Krankheiten, Vergasungen, Rauch und Gestank von brennendem Fleisch, Kannibalismus -, kaum Raum für solchen Optimismus bietet.

Eine Überlebende, deren Aussage im *Fortunoff Archive* der *Yale University* zu finden ist, erinnert sich an die Sonne von Auschwitz: „Ich sah die Sonne aufgehen, weil wir schon um vier Uhr morgens aufstehen mussten. Aber sie war für mich nie schön. Ich sah sie nie scheinen. Es war nur der Beginn eines schrecklichen Tages." Bekümmert über den Verlust in Auschwitz und darüber, wie wenig sich ihre Hoffnung erfüllt hat, dass die Geschichte des Holocaust die Menschen lehren würde menschlicher zu sein, meint eine andere Frau über ihr Überleben: „Ich weiß nicht, ob es sich gelohnt hat."

Lawrence Langer, der sich mehr Aussagen zum Holocaust angehört hat als irgendjemand sonst, berichtet, dass die Qualen keinesfalls alles seien, was die Überlebenden geschildert hätten. Viele hätten auch über ihre Entschlossenheit zu überleben gesprochen, und es gäbe manche, die „gewusst" hätten, dass sie am Leben bleiben würden. Für andere sei der Widerstand gegen die deutsche Brutalität mitteilenswert gewesen. Viele hätten betont, welche Bedeutung es für sie gehabt habe ihr Leben

Bundeskanzler Gerhard Schröder und der US-amerikanische Filmregisseur Steven Spielberg erörtern bei einer Begegnung im Jahr 1999 die Einbeziehung von Elementen der *Shoah Foundation* Spielbergs, die Zeugnisse Überlebender aufzeichnet, in das geplante Holocaust-Denkmal in Berlin.

genüber dem Auschwitz-Museum zu den Akten, nachdem das Vorhaben weltweit verurteilt worden ist. • Argentinische Wissenschaftler entdecken den ersten schlüssigen Beweis, der eine Verbindung zwischen dem früheren argentinischen Präsidenten Juan Perón und dessen Frau Eva und der geheimen Einreise von mindestens einem Dutzend flüchtiger Nazis, die nach dem Krieg nach Argentinien kamen, herstellt. Berater Peróns hatten den in Argentinien geborenen SS-Hauptsturmführer Horst Fuldner zur Koordinierung des Einreiseplans verpflichtet.

• April 1996: Der amerikanische Verleger St. Martin's sagt die Veröffentlichung einer Goebbels-Biografie des revisionistischen britischen Historikers David Irving ab. In dem Buch „Goebbels" wird behauptet, dass Hitler weder den Holocaust beabsichtigt noch Kenntnis darüber gehabt habe.

• Mai 1996: Schweizer Bankiers und der *World Jewish Congress* gründen einen Untersuchungsausschuss, der sich mit der vermuteten Veruntreuung jüdischer Gelder während des Zweiten Weltkrieges und danach durch die Schweiz beschäftigen soll. Der Ausschuss untersucht auch die während des Krieges praktizierte Abweisung von rund 30 000 jüdischen Flüchtlingen an der schweizerischen Grenze. *Siehe* September 1996.

Bleibende Fragen

„Was geschehen ist, ist geschehen. Doch *dass* es geschah, kann nicht so einfach hingenommen werden." Diese Worte stammen von dem Philosophen Jean Améry, einem Überlebenden von Auschwitz. Der Holocaust kann nicht „hingenommen" werden, weil er so viele bleibende Fragen nach sich zieht. *Wie? Warum?* Diese beiden Worte stellen die hartnäckigsten Fragen: Wie geschah der Holocaust? Warum kam es zum Holocaust?

Der Holocaust-Wissenschaftler Raul Hilberg sträubte sich gegen „große Fragen", weil er „kleine Antworten" befürchtete. Die meisten Holocaust-Gelehrten stellen fest, dass „der Teufel im Detail steckt". Sie stürzen sich nicht auf radikale Verallgemeinerungen, die den Holocaust „erklären". Sie sammeln, sieben und sortieren das Material stattdessen. Sie sichern und studieren Akten, hören und schauen sich aufgezeichnete Zeugenaussagen an und werten diese aus; sie erschließen und analysieren die Schilderungen, die uns sagen, *was* geschah und beurteilen sie kritisch.

Zu Beginn des 21. Jahrhunderts konzentrieren sich die wissenschaftlichen Untersuchungen auf Fragen nach dem Zeitpunkt, zu dem die Nazis die völlige Ausrottung des europäischen Judentums beschlossen, nach der Rolle, die Hitler, Himmler, Heydrich und andere führende Nazis bei der „Endlösung" spielten und danach, ob die Täter „gewöhnliche" Menschen oder „willige Vollstrecker" einer spezifisch deutschen Art waren. Welche Bedeutung hatte der jüdische Widerstand während des Holocaust? Wie soll man die mündlichen Darstellungen von Überlebenden in der Holocaust-Forschung nutzen? Wie wird, da das Geschehen immer weiter in die Vergangenheit rückt und die Überlebenden in absehbarer Zeit nicht mehr unter uns weilen, die Erinnerung an den Holocaust am besten bewahrt? Können die grundlegenden Probleme, vor die der Holocaust das Judentum und das Christentum stellt, glaubhaft gelöst werden? Was können uns Literatur und Kunst über den Holocaust vermitteln? Auf welche Weise ist der Holocaust einmalig?

Die Untersuchung solcher Fragen fördert zwar das Verstehen, doch die resultierenden Einblicke lassen nicht die Fragen nach dem Wie und dem Warum verstummen. Wie der Holocaust geschah, hängt von der Frage ab, warum die Menschen so und nicht anders handelten. Warum die Menschen tun, was sie tun, ist eine Frage, die die Historiker teilweise beantworten können, doch kann die historische Forschung nicht allein die Vielfalt menschlichen Fühlens, Bestrebens, Erwägens und Wählens beherrschen, die in Wünsche, Beweggründe, Sehnsüchte, Ziele, Hoffnungen und Entscheidungen einfließt. „Warum geschah der Holocaust?" ist eine Frage, die selbst heute, da wir inzwischen mehr über das Wie des Geschehens wissen, noch offen steht.

Auch das *Warum?* ist ein ungeklärtes Problem, denn nach den Worten des Historikers Saul Friedländer werfen die kleinsten Details die größten Fragen nach dem Warum auf. Diese Einzelheiten – sie betreffen die systematische Ermordung von fast sechs Millionen Juden – zeigen, dass die Geschichte des Holocaust nicht Geschichte – wie gehabt – ist. Der Holocaust beansprucht den Verstand über seine Grenzen hinaus. Je mehr wir über den Holocaust erfahren, desto deutlicher zeigt sich sein verheerendes Wesen. Weit entfernt von einer zufrieden stellenden Beantwortung bleibt das Warum – stillschweigend, wenn nicht offen gefragt – mit unveränderter Intensität bestehen. Jean Améry hatte Recht: „Was geschehen ist, ist geschehen. Doch *dass* es geschah, kann nicht so einfach hingenommen werden."

als lebenswert zu betrachten und ihre Hoffnung nach Auschwitz zu bewahren. Ein Überlebender sagte einmal: „Wir haben verloren und dennoch haben wir gewonnen; wir bestehen fort."

Zu den Verlusten gehören eine Million jüdischer Kinder, die ermordet wurden und außerdem die ungezählten Mädchen und Jungen, die hätten geboren werden können, wenn ihre wahrscheinlichen Mütter und Väter nicht umgebracht worden wären. Dennoch ist auch das „Fortbestehen" Wirklichkeit. Es zeigt sich in den Kindern, Enkeln und anderen Nachkommen der Überlebenden. Dieses Vermächtnis der Überlebenden aus Fleisch und Blut geht bereits in die Millionen. Wenn an den Holocaust richtig erinnert werden soll, wird auch *ihr* Zeugnis wichtig sein.

• 8. Mai 1996: In Hamburg werden zehn von rund 400 menschlichen Gehirnen bestattet, die meist von Kindern stammen und über 50 Jahre lang in Gefäßen mit Formaldehyd aufbewahrt waren. Bei den Gehirnen handelt es sich um die sterblichen Reste von Geisteskranken, die von Naziärzten und -genetikern als genetisch „minderwertig" beurteilt wurden. Vor ihrer Ermordung wurden die Opfer in den Alsterdorfer Anstalten, einer Hamburger Nervenheilanstalt, unmoralischen medizinischen Experimenten unterworfen. Mit der Identifizierung der sterblichen Überreste begann man, als eine Hamburgerin bei einem Fernsehbericht über die Gehirne auf einem der Gefäße den Namen ihrer Schwester entdeckte.

• September 1996: In einem Bericht des Londoner *Jewish Chronicle* wird behauptet, dass vier Milliarden Dollar (1996 entsprach das 65 Milliarden Dollar), die die Nazis während des Zweiten Weltkrieges von Juden und anderen Menschen erbeutet hatten, auf Schweizer Banken geschafft worden seien. Der Betrag entspricht etwa dem Zwanzigfachen der von der Schweiz zuvor anerkannten Summe. *Siehe* Dezember 1996.

• 23. Oktober 1996: Der Schweizer Historiker Peter Hug enthüllt Dokumente,

Verlust und Wiedergutmachung

Will man die Geschichte des Holocaust verfolgen, muss man auch aktuelle Meldungen beachten. Das Vermächtnis der Überlebenden liefert bestürzende Beispiele dafür. 1990 konnte niemand voraussehen, dass Steven Spielberg die *Shoah Foundation* gründen würde. 1995, fünfzig Jahre nach dem Ende des Holocaust, rechneten nur wenige damit, dass es am Ende des 20. Jahrhundert große, stark propagierte internationale Bemühungen zur Wiedererlangung der gewaltigen Mengen an Geld und sonstigem Besitz geben würde, die man den enteigneten Opfern des Holocaust geraubt hatte. Doch ist keine Folge des Holocaust um die Jahrhundertwende mit mehr Schlagzeilen bedacht worden als die komplizierten Probleme rund um die Frage, ob noch vor dem Tod der Überlebenden irgendetwas getan werden kann, das einer gerechten Entschädigung für das gestohlene Eigentum und die Zwangsarbeit nahe kommt. Neben den Zahlungen für Zwangsarbeit, die den Betroffenen vielleicht per Gerichtsverfahren zugestanden werden, zeugen die immensen Summen und Vermögenswerte, um die es geht, – Bankkonten, Aktienbesitz, Versicherungspolicen, geraubter Grundbesitz, Wohnhäuser, Gebäude, Geschäfte, Schmuck und Kunstgegenstände, um nur einige Beispiele zu nennen – noch einmal vom gewaltigen Ausmaß der „Endlösung" Nazideutschlands und von der Habgier, die mit zur „Endlösung" beitrug.

Am Beispiel der Jüdin Estelle Sapir sollen hier einige Seiten dieser komplexen Nachwirkung des Holocaust untersucht werden. Frau Sapir, eine Überlebende des Holocaust, starb am 13. April 1999 im Alter von 72 Jahren in New York an Herzversagen. Sie war in Warschau geboren, wo ihr wohlhabender Vater Josef als Bankier im Anlagegeschäft tätig war. 1938, als die Kriegsvorbereitungen Nazideutschlands bereits im Gange waren, begann Josef Sapir sein Vermögen bei der Schweizerischen Kreditanstalt zu deponieren, wo es nach seiner Meinung sicher war. Seine Planung schien sich als besonders vernünftig zu erweisen – er hatte Guthaben in mehr als einer Schweizer Bank angelegt –, als er und seine Familie vor den Nazis nach Frankreich flohen. Für jüdische Flüchtlinge war Frankreich allerdings kein sicherer Hafen. Die Sapirs wurden schließlich verhaftet und in ein Konzentrationslager gebracht. Josef Sapir deportierte man nach Polen; er wurde 1943 in Majdanek ermordet. Estelle entging dem Schicksal ihres Vaters. Sie war im Widerstand aktiv und vergaß dabei nie die letzten Worte ihres Vaters, sie solle daran denken, dass ein Teil des

Der US-amerikanische Anwalt Edward Fagan und seine Mandantin Estelle Sapir, Klägerin in einem Prozess aufgrund einer Sammelklage gegen die europäischen Banken, im Gespräch mit Reportern über das Nazigold. „Es geht nicht um Geld", so Frau Sapir, „es geht um Gerechtigkeit."

Dieses Denkmal für Raul Wallenberg, der tausende Juden gerettet hatte, sollte ursprünglich in einem Park in Budapest stehen. Die kommunistische Regierung ließ es entfernen, bevor es überhaupt eingeweiht werden konnte.

die beweisen, dass die schweizerische Regierung nicht in Anspruch genommene Bankkonten von Holocaust-Opfern dazu benutzt hat um die Kontroversen der Nachkriegszeit zwischen der Schweiz und Polen sowie Ungarn bezüglich Entschädigungszahlungen zu regeln. Die schweizerischen Behörden kündigen die Bildung zweier Kommissionen zur Untersuchung der Behauptungen an. ***Siehe* 12. Februar 1997.**

- **29. Oktober 1996: Die Regierung der Schweiz verspricht, bis zum 4. Dezember Behauptungen nachzugehen, sie habe das Vermögen von Holocaust-Opfern verwendet um Schweizer Bürger für das Vermögen zu entschädigen, das die Nazis in Osteuropa beschlagnahmt haben. • Kunstgegenstände, Münzen und andere Gegenstände, die die Nazis in den Häusern österreichischer Juden erbeutet haben, werden bei einer Wohltätigkeitsauktion in Wien versteigert. Die Auktionsveranstalter sind darauf bedacht, dass die Gegenstände in der jüdischen Gemeinde bleiben. Bis zum Abend sind bei der Auktion 13,2 Millionen Dollar erzielt worden; mit dem Erlös werden Holocaust-Überlebende und deren Erben unterstützt.**
- **November 1996: Die Volkswagen AG wird durch eine 1055 Seiten lange Firmengeschichte in Verlegenheit gebracht,**

Geldes der Familie – 82 000 Dollar (nach seinem Wert in den 1940er Jahren) – bei der Schweizerischen Kreditanstalt liege. Er nahm Estelle das Versprechen ab, dass sie, wenn sie überlebte, das Geld von dieser und den anderen Banken, die er wiederholt genannt hatte, zurückfordern werde, damit die Familie ihr Auskommen habe.

Estelle, die nach dem Krieg in Paris ihre Mutter wiederfand, versuchte ihr Versprechen einzulösen und verlangte das auf den Bankkonten ihres Vaters liegende Geld. Die Beamten der Schweizerischen Kreditanstalt zeigten sich jedoch wenig hilfreich. Ohne den Totenschein für ihren Vater könne man kein Geld herausgeben. Die Nazis hatten in Majdanek Juden ermordet und ihre Opfer zwar gezählt, doch keine Totenscheine ausgestellt. Estelle besaß allerdings andere Unterlagen über ihren Vater, darunter Aufzeichnungen der Nazis, die die Deportation Josef Sapirs vom 6. März 1943 nach Majdanek belegten. Den Schweizer Banken genügte dieser Nachweis nicht. Estelle Sapir versuchte weiterhin beharrlich das Vermögen ihrer Familie zurückzuerhalten. Nachdem ihre 20 Reisen von Paris zur Schweizerischen Kreditanstalt, die sie von 1946 bis 1957 unternahm, ergebnislos geblieben waren, gab sie auf, verließ Europa 1969 in Richtung New York und zog dort im Stadtteil Queens in eine Einzimmerwohnung. Sie heiratete nie und arbeitete 27 Jahre lang in einer Apotheke, ehe sie schließlich in den Ruhestand

Als man die amerikanischen Soldaten unterbringen musste, waren *Displaced Persons* die Ersten, die umgesiedelt wurden *(oben)*. Wenn europäische Finanzeinrichtungen von „nicht in Anspruch genommenen" Einzahlervermögen profitieren wollten, wurde dafür jüdisches Eigentum ausgesucht.

In den Auffanglagern der Nachkriegszeit *(oben)* ersetzten Berechtigungs-

scheine richtiges Geld. Jahre später wurde enthüllt, dass Schweizer Banken und andere Institutionen vom Diebstahl jüdischen Vermögens durch die Nazis profitiert hatten.

Die deutschen Reparationen

1952 erklärte sich die demokratische Bundesrepublik Deutschland bereit den Staat Israel für die Verbrechen des Dritten Reiches zu entschädigen und gegenüber dem jüdischen Volk in aller Welt Wiedergutmachung zu leisten. Seither sind Milliarden von Dollars in die israelische Wirtschaft, in die Budgets jüdischer Organisationen und direkt an Privatpersonen geflossen.

Forderungen nach Ersetzung des jüdischen Vermögens und nach Entschädigung wurden bereits 1945 erhoben. Allerdings ebnete erst die öffentliche Erklärung des damaligen Bundeskanzlers Konrad Adenauer zur Unterstützung dieser Forderungen den Weg für das Programm, das acht Jahre später anlief.

Die erste Handelsflotte und die hochmoderne Landwirtschaft Israels wurden von der deutschen Regierung finanziell unterstützt. Hunderte jüdischer Gemeinden und Organisationen in Europa und andernorts wurden mit Geldmitteln aus Westdeutschland wieder aufgebaut. Darüber hinaus wurde an tausenden Menschen, die unter der Verfolgung durch die Nazis gelitten hatten, Wiedergutmachung geleistet.

die das Unternehmen in Auftrag gegeben hatte. Das Buch enthüllt Einzelheiten über den Einsatz sowjetischer Kriegsgefangener und jüdischer KZ-Häftlinge als Arbeitssklaven während des Krieges.

- **Dezember 1996: Arthur R. Butz, Professor für Ingenieurwesen an der *Northwestern University* und Geschichtsrevisionist, der den Holocaust als „die Vernichtungslegende" bezeichnet, steht im Mittelpunkt des Meinungsstreits, da die Universität ihm freien Internetzugang über den Webserver der Bildungseinrichtung gewährt, durch den Butz seine Ideen einem großen Publikum vorstellen kann. Ein jüdischer Professor, der die Position der Universität in einer Lehrveranstaltung kritisiert, wird entlassen.**

- **16. Dezember 1996: Fünf schwedische Mitglieder der Nationalsozialistischen Front werden zu zwei Monaten Haft verurteilt, weil sie in Trollhättan an einer Feier zur Erinnerung an den Tod von Rudolf Heß im Jahr 1987 teilnahmen.**

- **Vertreter der USA, Großbritanniens und Frankreichs willigen ein die Weitergabe von 68 Millionen Dollar in Barren aus Nazigold zu stoppen, das zum großen Teil aus geraubtem jüdischem Eigentum (Goldschmuck, goldene Uhren, Zahngold)**

Im Mai 1996 kündigt der Präsident der *Jewish Agency*, Avraham Burg *(links)*, auf einer Pressekonferenz in New York eine Vereinbarung mit der *Swiss Bankers Association* zur Ermittlung nachrichtenloser Vermögen an, das Jahrzehnte zuvor von späteren Holocaust-Opfern deponiert wurde.

ging. Damals kam ihr ein interessanter Bericht zu Ohren.

Anfang 1996 hatte der US-amerikanische Senator und damalige Vorsitzende des Bankenkomitees des Senats, Alfonse D'Amato, Nachforschungen nach den Milliarden von Dollars auf Konten eingeleitet, die Juden bei Schweizer Banken eingerichtet hatten. Frau Sapir setzte sich mit D'Amato in Verbindung. Nachdem sie ihm am Tag darauf ihre Geschichte erzählt hatte, wurde sie Hauptanklägerin in einem Prozess aufgrund einer Sammelklage, in der die Schweizer Banken zur Rückerstattung jüdischen Vermögens – samt den rechtmäßig zu zahlenden Zinsen – an die Eigentümer oder deren Erben aufgefordert wurden. Im Mai 1998 erhielt Frau Sapir als erste Holocaust-Überlebende eine Abfindung von einer Schweizer Bank. Nach der Auszahlung der Summe, die zwischen 300 000 und 500 000 Dollar betragen haben soll, begründete die Schweizerische Kreditanstalt in ihrer Presseerklärung aus Zürich die Zahlung. Umfangreiche Nachforschungen hätten erwiesen, dass Josef Sapir vor dem Krieg tatsächlich Geschäftsverbindungen zur Schweizerischen Kreditanstalt gehabt habe. Im August 1998 verkündeten die Schweizerische Kreditanstalt und die Schweizerische Bankgesellschaft schließlich, dass für weitere Abfindungen Geldmittel in Höhe von insgesamt 1,25 Milliarden Dollar zur Verfügung stünden. Estelle Sapirs Kommentar an die Presse lautete: „Es geht nicht um Geld. Es geht um Gerechtigkeit." Knapp ein Jahr später starb Frau Sapir, die einzige Überlebende ihrer Familie.

Der Holocaust überfordert auch weiterhin die Rechtsprechung. Geld sorgt zwar für einen materiellen Ausgleich, doch für die „Endlösung" gibt es keine Entschädigung, auch wenn Deutschland bereits dutzende Milliarden Dollar Wiedergutmachung und Hilfeleistungen an jüdische Organisationen, an den Staat Israel und an Opfer des Holocaust gezahlt hat. Das Unersetzliche kann nicht ersetzt werden, selbst wenn 16 deutsche Unternehmen verkünden, wie es 1999 der Fall war, dass sie einen Fonds in Höhe von 1,7 Milliarden Dollar geschaffen hätten, mit dem ehemalige Arbeitssklaven, jüdische wie nichtjüdische, entschädigt werden sollen, deren Arbeit in der Nazizeit von diesen Unternehmen und für die Völkermordpolitik des Dritten Reiches ausgenutzt wurde. Zu den deutschen Unternehmen gehören die DaimlerChrysler AG, die Deutsche Bank, die Siemens AG, die Volkswagen AG, die Hoechst AG, die Dresdner Bank, die Friedrich K. Krupp GmbH, die Allianz AG, die BASF AG, die Bayer AG, die Bayerische Motoren Werke AG und die Degussa AG.

Je mehr man über den Holocaust

Im August 1998 verkündete der New Yorker Senator Alfonse D'Amato, dass sich die italienische Versicherungsgesellschaft *Generali* zur Zahlung von 100 Milionen Dollar an Überlebende des Holocaust und an die Erben von Opfern bereit erklärt habe.

stammt. Die Barren wurden in den Tresorräumen der *Federal Reserve Bank* in New York und der *Bank of England* gelagert. • Französische Kunsthistoriker gehen Behauptungen nach, dass Gemälde, die die Deutschen Juden und anderen Besitzern geraubt hatten, im *Louvre* und in anderen französischen Museen hängen. Auch in vielen Kunstmuseen der USA befinden sich vielleicht Kunstgegenstände, die von den Deutschen gestohlen wurden.

• Führende jüdische Persönlichkeiten bitten die kanadische Regierung Behauptungen nachzugehen, denen zufolge ehemalige SS-Angehörige in Kanada leben und deutsche Kriegsrenten erhalten.

• Februar 1997: Die Universität Wien kündigt die Untersuchung von Behauptungen an, wonach Leichen von Holocaust-Opfern als Vorlagen für Illustrationen in dem sehr bekannten medizinischen Fachbuch „Topographische Anatomie des Menschen" benutzt worden sind, das von Eduard Pernkopf zusammengestellt wurde. Pernkopf, ein Nazi, hatte nach 1938 die medizinische Fakultät der Universität geleitet. • Ein Brief, der bislang als Geheimsache in den *United States National Archives* lag, enthüllt, dass ein Bruchstück einer in Belgien explodierten Nazirakete mit dem Aufdruck *Made in Sweden* versehen gewesen sei, Schweden

Die I.G. Farbenindustrie AG war der größte Chemiekonzern Deutschlands. Wie andere deutsche Großunternehmen bezahlte auch sie die SS für die Bereitstellung von Arbeitssklaven. In den 1990er Jahren reagierten die Volkswagen AG, die Siemens AG, BMW und andere Unternehmen und kündigten Entschädigungen für die Opfer und deren Familien an.

erfährt, desto verheerender wird sein Bild. Bis Ende der 1990er Jahre war zum Beispiel kaum bekannt, dass die Deutsche Bank Kredite zur Finanzierung der Bauarbeiten in Auschwitz gewährt hatte. Der umfassende Einsatz von Arbeitssklaven durch die Industrie in Nazideutschland ist ein Kapitel des Holocaust, das noch vollständig ans Licht gebracht werden muss. 1944 beispielsweise schufteten 750 000 KZ-Häftlinge, die Hälfte davon Juden, für deutsche Unternehmen. Millionen weitererer zwangsverpflichteter Arbeiter, von denen viele unfreiwillig nach Deutschland kamen und dort unter schrecklichen Bedingungen leben mussten, arbeiteten ebenfalls für deutsche Firmen, die noch heute für ihre Effektivität und die Qualität ihrer Erzeugnisse angesehen sind.

Der Essayist Roger Rosenblatt machte in seinem Artikel „Bezahlen für Auschwitz“, der im April 1999 in der *Times* erschien, eine aufschlussreiche Feststellung über das Unrecht des Holocaust: „Alles moralische Denken beruht auf der Möglichkeit des Berichtigens. Doch hier ist ein Unrecht, das niemals in Ordnung gebracht werden wird, und man lässt die Menschen nach etwas suchen, das die Stelle des Unersetzlichen einnehmen soll.“

Stuart Eizenstat, US-amerikanischer Staatssekretär, hegt keine Illusionen über das Ersetzen des Unersetzlichen. Er hat jedoch eine Menge getan um die internationalen Bemühungen um gerichtliche Entscheidungen über die Ansprüche auf Vermögenswerte aus der Zeit des Holocaust zu koordinieren. Am 20. Mai 1999 beispielsweise legte Eizenstat einen 1200 Seiten langen Bericht von einer sehr wichtigen Konferenz vor, die vom 30. November bis 3. Dezember 1998 im US-amerikanischen Außenministerium stattfand. Die Konferenz brachte Vertreter aus 44 Ländern, darunter die Leiter von 13 nichtstaatlichen Organisationen, Kunstmuseen und Auktionshäusern, zusammen. In der Folgezeit ging die Arbeit an ähnlichen Problemen weiter und sie wird so bald nicht beendet sein. Debatten über Zwangsarbeit standen auf der Tagesordnung einer Zusammenkunft, die Eizenstat und der damalige deutsche Kanzleramtsminister Bodo Hombach am 12. Mai 1999 einberufen hatten.

Die Konferenz in Washington Ende 1998 verlieh den laufenden Verhandlungen sowie deren Zielsetzung und Prinzipien einen neuen Impuls.

Einer der Tagesordnungspunkte der Washingtoner Konferenz von 1998 waren die von den Nazis beschlagnahmten Kunstschätze. In den vergangenen 50 Jahren ist viel von diesen Schätzen verkauft und weiterverkauft worden. Einige Dinge gelangten in den Besitz weltberühmter

Im März 1949 fand in Frankfurt am Main ein Prozess gegen die DEGESCH statt, die das in den Gaskammern eingesetzte Zyklon B hergestellt hatte. Hier sagt der protestantische Geistliche Martin Niemöller gegen die Firma aus.

also seine Neutralität während des Krieges gebrochen habe. • Mehr als 1600 amerikanische Universitäten bieten Lehrveranstaltungen zum Studium des Holocaust an; 1979 waren es 206, 1973 nur 2.

• 12. Februar 1997: Veranlasst durch Behauptungen, ihre Regierung habe während des Krieges von Nazideutschland Gelder entgegengenommen und „gewaschen“, die man Juden geraubt hatte, erklärt sich die Schweiz bereit, für die Holocaust-Opfer und deren Erben einen Fonds in Höhe von 71 Millionen Dollar einzurichten.

• 20. Februar 1997: Das polnische Parlament stimmt über die Rückgabe des Eigentums jüdischer Gemeinden ab, das am Ende des Zweiten Weltkrieges verstaatlicht worden war. Zu dem Eigentum gehören rund 2000 Synagogen, Schulen und andere Gebäude sowie etwa 1000 Friedhöfe.

• März 1997: Führende jüdische und polnische Persönlichkeiten unterzeichnen eine Vereinbarung zur Bereitstellung von 93,5 Millionen Dollar für die Erhaltung und Erweiterung des Auschwitz-Museums auf dem Gelände des berüchtigtsten Vernichtungslagers Nazideutschlands.

Der Krupp-Konzern, Deutschlands größter Rüstungsproduzent, sollte nach einem Prozess der Nachkriegszeit *(oben)* aufgelöst werden, doch wurde diese Weisung nie ausgeführt. 50 Jahre später veranlasste der starke Druck der Öffentlichkeit die Friedrich K. Krupp GmbH jüdischen und anderen Arbeitssklaven, die das Unternehmen ausgenutzt hatte, eine finanzielle Entschädigung anzubieten.

Kunstmuseen, die die vollständige Geschichte der wertvollen Arbeiten kannten oder vielleicht auch nicht kannten. Dem Schicksal der Kunstwerke nachzugehen und die Stücke dann ihren rechtmäßigen Eigentümern zurückzugeben ist eine große und komplizierte Aufgabe, denn es waren immerhin 20 Prozent der bedeutendsten Kunstgegenstände Europas, die von den Nazis konfisziert worden waren.

Philip Sanders, ein Spezialist für gestohlene Kunstwerke, schätzte 1997, dass noch immer 100 000 wertvolle Kunstgegenstände aus der Besatzungszeit fehlen. Die Menschen, die Anspruch auf die Werke erheben, kommen aus den unterschiedlichsten Ländern, in die sie vor dem Nationalsozialismus geflohen waren – aus Israel, Kanada, Australien und den USA sowie aus europäischen Ländern. Die Reihe der Antragsteller reicht von Einzelpersonen, die versuchen Kunstgegenstände wiederzufinden, die ihren Platz früher in den Heimen ihrer einstigen Besitzer hatten, bis zu Kunstsammlern, deren Schätze als Leihgaben in Museen und Galerien ausgestellt waren, die eine Beute der Nazis wurden. In einigen Fällen unterstützen beweiskräftige Unterlagen die Ansprüche. So wie es Estelle Sapir erging, die keine Bescheinigung über den Tod ihres Vaters in Majdanek beibringen konnte, als sie ihre Ansprüche bei der Schweizerischen Kreditanstalt anmeldete, erkennen die ursprünglichen Besitzer beschlagnahmter Kunstgegenstände solche Stücke vielleicht als ihr Eigentum wieder, doch bleibt dann noch immer das Problem das Eigentumsrecht auch urkundlich zu belegen.

Kunstgegenstände machen nur einen Teil der von den Nazis geraubten häuslichen Besitztümer aus. Als sowjetische Truppen im Januar 1945 Auschwitz erreichten, fanden sie dort sechs Lagerräume mit hunderttausenden Herrenanzügen und Damenmänteln vor. Eigentum dieser Art – Möbelstücke, Pelze, Familienerbstücke – mögen vielleicht „zu klein" sein um 50 Jahre später bei den Verhandlungen über die Vermögenswerte aus der Zeit des Holocaust berücksichtigt zu werden. Doch wenn man in Betracht zieht, dass die Nazis fast sechs Millionen Juden getötet, weitere Millionen heimatlos und zu Flüchtlingen gemacht haben und dass die Enteignung der Juden ein wesentlicher Bestandteil der Nazipolitik war, dann erscheint die Summe der verlorenen häuslichen Besitztümer – großer und kleiner – ganz und gar unvorstellbar.

Als das 20. Jahrhundert seinem Ende zuging, wurden beherzte Versuche unternommen um den Prozess der Rückerstattung zu beschleunigen. Allerdings wird die Rückgabe geraubten Gutes zwangsläufig arg unvollständig bleiben, da die Verluste so groß sind und inzwischen zu viel Zeit vergangen ist um die Legitimität der

---

• 19. Mai 1997: Lange geheim gehaltene Unterlagen, die das britische *Public Record Office* nun freigegeben hat, belegen, dass die Massenvernichtung von Juden bereits im Juni 1941, also mehrere Monate vor dem Zeitpunkt begann, den man bis dahin im Allgemeinen für den Beginn der „Endlösung" gehalten hat.

• Juli 1997: Argentinien gründet eine Regierungskommission, die feststellen soll, wie viele flüchtige Nazikriegsverbrecher nach dem Krieg in das Land gekommen sind und welche Art Beute die Nazis nach Argentinien gebracht haben.

• 20. – 23. August 1997: In Berichten der schwedischen Zeitung *Dagens Nyheter* behauptet der Journalist Maciej Zaremba, dass die schwedische Regierung während des Krieges rund 60 000 Schwedinnen habe sterilisieren lassen um die schwedische Gesellschaft von „minderwertigen" Rassetypen zu befreien und die Verbreitung „arischer" Körpermerkmale zu fördern.

• 24. August 1997: Der *World Jewish Congress* lehnt das deutsche Angebot einmaliger Wiedergutmachungszahlungen an die in Osteuropa ansässigen Holocaust-Überlebenden ab. Israel Singer, der Generalsekretär des *WJC*, besteht

---

ungezählten Anträge festzustellen, die Anträge sorgfältig zu prüfen und zu ordnen. Die Restitutionsbemühungen sind ein nobler Versuch zumindest die Spur eines Abschlusses des Holocaust zu erreichen. Leider entzieht sich der Holocaust einem solchen Abschluss, denn die Bestandsaufnahme seiner Schäden zeigt, dass es immer noch *mehr*, viel mehr gibt. Noch ganze Generationen hindurch werden Menschen in Europa und in aller Welt, ohne dass es ihnen zusteht, vorsätzlich oder unwissentlich Nutznießer des Diebstahls sein, den die Nazis an Juden und anderen Menschen und Einrichtungen in den deutsch besetzten Ländern begangen haben. Die Nazis raubten unter anderem riesige Mengen Münzgold, das sie in den Banken neutraler Länder wie der Türkei, Spaniens, Portugals und Schwedens sowie der Schweiz einlagerten. Zu dem „Nazigold" gehörten auch beträchtliche Mengen ungemünzten Goldes – beispielsweise Zahnfüllungen und Kronen, die man von den Opfern der Todeslager „erntete". Diese Werte blieben nicht ungenutzt. Sie erzeugten unverdienten Nutzen, der hierhin und dorthin, nicht aber an die rechtmäßigen Besitzern ging.

1996 fand in Wien eine Auktion „herrenloser" Kunstwerke statt, die die Nazis jüdischen Familien geraubt hatten. Rund 8000 Gegenstände, darunter auch Gemälde Alter Meister, kamen unter den Hammer. Der Erlös ging an bedürftige jüdische Holocaust-Überlebende aus Österreich.

Das Eigentum jüdischer Organisationen – beispielsweise Synagogen und Schulen – stellt ein weiteres Gebiet dar, auf dem geplündert wurde und auf dem sich Restitutionsprobleme auftürmen. Das trifft zum Teil deshalb zu, da von den Gemeinden, vor allem in Polen und in anderen osteuropäischen Ländern, die nicht nur die Nazibesatzung, sondern auch die sowjetische Vorherrschaft und die kommunistischen Regimes während des Kalten Krieges erlebt haben, nur noch Reste existieren. Wie die Geschichte einer Jüdin mit Namen Marta Drucker Cornell belegt, sind auch gewaltige Probleme in Verbindung mit Versicherungen zu klären.

Marta Drucker war im Mai 1945 siebzehn Jahre alt. Abgesehen von ihrer 80-jährigen Großmutter war sie die einzige Überlebende einer tschechischen Mittelstandsfamilie. Sie hatte mehr als drei Jahre in Konzentrationslagern der Nazis verbracht und besaß außer ihrem Leben kaum etwas. Eines ihrer wenigen Besitztümer war ein Stück Papier von der Größe einer Postkarte, auf das ihr Vater, Dr. Leopold Drucker, Zahlen geschrieben hatte, deren Bedeutung sie nicht kannte. Mit Unterstützung eines Freundes ihres Vaters erfuhr sie dann, dass sich die Zahlen auf die Lebensversicherungspolicen ihres Vaters bezogen. Ähnlich wie Estelle Sapir, die versuchte sich das Geld ihrer Familie von Schweizer Banken zurückzuholen, ging Marta Drucker vor um die Versicherungsgelder ihrer Familie ausgezahlt zu bekommen. Die Reaktionen der Versicherungsunternehmen unterschieden sich nicht von denen, die Frau Sapir von den Banken erhalten hatte. Frau Druckers Bestrebungen wurden auf Schritt und Tritt behindert. Die Versicherungsgesellschaften erkannten ihre Ansprüche nicht an. Einmal teilte man Frau Drucker mit, ihr Vater habe versäumt die Prämien zur Weiterführung der Versicherungsver-

Simone Veil, eine französische Jüdin, die Auschwitz überlebt hatte, wurde 1959 Präsidentin des Europarates.

darauf, dass diesen Überlebenden monatliche Renten bewilligt werden.

- **9. September 1997: Der *Holocaust Educational Trust* in London berichtet, dass in Großbritannien ansässige Banken möglicherweise 1,1 Milliarden Dollar auf nachrichtenlosen Konten haben, die von Opfern des Holocaust eröffnet wurden.**
- **Oktober 1997: Der angeklagte ehemalige Nazikollaborateur Maurice Papon steht wegen der Deportation und des Todes hunderter Franzosen, darunter auch von Kindern, vor Gericht.**
- **1. November 1997: Veröffentlichte Dokumente der Schweiz zeigen, dass die US-amerikanische Bank *National City* (später *Citibank*) rund 30 Millionen Dollar Beutegold der Nazis wissentlich als Sicherheit für ein Darlehen an Spanien angenommen hat. Die *National City*, die mit Genehmigung des US-amerikanischen Finanzministeriums tätig ist, nahm das Gold an, nachdem es von Schweizer Banken „gewaschen" worden war. *Siehe* 1951.**
- **9. November 1997: In Sachsenhausen (Deutschland), wo sich in der Nazizeit ein Konzentrationslager befand, wird ein Museum zur Erinnerung an den Holocaust eröffnet.**
- **13. November 1997: Von einem jüdi-**

träge zu zahlen. Andere „Erklärungen" für die Ablehnung der Anträge, die Frau Drucker und Personen in einer ähnlicher Situation eingereicht hatten, lauteten: „Die Versicherungsgesellschaft existiert nicht mehr.", „Die beweiserheblichen Unterlagen wurden durch den Krieg vernichtet.", „Die Kommunisten haben die Gesellschaft verstaatlicht." oder „Ohne Totenschein kann nichts unternommen werden."

Da ihr Fall vermeintlich aussichtslos war, wanderte Frau Drucker 1964 in die USA aus. 1997 fuhr sie nach Washington, wo sie sich mit ihrer Geschichte an eine Gruppe von Vertretern der Versicherungsaufsicht wandte. Die Aufsichtsvertreter waren verpflichtet ihr und vielen anderen Holocaust-Überlebenden und Erben zu helfen, die von großen Versicherungsunternehmen wie Allianz AG, Winterthur Schweizerische Versicherungsgesellschaft und *Assicurazioni Generali* eine Entschädigung für eine Milliarde Dollar nicht ausgezahlter Versicherungsansprüche zu erlangen suchten.

In seinem Bericht wies Stuart Eizenstat darauf hin, dass das Problem der Versicherungsansprüche aus der Zeit des Holocaust eine der komplexesten und schwierigsten Aufgaben gewesen sei, vor der die Konferenz in Washington gestanden habe. Er kündigte zwar an, man werde einen schnelleren Weg für Zahlungen an Überlebende des Holocaust einschlagen, doch wird wohl kaum jemand seiner Einschätzung widersprechen, nach der „mehr getan werden muss".

Stuart Eizenstat, Staatssekretär im US-amerikanischen Wirtschaftsministerium, veröffentlicht im Mai 1977 einen umfangreichen Bericht, in dem die Schweiz scharf wegen des Handels mit Nazigold während des Zweiten Weltkrieges verurteilt wird.

Diese Sinti, die den Holocaust überlebt haben, führten 1980 in Dachau (Deutschland) einen Hungerstreik durch. Sie forderten die moralische Rehabilitierung für ihre Leiden während des Holocaust.

Vergesst niemals

Die Washingtoner Konferenz hob auch hervor, dass im Zusammenhang mit dem Holocaust mehr für Forschung, Bildung und Gedenken getan werden müsse. In seinem Bericht unterstrich Eizenstat: „Es ist wichtig, dass für dieses Jahrhundert das letzte Wort über den Holocaust nicht allein Geld ist." Die Pläne zur Wiedergutmachung sehen u. a. vor, einen Teil herrenloser Vermögenswerte für internationale Bildungsinitiativen zu verwenden, bei denen ein größeres Wissen über den Holocaust an vorderster Stelle steht.

Ohne entsprechende grundlegende Bildung und Erziehung wird man den Holocaust vergessen. Gerät der Holocaust in Vergessenheit, wird das Zeugnis der Überlebenden, selbst wenn es aufgezeichnet worden ist, zum Verstummen gebracht, gefährdet und vielleicht gar null und nichtig gemacht. Ist der Holocaust vergessen, haben wir die Warnungen der Überlebenden, ihre Bitten um Achtsamkeit und ihre Appelle zur Verbesserung

---

schen Protest veranlasst stimmt das deutsche Parlament dafür, dass die Zahlung staatlicher Versehrtenrenten für mutmaßliche Nazikriegsverbrecher eingestellt wird. Über 50 000 deutsche Kriegsveteranen, die verdächtigt werden Kriegsverbrechen begangen zu haben, darunter ehemalige Angehörige der Waffen-SS, haben Vergünstigungen erhalten.

• Ende November 1997: In zwei Schließfächern einer Bank in São Paulo befinden sich Dokumente, die darauf hindeuten, dass von den Nazis geraubte Vermögenswerte insgeheim auf brasilianische Banken geschleust worden sind.

• Dezember 1997: Die *Federal Reserve Bank* von New York veröffentlicht geheime Unterlagen, die zeigen, dass die Bank Anfang 1952 in den Besitz von Tellern, Knöpfen, Münzen und Pfeifenverzierungen aus Gold gelangt ist, die den Opfern der Naziverfolgung geraubt worden waren, die Gegenstände später eingeschmolzen und in Form von Goldbarren an europäische Zentralbanken weitergegeben hat. • Das Außenministerium der USA bestimmt das Ende des Jahrhunderts als Frist für den Abschluss der deutschen Entschädigungszahlungen an Opfer der Plünderungen durch die Nazis während des Holocaust.

der Welt missachtet. Wenn wir vergessen, dann ist die uns vermittelte Bekanntschaft mit dem Geschehenen vielleicht tatsächlich nutzlos, weil wir einer Katastrophe, die so unvorstellbar und von Grund auf böse war, unwissentlich gleichgültig gegenüber stehen.

Die Geschichte wiederholt sich zwar nie genau, doch der Holocaust zeigt, dass es keine moralische oder religiöse Versicherung, nirgendwo eine politische Kraft gibt, die garantiert, dass dem zerstörerischen Wirken des Menschen nicht freier Lauf gelassen wird. Doch wenn wir zumindest hin und wieder – so schmerzlich und schwer das sicherlich auch sein

Ein Plakat in jiddischer Sprache, das um Spenden zum Kauf und zum Pflanzen von Bäumen im künftigen Israel bittet. Die Baume sollten an die sechs Millionen Juden erinnern, die während des Holocaust umgekommen waren.

„HIER STEHST DU SCHWEIGEND DOCH WENN DU DICH WENDEST SCHWEIGE NICHT."

Gedenktafel für die jüdischen Kinder, die im Schulgebäude am Bullenhuser Damm, einem Außenlager des KZ Neuengamme (Deutschland), ermordet wurden

wird – einen Blick in den Abgrund des Holocaust und dessen Zerstörungen werfen, werden wir für ein neues Jahrhundert besser gerüstet sein, für ein Jahrhundert, das nicht nur das Potenzial für unglaublichen Fortschritt und für Rechtschaffenheit, sondern auch die Möglichkeit hat, menschliches Lebens auf noch verheerendere Weise zu vernichten, als es das 20. Jahrhundert und insbesondere der Holocaust demonstriert haben. Keine Lehre aus dem Holocaust ist wichtiger als der Einsatz von Mitteln zur Erziehung und Bildung; die „nutzlose Bekanntschaft" mit den Schrecken des Holocaust soll allen vor Augen führen, dass das Leben von unschätzbarem Wert, seine Schönheit zerbrechlich, seine Gerechtigkeit anfällig, seine Freude unsicher ist und dass es an uns liegt, seine Zukunft zu unserem Wohl oder Wehe zu gestalten.

Bleibende Schande

Elie Wiesel, ein Überlebender des Konzentrationslagers Auschwitz, sprach am 12. April 1999 im Weißen Haus in Washington. „Wir stehen an der Schwelle zu einem neuen Jahrhundert, einem neuen Jahrtausend." Er setzte seine Ausführungen mit der Frage fort: „Was wird das Vermächtnis dieses entschwindenden Jahrhunderts sein? Wie wird man sich seiner im neuen Jahrtausend erinnern?"

Als Wiesel diese Fragen stellte, führte das Magazin *Time* gerade eine Internet-Umfrage durch um die öffentliche Meinung zur Wahl der Person des Jahrhunderts zu hören. Seit den 1930er Jahren hat das Magazin stets eine Person des Jahres ausgezeichnet, doch 1999 ging es um mehr. Die Person des Jahrhunderts sollte nach den Worten der *Time* jemand sein, der den Lauf der Geschichte während der zurückliegenden 100 Jahre im Guten oder im Schlechten am stärksten beeinflusst habe.

Als dieses Buch geschrieben wurde, war noch unbekannt, wer diese Person sein würde. Die Liste der aussichtsreichsten Anwärter auf den Titel enthielt Namen wie Wladimir I. Lenin, Winston Churchill, David Ben Gurion, Marthin Luther King jr., Papst Johannes Paul II. und Adolf Hitler. Das Magazin *Time* lieferte umfangreiche Website-Informationen über die wichtigsten Kandidaten. Darin wurde Hitler nicht nur „die größte Bedrohung des Jahrhunderts für die Demokratie" genannt, in der Kurzbeschreibung, die den Eintragungen des Magazins voranging, wurde auch festgestellt, dass er „die Bedeutung des Bösen für immer neu definiert" habe.

Die Website des Magazins *Time* über Hitler enthielt auch die Titel-

• 4. Februar 1998: 19 prominente deutsche Intellektuelle, Historiker und Autoren fordern Bundeskanzler Helmut Kohl auf die Pläne für ein Holocaust-Denkmal in Berlin aufzugeben. Sie empfinden das geplante Denkmal als zu groß und zu künstlich; auch weise es nicht auf die Zigeuner, die Zeugen Jehovas und andere Gruppen hin, die ebenfalls von den Nazis verfolgt wurden.

• 19. Juni 1998: Ein Abfindungsangebot großer Schweizer Banken in Höhe von 600 Millionen Dollar an die Opfer des Holocaust, deren Vermögen während des Krieges geraubt wurde, nachdem man es bei Schweizer Banken deponiert hatte, wird von der *World Jewish Restitution Organization* als demütigend bezeichnet und von anderen jüdischen Organisationen und führenden Persönlichkeiten mit Hohn zur Kenntnis genommen. Bei den Banken handelt es sich um die Schweizerische Kreditanstalt, den Schweizerischen Bankverein und die Schweizerische Bankgesellschaft. *Siehe* Anfang August 1998.

• 7. Juli 1998: Die Volkswagen AG kündigt Pläne zur Schaffung eines Fonds an, aus dem Entschädigungen an Personen gezahlt werden sollen, die während des Zweiten Weltkrieges Zwangsarbeit in den

Magda Trocmé, eine französische Christin, die Juden gerettet hatte, entzündet in der Jerusalemer Holocaust-Gedenkstätte Yad Vashem die ewige Flamme.

geschichte der Ausgabe vom 2. Januar 1939. Sie stellte Hitler als den *Time*-Mann des Jahres 1938 vor. Das Magazin hatte Hitler damals hoch angerechnet, dass er Deutschland in weniger als sechs Jahren zu ungeahnter Macht emporgehoben hatte. „Seine Diktatur war keine gewöhnliche, sondern eine Diktatur von großer Kraft und großartiger Planung." Alles in allem klang die Geschichte jedoch verhängnisvoll, denn darin wurde festgestellt, dass die bedeutsamste Tatsache über Hitler im Jahr 1938 dessen Entwicklung zur „größten drohenden Kraft [sei], der die demokratische, freiheitsliebende Welt heute gegenübersteht". Der Artikel enthielt keinen deutlichen Hinweis auf die Novemberpogrome von 1938 (Reichskristallnacht), bei denen den Juden in Deutschland und Österreich übel mitgespielt worden war, erwähnte aber den Rassenantisemitismus Hitlers und machte auf die Tatsache aufmerksam, dass die Juden Deutschlands körperlich misshandelt, ihrer Heime, ihrer Besitztümer und ihres Lebensunterhalts beraubt und von den Straßen gejagt würden.

Die Titelseite der *Time*-Ausgabe vom 2. Januar 1939 zeigte kein herkömmliches Foto, sondern eine Karikatur mit Gedanken, die der unerschrockenen Münchener Journalisten würdig gewesen wären, die Ende der 1920er und Anfang der 1930er Jahre wegen ihres Protests gegen Hitler von den Nazis terrorisiert worden waren. Die Zeichnung auf der Titelseite stammte von Baron Rudolph Charles von Ripper, einem deutschen Katholiken, der das nazistische Deutschland verabscheute. Sie stellte Hitler als Organisten dar, der in einer entweihten Kathedrale eine Hymne des Hasses spielte, während die Nazihierarchie beifällig die gemarterten Opfer des Dritten Reiches beobachtete.

In dem Bericht über Hitler wurden auch andere Persönlichkeiten erwähnt, die sich 1938 hervorgetan hatten. Auf dem Gebiet der Religion zollte das Magazin zwei Männern für deren Widerstand gegen Hitler Anerkennung. Einer davon war der protestantische Pastor Martin Niemöller, den die Nazis erstmals Anfang Juli 1937 verhaftet und eingesperrt hatten. Nach seiner Entlassung musste er bis Kriegsende die harten Bedingungen der Konzentrationslager Sachsenhausen und Dachau ertragen. Seine berühmte persönliche Erklärung gehört noch heute zu den prägnantesten Warnungen im Hinblick auf den Holocaust. Zuerst seien die Kommunisten geholt worden, und er habe seine Stimme nicht erhoben, weil er kein Kommunist gewesen sei. Man habe die Gewerkschaftsführer geholt, und er habe geschwiegen, weil er kein Gewerkschaftsführer gewesen sei. Die Juden seien geholt worden, und er habe seine Stimme nicht erhoben, weil er kein Jude gewesen sei. Dann habe man ihn geholt, und es sei niemand da gewesen, der seine Stimme hätte für ihn erheben können.

Die andere Persönlichkeit, die das

Miep Gies half Anne Frank und deren Familie in Amsterdam zu verbergen. Sie fand Annes Tagebuch und bewahrte die wertvollen Aufzeichnungen auf, die inzwischen Millionen Leser beeindruckt haben.

Betrieben des Unternehmens leisten mussten.

• **Anfang August 1998: Große Schweizer Banken erklären sich zur Zahlung von insgesamt 1,25 Milliarden Dollar an Holocaust-Opfer bereit, deren Vermögen während des Zweiten Weltkrieges auf Schweizer Bankkonten verheimlicht wurde. *Siehe* Sommer 1999.**

• **18. August 1998: Die polnische Regierung kündigt an, den Pachtvertrag mit einer christlichen Kriegsopferorganisation für ein Grundstück in der Nähe des ehemaligen Todeslagers Auschwitz aufzuheben. Die Regierung behauptet, die Organisation habe mit der Aufstellung von Kreuzen auf dem Grundstück die Pachtbedingungen verletzt. Die Kreuze hatten den Unwillen jüdischer Organisationen erregt. *Siehe* 20. September 1998.**

• **19. August 1998: Die italienische Versicherungsgesellschaft *Assicurazioni Generali* erklärt sich bereit 100 Millionen Dollar Entschädigung an Holocaust-Opfer zu zahlen, deren Versicherungsverträge nie erfüllt worden sind. Die Klärung der Angelegenheit verlangt auch, dass die *Assicurazioni Generali* ihre Versicherungsunterlagen aus der Nazizeit publik macht.**

Magazin *Time* am 2. Januar 1939 anerkennend hervorhob, war der 81-jährige Papst Pius XI. Er war in seiner Opposition gegen den Nationalsozialismus und den Antisemitismus der Nazis unerschrockener als Pius XII., der 1939 sein Amtsnachfolger wurde. Das Magazin *Time* führte in der genannten Ausgabe außerdem als „bedeutendstes Einzelereignis" des Jahres 1938 das Münchener Abkommen vom 29. September an, das die Tschechoslowakei in einen deutschen Marionettenstaat verwandelte. Das Ereignis signalisierte, dass ein umfassend aufgerüstetes Deutschland in naher Zukunft seinen Willen in Europa durchsetzen würde. „Der Mann des Jahres 1938", so schloss die *Time*, „wird 1939 vielleicht zu einem Jahr machen, an das man sich erinnern muss."

Fünfzig Jahre später stellte Elie Wiesel, dessen Holocaust-Erlebnisse ein Zeugnis dafür sind, dass Hitler 1939 tatsächlich zu einem erinnerungswürdigen Jahr gemacht hatte, im Weißen Haus seine Fragen: „Was wird das Vermächtnis des zu Ende gehenden Jahrhunderts sein? Wie wird man sich dessen in dem neuen Jahrtausend erinnern?" Wiesel mag vielleicht traurig, doch nicht überrascht sein, wenn die *Time* Hitler zu ihrer Person des Jahrhunderts ernennt.

Hinweise auf eine solche Reaktion

Das Gefängnis in Berlin-Spandau war eine sichtbare Erinnerung an die Rechtsprechung der Alliierten und die verbrecherische Hinterlassenschaft der Nazis. Nach dem Tod Rudolf Heß', des letzten Häftlings in Spandau, im Jahr 1987 wurde das Gebäude abgerissen.

Jom ha-Sho'ah

Jom ha-Sho'ah **oder der Tag des Gedenkens an den Holocaust wurde 1951 von der** ***Knesseth*****, dem israelischen Parlament, eingeführt. Als Datum für die alljährliche Gedenkveranstaltung wurde der 27. Tag des hebräischen Monats Nissan gewählt, ein Tag, der zwischen dem Jahrestag des Warschauer Ghettoaufstandes (Januar bis Mai 1943) und dem israelischen Unabhängigkeitstag (14. Mai 1948) liegt.**

Am Gedenktag ***Jom ha-Sho'ah*** **schließen in Israel alle Vergnügungsstätten und ertönt genau 8 Uhr eine Sirene. Beim Klang der Sirene ruhen während einer Schweigeminute überall im Land sämtliche Aktivitäten. Die Menschen lassen alle Tätigkeiten sein, auch wenn sie gerade Auto fahren, und gedenken der Juden, die während des Holocaust umgekommen sind.**

Jom ha-Sho'ah **wird auch in den Vereinigten Staaten** ***(Abb. von 1994)*** **und an vielen Orten Europas begangen. Die Gedenkfeiern werden von jüdischen Religions- und Gemeindezentren, nichtjüdischen religiösen Einrichtungen, ökumenischen Zentren und Sekten koordiniert. Es gibt zwar keine bindenden Regeln zur Gestaltung des** ***Jom ha-Sho'ah*****, doch werden während der Feiern meist Reden gehalten, Gebete gesprochen und Kerzen angezündet. Für gewöhnlich brennen sechs Kerzen, die die sechs Millionen ermordeten Juden repräsentieren, doch mitunter zündet man zum Gedenken an die nichtjüdischen Opfer der Naziverfolgung auch eine siebente Kerze an.**

- **30. August 1998: Anwälte in den USA und in Deutschland reichen eine Sammelklage gegen die Daimler-Benz AG, BMW, die Volkswagen AG, die Siemens AG, die Friedrich K. Krupp GmbH, die Audi AG und sechs weitere große deutsche und österreichische Unternehmen ein, die während des Zweiten Weltkrieges von Arbeitssklaven, die die Naziregierung aufbot, profitiert hatten.** ***Siehe*** **16. Februar 1999.**
- **20. September 1998: Entgegen den Bitten von Vertretern der polnischen Kirche und der Regierung errichten konservative Katholiken neben dem ehemaligen Todeslager Auschwitz vier 4 Meter hohe Holzkreuze. Damit erhöht sich die Anzahl der Kreuze neben dem berüchtigten KZ-Standort auf rund 200.**
- **3. Dezember 1998: Eine Kommission aus Vertretern von 44 Nationen stimmt in Washington den von den USA verfassten Prinzipien zur Rückgabe von Kunstwerken zu, die die Nazis von Opfern des Holocaust erbeutet haben. Frankreich kündigt die Schaffung eines Regierungsgremiums an, das die individuellen Forderungen von Holocaust-Opfern auf die Rückgabe von Kunstwerken regelt.**
- **16. Februar 1999: Bundeskanzler Gerhard Schröder kündigt eine Stiftung**

Viele Überlebende des Holocaust haben nicht die Mühe gescheut der Welt ihre Geschichten zu erzählen. Hier sagt Abba Kowner, ein ehemaliger führender Widerstandskämpfer, 1961 im Prozess gegen Adolf Eichmann aus.

sind auf der Website des Magazins zu finden, denn Wiesel selbst hat den Essay verfasst, der das Faktenmaterial der Website über Hitler und die Wiederausgabe der Titelgeschichte der *Time* über den Mann des Jahres 1938 begleitet. Wenn man sich an das 20. Jahrhundert erinnert, so stellt Wiesel darin fest, wird „unter den ersten Namen, die einem in den Sinn kommen", der Hitlers sein.

Manche Menschen sind der Meinung, Hitlers Name müsse für immer ausgelöscht werden. Diese Ansicht ist verständlich, doch als sich Wiesel entschloss für die Umfrage der *Time* zur Person des Jahrhunderts über Hitler zu schreiben, trat ein anderes Thema in den Vordergrund. Die Welt kann es sich nicht leisten Hitler zu vergessen, da dessen Frevel nicht allein darin bestand, dass sein Regime nach Wiesels Worten „einen Krieg [entfesselte], der der grausamste, brutalste und mörderischste in der Geschichte ist". Der untrennbar mit dem Krieg verbundene Kern der Schandtaten Hitlers war der Holocaust.

Sich an den Holocaust zu erinnern bedeutet Hitler nicht zu vergessen. Vielleicht sollte Hitler in diesem Sinn wirklich die Person des Jahrhunderts werden. Das 20. Jahrhundert war im Grunde das blutigste in der menschlichen Geschichte. Kein Ereignis trug mehr zu diesem Resultat bei als der Holocaust. Keine Person hatte mehr mit dem Holocaust zu tun als Hitler.

Heute erinnern wir uns des Holocaust nicht nur als eines Bestandteils der Vergangenheit, sondern als eines Ereignisses mit tiefreichenden Auswirkungen auf die Gegenwart und die Zukunft. Wir müssen noch viel in Erfahrung bringen, doch eines wissen wir: Der Holocaust war nicht unvermeidlich. Er entstand aus bewussten Entscheidungen, die von Menschen getroffen wurden. Diese Entscheidungen waren weder vorherbestimmt noch unumgänglich. Ob nun Hitler im Magazin *Time* als Person des Jahrhunderts erscheint oder nicht – wir müssen darauf beharren, dass am Ende des 21. Jahrhunderts keine Person wie er diese „Würdigung" erhält.

In dieser Szene aus dem Film „Schindlers Liste" (1993) sucht sich der Kommandant eines Arbeitslagers der Nazis eine jüdische Gefangene als Dienstmädchen aus. Vorbild für die Rolle des von Ralph Fiennes gespielten Kommandanten war Amon Göth, der sadistische Leiter des Lagers Kraków-Plaszów.

Kleine, Hilflose und Unschuldige – sie waren die Opfer von Adolf Hitlers Holocaust. Die begeisterten Anhänger Hitlers vernichteten Millionen. Jene, die so wie diese Polin und ihr Kind davongekommen waren, mussten fortan mit den Schrecken dieser Zeit leben.

Doch unser Beharren – und die Hoffnung und Entschlossenheit, die damit einhergehen müssen – werden die Schrecken des Holocaust nicht mindern. Wir können jedoch die Erinnerungen jener hüten, die den Holocaust überlebten, und bewusst empfindsam und um Wissen bemüht, politisch hellwach und moralisch gesund bleiben.

Das sind die Ziele, denen „Die Holocaust Chronik" dienen soll.

„Erinnerung, Verantwortung und Zukunft" über 1,7 Milliarden Dollar an. Sie wird von zwölf großen deutschen Unternehmen finanziert und soll ehemalige Zwangsarbeiter entschädigen, von denen diese Unternehmen während des Zweiten Weltkrieges profitiert haben. Zu den Unternehmen gehören die Daimler-Benz AG, die Volkswagen AG, BMW, die Siemens AG, die Friedrich K. Krupp GmbH und die Audi AG.

• 26. Mai 1999: Deutschland willigt ein, dass die polnischen Zwangsarbeiter der Nazizeit die gleiche Entschädigung erhalten wie ehemaligen Zwangsarbeiter aus anderen Ländern. Über 400 000 Polen haben eine Gesamtsumme von mehr als zwei Milliarden Dollar als Entschädigung für die von ihnen geleistete Zwangsarbeit beantragt.

• Sommer 1999: Weltweit 500 Zeitungen veröffentlichen ganzseitige Anzeigen mit Formularen, mit denen Holocaust-Überlebende ihren Anteil an einer Abfindungssumme von Schweizer Banken in Höhe von 1,25 Milliarden Dollar beantragen können. • Die Memoiren des ehemaligen hohen SS-Funktionärs Adolf Eichmann werden zugänglich gemacht und veröffentlicht.

Anhang

TODESOPFER DES NAZISTISCHEN VÖLKERMORDES

Opfergruppen	Tote
Europäische Juden	5 600 000 bis 6 250 000
Sowjetische Kriegsgefangene	3 000 000
Polnische Katholiken	3 000 000
Serben	700 000 (Verfolgung durch die kroatische *Ustaša*)
Roma, Sinti und Lalleri	222 000 bis 250 000
Deutsche (politisch und religiös Verfolgte, Angehörige des Widerstands)	80 000
Deutsche (Behinderte)	70 000
Homosexuelle	12 000
Zeugen Jehovas	2500

TODESLAGER IN POLEN

Todeslager	Jüdische Todesopfer	Kommandant
Auschwitz-Birkenau	1,1 bis 1,6 Millionen	Lothar Hartjenstein, Rudolf Hoß, Josef Kramer, Arthur Liebehenschel, Richard Bär, Heinrich Schwarz
Bełżec	601 500	Christian Wirth, Gottlieb Hering
Chełmno	255 000	Hans Bothmann
Majdanek	35 000 – 175 000 (Angaben schwanken)	Arthur Liebehenschel
Sobibór	250 000	Franz Reichleitner, Franz Stangl, Richard Thomalla
Treblinka	750 000 bis 870 000	Kurt Franz, Franz Stangl

INTERNIERUNGS- UND DURCHGANGSLAGER IM DEUTSCH BESETZTEN WESTEUROPA

Belgien

- Breendonck (Internierungslager): Belgische und „staatenlose" Juden nach Mechelen deportiert
- Mechelen (Durchgangslager): 26 000 Juden in Konzentrationslager geschickt

Frankreich

- Beaune-la-Rolnade (Internierungslager)
- Compiègne (Durchgangslager): 12 000 Juden nach Buchenwald und Dachau deportiert
- Drancy (Durchgangslager): 74 000 einheimische und nichtfranzösische Juden sowie 5000 belgische Juden nach Auschwitz, Majdanek und Sobibór deportiert
- Gurs (Sammellager): 6000 nichtfranzösische, meist deutsche Juden, nach Drancy deportiert
- Les Milles (Umschlaglager): 2000 Insassen nach Drancy und dann weiter nach Auschwitz deportiert
- Pithiviers (Internierungs- und Transitlager): 3700 jüdische Männer nach Auschwitz deportiert
- Rivesaltes (Internierungslager): Deutsche Juden, Roma und spanische Republikaner in Todeslager deportiert
- Vittel (Internierungslager): 300 Juden nach Drancy geschickt

Luxemburg

- Fünfbrunnen (Durchgangslager): Rund 2 000 Juden aus Luxemburg und jüdische Flüchtlinge in Todes- und Konzentrationslager deportiert

Niederlande

- Vught (Durchgangs- und Straflager): 12 000 Juden nach Westerbork deportiert
- Westerbork (Internierungslager): 89 000 Juden und 500 Roma in Konzentrations- und Todeslager in Deutschland, der Tschechoslowakei und Polen deportiert

GROSSE KONZENTRATIONS- UND ARBEITSLAGER

Lager	**Standort**	**Jüdische Todesopfer**
Auschwitz I	Oświęcim (Polen)	1,6 Millionen
Bergen-Belsen	Hannover (Deutschland)	50 000
Buchenwald	Weimar (Deutschland)	60 000 bis 65 000
Dachau	München (Deutschland)	35 000
Dora-Nordhausen	Harz (Deutschland)	20 000
Flossenbürg	Oberpfalz (Deutschland)	27 000
Fort Nr. 9	Kowno (Litauen)	10 000
Groß-Rosen	Niederschlesien (Deutschland)	105 000
Janówska	Lwow (Ukraine)	40 000
Jasenovać	Zagreb (Kroatien)	20 000
Kaiserwald	Riga (Lettland)	10 000
Klooga	Tallinn (Estland)	2400
Mauthausen	Linz (Österreich)	120 000
Natzweiler-Struthof	Strasbourg (Frankreich)	17 000
Neuengamme	Hamburg (Deutschland)	55 000
Pawiak-Gefängnis	Warschau (Polen)	37 000
Plaszów	Kraków (Polen)	8000
Poniatowa	Lublin (Polen)	15 000
Ravensbrück	Berlin (Deutschland)	92 000
Sachsenhausen/Oranienburg	Berlin (Deutschland)	105 000
Sajmište (Anhaltelager Semlin)	Belgrad (Serbien)	50 000
Sered	Slowakei	13 500 (nach Theresienstadt deportiert)
Stutthof	Danzig (Polen)	65 000 bis 85 000
Theresienstadt	Prag (Tschechoslowakei)	33 430
Trawniki	Lublin (Polen)	10 000

GROSSE JUDENGHETTOS

Ghetto	Land	Einwohnerzahl
Amsterdam	Niederlande	100 000
Będzin	Polen	27 000
Białystok	Polen	35 000 bis 50 000
Budapest	Ungarn	70 000
Cernăuţi (Tschernowzy)	Rumänien	50 000
Grodno	Polen	25 000
Kowno	Litauen	40 000
Kraków	Polen	19 000
Lida	Weißrussland	9000
Liepaja	Lettland	7400
Łódź	Polen	205 000
Lublin	Polen	34 000
Lwow	Ukraine	110 000
Minsk	Weißrussland	100 000
Mir	Weißrussland	2500
Nowogrudok	Weißrussland	6000
Radom	Polen	30 000
Riga	Lettland	43 000
Saloniki	Griechenland	56 000
Schanghai*	China	10 000
Tarnopol	Ukraine	12 500
Theresienstadt	Tschechoslowakei	90 000
Witebsk	Weißrussland	16 000
Wilna	Litauen	41 000
Warschau	Polen	400 000 bis 500 000

* Das Ghetto wurde von der japanischen Besatzungsregierung mit Unterstützung der jüdischen Wohlfahrtsorganisation verwaltet.

WÄHREND DES HOLOCAUST GETÖTETE JUDEN (NACH LÄNDERN)

Land	Anzahl der getöteten Juden	Anteil der Opfer an der jüdischen Bevölkerung des Landes (in Prozent)
Albanien	–	–[1]
Belgien	25 000	60[2]
Böhmen und Mähren	80 000	89
Bulgarien	11 400	14[3]
Dänemark	60	1,3
Deutschland	130 000	55
Estland	1500	35
Finnland	7	2,8[4]
Frankreich	90 000	26
Großbritannien	130	[5]
Griechenland	65 000	80[6]
Italien	7500	20[7]
Jugoslawien	60 000	80[8]
Lettland	70 000	77
Litauen	220 000	94
Luxemburg	1950	50
Niederlande	106 000	76
Norwegen	870	55
Österreich	50 000	36[9]
Polen	2 900 000	88
Rumänien	270 000	33
Russland	107 000	11[10]
Slowakei	71 000	80
Spanien	–	–
Schweden	–	–
Schweiz	–	–[11]
Ukraine	900 000	60
Ungarn	450 000	70
Weißrussland	245 000	65

1 Aus Albanien wurden zehn bis zwölf Juden nach Bergen-Belsen deportiert.

2 Nur 10 Prozent der Opfer waren vor dem Krieg Bürger Belgiens.

3 Die jüdischen Opfer kamen ausschließlich aus Thrakien und Mazedonien. Diese Gebiete hatte Hitler Bulgarien überlassen.

4 Von der knapp 2000 Menschen umfassenden jüdischen Bevölkerung wurde eine kleine Zahl jüdischer Flüchtlinge in Arbeitslager in Estland deportiert.

5 In den Jahren 1941–1945 internierten die Briten 1500 Juden, deren Ziel Palästina gewesen war, auf Mauritius.

6 Darunter 1800 Juden von Korfu, 1540 von Rhodos und 42 000 aus Saloniki.

7 Die Judendeportationen fanden in der Zeit statt, in der der größte Teil Italiens von Nazideutschland besetzt war (ab 1943).

8 Darunter waren Juden aus Bosnien, Kroatien, von der Insel Rab und aus Serbien. Die meisten Juden in der italienischen Besatzungszone wurden nicht deportiert oder den Nazis oder der *Ustaša* übergeben.

9 Als Österreich im März 1938 dem Deutschen Reich einverleibt wurde, lebten in dem Land 185 000 Juden. Nach dem so genannten Anschluss und nach der Reichskristallnacht im November 1938 flohen tausende Juden.

10 Diese geschätzte Anzahl jüdischer Opfer könnte sich um möglicherweise 250 000 erhöhen, wenn die wissenschaftliche Prüfung von Unterlagen abgeschlossen ist, die erst nach dem Zusammenbruch der ehemaligen Sowjetunion zur Verfügung standen.

11 Die Politik des *refoulement*, die die Schweiz von 1938 bis zum 7. Juli 1944 betrieb, schränkte den Zustrom jüdischer Flüchtlinge in das Land ein. Rund 30 000 Juden fanden Zuflucht in der Schweiz oder nutzten die Schweiz als Transitland, doch wurden mindestens 10 000 Juden abgewiesen. Die in die Konzentrations- und Todeslager im Osten fahrenden Züge durften zwar die Schweiz durchqueren, doch lieferte das Land seine jüdische Bevölkerung (vor dem Krieg 12 000 Personen) nicht an die Nazis aus.

JÜDISCHER WIDERSTAND

Aktionsgebiet	Organisation	Führung
Algerien	Familie des José Aboulker	José Aboulker
Auschwitz-Birkenau	Widerstand, Aufstand des Sonderkommandos	Kampfgruppe Auschwitz, jüdische Sonderkommandos
Balkanländer und Österreich	jüdische Fallschirmspringer	Juden des *Jischuw*
Będzin, Ghetto	Untergrund	jüdische Jugendgruppen
Białystok, Ghetto	jüdischer antifaschistischer Block	Mordechai Tenenbaum
Deutschland	Herbert-Baum-Gruppe	Herbert und Marianne Baum
Frankreich	Armeé Juivee	Abraham Polonski und Lucien Lublin
Frankreich	jüdische Pfadfinder	Robert Gamzon
Italien	jüdische Brigaden	Juden des *Jischuw*
Kowno, Ghetto	Jüdische Kampforganisation	Junge Zionisten und Antifaschistische Kampforganisation
Kraków	Widerstand	zionistische Jugendbewegungen und Jüdische Kampforganisation
Lida, Ghetto	Partisanengruppe Bielski	Brüder Bielski
Lwow, Ghetto	Widerstand und Untergrund	Tadek Drotorski
Minsk, Ghetto	Partisanen	Hersch Smoljar
Minsk, Ghetto	Partisanen	Joschua Kasinez alias „Slawek"
Mir, Ghetto	Untergrund und Aufstand	Schmuel Rufeisin
Nowogrudok, Ghetto	Partisanengruppe Bielski	Brüder Bielski
Riga, Ghetto	Untergrund	„Geheime Zellen"
Sobibór, Todeslager	Widerstand und Aufstand	Alexandr Petschorskij und Leon Feldhendler
Treblinka, Todeslager	Widerstand und Aufstand	Dr. Julian Chorazycki, Marceli Galewski und Zelomir Bloch
Warschau, Ghetto	Jüdische Kampforganisation	Mordechai Anielewicz, Zivia Lubetkin, Jizchak Zuckerman
Warschau, Ghetto	Jüdischer Militärverband (Zionistische Revisionisten)	Pawel Frenkiel
Wilna, Ghetto	Untergrund und Vereinigte Partisanenorganisation	Josef Glazman und Jizchak Wittenberg
Wilna, Ghetto	Partisanen	Jechiel Scheinbaum

EINWANDERUNG VON JUDEN NACH PALÄSTINA (1933–1948)

Jahr	*Alija*	*Alija Bet**
1933	30 327	467 (817)**
1934	42 359	unbedeutend
1935	61 854	unbedeutend
1936	29 727	unbedeutend
1937	10 536	69
1938	14 675	3041 (3079)[1]
1939	31 195	13 350 (15 217)[2]
Zweiter Weltkrieg		
1939	–	2899 (4029)
1940	10 643	5806 (8306)
1941	4592	800
1942	4206	0 (889)
1943	10 063	0 (0)[3, 4]
1944	15 552	3944 (4283)[5, 6]
1945	15 259	–
Nachkriegszeit		
1945	–	989 (989)
1946	18 760	1197 (21 673)[7]
1947	22 098	2520 (25 191)
1948	17 165	189 (21 509)

* *Alija:* Legale Einwanderung. *Alija Bet:* „Illegale" Einwanderung

** Die erste Zahl in der rechten Spalte gibt die Anzahl der Juden an, die tatsächlich in Palästina einreisten. Die Zahl in Klammern stellt die Gesamtzahl der Juden dar, die in Palästina einzureisen versuchten.

1 Konferenz von Évian vom 6.–15. Juli 1938.

2 *White Paper* in Großbritannien ab 17. Mai 1939 bis 14. Mai 1948 in Kraft und in die Praxis umgesetzt.

3 Bermuda-Konferenz im April 1943.

4 Die britischen Behörden ließen tausende Juden nach Athlit und auf die Insel Zypern deportieren.

5 Gründung des *War Refugee Board* am 22. Januar 1944.

6 Tausende Juden wurden in britische Internierungslager geschickt und einige nach Deutschland deportiert.

7 Die Angabe bezieht sich auf die Einwanderung bis zum 14. Mai 1948; manche Juden waren bis zu diesem Tag, dem Gründungstag des Staates Israel, auf Zypern interniert.

Glossar

Abwehr Deutscher militärischer Nachrichtendienst für Auslandsspionage und Spionageabwehr. Er wurde 1920 gegründet und stand von 1935 bis 1944 unter Leitung von Admiral Wilhelm Canaris. Ab 1938 war der Nachrichtendienst eines der Zentren des Widerstands gegen Hitler.

Achse Politisches, militärisches und ideologisches Bündnis Nazideutschlands mit Italien, Japan, Finnland, Ungarn, der Slowakei, mit Rumänien und Bulgarien, das während des Zweiten Weltkrieges bestand.

Aktion Kampagne, bei denen Juden zur Deportation oder Exekution zusammengetrieben wurden. Die schlimmsten so genannten Aktionen fanden in den besetzten Ostgebieten statt.

Alija (hebr. für Einwanderung) Einzelpersonen oder Gruppen, die nach Palästina und später nach Israel einwanderten.

Alija Bet (hebr. für „illegale" Einwanderung) „Illegale" Einwanderung von den 1930-er Jahren an bis 1946 in das britisch kontrollierte Palästina, die durch geheime jüdische Organisationen wie die *Haganah* oder die *Irgun* organisiert wurde.

Anschluss Euphemistische Bezeichnung der Nazis für die Einverleibung Österreichs in das Dritte Reich am 13. März 1938.

„Arbeit macht frei" Spruch über den Eingangstoren einer Reihe von Konzentrations- und Todeslagern, u. a. in den Lagern Auschwitz, Dachau und Theresienstadt. Die Worte waren irreführend, denn die jüdischen Häftlinge sollten dort auf unbegrenzte Zeit eingesperrt bleiben.

Arier Angehörige des indoiranischen Zweiges der indogermanischen Sprachfamilie. Die Bedeutung des Begriffes wurde von den Nazis auf eine nichtjüdische, nordische Rassegruppe eingeengt.

Arisierung Im Dritten Reich ein Begriff zur Verschleierung des direkten Diebstahls, der Plünderung oder Übernahme jüdischen Eigentums durch Nichtjuden.

Auschwitz I (poln. Oświęcim) Zuerst geschaffener Lagerbereich und Stammlager des KZ Auschwitz in Südwestpolen. Dieser Bereich, eine ehemalige polnische Kaserne, diente ab 1940 als Konzentrationslager für Nichtjuden.

Auschwitz II (auch Auschwitz-Birkenau, poln. Brzeźinka) Der im Oktober 1941 eröffnete Lagerbereich wurde vor allem zur Vernichtung von Juden und Roma genutzt. Er verfügte über vier Gaskammern.

Auschwitz III (auch Auschwitz-Monowitz, poln. Monowice) Als Arbeitslager für den Chemieriesen I.G. Farbenindustrie AG errichteter Lagerbereich. Zu Auschwitz III gehörten auch 36 Außenlager.

Blutanklage Bösartige antisemitische Lüge, mit der Juden beschuldigt wurden Christenkinder zu töten um mit deren Blut Mazza (Brotfladen aus ungesäuertem Teig) zum Passahfest zu bereiten.

Bund (jidd. *bund* – Bund) Jüdische sozialistische, nichtzionistische Organisation und Union, die 1897 in Wilna (Litauen) gegründet wurde. Der Bund setzte sich für die kulturelle Autonomie der Juden ein.

DEGESCH (Abk. für Deutsche Gesellschaft für Schädlingsbekämpfung) Unternehmen der I. G. Farbenindustrie AG, das Zyklon B herstellte und an die Vernichtungslager lieferte.

Der Angriff 1927 von Joseph Goebbels gegründete Nazizeitung. Diese im Wesentlichen politische Druckschrift wurde von Goebbels zur Verbreitung seines propagandistischen Gifts genutzt.

Der Stürmer Stark antisemitisch ausgerichtetes pornographisches Hetzblatt, das von 1923 bis 1945 von Julius Streicher herausgegeben wurde.

Displaced Persons (Abk. *DP*) Juden und andere Menschen, die nach Kriegsende nicht wieder in ihre ehemalige Gemeinde oder in ihr Herkunftsland zurückgeführt werden wollten und in Lagern für Heimatlose (*DP*-Lager) untergebracht wurden.

Drittes Reich Bezeichnung, die Hitler seinem Regime (1933–1945) verlieh. Als Erstes Reich galt dabei das Heilige Römische Reich deutscher Nation, als Zweites das Kaiserreich.

Einsatzgruppen Einheiten der SS, die bei ihren Mordaktionen von Hilfswilligeneinheiten aus Polen, der Ukraine, aus Litauen und Lettland unterstützt wurden. Sie verfügten über 3000 Mann Personal, das in vier Einsatzgruppen gegliedert war.

Einsatzkommando Eine von fünfzehn Untereinheiten jeder Einsatzgruppe, die den Massenmord an den Juden der Sowjetunion durch Erschießungsaktionen organisierten.

Eiserne Garde Rumänische Faschistenpartei. Die paramilitärische und politische antisemitische Organisation wurde 1927 von Corneliu Codreanu gegründet.

Endlösung Begriff, den Hermann Göring in einem Schreiben an Reinhard Heydrich benutzte, als er den Auftrag für einen Entwurf zur Durchführung der „Endlösung der Judenfrage“ erteilte. Das Problem der „Endlösung“ war dann Thema der Wannseekonferenz. „Endlösung“ wurde zum Tarnbegriff für die angestrebte Ausrottung der Juden.

Freikorps Rechtsgerichteter militärischer Freiwilligenverband aus Veteranen des Ersten Weltkrieges und arbeitslosen Jugendlichen. Die 1919 aufgestellten Freikorps waren an der Niederschlagung der kommunistischen Erhebungen in Berlin und Bayern beteiligt. Zahlreiche Angehörige der Freikorps schlossen sich später den Nationalsozialisten an.

Freiwillige Nichtdeutsche Kollaborateure, die die SS beim Massenmord an den Juden unterstützten.

Führer Titel Adolf Hitlers, des Diktators Nazideutschlands. Nach dem Tod des Reichspräsidenten Paul von Hindenburg im August 1934 hatte Hitler den Titel „Führer und Reichskanzler“ angenommen.

Gau Eine von 42 regionalen Organisationseinheiten der NSDAP auf dem Territorium des Dritten Reiches. (Dazu kam als 43. Gau die Auslandsvertretung der NSDAP.) Die Gliederung orientierte sich an den alten Reichstagswahlbezirken.

Gauleiter Von Hitler ernannter Führer eines Gaues, der in seinem Bereich für die politischen und wirtschaftlichen Aktivitäten, für die zivile Verteidigung und einige Polizeiaufgaben verantwortlich war.

Gelber Stern Davidstern, den alle Juden in den deutsch besetzten Gebieten Europas als Kennzeichen auf die Oberbekleidung aufgenäht tragen mussten.

Generalgouvernement Teil Ostpolens, der nicht in das Deutsche Reich eingegliedert war. Es umfasste die Distrikte Galizien, Radom, Warschau, Lublin und Kraków. In dieses Gebiet wurden die 3,3 Millionen Juden Polens abgeschoben.

Gerechte(r) der Nationen Nichtjuden, die ihr Leben riskierten um Juden zu retten und die in der Jerusalemer Holocaust-Gedenkstätte *Yad Vashem* mit diesem Titel geehrt werden.

Gestapo (Abk. für Geheime Staatspolizei) Politische Polizei, die u. a. berechtigt war Personen ohne gerichtliche Prüfung einzukerkern. Die Gestapo wurde zur gefürchtetsten Institution in den von den Nazis beherrschten Gebieten.

Haavara-Abkommen (hebr. *haavara* – Transfer) Abkommen zwischen Deutschland, der Zionistischen Vereinigung für Deutschland und der *Anglo-Palestine Bank* (1932–1939), das den Transfer jüdischen Kapitals von Deutschland in das jüdische Palästina gestattete.

Haganah (hebr. für Verteidigungsstreitmacht) Militärische Untergrundorganisation, die 1920 in Palästina von jüdischen Siedlern zur Abwehr arabischer Angriffe gegründet wurde.

Hakenkreuz Zeichen, das Adolf Hitler das Symbol des Kampfes „für den Sieg des arischen Menschen“ nannte. Es wurde zum Symbol Nazideutschlands und war Bestandteil der Reichsflagge.

Hitlerjugend 1922 als „Jugendbund der NSDAP“ gegründete nationalsozialistische Jugendorganisation. Sie setzte sich aus der eigentlichen HJ (Hitlerjugend) für Jungen im Alter von 14 bis 18 Jahren, dem DJ (Deutsches Jungvolk) für Jungen im Alter von 10 bis 14 Jahren, dem BDM (Bund deutscher Mädel) für Mädchen im Alter von

14 bis 18 Jahren und dem JM (Jungmädel) für Mädchen von 10 bis 14 Jahren zusammen. Die Mitgliedschaft in dieser Erziehungsorganisation wurde 1939 Pflicht.

Hitlerputsch Umsturzversuch vom 8. November 1923 in München, mit dem Hitler und dessen Anhänger die bayrische Regierung zu stürzen suchten. Nach dem Scheitern des Putschversuches wurde Hitler festgenommen, in einem Hochverratsprozess zu fünf Jahren verurteilt, jedoch vorfristig entlassen.

Hlinka-Garde Von der Slowakischen Volkspartei organisierte und nach dem slowakischen Faschisten Andrej Hlinka benannte Miliz. Die Partei war von 1938 bis 1945 an der Macht.

Judenfrei Euphemistischer Begriff der Nazis für ein Gebiet, das durch Deportation oder Mord ethnisch gesäubert wurde. Die gleiche Bedeutung hatte der Begriff „judenrein".

Judenräte Auf Anweisung der deutschen Behörden eingesetzte und unter deren strenger Kontrolle stehende Vertretungen der Juden in den Ghettos. Die Oberhäupter, die so genannten Judenältesten, arbeiteten bei der Planung des Lebens in den Judenghettos mit den Nazis zusammen.

Judenrein *Siehe* judenfrei.

Judenstern Sechszackiger, häufig noch mit dem Wort „Jude" versehener gelber Davidstern, den die Juden auf ihre Oberbekleidung aufnähen mussten.

Jüdischer Ordnungsdienst In den Ghettos eingesetzte jüdische Polizei. Die Angehörigen des Ordnungsdienstes zogen den Groll anderer Ghettobewohner auf sich, da sie die deutschen Behörden bei Razzien und Deportationen unterstützten.

Kapo (ital. *capo* – Kopf, Haupt, Führer) Im Lagerjargon gebrauchte Bezeichnung für KZ-Insassen, die die Lagerverwaltung unterstützten und dafür zusätzliche Rationen erhielten und unter besseren Bedingungen als die übrigen Häftlinge lebten.

Kriminalpolizei (Abk. Kripo) Polizeiorganisation des Deutschen Reiches, deren Aufgabenbereich sich hauptsächlich auf nichtpolitische Delikte erstreckte, die jedoch zusammen mit Gestapo und SS gegen die Juden vorging. Die Kriminalpolizei wurde schließlich mit der Gestapo zur Sicherheitspolizei zusammengeschlossen und dem Sicherheitsdienst unterstellt.

Lebensborn e. V. SS-Verein, dessen Ziel darin bestand, durch Menschenzüchtung die Angehörigen des deutschen Volkes zu einer „Superrasse" zu machen. Der Verein unterhielt eine Reihe von Entbindungsheimen. 1942 wurden entführte polnische Kinder, die „arische" Merkmale aufwiesen, zur „Eindeutschung" in den Kinderheimen des Vereins untergebracht.

Lebensraum Leitprinzip der deutschen Außenpolitik, das Hitler in „Mein Kampf" zum Ausdruck brachte. Die Nationalsozialisten hielten sich für berechtigt riesige Gebiete Osteuropas als Lebensraum für das deutsche Volk zu erobern.

Luftwaffe Bezeichnung für die deutschen Luftstreitkräfte im Zweiten Weltkrieg. Oberbefehlshaber der Luftwaffe war Hermann Göring.

Madagaskar-Plan Von Hitler 1940 gebilligter Plan der Nazis, der vorsah vier Millionen europäische Juden auf die Insel Madagaskar, eine französische Kolonie, zu bringen. Der Plan wurde letzten Endes aufgegeben.

Mein Kampf Autobiografie sowie philosophisches und politisches Bekenntnis Adolf Hitlers. Hitler schrieb das Buch 1924 mit Hilfe seines Sekretärs Rudolf Heß während seiner Haftzeit im Gefängnis Landsberg. Er legte darin seine Pläne bezüglich der Juden dar.

Mischlinge Begriff aus der 1. Verordnung zum Reichsbürgergesetz (1935), der auf Personen mit einem jüdischen Großelternteil und mit zwei jüdischen Großeltern angewandt wurde.

Muselmann Körperlich und seelisch zugrunde gerichteter Insasse eines Konzentrationslagers, der zu schwach war um zu gehen, zu arbeiten oder aufrecht zu stehen und der mitunter aussah wie ein betender Muslim.

Nacht der langen Messer Blutige Säuberungsaktion, die am 30. Juni 1934 auf Drängen einiger hochgestellter SS-Angehöriger stattfand und mit der Ernst Röhm, Georg Straßer sowie andere führende SA-Offiziere beseitigt wurden.

Nacht-und-Nebel-Erlass Auf Hitlers Befehl vom 7. Dezember 1941 basierende Anordnung, nach der man Personen, die reichsfeindlicher Aktivitäten verdächtigt wurden, verhaften und verschwinden lassen konnte.

Nürnberger Gesetze Im September 1935 verabschiedete nationalsozialistische Gesetze, die den Juden die

Reichsbürgerschaft absprachen, die Juden rassisch definierten sowie Eheschließungen und außerehelichen Geschlechtsverkehr zwischen Juden und „Ariern“ verboten.

Nürnberger Nachfolgeprozesse vor amerikanischen Militärgerichten Zwölf Prozesse gegen mutmaßliche Nazikriegsverbrecher, die in den Jahren 1946 bis 1949 in Nürnberg stattfanden und bei denen u. a. Ärzte, Juristen und Industrielle vor Gericht standen.

Nürnberger Prozess Hauptkriegsverbrecherprozess gegen 22 führende Nazis, der vom 20. November 1945 bis 1. Oktober 1946 in Nürnberg vor einem Internationalen Militärtribunal mit US-amerikanischen, britischen, französischen und sowjetischen Richtern stattfand.

Odessa Geheime Fluchtorganisation der SS, die nach der Niederlage Deutschlands 1945 gegründet wurde und mit deren Unterstützung hochrangige Nazis der strafrechtlichen Verfolgung zu entgehen suchten.

Organisation Todt (OT) Staatliche Organisation, die 1938 für den Bau militärischer Anlagen gegründet und von Dr. Fritz Todt geleitet wurde. Im Rahmen ihrer Aufgaben setzte sie später auch Zwangsarbeiter ein.

Partisanen Im Untergrund tätige Widerstandskämpfer, die vor allem in ländlichen Gebieten gegen die deutschen Besatzer operierten.

Pfeilkreuz-Partei (ung. *Nyilaskeresztes Part-Hungarista Mozgalom*) Pronazistische Faschistenpartei , die im Oktober 1944 in Ungarn die Macht übernahm. Sie war für Massenmord und Deportationen verantwortlich.

Rasse- und Siedlungs-Hauptamt (Abk. RuSHA) Dienststelle der SS, die sich zunächst mit Fragen der Ideologie und der arischen Rassezugehörigkeit SS-Angehöriger, später mit der Kolonisierung Polens durch deutsche Umsiedler und mit Problemen der Eindeutschung so genannter Fremdvölkischer beschäftigte.

Rassenschande Verbotene sexuelle Beziehungen zwischen deutschen „Ariern“ und Juden oder slawischen Ostarbeitern.

Reichsbahn Deutsche Staatsbahn, die am Holocaust beteiligt und mitschuldig war, da sie die jüdischen Opfer zu den Ghettos und Konzentrationslagern transportierte. Auf dem Weg an die Bestimmungsorte hatten die „Passagiere“ unter den fürchterlichen Transportbedingungen zu leiden.

Reichsführer SS Oberster staatlicher Führer der SS. Der Titel wurde Heinrich Himmler verliehen.

Reichskommissariat Ostland Verwaltungseinheit im deutsch besetzten Territorium der Sowjetunion, die Estland, Lettland, Litauen und Weißruthenien (westliches Weißrussland) umfasste und an deren Spitze Reichskommissar Hinrich Lohse stand.

Reichskristallnacht Organisierte gewalttätige Ausschreitungen am 9./10. November 1938, die sich gegen jüdische Geschäfte und Synagogen in Deutschland, Österreich und im tschechischen Sudetengebiet richteten.

Reichssicherheits-Hauptamt (Abk. RSHA) 1939 geschaffenes Hauptamt, in dem alle existierenden Polizeien (Sicherheitspolizei, Geheime Staatspolizei, Kriminalpolizei) und die SS zusammengefasst wurden. Das Amt IV organisierte die „Endlösung der Judenfrage“.

Reichstag Zentrale gesetzgebende Körperschaft, die von Hitler beibehalten worden war, die jedoch 1933 dem Kanzler einen Großteil ihrer Vollmachten übertrug und zum Werkzeug Hitlers wurde.

Schoa (hebr. *sho'ah* für Massenmord) Wort, das man in Israel dem Begriff Holocaust vorzieht. Es findet sich bei Jesaja 10:3; 47:11, Psalm 35:8 und bedeutet Untergang, Verderben.

Schutzstaffel (Abk. SS) 1925 gegründete Formation, die unter Heinrich Himmler ab 1936 die gesamten Polizeien des Deutschen Reiches kontrollierte. Sie war die wichtigste verbrecherische Organisation, die sich mit der Verfolgung und Ermordung der Juden beschäftigte. Ihre bewaffneten Verbände bildete die Waffen-SS, die Hitler für Kampfeinsätze zur Verfügung stand.

Selektion Vorgang, bei dem die SS entweder in den Ghettos für die Deportation bestimmte Personen aussuchte oder in den Lagern erschöpfte und kranke Insassen „aussonderte“.

Sicherheitsdienst (Abk. SD) Nachrichtendienst der NSDAP und der SS, der unter der Leitung Reinhard Heydrichs arbeitete und sich zu einem Terrorinstrument gegen „Staatsfeinde“ entwickelte.

Sicherheitspolizei (Abk. Sipo) Polizeiorganisation, die aus Mitgliedern der Gestapo und der Kriminalpolizei bestand.

Sonderkommando Kommando einer Einsatzgruppe; auch Arbeitskommando aus jüdischen Lagerinsassen, die die Gaskammern räumen mussten oder bei der Verbrennung von Leichen eingesetzt wurden.

Sturmabteilung (Abk. SA) Von Ernst Röhm geführte Truppe, deren Mitglieder „Braunhemden" genannt wurden und in den Jahren von 1922 bis 1934 Straßenkämpfe vor allem gegen Kommunisten und deren Sympathisanten führten. Nach der Beseitigung ihrer Führer in der Nacht der langen Messer verlor die Organisation an Bedeutung.

Todesmärsche Lange, oftmals sinnlose Zwangsmärsche ins Innere Deutschlands und nach Österreich, auf die die SS vom Spätherbst 1944 bis 1945 Insassen der Konzentrationslager schickte, als die Ostfront zusammenbrach.

Umschlagplatz Oftmals an einem Eisenbahnnebengleis gelegener Verladeplatz, der als Rampe genutzt wurde um die zur Deportation versammelten Juden in Güterwagons zu „verladen".

United Nations Relief and Rehabilitation Administration (Abk. *UNRRA*) Hilfsorganisation für Flüchtlinge, die 1943 von den Alliierten hauptsächlich mit amerikanischen Mitteln ins Leben gerufen wurde. Nach dem Zweiten Weltkrieg unterstützte sie unter Leitung des US-amerikanischen Politikers Fiorello LaGuardia die so genannten *Displaced Persons*.

Unternehmen „Barbarossa" Von Hitler geprägter Deckname (nach Friedrich I. „Barbarossa") für den Feldzug gegen die Sowjetunion, der am 22. Juni 1941 begann.

Ustaša Kroatische ultranationalistische Faschistenpartei, die im April 1941 mit Unterstützung der Nazis an die Macht kam. Sie war für den Massenmord an Serben, Juden und Zigeunern verantwortlich.

Vernichtung durch Arbeit In den Konzentrationslagern verfolgte Politik der Ermordung von Häftlingen, die in Arbeitskommandos eingesetzt waren, durch Unterernährung, Brutalität und Überarbeitung.

Vichy Heilbad in Mittelfrankreich und Sitz der deutschfreundlichen französischen Regierung nach der Niederlage des republikanischen Frankreich im Jahr 1940.

Völkisch Ein an sich harmloser, positiver Begriff, den sich die Nazis in den 1920-er Jahren zu Eigen machten und ihm einen nationalistischen, antidemokratischen Inhalt mit deutlichen antisemitischen Untertönen gaben. Er führte in den ersten Jahren der NSDAP zu heftigen nazistischen Gewaltausbrüchen.

Volksdeutsche Deutsche, die außerhalb des Großdeutschen Reiches lebten und in den deutsch besetzten Gebieten eine Vorzugsbehandlung erfuhren.

Waffen-SS Mit 39 Divisionen der größte Bereich der SS, dessen Angehörige häufig wie reguläre Soldaten an der Front eingesetzt waren. Viele Angehörige der Waffen-SS waren als Täter am Holocaust beteiligt.

Wannseekonferenz 87-minütige Zusammenkunft, die am 20. Januar 1942 in einer Berliner Villa (Am Großen Wannsee 56 – 58) stattfand und an der 15 Personen – führende Mitarbeiter der obersten Reichsbehörden und hohe SS-Offiziere – teilnahmen. Reinhard Heydrich, der die Konferenz leitete, erörterte dort Pläne zur Koordinierung aller an der „Endlösung" beteiligten Dienststellen.

Wehrmacht Nach 1935 Bezeichnung für die Streitkräfte Nazideutschlands. Die Wehrmacht unterstützte die SS bei deren Aktionen zur Verwirklichung der „Endlösung".

Weimarer Republik Nach dem ersten Tagungsort der Nationalversammlung benannter Zeitabschnitt in der deutschen Geschichte (1919 – 1933), in dem Deutschland nach der Ausrufung der Republik eine demokratische Regierung erhielt. Die schwere Wirtschaftskrise 1929 – 1932 ebnete Hitler den Weg zu seiner Diktatur.

Yad Vashem Wichtigste Gedenkstätte für die Märtyrer und Helden des Holocaust. Die Jerusalemer Forschungs- und Gedenkstätte wurde 1962 von der israelischen Regierung gegründet.

Zyklon B (Zyanwasserstoffsäure, Blausäure) Giftgas, das in den Gaskammern der Vernichtungslager der Nazis eingesetzt wurde.

Weiterführende Literatur

Aarons, Mark und John Loftus. *Unholy Trinity: The Vatican, the Nazis, and the Swiss Banks.* New York: St. Martin's Griffin, 1998.

Abitbol, Michel. *The Jews of North Africa During the Second World War.* Detroit: Wayne State University Press, 1989.

Adam, Peter. *Art of the Third Reich.* New York: Abrams, 1992.

Ainsztein, Reuben. *Jewish Resistance in Nazi-Occupied Eastern Europe, with a Historical Survey of the Jew as Fighter and Soldier in the Diaspora.* London: 1974.

Ajzensztadt, Amnon. *Endurance: Chronicles of Jewish Resistance.* Oakville, Ontario, Canada: Mosaic Press, 1987.

Allon, Yigal. *Shield of David: The Story of Israel's Armed Forces.* London: Weidenfeld and Nicolson, 1970.

Arad, Yitzhak. *Belzec, Sobibor, Treblinka: Operation Reinhard Death Camps.* Bloomington, IN: Indiana University Press, 1999.

Arendt, Hannah. *Eichmann in Jerusalem. Ein Bericht von der Banalität des Bösen.* München, Piper Verlag, 1986.

Arendt, Hannah. *Elemente und Ursprünge totaler Herrschaft. Antisemitismus, Imperialismus, Totale Herrschaft.* München, Piper Verlag, 2001.

Aroneanu, Eugene, ed. *Inside the Concentration Camps: Eyewitness Accounts of Life in Hitler's Death Camps.* Westport, CT: Praeger, 1996.

Ashman, Charles und Robert J. Wagman. *The Nazi Hunters.* New York: Warner Books, 1990.

Bailey, George. *Germans.* New York: The Free Press, 1991.

Barnett, Victoria. *For the Soul of the People: Protestant Protest Against Hitler.* New York: Oxford University Press, 1992.

Bauer, Yehuda. *From Diplomacy to Resistance: A History of Jewish Palestine, 1939–1945.* New York: Atheneum, 1973.

Bauer, Yehuda. *A History of the Holocaust.* New York: Franklin Watts, 1982.

Bauer, Yehuda. *My Brother's Keeper: A History of the American Jewish Joint Distribution Committee, 1929–1933.* Philadelphia: Jewish Publications Society of America, 1974.

Bauminger, Aryeh. *Rising of the Krakow Ghetto*. Tel Aviv: H'menorah, 1967.

Beckman, Morris. *The Jewish Brigade: An Army with Two Masters.* Rockville Center, NY: Sarpedon, 1998.

Begin, Menachem. *The Revolt: The Story of the Irgun.* New York: Henry Schuman, 1951.

Ben-Gurion, David. *Israel. Der Staatsgründer erinnert sich.* Frankfurt/M., Fischer-Taschenbuchverlag, 1998.

Ben-Gurion, David. *The Jews in Their Land.* New York: Doubleday, 1966.

Berenbaum, Michael, ed. *Witness to the Holocaust.* New York: HarperCollins, 1997.

Berenbaum, Michael. *The World Must Know.* New York: Little, Brown & Co., 1993.

Bering, Dietz. *Stigma of Names: Anti-Semitism in German Daily Life, 1812–1933.* Ann Arbor, MI: University of Michigan Press, 1992.

Bernadac, Christian. *Camp for Women: Ravensbrück.* Geneva: Ferni Publishing House, 1978.

Bernadac, Christian. *The 186 Steps: Mauthausen.* Geneva: Ferni Publishing House, 1978.

Bierman, John. *Righteous Gentile: The Story of Raoul Wallenberg, Missing Hero of the Holocaust.* New York: Viking, 1981.

Borchsenius, Poul. *Behind the Wall: The Story of the Ghetto.* London: Allen & Unwin, 1964.

Borkin, Joseph. *Die unheilige Allianz der IG Farben. Eine Interessengemeinschaft im Dritten Reich.* Frankfurt/M., Campus Verlag, 1990.

Braham, Randolph L. *The Politics of Genocide: The Holocaust in Hungary.* New York: Columbia University Press, 1981.

Breitman, Richard. *Heinrich Himmler. Der Architekt der „Endlösung".* Pendo Verlag, 2000.

Breitman, Richard. *Staatsgeheimnisse. Die Verbrechen der Nazis – von den Alliierten toleriert.* München, Goldmann Verlag, 2001.

Bresheeth, Haim, Stuart Hood and Litza Jansz. *Introducing the Holocaust.* New York: Totem Books, 1994.

Browning, Christopher R. *Fateful Months: Essays on the Emergence of the Final Solution.* New York: Holmes & Meier, 1985.

Browning, Christopher R. *Ganz normale Männer. Das Reserve-Polizeibataillon 101 und die „Endlösung" in Polen.* Reinbek, Rowohlt Verlag, 1997.

Bullock, Alan. *Hitler. Eine Studie über Tyrannei.* Düsseldorf 1971.

Bytwerk, Randall L. *Julius Streicher.* New York: Stein & Day, 1983.

Calic, Edouard. *Reinhard Heydrich.* New York: Military Heritage Press, 1982.

Caracciolo, Nicola. *Uncertain Refuge: Italy and the Jews During the Holocaust.* Champaign, IL: University of Illinois Press, 1995.

Cargas, Harry James, ed. *When God and Man Failed: Non-Jewish Views of the Holocaust.* New York: Macmillan, 1981.

Cecil, Robert. *The Myth of the Master Race: Alfred Rosenberg and Nazi Ideology.* New York: Dodd Mead, 1972.

Chary, Frederick B. *The Bulgarian Jews and the Final Solution.* Pittsburgh: University of Pittsburgh Press, 1972.

Cohen, Arthur A., ed. *Arguments and Doctrines: A Reader of Jewish Thinking in the Aftermath of the Holocaust.* New York: Harper & Row, 1970.

Cohen, Elie A. *Human Behavior in the Concentration Camp.* New York: W. W. Norton, 1953.

Cohen, Norman. *Warrant for Genocide: The Myth of the Jewish World Conspiracy and the Protocols of the Elders of Zion.* New York: Harper & Row. 1967.

Cohn-Sherbock, Dan. *The Crucified Jew: Twenty Centuries of Christian Anti Semitism.* London: HarperCollins, 1992.

Comay, Joan. *The Diaspora Story: The Epic of the Jewish People Among the Nations.* New York: Random House, 1980.

Conference on Manifestations of Jewish Resistance. *Jewish Resistance During the Holocaust: Proceedings.* Jerusalem: Yad Vashem, 1971.

Conot, Robert E. *Justice at Nuremberg.* New York: Harper & Row, 1983.

Crankshaw, Edward. *Gestapo: Instrument of Tyranny.* New York: Putnam, 1956.

Crum, Bartley. *Behind the Silken Curtain.* Jerusalem: Milah Press, 1996.

Czech, Danuta. *Kalendarium der Ereignisse im Konzentrationslager Auschwitz-Birkenau 1939–1945.* Reinbek, Rowohlt Verlag, 1989.

Dallin, Alexander. *German Rule in Russia, 1941–1945: A Study of Occupation Policies.* New York: St. Martin's, 1957.

Davies, Norman. *Europe.* New York: Oxford University Press, 1997.

Dawidowicz, Lucy S. *The Holocaust and the Historians.* Cambridge, MA: Harvard University Press, 1981.

Dawidowicz, Lucy S. *A Holocaust Reader.* New York: Behrman House, 1976.

Dawidowicz, Lucy S. *The War Against the Jews: 1933–1945.* New York: Holt, Rinehart and Winston, 1975.

Dear, I. C. B., ed. *The Oxford Companion to World War II.* New York: Oxford University Press, 1995.

Dekel, Efraim. *Shai: The Exploits of Hagana Intelligence.* New York: Thomas Yoseloff, 1959.

Delbo, Charlotte. *Trilogie*. Frankfurt/M., Stroemfeld/ Roter Stern, 1990.

Dinur, Benzion and Shaul Esh, eds. *Yad Vashem Studies on the European Jewish Catastrophe and Resistance.* 4 vols. Jerusalem: Jerusalem Post Press, 1957–1960.

Dippel, John H. *Bound Upon a Wheel of Fire: Why So Many German Jews Made the Tragic Decision to Remain in Nazi Germany.* New York: Basic Books, 1996.

Distel, Barbara and Ruth Jakusch, *Concentration Camp Dachau: 1933–1945.* Munich: Comite International de Dachau, 1978.

Dobroszycki, Lucjan, ed. *The Chronicle of the Lodz Ghetto: 1941–1944.* New Haven, CT: Yale University Press, 1984.

Dobroszycki, Lucjan and Barbara Kirshenblatt-Gimblett. *Image Before My Eyes: A Photographic History of Jewish Life in Poland Before the Holocaust.* New York. Schocken Books, 1977.

Domarus, Max. *Hitler: Reden und Proklamationen, 1932–1945.* Carducci Verlag, 2000.

Dorian, Emil. *The Quality of Witness: A Romanian Diary, 1937–1944.* Philadelphia: Jewish Publication Society of America, 1982.

Dundes, Alan, ed. *The Blood Libel Legend: A Casebook in Anti-Semitic Folklore.* Madison, WI: University of Wisconsin Press, 1991.

Dwork, Debórah und Robert Jan van Pelt. *Auschwitz. Von 1270 bis heute.* Pendo Verlag, 1998.

Dworzecki, Mark. *The Jewish Camps in Estonia.* Tel Aviv: I. L. Peretz, 1970.

Edelheit, Abraham J. *The Yishuv in the Shadow of the Holocaust: Zionist Politics and Rescue Aliya, 1933–1939.* New York: Westview Press, 1996.

Edelheit, Abraham J. and Hershel Edelheit. *History of the Holocaust: A Handbook and Dictionary.* Boulder, CO: Westview Press, 1994.

Eisenbach, Artur. *Operation Reinhard: Mass Extermination of the Jewish Population in Poland.* Poznan, Poland, 1962.

Epstein, Eric Joseph and Phil Rosen. *Dictionary of the Holocaust.* Westport, CT: Greenwood Publishing Group, 1997.

Falconi, Carlo. *The Silence of Pius XII.* London: Faber & Faber, 1970.

Feig, Konnilyn. *Hitler's Death Camps: The Sanity of Madness.* New York: Holmes & Meier, 1983.

Fenelon, Fania. *Das Mädchenorchester in Auschwitz.* München, Deutscher Taschenbuchverlag, 1998.

Fest, Joachim C. *The Face of the Third Reich: Portraits of the Nazi Leadership.* New York: Pantheon, 1970.

Fest, Joachim. *Hitler. Eine Biographie.* Berlin, Ullstein Taschenbuch. 1998.

Flood, Charles Bracelen. *Hitler: The Path to Power.* Boston: Houghton Mifflin, 1989.

Fogelman, Eva. *Wir waren keine Helden.* München, Deutscher Taschenbuchverlag, 1998.

Frank, Anne, Otto H. Frank and Mirjam Pressler, eds. *The Diary of a Young Girl*. New York: Doubleday, 1995.

Frazier Nancy. *Jewish Museums of North America.* New York: John Wiley & Sons, 1992.

Freier, Recha. *Let the Children Come: The Early History of Youth Aliyah.* London: 1961.

Friedlander, Henry. *Der Weg zum NS-Genozid. Von der Euthanasie zur Endlösung.* München, Heyne Verlag, 2001.

Friedländer, Saul. *Das Dritte Reich und die Juden. Die Jahre der Verfolgung 1933–1939.* München, Deutscher Taschenbuchverlag, 2000.

Gager, John G. *The Origins of Anti-Semitism: Attitudes Toward Judaism in Pagan and Christian Antiquity*. New York: Oxford University Press, 1983.

Gilbert, Martin. *Endlösung. Die Vertreibung und Vernichtung der Juden. Ein Atlas.* Reinbek, Rowohlt, 1995.

Gilbert, Martin. *Final Journey*. New York: Mayflower Books, 1979.

Gilbert, Martin. *Nie wieder. Die Geschichte des Holocaust.* Berlin, Propyläen Verlag, 2001.

Goebbels, Joseph. *Final Entries, 1945: The Diaries of Joseph Goebbels*. New York: Putnam, 1978.

Goebbels, Joseph. *Tagebücher 1924–1945*. München, Piper Verlag, 2000.

Goldhagen, Daniel Jonah. *Hitlers willige Vollstrecker. Ganz gewöhnliche Deutsche und der Holocaust.* München, Goldmann Verlag, 1998.

Goralski, Robert. *World War II Almanac: 1931–1945*. New York: Putnam, 1981.

Gordon, Harold J. Jr. *Hitler and the Beer Hall Putsch.* Princeton, NJ: Princeton University Press, 1972.

Gribetz, Judah, Edward L. Greenstein and Regina S. Stein. *The Timetables of Jewish History.* New York: Simon & Schuster, 1993.

Grunbaum, Irene. *Escape Through the Balkans.* Lincoln, NE: University of Nebraska Press, 1996.

Grunberger, Richard. *The 12-Year Reich.* New York: Holt, Rinehart and Winston, 1971.

Grunfeld, Frederic V. *The Hitler File.* New York: Random House, 1974.

Gutman, Israel, (Hrsg.). *Enzyklopädie des Holocaust. Die Verfolgung und Ermordung der europäischen Juden.* Berlin, Argon Verlag, 1993.

Gutman, Israel. *Resistance: The Warsaw Ghetto Uprising*. Boston: Houghton Mifflin, 1994.

Gutman, Israel and Michael Berenbaum. *Anatomy of the Auschwitz Death Camp.* Bloomington: Indiana University, 1994.

Hackett, David A. (Hrsg.). *Der Buchenwald-Report. Bericht über das Konzentrationslager Buchenwald bei Weimar*. München, C. H. Beck, 1996.

Hamerow, Theodore S. *On the Road to the Wolf's Lair: German Resistance to Hitler.* Cambridge, MA: The Belknap Press of Harvard University Press, 1997.

Handler, Andrew, ed. *The Holocaust in Hungary: An Anthology of Jewish Response.* Tuscaloosa, AL: University of Alabama Press, 1982.

Hart-Davis, Duff. *Hitler's Games: The 1936 Olympics.* New York: Harper & Row, 1986.

Hartmann, Erich. *In the Camps.* New York: W. W. Norton, 1995.

Hatzair, Hashomer. *The Massacre of European Jewry: An Anthology.* Israel, 1963.

Hatzair, Hashomer. *Youth Amidst the Ruins: A Chronicle of Jewish Youth in the War.* New York: Scopus, 1941.

Hay, Peter. *Ordinary Hereos: The Life and Death of Chana Szenes, Israel's National Heroine.* New York: Paragon House, 1989.

Hayes, Paul M. *Quisling*. Bloomington, IN: Indiana University Press. 1972.

Hecht, Ingeborg. *Als unsichtbare Mauern wuchsen. Eine deutsche Familie unter den Nürnberger Rassegesetzen*. Heidelberg, Dölling & Galitz, 1993.

Herzberg, Abel J. *Between Two Streams: A Diary from Bergen-Belsen*. London: I. B. Tauris, 1997.

Herzstein, Robert Edwin. *The War that Hitler Won: Goebbels and the Nazi Media Campaign*. New York: Paragon House, 1987.

Hilberg, Raul. *Die Vernichtung europäischer Juden*. Frankfurt/M., Fischer Verlag, 1994.

Hilberg, Raul. *Documents of Destruction: Germany and Jewry 1933–1945.* Chicago: Quadrangle Books, 1971.

Hilberg, Raul. *Täter, Opfer, Zuschauer.* Frankfurt/M., Fischer Taschenbuchverlag, 1996.

Hillel, Marc and Clarissa Henry. *Of Pure Blood: Hitler's Eugenics Program*. New York: Mc Graw-Hill, 1976.

Hillesum, Etty. *Das denkende Herz. Die Tagebücher von 1941–1943*. Reinbek, Rowohlt-Taschenbuch, 1985.

Hillesum, Etty. *Letters from Westerbork*. New York: Pantheon, 1986.

Hilsenrad, Helen. *Brown Was the Danube. A Memoir of Hitler's Vienna.* New York: Thomas Yoseloff, 1966.

Hirschmann, Ira A. *Life Line to a Promised Land*. New York: Vanguard, 1946.

Hitler, Adolf. *Hitler's Secret Book*. New York: Grove Press, 1961.

Hitler, Adolf. *Hitler's Secret Conversations, 1941–1944.* New York: Farrar, Strauss and Young, 1953.

Hitler, Adolf. *Mein Kampf.* München, Zentralverlag der NSDAP, Frz. Eher Nachf. G.m.b.H., 1942; New York, Houghton Mifflin, 1971.

Holliday, Laurel. *Children in the Holocaust and World War II.* New York: Washington Square Press, 1995.

The Holocaust. Jerusalem: Yad Vashem, 1977.

Hull, David Stewart. *Film in the Third Reich*. New York: Touchstone, 1973.

Jenks, William A. *Vienna and the Young Hitler*. New York: Columbia University Press, 1960.

Justman, Stuart and Rebecca Shope. *The Jewish Holocaust for Beginners.* New York: Writers and Reading Publishing, 1995.

Kahane, David. *Lvov Ghetto Diary*. Amherst, MA: University of Massachusetts Press, 1990.

Kamenetsky, Christa. *Children's Literature in Hitler's Germany*. Athens, OH: Ohio University Press, 1984.

Kamenetsky, Ihor: *Secret Nazi Plans for Eastern Europe: A Study of Lebensraum Policies.* New Haven, CT: Yale University Press, 1961.

Kantor, Alfred: *The Book of Alfred Kantor: An Artist's Journal of the Holocaust*. London: Piatkus, 1987.

Katz, Jacob. *From Prejudice to Destruction: Anti-Semitism, 1700–1933*. Cambridge, MA: Harvard University Press, 1980.

Katz, Robert. Death in Rome: *The Ardeatine Caves Massacre in the Eternal City of Rome.* New York: Macmillan, 1967.

Keegan, John. *Der Erste Weltkrieg. Eine europäische Tragödie*. Reinbek, Rowohlt, 2001.

Keegan, John. *The Second World War.* New York: Viking, 1990.

Kenrick, Donald, ed. *In the Shadow of the Swastika: The Gypsies During the Second World War.* Hertfordshire, England: University of Hertfordshire Press, 1999.

Kershaw, Ian. *Hitler 1889-1936*. Stuttgart, Deutsche Verlagsanstalt, 1998.

Klarsfeld, Beate. *Wherever They May Be!* New York: Vanguard Press, 1975.

Klee, Ernst, Willi Dressen and Volker Riess, eds. *„The Good Old Days": The Holocaust as Seen by Its Perpetrators and Bystanders.* New York: Konecky & Konecky, 1991.

Klemperer, Victor. *Ich will Zeugnis ablegen bis zum letzten. Tagebücher 1933–1945*. Berlin, Aufbau Verlag, 1999.

Koehl, Robert L. *RKFVD: German Resettlement and Population Policy 1939–1945.* Cambridge, MA: Harvard University Press, 1957.

Koehn, Ilse. *Mischling zweiten Grades. Eine wahre Geschichte*. Reinbek, Rowohlt, 1991.

Kogon, Eugen. *The Theory and Practice of Hell*. New York: Farrar, Strauss & Co., 1949.

Krakowski, Shmuel. *The War of the Doomed: Jewish Armed Resistance in Poland, 1942–1944.* New York: Holmes & Meier, 1984.

Kreis, Ernst and Hans Speier. *German Radio Propaganda: Report on Home Broadcasts During the War*. New York: Oxford University Press, 1946.

Kuznetsov, Anatoly. *Babi Yar: A Documentary Novel.* New York: Dial Press, 1967.

Landau, Ronnie S. *The Nazi Holocaust.* Chicago: Ivan R. Dee, 1994.

Langbein, Hermann. *Against All Hope: Resistance in Concentration Camps.* New York: Paragon House, 1994.

Langer, Lawrence L. *Holocaust Testimonies: The Ruins of Memory*. New Haven, CT: Yale University Press, 1991.

Langer, Walter C. *The Mind of Adolf Hitler: The Secret Wartime Report*. New York: Basic Books, 1972.

Laqueur, Walter and Barry Rubin, eds. *The Israel-Arab Reader*. New York: Penguin Books, 1984.

Large, David Clay. *Hitlers München. Aufstieg und Fall der Hauptstadt der Bewegung*. München, C. H. Beck, 1998.

Latour, Anny. *The Jewish Resistance in France, 1940-1944*. New York: Holocaust Library, 1981.

Lazare, Lucien. *Rescue as Resistance: How Jewish Organizations Fought the Holocaust in France.* New York: Columbia University Press, 1996.

Lemmons, Russel. *Goebbels and Der Angriff*. Lexington, KY: The University Press of Kentucky, 1994.

Levi, Primo. *Die Untergegangenen und die Geretteten*. München, Carl Hanser Verlag, 1990.

Levi, Primo. *Ist das ein Mensch?* München, Deutscher Taschenbuchverlag, 1992.

Levi, Primo. *Moments of Reprieve: A Memoir of Auschwitz*. New York: Summit Books, 1985.

Levin, Dov. *Fighting Back: Lithuanian Jewry's Armed Resistance to the Nazis, 1941–1945*. New York: Holmes & Meier, 1985.

Levine, Hillel. *Economic Origins of Anti-Semitism: Poland and Its Jews in the Early Modern Period.* New Haven, CT: Yale University Press, 1991.

Levine, Hillel. *In Search of Sugihara: The Elusive Japanese Diplomat Who Risked His Life to Rescue 10.000 Jews from the Holocaust*. New York: The Free Press, 1996.

Lewin, Rhoda G., ed. *Witnesses to the Holocaust: An Oral History*. Boston: Twayne, 1990.

Lewisohn, Ludwig. *Theodor Herzl: A Portrait for This Age.* Cleveland: World Publishing, 1955.

Liddell Hart, B. H. *The German Generals Talk*. New York: Morrow, 1948.

Lifton, Robert J. *Ärzte im Dritten Reich*. Berlin, Ullstein Taschenbuch, 1998.

Lipstadt, Deborah. *Betrifft: Leugnen des Holocaust*. Zürich, Rio-Verlag, 1994.

Lord Russell of Liverpool. *The Scourge of the Swastika: A Short History of Nazi War Crimes*. London: Cassell & Co., 1954.

Lukacs, John. *The Hitler of History*. New York: Knopf, 1997.

Machlin, Edda Servi. *Child of the Ghetto: Coming of Age in Fascist Italy, 1926–1946, a Memoir.* Croton-on-Hudson, NY: Giro Press, 1995.

Manchester, William. *The Arms of Krupp*. Boston: Little, Brown & Co., 1968.

Manvell, Roger and Heinrich Fraenkel. *Himmler*. New York: Putnam, 1965.

Marrus, Michael R. and Robert O. Paxton. *Vichy France and the Jews*. New York: Basic Books, 1981.

Marszalek, J. *Majdanek: The Concentration Camp in Lublin*. Warsaw: Interpress Warsaw, 1986.

Mayer, Milton. *They Thought They Were Free*. Chicago: University of Chicago Press, 1955.

Meltzer, Milton. *Never to Forget: The Jews of the Holocaust*. New York: Harper Trophy, 1976.

Metcalfe, Philip. *1933*. New York: Perennial Library, 1988.

Meyer, Peter. *The Jews in the Soviet Satellites*. Syracuse, NY: Syracuse University Press, 1953.

Michael, Robert A. *The Holocaust: A Chronology and Documentary*. Northvale, NJ: Jason Aronson, 1998.

Michel, Henry. *The Shadow War: European Resistance 1939–1945*. New York: Harper & Row, 1972.

Millay, Edna St. Vincent. *The Murder of Lidice*. New York: Harper & Brothers, 1942.

Mitscherlich, Alexander and Fred Mielke. *Doctors of Infamy: The Story of the Nazi Medical Crimes*. New York: Henry Holt, 1949.

Morais, Vamberto. *A Short History of Anti-Semitism*. New York: W. W. Norton, 1976.

Morse, Arthur. *While Six Million Died: A Chronicle of American Apathy*. New York: Hart Publishing, 1968.

Mosley, Leonard. *The Reich Marshal: A Biography of Hermann Goering*. New York: Doubleday, 1974.

Mosse, George, ed. *Nazi Culture*. New York: Grossett & Dunlap, 1966.

Muller, Ingo. *Hitler's Justice: The Courts of the Third Reich*. Cambridge, MA: Harvard University Press, 1991.

Müller, Melissa. *Anne Frank*. New York: Metropolitan Books, 1998.

Near, Henry. *The Kibbutz Movement: A History, 1939–1977.* Ilford, Essex, England: Littman Library of Jewish Civilization, 1997.

Nicholas, Lynn H. *The Rape of Europa: The Fate of Europe's Treasures in the Third Reich and the Second World War.* New York: Knopf, 1994.

Novick, Peter. *Nach dem Holocaust. Der Umgang mit dem Massenmord*. Stuttgart, Deutsche Verlagsanstalt, 2001.

O'Neill, Robert J. *The German Army and the Nazi Party, 1933–1939.* New York: Heinemann, 1966.

Outze, Borg, ed. *Denmark During the Occupation*. Copenhagen: Scandinavian Publishing, 1946.

Owings, Alison. *Eine andere Erinnerung. Frauen erzählen von ihrem Leben im Dritten Reich.* Berlin, Ullstein Taschenbuch-Verlag, 1999.

Padfield, Peter. *Himmler*. New York: Henry Holt, 1990.

Pauley, Bruce F. *From Prejudice to Persecution: A History of Austrian Anti-Semitism.* Chapel Hill, NC: University of North Carolina Press, 1992.

Perechodnik, Calel. *Bin ich ein Mörder? Das Testament eines jüdischen Ghetto-Polizisten.* Berlin, Aufbau Verlag, 1999.

Pincus, Chasya. *Come from the Four Winds: The Story of Youth Aliya*. New York: Herzl Press, 1970.

Plant, Richard. *The Pink Triangle: The Nazi War Against Homosexuals*. New York: Henry Holt, 1986.

Poliakov, Leon. *Harvest of Hate: The Nazi Program for the Destruction of the Jews of Europe*. Syracuse, NY: Syracuse University Press, 1954.

Posner, Gerald L. und John Ware. *Mengele. Die Jagd nach dem Todesengel*. Berlin, Aufbau Verlag, 1998.

Presser, Jacob. *Ashes in the Wind: The Destruction of Dutch Jewry.* Detroit: Wayne State University Press, 1998.

Price, Morgan. *Dispatches from the Weimar Republic: Versailles and German Fascism.* London: Pluto Press, 1999.

Pulzer, Peter G. J. *The Rise of Political Anti-Semitism in Germany and Austria*. New York: John Wiley & Sons, 1964.

Quinley, Harold E. and Charles Y. Glock. *Anti-Semitism in America*. New York: The Free Press, 1979.

Rapoport, Louis. *Stalin's War Against the Jews*. New York: The Free Press, 1990.

Rashke, Richard. *Escape from Sobibor*. Boston: Houghton Mifflin, 1982.

Read, Anthony und David Fisher. *Der Fall von Berlin*. Berlin, Aufbau Verlag, 1998.

Read, Anthony. *Kristallnacht: The Nazi Night of Terror*. New York: Random House, 1989.

Reichmann, Eva G. *Hostages of Civilization: The Social Sources of National Socialist Anti-Semitism*. Boston: The Beacon Press, 1951.

Reinartz, Dirk und Christian Graf von Krockow. *totenstill. Bilder aus den ehemaligen deutschen Konzentrationslagern*. Göttingen, Steidl Verlag, 1994.

Reitlinger, Gerald. *Die Endlösung. Hitlers Versuch der Ausrottung der Juden Europas 1939 – 1945.* Berlin, Wissenschaftliche Verlagsanstalt Spiess, 1992.

Reitlinger, Gerald. *The SS: Alibi of a Nation, 1922 – 1945*. New York: Viking, 1956.

Remak, Joachim. *The Nazi Years*. New York: Touchstone, 1969.

Rentschler, Eric, *The Ministry of Illusion: Nazi Cinema and Its Afterlife*. Cambridge, MA: Harvard University Press, 1996.

Reuth, Ralf Georg. *Goebbels. Eine Biographie*. München, Piper Verlag, 2000.

Rhodes, Anthony. *Propaganda: The Art of Persuasion, World War II.* New York: Chelsea House, 1976.

Ringelblum, Emanuel. *Notes from the Warsaw Ghetto*. New York: McGraw-Hill, 1958.

Rittner, Carol and John Roth. *Different Voices: Women and the Holocaust.* St. Paul: Paragon House, 1993.

Robinson, Jacob and Henry Sachs: *The Holocaust: The Nuremberg Evidence*. Jerusalem: Yad Vashem/YIVO Institute for Jewish Research, 1976.

Rogow, Arnold A. *The Jew in a Gentile World*. New York: Macmillan, 1961.

Rosenbaum, Ron. *Explaining Hitler*. New York: Random House, 1998.

Rosenberg, Alfred. *Race and Race History and Other Essays*. New York: Harper & Row, 1974.

Rossel, Seymour. *The Holocaust: The World and the Jews, 1933 – 1945*. West Orange, NJ: Behrman House, 1992.

Rubenstein, Richard and John Roth. *Approaches to Auschwitz: The Holocaust and Its Legacy*. Atlanta: John Knox Press, 1987.

Rudashevski, Yitzhok. *The Diary of the Vilna Ghetto: June 1941 – April 1943*. Israel: Ghetto Fighters' House, 1972.

Sanders, Ronald. *Shores of Refuge: A Hundred Years of Jewish Emigration*. New York: Henry Holt, 1988.

Sax, Benjamin and Dieter Kuntz. *Inside Hitler's Germany: A Documentary History of Life in the Third Reich*. Lexington, MA: D. C. Heath & Co., 1992.

Schechtman, Joseph. *The Mufti and the Fuehrer: The Story of the Grand Mufti of Jerusalem and His Unholy Alliance with Nazi Germany.* New York: Thomas Yoseloff, 1965.

Schleunes, Karl A. *The Twisted Road to Auschwitz: Nazi Policy Toward German Jews 1933-1939.* Urbana, IL: University of Illinois Press, 1970.

Scholl, Inge. *Die Weiße Rose*. Frankfurt/M., S. Fischer Verlag, 1993.

Schur, Maxine. *Hannah Szenes, Song of Light*. Philadelphia: Jewish Publications Society, 1986.

Schwarz, Solomon M. *The Jews in the Soviet Union*. Syracuse, NY: Syracuse University Press, 1951.

Segel, Binjamin W. *A Lie and a Libel: The History of the Protocols of the Elders of Zion.* Lincoln, NE: University of Nebraska Press, 1995.

Segev, Tom. *Die Soldaten des Bösen. Zur Geschichte der KZ-Kommandanten*. Reinbek, Rowohlt-Taschenbuch, 1992.

Seiden, Othniel J. *The Survivor of Babi Yar*. Boulder CO: Stonehenge, 1980.

Senesh, Hannah. *Her Life and Diary*. New York: Schocken Books, 1973.

Sereny, Gita. *Das Ringen mit der Wahrheit. Albert Speer und das deutsche Trauma*. München, Goldmann Verlag, 2001.

Sevillias, Errikos. *Athens-Auschwitz*. Athens: Lycabettus Press, 1983.

Shirer, William L. *Berliner Tagebuch*. Leipzig, Reclam Verlag, 1994.

Shirer, William L. *Aufstieg und Fall des Dritten Reiches*. Komet Verlag, 2000.

Silver, Eric. *Sie waren stille Helden. Frauen und Männer, die Juden vor Nazis retteten*. München, Carl Hanser Verlag, 1994.

Smith, Denis Mack. *Mussolini: A Biography*. New York: Knopf, 1982.

Smolar, Hersh. *Minsk Ghetto: Soviet-Jewish Partisans Against the Nazis*. New York: Holocaust Library, 1989.

Snyder, Louis L. *Encyclopedia of the Third Reich*. New York: Paragon House, 1989.

Stein, George H. *Geschichte der Waffen-SS*. Wiesbaden, Panorama Verlag.

Steinberg, Lucien. *Jews Against Hitler*. New York: Gordon & Cremonesi, 1978.

Steiner, Jean-François. *Treblinka*. Harald Kater Verlag, 1994.

Steinhoff, Johannes, Peter Pechel and Dennis Showalter, eds. *Voices from the Third Reich*. Washington, DC: Regnery Gateway, 1989.

Stolzfus, Nathan. *Resistance of the Heart: Intermarriage and the Rosenstrasse Protest in Nazi Germany*. New York: W. W. Norton, 1996.

Stroop, Jürgen. *The Stroop Report*. New York: Pantheon, 1979.

Suhl, Yuri. *They Fought Back*. New York: Crown, 1967.

Sutherland, Christine. *Monica. Eine Frau im Widerstand gegen die deutsche Besatzung*. Frankfurt/M., Fischer Taschenbuchverlag, 2002.

Svoray, Yaron and Nick Taylor. *In Hitler's Shadow: An Israeli's Amazing Journey Inside Germany's Neo-Nazi Movement*. New York: Doubleday, 1994.

Sweets, John F. *Choices in Vichy: The French Under Nazi Occupation*. New York: Oxford University Press, 1986.

Swiebocka, Teresa, ed. *Auschwitz. A History in Photographs*. Bloomington, IN: Indiana University Press, 1993.

Syrkin, Marie. *Blessed Is the Match: The Story of Jewish Resistance*. Philadelphia: Jewish Publications Society, 1947.

Taylor, James and Warren Shaw. *Dictionary of the Third Reich*. New York: Penguin, 1997.

Taylor, Telford. *Sword and Swastika: The Wehrmacht in the Third Reich*. London: Gallancz, 1953.

Tec, Nechama. *Defiance: The Bielski Partisans*. New York : Oxford University Press, 1993.

Thomas, Gordon. *Voyage of the Damned*. New York: Stein and Day, 1974.

Tokayer, Marvin and Mary Swartz. *The Fugu Plan: The Untold Story of the Japanese and the Jews During World War II.* New York: Paddington Press, 1979.

Toland, John. *Adolf Hitler (Teil I und II).* Bergisch-Gladbach, Lübbe Verlag, 1981.

Toll, Nelly. *When Memory Speaks: The Holocaust in Art.* Westport, CT: Praeger, 1998.

Tory, Avraham and Martin Gilbert, eds. *Surviving the Holocaust: The Kovno Ghetto Diary*. Cambridge, MA: Harvard University Press, 1991.

Trunk, Isaiah. *Judenrat: The Jewish Councils in Eastern Europe Under Nazi Occupation*. New York: Macmillan, 1972.

Ungerer, Tomi. *Die Gedanken sind frei. Meine Kindheit im Elsass*. Zürich, Diogenes, 1999.

United States Holocaust Memorial Museum. *Historical Atlas of the Holocaust*. New York: Macmillan, 1996.

Volavkova, Hana, ed. *I Never Saw Another Butterfly: Children's Drawings and Poems from Theresienstadt Concentration Camp, 1942*. New York: McGraw-Hill, 1964.

Warmbrunn, Werner. *The Dutch Under German Occupation: 1940 – 1945*. Stanford. CA: Stanford University Press, 1963.

Warren, Donald. *Radio Priest Charles Coughlin: The Father of Hate Radio*. New York: The Free Press, 1996.

Wasserstein, Bernard. *Britain and the Jews of Europe, 1939 – 1945*. New York: Oxford University Press, 1979.

Wasserstein, Bernard. *Europa ohne Juden. Das europäische Judentum seit 1945*. Berlin, Ullstein Taschenbuch, 2001.

Weinberg, Jeshajahu and Rina Elieli, in collaboration with the United States Holocaust Memorial Museum. *The Holocaust Museum in Washington*. New York: Rizzoli, 1995.

Werner, Harold. *Partisan im Zweiten Weltkrieg. Erinnerungen eines polnischen Juden*. Lüneburg, Klampen Verlag, 1999.

Wiesel, Elie. *Die Nacht. Erinnerung und Zeugnis*. Freiburg i. Br., Herder Taschenbuch, 1996.

World Jewish Congress. *The Black Book: The Nazi Crime Against the Jewish People*. New York: Duell, Sloan & Pearce, 1946.

Wyden, Peter. *Stella*. Göttingen, Steidl Verlag, 2000.

Wyman, David S. *Das unerwünschte Volk. Amerika und die Vernichtung der europäischen Juden*. Frankfurt/M., Fischer Taschenbuchverlag, 2000.

Wyman, Mark. *DPs: Europe's Displaced Persons, 1945 – 1951*. Ithaca, NY: Cornell University Press, 1998.

Yahil, Leni. *The Holocaust: The Fate of European Jewry*. New York: Oxford University Press, 1990.

Yahil, Leni. *The Rescue of Danish Jewry*. Philadelphia: Jewish Publication Society of America, 1969.

Young, Peter, ed. *The World Almanac Book of World War II*. London: World Almanac Publications, 1981.

Zimmerman, Moshe. *Wilhelm Marr: The Patriarch of Anti-Semitism*. New York: Oxford University Press, 1986.

Zuckerman, Yitzhak. *A Surplus of Memory: Chronicle of the Warsaw Ghetto Uprising*. Berkeley, CA: University of California Press. 1993.

Tonvortragsreihe

Childers, Thomas. *The History of Hitler's Empire*. Springfield, VA: The Teaching Co., 1994.

REGISTER

Kursiv gesetzte Seitenzahlen verweisen auf Fotos oder andere bildliche Darstellungen.

B

H

I

J

K

L

M

N

O

P

Q

R

S

T

U

V

Bildnachweis:

AKG Photo, London: 58 (unten rechts), 66 (Mitte), 71 (unten), 164 (oben und Mitte links), 461 (Mitte rechts), 544 (Mitte); **AP/Wide World Photos:** 18, 19 (oben), 24 (unten), 61 (Mitte), 62 (Mitte links), 65 (links und unten), 82 (oben), 90 (unten), 92 (unten), 95 (unten), 100 (oben links), 105 (Mitte rechts), 106 (unten), 112, 113 (oben), 117 (unten),128 (oben und Mitte links), 138 (Mitte links), 143 (unten), 152 (oben), 155 (oben links), 156 (unten rechts), 157 (oben rechts), 158 (oben links), 159 (oben), 162 (Mitte), 175 (oben links), 178 (oben), 187 (unten), 194 (oben), 197 (oben links), 203 (oben), 213 (unten), 217 (Mitte links), 223 (unten), 225 (unten), 237 (unten), 258 (Mitte links), 259 (unten), 260 (Mitte rechts), 264 (oben links), 268 (oben rechts), 289 (oben rechts), 298 (Mitte links), 305 (Mitte rechts), 354 (Mitte), 359 (Mitte), 365 (Mitte rechts), 373 (oben rechts), 396 (links), 398 (Mitte links), 430 (oben), 437 (Mitte), 440 (oben rechts), 454 (Mitte rechts), 460 (oben links und oben rechts), 466 (oben), 477 (oben links), 478 (Mitte rechts), 481 (oben), 488 (oben links), 519 (rechts), 531 (oben links), 554 (unten), 595 (oben rechts), 596 (oben), 597, 599 (rechts), 601 (oben und unten), 610 (rechts), 615 (oben links), 616 (unten), 625 (unten rechts), 628 (oben), 629 (oben), 642 (oben), 651 (unten), 652 (oben), 676 (oben), 697 (oben); Richard Drew: 690 (oben); Jockel Finck: 677 (Mitte); **Archiv des Staatssicherheitsamtes, Warschau:** 648 (oben links und oben rechts); **Archive Photos:** 16, 28 (unten), 30 (Mitte), 43, 44 (oben), 52 – 53, 56 (Mitte), 62 (Mitte rechts), 70 (Mitte links), 102 (unten links), 125 (Mitte rechts), 130 (Mitte links), 159 (rechts), 193 (oben rechts), 205 (Mitte), 231 (oben rechts), 252 (oben rechts), 270 (Mitte links), 277 (unten), 289 (oben links), 315 (rechts), 364 (oben rechts), 399 (rechts), 535 (unten), 555 (links), 588 (oben rechts), 593 (links und unten), 595 (unten rechts), 598 (oben links), 599 (unten links), 600 (links), 621 (oben links), 647 (oben), 651 (oben), 652 (Mitte), 658 (oben), 668 (unten), 669 (oben links), 673 (oben); American Stock Photos: 129 (Mitte rechts); Archiv Cas Oorthuys: 267 (oben); Leo Beck Institute: 113 (unten); Deutsche Presse: 482 (unten); Express Newspapers: 88 (unten), 443 (links); Photos International: 698 (unten); Bernard Gotfryd: 627 (rechts); G. D. Hackett: 280 (oben links), 399 (oben), 433 (Mitte), 445 (Mitte); Herbert: 114 (unten); Imperial War Museum: 207, 499 (oben links und oben rechts), 539 (oben), 540 (oben links), 615 (unten links); *The New York Times*: 99 (unten); Popperfoto: 101 (unten links), 107 (unten rechts), 109 (Mitte), 127 (Mitte links), 153 (rechts), 159 (unten), 254, 649 (Mitte links); Potter Collection: 84 – 85, 130 (Mitte rechts); Franz Stangl: 670 (oben); Tallandier/Archive France: 197 (Mitte), 204 (links), 220 (oben), 263 (oben rechts), 648 (Mitte rechts); Ricardo Watson: 658 (Mitte); Reuters: Jochen Eckel: 667 (oben); Leonhard Foeger: 688 (oben); Jaqueline Godany: 693 (unten); Paul Hanna: 669 (unten rechts); Jim Hollander: 669 (oben rechts); Pawel Kopczynski: 678 (oben links); Reinhard Krause: 678 (oben rechts), 686 (unten); Mike Segar: 690 (unten); Mike Theiler: 694 (oben); **Bildarchiv Preußischer Kulturbesitz:** 39 (unten), 51 (unten), 135 (Mitte links), 285 (unten), 286 (Mitte), 329 (Mitte links), 345 (Mitte links), 403 (Mitte links), 408 (links), 415 (rechts), 418 (oben rechts), 445 (oben links und oben rechts), 446, 449 (oben rechts), 474 (Mitte), 501, 506, 527 (oben rechts), 536 (unten rechts), 555 (unten rechts), 558 (Mitte), 567, 589 (oben links), 614 (rechts), 633 (unten links); 657, 682; Imperial War Museum: 443 (oben); **Bilderdienst Süddeutscher Verlag:** 19 (unten), 26 (oben), 27, 30 (links und oben rechts), 32, 35, 37 (oben), 45, 48, 49, 80 (unten rechts), 81 (unten rechts), 83 (unten rechts), 87 (unten), 89 (oben), 92 (oben rechts), 101 (oben und unten rechts), 115 (unten), 117 (oben links), 118 (oben rechts und unten), 119 (oben), 135 (Mitte rechts), 142 (oben), 145 (oben), 155 (unten), 156 (links), 193 (oben links), 199 (oben links), 209 (Mitte und unten), 220 (Mitte links), 245 (oben), 248 (oben rechts), 253 (Mitte rechts), 261 (oben rechts), 273 (Mitte links), 275 (Mitte links), 279 (oben rechts), 286 (oben links), 291 (oben links), 294, 300, 301 (oben links), 302 (Mitte), 303 (Mitte), 312 (oben links), 313 (Mitte), 328 (unten), 334 (oben und Mitte rechts), 335 (oben rechts), 350 (oben rechts und Mitte rechts), 366 (links), 368, 378 (Mitte), 386 (oben), 393 (Mitte), 412, 414 (oben links), 421 (oben und Mitte links), 436 (Mitte), 443 (Mitte rechts), 451 (rechts), 452 (oben), 457 (oben), 458 (Mitte rechts), 462, 479 (oben und Mitte rechts), 490 (Mitte rechts), 496 (links), 497 (oben und Mitte rechts), 507 (oben), 510 (oben rechts), 514 (unten), 521 (oben), 530 (oben links), 531 (oben rechts und unten), 538 (rechts), 540 (rechts), 541 (unten links), 542 (unten links), 551 (oben links), 554 (oben), 555 (oben rechts), 563 (rechts), 564 (unten), 570 (oben rechts), 577 (oben links und oben rechts), 589 (unten), 590 (links), 611 (rechts und unten links), 612 (unten), 613 (rechts), 614 (links), 652 (unten), 661 (oben), 664 (unten), 672 (unten), 689, 693 (oben); imo: 667 (unten); **Bundesarchiv:** 343 (Mitte rechts), 383 (oben rechts), 503 (oben links); **Center for Historical Research and Documentation on War and Contemporary Society:** 356 (Mitte links); **Philip Drell:** 26 (unten), 70 (oben links), 153 (Mitte), 157 (unten), 190 (Mitte rechts), 198 (oben rechts), 348 (Mitte rechts), 375 (Mitte), 388 (oben), 410 (oben links), 519 (oben links), 602 (unten links), 608 (oben links und rechts), 609 (oben rechts und unten), 610 unten links), 660 (unten), 679 (oben); **Drew University, Center for Holocaust Study:** 604 (oben links), 605 (rechts), 612 (oben), 615 (unten rechts), 622, 632 (oben), 636 (unten rechts); **Gideon:** 389 (Mitte), 426, 599 (oben links); **Larry Glickman:** 681 (unten); **Gerald Gustafson Photography:** 376 (oben rechts), 398 (Mitte rechts); 416 (oben links); **Kadar Gyorgy/Vanderbilt University:** 512 (unten), 547 (links); **Beth Hatefutsoth:** 115 (oben), 143 (oben rechts), 192 (oben rechts), 195 (oben), 203 (Mitte rechts), 237 (oben links), 263 (oben links), 309 (oben rechts), 314, 319 (oben), 321 (oben links), 324 (oben rechts und Mitte rechts), 336 (oben rechts), 357 (Mitte rechts), 392 (rechts), 393 (oben rechts), 401 (oben links), 402 (Mitte), 433 (oben rechts), 466 (Mitte und unten rechts), 474 (oben rechts), 498 (Mitte), 516 (unten rechts), 645 (oben), 656 (oben), 661 (unten), 683 (oben), 684 (oben); Moshe Baruch, Israel: 228 (oben links); Leo Forbert: 225 (oben); The Furst Family, Israel: 425 (oben); Zvi Kadushin: 422 (Mitte rechts); The Leibowitz Family: 229 (Mitte links); Josef Majerowitsch, Kiew: 684 (unten); David Petel, Tel Aviv: 356 (Mitte rechts); **Hulton Getty Collection:** 25 (unten), 229 (oben), 253 (oben), 301 (oben rechts), 333 (oben), 523 (links), 534 (oben und rechts), 556 (oben rechts und unten), 560 (oben rechts), 588 (oben links), 603 (unten links), 616 (oben links und oben rechts), 698 (oben rechts); **SchafferGyula/Historisches Fotoarchiv des ungarischen Nationalmuseums:** 226 (oben links); **Larry Kane:** 683 (unten); **Fotoarchive der Niederlande:** 511 (unten), 512 (oben rechts); **Państwowe Muzeum Oświeçim:** 186, 215 (unten), 408 (oben), 417 (Mitte), 467 (Mitte); **Leni Sonnenfeld:** 638 – 639, 654; **Ullstein Bilderdienst:** 20, 21, 23, 24 (oben), 28 (oben), 31, 33, 34, 37 (oben), 42, 44 (unten), 47, 50, 51 (oben), 71 (Mitte links), 154 (oben); 181 (oben links), 233 (oben), 248 (oben links), 272 (Mitte links), 275 (Mitte rechts), 301 (Mitte); 302 (oben links), 306 (links), 340 (Mitte), 344 (oben links), 409 (oben), 419 (Mitte), 420 (Mitte rechts), 421 (rechts), 424 (oben links), 428 (oben links), 429 (oben rechts), 444 (oben links), 447 (oben), 450 (Mitte), 467 (oben links), 481 (Mitte links und Mitte rechts), 515 (oben rechts), 553 (oben rechts), 574, 582 (oben), 583 (oben), 592 (links), 611 (oben links), 659 (oben), 670 (Mitte rechts), 685 (unten), 686 (oben); **United States Holocaust Memorial Museum Photo Archives:** 64 (oben und Mitte links), 66 (oben links), 67 (oben), 70 (oben rechts und Mitte rechts), 76 (oben rechts), 77 (unten links), 79 (oben), 81 (unten links), 83 (unten links), 91 (oben links), 94 (oben), 95 (oben rechts), 100 (unten), 107 (oben), 114 (oben rechts), 116 (unten), 124 (Mitte links und Mitte rechts), 132 (Mitte rechts), 133 (oben rechts und unten), 135 (oben), 138 (Mitte rechts), 139 (oben rechts), 146 (oben links), 147 (oben rechts), 154 (Mitte rechts), 160 (oben rechts), 162 (oben rechts), 165 (oben links), 178 (Mitte rechts), 181 (Mitte links), 189 (Mitte rechts), 191 (oben rechts), 192 (oben links und Mitte), 204 (oben), 205 (oben rechts), 217 (oben und Mitte rechts), 224 (oben links), 229 (Mitte rechts), 243 (oben rechts), 270 (Mitte rechts), 279 (oben links), 287 (Mitte links), 318 (oben rechts), 326 (Mitte rechts), 332 (Mitte rechts), 335 (Mitte), 370 (oben), 372 (Mitte rechts), 380 (Mitte links), 385 (oben rechts), 387 (links), 397 (oben), 399 (Mitte), 403 (rechts), 410 (oben rechts), 415 (oben und Mitte links), 425 (Mitte links), 438 (Mitte rechts), 447 (Mitte links), 453 (oben), 455 (Mitte), 460 (unten), 473 (rechts), 475 (oben rechts), 479 (Mitte links), 484 (oben), 494 (oben rechts), 495 (oben), 509 (rechts), 511 (oben rechts), 519 (unten links), 534 (unten), 546 (rechts), 551 (unten rechts), 552 (unten Mitte), 556 (oben links), 605 (oben links), 635 (oben), 672 (oben), 696 (unten), 697 (unten); Miru Alcana: 163 (Mitte, 518 (oben rechts); American Jewish Archives: 358 (links), 513 (oben); American Jewish Historical Society: 514 (oben); American Jewish Joint Distribution Committee: 8 (unten), 116 (oben), 145 (unten), 167 (oben rechts), 189 (unten Mitte), 204 (rechts), 243 (unten), 252 (Mitte links), 400 (oben), 517 (oben rechts), 520 (oben), 625 (oben rechs), 641 (unten), 645 (Mitte), 646 (oben), 648 (Mitte links); AP/Wide World Photos: 122, 166 (oben rechts), 442 (Mitte), 502 (oben rechts), 503 (Mitte links), 557 (oben rechts), 580, 591 (rechts), 634, 647 (Mitte rechts), 653 (oben), 694 (unten); Archives of Mechanical Documentation: 104 (unten), 222 (Mitte links), 239 (oben links), 240 (oben rechts), 318 unten rechts); Archives Nationales de la Grand-Duche de Luxembourg: 480 (Mitte9; Archiwum Akt Nowych [ehem. Archiv der Kommunistischen Partei]: 175 (Mitte), 230 (oben rechts), 296 (Mitte), 321 (Mitte links), 345 (oben), 450 (oben rechts); Arhiv Jugoskavije: 351 (oben rechts); Frida Aronson; 413 (oben); Raphael Aronson; 108 (oben links), 386 (unten); Maria Austria Institute: 548 (oben rechts und unten), 549 (unten); Lisa Freund Avedon: 109 (oben links); Babi-Jar-Gesellschaft, Kiew: 271 (Mitte), 309 (oben links); Bayrische Motorenwerke: 410 (Mitte); Bayrische Staatsbibliothek: 57; Belgium Radio and TV: 228 (oben rechts), 355 (oben); Dokumentationszentrum Berlin: 193 (Mitte), 225 (Mitte links), 266 (oben rechts), 272 (Mitte rechts), 273 (oben), 374 (links), 397 (Mitte rechts), 400 (Mitte rechts), 520 (unten rechts); Bibliothèque Historique de la Ville de Paris: 158 (oben rechts), 161 (Mitte und oben rechts), 179 (oben rechs), 195 (Mitte links), 347 (oben rechts), 420 (Mitte links); Bibliothèque Nationale. 147 (oben links), 261 (Mitte); Bildarchiv Abraham Pisarek: 87 (oben), 104 (oben links), 105 (Mitte links), 124 (oben), 130 (oben), 134 (oben), 143 (oben links), 172 (unten); Bildarchiv Preußischer Kulturbesitz: 54, 59 (oben), 60 (oben), 61 (oben rechts), 67 (Mitte rechts), 68 (unten), 74, 78 (oben rechts), 119 (rechts), 144, 146 (rechts), 148 – 149, 157 (oben links), 165 (unten links und Mitte rechts), 176 (Mitte), 180 (Mitte links und Mitte rechts), 183 (oben rechts), 189 (oben links), 190 (oben rechts), 216 (oben), 220 (Mitte rechts), 221 (oben links), 238 (Mitte), 255 (oben rechts) 258 (oben), 265 (unten Mitte), 283 (oben links), 284 (oben rechts), 292 – 293, 323, 341 (oben links), 360 (oben links), 379 (oben), 409 (Mitte), 440 (oben links), 449 (oben links), 452 (Mitte links), 471 (unten); Bilderdienst Süddeutscher Verlag: 367 (Mitte rechts), 395 (rechts), 418 (links), 617 (unten links), 641 (oben), 691 (unten); Rachel Birenbaum: 325 (Mitte); Gay Block und Malka Drucker: 329 (oben), 491 (Mitte); Karl-Bonhoeffer-Nervenklinik: 76 (oben links), 91 (unten), 169; Bnai Brith: 307 (Mitte); Thea Boruzk Slawner: 291 (Mitte); Jelena Brusilowski: 271 (oben links und oben rechts); Bundesarchiv: 25 (oben), 40 (unten), 59 (unten), 61 (oben links), 75 (oben), 77, 79 (unten rechts), 80 (unten links), 82 (unten links), 91 (oben rechts), 103 (Mitte9, 106 (oben rechts), 126 (Mitte rechts), 128 (Mitte rechts), 182 (oben links), 196 (oben links), 198 (Mitte), 201 (Mitte links), 203 (Mitte links), 206 (Mitte), 216 (Mitte links), 221 (Mitte), 242 (Mitte links),245 (unten), 253 (Mitte links), 260 (oben), 261 (oben links), 262 (Mitte rechts), 289 (unten), 343 (Mitte links), 416 (oben rechts), 434 (Mitte links), 436 (oben), 541 (oben), 542 (oben und rechts), 544 (unten), 452 (Mitte rechts), 464 (oben rechts), 493 (oben), 569 (unten), 582 (unten rechts), 587 (unten links), 588 (unten), 660 (oben); Bundesarchiv/Allgemeiner Deutscher Nachrichtendienst, Bildarchiv: 226 (Mitte); Schweizerisches Bundesarchiv: 250 (Mitte links); Marion I. Cassirer: 560 (links); Central State Archive of Film, Photo and Phonographic Documents: 263 (Mitte links), 328 (oben), 487 (oben); Central Zionist Archives: 154 (Mitte links), 160 (oben links), 178 (Mitte links), 208 (oben), 338 (Mitte links), 359 (links), 365 (oben rechts), 372 (oben), 375 (oben links und oben rechts), 411 (unten), 431 (unten), 459 (links), 475 (Mitte), 498 (oben rechts), 509 (oben links), 570 (unten), 576 (unten rechts), 619 (links), 624 (links), 626 (oben links), 631 (unten), 662 (unten Mitte), 665 (unten), 666, 674, 695; Centre de Documentation Juive Contemporaine: 195 (unten Mitte); Lydia Chagoll: 206 (oben rechts), 282 (oben), 319 (links und Mitte rechts), 337 (Mitte links), 361, 365 (oben links), 390 (unten rechts), 486 (oben), 537 (oben rechts), 624 (oben rechts); Joseph Chwedyk; 379 (unten); Comité International de la Croix Rouge: 402 (oben), 456 (Mitte links), 536 (oben rechts und links); Syma Crane: 425 (rechts); Czechoslovak News Agency: 139 (Mitte links), 140 (oben), 179 (Mitte), 307 (oben rechts), 330 (Mitte rechts), 331, 332 (oben und Mitte links), 333 (links), 346 (oben), 508 (oben links), 512 (oben links), 582 (links), 624 (unten rechts); Öffentliche Bibliothek Częstochowa: 369 (oben links); Ada Dekhtyar: 210 – 211; Fred Diament: 626 (oben rechts); Distriktmuseum Radom: 227 (Mitte); Documentary Film Archives: 401 (oben rechts), 585 (unten rechts); Dokumentationsarchiv des Österreichischen Widerstandes: 29, 126 (Mitte links), 127 (oben und Mitte rechts), 142 (Mitte rechts), 205 (oben links), 246 (oben links), 266 (unten rechts), 276 (Mitte rechts), 280 (Mitte), 338 (Mitte rechts), 357 (links), 369 (oben rechts), 418 (unten rechts), 466 (unten links), 625 (links); Marvin Dorf: 596 (unten rechts); Frania Dunska Friedman: 200 (oben); ECPA Photo Cinema Video: 262 (oben rechts), 592 (unten); Ellen W. Echeverria: 533 (oben links); Joost Elffers: 349 (oben links); Erzbischöfliches Ordinat, Pressestelle: 274 (oben); Lena Fagen: 174 (links), 518 (oben links); Federation Nationale et Internes Resistants: 230 (Mitte), 395 (links), 453 (unten); Peter Feigl: 510 (links); Benjamin Ferencz: 262 (links), 691 (oben); Caroline Fierst: 137 (oben); Fondazione Centro di Documentazione Ebraica Contemporanea: 628 (links); 491 (oben links und oben rechts); Spaarnestad Fotoarchief: 78 (unten); FPG International: 146 (unten links), 233 (unten links), 240 (Mitte), 382 (Mitte rechts), 637 (unten rechts), 640, 643 (Mitte links); Anne Frank Stichting: 76, 335 (oben links), 548 (links), 549 (oben links); Richard Freimark: 8 (oben), 38, 72 – 73, 83 (oben), 109 (oben rechts), 499 (Mitte); Frihedsmuseet: 282 (links), 488 (oben rechts und Mitte), 489; Annette Fry: 388 (Mitte links); William Gallagher: 102 (oben), 139 (oben links), 239 (oben rechs),

390 (links); Gedenkstätte Bergen-Belsen: 642 (Mitte links), 659 (unten); Bernard Geron: 455 (oben links); Jaquelyn Gervay: 522 (oben links); Max-Planck-Gesellschaft: 225 (Mitte rechts); Ghetto Fighters' House: 209 (oben), 346 (Mitte rechts), 350 (oben links), 363 (oben rechts), 364 (Mitte), 409 (links), 414 (Mitte), 550 (oben); Trudi Gidan: 455 (oben rechts), 515 (unten); Louis Gonda: 448 (oben); Pressebüro der Regierung, Lishkat Ha-Itonut: 529 (rechts), 662 (Mitte rechts), 675, 698 (oben links); Paul Grisso: 532 (oben rechts); Dr. Charles Gross: 177 (rechts); Ruth Gruber 552 (oben und unten links), 656 (unten); Irene Guttmann Slotkin Hizme: 467 (oben rechts); Lutz Haase: 216 (Mitte rechts); Beth Hatefutsoth: 391 (links), 530 (unten), 566 (unten links), 644 (Mitte rechts); Hebrew Immigrant Aid Society: 662 (oben); Anna und Joshua Heilman: 568 (oben); Hessisches Hauptstaatsarchiv: 208 (Mitte), 270 (oben rechts), 272 ((oben), 278 (oben und unten); Norges Hjemmefrontmuseum: 385 (oben links); Historical Museum of Rzeszów: 40 (oben), 41, 78 (oben links); Hoover Institution: 93 (unten rechts), 201 (oben), 509 (unten links); Hoover Institution/American Jewish Joint Distribution Committee: 131 (Mitte); Howard University/Art Carter Collection); 106 (oben links); David S. Hull, *Film in the Third Reich: A Study of the German Cinema, 1933–1945.* University of California Press, 1969: 202 (oben rechts); Hulton Picture Company: 58 (unten links); Historisches Fotoarchiv des ungarischen Nationalmuseums: 248 (Mitte), 569 (oben); Jacob Igra: 174 (oben); Rafal Imbro: 297 (oben und Mitte links); Imperial War Museum: 56 (oben rechts), 82 (unten rechts), 238 (oben rechts), 576 (links), 600 (unten rechts), 606 (oben), 615 (oben rechts), 627 (oben links), 632 (unten rechts); International News Photo: 163 (oben rechts); Israel Defense Forces Archives: 637 (unten links), 646 (Mitte links); Jewish Historical Institute: 450 (oben links); Historisches jüdisches Museum, Jugoslawien: 226 (oben rechts), 231 (oben links), 232 (oben links), 242 (Mitte rechts), 283 (Mitte), 476 (oben); Jewish Museum of the Dohany Synagogue: 569 (links); Staatliches jüdisches Museum, Litauen: 257 (Mitte rechts), 295 (unten), 371 (oben rechts); Jewish War Veterans of the United States of America, Inc.: 114 (oben links), 152 (Mitte), 153 (oben), 156 (oben rechts); Jüdisches Museum: 191 (Mitte), 237 (Mitte), 276 (oben), 341 (oben rechts); KZ-Gedenkstätte dachau: 513 (unten links); KZ-Gedenkstätte Neuengamme: 136 (oben links), 141 (unten), 188 (oben rechts), 502 (Mitte rechts); George Kadish: 241 (oben), 273 (Mitte rechts), 274 (Mitte), 559 (rechts), 643 (oben); Moshe Kaganovich: 404–405, 422 (links); Henny Kalkstein Reemy: 486 (Mitte links); Jan Karski: 389 (rechts); Ferenc Katona: 522 (unten); Nettie Stub Katz: 141 (oben); Keren Kayemet Archives: 160 (Mitte), 170 (oben links), 619 (unten); Aviva Kempner: 633 (rechts), 644 (oben); Keystone: 530 (oben rechts); Morris Kiel: 162 (links); Serge Klarsfeld: 337 (Mitte rechts), 373 (oben links), 349 (links), 483 (links); Julie Klein: 161 (oben links); Roland Klemig: 93 (unten links), 107 (unten links), 315 (oben links und Mitte links), 316, 387 (Mitte rechts), 390 (oben rechts); Marion Koch: 607 (unten); Ruth Kohn: 132 (oben); Sylvia Kramarski Kolski: 471 (oben); Nancy und Michael Krzyzanowski; 591 (links), 598 (unten); Lena Kurtz Deutsch: 557 (links); Judiska Kvinnoklubben: 602 (oben links); La Documentation Française: 327 (Mitte links), 371 (oben links), 398 (oben); Margaret Lambert: 98; Sara Lamhaut Boucart; 508 (oben rechts); Landesbildstelle Berlin: 77 (oben), 94 (unten); William Landgren; 608 (unten); Tamy Lavee: 427 (unten); Jack Lennard Archive: 472 (oben); Samson Lernen: 483 (rechts); Alice Lev; 581 (unten), 630, 631 (links), 632 (unten links), 649 (oben); Jaqueline Levy: 320 (oben rechts); Library of Congress; 39 (oben), 71 (Mitte rechts), 89 (unten links und untenrechts), 268 (oben links); Life Picture Service; 176 (oben links), 181 (oben rechts), 219 (Mitte); Josef Lipnicki: 642 (Mitte rechts); P. Liveright; 595 (oben links); Joan Liwer Wren: 202 (oben links), 242 (oben); Joseph Maier: 644 (links); Hauptkommission zur Untersuchung der Nazikriegsverbrechen in Polen: 125 (oben), 150, 166 (links), 170 (unten), 171 (oben), 173 (oben links), 180 (oben links und oben rechts), 183 (oben links und Mitte), 184–185, 194 (Mitte rechts), 222 (oben), 224 (Mitte), 230 (oben links), 238 (oben links), 244 (oben und unten rechts), 264 (unten rechts), 268 (unten), 285 (oben), 287 (oben), 308 (oben und Mitte), 311 (Mitte), 325 (oben links), 327 (Mitte rechts), 336 (mitte), 339 (oben links), 340 (rechts), 343 (oben), 351 (oben links), 354 8unten), 358 (oben), 360 (oben rechts), 364 (oben links), 374 (oben), 376 (Mitte), 378 (oben), 381 (oben und rechts) 382 (Mitte links), 383 (oben links), 387 (oben rechts), 423 (oben links), 434 (oben), 435 (Mitte links), 438 (oben und mittel inks), 448 (Mitte), 451 (oben und Mitte links), 458 (links), 459 (links), 459 (oben rechts), 461 (oben), 464 (Mitte), 465 (Mitte links), 504–505, 538 (unten links), 545 (links und unten rechts), 557 (unten rechts), 618 (links), 621 (unten links); Wilfred McCarthy; 623 (unten); William O. McWorkman: 62 (oben), 93 (oben), 103 (oben links); Benjamin Meed: 297 (Mitte rechts), 312 (oben rechts und Mitte), 423 (oben rechts), 486 (Mitte rechts); Memoire Juive de Paris: 342 (oben), 507 (unten); Flora Mendelowitz Singer: 355 (Mitte links); Oscar Mendelsohn: 392 (links); Hanna Meyer-Moses: 484 (unten); Ministère des Affaires Étrangeres: 619 (oben rechts); Ministère des Anciens Combattants: 458 (oben rechts), 510 (unten rechts) 606 (unten); Moreshet Archives: 646 (Mitte rechts); Frank Morgens: 232 (oben rechts); John W. Mosenthal: 636 (links); Al Moss: 362 (oben); Sharon Muller: 283 (oben rechts); Musée de la Résistance Nationale: 477 (oben rechts), 573 (oben links), 607 (links); Museum of the History of Photography: 459 (Mitte rechts); Museum der jüdischen Gemeinde von Bukarest: 233 (unten rechts); Museum of Jewish Heritage/Center for Holocaust Studies: 490 (oben rechts), 561 (oben links); Museum of Modern Art, New York: 200 (Mitte links); Polnisches Armeemuseum: 170 (oben rechts); Muzej Revolucije Narodnosti Jugoslavije: 224 (oben rechts), 232 (Mitte), 257 (Mitte links), 264 (oben rechts), 267 (unten), 311 (oben), 428 (Mitte); Museum Stutthof: 174 (Mitte), 621 (oben rechts); National Archives: 54, 55, 58 (oben links), 63, 68 (oben), 75 (unten), 80 oben, 90 (oben links), 94 (links), 99(oben), 102 (unten rechts), 126 (oben), 132 (Mitte links), 134 (Mitte links), 136 (oben rechts), 151 (oben), 152 (Mitte links), 163 (oben links), 167 (unten), 171 (Mitte), 187 (0ben), 198 (oben links), 200 (Mitte rechts), 201 (Mitte rechts), 237 (oben rechts), 247 (oben und Mitte links), 250 (Mitte rechts), 286 (oben rechts), 307 (oben links), 317 (Mitte), 341 (Mitte), 349 (oben rechts und Mitte), 360 (Mitte), 377 (Mitte links), 380 (oben), 391 (rechts), 406, 442 (oben), 447 (Mitte rechts), 449 (Mitte), 454 (oben), 477 (Mitte), 508 (unten), 533 (rechts und unten links), 550 (links), 563 (oben links), 566 (rechts), 573 (oben rechts), 575 (oben und unten), 576 (oben), 587 (oben rechts), 590 (unten rechts), 592 (oben), 593 (oben rechts), 595 (unten links), 602 (rechts), 603 (oben links), 604 (rechts), 610 (oben links), 613 8oben links), 617 (rechts), 618 (unten rechts), 633 (oben links), 635 (rechts und unten links), 636 (oben rechts), 637 (oben), 650 (links), 653 (unten), 668 (oben), 692; Nationalarchiv, Kraków: 222 (Mitte rechts), 327 (oben); National Museum of American Jewish History: 134 (Mitte rechts), 377 (Mitte rechts); Nationale Mahn- und Gedenkstätte Buchenwald: 487 (unten); New York Public Library: 123 (oben); *The New York Times:* 105 (oben), 136 (unten), 166 (unten rechts), 182 (Mitte rechts), 217 (unten); Nowosti Press: 212, 291 (oben rechts), 517 (oben links), 629 (unten links); Österreichische Gesellschaft für Zeitgeschichte: 142 (Mitte links); Organisation der Juden in Bulgarien: 214 (oben links und Mitte), 430 (links), 435 (oben); Orzagos Szechenyi Konyvtar, Budapest: 131 (oben rechts), 478 (oben); Leopold Page Photographic Collection; 465 (oben), 470, 565, 679 (unten), 685 (oben); Shlomo Perel: 427 (oben); Malie Perez: 432; Prof. Leopold Pfefferberg-Page: 231 (Mitte), 303 (oben rechts), 352 (Mitte rechts); Julia Pirotte: 647 (Mitte links); Helen Preiss: 266 (oben links); Pretenkabinet-Rijksuniversiteit te Leiden: 463 (Mitte links); Mahn- und Gedenkstätte Ravensbrück: 562 (Mitte); *The Record: News Bulletin.* United Romanian Jews of America, Juni 1942: 337 (oben); Rijksinstitut voor Oorlogsdokumentatie, Amsterdam: 118 (oben links), 120–121, 129 (Mitte links), 137 (unten), 179 (oben links), 214 (oben rechts), 218 (oben links), 269, 313 (oben rechts), 317 (oben links), 325 (oben rechts), 347 (Mitte), 413 (unten), 463 (oben), 541 (unten rechts), 604 (unten links), 670 (Mitte links); Rumänische Akademiebibliothek: 243 (oben links), 260 (Mitte links); Franklin D. Roosevelt Library: 496 (rechts), 518 (unten links); Morris Rosen: 123 (unten); Albert Rosenthal: 528 (oben); Janka Rosenzweig: 223 (oben); Barbara Roth: 596 (links); Richard A. Ruppert: 497 (Mitte links); Sächsische Landesbibliothek: 277 (oen); Norman und Amalia Petranker Salsitz: 58 (oben rechts), 303 (oben links), 372 (Mitte links); Susan Schaffer: 643 (rechts); Rafael Scharf: 234, 235, 256 (oben links); Joanne Schartow: 36, 79 (unten links); Julius Schatz (431 (oben); Lorenz Schmuhl: 110–111, 116 (unten links), 119 (Mitte); Victor Schnell (511 (oben links); Samuel Schryver: 257 (oben), 296 (oben links); Gunther Schwarberg: 573 (unten); Schwules Museum: 66 (oben rechts); Yoseph Schyveschuuder: 444 (oben rechts); Arnold Shay: 202 (Mitte), 353, 469 (oben); Ruth Sherman: 218 (oben rechts); Jack Shipper (583 (unten links); Sowfoto: 240 (oben links), 407 (unten), 494 (oben links); Ita Spiller: 330 (oben links); Stadtarchiv Bielefeld: 95 (oben links); Stadtarchiv Hof: 133 (oben links); Stadtarchiv Nürnberg: 92 (oben links), 151 (unten), 168 (unten), 299 (oben); Stadtarchiv Ulm: 429 (oben links); Staatliches Archiv der Russischen Föderation: 239 (Mitte), 251 (oben und Mitte links), 252 (Mitte rechts), 320 (Mitte), 329 (Mitte rechts), 424 (oben rechts), 437 (oben rechts), 544 (oben), 585 (oben links), 621 (unten rechts); Staatliches Museum Auschwitz-Birkenau: 171 (unten), 188 (oben links), 227 (oben rechts), 342 (Mitte), 397 (Mitte links), 420 (oben), 422 (oben), 444 (Mitte), 500 (rechts), 546 (unten), 553 (links und unten rechts), 584 (unten), 671, 680 (oben); Hans Steinitz: 155 (oben rechts); David Stoliar: 304 (oben und Mitte links); Dana Szeflan; 681 (oben); Terezíner Gedenkmuseum: 282 (Mitte rechts), 376 (oben links), 419 (oben links und oben rechts), 495 (unten links), 543 (unten), 620 (oben und unten); Jerzy Tomaszewski: 88 (oben rechts), 168 (oben links), 175 (oben rechts), 177 (oben), 218 (Mitte), 304 (Mitte rechts), 345 (Mitte rechts), 382 (oben), 502 (links); Avraham Tory: 241 (unten); Harry S. Truman Library; 650 (oben rechts); Sophie Turner-Zaretsky: 440 (Mitte), 469 (Mitte); Ullstein Bilderdienst: 351 (Mitte); University of Minnesota Libraries: 430 (Mitte rechts); University of New Hampshire: 383 (Mitte); University of Southern California: 338 (oben), 503 (oben rechts); UPI/Corbis: 22; Yad Vashem Photo Archives: 9 (oben), 140 (unten), 167 (oben links), 173 (unten), 194 (Mitte links), 196 (Mitte), 215 (oben), 219 (oben links), 228 (Mitte), 245 (Mitte), 246 (Mitte), 247 (Mitte rechts), 276 (Mitte links), 280 (oben rechts), 284 (oben links), 322, 326 (oben), 330 (oben rechts), 333 (Mitte rechts), 334 (Mitte links), 330 (oben rechts und Mitte), 346 (Mitte links), 348 (Mitte links), 352 (oben rechts), 358 (Mitte rechts), 362 (Mitte), 377 (oben), 388 (rechts), 393 (oben links), 396 (Mitte rechts), 407 (oben), 414 (oben rechts), 437 (oben links), 472 (Mitte rechts), 475 (oben links), 482 (oben), 485 (oben links), 487 (rechts), 490 (links), 494 (Mitte), 500 (links), 513 (rechts), 520 (links), 521 (unten), 524 (unten), 535, 526, 527 (oben links und unten), 528 (unten), 546 (oben links), 551 (unten links), 568 (links und unten rechts), 571 (oben links), 572 (oben rechts), 583 (rechts), 628 (unten), 673 (unten), 696 (oben); Thomas Veres: 570 (links), 571 (rechts und unten), 688 (unten); Verzetsmuseum Amsterdam: 441 (oben links und Mitte), 613 (unten links); Dr. Robert G. Waite: 581 (oben); Wiener Library: 46, 86, 88 (oben links), 190 Mitte links), 336 (oben links), 538 (oben), 677 (oben); Wiener Bundesarchiv/Yad Vashem Photo: 119 (Mitte links); Archives: R. Wirth: 586, 560 (oben rechts); Max Wischkin (492); Wprld Jewish Congress: 498 (oben links); YIVO Institute for Jewish Research: 69 (oben), 71 (oben), 108 (oben rechts), 129 (oben), 168 (oben rechts), 173 (oben rechts), 176 (oben rechts), 191 (oben links), 196 (oben rechts), 213 (oben), 219 (oben rechts), 246 (oben rechts), 281, 298 (oben), 299 (Mitte links und Mitte rechts), 305 (Mitte links), 306 (Mitte rechts), 313 (oben links), 320 (oben links), 326 (Mitte links), 344 (oben rechts), 348 (oben), 357 (oben), 363 (Mitte rechts), 367 (oben), 385 (Mitte), 401 (Mitte), 403 (oben), 417 (oben links), 423 (Mitte), 423 (Mitte), 424 (Mitte), 433 (oben links), 439 (oben), 456 (oben und Mitte rechts), 461 (Mitte links), 473 (Mitte links), 478 (Mitte links), 480 (links); Roger Et Viollet: 164 (Mitte rechts), 284 (Mitte); Zbiór Fotografii: 295 (oben), 532 (links); Zentrale Stelle der Landesjustizverwaltungen: 250 (oben rechts), 279 (Mitte links); Zentrales Parteiarchiv: 259 (oben); Eliezer Zilberts: 503 (Mitte rechts); Nachman Zonabend: 290 (oben rechts), 363 (links); Żydowski Instytut Historyczny Naukowo-Badawczy: 408 (Mitte); **UPI/Corbis:** 9 (unten), 56 (oben links), 59 (Mitte), 60 (unten), 64 (Mitte rechts), 65 (oben rechts), 67 (Mitte links), 81 (oben), 90 (oben rechts), 96–97, 100 (oben rechts), 103 (oben rechts), 104 (oben rechts), 131 (oben links), 138 (oben), 147 (Mitte), 158 (unten), 172 (oben), 177 (unten), 197 (oben rechts), 309 (Mitte), 344 (Mitte), 381 (links), 396 (oben rechts), 428 (oben rechts), 434 (Mitte rechts), 515 (oben links), 523 (oben rechts), 532 (unten), 543 (oben und Mitte), 559 (unten links), 560 (unten rechts), 561 (unten links), 566 (oben links), 572 (oben links und Mitte unten), 577 (unten), 584 (oben), 587 (oben), 594 (unten), 600 (oben rechts), 603 (rechts), 605 (unten), 609 (oben links), 618 (oben rechts), 623 (oben links), 626 (unten), 629 (oben), 664 (oben), 665 (oben); Reuters: 676 (unten); **U. S. Army/National Archives:** 578–579; **U. S. Army Signal Corps:** 594 (oben), 598 (oben rechts), 617 (oben links); **Ed Vebell:** 650 (Mitte rechts); **Yad Vashem Photo Archives:** 221 (oben rechts), 236, 244 (unten links), 249 (oben links und oben rechts), 251 (Mitte rechts), 255 (oben links, Mitte und unten), 256 (Mitte), 277 (Mitte), 287 (Mitte rechts), 289 (Mitte), 290, 302 (oben rechts), 305 (oben), 310, 317 (oben rechts), 318 (links), 321 (oben rechts), 340 (oben), 352 (links), 354 (oben), 355 (Mitte rechts), 356 (oben), 366 (unten rechts), 367 (Mitte links), 369 (Mitte), 370 (Mitte), 373 (Mitte), 374 (Mitte), 380 (Mitte rechts), 384, 389 (oben), 400 (Mitte links), 402 (Mitte links), 417 (oben rechts), 435 (rechts), 439 (rechts), 441 (oben rechts), 454 (Mitte rechts), 457 (Mitte links und Mitte rechts), 463 (rechts), 464 (oben links), 465 (rechts), 468, 472 (Mitte links), 473 (oben), 474 (oben links), 476 (unten), 480 (oben), 485 (Mitte und oben rechts), 493 (unten), 495 (rechts), 516 (oben rechts und links), 524 (oben links und oben rechts), 529 (oben und unten links), 537 (links und unten), 547 (rechts), 550 (unten rechts), 559 (oben links), 563 (unten links), 564 (oben), 585 (oben rechts), 587 (unten rechts), 601 (rechts), 607 (oben rechts), 631 (oben), 649 (Mitte rechts), 680 (unten); Dokumentationsarchiv des Österreichische: 249 (unten); BeitLohamei Haghetast: 347 (oben links); Sifriat Hapoalim: 324 (links), 366 (oben rechts), 394 (rechts); Spielberg Archive: 306 (oben); **André Zucca/Bibliothèque Historique de la Ville de Paris:** 411 (oben), 416 (Mitte), 517 (unten links), 523 (unten rechts).